SCRIPTORVM CLASSICORVM

BIBLIOTHECA OXONIENSIS

OXONII

E TYPOGRAPHEO CLARENDONIANO

PLATONIS OPERA

RECOGNOVIT
BREVIQVE ADNOTATIONE CRITICA INSTRVXIT

IOANNES BURNET

TOMVS III
TETRALOGIAS V–VII CONTINENS

OXONII
E TYPOGRAPHEO CLARENDONIANO

Oxford University Press, Walton Street, Oxford OX2 6DP

Oxford New York Toronto
Delhi Bombay Calcutta Madras Karachi
Petaling Jaya Singapore Hong Kong Tokyo
Nairobi Dar es Salaam Cape Town
Melbourne Auckland

and associated companies in
Berlin Ibadan

Oxford is a trade mark of Oxford University Press

Published in the United States
by Oxford University Press, New York

Copyright Oxford University Press 1903

ISBN 0 19 814542 X

First published 1903
Twenty-second Impression 1992

Printed in Great Britain by
Bookcraft (Bath) Ltd,
Midsomer Norton, Avon

PRAEFATIO

In his dialogis recensendis partim novis collationi-
bus usus sum. integerrimum in tetralogiis V–VI testem
Clarkianum (B) ipse denuo excussi et pauca quaedam
a Schanzio parum accurate enotata obiter correxi, id
agens praecipue ut veterem diorthotam (B²), sive is
Arethas sive librarius Arethae fuit, a recentioris aetatis
correctoribus (b) ubique secernerem. codicis Vindo-
bonensis 54. suppl. phil. gr. 7 (W) lectiones in tetra-
logiis V–VI viro doctissimo Iosepho Král plerasque
debeo; is enim de omnibus fere locis gravioribus
certiorem me fecit et in *Lachete* et *Menone* collationes
suas comiter mecum communicavit. in tetralogia
VII eiusdem libri collationes a Kunzio in Schanzii
usum comparatas compilavi. in *Gorgia*, quotiens de
codicis W scriptura non constabat, in eius locum suc-
cessit eiusdem stirpis Palatinus Vaticanus 173 (P),
quem diligenter contulit scholaris noster Petrus S.
MᶜIntyre, in Italiam a curia universitatis Andreanae
studiorum causa missus. codicis denique Vindobonensis
55. suppl. phil. gr. 39 (F) conferendi laborem singulari
humanitate ultro suscepit et perfecit Iosephus Král,
cui praeter omnes ex animo gratias ago. codicis
Veneti Marciani app. class. 4. 1 (T) lectiones Schanzii
editioni omnes acceptas refero.

In tetralogia VII, cum Clarkiani (B) auxilio destituti simus, ducem potissimum nobis eligendum esse Venetum T rectissime statuit Schanz, ita tamen ut Vindobonensem W non ex T ad nostram memoriam propagatum esse fateretur, sed ex communi fonte, quem littera M significavit, derivatum esse. illud addit, in tetralogia VII familiae primae auctorem esse W (*Platonis opera*, vol. IX, p. x). duorum praeterea librorum, Veneti Marciani 189 (S = Bekkeri Σ) et Vindobonensis 55. suppl. phil. gr. 39 (F) rationem habendam esse duxit, suoque iure statuit nec S ex Vindobonensi nec Vindobonensem ex S descriptum esse, sed in *Hippia minore, Ione, Menexeno* ambos libros ex uno fonte, quem nota N significavit, descendisse, quem fontem novum esse neque ex M derivatum, collatis locis quibusdam a Dionysio Halicarnassensi et Stobaeo excerptis, demonstravit. vides igitur Schanzium in his tribus dialogis fontem ab archetypo familiae primae et secundae diversum agnoscere; quod tamen addit, Venetum S et Vindobonensem F non testium duorum loco esse sed pro uno teste valere, licet in *Hippia minore, Ione, Menexeno* probabile sit, de *Hippia maiore* vereor ne festinantius concluserit. scilicet ipse nos docuit in *Gorgia, Menone, Hippia maiore* descriptum esse S ex Veneto Marciano 21 (Bekkeri Υ), codicis W affini, qui hos dialogos post *Parmenidem* insertos habet, ut ordo Thrasylleus turbatus sit, post *Alcyonem* vero in S quasi novum librum incipere, cui nihil cum Υ commune sit; complures enim dialogos ex diverso fonte petitos adiunctos esse, quorum primi sunt *Hippias minor, Io, Menexenus* (*Platonis opera* IX, p. xix). vides in his sex dialogis

duos fontes repraesentare codicem S, quorum alterum,
ex quo *Hippiam minorem, Ionem, Menexenum* habet,
non est dubium quin recte statuerit vir in his rebus
sagacissimus Vindobonensis F quoque fontem esse, sed
nullo pacto inde colligere licet etiam in *Hippia maiore*
eandem memoriam referre F et S, ut in hoc dialogo
vetustissima memoria redintegranda sit ex solo M
(ib. p. xviii), id est ex librorum TW communi arche-
typo. etenim veri similius videri debebat Vindo-
bonensem F, qui *Gorgiam, Menonem* et tetralogiam
VII iusto ordine deinceps exhibet, hos dialogos omnes
ex eodem fonte, archetypo N, descriptos habere.
nempe hic est ille liber quem in *Politia* ex exemplari
pervetusto uncialibus litteris exarato derivatum esse
monui, idemque de eo etiam in *Gorgia, Menone,
Hippia maiore* valere iam tum suspicatus sum, cum in
eius apographis, vel certe affinibus, Flor. x et Ang. *v*,
complures errores invenissem, quos ex unciali scriptura
ortos esse in aperto erat, et rem procul dubio ita se
habere ex Králii collationibus statim intellexi. ex libro
manco et mutilo uncialibus litteris exarato hic quoque
descriptus est Vindobonensis F, cuius rei fidem faciunt
lacunae in textu altera manu (f) suppletae et errores
quales sunt *Gorg.* 467 b ἔχεται ἃ pro σχέτλια (CXETΛIA)
et 525 c ἐδίδου pro ἐν ἅιδου (ΕΑΙΔΟΥ)[1]. tenemus igitur
in *Gorgia, Menone, Hippia maiore* novum archetypi
N testem, in *Hippia minore, Ione, Menexeno* aliquanto
sinceriorem codice Veneto S, quae res vel inde apparet
quod in F loci Homerici non ad exemplar librorum
Homericorum correcti sunt, quod passim in S factum

---

[1] *Classical Review*, xvii, pp. 12-14.

PRAEFATIO

videbis, ut uno alterove exemplo allato iam monuit Schanz.

Codicem Vindobonensem F in *Politiae* praefatione *non aliunde ut fit interpolatum* esse dixi, id est nullas lectiones a prima manu habere ex aliis libris Platonicis invectas, quod video nonnullos perperam intellexisse. non enim in mentem mihi venire potuit interpolationibus omnino carere textum quem praebet. immo vero interpolata erat et multifariam deformata recensio quam sequitur, sed haec omnia magistello nescio cui Byzantino, non librario indocto, imputanda esse arbitror. his igitur neglectis, vide num interpolatorem redoleat lectio ἐν πυθίου pro ἐν πυθοῖ (*Gorg.* 472 b) vel ὅσοις pro θεοῖς (ib. 492 b). num casu factum videtur ut plurimas Aristidis, Dionysii, Stobaei egregias lectiones F aut solus aut cum Veneto S confirmet? nemo, opinor, haec serio affirmabit. quare meo iure videor etiam in *Gorgia, Menone,* tetralogia VII, hunc codicem in testimonium vocasse.

IOANNES BURNET.

Scribebam Andreapoli
e Collegio S. Salvatoris et D. Leonardi
mense Martio M.CM.III

Impressio secunda non nullis in locis correcta.

mense Ianuario M.CM.IX

DIALOGORVM ORDO

TOMVS I

DIALOGORVM ORDO

TOMVS III

TOMVS IV

DIALOGORVM ORDO

TOMVS V

SIGLA

B = cod. Bodleianus, MS. E. D. Clarke 39 = Bekkeri 𝔄

T = cod. Venetus Append. Class. 4, cod. 1 = Bekkeri t

W = cod. Vindobonensis 54. suppl. phil. Gr. 7 = Stallbaumii

Vind. 1

F = cod. Vindobonensis 55. suppl. phil. Gr. 39

P = cod. Vaticanus Palatinus 173 = Bekkeri b

S = cod. Venetus Marcianus 189 = Bekkeri Σ

ΘΕΑΓΗΣ

ΔΗΜΟΔΟΚΟΣ   ΣΩΚΡΑΤΗΣ   ΘΕΑΓΗΣ

ΔΗ. Ὦ Σώκρατες, ἐδεόμην ἄττα σοι ἰδιολογήσασθαι, a
εἰ σχολή· κἂν εἰ ἀσχολία δὲ μὴ πάνυ τις μεγάλη, ὅμως
ἐμοῦ ἕνεκα ποίησαι σχολήν.

ΣΩ. Ἀλλὰ καὶ ἄλλως τυγχάνω σχολάζων, καὶ δὴ σοῦ
γε ἕνεκα καὶ πάνυ. ἀλλ' εἴ τι βούλει λέγειν, ἔξεστιν. 5

ΔΗ. Βούλει οὖν δεῦρο εἰς τὴν τοῦ Διὸς τοῦ ἐλευθερίου
στοὰν ἐκποδὼν ἀποχωρήσωμεν;

ΣΩ. Εἰ σοὶ δοκεῖ.

ΔΗ. Ἴωμεν δή. Ὦ Σώκρατες, πάντα τὰ φυτὰ κιν- b
δυνεύει τὸν αὐτὸν τρόπον ἔχειν, καὶ τὰ ἐκ τῆς γῆς φυόμενα
καὶ τὰ ζῷα τά τε ἄλλα καὶ ἄνθρωπος. καὶ γὰρ ἐν τοῖς
φυτοῖς ῥᾷστον ἡμῖν τοῦτο γίγνεται, ὅσοι τὴν γῆν γεωργοῦ-
μεν, τὸ παρασκευάσασθαι πάντα τὰ πρὸ τοῦ φυτεύειν καὶ 5
αὐτὸ τὸ φυτεῦσαι· ἐπειδὰν δὲ τὸ φυτευθὲν βιῷ, μετὰ τοῦτο
θεραπεία τοῦ φύντος καὶ πολλὴ καὶ χαλεπὴ καὶ δύσκολος
γίγνεται. οὕτω δὲ ἔχειν ἔοικε καὶ τὸ περὶ τῶν ἀνθρώπων c
ἀπὸ τῶν ἐμαυτοῦ ἐγὼ πραγμάτων τεκμαίρομαι καὶ ἐς τἆλλα.
καὶ γὰρ ἐμοὶ ἡ τοῦ ὑέος τουτουί, εἴτε φυτείαν εἴτε παιδο-
ποιίαν δεῖ αὐτὴν ὀνομάζειν, πάντων ῥᾴστη γέγονεν, ἡ δὲ
τροφὴ δύσκολός τε καὶ ἀεὶ ἐν φόβῳ περὶ αὐτοῦ δεδιότι. 5

a 1 ἰδιολογήσασθαι] διαλογίσασθαι ci. Cobet   a 2 κἂν εἰ] κἂν ᾖ
vulg.   a 3 ἕνεκα Τ : ἕνεκεν Β W   b 1 post δή dist. Cobet :
post σώκρατες Β Τ   b 3 ἄνθρωπος Schanz: ἄνθρωπος Β Τ   c 2 τἆλλα
Β W : τὰ ἄλλα Τ   c 4 ῥᾴστη γέγονεν, ἡ δὲ τροφὴ Τ : ῥᾴστη· γέγονε
δὲ τροφὴ Β

τὰ μὲν οὖν ἄλλα πολλὰ ἂν εἴη λέγειν, ἡ δὲ νῦν παροῦσα
ἐπιθυμία τούτῳ πάνυ με φοβεῖ—ἔστι μὲν γὰρ οὐκ ἀγεννής,
σφαλερὰ δέ—ἐπιθυμεῖ γὰρ δὴ οὗτος ἡμῖν, ὦ Σώκρατες, ὥς
d φησι, σοφὸς γενέσθαι. δοκῶ γάρ μοι, τῶν ἡλικιωτῶν τινες
αὐτοῦ καὶ δημοτῶν, εἰς τὸ ἄστυ καταβαίνοντες, λόγους τινὰς
ἀπομνημονεύοντες διαταράττουσιν αὐτόν, οὓς ἐζήλωκεν καὶ
πάλαι μοι πράγματα παρέχει, ἀξιῶν ἐπιμεληθῆναί με ἑαυ-
5 τοῦ καὶ χρήματα τελέσαι τινὶ τῶν σοφιστῶν, ὅστις αὐτὸν
σοφὸν ποιήσει. ἐμοὶ δὲ τῶν μὲν χρημάτων καὶ ἔλαττον
122 μέλει, ἡγοῦμαι δὲ τοῦτον οὐκ εἰς μικρὸν κίνδυνον ἰέναι οἷ
σπεύδει. τέως μὲν οὖν αὐτὸν κατεῖχον παραμυθούμενος·
ἐπειδὴ δὲ οὐκέτι οἷός τέ εἰμι, ἡγοῦμαι κράτιστον εἶναι πεί-
θεσθαι αὐτῷ, ἵνα μὴ πολλάκις ἄνευ ἐμοῦ συγγενόμενός τῳ
5 διαφθαρῇ. νῦν οὖν ἥκω ἐπ᾽ αὐτὰ ταῦτα, ἵνα τῳ τούτων
τῶν σοφιστῶν δοκούντων εἶναι συστήσω τουτονί. σὺ οὖν
ἡμῖν εἰς καλὸν παρεφάνης, ᾧ ἂν ἐγὼ μάλιστα ἐβουλόμην
περὶ τῶν τοιούτων μέλλων πράξειν συμβουλεύσασθαι. ἀλλ᾽
εἴ τι ἔχεις συμβουλεύειν ἐξ ὧν ἐμοῦ ἀκήκοας, ἔξεστί τε
b καὶ χρή.

ΣΩ. Ἀλλὰ μὲν δή, ὦ Δημόδοκε, καὶ λέγεταί γε συμ-
βουλὴ ἱερὸν χρῆμα εἶναι. εἴπερ οὖν καὶ ἄλλη ἡτισοῦν
ἔστιν ἱερά, καὶ αὕτη ἂν εἴη περὶ ἧς σὺ νῦν συμβουλεύῃ·
5 οὐ γὰρ ἔστι περὶ ὅτου θειοτέρου ἂν ἄνθρωπος βουλεύσαιτο
ἢ περὶ παιδείας καὶ αὐτοῦ καὶ τῶν αὐτοῦ οἰκείων. πρῶτον
μὲν οὖν ἐγώ τε καὶ σὺ συνομολογήσωμεν τί ποτε οἰόμεθα
τοῦτο εἶναι περὶ οὗ βουλευόμεθα· μὴ γὰρ πολλάκις ἐγὼ
c μὲν ἄλλο τι αὐτὸ ὑπολαμβάνω, σὺ δὲ ἄλλο, κἄπειτα πόρρω
που τῆς συνουσίας αἰσθώμεθα γελοῖοι ὄντες, ἐγώ τε ὁ συμ-

c 6 πολλὰ ἂν] πολὺ ἂν ἔργον Cobet   d 1 δοκῶ γάρ μοι] an δοκεῖ
γάρ μο. ? Stephanus : δοκεῖν γάρ μοι Cobet   d 5 αὐτὸν W : αὑτὸν
BT   d 6 καὶ secl. Cobet   a 1 μέλει B : μέλλει T   τοῦτον
B : τούτων T   μικρὸν BT : μακρὸν W   a 2 σπεύδει ⟨σπεύδοντα⟩
Schanz   a 7 ἂν] δὴ Cobet   a 8 ⟨τι⟩ πράξειν Cobet   c 1 ὑπο-
λαμβάνων Cobet   c 2 συνουσίας BT : συνηθείας W   αἰσθώμεθα
BT : αἰσθόμεθα W

βουλεύων καὶ σὺ ὁ συμβουλευόμενος, μηδὲν τῶν αὐτῶν
ἡγούμενοι.

ΔΗ. Ἀλλά μοι δοκεῖς ὀρθῶς λέγειν, ὦ Σώκρατες, καὶ 5
ποιεῖν χρὴ οὕτω.

ΣΩ. Καὶ λέγω γε ὀρθῶς, οὐ μέντοι παντάπασί γε·
σμικρὸν γάρ τι μετατίθεμαι. ἐννοῶ γὰρ μὴ καὶ ὁ μει-
ρακίσκος οὗτος οὐ τούτου ἐπιθυμεῖ οὗ ἡμεῖς αὐτὸν οἰόμεθα
ἐπιθυμεῖν ἀλλ᾽ ἑτέρου, εἶτ᾽ αὖ ἡμεῖς ἔτι ἀτοπώτεροι ὦμεν d
περὶ ἄλλου του βουλευόμενοι. ὀρθότατον οὖν μοι δοκεῖ
εἶναι ἀπ᾽ αὐτοῦ τούτου ἄρχεσθαι, διαπυνθανομένους ὅτι καὶ
ἔστιν οὗ ἐπιθυμεῖ.

ΔΗ. Κινδυνεύει γοῦν οὕτω βέλτιστον εἶναι ὡς σὺ λέγεις. 5

ΣΩ. Εἰπὲ δή μοι, τί καλὸν ὄνομα τῷ νεανίσκῳ; τί αὐτὸν
προσαγορεύωμεν;

ΔΗ. Θεάγης ὄνομα τούτῳ, ὦ Σώκρατες.

ΣΩ. Καλόν γε, ὦ Δημόδοκε, τῷ ὑεῖ τὸ ὄνομα ἔθου καὶ
ἱεροπρεπές. εἰπὲ δὴ ἡμῖν, ὦ Θέαγες, ἐπιθυμεῖν φῂς σοφὸς e
γενέσθαι, καὶ ἀξιοῖς σου τὸν πατέρα τόνδε ἐξευρεῖν ἀνδρός
τινος συνουσίαν τοιούτου ὅστις σε σοφὸν ποιήσει;

ΘΕ. Ναί.

ΣΩ. Σοφοὺς δὲ καλεῖς πότερον τοὺς ἐπιστήμονας, περὶ 5
ὅτου ἂν ἐπιστήμονες ὦσιν, ἢ τοὺς μή;

ΘΕ. Τοὺς ἐπιστήμονας ἔγωγε.

ΣΩ. Τί οὖν; οὐκ ἐδιδάξατό σε ὁ πατὴρ καὶ ἐπαίδευσεν
ἅπερ ἐνθάδε οἱ ἄλλοι πεπαίδευνται, οἱ τῶν καλῶν κἀγαθῶν
πατέρων ὑεῖς, οἷον γράμματά τε καὶ κιθαρίζειν καὶ παλαίειν 10
καὶ τὴν ἄλλην ἀγωνίαν;

ΘΕ. Ἐμέ γε.

ΣΩ. Ἔτι οὖν οἴει τινὸς ἐπιστήμης ἐλλείπειν, ἧς προσήκει 123
ὑπὲρ σοῦ τὸν πατέρα ἐπιμεληθῆναι;

ΘΕ. Ἔγωγε.

ΣΩ. Τίς ἐστιν αὕτη; εἰπὲ καὶ ἡμῖν, ἵνα σοι χαρισώμεθα.

5 ΘΕ. Οἶδεν καὶ οὗτος, ὦ Σώκρατες—ἐπεὶ πολλάκις ἐγὼ
αὐτῷ εἴρηκα—ἀλλὰ ταῦτα ἐξεπίτηδες πρὸς σὲ λέγει, ὡς δὴ
οὐκ εἰδὼς οὗ ἐγὼ ἐπιθυμῶ· τοιαῦτα γὰρ ἕτερα καὶ πρὸς ἐμὲ
μάχεταί τε καὶ οὐκ ἐθέλει με οὐδενὶ συστῆσαι.

ΣΩ. Ἀλλὰ τὰ μὲν ἔμπροσθέν σοι ἦν πρὸς τοῦτον ῥηθέντα
b ὥσπερ ἄνευ μαρτύρων λεγόμενα· νυνὶ δὲ ἐμὲ ποίησαι μάρ-
τυρα, καὶ ἐναντίον ἐμοῦ κάτειπε τίς ἐστιν αὕτη ἡ σοφία ἧς
ἐπιθυμεῖς. φέρε γάρ, εἰ ἐπεθύμεις ταύτης ᾗ οἱ ἄνθρωποι
τὰ πλοῖα κυβερνῶσιν, καὶ ἐγώ σε ἐτύγχανον ἀνερωτῶν·
5 "Ὦ Θέαγες, τίνος ἐνδεὴς ὢν σοφίας μέμφῃ τῷ πατρὶ ὅτι
οὐκ ἐθέλει σε συνιστάναι παρ᾽ ὧν ἂν σὺ σοφὸς γένοιο;"
τί ἄν μοι ἀπεκρίνω; τίνα αὐτὴν εἶναι; ἆρα οὐ κυβερνη-
τικήν;

ΘΕ. Ναί.

c ΣΩ. Εἰ δὲ ἐπιθυμῶν ταύτην τὴν σοφίαν εἶναι σοφὸς ᾗ
τὰ ἅρματα κυβερνῶσιν εἶτ᾽ ἐμέμφου τῷ πατρί, ἐμοῦ αὖ
ἐρωτῶντος τίς ἐστιν αὕτη ἡ σοφία, τίνα ἂν ἀπεκρίνω αὐτὴν
εἶναι; ἆρ᾽ οὐχὶ ἡνιοχικήν;

5 ΘΕ. Ναί.

ΣΩ. Ἧς δὲ δὴ νῦν τυγχάνεις ἐπιθυμῶν, πότερον ἀνώ-
νυμός τίς ἐστιν ἢ ἔχει ὄνομα;

ΘΕ. Οἶμαι ἔγωγε ἔχειν.

ΣΩ. Πότερον οὖν αὐτὴν μὲν οἶσθα, οὐ μέντοι τό γε
10 ὄνομα, ἢ καὶ τὸ ὄνομα;

ΘΕ. Καὶ τὸ ὄνομα ἔγωγε.

ΣΩ. Τί οὖν ἔστιν; εἰπέ.

d ΘΕ. Τί δὲ ἄλλο, ὦ Σώκρατες, αὐτῇ ὄνομά τις φαίη ἂν
εἶναι ἀλλ᾽ ἢ σοφίαν;

a 5 ἐγὼ αὐτῷ B T : αὐτῷ ἐγὼ W   a 7 ἕτερα W et in marg. b :
ἔτι B : ἔτι καὶ ἕτερα T   a 8 οὐδενὶ B T : οὐδὲν W   b 2 ἐναντίον
B² T : ἐναντίων B   b 3 ἐπεθύμεις corr. Coisl. : ἐπιθυμεῖς B T
b 6 ἐθέλει T : ἐθέλῃ B

ΣΩ. Οὐκοῦν καὶ ἡ ἡνιοχεία σοφία ἐστίν; ἢ ἀμαθία δοκεῖ σοι εἶναι;

ΘΕ. Οὐκ ἔμοιγε.   5

ΣΩ. Ἀλλὰ σοφία;

ΘΕ. Ναί.

ΣΩ. Ἧι τί χρώμεθα; οὐχ ᾗ ἵππων ἐπιστάμεθα ζεύγους ἄρχειν;

ΘΕ. Ναί.   10

ΣΩ. Οὐκοῦν καὶ ἡ κυβερνητικὴ σοφία ἐστίν;

ΘΕ. Ἔμοιγε δοκεῖ.

ΣΩ. Ἆρ' οὐχ αὕτη ᾗ πλοίων ἐπιστάμεθα ἄρχειν;

ΘΕ. Αὕτη μὲν οὖν.

ΣΩ. Ἧς δὲ δὴ σὺ ἐπιθυμεῖς ἡ σοφία τίς ἐστω; ᾗ τίνος   15
ἐπιστάμεθα ἄρχειν;   e

ΘΕ. Ἐμοὶ μὲν δοκεῖ, ᾗ τῶν ἀνθρώπων.

ΣΩ. Μῶν ᾗ τῶν καμνόντων;

ΘΕ. Οὐ δῆτα.

ΣΩ. Ἰατρικὴ γὰρ αὕτη ἐστίν· ἢ γάρ;   5

ΘΕ. Ναί.

ΣΩ. Ἀλλ' ᾗ τῶν ᾀδόντων ἐπιστάμεθα ἐν τοῖς χοροῖς ἄρχειν;

ΘΕ. Οὔ.

ΣΩ. Μουσικὴ γὰρ αὕτη γε;   10

ΘΕ. Πάνυ γε.

ΣΩ. Ἀλλ' ᾗ τῶν γυμναζομένων ἐπιστάμεθα ἄρχειν;

ΘΕ. Οὔ.

ΣΩ. Γυμναστικὴ γὰρ αὕτη γε;

ΘΕ. Ναί.   15

ΣΩ. Ἀλλ' ᾗ τῶν τί ποιούντων; προθυμοῦ εἰπεῖν ὥσπερ ἐγὼ σοὶ τὰ ἔμπροσθεν.

d 3 ἡνιοχεία T W : ἡνιοχία B   d 6 σοφία B : σοφίᾳ T   d 13 οὐχ
αὕτη vet. b : οὐκ αὐτὴ B T   d 15 ᾗ B² : η B   e 2 ᾗ scr. recc. :
ἡ B T W (et mox e 3)   e 10 μουσικὴ corr. Par. 1812 : μουσικῆς
B T W

124   ΘΕ. Ἦι τῶν ἐν τῇ πόλει, ἔμοιγε δοκεῖ.

ΣΩ. Οὐκοῦν ἐν τῇ πόλει εἰσὶν καὶ οἱ κάμνοντες;

ΘΕ. Ναί, ἀλλ' οὐ τούτων λέγω μόνον, ἀλλὰ καὶ τῶν ἄλλων τῶν ἐν τῇ πόλει.

5   ΣΩ. Ἀρά γε μανθάνω ἣν λέγεις τέχνην; δοκεῖς γάρ μοι λέγειν οὐχ ᾗ τῶν θεριζόντων ἐπιστάμεθα ἄρχειν καὶ τρυγών-των καὶ τῶν φυτευόντων καὶ σπειρόντων καὶ ἀλοώντων· αὕτη μὲν γὰρ γεωργική, ᾗ τούτων ἄρχομεν. ἢ γάρ;

ΘΕ. Ναί.

b   ΣΩ. Οὐδέ γε οἶμαι ᾗ τῶν πριζόντων καὶ τρυπώντων καὶ ξεόντων καὶ τορνευόντων συμπάντων ἐπιστάμεθα ἄρχειν, οὐ ταύτην λέγεις· αὕτη μὲν γὰρ οὐ τεκτονική;

ΘΕ. Ναί.

5   ΣΩ. Ἀλλ' ἴσως ᾗ τούτων τε πάντων καὶ αὐτῶν τῶν γεωργῶν καὶ τῶν τεκτόνων καὶ τῶν δημιουργῶν ἁπάντων καὶ τῶν ἰδιωτῶν καὶ τῶν γυναικῶν καὶ ἀνδρῶν, ταύτην ἴσως λέγεις τὴν σοφίαν.

ΘΕ. Ταύτην πάλαι, ὦ Σώκρατες, βούλομαι λέγειν.

c   ΣΩ. Ἔχεις οὖν εἰπεῖν, Αἴγισθος ὁ Ἀγαμέμνονα ἀπο-κτείνας ἐν Ἄργει ἆρα τούτων ἦρχεν ὧν σὺ λέγεις, τῶν τε δημιουργῶν καὶ ἰδιωτῶν καὶ ἀνδρῶν καὶ γυναικῶν συμπάντων, ἢ ἄλλων τινῶν;

5   ΘΕ. Οὔκ, ἀλλὰ τούτων.

ΣΩ. Τί δὲ δή; Πηλεὺς ὁ Αἰακοῦ ἐν Φθίᾳ οὐ τῶν αὐτῶν τούτων ἦρχεν;

ΘΕ. Ναί.

ΣΩ. Περίανδρον δὲ τὸν Κυψέλου ἄρχοντα ἐν Κορίνθῳ
10 ἤδη ἀκήκοας γενέσθαι;

ΘΕ. Ἔγωγε.

ΣΩ. Οὐ τῶν αὐτῶν τούτων ἄρχοντα ἐν τῇ αὑτοῦ πόλει;

d   ΘΕ. Ναί.

a 6 τρυγώντων BTW: τῶν τρυγώντων t   b 1 πριόντων Cobet
b 3 γὰρ οὐ] γὰρ Schanz   c 12 αὑτοῦ B: αὐτοῦ T: αὐτῇ
vulg.

ΣΩ. Τί δὲ Ἀρχέλαον τὸν Περδίκκου, τὸν νεωστὶ τοῦτον
ἄρχοντα ἐν Μακεδονίᾳ; οὐ τῶν αὐτῶν ἡγῇ τούτων ἄρχειν;
ΘΕ. Ἔγωγε.

ΣΩ. Ἱππίαν δὲ τὸν Πεισιστράτου ἐν τῇδε τῇ πόλει 5
ἄρξαντα τίνων οἴει ἄρξαι; οὐ τούτων;
ΘΕ. Πῶς γὰρ οὔ;

ΣΩ. Εἴποις ἂν οὖν μοι τίνα ἐπωνυμίαν ἔχει Βάκις τε
καὶ Σίβυλλα καὶ ὁ ἡμεδαπὸς Ἀμφίλυτος;
ΘΕ. Τίνα γὰρ ἄλλην, ὦ Σώκρατες, πλήν γε χρησμῳδοί; 10

ΣΩ. Ὀρθῶς λέγεις. ἀλλὰ καὶ τούσδε μοι οὕτω πειρῶ e
ἀποκρίνασθαι, τίνα ἐπωνυμίαν ἔχει Ἱππίας καὶ Περίανδρος
διὰ τὴν αὐτὴν ἀρχήν;
ΘΕ. Οἶμαι μὲν τύραννοι· τί γὰρ ἄλλο;

ΣΩ. Οὐκοῦν ὅστις ἐπιθυμεῖ τῶν ἀνθρώπων τῶν ἐν τῇ 5
πόλει συμπάντων ἄρχειν, τῆς αὐτῆς ἀρχῆς τούτοις ἐπιθυμεῖ,
τυραννικῆς, καὶ τύραννος εἶναι;
ΘΕ. Φαίνεται.

ΣΩ. Οὐκοῦν ταύτης ἐπιθυμεῖν σὺ φῄς;
ΘΕ. Ἔοικέν γε ἐξ ὧν ἐγὼ εἶπον. 10

ΣΩ. Ὦ μιαρέ, τυραννεῖν ἄρα ἡμῶν ἐπιθυμῶν πάλαι
ἐμέμφου τῷ πατρὶ ὅτι σε οὐκ ἔπεμπεν εἰς [διδασκάλου] 125
τυραννοδιδασκάλου τινός; καὶ σύ, ὦ Δημόδοκε, οὐκ αἰσχύνῃ
πάλαι εἰδὼς οὗ ἐπιθυμεῖ οὗτος, καὶ ἔχων ὅθι πέμψας αὐτὸν
δημιουργὸν ἂν ἐποίησας τῆς σοφίας ἧς ἐπιθυμεῖ, ἔπειτα
φθονεῖς τε αὐτῷ καὶ οὐκ ἐθέλεις πέμπειν; ἀλλὰ νῦν—ὁρᾷς;— 5
ἐπειδὴ ἐναντίον ἐμοῦ κατείρηκέ σου, κοινῇ βουλευώμεθα
ἐγώ τε καὶ σὺ ἐς τίνος ἂν αὐτὸν πέμποιμεν καὶ διὰ τὴν
τίνος συνουσίαν σοφὸς ἂν γένοιτο τύραννος;

ΔΗ. Ναὶ μὰ Δία, ὦ Σώκρατες, βουλευώμεθα δῆτα, ὡς b
δοκεῖ γέ μοι βουλῆς δεῖν περὶ τούτου οὐ φαύλης.

d2 τοῦτον corr. Par. 1812: τούτων BTW: secl. ci. Stephanus
e3 αὐτὴν] αὐτῶν Baiter   e9 ἐπιθυμεῖν T: ἐπιθυμεῖς B (sed
suprascr. ν)   a1 διδασκάλου secl. Schleiermacher   a3 ὅθι]
ὅποι Bekker: οἷ Cobet   a6 βουλευώμεθα b: βουλευόμεθα BT
a7 ἐς τίνος Bekker (ἐς τίνα corr. Coisl.): ἔστιν οἷ B: ἔστιν οἷ B²T

ΣΩ. Ἔασον, ὠγαθέ. διαπυθώμεθα αὐτοῦ πρῶτον ἱκανῶς.
ΔΗ. Πυνθάνου δή.

5   ΣΩ. Τί οὖν ἂν εἰ Εὐριπίδῃ τι προσχρησαίμεθα, ὦ Θέαγες;
Εὐριπίδης γάρ πού φησιν—

        σοφοὶ τύραννοι τῶν σοφῶν συνουσίᾳ·

εἰ οὖν ἔροιτό τις τὸν Εὐριπίδην· "Ὦ Εὐριπίδη, τῶν τί
c   σοφῶν συνουσίᾳ φῂς σοφοὺς εἶναι τοὺς τυράννους;" ὥσπερ
ἂν εἰ εἰπόντα—

        σοφοὶ γεωργοὶ τῶν σοφῶν συνουσίᾳ,

ἠρόμεθα "Τῶν τί σοφῶν;" τί ἂν ἡμῖν ἀπεκρίνατο; ἆρ' ἂν
5 ἄλλο τι ἢ τῶν τὰ γεωργικά;
ΘΕ. Οὔκ, ἀλλὰ τοῦτο.
ΣΩ. Τί δὲ εἰ εἶπε—

        σοφοὶ μάγειροι τῶν σοφῶν συνουσίᾳ,

εἰ ἠρόμεθα· "Τῶν τί σοφῶν;" τί ἂν ἡμῖν ἀπεκρίνατο; οὐχ
10 ὅτι τῶν μαγείρων;
ΘΕ. Ναί.
ΣΩ. Τί δ' εἰ—

        σοφοὶ παλαισταὶ τῶν σοφῶν συνουσίᾳ

εἶπεν, εἰ ἠρόμεθα· "Τῶν τί σοφῶν;" ἆρα οὐκ ἂν τῶν
d   παλαίειν ἔφη;
ΘΕ. Ναί.
ΣΩ. Ἐπειδὴ δὲ εἶπε—

        σοφοὶ τύραννοι τῶν σοφῶν συνουσίᾳ,

5 ἡμῶν ἐρωτώντων· "Τῶν τί σοφῶν λέγεις, ὦ Εὐριπίδη;"
τί ἂν φαίη; ποῖα ἂν εἶναι ταῦτα;
ΘΕ. Ἀλλὰ μὰ Δί' οὐκ οἶδ' ἔγωγε.

b 5 προσχρησαίμεθα Β Τ : προσχρησόμεθα W   c 4 ἠρόμεθα Τ b :
ἠρώμεθα Β   τί ἂν ἡμῖν ἀπεκρίνατο Β Τ W : τί ἂν οἴει αὐτὸν ἀποκρί-
νασθαι in marg. γρ. Τ W b   c 10 τῶν μαγείρων Β Τ W : τῶν μαγειρικῶν
in marg. γρ. W : τῶν τὰ μαγειρικά Hirschig   d 6 φαίη Τ : φαίην
Β (sed suprascr. η   ποῖα ἂν Τ W : ποῖα ἃ Β : ποῖα Hermann : fort.
ποῖα δὴ   d 7 ἔγωγε Τ : ἔγε Β (sed suprascr. γω)

ΣΩ. Ἀλλὰ βούλει ἐγώ σοι εἴπω;

ΘΕ. Εἰ σὺ βούλει.

ΣΩ. Ταῦτ' ἐστὶν ἅπερ ἔφη Ἀνακρέων τὴν Καλλικρίτην ιc
ἐπίστασθαι· ἢ οὐκ οἶσθα τὸ ᾆσμα;

ΘΕ. Ἔγωγε.

ΣΩ. Τί οὖν; τοιαύτης τινὸς καὶ σὺ συνουσίας ἐπιθυμεῖς
ἀνδρὸς ὅστις τυγχάνει ὁμότεχνος ὢν Καλλικρίτῃ τῇ Κυάνης e
καὶ "ἐπίσταται τυραννικά," ὥσπερ ἐκείνην ἔφη ὁ ποιητής,
ἵνα καὶ σὺ ἡμῖν τύραννος γένῃ καὶ τῇ πόλει;

ΘΕ. Πάλαι, ὦ Σώκρατες, σκώπτεις καὶ παίζεις πρός με.

ΣΩ. Τί δέ; οὐ ταύτης φῂς τῆς σοφίας ἐπιθυμεῖν ᾗ 5
πάντων ἂν τῶν πολιτῶν ἄρχοις; τοῦτο δὲ ποιῶν ἄλλο τι ἢ
τύραννος ἂν εἴης;

ΘΕ. Εὐξαίμην μὲν ἂν οἶμαι ἔγωγε τύραννος γενέσθαι,
μάλιστα μὲν πάντων ἀνθρώπων, εἰ δὲ μή, ὡς πλείστων· καὶ 126
σύ γ' ἂν οἶμαι καὶ οἱ ἄλλοι πάντες ἄνθρωποι—ἔτι δέ γε
ἴσως μᾶλλον θεὸς γενέσθαι—ἀλλ' οὐ τούτου ἔλεγον ἐπι-
θυμεῖν.

ΣΩ. Ἀλλὰ τί δή ἐστί ποτε οὗ ἐπιθυμεῖς; οὐ τῶν 5
πολιτῶν φῂς ἄρχειν ἐπιθυμεῖν;

ΘΕ. Οὐ βίᾳ γε οὐδ' ὥσπερ οἱ τύραννοι ἀλλ' ἑκόντων,
ὥσπερ καὶ οἱ ἄλλοι οἱ ἐν τῇ πόλει ἐλλόγιμοι ἄνδρες.

ΣΩ. Ἆρά γε λέγεις ὥσπερ Θεμιστοκλῆς καὶ Περικλῆς
καὶ Κίμων καὶ ὅσοι τὰ πολιτικὰ δεινοὶ γεγόνασιν; 10

ΘΕ. Νὴ Δία τούτους λέγω.

ΣΩ. Τί οὖν εἰ τὰ ἱππικὰ ἐτύγχανες ἐπιθυμῶν σοφὸς
γενέσθαι; παρὰ τίνας ἂν ἀφικόμενος ᾠήθης δεινὸς ἔσεσθαι b
ἱππεύς; ἢ παρ' ἄλλους τινὰς ἢ τοὺς ἱππικούς;

ΘΕ. Μὰ Δία οὐκ ἔγωγε.

d 10 καλλικρίτην scr. Ang. C. 1. 4: καλλικρήτην B T W   d 13 σὺ
B T: om. W   θ 1 καλλικρήτη B T   κυάνης B: κυανῆς T
e 3 καὶ τῇ B T: ἐν τῇ W et ἐν suprascr. b   a 5 δή Laur. lxxxv. 6:
δὲ T W et fort. B: δαὶ B²   b 1 τίνας W: τίνος B T et sic legit
schol. B

ΣΩ. Ἀλλὰ παρ' αὐτοὺς αὖ τοὺς δεινοὺς ὄντας ταῦτα, καὶ
5 οἷς εἰσίν τε ἵπποι καὶ χρῶνται ἑκάστοτε καὶ οἰκείοις καὶ
ἀλλοτρίοις πολλοῖς.

ΘΕ. Δῆλον ὅτι.

ΣΩ. Τί δὲ εἰ τὰ ἀκοντιστικὰ σοφὸς ἐβούλου γενέσθαι;
οὐ παρὰ τοὺς ἀκοντιστικοὺς ᾤου ἂν ἐλθὼν σοφὸς ἔσεσθαι
10 τούτους, οἷς ἔστιν τε ἀκόντια καὶ πολλοῖς καὶ ἀλλοτρίοις καὶ
c οἰκείοις ἑκάστοτε χρῶνται ἀκοντίοις;

ΘΕ. Ἔμοιγε δοκεῖ.

ΣΩ. Λέγε δή μοι· ἐπεὶ δὲ δὴ τὰ πολιτικὰ βούλει σοφὸς
γενέσθαι, οἴει παρ' ἄλλους τινὰς ἀφικόμενος σοφὸς ἔσεσθαι
5 ἢ τοὺς πολιτικοὺς τούτους, τοὺς αὐτούς τε δεινοὺς ὄντας τὰ
πολιτικὰ καὶ χρωμένους ἑκάστοτε τῇ τε αὐτῶν πόλει καὶ
ἄλλαις πολλαῖς, καὶ Ἑλληνίσιν προσομιλοῦντας πόλεσιν
καὶ βαρβάροις; ἢ δοκεῖς ἄλλοις τισὶν συγγενόμενος σοφὸς
ἔσεσθαι ταῦτα ἅπερ οὗτοι, ἀλλ' οὐκ αὐτοῖς τούτοις;

d ΘΕ. Ἀκήκοα γάρ, ὦ Σώκρατες, οὕς σέ φασιν λέγειν τοὺς
λόγους, ὅτι τούτων τῶν πολιτικῶν ἀνδρῶν οἱ υἱεῖς οὐδὲν
βελτίους εἰσὶν ἢ οἱ τῶν σκυτοτόμων· καί μοι δοκεῖς ἀληθέ-
στατα λέγειν ἐξ ὧν ἐγὼ δύναμαι αἰσθέσθαι. ἀνόητος ἂν
5 οὖν εἴην εἰ οἰοίμην τινὰ τούτων ἐμοὶ μὲν ἂν παραδοῦναι τὴν
αὑτοῦ σοφίαν, τὸν δὲ υἱὸν τὸν αὑτοῦ μηδὲν ὠφελῆσαι, εἴ τι
οἷός τ' ἦν εἰς ταῦτα ὠφελεῖν ἄλλον ὁντιναοῦν ἀνθρώπων.

ΣΩ. Τί οὖν ἄν, ὦ βέλτιστε ἀνδρῶν, χρήσαιο σαυτῷ, εἰ
σοι ἐπειδὴ γένοιτο υἱὸς τοιαῦτα πράγματα παρέχοι, καὶ φαίη
e μὲν ἂν ἐπιθυμεῖν ἀγαθὸς γενέσθαι ζωγράφος, καὶ μέμφοιτο
σοὶ τῷ πατρὶ ὅτι οὐκ ἐθέλεις ἀναλίσκειν εἰς αὐτὸν τούτων
αὐτῶν ἕνεκα ἀργύριον, τοὺς δὲ δημιουργοὺς αὐτοῦ τούτου,
τοὺς ζωγράφους, ἀτιμάζοι τε καὶ μὴ βούλοιτο παρ' αὐτῶν

b 5 οἷς . . . ἵπποι γρ. t et in marg. W: οἱ . . . ἱππικοὶ BTW
c 1 ἀκοντίοις secl. Hirschig   c 3 ἐπεὶ δὲ δὴ BT: ἐπειδὴ δὲ W
d 4 ἂν οὖν B: οὖν ἂν T   d 5 παραδοῦναι BT: προδοῦναι W
d 8 σαυτῷ] αὑτῷ Schleiermacher: secl. Fritzsche   d 9 τοιαῦτα]
τοσαῦτα ci. H. Richards   e 1 ἂν] δὴ ci. H. Richards   e 2 fort.
ἐθέλοις H. Richards

μανθάνειν; ἢ τοὺς αὐλητάς, βουλόμενος αὐλητὴς γενέσθαι, 5
ἢ τοὺς κιθαριστάς; ἔχοις ἂν αὐτῷ ὅτι χρῷο καὶ ὅποι πέμποις
ἄλλοσε μὴ ἐθέλοντα παρὰ τούτων μανθάνειν;

ΘΕ. Μὰ Δία οὐκ ἔγωγε.

ΣΩ. Νῦν οὖν ταὐτὰ ταῦτα αὐτὸς πρὸς τὸν πατέρα ποιῶν 127
θαυμάζεις, καὶ μέμφῃ εἰ ἀπορεῖ ὅτι σοι χρήσηται καὶ ὅποι
πέμποι; ἐπεὶ Ἀθηναίων γε τῶν καλῶν κἀγαθῶν τὰ πολιτικὰ
ὅτῳ ἂν βούλῃ συστήσομέν σε, ὅς σοι προῖκα συνέσται· καὶ
ἅμα μὲν ἀργύριον οὐκ ἀναλώσεις, ἅμα δὲ πολὺ μᾶλλον 5
εὐδοκιμήσεις παρὰ τοῖς πολλοῖς ἀνθρώποις ἢ ἄλλῳ τῳ
συνών.

ΘΕ. Τί οὖν, ὦ Σώκρατες; οὐ καὶ σὺ τῶν καλῶν κἀγα-
θῶν εἶ ἀνδρῶν; εἰ γὰρ σύ μοι ἐθέλοις συνεῖναι, ἐξαρκεῖ καὶ
οὐδένα ἄλλον ζητῶ.   10

ΣΩ. Τί τοῦτο λέγεις, Θέαγες;   b

ΔΗ. Ὦ Σώκρατες, οὐ μέντοι κακῶς λέγει, καὶ ἅμα μὲν
ἐμοὶ χαριῇ· ὡς ἐγὼ οὐκ ἔσθ᾽ ὅτι τούτου μεῖζον ἂν ἕρμαιον
ἡγησαίμην, ἢ εἰ οὗτός τε ἀρέσκοιτο τῇ σῇ συνουσίᾳ καὶ σὺ
ἐθέλοις τούτῳ συνεῖναι. καὶ μέντοι καὶ αἰσχύνομαι λέγειν 5
ὡς σφόδρα βούλομαι. ἀλλ᾽ ἐγὼ ἀμφοτέρων ὑμῶν δέομαι, σέ
τ᾽ ἐθέλειν τούτῳ συνεῖναι καὶ σὲ μὴ ζητεῖν ἄλλῳ μηδενὶ
συγγενέσθαι ἢ Σωκράτει· καί με πολλῶν καὶ φοβερῶν ἀπαλ-
λάξετε φροντίδων. ὡς νῦν πάνυ φοβοῦμαι ὑπὲρ τούτου μή c
τινι ἄλλῳ ἐντύχῃ οἵῳ τοῦτον διαφθεῖραι.

ΘΕ. Μηκέτι νῦν, ὦ πάτερ, ὑπέρ γ᾽ ἐμοῦ φοβοῦ, εἴπερ
οἷός τ᾽ εἶ πεῖσαι τοῦτον τὴν ἐμὴν συνουσίαν προσδέξασθαι.

ΔΗ. Πάνυ καλῶς λέγεις. ὦ Σώκρατες, πρὸς σὲ δ᾽ ἂν 5
ἤδη εἴη ὁ μετὰ τοῦτο λόγος· ἐγὼ γάρ σοι ἕτοιμός εἰμι, ὡς
διὰ βραχέων εἰπεῖν, καὶ ἐμὲ καὶ τὰ ἐμὰ ὡς οἷόν τε οἰκειό-

e 6 χρῷο T: χρῷ|ό, τι B   ὅποι BT: ὅπῃ W   a 3 πέμποι BTW:
πέμπῃ Bekker   b 1 λέγεις TW: om. B (sed add. in marg. rec. b)
b 4 τε BT: om. W   ἀρέσκοιτο B² W et γρ. T: ἀρκέσοιτο B (ut
videtur) T   c 2 διαφθεῖραι BT: διαφθαρῆναι W   c 6 τοῦτο
scr. Ven. 189: τοῦτον BTW   ὡς TW: om. B (sed add. in
marg. b)

τατα παρέχειν, ὅτου ἂν δέῃ ἔμβραχυ, ἐὰν Θεάγη τουτονὶ
d ἀσπάζῃ τε καὶ εὐεργετῇς ὅτι ἂν οἷός τε ᾖς.

ΣΩ. Ὦ Δημόδοκε, τὸ μὲν ἐσπουδακέναι σε οὐ θαυμάζω,
εἴπερ οἴει ὑπ' ἐμοῦ μάλιστ' ἄν σοι τοῦτον ὠφεληθῆναι—οὐ
γὰρ οἶδα ὑπὲρ ὅτου ἄν τις νοῦν ἔχων μᾶλλον σπουδάζοι ἢ
5 ὑπὲρ ὑέος αὑτοῦ ὅπως ὡς βέλτιστος ἔσται—ὁπόθεν δὲ ἔδοξέ
σοι τοῦτο, ὡς ἐγὼ ἂν μᾶλλον τὸν σὸν υὸν οἷός τ' εἴην
ὠφελῆσαι πρὸς τὸ πολίτην ἀγαθὸν γενέσθαι ἢ σὺ αὐτός, καὶ
ὁπόθεν οὗτος ᾠήθη ἐμὲ μᾶλλον ἢ σὲ αὐτὸν ὠφελήσειν, τοῦτο
e πάνυ θαυμάζω. σὺ γὰρ πρῶτον μὲν πρεσβύτερος εἶ ἐμοῦ,
ἔπειτα πολλὰς ἤδη ἀρχὰς καὶ τὰς μεγίστας Ἀθηναίοις ἦρξας,
καὶ τιμᾷ ὑπὸ Ἀναγυρασίων τε τῶν δημοτῶν πολὺ μάλιστα
καὶ ὑπὸ τῆς ἄλλης πόλεως οὐδενὸς ἧττον· ἐμοὶ δὲ τούτων
5 οὐδὲν ἐνορᾷ οὐδέτερος ὑμῶν. ἔπειτα εἰ ἄρα τῆς μὲν τῶν
πολιτικῶν ἀνδρῶν συνουσίας Θεάγης ὅδε καταφρονεῖ, ἄλλους
δέ τινας ζητεῖ οἳ παιδεύειν ἐπαγγέλλονται οἷοί τε εἶναι νέους
ἀνθρώπους, ἔστιν ἐνταῦθα καὶ Πρόδικος ὁ Κεῖος καὶ Γοργίας
128 ὁ Λεοντῖνος καὶ Πῶλος ὁ Ἀκραγαντῖνος καὶ ἄλλοι πολλοί,
οἳ οὕτω σοφοί εἰσιν ὥστε εἰς τὰς πόλεις ἰόντες πείθουσι
τῶν νέων τοὺς γενναιοτάτους τε καὶ πλουσιωτάτους—οἷς
ἔξεστιν τῶν πολιτῶν ᾧ ἂν βούλωνται προῖκα συνεῖναι—
5 τούτους πείθουσιν ἀπολείποντας τὰς ἐκείνων συνουσίας
αὐτοῖς συνεῖναι, προσκατατιθέντας ἀργύριον πάνυ πολὺ
μισθόν, καὶ χάριν πρὸς τούτοις εἰδέναι. τούτων τινὰς εἰκὸς
ἦν προαιρεῖσθαι καὶ τὸν υὸν σου καὶ αὐτὸν σέ, ἐμὲ δ' οὐκ
b εἰκός· οὐδὲν γὰρ τούτων ἐπίσταμαι τῶν μακαρίων τε καὶ
καλῶν μαθημάτων—ἐπεὶ ἐβουλόμην ἄν—ἀλλὰ καὶ λέγω
δήπου ἀεὶ ὅτι ἐγὼ τυγχάνω ὡς ἔπος εἰπεῖν οὐδὲν ἐπιστάμενος
πλήν γε σμικροῦ τινος μαθήματος, τῶν ἐρωτικῶν. τοῦτο

---

d 5 ἔδοξέ σοι B T : σοι ἔδοξε Priscianus   d 6 ἂν secl. Cobet : δὴ
H. Richards   τ' εἴην Priscianus : τέ τ' ἦν B : τε ἦν T   θ 1 μὲν
in ras. B   θ 8 κεῖος B : κῖος T   a 5 τούτους B T : om. W
(sed cf. Apol. 19 e, 6)   ἀπολείποντας B T W (cf. Prot. 316) : ἀπο-
λιπόντας Cobet (cf. Apol. 20 a, 1)   a 6 ἀργύριον secl. Schanz (et
mox scr. πολὺν)   πάνυ πολὺ Beck : πάμπολυ Cobet : πάνυ πολὺν B T

ΘΕΑΓΗΣ 128 b

μέντοι τὸ μάθημα παρ' ὁντινοῦν ποιοῦμαι δεινὸς εἶναι καὶ τῶν 5
προγεγονότων ἀνθρώπων καὶ τῶν νῦν.

ΘΕ. Ὁρᾷς, ὦ πάτερ; ὁ Σωκράτης οὐ πάνυ μοι δοκεῖ
[τι] ἔτι ἐθέλειν ἐμοὶ συνδιατρίβειν—ἐπεὶ τό γ' ἐμὸν ἕτοιμον,
ἐὰν οὗτος ἐθέλῃ—ἀλλὰ ταῦτα παίζων πρὸς ἡμᾶς λέγει. c
ἐπεὶ ἐγὼ οἶδα τῶν ἐμῶν ἡλικιωτῶν καὶ ὀλίγῳ πρεσβυτέρων
οἳ πρὶν μὲν τούτῳ συνεῖναι οὐδενὸς ἄξιοι ἦσαν, ἐπειδὴ δὲ
συνεγένοντο τούτῳ, ἐν πάνυ ὀλίγῳ χρόνῳ πάντων βελτίους
φαίνονται ὧν πρότερον χείρους. 5

ΣΩ. Οἶσθα οὖν οἷον τοῦτό ἐστιν, ὦ παῖ Δημοδόκου;

ΘΕ. Ναὶ μὰ Δία ἔγωγε, ὅτι, ἐὰν σὺ βούλῃ, καὶ ἐγὼ
οἷός τ' ἔσομαι τοιοῦτος γενέσθαι οἷόσπερ καὶ ἐκεῖνοι.

ΣΩ. Οὔκ, ὠγαθέ, ἀλλά σε λέληθεν οἷον τοῦτ' ἔστιν, ἐγὼ d
δέ σοι φράσω. ἔστι γάρ τι θείᾳ μοίρᾳ παρεπόμενον ἐμοὶ
ἐκ παιδὸς ἀρξάμενον δαιμόνιον. ἔστι δὲ τοῦτο φωνή, ἣ
ὅταν γένηται ἀεί μοι σημαίνει, ὃ ἂν μέλλω πράττειν, τούτου
ἀποτροπήν, προτρέπει δὲ οὐδέποτε· καὶ ἐάν τίς μοι τῶν 5
φίλων ἀνακοινῶται καὶ γένηται ἡ φωνή, ταὐτὸν τοῦτο, ἀπο-
τρέπει καὶ οὐκ ἐᾷ πράττειν. καὶ τούτων ὑμῖν μάρτυρας
παρέξομαι. Χαρμίδην γὰρ τουτονὶ γιγνώσκετε τὸν καλὸν
γενόμενον, τὸν Γλαύκωνος· οὗτός ποτε ἐτύγχανε ἐμοὶ ἀνα- e
κοινούμενος μέλλων ἀσκήσειν στάδιον εἰς Νεμέαν, καὶ εὐθὺς
αὐτοῦ ἀρχομένου λέγειν ὅτι μέλλοι ἀσκεῖν ἐγένετο ἡ φωνή,
καὶ ἐγὼ διεκώλυόν τε αὐτὸν καὶ εἶπον ὅτι "Λέγοντός σου
μεταξὺ γέγονέ μοι ἡ φωνὴ ἡ τοῦ δαιμονίου· ἀλλὰ μὴ ἄσκει." 5
"Ἴσως," ἔφη, "σημαίνει σοι ὅτι οὐ νικήσω· ἐγὼ δὲ κἂν
μὴ μέλλω νικᾶν, γυμνασάμενός γε τοῦτον τὸν χρόνον ὠφελη-
θήσομαι." ταῦτα εἰπὼν ἤσκει· ἄξιον οὖν πυθέσθαι αὐτοῦ

b 5 ποιοῦμαι] fuit qui οἴομαι aut προσποιοῦμαι legendum putaret
Stallbaum : ἀντιποιοῦμαι Fritzsche : ἡγοῦμαι Cobet   b 7 ὁ Cobet :
ὅτι BT (μοι secl. ci. H. Richards)   b 8 τι om. Ven. 189
c 1 ἐθέλῃ corr. Coisl.: ἐθέλοι BT   ἀλλὰ sqq. alteri tribuit B
c 5 φαίνονται] ἐφαίνοντο Schleiermacher   d 5 δὲ T : om. B (δ' b) W
e 1 γενόμενον] λεγόμενον Cobet   e 2 νεμέαν T : νεμαίαν B   e 3 ἡ
BT: om. W   e 7 ὠφελήσομαι Cobet

129 ἃ αὐτῷ συνέβη ἀπὸ ταύτης τῆς ἀσκήσεως. εἰ δὲ βούλεσθε, τὸν Τιμάρχου ἀδελφὸν Κλειτόμαχον ἔρεσθε τί εἶπεν αὐτῷ Τίμαρχος ἡνίκα ἀποθανούμενος ᾔει †εὐθὺ τοῦ δαιμονίου†, ἐκεῖνός τε καὶ Εὔαθλος ὁ σταδιοδρομῶν ὃς Τίμαρχον ὑπ-

5 εδέξατο φεύγοντα· ἐρεῖ γὰρ ὑμῖν ὅτι εἶπεν αὐτῷ ταυτί.

ΘΕ. Τί;

ΣΩ. "'Ὦ Κλειτόμαχε," ἔφη, " ἐγὼ μέντοι ἔρχομαι ἀπο-θανούμενος νυνί, διότι Σωκράτει οὐκ ἤθελον πείθεσθαι." τί δὴ οὖν ποτε τοῦτο εἶπεν ὁ Τίμαρχος; ἐγὼ φράσω. ὅτε

b ἀνίστατο ἐκ τοῦ συμποσίου ὁ Τίμαρχος καὶ Φιλήμων ὁ Φιλημονίδου ἀποκτενοῦντες Νικίαν τὸν Ἡροσκαμάνδρου, ἠπιστάσθην μὲν αὐτὼ μόνω τὴν ἐπιβουλήν, ὁ δὲ Τίμαρχος ἀνιστάμενος πρὸς ἐμὲ εἶπεν, "Τί λέγεις," ἔφη, "ὦ Σώ-

5 κρατες; ὑμεῖς μὲν πίνετε, ἐμὲ δὲ δεῖ ποι ἐξαναστῆναι· ἥξω δὲ ὀλίγον ὕστερον, ἐὰν τύχω." καί μοι ἐγένετο ἡ φωνή, καὶ εἶπον πρὸς αὐτόν, "Μηδαμῶς," ἔφην, " ἀναστῇς· γέγονε γάρ μοι τὸ εἰωθὸς σημεῖον τὸ δαιμόνιον." καὶ ὃς ἐπέσχε.

c καὶ διαλιπὼν χρόνον αὖθις ὡρμᾶτο ἰέναι, καὶ ἔφη· "Εἶμι δή, Σώκρατες." αὖθις ἐγένετο ἡ φωνή· αὖθις οὖν αὐτὸν ἠνάγκασα ἐπισχεῖν. τὸ τρίτον, βουλόμενός με λαθεῖν, ἀνέστη οὐκέτι εἰπών μοι οὐδὲν ἀλλὰ λαθών, ἐπιτηρήσας

5 ἄλλοσε τὸν νοῦν ἔχοντα· καὶ οὕτως ᾤχετο ἀπιὼν καὶ διε-πράξατο ἐξ ὧν ᾔει ἀποθανούμενος. ὅθεν δὴ τοῦτο εἶπεν πρὸς τὸν ἀδελφὸν ὅπερ νῦν ὑμῖν ἐγώ, ὅτι ἴοι ἀποθανούμενος διὰ τὸ ἐμοὶ ἀπιστῆσαι. ἔτι τοίνυν περὶ τῶν ἐν Σικελίᾳ

d πολλῶν ἀκούσεσθον ἃ ἐγὼ ἔλεγον περὶ τῆς διαφθορᾶς τοῦ στρατοπέδου. καὶ τὰ μὲν παρεληλυθότα τῶν εἰδότων ἔστιν ἀκοῦσαι· πεῖραν δ' ἔξεστι νυνὶ λαβεῖν τοῦ σημείου εἰ ἄρα τὶ λέγει. ἐπὶ γὰρ τῇ ἐπὶ στρατείαν ἐξορμῇ Σαννίωνος τοῦ

καλοῦ ἐγένετό μοι τὸ σημεῖον, οἴχεται δὲ νῦν μετὰ Θρασύλ- 5
λου στρατευσόμενος εὐθὺ Ἐφέσου καὶ Ἰωνίας. ἐγὼ οὖν
οἶμαι ἐκεῖνον ἢ ἀποθανεῖσθαι ἢ ὁμοῦ τι τούτῳ γ᾽ ἐλᾶν, καὶ
περί γε τῆς στρατιᾶς τῆς ἄλλης πάνυ φοβοῦμαι.

Ταῦτα δὴ πάντα εἴρηκά σοι, ὅτι ἡ δύναμις αὕτη τοῦ e
δαιμονίου τούτου καὶ εἰς τὰς συνουσίας τῶν μετ᾽ ἐμοῦ συν-
διατριβόντων τὸ ἅπαν δύναται. πολλοῖς μὲν γὰρ ἐναν-
τιοῦται, καὶ οὐκ ἔστι τούτοις ὠφεληθῆναι μετ᾽ ἐμοῦ διατρί-
βουσιν, ὥστε οὐχ οἷόν τέ μοι τούτοις συνδιατρίβειν· 5
πολλοῖς δὲ συνεῖναι μὲν οὐ διακωλύει, ὠφελοῦνται δὲ οὐδὲν
συνόντες. οἷς δ᾽ ἂν συλλάβηται τῆς συνουσίας ἡ τοῦ
δαιμονίου δύναμις, οὗτοί εἰσιν ὧν καὶ σὺ ᾔσθησαι· ταχὺ
γὰρ παραχρῆμα ἐπιδιδόασιν. καὶ τούτων αὖ τῶν ἐπιδι-
δόντων οἱ μὲν καὶ βέβαιον ἔχουσι καὶ παραμόνιμον τὴν 130
ὠφελίαν· πολλοὶ δέ, ὅσον ἂν μετ᾽ ἐμοῦ χρόνον ὦσιν, θαυ-
μάσιον ἐπιδιδόασιν, ἐπειδὰν δέ μου ἀπόσχωνται, πάλιν οὐδὲν
διαφέρουσιν ὁτουοῦν. τοῦτό ποτε ἔπαθεν Ἀριστείδης ὁ
Λυσιμάχου ὑὸς τοῦ Ἀριστείδου. διατρίβων γὰρ μετ᾽ ἐμοῦ 5
πάμπολυ ἐπεδεδώκει ἐν ὀλίγῳ χρόνῳ· ἔπειτα αὐτῷ στρατεία
τις ἐγένετο καὶ ᾤχετο ἐκπλέων, ἥκων δὲ κατελάμβανε μετ᾽
ἐμοῦ διατρίβοντα Θουκυδίδην τὸν Μελησίου ὑὸν τοῦ Θου-
κυδίδου. ὁ δὲ Θουκυδίδης τῇ προτεραίᾳ μοι δι᾽ ἀπεχθείας b
ἐν λόγοις τισὶν ἐγεγόνει· ἰδὼν οὖν με ὁ Ἀριστείδης, ἐπειδὴ
ἠσπάσατό τε καὶ τἆλλα διελέχθη, "Θουκυδίδην δέ," ἔφη,
"ἀκούω, ὦ Σώκρατες, σεμνύνεσθαι ἄττα πρός σε καὶ χαλε-
παίνειν ὡς τὶ ὄντα." "Ἔστι γάρ," ἔφην ἐγώ, "οὕτως." 5
"Τί δέ, οὐκ οἶδεν," ἔφη, "πρὶν σοὶ συγγενέσθαι οἷον ἦν
τὸ ἀνδράποδον;" "Οὐκ ἔοικέν γε," ἔφην ἐγώ, "νὴ τοὺς
θεούς." "Ἀλλὰ μὴν καὶ αὐτός γε," ἔφη, "καταγελάστως

d 5 τὸ suprascr. B² : om. BT   θρασύλλου BT : θρασύλου W
d 7 γ᾽ ἐλᾶν Hermann : γελᾶν B : ἐλᾶν TW   d 8 στρατιᾶς Cobet :
στρατείας BW : πραγματείας T   e 3 ἅπαν] πᾶν Cobet   e 9 αὖ
τῶν] αὐτῶν BT   a 4 ἔπαθεν TW : ἔμαθεν B   a 5 ὑὸς τοῦ] τοῦ
Ast   a 8 μελησίου B : μελισίου T   ὑὸν τοῦ] τοῦ Ast   b 7 τὸ
secl. Cobet   νὴ] μὰ Cobet

c ἔχω, ὦ Σώκρατες." "Τί μάλιστα;" ἔφην ἐγώ. "Ὅτι,"
ἔφη, "πρὶν μὲν ἐκπλεῖν, ὁτῳοῦν ἀνθρώπῳ οἷός τ' ἦ διαλέ-
γεσθαι καὶ μηδενὸς χείρων φαίνεσθαι ἐν τοῖς λόγοις, ὥστε
καὶ ἐδίωκον τὰς συνουσίας τῶν χαριεστάτων ἀνθρώπων,
5 νυνὶ δὲ τοὐναντίον φεύγω ἄν τινα καὶ αἰσθάνωμαι πεπαι-
δευμένον· οὕτως αἰσχύνομαι ἐπὶ τῇ ἐμαυτοῦ φαυλότητι."
"Πότερον δέ," ἦν δ' ἐγώ, "ἐξαίφνης σε προύλιπεν αὕτη
ἡ δύναμις ἢ κατὰ σμικρόν;" "Κατὰ σμικρόν," ἦ δ' ὅς.

d "Ἡνίκα δέ σοι παρεγένετο," ἦν δ' ἐγώ, "πότερον μαθόντι
παρ' ἐμοῦ τι παρεγένετο ἤ τινι ἄλλῳ τρόπῳ;" "Ἐγώ σοι
ἐρῶ," ἔφη, "ὦ Σώκρατες, ἄπιστον μὲν νὴ τοὺς θεούς, ἀληθὲς
δέ. ἐγὼ γὰρ ἔμαθον μὲν παρά σου οὐδὲν πώποτε, ὡς αὐτὸς
5 οἶσθα· ἐπεδίδουν δὲ ὁπότε σοι συνείην, κἂν εἰ ἐν τῇ αὐτῇ
μόνον οἰκίᾳ εἴην, μὴ ἐν τῷ αὐτῷ δὲ οἰκήματι, μᾶλλον δὲ
ὁπότε ἐν τῷ αὐτῷ οἰκήματι, καὶ ἔμοιγε ἐδόκουν πολὺ μᾶλλον
ὁπότε ἐν τῷ αὐτῷ οἰκήματι ὢν λέγοντός σου βλέποιμι πρὸς

e σέ, μᾶλλον ἢ ὁπότε ἄλλοσε ὁρῴην, πολὺ δὲ μάλιστα καὶ
πλεῖστον ἐπεδίδουν ὁπότε παρ' αὐτόν σε καθοίμην ἐχόμενός
σου καὶ ἁπτόμενος· νῦν δέ," ἦ δ' ὅς, "πᾶσα ἐκείνη ἡ ἕξις
ἐξερρύηκε."

5 Ἔστιν οὖν, ὦ Θέαγες, τοιαύτη ἡ ἡμετέρα συνουσία· ἐὰν
μὲν τῷ θεῷ φίλον ᾖ, πάνυ πολὺ ἐπιδώσεις καὶ ταχύ, εἰ δὲ
μή, οὔ. ὅρα οὖν μή σοι ἀσφαλέστερον ᾖ παρ' ἐκείνων τινὶ
παιδεύεσθαι οἳ ἐγκρατεῖς αὐτοί εἰσιν τῆς ὠφελίας ἣν
ὠφελοῦσιν τοὺς ἀνθρώπους μᾶλλον ἢ παρ' ἐμοῦ ὅτι ἂν
10 τύχῃ τοῦτο πρᾶξαι.

131 ΘΕ. Ἐμοὶ μὲν τοίνυν δοκεῖ, ὦ Σώκρατες, ἡμᾶς οὑτωσὶ
ποιῆσαι, ἀποπειραθῆναι τοῦ δαιμονίου τούτου συνόντας

c 2 ἀνθρώπῳ Β : ἀνθρώπων Τ : ἂν ἀνθρώπῳ Β² ᾗ scr. Coisl. : ἦν
Β : ᾖ Τ c 5 αἰσθάνωμαι W : αἰσθάνομαι ΒΤ : αἴσθωμαι scr.
Coisl. c 7 προύλιπεν W : προύλειπεν ΒΤ d 4 μὲν ΒW :
om. Τ d 7 οἰκήματι Τ : δὲ οἰκήματι Β e 1 ὁρῴην ΒΤ :
ὁρῴμην W δὲ Wb : δὴ ΒΤ e 2 καθοίμην] καθήμην Cobet
e 8 οἳ Τ : δτ' Β : οἷ τ' W e 9 ἐμοῦ] ἐμοὶ Hermann e 10 τύχῃ]
τύχης ci. Bekker

ἀλλήλοις. καὶ ἐὰν μὲν παρείκῃ ἡμῖν, ταῦτα βέλτιστα·
εἰ δὲ μή, τότε ἤδη παραχρῆμα βουλευσόμεθα ὅτι δράσομεν,
εἴτε ἄλλῳ συνεσόμεθα, εἴτε καὶ αὐτὸ τὸ θεῖον τὸ σοὶ γιγνό- 5
μενον πειρασόμεθα παραμυθεῖσθαι εὐχαῖσί τε καὶ θυσίαις
καὶ ἄλλῳ ὅτῳ ἂν οἱ μάντεις ἐξηγῶνται.

ΔΗ. Μηκέτι πρὸς ταῦτα ἀντείπῃς, ὦ Σώκρατες, τῷ
μειρακίῳ· εὖ γὰρ λέγει Θεάγης.

ΣΩ. Ἀλλ' εἰ δοκεῖ χρῆναι οὕτω ποιεῖν, οὕτω ποιῶμεν. 10

a 2 ταῦτα βέλτιστα secl. ci. Hirschig

ΧΑΡΜΙΔΗΣ

ΣΩΚΡΑΤΗΣ

Ἥκομεν τῇ προτεραίᾳ ἑσπέρας ἐκ Ποτειδαίας ἀπὸ τοῦ a
στρατοπέδου, οἷον δὲ διὰ χρόνου ἀφιγμένος ἀσμένως ᾖα
ἐπὶ τὰς συνήθεις διατριβάς. καὶ δὴ καὶ εἰς τὴν Ταυρέου
παλαίστραν τὴν καταντικρὺ τοῦ τῆς Βασίλης ἱεροῦ εἰσῆλ-
θον, καὶ αὐτόθι κατέλαβον πάνυ πολλούς, τοὺς μὲν καὶ 5
ἀγνῶτας ἐμοί, τοὺς δὲ πλείστους γνωρίμους. καί με ὡς
εἶδον εἰσιόντα ἐξ ἀπροσδοκήτου, εὐθὺς πόρρωθεν ἠσπάζοντο b
ἄλλος ἄλλοθεν· Χαιρεφῶν δέ, ἅτε καὶ μανικὸς ὤν, ἀνα-
πηδήσας ἐκ μέσων ἔθει πρός με, καί μου λαβόμενος τῆς
χειρός, Ὦ Σώκρατες, ἦ δ' ὅς, πῶς ἐσώθης ἐκ τῆς μάχης;
Ὀλίγον δὲ πρὶν ἡμᾶς ἀπιέναι μάχη ἐγεγόνει ἐν τῇ Ποτειδαίᾳ, 5
ἣν ἄρτι ἦσαν οἱ τῇδε πεπυσμένοι.

Καὶ ἐγὼ πρὸς αὐτὸν ἀποκρινόμενος, Οὑτωσί, ἔφην, ὡς
σὺ ὁρᾷς.

Καὶ μὴν ἤγγελταί γε δεῦρο, ἔφη, ἥ τε μάχη πάνυ ἰσχυρὰ
γεγονέναι καὶ ἐν αὐτῇ πολλοὺς τῶν γνωρίμων τεθνάναι. c

Καὶ ἐπιεικῶς, ἦν δ' ἐγώ, ἀληθῆ ἀπήγγελται.

Παρεγένου μέν, ἦ δ' ὅς, τῇ μάχῃ;

Παρεγενόμην.

Δεῦρο δή, ἔφη, καθεζόμενος ἡμῖν διήγησαι· οὐ γάρ τί 5

---

a 1 ἥκομεν ΒΤ: ἦκον μὲν bt   a 2 ἀσμένως Β: ἀσμένως Τ:
ἀσμένος Hirschig   a 4 Βασίλης] βασίλης Β (sed suprascr. ικ):
βασιλικῆς Τ   b 1 εἶδον t: ἴδον ΒΤ   c 5 τι scr. recc.: τοι
ΒΤW

πω πάντα σαφῶς πεπύσμεθα. Καὶ ἅμα με καθίζει ἄγων
παρὰ Κριτίαν τὸν Καλλαίσχρου.

Παρακαθεζόμενος οὖν ἠσπαζόμην τόν τε Κριτίαν καὶ τοὺς
ἄλλους, καὶ διηγούμην αὐτοῖς τὰ ἀπὸ στρατοπέδου, ὅτι μέ
d τις ἀνέροιτο· ἠρώτων δὲ ἄλλος ἄλλο.

Ἐπειδὴ δὲ τῶν ΅οιούτων ἅδην εἴχομεν, αὖθις ἐγὼ αὐτοὺς
ἀνηρώτων τὰ τῇδε, περὶ φιλοσοφίας ὅπως ἔχοι τὰ νῦν, περί
τε τῶν νέων, εἴ τινες ἐν αὐτοῖς διαφέροντες ἢ σοφίᾳ ἢ κάλλει
5 ἢ ἀμφοτέροις ἐγγεγονότες εἶεν. καὶ ὁ Κριτίας ἀποβλέψας
154 πρὸς τὴν θύραν, ἰδών τινας νεανίσκους εἰσιόντας καὶ λοι-
δορουμένους ἀλλήλοις καὶ ἄλλον ὄχλον ὄπισθεν ἑπόμενον,
Περὶ μὲν τῶν καλῶν, ἔφη, ὦ Σώκρατες, αὐτίκα μοι δοκεῖς
εἴσεσθαι· οὗτοι γὰρ τυγχάνουσιν οἱ εἰσιόντες πρόδρομοί τε
5 καὶ ἐρασταὶ ὄντες τοῦ δοκοῦντος καλλίστου εἶναι τά γε δὴ
νῦν, φαίνεται δέ μοι καὶ αὐτὸς ἐγγὺς ἤδη που εἶναι προσιών.

Ἔστιν δέ, ἦν δ' ἐγώ, τίς τε καὶ τοῦ;

Οἶσθά που σύ γε, ἔφη, ἀλλ' οὔπω ἐν ἡλικίᾳ ἦν πρίν σε
b ἀπιέναι, Χαρμίδην τὸν τοῦ Γλαύκωνος τοῦ ἡμετέρου θείου
ὑόν, ἐμὸν δὲ ἀνεψιόν.

Οἶδα μέντοι νὴ Δία, ἦν δ' ἐγώ· οὐ γάρ τι φαῦλος οὐδὲ
τότε ἦν ἔτι παῖς ὤν, νῦν δ' οἶμαί που εὖ μάλα ἂν ἤδη
5 μειράκιον εἴη.

Αὐτίκα, ἔφη, εἴσῃ καὶ ἡλίκος καὶ οἷος γέγονεν. Καὶ ἅμα
ταῦτ' αὐτοῦ λέγοντος ὁ Χαρμίδης εἰσέρχεται.

Ἐμοὶ μὲν οὖν, ὦ ἑταῖρε, οὐδὲν σταθμητόν· ἀτεχνῶς γὰρ
λευκὴ στάθμη εἰμὶ πρὸς τοὺς καλούς—σχεδὸν γάρ τί μοι
10 πάντες οἱ ἐν τῇ ἡλικίᾳ καλοὶ φαίνονται—ἀτὰρ οὖν δὴ καὶ
c τότε ἐκεῖνος ἐμοὶ θαυμαστὸς ἐφάνη τό τε μέγεθος καὶ τὸ
κάλλος, οἱ δὲ δὴ ἄλλοι πάντες ἐρᾶν ἔμοιγε ἐδόκουν αὐτοῦ—
οὕτως ἐκπεπληγμένοι τε καὶ τεθορυβημένοι ἦσαν, ἡνίκ'

d 1 ἀνέροιτο Τ : ἂν ἔροιτο Β (γρ. καὶ ἀνέροι^το b)   b 7 εἰσέρχεται
Τ : ἔρχεται Β (γρ. εἰσέρχεται b)   b 8 σταθμητόν Β Τ : ἀστάθμη-
τον b

εἰσῄει—πολλοὶ δὲ δὴ ἄλλοι ἐρασταὶ καὶ ἐν τοῖς ὄπισθεν
εἵποντο. καὶ τὸ μὲν ἡμέτερον τὸ τῶν ἀνδρῶν ἧττον θαυ- 5
μαστὸν ἦν· ἀλλ᾽ ἐγὼ καὶ τοῖς παισὶ προσέσχον τὸν νοῦν,
ὡς οὐδεὶς ἄλλοσ᾽ ἔβλεπεν αὐτῶν, οὐδ᾽ ὅστις σμικρότατος
ἦν, ἀλλὰ πάντες ὥσπερ ἄγαλμα ἐθεῶντο αὐτόν. καὶ ὁ
Χαιρεφῶν καλέσας με, Τί σοι φαίνεται ὁ νεανίσκος, ἔφη, d
ὦ Σώκρατες; οὐκ εὐπρόσωπος;
  Ὑπερφυῶς, ἦν δ᾽ ἐγώ.
  Οὗτος μέντοι, ἔφη, εἰ ἐθέλοι ἀποδῦναι, δόξει σοι ἀπρόσω-
πος εἶναι· οὕτως τὸ εἶδος πάγκαλός ἐστιν. 5
  Συνέφασαν οὖν καὶ οἱ ἄλλοι ταῦτα ταῦτα τῷ Χαιρεφῶντι·
κἀγώ, Ἡράκλεις, ἔφην, ὡς ἄμαχον λέγετε τὸν ἄνδρα, εἰ ἔτι
αὐτῷ ἓν δὴ μόνον τυγχάνει προσὸν σμικρόν τι.
  Τί; ἔφη ὁ Κριτίας.
  Εἰ τὴν ψυχήν, ἦν δ᾽ ἐγώ, τυγχάνει εὖ πεφυκώς. πρέπει e
δέ που, ὦ Κριτία, τοιοῦτον αὐτὸν εἶναι τῆς γε ὑμετέρας ὄντα
οἰκίας.
  Ἀλλ᾽, ἔφη, πάνυ καλὸς καὶ ἀγαθός ἐστιν καὶ ταῦτα.
  Τί οὖν, ἔφην, οὐκ ἀπεδύσαμεν αὐτοῦ αὐτὸ τοῦτο καὶ 5
ἐθεασάμεθα πρότερον τοῦ εἴδους; πάντως γάρ που τηλικοῦτος
ὢν ἤδη ἐθέλει διαλέγεσθαι.
  Καὶ πάνυ γε, ἔφη ὁ Κριτίας, ἐπεί τοι καὶ ἔστιν φιλό-
σοφός τε καί, ὡς δοκεῖ ἄλλοις τε καὶ ἑαυτῷ, πάνυ ποιητικός. 155
  Τοῦτο μέν, ἦν δ᾽ ἐγώ, ὦ φίλε Κριτία, πόρρωθεν ὑμῖν τὸ
καλὸν ὑπάρχει ἀπὸ τῆς Σόλωνος συγγενείας. ἀλλὰ τί οὐκ
ἐπέδειξάς μοι τὸν νεανίαν καλέσας δεῦρο; οὐδὲ γὰρ ἄν που
εἰ ἔτι ἐτύγχανε νεώτερος ὤν, αἰσχρὸν ἂν ἦν αὐτῷ διαλέ- 5
γεσθαι ἡμῖν ἐναντίον γε σοῦ, ἐπιτρόπου τε ἅμα καὶ ἀνεψιοῦ
ὄντος.

c 7 ἄλλοσ᾽ ἔβλεπεν scr. Coisl. : ἀλλοσέβλεπεν T : ἄλλος ἔβλεπεν B
(sed ω supra o b) W   d 4 ἐθέλοι B W : ἐθέλει T   d 7 λέγετε scr.
recc. : λέγεται B T W   d 8 δὴ Θ : δὲ B : om. T W   e 8 φιλόσοφός
τε B W (sed γ supra τ W) : φιλόσοφος γε T   a 4 ἄν που] δήπου ci.
Naber   a 5 εἰ ἔτι ἐτύγχανε Goldbacher (εἰ ἐτύγχανεν ἔτι Cobet) :
ἔτι τυγχάνει B W : εἰ ἐτύγχανε T : γρ. εἴ γ᾽ ἐτύγχανεν in marg. W

Ἀλλὰ καλῶς, ἔφη, λέγεις, καὶ καλοῦμεν αὐτόν. Καὶ
b ἅμα πρὸς τὸν ἀκόλουθον, Παῖ, ἔφη, κάλει Χαρμίδην, εἰπὼν
ὅτι βούλομαι αὐτὸν ἰατρῷ συστῆσαι περὶ τῆς ἀσθενείας ἧς
πρῴην πρός με ἔλεγεν ὅτι ἀσθενοῖ. Πρὸς οὖν ἐμὲ ὁ Κρι-
τίας, Ἔναγχός τοι ἔφη βαρύνεσθαί τι τὴν κεφαλὴν ἕωθεν
5 ἀνιστάμενος· ἀλλὰ τί σε κωλύει προσποιήσασθαι πρὸς
αὐτὸν ἐπίστασθαί τι κεφαλῆς φάρμακον;
Οὐδέν, ἦν δ᾽ ἐγώ· μόνον ἐλθέτω.
Ἀλλ᾽ ἥξει, ἔφη.
Ὁ οὖν καὶ ἐγένετο. ἦκε γάρ, καὶ ἐποίησε γέλωτα
c πολύν· ἕκαστος γὰρ ἡμῶν τῶν καθημένων συγχωρῶν τὸν
πλησίον ἐώθει σπουδῇ, ἵνα παρ᾽ αὑτῷ καθέζοιτο, ἕως τῶν
ἐπ᾽ ἐσχάτῳ καθημένων τὸν μὲν ἀνεστήσαμεν, τὸν δὲ πλάγιον
κατεβάλομεν. ὁ δ᾽ ἐλθὼν μεταξὺ ἐμοῦ τε καὶ τοῦ Κριτίου
5 ἐκαθέζετο. ἐνταῦθα μέντοι, ὦ φίλε, ἐγὼ ἤδη ἠπόρουν, καί
μου ἡ πρόσθεν θρασύτης ἐξεκέκοπτο, ἣν εἶχον ἐγὼ ὡς πάνυ
ῥᾳδίως αὐτῷ διαλεξόμενος· ἐπειδὴ δέ, φράσαντος τοῦ Κριτίου
ὅτι ἐγὼ εἴην ὁ τὸ φάρμακον ἐπιστάμενος, ἐνέβλεψέν τέ μοι
d τοῖς ὀφθαλμοῖς ἀμήχανόν τι οἷον καὶ ἀνήγετο ὡς ἐρωτήσων,
καὶ οἱ ἐν τῇ παλαίστρᾳ ἅπαντες περιέρρεον ἡμᾶς κύκλῳ
κομιδῇ, τότε δή, ὦ γεννάδα, εἶδόν τε τὰ ἐντὸς τοῦ ἱματίου
καὶ ἐφλεγόμην καὶ οὐκέτ᾽ ἐν ἐμαυτοῦ ἦν καὶ ἐνόμισα σοφώ-
5 τατον εἶναι τὸν Κυδίαν τὰ ἐρωτικά, ὃς εἶπεν ἐπὶ καλοῦ
λέγων παιδός, ἄλλῳ ὑποτιθέμενος, εὐλαβεῖσθαι μὴ κατέ-
ναντα λέοντος νεβρὸν ἐλθόντα μοῖραν αἱρεῖσθαι
e κρεῶν· αὐτὸς γάρ μοι ἐδόκουν ὑπὸ τοῦ τοιούτου θρέμματος
ἑαλωκέναι. ὅμως δὲ αὐτοῦ ἐρωτήσαντος εἰ ἐπισταίμην τὸ τῆς
κεφαλῆς φάρμακον, μόγις πως ἀπεκρινάμην ὅτι ἐπισταίμην.

a 8 καλοῦμεν Β T W : καλῶμεν scr. Ambr. 56   b 9 ὃ Β W : ὅπερ Τ
ἧκε Τ : ἧκει Β W (sed ε supra ει W)   c 2 ἐώθει W. Dindorf : ὤθει
Β Τ   καθίζοιτο in marg. Τ   c 4 κατεβάλομεν Τ : κατελάβομεν Β
c 8 τέ μοι Τ (sed ε supra οι) : δέ με Β   d 3 εἶδον W : ἴδον Β Τ
d 4 ἐν Τ : ἐπ᾽ Β W   d 6 κατέναντα Τ : κατ᾽ ἐναντία Β W
d 7 μοῖραν Τ : μοίραν W : ἀθανατώσηι θεία μοῖρα Β   αἱρεῖσθαι]
αἱρεῖσθαι ci. Cobet   e 1 αὐτὸς Β Τ : καὶ αὐτὸς rec. b

Τί οὖν, ἦ δ' ὅς, ἐστίν;

Καὶ ἐγὼ εἶπον ὅτι αὐτὸ μὲν εἴη φύλλον τι, ἐπῳδὴ δέ τις 5
ἐπὶ τῷ φαρμάκῳ εἴη, ἣν εἰ μέν τις ἐπᾴδοι ἅμα καὶ χρῷτο
αὐτῷ, παντάπασιν ὑγιᾶ ποιοῖ τὸ φάρμακον· ἄνευ δὲ τῆς
ἐπῳδῆς οὐδὲν ὄφελος εἴη τοῦ φύλλου.

Καὶ ὅς, Ἀπογράψομαι τοίνυν, ἔφη, παρὰ σοῦ τὴν 156
ἐπῳδήν.

Πότερον, ἦν δ' ἐγώ, ἐάν με πείθῃς ἢ κἂν μή;

Γελάσας οὖν, Ἐάν σε πείθω, ἔφη, ὦ Σώκρατες.

Εἶεν, ἦν δ' ἐγώ· καὶ τοὔνομά μου σὺ ἀκριβοῖς; 5

Εἰ μὴ ἀδικῶ γε, ἔφη· οὐ γάρ τι σοῦ ὀλίγος λόγος ἐστὶν
ἐν τοῖς ἡμετέροις ἡλικιώταις, μέμνημαι δὲ ἔγωγε καὶ παῖς
ὢν Κριτίᾳ τῷδε συνόντα σε.

Καλῶς γε σύ, ἦν δ' ἐγώ, ποιῶν· μᾶλλον γάρ σοι παρ-
ρησιάσομαι περὶ τῆς ἐπῳδῆς οἷα τυγχάνει οὖσα· ἄρτι δ' b
ἠπόρουν τίνι τρόπῳ σοι ἐνδειξαίμην τὴν δύναμιν αὐτῆς.
ἔστι γάρ, ὦ Χαρμίδη, τοιαύτη οἵα μὴ δύνασθαι τὴν
κεφαλὴν μόνον ὑγιᾶ ποιεῖν, ἀλλ' ὥσπερ ἴσως ἤδη καὶ σὺ
ἀκήκοας τῶν ἀγαθῶν ἰατρῶν, ἐπειδάν τις αὐτοῖς προσ- 5
έλθῃ τοὺς ὀφθαλμοὺς ἀλγῶν, λέγουσί που ὅτι οὐχ οἷόν
τε αὐτοὺς μόνους ἐπιχειρεῖν τοὺς ὀφθαλμοὺς ἰᾶσθαι, ἀλλ'
ἀναγκαῖον εἴη ἅμα καὶ τὴν κεφαλὴν θεραπεύειν, εἰ μέλλοι
καὶ τὰ τῶν ὀμμάτων εὖ ἔχειν· καὶ αὖ τὸ τὴν κεφαλὴν c
οἴεσθαι ἄν ποτε θεραπεῦσαι αὐτὴν ἐφ' ἑαυτῆς ἄνευ ὅλου
τοῦ σώματος πολλὴν ἄνοιαν εἶναι. ἐκ δὴ τούτου τοῦ λόγου
διαίταις ἐπὶ πᾶν τὸ σῶμα τρεπόμενοι μετὰ τοῦ ὅλου τὸ
μέρος ἐπιχειροῦσιν θεραπεύειν τε καὶ ἰᾶσθαι· ἢ οὐκ ᾔσθησαι 5
ὅτι ταῦτα οὕτως λέγουσίν τε καὶ ἔχει;

Πάνυ γε, ἔφη.

Οὐκοῦν καλῶς σοι δοκεῖ λέγεσθαι καὶ ἀποδέχῃ τὸν λόγον;

a 3, 4 πείθῃς . . . πείθω] πείσῃς . . . πείσω ci. H. Richards
a 4 ἔφη TW: om. B   a 7 ἔγωγε T: ἐγώ τε B   a 9 γε
corr. Coisl. : δὲ BT   b 8 εἴη] ἂν εἴη ci. Madvig   c 2 ποτε
TW: ποθεν B

Πάντων μάλιστα, ἔφη.

d   Κἀγὼ ἀκούσας αὐτοῦ ἐπαινέσαντος ἀνεθάρρησά τε, καί
μοι κατὰ σμικρὸν πάλιν ἡ θρασύτης συνηγείρετο, καὶ ἀνεζω-
πυρούμην. καὶ εἶπον· Τοιοῦτον τοίνυν ἐστίν, ὦ Χαρμίδη, καὶ
τὸ ταύτης τῆς ἐπῳδῆς. ἔμαθον δ᾽ αὐτὴν ἐγὼ ἐκεῖ ἐπὶ στρατιᾶς
5 παρά τινος τῶν Θρᾳκῶν τῶν Ζαλμόξιδος ἰατρῶν, οἳ λέγονται
καὶ ἀπαθανατίζειν. ἔλεγεν δὲ ὁ Θρᾷξ οὗτος ὅτι ταῦτα μὲν
[ἰατροὶ] οἱ Ἕλληνες, ἃ νυνδὴ ἐγὼ ἔλεγον, καλῶς λέγοιεν·
ἀλλὰ Ζάλμοξις, ἔφη, λέγει ὁ ἡμέτερος βασιλεύς, θεὸς ὤν,
e   ὅτι ὥσπερ ὀφθαλμοὺς ἄνευ κεφαλῆς οὐ δεῖ ἐπιχειρεῖν ἰᾶσθαι
οὐδὲ κεφαλὴν ἄνευ σώματος, οὕτως οὐδὲ σῶμα ἄνευ ψυχῆς,
ἀλλὰ τοῦτο καὶ αἴτιον εἴη τοῦ διαφεύγειν τοὺς παρὰ τοῖς
Ἕλλησιν ἰατροὺς τὰ πολλὰ νοσήματα, ὅτι τοῦ ὅλου ἀμελοῖεν
5 οὗ δέοι τὴν ἐπιμέλειαν ποιεῖσθαι, οὗ μὴ καλῶς ἔχοντος ἀδύ-
νατον εἴη τὸ μέρος εὖ ἔχειν. πάντα γὰρ ἔφη ἐκ τῆς ψυχῆς
ὡρμῆσθαι καὶ τὰ κακὰ καὶ τὰ ἀγαθὰ τῷ σώματι καὶ παντὶ
τῷ ἀνθρώπῳ, καὶ ἐκεῖθεν ἐπιρρεῖν ὥσπερ ἐκ τῆς κεφαλῆς ἐπὶ
157 τὰ ὄμματα· δεῖν οὖν ἐκεῖνο καὶ πρῶτον καὶ μάλιστα θερα-
πεύειν, εἰ μέλλει καὶ τὰ τῆς κεφαλῆς καὶ τὰ τοῦ ἄλλου
σώματος καλῶς ἔχειν. θεραπεύεσθαι δὲ τὴν ψυχὴν ἔφη, ὦ
μακάριε, ἐπῳδαῖς τισιν, τὰς δ᾽ ἐπῳδὰς ταύτας τοὺς λόγους
5 εἶναι τοὺς καλούς· ἐκ δὲ τῶν τοιούτων λόγων ἐν ταῖς ψυχαῖς
σωφροσύνην ἐγγίγνεσθαι, ἧς ἐγγενομένης καὶ παρούσης
ῥᾴδιον ἤδη εἶναι τὴν ὑγίειαν καὶ τῇ κεφαλῇ καὶ τῷ ἄλλῳ
b   σώματι πορίζειν. διδάσκων οὖν με τό τε φάρμακον καὶ τὰς
ἐπῳδάς, "Ὅπως," ἔφη, "τῷ φαρμάκῳ τούτῳ μηδείς σε
πείσει τὴν αὐτοῦ κεφαλὴν θεραπεύειν, ὃς ἂν μὴ τὴν ψυχὴν

d 2 ξυνηγείρετο Tb : ξυνεγείρετο B   d 3 posterius καὶ om.
Stobaeus   d 4 στρατιᾶς Β T : στρατείας Stobaeus   d 5 ζαλμό-
ξιδος B : ζαμόλξιδος Tb   ἰατρῶν] πολιτῶν Stobaeus   d 6 μὲν]
μὲν δὴ Stobaeus   d 7 ἰατροὶ secl. Cobet   ἰατροὶ οἱ Ἕλληνες
Β T : οἱ Ἕλληνες ἰατροὶ Stobaeus   d 8 ζάλμοξις B : ζάμολξις Tb
e 4 τοῦ ὅλου scripsi : τοῦ ἄλλου Stobaeus : τὸ ὅλον Β T   ἀμελοῖεν
γρ. T Stobaeus : ἀγνοοῖεν Β T   a 2 μέλλοι Heindorf   ἄλλου Β W
Stobaeus : ὅλου T   a 5 ἐν om. Stobaeus   b 3 πείσει scr.
Par. 1812 : πείσῃ Β T W

πρῶτον παράσχῃ τῇ ἐπῳδῇ ὑπὸ σοῦ θεραπευθῆναι. καὶ γὰρ
νῦν," ἔφη, "τοῦτ' ἔστιν τὸ ἁμάρτημα περὶ τοὺς ἀνθρώπους, 5
ὅτι χωρὶς ἑκατέρου, σωφροσύνης τε καὶ ὑγιείας, ἰατροί τινες
ἐπιχειροῦσιν εἶναι·" καί μοι πάνυ σφόδρα ἐνετέλλετο μήτε
πλούσιον οὕτω μηδένα εἶναι μήτε γενναῖον μήτε καλόν, ὃς
ἐμὲ πείσει ἄλλως ποιεῖν. ἐγὼ οὖν—ὀμώμοκα γὰρ αὐτῷ, c
καί μοι ἀνάγκη πείθεσθαι—πείσομαι ᾿οὖν, καὶ σοί, ἐὰν
μὲν βούλῃ κατὰ τὰς τοῦ ξένου ἐντολὰς τὴν ψυχὴν πρῶτον
παρασχεῖν ἐπᾷσαι ταῖς τοῦ Θρᾳκὸς ἐπῳδαῖς, προσοίσω τὸ
φάρμακον τῇ κεφαλῇ· εἰ δὲ μή, οὐκ ἂν ἔχοιμεν ὅτι ποιοῖμέν 5
σοι, ὦ φίλε Χαρμίδη.

Ἀκούσας οὖν μου ὁ Κριτίας ταῦτ' εἰπόντος, Ἕρμαιον,
ἔφη, ὦ Σώκρατες, γεγονὸς ἂν εἴη ἡ τῆς κεφαλῆς ἀσθένεια
τῷ νεανίσκῳ, εἰ ἀναγκασθήσεται καὶ τὴν διάνοιαν διὰ τὴν
κεφαλὴν βελτίων γενέσθαι. λέγω μέντοι σοι ὅτι Χαρμίδης d
τῶν ἡλικιωτῶν οὐ μόνον τῇ ἰδέᾳ δοκεῖ διαφέρειν, ἀλλὰ καὶ
αὐτῷ τούτῳ, οὗ σὺ φῂς τὴν ἐπῳδὴν ἔχειν· φῂς δὲ σωφρο-
σύνης· ἦ γάρ;

Πάνυ γε, ἦν δ' ἐγώ. 5

Εὖ τοίνυν ἴσθι, ἔφη, ὅτι πάνυ πολὺ δοκεῖ σωφρονέστατος
εἶναι τῶν νυνί, καὶ τἆλλα πάντα, εἰς ὅσον ἡλικίας ἥκει,
οὐδενὸς χείρων ὤν.

Καὶ γάρ, ἦν δ' ἐγώ, καὶ δίκαιον, ὦ Χαρμίδη, διαφέρειν σε
τῶν ἄλλων πᾶσιν τοῖς τοιούτοις· οὐ γὰρ οἶμαι ἄλλον οὐδένα e
τῶν ἐνθάδε ῥᾳδίως ἂν ἔχειν ἐπιδεῖξαι ποῖαι δύο οἰκίαι
συνελθοῦσαι εἰς ταὐτὸν τῶν Ἀθήνησιν ἐκ τῶν εἰκότων

b 6 σωφροσύνης τε καὶ ὑγιείας om. Laur. lxxxv. 6   c 1 οὖν Β Τ :
γ᾿ οὖν W   ὀμώμοκα Τ et γρ. W : ὤμοσα Β W (γρ. καὶ ὠμόμοκα
γὰρ b)   c 4 ἐπᾷσαι Β² : ἀπάσαις Β (ut videtur) Τ et in marg. γρ. b
ταῖς . . . ἐπῳδαῖς] τὰς . . . ἐπῳδὰς ci. Η. Richards   d 2 δοκεῖ W :
ἐδόκει Β Τ   d 6 πάνυ πολὺ δοκεῖ σωφρονέστατος Τ et γρ. W : πλείστων
δοκεῖ πολυφρενέστατος Β : πλείστων δοκεῖ πολὺ σωφρονέστατος W : πλεῖ-
στον δοκεῖ σωφρονέστατος Hermann : πλείστοις δοκεῖ σωφρονέστατος ci.
Madvig : πλείστων δοκεῖ πολὺ σωφρονέστερος ci. Goldbacher   e 2 ποῖαι
δύο οἰκίαι Aldina : ποῖαι δυοῖν οἰκίαι Β Τ W : ποίαιν δυοῖν οἰκίαιν corr. Θ
e 3 συνελθοῦσαι Τ : καὶ νῦν ἐλθοῦσαι Β : νῦν ἐλθοῦσαι W (sed σ supra
ν W) : καὶ νῦν ἐλθούσαιν corr. Θ

καλλίω ἂν καὶ ἀμείνω γεννήσειαν ἢ ἐξ ὧν σὺ γέγονας. ἥ
5 τε γὰρ πατρῷα ὑμῖν οἰκία, ἡ Κριτίου τοῦ Δρωπίδου, καὶ ὑπὸ
Ἀνακρέοντος καὶ ὑπὸ Σόλωνος καὶ ὑπ᾽ ἄλλων πολλῶν ποιητῶν
ἐγκεκωμιασμένη παραδέδοται ἡμῖν, ὡς διαφέρουσα κάλλει τε
158 καὶ ἀρετῇ καὶ τῇ ἄλλῃ λεγομένῃ εὐδαιμονίᾳ, καὶ αὖ ἡ πρὸς
μητρὸς ὡσαύτως· Πυριλάμπους γὰρ τοῦ σοῦ θείου οὐδεὶς τῶν
ἐν τῇ ἠπείρῳ λέγεται καλλίων καὶ μείζων ἀνὴρ δόξαι εἶναι,
ὁσάκις ἐκεῖνος ἢ παρὰ μέγαν βασιλέα ἢ παρὰ ἄλλον τινὰ
5 τῶν ἐν τῇ ἠπείρῳ πρεσβεύων ἀφίκετο, σύμπασα δὲ αὕτη ἡ
οἰκία οὐδὲν τῆς ἑτέρας ὑποδεεστέρα. ἐκ δὴ τοιούτων γεγονότα
εἰκός σε εἰς πάντα πρῶτον εἶναι. τὰ μὲν οὖν ὁρώμενα τῆς
b ἰδέας, ὦ φίλε παῖ Γλαύκωνος, δοκεῖς μοι οὐδένα τῶν πρὸ
σοῦ ἐν οὐδενὶ ὑποβεβηκέναι· εἰ δὲ δὴ καὶ πρὸς σωφροσύνην
καὶ πρὸς τἆλλα κατὰ τὸν τοῦδε λόγον ἱκανῶς πέφυκας,
μακάριόν σε, ἦν δ᾽ ἐγώ, ὦ φίλε Χαρμίδη, ἡ μήτηρ ἔτικτεν.
5 ἔχει δ᾽ οὖν οὕτως. εἰ μέν σοι ἤδη πάρεστιν, ὡς λέγει
Κριτίας ὅδε, σωφροσύνη καὶ εἶ σώφρων ἱκανῶς, οὐδὲν ἔτι
σοι ἔδει οὔτε τῶν Ζαλμόξιδος οὔτε τῶν Ἀβάριδος τοῦ
Ὑπερβορέου ἐπῳδῶν, ἀλλ᾽ αὐτό σοι ἂν ἤδη δοτέον εἴη τὸ
c τῆς κεφαλῆς φάρμακον· εἰ δ᾽ ἔτι τούτων ἐπιδεὴς εἶναι δοκεῖς,
ἐπαστέον πρὸ τῆς τοῦ φαρμάκου δόσεως. αὐτὸς οὖν μοι
εἰπὲ πότερον ὁμολογεῖς τῷδε καὶ φῂς ἱκανῶς ἤδη σωφροσύνης
μετέχειν ἢ ἐνδεὴς εἶναι;
5 Ἀνερυθριάσας οὖν ὁ Χαρμίδης πρῶτον μὲν ἔτι καλλίων

e 4 καλλίω . . . ἀμείνω γεννήσειαν T et in marg. γρ. W (sed γενήσειαν
W) : καλλίων . . . ἀμείνων γενήσεται B W   e 5 οἰκία T W et γρ. b :
οὐσία B et suprascr. W   a 2 τοῦ σοῦ θείου W : τοῦδε σοῦ δὲ θείου T :
τοῦδε λέγουσιν B   οὐδεὶς T : οὐδὲ B W   τῶν T W : τὴν B
a 3 τῇ ἠπείρῳ T W : τῇ πειρῷ B : τῇπείρῳ Schanz (et mox)   δόξαι T :
δόξα B   a 4 ὁσάκις T : ὁσάκις τε B   a 5 τῶν . . . ἠπείρῳ secl.
Ast   b 1 τῶν πρὸ σοῦ ἐν οὐδενὶ ὑποβεβηκέναι ci. Madvig : τῶν πρὸ
σοῦ ἐν οὐδενὶ ὑπερβεβληκέναι B W : τῶν προγόνων καταισχύνειν T et γρ.
W   b 2 καὶ πρὸς σωφροσύνην καὶ πρὸς T W : καὶ πόρρωθεν σωφρο-
σύνην καὶ B   b 3 πέφυκας T : πεφυκυίας B   b 5 ὡς B W (sed
suprascr. δ W) : δ T   λέγει T : λέγοι B : ει λέγοι W   b 7 ἔδει]
δεῖ ci. Cobet   ζαλμόξιδος B : ζαμόλξιδος T   b 8 αὐτό σοι] αὐτοσοι
T : αὐτός σοι W : αὐτὸς οἴου B   c 3 ἤδη T : ἤδη καὶ B

ἐφάνη—καὶ γὰρ τὸ αἰσχυντηλὸν αὐτοῦ τῇ ἡλικίᾳ ἔπρεψεν—
ἔπειτα καὶ οὐκ ἀγεννῶς ἀπεκρίνατο· εἶπεν γὰρ ὅτι οὐ ῥᾴδιον
εἴη ἐν τῷ παρόντι οὔθ᾽ ὁμολογεῖν οὔτε ἐξάρνῳ εἶναι τὰ
ἐρωτώμενα. ἐὰν μὲν γάρ, ἦ δ᾽ ὅς, μὴ φῶ εἶναι σώφρων, d
ἅμα μὲν ἄτοπον αὐτὸν καθ᾽ ἑαυτοῦ τοιαῦτα λέγειν, ἅμα δὲ
καὶ Κριτίαν τόνδε ψευδῆ ἐπιδείξω καὶ ἄλλους πολλούς, οἷς
δοκῶ εἶναι σώφρων, ὡς ὁ τούτου λόγος· ἐὰν δ᾽ αὖ φῶ καὶ
ἐμαυτὸν ἐπαινῶ, ἴσως ἐπαχθὲς φανεῖται. ὥστε οὐκ ἔχω ὅτι 5
σοι ἀποκρίνωμαι.

Καὶ ἐγὼ εἶπον ὅτι μοι εἰκότα φαίνῃ λέγειν, ὦ Χαρμίδη.
Καί μοι δοκεῖ, ἦν δ᾽ ἐγώ, κοινῇ ἂν εἴη σκεπτέον εἴτε κέκτησαι
εἴτε μὴ ὃ πυνθάνομαι, ἵνα μήτε σὺ ἀναγκάζῃ λέγειν ἃ μὴ e
βούλει, μήτ᾽ αὖ ἐγὼ ἀσκέπτως ἐπὶ τὴν ἰατρικὴν τρέπωμαι.
εἰ οὖν σοι φίλον, ἐθέλω σκοπεῖν μετὰ σοῦ· εἰ δὲ μή, ἐᾶν.

Ἀλλὰ πάντων μάλιστα, ἔφη, φίλον· ὥστε τούτου γε
ἕνεκα, ὅπῃ αὐτὸς οἴει βέλτιον σκέψασθαι, ταύτῃ σκόπει. 5

Τῇδε τοίνυν, ἔφην ἐγώ, δοκεῖ μοι βελτίστη εἶναι ἡ σκέψις
περὶ αὐτοῦ. δῆλον γὰρ ὅτι εἴ σοι πάρεστιν σωφροσύνη,
ἔχεις τι περὶ αὐτῆς δοξάζειν. ἀνάγκη γάρ που ἐνοῦσαν 159
αὐτήν, εἴπερ ἔνεστιν, αἴσθησίν τινα παρέχειν, ἐξ ἧς δόξα ἄν
τίς σοι περὶ αὐτῆς εἴη ὅτι ἐστὶν καὶ ὁποῖόν τι ἡ σωφροσύνη·
ἢ οὐκ οἴει;

Ἔγωγε, ἔφη, οἶμαι. 5

Οὐκοῦν τοῦτό γε, ἔφην, ὃ οἴει, ἐπειδήπερ ἑλληνίζειν
ἐπίστασαι, κἂν εἴποις δήπου αὐτὸ ὅτι σοι φαίνεται;

Ἴσως, ἔφη.

Ἵνα τοίνυν τοπάσωμεν εἴτε σοι ἔνεστιν εἴτε μή, εἰπέ, ἦν
δ᾽ ἐγώ, τί φῂς εἶναι σωφροσύνην κατὰ τὴν σὴν δόξαν. 10

Καὶ ὃς τὸ μὲν πρῶτον ὤκνει τε καὶ οὐ πάνυ ἤθελεν ἀπο- b

c 7 οὐ ῥᾴδιον T et γρ. W : ἄλογον BW   d 3 ἐπιδείξω] ἀποδείξω
ci. Stallbaum   d 8 ἂν εἴη Ven. 189 : εἴη ἂν εἶναι BT (εἶναι secl.
ci. Stephanus : εἴη secl. ci. Salvini)   e 2 αὖ T : αὖτ᾽ B   e 4 ἀλλὰ
πάντων T : ἀλλ᾽ ἀπάντων B   e 5 βέλτιον ci. Heindorf : βελτίω
BT : βέλτιον ἂν ci. Cobet   σκέψεσθαι Stephanus   e 6 τῇδε
B t : τί δὲ T : τί δαὶ t (altera manu)   a 1 αὐτῆς B t : αὐτὴν T

κρίνασθαι· ἔπειτα μέντοι εἶπεν ὅτι οἱ δοκοῖ σωφροσύνη εἶναι
τὸ κοσμίως πάντα πράττειν καὶ ἡσυχῇ, ἔν τε ταῖς ὁδοῖς
βαδίζειν καὶ διαλέγεσθαι, καὶ τὰ ἄλλα πάντα ὡσαύτως
5 ποιεῖν. καί μοι δοκεῖ, ἔφη, συλλήβδην ἡσυχιότης τις εἶναι
ὃ ἐρωτᾷς.

Ἆρ᾽ οὖν, ἦν δ᾽ ἐγώ, εὖ λέγεις; φασί γέ τοι, ὦ Χαρμίδη,
τοὺς ἡσυχίους σώφρονας εἶναι· ἴδωμεν δὴ εἴ τι λέγουσιν.
c εἰπὲ γάρ μοι, οὐ τῶν καλῶν μέντοι ἡ σωφροσύνη ἐστίν;
Πάνυ γε, ἔφη.

Πότερον οὖν κάλλιστον ἐν γραμματιστοῦ τὰ ὅμοια γράμ-
ματα γράφειν ταχὺ ἢ ἡσυχῇ;
5 Ταχύ.

Τί δ᾽ ἀναγιγνώσκειν; ταχέως ἢ βραδέως;
Ταχέως.

Καὶ μὲν δὴ καὶ τὸ κιθαρίζειν ταχέως καὶ τὸ παλαίειν
ὀξέως πολὺ κάλλιον τοῦ ἡσυχῇ τε καὶ βραδέως;
10 Ναί.

Τί δὲ πυκτεύειν τε καὶ παγκρατιάζειν; οὐχ ὡσαύτως;
Πάνυ γε.

Θεῖν δὲ καὶ ἅλλεσθαι καὶ τὰ τοῦ σώματος ἅπαντα ἔργα,
d οὐ τὰ μὲν ὀξέως καὶ ταχὺ γιγνόμενα τὰ τοῦ καλοῦ ἐστιν, τὰ
δὲ [βραδέα] μόγις τε καὶ ἡσυχῇ τὰ τοῦ αἰσχροῦ;
Φαίνεται.

Φαίνεται ἄρα ἡμῖν, ἔφην ἐγώ, κατά γε τὸ σῶμα οὐ τὸ
5 ἡσύχιον, ἀλλὰ τὸ τάχιστον καὶ ὀξύτατον κάλλιστον ὄν.
ἦ γάρ;
Πάνυ γε.

Ἡ δέ γε σωφροσύνη καλόν τι ἦν;
Ναί.

b 2 οἱ B² T : οὖν W (sed suprascr. οἱ W)   δοκοῖ B W (sed εἶ
supra οἱ W): δοκεῖ T   b 7 φασί γέ τοι T W: φασὶν B   c 3 κάλ-
λιστον] κάλλιον Stephanus : κάλλιόν ἐστιν Schanz   c 9 τοῦ T :
που B : που ἢ B²   d 1 τὰ τοῦ T : τοῦ B   d 2 βραδέα secl. ci.
Heindorf   d 4 ἄρα T : γ᾽ ἄρα B : τἄρα Cobet

Οὐ τοίνυν κατά γε τὸ σῶμα ἡ ἡσυχιότης ἂν ἀλλ' ἡ   10
ταχυτὴς σωφρονέστερον εἴη, ἐπειδὴ καλὸν ἡ σωφροσύνη.

Ἔοικεν, ἔφη.

Τί δέ; ἦν δ' ἐγώ, εὐμαθία κάλλιον ἢ δυσμαθία;   e
Εὐμαθία.

Ἔστιν δέ γ', ἔφην, ἡ μὲν εὐμαθία ταχέως μανθάνειν, ἡ
δὲ δυσμαθία ἡσυχῇ καὶ βραδέως;

Ναί.   5

Διδάσκειν δὲ ἄλλον οὐ ταχέως [καὶ] κάλλιον καὶ σφόδρα
μᾶλλον ἢ ἡσυχῇ τε καὶ βραδέως;

Ναί.

Τί δέ; ἀναμιμνήσκεσθαι καὶ μεμνῆσθαι ἡσυχῇ τε καὶ
βραδέως κάλλιον ἢ σφόδρα καὶ ταχέως;   10

Σφόδρ', ἔφη, καὶ ταχέως.

Ἡ δ' ἀγχίνοια οὐχὶ ὀξύτης τίς ἐστιν τῆς ψυχῆς ἀλλ' οὐχὶ   160
ἡσυχία;

Ἀληθῆ.

Οὐκοῦν καὶ τὸ συνιέναι τὰ λεγόμενα, καὶ ἐν γραμματιστοῦ
καὶ κιθαριστοῦ καὶ ἄλλοθι πανταχοῦ, οὐχ ὡς ἡσυχαίτατα ἀλλ'   5
ὡς τάχιστά ἐστι κάλλιστα;

Ναί.

Ἀλλὰ μὴν ἔν γε ταῖς ζητήσεσιν τῆς ψυχῆς καὶ τῷ
βουλεύεσθαι οὐχ ὁ ἡσυχιώτατος, ὡς ἐγὼ οἶμαι, καὶ μόγις
βουλευόμενός τε καὶ ἀνευρίσκων ἐπαίνου δοκεῖ ἄξιος εἶναι,   10
ἀλλ' ὁ ῥᾷστά τε καὶ τάχιστα τοῦτο δρῶν.   b

Ἔστιν ταῦτα, ἔφη.

Οὐκοῦν πάντα, ἦν δ' ἐγώ, ὦ Χαρμίδη, ἡμῖν καὶ τὰ περὶ τὴν
ψυχὴν καὶ τὰ περὶ τὸ σῶμα, τὰ τοῦ τάχους τε καὶ τῆς ὀξύτητος
καλλίω φαίνεται ἢ τὰ τῆς βραδυτῆτός τε καὶ ἡσυχιότητος;   5

Κινδυνεύει, ἔφη.

Οὐκ ἄρα ἡσυχιότης τις ἡ σωφροσύνη ἂν εἴη, οὐδ' ἡσύχιος

d 10 ἡ ἡσυχιότης T : ἡσυχιότης B   e 6 καὶ B T W : del. corr.
Coisl.   a 6 κάλλιστα] fuit qui ἐστὶ κάλλιστον mallet Stallbaum
a 9 ἡσυχιώτατος Cobet : ἡσυχώτατος B T

ὁ σώφρων βίος, ἔκ γε τούτου τοῦ λόγου, ἐπειδὴ καλὸν αὐτὸν
δεῖ εἶναι σώφρονα ὄντα. δυοῖν γὰρ δὴ τὰ ἕτερα· ἢ οὐδαμοῦ
c ἡμῖν ἢ πάνυ που ὀλιγαχοῦ αἱ ἡσύχιοι πράξεις ἐν τῷ βίῳ
καλλίους ἐφάνησαν ἢ αἱ ταχεῖαί τε καὶ ἰσχυραί. εἰ δ' οὖν, ὦ
φίλε, ὅτι μάλιστα μηδὲν ἐλάττους αἱ ἡσύχιοι τῶν σφοδρῶν
τε καὶ ταχειῶν πράξεων τυγχάνουσιν καλλίους οὖσαι, οὐδὲ
5 ταύτῃ σωφροσύνη ἂν εἴη μᾶλλόν τι τὸ ἡσυχῇ πράττειν ἢ τὸ
σφόδρα τε καὶ ταχέως, οὔτε ἐν βαδισμῷ οὔτε ἐν λέξει οὔτε
ἄλλοθι οὐδαμοῦ, οὐδὲ ὁ ἡσύχιος βίος [κόσμιος] τοῦ μὴ ἡσυχίου
d σωφρονέστερος ἂν εἴη, ἐπειδὴ ἐν τῷ λόγῳ τῶν καλῶν τι ἡμῖν
ἡ σωφροσύνη ὑπετέθη, καλὰ δὲ οὐχ ἧττον ⟨τὰ⟩ ταχέα τῶν
ἡσυχίων πέφανται.

Ὀρθῶς μοι δοκεῖς, ἔφη, ὦ Σώκρατες, εἰρηκέναι.

5 Πάλιν τοίνυν, ἦν δ' ἐγώ, ὦ Χαρμίδη, μᾶλλον προσέχων
τὸν νοῦν καὶ εἰς σεαυτὸν ἐμβλέψας, ἐννοήσας ὁποῖόν τινά
σε ποιεῖ ἡ σωφροσύνη παροῦσα καὶ ποία τις οὖσα τοιοῦτον
ἀπεργάζοιτο ἄν, πάντα ταῦτα συλλογισάμενος εἰπὲ εὖ καὶ
e ἀνδρείως τί σοι φαίνεται εἶναι;

Καὶ ὃς ἐπισχὼν καὶ πάνυ ἀνδρικῶς πρὸς ἑαυτὸν διασκεψά-
μενος, Δοκεῖ τοίνυν μοι, ἔφη, αἰσχύνεσθαι ποιεῖν ἡ σωφρο-
σύνη καὶ αἰσχυντηλὸν τὸν ἄνθρωπον, καὶ εἶναι ὅπερ αἰδὼς ἡ
5 σωφροσύνη.

Εἶεν, ἦν δ' ἐγώ, οὐ καλὸν ἄρτι ὡμολόγεις τὴν σωφρο-
σύνην εἶναι;

Πάνυ γ', ἔφη.

Οὐκοῦν καὶ ἀγαθοὶ ἄνδρες οἱ σώφρονες;

10 Ναί.

Ἆρ' οὖν ἂν εἴη ἀγαθὸν ὃ μὴ ἀγαθοὺς ἀπεργάζεται;

c 5 ἢ τὸ Priscianus: ἢ τοῦ B T: τοῦ Schanz   c 6 οὔτε . . . οὔτε
Priscianus: οὐ τὸ . . . οὐ τὸ B T W   c 7 οὐδὲ corr. Coisl.: οὐδὲν B T W
κόσμιος secl. ci. Heindorf: καὶ κόσμιος corr. Coisl.   d 2 καλὰ T:
καὶ ἄλλα B   τὰ add. corr. Coisl.   d 6 ἐμβλέψας scripsi:
ἀπεμβλέψας B (sed λεψ in ras.): ἀποβλέψας T W   e 6 εἶεν T:
εἶτα B   e 11 post εἴη lacunam indicat Schanz   ἀγαθούς, ⟨καὶ
μὴ ἀγαθόν, ὃ ἀγαθοὺς⟩ ci. Goldbacher

Οὐ δῆτα.

Οὐ μόνον οὖν ἄρα καλόν, ἀλλὰ καὶ ἀγαθόν ἐστιν.

Ἔμοιγε δοκεῖ.   161

Τί οὖν; ἦν δ' ἐγώ· Ὁμήρῳ οὐ πιστεύεις καλῶς λέγειν.
λέγοντι ὅτι

αἰδὼς δ' οὐκ ἀγαθὴ κεχρημένῳ ἀνδρὶ παρεῖναι;

Ἔγωγ', ἔφη.   5

Ἔστιν ἄρα, ὡς ἔοικεν, αἰδὼς οὐκ ἀγαθὸν καὶ ἀγαθόν.

Φαίνεται.

Σωφροσύνη δέ γε ἀγαθόν, εἴπερ ἀγαθοὺς ποιεῖ οἷς ἂν
παρῇ, κακοὺς δὲ μή.

Ἀλλὰ μὴν οὕτω γε δοκεῖ μοι ἔχειν, ὡς σὺ λέγεις.   10

Οὐκ ἄρα σωφροσύνη ἂν εἴη αἰδώς, εἴπερ τὸ μὲν ἀγαθὸν
-υγχάνει ὄν, αἰδὼς δὲ [μὴ] οὐδὲν μᾶλλον ἀγαθὸν ἢ καὶ   b
κακόν.

Ἀλλ' ἔμοιγε δοκεῖ, ἔφη, ὦ Σώκρατες, τοῦτο μὲν ὀρθῶς
λέγεσθαι· τόδε δὲ σκέψαι τί σοι δοκεῖ εἶναι περὶ σωφρο-
σύνης. ἄρτι γὰρ ἀνεμνήσθην—ὃ ἤδη του ἤκουσα λέγοντος—   5
ὅτι σωφροσύνη ἂν εἴη τὸ τὰ ἑαυτοῦ πράττειν. σκόπει οὖν
τοῦτο εἰ ὀρθῶς σοι δοκεῖ λέγειν ὁ λέγων.

Καὶ ἐγώ, Ὦ μιαρέ, ἔφην, Κριτίου τοῦδε ἀκήκοας αὐτὸ ἢ
ἄλλου του τῶν σοφῶν.   c

Ἔοικεν, ἔφη ὁ Κριτίας, ἄλλου· οὐ γὰρ δὴ ἐμοῦ γε.

Ἀλλὰ τί διαφέρει, ἦ δ' ὅς, ὁ Χαρμίδης, ὦ Σώκρατες, ὅτου
ἤκουσα;

Οὐδέν, ἦν δ' ἐγώ· πάντως γὰρ οὐ τοῦτο σκεπτέον, ὅστις   5
αὐτὸ εἶπεν, ἀλλὰ πότερον ἀληθὲς λέγεται ἢ οὔ.

Νῦν ὀρθῶς λέγεις, ἦ δ' ὅς.

Νὴ Δία, ἦν δ' ἐγώ. ἀλλ' εἰ καὶ εὑρήσομεν αὐτὸ ὅπῃ γε
ἔχει, θαυμάζοιμ' ἄν· αἰνίγματι γάρ τινι ἔοικεν.

Ὅτι δὴ τί γε; ἔφη.   10

b 1 μὴ secl. Ast   καὶ om. Par. 1809 : secl. Cobet   b 6 ἂν
secl. Bekker   c 10 ὅτι δὴ T : εἰ δὴ B W (sed suprascr. ὅτι W)

d "Οτι οὐ δήπου, ἦν δ' ἐγώ, ᾗ τὰ ῥήματα ἐφθέγξατο ταύτῃ
καὶ ἐνόει, λέγων σωφροσύνην εἶναι τὸ τὰ αὑτοῦ πράττειν.
ἢ σὺ οὐδὲν ἡγῇ πράττειν τὸν γραμματιστὴν ὅταν γράφῃ ἢ
ἀναγιγνώσκῃ;

5   Ἔγωγε, ἡγοῦμαι μὲν οὖν, ἔφη.

Δοκεῖ οὖν σοι τὸ αὑτοῦ ὄνομα μόνον γράφειν ὁ γραμ-
ματιστὴς καὶ ἀναγιγνώσκειν ἢ ὑμᾶς τοὺς παῖδας διδάσκειν,
ἢ οὐδὲν ἧττον τὰ τῶν ἐχθρῶν ἐγράφετε ἢ τὰ ὑμέτερα καὶ τὰ
τῶν φίλων ὀνόματα;

10   Οὐδὲν ἧττον.

Ἦ οὖν ἐπολυπραγμονεῖτε καὶ οὐκ ἐσωφρονεῖτε τοῦτο
e δρῶντες;

Οὐδαμῶς.

Καὶ μὴν οὐ τὰ ὑμέτερά γε αὐτῶν ἐπράττετε, εἴπερ τὸ
γράφειν πράττειν τί ἐστιν καὶ τὸ ἀναγιγνώσκειν.

5   Ἀλλὰ μὴν ἔστιν.

Καὶ γὰρ τὸ ἰᾶσθαι, ὦ ἑταῖρε, καὶ τὸ οἰκοδομεῖν καὶ τὸ
ὑφαίνειν καὶ τὸ ἡτινιοῦν τέχνῃ ὁτιοῦν τῶν τέχνης ἔργων
ἀπεργάζεσθαι πράττειν δήπου τί ἐστιν.

Πάνυ γε.

10   Τί οὖν; ἦν δ' ἐγώ, δοκεῖ ἄν σοι πόλις εὖ οἰκεῖσθαι ὑπὸ
τούτου τοῦ νόμου τοῦ κελεύοντος τὸ ἑαυτοῦ ἱμάτιον ἕκαστον
ὑφαίνειν καὶ πλύνειν, καὶ ὑποδήματα σκυτοτομεῖν, καὶ λή-
κυθον καὶ στλεγγίδα καὶ τἆλλα πάντα κατὰ τὸν αὐτὸν λόγον,
162 τῶν μὲν ἀλλοτρίων μὴ ἅπτεσθαι, τὰ δὲ ἑαυτοῦ ἕκαστον
ἐργάζεσθαί τε καὶ πράττειν;

Οὐκ ἔμοιγε δοκεῖ, ἦ δ' ὅς.

Ἀλλὰ μέντοι, ἔφην ἐγώ, σωφρόνως γε οἰκοῦσα εὖ ἂν
5 οἰκοῖτο.

Πῶς δ' οὔκ; ἔφη.

d 1 ᾗ W : ἣ B : om. T   d 2 ὁ ante λέγων add. corr. Coisl.
e 10 εὖ οἰκεῖσθαι T W : ἀρκεῖσθαι B   e 12 λήκυθον B T : λίκυθον t
e 13 πάντα] ποιοῦντα vel πάντα ποιοῦντα ci. H. Richards   a 4 γε
B² : τε B T

Οὐκ ἄρα, ἦν δ' ἐγώ, τὸ τὰ τοιαῦτά τε καὶ οὕτω τὰ αὑτοῦ
πράττειν σωφροσύνη ἂν εἴη.

Οὐ φαίνεται.

Ἠινίττετο ἄρα, ὡς ἔοικεν, ὅπερ ἄρτι ἐγὼ ἔλεγον, ὁ λέγων 10
τὸ τὰ αὑτοῦ πράττειν σωφροσύνην εἶναι· οὐ γάρ που οὕτω
γε ἦν εὐήθης. ἤ τινος ἠλιθίου ἤκουσας τουτὶ λέγοντος, ὦ b
Χαρμίδη;

Ἥκιστά γε, ἔφη, ἐπεί τοι καὶ πάνυ ἐδόκει σοφὸς εἶναι.

Παντὸς τοίνυν μᾶλλον, ὡς ἐμοὶ δοκεῖ, αἴνιγμα αὐτὸ
προὔβαλεν, ὡς ὂν χαλεπὸν τὸ τὰ αὑτοῦ πράττειν γνῶναι 5
ὅτι ποτε ἔστιν.

Ἴσως, ἔφη.

Τί οὖν ἂν εἴη ποτὲ τὸ τὰ αὑτοῦ πράττειν; ἔχεις εἰπεῖν;

Οὐκ οἶδα μὰ Δία ἔγωγε, ἦ δ' ὅς· ἀλλ' ἴσως οὐδὲν κωλύει
μηδὲ τὸν λέγοντα μηδὲν εἰδέναι ὅτι ἐνόει. Καὶ ἅμα ταῦτα 10
λέγων ὑπεγέλα τε καὶ εἰς τὸν Κριτίαν ἀπέβλεπεν.

Καὶ ὁ Κριτίας δῆλος μὲν ἦν καὶ πάλαι ἀγωνιῶν καὶ c
φιλοτίμως πρός τε τὸν Χαρμίδην καὶ πρὸς τοὺς παρόντας
ἔχων, μόγις δ' ἑαυτὸν ἐν τῷ πρόσθεν κατέχων τότε οὐχ οἷός
τε ἐγένετο· δοκεῖ γάρ μοι παντὸς μᾶλλον ἀληθὲς εἶναι, ὃ ἐγὼ
ὑπέλαβον, τοῦ Κριτίου ἀκηκοέναι τὸν Χαρμίδην ταύτην τὴν 5
ἀπόκρισιν περὶ τῆς σωφροσύνης. ὁ μὲν οὖν Χαρμίδης βουλό-
μενος μὴ αὐτὸς ὑπέχειν λόγον ἀλλ' ἐκεῖνον τῆς ἀποκρίσεως,
ὑπεκίνει αὐτὸν ἐκεῖνον, καὶ ἐνεδείκνυτο ὡς ἐξεληλεγμένος εἴη· d
ὁ δ' οὐκ ἠνέσχετο, ἀλλά μοι ἔδοξεν ὀργισθῆναι αὐτῷ ὥσπερ
ποιητὴς ὑποκριτῇ κακῶς διατιθέντι τὰ ἑαυτοῦ ποιήματα.
ὥστ' ἐμβλέψας αὐτῷ εἶπεν, Οὕτως οἴει, ὦ Χαρμίδη, εἰ σὺ
μὴ οἶσθα ὅτι ποτ' ἐνόει ὃς ἔφη σωφροσύνην εἶναι τὸ τὰ ἑαυτοῦ 5
πράττειν, οὐδὲ δὴ ἐκεῖνον εἰδέναι;

Ἀλλ', ὦ βέλτιστε, ἔφην ἐγώ, Κριτία, τοῦτον μὲν οὐδὲν
θαυμαστὸν ἀγνοεῖν τηλικοῦτον ὄντα· σὲ δέ που εἰκὸς εἰδέναι e

d 4 σὺ T : σοὶ B   d 5 ποτ' ἐνόει t : ποτε ἐνόει B : ποτε νοεῖ T
e 1 εἰκὸς εἰδέναι T : εἰδέναι re vera B W

καὶ ἡλικίας ἕνεκα καὶ ἐπιμελείας. εἰ οὖν συγχωρεῖς τοῦτ'
εἶναι σωφροσύνην ὅπερ οὑτοσὶ λέγει καὶ παραδέχῃ τὸν λόγον,
ἔγωγε πολὺ ἂν ἥδιον μετὰ σοῦ σκοποίμην εἴτ' ἀληθὲς εἴτε
5 μὴ τὸ λεχθέν.

Ἀλλὰ πάνυ συγχωρῶ, ἔφη, καὶ παραδέχομαι.

Καλῶς γε σὺ τοίνυν, ἦν δ' ἐγώ, ποιῶν. καί μοι λέγε, ἦ
καὶ ἃ νυνδὴ ἠρώτων ἐγὼ συγχωρεῖς, τοὺς δημιουργοὺς πάντας
ποιεῖν τι;

10 Ἔγωγε.

163 Ἦ οὖν δοκοῦσί σοι τὰ ἑαυτῶν μόνον ποιεῖν ἢ καὶ τὰ τῶν
ἄλλων;

Καὶ τὰ τῶν ἄλλων.

Σωφρονοῦσιν οὖν οὐ τὰ ἑαυτῶν μόνον ποιοῦντες;

5 Τί γὰρ κωλύει; ἔφη.

Οὐδὲν ἐμέ γε, ἦν δ' ἐγώ· ἀλλ' ὅρα μὴ ἐκεῖνον κωλύει, ὃς
ὑποθέμενος σωφροσύνην εἶναι τὸ τὰ ἑαυτοῦ πράττειν ἔπειτα
οὐδέν φησι κωλύειν καὶ τοὺς τὰ τῶν ἄλλων πράττοντας
σωφρονεῖν.

10 Ἐγὼ γάρ που, ἦ δ' ὅς, τοῦθ' ὡμολόγηκα, ὡς οἱ τὰ
τῶν ἄλλων πράττοντες σωφρονοῦσιν, εἰ τοὺς ποιοῦντας
ὡμολόγησα.

b Εἰπέ μοι, ἦν δ' ἐγώ, οὐ ταὐτὸν καλεῖς τὸ ποιεῖν καὶ τὸ
πράττειν;

Οὐ μέντοι, ἔφη· οὐδέ γε τὸ ἐργάζεσθαι καὶ τὸ ποιεῖν.
ἔμαθον γὰρ παρ' Ἡσιόδου, ὃς ἔφη ἔργον [δ'] οὐδὲν εἶναι
5 ὄνειδος. οἴει οὖν αὐτόν, εἰ τὰ τοιαῦτα ἔργα ἐκάλει καὶ
ἐργάζεσθαι καὶ πράττειν, οἷα νυνδὴ σὺ ἔλεγες, οὐδενὶ ἂν
ὄνειδος φάναι εἶναι σκυτοτομοῦντι ἢ ταριχοπωλοῦντι ἢ ἐπ'
οἰκήματος καθημένῳ; οὐκ οἴεσθαί γε χρή, ὦ Σώκρατες, ἀλλὰ
καὶ ἐκεῖνος οἶμαι ποίησιν πράξεως καὶ ἐργασίας ἄλλο ἐνό-
c μιζεν, καὶ ποίημα μὲν γίγνεσθαι ὄνειδος ἐνίοτε, ὅταν μὴ

a 4 οὐ B: οἱ T: οἱ μὴ W   a 10 γὰρ ποῦ Cobet   a 11 εἰ ci.
Heindorf: ἢ B: ἦ T: ἦ W   b 4 δ' vel εἶναι secl. ci. Stephanus
b 6 ἔλεγες T W: λέγεις B

μετὰ τοῦ καλοῦ γίγνηται, ἔργον δὲ οὐδέποτε οὐδὲν ὄνειδος·
τὰ γὰρ καλῶς τε καὶ ὠφελίμως ποιούμενα ἔργα ἐκάλει, καὶ
ἐργασίας τε καὶ πράξεις τὰς τοιαύτας ποιήσεις. φάναι δέ
γε χρὴ καὶ οἰκεῖα μόνα τὰ τοιαῦτα ἡγεῖσθαι αὐτόν, τὰ δὲ 5
βλαβερὰ πάντα ἀλλότρια· ὥστε καὶ Ἡσίοδον χρὴ οἴεσθαι
καὶ ἄλλον ὅστις φρόνιμος τὸν τὰ αὑτοῦ πράττοντα τοῦτον
σώφρονα καλεῖν.

'Ω Κριτία, ἦν δ' ἐγώ, καὶ εὐθὺς ἀρχομένου σου σχεδὸν d
ἐμάνθανον τὸν λόγον, ὅτι τὰ οἰκεῖά τε καὶ τὰ αὑτοῦ ἀγαθὰ
καλοίης, καὶ τὰς τῶν ἀγαθῶν ποιήσεις πράξεις· καὶ γὰρ
Προδίκου μυρία τινὰ ἀκήκοα περὶ ὀνομάτων διαιροῦντος.
ἀλλ' ἐγώ σοι τίθεσθαι μὲν τῶν ὀνομάτων δίδωμι ὅπῃ ἂν 5
βούλῃ ἕκαστον· δῆλου δὲ μόνον ἐφ' ὅτι ἂν φέρῃς τοὔνομα
ὅτι ἂν λέγῃς. νῦν οὖν πάλιν ἐξ ἀρχῆς σαφέστερον ὅρισαι·
ἆρα τὴν τῶν ἀγαθῶν πρᾶξιν ἢ ποίησιν ἢ ὅπως σὺ βούλει e
ὀνομάζειν, ταύτην λέγεις σὺ σωφροσύνην εἶναι;

Ἔγωγε, ἔφη.

Οὐκ ἄρα σωφρονεῖ ὁ τὰ κακὰ πράττων, ἀλλ' ὁ τἀγαθά;

Σοὶ δέ, ἦ δ' ὅς, ὦ βέλτιστε, οὐχ οὕτω δοκεῖ; 5

Ἔα, ἦν δ' ἐγώ· μὴ γάρ πω τὸ ἐμοὶ δοκοῦν σκοπῶμεν,
ἀλλ' ὃ σὺ λέγεις νῦν.

Ἀλλὰ μέντοι ἔγωγε, ἔφη, τὸν μὴ ἀγαθὰ ἀλλὰ κακὰ
ποιοῦντα οὔ φημι σωφρονεῖν, τὸν δὲ ἀγαθὰ ἀλλὰ μὴ κακὰ
ὁωφρονεῖν· τὴν γὰρ τῶν ἀγαθῶν πρᾶξιν σωφροσύνην εἶναι 10
σαφῶς σοι διορίζομαι.

Καὶ οὐδέν γέ σε ἴσως κωλύει ἀληθῆ λέγειν· τόδε γε 164
μέντοι, ἦν δ' ἐγώ, θαυμάζω, εἰ σωφρονοῦντας ἀνθρώπους
ἡγῇ σὺ ἀγνοεῖν ὅτι σωφρονοῦσιν.

Ἀλλ' οὐχ ἡγοῦμαι, ἔφη.

Οὐκ ὀλίγον πρότερον, ἔφην ἐγώ, ἐλέγετο ὑπὸ σοῦ ὅτι τοὺς 5

d 5 ἂν βούλῃ W : ἂν θέλῃ B : βούλει T : ἂν ἕλῃ Hermann   d 6 ἂν
φέρῃς BT : ἂν φέροις al. : δὴ φέρεις ci. H. Richards   e 10 τῶν
ἀγαθῶν TW : τῶν B   a 1 γέ σε BW : γε T

δημιουργοὺς οὐδὲν κωλύει καὶ αὖ τὰ τῶν ἄλλων ποιοῦντας σωφρονεῖν;

Ἐλέγετο γάρ, ἔφη· ἀλλὰ τί τοῦτο;

Οὐδέν· ἀλλὰ λέγε εἰ δοκεῖ τίς σοι ἰατρός, ὑγιᾶ τινα b ποιῶν, ὠφέλιμα καὶ ἑαυτῷ ποιεῖν καὶ ἐκείνῳ ὃν ἰῷτο;

Ἔμοιγε.

Οὐκοῦν τὰ δέοντα πράττει ὅ γε ταῦτα πράττων;

Ναί.

5 Ὁ τὰ δέοντα πράττων οὐ σωφρονεῖ;

Σωφρονεῖ μὲν οὖν.

Ἦ οὖν καὶ γιγνώσκειν ἀνάγκη τῷ ἰατρῷ ὅταν τε ὠφελίμως ἰᾶται καὶ ὅταν μή; καὶ ἑκάστῳ τῶν δημιουργῶν ὅταν τε μέλλῃ ὀνήσεσθαι ἀπὸ τοῦ ἔργου οὗ ἂν πράττῃ καὶ ὅταν μή;

10 Ἴσως οὔ.

Ἐνίοτε ἄρα, ἦν δ᾽ ἐγώ, ὠφελίμως πράξας ἢ βλαβερῶς ὁ c ἰατρὸς οὐ γιγνώσκει ἑαυτὸν ὡς ἔπραξεν· καίτοι ὠφελίμως πράξας, ὡς ὁ σὸς λόγος, σωφρόνως ἔπραξεν. ἢ οὐχ οὕτως ἔλεγες;

Ἔγωγε.

5 Οὐκοῦν, ὡς ἔοικεν, ἐνίοτε ὠφελίμως πράξας πράττει μὲν σωφρόνως καὶ σωφρονεῖ, ἀγνοεῖ δ᾽ ἑαυτὸν ὅτι σωφρονεῖ;

Ἀλλὰ τοῦτο μέν, ἔφη, ὦ Σώκρατες, οὐκ ἄν ποτε γένοιτο, ἀλλ᾽ εἴ τι σὺ οἴει ἐκ τῶν ἔμπροσθεν ὑπ᾽ ἐμοῦ ὡμολογημένων εἰς τοῦτο ἀναγκαῖον εἶναι συμβαίνειν, ἐκείνων ἄν τι ἔγωγε d μᾶλλον ἀναθείμην, καὶ οὐκ ἂν αἰσχυνθείην μὴ οὐχὶ ὀρθῶς φάναι εἰρηκέναι, μᾶλλον ἢ ποτε συγχωρήσαιμ᾽ ἂν ἀγνοοῦντα αὐτὸν ἑαυτὸν ἄνθρωπον σωφρονεῖν. σχεδὸν γάρ τι ἔγωγε αὐτὸ τοῦτό φημι εἶναι σωφροσύνην, τὸ γιγνώσκειν ἑαυτόν,

a 6 αὖ secl. ci. Heindorf   a 9 ἂν vel post δοκεῖ vel post b 1 ὠφέλιμα add. ci. H. Richards   b 5 τὰ] δὲ τὰ corr. Coisl.   b 8 ἑκάστῳ T W : ἑκάστῳ τί B : ἑκάστῳ τινὶ Schanz   b 9 οὗ T W : τοῦ B πράττῃ B W : πράξῃ T sed τ in marg. T   c 8 σὺ W : σοι B T c 9 εἰς secl. Hirschig   d 1 μὴ Stobaeus : ὅτι μὴ B T : ὅτι δὴ ci. Bekker : τι μὴ ci. Madvig : ὁτιοῦν μὴ ci. Cobet : τότε μὴ Schanz d 3 ἄνθρωπον αὐτὸν ἑαυτὸν Stobaeus

καὶ συμφέρομαι τῷ ἐν Δελφοῖς ἀναθέντι τὸ τοιοῦτον γράμμα. 5
καὶ γὰρ τοῦτο οὕτω μοι δοκεῖ τὸ γράμμα ἀνακεῖσθαι, ὡς δὴ
πρόσρησις οὖσα τοῦ θεοῦ τῶν εἰσιόντων ἀντὶ τοῦ Χαῖρε, ὡς
τούτου μὲν οὐκ ὀρθοῦ ὄντος τοῦ προσρήματος, τοῦ χαίρειν, e
οὐδὲ δεῖν τοῦτο παρακελεύεσθαι ἀλλήλοις ἀλλὰ σωφρονεῖν.
οὕτω μὲν δὴ ὁ θεὸς προσαγορεύει τοὺς εἰσιόντας εἰς τὸ
ἱερὸν διαφέρον τι ἢ οἱ ἄνθρωποι, ὡς διανοούμενος ἀνέθηκεν
ὁ ἀναθείς, ὥς μοι δοκεῖ· καὶ λέγει πρὸς τὸν ἀεὶ εἰσιόντα οὐκ 5
ἄλλο τι ἢ Σωφρόνει, φησίν. αἰνιγματωδέστερον δὲ δή, ὡς
μάντις, λέγει· τὸ γὰρ Γνῶθι σαυτόν καὶ τὸ Σωφρόνει ἔστιν
μὲν ταὐτόν, ὡς τὰ γράμματά φησιν καὶ ἐγώ, τάχα δ' ἄν τις 165
οἰηθείη ἄλλο εἶναι, ὃ δή μοι δοκοῦσιν παθεῖν καὶ οἱ τὰ ὕστερον
γράμματα ἀναθέντες, τό τε Μηδὲν ἄγαν καὶ τὸ Ἐγγύη πάρα
δ' ἄτη. καὶ γὰρ οὗτοι συμβουλὴν ᾠήθησαν εἶναι τὸ Γνῶθι
σαυτόν, ἀλλ' οὐ τῶν εἰσιόντων [ἕνεκεν] ὑπὸ τοῦ θεοῦ 5
πρόσρησιν· εἶθ' ἵνα δὴ καὶ σφεῖς μηδὲν ἧττον συμβουλὰς
χρησίμους ἀναθεῖεν, ταῦτα γράψαντες ἀνέθεσαν. οὗ δὴ οὖν
ἕνεκα λέγω, ὦ Σώκρατες, ταῦτα πάντα, τόδ' ἐστίν· τὰ μὲν
ἔμπροσθέν σοι πάντα ἀφίημι—ἴσως μὲν γάρ τι σὺ ἔλεγες b
περὶ αὐτῶν ὀρθότερον, ἴσως δ' ἐγώ, σαφὲς δ' οὐδὲν πάνυ ἦν
ὧν ἐλέγομεν—νῦν δ' ἐθέλω τούτου σοι διδόναι λόγον, εἰ μὴ
ὁμολογεῖς σωφροσύνην εἶναι τὸ γιγνώσκειν αὐτὸν ἑαυτόν.

Ἀλλ', ἦν δ' ἐγώ, ὦ Κριτία, σὺ μὲν ὡς φάσκοντος ἐμοῦ 5
εἰδέναι περὶ ὧν ἐρωτῶ προσφέρῃ πρός με, καὶ ἐὰν δὴ βού-
λωμαι, ὁμολογήσοντός σοι· τὸ δ' οὐχ οὕτως ἔχει, ἀλλὰ
ζητῶ γὰρ μετὰ σοῦ ἀεὶ τὸ προτιθέμενον διὰ τὸ μὴ αὐτὸς

e 1 τοῦ χαίρειν B² Stobaeus : τὸ χαίρειν B T : secl. Cobet   e 2 ἀλ-
λήλοις B Stobaeus : ἀλλήλους T   e 3 οὕτω μὲν δὴ] τούτῳ οὖν δὴ
Stobaeus   e 5 ὃ om. Stobaeus   μοι] ἐμοὶ Stobaeus   e 6 σω-
φρονεῖν Stobaeus   a 3 ἐγγύη T : ἐγγύη B : ἐγγύη b : ἐγγύα t
Stobaeus   a 4 ἄτη B T : ἄτα t Stobaeus   a 5 ἕνεκεν B T W
Stobaeus : addub. Heindorf, secl. Cobet   a 6 εἶθ' om. Stobaeus
σφεῖς T : αὑτοὶ Stobaeus : αὑτοὶ σφεῖς W : αὐτὸς φῇς B   συμβουλὰς
χρησίμους B W : χρησίμους συμβουλὰς T Stobaeus   b 2 αὐτῶν
T : αὐτὸν B   b 7 ὁμολογήσοντός σοι ci. Heusde : ὁμολογήσαντός
σου B T

c εἰδέναι. σκεψάμενος οὖν ἐθέλω εἰπεῖν εἴτε ὁμολογῶ εἴτε
μή. ἀλλ᾽ ἐπίσχες ἕως ἂν σκέψωμαι.

Σκόπει δή, ἦ δ᾽ ὅς.

Καὶ γάρ, ἦν δ᾽ ἐγώ, σκοπῶ. εἰ γὰρ δὴ γιγνώσκειν γέ
5 τί ἐστιν ἡ σωφροσύνη, δῆλον ὅτι ἐπιστήμη τις ἂν εἴη καὶ
τινός· ἢ οὔ;

Ἔστιν, ἔφη, ἑαυτοῦ γε.

Οὐκοῦν καὶ ἰατρική, ἔφην, ἐπιστήμη ἐστὶν τοῦ ὑγιεινοῦ;

Πάνυ γε.

10 Εἰ τοίνυν με, ἔφην, ἔροιο σύ· "Ἰατρικὴ ὑγιεινοῦ ἐπι-
στήμη οὖσα τί ἡμῖν χρησίμη ἐστὶν καὶ τί ἀπεργάζεται,"
d εἴποιμ᾽ ἂν ὅτι οὐ σμικρὰν ὠφελίαν· τὴν γὰρ ὑγίειαν καλὸν
ἡμῖν ἔργον ἀπεργάζεται, εἰ ἀποδέχῃ τοῦτο.

Ἀποδέχομαι.

Καὶ εἰ τοίνυν με ἔροιο τὴν οἰκοδομικήν, ἐπιστήμην οὖσαν
5 τοῦ οἰκοδομεῖν, τί φημι ἔργον ἀπεργάζεσθαι, εἴποιμ᾽ ἂν ὅτι
οἰκήσεις· ὡσαύτως δὲ καὶ τῶν ἄλλων τεχνῶν. χρὴ οὖν καὶ
σὲ ὑπὲρ τῆς σωφροσύνης, ἐπειδὴ φῂς αὐτὴν ἑαυτοῦ ἐπιστή-
μην εἶναι, ἔχειν εἰπεῖν ἐρωτηθέντα, "Ὦ Κριτία, σωφροσύνη,
e ἐπιστήμη οὖσα ἑαυτοῦ, τί καλὸν ἡμῖν ἔργον ἀπεργάζεται καὶ
ἄξιον τοῦ ὀνόματος;" ἴθι οὖν, εἰπέ.

Ἀλλ᾽, ὦ Σώκρατες, ἔφη, οὐκ ὀρθῶς ζητεῖς. οὐ γὰρ ὁμοία
αὕτη πέφυκεν ταῖς ἄλλαις ἐπιστήμαις, οὐδέ γε αἱ ἄλλαι ἀλ-
5 λήλαις· σὺ δ᾽ ὡς ὁμοίων οὐσῶν ποιῇ τὴν ζήτησιν. ἐπεὶ λέγε
μοι, ἔφη, τῆς λογιστικῆς τέχνης ἢ τῆς γεωμετρικῆς τί ἐστιν
τοιοῦτον ἔργον οἷον οἰκία οἰκοδομικῆς ἢ ἱμάτιον ὑφαντικῆς ἢ
ἄλλα τοιαῦτ᾽ ἔργα, ἃ πολλὰ ἄν τις ἔχοι πολλῶν τεχνῶν
166 δεῖξαι; ἔχεις οὖν μοι καὶ σὺ τούτων τοιοῦτόν τι ἔργον δεῖξαι;
ἀλλ᾽ οὐχ ἕξεις.

c 4 γιγνώσκειν Tb: γιγνώσκει B   c 8 ἔφην W: ἔφη BT
d 5 οἰκοδομεῖν TW: οἰκοδομικοῦ B   e 3 ὁμοία αὕτη T: ὁμοίως
αὕτη W: ὁμοίως ταύτῃ B   e 4 ἀλλήλαις ci. Heusde: ἄλλαις BT
e 5 ποιῇ τὴν ζήτησιν W: ποιεῖ τὴν ζήτησιν B: τὴν ζήτησιν ποιεῖ T   λέγε
TW: δέ γε B   e 6 λογιστικῆς TW: λογικῆς B   e 7 τοιοῦτον
T: τὸ τοιοῦτον B   a 1 τοιοῦτόν B²T: τοιούτων B

Καὶ ἐγὼ εἶπον ὅτι Ἀληθῆ λέγεις· ἀλλὰ τόδε σοι ἔχω
δεῖξαι, τίνος ἐστὶν ἐπιστήμη ἑκάστη τούτων τῶν ἐπιστημῶν,
ὃ τυγχάνει ὂν ἄλλο αὐτῆς τῆς ἐπιστήμης. οἷον ἡ λογιστική 5
ἐστίν που τοῦ ἀρτίου καὶ τοῦ περιττοῦ, πλήθους ὅπως ἔχει
πρὸς αὑτὰ καὶ πρὸς ἄλληλα· ἢ γάρ;

Πάνυ γε, ἔφη.

Οὐκοῦν ἑτέρου ὄντος τοῦ περιττοῦ καὶ ἀρτίου αὐτῆς τῆς
λογιστικῆς;   10

Πῶς δ' οὔ;

Καὶ μὴν αὖ ἡ στατικὴ τοῦ βαρυτέρου τε καὶ κουφοτέρου b
σταθμοῦ ἐστιν στατική· ἕτερον δέ ἐστιν τὸ βαρύ τε καὶ
κοῦφον τῆς στατικῆς αὐτῆς.   συγχωρεῖς;

Ἔγωγε.

Λέγε δή, καὶ ἡ σωφροσύνη τίνος ἐστὶν ἐπιστήμη, ὃ 5
τυγχάνει ἕτερον ὂν αὐτῆς τῆς σωφροσύνης;

Τοῦτό ἐστιν ἐκεῖνο, ἔφη, ὦ Σώκρατες· ἐπ' αὐτὸ ἥκεις
ἐρευνῶν τὸ ᾧ διαφέρει πασῶν τῶν ἐπιστημῶν ἡ σωφροσύνη·
σὺ δὲ ὁμοιότητά τινα ζητεῖς αὐτῆς ταῖς ἄλλαις. τὸ δ' οὐκ
ἔστιν οὕτως, ἀλλ' αἱ μὲν ἄλλαι πᾶσαι ἄλλου εἰσὶν ἐπιστή- c
μαι, ἑαυτῶν δ' οὔ, ἡ δὲ μόνη τῶν τε ἄλλων ἐπιστημῶν
ἐπιστήμη ἐστὶ καὶ αὐτὴ ἑαυτῆς. καὶ ταῦτά σε πολλοῦ δεῖ
λεληθέναι, ἀλλὰ γὰρ οἶμαι ὃ ἄρτι οὐκ ἔφησθα ποιεῖν, τοῦτο
ποιεῖς· ἐμὲ γὰρ ἐπιχειρεῖς ἐλέγχειν, ἐάσας περὶ οὗ ὁ λόγος 5
ἐστίν.

Οἷον, ἦν δ' ἐγώ, ποιεῖς ἡγούμενος, εἰ ὅτι μάλιστα σὲ
ἐλέγχω, ἄλλου τινὸς ἕνεκα ἐλέγχειν ἢ οὗπερ ἕνεκα κἂν
ἐμαυτὸν διερευνῴμην τί λέγω, φοβούμενος μή ποτε λάθω d
οἰόμενος μέν τι εἰδέναι, εἰδὼς δὲ μή. καὶ νῦν δὴ οὖν ἔγωγέ
φημι τοῦτο ποιεῖν, τὸν λόγον σκοπεῖν μάλιστα μὲν ἐμαυτοῦ
ἕνεκα, ἴσως δὲ δὴ καὶ τῶν ἄλλων ἐπιτηδείων· ἢ οὐ κοινὸν

b 2 στατική secl. ci. Heindorf   τε καὶ T : καὶ τὸ B   b 8 τὸ
ᾧ ci. H. Richards: ὅτῳ B : ᾽τῷ (sic) T : τῷ W   πασῶν T et γρ. W :
πλείω B W   c 8 ἄλλου τινὸς T W : ἀλλ' οὐ τινὸς B   d 1 διερευ-
νῴμην B W : διερευνῴην T   d 4 κοινὸν B² T : κοινων B

5 οἴει ἀγαθὸν εἶναι σχεδόν τι πᾶσιν ἀνθρώποις, γίγνεσθαι
καταφανὲς ἕκαστον τῶν ὄντων ὅπῃ ἔχει;

Καὶ μάλα, ἦ δ᾽ ὅς, ἔγωγε, ὦ Σώκρατες.

Θαρρῶν τοίνυν, ἦν δ᾽ ἐγώ, ὦ μακάριε, ἀποκρινόμενος τὸ
ἐρωτώμενον ὅπῃ σοι φαίνεται, ἔα χαίρειν εἴτε Κριτίας ἐστὶν
e εἴτε Σωκράτης ὁ ἐλεγχόμενος· ἀλλ᾽ αὐτῷ προσέχων τὸν
νοῦν τῷ λόγῳ σκόπει ὅπῃ ποτὲ ἐκβήσεται ἐλεγχόμενος.

Ἀλλά, ἔφη, ποιήσω οὕτω· δοκεῖς γάρ μοι μέτρια λέγειν.

Λέγε τοίνυν, ἦν δ᾽ ἐγώ, περὶ τῆς σωφροσύνης πῶς λέγεις;
5 Λέγω τοίνυν, ἦ δ᾽ ὅς, ὅτι μόνη τῶν ἄλλων ἐπιστημῶν
αὐτή τε αὑτῆς ἐστιν καὶ τῶν ἄλλων ἐπιστημῶν ἐπιστήμη.

Οὐκοῦν, ἦν δ᾽ ἐγώ, καὶ ἀνεπιστημοσύνης ἐπιστήμη ἂν εἴη,
εἴπερ καὶ ἐπιστήμης;

Πάνυ γε, ἔφη.

167 Ὁ ἄρα σώφρων μόνος αὐτός τε ἑαυτὸν γνώσεται καὶ οἷός
τε ἔσται ἐξετάσαι τί τε τυγχάνει εἰδὼς καὶ τί μή, καὶ τοὺς
ἄλλους ὡσαύτως δυνατὸς ἔσται ἐπισκοπεῖν τί τις οἶδεν καὶ
οἴεται, εἴπερ οἶδεν, καὶ τί αὖ οἴεται μὲν εἰδέναι, οἶδεν δ᾽
5 οὔ, τῶν δὲ ἄλλων οὐδείς· καὶ ἔστιν δὴ τοῦτο τὸ σωφρονεῖν
τε καὶ σωφροσύνη καὶ τὸ ἑαυτὸν αὐτὸν γιγνώσκειν, τὸ εἰδέναι
ἅ τε οἶδεν καὶ ἃ μὴ οἶδεν. ἆρα ταῦτά ἐστιν ἃ λέγεις;

Ἔγωγ᾽, ἔφη.

Πάλιν τοίνυν, ἦν δ᾽ ἐγώ, τὸ τρίτον τῷ σωτῆρι, ὥσπερ ἐξ
b ἀρχῆς ἐπισκεψώμεθα πρῶτον μὲν εἰ δυνατόν ἐστιν τοῦτ᾽ εἶναι
ἢ οὔ—τὸ ἃ οἶδεν καὶ ἃ μὴ οἶδεν εἰδέναι ⟨ὅτι οἶδε καὶ⟩ ὅτι οὐκ
οἶδεν—ἔπειτα εἰ ὅτι μάλιστα δυνατόν, τίς ἂν εἴη ἡμῖν ὠφελία
εἰδόσιν αὐτό.

5 Ἀλλὰ χρή, ἔφη, σκοπεῖν.

Ἴθι δή, ἔφην ἐγώ, ὦ Κριτία, σκέψαι, ἐάν τι περὶ αὐτῶν

---

e 2 σκόπει ci. Heindorf : σκόπειν T : σκοπεῖν B   e 6 αὐτή T :
αὕτη B   a 4 αὖ Bekker : αὐτὸς B T : αὖ τις Buttmann   a 5 τῶν
δὲ T : τῶν B   a 6 αὐτὸν scr. recc. : αὐτὸ B T W   τὸ εἰδέναι B T :
ποῖ εἰδέναι b   a 7 καὶ ἃ W : καὶ ἅτε B T   b 1 ἐπισκεψώμεθα
T : ἐπισκοπώμεθα B   b 2 ἢ οὐ τὸ T : ἢ ου τοι B   ὅτι οἶδε καὶ
add. recc.

εὐπορώτερος φανῇς ἐμοῦ· ἐγὼ μὲν γὰρ ἀπορῶ. ᾗ δὲ ἀπορῶ,
φράσω σοι;

Πάνυ γ᾽, ἔφη.

Ἄλλο τι οὖν, ἦν δ᾽ ἐγώ, πάντα ταῦτ᾽ ἂν εἴη, εἰ ἔστιν 10
ὅπερ σὺ νυνδὴ ἔλεγες, μία τις ἐπιστήμη, ἢ οὐκ ἄλλου τινός
ἐστιν ἢ ἑαυτῆς τε καὶ τῶν ἄλλων ἐπιστημῶν ἐπιστήμη, καὶ c
δὴ καὶ ἀνεπιστημοσύνης ἡ αὐτὴ αὕτη;

Πάνυ γε.

Ἰδὲ δὴ ὡς ἄτοπον ἐπιχειροῦμεν, ὦ ἑταῖρε, λέγειν· ἐν
ἄλλοις γάρ που τὸ αὐτὸ τοῦτο ἐὰν σκοπῇς, δόξει σοι, ὡς 5
ἐγᾦμαι, ἀδύνατον εἶναι.

Πῶς δὴ καὶ ποῦ;

Ἐν τοῖσδε. ἐννόει γὰρ εἴ σοι δοκεῖ ὄψις τις εἶναι, ἢ ὧν
μὲν αἱ ἄλλαι ὄψεις εἰσίν, οὐκ ἔστιν τούτων ὄψις, ἑαυτῆς δὲ
καὶ τῶν ἄλλων ὄψεων ὄψις ἐστὶν καὶ μὴ ὄψεων ὡσαύτως, 10
καὶ χρῶμα μὲν ὁρᾷ οὐδὲν ὄψις οὖσα, αὑτὴν δὲ καὶ τὰς ἄλλας d
ὄψεις· δοκεῖ τίς σοι εἶναι τοιαύτη;

Μὰ Δί᾽ οὐκ ἔμοιγε.

Τί δὲ ἀκοήν, ἢ φωνῆς μὲν οὐδεμιᾶς ἀκούει, αὑτῆς δὲ καὶ
τῶν ἄλλων ἀκοῶν ἀκούει καὶ τῶν μὴ ἀκοῶν; 5

Οὐδὲ τοῦτο.

Συλλήβδην δὴ σκόπει περὶ πασῶν τῶν αἰσθήσεων εἴ τίς
σοι δοκεῖ εἶναι αἰσθήσεων μὲν αἴσθησις καὶ ἑαυτῆς, ὧν δὲ
δὴ αἱ ἄλλαι αἰσθήσεις αἰσθάνονται, μηδενὸς αἰσθανομένη;

Οὐκ ἔμοιγε. 10

Ἀλλ᾽ ἐπιθυμία δοκεῖ τίς σοι εἶναι, ἥτις ἡδονῆς μὲν οὐδε- e
μιᾶς ἐστὶν ἐπιθυμία, αὑτῆς δὲ καὶ τῶν ἄλλων ἐπιθυμιῶν;

Οὐ δῆτα.

Οὐδὲ μὴν βούλησις, ὡς ἐγᾦμαι, ἢ ἀγαθὸν μὲν οὐδὲν
βούλεται, αὑτὴν δὲ καὶ τὰς ἄλλας βουλήσεις βούλεται. 5

b 10 εἰ ἔστιν ὅπερ σὺ t : εἰ ἔστιν ὅπερ T : εἴη ἔστιν ὃ σὺ B (sed ᾗ
supra εἴη B²)   c 8 ᾗ B : ἢ T   c 10 μὴ ὄψεων B W : μὴ ὄψεως T
d 1 οὐδὲν T : οὐδὲ B   d 4 ᾗ B : ἢ T   e 1 δοκεῖ τίς σοι B W :
τίς σοι δοκεῖ T   e 4 ἀγαθὸν T W (sed ω supra o W) : ἀγαθῶν B

Οὐ γὰρ οὖν.

Ἔρωτα δὲ φαίης ἄν τινα εἶναι τοιοῦτον, ὃς τυγχάνει ὢν ἔρως καλοῦ μὲν οὐδενός, αὑτοῦ δὲ καὶ τῶν ἄλλων ἐρώτων;

Οὔκ, ἔφη, ἔγωγε.

10 Φόβον δὲ ἤδη τινὰ κατανενόηκας, ὃς ἑαυτὸν μὲν καὶ τοὺς
168 ἄλλους φόβους φοβεῖται, τῶν δεινῶν δ᾽ οὐδὲ ἓν φοβεῖται;

Οὐ κατανενόηκα, ἔφη.

Δόξαν δὲ δοξῶν δόξαν καὶ αὑτῆς, ὧν δὲ αἱ ἄλλαι δοξά-
ζουσιν μηδὲν δοξάζουσαν;

5 Οὐδαμῶς.

Ἀλλ᾽ ἐπιστήμην, ὡς ἔοικεν, φαμέν τινα εἶναι τοιαύτην,
ἥτις μαθήματος μὲν οὐδενός ἐστιν ἐπιστήμη, αὑτῆς δὲ καὶ
τῶν ἄλλων ἐπιστημῶν ἐπιστήμη;

Φαμὲν γάρ.

10 Οὐκοῦν ἄτοπον, εἰ ἄρα καὶ ἔστιν; μηδὲν γάρ πω διισχυρι-
ζώμεθα ὡς οὐκ ἔστιν, ἀλλ᾽ εἰ ἔστιν ἔτι σκοπῶμεν.

b Ὀρθῶς λέγεις.

Φέρε δή· ἔστι μὲν αὕτη ἡ ἐπιστήμη τινὸς ἐπιστήμη, καὶ
ἔχει τινὰ τοιαύτην δύναμιν ὥστε τινὸς εἶναι· ἢ γάρ;

Πάνυ γε.

5 Καὶ γὰρ τὸ μεῖζόν φαμεν τοιαύτην τινὰ ἔχειν δύναμιν,
ὥστε τινὸς εἶναι μεῖζον;

Ἔχει γάρ.

Οὐκοῦν ἐλάττονός τινος, εἴπερ ἔσται μεῖζον.

Ἀνάγκη.

10 Εἰ οὖν τι εὕροιμεν μεῖζον, ὃ τῶν μὲν μειζόνων ἐστὶν
μεῖζον καὶ ἑαυτοῦ, ὧν δὲ τἆλλα μείζω ἐστὶν μηδενὸς μεῖζον,
c πάντως ἄν που ἐκεῖνό γ᾽ αὐτῷ ὑπάρχοι, εἴπερ ἑαυτοῦ μεῖζον
εἴη, καὶ ἔλαττον ἑαυτοῦ εἶναι· ἢ οὔ;

e 8 καλοῦ μὲν TW : καλοῦμεν B   e 9 ἔφη scr. recc. : ἔφην BTW
a 4 μηδὲν Bt : μηδὲ T   a 11 ἔτι σκοπῶμεν BTW : ἐπισκοπῶμεν t
b 1 ὀρθῶς TW : εἰ ὀρθῶς B (sed in marg. η (sic) B)   b 10 εὕροιμεν
B¹T : εὕροι μὲν B   b 11 μείζω T : μείζων B   c 1 ἄν που Schanz :
δὴ ἄν που BT

Πολλὴ ἀνάγκη, ἔφη, ὦ Σώκρατες.

Οὐκοῦν καὶ εἴ τι διπλάσιόν ἐστιν τῶν τε ἄλλων διπλα-
σίων καὶ ἑαυτοῦ, ἡμίσεος δήπου ὄντος ἑαυτοῦ τε καὶ τῶν 5
ἄλλων διπλάσιον ἂν εἴη· οὐ γάρ ἐστίν που ἄλλου διπλάσιον
ἢ ἡμίσεος.

Ἀληθῆ.

Πλέον δὲ αὐτοῦ ὂν οὐ καὶ ἔλαττον ἔσται, καὶ βαρύτερον
ὂν κουφότερον, καὶ πρεσβύτερον ὂν νεώτερον, καὶ τἆλλα 10
πάντα ὡσαύτως, ὅτιπερ ἂν τὴν ἑαυτοῦ δύναμιν πρὸς ἑαυτὸ d
ἔχῃ, οὐ καὶ ἐκείνην ἕξει τὴν οὐσίαν, πρὸς ἣν ἡ δύναμις
αὐτοῦ ἦν; λέγω δὲ τὸ τοιόνδε· οἷον ἡ ἀκοή, φαμέν, οὐκ
ἄλλου τινὸς ἦν ἀκοὴ ἢ φωνῆς· ἦ γάρ;

Ναί. 5

Οὐκοῦν εἴπερ αὐτὴ αὑτῆς ἀκούσεται, φωνὴν ἐχούσης
ἑαυτῆς ἀκούσεται· οὐ γὰρ ἂν ἄλλως ἀκούσειεν.

Πολλὴ ἀνάγκη.

Καὶ ἡ ὄψις γέ που, ὦ ἄριστε, εἴπερ ὄψεται αὐτὴ ἑαυτήν,
χρῶμά τι αὐτὴν ἀνάγκη ἔχειν· ἄχρων γὰρ ὄψις οὐδὲν [ἂν] 10
μή ποτε ἴδῃ. e

Οὐ γὰρ οὖν.

Ὁρᾷς οὖν, ὦ Κριτία, ὅτι ὅσα διεληλύθαμεν, τὰ μὲν αὐτῶν
ἀδύνατα παντάπασι φαίνεται ἡμῖν, τὰ δ' ἀπιστεῖται σφόδρα
μή ποτ' ἂν τὴν ἑαυτῶν δύναμιν πρὸς ἑαυτὰ σχεῖν; μεγέθη 5
μὲν γὰρ καὶ πλήθη καὶ τὰ τοιαῦτα παντάπασιν ἀδύνατον· ἢ
οὐχί;

Πάνυ γε.

Ἀκοὴ δ' αὖ καὶ ὄψις καὶ ἔτι γε κίνησις αὐτὴ ἑαυτὴν
κινεῖν, καὶ θερμότης κάειν, καὶ πάντα αὖ τὰ τοιαῦτα τοῖς 10
μὲν ἀπιστίαν ⟨ἂν⟩ παράσχοι, ἴσως δέ τισιν οὔ. μεγάλου δή 169
τινος, ὦ φίλε, ἀνδρὸς δεῖ, ὅστις τοῦτο κατὰ πάντων ἱκανῶς

c 6 ἂν T: ὢν ἂν B   c 9 ἔσται B: ἐστι compendio T   d 10 ἀνάγκη
T: ἀνάγκην B   ἂν secl. Stallbaum   e 1 ἴδῃ B: εἴδῃ T
e 9 γε T²: τε B T   e 10 αὖ B T: δὴ Schanz   a 1 ἂν add.
Heindorf

διαιρήσεται, πότερον οὐδὲν τῶν ὄντων τὴν αὐτοῦ δύναμιν
αὐτὸ πρὸς ἑαυτὸ πέφυκεν ἔχειν [πλὴν ἐπιστήμης], ἀλλὰ πρὸς
5 ἄλλο, ἢ τὰ μέν, τὰ δ' οὔ· καὶ εἰ ἔστιν αὖ ἅτινα αὐτὰ πρὸς αὐτὰ
ἔχει, ἆρ' ἐν τούτοις ἐστὶν ἐπιστήμη, ἣν δὴ ἡμεῖς σωφρο-
σύνην φαμὲν εἶναι. ἐγὼ μὲν οὐ πιστεύω ἐμαυτῷ ἱκανὸς εἶναι
ταῦτα διελέσθαι· διὸ καὶ οὔτ' εἰ δυνατόν ἐστι τοῦτο γενέσθαι,
b ἐπιστήμης ἐπιστήμην εἶναι, ἔχω διισχυρίσασθαι, οὔτ' εἰ ὅτι
μάλιστα ἔστι, σωφροσύνην ἀποδέχομαι αὐτὸ εἶναι, πρὶν ἂν
ἐπισκέψωμαι εἴτε τι ἂν ἡμᾶς ὠφελοῖ τοιοῦτον ὂν εἴτε μή.
τὴν γὰρ οὖν δὴ σωφροσύνην ὠφέλιμόν τι καὶ ἀγαθὸν μαν-
5 τεύομαι εἶναι· σὺ οὖν, ὦ παῖ Καλλαίσχρου—τίθεσαι γὰρ
σωφροσύνην τοῦτ' εἶναι, ἐπιστήμην ἐπιστήμης καὶ δὴ καὶ
ἀνεπιστημοσύνης—πρῶτον μὲν τοῦτο ἔνδειξαι, ὅτι δυνατὸν
[ἀποδεῖξαί σε] ὃ νυνδὴ ἔλεγον, ἔπειτα πρὸς τῷ δυνατῷ ὅτι
c καὶ ὠφέλιμον· κἀμὲ τάχ' ἂν ἀποπληρώσαις ὡς ὀρθῶς λέγεις
περὶ σωφροσύνης ὃ ἔστιν.

Καὶ ὁ Κριτίας ἀκούσας ταῦτα καὶ ἰδών με ἀποροῦντα,
ὥσπερ οἱ τοὺς χασμωμένους καταντικρὺ ὁρῶντες ταὐτὸν
5 τοῦτο συμπάσχουσιν, κἀκεῖνος ἔδοξέ μοι ὑπ' ἐμοῦ ἀποροῦντος
ἀναγκασθῆναι καὶ αὐτὸς ἁλῶναι ὑπὸ ἀπορίας. ἅτε οὖν εὐ-
δοκιμῶν ἑκάστοτε, ᾐσχύνετο τοὺς παρόντας, καὶ οὔτε συγχω-
ρῆσαί μοι, ἤθελεν ἀδύνατος εἶναι διελέσθαι ἃ προυκαλούμην
d αὐτόν, ἔλεγέν τε οὐδὲν σαφές, ἐπικαλύπτων τὴν ἀπορίαν.
κἀγὼ ἡμῖν ἵνα ὁ λόγος προΐοι, εἶπον· Ἀλλ' εἰ δοκεῖ, ὦ
Κριτία, νῦν μὲν τοῦτο συγχωρήσωμεν, δυνατὸν εἶναι γενέ-
σθαι ἐπιστήμην ἐπιστήμης· αὖθις δὲ ἐπισκεψόμεθα εἴτε
5 οὕτως ἔχει εἴτε μή. ἴθι δὴ οὖν, εἰ ὅτι μάλιστα δυνατὸν
τοῦτο, τί μᾶλλον οἷόν τέ ἐστιν εἰδέναι ἅ τέ τις οἶδε καὶ ἃ
μή; τοῦτο γὰρ δήπου ἔφαμεν εἶναι τὸ γιγνώσκειν αὐτὸν καὶ
σωφρονεῖν· ἦ γάρ;

Πάνυ γε, ἦ δ' ὅς, καὶ συμβαίνει γέ που, ὦ Σώκρατες. εἰ

a 3 αὐτοῦ Β Τ : αὐτὴν Τ²   a 4 πλὴν ἐπιστήμης secl. Schleier-
macher   b 8 ἀποδεῖξαί σε secl. Heindorf   c 6 ἀναγκασθῆναι
secl. ci. Badham : an ἀναπλησθῆναι?   d 6 καὶ ἃ Β t : καὶ Τ

γάρ τις ἔχει ἐπιστήμην ἢ αὐτὴ αὐτὴν γιγνώσκει, τοιοῦτος e
ἂν αὐτὸς εἴη οἷόνπερ ἐστὶν ὃ ἔχει· ὥσπερ ὅταν τάχος τις
ἔχῃ, ταχύς, καὶ ὅταν κάλλος, καλός, καὶ ὅταν γνῶσιν, γι-
γνώσκων, ὅταν δὲ δὴ γνῶσιν αὐτὴν αὐτῆς τις ἔχῃ, γιγνώ-
σκων που αὐτὸς ἑαυτὸν τότε ἔσται. 5

Οὐ τοῦτο, ἦν δ' ἐγώ, ἀμφισβητῶ, ὡς οὐχ ὅταν τὸ αὐτὸ
γιγνῶσκόν τις ἔχῃ, αὐτὸς αὑτὸν γνώσεται, ἀλλ' ἔχοντι τοῦτο
τίς ἀνάγκη εἰδέναι ἅ τε οἶδεν καὶ ἃ μὴ οἶδεν;

Ὅτι, ὦ Σώκρατες, ταὐτόν ἐστιν τοῦτο ἐκείνῳ.   170

Ἴσως, ἔφην, ἀλλ' ἐγὼ κινδυνεύω ἀεὶ ὅμοιος εἶναι· οὐ
γὰρ αὖ μανθάνω ὡς ἔστιν τὸ αὐτό, ἃ οἶδεν εἰδέναι καὶ ἅ τις
μὴ οἶδεν εἰδέναι.

Πῶς λέγεις, ἔφη;   5

Ὧδε, ἦν δ' ἐγώ. ἐπιστήμη που ἐπιστήμης οὖσα ἆρα
πλέον τι οἷα τ' ἔσται διαιρεῖν, ἢ ὅτι τούτων τόδε μὲν
ἐπιστήμη, τόδε δ' οὐκ ἐπιστήμη;

Οὔκ, ἀλλὰ τοσοῦτον.

Ταὐτὸν οὖν ἐστιν ἐπιστήμη τε καὶ ἀνεπιστημοσύνῃ ὑγιει-   10
νοῦ, καὶ ἐπιστήμη τε καὶ ἀνεπιστημοσύνῃ δικαίου;   b

Οὐδαμῶς.

Ἀλλὰ τὸ μὲν οἶμαι ἰατρική, τὸ δὲ πολιτική, τὸ δὲ οὐδὲν
ἄλλο ἢ ἐπιστήμη.

Πῶς γὰρ οὔ;   5

Οὐκοῦν ἐὰν μὴ προσεπίσταται τις τὸ ὑγιεινὸν καὶ τὸ
δίκαιον, ἀλλ' ἐπιστήμην μόνον γιγνώσκῃ ἅτε τούτου μόνον
ἔχων ἐπιστήμην, ὅτι μέν τι ἐπίσταται καὶ ὅτι ἐπιστήμην
τινὰ ἔχει, εἰκότως ἂν γιγνώσκοι καὶ περὶ αὑτοῦ καὶ περὶ τῶν
ἄλλων· ἢ γάρ;   10

Ναί.

e 8 καὶ ἃ scr. Ambr. 56 : καὶ ἅτε Β Τ W   a 1 τοῦτο Cornarius :
τὸ αὐτὸ Β Τ   a 3 τὸ αὐτό] τὸ αὐτὸ τὸ ci. Heindorf   ἃ οἶδεν . . .
a 4 οἶδεν εἰδέναι secl. Hoenebeek Hissink   a 7 διαιρεῖν Τ² : διευρεῖν
Β Τ W   a 10 ταὐτὸν οὖν Τ W : ταῦτ' οὖν οὖν Β   ἐπιστήμη et mox
ἀνεπιστημοσύνη (bis) ci. Bonitz : ἐπιστήμη . . . ἀνεπιστημοσύνη (bis)
Β Τ   b 7 γιγνώσκῃ scr. recc. : γιγνώσκει Β Τ W

Ὅτι δὲ γιγνώσκει, ταύτῃ τῇ ἐπιστήμῃ πῶς εἴσεται;

c γιγνώσκει γὰρ δὴ τὸ μὲν ὑγιεινὸν τῇ ἰατρικῇ ἀλλ' οὐ σωφρο-
σύνῃ, τὸ δ' ἁρμονικὸν μουσικῇ ἀλλ' οὐ σωφροσύνῃ, τὸ δ'
οἰκοδομικὸν οἰκοδομικῇ ἀλλ' οὐ σωφροσύνῃ, καὶ οὕτω πάντα·
ἢ οὔ;

5 Φαίνεται.

Σωφροσύνῃ δέ, εἴπερ μόνον ἐστὶν ἐπιστημῶν ἐπιστήμη,
πῶς εἴσεται ὅτι τὸ ὑγιεινὸν γιγνώσκει ἢ ὅτι τὸ οἰκοδομικόν;
Οὐδαμῶς.

Οὐκ ἄρα εἴσεται ὃ οἶδεν ὁ τοῦτο ἀγνοῶν, ἀλλ' ὅτι οἶδεν
10 μόνον.

Ἔοικεν.

d Οὐκ ἄρα σωφρονεῖν τοῦτ' ἂν εἴη οὐδὲ σωφροσύνη, εἰδέναι
ἅ τε οἶδεν καὶ ἃ μὴ οἶδεν, ἀλλ', ὡς ἔοικεν, ὅτι οἶδεν καὶ ὅτι
οὐκ οἶδεν μόνον.

Κινδυνεύει.

5 Οὐδὲ ἄλλον ἄρα οἷός τε ἔσται οὗτος ἐξετάσαι φάσκοντά
τι ἐπίστασθαι, πότερον ἐπίσταται ὅ φησιν ἐπίστασθαι ἢ οὐκ
ἐπίσταται· ἀλλὰ τοσοῦτον μόνον, ὡς ἔοικεν, γνώσεται, ὅτι
ἔχει τινὰ ἐπιστήμην, ὅτου δέ γε, ἡ σωφροσύνη οὐ ποιήσει
αὐτὸν γιγνώσκειν.

10 Οὐ φαίνεται.

e Οὔτε ἄρα τὸν προσποιούμενον ἰατρὸν εἶναι, ὄντα δὲ μή,
καὶ τὸν ὡς ἀληθῶς ὄντα οἷός τε ἔσται διακρίνειν, οὔτε ἄλλον
οὐδένα τῶν ἐπιστημόνων καὶ μή.   σκεψώμεθα δὲ ἐκ τῶνδε·
εἰ μέλλει ὁ σώφρων ἢ ὁστισοῦν ἄλλος τὸν ὡς ἀληθῶς ἰατρὸν
5 διαγνώσεσθαι καὶ τὸν μή, ἆρ' οὐχ ὧδε ποιήσει· περὶ μὲν
ἰατρικῆς δήπου αὐτῷ οὐ διαλέξεται—οὐδὲν γὰρ ἐπαΐει, ὡς
ἔφαμεν, ὁ ἰατρὸς ἀλλ' ἢ τὸ ὑγιεινὸν καὶ τὸ νοσῶδες—ἢ οὔ;
Ναί, οὕτως.

Περὶ δέ γε ἐπιστήμης οὐδὲν οἶδεν, ἀλλὰ τοῦτο δὴ τῇ
10 σωφροσύνῃ μόνῃ ἀπέδομεν.

Ναί.

Οὐδὲ περὶ ἰατρικῆς ἄρα οἶδεν ὁ ἰατρικός, ἐπειδήπερ ἡ
ἰατρικὴ ἐπιστήμη οὖσα τυγχάνει.   171

Ἀληθῆ.

Ὅτι μὲν δὴ ἐπιστήμην τινὰ ἔχει, γνώσεται ὁ σώφρων
τὸν ἰατρόν· δέον δὲ πεῖραν λαβεῖν ἥτις ἐστίν, ἄλλο τι σκέ-
ψεται ὤντινων; ἢ οὐ τούτῳ ὥρισται ἑκάστη ἐπιστήμη μὴ 5
μόνον ἐπιστήμη εἶναι ἀλλὰ καὶ τίς, τῷ τινῶν εἶναι;

Τούτῳ μὲν οὖν.

Καὶ ἡ ἰατρικὴ δὴ ἑτέρα εἶναι τῶν ἄλλων ἐπιστημῶν
ὡρίσθη τῷ τοῦ ὑγιεινοῦ εἶναι καὶ νοσώδους ἐπιστήμη.

Ναί.   10

Οὐκοῦν ἐν τούτοις ἀναγκαῖον σκοπεῖν τὸν βουλόμενον
ἰατρικὴν σκοπεῖν, ἐν οἷς ποτ' ἔστιν· οὐ γὰρ δήπου ἔν γε b
τοῖς ἔξω, ἐν οἷς οὐκ ἔστιν;

Οὐ δῆτα.

Ἐν τοῖς ὑγιεινοῖς ἄρα καὶ νοσώδεσιν ἐπισκέψεται τὸν
ἰατρόν, ᾗ ἰατρικός ἐστιν, ὁ ὀρθῶς σκοπούμενος.   5

Ἔοικεν.

Οὐκοῦν ἐν τοῖς οὕτως ἢ λεγομένοις ἢ πραττομένοις τὰ
μὲν λεγόμενα, εἰ ἀληθῆ λέγεται, σκοπούμενος, τὰ δὲ πρατ-
τόμενα, εἰ ὀρθῶς πράττεται;

Ἀνάγκη.   10

Ἡ οὖν ἄνευ ἰατρικῆς δύναιτ' ἄν τις τούτων ποτέροις
ἐπακολουθῆσαι;

Οὐ δῆτα.

Οὐδέ γε ἄλλος οὐδείς, ὡς ἔοικεν, πλὴν ἰατρός, οὔτε δὴ ὁ c
σώφρων· ἰατρὸς γὰρ ἂν εἴη πρὸς τῇ σωφροσύνῃ.

Ἔστι ταῦτα.

e 12 ἰατρικὸς B T : ἰατρὸς t   a 4 δέον δὲ Goldbacher (δεῖν δὲ
Hermann): δεῖ δὴ B : δὲ δὴ T : ἐπιχειρῶν δὲ δὴ corr. Coisl. : εἰ δὲ δεῖ
ci. Heindorf   a 5 ὤντινων t : ὤντινυν B : ὤντινῦν T   a 9 τῷ
τοῦ B : τῷ τὸ T   b 11 ἢ T : εἰ B   ποτέροις T : προτέροις B
c 1 οὐδέ γε] οὔτε γε Naegelsbach

Παντὸς ἄρα μᾶλλον, εἰ ἡ σωφροσύνη ἐπιστήμης ἐπιστήμη
5 μόνον ἐστὶν καὶ ἀνεπιστημοσύνης, οὔτε ἰατρὸν διακρῖναι οἷά
τε ἔσται ἐπιστάμενον τὰ τῆς τέχνης ἢ μὴ ἐπιστάμενον,
προσποιούμενον δὲ ἢ οἰόμενον, οὔτε ἄλλον οὐδένα τῶν ἐπι-
σταμένων καὶ ὁτιοῦν, πλήν γε τὸν αὑτοῦ ὁμότεχνον, ὥσπερ
οἱ ἄλλοι δημιουργοί.
10 Φαίνεται, ἔφη.

d   Τίς οὖν, ἦν δ' ἐγώ, ὦ Κριτία, ὠφελία ἡμῖν ἔτι ἂν εἴη
ἀπὸ τῆς σωφροσύνης τοιαύτης οὔσης; εἰ μὲν γάρ, ὃ ἐξ
ἀρχῆς ὑπετιθέμεθα, ᾔδει ὁ σώφρων ἅ τε ᾔδει καὶ ἃ μὴ ᾔδει,
τὰ μὲν ὅτι οἶδεν, τὰ δ' ὅτι οὐκ οἶδεν, καὶ ἄλλον ταὐτὸν
5 τοῦτο πεπονθότα ἐπισκέψασθαι οἷός τ' ἦν, μεγαλωστὶ ἂν
ἡμῖν, φαμέν, ὠφέλιμον ἦν σώφροσιν εἶναι· ἀναμάρτητοι
γὰρ ἂν τὸν βίον διεζῶμεν αὐτοί τε [καὶ] οἱ τὴν σωφροσύνην
ἔχοντες καὶ οἱ ἄλλοι πάντες ὅσοι ὑφ' ἡμῶν ἤρχοντο. οὔτε
e   γὰρ ἂν αὐτοὶ ἐπεχειροῦμεν πράττειν ἃ μὴ ἠπιστάμεθα, ἀλλ'
ἐξευρίσκοντες τοὺς ἐπισταμένους ἐκείνοις ἂν παρεδίδομεν,
οὔτε τοῖς ἄλλοις ἐπετρέπομεν, ὧν ἤρχομεν, ἄλλο τι πράτ-
τειν ἢ ὅτι πράττοντες ὀρθῶς ἔμελλον πράξειν—τοῦτο δ' ἦν
5 ἄν, οὗ ἐπιστήμην εἶχον—καὶ οὕτω δὴ ὑπὸ σωφροσύνης οἰκία
τε οἰκουμένη ἔμελλεν καλῶς οἰκεῖσθαι, πόλις τε πολιτευο-
μένη, καὶ ἄλλο πᾶν οὗ σωφροσύνη ἄρχοι· ἁμαρτίας γὰρ
172 ἐξῃρημένης, ὀρθότητος δὲ ἡγουμένης, ἐν πάσῃ πράξει καλῶς
καὶ εὖ πράττειν ἀναγκαῖον τοὺς οὕτω διακειμένους, τοὺς δὲ
εὖ πράττοντας εὐδαίμονας εἶναι. ἆρ' οὐχ οὕτως, ἦν δ' ἐγώ,
ὦ Κριτία, ἐλέγομεν περὶ σωφροσύνης, λέγοντες ὅσον ἀγαθὸν
5 εἴη τὸ εἰδέναι ἅ τε οἶδέν τις καὶ ἃ μὴ οἶδεν;
Πάνυ μὲν οὖν, ἔφη, οὕτως.

c 4 εἰ B² T : εἴη B   c 5 ἀνεπιστημοσύνης B W : ἀνεπιστημοσύνης
ἐπιστήμη T   c 8 ὥσπερ B W : ὥσπερ ἂν T   d 5 μεγαλωστὶ ci.
Stephanus : μεγάλως τι B T   d 7 διεζῶμεν T : ἐζῶμεν B W t
καὶ del. Heindorf   e 3 οὔτε T : ὃ οὔτε B   e 6 οἰκουμένη B W :
οἰκονομουμένη T   ἔμελλεν καλῶς B W : καλῶς ἔμελλεν T   e 8 πᾶν
T : τι πᾶν B   a 1 ἐξῃρημένης T W : διῃρημένης B   καλῶς πράττειν
ἀναγκαῖον καλῶς καὶ εὖ πράττειν B : ἀναγκαῖον καλῶς καὶ εὖ πράττειν T W

Νῦν δέ, ἦν δ' ἐγώ, ὁρᾷς ὅτι οὐδαμοῦ ἐπιστήμη οὐδεμία
τοιαύτη οὖσα πέφανται.

Ὁρῶ, ἔφη.

Ἆρ' οὖν, ἦν δ' ἐγώ, τοῦτ' ἔχει τὸ ἀγαθὸν ἦν νῦν εὑρί- b
σκομεν σωφροσύνην οὖσαν, τὸ ἐπιστήμην ἐπίστασθαι καὶ
ἀνεπιστημοσύνην, ὅτι ὁ ταύτην ἔχων, ὅτι ἂν ἄλλο μανθάνῃ,
ῥᾷόν τε μαθήσεται καὶ ἐναργέστερα πάντα αὐτῷ φανεῖται,
ἅτε πρὸς ἑκάστῳ ᾧ ἂν μανθάνῃ προσκαθορῶντι τὴν ἐπι- 5
στήμην· καὶ τοὺς ἄλλους δὴ κάλλιον ἐξετάσει περὶ ὧν ἂν
καὶ αὐτὸς μάθῃ, οἱ δὲ ἄνευ τούτου ἐξετάζοντες ἀσθενέστερον
καὶ φαυλότερον τοῦτο δράσουσιν; ἆρ', ὦ φίλε, τοιαῦτα
ἄττα ἐστὶν ἃ ἀπολαυσόμεθα τῆς σωφροσύνης, ἡμεῖς δὲ μεῖζόν c
τι βλέπομεν καὶ ζητοῦμεν αὐτὸ μεῖζόν τι εἶναι ἢ ὅσον ἐστίν;

Τάχα δ' ἄν, ἔφη, οὕτως ἔχοι.

Ἴσως, ἦν δ' ἐγώ· ἴσως δέ γε ἡμεῖς οὐδὲν χρηστὸν
ἐζητήσαμεν. τεκμαίρομαι δέ, ὅτι μοι ἄτοπ' ἄττα καταφαί- 5
νεται περὶ σωφροσύνης, εἰ τοιοῦτόν ἐστιν. ἴδωμεν γάρ,
εἰ βούλει, συγχωρήσαντες καὶ ἐπίστασθαι ἐπιστήμην δυ-
νατὸν εἶναι [εἰδέναι], καὶ ὅ γε ἐξ ἀρχῆς ἐτιθέμεθα σωφρο-
σύνην εἶναι, τὸ εἰδέναι ἅ τε οἶδεν καὶ ἃ μὴ οἶδεν, μὴ
ἀποστερήσωμεν, ἀλλὰ δῶμεν· καὶ πάντα ταῦτα δόντες ἔτι d
βέλτιον σκεψώμεθα εἰ ἄρα τι καὶ ἡμᾶς ὀνήσει τοιοῦτον ὄν.
ἃ γὰρ νυνδὴ ἐλέγομεν, ὡς μέγα ἂν εἴη ἀγαθὸν ἡ σωφροσύνη
εἰ τοιοῦτον εἴη, ἡγουμένη διοικήσεως καὶ οἰκίας καὶ πόλεως,
οὔ μοι δοκοῦμεν, ὦ Κριτία, καλῶς ὡμολογηκέναι. 5

Πῶς δή; ἦ δ' ὅς.

Ὅτι, ἦν δ' ἐγώ, ῥᾳδίως ὡμολογήσαμεν μέγα τι ἀγαθὸν
εἶναι τοῖς ἀνθρώποις εἰ ἕκαστοι ἡμῶν, ἃ μὲν ἴσασιν, πράτ-
τοιεν ταῦτα, ἃ δὲ μὴ ἐπίσταιντο, ἄλλοις παραδιδοῖεν τοῖς
ἐπισταμένοις. 10

c 5 τεκμαίρομαι δὲ T : τεκμαιρόμενοι B W (sed αι δε suprascr. W)
c 8 εἰδέναι secl. ci. Heusde   d 1 ἀλλὰ δῶμεν T et gr. W :
ἀλλ' ἴδωμεν B W   πάντα ταῦτα B : ταῦτα ἅπαντα T : ταῦτα πάντα W
d 2 ἄρα τι B² : ἄρτι B T   ὀνήσει T : ὀνήσειν B

e   Οὐκ οὖν, ἔφη, καλῶς ὡμολογήσαμεν;

Οὔ μοι δοκοῦμεν, ἦν δ' ἐγώ.

Ἄτοπα λέγεις ὡς ἀληθῶς, ἔφη, ὦ Σώκρατες.

Νὴ τὸν κύνα, ἔφην, καὶ ἐμοί τοι δοκεῖ οὕτω, κἀνταῦθα
5 καὶ ἄρτι ἀποβλέψας ἄτοπ' ἄττ' ἔφην μοι προφαίνεσθαι, καὶ
ὅτι φοβοίμην μὴ οὐκ ὀρθῶς σκοποῖμεν. ὡς ἀληθῶς γάρ,
εἰ ὅτι μάλιστα τοιοῦτόν ἐστιν ἡ σωφροσύνη, οὐδέν μοι
173 δῆλον εἶναι δοκεῖ ὅτι ἀγαθὸν ἡμᾶς ἀπεργάζεται.

Πῶς δή; ἢ δ' ὅς. λέγε, ἵνα καὶ ἡμεῖς εἰδῶμεν ὅτι λέγεις.

Οἶμαι μέν, ἦν δ' ἐγώ, ληρεῖν με· ὅμως τό γε προφαινό-
μενον ἀναγκαῖον σκοπεῖν καὶ μὴ εἰκῇ παριέναι, εἴ τίς γε
5 αὑτοῦ καὶ σμικρὸν κήδεται.

Καλῶς γάρ, ἔφη, λέγεις.

Ἄκουε δή, ἔφην, τὸ ἐμὸν ὄναρ, εἴτε διὰ κεράτων εἴτε
δι' ἐλέφαντος ἐλήλυθεν. εἰ γὰρ ὅτι μάλιστα ἡμῶν ἄρχοι
ἡ σωφροσύνη, οὖσα οἵαν νῦν ὁριζόμεθα, ἄλλο τι κατὰ τὰς
b ἐπιστήμας πάντ' ἂν πράττοιτο, καὶ οὔτε τις κυβερνήτης
φάσκων εἶναι, ὢν δὲ οὔ, ἐξαπατῷ ἂν ἡμᾶς, οὔτε ἰατρὸς οὔτε
στρατηγὸς οὔτ' ἄλλος οὐδείς, προσποιούμενός τι εἰδέναι
ὃ μὴ οἶδεν, λανθάνοι ἄν· ἐκ δὴ τούτων οὕτως ἐχόντων ἄλλο
5 ἂν ἡμῖν τι συμβαίνοι ἢ ὑγίεσίν τε τὰ σώματα εἶναι μᾶλλον
ἢ νῦν, καὶ ἐν τῇ θαλάττῃ κινδυνεύοντας καὶ ἐν πολέμῳ
σῴζεσθαι, καὶ τὰ σκεύη καὶ τὴν ἀμπεχόνην καὶ ὑπόδεσιν
c πᾶσαν καὶ τὰ χρήματα πάντα τεχνικῶς ἡμῖν εἰργασμένα
εἶναι καὶ ἄλλα πολλὰ διὰ τὸ ἀληθινοῖς δημιουργοῖς χρῆσθαι·
εἰ δὲ βούλοιό γε, καὶ τὴν μαντικὴν εἶναι συγχωρήσωμεν

---

e4 δοκεῖ T : δοκεῖν B   οὕτω· κἀνταῦθα Hermann : οὕτως εἰ
ἐνταῦθα B : οὕτως ἐνταῦθα T : οὑτωσὶ ἐνταῦθα W   e5 ἄτοπ' ἄττ'
ci. Badham : ἄτοπά γ' BT : ἄτοπά τ' Bekker   ἔφην T : ἔφη B
a4 παριέναι T : παρεῖναι B   a9 νῦν] δὴ νῦν Stobaeus   b1 πάντ'
ἂν scripsi : πάντα Stobaeus : ἂν BT   b2 ἐξαπατῷ ἂν T : ἐξαπατᾶν
B (ὢν δὲ . . . ἡμᾶς om. Stobaeus)   b3 οὐδείς] τις οὐδείς Stobaeus
b4 δὴ BT Stobaeus : δὲ Hermann   b5 τι post ἄλλο transp.
Stobaeus   ἢ add. ci. Heindorf : μὴ Stobaeus : om. BT   b6 τῇ
om. Stobaeus   b7 τὰ] τά τε Stobaeus   c2 ἀληθινοῖς δημιουργοῖς
TW Stobaeus : ἀληθινὸν δημιουργὸν B   c3 βούλοιο] βούλει ci.
H. Richards

ἐπιστήμην τοῦ μέλλοντος ἔσεσθαι, καὶ τὴν σωφροσύνην,
αὐτῆς ἐπιστατοῦσαν, τοὺς μὲν ἀλαζόνας ἀποτρέπειν, τοὺς 5
δὲ ὡς ἀληθῶς μάντεις καθιστάναι ἡμῖν προφήτας τῶν μελ-
λόντων. κατεσκευασμένον δὴ οὕτω τὸ ἀνθρώπινον γένος
ὅτι μὲν ἐπιστημόνως ἂν πράττοι καὶ ζώῃ, ἕπομαι—ἡ γὰρ d
σωφροσύνη φυλάττουσα οὐκ ἂν ἐῴη παρεμπίπτουσαν τὴν
ἀνεπιστημοσύνην συνεργὸν ἡμῖν εἶναι—ὅτι δ' ἐπιστημόνως
ἂν πράττοντες εὖ ἂν πράττοιμεν καὶ εὐδαιμονοῖμεν, τοῦτο
δὲ οὔπω δυνάμεθα μαθεῖν, ὦ φίλε Κριτία.   5
   Ἀλλὰ μέντοι, ἦ δ' ὅς, οὐ ῥᾳδίως εὑρήσεις ἄλλο τι τέλος
τοῦ εὖ πράττειν, ἐὰν τὸ ἐπιστημόνως ἀτιμάσῃς.
   Σμικρὸν τοίνυν με, ἦν δ' ἐγώ, ἔτι προσδίδαξον. τίνος
ἐπιστημόνως λέγεις; ἢ σκυτῶν τομῆς;
   Μὰ Δί' οὐκ ἔγωγε.   e
   Ἀλλὰ χαλκοῦ ἐργασίας;
   Οὐδαμῶς.
   Ἀλλὰ ἐρίων ἢ ξύλων ἢ ἄλλου του τῶν τοιούτων;
   Οὐ δῆτα.   5
   Οὐκ ἄρα, ἦν δ' ἐγώ, ἔτι ἐμμένομεν τῷ λόγῳ τῷ εὐδαί-
μονα εἶναι τὸν ἐπιστημόνως ζῶντα. οὗτοι γὰρ ἐπιστημόνως
ζῶντες οὐχ ὁμολογοῦνται παρὰ σοῦ εὐδαίμονες εἶναι, ἀλλὰ
περί τινων ἐπιστημόνως ζῶντα σὺ δοκεῖς μοι ἀφορίζεσθαι
τὸν εὐδαίμονα. καὶ ἴσως λέγεις ὃν νυνδὴ ἐγὼ ἔλεγον, τὸν 10
εἰδότα τὰ μέλλοντα ἔσεσθαι πάντα, τὸν μάντιν. τοῦτον 174
ἢ ἄλλον τινὰ λέγεις;
   Καὶ τοῦτον ἔγωγε, ἔφη, καὶ ἄλλον.
   Τίνα; ἦν δ' ἐγώ. ἆρα μὴ τὸν τοιόνδε, εἴ τις πρὸς τοῖς
μέλλουσιν καὶ τὰ γεγονότα πάντα εἰδείη καὶ τὰ νῦν ὄντα, 5
καὶ μηδὲν ἀγνοοῖ; θῶμεν γάρ τινα εἶναι αὐτόν. οὐ γὰρ

---

d 4 ἂν πράττοντες Τ : τὰ πράττοντες Β   d 5 δυνάμεθα Β Τ W :
δυναίμεθαι (sic) Τ²   d 9 σκυτῶν τομῆς Τ W : σκυτοτομῆς Β : σκυτοτο-
μικῆς b   e 6 εὐδαίμονα Τ b : εὐδαιμονία Β   e 8 ὁμολογοῦνται
Β Τ : ὁμολογοῦσι t   e 9 ζῶντα ci. Schleiermacher : ζώντων Β Τ
σὺ Bekker : εὖ Β Τ   δοκεῖς Basileensis altera : δοκεῖ Β Τ   a 6 θῶμεν]
φῶμεν Schanz   αὐτόν] τοιοῦτον ci. H. Richards

οἶμαι τούτου γε ἔτι ἂν εἴποις οὐδένα ἐπιστημονέστερον
ζῶντα εἶναι.

Οὐ δῆτα.

10 Τόδε δὴ ἔτι προσποθῶ, τίς αὐτὸν τῶν ἐπιστημῶν ποιεῖ
εὐδαίμονα; ἢ ἅπασαι ὁμοίως;

Οὐδαμῶς ὁμοίως, ἔφη.

b Ἀλλὰ ποία μάλιστα; ᾗ τί οἶδεν καὶ τῶν ὄντων καὶ τῶν
γεγονότων καὶ τῶν μελλόντων ἔσεσθαι; ἆρά γε ᾗ τὸ πετ-
τευτικόν;

Ποῖον, ἢ δ' ὅς, πεττευτικόν;

5 Ἀλλ' ᾗ τὸ λογιστικόν;

Οὐδαμῶς.

Ἀλλ' ᾗ τὸ ὑγιεινόν;

Μᾶλλον, ἔφη.

Ἐκείνη δ' ἣν λέγω μάλιστα, ἣν δ' ἐγώ, ᾗ τί;

10 Ἧι τὸ ἀγαθόν, ἔφη, καὶ τὸ κακόν.

Ὦ μιαρέ, ἔφην ἐγώ, πάλαι με περιέλκεις κύκλῳ, ἀπο-
κρυπτόμενος ὅτι οὐ τὸ ἐπιστημόνως ἦν ζῆν τὸ εὖ πράττειν
c τε καὶ εὐδαιμονεῖν ποιοῦν, οὐδὲ συμπασῶν τῶν ἄλλων
ἐπιστημῶν, ἀλλὰ μιᾶς οὔσης ταύτης μόνον τῆς περὶ τὸ
ἀγαθόν τε καὶ κακόν. ἐπεί, ὦ Κριτία, εἰ 'θέλεις ἐξελεῖν
ταύτην τὴν ἐπιστήμην ἐκ τῶν ἄλλων ἐπιστημῶν, ἧττόν τι
5 ἡ μὲν ἰατρικὴ ὑγιαίνειν ποιήσει, ἡ δὲ σκυτικὴ ὑποδεδέσθαι,
ἡ δὲ ὑφαντικὴ ἠμφιέσθαι, ἡ δὲ κυβερνητικὴ κωλύσει ἐν τῇ
θαλάττῃ ἀποθνῄσκειν καὶ ἡ στρατηγικὴ ἐν πολέμῳ;

Οὐδὲν ἧττον, ἔφη.

Ἀλλ', ὦ φίλε Κριτία, τὸ εὖ γε τούτων ἕκαστα γίγνεσθαι
d καὶ ὠφελίμως ἀπολελοιπὸς ἡμᾶς ἔσται ταύτης ἀπούσης.

Ἀληθῆ λέγεις.

Οὐχ αὕτη δέ γε, ὡς ἔοικεν, ἐστὶν ἡ σωφροσύνη, ἀλλ' ἧς

b 1 ᾗ τί B : ᾗ τι T   b 5 ἀλλ' ᾗ B : ἀλλ' ᾗ T   b 9 ᾗ τι
B : ᾗ τί T   b 10 ᾗ τὸ T : τὸ B   c 6 ἠμφιέσθαι T : ἀμφιέσθαι
B   d 1 ἀπολελοιπὸς B² T : ἀπολελοιπὼς B   d 3 ἀλλ' secl. ci.
Madvig

ἔργον ἐστὶν τὸ ὠφελεῖν ἡμᾶς. οὐ γὰρ ἐπιστημῶν γε καὶ
ἀνεπιστημοσυνῶν ἡ ἐπιστήμη ἐστίν, ἀλλὰ ἀγαθοῦ τε καὶ 5
κακοῦ· ὥστε εἰ αὕτη ἐστὶν ὠφέλιμος, ἡ σωφροσύνη ἄλλο
τι ἂν εἴη [ἡ ὠφελίμη] ἡμῖν.

Τί δ᾽, ἦ δ᾽ ὅς, οὐκ ἂν αὕτη ὠφελοῖ; εἰ γὰρ ὅτι μάλιστα
τῶν ἐπιστημῶν ἐπιστήμη ἐστὶν ἡ σωφροσύνη, ἐπιστατεῖ
δὲ καὶ ταῖς ἄλλαις ἐπιστήμαις, καὶ ταύτης δήπου ἂν ἄρχουσα e
τῆς περὶ τἀγαθὸν ἐπιστήμης ὠφελοῖ ἂν ἡμᾶς.

Ἡ κἂν ὑγιαίνειν ποιοῖ, ἦν δ᾽ ἐγώ, αὕτη, ἀλλ᾽ οὐχ ἡ
ἰατρική; καὶ τἆλλα τὰ τῶν τεχνῶν αὕτη ἂν ποιοῖ, καὶ οὐχ
αἱ ἄλλαι τὸ αὐτῆς ἔργον ἑκάστη; ἢ οὐ πάλαι διεμαρτυρό- 5
μεθα ὅτι ἐπιστήμης μόνον ἐστὶν καὶ ἀνεπιστημοσύνης
ἐπιστήμη, ἄλλου δὲ οὐδενός· οὐχ οὕτω;

Φαίνεταί γε.

Οὐκ ἄρα ὑγιείας ἔσται δημιουργός;

Οὐ δῆτα.   10

Ἄλλης γὰρ ἦν τέχνης ὑγίεια· ἢ οὔ;   175

Ἄλλης.

Οὐδ᾽ ἄρα ὠφελίας, ὦ ἑταῖρε· ἄλλῃ γὰρ αὖ ἀπέδομεν
τοῦτο τὸ ἔργον τέχνῃ νυνδή· ἢ γάρ;

Πάνυ γε.   5

Πῶς οὖν ὠφέλιμος ἔσται ἡ σωφροσύνη, οὐδεμιᾶς ὠφε-
λίας οὖσα δημιουργός;

Οὐδαμῶς, ὦ Σώκρατες, ἔοικέν γε.

Ὁρᾷς οὖν, ὦ Κριτία, ὡς ἐγὼ πάλαι εἰκότως ἐδεδοίκη
καὶ δικαίως ἐμαυτὸν ᾐτιώμην ὅτι οὐδὲν χρηστὸν περὶ σω- 10
φροσύνης σκοπῶ; οὐ γὰρ ἄν που ὅ γε κάλλιστον πάντων
ὁμολογεῖται εἶναι, τοῦτο ἡμῖν ἀνωφελὲς ἐφάνη, εἴ τι ἐμοῦ
ὄφελος ἦν πρὸς τὸ καλῶς ζητεῖν. νῦν δὲ πανταχῇ γὰρ b
ἡττώμεθα, καὶ οὐ δυνάμεθα εὑρεῖν ἐφ᾽ ὅτῳ ποτὲ τῶν ὄντων

d 4 γε] τε Heindorf   d 7 ἡ ὠφελίμη B : ὠφελίμη T : ἢ ὠφελίμη
Schleiermacher : secl. Madvig   e 3 κἂν Schanz: καὶ B T
e 4 οὐχ αἱ Hermann : οὐχὶ B T   b 2 ὄφελος T : ὤφελος B
b 3 γρ. εὑρεῖν T : ἔχειν B T

ὁ νομοθέτης τοῦτο τοὔνομα ἔθετο, τὴν σωφροσύνην. καίτοι
5 πολλά γε συγκεχωρήκαμεν οὐ συμβαίνονθ᾽ ἡμῖν ἐν τῷ λόγῳ.
καὶ γὰρ ἐπιστήμην ἐπιστήμης εἶναι συνεχωρήσαμεν, οὐκ
ἐῶντος τοῦ λόγου οὐδὲ φάσκοντος εἶναι· καὶ ταύτῃ αὖ τῇ
ἐπιστήμῃ καὶ τὰ τῶν ἄλλων ἐπιστημῶν ἔργα γιγνώσκειν
c συνεχωρήσαμεν, οὐδὲ τοῦτ᾽ ἐῶντος τοῦ λόγου, ἵνα δὴ ἡμῖν
γένοιτο ὁ σώφρων ἐπιστήμων ὧν τε οἶδεν ὅτι οἶδεν, καὶ
ὧν μὴ οἶδεν ὅτι οὐκ οἶδεν. τοῦτο μὲν δὴ καὶ παντάπασι
μεγαλοπρεπῶς συνεχωρήσαμεν, οὐδ᾽ ἐπισκεψάμενοι τὸ ἀδύ-
5 νατον εἶναι ἅ τις μὴ οἶδεν μηδαμῶς, ταῦτα εἰδέναι ἁμῶς
γέ πως· ὅτι γὰρ οὐκ οἶδεν, φησὶν αὐτὰ εἰδέναι ἡ ἡμετέρα
ὁμολογία. καίτοι, ὡς ἐγῷμαι, οὐδενὸς ὅτου οὐχὶ ἀλογώ-
τερον τοῦτ᾽ ἂν φανείη. ἀλλ᾽ ὅμως οὕτως ἡμῶν εὐηθικῶν
d τυχοῦσα ἡ ζήτησις καὶ οὐ σκληρῶν, οὐδέν τι μᾶλλον εὑρεῖν
δύναται τὴν ἀλήθειαν, ἀλλὰ τοσοῦτον κατεγέλασεν αὐτῆς,
ὥστε ὃ ἡμεῖς πάλαι συνομολογοῦντες καὶ συμπλάττοντες
ἐτιθέμεθα σωφροσύνην εἶναι, τοῦτο ἡμῖν πάνυ ὑβριστικῶς
5 ἀνωφελὲς ὂν ἀπέφαινε. τὸ μὲν οὖν ἐμὸν καὶ ἧττον ἀγα-
νακτῶ· ὑπὲρ δὲ σοῦ, ἦν δ᾽ ἐγώ, ὦ Χαρμίδη, πάνυ ἀγανακτῶ,
εἰ σὺ τοιοῦτος ὢν τὴν ἰδέαν καὶ πρὸς τούτῳ τὴν ψυχὴν
e σωφρονέστατος, μηδὲν ὀνήσῃ ἀπὸ ταύτης τῆς σωφροσύνης
μηδέ τί σ᾽ ὠφελήσει ἐν τῷ βίῳ παροῦσα. ἔτι δὲ μᾶλλον
ἀγανακτῶ ὑπὲρ τῆς ἐπῳδῆς ἣν παρὰ τοῦ Θρᾳκὸς ἔμαθον,
εἰ μηδενὸς ἀξίου πράγματος οὖσαν αὐτὴν μετὰ πολλῆς
5 σπουδῆς ἐμάνθανον. ταῦτ᾽ οὖν πάνυ μὲν [οὖν] οὐκ οἴομαι
οὕτως ἔχειν, ἀλλ᾽ ἐμὲ φαῦλον εἶναι ζητητήν· ἐπεὶ τήν γε
σωφροσύνην μέγα τι ἀγαθὸν εἶναι, καὶ εἴπερ γε ἔχεις αὐτό,
176 μακάριον εἶναί σε. ἀλλ᾽ ὅρα εἰ ἔχεις τε καὶ μηδὲν δέῃ
τῆς ἐπῳδῆς· εἰ γὰρ ἔχεις, μᾶλλον ἂν ἔγωγέ σοι συμβου-

b 4 νομοθέτης B T W : ὀνοματοθέτης scr. recc.   b 5 ἐν om. Schanz
b 8 καὶ τὰ T : καὶ B   c 2 γένοιτο T : γε οιτο B : γε οἴοιτο W
c 5 ἁμῶς γέ πως T W : ἄλλως γέ πως B   c 8 εὐηθικῶν B T : εὐηθικῶς
t : an εὐνοϊκῶν?   d 1 εὑρεῖν T : ἐρεῖν B : αἱρεῖν B²   e 3 ἐπῳδῆς
T W : ἐπῳδίας B et γρ. W   e 5 οὖν secl. Winckelmann   e 7 γε
T : τε B

λεύσαιμι ἐμὲ μὲν λῆρον ἡγεῖσθαι εἶναι καὶ ἀδύνατον λόγῳ
ὁτιοῦν ζητεῖν, σεαυτὸν δέ, ὅσῳπερ σωφρονέστερος εἶ,
τοσούτῳ εἶναι καὶ εὐδαιμονέστερον. 5

Καὶ ὁ Χαρμίδης, Ἀλλὰ μὰ Δί', ἦ δ' ὅς, ἔγωγε, ὦ Σώ-
κρατες, οὐκ οἶδα οὔτ' εἰ ἔχω οὔτ' εἰ μὴ ἔχω· πῶς γὰρ ἂν
εἰδείην ὅ γε μηδ' ὑμεῖς οἷοί τέ ἐστε ἐξευρεῖν ὅτι ποτ' ἔστιν,
ὡς φῂς σύ; ἐγὼ μέντοι οὐ πάνυ σοι πείθομαι, καὶ ἐμαυτόν, b
ὦ Σώκρατες, πάνυ οἶμαι δεῖσθαι τῆς ἐπῳδῆς, καὶ τό γ' ἐμὸν
οὐδὲν κωλύει ἐπᾴδεσθαι ὑπὸ σοῦ ὅσαι ἡμέραι, ἕως ἂν φῇς
σὺ ἱκανῶς ἔχειν.

Εἶεν· ἀλλ', ἔφη ὁ Κριτίας, ὦ Χαρμίδη, ⟨ἢν⟩ δρᾷς τοῦτο 5
ἔμοιγ' ἔσται τοῦτο τεκμήριον ὅτι σωφρονεῖς, ἢν ἐπᾴδειν
παρέχῃς Σωκράτει καὶ μὴ ἀπολείπῃ τούτου μήτε μέγα μήτε
σμικρόν.

Ὡς ἀκολουθήσοντος, ἔφη, καὶ μὴ ἀπολειψομένου· δεινὰ
γὰρ ἂν ποιοίην, εἰ μὴ πειθοίμην σοὶ τῷ ἐπιτρόπῳ καὶ μὴ c
ποιοίην ἃ κελεύεις.

Ἀλλὰ μήν, ἔφη, κελεύω ἔγωγε.

Ποιήσω τοίνυν, ἔφη, ἀπὸ ταυτησὶ τῆς ἡμέρας ἀρξάμενος.

Οὗτοι, ἦν δ' ἐγώ, τί βουλεύεσθον ποιεῖν; 5

Οὐδέν, ἔφη ὁ Χαρμίδης, ἀλλὰ βεβουλεύμεθα.

Βιάσῃ ἄρα, ἦν δ' ἐγώ, καὶ οὐδ' ἀνάκρισίν μοι δώσεις;

Ὡς βιασομένου, ἔφη, ἐπειδήπερ ὅδε γε ἐπιτάττει· πρὸς
ταῦτα σὺ αὖ βουλεύου ὅτι ποιήσεις.

Ἀλλ' οὐδεμία, ἔφην ἐγώ, λείπεται βουλή· σοὶ γὰρ d
ἐπιχειροῦντι πράττειν ὁτιοῦν καὶ βιαζομένῳ οὐδεὶς οἷός τ'
ἔσται ἐναντιοῦσθαι ἀνθρώπων.

Μὴ τοίνυν, ἦ δ' ὅς, μηδὲ σὺ ἐναντιοῦ.

Οὐ τοίνυν, ἦν δ' ἐγώ, ἐναντιώσομαι. 5

a 4 ὅσῳπερ TW : ὃς ὥσπερ B   a 7 οὔτ' εἰ ἔχω t : εἴτι ἔχω B : εἴτ'
εἰ ἔχω T   b 3 ἕως W : ἴσως BT   b 5 ἢν add. Goldbacher (εἰ
add. recc.)   δρᾷς τοῦτο secl. Hermann : δρᾷ τοῦτο ci. Madvig
b 6 ἢν BW : ἵν' T   b 7 ἀπολείπῃ (suprascr. ι) W : ἀπολίπῃ BT
c 5 οὗτοι Bt : οὗτοι T   c 7 βιάσει BT : βιάσεις t   d 4 ἐναντιοῦ
Ἰ.st . ἐναντίου T

ΛΑΧΗΣ

ΛΥΣΙΜΑΧΟΣ, ΜΕΛΗΣΙΑΣ, ΝΙΚΙΑΣ, ΛΑΧΗΣ,
ΠΑΙΔΕΣ ΛΥΣΙΜΑΧΟΥ ΚΑΙ ΜΕΛΗΣΙΟΥ,
ΣΩΚΡΑΤΗΣ

ΛΥ. Τεθέασθε μὲν τὸν ἄνδρα μαχόμενον ἐν ὅπλοις, ὦ **a**
Νικία τε καὶ Λάχης· οὗ δ' ἕνεκα ὑμᾶς ἐκελεύσαμεν συνθεά-
σασθαι ἐγώ τε καὶ Μελησίας ὅδε, τότε μὲν οὐκ εἴπομεν, νῦν
δ' ἐροῦμεν. ἡγούμεθα γὰρ χρῆναι πρός γε ὑμᾶς παρρησιά-
ζεσθαι. εἰσὶ γάρ τινες οἳ τῶν τοιούτων καταγελῶσι, καὶ ἐάν 5
τις αὐτοῖς συμβουλεύσηται, οὐκ ἂν εἴποιεν ἃ νοοῦσιν, ἀλλὰ **b**
στοχαζόμενοι τοῦ συμβουλευομένου ἄλλα λέγουσι παρὰ τὴν
αὐτῶν δόξαν· ὑμᾶς δὲ ἡμεῖς ἡγησάμενοι καὶ ἱκανοὺς γνῶναι
καὶ γνόντας ἁπλῶς ἂν εἰπεῖν ἃ δοκεῖ ὑμῖν, οὕτω παρελάβομεν
ἐπὶ τὴν συμβουλὴν περὶ ὧν μέλλομεν ἀνακοινοῦσθαι. ἔστιν 5
οὖν τοῦτο, περὶ οὗ πάλαι τοσαῦτα προοιμιάζομαι, τόδε. ἡμῖν **179**
εἰσὶν ὑεῖς οὑτοί, ὅδε μὲν τοῦδε, πάππου ἔχων ὄνομα Θουκυ-
δίδης, ἐμὸς δὲ αὖ ὅδε—παππῷον δὲ καὶ οὗτος ὄνομ' ἔχει
τοὐμοῦ πατρός· Ἀριστείδην γὰρ αὐτὸν καλοῦμεν—ἡμῖν οὖν
τούτων δέδοκται ἐπιμεληθῆναι ὡς οἷόν τε μάλιστα, καὶ μὴ 5
ποιῆσαι ὅπερ οἱ πολλοί, ἐπειδὴ μειράκια γέγονεν, ἀνεῖναι
αὐτοὺς ὅτι βούλονται ποιεῖν, ἀλλὰ νῦν δὴ καὶ ἄρχεσθαι
αὐτῶν ἐπιμελεῖσθαι καθ' ὅσον οἷοί τ' ἐσμέν. εἰδότες οὖν καὶ

---

178 a2 συνθεάσασθαι t: συνθεάσασθε B: συντεθεᾶσθαι TW
b2 λέγουσι T: νοοῦσι B et γρ. t: νοοῦσι suprascr. λεγ W
179 a1 τοῦτο del. corr. Coisl.: τὸ ci. Badham   a3 δὲ καὶ scr.
Vat. 1029: τε καὶ BTW   a7 δὴ ἤδη ci. Badham   a8 οἷοί
τ' BW: οἷόν τ' T

b ὑμῖν ὑεῖς ὄντας ἡγησάμεθα μεμεληκέναι περὶ αὐτῶν, εἴπερ
τισὶν ἄλλοις, πῶς ἂν θεραπευθέντες γένοιντο ἄριστοι· εἰ δ᾽
ἄρα πολλάκις μὴ προσεσχήκατε τὸν νοῦν τῷ τοιούτῳ, ὑπομνή-
σοντες ὅτι οὐ χρὴ αὐτοῦ ἀμελεῖν, καὶ παρακαλοῦντες ὑμᾶς
5 ἐπὶ τὸ ἐπιμέλειάν τινα ποιήσασθαι τῶν ὑέων κοινῇ μεθ᾽
ἡμῶν. ὅθεν δὲ ἡμῖν ταῦτ᾽ ἔδοξεν, ὦ Νικία τε καὶ Λάχης,
χρὴ ἀκοῦσαι, κἂν ᾖ ὀλίγῳ μακρότερα. συσσιτοῦμεν γὰρ
δὴ ἐγώ τε καὶ Μελησίας ὅδε, καὶ ἡμῖν τὰ μειράκια παρα-
c σιτεῖ. ὅπερ οὖν καὶ ἀρχόμενος εἶπον τοῦ λόγου, παρρη-
σιασόμεθα πρὸς ὑμᾶς. ἡμῶν γὰρ ἑκάτερος περὶ τοῦ ἑαυτοῦ
πατρὸς πολλὰ καὶ καλὰ ἔργα ἔχει λέγειν πρὸς τοὺς νεανίσκους,
καὶ ὅσα ἐν πολέμῳ ἠργάσαντο καὶ ὅσα ἐν εἰρήνῃ, διοικοῦντες
5 τά τε τῶν συμμάχων καὶ τὰ τῆσδε τῆς πόλεως· ἡμέτερα δ᾽
αὐτῶν ἔργα οὐδέτερος ἔχει λέγειν. ταῦτα δὴ ὑπαισχυνόμεθά
τε τούσδε καὶ αἰτιώμεθα τοὺς πατέρας ἡμῶν ὅτι ἡμᾶς μὲν
d εἴων τρυφᾶν, ἐπειδὴ μειράκια ἐγενόμεθα, τὰ δὲ τῶν ἄλλων
πράγματα ἔπραττον· καὶ τοῖσδε τοῖς νεανίσκοις αὐτὰ ταῦτα
ἐνδεικνύμεθα, λέγοντες ὅτι εἰ μὲν ἀμελήσουσιν ἑαυτῶν καὶ
μὴ πείσονται ἡμῖν, ἀκλεεῖς γενήσονται, εἰ δ᾽ ἐπιμελήσονται,
5 τάχ᾽ ἂν τῶν ὀνομάτων ἄξιοι γένοιντο ἃ ἔχουσιν. οὗτοι μὲν
οὖν φασιν πείσεσθαι· ἡμεῖς δὲ δὴ τοῦτο σκοποῦμεν, τί
ἂν οὗτοι μαθόντες ἢ ἐπιτηδεύσαντες ὅτι ἄριστοι γένοιντο.
e εἰσηγήσατο οὖν τις ἡμῖν καὶ τοῦτο τὸ μάθημα, ὅτι καλὸν εἴη
τῷ νέῳ μαθεῖν ἐν ὅπλοις μάχεσθαι· καὶ ἐπῄνει τοῦτον ὃν
νῦν ὑμεῖς ἐθεάσασθε ἐπιδεικνύμενον, κᾆτ᾽ ἐκέλευε θεάσασθαι.
ἔδοξε δὴ χρῆναι αὐτούς τε ἐλθεῖν ἐπὶ θέαν τἀνδρὸς καὶ ὑμᾶς
5 συμπαραλαβεῖν ἅμα μὲν συνθεατάς, ἅμα δὲ συμβούλους τε
καὶ κοινωνούς, ἐὰν βούλησθε, περὶ τῆς τῶν ὑέων ἐπιμελείας.

---

b 1 ἡγησάμεθα] ἡγησάμενοι Badham (δεῦρο ἐκαλέσαμεν ὑμᾶς excidisse
ratus): ⟨εἰς συμβουλὴν ὑμᾶς παρεκαλέσαμεν ὅτι⟩ ἡγησάμεθα Schanz
b 6 vel post ἡμῶν (Král) vel post b 1 ὄντας (Schanz) excidisse aliquid
videtur   c 4 πολέμῳ ... ἐν B W t : om. T   c 5 τῆσδε τῆς
B W t : τῆς T   c 7 τούσδε B W : τοῖσδε T   e 1 ὅτι T W : οὐ
B : ὡς in marg. B²   e 2 τὸ νέῳ Badham   e 3 θεάσασθαι T W :
θεάσεσθαι B

ταῦτ' ἐστὶν ἃ ἐβουλόμεθα ὑμῖν ἀνακοινώσασθαι.   ἤδη οὖν 180
ὑμέτερον μέρος συμβουλεύειν καὶ περὶ τούτου τοῦ μαθήματος,
εἴτε δοκεῖ χρῆναι μανθάνειν εἴτε μή, καὶ περὶ τῶν ἄλλων, εἴ
τι ἔχετε ἐπαινέσαι μάθημα νέῳ ἀνδρὶ ἢ ἐπιτήδευμα, καὶ περὶ
τῆς κοινωνίας λέγειν ὁποῖόν τι ποιήσετε.   5

ΝΙ. Ἐγὼ μέν, ὦ Λυσίμαχε καὶ Μελησία, ἐπαινῶ τε ὑμῶν
τὴν διάνοιαν καὶ κοινωνεῖν ἕτοιμος, οἶμαι δὲ καὶ Λάχητα
τόνδε.

ΛΑ. Ἀληθῆ γὰρ οἴει, ὦ Νικία.   ὡς ὅ γε ἔλεγεν ὁ Λυσί- b
μαχος ἄρτι περὶ τοῦ πατρὸς τοῦ αὐτοῦ τε καὶ τοῦ Μελησίου,
πάνυ μοι δοκεῖ εὖ εἰρῆσθαι καὶ εἰς ἐκείνους καὶ εἰς ἡμᾶς καὶ
εἰς ἅπαντας ὅσοι τὰ τῶν πόλεων πράττουσιν, ὅτι αὐτοῖς
σχεδόν τι ταῦτα συμβαίνει ἃ οὗτος λέγει καὶ περὶ παῖδας   5
καὶ περὶ τἆλλα, τὰ ἴδια ὀλιγωρεῖσθαί τε καὶ ἀμελῶς διατί-
θεσθαι.   ταῦτα μὲν οὖν καλῶς λέγεις, ὦ Λυσίμαχε· ὅτι δ'
ἡμᾶς μὲν συμβούλους παρακαλεῖς ἐπὶ τὴν τῶν νεανίσκων
παιδείαν, Σωκράτη δὲ τόνδε οὐ παρακαλεῖς, θαυμάζω, πρῶτον c
μὲν ὄντα δημότην, ἔπειτα ἐνταῦθα ἀεὶ τὰς διατριβὰς ποιού-
μενον ὅπου τί ἐστι τῶν τοιούτων ὧν σὺ ζητεῖς περὶ τοὺς
νέους ἢ μάθημα ἢ ἐπιτήδευμα καλόν.

ΛΥ. Πῶς λέγεις, ὦ Λάχης; Σωκράτης γὰρ ὅδε τινὸς τῶν   5
τοιούτων ἐπιμέλειαν πεποίηται;

ΛΑ. Πάνυ μὲν οὖν, ὦ Λυσίμαχε.

ΝΙ. Τοῦτο μέν σοι κἂν ἐγὼ ἔχοιμι εἰπεῖν οὐ χεῖρον
Λάχητος· καὶ γὰρ αὐτῷ μοι ἔναγχος ἄνδρα προυξένησε τῷ
ὑεῖ διδάσκαλον μουσικῆς, Ἀγαθοκλέους μαθητὴν Δάμωνα, d
ἀνδρῶν χαριέστατον οὐ μόνον τὴν μουσικήν, ἀλλὰ καὶ τἆλλα
ὁπόσου βούλει ἄξιον συνδιατρίβειν τηλικούτοις νεανίσκοις.

a 2 μέρος T W : γένος B : secl. Gitlbauer   a 3 χρῆναι T W :
χρῆν. | ἢ B   b 2 τοῦ αὐτοῦ B Stobaeus : αὑτοῦ T W   τε καὶ]
καὶ Stobaeus   μελησίου T W : μιλησίου B   b 4 πόλε**ων T
b 6 τὰ ἴδια Stobaeus : ἴδια B T W   ὀλιγωρεῖσθαι B T W Stobaeus :
ὀλιγωρεῖν Badham : ὀλιγώρως Schanz   b 7 καλῶς T W : καλεῖς
B   c 1 παιδείαν B² T W : παιδιὰν B   c 5 ὅδε B T : ὧδε W
d 3 ὁπόσου B W : ὁπόσα T

ΛΥ. Οὗτοι, ὦ Σώκρατές τε καὶ Νικία καὶ Λάχης, οἱ
5 ἡλίκοι ἐγὼ ἔτι γιγνώσκομεν τοὺς νεωτέρους, ἅτε κατ᾽ οἰκίαν
τὰ πολλὰ διατρίβοντες ὑπὸ τῆς ἡλικίας· ἀλλ᾽ εἴ τι καὶ σύ,
ὦ παῖ Σωφρονίσκου, ἔχεις τῷδε τῷ σαυτοῦ δημότῃ ἀγαθὸν
e συμβουλεῦσαι, χρὴ συμβουλεύειν. δίκαιος δ᾽ εἶ· καὶ γὰρ
πατρικὸς ἡμῖν φίλος τυγχάνεις ὤν· ἀεὶ γὰρ ἐγὼ καὶ ὁ
σὸς πατὴρ ἑταίρω τε καὶ φίλω ἦμεν, καὶ πρότερον ἐκεῖνος
ἐτελεύτησε, πρίν τι ἐμοὶ διενεχθῆναι. περιφέρει δέ τίς με
5 καὶ μνήμη ἄρτι τῶνδε λεγόντων· τὰ γὰρ μειράκια τάδε πρὸς
ἀλλήλους οἴκοι διαλεγόμενοι θαμὰ ἐπιμέμνηνται Σωκράτους
καὶ σφόδρα ἐπαινοῦσιν· οὐ μέντοι πώποτε αὐτοὺς ἀνηρώτησα
181 εἰ τὸν Σωφρονίσκου λέγοιεν. ἀλλ᾽, ὦ παῖδες, λέγετέ μοι,
ὅδ᾽ ἐστὶ Σωκράτης, περὶ οὗ ἑκάστοτε ἐμέμνησθε;

ΠΑΙ. Πάνυ μὲν οὖν, ὦ πάτερ, οὗτος.

ΛΥ. Εὖ γε νὴ τὴν Ἥραν, ὦ Σώκρατες, ὅτι ὀρθοῖς τὸν
5 πατέρα, ἄριστον ἀνδρῶν ὄντα, καὶ ἄλλως καὶ δὴ καὶ ὅτι
οἰκεῖα τά τε σὰ ἡμῖν ὑπάρξει καὶ σοὶ τὰ ἡμέτερα.

ΛΑ. Καὶ μήν, ὦ Λυσίμαχε, μὴ ἀφίεσό γε τἀνδρός· ὡς
ἐγὼ καὶ ἄλλοθί γε αὐτὸν ἐθεασάμην οὐ μόνον τὸν πατέρα
b ἀλλὰ καὶ τὴν πατρίδα ὀρθοῦντα· ἐν γὰρ τῇ ἀπὸ Δηλίου
φυγῇ μετ᾽ ἐμοῦ συνανεχώρει, κἀγώ σοι λέγω ὅτι εἰ οἱ ἄλλοι
ἤθελον τοιοῦτοι εἶναι, ὀρθὴ ἂν ἡμῶν ἡ πόλις ἦν καὶ οὐκ ἂν
ἔπεσε τότε τοιοῦτον πτῶμα.

5 ΛΥ. Ὦ Σώκρατες, οὗτος μέντοι ὁ ἔπαινός ἐστιν καλός, ὃν
σὺ νῦν ἐπαινῇ ὑπ᾽ ἀνδρῶν ἀξίων πιστεύεσθαι καὶ εἰς ταῦτα
εἰς ἃ οὗτοι ἐπαινοῦσιν. εὖ οὖν ἴσθι ὅτι ἐγὼ ταῦτα ἀκούων
χαίρω ὅτι εὐδοκιμεῖς, καὶ σὺ δὲ ἡγοῦ με ἐν τοῖς εὐνούστατόν

d 4 οὗτοι Badham : οὗτοι τι Β Τ : οὗτοι τι W   d 5 ἡλίκοι Β :
ἥλικοι καὶ Τ W   e 2 ἀεὶ Ε : αἰ Τ : αἰεὶ W t   e 4 περιφέρει]
περιέρρει Badham   e 6 διαλεγόμενοι Β Τ W : διαλεγόμενα t   θαμὰ
Τ W : ἅμα Β   a 2 Σωκράτης secl. Badham   ἐμέμνησθε Β Τ W :
μέμνησθε scr. Ven. 189   a 5 καὶ ἄλλως secl. Badham   a 6 τε
Bekker : γε Β Τ W   b 2 εἰ οἱ Vat. 1029 : εἰ Β Τ : οἱ W (fort. εἰ
ἄλλοι fuit)   b 3 ἡμῶν extra versum Τ   b 8 εὐδοκιμεῖς Τ :
εὐδοκιμεῖ W : εὐδοκίμως Β   ἡγοῦ με Β W : ἡγούμαι Τ   εὐνούστατον
scripsi : γ᾽ εὐνούστατον Schanz : εὐνουστάτοις Τ W : γ᾽ εὐνουστάτοις Β

σοι εἶναι. χρῆν μὲν οὖν καὶ πρότερόν γε φοιτᾶν αὐτὸν παρ' c
ἡμᾶς καὶ οἰκείους ἡγεῖσθαι, ὥσπερ τὸ δίκαιον· νῦν δ' οὖν
ἀπὸ τῆσδε τῆς ἡμέρας, ἐπειδὴ ἀνεγνωρίσαμεν ἀλλήλους, μὴ
ἄλλως ποίει, ἀλλὰ σύνισθί τε καὶ γνώριζε καὶ ἡμᾶς καὶ
τούσδε τοὺς νεωτέρους, ὅπως ἂν διασῴζητε καὶ ὑμεῖς τὴν 5
ἡμετέραν φιλίαν. ταῦτα μὲν οὖν καὶ σὺ ποιήσεις καὶ ἡμεῖς
σε καὶ αὖθις ὑπομνήσομεν· περὶ δὲ ὧν ἠρξάμεθα τί φᾶτε;
τί δοκεῖ; τὸ μάθημα τοῖς μειρακίοις ἐπιτήδειον εἶναι ἢ οὔ, τὸ
μαθεῖν ἐν ὅπλοις μάχεσθαι;

ΣΩ. 'Αλλὰ καὶ τούτων πέρι, ὦ Λυσίμαχε, ἔγωγε πειρά- d
σομαι συμβουλεύειν ἄν τι δύνωμαι, καὶ αὖ ἃ προκαλῇ πάντα
ποιεῖν. δικαιότατον μέντοι μοι δοκεῖ εἶναι ἐμὲ νεώτερον ὄντα
τῶνδε καὶ ἀπειρότερον τούτων ἀκούειν πρότερον τί λέγουσιν
καὶ μανθάνειν παρ' αὐτῶν· ἐὰν δ' ἔχω τι ἄλλο παρὰ τὰ ὑπὸ 5
τούτων λεγόμενα, τότ' ἤδη διδάσκειν καὶ πείθειν καὶ σὲ καὶ
τούτους. ἀλλ', ὦ Νικία, τί οὐ λέγει πότερος ὑμῶν;

ΝΙ. 'Αλλ' οὐδὲν κωλύει, ὦ Σώκρατες. δοκεῖ γὰρ καὶ
ἐμοὶ τοῦτο τὸ μάθημα τοῖς νέοις ὠφέλιμον εἶναι ἐπίστασθαι e
πολλαχῇ. καὶ γὰρ τὸ μὴ ἄλλοθι διατρίβειν, ἐν οἷς δὴ
φιλοῦσιν οἱ νέοι τὰς διατριβὰς ποιεῖσθαι ὅταν σχολὴν
ἄγωσιν, ἀλλ' ἐν τούτῳ, εὖ ἔχει, ὅθεν καὶ τὸ σῶμα βέλτιον
ἴσχειν ἀνάγκη—οὐδενὸς γὰρ τῶν γυμνασίων φαυλότερον οὐδ' 5
ἐλάττω πόνον ἔχει—καὶ ἅμα προσήκει μάλιστ' ἐλευθέρῳ 182
τοῦτό τε τὸ γυμνάσιον καὶ ἡ ἱππική· οὗ γὰρ ἀγῶνος ἀθληταί
ἐσμεν καὶ ἐν οἷς ἡμῖν ὁ ἀγὼν πρόκειται, μόνοι οὗτοι γυμνά-
ζονται οἱ ἐν τούτοις τοῖς [τὸν] περὶ τὸν πόλεμον ὀργάνοις
γυμναζόμενοι. ἔπειτα ὀνήσει μέν τι τοῦτο τὸ μάθημα καὶ 5
ἐν τῇ μάχῃ αὐτῇ, ὅταν ἐν τάξει δέῃ μάχεσθαι μετὰ πολλῶν
ἄλλων· μέγιστον μέντοι αὐτοῦ ὄφελος, ὅταν λυθῶσιν αἱ

c 1 γε] σε corr. Coisl.   c 3 ἀπὸ τῆσδε τῆς T W : ἀπόδε τῆς B
d 7 πότερος B T : πρότερος W   d 8 καὶ ἐμοὶ T : ἐμοὶ καὶ W :
ἐμοὶ B   e 4 ἔχει B W : ἔχειν T   a 2 οὖ B T : οὐ W   ἀγῶνος
addubitat Schanz   a 3 οὗτοι] ὀρθῶς ci. A. T. Christ   γυμνάζονται]
ἀνευνίζονται ci. Wotke   a 4 τὸν B T W : om. recc.

τάξεις καὶ ἤδη τι δέῃ μόνον πρὸς μόνον ἢ διώκοντα ἀμυνο-
b μένῳ τινὶ ἐπιθέσθαι ἢ καὶ ἐν φυγῇ ἐπιτιθεμένου ἄλλου
ἀμύνασθαι αὑτόν· οὔτ' ἂν ὑπό γε ἑνὸς εἷς ὁ τοῦτ' ἐπιστά-
μενος οὐδὲν ἂν πάθοι, ἴσως δ' οὐδὲ ὑπὸ πλειόνων, ἀλλὰ
πανταχῇ ἂν ταύτῃ πλεονεκτοῖ. ἔτι δὲ καὶ εἰς ἄλλου καλοῦ
5 μαθήματος ἐπιθυμίαν παρακαλεῖ τὸ τοιοῦτον· πᾶς γὰρ ἂν
μαθὼν ἐν ὅπλοις μάχεσθαι ἐπιθυμήσειε καὶ τοῦ ἑξῆς μαθή-
ματος τοῦ περὶ τὰς τάξεις, καὶ ταῦτα λαβὼν καὶ φιλοτιμηθεὶς
c ἐν αὐτοῖς ἐπὶ πᾶν ἂν τὸ περὶ τὰς στρατηγίας ὁρμήσειε· καὶ
ἤδη δῆλον ὅτι τὰ τούτων ἐχόμενα καὶ μαθήματα πάντα
καὶ ἐπιτηδεύματα καὶ καλὰ καὶ πολλοῦ ἄξια ἀνδρὶ μαθεῖν
τε καὶ ἐπιτηδεῦσαι, ὧν καθηγήσαιτ' ἂν τοῦτο τὸ μάθημα.
5 προσθήσομεν δ' αὐτῷ οὐ σμικρὰν προσθήκην, ὅτι πάντα
ἄνδρα ἐν πολέμῳ καὶ θαρραλεώτερον καὶ ἀνδρειότερον ἂν
ποιήσειεν αὐτὸν αὑτοῦ οὐκ ὀλίγῳ αὕτη ἡ ἐπιστήμη. μὴ
ἀτιμάσωμεν δὲ εἰπεῖν, εἰ καί τῳ σμικρότερον δοκεῖ εἶναι, ὅτι
καὶ εὐσχημονέστερον ἐνταῦθα οὗ χρὴ τὸν ἄνδρα εὐσχημονέ-
d στερον φαίνεσθαι, οὗ ἅμα καὶ δεινότερος τοῖς ἐχθροῖς φανεῖται
διὰ τὴν εὐσχημοσύνην. ἐμοὶ μὲν οὖν, ὦ Λυσίμαχε, ὥσπερ
λέγω, δοκεῖ τε χρῆναι διδάσκειν τοὺς νεανίσκους ταῦτα καὶ
δι' ἃ δοκεῖ εἴρηκα· Λάχητος δ', εἴ τι παρὰ ταῦτα λέγει, κἂν
5 αὐτὸς ἡδέως ἀκούσαιμι.

ΛΑ. Ἀλλ' ἔστι μέν, ὦ Νικία, χαλεπὸν λέγειν περὶ
ὁτουοῦν μαθήματος ὡς οὐ χρὴ μανθάνειν· πάντα γὰρ ἐπί-
στασθαι ἀγαθὸν δοκεῖ εἶναι. καὶ δὴ καὶ τὸ ὁπλιτικὸν τοῦτο,
e εἰ μέν ἐστιν μάθημα, ὅπερ φασὶν οἱ διδάσκοντες, καὶ οἷον
Νικίας λέγει, χρὴ αὐτὸ μανθάνειν· εἰ δ' ἔστιν μὲν μὴ μάθημα,
ἀλλ' ἐξαπατῶσιν οἱ ὑπισχνούμενοι, ἢ μάθημα μὲν τυγχάνει

---

a 8 τι] τινὰ Badham : που Král   b 1 ἐπιτιθεμένου ΒΤ : ἐπι-
θεμένου W   b 2 οὔτ' ἂν Τ : ὅτ' ἂν BW : οὐ τὰν Hermann : οὔτ' ἄρ'
Badham : secl. Gitlbauer et mox γὰρ pro γε   c 3 ἐπιτηδεύματα
Τ : ἐπιτηδεύματα πάντα BW   c 8 εἰπεῖν secl. A. T. Christ
d 1 οὗ TW : οὖν B : δι' οὗ scr. susp. Schanz (secl. mox διὰ τὴν
εὐσχημοσύνην)   e 2 αὐτὸ Τ : αὐτὸν BW   μὴ om. B,
suprascr. b

ὄν, μὴ μέντοι πάνυ σπουδαῖον, τί καὶ δέοι ἂν αὐτὸ μανθάνειν;
λέγω δὲ ταῦτα περὶ αὐτοῦ εἰς τάδε ἀποβλέψας, ὅτι οἶμαι 5
ἐγὼ τοῦτο, εἴ τι ἦν, οὐκ ἂν λεληθέναι Λακεδαιμονίους, οἷς
οὐδὲν ἄλλο μέλει ἐν τῷ βίῳ ἢ τοῦτο ζητεῖν καὶ ἐπιτηδεύειν,
ὅτι ἂν μαθόντες καὶ ἐπιτηδεύσαντες πλεονεκτοῖεν τῶν ἄλλων 183
περὶ τὸν πόλεμον. εἰ δ᾽ ἐκείνους λέληθεν, ἀλλ᾽ οὐ τούτους
γε τοὺς διδασκάλους αὐτοῦ λέληθεν αὐτὸ τοῦτο, ὅτι ἐκεῖνοι
μάλιστα τῶν Ἑλλήνων σπουδάζουσιν ἐπὶ τοῖς τοιούτοις καὶ
ὅτι παρ᾽ ἐκείνοις ἄν τις τιμηθεὶς εἰς ταῦτα καὶ παρὰ τῶν 5
ἄλλων πλεῖστ᾽ ἂν ἐργάζοιτο χρήματα, ὥσπερ γε καὶ τρα-
γῳδίας ποιητὴς παρ᾽ ἡμῖν τιμηθείς. τοιγάρτοι ὃς ἂν οἴηται
τραγῳδίαν καλῶς ποιεῖν, οὐκ ἔξωθεν κύκλῳ περὶ τὴν Ἀττικὴν
κατὰ τὰς ἄλλας πόλεις ἐπιδεικνύμενος περιέρχεται, ἀλλ᾽ εὐθὺς b
δεῦρο φέρεται καὶ τοῖσδ᾽ ἐπιδείκνυσιν εἰκότως· τοὺς δὲ ἐν
ὅπλοις μαχομένους ἐγὼ τούτους ὁρῶ τὴν μὲν Λακεδαίμονα
ἡγουμένους εἶναι ἄβατον ἱερὸν καὶ οὐδὲ ἄκρῳ ποδὶ ἐπι-
βαίνοντας, κύκλῳ δὲ περιόντας αὐτὴν καὶ πᾶσι μᾶλλον 5
ἐπιδεικνυμένους, καὶ μάλιστα τούτοις οἳ κἂν αὐτοὶ ὁμολογή-
σειαν πολλοὺς σφῶν προτέρους εἶναι πρὸς τὰ τοῦ πολέμου.
ἔπειτα, ὦ Λυσίμαχε, οὐ πάνυ ὀλίγοις ἐγὼ τούτων παρα- c
γέγονα ἐν αὐτῷ τῷ ἔργῳ, καὶ ὁρῶ οἷοί εἰσιν. ἔξεστι δὲ καὶ
αὐτόθεν ἡμῖν σκέψασθαι. ὥσπερ γὰρ ἐπίτηδες οὐδεὶς πώποτ᾽
εὐδόκιμος γέγονεν ἐν τῷ πολέμῳ ἀνὴρ τῶν τὰ ὁπλιτικὰ
ἐπιτηδευσάντων. καίτοι εἴς γε τἆλλα πάντα ἐκ τούτων οἱ 5
ὀνομαστοὶ γίγνονται, ἐκ τῶν ἐπιτηδευσάντων ἕκαστα· οὗτοι
δ᾽, ὡς ἔοικε, παρὰ τοὺς ἄλλους οὕτω σφόδρα εἰς τοῦτο
δεδυστυχήκασιν. ἐπεὶ καὶ τοῦτον τὸν Στησίλεων, ὃν ὑμεῖς
μετ᾽ ἐμοῦ ἐν τοσούτῳ ὄχλῳ ἐθεάσασθε ἐπιδεικνύμενον καὶ τὰ d
μεγάλα περὶ αὐτοῦ λέγοντα ἃ ἔλεγεν, ἑτέρωθι ἐγὼ κάλλιον

e 4 μὴ μέντοι scr. recc. : μὴ μέντοι τι TW : μηδέν τοι τί B   τί
καὶ W : καὶ BT   e 7 μέλει B (sed ει in ras. b) Wt : μέλλει T
a 2 λέληθεν Král : ἐλελήθει BTW   a 3 αὐτοῦ λέληθεν] αὐτοῦ
ʼλεληθειν Schanz : ἂν ἐλελήθει A. T. Christ   b 2 ἐπιδείκνυσιν]
ἐπιδείκνυνται Badham : ἐπιδείκνυντ᾽ Schanz   b 3 ὁρῶ TW : ἐρῶ B
b 6 οἳ κἂν TW : οὐκ ἂν B   c 7 οὕτω BT : om. W

ἐθεασάμην ἐν τῇ ἀληθείᾳ ὡς ἀληθῶς ἐπιδεικνύμενον οὐχ
ἑκόντα. προσβαλούσης γὰρ τῆς νεὼς ἐφ᾽ ᾗ ἐπεβάτευεν
5 πρὸς ὁλκάδα τινά, ἐμάχετο ἔχων δορυδρέπανον, διαφέρον δὴ
ὅπλον ἅτε καὶ αὐτὸς τῶν ἄλλων διαφέρων. τὰ μὲν οὖν ἄλλα
οὐκ ἄξια λέγειν περὶ τἀνδρός, τὸ δὲ σόφισμα τὸ τοῦ δρεπάνου
e τοῦ πρὸς τῇ λόγχῃ οἷον ἀπέβη. μαχομένου γὰρ αὐτοῦ
ἐνέσχετό που ἐν τοῖς τῆς νεὼς σκεύεσιν καὶ ἀντελάβετο·
εἷλκεν οὖν ὁ Στησίλεως βουλόμενος ἀπολῦσαι, καὶ οὐχ οἷός
τ᾽ ἦν, ἡ δὲ ναῦς τὴν ναῦν παρῄει. τέως μὲν οὖν παρέθει
5 ἐν τῇ νηὶ ἀντεχόμενος τοῦ δόρατος· ἐπεὶ δὲ δὴ παρημείβετο
ἡ ναῦς τὴν ναῦν καὶ ἐπέσπα αὐτὸν τοῦ δόρατος ἐχόμενον,
184 ἐφίει τὸ δόρυ διὰ τῆς χειρός, ἕως ἄκρου τοῦ στύρακος ἀντε-
λάβετο. ἦν δὲ γέλως καὶ κρότος ὑπὸ τῶν ἐκ τῆς ὁλκάδος
ἐπί τε τῷ σχήματι αὐτοῦ, καὶ ἐπειδὴ βαλόντος τινὸς λίθῳ
παρὰ τοὺς πόδας αὐτοῦ ἐπὶ τὸ κατάστρωμα ἀφίεται τοῦ
5 δόρατος, τότ᾽ ἤδη καὶ οἱ ἐκ τῆς τριήρους οὐκέτι οἷοί τ᾽ ἦσαν
τὸν γέλωτα κατέχειν, ὁρῶντες αἰωρούμενον ἐκ τῆς ὁλκάδος
τὸ δορυδρέπανον ἐκεῖνο. ἴσως μὲν οὖν εἴη ἂν τὶ ταῦτα,
ὥσπερ Νικίας λέγει· οἷς δ᾽ οὖν ἐγὼ ἐντετύχηκα, τοιαῦτ᾽
b ἄττα ἐστίν. ὁ οὖν καὶ ἐξ ἀρχῆς εἶπον, εἴτε οὕτω σμικρὰς
ὠφελίας ἔχει μάθημα ὄν, εἴτε μὴ ὂν φασὶ καὶ προσποιοῦνται
αὐτὸ εἶναι μάθημα, οὐκ ἄξιον ἐπιχειρεῖν μανθάνειν. καὶ γὰρ
οὖν μοι δοκεῖ, εἰ μὲν δειλός τις ὢν οἴοιτο αὐτὸ ἐπίστασθαι,
5 θρασύτερος ἂν δι᾽ αὐτὸ γενόμενος ἐπιφανέστερος γένοιτο
οἷος ἦν, εἰ δὲ ἀνδρεῖος, φυλαττόμενος ἂν ὑπὸ τῶν ἀνθρώπων,
εἰ καὶ σμικρὸν ἐξαμάρτοι, μεγάλας ἂν διαβολὰς ἴσχειν·
c ἐπίφθονος γὰρ ἡ προσποίησις τῆς τοιαύτης ἐπιστήμης, ὥστ᾽

---

d 3 ἐν τῇ ἀληθείᾳ om. Vat. 1029 : secl. Schanz : ὡς ἀληθῶς secl.
A. T. Christ   e 4 παρῄει. τέως W rec. t : παρῄει τε ὡς B : παρείη
τέως T   e 5 ἐπεὶ δὲ δὴ B : ἐπειδὴ δὲ T W   a 1 ἐφίει B T W :
ἠφίει vel κατηφίει scr. recc.   a 7 ἐκεῖνο scr. recc. : ἐκείνῳ B T W
b 1 εἴτε Gitlbauer : ὅτι εἴτε B W : ὅτι T   b 4 οἴοιτο αὐτὸ scripsi :
οἴοιτο αὐτὸν B : οἴοιτο αὐτὸν δεῖν W : οἴοιτο αὐτὸν δεῖν T   b 5 ἐπι-
φανέστερος] καταφανέστερος Badham   b 6 οἷος Schleiermacher :
ἢ οἷος B W : ἢ οἷος T   ἦν] εἴη ci. H. Richards   b 7 ἴσχειν]
σχοι Schanz

εἰ μή τι θαυμαστὸν ὅσον διαφέρει τῇ ἀρετῇ τῶν ἄλλων, οὐκ
ἔσθ' ὅπως ἄν τις φύγοι τὸ καταγέλαστος γενέσθαι φάσκων
ἔχειν ταύτην τὴν ἐπιστήμην. τοιαύτη τις ἔμοιγε δοκεῖ, ὦ
Λυσίμαχε, ἡ περὶ τοῦτο τὸ μάθημα εἶναι σπουδή· χρὴ 5
δ' ὅπερ σοι ἐξ ἀρχῆς ἔλεγον, καὶ Σωκράτη τόνδε μὴ
ἀφιέναι, ἀλλὰ δεῖσθαι συμβουλεύειν ὅπη δοκεῖ αὐτῷ περὶ
τοῦ προκειμένου.

ΛΥ. Ἀλλὰ δέομαι ἔγωγε, ὦ Σώκρατες· καὶ γὰρ ὥσπερ
τοῦ ἐπιδιακρινοῦντος δοκεῖ μοι δεῖν ἡμῖν ἡ βουλή. εἰ μὲν d
γὰρ συνεφερέσθην τώδε, ἧττον ἂν τοῦ τοιούτου ἔδει· νῦν
δὲ τὴν ἐναντίαν γάρ, ὡς ὁρᾷς, Λάχης Νικίᾳ ἔθετο, εὖ δὴ
ἔχει ἀκοῦσαι καὶ σοῦ ποτέρῳ τοῖν ἀνδροῖν σύμψηφος εἶ.

ΣΩ. Τί δέ, ὦ Λυσίμαχε; ὁπότερ' ἂν οἱ πλείους ἐπαι- 5
νῶσιν ἡμῶν, τούτοις μέλλεις χρῆσθαι;

ΛΥ. Τί γὰρ ἄν τις καὶ ποιοῖ, ὦ Σώκρατες;

ΣΩ. Ἦ καὶ σύ, ὦ Μελησία, οὕτως ἂν ποιοῖς; κἂν εἴ
τις περὶ ἀγωνίας τοῦ ὑέος σοι βουλὴ εἴη τί χρὴ ἀσκεῖν, ἆρα e
τοῖς πλείοσιν ἂν ἡμῶν πείθοιο, ἢ 'κείνῳ ὅστις τυγχάνει ὑπὸ
παιδοτρίβῃ ἀγαθῷ πεπαιδευμένος καὶ ἠσκηκώς;

ΜΕ. Ἐκείνῳ εἰκός γε, ὦ Σώκρατες.

ΣΩ. Αὐτῷ ἄρ' ἂν μᾶλλον πείθοιο ἢ τέτταρσιν οὖσιν 5
ἡμῖν;

ΜΕ. Ἴσως.

ΣΩ. Ἐπιστήμῃ γὰρ οἶμαι δεῖ κρίνεσθαι ἀλλ' οὐ πλήθει
τὸ μέλλον καλῶς κριθήσεσθαι.

ΜΕ. Πῶς γὰρ οὔ; 10

ΣΩ. Οὐκοῦν καὶ νῦν χρὴ πρῶτον αὐτὸ τοῦτο σκέψασθαι,
εἰ ἔστιν τις ἡμῶν τεχνικὸς περὶ οὗ βουλευόμεθα ἢ οὔ· καὶ εἰ 185

c 3 φύγοι B T W : φύγη t   c 9 ὥσπερ τοῦ ἐπιδιακρινοῦντος Ast :
ὥσπερ ἐπὶ τοῦ διακρινοῦντος B T W : ὥσπερ ἔτι τοῦ διακρινοῦντος Hein-
dorf   d 1 δεῖν B W t : δεῖ T   d 5 ὁπότερ' Schleiermacher :
ὁπότε B T W   d 8 μελησία T W : μιλησία B   e 1 ἀγωνίας
τοῦ T : ἀγωνιστοῦ B W   e 2 τυγχάνοι Bekker   e 3 παιδοτρίβει
pr. T   καὶ Θ : ἢ καὶ B T W   e 5 ἢ T W : om. B   e 9 κρι-
θήσεσθαι B W Stobaeus et in marg. T : κρίνεσθαι T

μὲν ἔστιν, ἐκείνῳ πείθεσθαι ἑνὶ ὄντι, τοὺς δ' ἄλλους ἐᾶν, εἰ
δὲ μή, ἄλλον τινὰ ζητεῖν. ἢ περὶ σμικροῦ οἴεσθε νυνὶ
κινδυνεύειν καὶ σὺ καὶ Λυσίμαχος ἀλλ' οὐ περὶ τούτου τοῦ
5 κτήματος ὃ τῶν ὑμετέρων μέγιστον ὃν τυγχάνει; ὑέων γάρ
που ἢ χρηστῶν ἢ τἀναντία γενομένων καὶ πᾶς ὁ οἶκος ὁ τοῦ
πατρὸς οὕτως οἰκήσεται, ὁποῖοι ἄν τινες οἱ παῖδες γένωνται.
ΜΕ. Ἀληθῆ λέγεις.
ΣΩ. Πολλὴν ἄρα δεῖ προμηθίαν αὐτοῦ ἔχειν.
10 ΜΕ. Πάνυ γε.
b ΣΩ. Πῶς οὖν, ὃ ἐγὼ ἄρτι ἔλεγον, ἐσκοποῦμεν ἄν, εἰ
ἐβουλόμεθα σκέψασθαι τίς ἡμῶν περὶ ἀγωνίαν τεχνικώτατος;
ἆρ' οὐχ ὁ μαθὼν καὶ ἐπιτηδεύσας, ᾧ καὶ διδάσκαλοι ἀγαθοὶ
γεγονότες ἦσαν αὐτοῦ τούτου;
5 ΜΕ. Ἔμοιγε δοκεῖ.
ΣΩ. Οὐκοῦν ἔτι πρότερον, τίνος ὄντος τούτου [οὗ] ζητοῦ-
μεν τοὺς διδασκάλους;
ΜΕ. Πῶς λέγεις;
ΣΩ. Ὧδε ἴσως μᾶλλον κατάδηλον ἔσται. οὔ μοι δοκεῖ
10 ἐξ ἀρχῆς ἡμῖν ὡμολογῆσθαι τί ποτ' ἔστιν περὶ οὗ βουλευό-
μεθα [καὶ σκεπτόμεθα], ὅστις ἡμῶν τεχνικὸς καὶ τούτου
c ἕνεκα διδασκάλους ἐκτήσατο, καὶ ὅστις μή.
ΝΙ. Οὐ γάρ, ὦ Σώκρατες, περὶ τοῦ ἐν ὅπλοις μάχε-
σθαι σκοποῦμεν, εἴτε χρὴ αὐτὸ τοὺς νεανίσκους μανθάνειν
εἴτε μή;
5 ΣΩ. Πάνυ μὲν οὖν, ὦ Νικία. ἀλλ' ὅταν περὶ φαρμάκου
τίς του πρὸς ὀφθαλμοὺς σκοπῆται, εἴτε χρὴ αὐτὸ ὑπαλεί-
φεσθαι εἴτε μή, πότερον οἴει τότε εἶναι τὴν βουλὴν περὶ
τοῦ φαρμάκου ἢ περὶ τῶν ὀφθαλμῶν;
ΝΙ. Περὶ τῶν ὀφθαλμῶν.
d ΣΩ. Οὐκοῦν καὶ ὅταν ἵππῳ χαλινὸν σκοπῆταί τις εἰ

a 3 οἴεσθε Stobaeus : οἴεσθαι BTW   a 6 ὁ ante τοῦ TW
Stobaeus : om. B in fine paginae   b 6 οὗ secl. Jacobs   b 11 καὶ
σκεπτόμεθα secl. Ast   c 6 τίς του Cron : τις τοῦ BW : τίς τοῦ b
vel αὐτῷ vel ἐπαλείφεσθαι ci. H. Richards

προσοιστέον ἢ μή, καὶ ὁπότε, τότε που περὶ τοῦ ἵππου
βουλεύεται ἀλλ' οὐ περὶ τοῦ χαλινοῦ;

ΝΙ. Ἀληθῆ.

ΣΩ. Οὐκοῦν ἑνὶ λόγῳ, ὅταν τίς τι ἕνεκά του σκοπῇ, 5
περὶ ἐκείνου ἡ βουλὴ τυγχάνει οὖσα οὗ ἕνεκα ἐσκόπει, ἀλλ'
οὐ περὶ τοῦ ὃ ἕνεκα ἄλλου ἐζήτει.

ΝΙ. Ἀνάγκη.

ΣΩ. Δεῖ ἄρα καὶ τὸν σύμβουλον σκοπεῖν ἆρα τεχνικός
ἐστιν εἰς ἐκείνου θεραπείαν, οὗ ἕνεκα σκοπούμενοι σκο- 10
ποῦμεν.

ΝΙ. Πάνυ γε.

ΣΩ. Οὐκοῦν νῦν φαμεν περὶ μαθήματος σκοπεῖν τῆς e
ψυχῆς ἕνεκα τῆς τῶν νεανίσκων;

ΝΙ. Ναί.

ΣΩ. Εἴ τις ἄρα ἡμῶν τεχνικὸς περὶ ψυχῆς θεραπείαν
καὶ οἷός τε καλῶς τοῦτο θεραπεῦσαι, καὶ ὅτῳ διδάσκαλοι 5
ἀγαθοὶ γεγόνασιν, τοῦτο σκεπτέον.

ΛΑ. Τί δέ, ὦ Σώκρατες; οὔπω ἑώρακας ἄνευ διδασκάλων
τεχνικωτέρους γεγονότας εἰς ἔνια ἢ μετὰ διδασκάλων;

ΣΩ. Ἔγωγε, ὦ Λάχης· οἷς γε σὺ οὐκ ἂν ἐθέλοις πιστεῦ-
σαι, εἰ φαῖεν ἀγαθοὶ εἶναι δημιουργοί, εἰ μή τί σοι τῆς 10
αὐτῶν τέχνης ἔργον ἔχοιεν ἐπιδεῖξαι εὖ εἰργασμένον, καὶ ἓν
καὶ πλείω.   186

ΛΑ. Τοῦτο μὲν ἀληθῆ λέγεις.

ΣΩ. Καὶ ἡμᾶς ἄρα δεῖ, ὦ Λάχης τε καὶ Νικία—ἐπειδὴ
Λυσίμαχος καὶ Μελησίας εἰς συμβουλὴν παρεκαλεσάτην
ἡμᾶς περὶ τοῖν υἱέοιν, προθυμούμενοι αὐτοῖν ὅτι ἀρίστας 5
γενέσθαι τὰς ψυχάς—εἰ μέν φαμεν ἔχειν, ἐπιδεῖξαι αὐτοῖς

d 7 ὃ ἕνεκα ἄλλου Cornarius: οὗ ἕνεκα ἄλλο B T W   d 10 σκοπού-
μενοι] σκοπούμεν & Matthiae : σκοπούμεν ὃ Cron   d 12 πάνυ γε . . .
191 b 3 εἶπεν αὐτὸν tria folia manu recenti scripta in W   e 4 εἴ
τις] ὅστις Schanz   e 6 τοῦτο Θ: τοῦτον BT: τούτου Apelt
a 2 τοῦτο . . . ἀληθῆ B T: τοῦτο . . . ἀληθὲς vel ταῦτα . . . ἀληθῆ scr.
recc.   a 5 αὐτοῖν B rec. t : αὐτὴν T

καὶ διδασκάλους οἵτινες [ἡμῶν γεγόνασιν] αὐτοὶ πρῶτον
ἀγαθοὶ ὄντες καὶ πολλῶν νέων τεθεραπευκότες ψυχὰς ἔπειτα
b καὶ ἡμᾶς διδάξαντες φαίνονται· ἢ εἴ τις ἡμῶν αὐτῶν ἑαυτῷ
διδάσκαλον μὲν οὔ φησι γεγονέναι, ἀλλ' οὖν ἔργα αὐτὸν
αὑτοῦ ἔχειν εἰπεῖν καὶ ἐπιδεῖξαι τίνες Ἀθηναίων ἢ τῶν
ξένων, ἢ δοῦλοι ἢ ἐλεύθεροι, δι' ἐκεῖνον ὁμολογουμένως ἀγα-
5 θοὶ γεγόνασιν· εἰ δὲ μηδὲν ἡμῖν τούτων ὑπάρχει, ἄλλους
κελεύειν ζητεῖν καὶ μὴ ἐν ἑταίρων ἀνδρῶν ὑέσιν κινδυνεύειν
διαφθείροντας τὴν μεγίστην αἰτίαν ἔχειν ὑπὸ τῶν οἰκειοτά-
των. ἐγὼ μὲν οὖν, ὦ Λυσίμαχέ τε καὶ Μελησία, πρῶτος
c περὶ ἐμαυτοῦ λέγω ὅτι διδάσκαλός μοι οὐ γέγονε τούτου πέρι.
καίτοι ἐπιθυμῶ γε τοῦ πράγματος ἐκ νέου ἀρξάμενος. ἀλλὰ
τοῖς μὲν σοφισταῖς οὐκ ἔχω τελεῖν μισθούς, οἵπερ μόνοι
ἐπηγγέλλοντό με οἷοί τ' εἶναι ποιῆσαι καλόν τε κἀγαθόν·
5 αὐτὸς δ' αὖ εὑρεῖν τὴν τέχνην ἀδυνατῶ ἔτι νυνί. εἰ δὲ
Νικίας ἢ Λάχης ηὕρηκεν ἢ μεμάθηκεν, οὐκ ἂν θαυμάσαιμι·
καὶ γὰρ χρήμασιν ἐμοῦ δυνατώτεροι, ὥστε μαθεῖν παρ' ἄλ-
λων, καὶ ἅμα πρεσβύτεροι, ὥστε ἤδη ηὑρηκέναι. δοκοῦσι
d δή μοι δυνατοὶ εἶναι παιδεῦσαι ἄνθρωπον· οὐ γὰρ ἄν ποτε
ἀδεῶς ἀπεφαίνοντο περὶ ἐπιτηδευμάτων νέῳ χρηστῶν τε καὶ
πονηρῶν, εἰ μὴ αὑτοῖς ἐπίστευον ἱκανῶς εἰδέναι. τὰ μὲν οὖν
ἄλλα ἔγωγε τούτοις πιστεύω· ὅτι δὲ διαφέρεσθον ἀλλήλοιν,
5 ἐθαύμασα. τοῦτο οὖν σου ἐγὼ ἀντιδέομαι, ὦ Λυσίμαχε·
καθάπερ ἄρτι Λάχης μὴ ἀφίεσθαί σε ἐμοῦ διεκελεύετο ἀλλὰ
ἐρωτᾶν, καὶ ἐγὼ νῦν παρακελεύομαί σοι μὴ ἀφίεσθαι Λάχητος
μηδὲ Νικίου, ἀλλ' ἐρωτᾶν λέγοντα ὅτι ὁ μὲν Σωκράτης οὔ
e φησιν ἐπαΐειν περὶ τοῦ πράγματος οὐδ' ἱκανὸς εἶναι δια-
κρῖναι ὁπότερος ὑμῶν ἀληθῆ λέγει—οὔτε γὰρ εὑρετὴς οὔτε
μαθητὴς οὐδενὸς περὶ τῶν τοιούτων γεγονέναι—σὺ δ', ὦ

a 7 ἡμῶν γεγόνασιν secl. Badham : ἡμῶν γεγόνασιν, οἳ Bekker
πρῶτον ci. Stephanus : πρῶτοι BT   b 2 αὐτὸν ci. olim Stallbaum :
αὐτὸς BT   b 3 ἔχειν scr. recc. : ἔχει BT   b 4 ἐκεῖνον corr.
Coisl. : ἐκείνων BT   b 6 κελεύειν corr. Coisl. : κελεύει BT
c 5 εὑρεῖν T : ἐρεῖν B   d 2 νέῳ T : μὲν B   e 3 πέρι B

Λάχης καὶ Νικία, εἴπετον ἡμῖν ἑκάτερος τίνι δὴ δεινοτάτῳ
συγγεγόνατον περὶ τῆς τῶν νέων τροφῆς, καὶ πότερα μαθόντε 5
παρά του ἐπίστασθον ἢ αὐτὼ ἐξευρόντε, καὶ εἰ μὲν μαθόντε,
τίς ὁ διδάσκαλος ἑκατέρῳ καὶ τίνες ἄλλοι ὁμότεχνοι αὐτοῖς, 187
ἵν᾽, ἂν μὴ ὑμῖν σχολὴ ᾖ ὑπὸ τῶν τῆς πόλεως πραγμάτων,
ἐπ᾽ ἐκείνους ἴωμεν καὶ πείθωμεν ἢ δώροις ἢ χάρισιν ἢ ἀμ-
φότερα ἐπιμεληθῆναι καὶ τῶν ἡμετέρων καὶ τῶν ὑμετέρων
παίδων, ὅπως μὴ καταισχύνωσι τοὺς αὑτῶν προγόνους φαῦλοι 5
γενόμενοι· εἰ δ᾽ αὐτοὶ εὑρεταὶ γεγονότε τοῦ τοιούτου, δότε
παράδειγμα τίνων ἤδη ἄλλων ἐπιμεληθέντες ἐκ φαύλων
καλούς τε κἀγαθοὺς ἐποιήσατε. εἰ γὰρ νῦν πρῶτον ἄρξεσθε
παιδεύειν, σκοπεῖν χρὴ μὴ οὐκ ἐν τῷ Καρὶ ὑμῖν ὁ κίνδυνος b
κινδυνεύηται, ἀλλ᾽ ἐν τοῖς ὑέσι τε καὶ ἐν τοῖς τῶν φίλων
παισί, καὶ ἀτεχνῶς τὸ λεγόμενον κατὰ τὴν παροιμίαν ὑμῖν
συμβαίνῃ ἐν πίθῳ ἡ κεραμεία γιγνομένη. λέγετε οὖν τί
τούτων ἢ φατὲ ὑμῖν ὑπάρχειν τε καὶ προσήκειν ἢ οὔ φατε. 5
ταῦτ᾽, ὦ Λυσίμαχε, παρ᾽ αὐτῶν πυνθάνου τε καὶ μὴ μεθίει
τοὺς ἄνδρας.

ΛΥ. Καλῶς μὲν ἔμοιγε δοκεῖ, ὦ ἄνδρες, Σωκράτης λέγειν·
εἰ δὲ βουλομένοις ὑμῖν ἐστι περὶ τῶν τοιούτων ἐρωτᾶσθαί c
τε καὶ διδόναι λόγον, αὐτοὺς δὴ χρὴ γιγνώσκειν, ὦ Νικία
τε καὶ Λάχης. ἐμοὶ μὲν γὰρ καὶ Μελησίᾳ τῷδε δῆλον ὅτι
ἡδομένοις ἂν εἴη εἰ πάντα ἃ Σωκράτης ἐρωτᾷ ἐθέλοιτε λόγῳ
διεξιέναι· καὶ γὰρ ἐξ ἀρχῆς ἐντεῦθεν ἠρχόμην λέγων, ὅτι 5
εἰς συμβουλὴν διὰ ταῦτα ὑμᾶς παρεκαλέσαιμεν, ὅτι μεμελη-
κέναι ὑμῖν ἡγούμεθα, ὡς εἰκός, περὶ τῶν τοιούτων, καὶ ἄλλως
καὶ ἐπειδὴ οἱ παῖδες ὑμῖν ὀλίγου ὥσπερ οἱ ἡμέτεροι ἡλικίαν
ἔχουσι παιδεύεσθαι. εἰ οὖν ὑμῖν μή τι διαφέρει, εἴπατε καὶ d
κοινῇ μετὰ Σωκράτους σκέψασθε, διδόντες τε καὶ δεχόμενοι

θ 7 αὐτοῖς ἵν᾽ Τ: αὐτοῖσιν Β   a 6 γεγονότε Β: γεγόνατε Τ
a 8 πρῶτον ἄρξασθαι (sic) Β sed ασ puncto notata: ἄρξεσθε πρῶτον Τ
b 2 ὑέσι] ὑμετέροις Schanz   b 4 συμβαίνῃ Bekker: συμβαίνει Β Τ
κεραμεία] κεραμία Β Τ   λέγετε Τ: λέγεται Β   c 3 καὶ
μελησίᾳ Τ: ὦ μελησία Β   c 4 ἃ Τ: ὧν Β²: ὦι Β   c 5 ἐντεῦθεν
ἠρχόμην Β: ἠρχόμην ἐντεῦθεν Τ

λόγον παρ᾽ ἀλλήλων· εὖ γὰρ καὶ τοῦτο λέγει ὅδε, ὅτι περὶ
τοῦ μεγίστου νῦν βουλευόμεθα τῶν ἡμετέρων. ἀλλ᾽ ὁρᾶτε
5 εἰ δοκεῖ χρῆναι οὕτω ποιεῖν.

ΝΙ. Ὦ Λυσίμαχε, δοκεῖς μοι ὡς ἀληθῶς Σωκράτη πατρό-
θεν γιγνώσκειν μόνον, αὐτῷ δ᾽ οὐ συγγεγονέναι ἀλλ᾽ ἢ
e παιδὶ ὄντι, εἴ που ἐν τοῖς δημόταις μετὰ τοῦ πατρὸς ἀκολου-
θῶν ἐπλησίασέν σοι ἢ ἐν ἱερῷ ἢ ἐν ἄλλῳ τῳ συλλόγῳ τῶν
δημοτῶν· ἐπειδὴ δὲ πρεσβύτερος γέγονεν, οὐκ ἐντετυχηκὼς
τῷ ἀνδρὶ δῆλος ἔτι εἶ.

5 ΛΥ. Τί μάλιστα, ὦ Νικία;

ΝΙ. Οὔ μοι δοκεῖς εἰδέναι ὅτι ὃς ἂν ἐγγύτατα Σωκράτους
ᾖ [λόγῳ ὥσπερ γένει] καὶ πλησιάζῃ διαλεγόμενος, ἀνάγκη
αὐτῷ, ἐὰν ἄρα καὶ περὶ ἄλλου του πρότερον ἄρξηται διαλέ-
γεσθαι, μὴ παύεσθαι ὑπὸ τούτου περιαγόμενον τῷ λόγῳ,
10 πρὶν ⟨ἂν⟩ ἐμπέσῃ εἰς τὸ διδόναι περὶ αὐτοῦ λόγον, ὅντινα
188 τρόπον νῦν τε ζῇ καὶ ὅντινα τὸν παρεληλυθότα βίον βεβί-
ωκεν· ἐπειδὰν δ᾽ ἐμπέσῃ, ὅτι οὐ πρότερον αὐτὸν ἀφήσει
Σωκράτης, πρὶν ἂν βασανίσῃ ταῦτα εὖ τε καὶ καλῶς ἅπαντα.
ἐγὼ δὲ συνήθης τέ εἰμι τῷδε καὶ οἶδ᾽ ὅτι ἀνάγκη ὑπὸ τούτου
5 πάσχειν ταῦτα, καὶ ἔτι γε αὐτὸς ὅτι πείσομαι ταῦτα εὖ οἶδα·
χαίρω γάρ, ὦ Λυσίμαχε, τῷ ἀνδρὶ πλησιάζων, καὶ οὐδὲν
οἶμαι κακὸν εἶναι τὸ ὑπομιμνῄσκεσθαι ὅτι μὴ καλῶς ἢ πεποιή-
b καμεν ἢ ποιοῦμεν, ἀλλ᾽ εἰς τὸν ἔπειτα βίον προμηθέστερον
ἀνάγκη εἶναι τὸν ταῦτα μὴ φεύγοντα ἀλλ᾽ ἐθέλοντα κατὰ
τὸ τοῦ Σόλωνος καὶ ἀξιοῦντα μανθάνειν ἕωσπερ ἂν ζῇ, καὶ
μὴ οἰόμενον αὐτῷ τὸ γῆρας νοῦν ἔχον προσιέναι. ἐμοὶ μὲν
5 οὖν οὐδὲν ἄηθες οὐδ᾽ αὖ ἀηδὲς ὑπὸ Σωκράτους βασανίζεσθαι,
ἀλλὰ καὶ πάλαι σχεδόν τι ἠπιστάμην ὅτι οὐ περὶ τῶν μει-

d 6 σωκράτη B² T : σωκράτει B   e 4 ἔτι εἶ T : εἶ B   e 7 ᾖ
BT : ἴῃ Sauppe   λόγῳ ὥσπερ γένει secl. Cron : ὥσπερ γένει secl.
Schleiermacher   καὶ . . . διαλεγόμενος fort. secludenda   e 9 παύ-
εσθαι B : παύσεσθαι T   e 10 ἂν ἐμπέσῃ scr. recc. (ἂν add. vet. t) :
ἐμπέσει BT (πρὶν ἐμπεσεῖν Gitlbauer)   a 5 ἔτι T : ὅτι B   a 7 ὅτι
BT Stobaeus : εἴ τι Ast   b 3 τὸ τοῦ Stobaeus : τοῦ B : τοὺς T
b 4 αὐτῷ BT Stobaeus : αὐτὸ W : αὐτῷ αὐτὸ Orelli

ρακίων ἡμῖν ὁ λόγος ἔσοιτο Σωκράτους παρόντος, ἀλλὰ περὶ
ἡμῶν αὐτῶν. ὅπερ οὖν λέγω, τὸ μὲν ἐμὸν οὐδὲν κωλύει c
Σωκράτει συνδιατρίβειν ὅπως οὗτος βούλεται· Λάχητα δὲ
τόνδε ὅρα ὅπως ἔχει περὶ τοῦ τοιούτου.

ΛΑ. Ἁπλοῦν τό γ᾽ ἐμόν, ὦ Νικία, περὶ λόγων ἐστίν, εἰ
δὲ βούλει, οὐχ ἁπλοῦν ἀλλὰ διπλοῦν· καὶ γὰρ ἂν δόξαιμί 5
τῳ φιλόλογος εἶναι καὶ αὖ μισόλογος. ὅταν μὲν γὰρ
ἀκούω ἀνδρὸς περὶ ἀρετῆς διαλεγομένου ἢ περί τινος σοφίας
ὡς ἀληθῶς ὄντος ἀνδρὸς καὶ ἀξίου τῶν λόγων ὧν λέγει,
χαίρω ὑπερφυῶς, θεώμενος ἅμα τόν τε λέγοντα καὶ τὰ d
λεγόμενα ὅτι πρέποντα ἀλλήλοις καὶ ἁρμόττοντά ἐστι. καὶ
κομιδῇ μοι δοκεῖ μουσικὸς ὁ τοιοῦτος εἶναι, ἁρμονίαν καλ-
λίστην ἡρμοσμένος οὐ λύραν οὐδὲ παιδιᾶς ὄργανα, ἀλλὰ τῷ
ὄντι [ζῆν ἡρμοσμένος οὗ] αὐτὸς αὑτοῦ τὸν βίον σύμφωνον 5
τοῖς λόγοις πρὸς τὰ ἔργα, ἀτεχνῶς δωριστὶ ἀλλ᾽ οὐκ ἰαστί,
οἴομαι δὲ οὐδὲ φρυγιστὶ οὐδὲ λυδιστί, ἀλλ᾽ ἥπερ μόνη Ἑλ-
ληνική ἐστιν ἁρμονία. ὁ μὲν οὖν τοιοῦτος χαίρειν με ποιεῖ
φθεγγόμενος καὶ δοκεῖν ὁτῳοῦν φιλόλογον εἶναι—οὕτω σφό- e
δρα ἀποδέχομαι παρ᾽ αὐτοῦ τὰ λεγόμενα—ὁ δὲ τἀναντία
τούτου πράττων λυπεῖ με, ὅσῳ ἂν δοκῇ ἄμεινον λέγειν,
τοσούτῳ μᾶλλον, καὶ ποιεῖ αὖ δοκεῖν εἶναι μισόλογον.
Σωκράτους δ᾽ ἐγὼ τῶν μὲν λόγων οὐκ ἔμπειρός εἰμι, ἀλλὰ 5
πρότερον, ὡς ἔοικε, τῶν ἔργων ἐπειράθην, καὶ ἐκεῖ αὐτὸν
ηὗρον ἄξιον ὄντα λόγων καλῶν καὶ πάσης παρρησίας. εἰ 189
οὖν καὶ τοῦτο ἔχει, συμβούλομαι τἀνδρί, καὶ ἥδιστ᾽ ἂν
ἐξεταζοίμην ὑπὸ τοῦ τοιούτου, καὶ οὐκ ἂν ἀχθοίμην μανθά-
νων, ἀλλὰ καὶ ἐγὼ τῷ Σόλωνι, ἓν μόνον προσλαβών, συγ-
χωρῶ· γηράσκων γὰρ πολλὰ διδάσκεσθαι ἐθέλω ὑπὸ χρηστῶν 5
μόνον. τοῦτο γάρ μοι συγχωρείτω, ἀγαθὸν καὶ αὐτὸν εἶναι

c 2 οὗτος] αὐτὸς Hoenebeek Hissink   c 6 αὖ μισόλογος (sic) T :
οὐ μισθολόγος B   d 1 τὰ λεγόμενα T : τὸν λεγόμενον B et suprascr. T
d 2 πρέποντα ἀλλήλοις T : πρέπον· τὰ δ᾽ ἀλλήλοις B   d 4 παιδιᾶς T² :
παιδείας B T   d 5 ζῆν ἡρμοσμένος οὗ secl. Badham : ἡρμοσμένος οὗ
secl. Schanz   e 4 μισολόγον B T   a 6 μόνον B T : μόνων Par.
1809   τοῦτο B T : τούτω T²   συγχωρεῖ τῷ B

τὸν διδάσκαλον, ἵνα μὴ δυσμαθὴς φαίνωμαι ἀηδῶς μανθάνων·
εἰ δὲ νεώτερος ὁ διδάσκων ἔσται ἢ μήπω ἐν δόξῃ ὢν ἤ τι
b ἄλλο τῶν τοιούτων ἔχων, οὐδέν μοι μέλει. σοὶ οὖν, ὦ
Σώκρατες, ἐγὼ ἐπαγγέλλομαι καὶ διδάσκειν καὶ ἐλέγχειν
ἐμὲ ὅτι ἂν βούλῃ, καὶ μανθάνειν γε ὅτι αὖ ἐγὼ οἶδα· οὕτω
σὺ παρ' ἐμοὶ διάκεισαι ἀπ' ἐκείνης τῆς ἡμέρας ᾗ μετ' ἐμοῦ
5 συνδιεκινδύνευσας καὶ ἔδωκας σαυτοῦ πεῖραν ἀρετῆς ἣν χρὴ
διδόναι τὸν μέλλοντα δικαίως δώσειν. λέγ' οὖν ὅτι σοι
φίλον, μηδὲν τὴν ἡμετέραν ἡλικίαν ὑπόλογον ποιούμενος.
c ΣΩ. Οὐ τὰ ὑμέτερα, ὡς ἔοικεν, αἰτιασόμεθα μὴ οὐχ
ἕτοιμα εἶναι καὶ συμβουλεύειν καὶ συσκοπεῖν.

ΛΥ. Ἀλλ' ἡμέτερον δὴ ἔργον, ὦ Σώκρατες—ἕνα γάρ σε
ἔγωγε ἡμῶν τίθημι—σκόπει οὖν ἀντ' ἐμοῦ ὑπὲρ τῶν νεανί-
5 σκων ὅτι δεόμεθα παρὰ τῶνδε πυνθάνεσθαι, καὶ συμβούλευε
διαλεγόμενος τούτοις. ἐγὼ μὲν γὰρ καὶ ἐπιλανθάνομαι ἤδη
τὰ πολλὰ διὰ τὴν ἡλικίαν ὧν ἂν διανοηθῶ ἐρέσθαι καὶ αὖ ἃ
ἂν ἀκούσω· ἐὰν δὲ μεταξὺ ἄλλοι λόγοι γένωνται, οὐ πάνυ
d μέμνημαι. ὑμεῖς οὖν λέγετε καὶ διέξιτε πρὸς ὑμᾶς αὐτοὺς
περὶ ὧν προυθέμεθα· ἐγὼ δ' ἀκούσομαι καὶ ἀκούσας αὖ μετὰ
Μελησίου τοῦδε ποιήσω τοῦτο ὅτι ἂν καὶ ὑμῖν δοκῇ.

ΣΩ. Πειστέον, ὦ Νικία τε καὶ Λάχης, Λυσιμάχῳ καὶ
5 Μελησίᾳ. ἃ μὲν οὖν νυνδὴ ἐπεχειρήσαμεν σκοπεῖν, τίνες
οἱ διδάσκαλοι ἡμῖν τῆς τοιαύτης παιδείας γεγόνασιν ἢ τίνας
ἄλλους βελτίους πεποιήκαμεν, ἴσως μὲν οὐ κακῶς εἶχεν
e ἐξετάζειν καὶ τὰ τοιαῦτα ἡμᾶς αὐτούς· ἀλλ' οἶμαι καὶ ἡ
τοιάδε σκέψις εἰς ταὐτὸν φέρει, σχεδὸν δέ τι καὶ μᾶλλον ἐξ
ἀρχῆς εἴη ἄν. εἰ γὰρ τυγχάνομεν ἐπιστάμενοι ὁτουοῦν πέρι
ὅτι παραγενόμενόν τῳ βέλτιον ποιεῖ ἐκεῖνο ᾧ παρεγένετο,

b 7 ὑπόλογον Stephanus : ὑπὸ λόγον B T   c 8 ἐὰν δὲ] ἐὰν corr.
Coisl. : ἐὰν γε Schanz   d 3 καὶ B T : om. Ars.   d 4 πιστέον
pr. T   ὦ νικία τε καὶ λάχης B T : ****οι Ars. (μέντοι ci. Smyly)
λυσιμάχῳ T Ars. : λυσίμαχος B T   καὶ μελησίᾳ B T : ****ι Ars. (τούτῳ
ci. Smyly)   d 6 οἱ B T : ἡ Ars.   d 7 εἶχε Ars. : ἔχει B T
e 2 σχεδὸν δέ] κα(ι σ)χεδο(ν) Ars.   e 3 εἴη ἄν secl. Badham
τυγχάνομεν ci. Stephanus : ἐτυγχάνομεν B T   e 4 ᾧ παρεγένετο T :
ὧν παρεγένοντο B

καὶ προσέτι οἷοί τέ ἐσμεν αὐτὸ ποιεῖν παραγίγνεσθαι ἐκείνῳ, 5
δῆλον ὅτι αὐτό γε ἴσμεν τοῦτο οὗ πέρι σύμβουλοι ἂν γενοί-
μεθα ὡς ἄν τις αὐτὸ ῥᾷστα καὶ ἄριστ' ἂν κτήσαιτο. ἴσως
οὖν οὐ μανθάνετέ μου ὅτι λέγω, ἀλλ' ὧδε ῥᾷον μαθήσεσθε.
εἰ τυγχάνομεν ἐπιστάμενοι ὅτι ὄψις παραγενομένη ὀφθαλ- 190
μοῖς βελτίους ποιεῖ ἐκείνους οἷς παρεγένετο, καὶ προσέτι
οἷοί τ' ἐσμὲν ποιεῖν αὐτὴν παραγίγνεσθαι ὄμμασι, δῆλον
ὅτι ὄψιν γε ἴσμεν αὐτὴν ὅτι ποτ' ἔστιν, ἧς πέρι σύμβουλοι
ἂν γενοίμεθα ὡς ἄν τις αὐτὴν ῥᾷστα καὶ ἄριστα κτήσαιτο. 5
εἰ γὰρ μηδ' αὐτὸ τοῦτο εἰδεῖμεν, ὅτι ποτ' ἔστιν ὄψις ἢ ὅτι
ἔστιν ἀκοή, σχολῇ ἂν σύμβουλοί γε ἄξιοι λόγου γενοίμεθα
καὶ ἰατροὶ ἢ περὶ ὀφθαλμῶν ἢ περὶ ὤτων, ὅντινα τρόπον
ἀκοὴν ἢ ὄψιν κάλλιστ' ἂν κτήσαιτό τις.   b

ΛΑ. Ἀληθῆ λέγεις, ὦ Σώκρατες.

ΣΩ. Οὐκοῦν, ὦ Λάχης, καὶ νῦν ἡμᾶς τώδε παρακαλεῖτον
εἰς συμβουλήν, τίν' ἂν τρόπον τοῖς ὑέσιν αὐτῶν ἀρετὴ
παραγενομένη ταῖς ψυχαῖς ἀμείνους ποιήσειε;   5

ΛΑ. Πάνυ γε.

ΣΩ. Ἆρ' οὖν ἡμῖν τοῦτο γ' ὑπάρχειν δεῖ, τὸ εἰδέναι ὅτι
ποτ' ἔστιν ἀρετή; εἰ γάρ που μηδ' ἀρετὴν εἰδεῖμεν τὸ
παράπαν ὅτι ποτε τυγχάνει ὄν, τίν' ἂν τρόπον τούτου
σύμβουλοι γενοίμεθ' ἂν ὁτῳοῦν, ὅπως ἂν αὐτὸ κάλλιστα c
κτήσαιτο;

ΛΑ. Οὐδένα, ἔμοιγε δοκεῖ, ὦ Σώκρατες.

ΣΩ. Φαμὲν ἄρα, ὦ Λάχης, εἰδέναι αὐτὸ ὅτι ἔστιν.

ΛΑ. Φαμὲν μέντοι.   5

ΣΩ. Οὐκοῦν ὅ γε ἴσμεν, κἂν εἴποιμεν δήπου τί ἐστιν.

e 7 ἄριστ' ἂν BT : ἄριστα scr. recc.   e 8 μαθήσεσθε BT² :
μαθήσεσθαι T   a 1 εἰ T : om. B   a 4 ὃ τί ποτ' T : πότ' B :
τί suprascr. B²   a 6 εἰδείημεν B²T : εἰδείη μὲν B   a 7 σχολῇ
BT   a 8 καὶ ἰατροὶ secl. Badham   b 5 ταῖς ψυχαῖς BT : τὰς
ψυχὰς Vat. 1029   b 7 ἡμῖν Ars. : om. BT   ὅτι BT : τί Ars.
b 9 τίν' ἂν Ars. : τίνα BT   c 1 γενοίμεθ' ἂν Ars. : γενοίμεθα BT
ἂν post ὅπως BT : post κάλλιστα Ars.   αὐτὸ Ars. : αὐτῷ BT
c 3 οὐδένα] οὐδὲν Ars.   c 4 ὦ λάχης εἰδέναι αὐτὸ] αὐτὸ ὦ λάχης
εἰδέναι Ars.   c 5 φαμὲν μέντοι om. Ars.

ΛΑ. Πῶς γὰρ οὔ;

ΣΩ. Μὴ τοίνυν, ὦ ἄριστε, περὶ ὅλης ἀρετῆς εὐθέως
σκοπώμεθα—πλέον γὰρ ἴσως ἔργον—ἀλλὰ μέρους τινὸς
10 πέρι πρῶτον ἴδωμεν εἰ ἱκανῶς ἔχομεν πρὸς τὸ εἰδέναι· καὶ
d ἡμῖν, ὡς τὸ εἰκός, ῥᾴων ἡ σκέψις ἔσται.

ΛΑ. Ἀλλ᾽ οὕτω ποιῶμεν, ὦ Σώκρατες, ὡς σὺ βούλει.

ΣΩ. Τί οὖν ἂν προελοίμεθα τῶν τῆς ἀρετῆς μερῶν; ἢ
δῆλον δὴ ὅτι τοῦτο εἰς ὃ τείνειν δοκεῖ ἡ ἐν τοῖς ὅπλοις
5 μάθησις; δοκεῖ δέ που τοῖς πολλοῖς εἰς ἀνδρείαν. ἦ γάρ;

ΛΑ. Καὶ μάλα δὴ οὕτω δοκεῖ.

ΣΩ. Τοῦτο τοίνυν πρῶτον ἐπιχειρήσωμεν, ὦ Λάχης,
εἰπεῖν, ἀνδρεία τί ποτ᾽ ἐστίν· ἔπειτα μετὰ τοῦτο σκεψόμεθα
e καὶ ὅτῳ ἂν τρόπῳ τοῖς νεανίσκοις παραγένοιτο, καθ᾽ ὅσον
οἷόν τε ἐξ ἐπιτηδευμάτων τε καὶ μαθημάτων παραγενέσθαι.
ἀλλὰ πειρῶ εἰπεῖν ὃ λέγω, τί ἐστιν ἀνδρεία.

ΛΑ. Οὐ μὰ τὸν Δία, ὦ Σώκρατες, οὐ χαλεπὸν εἰπεῖν·
5 εἰ γάρ τις ἐθέλοι ἐν τῇ τάξει μένων ἀμύνεσθαι τοὺς πολε-
μίους καὶ μὴ φεύγοι, εὖ ἴσθι ὅτι ἀνδρεῖος ἂν εἴη.

ΣΩ. Εὖ μὲν λέγεις, ὦ Λάχης· ἀλλ᾽ ἴσως ἐγὼ αἴτιος,
οὐ σαφῶς εἰπών, τὸ σὲ ἀποκρίνασθαι μὴ τοῦτο ὃ διανοού-
μενος ἠρόμην, ἀλλ᾽ ἕτερον.

10 ΛΑ. Πῶς τοῦτο λέγεις, ὦ Σώκρατες;

191 ΣΩ. Ἐγὼ φράσω, ἐὰν οἷός τε γένωμαι. ἀνδρεῖός που
οὗτος, ὃν καὶ σὺ λέγεις, ὃς ἂν ἐν τῇ τάξει μένων μάχηται
τοῖς πολεμίοις.

ΛΑ. Ἐγὼ γοῦν φημι.

5 ΣΩ. Καὶ γὰρ ἐγώ. ἀλλὰ τί αὖ ὅδε, ὃς ἂν φεύγων
μάχηται τοῖς πολεμίοις ἀλλὰ μὴ μένων;

ΛΑ. Πῶς φεύγων;

c 10 ἴδωμεν Β Τ Ars.: εἰδῶμεν Β²   d 2 ἀλλ᾽] ἀ∗∗ι Ars.   ὡς σὺ]
ὅπως οὐ (teste Blass) Ars.   d 8 μετὰ] τὸ μετὰ Ars.   e 3 τί
ἐστιν ἀνδρεία] τὸν ἀνδρεῖον Ars.   e 5 τοὺς] τος Ars.   e 7 εὖ
Β Τ: καλως Ars.   a 2 ταξει Ars.   a 4 ἐγώ γ᾽ οὖν Β: ἔγωγ᾽
οὖν Τ   a 6 μάχηται τοῖς πολεμίοις] τοῖς πολεμίοις μάχηται Ars.

ΣΩ. Ὥσπερ που καὶ Σκύθαι λέγονται οὐχ ἧττον φεύγοντες ἢ διώκοντες μάχεσθαι, καὶ Ὅμηρός που ἐπαινῶν τοὺς τοῦ Αἰνείου ἵππους κραιπνὰ μάλ' ἔνθα καὶ ἔνθα 10 ἔφη αὐτοὺς ἐπίστασθαι διώκειν ἠδὲ φέβεσθαι· καὶ αὐτὸν b τὸν Αἰνείαν κατὰ τοῦτ' ἐνεκωμίασε, κατὰ τὴν τοῦ φόβου ἐπιστήμην, καὶ εἶπεν αὐτὸν εἶναι μήστωρα φόβοιο.

ΛΑ. Καὶ καλῶς γε, ὦ Σώκρατες· περὶ ἁρμάτων γὰρ ἔλεγε. καὶ σὺ τὸ τῶν Σκυθῶν ἱππέων πέρι λέγεις· τὸ μὲν 5 γὰρ ἱππικὸν [τὸ ἐκείνων] οὕτω μάχεται, τὸ δὲ ὁπλιτικὸν [τό γε τῶν Ἑλλήνων], ὡς ἐγὼ λέγω.

ΣΩ. Πλήν γ' ἴσως, ὦ Λάχης, τὸ Λακεδαιμονίων. Λακεδαιμονίους γάρ φασιν ἐν Πλαταιαῖς, ἐπειδὴ πρὸς τοῖς c γερροφόροις ἐγένοντο, οὐκ ἐθέλειν μένοντας πρὸς αὐτοὺς μάχεσθαι, ἀλλὰ φεύγειν, ἐπειδὴ δ' ἐλύθησαν αἱ τάξεις τῶν Περσῶν, ἀναστρεφομένους ὥσπερ ἱππέας μάχεσθαι καὶ οὕτω νικῆσαι τὴν ἐκεῖ μάχην. 5

ΛΑ. Ἀληθῆ λέγεις.

ΣΩ. Τοῦτο τοίνυν ὃ ἄρτι ἔλεγον, ὅτι ἐγὼ αἴτιος μὴ καλῶς σε ἀποκρίνασθαι, ὅτι οὐ καλῶς ἠρόμην—βουλόμενος γάρ σου πυθέσθαι μὴ μόνον τοὺς ἐν τῷ ὁπλιτικῷ ἀνδρείους, d ἀλλὰ καὶ τοὺς ἐν τῷ ἱππικῷ καὶ ἐν σύμπαντι τῷ πολεμικῷ εἴδει, καὶ μὴ μόνον τοὺς ἐν τῷ πολέμῳ, ἀλλὰ καὶ τοὺς ἐν τοῖς πρὸς τὴν θάλατταν κινδύνοις ἀνδρείους ὄντας, καὶ ὅσοι γε πρὸς νόσους καὶ ὅσοι πρὸς πενίας ἢ καὶ πρὸς τὰ πολιτικὰ 5 ἀνδρεῖοί εἰσιν, καὶ ἔτι αὖ μὴ μόνον ὅσοι πρὸς λύπας ἀνδρεῖοί

a 8 που] ποτε Ars.   b 3 εἶναι] in hac voce redit W   b 5 σὺ τὸ Β Τ W Ars. : σὺ αὖ τὸ ci. Stallbaum   b 6 τὸ ἐκείνων om. Ars. (secluserat Badham)   τό γε τῶν Ἑλλήνων om. Ars.   b 8 λακεδαιμονίους Β Τ W : τούτους Ars.   c 1 φασιν Β W : φησιν compendio Γ   ἐν πλαταιαῖς Β Τ W : και πλατει Ι . . . . Ars. (καὶ Πλαταιᾶσι ci. Diels)   c 2 αὐτοὺς b : αὐτοῖς Β Τ W   c 3 ἐλύθησαν Β Τ : ἐληλύθεισαν W   c 7 ο αρτι Ars. (ἄρτι coniecerat Ast : αἴτιον Β Τ W   c 8 ἠρόμην] σε ηρομην Ars.   d 1 γάρ σου Β W Ars. : γὰρ Τ   τοὺς¹ τος Ars.   d 2 καὶ ἐν] εν τωι Ars.   d 4 κινδύνοις Β² Τ W : κινδύνους Β : κινδυνεύουσι Ars.   d 5 γε] τε Ars.   d 6 ἔτι W Ars. : ὅτι Β Τ   ἀνδρεῖοί εἰσιν ἢ φόβους] ἢ φόβους ἀνδρεῖοί εἰσιν Ars.

εἰσιν ἢ φόβους, ἀλλὰ καὶ πρὸς ἐπιθυμίας ἢ ἡδονὰς δεινοὶ
e μάχεσθαι, καὶ μένοντες καὶ ἀναστρέφοντες—εἰσὶ γάρ πού
τινες, ὦ Λάχης, καὶ ἐν τοῖς τοιούτοις ἀνδρεῖοι—

ΛΑ. Καὶ σφόδρα, ὦ Σώκρατες.

ΣΩ. Οὐκοῦν ἀνδρεῖοι μὲν πάντες οὗτοί εἰσιν, ἀλλ' οἱ
5 μὲν ἐν ἡδοναῖς, οἱ δ' ἐν λύπαις, οἱ δ' ἐν ἐπιθυμίαις, οἱ δ' ἐν
φόβοις τὴν ἀνδρείαν κέκτηνται· οἱ δέ γ' οἶμαι δειλίαν ἐν
τοῖς αὐτοῖς τούτοις.

ΛΑ. Πάνυ γε.

ΣΩ. Τί ποτε ὂν ἑκάτερον τούτων; τοῦτο ἐπυνθανόμην.
10 πάλιν οὖν πειρῶ εἰπεῖν ἀνδρείαν πρῶτον τί ὂν ἐν πᾶσι
τούτοις ταὐτόν ἐστιν· ἢ οὔπω καταμανθάνεις ὃ λέγω;

ΛΑ. Οὐ πάνυ τι.

192 ΣΩ. 'Αλλ' ὧδε λέγω, ὥσπερ ἂν εἰ τάχος ἠρώτων τί ποτ'
ἐστίν, ὃ καὶ ἐν τῷ τρέχειν τυγχάνει ὂν ἡμῖν καὶ ἐν τῷ
κιθαρίζειν καὶ ἐν τῷ λέγειν καὶ ἐν τῷ μανθάνειν καὶ ἐν
ἄλλοις πολλοῖς, καὶ σχεδόν τι αὐτὸ κεκτήμεθα, οὗ καὶ πέρι
5 ἄξιον λέγειν, ἢ ἐν ταῖς τῶν χειρῶν πράξεσιν ἢ σκελῶν ἢ
στόματός τε καὶ φωνῆς ἢ διανοίας· ἢ οὐχ οὕτω καὶ σὺ λέγεις;

ΛΑ. Πάνυ γε.

ΣΩ. Εἰ τοίνυν τίς με ἔροιτο· "Ὦ Σώκρατες, τί λέγεις
10 τοῦτο ὃ ἐν πᾶσιν ὀνομάζεις ταχυτῆτα εἶναι;" εἴποιμ' ἂν
b αὐτῷ ὅτι τὴν ἐν ὀλίγῳ χρόνῳ πολλὰ διαπραττομένην δύναμιν
ταχυτῆτα ἔγωγε καλῶ καὶ περὶ φωνὴν καὶ περὶ δρόμον καὶ
περὶ τἆλλα πάντα.

ΛΑ. 'Ορθῶς γε σὺ λέγων.

5 ΣΩ. Πειρῶ δὴ καὶ σύ, ὦ Λάχης, τὴν ἀνδρείαν οὕτως

e 1 καὶ ante μένοντες om. Schanz (sed habet Ars.)   καὶ post
μένοντες Král (et sic Ars. ut videtur): ἢ B T W   e 3 καὶ σφόδρα]
σφόδρα γε Ars.   e 4 ἀνδρεῖοι μὲν πάντες οὗτοί] ανδρειαι μεν παντες
ουτοι ανδρειοι Ars.   e 6 ἔκτηνται Schanz (sed κέκτηνται Ars. cum
B T W)   δειλίαν T W : δειλιᾶν B   e 9 ὂν] ουν Ars. (et mox e 10)
ἐπυνθανόμην] πυνθαν⟨ομαι⟩ Ars.   e 10 ἀνδρείαν] τὴν ἀνδρείαν Ars.
a 2 τρέχειν] τρεχε Ars.   a 3 εν τε τωι μανθανε⟨ιν⟩ Ars.   a 6 ἢ
διανοίας om. ut videtur Ars. (ἢ νοήματός τε ἅμα pro ἢ στόματός τε ci.
Diels)

εἰπεῖν τίς οὖσα δύναμις ἡ αὐτὴ ἐν ἡδονῇ καὶ ἐν λύπῃ καὶ
ἐν ἅπασιν οἷς νυνδὴ ἐλέγομεν αὐτὴν εἶναι, ἔπειτα ἀνδρεία
κέκληται.

ΛΑ. Δοκεῖ τοίνυν μοι καρτερία τις εἶναι τῆς ψυχῆς, εἰ
τό γε διὰ πάντων [περὶ ἀνδρείας] πεφυκὸς δεῖ εἰπεῖν.   c

ΣΩ. 'Αλλὰ μὴν δεῖ, εἴ γε τὸ ἐρωτώμενον ἀποκρινούμεθα
ἡμῖν αὐτοῖς. τοῦτο τοίνυν ἔμοιγε φαίνεται· οὔτι πᾶσά γε,
ὡς ἐγῷμαι, καρτερία ἀνδρεία σοι φαίνεται. τεκμαίρομαι δὲ
ἐνθένδε· σχεδὸν γάρ τι οἶδα, ὦ Λάχης, ὅτι τῶν πάνυ καλῶν 5
πραγμάτων ἡγῇ σὺ ἀνδρείαν εἶναι.

ΛΑ. Εὖ μὲν οὖν ἴσθι ὅτι τῶν καλλίστων.

ΣΩ. Οὐκοῦν ἡ μὲν μετὰ φρονήσεως καρτερία καλὴ
κἀγαθή;

ΛΑ. Πάνυ γε.   10

ΣΩ. Τί δ' ἡ μετ' ἀφροσύνης; οὐ τοὐναντίον ταύτῃ   d
βλαβερὰ καὶ κακοῦργος;

ΛΑ. Ναί.

ΣΩ. Καλὸν οὖν τι φήσεις σὺ εἶναι τὸ τοιοῦτον, ὂν
κακοῦργόν τε καὶ βλαβερόν;   5

ΛΑ. Οὔκουν δίκαιόν γε, ὦ Σώκρατες.

ΣΩ. Οὐκ ἄρα τήν γε τοιαύτην καρτερίαν ἀνδρείαν ὁμολογή-
σεις εἶναι, ἐπειδήπερ οὐ καλή ἐστιν, ἡ δὲ ἀνδρεία καλόν ἐστιν.

ΛΑ. 'Αληθῆ λέγεις.

ΣΩ. 'Η φρόνιμος ἄρα καρτερία κατὰ τὸν σὸν λόγον   10
ἀνδρεία ἂν εἴη.

ΛΑ. Ἔοικεν.

ΣΩ. Ἴδωμεν δή, ἡ εἰς τί φρόνιμος; ἡ ἡ εἰς ἅπαντα καὶ e
τὰ μεγάλα καὶ τὰ σμικρά; οἷον εἴ τις καρτερεῖ ἀναλίσκων
ἀργύριον φρονίμως, εἰδὼς ὅτι ἀναλώσας πλέον ἐκτήσεται,
τοῦτον ἀνδρεῖον καλοῖς ἄν;

c 1 περὶ ἀνδρείας secl. Badham   c 2 γε post δεῖ fort. transpo-
nendum   c 3 οὔτι B T W : ὅτι οὐ scr. recc. : ὅτι οὔτι Schanz
e 1 ἡ ᾖ BT : ᾖ W   e 2 καρτερεῖ BTW : καρτεροῖ vulg.   e 3 πλέον
ἐκτήσεται B W : πλεονεκτήσεται T

5 ΛΑ. Μὰ Δί᾽ οὐκ ἔγωγε.

ΣΩ. ᾽Αλλ᾽ οἷον εἴ τις ἰατρὸς ὤν, περιπλευμονίᾳ τοῦ
ὑέος ἐχομένου ἢ ἄλλου τινὸς καὶ δεομένου πιεῖν ἢ φαγεῖν
193 δοῦναι, μὴ κάμπτοιτο ἀλλὰ καρτεροῖ;

ΛΑ. Οὐδ᾽ ὁπωστιοῦν οὐδ᾽ αὕτη.

ΣΩ. ᾽Αλλ᾽ ἐν πολέμῳ καρτεροῦντα ἄνδρα καὶ ἐθέλοντα
μάχεσθαι, φρονίμως λογιζόμενον, εἰδότα μὲν ὅτι βοηθή-
5 σουσιν ἄλλοι αὐτῷ, πρὸς ἐλάττους δὲ καὶ φαυλοτέρους
μαχεῖται ἢ μεθ᾽ ὧν αὐτός ἐστιν, ἔτι δὲ χωρία ἔχει κρείττω,
τοῦτον τὸν μετὰ τῆς τοιαύτης φρονήσεως καὶ παρασκευῆς
καρτεροῦντα ἀνδρειότερον ἂν φαίης ἢ τὸν ἐν τῷ ἐναντίῳ
στρατοπέδῳ ἐθέλοντα ὑπομένειν τε καὶ καρτερεῖν;

b ΛΑ. Τὸν ἐν τῷ ἐναντίῳ, ἔμοιγε δοκεῖ, ὦ Σώκρατες.

ΣΩ. ᾽Αλλὰ μὴν ἀφρονεστέρα γε ἡ τούτου ἢ ἡ τοῦ ἑτέρου
καρτερία.

ΛΑ. ᾽Αληθῆ λέγεις.

5 ΣΩ. Καὶ τὸν μετ᾽ ἐπιστήμης ἄρα ἱππικῆς καρτεροῦντα
ἐν ἱππομαχίᾳ ἧττον φήσεις ἀνδρεῖον εἶναι ἢ τὸν ἄνευ
ἐπιστήμης.

ΛΑ. Ἔμοιγε δοκεῖ.

ΣΩ. Καὶ τὸν μετὰ σφενδονητικῆς ἢ τοξικῆς ἢ ἄλλης
10 τινὸς τέχνης καρτεροῦντα.

c ΛΑ. Πάνυ γε.

ΣΩ. Καὶ ὅσοι ἂν ἐθέλωσιν εἰς φρέαρ καταβαίνοντες καὶ
κολυμβῶντες καρτερεῖν ἐν τούτῳ τῷ ἔργῳ, μὴ ὄντες δεινοί,
ἢ ἔν τινι ἄλλῳ τοιούτῳ, ἀνδρειοτέρους φήσεις τῶν ταῦτα
5 δεινῶν.

ΛΑ. Τί γὰρ ἄν τις ἄλλο φαίη, ὦ Σώκρατες;

ΣΩ. Οὐδέν, εἴπερ οἴοιτό γε οὕτως.

ΛΑ. ᾽Αλλὰ μὴν οἶμαί γε.

ΣΩ. Καὶ μήν που ἀφρονεστέρως γε, ὦ Λάχης, οἱ τοιοῦτοι

a 2 αὕτη T W : αὐτή B   b 9 μετὰ W : μὲν μετὰ B T   c 2 ἂν
B : ἐὰν T W : δὴ Schanz (qui mox ἐθέλουσιν)   ἐθέλωσιν W :
ἐθέλουσιν B T

κινδυνεύουσίν τε καὶ καρτεροῦσιν ἢ οἱ μετὰ τέχνης αὐτὸ 10
πράττοντες.

ΛΑ. Φαίνονται.

ΣΩ. Οὐκοῦν αἰσχρὰ ἡ ἄφρων τόλμα τε καὶ καρτέρησις d
ἐν τῷ πρόσθεν ἐφάνη ἡμῖν οὖσα καὶ βλαβερά;

ΛΑ. Πάνυ γε.

ΣΩ. Ἡ δέ γε ἀνδρεία ὡμολογεῖτο καλόν τι εἶναι.

ΛΑ. Ὡμολογεῖτο γάρ. 5

ΣΩ. Νῦν δ' αὖ πάλιν φαμὲν ἐκεῖνο τὸ αἰσχρόν, τὴν
ἄφρονα καρτέρησιν, ἀνδρείαν εἶναι.

ΛΑ. Ἐοίκαμεν.

ΣΩ. Καλῶς οὖν σοι δοκοῦμεν λέγειν;

ΛΑ. Μὰ τὸν Δί', ὦ Σώκρατες, ἐμοὶ μὲν οὔ. 10

ΣΩ. Οὐκ ἄρα που κατὰ τὸν σὸν λόγον δωριστὶ ἡρμό-
σμεθα ἐγώ τε καὶ σύ, ὦ Λάχης· τὰ γὰρ ἔργα οὐ συμφωνεῖ e
ἡμῖν τοῖς λόγοις. ἔργῳ μὲν γάρ, ὡς ἔοικε, φαίη ἄν τις
ἡμᾶς ἀνδρείας μετέχειν, λόγῳ δ', ὡς ἐγῷμαι, οὐκ ἄν, εἰ νῦν
ἡμῶν ἀκούσειε διαλεγομένων.

ΛΑ. Ἀληθέστατα λέγεις. 5

ΣΩ. Τί οὖν; δοκεῖ καλὸν εἶναι οὕτως ἡμᾶς διακεῖσθαι;

ΛΑ. Οὐδ' ὁπωστιοῦν.

ΣΩ. Βούλει οὖν ᾧ λέγομεν πειθώμεθα τό γε τοσοῦτον;

ΛΑ. Τὸ ποῖον δὴ τοῦτο, καὶ τίνι τούτῳ;

ΣΩ. Τῷ λόγῳ ὃς καρτερεῖν κελεύει. εἰ οὖν βούλει, καὶ 194
ἡμεῖς ἐπὶ τῇ ζητήσει ἐπιμείνωμέν τε καὶ καρτερήσωμεν, ἵνα
καὶ μὴ ἡμῶν αὐτὴ ἡ ἀνδρεία καταγελάσῃ, ὅτι οὐκ ἀνδρείως
αὐτὴν ζητοῦμεν, εἰ ἄρα πολλάκις αὐτὴ ἡ καρτέρησίς ἐστιν
ἀνδρεία. 5

ΛΑ. Ἐγὼ μὲν ἕτοιμος, ὦ Σώκρατες, μὴ προαφίστασθαι.
καίτοι ἀήθης γ' εἰμὶ τῶν τοιούτων λόγων· ἀλλά τίς με καὶ

d 3 πάνυ γε B T : om. W   d 4, 5 ὡμολογεῖτο (bis) B : ὡμολόγητο
T W   e 4 ἀκούσειε Jacobs : ἀκούσει B T W   e 8 πειθώμεθα
B T : πειθόμεθα W   a 2 τῇ B T : om. W   a 3 αὐτὴ T : αὐτὴ
W : αὕτη B   a 6 ἕτοιμος T W : ἑτοίμως B   a 7 ἀήθης γ' T :
γ' ἀήθης W : ἀληθής γ' B

φιλονικία εἴληφεν πρὸς τὰ εἰρημένα, καὶ ὡς ἀληθῶς ἀγα-
b νακτῶ εἰ οὑτωσὶ ἃ νοῶ μὴ οἷός τ᾽ εἰμὶ εἰπεῖν. νοεῖν μὲν
γὰρ ἔμοιγε δοκῶ περὶ ἀνδρείας ὅτι ἔστιν, οὐκ οἶδα δ᾽ ὅπῃ
με ἄρτι διέφυγεν, ὥστε μὴ συλλαβεῖν τῷ λόγῳ αὐτὴν καὶ
εἰπεῖν ὅτι ἔστιν.

5 ΣΩ. Οὐκοῦν, ὦ φίλε, τὸν ἀγαθὸν κυνηγέτην μεταθεῖν
χρὴ καὶ μὴ ἀνιέναι.

ΛΑ. Παντάπασι μὲν οὖν.

ΣΩ. Βούλει οὖν καὶ Νικίαν τόνδε παρακαλῶμεν ἐπὶ τὸ
κυνηγέσιον, εἴ τι ἡμῶν εὐπορώτερός ἐστιν;

c ΛΑ. Βούλομαι· πῶς γὰρ οὔ;

ΣΩ. Ἴθι δή, ὦ Νικία, ἀνδράσι φίλοις χειμαζομένοις ἐν
λόγῳ καὶ ἀποροῦσιν βοήθησον, εἴ τινα ἔχεις δύναμιν. τὰ
μὲν γὰρ δὴ ἡμέτερα ὁρᾷς ὡς ἄπορα· σὺ δ᾽ εἰπὼν ὅτι ἡγῇ
5 ἀνδρείαν εἶναι, ἡμᾶς τε τῆς ἀπορίας ἔκλυσαι καὶ αὐτὸς ἃ
νοεῖς τῷ λόγῳ βεβαίωσαι.

ΝΙ. Δοκεῖτε τοίνυν μοι πάλαι οὐ καλῶς, ὦ Σώκρατες,
ὁρίζεσθαι τὴν ἀνδρείαν· ὃ γὰρ ἐγὼ σοῦ ἤδη καλῶς λέγοντος
ἀκήκοα, τούτῳ οὐ χρῆσθε.

10 ΣΩ. Ποίῳ δή, ὦ Νικία;
d ΝΙ. Πολλάκις ἀκήκοά σου λέγοντος ὅτι ταῦτα ἀγαθὸς
ἕκαστος ἡμῶν ἅπερ σοφός, ἃ δὲ ἀμαθής, ταῦτα δὲ κακός.

ΣΩ. Ἀληθῆ μέντοι νὴ Δία λέγεις, ὦ Νικία.

ΝΙ. Οὐκοῦν εἴπερ ὁ ἀνδρεῖος ἀγαθός, δῆλον ὅτι σοφός
5 ἐστιν.

ΣΩ. Ἤκουσας, ὦ Λάχης;

ΛΑ. Ἔγωγε, καὶ οὐ σφόδρα γε μανθάνω ὃ λέγει.

ΣΩ. Ἀλλ᾽ ἐγὼ δοκῶ μανθάνειν, καί μοι δοκεῖ ἀνὴρ
σοφίαν τινὰ τὴν ἀνδρείαν λέγειν.

10 ΛΑ. Ποίαν, ὦ Σώκρατες, σοφίαν;
e ΣΩ. Οὐκοῦν τόνδε τοῦτο ἐρωτᾷς;

c 5 ἔκλυσαι TW: ἐλκύσαι B et γρ. t   c 6 βεβαίωσαι TW:
βεβαιῶσαι B   c 7 μοι BW: με T   d 8 ἀνήρ Bekker: ἀνὴρ
BTW

ΛΑ. Ἔγωγε.

ΣΩ. Ἴθι δή, αὐτῷ εἰπέ, ὦ Νικία, ποία σοφία ἀνδρεία ἂν εἴη κατὰ τὸν σὸν λόγον. οὐ γάρ που ἥ γε αὐλητική.

ΝΙ. Οὐδαμῶς.   5

ΣΩ. Οὐδὲ μὴν ἡ κιθαριστική.

ΝΙ. Οὐ δῆτα.

ΣΩ. Ἀλλὰ τίς δὴ αὕτη ἢ τίνος ἐπιστήμη;

ΛΑ. Πάνυ μὲν οὖν ὀρθῶς αὐτὸν ἐρωτᾷς, ὦ Σώκρατες, καὶ εἰπέτω γε τίνα φησὶν αὐτὴν εἶναι.   10

ΝΙ. Ταύτην ἔγωγε, ὦ Λάχης, τὴν τῶν δεινῶν καὶ θαρ-
ραλέων ἐπιστήμην καὶ ἐν πολέμῳ καὶ ἐν τοῖς ἄλλοις ἅπασιν. 195

ΛΑ. Ὡς ἄτοπα λέγει, ὦ Σώκρατες.

ΣΩ. Πρὸς τί τοῦτ' εἶπες βλέψας, ὦ Λάχης;

ΛΑ. Πρὸς ὅτι; χωρὶς δήπου σοφία ἐστὶν ἀνδρείας.

ΣΩ. Οὔκουν φησί γε Νικίας.   5

ΛΑ. Οὐ μέντοι μὰ Δία· ταῦτά τοι καὶ ληρεῖ.

ΣΩ. Οὐκοῦν διδάσκωμεν αὐτὸν ἀλλὰ μὴ λοιδορῶμεν.

ΝΙ. Οὔκ, ἀλλά μοι δοκεῖ, ὦ Σώκρατες, Λάχης ἐπιθυμεῖν
κἀμὲ φανῆναι μηδὲν λέγοντα, ὅτι καὶ αὐτὸς ἄρτι τοιοῦτός
τις ἐφάνη.   b

ΛΑ. Πάνυ μὲν οὖν, ὦ Νικία, καὶ πειράσομαί γε ἀποφῆναι·
οὐδὲν γὰρ λέγεις. ἐπεὶ αὐτίκα ἐν ταῖς νόσοις οὐχ οἱ ἰατροὶ
τὰ δεινὰ ἐπίστανται; ἢ οἱ ἀνδρεῖοι δοκοῦσί σοι ἐπίστασθαι;
ἢ τοὺς ἰατροὺς σὺ ἀνδρείους καλεῖς;   5

ΝΙ. Οὐδ' ὁπωστιοῦν.

ΛΑ. Οὐδέ γε τοὺς γεωργοὺς οἶμαι. καίτοι τά γε ἐν
τῇ γεωργίᾳ δεινὰ οὗτοι δήπου ἐπίστανται, καὶ οἱ ἄλλοι
δημιουργοὶ ἅπαντες τὰ ἐν ταῖς αὑτῶν τέχναις δεινά τε καὶ
θαρραλέα ἴσασιν· ἀλλ' οὐδέν τι μᾶλλον οὗτοι ἀνδρεῖοί c
εἰσιν.

e 8 ἢ W : ἢ B : ἤ T   a 2 λέγει b : λέγεις B T (!) W   a 4 ὅτι
Par. 1813 : τί B T W   a 7 διδάσκωμεν t : διδάσκομεν B T W
b 1 τις T W : om. B

ΣΩ. Τί δοκεῖ Λάχης λέγειν, ὦ Νικία; ἔοικεν μέντοι
λέγειν τι.

5 ΝΙ. Καὶ γὰρ λέγει γέ τι, οὐ μέντοι ἀληθές γε.

ΣΩ. Πῶς δή;

ΝΙ. Ὅτι οἴεται τοὺς ἰατροὺς πλέον τι εἰδέναι περὶ τοὺς
κάμνοντας ἢ τὸ ὑγιεινὸν †εἰπεῖν οἷόν τε καὶ νοσῶδες. οἱ δὲ
δήπου τοσοῦτον μόνον ἴσασιν· εἰ δὲ δεινόν τῳ τοῦτό ἐστιν
10 τὸ ὑγιαίνειν μᾶλλον ἢ τὸ κάμνειν, ἡγῇ σὺ τουτί, ὦ Λάχης,
τοὺς ἰατροὺς ἐπίστασθαι; ἢ οὐ πολλοῖς οἴει ἐκ τῆς νόσου
ἄμεινον εἶναι μὴ ἀναστῆναι ἢ ἀναστῆναι; τοῦτο γὰρ εἰπέ·
d σὺ πᾶσι φῂς ἄμεινον εἶναι ζῆν καὶ οὐ πολλοῖς κρεῖττον
τεθνάναι;

ΛΑ. Οἶμαι ἔγωγε τοῦτό γε.

ΝΙ. Οἷς οὖν τεθνάναι λυσιτελεῖ, ταὐτὰ οἴει δεινὰ εἶναι
5 καὶ οἷς ζῆν;

ΛΑ. Οὐκ ἔγωγε.

ΝΙ. ᾿Αλλὰ τοῦτο δὴ σὺ δίδως τοῖς ἰατροῖς γιγνώσκειν
ἢ ἄλλῳ τινὶ δημιουργῷ πλὴν τῷ τῶν δεινῶν καὶ μὴ δεινῶν
ἐπιστήμονι, ὃν ἐγὼ ἀνδρεῖον καλῶ;

10 ΣΩ. Κατανοεῖς, ὦ Λάχης, ὅτι λέγει;

e ΛΑ. Ἔγωγε, ὅτι γε τοὺς μάντεις καλεῖ τοὺς ἀνδρείους·
τίς γὰρ δὴ ἄλλος εἴσεται ὅτῳ ἄμεινον ζῆν ἢ τεθνάναι;
καίτοι σύ, ὦ Νικία, πότερον ὁμολογεῖς μάντις εἶναι ἢ οὔτε
μάντις οὔτε ἀνδρεῖος;

5 ΝΙ. Τί δέ; μάντει αὖ οἴει προσήκει τὰ δεινὰ γιγνώσκειν
καὶ τὰ θαρραλέα;

ΛΑ. Ἔγωγε· τίνι γὰρ ἄλλῳ;

ΝΙ. Ὧι ἐγὼ λέγω πολὺ μᾶλλον, ὦ βέλτιστε· ἐπεὶ

---

c 8 εἰπεῖν ⌉ fort. ποιεῖν   εἰπεῖν οἷόν secl Badham   οἷόν τε] οἷόν
τι ci. Stephanus   c 9 δήπου τοσοῦτον Hermann : δή τι τοσοῦτον
δήπου B T W : δὴ τὸ τοσοῦτον δήπου ci. Madvig   δεινόν τῳ T W :
δεινὸ τῷ B   d 3 οἶμαι B W : om. T   d 4 ταὐτὰ scr. recc. :
ταῦτα B T W   d 7 τοῦτο T W : τοῦ B   d 8 καὶ μὴ δεινῶν
B W : om. T   d 9 ὃν B W : οἷον T   e 5 προσήκει B : προσήκειν
T : προσήκεν W

μάντιν γε τὰ σημεῖα μόνον δεῖ γιγνώσκειν τῶν ἐσομένων,
εἴτε τῳ θάνατος εἴτε νόσος εἴτε ἀποβολὴ χρημάτων ἔσται,   10
εἴτε νίκη εἴτε ἧττα ἢ πολέμου ἢ καὶ ἄλλης τινὸς ἀγωνίας·   196
ὅτι δέ τῳ ἄμεινον τούτων ἢ παθεῖν ἢ μὴ παθεῖν, τί μᾶλλον
μάντει προσήκει κρῖναι ἢ ἄλλῳ ὁτῳοῦν;

ΛΑ. Ἀλλ' ἐγὼ τούτου οὐ μανθάνω, ὦ Σώκρατες, ὅτι βού-
λεται λέγειν· οὔτε γὰρ μάντιν οὔτε ἰατρὸν οὔτε ἄλλον οὐδένα   5
δηλοῖ ὅντινα λέγει τὸν ἀνδρεῖον, εἰ μὴ εἰ θεόν τινα λέγει
αὐτὸν εἶναι. ἐμοὶ μὲν οὖν φαίνεται Νικίας οὐκ ἐθέλειν
γενναίως ὁμολογεῖν ὅτι οὐδὲν λέγει, ἀλλὰ στρέφεται ἄνω   b
καὶ κάτω ἐπικρυπτόμενος τὴν αὑτοῦ ἀπορίαν· καίτοι κἂν
ἡμεῖς οἷοί τε ἦμεν ἄρτι ἐγώ τε καὶ σὺ τοιαῦτα στρέφεσθαι,
εἰ ἐβουλόμεθα μὴ δοκεῖν ἐναντία ἡμῖν αὐτοῖς λέγειν. εἰ
μὲν οὖν ἐν δικαστηρίῳ ἡμῖν οἱ λόγοι ἦσαν, εἶχεν ἄν τινα   5
λόγον ταῦτα ποιεῖν· νῦν δὲ τί ἄν τις ἐν συνουσίᾳ τοιᾷδε
μάτην κενοῖς λόγοις αὐτὸς αὑτὸν κοσμοῖ;

ΣΩ. Οὐδὲν οὐδ' ἐμοὶ δοκεῖ, ὦ Λάχης· ἀλλ' ὁρῶμεν μὴ   c
Νικίας οἴεταί τι λέγειν καὶ οὐ λόγου ἕνεκα ταῦτα λέγει.
αὐτοῦ οὖν σαφέστερον πυθώμεθα τί ποτε νοεῖ· καὶ ἐάν τι
φαίνηται λέγων, συγχωρησόμεθα, εἰ δὲ μή, διδάξομεν.

ΛΑ. Σὺ τοίνυν, ὦ Σώκρατες, εἰ βούλει πυνθάνεσθαι,   5
πυνθάνου· ἐγὼ δ' ἴσως ἱκανῶς πέπυσμαι.

ΣΩ. Ἀλλ' οὐδέν με κωλύει· κοινὴ γὰρ ἔσται ἡ πύστις
ὑπὲρ ἐμοῦ τε καὶ σοῦ.

ΛΑ. Πάνυ μὲν οὖν.

ΣΩ. Λέγε δή μοι, ὦ Νικία—μᾶλλον δ' ἡμῖν· κοινούμεθα   10
γὰρ ἐγώ τε καὶ Λάχης τὸν λόγον —τὴν ἀνδρείαν ἐπιστήμην   d
φὴς δεινῶν τε καὶ θαρραλέων εἶναι;

ΝΙ. Ἔγωγε.

ΣΩ. Τοῦτο δὲ οὐ παντὸς δὴ εἶναι ἀνδρὸς γνῶναι, ὁπότε

---

a 4 τούτου Schanz : τοῦτο BTW : τοῦτον Bekker   a 5 μάντιν
TWb : μιν B   b 6 δὲ τί TW : δέ τι B   c 1 οὐδ' ἐμοὶ TW :
οὐδέ μοι B   c 2 οἴεταί T : οἴηταί Wb : οἴοιταί B   οὐ TW :
οὗ B

5 γε μήτε ἰατρὸς μήτε μάντις αὐτὸ γνώσεται μηδὲ ἀνδρεῖος
ἔσται, ἐὰν μὴ αὐτὴν ταύτην τὴν ἐπιστήμην προσλάβῃ· οὐχ
οὕτως ἔλεγες;

ΝΙ. Οὕτω μὲν οὖν.

ΣΩ. Κατὰ τὴν παροιμίαν ἄρα τῷ ὄντι οὐκ ἂν πᾶσα ὗς
10 γνοίη οὐδ᾽ ἂν ἀνδρεία γένοιτο.

ΝΙ. Οὔ μοι δοκεῖ.

e ΣΩ. Δῆλον δή, ὦ Νικία, ὅτι οὐδὲ τὴν Κρομμυωνίαν ὗν
πιστεύεις σύ γε ἀνδρείαν γεγονέναι. τοῦτο δὲ λέγω οὐ
παίζων, ἀλλ᾽ ἀναγκαῖον οἶμαι τῷ ταῦτα λέγοντι μηδενὸς
θηρίου ἀποδέχεσθαι ἀνδρείαν, ἢ συγχωρεῖν θηρίον τι οὕτω
5 σοφὸν εἶναι, ὥστε ἃ ὀλίγοι ἀνθρώπων ἴσασι διὰ τὸ χαλεπὰ
εἶναι γνῶναι, ταῦτα λέοντα ἢ πάρδαλιν ἤ τινα κάπρον φάναι
εἰδέναι· ἀλλ᾽ ἀνάγκη ὁμοίως λέοντα καὶ ἔλαφον καὶ ταῦρον
καὶ πίθηκον πρὸς ἀνδρείαν φάναι πεφυκέναι τὸν τιθέμενον
ἀνδρείαν τοῦθ᾽ ὅπερ σὺ τίθεσαι.

197 ΛΑ. Νὴ τοὺς θεούς, καὶ εὖ γε λέγεις, ὦ Σώκρατες. καὶ
ἡμῖν ὡς ἀληθῶς τοῦτο ἀπόκριναι, ὦ Νικία, πότερον σοφώ-
τερα φῂς ἡμῶν ταῦτα εἶναι τὰ θηρία, ἃ πάντες ὁμολογοῦμεν
ἀνδρεῖα εἶναι, ἢ πᾶσιν ἐναντιούμενος τολμᾷς μηδὲ ἀνδρεῖα
5 αὐτὰ καλεῖν;

ΝΙ. Οὐ γάρ τι, ὦ Λάχης, ἔγωγε ἀνδρεῖα καλῶ οὔτε θηρία
οὔτε ἄλλο οὐδὲν τὸ τὰ δεινὰ ὑπὸ ἀνοίας μὴ φοβούμενον,
ἀλλ᾽ ἄφοβον καὶ μῶρον· ἢ καὶ τὰ παιδία πάντα οἴει με
b ἀνδρεῖα καλεῖν, ἃ δι᾽ ἄνοιαν οὐδὲν δέδοικεν; ἀλλ᾽ οἶμαι τὸ
ἄφοβον καὶ τὸ ἀνδρεῖον οὐ ταὐτόν ἐστιν. ἐγὼ δὲ ἀνδρείας
μὲν καὶ προμηθίας πάνυ τισὶν ὀλίγοις οἶμαι μετεῖναι, θρα-

---

e 1 κρομμυωνίαν Β Τ: κρωμυνονίαν W: Κρομυωνίαν ci. Stallbaum
e 2 σύ γε Τ W: εὖ γε Β   a 1 καὶ εὖ] incipit papyrus Oxy.   γε
om. Oxy.   a 2 πότερον] ⟨πο⟩τερα suprascr. ⟨ο⟩ν Oxy.   σοφώ-
τερα . . . θηρία] σο⟨φωτερα ημω⟩ν ταυτα ⟨τα θηρια ειναι φ⟩ης Oxy.
a 6 ⟨ω⟩ λαχης post ἔγωγε ut videtur Oxy.   a 7 οὐδὲν om. ut
videtur Oxy.   τὰ] τας Oxy.   ἀνοίας] ἀγνοίας Basileensis altera
(lacuna in Oxy.)   a 8 καὶ μῶρον secl. Gitlbauer (sed και habet
iam Oxy. in fine versus)   b 1 δι᾽ ἄνοιαν Β Τ W: γρ. διαγνοιαν t
(in Oxy. nihil praeter . . νο . . αν)

σύτητος δὲ καὶ τόλμης καὶ τοῦ ἀφόβου μετὰ ἀπρομηθίας
πάνυ πολλοῖς καὶ ἀνδρῶν καὶ γυναικῶν καὶ παίδων καὶ 5
θηρίων. ταῦτ᾽ οὖν ἃ σὺ καλεῖς ἀνδρεῖα καὶ οἱ πολλοί, ἐγὼ
θρασέα καλῶ, ἀνδρεῖα δὲ τὰ φρόνιμα περὶ ὧν λέγω. c

ΛΑ. Θέασαι, ὦ Σώκρατες, ὡς εὖ ὅδε ἑαυτὸν δή, ὡς
οἴεται, κοσμεῖ τῷ λόγῳ· οὓς δὲ πάντες ὁμολογοῦσιν ἀν-
δρείους εἶναι, τούτους ἀποστερεῖν ἐπιχειρεῖ ταύτης τῆς τιμῆς.

ΝΙ. Οὔκουν σέ γε, ὦ Λάχης, ἀλλὰ θάρρει· φημὶ γάρ 5
σε εἶναι σοφόν, καὶ Λάμαχόν γε, εἴπερ ἐστὲ ἀνδρεῖοι, καὶ
ἄλλους γε συχνοὺς Ἀθηναίων.

ΛΑ. Οὐδὲν ἐρῶ πρὸς ταῦτα, ἔχων εἰπεῖν, ἵνα μή με φῇς
ὡς ἀληθῶς Αἰξωνέα εἶναι.

ΣΩ. Μηδέ γε εἴπῃς, ὦ Λάχης· καὶ γάρ μοι δοκεῖς οὐδὲ d
ᾐσθῆσθαι ὅτι ταύτην τὴν σοφίαν παρὰ Δάμωνος τοῦ ἡμετέ-
ρου ἑταίρου παρείληφεν, ὁ δὲ Δάμων τῷ Προδίκῳ πολλὰ
πλησιάζει, ὃς δὴ δοκεῖ τῶν σοφιστῶν κάλλιστα τὰ τοιαῦτα
ὀνόματα διαιρεῖν. 5

ΛΑ. Καὶ γὰρ πρέπει, ὦ Σώκρατες, σοφιστῇ τὰ τοι-
αῦτα μᾶλλον κομψεύεσθαι ἢ ἀνδρὶ ὃν ἡ πόλις ἀξιοῖ αὑτῆς
προεστάναι.

ΣΩ. Πρέπει μέν που, ὦ μακάριε, τῶν μεγίστων προ- e
στατοῦντι μεγίστης φρονήσεως μετέχειν· δοκεῖ δέ μοι Νικίας
ἄξιος εἶναι ἐπισκέψεως, ὅποι ποτὲ βλέπων τοὔνομα τοῦτο
τίθησι τὴν ἀνδρείαν.

ΛΑ. Αὐτὸς τοίνυν σκόπει, ὦ Σώκρατες. 5

b 4 ἀπρομηθίας B T : ἀπρομηθείας B² Oxy. (sed ε puncto notatum in
Oxy.)   c 2 ὡς εὖ ὅδε ἑαυτὸν δή] ως ε(υ ε)αυτον ⟨ο⟩ | δε Oxy.
c 3 οὓς] τους Oxy. (sed τ deletum et puncto notatum)   c 5 σε γε
Oxy. : ἔγωγε B T W   c 6 λάμαχόν B T W : αμαχον Oxy. : ἄμαχόν
corr. Ven. 189   c 7 γε om. Oxy.   c 9 αἰξωνέα B² T W Oxy. :
ἐξωνέα B   d 1 γε] γ Oxy.   ουδε Oxy. : οὐδὲ μὴ B T W : τοῦδε
μὴ ci. Keck   d 2 ὅτι] ὅτι δὴ Oxy.   d 3 παρείληφεν] παρείληφα
Oxy.   πολλά] τὰ πολλὰ Oxy.   d 6 γὰρ om. Oxy.   d 7 ἀνδρὶ
ὃν] ανδρειον Oxy. (sed ε deletum et puncto notatum)   αξ⟨ιοι η πολις⟩
ut videtur Oxy.   d 8 προεστάναι scr. Ven. 184: ⟨προ⟩εσταν⟨αι⟩
Oxy. : προϊστάναι B T W   e 1 μέν που Stobaeus: ... που Oxy. :
μέντοι B T W

ΣΩ. Τοῦτο μέλλω ποιεῖν, ὦ ἄριστε· μὴ μέντοι οἴου με ἀφήσειν σε τῆς κοινωνίας τοῦ λόγου, ἀλλὰ πρόσεχε τὸν νοῦν καὶ συσκόπει τὰ λεγόμενα.

ΛΑ. Ταῦτα δὴ ἔστω, εἰ δοκεῖ χρῆναι.

10   ΣΩ. Ἀλλὰ δοκεῖ. σὺ δέ, Νικία, λέγε ἡμῖν πάλιν ἐξ
198 ἀρχῆς· οἶσθ' ὅτι τὴν ἀνδρείαν κατ' ἀρχὰς τοῦ λόγου ἐσκοποῦμεν ὡς μέρος ἀρετῆς σκοποῦντες;

ΝΙ. Πάνυ γε.

ΣΩ. Οὐκοῦν καὶ σὺ τοῦτο ἀπεκρίνω ὡς μόριον, ὄντων
5 δὴ καὶ ἄλλων μερῶν, ἃ σύμπαντα ἀρετὴ κέκληται;

ΝΙ. Πῶς γὰρ οὔ;

ΣΩ. Ἆρ' οὖν ἅπερ ἐγὼ καὶ σὺ ταῦτα λέγεις; ἐγὼ δὲ καλῶ πρὸς ἀνδρείᾳ σωφροσύνην καὶ δικαιοσύνην καὶ ἄλλ' ἄττα τοιαῦτα. οὐ καὶ σύ;

b   ΝΙ. Πάνυ μὲν οὖν.

ΣΩ. Ἔχε δή. ταῦτα μὲν γὰρ ὁμολογοῦμεν, περὶ δὲ τῶν δεινῶν καὶ θαρραλέων σκεψώμεθα, ὅπως μὴ σὺ μὲν ἄλλ' ἄττα ἡγῇ, ἡμεῖς δὲ ἄλλα. ἃ μὲν οὖν ἡμεῖς ἡγούμεθα, φρά-
5 σομέν σοι· σὺ δὲ ἂν μὴ ὁμολογῇς, διδάξεις. ἡγούμεθα δ' ἡμεῖς δεινὰ μὲν εἶναι ἃ καὶ δέος παρέχει, θαρραλέα δὲ ἃ μὴ δέος παρέχει—δέος δὲ παρέχει οὐ τὰ γεγονότα οὐδὲ τὰ παρόντα τῶν κακῶν, ἀλλὰ τὰ προσδοκώμενα· δέος γὰρ εἶναι προσδοκίαν μέλλοντος κακοῦ—ἢ οὐχ οὕτω καὶ συνδοκεῖ, ὦ
10 Λάχης;

c   ΛΑ. Πάνυ γε σφόδρα, ὦ Σώκρατες.

ΣΩ. Τὰ μὲν ἡμέτερα τοίνυν, ὦ Νικία, ἀκούεις, ὅτι δεινὰ μὲν τὰ μέλλοντα κακά φαμεν εἶναι, θαρραλέα δὲ τὰ μὴ κακὰ ἢ ἀγαθὰ μέλλοντα· σὺ δὲ ταύτῃ ἢ ἄλλῃ περὶ τούτων λέγεις;
5   ΝΙ. Ταύτῃ ἔγωγε.

e 6 ⟨με ο⟩ιον αφ⟨ησειν⟩ Oxy.   e 9 δὴ Oxy. (coniecerat Schanz) :
δὲ BTW   b 4 ἡγῇ W : ἡγεῖ BT   b 7 δέος παρέχει secl.
A. T. Christ   δὲ παρέχει] δὲ παρέχειν Ast   b 9 καὶ συνδοκεῖ
scripsi : καὶ σὺ δοκεῖ BW : δοκεῖ καὶ σὺ T : καὶ σοὶ δοκεῖ B² : δοκεῖ καὶ
σοί t : καὶ σύ Schanz

ΣΩ. Τούτων δέ γε τὴν ἐπιστήμην ἀνδρείαν προσαγορεύεις;

ΝΙ. Κομιδῇ γε.

ΣΩ. Ἔτι δὴ τὸ τρίτον σκεψώμεθα εἰ συνδοκεῖ σοί τε καὶ ἡμῖν. 10

ΝΙ. Τὸ ποῖον δὴ τοῦτο;

ΣΩ. Ἐγὼ δὴ φράσω. δοκεῖ γὰρ δὴ ἐμοί τε καὶ τῷδε, d περὶ ὅσων ἐστὶν ἐπιστήμη, οὐκ ἄλλη μὲν εἶναι περὶ γεγονότος εἰδέναι ὅπῃ γέγονεν, ἄλλη δὲ περὶ γιγνομένων ὅπῃ γίγνεται, ἄλλη δὲ ὅπῃ ἂν κάλλιστα γένοιτο καὶ γενήσεται τὸ μήπω γεγονός, ἀλλ᾽ ἡ αὐτή. οἷον περὶ τὸ ὑγιεινὸν εἰς 5 ἅπαντας τοὺς χρόνους οὐκ ἄλλη τις ἢ ἰατρική, μία οὖσα, ἐφορᾷ καὶ γιγνόμενα καὶ γεγονότα καὶ γενησόμενα ὅπῃ γενήσεται· καὶ περὶ τὰ ἐκ τῆς γῆς αὖ φυόμενα ἡ γεωργία e ὡσαύτως ἔχει· καὶ δήπου τὰ περὶ τὸν πόλεμον αὐτοὶ ἂν μαρτυρήσαιτε ὅτι ἡ στρατηγία κάλλιστα προμηθεῖται τά τε ἄλλα καὶ περὶ τὸ μέλλον ἔσεσθαι, οὐδὲ τῇ μαντικῇ οἴεται δεῖν ὑπηρετεῖν ἀλλὰ ἄρχειν, ὡς εἰδυῖα κάλλιον 5 τὰ περὶ τὸν πόλεμον καὶ γιγνόμενα καὶ γενησόμενα· καὶ 199 ὁ νόμος οὕτω τάττει, μὴ τὸν μάντιν τοῦ στρατηγοῦ ἄρχειν, ἀλλὰ τὸν στρατηγὸν τοῦ μάντεως. φήσομεν ταῦτα, ὦ Λάχης;

ΛΑ. Φήσομεν. 5

ΣΩ. Τί δέ; σὺ ἡμῖν, ὦ Νικία, σύμφῃς περὶ τῶν αὐτῶν τὴν αὐτὴν ἐπιστήμην καὶ ἐσομένων καὶ γιγνομένων καὶ γεγονότων ἐπαΐειν;

ΝΙ. Ἔγωγε· δοκεῖ γάρ μοι οὕτως, ὦ Σώκρατες.

ΣΩ. Οὐκοῦν, ὦ ἄριστε, καὶ ἡ ἀνδρεία τῶν δεινῶν ἐπι- 10 στήμη ἐστὶν καὶ θαρραλέων, ὡς φῄς· ἢ γάρ; b

ΝΙ. Ναί.

ΣΩ. Τὰ δὲ δεινὰ ὡμολόγηται καὶ τὰ θαρραλέα τὰ μὲν μέλλοντα ἀγαθά, τὰ δὲ μέλλοντα κακὰ εἶναι.

5 ΝΙ. Πάνυ γε.

ΣΩ. Ἡ δέ γ' αὐτὴ ἐπιστήμη τῶν αὐτῶν καὶ μελλόντων καὶ πάντως ἐχόντων εἶναι.

ΝΙ. Ἔστι ταῦτα.

ΣΩ. Οὐ μόνον ἄρα τῶν δεινῶν καὶ θαρραλέων ἡ ἀνδρεία
10 ἐπιστήμη ἐστίν· οὐ γὰρ μελλόντων μόνον πέρι τῶν ἀγαθῶν τε καὶ κακῶν ἐπαΐει, ἀλλὰ καὶ γιγνομένων καὶ γεγονότων
c καὶ πάντως ἐχόντων, ὥσπερ αἱ ἄλλαι ἐπιστῆμαι.

ΝΙ. Ἔοικέν γε.

ΣΩ. Μέρος ἄρα ἀνδρείας ἡμῖν, ὦ Νικία, ἀπεκρίνω σχεδόν τι τρίτον· καίτοι ἡμεῖς ἠρωτῶμεν ὅλην ἀνδρείαν ὅτι εἴη. καὶ
5 νῦν δή, ὡς ἔοικεν, κατὰ τὸν σὸν λόγον οὐ μόνον δεινῶν τε καὶ θαρραλέων ἐπιστήμη ἡ ἀνδρεία ἐστίν, ἀλλὰ σχεδόν τι ἡ περὶ πάντων ἀγαθῶν τε καὶ κακῶν καὶ πάντως ἐχόντων, ὡς
d νῦν αὖ ὁ σὸς λόγος, ἀνδρεία ἂν εἴη. οὕτως αὖ μετατίθεσθαι ἢ πῶς λέγεις, ὦ Νικία;

ΝΙ. Ἔμοιγε δοκεῖ, ὦ Σώκρατες.

ΣΩ. Δοκεῖ οὖν σοι, ὦ δαιμόνιε, ἀπολείπειν ἄν τι ὁ τοι-
5 οῦτος ἀρετῆς, εἴπερ εἰδείη τά τε ἀγαθὰ πάντα καὶ παντά- πασιν ὡς γίγνεται καὶ γενήσεται καὶ γέγονε, καὶ τὰ κακὰ ὡσαύτως; καὶ τοῦτον οἴει ἂν σὺ ἐνδεᾶ εἶναι σωφροσύνης ἢ δικαιοσύνης τε καὶ ὁσιότητος, ᾧ γε μόνῳ προσήκει καὶ περὶ θεοὺς καὶ περὶ ἀνθρώπους ἐξευλαβεῖσθαί τε τὰ δεινὰ καὶ τὰ
e μή, καὶ τἀγαθὰ πορίζεσθαι, ἐπισταμένῳ ὀρθῶς προσομιλεῖν;

ΝΙ. Λέγειν τὶ ὦ Σώκρατές μοι δοκεῖς.

ΣΩ. Οὐκ ἄρα, ὦ Νικία, μόριον ἀρετῆς ἂν εἴη τὸ νῦν σοι λεγόμενον, ἀλλὰ σύμπασα ἀρετή.

b 3 τὰ δὲ TW : ταῦτα δὲ B   καὶ τὰ TW : καὶ revera B?
c 1 καὶ πάντως ἐχόντων secl. Stallbaum   c 4 ἀνδρείαν corr. Coisl. :
ἂν ἀνδρείαν B T W : δὴ ἀνδρείαν Schanz   d 1 ἀνδρία ἂν (sed ί ex
emend.) B : ἀνδρειὰν TW   d 7 ἐνδεᾶι T   d 8 προσήκει]
προσήκοι ci. H. Richards   d 9 καὶ τὰ μή secl. Badham   e 1 καὶ
τἀγαθὰ secl. Gitlbauer

ΝΙ. Ἔοικεν.   5

ΣΩ. Καὶ μὴν ἔφαμέν γε τὴν ἀνδρείαν μόριον εἶναι ἓν τῶν τῆς ἀρετῆς.

ΝΙ. Ἔφαμεν γάρ.

ΣΩ. Τὸ δέ γε νῦν λεγόμενον οὐ φαίνεται.

ΝΙ. Οὐκ ἔοικεν.   10

ΣΩ. Οὐκ ἄρα ηὑρήκαμεν, ὦ Νικία, ἀνδρεία ὅτι ἔστιν.

ΝΙ. Οὐ φαινόμεθα.

ΛΑ. Καὶ μὴν ἔγωγε, ὦ φίλε Νικία, ᾤμην σε εὑρήσειν, ἐπειδὴ ἐμοῦ κατεφρόνησας Σωκράτει ἀποκριναμένου· πάνυ 200 δὴ μεγάλην ἐλπίδα εἶχον, ὡς τῇ παρὰ τοῦ Δάμωνος σοφίᾳ αὐτὴν ἀνευρήσεις.

ΝΙ. Εὖ γε, ὦ Λάχης, ὅτι οὐδὲν οἴει σὺ ἔτι πρᾶγμα εἶναι ὅτι αὐτὸς ἄρτι ἐφάνης ἀνδρείας πέρι οὐδὲν εἰδώς, ἀλλ' εἰ 5 καὶ ἐγὼ ἕτερος τοιοῦτος ἀναφανήσομαι, πρὸς τοῦτο βλέπεις, καὶ οὐδὲν ἔτι διοίσει, ὡς ἔοικε, σοὶ μετ' ἐμοῦ μηδὲν εἰδέναι ὧν προσήκει ἐπιστήμην ἔχειν ἀνδρὶ οἰομένῳ τὶ εἶναι. σὺ μὲν οὖν μοι δοκεῖς ὡς ἀληθῶς ἀνθρώπειον πρᾶγμα ἐργάζεσθαι b οὐδὲ πρὸς σαυτὸν βλέπειν ἀλλὰ πρὸς τοὺς ἄλλους· ἐγὼ δ' οἶμαι ἐμοὶ περὶ ὧν ἐλέγομεν νῦν τε ἐπιεικῶς εἰρῆσθαι, καὶ εἴ τι αὐτῶν μὴ ἱκανῶς εἴρηται, ὕστερον ἐπανορθώσεσθαι καὶ μετὰ Δάμωνος—οὗ σύ που οἴει καταγελᾶν, καὶ ταῦτα οὐδ' 5 ἰδὼν πώποτε τὸν Δάμωνα—καὶ μετ' ἄλλων· καὶ ἐπειδὰν βεβαιώσωμαι αὐτά, διδάξω καὶ σέ, καὶ οὐ φθονήσω· δοκεῖς γάρ μοι καὶ μάλα σφόδρα δεῖσθαι μαθεῖν.   c

ΛΑ. Σοφὸς γάρ τοι σὺ εἶ, ὦ Νικία. ἀλλ' ὅμως ἐγὼ Λυσιμάχῳ τῷδε καὶ Μελησίᾳ συμβουλεύω σὲ μὲν καὶ ἐμὲ περὶ τῆς παιδείας τῶν νεανίσκων χαίρειν ἐᾶν, Σωκράτη δὲ τουτονί, ὅπερ ἐξ ἀρχῆς ἔλεγον, μὴ ἀφιέναι· εἰ δὲ καὶ ἐμοὶ 5 ἐν ἡλικίᾳ ἦσαν οἱ παῖδες, ταὐτὰ ἂν ταῦτ' ἐποίουν.

e 13 ᾤμην σε εὑρήσειν secl. Badham   a 7 σοὶ scr. recc. : σὺ
BTW   b 1 ἀνθρώπειον B² TW : ἀνθρώπιον B   b 2 οὐδὲ ci.
Gitlbauer : οὐδὲν BTW   σαυτὸν corr. Coisl. : αὐτὸν BT : αὐτὸν W
b 5 που οἴει] τι οἴει Schanz   c 6 ταὐτὰ TW : ταῦτα B

ΝΙ. Ταῦτα μὲν κἀγὼ συγχωρῶ· ἐάνπερ ἐθέλῃ Σωκράτης
τῶν μειρακίων ἐπιμελεῖσθαι, μηδένα ἄλλον ζητεῖν. ἐπεὶ κἂν
d ἐγὼ τὸν Νικήρατον τούτῳ ἥδιστα ἐπιτρέποιμι, εἰ ἐθέλοι
οὗτος· ἀλλὰ γὰρ ἄλλους μοι ἑκάστοτε συνίστησιν, ὅταν τι
αὐτῷ περὶ τούτου μνησθῶ, αὐτὸς δὲ οὐκ ἐθέλει. ἀλλ' ὅρα, ὦ
Λυσίμαχε, εἴ τι σοῦ ἂν μᾶλλον ὑπακούοι Σωκράτης.
5 ΛΥ. Δίκαιόν γέ τοι, ὦ Νικία, ἐπεὶ καὶ ἐγὼ τούτῳ πολλὰ
ἂν ἐθελήσαιμι ποιεῖν, ἃ οὐκ ἂν ἄλλοις πάνυ πολλοῖς ἐθέλοιμι.
πῶς οὖν φῄς, ὦ Σώκρατες; ὑπακούσῃ τι καὶ συμπροθυμήσῃ
ὡς βελτίστοις γενέσθαι τοῖς μειρακίοις;
e ΣΩ. Καὶ γὰρ ἂν δεινὸν εἴη, ὦ Λυσίμαχε, τοῦτό γε, μὴ
ἐθέλειν τῳ συμπροθυμεῖσθαι ὡς βελτίστῳ γενέσθαι. εἰ μὲν
οὖν ἐν τοῖς διαλόγοις τοῖς ἄρτι ἐγὼ μὲν ἐφάνην εἰδώς, τώδε
δὲ μὴ εἰδότε, δίκαιον ἂν ἦν ἐμὲ μάλιστα ἐπὶ τοῦτο τὸ ἔργον
5 παρακαλεῖν, νῦν δ' ὁμοίως γὰρ πάντες ἐν ἀπορίᾳ ἐγενόμεθα·
τί οὖν ἄν τις ἡμῶν τίνα προαιροῖτο; ἐμοὶ μὲν οὖν δὴ αὐτῷ
201 δοκεῖ οὐδένα· ἀλλ' ἐπειδὴ ταῦτα οὕτως ἔχει, σκέψασθε ἂν
τι δόξω συμβουλεύειν ὑμῖν. ἐγὼ γάρ φημι χρῆναι, ὦ ἄνδρες
—οὐδεὶς γὰρ ἔκφορος λόγος—κοινῇ πάντας ἡμᾶς ζητεῖν
μάλιστα μὲν ἡμῖν αὐτοῖς διδάσκαλον ὡς ἄριστον—δεόμεθα
5 γάρ —ἔπειτα καὶ τοῖς μειρακίοις, μήτε χρημάτων φειδομένους
μήτε ἄλλου μηδενός· ἐὰν δὲ ἡμᾶς αὐτοὺς ἔχειν ὡς νῦν ἔχο-
μεν οὐ συμβουλεύω. εἰ δέ τις ἡμῶν καταγελάσεται, ὅτι
b τηλικοίδε ὄντες εἰς διδασκάλων ἀξιοῦμεν φοιτᾶν, τὸν Ὅμηρον
δοκεῖ μοι χρῆναι προβάλλεσθαι, ὃς ἔφη οὐκ ἀγαθὴν εἶναι
αἰδῶ κεχρημένῳ ἀνδρὶ παρεῖναι. καὶ ἡμεῖς οὖν ἐά-
σαντες χαίρειν εἴ τίς τι ἐρεῖ, κοινῇ ἡμῶν αὐτῶν καὶ τῶν
5 μειρακίων ἐπιμέλειαν ποιησώμεθα.

c 8 ἄλλον TWb : ἄλλο B   ἐπεὶ κἂν TW : ἐπειδ' ἂν B   d 4 εἰ
τι TW : οὔ τι B   d 7 συμπροθυμήσει BW : συμπροθυμηθήσει T
d 8 βελτίστοις TW : βέλτιστος B   e 6 τίνα BTW : τινὰ scr.
recc.   προαιροῖτο TWb : προεροῖτο B   a 1 σκέψασθε W :
σκέψασθαι (suprascr. ε) BT   a 3 λόγος] λόγου Heusde   a 6 ἐὰν
TW : ἐὰν B   b 1 τηλικοίδε B²TW : ἡλικοίδε B   b 4 ἐρεῖ
TWb : αἱρεῖ B

ΛΥ. Ἐμοὶ μὲν ἀρέσκει, ὦ Σώκρατες, ἃ λέγεις· καὶ ἐθέλω,
ὅσῳπερ γεραίτατός εἰμι, τοσούτῳ προθυμότατα μανθάνειν
μετὰ τῶν νεανίσκων. ἀλλά μοι οὑτωσὶ ποίησον· αὔριον
ἕωθεν ἀφίκου οἴκαδε καὶ μὴ ἄλλως ποιήσῃς, ἵνα βουλευ- c
σώμεθα περὶ αὐτῶν τούτων, τὸ δὲ νῦν εἶναι τὴν συνουσίαν
διαλύσωμεν.

ΣΩ. Ἀλλὰ ποιήσω, ὦ Λυσίμαχε, ταῦτα, καὶ ἥξω παρὰ
σὲ αὔριον, ἐὰν θεὸς ἐθέλῃ.   5

c 3 διαλύσωμεν W : διαλύσομεν B T

ΛΥΣΙΣ

ΣΩΚΡΑΤΗΣ

Ἐπορευόμην μὲν ἐξ Ἀκαδημείας εὐθὺ Λυκείου τὴν ἔξω   a
τείχους ὑπ᾽ αὐτὸ τὸ τεῖχος· ἐπειδὴ δ᾽ ἐγενόμην κατὰ τὴν
πυλίδα ᾗ ἡ Πάνοπος κρήνη, ἐνταῦθα συνέτυχον Ἱπποθάλει τε
τῷ Ἱερωνύμου καὶ Κτησίππῳ τῷ Παιανιεῖ καὶ ἄλλοις μετὰ
τούτων νεανίσκοις ἀθρόοις συνεστῶσι. καί με προσιόντα ὁ   5
Ἱπποθάλης ἰδών, Ὦ Σώκρατες, ἔφη, ποῖ δὴ πορεύῃ καὶ
πόθεν;   b

Ἐξ Ἀκαδημείας, ἦν δ᾽ ἐγώ, πορεύομαι εὐθὺ Λυκείου.

Δεῦρο δή, ἦ δ᾽ ὅς, εὐθὺ ἡμῶν. οὐ παραβάλλεις; ἄξιον
μέντοι.

Ποῖ, ἔφην ἐγώ, λέγεις, καὶ παρὰ τίνας τοὺς ὑμᾶς;   5

Δεῦρο, ἔφη, δείξας μοι ἐν τῷ καταντικρὺ τοῦ τείχους περί-
βολόν τέ τινα καὶ θύραν ἀνεῳγμένην. διατρίβομεν δέ, ἦ δ᾽
ὅς, αὐτόθι ἡμεῖς τε αὐτοὶ καὶ ἄλλοι πάνυ πολλοὶ καὶ καλοί.

Ἔστιν δὲ δὴ τί τοῦτο, καὶ τίς ἡ διατριβή;   204

Παλαίστρα, ἔφη, νεωστὶ ᾠκοδομημένη· ἡ δὲ διατριβὴ τὰ
πολλὰ ἐν λόγοις, ὧν ἡδέως ἄν σοι μεταδιδοῖμεν.

Καλῶς γε, ἦν δ᾽ ἐγώ, ποιοῦντες· διδάσκει δὲ τίς αὐτόθι;

Σὸς ἑταῖρός γε, ἦ δ᾽ ὅς, καὶ ἐπαινέτης, Μίκκος.   5

203 a 1 ἀκαδημίας B (sed ι ex emend. B) T (et mox b 1)
a 3 ἱπποθαλεῖ B (et mox a 6 ἱπποθαλῆς)   b 3 εὐθὺ* B : εὐθὺς
T W   παραβάλλεις] παραβαλεῖς Hirschig   b 5 ἔφην] ν postea
add. B   b 8 αὐτοὶ T W : αὐτοὶ ᾗ B   204 a 2 ἔφη t : φῆν B :
ἔφην T : φησι b   a 3 ἂν T : δή B   a 4 γε W : δὲ B T
a 5 γε scr. recc. : τε B T W

Μὰ Δία, ἦν δ' ἐγώ, οὐ φαῦλός γε ἀνήρ, ἀλλ' ἱκανὸς σοφιστής.

Βούλει οὖν ἕπεσθαι, ἔφη, ἵνα καὶ ἴδῃς τοὺς ὄντας αὐτόθι [αὐτοῦ];

b   Πρῶτον ἡδέως ἀκούσαιμ' ἂν ἐπὶ τῷ καὶ εἴσειμι καὶ τίς ὁ καλός.

Ἄλλος, ἔφη, ἄλλῳ ἡμῶν δοκεῖ, ὦ Σώκρατες.

Σοὶ δὲ δὴ τίς, ὦ Ἱππόθαλες; τοῦτό μοι εἰπέ.

5   Καὶ ὃς ἐρωτηθεὶς ἠρυθρίασεν. καὶ ἐγὼ εἶπον· Ὦ παῖ Ἱερωνύμου Ἱππόθαλες, τοῦτο μὲν μηκέτι εἴπῃς, εἴτε ἐρᾷς του εἴτε μή· οἶδα γὰρ ὅτι οὐ μόνον ἐρᾷς, ἀλλὰ καὶ πόρρω ἤδη εἶ πορευόμενος τοῦ ἔρωτος. εἰμὶ δ' ἐγὼ τὰ μὲν ἄλλα φαῦλος c   καὶ ἄχρηστος, τοῦτο δέ μοί πως ἐκ θεοῦ δέδοται, ταχὺ οἵῳ τ' εἶναι γνῶναι ἐρῶντά τε καὶ ἐρώμενον.

Καὶ ὃς ἀκούσας πολὺ ἔτι μᾶλλον ἠρυθρίασεν. ὁ οὖν Κτήσιππος, Ἀστεῖόν γε, ἦ δ' ὅς, ὅτι ἐρυθριᾷς, ὦ Ἱππόθαλες, 5   καὶ ὀκνεῖς εἰπεῖν Σωκράτει τοὔνομα· ἐὰν δ' οὗτος καὶ σμικρὸν χρόνον συνδιατρίψῃ σοι, παραταθήσεται ὑπὸ σοῦ ἀκούων θαμὰ λέγοντος. ἡμῶν γοῦν, ὦ Σώκρατες, ἐκκεκώφωκε τὰ d   ὦτα καὶ ἐμπέπληκε Λύσιδος· ἂν μὲν δὴ καὶ ὑποπίῃ, εὐμαρία ἡμῖν ἐστιν καὶ ἐξ ὕπνου ἐγρομένοις Λύσιδος οἴεσθαι τοὔνομα ἀκούειν. καὶ ἃ μὲν καταλογάδην διηγεῖται, δεινὰ ὄντα, οὐ πάνυ τι δεινά ἐστιν, ἀλλ' ἐπειδὰν τὰ ποιήματα ἡμῶν ἐπι-5   χειρήσῃ καταντλεῖν καὶ συγγράμματα. καὶ ὅ ἐστιν τούτων δεινότερον, ὅτι καὶ ᾄδει εἰς τὰ παιδικὰ φωνῇ θαυμασίᾳ, ἣν ἡμᾶς δεῖ ἀκούοντας ἀνέχεσθαι. νῦν δὲ ἐρωτώμενος ὑπὸ σοῦ ἐρυθριᾷ.

e   Ἔστιν δέ, ἦν δ' ἐγώ, ὁ Λύσις νέος τις, ὡς ἔοικε· τεκμαίρομαι δέ, ὅτι ἀκούσας τοὔνομα οὐκ ἔγνων.

a 6 ἀνήρ Schanz : ἀνήρ ΒΤW   a 8 ἴδῃς Ficinus : εἰδῇς ΒΤ αὐτόθι om. Schanz   a 9 αὐτοῦ seclusi (alteri tribuunt ΒΤ) b 1 εἴσειμι Τ : εἴσιμι Β   b 4 μοι Τ : ποι Β   b 5 ἠρυθρίασεν] ἢ ex emend. Β   b 6 Ἱππόθαλες secl. Cobet   b 8 πορευόμενος secl. Schanz   c 7 ἐκκεκώφωκε ΒΤ : ἐκκεκώφηκε Τ²   d 5 καταντλεῖν] λ ex emend. Β

Οὐ γὰρ πάνυ, ἔφη, τὶ αὐτοῦ τοὔνομα λέγουσιν, ἀλλ' ἔτι
πατρόθεν ἐπονομάζεται διὰ τὸ σφόδρα τὸν πατέρα γιγνώ-
σκεσθαι αὐτοῦ. ἐπεὶ εὖ οἶδ' ὅτι πολλοῦ δεῖς τὸ εἶδος ἀγνοεῖν 5
τοῦ παιδός· ἱκανὸς γὰρ καὶ ἀπὸ μόνου τούτου γιγνώσκεσθαι.
Λεγέσθω, ἦν δ' ἐγώ, οὗτινος ἔστιν.
Δημοκράτους, ἔφη, τοῦ Αἰξωνέως ὁ πρεσβύτατος ὑός.

Εἶεν, ἦν δ' ἐγώ, ὦ Ἱππόθαλες, ὡς γενναῖον καὶ νεανικὸν
τοῦτον τὸν ἔρωτα πανταχῇ ἀνηῦρες· καί μοι ἴθι ἐπίδειξαι ἃ 10
καὶ τοῖσδε ἐπιδείκνυσαι, ἵνα εἰδῶ εἰ ἐπίστασαι ἃ χρὴ ἐραστὴν 205
περὶ παιδικῶν πρὸς αὐτὸν ἢ πρὸς ἄλλους λέγειν.

Τούτων δέ τι, ἔφη, σταθμᾷ, ὦ Σώκρατες, ὧν ὅδε λέγει;

Πότερον, ἦν δ' ἐγώ, καὶ τὸ ἐρᾶν ἔξαρνος εἶ οὗ λέγει ὅδε;

Οὐκ ἔγωγε, ἔφη, ἀλλὰ μὴ ποιεῖν εἰς τὰ παιδικὰ μηδὲ 5
συγγράφειν.

Οὐχ ὑγιαίνει, ἔφη ὁ Κτήσιππος, ἀλλὰ ληρεῖ τε καὶ
μαίνεται.

Καὶ ἐγὼ εἶπον· Ὦ Ἱππόθαλες, οὔ τι τῶν μέτρων δέομαι
ἀκοῦσαι· οὐδὲ μέλος εἴ τι πεποίηκας εἰς τὸν νεανίσκον, ἀλλὰ b
τῆς διανοίας, ἵνα εἰδῶ τίνα τρόπον προσφέρῃ πρὸς τὰ
παιδικά.

Ὅδε δήπου σοι, ἔφη, ἐρεῖ· ἀκριβῶς γὰρ ἐπίσταται καὶ
μέμνηται, εἴπερ, ὡς λέγει, ὑπ' ἐμοῦ ἀεὶ ἀκούων διατεθρύληται. 5

Νὴ τοὺς θεούς, ἔφη ὁ Κτήσιππος, πάνυ γε. καὶ γάρ
ἐστι καταγέλαστα, ὦ Σώκρατες. τὸ γὰρ ἐραστὴν ὄντα καὶ
διαφερόντως τῶν ἄλλων τὸν νοῦν προσέχοντα τῷ παιδὶ ἴδιον
μὲν μηδὲν ἔχειν λέγειν ὃ οὐχὶ κἂν παῖς εἴποι, πῶς οὐχὶ c
καταγέλαστον; ἃ δὲ ἡ πόλις ὅλη ᾄδει περὶ Δημοκράτους καὶ
Λύσιδος τοῦ πάππου τοῦ παιδὸς καὶ πάντων πέρι τῶν προ-
γόνων, πλούτους τε καὶ ἱπποτροφίας καὶ νίκας Πυθοῖ καὶ

e 3 ἔτι T : εἰ B   e 4 σφόδρα τὸν TW : σφοδρότατον B
e 5 δεῖς B (sed s erasum) W : δεῖ σε T   e 7 οὗτινός T : οὖν. τίνος
B : οὖν εἴ τινος W (sed οὗ supra εἴ W)   e 8 αἰξωνέως TW :
ἐξωνέως B   e 10 ἀνηῦρες T : ἂν εὗρες B   a 3 ὅδε TW :
om. B

5 Ἰσθμοῖ καὶ Νεμέᾳ τεθρίπποις τε καὶ κέλησι, ταῦτα ποιεῖ τε
καὶ λέγει, πρὸς δὲ τούτοις ἔτι τούτων κρονικώτερα. τὸν γὰρ
τοῦ Ἡρακλέους ξενισμὸν πρῴην ἡμῖν ἐν ποιήματί τινι διῄει,
ὡς διὰ τὴν τοῦ Ἡρακλέους συγγένειαν ὁ πρόγονος αὐτῶν
d ὑποδέξαιτο τὸν Ἡρακλέα, γεγονὼς αὐτὸς ἐκ Διός τε καὶ τῆς
τοῦ δήμου ἀρχηγέτου θυγατρός, ἅπερ αἱ γραῖαι ᾄδουσι, καὶ
ἄλλα πολλὰ τοιαῦτα, ὦ Σώκρατες· ταῦτ' ἐστὶν ἃ οὗτος λέγων
τε καὶ ᾄδων ἀναγκάζει καὶ ἡμᾶς ἀκροᾶσθαι.

5 Καὶ ἐγὼ ἀκούσας εἶπον· Ὦ καταγέλαστε Ἱππόθαλες, πρὶν
νενικηκέναι ποιεῖς τε καὶ ᾄδεις εἰς σαυτὸν ἐγκώμιον;

Ἀλλ' οὐκ εἰς ἐμαυτόν, ἔφη, ὦ Σώκρατες, οὔτε ποιῶ οὔτε
ᾄδω.

Οὐκ οἴει γε, ἦν δ' ἐγώ.

10 Τὸ δὲ πῶς ἔχει; ἔφη.

e Πάντων μάλιστα, εἶπον, εἰς σὲ τείνουσιν αὗται αἱ ᾠδαί.
ἐὰν μὲν γὰρ ἕλῃς τὰ παιδικὰ τοιαῦτα ὄντα, κόσμος σοι
ἔσται τὰ λεχθέντα καὶ ᾀσθέντα καὶ τῷ ὄντι ἐγκώμια ὥσπερ
νενικηκότι, ὅτι τοιούτων παιδικῶν ἔτυχες· ἐὰν δέ σε διαφύγῃ,
5 ὅσῳ ἂν μείζω σοι εἰρημένα ᾖ ἐγκώμια περὶ τῶν παιδικῶν,
τοσούτῳ μειζόνων δόξεις καλῶν τε καὶ ἀγαθῶν ἐστερημένος
206 καταγέλαστος εἶναι. ὅστις οὖν τὰ ἐρωτικά, ὦ φίλε, σοφός,
οὐκ ἐπαινεῖ τὸν ἐρώμενον πρὶν ἂν ἕλῃ, δεδιὼς τὸ μέλλον ὅπῃ
ἀποβήσεται. καὶ ἅμα οἱ καλοί, ἐπειδάν τις αὐτοὺς ἐπαινῇ καὶ
αὔξῃ, φρονήματος ἐμπίμπλανται καὶ μεγαλαυχίας· ἢ οὐκ οἴει;
5 Ἔγωγε, ἔφη.

Οὐκοῦν ὅσῳ ἂν μεγαλαυχότεροι ὦσιν, δυσαλωτότεροι
γίγνονται;

Εἰκός γε.

Ποῖός τις οὖν ἄν σοι δοκεῖ θηρευτὴς εἶναι, εἰ ἀνασοβοῖ
10 θηρεύων καὶ δυσαλωτοτέραν τὴν ἄγραν ποιοῖ;

c 5 νεμέα Τ : νέμεα Β   c 6 κρονικώτερα ΤW : χρονικώτερα Β
d 6 σαυτὸν Β Τ² : αὑτὸν ΤW   d 10 τὸ δὲ Τ : τ:δε Β   a 9 δοκεῖ
scr. recc. : δοκοῖ ΒΤW   a 10 ἄγρ*αν Β (ut videtur ἀγρίαν
fuit)

b

Δῆλον ὅτι φαῦλος.

Καὶ μὲν δὴ λόγοις τε καὶ ᾠδαῖς μὴ κηλεῖν ἀλλ᾽ ἐξαγριαίνειν
πολλὴ ἀμουσία· ἢ γάρ;

Δοκεῖ μοι.

Σκόπει δή, ὦ Ἱππόθαλες, ὅπως μὴ πᾶσι τούτοις ἔνοχον 5
σαυτὸν ποιήσεις διὰ τὴν ποίησιν· καίτοι οἶμαι ἐγὼ ἄνδρα
ποιήσει βλάπτοντα ἑαυτὸν οὐκ ἄν σε ἐθέλειν ὁμολογῆσαι ὡς
ἀγαθός ποτ᾽ ἐστὶν ποιητής, βλαβερὸς ὢν ἑαυτῷ.

Οὐ μὰ τὸν Δία, ἔφη· πολλὴ γὰρ ἂν ἀλογία εἴη. ἀλλὰ διὰ
ταῦτα δή σοι, ὦ Σώκρατες, ἀνακοινοῦμαι, καὶ εἴ τι ἄλλο c
ἔχεις, συμβούλευε τίνα ἄν τις λόγον διαλεγόμενος ἢ τί
πράττων προσφιλὴς παιδικοῖς γένοιτο.

Οὐ ῥᾴδιον, ἦν δ᾽ ἐγώ, εἰπεῖν· ἀλλ᾽ εἴ μοι ἐθελήσαις αὐτὸν
ποιῆσαι εἰς λόγους ἐλθεῖν, ἴσως ἂν δυναίμην σοι ἐπιδεῖξαι 5
ἃ χρὴ αὐτῷ διαλέγεσθαι ἀντὶ τούτων ὧν οὗτοι λέγειν τε καὶ
ᾄδειν φασί σε.

᾽Αλλ᾽ οὐδέν, ἔφη, χαλεπόν. ἂν γὰρ εἰσέλθῃς μετὰ
Κτησίππου τοῦδε καὶ καθεζόμενος διαλέγῃ, οἶμαι μὲν καὶ
αὐτός σοι πρόσεισι—φιλήκοος γάρ, ὦ Σώκρατες, διαφερόντως 10
ἐστίν, καὶ ἅμα, ὡς Ἑρμαῖα ἄγουσιν, ἀναμεμειγμένοι ἐν ταὐτῷ d
εἰσιν οἵ τε νεανίσκοι καὶ οἱ παῖδες—πρόσεισιν οὖν σοι.
εἰ δὲ μή, Κτησίππῳ συνήθης ἐστὶν διὰ τὸν τούτου ἀνεψιὸν
Μενέξενον· Μενεξένῳ μὲν γὰρ δὴ πάντων μάλιστα ἑταῖρος
ὢν τυγχάνει. καλεσάτω οὖν οὗτος αὐτόν, ἐὰν ἄρα μὴ προσίῃ 5
αὐτός.

Ταῦτα, ἦν δ᾽ ἐγώ, χρὴ ποιεῖν. Καὶ ἅμα λαβὼν τὸν
Κτήσιππον προσῇα εἰς τὴν παλαίστραν· οἱ δ᾽ ἄλλοι ὕστεροι e
ἡμῶν ἦσαν.

Εἰσελθόντες δὲ κατελάβομεν αὐτόθι τεθυκότας τε τοὺς
παῖδας καὶ τὰ περὶ τὰ ἱερεῖα σχεδόν τι ἤδη πεποιημένα,

b 4 δοκεῖ TW : δοκεῖ γάρ B   b 6 ποιήσεις scr. Ven. 184 :
ποιήσῃς BTW   c 7 σε TW : γε B   d 4 ἑταῖρος TW : ἕτερος
B (sed αι supra ε B²)   d 5 προσίῃ T : προσείη B sed ι supra εί B²)
e 1 προσῇα] προσῆει T : προσείη B   e 4 ἱερεῖα ex emend. B (ἱέρια fuit)

5 ἀστραγαλίζοντάς τε δὴ καὶ κεκοσμημένους ἅπαντας. οἱ μὲν
οὖν πολλοὶ ἐν τῇ αὐλῇ ἔπαιζον ἔξω, οἱ δέ τινες τοῦ ἀπο-
δυτηρίου ἐν γωνίᾳ ἠρτίαζον ἀστραγάλοις παμπόλλοις, ἐκ
φορμίσκων τινῶν προαιρούμενοι· τούτους δὲ περιέστασαν
ἄλλοι θεωροῦντες. ὦν δὴ καὶ ὁ Λύσις ἦν, καὶ εἱστήκει ἐν
207 τοῖς παισί τε καὶ νεανίσκοις ἐστεφανωμένος καὶ τὴν ὄψιν
διαφέρων, οὐ τὸ καλὸς εἶναι μόνον ἄξιος ἀκοῦσαι, ἀλλ' ὅτι
καλός τε κἀγαθός. καὶ ἡμεῖς εἰς τὸ καταντικρὺ ἀποχωρή-
σαντες ἐκαθεζόμεθα—ἦν γὰρ αὐτόθι ἡσυχία—καί τι ἀλλήλοις
5 διελεγόμεθα. περιστρεφόμενος οὖν ὁ Λύσις θαμὰ ἐπεσκο-
πεῖτο ἡμᾶς, καὶ δῆλος ἦν ἐπιθυμῶν προσελθεῖν. τέως μὲν
οὖν ἠπόρει τε καὶ ὤκνει μόνος προσιέναι, ἔπειτα ὁ Μενέξενος
b ἐκ τῆς αὐλῆς μεταξὺ παίζων εἰσέρχεται, καὶ ὡς εἶδεν ἐμέ τε
καὶ τὸν Κτήσιππον, ᾔει παρακαθιζησόμενος· ἰδὼν οὖν αὐτὸν
ὁ Λύσις εἵπετο καὶ συμπαρεκαθέζετο μετὰ τοῦ Μενεξένου.
προσῆλθον δὴ καὶ οἱ ἄλλοι, καὶ δὴ καὶ ὁ Ἱπποθάλης,
5 ἐπειδὴ πλείους ἑώρα ἐφισταμένους, τούτους ἐπηλυγισάμενος
προσέστη ᾗ μὴ ᾤετο κατόψεσθαι τὸν Λύσιν, δεδιὼς μὴ αὐτῷ
ἀπεχθάνοιτο· καὶ οὕτω προσεστὼς ἠκροᾶτο.
    Καὶ ἐγὼ πρὸς τὸν Μενέξενον ἀποβλέψας, Ὦ παῖ Δημο-
c φῶντος, ἦν δ' ἐγώ, πότερος ὑμῶν πρεσβύτερος;
    Ἀμφισβητοῦμεν, ἔφη.
    Οὐκοῦν καὶ ὁπότερος γενναιότερος, ἐρίζοιτ' ἄν, ἦν δ' ἐγώ.
    Πάνυ γε, ἔφη.
5   Καὶ μὴν ὁπότερός γε καλλίων, ὡσαύτως.
    Ἐγελασάτην οὖν ἄμφω.
    Οὐ μὴν ὁπότερός γε, ἔφην, πλουσιώτερος ὑμῶν, οὐκ
ἐρήσομαι· φίλω γάρ ἐστον. ἦ γάρ;

e 7 ἀστραγάλους παμπόλλους al. Pollux   e 8 προαιρούμενοι] κατε-
ρώμενοι Pollux   a 2 καλὸς B (sed λ in λλ ut videtur rasura B T :
κάλλος W   b 1 εἶδεν T : ἴδεν B   b 3 εἵπετο B et in marg. T :
ἔσπετο T   b 4 οἱ secl. ci. H. Richards   b 5 ἐπηλυγισάμενος
BTW : ἐπηλυγασάμενος t   b 6 προσέστη Stephanus : προέστη
BTW   ᾗ T : ἤ B   δεδιὼς B t : δεδειὼς T   c 8 ἐρήσομαι] ἔ ex
emend. B

Πάνυ γ', ἐφάτην.

Οὐκοῦν κοινὰ τά γε φίλων λέγεται, ὥστε τούτῳ γε οὐδὲν 10
διοίσετον, εἴπερ ἀληθῆ περὶ τῆς φιλίας λέγετον.

Συνεφάτην.

Ἐπεχείρουν δὴ μετὰ τοῦτο ἐρωτᾶν ὁπότερος δικαιότερος d
καὶ σοφώτερος αὐτῶν εἴη. μεταξὺ οὖν τις προσελθὼν ἀν-
έστησε τὸν Μενέξενον, φάσκων καλεῖν τὸν παιδοτρίβην·
ἐδόκει γάρ μοι ἱεροποιῶν τυγχάνειν. ἐκεῖνος μὲν οὖν ᾤχετο·
ἐγὼ δὲ τὸν Λύσιν ἠρόμην, Ἦ που, ἦν δ' ἐγώ, ὦ Λύσι, 5
σφόδρα φιλεῖ σε ὁ πατὴρ καὶ ἡ μήτηρ;—Πάνυ γε, ἦ δ' ὅς.
—Οὐκοῦν βούλοιντο ἄν σε ὡς εὐδαιμονέστατον εἶναι;—
Πῶς γὰρ οὔ;—Δοκεῖ δέ σοι εὐδαίμων εἶναι ἄνθρωπος e
δουλεύων τε καὶ ᾧ μηδὲν ἐξείη ποιεῖν ὧν ἐπιθυμοῖ;—Μὰ
Δί' οὐκ ἔμοιγε, ἔφη.—Οὐκοῦν εἴ σε φιλεῖ ὁ πατὴρ καὶ ἡ
μήτηρ καὶ εὐδαίμονά σε ἐπιθυμοῦσι γενέσθαι, τοῦτο παντὶ
τρόπῳ δῆλον ὅτι προθυμοῦνται ὅπως ἂν εὐδαιμονοίης.—Πῶς 5
γὰρ οὐχί; ἔφη.—Ἐῶσιν ἄρα σε ἃ βούλει ποιεῖν, καὶ οὐδὲν
ἐπιπλήττουσιν οὐδὲ διακωλύουσι ποιεῖν ὧν ἂν ἐπιθυμῇς;—
Ναὶ μὰ Δία ἐμέ γε, ὦ Σώκρατες, καὶ μάλα γε πολλὰ
κωλύουσιν.—Πῶς λέγεις; ἦν δ' ἐγώ. βουλόμενοί σε μακά-
ριον εἶναι διακωλύουσι τοῦτο ποιεῖν ὃ ἂν βούλῃ; ὧδε δέ 208
μοι λέγε. ἢν ἐπιθυμήσῃς ἐπί τινος τῶν τοῦ πατρὸς ἁρμάτων
ὀχεῖσθαι λαβὼν τὰς ἡνίας, ὅταν ἁμιλλᾶται, οὐκ ἂν ἐῷέν σε
ἀλλὰ διακωλύοιεν;—Μὰ Δί' οὐ μέντοι ἄν, ἔφη, ἐῷεν.—
Ἀλλὰ τίνα μήν;—Ἔστιν τις ἡνίοχος παρὰ τοῦ πατρὸς 5
μισθὸν φέρων.—Πῶς λέγεις; μισθωτῷ μᾶλλον ἐπιτρέπουσιν
ἢ σοὶ ποιεῖν ὅτι ἂν βούληται περὶ τοὺς ἵππους, καὶ προσέτι
αὐτοῦ τούτου ἀργύριον τελοῦσιν;—Ἀλλὰ τί μήν; ἔφη.— b
Ἀλλὰ τοῦ ὀρικοῦ ζεύγους οἶμαι ἐπιτρέπουσίν σοι ἄρχειν,
κἂν εἰ βούλοιο λαβὼν τὴν μάστιγα τύπτειν, ἐῷεν ἄν.—

e 1 ⟨ἂν⟩ ἄνθρωπος Madvig   a 5 τίνα] τί Schanz (ἀλλὰ τί μήν;
Lysidi tribuit H. Richards)   a 6 μισθωτῷ Τ: μισθωτῇ Β
b 1 τούτου Β: τοῦτο Τ

Πόθεν, ἦ δ' ὅς, ἐῷεν;—Τί δέ; ἦν δ' ἐγώ· οὐδενὶ ἔξεστιν
5 αὐτοὺς τύπτειν;—Καὶ μάλα, ἔφη, τῷ ὀρεοκόμῳ.—Δούλῳ
ὄντι ἢ ἐλευθέρῳ;—Δούλῳ, ἔφη.—Καὶ δοῦλον, ὡς ἔοικεν,
ἡγοῦνται περὶ πλείονος ἢ σὲ τὸν ὑόν, καὶ ἐπιτρέπουσι τὰ
ἑαυτῶν μᾶλλον ἢ σοί, καὶ ἐῶσιν ποιεῖν ὅτι βούλεται, σὲ δὲ
c διακωλύουσι; καί μοι ἔτι τόδε εἰπέ. σὲ αὐτὸν ἐῶσιν ἄρχειν
σεαυτοῦ, ἢ οὐδὲ τοῦτο ἐπιτρέπουσί σοι;—Πῶς γάρ, ἔφη,
ἐπιτρέπουσιν;—'Αλλ' ἄρχει τίς σου;—Ὅδε, παιδαγωγός,
ἔφη.—Μῶν δοῦλος ὤν;—'Αλλὰ τί μήν; ἡμέτερός γε, ἔφη.
5 —Ἦ δεινόν, ἦν δ' ἐγώ, ἐλεύθερον ὄντα ὑπὸ δούλου ἄρχεσθαι.
τί δὲ ποιῶν αὖ οὗτος ὁ παιδαγωγός σου ἄρχει;—Ἄγων δήπου,
ἔφη, εἰς διδασκάλου.—Μῶν μὴ καὶ οὗτοί σου ἄρχουσιν, οἱ
d διδάσκαλοι;—Πάντως δήπου.—Παμπόλλους ἄρα σοι δε-
σπότας καὶ ἄρχοντας ἑκὼν ὁ πατὴρ ἐφίστησιν. ἀλλ' ἆρα
ἐπειδὰν οἴκαδε ἔλθῃς παρὰ τὴν μητέρα, ἐκείνη σε ἐᾷ ποιεῖν
ὅτι ἂν βούλῃ, ἵν' αὐτῇ μακάριος ᾖς, ἢ περὶ τὰ ἔρια ἢ περὶ
5 τὸν ἱστόν, ὅταν ὑφαίνῃ; οὔ τι γάρ που διακωλύει σε ἢ τῆς
σπάθης ἢ τῆς κερκίδος ἢ ἄλλου του τῶν περὶ ταλασιουργίαν
ὀργάνων ἅπτεσθαι.—Καὶ ὃς γελάσας, Μὰ Δία, ἔφη, ὦ
e Σώκρατες, οὐ μόνον γε διακωλύει, ἀλλὰ καὶ τυπτοίμην ἂν εἰ
ἁπτοίμην.—Ἡράκλεις, ἦν δ' ἐγώ, μῶν μή τι ἠδίκηκας τὸν
πατέρα ἢ τὴν μητέρα;—Μὰ Δί' οὐκ ἔγωγε, ἔφη.

'Αλλ' ἀντὶ τίνος μὴν οὕτω σε δεινῶς διακωλύουσιν εὐδαί-
5 μονα εἶναι καὶ ποιεῖν ὅτι ἂν βούλῃ, καὶ δι' ἡμέρας ὅλης
τρέφουσί σε ἀεί τῳ δουλεύοντα καὶ ἐνὶ λόγῳ ὀλίγου ὧν
ἐπιθυμεῖς οὐδὲν ποιοῦντα; ὥστε σοι, ὡς ἔοικεν, οὔτε τῶν
χρημάτων τοσούτων ὄντων οὐδὲν ὄφελος, ἀλλὰ πάντες
209 αὐτῶν μᾶλλον ἄρχουσιν ἢ σύ, οὔτε τοῦ σώματος οὕτω γεν-
ναίου ὄντος, ἀλλὰ καὶ τοῦτο ἄλλος ποιμαίνει καὶ θεραπεύει·
σὺ δὲ ἄρχεις οὐδενός, ὦ Λύσι, οὐδὲ ποιεῖς οὐδὲν ὧν ἐπιθυ-

---

b 4 ἐῷεν secl. Hirschig   b 8 σὲ δὲ Τ: σε Β (sed suprascr. δὲ Β²)
c 1 καί μοι ἔτι Β W et in marg. Τ: καὶ ἔτι μοι Τ   c 3 ὅδε] ὁ
δὲ Β Τ   παιδαγωγός secl. ci. H. Richards   d 4 βούλῃ ἵν' αὐτῇ
Τ: βούλῃι ναύτῃ Β   ᾖς ἢ Τ: ησ|η Β   e 1 ἂν Τ: om. Β

μεῖς.—Οὐ γάρ πω, ἔφη, ἡλικίαν ἔχω, ὦ Σώκρατες.—Μὴ οὐ
τοῦτό σε, ὦ παῖ Δημοκράτους, κωλύῃ, ἐπεὶ τό γε τοσόνδε, 5
ὡς ἐγῷμαι, καὶ ὁ πατὴρ καὶ ἡ μήτηρ σοι ἐπιτρέπουσιν καὶ
οὐκ ἀναμένουσιν ἕως ἂν ἡλικίαν ἔχῃς. ὅταν γὰρ βούλωνται
αὐτοῖς τινα ἀναγνωσθῆναι ἢ γραφῆναι, σέ, ὡς ἐγῷμαι,
πρῶτον τῶν ἐν τῇ οἰκίᾳ ἐπὶ τοῦτο τάττουσιν. ἢ γάρ;—   b
Πάνυ γ᾽, ἔφη.—Οὐκοῦν ἔξεστί σοι ἐνταῦθ᾽ ὅτι ἂν βούλῃ
πρῶτον τῶν γραμμάτων γράφειν καὶ ὅτι ἂν δεύτερον· καὶ
ἀναγιγνώσκειν ὡσαύτως ἔξεστιν. καὶ ἐπειδάν, ὡς ἐγῷμαι,
τὴν λύραν λάβῃς, οὐ διακωλύουσί σε οὔτε ὁ πατὴρ οὔτε ἡ 5
μήτηρ ἐπιτεῖναί τε καὶ ἀνεῖναι ἣν ἂν βούλῃ τῶν χορδῶν,
καὶ ψῆλαι καὶ κρούειν τῷ πλήκτρῳ. ἢ διακωλύουσιν;—Οὐ
δῆτα.—Τί ποτ᾽ ἂν οὖν εἴη, ὦ Λύσι, τὸ αἴτιον ὅτι ἐνταῦθα
μὲν οὐ διακωλύουσιν, ἐν οἷς δὲ ἄρτι ἐλέγομεν κωλύουσι;—   c
Ὅτι οἶμαι, ἔφη, ταῦτα μὲν ἐπίσταμαι, ἐκεῖνα δ᾽ οὔ.—Εἶεν,
ἦν δ᾽ ἐγώ, ὦ ἄριστε· οὐκ ἄρα τὴν ἡλικίαν σου περιμένει
ὁ πατὴρ ἐπιτρέπειν πάντα, ἀλλ᾽ ᾗ ἂν ἡμέρᾳ ἡγήσηταί σε
βέλτιον αὑτοῦ φρονεῖν, ταύτῃ ἐπιτρέψει σοι καὶ αὑτὸν καὶ 5
τὰ αὑτοῦ.—Οἶμαι ἔγωγε, ἔφη.—Εἶεν, ἦν δ᾽ ἐγώ· τί δέ; τῷ
γείτονι ἆρ᾽ οὐχ ὁ αὐτὸς ὅρος ὅσπερ τῷ πατρὶ περὶ σοῦ;
πότερον οἴει αὐτὸν ἐπιτρέψειν σοι τὴν αὑτοῦ οἰκίαν οἰκονο-   d
μεῖν, ὅταν σε ἡγήσηται βέλτιον περὶ οἰκονομίας ἑαυτοῦ
φρονεῖν, ἢ αὐτὸν ἐπιστατήσειν;—Ἐμοὶ ἐπιτρέψειν οἶμαι.—
Τί δ᾽; Ἀθηναίους οἴει σοι οὐκ ἐπιτρέψειν τὰ αὑτῶν, ὅταν
αἰσθάνωνται ὅτι ἱκανῶς φρονεῖς;—Ἔγωγε.—Πρὸς Διός, ἦν 5
δ᾽ ἐγώ, τί ἄρα ὁ μέγας βασιλεύς; πότερον τῷ πρεσβυτάτῳ
υἱεῖ, οὗ ἡ τῆς Ἀσίας ἀρχὴ γίγνεται, μᾶλλον ἂν ἐπιτρέ-
ψειεν ἑψομένων κρεῶν [ἐμβάλλειν] ὅτι ἂν βούληται ἐμ-

a 4 πω corr. Coisl.: που BTW   a 7 ἔχῃς scr. recc.: ἔχοις
BTW: σχῇς? H. Richards   a 8 τινα] τι ἢ Badham   b 7 ψῆλαι
BTW sed in marg. τίλαι T: γρ. καὶ τίλλαι in marg. W   c 1 ἐν
οἷς . . . κωλύουσι om. W sed add. in marg. W   c 6 τί δαί· τωι in
ras. B²   d 1 οἰκονομεῖν T²: οἰκοδομεῖν BTW   d 2 οἰκονομίας
T: οἰκοδομίας BW   d 7 ἐπιτρέψειεν ἑψωμένων W (sed o supra ω
W): ἐπιτρέψειν ἐνεψομένων B: ἐπιτρέψειεν ἐν ἑψομένων T   d 8 ἐμ-
βάλλειν secl. Heindorf: ἐμβαλεῖν Bekker (secl. mox ἐμβαλεῖν)

e βαλεῖν εἰς τὸν ζωμόν, ἢ ἡμῖν, εἰ ἀφικόμενοι παρ' ἐκεῖνον
ἐνδειξαίμεθα αὐτῷ ὅτι ἡμεῖς κάλλιον φρονοῦμεν ἢ ὁ ὑὸς
αὐτοῦ περὶ ὄψου σκευασίας;—Ἡμῖν δῆλον ὅτι, ἔφη.—
Καὶ τὸν μέν γε οὐδ' ἂν σμικρὸν ἐάσειεν ἐμβαλεῖν· ἡμᾶς
5 δέ, κἂν εἰ βουλοίμεθα δραξάμενοι τῶν ἁλῶν, ἐῴη ἂν
ἐμβαλεῖν.—Πῶς γὰρ οὔ;—Τί δ' εἰ τοὺς ὀφθαλμοὺς ὁ ὑὸς
αὐτοῦ ἀσθενοῖ, ἆρα ἐῴη ἂν αὐτὸν ἅπτεσθαι τῶν ἑαυτοῦ
210 ὀφθαλμῶν, μὴ ἰατρὸν ἡγούμενος, ἢ κωλύοι ἄν;—Κωλύοι
ἄν.—Ἡμᾶς δέ γε εἰ ὑπολαμβάνοι ἰατρικοὺς εἶναι, κἂν
εἰ βουλοίμεθα διανοίγοντες τοὺς ὀφθαλμοὺς ἐμπάσαι τῆς
τέφρας, οἶμαι οὐκ ἂν κωλύσειεν, ἡγούμενος ὀρθῶς φρονεῖν.
5 —Ἀληθῆ λέγεις.—Ἆρ' οὖν καὶ τἆλλα πάντα ἡμῖν ἐπι-
τρέποι ἂν μᾶλλον ἢ ἑαυτῷ καὶ τῷ ὑεῖ, περὶ ὅσων ἂν
δόξωμεν αὐτῷ σοφώτεροι ἐκείνων εἶναι;—Ἀνάγκη, ἔφη, ὦ
Σώκρατες.

Οὕτως ἄρα ἔχει, ἦν δ' ἐγώ, ὦ φίλε Λύσι· εἰς μὲν ταῦτα,
b ἃ ἂν φρόνιμοι γενώμεθα, ἅπαντες ἡμῖν ἐπιτρέψουσιν, Ἕλ-
ληνές τε καὶ βάρβαροι καὶ ἄνδρες καὶ γυναῖκες, ποιήσομέν
τε ἐν τούτοις ὅτι ἂν βουλώμεθα, καὶ οὐδεὶς ἡμᾶς ἑκὼν εἶναι
ἐμποδιεῖ, ἀλλ' αὐτοί τε ἐλεύθεροι ἐσόμεθα ἐν αὐτοῖς καὶ
5 ἄλλων ἄρχοντες, ἡμέτερά τε ταῦτα ἔσται—ὀνησόμεθα γὰρ
ἀπ' αὐτῶν—εἰς ἃ δ' ἂν νοῦν μὴ κτησώμεθα, οὔτε τις ἡμῖν
ἐπιτρέψει περὶ αὐτὰ ποιεῖν τὰ ἡμῖν δοκοῦντα, ἀλλ' ἐμπο-
c διοῦσι πάντες καθ' ὅτι ἂν δύνωνται, οὐ μόνον οἱ ἀλλότριοι,
ἀλλὰ καὶ ὁ πατὴρ καὶ ἡ μήτηρ καὶ εἴ τι τούτων οἰκειότερόν
ἐστιν, αὐτοί τε ἐν αὐτοῖς ἐσόμεθα ἄλλων ὑπήκοοι, καὶ ἡμῖν
ἔσται ἀλλότρια· οὐδὲν γὰρ ἀπ' αὐτῶν ὀνησόμεθα. συγχω-
5 ρεῖς οὕτως ἔχειν;—Συγχωρῶ.—Ἆρ' οὖν τῳ φίλοι ἐσόμεθα
καί τις ἡμᾶς φιλήσει ἐν τούτοις, ἐν οἷς ἂν ὦμεν ἀνωφελεῖς;

a 1 ἰατρὸν BTW Priscianus: ἰατρικὸν scr. Coisl.   a 3 διανοίγοντες
W: διαγαγόντες B: διανύγοντες T   a 6 ἂν δόξωμεν] δὴ δόξαιμεν
ci. H. Richards   a 7 αὐτῷ ... ἐκείνων] αὐτῶν ... ἐκείνῳ Heindorf
a 9 ἄρα ἔχει Priscianus: ἄρα ἔχοι BT: ἆρ' ἂν ἔχοι ci. Stallbaum
b 6 ἂ in ras. duarum litterarum B   c 6 φιλήσει ἐν scr. Laur.
lxxxv. 17: φιλήσειεν ἐν BTW

—Οὐ δῆτα, ἔφη.—Νῦν ἄρα οὐδὲ σὲ ὁ πατὴρ οὐδὲ ἄλλος
ἄλλον οὐδένα φιλεῖ, καθ᾽ ὅσον ἂν ᾖ ἄχρηστος.—Οὐκ ἔοικεν,
ἔφη.—᾽Εὰν μὲν ἄρα σοφὸς γένῃ, ὦ παῖ, πάντες σοι φίλοι d
καὶ πάντες σοι οἰκεῖοι ἔσονται—χρήσιμος γὰρ καὶ ἀγαθὸς
ἔσῃ—εἰ δὲ μή, σοὶ οὔτε ἄλλος οὐδεὶς οὔτε ὁ πατὴρ φίλος
ἔσται οὔτε ἡ μήτηρ οὔτε οἱ οἰκεῖοι. οἷόν τε οὖν ἐπὶ τούτοις,
ὦ Λύσι, μέγα φρονεῖν, ἐν οἷς τις μήπω φρονεῖ;—Καὶ πῶς 5
ἄν; ἔφη.—Εἰ δ᾽ ἄρα σὺ διδασκάλου δέῃ, οὔπω φρονεῖς.—
᾽Αληθῆ.—Οὐδ᾽ ἄρα μεγαλόφρων εἶ, εἴπερ ἄφρων ἔτι.—Μὰ
Δία, ἔφη, ὦ Σώκρατες, οὔ μοι δοκεῖ.

Καὶ ἐγὼ ἀκούσας αὐτοῦ ἀπέβλεψα πρὸς τὸν ῾Ιπποθάλη, e
καὶ ὀλίγου ἐξήμαρτον· ἐπῆλθε γάρ μοι εἰπεῖν ὅτι Οὕτω
χρή, ὦ ῾Ιππόθαλες, τοῖς παιδικοῖς διαλέγεσθαι, ταπεινοῦντα
καὶ συστέλλοντα, ἀλλὰ μὴ ὥσπερ σὺ χαυνοῦντα καὶ διαθρύ-
πτοντα. κατιδὼν οὖν αὐτὸν ἀγωνιῶντα καὶ τεθορυβημένον 5
ὑπὸ τῶν λεγομένων, ἀνεμνήσθην ὅτι καὶ προσεστὼς λαν-
θάνειν τὸν Λύσιν ἐβούλετο· ἀνέλαβον οὖν ἐμαυτὸν καὶ
ἐπέσχον τοῦ λόγου. καὶ ἐν τούτῳ ὁ Μενέξενος πάλιν ἧκεν, 211
καὶ ἐκαθέζετο παρὰ τὸν Λύσιν, ὅθεν καὶ ἐξανέστη. ὁ οὖν
Λύσις μάλα παιδικῶς καὶ φιλικῶς, λάθρᾳ τοῦ Μενεξένου,
σμικρὸν πρός με λέγων ἔφη· ᾽Ω Σώκρατες, ἅπερ καὶ ἐμοὶ
λέγεις, εἰπὲ καὶ Μενεξένῳ. 5

Καὶ ἐγὼ εἶπον, Ταῦτα μὲν σὺ αὐτῷ ἐρεῖς, ὦ Λύσι·
πάντως γὰρ προσεῖχες τὸν νοῦν.

Πάνυ μὲν οὖν, ἔφη.

Πειρῶ τοίνυν, ἦν δ᾽ ἐγώ, ἀπομνημονεῦσαι αὐτὰ ὅτι
μάλιστα, ἵνα τούτῳ σαφῶς πάντα εἴπῃς· ἐὰν δέ τι αὐτῶν b
ἐπιλάθῃ, αὖθίς με ἀνερέσθαι ὅταν ἐντύχῃς πρῶτον.

᾽Αλλὰ ποιήσω, ἔφη, ταῦτα, ὦ Σώκρατες, πάνυ σφόδρα,
εὖ ἴσθι. ἀλλά τι ἄλλο αὐτῷ λέγε, ἵνα καὶ ἐγὼ ἀκούω,
ἕως ἂν οἴκαδε ὥρα ᾖ ἀπιέναι. 5

c 7 οὐδὲ... οὐδὲ...] οὔτε... οὔτε... ci H. Richards   d 5 φρονεῖ
T: φρόνιμος BW (sed οἳ supra ιμος W)   d 8 δοκεῖ] δοκῶ ci.
H. Richards   b 2 ἀνερέσθαι] ε in ras. B

Ἀλλὰ χρὴ ποιεῖν ταῦτα, ἦν δ' ἐγώ, ἐπειδή γε καὶ σὺ
κελεύεις. ἀλλὰ ὅρα ὅπως ἐπικουρήσεις μοι, ἐάν με ἐλέγχειν
ἐπιχειρῇ ὁ Μενέξενος· ἢ οὐκ οἶσθα ὅτι ἐριστικός ἐστιν;
Ναὶ μὰ Δία, ἔφη, σφόδρα γε· διὰ ταῦτά τοι καὶ βού-
c λομαί σε αὐτῷ διαλέγεσθαι.
Ἵνα, ἦν δ' ἐγώ, καταγέλαστος γένωμαι;
Οὐ μὰ Δία, ἔφη, ἀλλ' ἵνα αὐτὸν κολάσῃς.
Πόθεν; ἦν δ' ἐγώ. οὐ ῥᾴδιον· δεινὸς γὰρ ὁ ἄνθρωπος,
5 Κτησίππου μαθητής. πάρεστι δέ τοι αὐτός—οὐχ ὁρᾷς;—
Κτήσιππος.
Μηδενός σοι, ἔφη, μελέτω, ὦ Σώκρατες, ἀλλ' ἴθι
διαλέγου αὐτῷ.
Διαλεκτέον, ἦν δ' ἐγώ.
10 Ταῦτα οὖν ἡμῶν λεγόντων πρὸς ἡμᾶς αὐτούς, Τί ὑμεῖς,
ἔφη ὁ Κτήσιππος, αὐτὼ μόνω ἑστιᾶσθον, ἡμῖν δὲ οὐ
d μεταδίδοτον τῶν λόγων;
Ἀλλὰ μήν, ἦν δ' ἐγώ, μεταδοτέον. ὅδε γάρ τι ὧν λέγω
οὐ μανθάνει, ἀλλά φησιν οἴεσθαι Μενέξενον εἰδέναι, καὶ
κελεύει τοῦτον ἐρωτᾶν.
5 Τί οὖν, ἦ δ' ὅς, οὐκ ἐρωτᾷς;
Ἀλλ' ἐρήσομαι, ἦν δ' ἐγώ. καί μοι εἰπέ, ὦ Μενέξενε,
ὃ ἄν σε ἔρωμαι. τυγχάνω γὰρ ἐκ παιδὸς ἐπιθυμῶν κτή-
ματός του, ὥσπερ ἄλλος ἄλλου. ὁ μὲν γάρ τις ἵππους
e ἐπιθυμεῖ κτᾶσθαι, ὁ δὲ κύνας, ὁ δὲ χρυσίον, ὁ δὲ τιμάς·
ἐγὼ δὲ πρὸς μὲν ταῦτα πρᾴως ἔχω, πρὸς δὲ τὴν τῶν φίλων
κτῆσιν πάνυ ἐρωτικῶς, καὶ βουλοίμην ἄν μοι φίλον ἀγαθὸν
γενέσθαι μᾶλλον ἢ τὸν ἄριστον ἐν ἀνθρώποις ὄρτυγα ἢ
5 ἀλεκτρυόνα, καὶ ναὶ μὰ Δία ἔγωγε μᾶλλον ἢ ἵππον τε καὶ
κύνα—οἶμαι δέ, νὴ τὸν κύνα, μᾶλλον ἢ τὸ Δαρείου χρυσίον
κτήσασθαι δεξαίμην πολὺ πρότερον ἑταῖρον, μᾶλλον ⟨δὲ⟩

b 7 ὅρα secl. Cobet   ἐπικουρήσεις T : ἐπικουρήσῃς B (ῃσ refictum
in ras. sed non videtur εισ fuisse)   e 2 πρᾴως] παρέργως ci.
H. Richards (coll. Dinarch. 3. 14)   e 7 μᾶλλον ἢ αὐτὸν Δαρεῖον
secl. Schanz   δὲ add. Buttmann

ἢ αὐτὸν Δαρεῖον—οὕτως ἐγὼ φιλέταιρός τίς εἰμι. ὑμᾶς
οὖν ὁρῶν, σέ τε καὶ Λύσιν, ἐκπέπληγμαι καὶ εὐδαιμονίζω 212
ὅτι οὕτω νέοι ὄντες οἷοι τ᾽ ἐστὸν τοῦτο τὸ κτῆμα ταχὺ καὶ
ῥᾳδίως κτᾶσθαι, καὶ σύ τε τοῦτον οὕτω φίλον ἐκτήσω ταχύ
τε καὶ σφόδρα, καὶ αὖ οὗτος σέ· ἐγὼ δὲ οὕτω πόρρω εἰμὶ
τοῦ κτήματος, ὥστε οὐδ᾽ ὅντινα τρόπον γίγνεται φίλος 5
ἕτερος ἑτέρου οἶδα, ἀλλὰ ταῦτα δὴ αὐτά σε βούλομαι
ἐρέσθαι ἅτε ἔμπειρον.

Καί μοι εἰπέ· ἐπειδάν τίς τινα φιλῇ, πότερος ποτέρου
φίλος γίγνεται, ὁ φιλῶν τοῦ φιλουμένου ἢ ὁ φιλούμενος b
τοῦ φιλοῦντος· ἢ οὐδὲν διαφέρει;—Οὐδέν, ἔφη, ἔμοιγε
δοκεῖ διαφέρειν.—Πῶς λέγεις; ἦν δ᾽ ἐγώ· ἀμφότεροι ἄρα
ἀλλήλων φίλοι γίγνονται, ἐὰν μόνος ὁ ἕτερος τὸν ἕτερον
φιλῇ;—Ἔμοιγε, ἔφη, δοκεῖ.—Τί δέ; οὐκ ἔστιν φιλοῦντα 5
μὴ ἀντιφιλεῖσθαι ὑπὸ τούτου ὃν ἂν φιλῇ;—Ἔστιν.—Τί δέ;
ἆρα ἔστιν καὶ μισεῖσθαι φιλοῦντα; οἷόν που ἐνίοτε δοκοῦσι
καὶ οἱ ἐρασταὶ πάσχειν πρὸς τὰ παιδικά· φιλοῦντες γὰρ
ὡς οἷόν τε μάλιστα οἱ μὲν οἴονται οὐκ ἀντιφιλεῖσθαι, οἱ c
δὲ καὶ μισεῖσθαι. ἢ οὐκ ἀληθὲς δοκεῖ σοι τοῦτο;—
Σφόδρα γε, ἔφη, ἀληθές.—Οὐκοῦν ἐν τῷ τοιούτῳ, ἦν δ᾽
ἐγώ, ὁ μὲν φιλεῖ, ὁ δὲ φιλεῖται;—Ναί.—Πότερος οὖν αὐ-
τῶν ποτέρου φίλος ἐστίν; ὁ φιλῶν τοῦ φιλουμένου, ἐάντε 5
καὶ ἀντιφιλῆται ἐάντε καὶ μισῆται, ἢ ὁ φιλούμενος τοῦ
φιλοῦντος; ἢ οὐδέτερος αὖ ἐν τῷ τοιούτῳ οὐδετέρου φίλος
ἐστίν, ἂν μὴ ἀμφότεροι ἀλλήλους φιλῶσιν;—Ἔοικε γοῦν
οὕτως ἔχειν.—Ἀλλοίως ἄρα νῦν ἡμῖν δοκεῖ ἢ πρότερον d
ἔδοξεν. τότε μὲν γάρ, εἰ ὁ ἕτερος φιλοῖ, φίλω εἶναι ἄμφω·
νῦν δέ, ἂν μὴ ἀμφότεροι φιλῶσιν, οὐδέτερος φίλος.—Κιν-
δυνεύει, ἔφη.—Οὐκ ἄρα ἐστὶν φίλον τῷ φιλοῦντι οὐδὲν μὴ
οὐκ ἀντιφιλοῦν.—Οὐκ ἔοικεν.—Οὐδ᾽ ἄρα φίλιπποί εἰσιν 5

a 3 σύ τε Heindorf: σὺ δὲ BT   b 4 μόνος] μόνος μόνον ci.
C. Schmidt: μόνον ci. H. Richards   c 1 οἱ μὲν Heindorf: οἰόμενοι
BT   c 4 πότερος Hirschig: ὁπότερος BT   c 6 καὶ ἀντιφιλῆται]
μὴ ἀντιφιλῆται ci. H. Müller

οὓς ἂν οἱ ἵπποι μὴ ἀντιφιλῶσιν, οὐδὲ φιλόρτυγες, οὐδ᾽ αὖ
φιλόκυνές γε καὶ φίλοινοι καὶ φιλογυμνασταὶ καὶ φιλόσοφοι,
ἂν μὴ ἡ σοφία αὐτοὺς ἀντιφιλῇ. ἢ φιλοῦσι μὲν ταῦτα
e ἕκαστοι, οὐ μέντοι φίλα ὄντα, ἀλλὰ ψεύδεθ᾽ ὁ ποιητής, ὃς
ἔφη—

ὄλβιος, ᾧ παῖδές τε φίλοι καὶ μώνυχες ἵπποι
καὶ κύνες ἀγρευταὶ καὶ ξένος ἀλλοδαπός;

5 —Οὐκ ἔμοιγε δοκεῖ, ἦ δ᾽ ὅς.—Ἀλλ᾽ ἀληθῆ δοκεῖ λέγειν σοι;
—Ναί.—Τὸ φιλούμενον ἄρα τῷ φιλοῦντι φίλον ἐστίν, ὡς
ἔοικεν, ὦ Μενέξενε, ἐάντε φιλῇ ἐάντε καὶ μισῇ· οἷον καὶ
τὰ νεωστὶ γεγονότα παιδία, τὰ μὲν οὐδέπω φιλοῦντα, τὰ
213 δὲ καὶ μισοῦντα, ὅταν κολάζηται ὑπὸ τῆς μητρὸς ἢ ὑπὸ τοῦ
πατρός, ὅμως καὶ μισοῦντα ἐν ἐκείνῳ τῷ χρόνῳ πάντων
μάλιστά ἐστι τοῖς γονεῦσι φίλτατα.—Ἔμοιγε δοκεῖ, ἔφη,
οὕτως ἔχειν.—Οὐκ ἄρα ὁ φιλῶν φίλος ἐκ τούτου τοῦ λόγου,
5 ἀλλ᾽ ὁ φιλούμενος.—Ἔοικεν.—Καὶ ὁ μισούμενος ἐχθρὸς
ἄρα, ἀλλ᾽ οὐχ ὁ μισῶν.—Φαίνεται.—Πολλοὶ ἄρα ὑπὸ τῶν
ἐχθρῶν φιλοῦνται, ὑπὸ δὲ τῶν φίλων μισοῦνται, καὶ τοῖς
b μὲν ἐχθροῖς φίλοι εἰσίν, τοῖς δὲ φίλοις ἐχθροί, εἰ τὸ φιλού-
μενον φίλον ἐστὶν ἀλλὰ μὴ τὸ φιλοῦν. καίτοι πολλὴ
ἀλογία, ὦ φίλε ἑταῖρε, μᾶλλον δὲ οἶμαι καὶ ἀδύνατον, τῷ
τε φίλῳ ἐχθρὸν καὶ τῷ ἐχθρῷ φίλον εἶναι.—Ἀληθῆ, ἔφη,
5 ἔοικας λέγειν, ὦ Σώκρατες.—Οὐκοῦν εἰ τοῦτ᾽ ἀδύνατον, τὸ
φιλοῦν ἂν εἴη φίλον τοῦ φιλουμένου.—Φαίνεται.—Τὸ
μισοῦν ἄρα πάλιν ἐχθρὸν τοῦ μισουμένου.—Ἀνάγκη.—Οὐ-
κοῦν ταὐτὰ ἡμῖν συμβήσεται ἀναγκαῖον εἶναι ὁμολογεῖν,
c ἅπερ ἐπὶ τῶν πρότερον, πολλάκις φίλον εἶναι μὴ φίλου,
πολλάκις δὲ καὶ ἐχθροῦ, ὅταν ἢ μὴ φιλοῦν τις φιλῇ ἢ καὶ
μισοῦν φιλῇ· πολλάκις δ᾽ ἐχθρὸν εἶναι μὴ ἐχθροῦ ἢ καὶ
φίλου, ὅταν ἢ ⟨μὴ⟩ μισοῦν τις μισῇ ἢ καὶ φιλοῦν μισῇ.—
5 Κινδυνεύει, ἔφη.—Τί οὖν δὴ χρησώμεθα, ἦν δ᾽ ἐγώ, εἰ μήτε

e 7 ἐάν τε ⟨μὴ⟩ φιλῇ Schanz   a 6 μισῶν scr. recc.: φιλῶν
BTW   c 4 ἢ μὴ μισοῦν τις Cornarius : ἢ μισοῦν τις ΒΤ : μὴ
μισοῦν τις scr. recc.   μισῇ scr. recc.: φιλῇ ΒΤ : om. Cornarius

οἱ φιλοῦντες φίλοι ἔσονται μήτε οἱ φιλούμενοι μήτε οἱ
φιλοῦντές τε καὶ φιλούμενοι; ἀλλὰ καὶ παρὰ ταῦτα ἄλλους
τινὰς ἔτι φήσομεν εἶναι φίλους ἀλλήλοις γιγνομένους;—
Οὐ μὰ τὸν Δία, ἔφη, ὦ Σώκρατες, οὐ πάνυ εὐπορῶ ἔγωγε.
—Ἆρα μή, ἦν δ' ἐγώ, ὦ Μενέξενε, τὸ παράπαν οὐκ ὀρθῶς d
ἐζητοῦμεν;—Οὐκ ἔμοιγε δοκεῖ, ὦ Σώκρατες, ἔφη, ὁ Λύσις,
καὶ ἅμα εἰπὼν ἠρυθρίασεν· ἐδόκει γάρ μοι ἄκοντ' αὐτὸν
ἐκφεύγειν τὸ λεχθὲν διὰ τὸ σφόδρα προσέχειν τὸν νοῦν
τοῖς λεγομένοις, δῆλος δ' ἦν καὶ ὅτε ἠκροᾶτο οὕτως ἔχων. 5
    Ἐγὼ οὖν βουλόμενος τόν τε Μενέξενον ἀναπαῦσαι καὶ
ἐκείνου ἠσθεὶς τῇ φιλοσοφίᾳ, οὕτω μεταβαλὼν πρὸς τὸν
Λύσιν ἐποιούμην τοὺς λόγους, καὶ εἶπον· Ὦ Λύσι, ἀληθῆ e
μοι δοκεῖς λέγειν ὅτι εἰ ὀρθῶς ἡμεῖς ἐσκοποῦμεν, οὐκ ἄν
ποτε οὕτως ἐπλανώμεθα. ἀλλὰ ταύτῃ μὲν μηκέτι ἴωμεν—
καὶ γὰρ χαλεπή τίς μοι φαίνεται ὥσπερ ὁδὸς ἡ σκέψις—ᾗ
δὲ ἐτράπημεν, δοκεῖ μοι χρῆναι ἰέναι, σκοποῦντα [τὰ] κατὰ 5
τοὺς ποιητάς· οὗτοι γὰρ ἡμῖν ὥσπερ πατέρες τῆς σοφίας 214
εἰσὶν καὶ ἡγεμόνες. λέγουσι δὲ δήπου οὐ φαύλως ἀποφαινό-
μενοι περὶ τῶν φίλων, οἳ τυγχάνουσιν ὄντες· ἀλλὰ τὸν θεὸν
αὐτόν φασιν ποιεῖν φίλους αὐτούς, ἄγοντα παρ' ἀλλήλους.
λέγουσι δέ πως ταῦτα, ὡς ἐγῷμαι, ὡδί—   5

            αἰεί τοι τὸν ὅμοιον ἄγει θεὸς ὡς τὸν ὅμοιον

καὶ ποιεῖ γνώριμον· ἢ οὐκ ἐντετύχηκας τούτοις τοῖς ἔπεσιν; b
—Ἔγωγ', ἔφη.—Οὐκοῦν καὶ τοῖς τῶν σοφωτάτων συγγράμ-
μασιν ἐντετύχηκας ταῦτα αὐτὰ λέγουσιν, ὅτι τὸ ὅμοιον τῷ
ὁμοίῳ ἀνάγκη ἀεὶ φίλον εἶναι; εἰσὶν δέ που οὗτοι οἱ περὶ
φύσεώς τε καὶ τοῦ ὅλου διαλεγόμενοι καὶ γράφοντες.— 5
Ἀληθῆ, ἔφη, λέγεις.—Ἆρ' οὖν, ἦν δ' ἐγώ, εὖ λέγουσιν;—

---

c 7 ἀλλὰ] ἆρα ci. Cornarius (ante ἀλλὰ signum interrogandi posuit
Goldbacher)   c 9 εὐπορῶ B T²: ἀπορῶ T   d 2 ἔφη Vat. 1029:
om. B T   e 5 σκοποῦντα] σκοποῦντας ci. Schleiermacher   τὰ secl.
Heindorf   a 5 ὡδί T : ὡιδί B (sed δί ex emend. in ras.): ὡδήν W
b 3 ταῦτα αὐτὰ] ταῦτα ταὐτὰ Heindorf   b 4 ἀνάγκη B :
ἀνάγκη Τ

Ἴσως, ἔφη.—Ἴσως, ἦν δ᾽ ἐγώ, τὸ ἥμισυ αὐτοῦ, ἴσως δὲ καὶ πᾶν, ἀλλ᾽ ἡμεῖς οὐ συνίεμεν. δοκεῖ γὰρ ἡμῖν ὅ γε πονηρὸς c τῷ πονηρῷ, ὅσῳ ἂν ἐγγυτέρω προσίῃ καὶ μᾶλλον ὁμιλῇ, τοσούτῳ ἐχθίων γίγνεσθαι. ἀδικεῖ γάρ· ἀδικοῦντας δὲ καὶ ἀδικουμένους ἀδύνατόν που φίλους εἶναι. οὐχ οὕτως;—Ναί, ἦ δ᾽ ὅς.—Ταύτῃ μὲν ἂν τοίνυν τοῦ λεγομένου τὸ ἥμισυ οὐκ 5 ἀληθὲς εἴη, εἴπερ οἱ πονηροὶ ἀλλήλοις ὅμοιοι.—Ἀληθῆ λέγεις.—Ἀλλά μοι δοκοῦσιν λέγειν τοὺς ἀγαθοὺς ὁμοίους εἶναι ἀλλήλοις καὶ φίλους, τοὺς δὲ κακούς, ὅπερ καὶ λέγεται περὶ αὐτῶν, μηδέποτε ὁμοίους μηδ᾽ αὐτοὺς αὑτοῖς εἶναι, ἀλλ᾽ d ἐμπλήκτους τε καὶ ἀσταθμήτους· ὃ δὲ αὐτὸ αὑτῷ ἀνόμοιον εἴη καὶ διάφορον, σχολῇ γέ τῳ ἄλλῳ ὅμοιον ἢ φίλον γένοιτ᾽ ἄν. ἢ οὐ καὶ σοὶ δοκεῖ οὕτως;—Ἔμοιγ᾽, ἔφη.—Τοῦτο τοίνυν αἰνίττονται, ὡς ἐμοὶ δοκοῦσιν, ὦ ἑταῖρε, οἱ τὸ ὅμοιον 5 τῷ ὁμοίῳ φίλον λέγοντες, ὡς ὁ ἀγαθὸς τῷ ἀγαθῷ μόνος μόνῳ φίλος, ὁ δὲ κακὸς οὔτε ἀγαθῷ οὔτε κακῷ οὐδέποτε εἰς ἀληθῆ φιλίαν ἔρχεται. συνδοκεῖ σοι;—Κατένευσεν.— Ἔχομεν ἄρα ἤδη τίνες εἰσὶν οἱ φίλοι· ὁ γὰρ λόγος ἡμῖν e σημαίνει ὅτι οἳ ἂν ὦσιν ἀγαθοί.—Πάνυ γε, ἔφη, δοκεῖ.

Καὶ ἐμοί, ἦν δ᾽ ἐγώ. καίτοι δυσχεραίνω τί γε ἐν αὐτῷ· φέρε οὖν, ὦ πρὸς Διός, ἴδωμεν τί καὶ ὑποπτεύω. ὁ ὅμοιος τῷ ὁμοίῳ καθ᾽ ὅσον ὅμοιος φίλος, καὶ ἔστιν χρήσιμος ὁ 5 τοιοῦτος τῷ τοιούτῳ; μᾶλλον δὲ ὧδε· ὁτιοῦν ὅμοιον ὁτῳοῦν ὁμοίῳ τίνα ὠφελίαν ἔχειν ἢ τίνα βλάβην ἂν ποιῆσαι δύναιτο, ὃ μὴ καὶ αὐτὸ αὑτῷ; ἢ τί ἂν παθεῖν, ὃ μὴ καὶ ὑφ᾽ 215 αὑτοῦ πάθοι; τὰ δὴ τοιαῦτα πῶς ἂν ὑπ᾽ ἀλλήλων ἀγαπηθείη, μηδεμίαν ἐπικουρίαν ἀλλήλοις ἔχοντα; ἔστιν ὅπως;—Οὐκ ἔστιν.—Ὁ δὲ μὴ ἀγαπῷτο, πῶς φίλον;—Οὐδαμῶς.—Ἀλλὰ δὴ ὁ μὲν ὅμοιος τῷ ὁμοίῳ οὐ φίλος· ὁ δὲ ἀγαθὸς τῷ ἀγαθῷ

καθ' ὅσον ἀγαθός, οὐ καθ' ὅσον ὅμοιος, φίλος ἂν εἴη;—Ἴσως. 5
—Τί δέ; οὐχ ὁ ἀγαθός, καθ' ὅσον ἀγαθός, κατὰ τοσοῦτον
ἱκανὸς ἂν εἴη αὑτῷ;—Ναί.—Ὁ δέ γε ἱκανὸς οὐδενὸς δεό-
μενος κατὰ τὴν ἱκανότητα.—Πῶς γὰρ οὔ;—Ὁ δὲ μή του
δεόμενος οὐδέ τι ἀγαπῴη ἄν.—Οὐ γὰρ οὖν.—Ὁ δὲ μὴ b
ἀγαπῴη, οὐδ' ἂν φιλοῖ.—Οὐ δῆτα.—Ὁ δὲ μὴ φιλῶν γε οὐ
φίλος.—Οὐ φαίνεται.—Πῶς οὖν οἱ ἀγαθοὶ τοῖς ἀγαθοῖς
ἡμῖν φίλοι ἔσονται τὴν ἀρχήν, οἳ μήτε ἀπόντες ποθεινοὶ
ἀλλήλοις—ἱκανοὶ γὰρ ἑαυτοῖς καὶ χωρὶς ὄντες—μήτε πα- 5
ρόντες χρείαν αὑτῶν ἔχουσιν; τοὺς δὴ τοιούτους τίς μηχανὴ
περὶ πολλοῦ ποιεῖσθαι ἀλλήλους;—Οὐδεμία, ἔφη.—Φίλοι
δέ γε οὐκ ἂν εἶεν μὴ περὶ πολλοῦ ποιούμενοι ἑαυτούς.— c
Ἀληθῆ.

Ἄθρει δή, ὦ Λύσι, πῇ παρακρονόμεθα. ἆρά γε ὅλῳ
τινὶ ἐξαπατώμεθα;—Πῶς δή; ἔφη.—Ἤδη ποτέ του ἤκουσα
λέγοντος, καὶ ἄρτι ἀναμιμνήσκομαι, ὅτι τὸ μὲν ὅμοιον τῷ 5
ὁμοίῳ καὶ οἱ ἀγαθοὶ τοῖς ἀγαθοῖς πολεμιώτατοι εἶεν· καὶ δὴ
καὶ τὸν Ἡσίοδον ἐπήγετο μάρτυρα, λέγων ὡς ἄρα—

καὶ κεραμεὺς κεραμεῖ κοτέε. καὶ ἀοιδὸς ἀοιδῷ
καὶ πτωχὸς πτωχῷ, d

καὶ τἆλλα δὴ πάντα οὕτως ἔφη ἀναγκαῖον εἶναι μάλιστα τὰ
ὁμοιότατα ⟨πρὸς⟩ ἄλληλα φθόνου τε καὶ φιλονικίας καὶ
ἔχθρας ἐμπίμπλασθαι, τὰ δ' ἀνομοιότατα φιλίας· τὸν γὰρ
πένητα τῷ πλουσίῳ ἀναγκάζεσθαι φίλον εἶναι καὶ τὸν ἀσθενῆ 5
τῷ ἰσχυρῷ τῆς ἐπικουρίας ἕνεκα, καὶ τὸν κάμνοντα τῷ ἰατρῷ,
καὶ πάντα δὴ τὸν μὴ εἰδότα ἀγαπᾶν τὸν εἰδότα καὶ φιλεῖν.
καὶ δὴ καὶ ἔτι ἐπεξῄει τῷ λόγῳ μεγαλοπρεπέστερον, λέγων e
ὡς ἄρα παντὸς δέοι τὸ ὅμοιον τῷ ὁμοίῳ φίλον εἶναι, ἀλλ'
αὐτὸ τὸ ἐναντίον εἴη τούτου· τὸ γὰρ ἐναντιώτατον τῷ
ἐναντιωτάτῳ εἶναι μάλιστα φίλον. ἐπιθυμεῖν γὰρ τοῦ

b 1 δ . . . ἀγαπῴη] δ . . . ἀγαπῶν ci. Schleiermacher   d 2 ἔφη
B W: ἐφάνη T   d 3 πρὸς add. corr. Coisl.   d 7 φιλεῖν T W:
φιλεῖν καὶ φιλει*** B : φιλεῖν καὶ φιλεῖσθαι b   e 4 ἐπιθυμεῖν T W:
ἐπιθυμεῖ B

5 τοιούτου ἕκαστον, ἀλλ' οὐ τοῦ ὁμοίου· τὸ μὲν γὰρ ξηρὸν
ὑγροῦ, τὸ δὲ ψυχρὸν θερμοῦ, τὸ δὲ πικρὸν γλυκέος, τὸ δὲ
ὀξὺ ἀμβλέος, τὸ δὲ κενὸν πληρώσεως, καὶ τὸ πλῆρες δὲ
κενώσεως, καὶ τἆλλα οὕτω κατὰ τὸν αὐτὸν λόγον. τροφὴν
γὰρ εἶναι τὸ ἐναντίον τῷ ἐναντίῳ· τὸ γὰρ ὅμοιον τοῦ ὁμοίου
216 οὐδὲν ἂν ἀπολαῦσαι. καὶ μέντοι, ὦ ἑταῖρε, καὶ κομψὸς
ἐδόκει εἶναι ταῦτα λέγων· εὖ γὰρ ἔλεγεν. ὑμῖν δέ, ἦν δ'
ἐγώ, πῶς δοκεῖ λέγειν;—Εὖ γε, ἔφη ὁ Μενέξενος, ὥς γε
οὑτωσὶ ἀκοῦσαι.—Φῶμεν ἄρα τὸ ἐναντίον τῷ ἐναντίῳ μά-
5 λιστα φίλον εἶναι;—Πάνυ γε.—Εἶεν, ἦν δ' ἐγώ· οὐκ ἀλλό-
κοτον, ὦ Μενέξενε; καὶ ἡμῖν εὐθὺς ἄσμενοι ἐπιπηδήσονται
οὗτοι οἱ πάσσοφοι ἄνδρες, οἱ ἀντιλογικοί, καὶ ἐρήσονται εἰ
b οὐκ ἐναντιώτατον ἔχθρα φιλίᾳ; οἷς τί ἀποκρινούμεθα; ἢ
οὐκ ἀνάγκη ὁμολογεῖν ὅτι ἀληθῆ λέγουσιν;—Ἀνάγκη.—Ἆρ'
οὖν, φήσουσιν, τὸ ἐχθρὸν τῷ φίλῳ φίλον ἢ τὸ φίλον τῷ
ἐχθρῷ;—Οὐδέτερα, ἔφη.—Ἀλλὰ τὸ δίκαιον τῷ ἀδίκῳ, ἢ τὸ
5 σῶφρον τῷ ἀκολάστῳ, ἢ τὸ ἀγαθὸν τῷ κακῷ;—Οὐκ ἄν μοι
δοκεῖ οὕτως ἔχειν.—Ἀλλὰ μέντοι, ἦν δ' ἐγώ, εἴπερ γε κατὰ
τὴν ἐναντιότητά τί τῳ [φίλῳ] φίλον ἐστίν, ἀνάγκη καὶ ταῦτα
φίλα εἶναι.—Ἀνάγκη.—Οὔτε ἄρα τὸ ὅμοιον τῷ ὁμοίῳ οὔτε
τὸ ἐναντίον τῷ ἐναντίῳ φίλον.—Οὐκ ἔοικεν.

c Ἔτι δὲ καὶ τόδε σκεψώμεθα, μὴ ἔτι μᾶλλον ἡμᾶς λανθά-
νει τὸ φίλον ὡς ἀληθῶς οὐδὲν τούτων ὄν, ἀλλὰ τὸ μήτε
ἀγαθὸν μήτε κακὸν φίλον οὕτω ποτὲ γιγνόμενον τοῦ ἀγαθοῦ.
—Πῶς, ἦ δ' ὅς, λέγεις;—Ἀλλὰ μὰ Δία, ἦν δ' ἐγώ, οὐκ
5 οἶδα, ἀλλὰ τῷ ὄντι αὐτὸς εἰλιγγιῶ ὑπὸ τῆς τοῦ λόγου ἀπο-
ρίας, καὶ κινδυνεύει κατὰ τὴν ἀρχαίαν παροιμίαν τὸ καλὸν
φίλον εἶναι. ἔοικε γοῦν μαλακῷ τινι καὶ λείῳ καὶ λιπαρῷ·
d διὸ καὶ ἴσως ῥᾳδίως διολισθαίνει καὶ διαδύεται ἡμᾶς, ἅτε
τοιοῦτον ὄν. λέγω γὰρ τἀγαθὸν καλὸν εἶναι· σὺ δ' οὐκ

a 5 ἀλλόκοτον Baiter: ἀλλοκότων B T: ἀλλόκοτως t   b 4 ἢ τὸ
T: τὸ B (sed ἢ supraser. B²)   b 7 τῷ φίλῳ Cornarius: τῷ φίλῳ
φίλον B t: τῷ φίλον φίλον T   c 1 ἔτι μᾶλλον TW: om. B
λανθάνει] ει in ras. B   d 1 ἴσως] οὕτως Schanz

οἴει;—Ἔγωγε.—Λέγω τοίνυν ἀπομαντευόμενος, τοῦ καλοῦ
τε καὶ ἀγαθοῦ φίλον εἶναι τὸ μήτε ἀγαθὸν μήτε κακόν·
πρὸς ἃ δὲ λέγων μαντεύομαι, ἄκουσον. δοκεῖ μοι ὡσπερεὶ 5
τρία ἄττα εἶναι γένη, τὸ μὲν ἀγαθόν, τὸ δὲ κακόν, τὸ δ᾽ οὔτ᾽
ἀγαθὸν οὔτε κακόν· τί δὲ σοί;—Καὶ ἐμοί, ἔφη.—Καὶ οὔτε
τἀγαθὸν τἀγαθῷ οὔτε τὸ κακὸν τῷ κακῷ οὔτε τἀγαθὸν τῷ
κακῷ φίλον εἶναι, ὥσπερ οὐδ᾽ ὁ ἔμπροσθεν λόγος ἐᾷ· λεί- e
πεται δή, εἴπερ τῷ τί ἐστιν φίλον, τὸ μήτε ἀγαθὸν μήτε
κακὸν φίλον εἶναι ἢ τοῦ ἀγαθοῦ ἢ τοῦ τοιούτου οἷον αὐτό
ἐστιν. οὐ γὰρ ἄν που τῷ κακῷ φίλον ἄν τι γένοιτο.—
Ἀληθῆ.—Οὐδὲ μὴν τὸ ὅμοιον τῷ ὁμοίῳ ἔφαμεν ἄρτι· ἢ 5
γάρ;—Ναί.—Οὐκ ἄρα ἔσται τῷ μήτε ἀγαθῷ μήτε κακῷ τὸ
τοιοῦτον φίλον οἷον αὐτό.—Οὐ φαίνεται.—Τῷ ἀγαθῷ ἄρα
τὸ μήτε ἀγαθὸν μήτε κακὸν μόνῳ μόνον συμβαίνει γίγνεσθαι 217
φίλον.—Ἀνάγκη, ὡς ἔοικεν.

Ἆρ᾽ οὖν καὶ καλῶς, ἦν δ᾽ ἐγώ, ὦ παῖδες, ὑφηγεῖται ἡμῖν
τὸ νῦν λεγόμενον; εἰ γοῦν θέλοιμεν ἐννοῆσαι τὸ ὑγιαῖνον
σῶμα, οὐδὲν ἰατρικῆς δεῖται οὐδὲ ὠφελίας· ἱκανῶς γὰρ ἔχει, 5
ὥστε ὑγιαίνων οὐδεὶς ἰατρῷ φίλος διὰ τὴν ὑγίειαν. ἢ γάρ;
—Οὐδείς.—Ἀλλ᾽ ὁ κάμνων οἶμαι διὰ τὴν νόσον.—Πῶς γὰρ
οὔ;—Νόσος μὲν δὴ κακόν, ἰατρικὴ δὲ ὠφέλιμον καὶ ἀγαθόν. b
—Ναί.—Σῶμα δέ γέ που κατὰ τὸ σῶμα εἶναι οὔτε ἀγαθὸν
οὔτε κακόν.—Οὕτως.—Ἀναγκάζεται δέ γε σῶμα διὰ νόσον
ἰατρικὴν ἀσπάζεσθαι καὶ φιλεῖν.—Δοκεῖ μοι.—Τὸ μήτε
κακὸν ἄρα μήτ᾽ ἀγαθὸν φίλον γίγνεται τοῦ ἀγαθοῦ διὰ κακοῦ 5
παρουσίαν.—Ἔοικεν.—Δῆλον δέ γε ὅτι πρὶν γενέσθαι αὐτὸ
κακὸν ὑπὸ τοῦ κακοῦ οὗ ἔχει. οὐ γὰρ δή γε κακὸν γεγονὸς
ἔτι ἄν τι τοῦ ἀγαθοῦ [οὗ] ἐπιθυμοῖ καὶ φίλον εἴη· ἀδύνατον c
γὰρ ἔφαμεν κακὸν ἀγαθῷ φίλον εἶναι.—Ἀδύνατον γάρ.—

d 5 λέγων] βλέπων ci. anonymus apud Heindorf   e 2 δή
Heindorf: δ᾽ BT   e 3 τοῦ ἀγαθοῦ B: οὐ τοῦ ἀγαθοῦ T   e 4 ἄν
που] δήπου Schanz   a 1 γίγνεσθαι φίλον TW: γίγνεσθαι B
a 4 ἐθέλοιμεν Ast   c 1 ἔτι ci. Salvini: ἐστι B: ἐστιν T   ἄν τι
῀. Schmidt: ἀντὶ BT: ἂν Heindorf   οὗ om. recc.

Σκέψασθε δὴ ὃ λέγω. λέγω γὰρ ὅτι ἔνια μέν, οἷον ἂν ᾖ
τὸ παρόν, τοιαῦτά ἐστι καὶ αὐτά, ἔνια δὲ οὔ. ὥσπερ εἰ
5 ἐθέλοι τις χρώματί τῳ ὁτιοῦν [τι] ἀλεῖψαι, πάρεστίν που
τῷ ἀλειφθέντι τὸ ἐπαλειφθέν.—Πάνυ γε.—Ἆρ᾽ οὖν καὶ
ἔστιν τότε τοιοῦτον τὴν χρόαν τὸ ἀλειφθέν, οἷον τὸ ἐπόν;
d —Οὐ μανθάνω, ἦ δ᾽ ὅς.—Ἀλλ᾽ ὧδε, ἦν δ᾽ ἐγώ. εἴ τίς
σου ξανθὰς οὔσας τὰς τρίχας ψιμυθίῳ ἀλείψειεν, πότερον
τότε λευκαὶ εἶεν ἢ φαίνοιντ᾽ ἄν;—Φαίνοιντ᾽ ἄν, ἦ δ᾽ ὅς.—
Καὶ μὴν παρείη γ᾽ ἂν αὐταῖς λευκότης.—Ναί.—Ἀλλ᾽ ὅμως
5 οὐδέν τι μᾶλλον ἂν εἶεν λευκαί πω, ἀλλὰ παρούσης λευκό-
τητος οὔτε τι λευκαὶ οὔτε μέλαιναί εἰσιν.—Ἀληθῆ.—Ἀλλ᾽
ὅταν δή, ὦ φίλε, τὸ γῆρας αὐταῖς ταὐτὸν τοῦτο χρῶμα ἐπα-
γάγῃ, τότε ἐγένοντο οἷόνπερ τὸ παρόν, λευκοῦ παρουσίᾳ
e λευκαί.—Πῶς γὰρ οὔ;—Τοῦτο τοίνυν ἐρωτῶ νῦν δή, εἰ ᾧ
ἄν τι παρῇ, τοιοῦτον ἔσται τὸ ἔχον οἷον τὸ παρόν· ἢ ἐὰν
μὲν κατά τινα τρόπον παρῇ, ἔσται, ἐὰν δὲ μή, οὔ;—Οὕτω
μᾶλλον, ἔφη.—Καὶ τὸ μήτε κακὸν ἄρα μήτ᾽ ἀγαθὸν ἐνίοτε
5 κακοῦ παρόντος οὔπω κακόν ἐστιν, ἔστιν δ᾽ ὅτε ἤδη τὸ
τοιοῦτον γέγονεν.—Πάνυ γε.—Οὐκοῦν ὅταν μήπω κακὸν ᾖ
κακοῦ παρόντος, αὕτη μὲν ἡ παρουσία ἀγαθοῦ αὐτὸ ποιεῖ
ἐπιθυμεῖν· ἡ δὲ κακὸν ποιοῦσα ἀποστερεῖ αὐτὸ τῆς τε ἐπι-
θυμίας ἅμα καὶ τῆς φιλίας τοῦ ἀγαθοῦ. οὐ γὰρ ἔτι ἐστὶν
218 οὔτε κακὸν οὔτε ἀγαθόν, ἀλλὰ κακόν· φίλον δὲ ἀγαθῷ κακὸν
οὐκ ἦν.—Οὐ γὰρ οὖν.—Διὰ ταῦτα δὴ φαῖμεν ἂν καὶ τοὺς
ἤδη σοφοὺς μηκέτι φιλοσοφεῖν, εἴτε θεοὶ εἴτε ἄνθρωποί
εἰσιν οὗτοι· οὐδ᾽ αὖ ἐκείνους φιλοσοφεῖν τοὺς οὕτως ἄγνοιαν
5 ἔχοντας ὥστε κακοὺς εἶναι· κακὸν γὰρ καὶ ἀμαθῆ οὐδένα
φιλοσοφεῖν. λείπονται δὴ οἱ ἔχοντες μὲν τὸ κακὸν τοῦτο,
τὴν ἄγνοιαν, μήπω δὲ ὑπ᾽ αὐτοῦ ὄντες ἀγνώμονες μηδὲ

c 5 τι BTW: om. recc.   c 6 πάνυ γε BW: om. T
c 7 ἀλειφθέν Heindorf: ἐπαλειφθέν BT   ἐπόν (vel ἐπιόν) Heindorf:
ἔτι ὄν BT   d 3 τότε Heindorf: ποτε BT   altero loco φαίνοιτ᾽ ἄν
B   d 7 τοῦτο B: τοῦτο τὸ T   a 1 ἀγαθῷ κακὸν Heindorf:
ἀγαθῶν κακῷ T: ἀγαθὸν κακῷ Bt

ἀμαθεῖς, ἀλλ' ἔτι ἡγούμενοι μὴ εἰδέναι ἃ μὴ ἴσασιν. διὸ b
δὴ καὶ φιλοσοφοῦσιν οἱ οὔτε ἀγαθοὶ οὔτε κακοί πω ὄντες,
ὅσοι δὲ κακοὶ οὐ φιλοσοφοῦσιν, οὐδὲ οἱ ἀγαθοί· οὔτε γὰρ
τὸ ἐναντίον τοῦ ἐναντίου οὔτε τὸ ὅμοιον τοῦ ὁμοίου φίλον
ἡμῖν ἐφάνη ἐν τοῖς ἔμπροσθεν λόγοις. ἢ οὐ μέμνησθε;— 5
Πάνυ γε, ἐφάτην.—Νῦν ἄρα, ἦν δ' ἐγώ, ὦ Λύσι τε καὶ
Μενέξενε, παντὸς μᾶλλον ἐξηυρήκαμεν ὃ ἔστιν τὸ φίλον καὶ
οὔ. φαμὲν γὰρ αὐτό, καὶ κατὰ τὴν ψυχὴν καὶ κατὰ τὸ
σῶμα καὶ πανταχοῦ, τὸ μήτε κακὸν μήτε ἀγαθὸν διὰ κακοῦ c
παρουσίαν τοῦ ἀγαθοῦ φίλον εἶναι.—Παντάπασιν ἐφάτην τε
καὶ συνεχωρείτην οὕτω τοῦτ' ἔχειν.

Καὶ δὴ καὶ αὐτὸς ἐγὼ πάνυ ἔχαιρον, ὥσπερ θηρευτής τις,
ἔχων ἀγαπητῶς ὃ ἐθηρευόμην. κἄπειτ' οὐκ οἶδ' ὁπόθεν μοι 5
ἀτοπωτάτη τις ὑποψία εἰσῆλθεν ὡς οὐκ ἀληθῆ εἴη τὰ
ὡμολογημένα ἡμῖν, καὶ εὐθὺς ἀχθεσθεὶς εἶπον· Βαβαῖ, ὦ
Λύσι τε καὶ Μενέξενε, κινδυνεύομεν ὄναρ πεπλουτηκέναι.

Τί μάλιστα; ἔφη ὁ Μενέξενος.   d

Φοβοῦμαι, ἦν δ' ἐγώ, μὴ ὥσπερ ἀνθρώποις ἀλαζόσιν
λόγοις τισὶν τοιούτοις [ψευδέσιν] ἐντετυχήκαμεν περὶ τοῦ
φίλου.

Πῶς δή; ἔφη.   5

Ὧδε, ἦν δ' ἐγώ, σκοπῶμεν· φίλος ὃς ἂν εἴη, πότερόν
ἐστίν τῳ φίλος ἢ οὔ;—Ἀνάγκη, ἔφη.—Πότερον οὖν οὐδενὸς
ἕνεκα καὶ δι' οὐδέν, ἢ ἕνεκά του καὶ διά τι;—Ἕνεκά του καὶ
διά τι.—Πότερον φίλου ὄντος ἐκείνου τοῦ πράγματος, οὗ
ἕνεκα φίλος ὁ φίλος τῷ φίλῳ, ἢ οὔτε φίλου οὔτε ἐχθροῦ; 10
—Οὐ πάνυ, ἔφη, ἕπομαι.—Εἰκότως γε, ἦν δ' ἐγώ· ἀλλ' e
ὧδε ἴσως ἀκολουθήσεις, οἶμαι δὲ καὶ ἐγὼ μᾶλλον εἴσομαι
ὅτι λέγω. ὁ κάμνων, νυνδὴ ἔφαμεν, τοῦ ἰατροῦ φίλος· οὐχ
οὕτως;—Ναί.—Οὐκοῦν διὰ νόσον ἕνεκα ὑγιείας τοῦ ἰατροῦ

b 6 πάνυ γε ἐφάτην· νῦν ἄρα B : νῦν πάνυ γε ἐφάτην ἄρα T W
b 8 αὐτό | fort. οὕτω H. Richards   d 3 ψευδέσιν secl. ci. Heindorf
d 6 πότερον scr. recc. : πότερος B T W   e 3 ἔφαμεν Heindorf :
φαμὲν B T

5 φίλος;—Ναί.—Ἡ δέ γε νόσος κακόν;—Πῶς δ' οὔ;—Τί δὲ
ὑγίεια; ἦν δ' ἐγώ· ἀγαθὸν ἢ κακὸν ἢ οὐδέτερα;—Ἀγαθόν,
219 ἔφη.—Ἐλέγομεν δ' ἄρα, ὡς ἔοικεν, ὅτι τὸ σῶμα, οὔτε ἀγα-
θὸν οὔτε κακὸν ⟨ὄν⟩, διὰ τὴν νόσον, τοῦτο δὲ διὰ τὸ κακόν,
τῆς ἰατρικῆς φίλον ἐστίν, ἀγαθὸν δὲ ἰατρική· ἕνεκα δὲ τῆς
ὑγιείας τὴν φιλίαν ἡ ἰατρικὴ ἀνήρηται, ἡ δὲ ὑγίεια ἀγαθόν.
5 ἢ γάρ;—Ναί.—Φίλον δὲ ἢ οὐ φίλον ἡ ὑγίεια;—Φίλον.—
Ἡ δὲ νόσος ἐχθρόν.—Πάνυ γε.—Τὸ οὔτε κακὸν οὔτε
b ἀγαθὸν ἄρα διὰ τὸ κακὸν καὶ τὸ ἐχθρὸν τοῦ ἀγαθοῦ φίλον
ἐστὶν ἕνεκα τοῦ ἀγαθοῦ καὶ φίλου.—Φαίνεται.—Ἕνεκα ἄρα
τοῦ φίλου ⟨τοῦ φίλου⟩ τὸ φίλον φίλον διὰ τὸ ἐχθρόν.—
Ἔοικεν.

5 Εἶεν, ἦν δ' ἐγώ. ἐπειδὴ ἐνταῦθα ἥκομεν, ὦ παῖδες,
πρόσσχωμεν τὸν νοῦν μὴ ἐξαπατηθῶμεν. ὅτι μὲν γὰρ φίλον
τοῦ φίλου τὸ φίλον γέγονεν, ἐῶ χαίρειν, καὶ τοῦ ὁμοίου γε
τὸ ὅμοιον φίλον γίγνεται, ὃ φαμεν ἀδύνατον εἶναι· ἀλλ'
ὅμως τόδε σκεψώμεθα, μὴ ἡμᾶς ἐξαπατήσῃ τὸ νῦν λεγό-
c μενον. ἡ ἰατρική, φαμέν, ἕνεκα τῆς ὑγιείας φίλον.—Ναί.
—Οὐκοῦν καὶ ἡ ὑγίεια φίλον;—Πάνυ γε.—Εἰ ἄρα φίλον,
ἕνεκά του.—Ναί.—Φίλου γέ τινος δή, εἴπερ ἀκολουθήσει τῇ
πρόσθεν ὁμολογίᾳ.—Πάνυ γε.—Οὐκοῦν καὶ ἐκεῖνο φίλον αὖ
5 ἔσται ἕνεκα φίλου;—Ναί.—Ἀρ' οὖν οὐκ ἀνάγκη ἀπειπεῖν
ἡμᾶς οὕτως ἰόντας ἢ ἀφικέσθαι ἐπί τινα ἀρχήν, ἢ οὐκέτ'
ἐπανοίσει ἐπ' ἄλλο φίλον, ἀλλ' ἥξει ἐπ' ἐκεῖνε ὅ ἐστιν
d πρῶτον φίλον, οὗ ἕνεκα καὶ τὰ ἄλλα φαμὲν πι̤ ̤τα φίλα
εἶναι;—Ἀνάγκη.—Τοῦτο δή ἐστιν ὃ λέγω, μὴ ἡμᾶς τἆλλα
πάντα ἃ εἴπομεν ἐκείνου ἕνεκα φίλα εἶναι, ὥσπερ εἴδωλα

a 2 ὄν add. Heindorf   διὰ τὸ κα κὸν B (sed διὰ in ras. et τὸ κα
extra lineam suppl. B²)   a 3 δὲ] δ' ἡ Heindorf   a 4 ἀνήρηται
B T (sed suprascr. ἐπ B² t)   b 3 τοῦ φίλου addidi: post τὸ φίλον add.
Hermann   b 6 πρόσσχωμεν T: πρόσχωμεν B   b 7 γε] γ' ὅτι ci.
Madvig   b 8 φαμὲν B T: ἔφαμε t   c 2 ἡ B T: om. W   c 3 δή
W: δεῖ B T (an δή τινος ! Schanz)   c 6 ἢ Schanz: καὶ B T   ἡ
recc.: ἢ B T: ἡ W   c 7 ἄλλο scr. recc.: ἄλλον B T   ἀλλ' ἥξει
secl. Schanz   d 1 ⟨τὸ⟩ πρῶτον Heindorf   d 2 ἡμᾶς τἆλλα T
et γρ. W: μάλιστα ἄλλα B: μάλιστα ἀλλὰ B² W

ἄττα ὄντα αὐτοῦ, ἐξαπατᾷ, ἢ δ' ἐκεῖνο τὸ πρῶτον, ὃ ὡς
ἀληθῶς ἐστι φίλον. ἐννοήσωμεν γὰρ οὑτωσί· ὅταν τίς τι 5
περὶ πολλοῦ ποιῆται, οἷόνπερ ἐνίοτε πατὴρ υὸν ἀντὶ πάντων
τῶν ἄλλων χρημάτων προτιμᾷ, ὁ δὴ τοιοῦτος ἕνεκα τοῦ τὸν
υὸν περὶ παντὸς ἡγεῖσθαι ἆρα καὶ ἄλλο τι ἂν περὶ πολλοῦ e
ποιοῖτο; οἷον εἰ αἰσθάνοιτο αὐτὸν κώνειον πεπωκότα, ἆρα
περὶ πολλοῦ ποιοῖτ' ἂν οἶνον, εἴπερ τοῦτο ἡγοῖτο τὸν υὸν
σώσειν;—Τί μήν; ἔφη.—Οὐκοῦν καὶ τὸ ἀγγεῖον, ἐν ᾧ ὁ
οἶνος ἐνείη;—Πάνυ γε.—Ἆρ' οὖν τότε οὐδὲν περὶ πλείονος 5
ποιεῖται, κύλικα κεραμέαν ἢ τὸν υὸν τὸν αὑτοῦ, οὐδὲ τρεῖς
κοτύλας οἴνου ἢ τὸν υόν; ἢ ὧδέ πως ἔχει· πᾶσα ἡ τοιαύτη
σπουδὴ οὐκ ἐπὶ τούτοις ἐστὶν ἐσπουδασμένη, ἐπὶ τοῖς ἕνεκά
του παρασκευαζομένοις, ἀλλ' ἐπ' ἐκείνῳ οὗ ἕνεκα πάντα τὰ
τοιαῦτα παρασκευάζεται. οὐχ ὅτι πολλάκις λέγομεν ὡς 220
περὶ πολλοῦ ποιούμεθα χρυσίον καὶ ἀργύριον· ἀλλὰ μὴ
οὐδέν τι μᾶλλον οὕτω τό γε ἀληθὲς ἔχῃ, ἀλλ' ἐκεῖνό ἐστιν
ὃ περὶ παντὸς ποιούμεθα, ὃ ἂν φανῇ ὄν, ὅτου ἕνεκα καὶ
χρυσίον καὶ πάντα τὰ παρασκευαζόμενα παρασκευάζεται. 5
ἆρ' οὕτως φήσομεν;—Πάνυ γε.—Οὐκοῦν καὶ περὶ τοῦ φίλου
ὁ αὐτὸς λόγος; ὅσα γάρ φαμεν φίλα εἶναι ἡμῖν ἕνεκα φίλου
τινὸς ἑτέρου, ῥήματι φαινόμεθα λέγοντες αὐτό· φίλον δὲ b
τῷ ὄντι κινδυνεύει ἐκεῖνο αὐτὸ εἶναι, εἰς ὃ πᾶσαι αὗται αἱ
λεγόμεναι φιλίαι τελευτῶσιν.—Κινδυνεύει οὕτως, ἔφη, ἔχειν.
—Οὐκοῦν τό γε τῷ ὄντι φίλον οὐ φίλου τινὸς ἕνεκα φίλον
ἐστίν;—Ἀληθῆ. 5

Τοῦτο μὲν δὴ ἀπήλλακται, μὴ φίλου τινὸς ἕνεκα τὸ
φίλον φίλον εἶναι· ἀλλ' ἆρα τὸ ἀγαθόν ἐστιν φίλον;—
Ἔμοιγε δοκεῖ.—Ἆρ' οὖν διὰ τὸ κακὸν τὸ ἀγαθὸν φιλεῖται,
καὶ ἔχει ὧδε· εἰ τριῶν ὄντων ὧν νυνδὴ ἐλέγομεν, ἀγαθοῦ c
καὶ κακοῦ καὶ μήτε ἀγαθοῦ μήτε κακοῦ, τὰ δύο λειφθείη, τὸ

d 5 ἐννοήσω μὲν T   ὅταν ci. Stephanus : ὃ ἂν BT: εἰ ὃ ἂν W
τι secl. Heindorf (servato ὃ ἄν)   θ 6 κεραμέαν TW : κεραμέα B
b 1 ἑτέρου Hermann : ἑτέρῳ BT   c 2 λειφθείη Heindorf: λιφθείη
(ut videtur) B : ληφθείη B²T

δὲ κακὸν ἐκποδὼν ἀπέλθοι καὶ μηδενὸς ἐφάπτοιτο μήτε
σώματος μήτε ψυχῆς μήτε τῶν ἄλλων, ἃ δή φαμεν αὐτὰ
5 καθ᾽ αὑτὰ οὔτε κακὰ εἶναι οὔτε ἀγαθά, ἆρα τότε οὐδὲν ἂν
ἡμῖν χρήσιμον εἴη τὸ ἀγαθόν, ἀλλ᾽ ἄχρηστον ἂν γεγονὸς
εἴη; εἰ γὰρ μηδὲν ἡμᾶς ἔτι βλάπτοι, οὐδὲν ἂν οὐδεμιᾶς
d ὠφελίας δεοίμεθα, καὶ οὕτω δὴ ἂν τότε γένοιτο κατάδηλον
ὅτι διὰ τὸ κακὸν τἀγαθὸν ἠγαπῶμεν καὶ ἐφιλοῦμεν, ὡς
φάρμακον ὂν τοῦ κακοῦ τὸ ἀγαθόν, τὸ δὲ κακὸν νόσημα·
νοσήματος δὲ μὴ ὄντος οὐδὲν δεῖ φαρμάκου. ἆρ᾽ οὕτω
5 πέφυκέ τε καὶ φιλεῖται τἀγαθὸν διὰ τὸ κακὸν ὑφ᾽ ἡμῶν, τῶν
μεταξὺ ὄντων τοῦ κακοῦ τε καὶ τἀγαθοῦ, αὐτὸ δ᾽ ἑαυτοῦ
ἕνεκα οὐδεμίαν χρείαν ἔχει;—Ἔοικεν, ἦ δ᾽ ὅς, οὕτως ἔχειν.
—Τὸ ἄρα φίλον ἡμῖν ἐκεῖνο, εἰς ὃ ἐτελεύτα πάντα τὰ ἄλλα
e —ἕνεκα ἑτέρου φίλου φίλα ἔφαμεν εἶναι ἐκεῖνα—οὐδὲν [δὲ]
τούτοις ἔοικεν. ταῦτα μὲν γὰρ φίλου ἕνεκα φίλα κέκληται,
τὸ δὲ τῷ ὄντι φίλον πᾶν τοὐναντίον τούτου φαίνεται πεφυ-
κός· φίλον γὰρ ἡμῖν ἀνεφάνη ὂν ἐχθροῦ ἕνεκα, εἰ δὲ τὸ
5 ἐχθρὸν ἀπέλθοι, οὐκέτι, ὡς ἔοικ᾽, ἔσθ᾽ ἡμῖν φίλον.—Οὔ μοι
δοκεῖ, ἔφη, ὥς γε νῦν λέγεται.—Πότερον, ἦν δ᾽ ἐγώ, πρὸς
Διός, ἐὰν τὸ κακὸν ἀπόληται, οὐδὲ πεινῆν ἔτι ἔσται οὐδὲ
221 διψῆν οὐδὲ ἄλλο οὐδὲν τῶν τοιούτων; ἢ πείνη μὲν ἔσται,
ἐάνπερ ἄνθρωποί τε καὶ τἆλλα ζῷα ᾖ, οὐ μέντοι βλαβερά
γε; καὶ δίψα δὴ καὶ αἱ ἄλλαι ἐπιθυμίαι, ἀλλ᾽ οὐ κακαί, ἅτε
τοῦ κακοῦ ἀπολωλότος; ἢ γελοῖον τὸ ἐρώτημα, ὅτι ποτ᾽
5 ἔσται τότε ἢ μὴ ἔσται; τίς γὰρ οἶδεν; ἀλλ᾽ οὖν τόδε γ᾽
ἴσμεν, ὅτι καὶ νῦν ἔστιν πεινῶντα βλάπτεσθαι, ἔστιν δὲ καὶ
ὠφελεῖσθαι. ἦ γάρ;—Πάνυ γε.—Οὐκοῦν καὶ διψῶντα καὶ
b τῶν ἄλλων τῶν τοιούτων πάντων ἐπιθυμοῦντα ἔστιν ἐνίοτε
μὲν ὠφελίμως ἐπιθυμεῖν, ἐνίοτε δὲ βλαβερῶς, ἐνίοτε δὲ
μηδέτερα;—Σφόδρα γε.—Οὐκοῦν ἐὰν ἀπολλύηται τὰ κακά,
ἅ γε μὴ τυγχάνει ὄντα κακά, τί προσήκει τοῖς κακοῖς συν-

---

e 1 ἃ ante ἕνεκα add. Cornarius secl. mox ἐκεῖνα post εἶναι   δὲ]
δὴ Heindorf : om. Cornarius   a 2 ἐάνπερ] ἔωσπερ ἂν ci. H. Richards
b 4 τυγχάνει scr. recc. : τυγχάνῃ B T W

ἀπόλλυσθαι;—Οὐδέν.—Ἔσονται ἄρα αἱ μήτε ἀγαθαὶ μήτε 5
κακαὶ ἐπιθυμίαι καὶ ἐὰν ἀπόληται τὰ κακά.—Φαίνεται.—
Οἷόν τε οὖν ἐστιν ἐπιθυμοῦντα καὶ ἐρῶντα τούτου οὗ ἐπι-
θυμεῖ καὶ ἐρᾷ μὴ φιλεῖν;—Οὐκ ἔμοιγε δοκεῖ.—Ἔσται ἄρα
καὶ τῶν κακῶν ἀπολομένων, ὡς ἔοικεν, φίλ᾽ ἄττα.—Ναί.— c
Οὐκ ἄν, εἴ γε τὸ κακὸν αἴτιον ἦν τοῦ φίλον τι εἶναι, οὐκ ἂν
ἦν τούτου ἀπολομένου φίλον ἕτερον ἑτέρῳ. αἰτίας γὰρ
ἀπολομένης ἀδύνατόν που ἦν ἔτ᾽ ἐκεῖνο εἶναι, οὗ ἦν αὕτη ἡ
αἰτία.—Ὀρθῶς λέγεις.—Οὐκοῦν ὡμολόγηται ἡμῖν τὸ φίλον 5
φιλεῖν τι καὶ διά τι· καὶ ᾠήθημεν τότε γε διὰ τὸ κακὸν τὸ
μήτε ἀγαθὸν μήτε κακὸν τὸ ἀγαθὸν φιλεῖν;—Ἀληθῆ.—
Νῦν δέ γε, ὡς ἔοικε, φαίνεται ἄλλη τις αἰτία τοῦ φιλεῖν τε d
καὶ φιλεῖσθαι.—Ἔοικεν.—Ἆρ᾽ οὖν· τῷ ὄντι, ὥσπερ ἄρτι
ἐλέγομεν, ἡ ἐπιθυμία τῆς φιλίας αἰτία, καὶ τὸ ἐπιθυμοῦν
φίλον ἐστὶν τούτῳ οὗ ἐπιθυμεῖ καὶ τότε ὅταν ἐπιθυμῇ, ὃ δὲ
τὸ πρότερον ἐλέγομεν φίλον εἶναι, ὕθλος τις ἦν, ὥσπερ 5
ποίημα μακρὸν συγκείμενον;—Κινδυνεύει, ἔφη.—Ἀλλὰ μέν-
τοι, ἦν δ᾽ ἐγώ, τό γε ἐπιθυμοῦν, οὗ ἂν ἐνδεὲς ᾖ, τούτου
ἐπιθυμεῖ. ἦ γάρ;—Ναί.—Τὸ δ᾽ ἐνδεὲς ἄρα φίλον ἐκείνου e
οὗ ἂν ἐνδεὲς ᾖ;—Δοκεῖ μοι.—Ἐνδεὲς δὲ γίγνεται οὗ ἄν τι
ἀφαιρῆται.—Πῶς δ᾽ οὔ;—Τοῦ οἰκείου δή, ὡς ἔοικεν, ὅ τε
ἔρως καὶ ἡ φιλία καὶ ἡ ἐπιθυμία τυγχάνει οὖσα, ὡς φαίνεται,
ὦ Μενέξενέ τε καὶ Λύσι.—Συνεφάτην.—Ὑμεῖς ἄρα εἰ φίλοι 5
ἐστὸν ἀλλήλοις, φύσει πῃ οἰκεῖοί ἐσθ᾽ ὑμῖν αὐτοῖς.—Κομιδῇ,
ἐφάτην.—Καὶ εἰ ἄρα τις ἕτερος ἑτέρου ἐπιθυμεῖ, ἦν δ᾽ ἐγώ,
ὦ παῖδες, ἢ ἐρᾷ, οὐκ ἄν ποτε ἐπεθύμει οὐδὲ ἤρα οὐδὲ ἐφίλει, 222
εἰ μὴ οἰκεῖός πῃ τῷ ἐρωμένῳ ἐτύγχανεν ὢν ἢ κατὰ τὴν
ψυχὴν ἢ κατά τι τῆς ψυχῆς ἦθος ἢ τρόπους ἢ εἶδος.—
Πάνυ γε, ἔφη ὁ Μενέξενος· ὁ δὲ Λύσις ἐσίγησεν.—Εἶεν,

---

b 6 ἀπόληται scr. recc. : ἀπόληται Β Τ : ἀπολήται W   c 2 οὐκ
ἄν] οὐ τἂν ci. H. Richards   c 4 ἄν post ἀδύνατον add. ci. Gold-
bacher   d 6 ποίημα μακρόν] ποίημα μάτην ci. Ast : ποίημα Κρόνῳ
ci. Madvig   e 2 τι Stephanus : τις Β Τ   e 5 λύσι Τ : λύσις Β
a 2 τῷ ἐρωμένῳ Τ : τῶν ἐρωμένων Β W   ὢν Τ : ὃν Β   a 3 τρόπους
Β Τ (sed υ erasum in Β)

5 ἦν δ᾽ ἐγώ. τὸ μὲν δὴ φύσει οἰκεῖον ἀναγκαῖον ἡμῖν πέφαν-
ται φιλεῖν.—Ἔοικεν, ἔφη.—Ἀναγκαῖον ἄρα τῷ γνησίῳ
ἐραστῇ καὶ μὴ προσποιήτῳ φιλεῖσθαι ὑπὸ τῶν παιδικῶν.—

b Ὁ μὲν οὖν Λύσις καὶ ὁ Μενέξενος μόγις πως ἐπενευσάτην,
ὁ δὲ Ἱπποθάλης ὑπὸ τῆς ἡδονῆς παντοδαπὰ ἠφίει χρώματα.

Καὶ ἐγὼ εἶπον, βουλόμενος τὸν λόγον ἐπισκέψασθαι, Εἰ
μέν τι τὸ οἰκεῖον τοῦ ὁμοίου διαφέρει, λέγοιμεν ἄν τι, ὡς
5 ἐμοὶ δοκεῖ, ὦ Λύσι τε καὶ Μενέξενε, περὶ φίλου, ὁ ἔστιν·
εἰ δὲ ταὐτὸν τυγχάνει ὂν ὅμοιόν τε καὶ οἰκεῖον, οὐ ῥᾴδιον
ἀποβαλεῖν τὸν πρόσθεν λόγον, ὡς οὐ τὸ ὅμοιον τῷ ὁμοίῳ
κατὰ τὴν ὁμοιότητα ἄχρηστον· τὸ δὲ ἄχρηστον φίλον

c ὁμολογεῖν πλημμελές. βούλεσθ᾽ οὖν, ἦν δ᾽ ἐγώ, ἐπειδὴ
ὥσπερ μεθύομεν ὑπὸ τοῦ λόγου, συγχωρήσωμεν καὶ φῶμεν
ἕτερόν τι εἶναι τὸ οἰκεῖον τοῦ ὁμοίου;—Πάνυ γε.—Πότερον
οὖν καὶ τἀγαθὸν οἰκεῖον θήσομεν παντί, τὸ δὲ κακὸν ἀλλότριον
5 εἶναι; ἢ τὸ μὲν κακὸν τῷ κακῷ οἰκεῖον, τῷ δὲ ἀγαθῷ τὸ
ἀγαθόν, τῷ δὲ μήτε ἀγαθῷ μήτε κακῷ τὸ μήτε ἀγαθὸν
μήτε κακόν;—Οὕτως ἐφάτην δοκεῖν σφίσιν ἕκαστον ἑκάστῳ

d οἰκεῖον εἶναι.—Πάλιν ἄρα, ἦν δ᾽ ἐγώ, ὦ παῖδες, οὓς τὸ
πρῶτον λόγους ἀπεβαλόμεθα περὶ φιλίας, εἰς τούτους
εἰσπεπτώκαμεν· ὁ γὰρ ἄδικος τῷ ἀδίκῳ καὶ ὁ κακὸς τῷ
κακῷ οὐδὲν ἧττον φίλος ἔσται ἢ ὁ ἀγαθὸς τῷ ἀγαθῷ.—
5 Ἔοικεν, ἔφη.—Τι δέ; τὸ ἀγαθὸν καὶ τὸ οἰκεῖον ἂν ταὐτὸν
φῶμεν εἶναι, ἄλλο τι ἢ ὁ ἀγαθὸς τῷ ἀγαθῷ μόνον φίλος;—
Πάνυ γε.—Ἀλλὰ μὴν καὶ τοῦτό γε ᾠόμεθα ἐξελέγξαι ἡμᾶς
αὐτούς· ἢ οὐ μέμνησθε;—Μεμνήμεθα.

e Τί οὖν ἂν ἔτι χρησαίμεθα τῷ λόγῳ; ἢ δῆλον ὅτι οὐδέν;
δέομαι οὖν, ὥσπερ οἱ σοφοὶ ἐν τοῖς δικαστηρίοις, τὰ εἰρημένα
ἅπαντα ἀναπεμπάσασθαι. εἰ γὰρ μήτε οἱ φιλούμενοι μήτε

b 4 τί ὡς T : πως B W   b 7 ἀποβαλεῖν T : ἀπολιπεῖν B : ἀπολεῖν
W sed γρ. καὶ ἀπολιπεῖν καὶ ἀποβαλεῖν in marg. W   c 2 μεθύομεν
in marg. T : μυθεύομεν B T   c 4 θήσομεν] φήσομεν Schanz
d 6 ἄλλο τι T : ἢ ἄλλο τι B   e 3 ἀναπεμπάσασθαι B (sed ε supra
αι B²)

οἱ φιλοῦντες μήτε οἱ ὅμοιοι μήτε οἱ ἀνόμοιοι μήτε οἱ ἀγαθοὶ
μήτε οἱ οἰκεῖοι μήτε τὰ ἄλλα ὅσα διεληλύθαμεν—οὐ γὰρ 5
ἔγωγε ἔτι μέμνημαι ὑπὸ τοῦ πλήθους—ἀλλ᾽ εἰ μηδὲν τούτων
φίλον ἐστίν, ἐγὼ μὲν οὐκέτι ἔχω τί λέγω.

Ταῦτα δ᾽ εἰπὼν ἐν νῷ εἶχον ἄλλον ἤδη τινὰ τῶν πρεσβυ- 223
τέρων κινεῖν· κᾆτα, ὥσπερ δαίμονές τινες, προσελθόντες οἱ
παιδαγωγοί, ὅ τε τοῦ Μενεξένου καὶ ὁ τοῦ Λύσιδος, ἔχοντες
αὐτῶν τοὺς ἀδελφούς, παρεκάλουν καὶ ἐκέλευον αὐτοὺς οἴκαδ᾽
ἀπιέναι· ἤδη γὰρ ἦν ὀψέ. τὸ μὲν οὖν πρῶτον καὶ ἡμεῖς 5
καὶ οἱ περιεστῶτες αὐτοὺς ἀπηλαύνομεν· ἐπειδὴ δὲ οὐδὲν
ἐφρόντιζον ἡμῶν, ἀλλ᾽ ὑποβαρβαρίζοντες ἠγανάκτουν τε καὶ
οὐδὲν ἧττον ἐκάλουν, ἀλλ᾽ ἐδόκουν ἡμῖν ὑποπεπωκότες ἐν τοῖς b
Ἑρμαίοις ἄποροι εἶναι προσφέρεσθαι, ἡττηθέντες οὖν αὐτῶν
διελύσαμεν τὴν συνουσίαν. ὅμως δ᾽ ἔγωγε ἤδη ἀπιόντων
αὐτῶν, Νῦν μέν, ἦν δ᾽ ἐγώ, ὦ Λύσι τε καὶ Μενέξενε, κατα-
γέλαστοι γεγόναμεν ἐγώ τε, γέρων ἀνήρ, καὶ ὑμεῖς. ἐροῦσι 5
γὰρ οἵδε ἀπιόντες ὡς οἰόμεθα ἡμεῖς ἀλλήλων φίλοι εἶναι—
καὶ ἐμὲ γὰρ ἐν ὑμῖν τίθημι—οὔπω δὲ ὅτι ἔστιν ὁ φίλος οἷοί
τε ἐγενόμεθα ἐξευρεῖν.

e 7 φίλον B : φίλων T   a 2 κᾶτα B : κᾷτα T : εἶτα in marg. T
b 1 ἀλλ᾽] καὶ Heindorf   ὑποπεπωκότες B (sed πω refinxit B²) :
ὑποπεπτωκότες T

ΕΥΘΥΔΗΜΟΣ

ΚΡΙΤΩΝ   ΣΩΚΡΑΤΗΣ

ΚΡ. Τίς ἦν, ὦ Σώκρατες, ᾧ χθὲς ἐν Λυκείῳ διελέγου; a
ἢ πολὺς ὑμᾶς ὄχλος περιειστήκει, ὥστ' ἔγωγε βουλόμενος
ἀκούειν προσελθὼν οὐδὲν οἷός τ' ἦ ἀκοῦσαι σαφές· ὑπερκύψας
μέντοι κατεῖδον, καί μοι ἔδοξεν εἶναι ξένος τις ᾧ διελέγου.
τίς ἦν;   5
ΣΩ. Πότερον καὶ ἐρωτᾷς, ὦ Κρίτων; οὐ γὰρ εἷς ἀλλὰ
δύ' ἤστην.
ΚΡ. Ὃν μὲν ἐγὼ λέγω, ἐκ δεξιᾶς τρίτος ἀπὸ σοῦ καθῆστο·
ἐν μέσῳ δ' ὑμῶν τὸ Ἀξιόχου μειράκιον ἦν. καὶ μάλα πολύ, b
ὦ Σώκρατες, ἐπιδεδωκέναι μοι ἔδοξεν, καὶ τοῦ ἡμετέρου οὐ
πολύ τι τὴν ἡλικίαν διαφέρειν Κριτοβούλου. ἀλλ' ἐκεῖνος
μὲν σκληφρός, οὗτος δὲ προφερὴς καὶ καλὸς καὶ ἀγαθὸς τὴν
ὄψιν.   5
ΣΩ. Εὐθύδημος οὗτός ἐστιν, ὦ Κρίτων, ὃν ἐρωτᾷς, ὁ δὲ
παρ' ἐμὲ καθήμενος ἐξ ἀριστερᾶς ἀδελφὸς τούτου, Διονυσό-
δωρος· μετέχει δὲ καὶ οὗτος τῶν λόγων.
ΚΡ. Οὐδέτερον γιγνώσκω, ὦ Σώκρατες. καινοί τινες αὖ
οὗτοι, ὡς ἔοικε, σοφισταί· ποδαποί; καὶ τίς ἡ σοφία;   c
ΣΩ. Οὗτοι τὸ μὲν γένος, ὡς ἐγῷμαι, ἐντεῦθέν ποθέν
εἰσιν ἐκ Χίου, ἀπῴκησαν δὲ ἐς Θουρίους, φεύγοντες δὲ

---

a 2 ἢ B (sed in ras.) Demetrius: ῇ T   a 4 κατεῖδον T:
κατίδον B   a 6 πότερον Hermann: ὁπότερον B T: λέγ' ὁπότερον
ci. Badham   b 2 ἐπιδεδωκέναι B² t: ἐπιδεδηλωκέναι B T   b 6 ὁ
δὲ παρ' ἐμὲ T W: ὃς δὲ παρέμενε B   b 8 μετέχει] μετεῖχε Heindorf
c 3 φεύγοντες] φυγόντες Heindorf

ἐκεῖθεν πόλλ᾽ ἤδη ἔτη περὶ τούσδε τοὺς τόπους διατρίβουσιν.
5 ὁ δὲ σὺ ἐρωτᾷς τὴν σοφίαν αὐτοῖν, θαυμασία, ὦ Κρίτων·
πάσσοφοι ἀτεχνῶς τώ γε, οὐδ᾽ ᾔδη πρὸ τοῦ ὅτι εἶεν οἱ
παγκρατιασταί. τούτω γάρ ἐστον κομιδῇ παμμάχω. οὐ κατὰ
τὼ Ἀκαρνᾶνε ἐγενέσθην τὼ παγκρατιαστὰ ἀδελφώ· ἐκείνω
d μὲν γὰρ τῷ σώματι μόνον οἵω τε μάχεσθαι, τούτω δὲ πρῶτον
μὲν τῷ σώματι δεινοτάτω ἐστὸν [καὶ μάχῃ, ᾗ πάντων ἔστι
κρατεῖν]—ἐν ὅπλοις γὰρ αὐτώ τε σοφὼ πάνυ μάχεσθαι καὶ
272 ἄλλον, ὃς ἂν διδῷ μισθόν, οἵω τε ποιῆσαι—ἔπειτα τὴν ἐν
τοῖς δικαστηρίοις μάχην κρατίστω καὶ ἀγωνίσασθαι καὶ
ἄλλον διδάξαι λέγειν τε καὶ συγγράφεσθαι λόγους οἵους
εἰς τὰ δικαστήρια. πρὸ τοῦ μὲν οὖν ταῦτα δεινὼ ἤστην
5 μόνον, νῦν δὲ τέλος ἐπιτεθήκατον παγκρατιαστικῇ τέχνῃ. ἡ
γὰρ ἦν λοιπὴ αὐτοῖν μάχη ἀργός, ταύτην νῦν ἐξείργασθον,
ὥστε μηδ᾽ ἂν ἕνα αὐτοῖς οἷόν τ᾽ εἶναι μηδ᾽ ἀνταραι· οὕτω
δεινὼ γεγόνατον ἐν τοῖς λόγοις μάχεσθαί τε καὶ ἐξελέγχειν
b τὸ ἀεὶ λεγόμενον, ὁμοίως ἐάντε ψεῦδος ἐάντε ἀληθὲς ᾖ. ἐγὼ
μὲν οὖν, ὦ Κρίτων, ἐν νῷ ἔχω τοῖν ἀνδροῖν παραδοῦναι
ἐμαυτόν· καὶ γάρ φατον ἐν ὀλίγῳ χρόνῳ ποιῆσαι ἂν καὶ
ἄλλον ὁντινοῦν τὰ αὐτὰ ταῦτα δεινόν.

5 ΚΡ. Τί δέ, ὦ Σώκρατες; οὐ φοβῇ τὴν ἡλικίαν, μὴ ἤδη
πρεσβύτερος ᾖς;

ΣΩ. Ἥκιστά γε, ὦ Κρίτων· ἱκανὸν τεκμήριον ἔχω καὶ
παραμύθιον τοῦ μὴ φοβεῖσθαι. αὐτὼ γὰρ τούτω, ὡς ἔπος
εἰπεῖν, γέροντε ὄντε ἠρξάσθην ταύτης τῆς σοφίας ἧς ἔγωγε
10 ἐπιθυμῶ, τῆς ἐριστικῆς· πέρυσιν ἢ προπέρυσιν οὐδέπω ἤστην
c σοφώ. ἀλλ᾽ ἐγὼ ἓν μόνον φοβοῦμαι, μὴ αὖ ὄνειδος τοῖν
ξένοιν περιάψω, ὥσπερ Κόννῳ τῷ Μητροβίου, τῷ κιθαριστῇ,

c 5 θαυμασία B : θαυμασίαι T : θαυμάσαι Winckelmann   c 6 τώ
γε B W : ὡς ἔγωγε T   c 8 ἐγενέσθην B W : om. T : post d 1
μάχεσθαι transp. Hermann   d 2 καὶ ... κρατεῖν secl. Badham
ἔστι T W : om. B   a 2 καὶ ante ἀγωνίσασθαι secl. Schanz   a 5 ἢ
γὰρ ἦν λοιπὴ αὐτοῖν B T . γρ. ἢ γὰρ ἔτι λοιπὴ αὐτοῖν ἦν T   b 7 ἔχω
B W : ἔχων T   b 10 τῆς ἐριστικῆς secl. Naber   πέρυσιν B :
πέρυσιν δὲ T   c 1 αὖ B : αὐτὸς T W

ὃς ἐμὲ διδάσκει ἔτι καὶ νῦν κιθαρίζειν· ὁρῶντες οὖν οἱ παῖδες
οἱ συμφοιτηταί μοι ἐμοῦ τε καταγελῶσι καὶ τὸν Κόννον
καλοῦσι γεροντοδιδάσκαλον. μὴ οὖν καὶ τοῖν ξένοιν τις 5
ταὐτὸν τοῦτο ὀνειδίσῃ· οἱ δ' αὐτὸ τοῦτο ἴσως φοβούμενοι
τάχα με οὐκ ἂν ἐθέλοιεν προσδέξασθαι. ἐγὼ δ', ὦ Κρίτων,
ἐκεῖσε μὲν ἄλλους πέπεικα συμμαθητάς μοι φοιτᾶν πρε-
σβύτας, ἐνταῦθα δέ γε ἑτέρους πειράσομαι πείθειν. καὶ σὺ τί d
οὐ συμφοιτᾷς; ὡς δὲ δέλεαρ αὐτοῖς ἄξομεν τοὺς σοὺς ὑεῖς·
ἐφιέμενοι γὰρ ἐκείνων οἶδ' ὅτι καὶ ἡμᾶς παιδεύσουσιν.

ΚΡ. Ἀλλ' οὐδὲν κωλύει, ὦ Σώκρατες, ἐάν γε σοὶ δοκῇ.
πρῶτον δέ μοι διήγησαι τὴν σοφίαν τοῖν ἀνδροῖν τίς ἐστιν, 5
ἵνα εἰδῶ ὅτι καὶ μαθησόμεθα.

ΣΩ. Οὐκ ἂν φθάνοις ἀκούων· ὡς οὐκ ἂν ἔχοιμί γε εἰπεῖν
ὅτι οὐ προσεῖχον τὸν νοῦν αὐτοῖν, ἀλλὰ πάνυ καὶ προσεῖχον
καὶ μέμνημαι, καί σοι πειράσομαι ἐξ ἀρχῆς ἅπαντα διηγή-
σασθαι. κατὰ θεὸν γάρ τινα ἔτυχον καθήμενος ἐνταῦθα, e
οὗπερ σύ με εἶδες, ἐν τῷ ἀποδυτηρίῳ μόνος, καὶ ἤδη ἐν νῷ
εἶχον ἀναστῆναι· ἀνισταμένου δέ μου ἐγένετο τὸ εἰωθὸς
σημεῖον τὸ δαιμόνιον. πάλιν οὖν ἐκαθεζόμην, καὶ ὀλίγῳ
ὕστερον εἰσέρχεσθον τούτω—ὅ τ' Εὐθύδημος καὶ ὁ Διονυ- 273
σόδωρος—καὶ ἄλλοι μαθηταὶ ἅμα αὖ πολλοὶ ἐμοὶ δοκεῖν·
εἰσελθόντε δὲ περιεπατείτην ἐν τῷ καταστέγῳ δρόμῳ. καὶ
οὔπω τούτω δύ' ἢ τρεῖς δρόμους περιεληλυθότε ἤστην,
καὶ εἰσέρχεται Κλεινίας, ὃν σὺ φῂς πολὺ ἐπιδεδωκέναι, 5
ἀληθῆ λέγων· ὄπισθεν δὲ αὐτοῦ ἐρασταὶ πάνυ πολλοί τε
καὶ ἄλλοι καὶ Κτήσιππος, νεανίσκος τις Παιανιεύς, μάλα
καλός τε κἀγαθὸς τὴν φύσιν, ὅσον μὴ ὑβριστὴς [δὲ] διὰ τὸ

c 3 οὖν] γοῦν Hertlein   c 4 μοι W : μου ΒΤ   d 1 σὺ τί οὐ
συμφοιτᾷς; ὡς Winckelmann : σὺ τί (τι Τ) που συμφοίτα ἴσως ΒΤ :
οὔτι που συμφοίτα ἴσως W   d 2 ἄξομεν Τ : ἔξομεν ΒW (sed α
supra ἔ W)   d 4 δοκῇ Τ : δοκεῖ Β   e 2 εἶδες W : ἴδες ΒΤ
e 3 δέ μου Τ : δ' ἐμοῦ Β   a 1 τούτω secl. Cobet   a 2 αὖ Β :
om. ΤW : οὐ Hermann : αὐτοῖν Schanz   post πολλοὶ lacunam
indicat Schanz, ξένοι intercidisse ratus   δοκεῖν Β¹ : δοκεῖ ΒΤ
a 3 εἰσελθόντε W : εἰσελθόντες ΒΤ   a 8 ὅσον μὴ ΒΤ (sed μὴ supra
versum Τ)   ὑβριστής· ⟨ὑβριστὴς⟩ δὲ Baiter   δὲ secl. Winckelmann

b νέος εἶναι. ἰδὼν οὖν με ὁ Κλεινίας ἀπὸ τῆς εἰσόδου μόνον
   καθήμενον, ἄντικρυς ἰὼν παρεκαθέζετο ἐκ δεξιᾶς, ὥσπερ καὶ
   σὺ φῄς.· ἰδόντε δὲ αὐτὸν ὅ τε Διονυσόδωρος καὶ ὁ Εὐθύ-
   δημος πρῶτον μὲν ἐπιστάντε διελεγέσθην ἀλλήλοιν, ἄλλην
5 καὶ ἄλλην ἀποβλέποντε εἰς ἡμᾶς—καὶ γὰρ πάνυ αὐτοῖν
   προσεῖχον τὸν νοῦν—ἔπειτα ἰόντε ὁ μὲν παρὰ τὸ μειράκιον
   ἐκαθέζετο, ὁ Εὐθύδημος, ὁ δὲ παρ' αὐτὸν ἐμὲ ἐξ ἀριστερᾶς,
   οἱ δ' ἄλλοι ὡς ἕκαστος ἐτύγχανεν.

c Ἠσπαζόμην οὖν αὐτὼ ἅτε διὰ χρόνου ἑωρακώς· μετὰ δὲ
   τοῦτο εἶπον πρὸς τὸν Κλεινίαν· Ὦ Κλεινία, τώδε μέντοι τὼ
   ἄνδρε σοφώ, Εὐθύδημός τε καὶ Διονυσόδωρος, οὐ τὰ σμικρὰ
   ἀλλὰ τὰ μεγάλα· τὰ γὰρ περὶ τὸν πόλεμον πάντα ἐπί-
5 στασθον, ὅσα δεῖ τὸν μέλλοντα ἀγαθὸν στρατηγὸν ἔσεσθαι,
   τάς τε τάξεις καὶ τὰς ἡγεμονίας τῶν στρατοπέδων καὶ [ὅσα]
   ἐν ὅπλοις μάχεσθαι [διδακτέον]· οἵω τε δὲ καὶ ποιῆσαι
   δυνατὸν εἶναι αὐτὸν αὑτῷ βοηθεῖν ἐν τοῖς δικαστηρίοις, ἄν
   τις αὐτὸν ἀδικῇ.

d Εἰπὼν οὖν ταῦτα κατεφρονήθην ὑπ' αὐτοῖν· ἐγελασάτην
   οὖν ἄμφω βλέψαντε εἰς ἀλλήλω, καὶ ὁ Εὐθύδημος εἶπεν·
   Οὗτοι ἔτι ταῦτα, ὦ Σώκρατες, σπουδάζομεν, ἀλλὰ παρέργοις
   αὐτοῖς χρώμεθα.

5 Κἀγὼ θαυμάσας εἶπον· Καλὸν ἄν που τὸ ἔργον ὑμῶν εἴη,
   εἰ τηλικαῦτα πράγματα πάρεργα ὑμῖν τυγχάνει ὄντα, καὶ
   πρὸς θεῶν εἴπετόν μοι τί ἐστι τοῦτο τὸ καλόν.

   Ἀρετήν, ἔφη, ὦ Σώκρατες, οἰόμεθα οἵω τ' εἶναι παραδοῦναι
   κάλλιστ' ἀνθρώπων καὶ τάχιστα.

e Ὦ Ζεῦ, οἷον, ἦν δ' ἐγώ, λέγετον πρᾶγμα· πόθεν τοῦτο

---

b 2 καὶ T : om. B   b 3 ἰδόντε T : ἰδόντες B   b 5 ἀπο-
βλέποντε T : ἀποβλέποντες B   αὐτοῖν προσεῖχον B : προσεῖχον
αὐτοῖν T   b 7 ὁ εὐθύδημος T : εὐθύδημος B   αὐτὸν ἐμὲ B : αὐτόν
με T   ἐξ ἀριστερᾶς T : ἐν ἀριστερᾷ B W   c 5 ἀγαθὸν T W :
om. B   c 6 ὅσα et c 7 διδακτέον secl. ci. Schanz (ad ὅσα δεῖ
adscriptum fuit)   c 7 μάχεσθαι secl. Badham   d 2 οὖν] γοῦν
Heindorf   βλέψαντε T : βλέψαντες B T   ἀλλήλω T² : ἀλλήλους
B T   d 5 που T : τι B W   e 1 ἦν δ' ἐγώ corr. Coisl. : ἔφην
ἦν δ' ἐγώ B T   λέγετον secl. Cobet

τὸ ἕρμαιον ηὑρέτην; ἐγὼ δὲ περὶ ὑμῶν διενοούμην ἔτι, ὥσπερ
νυνδὴ ἔλεγον, ὡς τὸ πολὺ τοῦτο δεινοῖν ὄντοιν, ἐν ὅπλοις
μάχεσθαι, καὶ ταῦτα ἔλεγον περὶ σφῷν· ὅτε γὰρ τὸ πρότερον
ἐπεδημησάτην, τοῦτο μέμνημαι σφὼ ἐπαγγελλομένω. εἰ 5
δὲ νῦν ἀληθῶς ταύτην τὴν ἐπιστήμην ἔχετον, ἵλεω εἶτον—
ἀτεχνῶς γὰρ ἔγωγε σφὼ ὥσπερ θεὼ προσαγορεύω, συγ-
γνώμην δεόμενος ἔχειν μοι τῶν ἔμπροσθεν εἰρημένων. ἀλλ' 274
ὁρᾶτον, ὦ Εὐθύδημέ τε καὶ Διονυσόδωρε, εἰ ἀληθῆ λέγετον·
ὑπὸ γὰρ τοῦ μεγέθους τοῦ ἐπαγγέλματος οὐδὲν θαυμαστὸν
ἀπιστεῖν.

Ἀλλ' εὖ ἴσθι, ὦ Σώκρατες, [ἔφατον,] τοῦτο οὕτως ἔχον. 5

Μακαρίζω ἄρ' ὑμᾶς ἔγωγε τοῦ κτήματος πολὺ μᾶλλον ἢ
μέγαν βασιλέα τῆς ἀρχῆς· τοσόνδε δέ μοι εἴπετον, εἰ ἐν νῷ
ἔχετον ἐπιδεικνύναι ταύτην τὴν σοφίαν, ἢ πῶς σφῷν βεβού-
λευται.

Ἐπ' αὐτό γε τοῦτο πάρεσμεν, ὦ Σώκρατες, ὡς ἐπιδείξοντε 10
καὶ διδάξοντε, ἐάν τις ἐθέλῃ μανθάνειν. b

Ἀλλ' ὅτι μὲν ἐθελήσουσιν ἅπαντες οἱ μὴ ἔχοντες, ἐγὼ
ὑμῖν ἐγγυῶμαι, πρῶτος μὲν ἐγώ, ἔπειτα δὲ Κλεινίας οὑτοσί,
πρὸς δ' ἡμῖν Κτήσιππός τε ὅδε καὶ οἱ ἄλλοι οὗτοι, ἦν δ' ἐγὼ
δεικνὺς αὐτῷ τοὺς ἐραστὰς τοὺς Κλεινίου· οἱ δὲ ἐτύγχανον 5
ἡμᾶς ἤδη περιστάμενοι. ὁ γὰρ Κτήσιππος ἔτυχε πόρρω
καθεζόμενος τοῦ Κλεινίου—κἀμοὶ δοκεῖν ὡς ἐτύγχανεν ὁ
Εὐθύδημος ἐμοὶ διαλεγόμενος προνενευκὼς εἰς τὸ πρόσθεν,
ἐν μέσῳ ὄντος ἡμῶν τοῦ Κλεινίου ἐπεσκότει τῷ Κτησίππῳ c
τῆς θέας—βουλόμενός τε οὖν θεάσασθαι ὁ Κτήσιππος τὰ
παιδικὰ καὶ ἅμα φιλήκοος ὢν ἀναπηδήσας πρῶτος προσέστη
ἡμῖν ἐν τῷ καταντικρύ· οὕτως οὖν καὶ οἱ ἄλλοι ἐκεῖνον
ἰδόντες περιέστησαν ἡμᾶς, οἵ τε τοῦ Κλεινίου ἐρασταὶ καὶ 5

e 5 ἐπεδημησάτην B W et γρ. T : ἐπεδημείτην T   a 2 λέγετον]
ἐλέγετον B T (sed ε erasum in B)   a 5 ἔφατον secl. Cobet :
ἐφάτην Bekker   b 2 ἀλλ' T : om. B   b 5 αὐτῷ T : αὐτὼ T² :
αὐτω B : αὐτοῖν Hirschig   τοὺς κλεινίου B : τοῦ κλεινίου T W
b 7 κἀμοὶ Badham : ἐμοὶ B T (ὥσθ' ὡς Schanz : ὡς δὲ Bekker)

οἱ τοῦ Εὐθυδήμου τε καὶ Διονυσοδώρου ἑταῖροι. τούτους δὴ ἐγὼ δεικνὺς ἔλεγον τῷ Εὐθυδήμῳ ὅτι πάντες ἕτοιμοι εἶεν

d μανθάνειν· ὅ τε οὖν Κτήσιππος συνέφη μάλα προθύμως καὶ οἱ ἄλλοι, καὶ ἐκέλευον αὐτὼ κοινῇ πάντες ἐπιδείξασθαι τὴν δύναμιν τῆς σοφίας.

Εἶπον οὖν ἐγώ· Ὦ Εὐθύδημε καὶ Διονυσόδωρε, πάνυ μὲν
5 οὖν παντὶ τρόπῳ καὶ τούτοις χαρίσασθον καὶ ἐμοῦ ἕνεκα ἐπιδείξασθον. τὰ μὲν οὖν πλεῖστα δῆλον ὅτι οὐκ ὀλίγον ἔργον ἐπιδεῖξαι· τόδε δέ μοι εἴπετον, πότερον πεπεισμένον ἤδη ὡς χρὴ παρ᾽ ὑμῶν μανθάνειν δύναισθ᾽ ἂν ἀγαθὸν ποιῆσαι

e ἄνδρα μόνον, ἢ καὶ ἐκεῖνον τὸν μήπω πεπεισμένον διὰ τὸ μὴ οἴεσθαι ὅλως τὸ πρᾶγμα τὴν ἀρετὴν μαθητὸν εἶναι ἢ μὴ σφὼ εἶναι αὐτῆς διδασκάλω; φέρε, καὶ τὸν οὕτως ἔχοντα τῆς αὐτῆς τέχνης ἔργον πεῖσαι ὡς καὶ διδακτὸν ἡ ἀρετὴ καὶ οὗτοι
5 ὑμεῖς ἐστε παρ᾽ ὧν ἂν κάλλιστά τις αὐτὸ μάθοι, ἢ ἄλλης;

Ταύτης μὲν οὖν, ἔφη, τῆς αὐτῆς, ὦ Σώκρατες, ὁ Διονυσόδωρος.

Ὑμεῖς ἄρα, ἦν δ᾽ ἐγώ, ὦ Διονυσόδωρε, τῶν νῦν ἀνθρώ-
275 πων κάλλιστ᾽ ἂν προτρέψαιτε εἰς φιλοσοφίαν καὶ ἀρετῆς ἐπιμέλειαν;

Οἰόμεθά γε δή, ὦ Σώκρατες.

Τῶν μὲν τοίνυν ἄλλων τὴν ἐπίδειξιν ἡμῖν, ἔφην, εἰς αὖθις
5 ἀπόθεσθον, τοῦτο δ᾽ αὐτὸ ἐπιδείξασθον· τουτονὶ τὸν νεανίσκον πείσατον ὡς χρὴ φιλοσοφεῖν καὶ ἀρετῆς ἐπιμελεῖσθαι, καὶ χαριεῖσθον ἐμοί τε καὶ τουτοισὶ πᾶσιν. συμβέβηκεν γάρ τι τοιοῦτον τῷ μειρακίῳ τούτῳ· ἐγώ τε καὶ οἵδε πάντες τυγχά- νομεν ἐπιθυμοῦντες ὡς βέλτιστον αὐτὸν γενέσθαι. ἔστι δὲ

d 2 αὐτὼ Bt : αὐτῷ T   d 6 ἐπιδείξασθον T : ἐπιδείξατον BW
d 7 ἔργον ἐπιδεῖξαι B : ἔργον ἐπιδεῖξαι εἴη ἂν T : εἴη ἂν ἐπιδεῖξαι ἔργον W (sed supra εἴη et ἔργον add. signis transpositionis)   πότερον TW : πρότερον B   e 2 τὸ πρᾶγμα secl. Hirschig   τὴν ἀρετὴν secl. Cobet (et mox αὐτοῦ)   e 4 ἡ ἀρετὴ et οὗτοι secl. Cobet
e 5 ὧν T : ὦ B   αὐτὸ T : αὐτὸ*s B   ἄλλης B² : ἄλλως BT
a 1 προτρέψαιτε Aldina : προτρέψετε BT   a 7 τουτοισὶ T : τού- τοισι B

οὗτος Ἀξιόχου μὲν ὑὸς τοῦ Ἀλκιβιάδου τοῦ παλαιοῦ, αὐτα- 10
νεψιὸς δὲ τοῦ νῦν ὄντος Ἀλκιβιάδου· ὄνομα δ' αὐτῷ Κλεινίας. b
ἔστι δὲ νέος· φοβούμεθα δὴ περὶ αὐτῷ, οἷον εἰκὸς περὶ νέῳ,
μή τις φθῇ ἡμᾶς ἐπ' ἄλλο τι ἐπιτήδευμα τρέψας αὐτοῦ τὴν
διάνοιαν καὶ διαφθείρῃ. σφὼ οὖν ἥκετον εἰς κάλλιστον·
ἀλλ' εἰ μή τι διαφέρει ὑμῖν, λάβετον πεῖραν τοῦ μειρακίου 5
καὶ διαλέχθητον ἐναντίον ἡμῶν.

Εἰπόντος οὖν ἐμοῦ σχεδόν τι αὐτὰ ταῦτα ὁ Εὐθύδημος
ἅμα ἀνδρείως τε καὶ θαρραλέως, Ἀλλ' οὐδὲν διαφέρει, ὦ
Σώκρατες, ἔφη, ἐὰν μόνον ἐθέλῃ ἀποκρίνεσθαι ὁ νεανίσκος. c

Ἀλλὰ μὲν δή, ἔφην ἐγώ, τοῦτό γε καὶ εἴθισται· θαμὰ γὰρ
αὐτῷ οἵδε προσιόντες πολλὰ ἐρωτῶσίν τε καὶ διαλέγονται,
ὥστε ἐπιεικῶς θαρρεῖ τὸ ἀποκρίνασθαι.

Τὰ δὴ μετὰ ταῦτα, ὦ Κρίτων, πῶς ἂν καλῶς σοι διηγη- 5
σαίμην; οὐ γὰρ σμικρὸν τὸ ἔργον δύνασθαι ἀναλαβεῖν
διεξιόντα σοφίαν ἀμήχανον ὅσην· ὥστ' ἔγωγε, καθάπερ οἱ
ποιηταί, δέομαι ἀρχόμενος τῆς διηγήσεως Μούσας τε καὶ d
Μνημοσύνην ἐπικαλεῖσθαι. ἤρξατο δ' οὖν ἐνθένδε ποθὲν
ὁ Εὐθύδημος, ὡς ἐγῷμαι· Ὦ Κλεινία, πότεροί εἰσι τῶν
ἀνθρώπων οἱ μανθάνοντες, οἱ σοφοὶ ἢ οἱ ἀμαθεῖς;

Καὶ τὸ μειράκιον, ἅτε μεγάλου ὄντος τοῦ ἐρωτήματος, 5
ἠρυθρίασέν τε καὶ ἀπορήσας ἐνέβλεψεν εἰς ἐμέ· καὶ ἐγὼ
γνοὺς αὐτὸν τεθορυβημένον, Θάρρει, ἦν δ' ἐγώ, ὦ Κλεινία,
καὶ ἀπόκριναι ἀνδρείως, ὁπότερά σοι φαίνεται· ἴσως γάρ e
τοι ὠφελεῖ τὴν μεγίστην ὠφελίαν.

Καὶ ἐν τούτῳ ὁ Διονυσόδωρος προσκύψας μοι μικρὸν
πρὸς τὸ οὖς, πάνυ μειδιάσας τῷ προσώπῳ, Καὶ μήν, ἔφη,
σοί, ὦ Σώκρατες, προλέγω ὅτι ὁπότερ' ἂν ἀποκρίνηται τὸ 5
μειράκιον, ἐξελεγχθήσεται.

b 2 αὐτῷ ... νέῳ B W: αὐτοῦ ... νέου T   b 3 αὐτοῦ T W:
om. B   b 4 διαφθείρῃ B : διαφθαρῇ T   b 8 ἅμα] μάλα Badham
c 1 ἀποκρίνεσθαι B : ἀποκρίνασθαι T   c 4 ἀποκρίνασθαι B : ἀπο-
κρίνεσθαι T   c 5 καλῶς] ἱκανῶς Badham   d 1 τῆς B T : γρ.
τοσῆσδε T   d 2 μνημοσύνην T W : μνήμην B   d 6 ἐνέβλεψεν
T : ἔβλεπεν B   θ 2 ὠφελεῖ] ὠφελήσει Buttmann

Καὶ αὐτοῦ μεταξὺ ταῦτα λέγοντος ὁ Κλεινίας ἔτυχεν
ἀποκρινάμενος, ὥστε οὐδὲ παρακελεύσασθαί μοι ἐξεγένετο
276 εὐλαβηθῆναι τῷ μειρακίῳ, ἀλλ᾽ ἀπεκρίνατο ὅτι οἱ σοφοὶ
εἶεν οἱ μανθάνοντες.

Καὶ ὁ Εὐθύδημος, Καλεῖς δέ τινας, ἔφη, διδασκάλους, ἢ
οὔ;—Ὡμολόγει.—Οὐκοῦν τῶν μανθανόντων οἱ διδάσκαλοι
5 διδάσκαλοί εἰσιν, ὥσπερ ὁ κιθαριστὴς καὶ ὁ γραμματιστὴς
διδάσκαλοι δήπου ἦσαν σοῦ καὶ τῶν ἄλλων παίδων, ὑμεῖς
δὲ μαθηταί;—Συνέφη.—Ἄλλο τι οὖν, ἡνίκα ἐμανθάνετε,
οὔπω ἠπίστασθε ταῦτα ἃ ἐμανθάνετε;—Οὐκ ἔφη.—Ἆρ᾽ οὖν
b σοφοὶ ἦτε, ὅτε ταῦτα οὐκ ἠπίστασθε;—Οὐ δῆτα, ἦ δ᾽ ὅς.
—Οὐκοῦν εἰ μὴ σοφοί, ἀμαθεῖς;—Πάνυ γε.—Ὑμεῖς ἄρα
μανθάνοντες ἃ οὐκ ἠπίστασθε, ἀμαθεῖς ὄντες ἐμανθάνετε.—
Ἐπένευσε τὸ μειράκιον.—Οἱ ἀμαθεῖς ἄρα μανθάνουσιν, ὦ
5 Κλεινία, ἀλλ᾽ οὐχ οἱ σοφοί, ὡς σὺ οἴει.

Ταῦτ᾽ οὖν εἰπόντος αὐτοῦ, ὥσπερ ὑπὸ διδασκάλου χορὸς
ἀποσημήναντος, ἅμα ἀνεθορύβησάν τε καὶ ἐγέλασαν οἱ ἑπό-
c μενοι ἐκεῖνοι μετὰ τοῦ Διονυσοδώρου τε καὶ Εὐθυδήμου· καὶ
πρὶν ἀναπνεῦσαι καλῶς τε καὶ εὖ τὸ μειράκιον, ἐκδεξάμενος
ὁ Διονυσόδωρος, Τί δέ, ὦ Κλεινία, ἔφη, ὁπότε ἀποστοματίζοι
ὑμῖν ὁ γραμματιστής, πότεροι ἐμάνθανον τῶν παίδων τὰ
5 ἀποστοματιζόμενα, οἱ σοφοὶ ἢ οἱ ἀμαθεῖς;—Οἱ σοφοί, ἔφη
ὁ Κλεινίας.—Οἱ σοφοὶ ἄρα μανθάνουσιν ἀλλ᾽ οὐχ οἱ ἀμαθεῖς,
καὶ οὐκ εὖ σὺ ἄρτι Εὐθυδήμῳ ἀπεκρίνω.

d Ἐνταῦθα δὴ καὶ πάνυ μέγα ἐγέλασάν τε καὶ ἐθορύβησαν
οἱ ἐρασταὶ τοῖν ἀνδροῖν, ἀγασθέντες τῆς σοφίας αὐτοῖν· οἱ
δ᾽ ἄλλοι ἡμεῖς ἐκπεπληγμένοι ἐσιωπῶμεν. γνοὺς δὲ ἡμᾶς
ὁ Εὐθύδημος ἐκπεπληγμένους, ἵν᾽ ἔτι μᾶλλον θαυμάζοιμεν
5 αὐτόν, οὐκ ἀνίει τὸ μειράκιον, ἀλλ᾽ ἠρώτα, καὶ ὥσπερ οἱ
ἀγαθοὶ ὀρχησταί, διπλᾶ ἔστρεφε τὰ ἐρωτήματα περὶ τοῦ

---

a 7 ἄλλο τι Τ: ἀλλ᾽ ὅτι Β   b 3 ἠπίστασθε Τ: ἐπίστασθε Β
b 4 ἄρα ΤW: ἄρα σοφοὶ Β   c 4 ὑμῖν Τ: ἡμῖν Β   c 7 εὖ σὺ
scripsi (εὖ Schanz): εὐθὺς ΒΤ   d 1 μέγα ΤW: om. Β   d 5 ἀνίει
Τ: ἂν ἵει Β   ἠρώτα καὶ ΤW: ἠρώτα Β: secl. Schanz

αὐτοῦ, καὶ ἔφη· Πότερον γὰρ οἱ μανθάνοντες μανθάνουσιν
ἃ ἐπίστανται ἢ ἃ μὴ ἐπίστανται;

Καὶ ὁ Διονυσόδωρος πάλιν μικρὸν πρός με ψιθυρίσας,
Καὶ τοῦτ᾽, ἔφη, ὦ Σώκρατες, ἕτερον τοιοῦτον οἷον τὸ e
πρότερον.

Ὦ Ζεῦ, ἔφην ἐγώ, ἦ μὴν καὶ τὸ πρότερόν γε καλὸν ἡμῖν
ἐφάνη τὸ ἐρώτημα.

Πάντ᾽, ἔφη, ὦ Σώκρατες, τοιαῦτα ἡμεῖς ἐρωτῶμεν ἄφυκτα. 5
Τοιγάρτοι, ἦν δ᾽ ἐγώ, δοκεῖτέ μοι εὐδοκιμεῖν παρὰ τοῖς
μαθηταῖς.

Ἐν δὲ τούτῳ ὁ μὲν Κλεινίας τῷ Εὐθυδήμῳ ἀπεκρίνατο
ὅτι μανθάνοιεν οἱ μανθάνοντες ἃ οὐκ ἐπίσταιντο· ὁ δὲ ἤρετο
αὐτὸν διὰ τῶν αὐτῶν ὦνπερ τὸ πρότερον· Τί δέ; ἦ δ᾽ ὅς, οὐκ 277
ἐπίστασαι σὺ γράμματα;—Ναί, ἔφη.—Οὐκοῦν ἅπαντα;—
Ὡμολόγει.—Ὅταν οὖν τις ἀποστοματίζῃ ὁτιοῦν, οὐ γράμματα
ἀποστοματίζει;—Ὡμολόγει.—Οὐκοῦν ὧν τι σὺ ἐπίστασαι,
ἔφη, ἀποστοματίζει, εἴπερ πάντα ἐπίστασαι;—Καὶ τοῦτο 5
ὡμολόγει.—Τί οὖν; ἦ δ᾽ ὅς, ἆρα σὺ ⟨οὐ⟩ μανθάνεις ἅττ᾽ ἂν
ἀποστοματίζῃ τις, ὁ δὲ μὴ ἐπιστάμενος γράμματα μανθάνει;
—Οὔκ, ἀλλ᾽, ἦ δ᾽ ὅς, μανθάνω.—Οὐκοῦν ἃ ἐπίστασαι, ἦ δ᾽
ὅς, μανθάνεις, εἴπερ γε ἅπαντα τὰ γράμματα ἐπίστασαι.— b
Ὡμολόγησεν.—Οὐκ ἄρα ὀρθῶς ἀπεκρίνω, ἔφη.

Καὶ οὔπω σφόδρα τι ταῦτα εἴρητο τῷ Εὐθυδήμῳ, καὶ ὁ
Διονυσόδωρος ὥσπερ σφαῖραν ἐκδεξάμενος τὸν λόγον πάλιν
ἐστοχάζετο τοῦ μειρακίου, καὶ εἶπεν· Ἐξαπατᾷ σε Εὐθύ- 5
δημος, ὦ Κλεινία. εἰπὲ γάρ μοι, τὸ μανθάνειν οὐκ ἐπιστήμην
ἐστὶ λαμβάνειν τούτου οὗ ἄν τις μανθάνῃ;—Ὡμολόγει ὁ
Κλεινίας.—Τὸ δ᾽ ἐπίστασθαι, ἦ δ᾽ ὅς, ἄλλο τι ἢ ἔχειν
ἐπιστήμην ἤδη ἐστίν;—Συνέφη.—Τὸ ἄρα μὴ ἐπίστασθαι

e 3 ἡμῖν Stephanus : ὑμῖν B T W   e 4 τὸ ἐρώτημα secl. Hirschig
a 5 πάντα] ταῦτα scr. Coisl.   a 6 οὐ add. Coisl.   a 8 μανθάνω
T : μανθάνει B W (sed ω supra ει W)   ἦ δ᾽ ὅς Routh : εἰδὼς T : ἔφη
B W   b 1 γράμματα B : γράμματά τ᾽ T   b 3 ταῦτα εἴρητο
B W : εἴρητο ταῦτα T

c μήπω ἔχειν ἐπιστήμην ἐστίν;—Ὡμολόγει αὐτῷ.—Πότερον
οὖν εἰσιν οἱ λαμβάνοντες ὁτιοῦν οἱ ἔχοντες ἤδη ἢ οἳ ἂν μὴ
ἔχωσιν;—Οἳ ἂν μή.—Οὐκοῦν ὡμολόγηκας εἶναι τούτων καὶ
τοὺς μὴ ἐπισταμένους, τῶν μὴ ἐχόντων;—Κατένευσε.—
5 Τῶν λαμβανόντων ἄρ' εἰσὶν οἱ μανθάνοντες, ἀλλ' οὐ τῶν
ἐχόντων;—Συνέφη.—Οἱ μὴ ἐπιστάμενοι ἄρα, ἔφη, μανθά-
νουσιν, ὦ Κλεινία, ἀλλ' οὐχ οἱ ἐπιστάμενοι.

d   Ἔτι δὴ ἐπὶ τὸ τρίτον καταβαλὼν ὥσπερ πάλαισμα ὥρμα
ὁ Εὐθύδημος τὸν νεανίσκον· καὶ ἐγὼ γνοὺς βαπτιζόμενον τὸ
μειράκιον, βουλόμενος ἀναπαῦσαι αὐτό, μὴ ἡμῖν ἀποδειλιά-
σειε, παραμυθούμενος εἶπον· Ὦ Κλεινία, μὴ θαύμαζε εἰ
5 σοι φαίνονται ἀήθεις οἱ λόγοι. ἴσως γὰρ οὐκ αἰσθάνῃ
οἷον ποιεῖτον τὼ ξένω περὶ σέ· ποιεῖτον δὲ ταὐτὸν ὅπερ
οἱ ἐν τῇ τελετῇ τῶν Κορυβάντων, ὅταν τὴν θρόνωσιν
ποιῶσιν περὶ τοῦτον ὃν ἂν μέλλωσι τελεῖν. καὶ γὰρ ἐκεῖ
χορεία τίς ἐστι καὶ παιδιά, εἰ ἄρα καὶ τετέλεσαι· καὶ νῦν

e τούτω οὐδὲν ἄλλο ἢ χορεύετον περὶ σὲ καὶ οἷον ὀρχεῖσθον
παίζοντε, ὡς μετὰ τοῦτο τελοῦντε. νῦν οὖν νόμισον τὰ
πρῶτα τῶν ἱερῶν ἀκούειν τῶν σοφιστικῶν. πρῶτον γάρ,
ὥς φησι Πρόδικος, περὶ ὀνομάτων ὀρθότητος μαθεῖν δεῖ·
5 ὃ δὴ καὶ ἐνδείκνυσθόν σοι τὼ ξένω, ὅτι οὐκ ᾔδησθα τὸ
μανθάνειν ὅτι οἱ ἄνθρωποι καλοῦσι μὲν ἐπὶ τῷ τοιῷδε, ὅταν
τις ἐξ ἀρχῆς μηδεμίαν ἔχων ἐπιστήμην περὶ πράγματός
278 τινος ἔπειτα ὕστερον αὐτοῦ λαμβάνῃ τὴν ἐπιστήμην, καλοῦσι
δὲ ταὐτὸν τοῦτο καὶ ἐπειδὰν ἔχων ἤδη τὴν ἐπιστήμην ταύτῃ
τῇ ἐπιστήμῃ ταὐτὸν τοῦτο πρᾶγμα ἐπισκοπῇ ἢ πραττόμενον
ἢ λεγόμενον—μᾶλλον μὲν αὐτὸ συνιέναι καλοῦσιν ἢ μαν-
θάνειν, ἔστι δ' ὅτε καὶ μανθάνειν—σὲ δὲ τοῦτο, ὡς οὗτοι
ἐνδείκνυνται, διαλέληθεν, ταὐτὸν ὄνομα ἐπ' ἀνθρώποις ἐναν-

c 1 ἐστίν T : ἔχειν B   πότερον B T : πότεροι W   c 3 ἔχωσιν
huc transp. Badham : post μή B T : secl. Schanz   d 1 κατα-
βαλὼν Heindorf : καταβαλὼν B T : secl. Badham (etiam τὸν νεανίσκον
secl. Cobet)   d 5 ἀήθεις T et in marg. γρ. W : ἀληθεῖς B W
d 8 ποιῶσιν B T W : ποιῶνται in marg. T   d 9 χορεία in marg. W t :
χορηγία B T W   e 2 παίζοντε T : παίζοντες B

τίως ἔχουσιν κείμενον, τῷ τε εἰδότι καὶ ἐπὶ τῷ μή· παρα-
πλήσιον δὲ τούτῳ καὶ τὸ ἐν τῷ δευτέρῳ ἐρωτήματι, ἐν ᾧ
ἠρώτων σε πότερα μανθάνουσιν οἱ ἄνθρωποι ἃ ἐπίστανται b
ἢ ἃ μή. ταῦτα δὴ τῶν μαθημάτων παιδιά ἐστιν—διὸ καί
φημι ἐγώ σοι τούτους προσπαίζειν—παιδιὰν δὲ λέγω διὰ
ταῦτα, ὅτι, εἰ καὶ πολλά τις ἢ καὶ πάντα τὰ τοιαῦτα μάθοι,
τὰ μὲν πράγματα οὐδὲν ἂν μᾶλλον εἰδείη πῇ ἔχει, προσ- 5
παίζειν δὲ οἷός τ᾽ ἂν εἴη τοῖς ἀνθρώποις διὰ τὴν τῶν ὀνο-
μάτων διαφορὰν ὑποσκελίζων καὶ ἀνατρέπων, ὥσπερ οἱ τὰ
σκολύθρια τῶν μελλόντων καθιζήσεσθαι ὑποσπῶντες χαίρουσι
καὶ γελῶσιν, ἐπειδὰν ἴδωσιν ὕπτιον ἀνατετραμμένον. ταῦτα c
μὲν οὖν σοι παρὰ τούτων νόμιζε παιδιὰν γεγονέναι· τὸ δὲ
μετὰ ταῦτα δῆλον ὅτι τούτω γέ σοι αὐτὼ τὰ σπουδαῖα
ἐνδείξεσθον, καὶ ἐγὼ ὑφηγήσομαι αὐτοῖν ἵνα μοι ὃ ὑπέσχοντο
ἀποδῶσιν. ἐφάτην γὰρ ἐπιδείξασθαι τὴν προτρεπτικὴν 5
σοφίαν· νῦν δέ, μοι δοκεῖ, δεῖν ᾠηθήτην πρότερον παῖσαι
πρὸς σέ. ταῦτα μὲν οὖν, ὦ Εὐθύδημέ τε καὶ Διονυσόδωρε,
πεπαίσθω τε ὑμῖν, καὶ ἴσως ἱκανῶς ἔχει· τὸ δὲ δὴ μετὰ d
ταῦτα ἐπιδείξατον προτρέποντε τὸ μειράκιον ὅπως χρὴ
σοφίας τε καὶ ἀρετῆς ἐπιμεληθῆναι. πρότερον δ᾽ ἐγὼ σφῷν
ἐνδείξομαι οἷον αὐτὸ ὑπολαμβάνω καὶ οἵου αὐτοῦ ἐπιθυμῶ
ἀκοῦσαι. ἐὰν οὖν δόξω ὑμῖν ἰδιωτικῶς τε καὶ γελοίως αὐτὸ 5
ποιεῖν, μή μου καταγελᾶτε· ὑπὸ προθυμίας γὰρ τοῦ ἀκοῦσαι
τῆς ὑμετέρας σοφίας τολμήσω ἀπαυτοσχεδιάσαι ἐναντίον
ὑμῶν. ἀνάσχεσθον οὖν ἀγελαστὶ ἀκούοντες αὐτοί τε καὶ e
οἱ μαθηταὶ ὑμῶν· σὺ δέ μοι, ὦ παῖ Ἀξιόχου, ἀπόκριναι.
Ἆρά γε πάντες ἄνθρωποι βουλόμεθα εὖ πράττειν; ἢ

a 7 τῷ τε B: ἐπὶ τῷ τε TW   ἐπὶ secl. Schanz   c 3 αὐτὼ] αὖ
Schleiermacher: αὐτὰ Heindorf   c 4 ἐνδείξεσθον B: ἐνδείξαισθον
T: ἐνδείξασθον W (sed ε supra α W)   c 5 ἀποδῶσιν W: ἀποδώσειν
B T (αὐτοῖν ἅ μοι ὑπέσχοντο ἀποδώσειν ci. Winckelmann)   ἐπιδείξε-
σθαι Stephanus   c 6 δεῖν ᾠηθήτην πρότερον T: δεῖν ᾠηθήτην
πρότερον δεῖν B W   παῖσαι T: παιξαι B: παῖξαι W t   d 1 πεπαίσθω
T: πεπαυσθω B   d 7 ἀπαυτοσχεδιάσαι W: ἀπ᾽ αὐτὸ σχεδιάσαι B:
αὐτοσχεδιάσαι T   e 1 ἀνάσχεσθον T: ἀνασχεθον B

τοῦτο μὲν ἐρώτημα ὧν νυνδὴ ἐφοβούμην ἓν τῶν καταγελά-
5 στων; ἀνόητον γὰρ δήπου καὶ τὸ ἐρωτᾶν τὰ τοιαῦτα· τίς γὰρ
οὐ βούλεται ἀνθρώπων εὖ πράττειν;—Οὐδεὶς ὅστις οὔκ, ἔφη
279 ὁ Κλεινίας.—Εἶεν, ἦν δ' ἐγώ· τὸ δὴ μετὰ τοῦτο, ἐπειδὴ βου-
λόμεθα εὖ πράττειν, πῶς ἂν εὖ πράττοιμεν; ἆρ' ἂν εἰ ἡμῖν
πολλὰ κἀγαθὰ εἴη; ἢ τοῦτο ἐκείνου ἔτι εὐηθέστερον; δῆλον
γάρ που καὶ τοῦτο ὅτι οὕτως ἔχει.—Συνέφη.—Φέρε δή,
5 ἀγαθὰ δὲ ποῖα ἄρα τῶν ὄντων τυγχάνει ἡμῖν ὄντα; ἢ οὐ
χαλεπὸν οὐδὲ σεμνοῦ ἀνδρὸς πάνυ τι οὐδὲ τοῦτο ἔοικεν εἶναι
εὐπορεῖν; πᾶς γὰρ ἂν ἡμῖν εἴποι ὅτι τὸ πλουτεῖν ἀγαθόν·
ἢ γάρ;—Πάνυ γ', ἔφη.—Οὐκοῦν καὶ τὸ ὑγιαίνειν καὶ τὸ
b καλὸν εἶναι καὶ τἆλλα κατὰ τὸ σῶμα ἱκανῶς παρεσκευά-
σθαι;—Συνεδόκει.—Ἀλλὰ μὴν εὐγένειά γε καὶ δυνάμεις καὶ
τιμαὶ ἐν τῇ ἑαυτοῦ δῆλά ἐστιν ἀγαθὰ ὄντα.—Ὡμολόγει.—
Τί οὖν, ἔφην, ἔτι ἡμῖν λείπεται τῶν ἀγαθῶν; τί ἄρα ἐστὶν
5 τὸ σώφρονά τε εἶναι καὶ δίκαιον καὶ ἀνδρεῖον; πότερον
πρὸς Διός, ὦ Κλεινία, ἡγῇ σύ, ἐὰν ταῦτα τιθῶμεν ὡς
ἀγαθά, ὀρθῶς ἡμᾶς θήσειν, ἢ ἐὰν μή; ἴσως γὰρ ἄν τις ἡμῖν
ἀμφισβητήσειεν· σοὶ δὲ πῶς δοκεῖ;—Ἀγαθά, ἔφη ὁ Κλει-
c νίας.—Εἶεν, ἦν δ' ἐγώ· τὴν δὲ σοφίαν ποῦ χοροῦ τάξομεν;
ἐν τοῖς ἀγαθοῖς, ἢ πῶς λέγεις;—Ἐν τοῖς ἀγαθοῖς.—Ἐνθυ-
μοῦ δὴ μή τι παραλείπωμεν τῶν ἀγαθῶν, ὅτι καὶ ἄξιον
λόγου.—Ἀλλά μοι δοκοῦμεν, ἔφη, οὐδέν, ὁ Κλεινίας.—Καὶ
5 ἐγὼ ἀναμνησθεὶς εἶπον ὅτι Ναὶ μὰ Δία κινδυνεύομέν γε
τὸ μέγιστον τῶν ἀγαθῶν παραλιπεῖν.—Τί τοῦτο; ἦ δ' ὅς.
—Τὴν εὐτυχίαν, ὦ Κλεινία· ὃ πάντες φασί, καὶ οἱ πάνυ
φαῦλοι, μέγιστον τῶν ἀγαθῶν εἶναι.—Ἀληθῆ λέγεις, ἔφη.
—Καὶ ἐγὼ αὖ πάλιν μετανοήσας εἶπον ὅτι Ὀλίγου κατα-
d γέλαστοι ἐγενόμεθα ὑπὸ τῶν ξένων ἐγώ τε καὶ σύ, ὦ παῖ
Ἀξιόχου.—Τί δή, ἔφη, τοῦτο;—Ὅτι εὐτυχίαν ἐν τοῖς ἔμ-
προσθεν θέμενοι νυνδὴ αὖθις περὶ τοῦ αὐτοῦ ἐλέγομεν.—

e 6 ἀνθρώπων TW : om. B   a 7 εὐπορεῖν B : εὑρεῖν T   ἂν T :
om. B   b 2 γε scripsi : τε BT   c 3 παραλείπωμεν] παρε-
λίπομεν Cobet

Τί οὖν δὴ τοῦτο;—Καταγέλαστον δήπου, ὃ πάλαι πρόκειται,
τοῦτο πάλιν προτιθέναι καὶ δὶς ταὐτὰ λέγειν.—Πῶς, ἔφη, 5
τοῦτο λέγεις;—Ἡ σοφία δήπου, ἦν δ' ἐγώ, εὐτυχία ἐστίν·
τοῦτο δὲ κἂν παῖς γνοίη.—Καὶ ὃς ἐθαύμασεν· οὕτως ἔτι νέος
τε καὶ εὐήθης ἐστί.—Κἀγὼ γνοὺς αὐτὸν θαυμάζοντα, Ἆρα
οὐκ οἶσθα, ἔφην, ὦ Κλεινία, ὅτι περὶ αὐλημάτων εὐπραγίαν e
οἱ αὐληταὶ εὐτυχέστατοί εἰσιν;—Συνέφη.—Οὐκοῦν, ἦν δ'
ἐγώ, καὶ περὶ γραμμάτων γραφῆς τε καὶ ἀναγνώσεως οἱ
γραμματισταί;—Πάνυ γε.—Τί δέ; πρὸς τοὺς τῆς θαλάττης
κινδύνους μῶν οἴει εὐτυχεστέρους τινὰς εἶναι τῶν σοφῶν 5
κυβερνητῶν, ὡς ἐπὶ πᾶν εἰπεῖν;—Οὐ δῆτα.—Τί δέ; στρα-
τευόμενος μετὰ ποτέρου ἂν ἥδιον τοῦ κινδύνου τε καὶ τῆς
τύχης μετέχοις, μετὰ σοφοῦ στρατηγοῦ ἢ μετὰ ἀμαθοῦς;— 280
Μετὰ σοφοῦ.—Τί δέ; ἀσθενῶν μετὰ ποτέρου ἂν ἡδέως
κινδυνεύοις, μετὰ σοφοῦ ἰατροῦ ἢ μετὰ ἀμαθοῦς;—Μετὰ
σοφοῦ.—Ἆρ' οὖν, ἦν δ' ἐγώ, ὅτι εὐτυχέστερον ἂν οἴει πράτ-
τειν μετὰ σοφοῦ πράττων ἢ μετὰ ἀμαθοῦς;—Συνεχώρει.— 5
Ἡ σοφία ἄρα πανταχοῦ εὐτυχεῖν ποιεῖ τοὺς ἀνθρώπους·
οὐ γὰρ δήπου ἁμαρτάνοι γ' ἄν ποτέ τι σοφία, ἀλλ' ἀνάγκη
ὀρθῶς πράττειν καὶ τυγχάνειν· ἢ γὰρ ἂν οὐκέτι σοφία εἴη.

Συνωμολογησάμεθα τελευτῶντες οὐκ οἶδ' ὅπως ἐν κεφα- b
λαίῳ οὕτω τοῦτο ἔχειν, σοφίας παρούσης, ᾧ ἂν παρῇ, μηδὲν
προσδεῖσθαι εὐτυχίας· ἐπειδὴ δὲ τοῦτο συνωμολογησάμεθα,
πάλιν ἐπυνθανόμην αὐτοῦ τὰ πρότερον ὡμολογημένα πῶς
ἂν ἡμῖν ἔχοι. Ὡμολογήσαμεν γάρ, ἔφην, εἰ ἡμῖν ἀγαθὰ 5
πολλὰ παρείη, εὐδαιμονεῖν ἂν καὶ εὖ πράττειν.—Συνέφη.—
Ἆρ' οὖν εὐδαιμονοῖμεν ἂν διὰ τὰ παρόντα ἀγαθά, εἰ μηδὲν
ἡμᾶς ὠφελοῖ ἢ εἰ ὠφελοῖ;—Εἰ ὠφελοῖ, ἔφη.—Ἆρ' οὖν ἄν
τι ὠφελοῖ, εἰ εἴη μόνον ἡμῖν, χρώμεθα δ' αὐτοῖς μή; οἷον c

d 5 προτιθέναι] τιθέναι Cobet   e 1 εὐπραγίαν secl. ci. Schanz
a 2 ἡδέως] ἥδιον Hirschig   a 3 κινδυνεύοις B t : κινδυνεύεις T
a 7 τι ci. Heindorf : τις B T (τις σοφίᾳ Aldina)   b 2 ᾧ ἂν Casaubon :
ὅταν B T W   b 3 συνωμολογησάμεθα T W : συνωμολογησόμεθα B
b 5 ἂν] ἄρ' Badham   c 1 ὠφελοῖ εἰ εἴη Bekker (et sic legit
Iamblichus) : ὠφελοίη η B : ὠφελοιη εἰ ἦι T

σιτία εἰ ἡμῖν εἴη πολλά, ἐσθίοιμεν δὲ μή, ἢ ποτόν, πίνοιμεν
δὲ μή, ἔσθ' ὅτι ὠφελοίμεθ' ἄν;—Οὐ δῆτα, ἔφη.—Τί δέ;
οἱ δημιουργοὶ πάντες, εἰ αὐτοῖς εἴη πάντα τὰ ἐπιτήδεια
5 παρεσκευασμένα ἑκάστῳ εἰς τὸ ἑαυτοῦ ἔργον, χρῷντο δὲ
αὐτοῖς μή, ἆρ' ἂν οὗτοι εὖ πράττοιεν διὰ τὴν κτῆσιν, ὅτι
κεκτημένοι εἶεν πάντα ἃ δεῖ κεκτῆσθαι τὸν δημιουργόν;
οἷον τέκτων, εἰ παρεσκευασμένος εἴη τά τε ὄργανα ἅπαντα
καὶ ξύλα ἱκανά, τεκταίνοιτο δὲ μή, ἔσθ' ὅτι ὠφελοῖτ' ἂν
d ἀπὸ τῆς κτήσεως;—Οὐδαμῶς, ἔφη.—Τί δέ, εἴ τις κεκτη-
μένος εἴη πλοῦτόν τε καὶ ἃ νυνδὴ ἐλέγομεν πάντα τὰ ἀγαθά,
χρῷτο δὲ αὐτοῖς μή, ἆρ' ἂν εὐδαιμονοῖ διὰ τὴν τούτων
κτῆσιν τῶν ἀγαθῶν;—Οὐ δῆτα, ὦ Σώκρατες.—Δεῖ ἄρα,
5 ἔφην, ὡς ἔοικεν, μὴ μόνον κεκτῆσθαι τὰ τοιαῦτα ἀγαθὰ τὸν
μέλλοντα εὐδαίμονα ἔσεσθαι, ἀλλὰ καὶ χρῆσθαι αὐτοῖς· ἢ
οὐδὲν ὄφελος τῆς κτήσεως γίγνεται.—Ἀληθῆ λέγεις.—Ἆρ'
e οὖν, ὦ Κλεινία, ἤδη τοῦτο ἱκανὸν πρὸς τὸ εὐδαίμονα ποιῆσαί
τινα, τό τε κεκτῆσθαι τἀγαθὰ καὶ τὸ χρῆσθαι αὐτοῖς;—
Ἔμοιγε δοκεῖ.—Πότερον, ἦν δ' ἐγώ, ἐὰν ὀρθῶς χρῆταί τις
ἢ καὶ ἐὰν μή;—Ἐὰν ὀρθῶς.—Καλῶς γε, ἦν δ' ἐγώ, λέγεις.
5 πλέον γάρ που οἶμαι θάτερόν ἐστιν, ἐάν τις χρῆται ὁτῳοῦν
μὴ ὀρθῶς πράγματι ἢ ἐὰν ἐᾷ· τὸ μὲν γὰρ κακόν, τὸ δὲ οὔτε
281 κακὸν οὔτε ἀγαθόν. ἢ οὐχ οὕτω φαμέν;—Συνεχώρει.—Τί
οὖν; ἐν τῇ ἐργασίᾳ τε καὶ χρήσει τῇ περὶ τὰ ξύλα μῶν
ἄλλο τί ἐστιν τὸ ἀπεργαζόμενον ὀρθῶς χρῆσθαι ἢ ἐπιστήμη
ἡ τεκτονική;—Οὐ δῆτα, ἔφη.—Ἀλλὰ μήν που καὶ ἐν τῇ
5 περὶ τὰ σκεύη ἐργασίᾳ τὸ ὀρθῶς ἐπιστήμη ἐστὶν ἡ ἀπεργα-
ζομένη.—Συνέφη.—Ἆρ' οὖν, ἦν δ' ἐγώ, καὶ περὶ τὴν χρείαν
ὧν ἐλέγομεν τὸ πρῶτον τῶν ἀγαθῶν, πλούτου τε καὶ ὑγιείας

c 2 ποτόν] ποτά ci. Heindorf   c 6 ἂν TW : om. B   ὅτι T : οἱ B
d 3 τὴν τούτων τῶν ἀγαθῶν κτῆσιν Iamblichus   d 4 δεῖ Iamblichus :
δεῖν BTW   d 6 ἢ Iamblichus : ὡς BT   e 1 ἤδη TW
Stobaeus : ὃ δὴ B   τοῦτο ἱκανὸν T Stobaeus : τούτῳ καλλίῳ B :
τούτῳ καλλίῳ W   e 4 ἢ καὶ BTW : ἢ Stobaeus   γε Sto-
baeus : δὲ BTW   e 5 μὴ ὀρθῶς ὁτῳοῦν πράγματι Iamblichus
Stobaeus

καὶ κάλλους, τὸ ὀρθῶς πᾶσι τοῖς τοιούτοις χρῆσθαι ἐπι-
στήμη ἦν ἡγουμένη καὶ κατορθοῦσα τὴν πρᾶξιν, ἢ ἄλλο τι; b
—Ἐπιστήμη, ἦ δ' ὅς.—Οὐ μόνον ἄρα εὐτυχίαν ἀλλὰ καὶ
εὐπραγίαν, ὡς ἔοικεν, ἡ ἐπιστήμη παρέχει τοῖς ἀνθρώποις
ἐν πάσῃ κτήσει τε καὶ πράξει.—Ὡμολόγει.—Ἆρ' οὖν ὦ
πρὸς Διός, ἦν δ' ἐγώ, ὄφελός τι τῶν ἄλλων κτημάτων ἄνευ 5
φρονήσεως καὶ σοφίας; ἆρά γε ἂν ὄναιτο ἄνθρωπος πολλὰ
κεκτημένος καὶ πολλὰ πράττων νοῦν μὴ ἔχων, ἢ μᾶλλον
ὀλίγα νοῦν ἔχων; ὧδε δὲ σκόπει· οὐκ ἐλάττω πράττων
ἐλάττω ἂν ἐξαμαρτάνοι, ἐλάττω δὲ ἁμαρτάνων ἧττον ἂν c
κακῶς πράττοι, ἧττον δὲ κακῶς πράττων ἄθλιος ἧττον ἂν
εἴη;—Πάνυ γ', ἔφη.—Πότερον οὖν ἂν μᾶλλον ἐλάττω τις
πράττοι πένης ὢν ἢ πλούσιος;—Πένης, ἔφη.—Πότερον δὲ
ἀσθενὴς ἢ ἰσχυρός;—Ἀσθενής.—Πότερον δὲ ἔντιμος ἢ 5
ἄτιμος;—Ἄτιμος.—Πότερον δὲ ἀνδρεῖος ὢν καὶ σώφρων
ἐλάττω ἂν πράττοι ἢ δειλός;—Δειλός.—Οὐκοῦν καὶ ἀργὸς
μᾶλλον ἢ ἐργάτης;—Συνεχώρει.—Καὶ βραδὺς μᾶλλον ἢ
ταχύς, καὶ ἀμβλὺ ὁρῶν καὶ ἀκούων μᾶλλον ἢ ὀξύ;—Πάντα d
τὰ τοιαῦτα συνεχωροῦμεν ἀλλήλοις.—Ἐν κεφαλαίῳ δ', ἔφην,
ὦ Κλεινία, κινδυνεύει σύμπαντα ἃ τὸ πρῶτον ἔφαμεν ἀγαθὰ
εἶναι, οὐ περὶ τούτου ὁ λόγος αὐτοῖς εἶναι, ὅπως αὐτά γε
καθ' αὑτὰ πέφυκεν ἀγαθὰ [εἶναι], ἀλλ' ὡς ἔοικεν ὧδ' ἔχει· 5
ἐὰν μὲν αὐτῶν ἡγῆται ἀμαθία, μείζω κακὰ εἶναι τῶν ἐναν-
τίων, ὅσῳ δυνατώτερα ὑπηρετεῖν τῷ ἡγουμένῳ κακῷ ὄντι,
ἐὰν δὲ φρόνησίς τε καὶ σοφία, μείζω ἀγαθά, αὐτὰ δὲ καθ'
αὑτὰ οὐδέτερα αὐτῶν οὐδενὸς ἄξια εἶναι.—Φαίνεται, ἔφη, e
ὡς ἔοικεν, οὕτως, ὡς σὺ λέγεις.—Τί οὖν ἡμῖν συμβαίνει ἐκ

a 8 τὸ ... χρῆσθαι secl. Badham   b 1 ἦν] ἡ Badham   b 3 τοῖς
ἀνθρώποις T W Iamblichus : om. B   b 6 ἂν ὄναιτο B : ὀνίναιτ'
ἂν T   b 7 μᾶλλον ἢ ὀλίγα ; (om. νοῦν ἔχων) Iamblichus   c 3 ἂν
T : om. B   c 6 καὶ σώφρων secl. Badham   c 7 πράττοι T :
πράττοις B (sed σ punctis notatum)   d 2 ξυνεχωροῦμεν T W : ξυνε-
χώρουν ἐν B   d 3 κινδυνεύει B : κινδυνεύεις T   d 4 ὁ λόγος
αὐτοῖς] αὐτοῖς ὁ λόγος Iamblichus   d 5 εἶναι T (sed postea additum
videtur Schanzio) Iamblichus : om. B W   d 6 ἡγῆται B : ἡγεῖται
T (sed suprascr. η)

τῶν εἰρημένων; ἄλλο τι ἢ τῶν μὲν ἄλλων οὐδὲν ὂν οὔτε
ἀγαθὸν οὔτε κακόν, τούτοιν δὲ δυοῖν ὄντοιν ἡ μὲν σοφία
5 ἀγαθόν, ἡ δὲ ἀμαθία κακόν;—Ὡμολόγει.

282 Ἔτι τοίνυν, ἔφην, τὸ λοιπὸν ἐπισκεψώμεθα. ἐπειδὴ
εὐδαίμονες μὲν εἶναι προθυμούμεθα πάντες, ἐφάνημεν δὲ
τοιοῦτοι γιγνόμενοι ἐκ τοῦ χρῆσθαί τε τοῖς πράγμασιν καὶ
ὀρθῶς χρῆσθαι, τὴν δὲ ὀρθότητα καὶ εὐτυχίαν ἐπιστήμη ⟨ἦν⟩
5 ἡ παρέχουσα, δεῖ δή, ὡς ἔοικεν, ἐκ παντὸς τρόπου ἅπαντα
ἄνδρα τοῦτο παρασκευάζεσθαι, ὅπως ὡς σοφώτατος ἔσται·
ἢ οὔ;—Ναί, ἔφη.—Καὶ παρὰ πατρός γε δήπου τοῦτο οἰό-
μενον δεῖν παραλαμβάνειν πολὺ μᾶλλον ἢ χρήματα, καὶ
b παρ᾽ ἐπιτρόπων καὶ φίλων τῶν τε ἄλλων καὶ τῶν φασκόν-
των ἐραστῶν εἶναι, καὶ ξένων καὶ πολιτῶν, δεόμενον καὶ
ἱκετεύοντα σοφίας μεταδιδόναι, οὐδὲν αἰσχρόν, ὦ Κλεινία,
οὐδὲ νεμεσητὸν ἕνεκα τούτου ὑπηρετεῖν καὶ δουλεύειν καὶ
5 ἐραστῇ καὶ παντὶ ἀνθρώπῳ, ὁτιοῦν ἐθέλοντα ὑπηρετεῖν τῶν
καλῶν ὑπηρετημάτων, προθυμούμενον σοφὸν γενέσθαι· ἢ οὐ
δοκεῖ σοι, ἔφην ἐγώ, οὕτως;—Πάνυ μὲν οὖν εὖ μοι δοκεῖς
c λέγειν, ἦ δ᾽ ὅς.—Εἰ ἔστι γε, ὦ Κλεινία, ἢν δ᾽ ἐγώ, ἡ σοφία
διδακτόν, ἀλλὰ μὴ ἀπὸ ταὐτομάτου παραγίγνεται τοῖς ἀνθρώ-
ποις· τοῦτο γὰρ ἡμῖν ἔτι ἄσκεπτον καὶ οὔπω διωμολογη-
μένον ἐμοί τε καὶ σοί.—Ἀλλ᾽ ἔμοιγε, ἔφη, ὦ Σώκρατες,
5 διδακτὸν εἶναι δοκεῖ.—Καὶ ἐγὼ ἡσθεὶς εἶπον· Ἦ καλῶς
λέγεις, ὦ ἄριστε ἀνδρῶν, καὶ εὖ ἐποίησας ἀπαλλάξας με
σκέψεως πολλῆς περὶ τούτου αὐτοῦ, πότερον διδακτὸν ἢ οὐ
διδακτὸν ἡ σοφία. νῦν οὖν ἐπειδή σοι καὶ διδακτὸν δοκεῖ
καὶ μόνον τῶν ὄντων εὐδαίμονα καὶ εὐτυχῆ ποιεῖν τὸν
d ἄνθρωπον, ἄλλο τι ἢ φαίης ἂν ἀναγκαῖον εἶναι φιλοσοφεῖν
καὶ αὐτὸς ἐν νῷ ἔχεις αὐτὸ ποιεῖν;—Πάνυ μὲν οὖν, ἔφη,
ὦ Σώκρατες, ὡς οἷόν τε μάλιστα.

a 1 ἐπειδὴ Τ : ἐπειδὴ δὲ Β   a 4 ἦν ἡ Badham (ἦν ci. Heindorf) :
ἐστὶν ἡ Iamblichus : ἡ Β Τ   a 5 ἅπαντα] πάντα Iamblichus
b 6 προθυμούμενον ΤW : προθυμούμενος Β (sed ν suprascr. b)
c 3 ἄσκεπτον Β W : σκεπτέον Τ

Κἀγὼ ταῦτα ἄσμενος ἀκούσας, Τὸ μὲν ἐμόν, ἔφην, παρά-
δειγμα, ὦ Διονυσόδωρέ τε καὶ Εὐθύδημε, οἵων ἐπιθυμῶ τῶν 5
προτρεπτικῶν λόγων εἶναι, τοιοῦτον, ἰδιωτικὸν ἴσως καὶ
μόλις διὰ μακρῶν λεγόμενον· σφῷν δὲ ὁπότερος βούλεται,
ταὐτὸν τοῦτο τέχνῃ πράττων ἐπιδειξάτω ἡμῖν. εἰ δὲ μὴ
τοῦτο βούλεσθον, ὅθεν ἐγὼ ἀπέλιπον, τὸ ἑξῆς ἐπιδείξατον e
τῷ μειρακίῳ, πότερον πᾶσαν ἐπιστήμην δεῖ αὐτὸν κτᾶσθαι,
ἢ ἔστι τις μία ἣν δεῖ λαβόντα εὐδαιμονεῖν τε καὶ ἀγαθὸν
ἄνδρα εἶναι, καὶ τίς αὕτη. ὡς γὰρ ἔλεγον ἀρχόμενος, περὶ
πολλοῦ ἡμῖν τυγχάνει ὂν τόνδε τὸν νεανίσκον σοφόν τε 5
καὶ ἀγαθὸν γενέσθαι.

Ἐγὼ μὲν οὖν ταῦτα εἶπον, ὦ Κρίτων· τῷ δὲ μετὰ τοῦτο 283
ἐσομένῳ πάνυ σφόδρα προσεῖχον τὸν νοῦν, καὶ ἐπεσκόπουν
τίνα ποτὲ τρόπον ἅψοιντο τοῦ λόγου καὶ ὁπόθεν ἄρξοιντο
παρακελευόμενοι τῷ νεανίσκῳ σοφίαν τε καὶ ἀρετὴν ἀσκεῖν.
ὁ οὖν πρεσβύτερος αὐτῶν, ὁ Διονυσόδωρος, πρότερος ἤρχετο 5
τοῦ λόγου, καὶ ἡμεῖς πάντες ἐβλέπομεν πρὸς αὐτὸν ὡς
αὐτίκα μάλα ἀκουσόμενοι θαυμασίους τινὰς λόγους. ὅπερ
οὖν καὶ συνέβη ἡμῖν· θαυμαστὸν γάρ τινα, ὦ Κρίτων, ἀνὴρ b
κατῆρχεν λόγον, οὗ σοὶ ἄξιον ἀκοῦσαι, ὡς παρακελευστικὸς
ὁ λόγος ἦν ἐπ᾽ ἀρετήν.

Εἰπέ μοι, ἔφη, ὦ Σώκρατές τε καὶ ὑμεῖς οἱ ἄλλοι, ὅσοι
φατὲ ἐπιθυμεῖν τόνδε τὸν νεανίσκον σοφὸν γενέσθαι, πότε- 5
ρον παίζετε ταῦτα λέγοντες ἢ ὡς ἀληθῶς ἐπιθυμεῖτε καὶ
σπουδάζετε;

Κἀγὼ διενοήθην ὅτι ᾠηθήτην ἄρα ἡμᾶς τὸ πρότερον
παίζειν, ἡνίκα ἐκελεύομεν διαλεχθῆναι τῷ νεανίσκῳ αὐτώ,
καὶ διὰ ταῦτα προσεπαισάτην τε καὶ οὐκ ἐσπουδασάτην· 10

---

d 5 οἵων Routh : οἷον Β Τ W (οἷον . . . τὸν προτρεπτικὸν λόγον corr.
Ang. C 1 4) e 1 ἀπέλιπον Β W : ἀπέλειπον Τ ἐπιδείξατον Τ :
ἐπεδείξατον Β (sed ι supra ε Β²) θ 4 ὡς γὰρ Hermann (ὥσπερ γὰρ
corr. Coisl.) : ὥσπερ Β Τ W : ὡς ὥσπερ Schanz a 2 ἐπεσκόπουν
Β W : ἐσκόπουν Τ a 3 ἅψοιντο Heindorf : ἅψαιντο Β Τ W
a 5 ἤρχετο] ἤρχε Schanz b 1 ἀνὴρ Bekker : ὁ ἀνὴρ Vat. 1029
ἀνὴρ Β Τ b 2 σοὶ Β : σὺ Τ b 9 αὐτὼ Τ : αὐτῷ Β

c ταῦτα οὖν διανοηθεὶς ἔτι μᾶλλον εἶπον ὅτι θαυμαστῶς
σπουδάζοιμεν.

Καὶ ὁ Διονυσόδωρος, Σκόπει μήν, ἔφη, ὦ Σώκρατες,
ὅπως μὴ ἔξαρνος ἔσῃ ἃ νῦν λέγεις.—Ἔσκεμμαι, ἦν δ᾽ ἐγώ·
5 οὐ γὰρ μή ποτ᾽ ἔξαρνος γένωμαι.—Τί οὖν; ἔφη· φατὲ
βούλεσθαι αὐτὸν σοφὸν γενέσθαι;—Πάνυ μὲν οὖν.—Νῦν
δέ, ἦ δ᾽ ὅς, Κλεινίας πότερον σοφός ἐστιν ἢ οὔ;—Οὔκουν
φησί γέ πω· ἔστιν δέ, ἦν δ᾽ ἐγώ, οὐκ ἀλαζών.—Ὑμεῖς δέ,
d ἔφη, βούλεσθε γενέσθαι αὐτὸν σοφόν, ἀμαθῆ δὲ μὴ εἶναι;
—Ὡμολογοῦμεν.—Οὐκοῦν ὃς μὲν οὐκ ἔστιν, βούλεσθε
αὐτὸν γενέσθαι, ὃς δ᾽ ἔστι νῦν, μηκέτι εἶναι.—Καὶ ἐγὼ
ἀκούσας ἐθορυβήθην· ὁ δέ μου θορυβουμένου ὑπολαβών,
5 Ἄλλο τι οὖν, ἔφη, ἐπεὶ βούλεσθε αὐτὸν ὃς νῦν ἐστὶν
μηκέτι εἶναι, βούλεσθε αὐτόν, ὡς ἔοικεν, ἀπολωλέναι; καίτοι
πολλοῦ ἂν ἄξιοι οἱ τοιοῦτοι εἶεν φίλοι τε καὶ ἐρασταί,
οἵτινες τὰ παιδικὰ περὶ παντὸς ἂν ποιήσαιντο ἐξολωλέναι.

e Καὶ ὁ Κτήσιππος ἀκούσας ἠγανάκτησέν τε ὑπὲρ τῶν
παιδικῶν καὶ εἶπεν· Ὦ ξένε Θούριε, εἰ μὴ ἀγροικότερον,
ἔφη, ἦν εἰπεῖν, εἶπον ἄν· "Σοὶ εἰς κεφαλήν," ὅτι μαθών μου
καὶ τῶν ἄλλων καταψεύδῃ τοιοῦτον πρᾶγμα, ὃ ἐγὼ οἶμαι
5 οὐδ᾽ ὅσιον εἶναι λέγειν, ὡς ἐγὼ τόνδε βουλοίμην ἂν ἐξολω-
λέναι.

Τί δέ, ἔφη, ὦ Κτήσιππε, ὁ Εὐθύδημος, ἦ δοκεῖ σοι οἷόν
τ᾽ εἶναι ψεύδεσθαι;—Νὴ Δία, ἔφη, εἰ μὴ μαίνομαί γε.—
Πότερον λέγοντα τὸ πρᾶγμα περὶ οὗ ἂν ὁ λόγος ᾖ, ἢ μὴ
284 λέγοντα;—Λέγοντα, ἔφη.—Οὐκοῦν εἴπερ λέγει αὐτό, οὐκ
ἄλλο λέγει τῶν ὄντων ἢ ἐκεῖνο ὅπερ λέγει;—Πῶς γὰρ ἄν;
ἔφη ὁ Κτήσιππος.—Ἕν μὴν κἀκεῖνό γ᾽ ἐστὶν τῶν ὄντων, ὃ
λέγει, χωρὶς τῶν ἄλλων.—Πάνυ γε.—Οὐκοῦν ὁ ἐκεῖνο

---

c 1 θαυμαστῶς ⟨ὡς⟩ Cobet   c 5 τί] ἢ Schanz   c 6 βούλεσθαι
B T: βούλεσθε W   c 8 ἦν δ᾽ ἐγώ T: om. B W   d 6 βούλεσθε
T: βούλεσθαι B   d 7 ἂν ἄξιοι T: ἀνάξιοι B   e 1 τε T: τε
καὶ B   e 3 μαθών] παθὼν Schanz   μου] ἐμοῦ Heindorf   e 7 οἷον
T: οἷός B   a 2 τῶν ὄντων secl. Badham   ἂν B T W: ἂν ἄλλως t
a 3 κἀκεῖνο B: κἀκεῖ T

λέγων τὸ ὄν, ἔφη, λέγει;—Ναί.—Ἀλλὰ μὴν ὅ γε τὸ ὂν 5
λέγων καὶ τὰ ὄντα τἀληθῆ λέγει· ὥστε ὁ Διονυσόδωρος,
εἴπερ λέγει τὰ ὄντα, λέγει τἀληθῆ καὶ οὐδὲν κατὰ σοῦ
ψεύδεται.

Ναί, ἔφη· ἀλλ᾽ ὁ ταῦτα λέγων, ἔφη ὁ Κτήσιππος, ὦ b
Εὐθύδημε, οὐ τὰ ὄντα λέγει.

Καὶ ὁ Εὐθύδημος, Τὰ δὲ μὴ ὄντα, ἔφη, ἄλλο τι ἢ οὐκ
ἔστιν;—Οὐκ ἔστιν.—Ἄλλο τι οὖν οὐδαμοῦ τά γε μὴ ὄντα
ὄντα ἐστίν;—Οὐδαμοῦ.—Ἔστιν οὖν ὅπως περὶ ταῦτα, τὰ μὴ 5
ὄντα, πράξειεν ἄν τίς τι, ὥστ᾽ ἐκεῖνα ποιήσειεν ἂν καὶ
ὁστισοῦν τὰ μηδαμοῦ ὄντα;—Οὐκ ἔμοιγε δοκεῖ, ἔφη ὁ Κτήσ-
ιππος.—Τί οὖν; οἱ ῥήτορες ὅταν λέγωσιν ἐν τῷ δήμῳ,
οὐδὲν πράττουσι;—Πράττουσι μὲν οὖν, ἦ δ᾽ ὅς.—Οὐκοῦν
εἴπερ πράττουσι, καὶ ποιοῦσι;—Ναί.—Τὸ λέγειν ἄρα πράτ- c
τειν τε καὶ ποιεῖν ἐστιν;—Ὡμολόγησεν.—Οὐκ ἄρα τά
γε μὴ ὄντ᾽, ἔφη, λέγει οὐδείς—ποιοῖ γὰρ ἂν ἤδη τί· σὺ δὲ
ὡμολόγηκας τὸ μὴ ὂν μὴ οἷόν τ᾽ εἶναι μηδένα ποιεῖν—
ὥστε κατὰ τὸν σὸν λόγον οὐδεὶς ψευδῆ λέγει, ἀλλ᾽ εἴπερ 5
λέγει Διονυσόδωρος, τἀληθῆ τε καὶ τὰ ὄντα λέγει.

Νὴ Δία, ἔφη ὁ Κτήσιππος, ὦ Εὐθύδημε· ἀλλὰ τὰ ὄντα
μὲν τρόπον τινὰ λέγει, οὐ μέντοι ὥς γε ἔχει.

Πῶς λέγεις, ἔφη ὁ Διονυσόδωρος, ὦ Κτήσιππε; εἰσὶν
γάρ τινες οἳ λέγουσι τὰ πράγματα ὡς ἔχει;—Εἰσὶν μέντοι, d
ἔφη, οἱ καλοί τε κἀγαθοὶ καὶ οἱ τἀληθῆ λέγοντες.—Τί οὖν;
ἦ δ᾽ ὅς· τἀγαθὰ οὐκ εὖ, ἔφη, ἔχει, τὰ δὲ κακὰ κακῶς;—
Συνεχώρει.—Τοὺς δὲ καλούς τε καὶ ἀγαθοὺς ὁμολογεῖς λέ-
γειν ὡς ἔχει τὰ πράγματα;—Ὁμολογῶ.—Κακῶς ἄρα, ἔφη, 5
λέγουσιν, ὦ Κτήσιππε, οἱ ἀγαθοὶ τὰ κακά, εἴπερ ὡς ἔχει
λέγουσιν.—Ναὶ μὰ Δία, ἦ δ᾽ ὅς, σφόδρα γε, τοὺς γοῦν

b 4 ἄλλο τι T : ἀλλ᾽ ὅτι B   b 5 ὄντα secl. Hirschig   οὖν T :
om. B   τὰ μὴ ὄντα secl. Badham   b 6 γρ. ὥστ᾽ ἐκεῖνα in marg.
T et in marg. W : ὥς γε κλεινίᾳ B W : ὥσγ᾽ ἐκλεινίᾳ T   c 4 τὸ
μὴ ὂν B W : τὰ μὴ ὄντα T   μηδένα T : μηδὲ B   c 5 λόγον
T W : om. B

κακοὺς ἀνθρώπους· ὧν σύ, ἐάν μοι πείθῃ, εὐλαβήσῃ εἶναι,
e ἵνα μή σε οἱ ἀγαθοὶ κακῶς λέγωσιν. ὡς εὖ ἴσθ᾽ ὅτι κακῶς
λέγουσιν οἱ ἀγαθοὶ τοὺς κακούς.—Καὶ τοὺς μεγάλους, ἔφη
ὁ Εὐθύδημος, μεγάλως λέγουσι καὶ τοὺς θερμοὺς θερμῶς;—
Μάλιστα δήπου, ἔφη ὁ Κτήσιππος· τοὺς γοῦν ψυχροὺς
5 ψυχρῶς λέγουσί τε καὶ φασὶν διαλέγεσθαι.—Σὺ μέν, ἔφη ὁ
Διονυσόδωρος, λοιδορῇ, ὦ Κτήσιππε, λοιδορῇ.—Μὰ Δί᾽ οὐκ
ἔγωγε, ἦ δ᾽ ὅς, ὦ Διονυσόδωρε, ἐπεὶ φιλῶ σε, ἀλλὰ νου-
θετῶ σε ὡς ἑταῖρον, καὶ πειρῶμαι πείθειν μηδέποτε ἐναντίον
ἐμοῦ οὕτως ἀγροίκως λέγειν ὅτι ἐγὼ τούτους βούλομαι
285 ἐξολωλέναι, οὓς περὶ πλείστου ποιοῦμαι.

Ἐγὼ οὖν, ἐπειδή μοι ἐδόκουν ἀγριωτέρως πρὸς ἀλλήλους
ἔχειν, προσέπαιζόν τε τὸν Κτήσιππον καὶ εἶπον ὅτι Ὦ
Κτήσιππε, ἐμοὶ μὲν δοκεῖ χρῆναι ἡμᾶς παρὰ τῶν ξένων
5 δέχεσθαι ἃ λέγουσιν, ἐὰν ἐθέλωσι διδόναι, καὶ μὴ ὀνόματι
διαφέρεσθαι. εἰ γὰρ ἐπίστανται οὕτως ἐξολλύναι ἀνθρώ-
πους, ὥστ᾽ ἐκ πονηρῶν τε καὶ ἀφρόνων χρηστούς τε καὶ
ἔμφρονας ποιεῖν, καὶ τοῦτο εἴτε αὐτὼ ηὑρήκατον εἴτε καὶ
b παρ᾽ ἄλλου του ἐμαθέτην φθόρον τινὰ καὶ ὄλεθρον τοιοῦτον,
ὥστε ἀπολέσαντες πονηρὸν ὄντα χρηστὸν πάλιν ἀποφῆναι·
εἰ τοῦτο ἐπίστασθον—δῆλον δὲ ὅτι ἐπίστασθον· ἐφάτην
γοῦν τὴν τέχνην σφῶν εἶναι τὴν νεωστὶ ηὑρημένην ἀγαθοὺς
5 ποιεῖν τοὺς ἀνθρώπους ἐκ πονηρῶν—συγχωρήσωμεν οὖν
αὐτοῖν αὐτό· ἀπολεσάντων ἡμῖν τὸ μειράκιον καὶ φρόνιμον
ποιησάντων, καὶ ἅπαντάς γε ἡμᾶς τοὺς ἄλλους. εἰ δὲ ὑμεῖς
c οἱ νέοι φοβεῖσθε, ὥσπερ ἐν Καρὶ ἐν ἐμοὶ ἔστω ὁ κίνδυνος·
ὡς ἐγώ, ἐπειδὴ καὶ πρεσβύτης εἰμί, παρακινδυνεύειν ἕτοι-
μος καὶ παραδίδωμι ἐμαυτὸν Διονυσοδώρῳ τούτῳ ὥσπερ τῇ
Μηδείᾳ τῇ Κόλχῳ. ἀπολλύτω με, καὶ εἰ μὲν βούλεται,

θ 2 καὶ Β Τ: ἢ καὶ t   ε 6 λοιδορεῖ . . . λοιδορεῖ W: λοιδόρει
. . . λοιδόρει Β Τ   a 2 ἀγριωτέρως Β Τ: ἀγροικωτέρως W   a 3 τὸν
κτήσιππον Β W: τῷ κτησίππῳ Τ   a 5 ἃ λέγουσιν secl. Badham et
mox ἂν pro ἐὰν scripsit   διδόναι Β Τ W (sed μετα in marg. T)
c 1 φοβεῖσθε Τ: φοβεῖσθαι Β   καρὶ Τ W: ἀκαρὶ Β   ἐν ante
ἐμοὶ secl. Cobet

ἐψέτω, εἰ δ᾿, ὅτι βούλεται, τοῦτο ποιείτω· μόνον χρηστὸν 5
ἀποφηνάτω.

Καὶ ὁ Κτήσιππος, Ἐγὼ μέν, ἔφη, καὶ αὐτός, ὦ Σώκρατες,
ἕτοιμός εἰμι παρέχειν ἐμαυτὸν τοῖς ξένοις, καὶ ἐὰν βούλων-
ται δέρειν ἔτι μᾶλλον ἢ νῦν δέρουσιν, εἴ μοι ἡ δορὰ μὴ εἰς
ἀσκὸν τελευτήσει, ὥσπερ ἡ τοῦ Μαρσύου, ἀλλ᾿ εἰς ἀρετήν. d
καίτοι με οἴεται Διονυσόδωρος οὑτοσὶ χαλεπαίνειν αὐτῷ·
ἐγὼ δὲ οὐ χαλεπαίνω, ἀλλ᾿ ἀντιλέγω πρὸς ταῦτα ἅ μοι
δοκεῖ πρός με μὴ καλῶς λέγειν. ἀλλὰ σὺ τὸ ἀντιλέγειν,
ἔφη, ὦ γενναῖε Διονυσόδωρε, μὴ κάλει λοιδορεῖσθαι· ἕτερον 5
γάρ τί ἐστι τὸ λοιδορεῖσθαι.

Καὶ Διονυσόδωρος, Ὡς ὄντος, ἔφη, τοῦ ἀντιλέγειν, ὦ
Κτήσιππε, ποιῇ τοὺς λόγους;

Πάντως δήπου, ἔφη, καὶ σφόδρα γε· ἢ σύ, ὦ Διονυσό- e
δωρε, οὐκ οἴει εἶναι ἀντιλέγειν;

Οὔκουν σύ γ᾿ ἄν, ἔφη, ἀποδείξαις πώποτε ἀκούσας οὐδενὸς
ἀντιλέγοντος ἑτέρου ἑτέρῳ.

Ἀληθῆ λέγεις; ἔφη· ἀλλὰ ἀκούων μὲν νυνί σοι ἀποδεί- 5
κνυμι ἀντιλέγοντος Κτησίππου Διονυσοδώρῳ.

Ἦ καὶ ὑπόσχοις ἂν τούτου λόγον;

Πάνυ, ἔφη.

Τί οὖν; ἢ δ᾿ ὅς· εἰσὶν ἑκάστῳ τῶν ὄντων λόγοι;—
Πάνυ γε.—Οὐκοῦν ὡς ἔστιν ἕκαστον ἢ ὡς οὐκ ἔστιν;— 10
Ὡς ἔστιν.—Εἰ γὰρ μέμνησαι, ἔφη, ὦ Κτήσιππε, καὶ ἄρτι 286
ἐπεδείξαμεν μηδένα λέγοντα ὡς οὐκ ἔστι· τὸ γὰρ μὴ ὂν
οὐδεὶς ἐφάνη λέγων.—Τί οὖν δὴ τοῦτο; ἢ δ᾿ ὃς ὁ Κτήσιπ-
πος· ἧττόν τι ἀντιλέγομεν ἐγώ τε καὶ σύ;—Πότερον οὖν,
ἢ δ᾿ ὅς, ἀντιλέγοιμεν ἂν τοῦ αὐτοῦ πράγματος λόγον ἀμφό- 5

d 1 ὥσπερ ἡ τοῦ Μαρσύου secl Susemihl   d 2 καίτοι με
TW: καί τ᾿ οἶμαι B   d 4 τὸ W: τῷ BT   d 5 γενναῖε
BW: om. T   d 7 καὶ B: καὶ ὁ T   e 1 σὺ T: σοι B
e 3 γ᾿ ἄν Coisl.: τ᾿ ἂν T: τ᾿ ἂν B   e 5 ἀκούων μὲν νυνί
Badham: ἀκούω μὲν νῦν εἴ B: ἀκούωμεν νῦν εἴ T: ἀκούομεν νῦν·
εἴ W   e 8 πάνυ] πάνυ γ᾿ Heindorf   a 5 τοῦ] τὸν τοῦ
Heindorf

τεροι λέγοντες, ἢ οὕτω μὲν ἂν δήπου ταὐτὰ λέγο‧μεν;—
Συνεχώρει.—Ἀλλ᾽ ὅταν μηδέτερος, ἔφη, τὸν τοῦ πράγματος
b λόγον λέγῃ, τότε ἀντιλέγοιμεν ἄν; ἢ οὕτω γε τὸ παράπαν
οὐδ᾽ ἂν μεμνημένος εἴη τοῦ πράγματος οὐδέτερος ἡμῶν;—
Καὶ τοῦτο συνωμολόγει.—Ἀλλ᾽ ἄρα, ὅταν ἐγὼ μὲν τὸν τοῦ
πράγματος λόγον λέγω, σὺ δὲ ἄλλου τινὸς ἄλλον, τότε
5 ἀντιλέγομεν; ἢ ἐγὼ λέγω μὲν τὸ πρᾶγμα, σὺ δὲ οὐδὲ λέγεις
τὸ παράπαν; ὁ δὲ μὴ λέγων τῷ λέγοντι πῶς ⟨ἂν⟩ ἀντιλέγοι;

Καὶ ὁ μὲν Κτήσιππος ἐσίγησεν· ἐγὼ δὲ θαυμάσας τὸν
λόγον, Πῶς, ἔφην, ὦ Διονυσόδωρε, λέγεις; οὐ γάρ τοι
c ἀλλὰ τοῦτόν γε τὸν λόγον πολλῶν δὴ καὶ πολλάκις ἀκηκοὼς
ἀεὶ θαυμάζω—καὶ γὰρ οἱ ἀμφὶ Πρωταγόραν σφόδρα ἐχρῶντο
αὐτῷ καὶ οἱ ἔτι παλαιότεροι· ἐμοὶ δὲ ἀεὶ θαυμαστός τις
δοκεῖ εἶναι καὶ τούς τε ἄλλους ἀνατρέπων καὶ αὐτὸς αὑτόν
5 —οἶμαι δὲ αὐτοῦ τὴν ἀλήθειαν παρὰ σοῦ κάλλιστα πεύ-
σεσθαι. ἄλλο τι ψευδῆ λέγειν οὐκ ἔστιν;—τοῦτο γὰρ
δύναται ὁ λόγος· ἢ γάρ;—ἀλλ᾽ ἢ λέγοντ᾽ ἀληθῆ λέγειν ἢ
μὴ λέγειν;
Συνεχώρει.

d Πότερον οὖν ψευδῆ μὲν λέγειν οὐκ ἔστι, δοξάζειν μέντοι
ἔστιν;
Οὐδὲ δοξάζειν, ἔφη.
Οὐδ᾽ ἄρα ψευδής, ἦν δ᾽ ἐγώ, δόξα ἔστι τὸ παράπαν.
5 Οὐκ ἔφη.
Οὐδ᾽ ἄρα ἀμαθία οὐδ᾽ ἀμαθεῖς ἄνθρωποι· ἢ οὐ τοῦτ᾽ ἂν
εἴη ἀμαθία, εἴπερ εἴη, τὸ ψεύδεσθαι τῶν πραγμάτων;
Πάνυ γε, ἔφη.
Ἀλλὰ τοῦτο οὐκ ἔστιν, ἦν δ᾽ ἐγώ.
10 Οὐκ ἔφη.

a 6 λέγοντες W: γνόντες B T   οὕτω T: οὗτοι B   ἂν δήπου
B W: δήπου ἂν T (sed corr. T)   b 3 ἄρα B T W: ἔφη in marg. T
b 4 ἄλλον B: ἄρα T W   b 6 ἂν add. Par. 1811   b 7 ἐσίγησεν
T W: ἔλεγεν ἐν B: ἔλεγεν οὐδέν Schanz   c 5 κάλλιστα B T W:
μάλιστα in marg. T   c 6 ἀλλ᾽ ὅτι B W: ἄλλο τι ἢ T   d 7 εἴπερ
εἴη T: εἰ παρείη B W (sed ε supra a W)

Λόγου ἕνεκα, ὦ Διονυσόδωρε, λέγεις τὸν λόγον, ἵνα δὴ
ἄτοπον λέγῃς, ἢ ὡς ἀληθῶς δοκεῖ σοι οὐδεὶς εἶναι ἀμαθὴς
ἀνθρώπων;

Ἀλλὰ σύ, ἔφη, ἔλεγξον.   e

Ἢ καὶ ἔστι τοῦτο κατὰ τὸν σὸν λόγον, ἐξελέγξαι,
μηδενὸς ψευδομένου;

Οὐκ ἔστιν, ἔφη ὁ Εὐθύδημος.

Οὐδ᾽ ἄρα ἐκέλευεν, ἔφην ἐγώ, νυνδὴ Διονυσόδωρος 5
ἐξελέγξαι;

Τὸ γὰρ μὴ ὂν πῶς ἄν τις κελεύσαι; σὺ δὲ κελεύεις;

Ὅτι, ἦν δ᾽ ἐγώ, ὦ Εὐθύδημε, τὰ σοφὰ ταῦτα καὶ τὰ εὖ
ἔχοντα οὐ πάνυ τι μανθάνω, ἀλλὰ παχέως πως ἐννοῶ.
ἴσως μὲν οὖν φορτικώτερόν τι ἐρήσομαι, ἀλλὰ συγγίγνωσκε. 10
ὅρα δέ· εἰ γὰρ μήτε ψεύδεσθαι ἔστιν μήτε ψευδῆ δοξάζειν 287
μήτε ἀμαθῆ εἶναι, ἄλλο τι οὐδ᾽ ἐξαμαρτάνειν ἔστιν, ὅταν τίς
τι πράττῃ; πράττοντα γὰρ οὐκ ἔστιν ἁμαρτάνειν τούτου ὃ
πράττει· οὐχ οὕτω λέγετε;

Πάνυ γ᾽, ἔφη.   5

Τοῦτό ἐστιν ἤδη, ἦν δ᾽ ἐγώ, τὸ φορτικὸν ἐρώτημα. εἰ
γὰρ μὴ ἁμαρτάνομεν μήτε πράττοντες μήτε λέγοντες μήτε
διανοούμενοι, ὑμεῖς, ὦ πρὸς Διός, εἰ ταῦτα οὕτως ἔχει, τίνος
διδάσκαλοι ἥκετε; ἢ οὐκ ἄρτι ἔφατε ἀρετὴν κάλλιστ᾽ ἂν
παραδοῦναι ἀνθρώπων τῷ ἐθέλοντι μανθάνειν;   b

Εἶτ᾽, ἔφη, ὦ Σώκρατες, ὁ Διονυσόδωρος ὑπολαβών, οὕτως
εἶ Κρόνος, ὥστε ἃ τὸ πρῶτον εἴπομεν νῦν ἀναμιμνῄσκῃ, καὶ
εἴ τι πέρυσιν εἶπον, νῦν ἀναμνησθήσῃ, τοῖς δ᾽ ἐν τῷ παρόντι
λεγομένοις οὐχ ἕξεις ὅτι χρῇ;   5

θ 5 ἐκέλευεν, ἔφην Hermann : ἐκέλευον ἔφη ΒΤ   διονυσόδωρος Β :
ὁ διονυσόδωρος Τ   θ 7 σὺ δὲ κελεύεις ὅτι in marg. γρ. W : οὐδὲ
κελεύεις ὅτι ΒW: om. Τ   θ 8 ἦν δ᾽ ἐγὼ ὦ εὐθύδημε ΒW: ὦ
εὐθύδημε ἦν δ᾽ ἐγώ Τ   θ 9 οὐ ΤW: om. Β   παχέως W : ταχέως
ΒΤ   a 2 ἄλλο τι Routh : ἀλλ᾽ ὅτι ΒΤ   b 2 ὁ ΒΤ: om. W
οὕτως εἶ κρόνος Τ : οὑτωσὶ κενὸς ΒW (sed εἶ supra ι W) et γρ. κενὸς in
marg. Τ   b 4 νῦν ἀναμνησθήσει secl. Badham   b 5 λεγομένοις]
λεγομένοις λόγοις ci. Heindorf: λόγοις Baiter   χρῇ t : χρή ΒΤ

Καὶ γάρ, ἔφην ἐγώ, χαλεποί εἰσιν πάνυ—εἰκότως· παρα
σοφῶν γὰρ λέγονται—ἐπεὶ καὶ τούτῳ τῷ τελευταίῳ παγ-
χάλεπον χρήσασθαί ἐστιν, ᾧ λέγεις. τὸ γὰρ "Οὐκ ἔχω ὅτι
χρῶμαι" τί ποτε λέγεις, ὦ Διονυσόδωρε; ἢ δῆλον ὅτι ὡς
c οὐκ ἔχω ἐξελέγξαι αὐτόν; ἐπεὶ εἰπέ, τί σοι ἄλλο νοεῖ τοῦτο
τὸ ῥῆμα, τὸ "Οὐκ ἔχω ὅτι χρήσωμαι τοῖς λόγοις";
'Αλλ' ὃ σὺ λέγεις, ἔφη, [τούτῳ τῷ πάνυ χαλεπὸν χρῆσθαι·]
ἐπεὶ ἀπόκριναι.

5 Πρὶν σὲ ἀποκρίνασθαι, ἦν δ' ἐγώ, ὦ Διονυσόδωρε;
Οὐκ ἀποκρίνῃ; ἔφη.

᾽Η καὶ δίκαιον;

Δίκαιον μέντοι, ἔφη.

Κατὰ τίνα λόγον; ἦν δ' ἐγώ· ἢ δῆλον ὅτι κατὰ τόνδε,
10 ὅτι σὺ νῦν πάσσοφός τις ἡμῖν ἀφῖξαι περὶ λόγους, καὶ οἶσθα
d ὅτε δεῖ ἀποκρίνασθαι καὶ ὅτε μή; καὶ νῦν οὐδ' ἂν ὁτιοῦν
ἀποκρίνῃ, ἅτε γιγνώσκων ὅτι οὐ δεῖ;

Λαλεῖς, ἔφη, ἀμελήσας ἀποκρίνασθαι· ἀλλ', ὠγαθέ, πείθου
καὶ ἀποκρίνου, ἐπειδὴ καὶ ὁμολογεῖς με σοφὸν εἶναι.

5 Πειστέον τοίνυν, ἦν δ' ἐγώ, καὶ ἀνάγκη, ὡς ἔοικεν· σὺ
γὰρ ἄρχεις. ἀλλ' ἐρώτα.

Πότερον οὖν ψυχὴν ἔχοντα νοεῖ τὰ νοοῦντα, ἢ καὶ τὰ
ἄψυχα;

Τὰ ψυχὴν ἔχοντα.

10 Οἶσθα οὖν τι, ἔφη, ῥῆμα ψυχὴν ἔχον;

Μὰ Δία οὐκ ἔγωγε.

e Τί οὖν ἄρτι ἤρου ὅτι μοι νοοῖ τὸ ῥῆμα;

Τί ἄλλο γε, ἦν δ' ἐγώ, ἢ ἐξήμαρτον διὰ τὴν βλακείαν;

b 9 τί Heindorf: ὃ τί B: ὅτι T   c 1 τί σοι B: τίς σοι T
νοεῖ ci. Stallbaum: ἐννοεῖ B T   c 2 χρήσωμαι T: χρήσομαι B
c 3 ἀλλ' ὃ B: ἄλλο T   τούτῳ . . . χρῆσθαι seclusi   τῷ B T:
γ' οὐ Badham: τοι Sauppe   c 6 ἀποκρινεῖ Heindorf   d 1 οὐδ'
ἂν] οὐδὲν Heindorf: οὐδ' Schanz   d 3 τοῦ ante ἀποκρίνασθαι add. t
ἀποκρίνασθαι B: ἀποκρίνασθαι καὶ ὅτε μή T W   d 4 σοφὸν T:
σοφὸς B   d 5 πειστέον t: πιστέον B T W (sed ει supra ι W)
τοίνυν B W: τοι T   d 10 τί T: ὅτι B

ἢ οὐκ ἐξήμαρτον ἀλλὰ καὶ τοῦτο ὀρθῶς εἶπον, εἰπὼν ὅτι
νοεῖ τὰ ῥήματα; πότερα φῂς ἐξαμαρτάνειν με ἢ οὔ; εἰ γὰρ
μὴ ἐξήμαρτον, οὐδὲ σὺ ἐξελέγξεις, καίπερ σοφὸς ὤν, οὐδ᾽ 5
ἔχεις ὅτι χρῇ τῷ λόγῳ· εἰ δ᾽ ἐξήμαρτον, οὐδ᾽ οὕτως ὀρθῶς
λέγεις, φάσκων οὐκ εἶναι ἐξαμαρτάνειν. καὶ ταῦτα οὐ πρὸς 288
ἃ πέρυσιν ἔλεγες λέγω. ἀλλὰ ἔοικεν, ἔφην ἐγώ, ὦ Διονυσό-
δωρέ τε καὶ Εὐθύδημε, οὗτος μὲν ὁ λόγος ἐν ταὐτῷ μένειν
καὶ ἔτι ὥσπερ τὸ παλαιὸν καταβαλὼν πίπτειν, καὶ ὥστε
τοῦτο μὴ πάσχειν οὐδ᾽ ὑπὸ τῆς ὑμετέρας πω τέχνης ἐξηυρῆ- 5
σθαι, καὶ ταῦτα οὑτωσὶ θαυμαστῆς οὔσης εἰς ἀκρίβειαν
λόγων.

Καὶ ὁ Κτήσιππος, Θαυμάσιά γε λέγετ᾽, ἔφη, ὦ ἄνδρες
Θούριοι εἴτε Χῖοι εἴθ᾽ ὁπόθεν καὶ ὅπῃ χαίρετον ὀνομαζόμενοι· b
ὡς οὐδὲν ὑμῖν μέλει τοῦ παραληρεῖν.

Καὶ ἐγὼ φοβηθεὶς μὴ λοιδορία γένηται, πάλιν κατεπράυ-
νον τὸν Κτήσιππον καὶ εἶπον· Ὦ Κτήσιππε, καὶ νυνδὴ ἃ
πρὸς Κλεινίαν ἔλεγον, καὶ πρὸς σὲ ταὐτὰ ταῦτα λέγω, ὅτι 5
οὐ γιγνώσκεις τῶν ξένων τὴν σοφίαν ὅτι θαυμασία ἐστίν.
ἀλλ᾽ οὐκ ἐθέλετον ἡμῖν ἐπιδείξασθαι σπουδάζοντε, ἀλλὰ τὸν
Πρωτέα μιμεῖσθον τὸν Αἰγύπτιον σοφιστὴν γοητεύοντε ἡμᾶς.
ἡμεῖς οὖν τὸν Μενέλαον μιμώμεθα, καὶ μὴ ἀφιώμεθα τοῖν c
ἀνδροῖν ἕως ἂν ἡμῖν ἐκφανῆτον ἐφ᾽ ᾧ αὐτὼ σπουδάζετον·
οἶμαι γάρ τι αὐτοῖν πάγκαλον φανεῖσθαι, ἐπειδὰν ἄρξωνται
σπουδάζειν. ἀλλὰ δεώμεθα καὶ παραμυθώμεθα καὶ προσευχώ-
μεθα αὐτοῖν ἐκφανῆναι. ἐγὼ οὖν μοι δοκῶ καὶ αὐτὸς πάλιν 5
ὑφηγήσασθαι οἵω προσεύχομαι αὐτὼ φανῆναί μοι· ὅθεν γὰρ
τὸ πρότερον ἀπέλιπον, τὸ ἑξῆς τούτοις πειράσομαι, ὅπως ἂν d
δύνωμαι, διελθεῖν, ἐάν πως ἐκκαλέσωμαι καὶ ἐλεήσαντέ

e 6 χρῇ t : χρὴ B T   a 4 τὸ παλαιὸν] τὸ παλαῖον ci. Stephanus :
ὁ παλαίων ci. Green   a 5 τοῦτο μὴ B W : μὴ τοῦτο T   πω Hein-
dorf e Ficino : πον B T   b 1 χαίρετ᾽ Cobet   b 2 οὐδὲν ὑμῖν B W :
ὑμῖν οὐδὲν T   c 2 ἐκφανῆτον T : ἐκφάνητον B : ἐκφανῇ τὸ Badham
c 5 καὶ] κἂν Schanz   c 6 ὑφηγήσεσθαι Heindorf   οἵω T W : οἱ
ὡς B   αὐτὼ T : αὐτῶ B   d 1 ἀπέλιπον τὸ B : ἀπελίποντο T
d 2 ἐάν πως t : πᾶν ὅπως B T

με καὶ οἰκτίραντε συντεταμένον καὶ σπουδάζοντα καὶ αὐτὼ
σπουδάσητον.

5   Σὺ δέ, ὦ Κλεινία, ἔφην, ἀνάμνησόν με πόθεν τότ᾽ ἀπε-
λίπομεν. ὡς μὲν οὖν ἐγῷμαι, ἐνθένδε ποθέν. φιλοσοφη-
τέον ὡμολογήσαμεν τελευτῶντες· ἢ γάρ;—Ναί, ἢ δ᾽ ὅς.—
Ἡ δέ γε φιλοσοφία κτῆσις ἐπιστήμης· οὐχ οὕτως; ἔφην.
—Ναί, ἔφη.—Τίνα ποτ᾽ οὖν ἂν κτησάμενοι ἐπιστήμην ὀρθῶς
e κτησαίμεθα; ἆρ᾽ οὐ τοῦτο μὲν ἁπλοῦν, ὅτι ταύτην ἥτις ἡμᾶς
ὀνήσει;—Πάνυ γ᾽, ἔφη.—Ἆρ᾽ οὖν ἄν τι ἡμᾶς ὀνήσειεν, εἰ
ἐπισταίμεθα γιγνώσκειν περιόντες ὅπου τῆς γῆς χρυσίον
πλεῖστον κατορώρυκται;—Ἴσως, ἔφη.—Ἀλλὰ τὸ πρότερον,
5 ἦν δ᾽ ἐγώ, τοῦτό γε ἐξηλέγξαμεν, ὅτι οὐδὲν πλέον, οὐδ᾽ εἰ
ἄνευ πραγμάτων καὶ τοῦ ὀρύττειν τὴν γῆν τὸ πᾶν ἡμῖν
χρυσίον γένοιτο· ὥστε οὐδ᾽ εἰ τὰς πέτρας χρυσᾶς ἐπισταί-
289 μεθα ποιεῖν, οὐδενὸς ἂν ἀξία ἡ ἐπιστήμη εἴη. εἰ γὰρ μὴ καὶ
χρῆσθαι ἐπιστησόμεθα τῷ χρυσίῳ, οὐδὲν ὄφελος αὐτοῦ
ἐφάνη ὄν· ἢ οὐ μέμνησαι; ἔφην ἐγώ.—Πάνυ γ᾽, ἔφη,
μέμνημαι.—Οὐδέ γε, ὡς ἔοικε, τῆς ἄλλης ἐπιστήμης ὄφελος
5 γίγνεται οὐδέν, οὔτε χρηματιστικῆς οὔτε ἰατρικῆς οὔτε ἄλ-
λης οὐδεμιᾶς, ἥτις ποιεῖν τι ἐπίσταται, χρῆσθαι δὲ μὴ ᾧ ἂν
ποιήσῃ· οὐχ οὕτως;—Συνέφη.—Οὐδέ γε εἴ τις ἔστιν ἐπι-
b στήμη ὥστε ἀθανάτους ποιεῖν, ἄνευ τοῦ ἐπίστασθαι τῇ
ἀθανασίᾳ χρῆσθαι οὐδὲ ταύτης ἔοικεν ὄφελος οὐδέν, εἴ τι
δεῖ τοῖς πρόσθεν ὡμολογημένοις τεκμαίρεσθαι.—Συνεδόκει
ἡμῖν πάντα ταῦτα.—Τοιαύτης τινὸς ἄρα ἡμῖν ἐπιστήμης δεῖ,
5 ὦ καλὲ παῖ, ἦν δ᾽ ἐγώ, ἐν ᾗ συμπέπτωκεν ἅμα τό τε ποιεῖν
καὶ τὸ ἐπίστασθαι χρῆσθαι τούτῳ ὃ ἂν ποιῇ.—Φαίνεται,

d 3 οἰκτείραντε T : οἰκτείροντε B   e 1 ὅτι ταύτην TW : om. B
e 2 ἄν τι ἡμᾶς BW : ἡμᾶς ἄν τι T   e 5 οὐδ᾽ εἰ T : οὗ δεῖ B   a 1 καὶ
χρῆσθαι ci. Heindorf : κεχρῆσθαι BT   a 2 αὐτοῦ T : αὐτὸ B
a 4 τῆς om. ci. Heindorf : τῆς ἄλλης secl. ci. Schanz   a 6 ᾧ B :
ἃ T (sed suprascr. δ)   a 7 οὐδέ γε εἴ corr. Coisl. : οὐδ᾽ εἴ γε εἴ BT
b 2 ⟨ὡς⟩ ἔοικεν vel οὐδὲν ⟨εἶναι⟩ ci. Heindorf   b 3 τεκμαίρεσθαι
TW : τεκμαίρεσθαι δεῖ B   b 6 ἐπίστασθαι BT : ποιεῖσθαι καὶ
Iamblichus : secl. ci. Schanz   ποιῇ BT : ποιήσῃ Iamblichus

ἔφη.—Πολλοῦ ἄρα δεῖ, ὡς ἔοικεν, ἡμᾶς λυροποιοὺς δεῖν
εἶναι καὶ τοιαύτης τινὸς ἐπιστήμης ἐπηβόλους. ἐνταῦθα c
γὰρ δὴ χωρὶς μὲν ἡ ποιοῦσα τέχνη, χωρὶς δὲ ἡ χρωμένη
διήρηται τοῦ αὐτοῦ πέρι· ἡ γὰρ λυροποιικὴ καὶ ἡ κιθαριστικὴ
πολὺ διαφέρετον ἀλλήλοιν. οὐχ οὕτως;—Συνέφη.—Οὐδὲ
μὴν αὐλοποιικῆς γε δῆλον ὅτι δεόμεθα· καὶ γὰρ αὕτη ἑτέρα 5
τοιαύτη.—Συνεδόκει.—Ἀλλὰ πρὸς θεῶν, ἔφην ἐγώ, εἰ τὴν
λογοποιικὴν τέχνην μάθοιμεν, ἆρά ἐστιν αὕτη ἣν ἔδει κεκτη-
μένους ἡμᾶς εὐδαίμονας εἶναι;—Οὐκ οἶμαι, ἔφη, ἐγώ, ὁ
Κλεινίας ὑπολαβών.

Τίνι τεκμηρίῳ, ἦν δ᾽ ἐγώ, χρῇ;   d

Ὁρῶ, ἔφη, τινὰς λογοποιούς, οἳ τοῖς ἰδίοις λόγοις, οἷς
αὐτοὶ ποιοῦσιν, οὐκ ἐπίστανται χρῆσθαι, ὥσπερ οἱ λυροποιοὶ
ταῖς λύραις, ἀλλὰ καὶ ἐνταῦθα ἄλλοι δυνατοὶ χρῆσθαι οἷς
ἐκεῖνοι ἠργάσαντο, οἱ λογοποιεῖν αὐτοὶ ἀδύνατοι· δῆλον οὖν 5
ὅτι καὶ περὶ λόγους χωρὶς ἡ τοῦ ποιεῖν τέχνη καὶ ἡ τοῦ
χρῆσθαι.

Ἱκανόν μοι δοκεῖς, ἔφην ἐγώ, τεκμήριον λέγειν, ὅτι οὐχ
αὕτη ἐστὶν ἡ τῶν λογοποιῶν τέχνη, ἣν ἂν κτησάμενός τις
εὐδαίμων εἴη. καίτοι ἐγὼ ᾤμην ἐνταῦθά που φανήσεσθαι 10
τὴν ἐπιστήμην ἣν δὴ πάλαι ζητοῦμεν. καὶ γάρ μοι οἵ τε e
ἄνδρες αὐτοὶ οἱ λογοποιοί, ὅταν συγγένωμαι αὐτοῖς, ὑπέρ-
σοφοι, ὦ Κλεινία, δοκοῦσιν εἶναι, καὶ αὐτὴ ἡ τέχνη αὐτῶν
θεσπεσία τις καὶ ὑψηλή. καὶ μέντοι οὐδὲν θαυμαστόν· ἔστι
γὰρ τῆς τῶν ἐπῳδῶν τέχνης μόριον μικρῷ τε ἐκείνης ὑπο- 5
δεεστέρα. ἡ μὲν γὰρ τῶν ἐπῳδῶν ἔχεών τε καὶ φαλαγγίων 290
καὶ σκορπίων καὶ τῶν ἄλλων θηρίων τε καὶ νόσων κήλησίς
ἐστιν, ἡ δὲ δικαστῶν τε καὶ ἐκκλησιαστῶν καὶ τῶν ἄλλων

b 7 δεῖν Heindorf (δεῖν δεινοὺς Heusde): δεινοὺς B T   c 1 ἐπη-
βόλους T: ἐπιβούλους B: ἐπιβόλους W   c 3 διήρηται T: διήρηται δὲ
W B   διήρηται... πέρι secl. Schanz   d 1 χρῇ T: χρή B   d 4 ἀλλὰ
... d 5 ἀδύνατοι secl. Schanz   d 5 λογοποιεῖν anonymus apud
Routh: λυροποιεῖν B T   e 2 αὐτοὶ] οὗτοι ci. Heindorf   e 3 αὐτὴ
T: αὕτη B   e 5 τε] δὲ anon. ap. Stallbaum

ὄχλων κήλησίς τε καὶ παραμυθία τυγχάνει οὖσα· ἢ σοί,
5 ἔφην ἐγώ, ἄλλως πως δοκεῖ;
Οὔκ, ἀλλ᾽ οὕτω μοι φαίνεται, ἔφη, ὡς σὺ λέγεις.
Ποῖ οὖν, ἔφην ἐγώ, τραποίμεθ᾽ ἂν ἔτι; ἐπὶ ποίαν τέχνην;
Ἐγὼ μὲν οὐκ εὐπορῶ, ἔφη.
Ἀλλ᾽, ἦν δ᾽ ἐγώ, ἐμὲ οἶμαι ηὑρηκέναι.
10 Τίνα; ἔφη ὁ Κλεινίας.
b Ἡ στρατηγική μοι δοκεῖ, ἔφην ἐγώ, τέχνη παντὸς μᾶλλον
εἶναι ἣν ἄν τις κτησάμενος εὐδαίμων εἴη.
Οὐκ ἔμοιγε δοκεῖ.
Πῶς; ἦν δ᾽ ἐγώ.
5 Θηρευτική τις ἥδε γέ ἐστιν τέχνη ἀνθρώπων.
Τί δὴ οὖν; ἔφην ἐγώ.

Οὐδεμία, ἔφη, τῆς θηρευτικῆς αὐτῆς ἐπὶ πλέον ἐστὶν ἢ
ὅσον θηρεῦσαι καὶ χειρώσασθαι· ἐπειδὰν δὲ χειρώσωνται
τοῦτο ὃ ἂν θηρεύωνται, οὐ δύνανται τούτῳ χρῆσθαι, ἀλλ᾽ οἱ
10 μὲν κυνηγέται καὶ οἱ ἁλιῆς τοῖς ὀψοποιοῖς παραδιδόασιν, οἱ
c δ᾽ αὖ γεωμέτραι καὶ οἱ ἀστρονόμοι καὶ οἱ λογιστικοί—θηρευ-
τικοὶ γάρ εἰσι καὶ οὗτοι· οὐ γὰρ ποιοῦσι τὰ διαγράμματα
ἕκαστοι τούτων, ἀλλὰ τὰ ὄντα ἀνευρίσκουσιν—ἅτε οὖν χρῆ-
σθαι αὐτοὶ αὐτοῖς οὐκ ἐπιστάμενοι, ἀλλὰ θηρεῦσαι μόνον,
5 παραδιδόασι δήπου τοῖς διαλεκτικοῖς καταχρῆσθαι αὐτῶν τοῖς
εὑρήμασιν, ὅσοι γε αὐτῶν μὴ παντάπασιν ἀνόητοί εἰσιν.

Εἶεν, ἦν δ᾽ ἐγώ, ὦ κάλλιστε καὶ σοφώτατε Κλεινία·
τοῦτο οὕτως ἔχει;
Πάνυ μὲν οὖν. καὶ οἵ γε στρατηγοί, ἔφη, οὕτω τὸν αὐτὸν
d τρόπον· ἐπειδὰν ἢ πόλιν τινὰ θηρεύσωνται ἢ στρατόπεδον,
παραδιδόασι τοῖς πολιτικοῖς ἀνδράσιν—αὐτοὶ γὰρ οὐκ ἐπί-
στανται χρῆσθαι τούτοις ἃ ἐθήρευσαν—ὥσπερ οἶμαι οἱ
ὀρτυγοθῆραι τοῖς ὀρτυγοτρόφοις παραδιδόασιν. εἰ οὖν, ἦ δ᾽
5 ὅς, δεόμεθα ἐκείνης τῆς τέχνης, ἥτις ᾧ ἂν κτήσηται ἢ ποι-

a 7 ἔτι ci. Stephanus: ὅτι Β Τ   b 7 αὐτῆς] δύναμις ci. Heindorf:
alii alia   c 2 τὰ διαγράμματα secl. Cobet   c 3 ἕκαστοι Τ:
ἕκαστα Β W   c 4 αὐτοὶ Τ W: om. B   d 5 ἥτις Β W: ἥτις ἂν Τ

ήσασα ή θηρευσαμένη αὐτὴ καὶ ἐπιστήσεται χρῆσθαι, καὶ ἡ
τοιαύτη ποιήσει ἡμᾶς μακαρίους, ἄλλην δή τινα, ἔφη,
ζητητέον ἀντὶ τῆς στρατηγικῆς.

ΚΡ. Τί λέγεις σύ, ὦ Σώκρατες; ἐκεῖνο τὸ μειράκιον e
τοιαῦτ᾽ ἐφθέγξατο;

ΣΩ. Οὐκ οἴει, ὦ Κρίτων;

ΚΡ. Μὰ Δί᾽ οὐ μέντοι. ιοἶμαι γὰρ αὐτὸν ἐγώ, εἰ ταῦτ᾽
εἶπεν, οὔτ᾽ Εὐθυδήμου οὔτε ἄλλου οὐδενὸς ἔτ᾽ ἀνθρώπου 5
δεῖσθαι εἰς παιδείαν.

ΣΩ. ᾽Αλλ᾽ ἄρα, ὦ πρὸς Διός, μὴ ὁ Κτήσιππος ἦν ὁ ταῦτ᾽
εἰπών, ἐγὼ δὲ οὐ μέμνημαι;

ΚΡ. Ποῖος Κτήσιππος; 291

ΣΩ. ᾽Αλλὰ μὴν τόδε γε εὖ οἶδα, ὅτι οὔτε Εὐθύδημος οὔτε
Διονυσόδωρος ἦν ὁ εἰπὼν ταῦτα· ἀλλ᾽, ὦ δαιμόνιε Κρίτων,
μή τις τῶν κρειττόνων παρὼν αὐτὰ ἐφθέγξατο; ὅτι γὰρ
ἤκουσά γε ταῦτα, εὖ οἶδα. 5

ΚΡ. Ναὶ μὰ Δία, ὦ Σώκρατες· τῶν κρειττόνων μέντοι
τις ἐμοὶ δοκεῖ, καὶ πολύ γε. ἀλλὰ μετὰ τοῦτο ἔτι τινὰ
ἐζητήσατε τέχνην; καὶ ηὕρετε ἐκείνην ἢ οὐχ ηὕρετε, ἧς
ἕνεκα ἐζητεῖτε;

ΣΩ. Πόθεν, ὦ μακάριε, ηὕρομεν; ἀλλ᾽ ἦμεν πάνυ γελοῖοι· b
ὥσπερ τὰ παιδία τὰ τοὺς κορύδους διώκοντα, ἀεὶ ᾠόμεθα
ἑκάστην τῶν ἐπιστημῶν αὐτίκα λήψεσθαι, αἱ δ᾽ ἀεὶ ὑπεξέ-
φευγον. τὰ μὲν οὖν πολλὰ τί ἄν σοι λέγοιμι; ἐπὶ δὲ δὴ
τὴν βασιλικὴν ἐλθόντες τέχνην καὶ διασκοπούμενοι αὐτὴν 5
εἰ αὕτη εἴη ἡ τὴν εὐδαιμονίαν παρέχουσά τε καὶ ἀπεργαζο-
μένη, ἐνταῦθα ὥσπερ εἰς λαβύρινθον ἐμπεσόντες, οἰόμενοι
ἤδη ἐπὶ τέλει εἶναι, περικάμψαντες πάλιν ὥσπερ ἐν ἀρχῇ τῆς
ζητήσεως ἀνεφάνημεν ὄντες καὶ τοῦ ἴσου δεόμενοι ὅσουπερ c
ὅτε τὸ πρῶτον ἐζητοῦμεν.

d 6 αὐτὴ T : αὕτη B   d 7 δή T : δέ B   a 2 τόδε γε
Bernhardy : τό γε B T : τόδε W   a 6 τῶν T : om. B   b 2 ὥσπερ
⟨γὰρ⟩ Cobet   b 3 ὑπεξέφευγον W : ὑπεξέφυγον B T   b 4 τὰ . . .
πολλὰ B : τὰς . . . πολλὰς T   b 6 παρέχουσά τε καὶ T W : om. B

ΚΡ. Πῶς δὴ τοῦτο ὑμῖν συνέβη, ὦ Σώκρατες;

ΣΩ. Ἐγὼ φράσω. ἔδοξε γὰρ δὴ ἡμῖν ἡ πολιτικὴ καὶ
5 ἡ βασιλικὴ τέχνη ἡ αὐτὴ εἶναι.

ΚΡ. Τί οὖν δή;

ΣΩ. Ταύτῃ τῇ τέχνῃ ἥ τε στρατηγικὴ καὶ αἱ ἄλλαι
παραδιδόναι ἄρχειν τῶν ἔργων ὧν αὐταὶ δημιουργοί εἰσιν,
ὡς μόνῃ ἐπισταμένῃ χρῆσθαι. σαφῶς οὖν ἐδόκει ἡμῖν αὕτη
10 εἶναι ἣν ἐζητοῦμεν, καὶ ἡ αἰτία τοῦ ὀρθῶς πράττειν ἐν τῇ
d πόλει, καὶ ἀτεχνῶς κατὰ τὸ Αἰσχύλου ἰαμβεῖον μόνη ἐν
τῇ πρύμνῃ καθῆσθαι τῆς πόλεως, πάντα κυβερνῶσα καὶ
πάντων ἄρχουσα πάντα χρήσιμα ποιεῖν.

ΚΡ. Οὐκοῦν καλῶς ὑμῖν ἐδόκει, ὦ Σώκρατες;

5 ΣΩ. Σὺ κρινεῖς, ὦ Κρίτων, ἐὰν βούλῃ ἀκούειν καὶ τὰ μετὰ
ταῦτα συμβάντα ἡμῖν. αὖθις γὰρ δὴ πάλιν ἐσκοποῦμεν
ὡδέ πως· Φέρε, πάντων ἄρχουσα ἡ βασιλικὴ τέχνη τὶ ἡμῖν
e ἀπεργάζεται ἔργον ἢ οὐδέν; Πάντως δήπου, ἡμεῖς ἔφαμεν
πρὸς ἀλλήλους. Οὐ καὶ σὺ ἂν ταῦτα φαίης, ὦ Κρίτων;

ΚΡ. Ἔγωγε.

ΣΩ. Τί οὖν ἂν φαίης αὐτῆς ἔργον εἶναι; ὥσπερ εἰ σὲ
5 ἐγὼ ἐρωτῴην, πάντων ἄρχουσα ἡ ἰατρικὴ ὧν ἄρχει, τί ἔργον
παρέχεται; οὐ τὴν ὑγίειαν ⟨ἂν⟩ φαίης;

ΚΡ. Ἔγωγε.

ΣΩ. Τί δὲ ἡ ὑμετέρα τέχνη ἡ γεωργία; πάντων ἄρχουσα
292 ὧν ἄρχει, τί [ἔργον] ἀπεργάζεται; οὐ τὴν τροφὴν ἂν φαίης
τὴν ἐκ τῆς γῆς παρέχειν ἡμῖν;

ΚΡ. Ἔγωγε.

ΣΩ. Τί δὲ ἡ βασιλικὴ πάντων ἄρχουσα ὧν ἄρχει; τί
5 ἀπεργάζεται; ἴσως οὐ πάνυ γ' εὐπορεῖς.

ΚΡ. Μὰ τὸν Δία, ὦ Σώκρατες.

d 4 ὑμῖν T : ἡμῖν B   d 5 ἀκούειν B T : ἀκούων b   καὶ τὰ μετὰ
ταῦτα συμβάντα T : μετὰ γὰρ τὰ ἔμπροσθεν συμβάντα B W   d 6 ἡμῖν
re vera B T W   αὖθις T W (sed suprascr. τ W) : αὖ τις B   γὰρ
δὴ πάλιν T : μετὰ ταῦτα B W   e 2 οὗ T : οὖ B   e 4 εἰσ σε
ἐγὼ B : εἰ ἐγώ σε T   e 6 ἂν add. Ast   a 1 ἔργον B W : om. T

ΣΩ. Οὐδὲ γὰρ ἡμεῖς, ὦ Κρίτων· ἀλλὰ τοσόνδε γε οἶσθα,
ὅτι εἴπερ ἐστὶν αὕτη ἣν ἡμεῖς ζητοῦμεν, ὠφέλιμον αὐτὴν δεῖ
εἶναι.

ΚΡ. Πάνυ γε.   10

ΣΩ. Οὐκοῦν ἀγαθόν γέ τι δεῖ ἡμῖν αὐτὴν παραδιδόναι;

ΚΡ. Ἀνάγκη, ὦ Σώκρατες.

ΣΩ. Ἀγαθὸν δέ γέ που ὡμολογήσαμεν ἀλλήλοις ἐγώ τε b
καὶ Κλεινίας οὐδὲν εἶναι ἄλλο ἢ ἐπιστήμην τινά.

ΚΡ. Ναί, οὕτως ἔλεγες.

ΣΩ. Οὐκοῦν τὰ μὲν ἄλλα ἔργα, ἃ φαίη ἄν τις πολιτικῆς
εἶναι—πολλὰ δέ που ταῦτ' ἂν εἴη, οἷον πλουσίους τοὺς 5
πολίτας παρέχειν καὶ ἐλευθέρους καὶ ἀστασιάστους—πάντα
ταῦτα οὔτε κακὰ οὔτε ἀγαθὰ ἐφάνη, ἔδει δὲ σοφοὺς ποιεῖν
καὶ ἐπιστήμης μεταδιδόναι, εἴπερ ἔμελλεν αὕτη εἶναι ἡ
ὠφελοῦσά τε καὶ εὐδαίμονας ποιοῦσα.   c

ΚΡ. Ἔστι ταῦτα· τότε γοῦν οὕτως ὑμῖν ὡμολογήθη, ὡς
σὺ τοὺς λόγους ἀπήγγειλας.

ΣΩ. Ἆρ' οὖν ἡ βασιλικὴ σοφοὺς ποιεῖ τοὺς ἀνθρώπους
καὶ ἀγαθούς;   5

ΚΡ. Τί γὰρ κωλύει, ὦ Σώκρατες;

ΣΩ. Ἀλλ' ἆρα πάντας καὶ πάντα ἀγαθούς; καὶ πᾶσαν
ἐπιστήμην, σκυτοτομικήν τε καὶ τεκτονικὴν καὶ τὰς ἄλλας
ἁπάσας, αὕτη ἡ παραδιδοῦσά ἐστιν;

ΚΡ. Οὐκ οἶμαι ἔγωγε, ὦ Σώκρατες.   10

ΣΩ. Ἀλλὰ τίνα δὴ ἐπιστήμην; ᾗ τί χρησόμεθα; τῶν d
μὲν γὰρ ἔργων οὐδενὸς δεῖ αὐτὴν δημιουργὸν εἶναι τῶν μήτε
κακῶν μήτε ἀγαθῶν, ἐπιστήμην δὲ παραδιδόναι μηδεμίαν
ἄλλην ἢ αὐτὴν ἑαυτήν. λέγωμεν δὴ οὖν τίς ποτέ ἐστιν
αὕτη, ᾗ τί χρησόμεθα; βούλει φῶμεν, ὦ Κρίτων, ᾗ ἄλλους 5
ἀγαθοὺς ποιήσομεν;

ΚΡ. Πάνυ γε.

a 11 γέ τι] ἔν γέ τι Cobet   c 7 πάντα B W : πάντως T   d 1 ἢ
B : ἦ T   d 5 prius ᾗ in marg. B² : ᾗ B : ἦ T

ΣΩ. Οἳ τί ἔσονται ἡμῖν ἀγαθοὶ καὶ τί χρήσιμοι; ἢ ἔτι λέγωμεν ὅτι ἄλλους ποιήσουσιν, οἱ δὲ ἄλλοι ἐκεῖνοι ἄλλους;

e ὅτι δέ ποτε ἀγαθοί εἰσιν, οὐδαμοῦ ἡμῖν φαίνονται, ἐπειδήπερ τὰ ἔργα τὰ λεγόμενα εἶναι τῆς πολιτικῆς ἠτιμάσαμεν, ἀλλ' ἀτεχνῶς τὸ λεγόμενον ὁ Διὸς Κόρινθος γίγνεται, καὶ ὅπερ ἔλεγον, τοῦ ἴσου ἡμῖν ἐνδεῖ ἢ ἔτι πλέονος πρὸς τὸ εἰδέναι τίς

5 ποτέ ἐστιν ἡ ἐπιστήμη ἐκείνη ἢ ἡμᾶς εὐδαίμονας ποιήσει;

ΚΡ. Νὴ τὸν Δία, ὦ Σώκρατες, εἰς πολλήν γε ἀπορίαν, ὡς ἔοικεν, ἀφίκεσθε.

ΣΩ. Ἔγωγε οὖν καὶ αὐτός, ὦ Κρίτων, ἐπειδὴ ἐν ταύτῃ

293 τῇ ἀπορίᾳ ἐνεπεπτώκη, πᾶσαν ἤδη φωνὴν ἠφίειν, δεόμενος τοῖν ξένοιν ὥσπερ Διοσκούρων ἐπικαλούμενος σῶσαι ἡμᾶς, ἐμέ τε καὶ τὸ μειράκιον, ἐκ τῆς τρικυμίας τοῦ λόγου, καὶ παντὶ τρόπῳ σπουδάσαι, καὶ σπουδάσαντας ἐπιδεῖξαι τίς

5 ποτ' ἐστὶν ἡ ἐπιστήμη ἧς τυχόντες ἂν καλῶς τὸν ἐπίλοιπον βίον διέλθοιμεν.

ΚΡ. Τί οὖν; ἠθέλησέν τι ὑμῖν ἐπιδεῖξαι ὁ Εὐθύδημος;

ΣΩ. Πῶς γὰρ οὔ; καὶ ἤρξατό γε, ὦ ἑταῖρε, πάνυ μεγαλοφρόνως τοῦ λόγου ὧδε—

b Πότερον δή σε, ἔφη, ὦ Σώκρατες, ταύτην τὴν ἐπιστήμην, περὶ ἣν πάλαι ἀπορεῖτε, διδάξω, ἢ ἐπιδείξω ἔχοντα;

Ὦ μακάριε, ἦν δ' ἐγώ, ἔστι δὲ ἐπὶ σοὶ τοῦτο;

Πάνυ μὲν οὖν, ἔφη.

5 Ἐπίδειξον τοίνυν με νὴ Δί', ἔφην ἐγώ, ἔχοντα· πολὺ γὰρ ῥᾷον ἢ μανθάνειν τηλικόνδε ἄνδρα.

Φέρε δή μοι ἀπόκριναι, ἔφη· ἔστιν ὅτι ἐπίστασαι;—Πάνυ γε, ἦν δ' ἐγώ, καὶ πολλά, σμικρά γε.—Ἀρκεῖ, ἔφη. ἆρ' οὖν δοκεῖς οἷόν τέ τι τῶν ὄντων τοῦτο ὃ τυγχάνει ὄν, αὐτὸ τοῦτο

c μὴ εἶναι;—Ἀλλὰ μὰ Δί' οὐκ ἔγωγε.—Οὐκοῦν σύ, ἔφη, ἐπίστασαί τι;—Ἔγωγε.—Οὐκοῦν ἐπιστήμων εἶ, εἴπερ ἐπίστασαι;—Πάνυ γε, τούτου γε αὐτοῦ.—Οὐδὲν διαφέρει· ἀλλ'

e 2 ἠτιμάσαμεν BTW: ἀπεδοκιμάσαμεν t   e 5 ποιήσει ci.
Heindorf: ποιήσειε BT   a 2 διοσκούροιν Vat. 1029 : Διοσκόρων
Hirschig   b 5 με T: om. B   c 1 ἔφη Stephanus: ἔφης BTW

οὐκ ἀνάγκη σε ἔχει πάντα ἐπίστασθαι ἐπιστήμονά γε ὄντα; 5
—Μὰ Δί', ἔφην ἐγώ· ἐπεὶ πολλὰ ἀλλ' οὐκ ἐπίσταμαι.—
Οὐκοῦν εἴ τι μὴ ἐπίστασαι, οὐκ ἐπιστήμων εἶ.—Ἐκείνου γε,
ὦ φίλε, ἦν δ' ἐγώ.—Ἧττον οὖν τι, ἔφη, οὐκ ἐπιστήμων
εἶ; ἄρτι δὲ ἐπιστήμων ἔφησθα εἶναι· καὶ οὕτως τυγχάνεις ὢν
αὐτὸς οὗτος ὃς εἶ, καὶ αὖ πάλιν οὐκ εἶ, κατὰ ταὐτὰ ἅμα.   d

Εἶεν, ἦν δ' ἐγώ, Εὐθύδημε· τὸ γὰρ λεγόμενον, καλὰ
δὴ παταγεῖς· πῶς οὖν ἐπίσταμαι ἐκείνην τὴν ἐπιστήμην
ἣν ἐζητοῦμεν; ὡς δὴ τοῦτο ἀδύνατόν ἐστιν τὸ αὐτὸ εἶναί τε
καὶ μή, εἴπερ ἓν ἐπίσταμαι, ἅπαντα ἐπίσταμαι—οὐ γὰρ 5
ἂν εἴην ἐπιστήμων τε καὶ ἀνεπιστήμων ἅμα—ἐπεὶ δὲ πάντα
ἐπίσταμαι, κἀκείνην δὴ τὴν ἐπιστήμην ἔχω· ἆρα οὕτως λέγεις,
καὶ τοῦτό ἐστιν τὸ σοφόν;

Αὐτὸς σαυτόν γε δὴ ἐξελέγχεις, ἔφη, ὦ Σώκρατες.   e

Τί δέ, ἦν δ' ἐγώ, ὦ Εὐθύδημε, σὺ οὐ πέπονθας τοῦτο τὸ
αὐτὸ πάθος; ἐγὼ γάρ τοι μετὰ σοῦ ὁτιοῦν ἂν πάσχων καὶ
μετὰ Διονυσοδώρου τοῦδε, φίλης κεφαλῆς, οὐκ ἂν πάνυ
ἀγανακτοίην. εἰπέ μοι, σφὼ οὐχὶ τὰ μὲν ἐπίστασθον τῶν 5
ὄντων, τὰ δὲ οὐκ ἐπίστασθον;

Ἥκιστά γε, ἔφη, ὦ Σώκρατες, ὁ Διονυσόδωρος.

Πῶς λέγετον; ἔφην ἐγώ· ἀλλ' οὐδὲν ἄρα ἐπίστασθον;

Καὶ μάλα, ἦ δ' ὅς.

Πάντ' ἄρα, ἔφην ἐγώ, ἐπίστασθον, ἐπειδήπερ καὶ ὁτιοῦν; 294

Πάντ', ἔφη· καὶ σύ γε πρός, εἴπερ καὶ ἓν ἐπίστασαι, πάντα
ἐπίστασαι.

Ὦ Ζεῦ, ἔφην ἐγώ, ὡς θαυμαστὸν λέγεις καὶ ἀγαθὸν μέγα
πεφάνθαι. μῶν καὶ οἱ ἄλλοι πάντες ἄνθρωποι πάντ' ἐπί- 5
στανται, ἢ οὐδέν;

Οὐ γὰρ δήπου, ἔφη, τὰ μὲν ἐπίστανται, τὰ δ' οὐκ ἐπί-
στανται, καὶ εἰσὶν ἅμα ἐπιστήμονές τε καὶ ἀνεπιστήμονες.

c 5 ἐπεὶ T : ἐπὶ B   d 1 πάλιν ⟨ὃς⟩ Badham   d 2 ἐγώ, ⟨ὦ⟩
Heindorf   d 3 παταγεῖς Photius: πάντα λέγεις B T W : πάντ' ἄγεις
schol. T   d 4 ἐστιν] ὃν Badham : secl. Schanz   d 6 ἐπεὶ B : εἰ T
e 5 ⟨ἐπεὶ⟩ εἰπέ Badham   a 1 ἔφην B : ἔφη T (sed suprascr. ν)
a 7 ἔφη Aldina : ἔφην B T

ἈΛΛᾺ τί; ἦν δ᾽ ἐγώ.

10 Πάντες, ἦ δ᾽ ὅς, πάντα ἐπίστανται, εἴπερ καὶ ἕν.

b ῏Ω πρὸς τῶν θεῶν, ἦν δ᾽ ἐγώ, ὦ Διονυσόδωρε—δῆλοι γάρ
μοί ἐστον ἤδη ὅτι σπουδάζετον, καὶ μόλις ὑμᾶς προυκαλε-
σάμην σπουδάζειν—αὐτὼ τῷ ὄντι πάντα ἐπίστασθον; οἷον
τεκτονικὴν καὶ σκυτικήν;

5 Πάνυ γ᾽, ἔφη.

῍Η καὶ νευρορραφεῖν δυνατώ ἐστον;
Καὶ ναὶ μὰ Δία καττύειν, ἔφη.

῍Η καὶ τὰ τοιαῦτα, τοὺς ἀστέρας ὁπόσοι εἰσί, καὶ τὴν
ἄμμον;

10 Πάνυ γε, ἦ δ᾽ ὅς· εἶτ᾽ οὐκ ἂν οἴει ὁμολογῆσαι ἡμᾶς;

Καὶ ὁ Κτήσιππος ὑπολαβών· Πρὸς Διός, ἔφη, Διονυ-
c σόδωρε, τεκμήριόν τί μοι τούτων ἐπιδείξατον τοιόνδε, ᾧ
εἴσομαι ὅτι ἀληθῆ λέγετον.

Τί ἐπιδείξω; ἔφη.

Οἶσθα Εὐθύδημον ὁπόσους ὀδόντας ἔχει, καὶ ὁ Εὐθύδημος
5 ὁπόσους σύ;

Οὐκ ἐξαρκεῖ σοι, ἔφη, ἀκοῦσαι ὅτι πάντα ἐπιστάμεθα;

Μηδαμῶς, ἦ δ᾽ ὅς, ἀλλὰ τοῦτο ἔτι ἡμῖν μόνον εἴπατον καὶ
ἐπιδείξατον ὅτι ἀληθῆ λέγετον· καὶ ἐὰν εἴπητον ὁπόσους
ἑκάτερος ἔχει ὑμῶν, καὶ φαίνησθε γνόντες ἡμῶν ἀριθμη-
10 σάντων, ἤδη πεισόμεθα ὑμῖν καὶ τἆλλα.

d Ἡγουμένω οὖν σκώπτεσθαι οὐκ ἠθελέτην, ἀλλ᾽ ὡμο-
λογησάτην πάντα χρήματα ἐπίστασθαι, καθ᾽ ἓν ἕκαστον
ἐρωτώμενοι ὑπὸ Κτησίππου. ὁ γὰρ Κτήσιππος πάνυ ἀπαρα-
καλύπτως οὐδὲν ὅτι οὐκ ἠρώτα τελευτῶν, καὶ τὰ αἴσχιστα, εἰ
5 ἐπισταίσθην· τὼ δὲ ἀνδρειότατα ὁμόσε ᾔτην τοῖς ἐρωτήμασιν,
ὁμολογοῦντες εἰδέναι, ὥσπερ οἱ κάπροι οἱ πρὸς τὴν πληγὴν
ὁμόσε ὠθούμενοι, ὥστ᾽ ἔγωγε καὶ αὐτός, ὦ Κρίτων, ὑπ᾽

b 3 σπουδάζειν obelo notavit Schanz   c a λέγετον T W :
λεγεισττον B (sed εισ puncto notatum) : λέγεις Schanz   c 4 σὺ
ante Εὐθύδημον add. Dobree   c 9 φαίνησθε T : φαινησθαι B
d 5 ᾔτην t : εἴτην B T : ἴτην ex εἴτην fecit W   d 7 ὁμόσε secl.
Schanz   ὑπ᾽ ἀπιστίας T W : ὑπαπι ασ B : ὑπ᾽ ἀπορίας b

ἀπιστίας ἠναγκάσθην τελευτῶν ἐρέσθαι [τὸν Εὐθύδημον] εἰ
καὶ ὀρχεῖσθαι ἐπίσταιτο ὁ Διονυσόδωρος· ὁ δέ, Πάνυ, ἔφη. e

Οὐ δήπου, ἦν δ᾽ ἐγώ, καὶ ἐς μαχαίρας γε κυβιστᾶν καὶ
ἐπὶ τροχοῦ δινεῖσθαι τηλικοῦτος ὤν, οὕτω πόρρω σοφίας
ἥκεις;

Οὐδέν, ἔφη, ὅτι οὔ. 5

Πότερον δέ, ἦν δ᾽ ἐγώ, πάντα νῦν μόνον ἐπίστασθον ἢ
καὶ ἀεί;

Καὶ ἀεί, ἔφη.

Καὶ ὅτε παιδία ἤστην καὶ εὐθὺς γενόμενοι ἠπίστασθε
πάντα; 10

Ἐφάτην ἅμα ἀμφοτέρω.

Καὶ ἡμῖν μὲν ἄπιστον ἐδόκει τὸ πρᾶγμα εἶναι· ὁ δ᾽ 295
Εὐθύδημος, Ἀπιστεῖς, ἔφη, ὦ Σώκρατες;

Πλήν γ᾽ ὅτι, ⟨ἦν δ᾽⟩ ἐγώ, εἰκὸς ὑμᾶς ἐστι σοφοὺς εἶναι.

Ἀλλ᾽ ἤν, ἔφη, ἐθελήσῃς μοι ἀποκρίνεσθαι, ἐγὼ ἐπιδείξω
καὶ σὲ ταῦτα τὰ θαυμαστὰ ὁμολογοῦντα. 5

Ἀλλὰ μήν, ἦν δ᾽ ἐγώ, ἥδιστα ταῦτα ἐξελέγχομαι. εἰ γάρ
τοι λέληθα ἐμαυτὸν σοφὸς ὤν, σὺ δὲ τοῦτο ἐπιδείξεις ὡς
πάντα ἐπίσταμαι καὶ ἀεί, τί μεῖζον ἕρμαιον αὐτοῦ ἂν εὕροιμι
ἐν παντὶ τῷ βίῳ;

Ἀποκρίνου δή, ἔφη. 10

Ὡς ἀποκρινουμένου ἐρώτα. b

Ἆρ᾽ οὖν, ἔφη, ὦ Σώκρατες, ἐπιστήμων του εἶ ἢ οὔ;—
Ἔγωγε.—Πότερον οὖν ᾧ ἐπιστήμων εἶ, τούτῳ καὶ ἐπίστασαι,
ἢ ἄλλῳ τῳ;—Ὧι ἐπιστήμων. οἶμαι γάρ σε τὴν ψυχὴν
λέγειν· ἢ οὐ τοῦτο λέγεις; 5

d 8 τὸν Εὐθύδημον secl. Hermann   e 1 Πάνυ ⟨γ᾽⟩ Ast   e 3 δι-
νεῖσθαι Τ : δινισθαι Β   ⟨οὕτω⟩ οὕτω Schanz   e 11 ⟨Πάντα,⟩
ἐφάτην Schanz   a 3 ἦν δ᾽ add. Cornarius : ἐγὼ secl. Winckel-
mann : post ἐγὼ lacunam indicat Schanz (intercidisse putans ἀπιστῶ)
a 4 ἀλλ᾽ ἤν ἔφη ἐθελήσαις μοι Β γρ. t : ἀλλὰ μὴν ἐὰν ἐμοὶ ἐθέλῃς Τ
a 5 ὁμολογοῦντα Τ W : om. Β : ἔχοντα Schanz   a 7 σὺ δὲ corr.
Coisl. : οὐδὲ Β Τ W   b 2 του Τ W : τοῦ Β : τῳ spec. emend.
Vindob. (1858) 8

Οὐκ αἰσχύνῃ, ἔφη, ὦ Σώκρατες; ἐρωτώμενος ἀντερωτᾷς;
Εἶεν, ἦν δ' ἐγώ· ἀλλὰ πῶς ποιῶ; οὕτω γὰρ ποιήσω
ὅπως ἂν σὺ κελεύῃς. ὅταν μὴ εἰδῶ ὅτι ἐρωτᾷς, κελεύεις
με ὅμως ἀποκρίνεσθαι, ἀλλὰ μὴ ἐπανερέσθαι;
c Ὑπολαμβάνεις γὰρ δήπου τι, ἔφη, ὃ λέγω;
Ἔγωγε, ἦν δ' ἐγώ.
Πρὸς τοῦτο τοίνυν ἀποκρίνου ὃ ὑπολαμβάνεις.

Τί οὖν, ἔφην, ἂν σὺ μὲν ἄλλῃ ἐρωτᾷς διανοούμενος, ἐγὼ
5 δὲ ἄλλῃ ὑπολάβω, ἔπειτα πρὸς τοῦτο ἀποκρίνωμαι, ἐξαρκεῖ
σοι ἐὰν μηδὲν πρὸς ἔπος ἀποκρίνωμαι;
Ἔμοιγε, ἦ δ' ὅς· οὐ μέντοι σοί γε, ὡς ἐγῷμαι.
Οὐ τοίνυν μὰ Δία ἀποκρινοῦμαι, ἦν δ' ἐγώ, πρότερον
πρὶν ἂν πύθωμαι.
10 Οὐκ ἀποκρινῇ, ἔφη, πρὸς ἃ ἂν ἀεὶ ὑπολαμβάνῃς, ὅτι ἔχων
φλυαρεῖς καὶ ἀρχαιότερος εἶ τοῦ δέοντος.

d Κἀγὼ ἔγνων αὐτὸν ὅτι μοι χαλεπαίνοι διαστέλλοντι τὰ
λεγόμενα, βουλόμενός με θηρεῦσαι τὰ ὀνόματα περιστήσας.
ἀνεμνήσθην οὖν τοῦ Κόννου, ὅτι μοι κἀκεῖνος χαλεπαίνει
ἑκάστοτε ὅταν αὐτῷ μὴ ὑπείκω, ἔπειτά μου ἧττον ἐπιμελεῖται
5 ὡς ἀμαθοῦς ὄντος· ἐπεὶ δὲ οὖν διενενοήμην καὶ παρὰ τοῦτον
φοιτᾶν, ᾠήθην δεῖν ὑπείκειν, μή με σκαιὸν ἡγησάμενος
φοιτητὴν μὴ προσδέχοιτο. εἶπον οὖν· Ἀλλ' εἰ δοκεῖ σοι,
e Εὐθύδημε, οὕτω ποιεῖν, ποιητέον· σὺ γὰρ πάντως που
κάλλιον ἐπίστασαι διαλέγεσθαι ἢ ἐγώ, τέχνην ἔχων ἰδιώτου
ἀνθρώπου. ἐρώτα οὖν πάλιν ἐξ ἀρχῆς.

Ἀποκρίνου δή, ἔφη, πάλιν, πότερον ἐπίστασαί τῳ ἃ
5 ἐπίστασαι, ἢ οὔ;—Ἔγωγε, ἔφην, τῇ γε ψυχῇ.

296 Οὗτος αὖ, ἔφη, προσαποκρίνεται τοῖς ἐρωτωμένοις. οὐ
γὰρ ἔγωγε ἐρωτῶ ὅτῳ, ἀλλ' εἰ ἐπίστασαί τῳ.

Πλέον αὖ, ἔφην ἐγώ, τοῦ δέοντος ἀπεκρινάμην ὑπὸ ἀπαι·

b 9 ὅμως B W : ὅπως T   μὴ scr. recc. : μὴν B T W   c 10 ὑπο-
λαμβάνῃς Stephanus : ὑπολαμβάνεις B T   d 5 ἐπεὶ δὲ B W :
ἐπειδὴ T   διενενοήμην B W : διενοούμην T   τοῦτον W : τούτοιν
B T   e 1 ποιεῖν secl. Schanz   που] ἐμοῦ Cobet (secl. mox ἢ ἐγώ)

δευσίας. ἀλλὰ συγγίγνωσκέ μοι· ἀποκρινοῦμαι γὰρ ἤδη
ἁπλῶς ὅτι ἐπίσταμαί τῳ ἃ ἐπίσταμαι.—Πότερον, ἦ δ' ὅς, 5
τῷ αὐτῷ τούτῳ γ' ἀεί, ἢ ἔστι μὲν ὅτε τούτῳ, ἔστιν δὲ ὅτε
ἑτέρῳ;—Ἀεί, ὅταν ἐπίστωμαι, ἦν δ' ἐγώ, τούτῳ.
Οὐκ αὖ, ἔφη, παύσῃ παραφθεγγόμενος;
Ἀλλ' ὅπως μή τι ἡμᾶς σφήλῃ τὸ "ἀεὶ" τοῦτο.
Οὔκουν ἡμᾶς γ', ἔφη, ἀλλ' εἴπερ, σέ. ἀλλ' ἀποκρίνου· b
ἦ ἀεὶ τούτῳ ἐπίστασαι;—Ἀεί, ἦν δ' ἐγώ, ἐπειδὴ δεῖ ἀφελεῖν
τὸ "ὅταν."—Οὐκοῦν ἀεὶ μὲν τούτῳ ἐπίστασαι· ἀεὶ δ' ἐπιστά-
μενος πότερον τὰ μὲν τούτῳ ἐπίστασαι ᾧ ἐπίστασαι, τὰ δ'
ἄλλῳ, ἢ τούτῳ πάντα;—Τούτῳ, ἔφην ἐγώ, ἅπαντα, ἅ γ' 5
ἐπίσταμαι.
Τοῦτ' ἐκεῖνο, ἔφη· ἥκει τὸ αὐτὸ παράφθεγμα.
Ἀλλ' ἀφαιρῶ, ἔφην ἐγώ, τὸ "ἅ γ' ἐπίσταμαι."
Ἀλλὰ μηδὲ ἕν, ἔφη, ἀφέλῃς· οὐδὲν γάρ σου δέομαι.
ἀλλά μοι ἀπόκριναι· δύναιο ἂν ἅπαντα ἐπίστασθαι, εἰ μὴ c
πάντα ἐπίσταιο;
Τέρας γὰρ ἂν εἴη, ἦν δ' ἐγώ.
Καὶ ὃς εἶπε· Προστίθει τοίνυν ἤδη ὅτι βούλει· ἅπαντα
γὰρ ὁμολογεῖς ἐπίστασθαι. 5
Ἔοικα, ἔφην ἐγώ, ἐπειδήπερ γε οὐδεμίαν ἔχει δύναμιν τὸ
"ἃ ἐπίσταμαι," πάντα δὲ ἐπίσταμαι.
Οὐκοῦν καὶ ἀεὶ ὡμολόγηκας ἐπίστασθαι τούτῳ ᾧ ἐπίστα-
σαι, εἴτε ὅταν ἐπίστῃ εἴτε ὅπως βούλει· ἀεὶ γὰρ ὡμολόγηκας
ἐπίστασθαι καὶ ἅμα πάντα. δῆλον οὖν ὅτι καὶ παῖς ὢν 10
ἠπίστω, καὶ ὅτ' ἐγίγνου, καὶ ὅτ' ἐφύου· καὶ πρὶν αὐτὸς d
γενέσθαι, καὶ πρὶν οὐρανὸν καὶ γῆν γενέσθαι, ἠπίστω
ἅπαντα, εἴπερ ἀεὶ ἐπίστασαι. καὶ ναὶ μὰ Δία, ἔφη, αὐτὸς
ἀεὶ ἐπιστήσῃ καὶ ἅπαντα, ἂν ἐγὼ βούλωμαι.
Ἀλλὰ βουληθείης, ἦν δ' ἐγώ, ὦ πολυτίμητε Εὐθύδημε, 5
εἰ δὴ τῷ ὄντι ἀληθῆ λέγεις. ἀλλ' οὔ σοι πάνυ πιστεύω

a 5 ἃ Wt : αἰεὶ BT   a 9 σφήλῃ BTW : σφαλεῖ Heindorf
b 3 ἀεὶ δ' . . . b 4 τούτῳ ἐπίστασαι TW : om. B   b 4 τὰ δ' T :
ἃ δ' B   d 3 αὐτὸς αἰει BT : εὐθὺς ἀεὶ αὖ Heindorf : αὖ ἀεὶ Schanz

ἱκανῷ εἶναι, εἰ μή σοι συμβουληθείη ὁ ἀδελφός σου οὑτοσὶ
Διονυσόδωρος· οὕτω δὲ τάχα ἄν. εἴπετον δέ μοι, ἦν δ' ἐγώ—
e τὰ μὲν γὰρ ἄλλα οὐκ ἔχω ὑμῖν πῶς ἀμφισβητοίην, οὕτως
εἰς σοφίαν τερατώδεσιν ἀνθρώποις, ὅπως ἐγὼ οὐ πάντα
ἐπίσταμαι, ἐπειδή γε ὑμεῖς φατε—τὰ δὲ τοιάδε πῶς φῶ
ἐπίστασθαι, Εὐθύδημε, ὡς οἱ ἀγαθοὶ ἄνδρες ἄδικοί εἰσιν;
5 φέρε εἰπέ, τοῦτο ἐπίσταμαι ἢ οὐκ ἐπίσταμαι;
Ἐπίστασαι μέντοι, ἔφη.
Τί; ἦν δ' ἐγώ.
Ὅτι οὐκ ἄδικοί εἰσιν οἱ ἀγαθοί.
297 Πάνυ γε, ἦν δ' ἐγώ, πάλαι. ἀλλ' οὐ τοῦτο ἐρωτῶ· ἀλλ'
ὡς ἄδικοί εἰσιν οἱ ἀγαθοί, ποῦ ἐγὼ τοῦτο ἔμαθον;
Οὐδαμοῦ, ἔφη ὁ Διονυσόδωρος.
Οὐκ ἄρα ἐπίσταμαι, ἔφην, τοῦτο ἐγώ.
5 Διαφθείρεις, ἔφη, τὸν λόγον, ὁ Εὐθύδημος πρὸς τὸν
Διονυσόδωρον, καὶ φανήσεται οὑτοσὶ οὐκ ἐπιστάμενος, καὶ
ἐπιστήμων ἅμα ὢν καὶ ἀνεπιστήμων. Καὶ ὁ Διονυσόδωρος
ἠρυθρίασεν.
Ἀλλὰ σύ, ἦν δ' ἐγώ, πῶς λέγεις, ὦ Εὐθύδημε; οὐ δοκεῖ
b σοι ὀρθῶς ἀδελφὸς λέγειν ὁ πάντ' εἰδώς;
Ἀδελφὸς γάρ, ἔφη, ἐγώ εἰμι Εὐθυδήμου, ταχὺ ὑπολαβὼν
ὁ Διονυσόδωρος;
Κἀγὼ εἶπον· Ἔασον, ὠγαθέ, ἕως ἂν Εὐθύδημός με διδάξῃ
5 ὡς ἐπίσταμαι τοὺς ἀγαθοὺς ἄνδρας ὅτι ἄδικοί εἰσι, καὶ μή
μοι φθονήσῃς τοῦ μαθήματος.
Φεύγεις, ἔφη, ὦ Σώκρατες, ὁ Διονυσόδωρος, καὶ οὐκ
ἐθέλεις ἀποκρίνεσθαι.
Εἰκότως γ', εἶπον ἐγώ· ἥττων γάρ εἰμι καὶ τοῦ ἑτέρου
10 ὑμῶν, ὥστε πολλοῦ δέω μὴ οὐ δύο γε φεύγειν. πολὺ γάρ
c πού εἰμι φαυλότερος τοῦ Ἡρακλέους, ὃς οὐχ οἷός τε ἦν τῇ

d 7 συμβουληθείη T W : βουληθείη B   **d** 8 οὕτω δὲ T : οὕτω B
e 1 ⟨ἂν⟩ ἀμφισβητοίην Heindorf   **e** 2 ἐγὼ οὐ πάντα W : οὐ πάντα
ἐγὼ T : οὐ πάντα B   **e** 3 γε T : om. B   **b** 1 ἀδελφὸς Bekker :
ἀδελφὸς B T : ὁ ἀδελφὸς corr. Coisl.

τε ὕδρᾳ διαμάχεσθαι, σοφιστρίᾳ οὔσῃ καὶ διὰ τὴν σοφίαν
ἀνιείσῃ, εἰ μίαν κεφαλὴν τοῦ λόγου τις ἀποτέμοι, πολλὰς
ἀντὶ τῆς μιᾶς, καὶ καρκίνῳ τινὶ ἑτέρῳ σοφιστῇ ἐκ θαλάττης
ἀφιγμένῳ, νεωστί, μοι δοκεῖν, καταπεπλευκότι· ὃς ἐπειδὴ 5
αὐτὸν ἐλύπει οὕτως ἐκ τοῦ ἐπ' ἀριστερὰ λέγων καὶ δάκνων,
τὸν Ἰόλεων τὸν ἀδελφιδοῦν βοηθὸν ἐπεκαλέσατο, ὁ δὲ αὐτῷ
ἱκανῶς ἐβοήθησεν. ὁ δ' ἐμὸς Ἰόλεως [Πατροκλῆς] εἰ ἔλθοι, d
πλέον ἂν θάτερον ποιήσειεν.

Ἀπόκριναι δή, ἔφη ὁ Διονυσόδωρος, ὁπότε σοι ταῦτα
ὕμνηται· πότερον ὁ Ἰόλεως τοῦ Ἡρακλέους μᾶλλον ἦν
ἀδελφιδοῦς ἢ σός; 5

Κράτιστον τοίνυν μοι, ὦ Διονυσόδωρε, ἦν δ' ἐγώ, ἀπο-
κρίνασθαί σοι. οὐ γὰρ μὴ ἀνῇς ἐρωτῶν, σχεδόν τι ἐγὼ
τοῦτ' εὖ οἶδα, φθονῶν καὶ διακωλύων, ἵνα μὴ διδάξῃ με
Εὐθύδημος ἐκεῖνο τὸ σοφόν.—Ἀποκρίνου δή, ἔφη.—Ἀπο-
κρίνομαι δή, εἶπον, ὅτι τοῦ Ἡρακλέους ἦν ὁ Ἰόλεως ἀδελ- 10
φιδοῦς, ἐμὸς δ', ὡς ἐμοὶ δοκεῖ, οὐδ' ὁπωστιοῦν. οὐ γὰρ e
Πατροκλῆς ἦν αὐτῷ πατήρ, ὁ ἐμὸς ἀδελφός, ἀλλὰ παρα-
πλήσιον μὲν τοὔνομα Ἰφικλῆς, ὁ Ἡρακλέους ἀδελφός.—
Πατροκλῆς δέ, ἦ δ' ὅς, σός;—Πάνυ γ', ἔφην ἐγώ, ὁμομή-
τριός γε, οὐ μέντοι ὁμοπάτριος.—Ἀδελφὸς ἄρα ἐστί σοι 5
καὶ οὐκ ἀδελφός.—Οὐχ ὁμοπάτριός γε, ὦ βέλτιστε, ἔφην·
ἐκείνου μὲν γὰρ Χαιρέδημος ἦν πατήρ, ἐμὸς δὲ Σωφρονίσκος.
—Πατὴρ δὲ ἦν, ἔφη, Σωφρονίσκος καὶ Χαιρέδημος;—Πάνυ
γ', ἔφην· ὁ μέν γε ἐμός, ὁ δὲ ἐκείνου.—Οὐκοῦν, ἦ δ' ὅς, ἕτερος 298
ἦν Χαιρέδημος τοῦ πατρός;—Τοὐμοῦ γ', ἔφην ἐγώ.—Ἆρ'
οὖν πατὴρ ἦν ἕτερος ὢν πατρός; ἢ σὺ εἶ ὁ αὐτὸς τῷ λίθῳ;
—Δέδοικα μὲν ἔγωγ', ἔφην, μὴ φανῶ ὑπὸ σοῦ ὁ αὐτός· οὐ
μέντοι μοι δοκῶ.—Οὐκοῦν ἕτερος εἶ, ἔφη, τοῦ λίθου;— 5

c 3 εἰ TW: εἰς B   κεφαλὴν τοῦ λόγου τις ἀποτέμοι B W (sed in
marg. γρ. καὶ τοῦ ὅλου W): κεφαλὴν ἀποτμηθεῖη τοῦ λόγου T   c 5 μοι
T: μοι τινι B   d 1 Πατροκλῆς secl. Heindorf   d 9 ἀποκρίνομαι
B W: ἀποκρινοῦμαι B²T   e 2 παραπλήσιον B: παραπλήσιον T:
παραπλήσιος olim Heindorf

Ἕτερος μέντοι.—Ἄλλο τι οὖν ἕτερος, ἦ δ' ὅς, ὢν λίθου οὐ
λίθος εἶ; καὶ ἕτερος ὢν χρυσοῦ οὐ χρυσὸς εἶ;—Ἔστι ταῦτα.
—Οὔκουν καὶ ὁ Χαιρέδημος, ἔφη, ἕτερος ὢν πατρὸς [οὐκ
ἂν] πατήρ ἐστιν.—Ἔοικεν, ἦν δ' ἐγώ, οὐ πατὴρ εἶναι.

b   Εἰ γὰρ δήπου, ἔφη, πατήρ ἐστιν ὁ Χαιρέδημος, ὑπολαβὼν
ὁ Εὐθύδημος, πάλιν αὖ ὁ Σωφρονίσκος ἕτερος ὢν πατρὸς
οὐ πατήρ ἐστιν, ὥστε σύ, ὦ Σώκρατες, ἀπάτωρ εἶ.

Καὶ ὁ Κτήσιππος ἐκδεξάμενος, Ὁ δὲ ὑμέτερος, ἔφη, αὖ
5 πατὴρ οὐ ταὐτὰ ταῦτα πέπονθεν; ἕτερός ἐστιν τοὐμοῦ πατρός;
—Πολλοῦ γ', ἔφη, δεῖ, ὁ Εὐθύδημος.—Ἀλλά, ἦ δ' ὅς, ὁ
αὐτός;—Ὁ αὐτὸς μέντοι.—Οὐκ ἂν συμβουλοίμην. ἀλλὰ
c   πότερον, ὦ Εὐθύδημε, ἐμὸς μόνον ἐστὶ πατὴρ ἢ καὶ τῶν
ἄλλων ἀνθρώπων;—Καὶ τῶν ἄλλων, ἔφη· ἢ οἴει τὸν αὐτὸν
πατέρα ὄντα οὐ πατέρα εἶναι;—Ὤιμην δῆτα, ἔφη ὁ Κτήσ-
ιππος.—Τί δέ; ἦ δ' ὅς· χρυσὸν ὄντα μὴ χρυσὸν εἶναι;
5 ἢ ἄνθρωπον ὄντα μὴ ἄνθρωπον;—Μὴ γάρ, ἔφη ὁ Κτήσιπ-
πος, ὦ Εὐθύδημε, τὸ λεγόμενον, οὐ λίνον λίνῳ συνάπτεις·
δεινὸν γὰρ λέγεις πρᾶγμα εἰ ὁ σὸς πατὴρ πάντων ἐστὶν
πατήρ.—Ἀλλ' ἔστιν, ἔφη.—Πότερον ἀνθρώπων; ἢ δ' ὃς
ὁ Κτήσιππος, ἢ καὶ ἵππων καὶ τῶν ἄλλων πάντων ζῴων;—
d   Πάντων, ἔφη.—Ἦ καὶ μήτηρ ἡ μήτηρ;—Καὶ ἡ μήτηρ γε.
—Καὶ τῶν ἐχίνων ἄρα, ἔφη, ἡ σὴ μήτηρ μήτηρ ἐστὶ τῶν
θαλαττίων.—Καὶ ἡ σή γ', ἔφη.—Καὶ σὺ ἄρα ἀδελφὸς
εἶ τῶν κωβιῶν καὶ κυναρίων καὶ χοιριδίων.—Καὶ γὰρ σύ,
5 ἔφη.—Κάπρος ἄρα σοι πατήρ ἐστι καὶ κύων.—Καὶ γὰρ
σοί, ἔφη.

Αὐτίκα δέ γε, ἦ δ' ὃς ὁ Διονυσόδωρος, ἄν μοι ἀποκρίνῃ,

a 8 οὔκουν Schanz : οὐκοῦν B T   οὐκ ἂν B T : οὐ W : secl. Schanz
a 9 ἐστιν B W : εἴη T   b 1 ἔφη W : ἔφην B T   b 4 αὖ πατήρ
B : πατὴρ αὖ T (sed add. signis transpositionis)   c 1 μόνον
Stephanus : μόνος B T   c 5 μὴ ἢ Ast   c 6 συνάπτης corr.
Coisl.   c 9 καὶ τῶν W : ἢ καὶ τῶν B T   d 1 prius ἢ W : om. B T
d 2 ἄρα ἔφη B T : ἔφη ἄρα W   d 3 τῶν θαλαττίων secl. Schanz
d 4 τῶν κωβίων T : τῶν ὠιδίων W (sed in marg. γρ. τῶν κοβίων W) :
τῶν βοιδίων B   d 5 κάπρος Hoeffer : κἀι πρὸς B T W   d 6 σοὶ
T : σὺ B

ὦ Κτήσιππε, ὁμολογήσεις ταῦτα. εἰπὲ γάρ μοι, ἔστι σοι κύων;—Καὶ μάλα πονηρός, ἔφη ὁ Κτήσιππος.—Ἔστιν οὖν αὐτῷ κυνίδια;—Καὶ μάλ', ἔφη, ἕτερα τοιαῦτα.—Οὐκοῦν e πατήρ ἐστιν αὐτῶν ὁ κύων;—Ἔγωγέ τοι εἶδον, ἔφη, αὐτὸν ὀχεύοντα τὴν κύνα.—Τί οὖν; οὐ σός ἐστιν ὁ κύων;—Πάνυ γ', ἔφη.—Οὐκοῦν πατὴρ ὢν σός ἐστιν, ὥστε σὸς πατὴρ γίγνεται ὁ κύων καὶ σὺ κυναρίων ἀδελφός; 5

Καὶ αὖθις ταχὺ ὑπολαβὼν ὁ Διονυσόδωρος, ἵνα μὴ πρότερόν τι εἴποι ὁ Κτήσιππος, Καὶ ἔτι γέ μοι μικρόν, ἔφη, ἀπόκριναι· τύπτεις τὸν κύνα τοῦτον;—Καὶ ὁ Κτήσιππος γελάσας, Νὴ τοὺς θεούς, ἔφη· οὐ γὰρ δύναμαι σέ.—Οὐκοῦν τὸν σαυτοῦ πατέρα, ἔφη, τύπτεις; 10

Πολὺ μέντοι, ἔφη, δικαιότερον τὸν ὑμέτερον πατέρ' ἂ⟨ν⟩ 299 τύπτοιμι, ὅτι μαθὼν σοφοὺς υἱεῖς οὕτως ἔφυσεν. ἀλλ' ἦ που, ὦ Εὐθύδημε [ὁ Κτήσιππος], πόλλ' ἀγαθὰ ἀπὸ τῆς ὑμετέρας σοφίας ταύτης ἀπολέλαυκεν ὁ πατὴρ ὁ ὑμέτερός τε καὶ τῶν κυνιδίων. 5

Ἀλλ' οὐδὲν δεῖται πολλῶν ἀγαθῶν, ὦ Κτήσιππε, οὔτ' ἐκεῖνος οὔτε σύ.

Οὐδὲ σύ, ἦ δ' ὅς, ὦ Εὐθύδημε, αὐτός;

Οὐδὲ ἄλλος γε οὐδεὶς ἀνθρώπων. εἰπὲ γάρ μοι, ὦ Κτήσιππε, εἰ ἀγαθὸν νομίζεις εἶναι ἀσθενοῦντι φάρμακον b πιεῖν ἢ οὐκ ἀγαθὸν εἶναι δοκεῖ σοι, ὅταν δέηται· ἢ εἰς πόλεμον ὅταν ἴῃ, ὅπλα ἔχοντα μᾶλλον ἰέναι ἢ ἄνοπλον.—Ἔμοιγε, ἔφη. καίτοι οἶμαι· τί σε τῶν καλῶν ἐρεῖν.—Σὺ ἄριστα εἴσῃ, ἔφη· ἀλλ' ἀποκρίνου. ἐπειδὴ γὰρ ὡμολόγεις 5 ἀγαθὸν εἶναι φάρμακον, ὅταν δέῃ, πίνειν ἀνθρώπῳ, ἄλλο τι τοῦτο τὸ ἀγαθὸν ὡς πλεῖστον δεῖ πίνειν, καὶ καλῶς ἐκεῖ ἕξει, ἐάν τις αὐτῷ τρίψας ἐγκεράσῃ ἐλλεβόρου ἄμαξαν;—Καὶ ὁ

Κτήσιππος εἶπεν· Πάνυ γε σφόδρα, ὦ Εὐθύδημε, ἐὰν ᾖ γε

c ὁ πίνων ὅσος ὁ ἀνδριὰς ὁ ἐν Δελφοῖς.—Οὐκοῦν, ἔφη, καὶ ἐν
τῷ πολέμῳ ἐπειδὴ ἀγαθόν ἐστιν ὅπλα ἔχειν, ὡς πλεῖστα δεῖ
ἔχειν δόρατά τε καὶ ἀσπίδας, ἐπειδήπερ ἀγαθόν ἐστιν;—
Μάλα δήπου, ἔφη ὁ Κτήσιππος· σὺ δ' οὐκ οἴει, ὦ Εὐθύδημε,

5 ἀλλὰ μίαν καὶ ἐν δόρυ;—Ἔγωγε.—Ἦ καὶ τὸν Γηρυόνην ἄν,
ἔφη, καὶ τὸν Βριάρεων οὕτως σὺ ὁπλίσαις; ἐγὼ δὲ ᾤμην σὲ
δεινότερον εἶναι, ἅτε ὁπλομάχην ὄντα, καὶ τόνδε τὸν ἑταῖρον.

Καὶ ὁ μὲν Εὐθύδημος ἐσίγησεν· ὁ δὲ Διονυσόδωρος πρὸς

d τὰ πρότερον ἀποκεκριμένα τῷ Κτησίππῳ ἤρετο, Οὐκοῦν καὶ
χρυσίον, ἦ δ' ὅς, ἀγαθὸν δοκεῖ σοι εἶναι ἔχειν;—Πάνυ,
καὶ ταῦτά γε πολύ, ἔφη ὁ Κτήσιππος.—Τί οὖν; ἀγαθὰ οὐ
δοκεῖ σοι χρῆναι ἀεί τ' ἔχειν καὶ πανταχοῦ;—Σφόδρα γ',

5 ἔφη.—Οὐκοῦν καὶ τὸ χρυσίον ἀγαθὸν ὁμολογεῖς εἶναι;—
Ὡμολόγηκα μὲν οὖν, ἦ δ' ὅς.—Οὐκοῦν ἀεὶ δεῖ αὐτὸ ἔχειν
καὶ πανταχοῦ καὶ ὡς μάλιστα ἐν ἑαυτῷ; καὶ εἴη ἂν εὐδαι-

e μονέστατος εἰ ἔχοι χρυσίου μὲν τρία τάλαντα ἐν τῇ γαστρί,
τάλαντον δ' ἐν τῷ κρανίῳ, στατῆρα δὲ χρυσοῦ ἐν ἑκατέρῳ
τὠφθαλμῷ;—Φασί γε οὖν, ὦ Εὐθύδημε, ἔφη ὁ Κτήσιππος,
τούτους εὐδαιμονεστάτους εἶναι Σκυθῶν καὶ ἀρίστους ἄνδρας,

5 οἳ χρυσίον τε ἐν τοῖς κρανίοις ἔχουσιν πολὺ τοῖς ἑαυτῶν,
ὥσπερ σὺ νυνδὴ ἔλεγες τὸν κύνα τὸν πατέρα, καὶ ὃ θαυ-
μασιώτερόν γε ἔτι, ὅτι καὶ πίνουσιν ἐκ τῶν ἑαυτῶν κρανίων
κεχρυσωμένων, καὶ ταῦτα ἐντὸς καθορῶσιν, τὴν ἑαυτῶν
κορυφὴν ἐν ταῖς χερσὶν ἔχοντες.

300 Πότερον δὲ ὁρῶσιν, ἔφη ὁ Εὐθύδημος, καὶ Σκύθαι τε καὶ
οἱ ἄλλοι ἄνθρωποι τὰ δυνατὰ ὁρᾶν ἢ τὰ ἀδύνατα;—Τὰ
δυνατὰ δήπου.—Οὐκοῦν καὶ σύ, ἔφη;—Κἀγώ.—Ὁρᾷς οὖν
τὰ ἡμέτερα ἱμάτια;—Ναί.—Δυνατὰ οὖν ὁρᾶν ἐστιν ταῦτα.—

5 Ὑπερφυῶς, ἔφη ὁ Κτήσιππος.—Τί δέ; ἦ δ' ὅς.—Μηδέν.

c 1 ὅσος B W: ὁ σὸς T   c 7 καὶ . . . ἑταῖρον secl. Schanz
d 2 πάνυ] πάνυ γε Heindorf   d 4 χρῆναι Badham : χρήματα B T
d 6 ὡμολόγηκα μὲν Serranus : ὡμολογήκαμεν B T   a 1 τε] γε
Sauppe

σὺ δὲ ἴσως οὐκ οἴει αὐτὰ ὁρᾶν· οὕτως ἡδὺς εἶ. ἀλλά μοι
δοκεῖς, Εὐθύδημε, οὐ καθεύδων ἐπικεκοιμῆσθαι καί, ⟨εἰ⟩ οἷόν
τε λέγοντα μηδὲν λέγειν, καὶ σὺ τοῦτο ποιεῖν.

Ἡ γὰρ οὐχ οἷόν τ', ἔφη ὁ Διονυσόδωρος, σιγῶντα **b**
λέγειν;—Οὐδ' ὁπωστιοῦν, ἦ δ' ὃς ὁ Κτήσιππος.—Ἆρ' οὐδὲ
λέγοντα σιγᾶν;—Ἔτι ἧττον, ἔφη.—Ὅταν οὖν λίθους λέγῃς
καὶ ξύλα καὶ σιδήρια, οὐ σιγῶντα λέγεις;—Οὔκουν εἴ γε
ἐγώ, ἔφη, παρέρχομαι ἐν τοῖς χαλκείοις, ἀλλὰ φθεγγόμενα 5
καὶ βοῶντα μέγιστον τὰ σιδήρια λέγεται, ἐάν τις ἅψηται·
ὥστε τοῦτο μὲν ὑπὸ σοφίας ἔλαθες οὐδὲν εἰπών. ἀλλ' ἔτι
μοι τὸ ἕτερον ἐπιδείξατον, ὅπως αὖ ἔστιν λέγοντα σιγᾶν.

Καί μοι ἐδόκει ὑπεραγωνιᾶν ὁ Κτήσιππος διὰ τὰ παιδικά. **c**
Ὅταν σιγᾷς, ἔφη ὁ Εὐθύδημος, οὐ πάντα σιγᾷς;—Ἔγωγε,
ἦ δ' ὅς.—Οὐκοῦν καὶ τὰ λέγοντα σιγᾷς, εἴπερ τῶν ἁπάντων
ἐστὶν [τὰ λεγόμενα].—Τί δέ; ἔφη ὁ Κτήσιππος, οὐ σιγᾷ
πάντα;—Οὐ δήπου, ἔφη ὁ Εὐθύδημος.—Ἀλλ' ἄρα, ὦ βέλ- 5
τιστε, λέγει τὰ πάντα;—Τά γε δήπου λέγοντα.—Ἀλλά, ἦ
δ' ὅς, οὐ τοῦτο ἐρωτῶ, ἀλλὰ τὰ πάντα σιγᾷ ἢ λέγει;

Οὐδέτερα καὶ ἀμφότερα, ἔφη ὑφαρπάσας ὁ Διονυσόδωρος· **d**
εὖ γὰρ οἶδα ὅτι τῇ ἀποκρίσει οὐχ ἕξεις ὅτι χρῇ.

Καὶ ὁ Κτήσιππος, ὥσπερ εἰώθει, μέγα πάνυ ἀνακαγχάσας,
Ὦ Εὐθύδημε, ἔφη, ὁ ἀδελφός σου ἐξημφοτέρικεν τὸν λόγον,
καὶ ἀπόλωλέ τε καὶ ἥττηται.   Καὶ ὁ Κλεινίας πάνυ ἥσθη 5
καὶ ἐγέλασεν, ὥστε ὁ Κτήσιππος ἐγένετο πλεῖον ἢ δεκα-
πλάσιος. ὁ δέ μοι δοκεῖ ἅτε πανοῦργος ὤν, ὁ Κτήσιππος,
παρ' αὐτῶν τούτων αὐτὰ ταῦτα παρηκηκόει· οὐ γάρ ἐστιν
ἄλλων τοιαύτη σοφία τῶν νῦν ἀνθρώπων.

a 6 αὐτὰ ὁρᾶν Β W : ὁρᾶν αὐτὰ Τ   a 7 ἐπικεκοιμῆσθαι corr. Par.
1808 : ἐπικεκοιμᾶσθαι Β Τ W   εἰ add. ci. Stephanus   b 2 ὅ Τ :
om. Β   b 4 εἴ γε W : ἦ γε Β : ἦ γε Τ   b 5 χαλκιοις Β : χαλκίοις Τ
b 6 λέγεται] λέγει Ast   c 4 τὰ λεγόμενα secl. Schanz : τὰ λέγοντα
Stephanus   d 3 ἀνακαγχάσας Β : ἀνακκαχάσας Τ   d 5 ἥττηται
Β : ἥττησαι Τ W   d 6 ὥστε Τ : ὥσπερ Β   πλεῖον Β Τ W : πλεῖν
Aristides   δεκαπλάσιος Β Τ : διπλάσιος W Aristides   d 7 δ' ἐμοὶ
δοκεῖ ἅτε Ast : δέ, δοκεῖ μοι, ἅτε Heusde : γρ. δ' ἐδόκει μοι ἅτε Τ : δέ
μοι Β Τ : δ' οἶμαι Badham   d 8 παρακηκόει Β Τ

e   Κἀγὼ εἶπον· Τί γελᾷς, ὦ Κλεινία, ἐπὶ σπουδαίοις οὕτω
πράγμασιν καὶ καλοῖς;
Σὺ γὰρ ἤδη τι πώποτ᾽ εἶδες, ὦ Σώκρατες, καλὸν πρᾶγμα;
ἔφη ὁ Διονυσόδωρος.

5   Ἔγωγε, ἔφην, καὶ πολλά γε, ὦ Διονυσόδωρε.

301   Ἆρα ἕτερα ὄντα τοῦ καλοῦ, ἔφη, ἢ ταὐτὰ τῷ καλῷ;
Κἀγὼ ἐν παντὶ ἐγενόμην ὑπὸ ἀπορίας, καὶ ἡγούμην
δίκαια πεπονθέναι ὅτι ἔγρυξα, ὅμως δὲ ἕτερα ἔφην αὐτοῦ
γε τοῦ καλοῦ· πάρεστιν μέντοι ἑκάστῳ αὐτῶν κάλλος τι.

5   Ἐὰν οὖν, ἔφη, παραγένηταί σοι βοῦς, βοῦς εἶ, καὶ ὅτι
νῦν ἐγώ σοι πάρειμι, Διονυσόδωρος εἶ;
Εὐφήμει τοῦτό γε, ἦν δ᾽ ἐγώ.
Ἀλλὰ τίνα τρόπον, ἔφη, ἑτέρου ἑτέρῳ παραγενομένου
τὸ ἕτερον ἕτερον ἂν εἴη;

b   Ἆρα τοῦτο, ἔφην ἐγώ, ἀπορεῖς; Ἤδη δὲ τοῖν ἀνδροῖν
τὴν σοφίαν ἐπεχείρουν μιμεῖσθαι, ἅτε ἐπιθυμῶν αὐτῆς.
Πῶς γὰρ οὐκ ἀπορῶ, ἔφη, καὶ ἐγὼ καὶ οἱ ἄλλοι ἅπαντες
ἄνθρωποι ὃ μὴ ἔστι;

5   Τί λέγεις, ἦν δ᾽ ἐγώ, ὦ Διονυσόδωρε; οὐ τὸ καλὸν καλόν
ἐστιν καὶ τὸ αἰσχρὸν αἰσχρόν;—Ἐὰν ἔμοιγε, ἔφη, δοκῇ.—
Οὐκοῦν δοκεῖ;—Πάνυ γ᾽, ἔφη.—Οὐκοῦν καὶ τὸ ταὐτὸν ταὐτὸν
καὶ τὸ ἕτερον ἕτερον; οὐ γὰρ δήπου τό γε ἕτερον ταὐτόν, ἀλλ᾽

c   ἔγωγε οὐδ᾽ ἂν παῖδα ᾤμην τοῦτο ἀπορῆσαι, ὡς οὐ τὸ ἕτερον
ἕτερόν ἐστιν. ἀλλ᾽, ὦ Διονυσόδωρε, τοῦτο μὲν ἑκὼν παρῆκας,
ἐπεὶ τὰ ἄλλα μοι δοκεῖτε ὥσπερ οἱ δημιουργοὶ οἷς ἕκαστα
προσήκει ἀπεργάζεσθαι, καὶ ὑμεῖς τὸ διαλέγεσθαι παγκάλως

5   ἀπεργάζεσθαι.
Οἶσθα οὖν, ἔφη, ὅτι προσήκει ἑκάστοις τῶν δημιουργῶν;
πρῶτον τίνα χαλκεύειν προσήκει, οἶσθα;—Ἔγωγε· ὅτι χαλ-

e 3 εἶδες t : ἴδες Β Τ   e 4 ὁ supra versum T   a 2 ὑπὸ secl.
Schanz   b 1 δὲ τοῖν ἀνδροῖν T : διὰ τῶν ἀνδρῶν Β : δια (suprascr.
ε) τῶν (suprascr. οι) ἀνδρῶν (suprascr. οι) W : δ᾽ ἰδίᾳ τοῖν ἀνδροῖν
Schanz   c 3 ἐπεὶ τὰ Cornarius : ἔπειτα Β Τ   οἷς ἕκαστα ꞌ ἃ
ἑκάστοις Badham   c 6 ἔφη Β W : om. T

κέα.—Τί δέ, κεραμεύειν;—Κεραμέα.—Τί δέ, σφάττειν τε
καὶ ἐκδέρειν καὶ τὰ μικρὰ κρέα κατακόψαντα ἕψειν καὶ ὀπτᾶν;
—Μάγειρον, ἦν δ' ἐγώ.—Οὐκοῦν ἐάν τις, ἔφη, τὰ προσή- d
κοντα πράττῃ, ὀρθῶς πράξει;—Μάλιστα.—Προσήκει δέ γε,
ὡς φῄς, τὸν μάγειρον κατακόπτειν καὶ ἐκδέρειν; ὡμολόγησας
ταῦτα ἢ οὔ;—'Ωμολόγησα, ἔφην, ἀλλὰ συγγνώμην μοι ἔχε.
—Δῆλον τοίνυν, ἦ δ' ὅς, ὅτι ἄν τις σφάξας τὸν μάγειρον καὶ 5
κατακόψας ἑψήσῃ καὶ ὀπτήσῃ, τὰ προσήκοντα ποιήσει· καὶ
ἐὰν τὸν χαλκέα τις αὐτὸν χαλκεύῃ καὶ τὸν κεραμέα κεραμεύῃ,
καὶ οὗτος τὰ προσήκοντα πράξει.

῏Ω Πόσειδον, ἦν δ' ἐγώ, ἤδη κολοφῶνα ἐπιτιθεὶς τῇ e
σοφίᾳ. ἆρά μοί ποτε αὕτη παραγενήσεται ὥστε μοι οἰκεία
γενέσθαι;

'Επιγνοίης ἂν αὐτήν, ὦ Σώκρατες, ἔφη, οἰκείαν γενο-
μένην; 5

'Εὰν σύ γε βούλῃ, ἔφην ἐγώ, δῆλον ὅτι.

Τί δέ, ἦ δ' ὅς, τὰ σαυτοῦ οἴει γιγνώσκειν;

Εἰ μή τι σὺ ἄλλο λέγεις· ἀπὸ σοῦ γὰρ δεῖ ἄρχεσθαι,
τελευτᾶν δ' εἰς Εὐθύδημον τόνδε.

῏Αρ' οὖν, ἔφη, ταῦτα ἡγῇ σὰ εἶναι, ὧν ἂν ἄρξῃς καὶ ἐξῇ 10
σοι αὐτοῖς χρῆσθαι ὅτι ἂν βούλῃ; οἷον βοῦς καὶ πρόβατον, 302
ἆρ' ἂν ἡγοῖο ταῦτα σὰ εἶναι, ἅ σοι ἐξείη καὶ ἀποδόσθαι
καὶ δοῦναι καὶ θῦσαι ὅτῳ βούλοιο θεῶν; ἃ δ' ἂν μὴ οὕτως
ἔχῃ, οὐ σά;

Κἀγώ (ἤδη γὰρ ὅτι ἐξ αὐτῶν καλόν τι ἀνακύψοιτο τῶν 5
ἐρωτημάτων, καὶ ἅμα βουλόμενος ὅτι τάχιστ' ἀκοῦσαι)
Πάνυ μὲν οὖν, ἔφην, οὕτως ἔχει· τὰ τοιαῦτά ἐστιν μόνα
ἐμά.—Τί δέ; ζῷα, ἔφη, οὐ ταῦτα καλεῖς ἃ ἂν ψυχὴν ἔχῃ;
—Ναί, ἔφην.—'Ομολογεῖς οὖν τῶν ζῴων ταῦτα μόνα εἶναι b

---

c 8 τί (bis) B T : τίνα (bis) scr. recc.   c 9 τὰ μικρὰ κρέα secl.
Hermann : τὰ κρέα σμικρὰ Badham   d 7 αὐτὸν] αὖ anonymus
apud Stallbaum   e 1 ἐπιτιθεὶς B : ἐπιτιθῆς T   e 4 ἐπιγνοίης]
ἐπεὶ γνοίης Badham   a 1 πρόβατον B T W (sed a supra ον T)
a 2 ἡγοῖ' T : ἡγοῖ ὅταν B : ἡγοῖο τ' ἂν W   ἐξείηι T : ἔξει ἢ B
a 5 ἀνακύψοιτο B : ἀνακύψοι τὸ T   τῶν ἐρωτημάτων secl. Cobet

σά, περὶ ἃ ἄν σοι ἐξουσία ᾖ πάντα ταῦτα ποιεῖν ἃ νυνδὴ
ἐγὼ ἔλεγον;—Ὁμολογῶ.—Καὶ ὅς, εἰρωνικῶς πάνυ ἐπισχὼν
ὥς τι μέγα σκοπούμενος, Εἰπέ μοι, ἔφη, ὦ Σώκρατες, ἔστιν
5 σοι Ζεὺς πατρῷος;—Καὶ ἐγὼ ὑποπτεύσας ἥξειν τὸν λόγον
οἷπερ ἐτελεύτησεν, ἄπορόν τινα στροφὴν ἔφευγόν τε καὶ
ἐστρεφόμην ἤδη ὥσπερ ἐν δικτύῳ εἰλημμένος· Οὐκ ἔστιν, ἦν
δ' ἐγώ, ὦ Διονυσόδωρε.—Ταλαίπωρος ἄρα τις σύ γε ἄνθρω-
c πος εἶ καὶ οὐδὲ Ἀθηναῖος, ᾧ μήτε θεοί πατρῷοί εἰσιν μήτε
ἱερὰ μήτε ἄλλο μηδὲν καλὸν καὶ ἀγαθόν.—Ἔα, ἦν δ' ἐγώ,
ὦ Διονυσόδωρε, εὐφήμει τε καὶ μὴ χαλεπῶς με προδίδασκε.
ἔστι γὰρ ἔμοιγε καὶ βωμοὶ καὶ ἱερὰ οἰκεῖα καὶ πατρῷα καὶ
5 τὰ ἄλλα ὅσαπερ τοῖς ἄλλοις Ἀθηναίοις τῶν τοιούτων.—
Εἶτα τοῖς ἄλλοις, ἔφη, Ἀθηναίοις οὐκ ἔστιν Ζεὺς ὁ πατρῷος;
—Οὐκ ἔστιν, ἦν δ' ἐγώ, αὕτη ἡ ἐπωνυμία Ἰώνων οὐδενί,
οὔθ' ὅσοι ἐκ τῆσδε τῆς πόλεως ἀπῳκισμένοι εἰσὶν οὔθ' ἡμῖν,
d ἀλλὰ Ἀπόλλων πατρῷος διὰ τὴν τοῦ Ἴωνος γένεσιν· Ζεὺς
δ' ἡμῖν πατρῷος μὲν οὐ καλεῖται, ἕρκειος δὲ καὶ φράτριος,
καὶ Ἀθηναία φρατρία.—Ἀλλ' ἀρκεῖ γ', ἔφη ὁ Διονυσόδωρος·
ἔστιν γάρ σοι, ὡς ἔοικεν, Ἀπόλλων τε καὶ Ζεὺς καὶ Ἀθηνᾶ.
5 —Πάνυ, ἦν δ' ἐγώ.—Οὐκοῦν καὶ οὗτοι σοὶ θεοὶ ἂν εἶεν;
ἔφη.—Πρόγονοι, ἦν δ' ἐγώ, καὶ δεσπόται.—Ἀλλ' οὖν σοί
γε, ἔφη· ἢ οὐ σοὺς ὡμολόγηκας αὐτοὺς εἶναι;—Ὁμολόγηκα,
ἔφην· τί γὰρ πάθω;—Οὐκοῦν, ἔφη, καὶ ζῷά εἰσιν οὗτοι οἱ
e θεοί; ὡμολόγηκας γὰρ ὅσα ψυχὴν ἔχει ζῷα εἶναι. ἢ οὗτοι
οἱ θεοὶ οὐκ ἔχουσιν ψυχήν;—Ἔχουσιν, ἦν δ' ἐγώ.—Οὐκοῦν
καὶ ζῷά εἰσιν;—Ζῷα, ἔφην.—Τῶν δέ γε ζῴων, ἔφη, ὡμο-
λόγηκας ταῦτ' εἶναι σά, ὅσα ἄν σοι ἐξῇ καὶ δοῦναι καὶ
5 ἀποδόσθαι καὶ θῦσαι δὴ θεῷ ὅτῳ ἂν βούλῃ.—Ὁμολόγηκα,
ἔφην· οὐκ ἔστιν γάρ μοι ἀνάδυσις, ὦ Εὐθύδημε.—Ἴθι δή μοι

b 6 οἷπερ Hertlein : ᾗπερ BT   ἔφευγόν τε καὶ secl. Badham
b 8 τις T : τε B   c 4 βωμοὶ καὶ TW : om. B   c 6 ὁ secl.
Schanz   c 7 οὐδενί] οὐδέσιν Naber   c 8 οὔθ'... οὔθ'...
Bekker: οὐδ'... οὐδ'... BT   d 2 ἕρκιος BT   d 3 Ἀθηναία
Cobet : Ἀθηναίη Eustathius Porson : ἀθηνᾶ BT   d 4 Ἀθηναία
Schanz   d 5 πάνυ] πάνυ γε Ast   e 5 δὴ Schanz : ἂν BT : om. al.

εὐθύς, ἦ δ' ὅς, εἰπέ· ἐπειδὴ σὸν ὁμολογεῖς εἶναι τὸν Δία 303
καὶ τοὺς ἄλλους θεούς, ἆρα ἔξεστί σοι αὐτοὺς ἀποδόσθαι
ἢ δοῦναι ἢ ἄλλ' ὅτι ἂν βούλῃ χρῆσθαι ὥσπερ τοῖς ἄλλοις
ζῴοις;

Ἐγὼ μὲν οὖν, ὦ Κρίτων, ὥσπερ πληγεὶς ὑπὸ τοῦ λόγου,
ἐκείμην ἄφωνος· ὁ δὲ Κτήσιππός μοι ἰὼν ὡς βοηθήσων, 5
Πυππὰξ ὦ Ἡράκλεις, ἔφη, καλοῦ λόγου.—Καὶ ὁ Διονυσό-
δωρος, Πότερον οὖν, ἔφη, ὁ Ἡρακλῆς πυππάξ ἐστιν ἢ ὁ
πυππὰξ Ἡρακλῆς;—Καὶ ὁ Κτήσιππος, Ὦ Πόσειδον, ἔφη,
δεινῶν λόγων. ἀφίσταμαι· ἀμάχω τὼ ἄνδρε.

Ἐνταῦθα μέντοι, ὦ φίλε Κρίτων, οὐδεὶς ὅστις οὐ τῶν b
παρόντων ὑπερεπήνεσε τὸν λόγον καὶ τὼ ἄνδρε, καὶ γελῶντες
καὶ κροτοῦντες καὶ χαίροντες ὀλίγου παρετάθησαν. ἐπὶ μὲν
γὰρ τοῖς ἔμπροσθεν ἐφ' ἑκάστοις πᾶσι παγκάλως ἐθορύβουν
μόνοι οἱ τοῦ Εὐθυδήμου ἐρασταί, ἐνταῦθα δὲ ὀλίγου καὶ οἱ 5
κίονες οἱ ἐν τῷ Λυκείῳ ἐθορύβησάν τ' ἐπὶ τοῖν ἀνδροῖν καὶ
ἥσθησαν. ἐγὼ μὲν οὖν καὶ αὐτὸς οὕτω διετέθην, ὥστε
ὁμολογεῖν μηδένας πώποτε ἀνθρώπους ἰδεῖν οὕτω σοφούς, c
καὶ παντάπασι καταδουλωθεὶς ὑπὸ τῆς σοφίας αὐτοῖν ἐπὶ
τὸ ἐπαινεῖν τε καὶ ἐγκωμιάζειν αὐτὼ ἐτραπόμην, καὶ εἶπον·
Ὦ μακάριοι σφὼ τῆς θαυμαστῆς φύσεως, οἳ τοσοῦτον πρᾶγμα
οὕτω ταχὺ καὶ ἐν ὀλίγῳ χρόνῳ ἐξείργασθον. πολλὰ μὲν 5
οὖν καὶ ἄλλα οἱ λόγοι ὑμῶν καλὰ ἔχουσιν, ὦ Εὐθύδημέ τε
καὶ Διονυσόδωρε· ἐν δὲ τοῖς καὶ τοῦτο μεγαλοπρεπέστατον,
ὅτι τῶν πολλῶν ἀνθρώπων καὶ τῶν σεμνῶν δὴ καὶ δοκούντων
τὶ εἶναι οὐδὲν ὑμῖν μέλει, ἀλλὰ τῶν ὁμοίων ὑμῖν μόνον. d
ἐγὼ γὰρ εὖ οἶδα ὅτι τούτους τοὺς λόγους πάνυ μὲν ἂν ὀλίγοι
ἀγαπῷεν ἄνθρωποι ὅμοιοι ὑμῖν, οἱ δ' ἄλλοι οὕτως ἀγνοοῦσιν

a 6 πυπὰξ Β : πύπαξ Τ (sed mox a 7, 8 πυππάξ Β : πύππαξ Τ)   ἔφη
W : ἔφην ΒΤ   b 2 καὶ post ἄνδρε ΒW : om. Τ   γελῶντες
... κροτοῦντες ... χαίροντες Badham : γελῶντε ... κροτοῦντε ...
χαίροντε ΒΤW (χέροντε W)   b 3 παρετάθησαν Τ : παρετέθησαν ΒW
b 7 ἥσθησαν Τ : ᾔσθησαν Β   c 4 οἱ] εἱ Cobet   c 5 ἐξείργασθον
Τ (sed ει ex ε) : γρ. ἐξειργάσασθον t : ἐξέργαθον Β   c 7 μεγαλοπρε-
πέστατον Stephanus : μεγαλοπρεπέστερον ΒΤ   d 3 οὕτως ἀγνοοῦσιν
Τ : οὕτω νοοῦσιν ΒW : οὕτω μισοῦσιν Naber : alii alia

αὐτούς, ὥστ᾽ εὖ οἶδα ὅτι αἰσχυνθεῖεν ἂν μᾶλλον ἐξελέγχοντες
5 τοιούτοις λόγοις τοὺς ἄλλους ἢ αὐτοὶ ἐξελεγχόμενοι. καὶ
τόδε αὖ ἕτερον δημοτικόν τι καὶ πρᾷον ἐν τοῖς λόγοις·
ὁπόταν φῆτε μήτε καλὸν εἶναι μηδὲν μήτε ἀγαθὸν πρᾶγμα
μήτε λευκὸν μηδ᾽ ἄλλο τῶν τοιούτων μηδέν, μηδὲ τὸ παράπαν
e ἑτέρων ἕτερον, ἀτεχνῶς μὲν τῷ ὄντι συρράπτετε τὰ στόματα
τῶν ἀνθρώπων, ὥσπερ καὶ φατέ· ὅτι δ᾽ οὐ μόνον τὰ τῶν
ἄλλων, ἀλλὰ δόξαιτε ἂν καὶ τὰ ὑμέτερα αὐτῶν, τοῦτο πάνυ
χαρίεν τέ ἐστιν καὶ τὸ ἐπαχθὲς τῶν λόγων ἀφαιρεῖται. τὸ
5 δὲ δὴ μέγιστον, ὅτι ταῦτα οὕτως ἔχει ὑμῖν καὶ τεχνικῶς
ἐξηύρηται, ὥστ᾽ ἐ⟨ν⟩ πάνυ ὀλίγῳ χρόνῳ ὁντινοῦν ἂν μαθεῖν
ἀνθρώπων· ἔγνων ἔγωγε καὶ τῷ Κτησίππῳ τὸν νοῦν προσέ-
χων ὡς ταχὺ ὑμᾶς ἐκ τοῦ παραχρῆμα μιμεῖσθαι οἷός τε ἦν.
304 τοῦτο μὲν οὖν τοῦ πράγματος σφῶν τὸ σοφὸν πρὸς μὲν τὸ
ταχὺ παραδιδόναι καλόν, ἐναντίον δ᾽ ἀνθρώπων διαλέγεσθαι
οὐκ ἐπιτήδειον, ἀλλ᾽ ἄν γέ μοι πείθησθε, εὐλαβήσεσθε μὴ
πολλῶν ἐναντίον λέγειν, ἵνα μὴ ταχὺ ἐκμαθόντες ὑμῖν μὴ
5 εἰδῶσιν χάριν. ἀλλὰ μάλιστα μὲν αὐτὼ πρὸς ἀλλήλω μόνω
διαλέγεσθον· εἰ δὲ μή, εἴπερ ἄλλου του ἐναντίον, ἐκείνου
μόνου ὃς ἂν ὑμῖν διδῷ ἀργύριον. τὰ αὐτὰ δὲ ταῦτα, ἐὰν
b σωφρονῆτε, καὶ τοῖς μαθηταῖς συμβουλεύσετε, μηδέποτε
μηδενὶ ἀνθρώπων διαλέγεσθαι ἀλλ᾽ ἢ ὑμῖν τε καὶ αὐτοῖς·
τὸ γὰρ σπάνιον, ὦ Εὐθύδημε, τίμιον, τὸ δὲ ὕδωρ εὐωνό-
τατον, ἄριστον ὄν, ὡς ἔφη Πίνδαρος. ἀλλ᾽ ἄγετε, ἦν δ᾽
5 ἐγώ, ὅπως κἀμὲ καὶ Κλεινίαν τόνδε παραδέξεσθον.

Ταῦτα, ὦ Κρίτων, καὶ ἄλλα ἄττα ἔτι βραχέα διαλε-

d 4 ὥστ᾽ T : φτ᾽ B   d 6 τι B : τε T (sed suprascr. ι)
d 7 ὁπόταν B : ὅτι ὅτ᾽ ἂν T   φῆτε μήτε B : μὴ φῆτε T   ;·ῆτε
ἀγαθὸν ... d 8 μηδὲν TW : om. B   d 8 μηδὲ B : μητε T   τὸ
παράπαν T : το παραν B   e 3 αὐτῶν corr. Coisl. : αὐτὸ T : αὐτὼ
BW   e 5 ἔχει] εὖ ἔχει Badham : εὖ Schanz   e 6 ὥστ᾽ ἐν ci.
Heindorf : ὥστε BT   e 7 καὶ] καὶ ⟨αὐτὸς⟩ Schanz   προσέχων
Heusde : προσέχω BT   e 8 ταχὺ secl. Cobet   a 1 τοῦτο B :
τούτου T   τὸ σοφὸν T : om. B   a 3 εὐλοβήσεσθε T : εὐλαβή-
σεσθαι B   a 4 ἐναντίον T : ἐναντίων B   a 5 μόνω secl. Cobet
b 5 παραδέξεσθον scr. recc. : παραδέξασθον BT   b 6 ἄλλα ἄττα ἔτι
W : ἀλλ᾽ ἄττα ἔτι T : ἄλλα B

χθέντες ἀπῇμεν. σκόπει οὖν ὅπως συμφοιτήσεις παρὰ τὼ
ἄνδρε, ὡς ἐκείνω φατὸν οἵω τε εἶναι διδάξαι τὸν ἐθέλοντ' c
ἀργύριον διδόναι, καὶ οὔτε φύσιν οὔθ' ἡλικίαν ἐξείργειν
οὐδεμίαν—ὃ δὲ καὶ σοὶ μάλιστα προσήκει ἀκοῦσαι, ὅτι οὐδὲ
τοῦ χρηματίζεσθαί φατον διακωλύειν οὐδέν—μὴ οὐ παρα-
λαβεῖν ὁντινοῦν εὐπετῶς τὴν σφετέραν σοφίαν. 5

ΚΡ. Καὶ μήν, ὦ Σώκρατες, φιλήκοος μὲν ἔγωγε καὶ
ἡδέως ἄν τι μανθάνοιμι, κινδυνεύω μέντοι κἀγὼ εἷς εἶναι
τῶν οὐχ ὁμοίων Εὐθυδήμῳ, ἀλλ' ἐκείνων ὧν δὴ καὶ σὺ
ἔλεγες, τῶν ἥδιον ἂν ἐξελεγχομένων ὑπὸ τῶν τοιούτων d
λόγων ἢ ἐξελεγχόντων. ἀτὰρ γελοῖον μέν μοι δοκεῖ εἶναι
τὸ νουθετεῖν σε, ὅμως δέ, ἅ γ' ἤκουον, ἐθέλω σοι ἀπαγ-
γεῖλαι. τῶν ἀφ' ὑμῶν ἀπιόντων ἴσθ' ὅτι προσελθών τίς
μοι περιπατοῦντι, ἀνὴρ οἰόμενος πάνυ εἶναι σοφός, τούτων 5
τις τῶν περὶ τοὺς λόγους τοὺς εἰς τὰ δικαστήρια δεινῶν,
Ὦ Κρίτων, ἔφη, οὐδὲν ἀκροᾷ τῶνδε τῶν σοφῶν;—Οὐ μὰ
τὸν Δία, ἦν δ' ἐγώ· οὐ γὰρ οἷός τ' ἦ προσστὰς κατακούειν
ὑπὸ τοῦ ὄχλου.—Καὶ μήν, ἔφη, ἄξιόν γ' ἦν ἀκοῦσαι.—Τί
δέ; ἦν δ' ἐγώ.—Ἵνα ἤκουσας ἀνδρῶν διαλεγομένων οἳ νῦν e
σοφώτατοί εἰσι τῶν περὶ τοὺς τοιούτους λόγους.—Κἀγὼ
εἶπον· Τί οὖν ἐφαίνοντό σοι;—Τί δὲ ἄλλο, ἦ δ' ὅς, ἢ οἷάπερ
ἀεὶ ἄν τις τῶν τοιούτων ἀκοῦσαι ληρούντων καὶ περὶ οὐδενὸς
ἀξίων ἀναξίαν σπουδὴν ποιουμένων; (οὑτωσὶ γάρ πως καὶ 5
εἶπεν τοῖς ὀνόμασιν).—Καὶ ἐγώ, Ἀλλὰ μέντοι, ἔφην, χαρίεν
γέ τι πρᾶγμά ἐστιν ἡ φιλοσοφία.—Ποῖον, ἔφη, χαρίεν, ὦ
μακάριε; οὐδενὸς μὲν οὖν ἄξιον. ἀλλὰ καὶ εἰ νῦν παρεγένου, 305
πάνυ ἄν σε οἶμαι αἰσχυνθῆναι ὑπὲρ τοῦ σεαυτοῦ ἑταίρου·
οὕτως ἦν ἄτοπος, ἐθέλων ἑαυτὸν παρέχειν ἀνθρώποις οἷς
οὐδὲν μέλει ὅτι ἂν λέγωσιν, παντὸς δὲ ῥήματος ἀντέχονται.

c 2 ἐξείργειν T : ἐξέργειν B   c 4 τοῦ] τὸ ci. Stephanus
c 7 μανθάνοιμι B W : μάθοιμι T   d 2 μέν τ : om. B   d 4 ἴσθ'
ci. Heindorf : οἶσθ' B T   d 7 οὐδὲν] οὐδὲ Badham   d 8 ἤ]
ἦν B : εἶ T (sed in marg. ἦι)   προσστὰς Heindorf : προστὰς B T
d 9 ἔφη] ἔφην B T   e 1 δέ B W : om. T   e 4 ἀκοῦσαι B T
a 4 ῥήματος T W : χρήματος B

5 καὶ οὗτοι, ὅπερ ἄρτι ἔλεγον, ἐν τοῖς κράτιστοί εἰσι τῶν
νῦν. ἀλλὰ γάρ, ὦ Κρίτων, ἔφη, τὸ πρᾶγμα αὐτὸ καὶ οἱ
ἄνθρωποι οἱ ἐπὶ τῷ πράγματι διατρίβοντες φαῦλοί εἰσιν καὶ
καταγέλαστοι. Ἐμοὶ δέ, ὦ Σώκρατες, τὸ πρᾶγμα ἐδόκει
b οὐκ ὀρθῶς ψέγειν οὔθ᾽ οὗτος οὔτ᾽ εἴ τις ἄλλος ψέγει· τὸ
μέντοι ἐθέλειν διαλέγεσθαι τοιούτοις ἐναντίον πολλῶν
ἀνθρώπων ὀρθῶς μοι ἐδόκει μέμφεσθαι.

ΣΩ. Ὦ Κρίτων, θαυμάσιοί εἰσιν οἱ τοιοῦτοι ἄνδρες.
5 ἀτὰρ οὔπω οἶδα ὅτι μέλλω ἐρεῖν. ποτέρων ἦν ὁ προσελθών
σοι καὶ μεμφόμενος τὴν φιλοσοφίαν; πότερον τῶν ἀγωνί-
σασθαι δεινῶν ἐν τοῖς δικαστηρίοις, ῥήτωρ τις, ἢ τῶν τοὺς
τοιούτους εἰσπεμπόντων, ποιητὴς τῶν λόγων οἷς οἱ ῥήτορες
ἀγωνίζονται;

c   ΚΡ. Ἥκιστα νὴ τὸν Δία ῥήτωρ, οὐδὲ οἶμαι πώποτ᾽ αὐτὸν
ἐπὶ δικαστήριον ἀναβεβηκέναι· ἀλλ᾽ ἐπαΐειν αὐτόν φασι
περὶ τοῦ πράγματος νὴ τὸν Δία καὶ δεινὸν εἶναι καὶ δεινοὺς
λόγους συντιθέναι.

5   ΣΩ. Ἤδη μανθάνω· περὶ τούτων καὶ αὐτὸς νυνδὴ ἔμελ-
λον λέγειν. οὗτοι γάρ εἰσιν μέν, ὦ Κρίτων, οὓς ἔφη Πρό-
δικος μεθόρια φιλοσόφου τε ἀνδρὸς καὶ πολιτικοῦ, οἴονται
δ᾽ εἶναι πάντων σοφώτατοι ἀνθρώπων, πρὸς δὲ τῷ εἶναι
καὶ δοκεῖν πάνυ παρὰ πολλοῖς, ὥστε παρὰ πᾶσιν εὐδοκιμεῖν
d ἐμποδὼν σφίσιν εἶναι οὐδένας ἄλλους ἢ τοὺς περὶ φιλο-
σοφίαν ἀνθρώπους. ἡγοῦνται οὖν, ἐὰν τούτους εἰς δόξαν
καταστήσωσιν μηδενὸς δοκεῖν ἀξίους εἶναι, ἀναμφισβητήτως
ἤδη παρὰ πᾶσιν τὰ νικητήρια εἰς δόξαν οἴσεσθαι σοφίας
5 πέρι. εἶναι μὲν γὰρ τῇ ἀληθείᾳ σφᾶς σοφωτάτους, ἐν δὲ
τοῖς ἰδίοις λόγοις ὅταν ἀποληφθῶσιν, ὑπὸ τῶν ἀμφὶ Εὐθύ-

a 5 κράτιστοί ci. Schanz : κρατίστοις Β Τ   a 7 φαῦλοί Β Τ : add.
πάνυ in marg. t   c 2 ἐπὶ Τ W : σοι Β   c 3 καὶ post εἶναι
secl. Schanz   c 5 μανθάνω Β : μανθάνων Τ   ἤμελλον Β Τ
c 7 τε Τ : γε Β   c 8 τῷ εἶναι scr. recc. : τὸ εἶναι Β Τ : secl. Schanz
d 4 εἰς δόξαν secl. Naber   οἴσεσθαι Β : οἴεσθαι Τ   d 5 σφᾶς
σοφωτάτους Τ : σφᾶς σοφώτατοι Β : σφεῖς σοφώτατοι Naber   d 6 ἀπο-
λειφθῶσιν Ast

δημον κολούεσθαι. σοφοὶ δὲ ἡγοῦνται εἶναι πάνυ—εἰκότως·
μετρίως μὲν γὰρ φιλοσοφίας ἔχειν, μετρίως δὲ πολιτικῶν,
πάνυ ἐξ εἰκότος λόγου—μετέχειν γὰρ ἀμφοτέρων ὅσον ἔδει, e
ἐκτὸς δὲ ὄντες κινδύνων καὶ ἀγώνων καρποῦσθαι τὴν σοφίαν.
ΚΡ. Τί οὖν; δοκοῦσί σοί τι, ὦ Σώκρατες, λέγειν; οὐ
γάρ τοι ἀλλὰ ὅ γε λόγος ἔχει τινὰ εὐπρέπειαν τῶν ἀνδρῶν.
ΣΩ. Καὶ γὰρ ἔχει ὄντως, ὦ Κρίτων, εὐπρέπειαν μᾶλλον 5
ἢ ἀλήθειαν. οὐ γὰρ ῥᾴδιον αὐτοὺς πεῖσαι ὅτι καὶ ἄνθρωποι 306
καὶ τἆλλα πάντα ὅσα μεταξύ τινοιν δυοῖν ἐστιν καὶ ἀμφο-
τέροιν τυγχάνει μετέχοντα, ὅσα μὲν ἐκ κακοῦ καὶ ἀγαθοῦ,
τοῦ μὲν βελτίω, τοῦ δὲ χείρω γίγνεται· ὅσα δὲ ἐκ δυοῖν
ἀγαθοῖν μὴ πρὸς ταὐτόν, ἀμφοῖν χείρω πρὸς ὃ ἂν ἑκάτερον 5
ᾖ χρηστὸν ἐκείνων ἐξ ὧν συνετέθη· ὅσα δ' ἐκ δυοῖν κακοῖν
συντεθέντα μὴ πρὸς τὸ αὐτὸ ὄντοιν ἐν τῷ μέσῳ ἐστίν, ταῦτα
μόνα βελτίω ἑκατέρου ἐκείνων ἐστίν, ὧν ἀμφοτέρων μέρος b
μετέχουσιν. εἰ μὲν οὖν ἡ φιλοσοφία ἀγαθόν ἐστιν καὶ ἡ
πολιτικὴ πρᾶξις, πρὸς ἄλλο δὲ ἑκάτερα, οὗτοι δ' ἀμφοτέρων
μετέχοντες τούτων ἐν μέσῳ εἰσίν, οὐδὲν λέγουσιν—ἀμφο-
τέρων γάρ εἰσι φαυλότεροι—εἰ δὲ ἀγαθὸν καὶ κακόν, τῶν 5
μὲν βελτίους, τῶν δὲ χείρους· εἰ δὲ κακὰ ἀμφότερα, οὕτως
ἄν τι λέγοιεν ἀληθές, ἄλλως δ' οὐδαμῶς. οὐκ ἂν οὖν οἶμαι
αὐτοὺς ὁμολογῆσαι οὔτε κακὼ αὐτὼ ἀμφοτέρω εἶναι οὔτε c
τὸ μὲν κακόν, τὸ δὲ ἀγαθόν· ἀλλὰ τῷ ὄντι οὗτοι ἀμφο-
τέρων μετέχοντες ἀμφοτέρων ἥττους εἰσὶν πρὸς ἑκάτερον
πρὸς ὃ ἥ τε πολιτικὴ καὶ ἡ φιλοσοφία ἀξίω λόγου ἐστόν,
καὶ τρίτοι ὄντες τῇ ἀληθείᾳ ζητοῦσι πρῶτοι δοκεῖν εἶναι. 5
συγγιγνώσκειν μὲν οὖν αὐτοῖς χρὴ τῆς ἐπιθυμίας καὶ μὴ
χαλεπαίνειν, ἡγεῖσθαι μέντοι τοιούτους εἶναι οἷοί εἰσιν·
πάντα γὰρ ἄνδρα χρὴ ἀγαπᾶν ὅστις καὶ ὁτιοῦν λέγει ἐχό-
μενον φρονήσεως πρᾶγμα καὶ ἀνδρείως ἐπεξιὼν διαπονεῖται. d
ΚΡ. Καὶ μήν, ὦ Σώκρατες, καὶ αὐτὸς περὶ τῶν νέων,

e 3 δοκοῦσί TW: δοκεῖ B   e 5 ὄντως scr. Ven. 184: οὕτως
BTW   a 3 τυγχάνει μετέχοντα BT: μετέχει τυγχάνοντα W
a 4 χείρω TW: χείρων B

ὥσπερ ἀεὶ πρός σε λέγω, ἐν ἀπορίᾳ εἰμὶ τί δεῖ αὐτοῖς
χρήσασθαι. ὁ μὲν οὖν νεώτερος ἔτι καὶ σμικρός ἐστιν,
5 Κριτόβουλος δ' ἤδη ἡλικίαν ἔχει καὶ δεῖταί τινος ὅστις
αὐτὸν ὀνήσει. ἐγὼ μὲν οὖν ὅταν σοὶ συγγένωμαι, οὕτω
διατίθεμαι ὥστ' ἐμοὶ δοκεῖ μανίαν εἶναι τὸ ἕνεκα τῶν παίδων
ἄλλων μὲν πολλῶν σπουδὴν τοιαύτην ἐσχηκέναι, καὶ περὶ
e τοῦ γάμου ὅπως ἐκ γενναιοτάτης ἔσονται μητρός, καὶ
περὶ τῶν χρημάτων ὅπως ὡς πλουσιώτατοι, αὐτῶν δὲ περὶ
παιδείας ἀμελῆσαι· ὅταν δὲ εἴς τινα ἀποβλέψω τῶν φα-
σκόντων ἂν παιδεῦσαι ἀνθρώπους, ἐκπέπληγμαι καί μοι
5 δοκεῖ εἷς ἕκαστος αὐτῶν σκοποῦντι πάνυ ἀλλόκοτος εἶναι,
307 ὥς γε πρὸς σὲ τἀληθῆ εἰρῆσθαι· ὥστε οὐκ ἔχω ὅπως
προτρέπω τὸ μειράκιον ἐπὶ φιλοσοφίαν.

ΣΩ. ῏Ω φίλε Κρίτων, οὐκ οἶσθα ὅτι ἐν παντὶ ἐπιτηδεύ-
ματι οἱ μὲν φαῦλοι πολλοὶ καὶ οὐδενὸς ἄξιοι, οἱ δὲ σπουδαῖοι
5 ὀλίγοι καὶ παντὸς ἄξιοι; ἐπεὶ γυμναστικὴ οὐ καλὸν δοκεῖ
σοι εἶναι, καὶ χρηματιστικὴ καὶ ῥητορικὴ καὶ στρατηγία;

ΚΡ. ῎Εμοιγε πάντως δήπου.

ΣΩ. Τί οὖν; ἐν ἑκάστῃ τούτων τοὺς πολλοὺς πρὸς
b ἕκαστον τὸ ἔργον οὐ καταγελάστους ὁρᾷς;

ΚΡ. Ναὶ μὰ τὸν Δία, καὶ μάλα ἀληθῆ λέγεις.

ΣΩ. ῏Η οὖν τούτου ἕνεκα αὐτός τε φεύξῃ πάντα τὰ
ἐπιτηδεύματα καὶ τῷ ὑεῖ οὐκ ἐπιτρέψεις;

5 ΚΡ. Οὔκουν δίκαιόν γε, ὦ Σώκρατες.

ΣΩ. Μὴ τοίνυν ὅ γε οὐ χρὴ ποίει, ὦ Κρίτων, ἀλλ' ἐάσας
χαίρειν τοὺς ἐπιτηδεύοντας φιλοσοφίαν, εἴτε χρηστοί εἰσιν
εἴτε πονηροί, αὐτὸ τὸ πρᾶγμα βασανίσας καλῶς τε καὶ εὖ,
c ἐὰν μέν σοι φαίνηται φαῦλον ὄν, πάντ' ἄνδρα ἀπότρεπε,
μὴ μόνον τοὺς ὑεῖς· ἐὰν δὲ φαίνηται οἷον οἶμαι αὐτὸ ἐγὼ
εἶναι, θαρρῶν δίωκε καὶ ἄσκει, τὸ λεγόμενον δὴ τοῦτο, αὐτός
τε καὶ τὰ παιδία.

d 7 δοκεῖ] δοκεῖν Par. 1811   a 3 ἐν] ἐπὶ Aristides   a 6 στρα-
τηγία T : στρατηγεία B   b 1 τὸ ἔργον B T : τῶν ἔργων Aristidis
cod. M   b 3 ἢ B : ἤ T : τί Aristides

ΠΡΩΤΑΓΟΡΑΣ

ΕΤΑΙΡΟΣ   ΣΩΚΡΑΤΗΣ

ΕΤ. Πόθεν, ὦ Σώκρατες, φαίνῃ; ἢ δῆλα δὴ ὅτι ἀπὸ a
κυνηγεσίου τοῦ περὶ τὴν Ἀλκιβιάδου ὥραν; καὶ μήν μοι
καὶ πρῴην ἰδόντι καλὸς μὲν ἐφαίνετο ἀνὴρ ἔτι, ἀνὴρ μέντοι,
ὦ Σώκρατες, ὥς γ᾽ ἐν αὐτοῖς ἡμῖν εἰρῆσθαι, καὶ πώγωνος
ἤδη ὑποπιμπλάμενος.   5

ΣΩ. Εἶτα τί τοῦτο; οὐ σὺ μέντοι Ὁμήρου ἐπαινέτης εἶ,
ὃς ἔφη χαριεστάτην ἥβην εἶναι τοῦ ⟨πρῶτον⟩ ὑπηνήτου, ἢν b
νῦν Ἀλκιβιάδης ἔχει;

ΕΤ. Τί οὖν τὰ νῦν; ἢ παρ᾽ ἐκείνου φαίνῃ; καὶ πῶς
πρός σε ὁ νεανίας διάκειται;

ΣΩ. Εὖ, ἔμοιγε ἔδοξεν, οὐχ ἥκιστα δὲ καὶ τῇ νῦν ἡμέρᾳ· 5
καὶ γὰρ πολλὰ ὑπὲρ ἐμοῦ εἶπε βοηθῶν ἐμοί, καὶ οὖν καὶ
ἄρτι ἀπ᾽ ἐκείνου ἔρχομαι. ἄτοπον μέντοι τί σοι ἐθέλω
εἰπεῖν· παρόντος γὰρ ἐκείνου, οὔτε προσεῖχον τὸν νοῦν,
ἐπελανθανόμην τε αὐτοῦ θαμά.

ΕΤ. Καὶ τί ἂν γεγονὸς εἴη περὶ σὲ κἀκεῖνον τοσοῦτον c
πρᾶγμα; οὐ γὰρ δήπου τινὶ καλλίονι ἐνέτυχες ἄλλῳ ἔν γε
τῇδε τῇ πόλει.

ΣΩ. Καὶ πολύ γε.

ΕΤ. Τί φῄς; ἀστῷ ἢ ξένῳ;   5

ΣΩ. Ξένῳ.

---

a 3 prius ἀνὴρ] ὁ ἀνὴρ Athenaeus : ἀνὴρ Bekker   a 4 αὐτοῖς
ἡμῖν ǀ ἡμῖν αὐτοῖς Athenaeus   b 1 τοῦ] τὴν τοῦ corr. Ven. 189
πρῶτον add Hirschig sec. schol. B (qui tamen τὸ πρῶτος ὑπηνήτης, ut
a' pro πρῶτον habuisse videatur)   b 7 ἔρχομαι W : ἄρχομαι B T

ΕΤ. Ποδαπῷ;

ΣΩ. Ἀβδηρίτῃ.

ΕΤ. Καὶ οὕτω καλός τις ὁ ξένος ἔδοξέν σοι εἶναι, ὥστε
10 τοῦ Κλεινίου ὑέος καλλίων σοι φανῆναι;

ΣΩ. Πῶς δ᾽ οὐ μέλλει, ὦ μακάριε, τὸ σοφώτατον κάλλιον
φαίνεσθαι;

ΕΤ. Ἀλλ᾽ ἢ σοφῷ τινι ἡμῖν, ὦ Σώκρατες, ἐντυχὼν πάρει;

d ΣΩ. Σοφωτάτῳ μὲν οὖν δήπου τῶν γε νῦν, εἴ σοι δοκεῖ
σοφώτατος εἶναι Πρωταγόρας.

ΕΤ. Ὦ τί λέγεις; Πρωταγόρας ἐπιδεδήμηκεν;

ΣΩ. Τρίτην γε ἤδη ἡμέραν.

5 ΕΤ. Καὶ ἄρτι ἄρα ἐκείνῳ συγγεγονὼς ἥκεις;

310 ΣΩ. Πάνυ γε, πολλὰ καὶ εἰπὼν καὶ ἀκούσας.

ΕΤ. Τί οὖν οὐ διηγήσω ἡμῖν τὴν συνουσίαν, εἰ μή σέ
τι κωλύει, καθεζόμενος ἐνταυθί, ἐξαναστήσας τὸν παῖδα
τουτονί;

5 ΣΩ. Πάνυ μὲν οὖν· καὶ χάριν γε εἴσομαι, ἐὰν ἀκούητε.

ΕΤ. Καὶ μὴν καὶ ἡμεῖς σοί, ἐὰν λέγῃς.

ΣΩ. Διπλῆ ἂν εἴη ἡ χάρις.   ἀλλ᾽ οὖν ἀκούετε.

Τῆς γὰρ παρελθούσης νυκτὸς ταυτησί, ἔτι βαθέος ὄρθρου,
Ἱπποκράτης, ὁ Ἀπολλοδώρου ὑὸς Φάσωνος δὲ ἀδελφός, τὴν
b θύραν τῇ βακτηρίᾳ πάνυ σφόδρα ἔκρουε, καὶ ἐπειδὴ αὐτῷ
ἀνέῳξέ τις, εὐθὺς εἴσω ᾔει ἐπειγόμενος, καὶ τῇ φωνῇ μέγα
λέγων, "Ὦ Σώκρατες," ἔφη, "ἐγρήγορας ἢ καθεύδεις;"
Καὶ ἐγὼ τὴν φωνὴν γνοὺς αὐτοῦ, "Ἱπποκράτης," ἔφην,
5 "οὗτος· μή τι νεώτερον ἀγγέλλεις;"   "Οὐδέν γ᾽," ἦ δ᾽ ὅς,
"εἰ μὴ ἀγαθά γε."   "Εὖ ἂν λέγοις," ἦν δ᾽ ἐγώ· "ἔστι δὲ
τί, καὶ τοῦ ἕνεκα τηνικάδε ἀφίκου;"   "Πρωταγόρας," ἔφη,
"ἥκει," στὰς παρ᾽ ἐμοί.   "Πρῴην," ἔφην ἐγώ· "σὺ δὲ

c 8 ἀβδηρίτῃ W : ἀβδηρείτῃ B T   c 11 σοφώτατον] σοφώτερον
Heindorf e Ficino (quod sapientius est)   a 3 καθεζόμενος Laur.
lxxxv. 6 : καθιζόμενος B T W   a 7 διπλῆ B : διπλῆ T : διπλῇ
γ᾽ Sauppe   a 8 γὰρ Didymus : om. B T W   a 9 υἱὸς
T W : υἱέος B

ἄρτι πέπυσαι;" "Νὴ τοὺς θεούς," ἔφη, "ἑσπέρας γε."
Καὶ ἅμα ἐπιψηλαφήσας τοῦ σκίμποδος ἐκαθέζετο παρὰ τοὺς c
πόδας μου, καὶ εἶπεν· "Ἑσπέρας δῆτα, μάλα γε ὀψὲ ἀφι-
κόμενος ἐξ Οἰνόης. ὁ γάρ τοι παῖς με ὁ Σάτυρος ἀπέδρα·
καὶ δῆτα μέλλων σοι φράζειν ὅτι διωξοίμην αὐτόν, ὑπό τινος
ἄλλου ἐπελαθόμην. ἐπειδὴ δὲ ἦλθον καὶ δεδειπνηκότες ἦμεν 5
καὶ ἐμέλλομεν ἀναπαύεσθαι, τότε μοι ἀδελφὸς λέγει ὅτι
ἥκει Πρωταγόρας. καὶ ἔτι μὲν ἐνεχείρησα εὐθὺς παρὰ σὲ
ἰέναι, ἔπειτά μοι λίαν πόρρω ἔδοξε τῶν νυκτῶν εἶναι· ἐπειδὴ
δὲ τάχιστά με ἐκ τοῦ κόπου ὁ ὕπνος ἀνῆκεν, εὐθὺς ἀναστὰς d
οὕτω δεῦρο ἐπορευόμην." Καὶ ἐγὼ γιγνώσκων αὐτοῦ τὴν
ἀνδρείαν καὶ τὴν πτοίησιν, "Τί οὖν σοι," ἦν δ' ἐγώ,
"τοῦτο; μῶν τί σε ἀδικεῖ Πρωταγόρας;" Καὶ ὃς γελάσας,
"Νὴ τοὺς θεούς," ἔφη, "ὦ Σώκρατες, ὅτι γε μόνος ἐστὶ 5
σοφός, ἐμὲ δὲ οὐ ποιεῖ." "Ἀλλὰ ναὶ μὰ Δία," ἔφην ἐγώ,
"ἂν αὐτῷ διδῷς ἀργύριον καὶ πείθῃς ἐκεῖνον, ποιήσει καὶ
σὲ σοφόν." "Εἰ γάρ," ἦ δ' ὅς, "ὦ Ζεῦ καὶ θεοί, ἐν
τούτῳ εἴη· ὡς οὔτ' ἂν τῶν ἐμῶν ἐπιλίποιμι οὐδὲν οὔτε τῶν e
φίλων· ἀλλ' αὐτὰ ταῦτα καὶ νῦν ἥκω παρὰ σέ, ἵνα ὑπὲρ
ἐμοῦ διαλεχθῇς αὐτῷ. ἐγὼ γὰρ ἅμα μὲν καὶ νεώτερός εἰμι,
ἅμα δὲ οὐδὲ ἑώρακα Πρωταγόραν πώποτε οὐδ' ἀκήκοα οὐδέν·
ἔτι γὰρ παῖς ἦ ὅτε τὸ πρότερον ἐπεδήμησε. ἀλλὰ γάρ, ὦ 5
Σώκρατες, πάντες τὸν ἄνδρα ἐπαινοῦσιν καί φασιν σοφώ-
τατον εἶναι λέγειν· ἀλλὰ τί οὐ βαδίζομεν παρ' αὐτόν, ἵνα
ἔνδον καταλάβωμεν; καταλύει δ', ὡς ἐγὼ ἤκουσα, παρὰ 311
Καλλίᾳ τῷ Ἱππονίκου· ἀλλ' ἴωμεν." Καὶ ἐγὼ εἶπον·
"Μήπω, ἀγαθέ, ἐκεῖσε ἴωμεν—πρῷ γάρ ἐστιν—ἀλλὰ δεῦρο
ἐξαναστῶμεν εἰς τὴν αὐλήν, καὶ περιιόντες αὐτοῦ διατρί-
ψωμεν ἕως ἂν φῶς γένηται· εἶτα ἴωμεν. καὶ γὰρ τὰ πολλὰ 5

c 6 ἀδελφὸς Heindorf: ἀδελφὸς B T W : ὁ ἀδελφὸς Ven. 189 corr.
Coisl.   d 7 καὶ πείθῃς ἐκεῖνον secl. Cobet   e 1 εἴη B :
ἴοι T   e 5 ἦ B' : ἦι B T W   a 3 μήπω ἀγαθέ B T W : μήπω
ὠγαθέ corr. Coisl. : μήπω γε, ὦ 'γαθέ Hirschig : μήπω γ', ὠγαθέ Cobet
(secl. mox ἐκεῖσε ἴωμεν)   ἴωμεν T : ἴομεν B

Πρωταγόρας ἔνδον διατρίβει, ὥστε, θάρρει, καταληψόμεθα
αὐτόν, ὡς τὸ εἰκός, ἔνδον."

Μετὰ ταῦτα ἀναστάντες εἰς τὴν αὐλὴν περιῆμεν· καὶ ἐγὼ
b ἀποπειρώμενος τοῦ Ἱπποκράτους τῆς ῥώμης διεσκόπουν αὐτὸν
καὶ ἠρώτων,. Εἰπέ μοι, ἔφην ἐγώ, ὦ Ἱππόκρατες, παρὰ
Πρωταγόραν νῦν ἐπιχειρεῖς ἰέναι, ἀργύριον τελῶν ἐκείνῳ
μισθὸν ὑπὲρ σεαυτοῦ, ὡς παρὰ τίνα ἀφιξόμενος καὶ τίς
5 γενησόμενος; ὥσπερ ἂν εἰ ἐπενόεις παρὰ τὸν σαυτοῦ ὁμώ-
νυμον ἐλθὼν Ἱπποκράτη τὸν Κῷον, τὸν τῶν Ἀσκληπιαδῶν,
ἀργύριον τελεῖν ὑπὲρ σαυτοῦ μισθὸν ἐκείνῳ, εἴ τίς σε ἤρετο·
"Εἰπέ μοι, μέλλεις τελεῖν, ὦ Ἱππόκρατες, Ἱπποκράτει
c μισθὸν ὡς τίνι ὄντι;" τί ἂν ἀπεκρίνω;—Εἶπον ἄν, ἔφη,
ὅτι ὡς ἰατρῷ.—"Ὡς τίς γενησόμενος;"—Ὡς ἰατρός, ἔφη.—
Εἰ δὲ παρὰ Πολύκλειτον τὸν Ἀργεῖον ἢ Φειδίαν τὸν Ἀθη-
ναῖον ἐπενόεις ἀφικόμενος μισθὸν ὑπὲρ σαυτοῦ τελεῖν ἐκεί-
5 νοις, εἴ τίς σε ἤρετο· "Τελεῖν τοῦτο τὸ ἀργύριον ὡς τίνι
ὄντι ἐν νῷ ἔχεις Πολυκλείτῳ τε καὶ Φειδίᾳ;" τί ἂν ἀπε-
κρίνω;—Εἶπον ἂν ὡς ἀγαλματοποιοῖς.—"Ὡς τίς δὲ γενησό-
μενος αὐτός;"—Δῆλον ὅτι ἀγαλματοποιός.—Εἶεν, ἦν δ' ἐγώ·
d παρὰ δὲ δὴ Πρωταγόραν νῦν ἀφικόμενοι ἐγώ τε καὶ σὺ
ἀργύριον ἐκείνῳ μισθὸν ἕτοιμοι ἐσόμεθα τελεῖν ὑπὲρ σοῦ,
ἂν μὲν ἐξικνῆται τὰ ἡμέτερα χρήματα καὶ τούτοις πείθωμεν
αὐτόν, εἰ δὲ μή, καὶ τὰ τῶν φίλων προσαναλίσκοντες. εἰ
5 οὖν τις ἡμᾶς περὶ ταῦτα οὕτω σφόδρα σπουδάζοντας ἔροιτο·
"Εἰπέ μοι, ὦ Σώκρατές τε καὶ Ἱππόκρατες, ὡς τίνι ὄντι
τῷ Πρωταγόρᾳ ἐν νῷ ἔχετε χρήματα τελεῖν;" τί ἂν αὐτῷ
e ἀποκριναίμεθα; τί ὄνομα ἄλλο γε λεγόμενον περὶ Πρω-
ταγόρου ἀκούομεν; ὥσπερ περὶ Φειδίου ἀγαλματοποιὸν καὶ
περὶ Ὁμήρου ποιητήν, τί τοιοῦτον περὶ Πρωταγόρου ἀκούο-
μεν;—Σοφιστὴν δή τοι ὀνομάζουσί γε, ὦ Σώκρατες, τὸν
5 ἄνδρα εἶναι, ἔφη.—Ὡς σοφιστῇ ἄρα ἐρχόμεθα τελοῦντες τὰ

e 1 ἀποκριναίμεθα W : ἀπεκριναίμεθα B T   γε secl. Cobet   e 3 τί
. . . ἀκούομεν secl. Cobet   ἀκούομεν corr. Coisl. : ἠκούομεν B T W
e 5 εἶναι, ἔφη] εἶεν, ἔφην Cobet Socrati tribuens

χρήματα;—Μάλιστα.—Εἰ οὖν καὶ τοῦτό τίς σε προσέροιτο·
"Αὐτὸς δὲ δὴ ὡς τίς γενησόμενος ἔρχῃ παρὰ τὸν Πρωτα-   312
γόραν; "—Καὶ ὃς εἶπεν ἐρυθριάσας—ἤδη γὰρ ὑπέφαινέν τι
ἡμέρας, ὥστε καταφανῆ αὐτὸν γενέσθαι—Εἰ μέν τι τοῖς
ἔμπροσθεν ἔοικεν, δῆλον ὅτι σοφιστὴς γενησόμενος.—Σὺ δέ,
ἦν δ' ἐγώ, πρὸς θεῶν, οὐκ ἂν αἰσχύνοιο εἰς τοὺς "Ελληνας   5
σαυτὸν σοφιστὴν παρέχων;—Νὴ τὸν Δία, ὦ Σώκρατες, εἴπερ
γε ἃ διανοοῦμαι χρὴ λέγειν.—'Αλλ' ἄρα, ὦ 'Ιππόκρατες, μὴ
οὐ τοιαύτην ὑπολαμβάνεις σου τὴν παρὰ Πρωταγόρου μά-
θησιν ἔσεσθαι, ἀλλ' οἷάπερ ἡ παρὰ τοῦ γραμματιστοῦ ἐγένετο   b
καὶ κιθαριστοῦ καὶ παιδοτρίβου· τούτων γὰρ σὺ ἑκάστην
οὐκ ἐπὶ τέχνῃ ἔμαθες, ὡς δημιουργὸς ἐσόμενος, ἀλλ' ἐπὶ
παιδείᾳ, ὡς τὸν ἰδιώτην καὶ τὸν ἐλεύθερον πρέπει.—Πάνυ
μὲν οὖν μοι δοκεῖ, ἔφη, τοιαύτη μᾶλλον εἶναι ἡ παρὰ   5
Πρωταγόρου μάθησις.

Οἶσθα οὖν ὃ μέλλεις νῦν πράττειν, ἤ σε λανθάνει; ἦν δ'
ἐγώ.—Τοῦ πέρι;—῞Οτι μέλλεις τὴν ψυχὴν τὴν σαυτοῦ παρα-
σχεῖν θεραπεῦσαι ἀνδρί, ὡς φῄς, σοφιστῇ· ὅτι δέ ποτε ὁ σοφι-   c
στής ἐστιν, θαυμάζοιμ' ἂν εἰ οἶσθα. καίτοι εἰ τοῦτ' ἀγνοεῖς,
οὐδὲ ὅτῳ παραδίδως τὴν ψυχὴν οἶσθα, οὔτ' εἰ ἀγαθῷ οὔτ' εἰ
κακῷ πράγματι.—Οἶμαί γ', ἔφη, εἰδέναι.—Λέγε δή, τί ἡγῇ
εἶναι τὸν σοφιστήν;—'Εγὼ μέν, ἦ δ' ὅς, ὥσπερ τοὔνομα λέγει,   5
τοῦτον εἶναι τὸν τῶν σοφῶν ἐπιστήμονα.—Οὐκοῦν, ἦν δ'
ἐγώ, τοῦτο μὲν ἔξεστι λέγειν καὶ περὶ ζωγράφων καὶ περὶ
τεκτόνων, ὅτι οὗτοί εἰσιν οἱ τῶν σοφῶν ἐπιστήμονες· ἀλλ'
εἴ τις ἔροιτο ἡμᾶς, "Τῶν τί σοφῶν εἰσιν οἱ ζωγράφοι ἐπι-   d
στήμονες," εἴποιμεν ἄν που αὐτῷ ὅτι τῶν πρὸς τὴν ἀπεργα-
σίαν τὴν τῶν εἰκόνων, καὶ τἆλλα οὕτως. εἰ δέ τις ἐκεῖνο
ἔροιτο, "῾Ο δὲ σοφιστὴς τῶν τί σοφῶν ἐστιν; " τί ἂν

a 6 σαυτὸν scr. recc. : αὐτὸν BTW   a 8 ὑπολαμβάνεις B:
ὑπολαμβάνῃς T   b 1 οἷάπερ ἡ παρὰ TW: οἷα περὶ B: οἷα
παρὰ Hermann   b 8 παρασχεῖν] παρέχειν Cobet   c 6 σο-
φῶν T: σοφιστῶν B (sed ιστ erasum)   d 4 σοφῶν] σοφῶν ἐπι-
στήμων ci. Heusde

5 ἀποκρινοίμεθα αὐτῷ; ποίας ἐργασίας ἐπιστάτης;—Τί ἂν
εἴποιμεν αὐτὸν εἶναι, ὦ Σώκρατες, ἢ ἐπιστάτην τοῦ ποιῆσαι
δεινὸν λέγειν;—Ἴσως ἄν, ἦν δ' ἐγώ, ἀληθῆ λέγοιμεν, οὐ
μέντοι ἱκανῶς γε· ἐρωτήσεως γὰρ ἔτι ἡ ἀπόκρισις ἡμῖν δεῖται,
περὶ ὅτου ὁ σοφιστὴς δεινὸν ποιεῖ λέγειν· ὥσπερ ὁ κιθα-
e ριστὴς δεινὸν δήπου ποιεῖ λέγειν περὶ οὗπερ καὶ ἐπιστήμονα,
περὶ κιθαρίσεως· ἢ γάρ;—Ναί.—Εἶεν· ὁ δὲ δὴ σοφιστὴς
περὶ τίνος δεινὸν ποιεῖ λέγειν;—Δῆλον ὅτι περὶ οὗπερ καὶ
ἐπίστασθαι;—Εἰκός γε. τί δή ἐστιν τοῦτο περὶ οὗ αὐτός τε
5 ἐπιστήμων ἐστὶν ὁ σοφιστὴς καὶ τὸν μαθητὴν ποιεῖ;—Μὰ
Δί', ἔφη, οὐκέτι ἔχω σοι λέγειν.

313 Καὶ ἐγὼ εἶπον μετὰ τοῦτο· Τί οὖν; οἶσθα εἰς οἷόν τινα
κίνδυνον ἔρχῃ ὑποθήσων τὴν ψυχήν; ἢ εἰ μὲν τὸ σῶμα
ἐπιτρέπειν σε ἔδει τῳ διακινδυνεύοντα ἢ χρηστὸν αὐτὸ
γενέσθαι ἢ πονηρόν, πολλὰ ἂν περιεσκέψω εἴτ' ἐπιτρεπτέον
5 εἴτε οὔ, καὶ εἰς συμβουλὴν τούς τε φίλους ἂν παρεκάλεις
καὶ τοὺς οἰκείους σκοπούμενος ἡμέρας συχνάς· ὁ δὲ περὶ
πλείονος τοῦ σώματος ἡγῇ, τὴν ψυχήν, καὶ ἐν ᾧ πάντ' ἐστὶν
τὰ σὰ ἢ εὖ ἢ κακῶς πράττειν, χρηστοῦ ἢ πονηροῦ αὐτοῦ
γενομένου, περὶ δὲ τούτου οὔτε τῷ πατρὶ οὔτε τῷ ἀδελφῷ
b ἐπεκοινώσω οὔτε ἡμῶν τῶν ἑταίρων οὐδενί, εἴτ' ἐπιτρεπτέον
εἴτε καὶ οὐ τῷ ἀφικομένῳ τούτῳ ξένῳ τὴν σὴν ψυχήν, ἀλλ'
ἑσπέρας ἀκούσας, ὡς φῇς, ὄρθριος ἥκων περὶ μὲν τούτου
οὐδένα λόγον οὐδὲ συμβουλὴν ποιῇ, εἴτε χρὴ ἐπιτρέπειν
5 σαυτὸν αὐτῷ εἴτε μή, ἕτοιμος δ' εἶ ἀναλίσκειν τά τε σαυτοῦ
καὶ τὰ τῶν φίλων χρήματα, ὡς ἤδη διεγνωκὼς ὅτι πάντως
συνεστέον Πρωταγόρᾳ, ὃν οὔτε γιγνώσκεις, ὡς φῇς, οὔτε
c διείλεξαι οὐδεπώποτε, σοφιστὴν δ' ὀνομάζεις, τὸν δὲ σοφι-

---

d 5 ἀποκρινοίμεθα Bekker   d 6 εἴποιμεν] ⟨εἰ⟩ εἴποιμεν Schanz
(et mox om. ἢ cum B T)   ἢ W : om. B T   τοῦ W t : τοῦ τὸ B T
d 8 μέντοι T : μέντοι γε B   ἡ ἀπόκρισις T : ἢ ἀποκρίσεως B
e 1 δήπου T : δ' εἴ που B   καὶ ἐπιστήμονα . . . e3 οὗπερ T W :
om. B   e 3 ⟨ἢ⟩ δῆλον Heindorf Socrati tribuens   e 4 ἐπί-
στασθαι Stahl : ἐπίσταται B T W   a 3 τῷ T : το B   a 5 παρε-
κάλεις T : παρακαλεῖς B   b 3 ὄρθριος corr. Coisl. : ὄρθριον B T :
ὄρθιος W   c 1 διείλεξαι T W : διήλεξαι B

στὴν ὅτι ποτ' ἔστιν φαίνῃ ἀγνοῶν, ᾧ μέλλεις σαυτὸν ἐπιτρέ-
πειν;—Καὶ ὃς ἀκούσας, Ἔοικεν, ἔφη, ὦ Σώκρατες, ἐξ ὧν
σὺ λέγεις.—Ἆρ' οὖν, ὦ Ἱππόκρατες, ὁ σοφιστὴς τυγχάνει
ὢν ἔμπορός τις ἢ κάπηλος τῶν ἀγωγίμων, ἀφ' ὧν ψυχὴ 5
τρέφεται; φαίνεται γὰρ ἔμοιγε τοιοῦτός τις.—Τρέφεται δέ,
ὦ Σώκρατες, ψυχὴ τίνι;—Μαθήμασιν δήπου, ἦν δ' ἐγώ. καὶ
ὅπως γε μή, ὦ ἑταῖρε, ὁ σοφιστὴς ἐπαινῶν ἃ πωλεῖ ἐξα-
πατήσῃ ἡμᾶς, ὥσπερ οἱ περὶ τὴν τοῦ σώματος τροφήν, ὁ
ἔμπορός τε καὶ κάπηλος. καὶ γὰρ οὗτοί που ὧν ἄγουσιν d
ἀγωγίμων οὔτε αὐτοὶ ἴσασιν ὅτι χρηστὸν ἢ πονηρὸν περὶ τὸ
σῶμα, ἐπαινοῦσιν δὲ πάντα πωλοῦντες, οὔτε οἱ ὠνούμενοι
παρ' αὐτῶν, ἐὰν μή τις τύχῃ γυμναστικὸς ἢ ἰατρὸς ὤν.
οὕτω δὲ καὶ οἱ τὰ μαθήματα περιάγοντες κατὰ τὰς πόλεις 5
καὶ πωλοῦντες καὶ καπηλεύοντες τῷ ἀεὶ ἐπιθυμοῦντι ἐπαι-
νοῦσιν μὲν πάντα ἃ πωλοῦσιν, τάχα δ' ἄν τινες, ὦ ἄριστε,
καὶ τούτων ἀγνοοῖεν ὧν πωλοῦσιν ὅτι χρηστὸν ἢ πονηρὸν
πρὸς τὴν ψυχήν· ὡς δ' αὔτως καὶ οἱ ὠνούμενοι παρ' αὐτῶν, e
ἐὰν μή τις τύχῃ περὶ τὴν ψυχὴν αὖ ἰατρικὸς ὤν. εἰ
μὲν οὖν σὺ τυγχάνεις ἐπιστήμων τούτων τί χρηστὸν καὶ
πονηρόν, ἀσφαλές σοι ὠνεῖσθαι μαθήματα καὶ παρὰ Πρω-
ταγόρου καὶ παρ' ἄλλου ὁτουοῦν· εἰ δὲ μή, ὅρα, ὦ μακάριε, 5
μὴ περὶ τοῖς φιλτάτοις κυβεύῃς τε καὶ κινδυνεύῃς. καὶ γὰρ 314
δὴ καὶ πολὺ μείζων κίνδυνος ἐν τῇ τῶν μαθημάτων ὠνῇ ἢ
ἐν τῇ τῶν σιτίων. σιτία μὲν γὰρ καὶ ποτὰ πριάμενον παρὰ
τοῦ καπήλου καὶ ἐμπόρου ἔξεστιν ἐν ἄλλοις ἀγγείοις ἀπο-
φέρειν, καὶ πρὶν δέξασθαι αὐτὰ εἰς τὸ σῶμα πιόντα ἢ 5
φαγόντα, καταθέμενον οἴκαδε ἔξεστιν συμβουλεύσασθαι,

---

c 2 ᾧ... ἐπιτρέπειν secl. Cobet   c 7 μαθήμασι T : μάθησιν B :
μαθήσει W   c 8 ἐξαπατήσει Bekker   d 1 που T : ποι B
d 2 περὶ] πρὸς Hirschig   περὶ τὸ σῶμα secl. Cobet   e 1 πρὸς τὴν
ψυχήν secl. Cobet   e 3 ὧν post ἐπιστήμων add. Heindorf   τί . . .
πονηρόν secl. Cobet   a 1 τε καὶ κινδυνεύῃς secl. Cobet   a 3 παρὰ
τοῦ B : παρά του T   παρὰ . . . ἐμπόρου secl. Hirschig : καπήλου καὶ
ἐμπόρου secl. Hermann (qui παρά του): καὶ ἐμπόρου secl. Sauppe
a 5 πιόντα ἢ φαγόντα secl. Cobet   a 6 ἔξεστιν secl. Cobet

παρακαλέσαντα τὸν ἐπαΐοντα, ὅτι τε ἐδεστέον ἢ ποτέον καὶ
ὅτι μή, καὶ ὁπόσον καὶ ὁπότε· ὥστε ἐν τῇ ὠνῇ οὐ μέγας ὁ
b κίνδυνος. μαθήματα δὲ οὐκ ἔστιν ἐν ἄλλῳ ἀγγείῳ ἀπενεγ-
κεῖν, ἀλλ᾽ ἀνάγκη καταθέντα τὴν τιμὴν τὸ μάθημα ἐν αὐτῇ
τῇ ψυχῇ λαβόντα καὶ μαθόντα ἀπιέναι ἢ βεβλαμμένον ἢ
ὠφελημένον. ταῦτα οὖν σκοπώμεθα καὶ μετὰ τῶν πρεσβυ-
5 τέρων ἡμῶν· ἡμεῖς γὰρ ἔτι νέοι ὥστε τοσοῦτον πρᾶγμα
διελέσθαι. νῦν μέντοι, ὥσπερ ὡρμήσαμεν, ἴωμεν καὶ ἀκού-
σωμεν τοῦ ἀνδρός, ἔπειτα ἀκούσαντες καὶ ἄλλοις ἀνακοι-
νωσώμεθα· καὶ γὰρ οὐ μόνος Πρωταγόρας αὐτόθι ἐστίν,
c ἀλλὰ καὶ Ἱππίας ὁ Ἠλεῖος—οἶμαι δὲ καὶ Πρόδικον τὸν
Κεῖον—καὶ ἄλλοι πολλοὶ καὶ σοφοί.

Δόξαν ἡμῖν ταῦτα ἐπορευόμεθα· ἐπειδὴ δὲ ἐν τῷ προθύρῳ
ἐγενόμεθα, ἐπιστάντες περί τινος λόγου διελεγόμεθα, ὃς ἡμῖν
5 κατὰ τὴν ὁδὸν ἐνέπεσεν· ἵν᾽ οὖν μὴ ἀτελὴς γένοιτο, ἀλλὰ
διαπερανάμενοι οὕτως ἐσίοιμεν, στάντες ἐν τῷ προθύρῳ
διελεγόμεθα ἕως συνωμολογήσαμεν ἀλλήλοις. δοκεῖ οὖν
μοι, ὁ θυρωρός, εὐνοῦχός τις, κατήκουεν ἡμῶν, κινδυνεύει δὲ
d διὰ τὸ πλῆθος τῶν σοφιστῶν ἄχθεσθαι τοῖς φοιτῶσιν εἰς τὴν
οἰκίαν· ἐπειδὴ γοῦν ἐκρούσαμεν τὴν θύραν, ἀνοίξας καὶ ἰδὼν
ἡμᾶς, "Ἔα," ἔφη, "σοφισταί τινες· οὐ σχολὴ αὐτῷ·" καὶ ἅμα
ἀμφοῖν τοῖν χεροῖν τὴν θύραν πάνυ προθύμως ὡς οἷός τ᾽ ἦν ἐπή-
5 ραξεν. καὶ ἡμεῖς πάλιν ἐκρούομεν, καὶ ὃς ἐγκεκλῃμένης τῆς
θύρας ἀποκρινόμενος εἶπεν, "Ὦ ἄνθρωποι," ἔφη, "οὐκ ἀκη-
κόατε ὅτι οὐ σχολὴ αὐτῷ;" "Ἀλλ᾽ ὠγαθέ," ἔφην ἐγώ, "οὔτε
παρὰ Καλλίαν ἥκομεν οὔτε σοφισταί ἐσμεν. ἀλλὰ θάρρει·
e Πρωταγόραν γάρ τοι δεόμενοι ἰδεῖν ἤλθομεν· εἰσάγγειλον
οὖν." μόγις οὖν ποτε ἡμῖν ἄνθρωπος ἀνέῳξεν τὴν θύραν.

b 3 καὶ μαθόντα secl. Deuschle   b 6 καὶ ἀκούσωμεν] ἀκουσόμενοι
ci. Cobet   b 7 ἄλλοις] τοῖς ἄλλοις Ast   c 2 κεῖον (sic) W :
κιον B : κῖον T   c 6 στάντες TW : ἐστάντες B : ἐπιστάντες
Schanz : ἐστῶτες Cobet   d 4 τοῖν B : ταῖν TW   d 5 ἐγκε-
κλημένης Bekker : ἐγκεκλειμένης B : ἐγκεκλεισμένης TW   e 1 τοι
scr. recc. : τι BTW   e 2 ἄνθρωπος Bekker : ἄνθρωπος BTW :
ὁ ἄνθρωπος Ven. 189 et corr. Coisl.

Ἐπειδὴ δὲ εἰσήλθομεν, κατελάβομεν Πρωταγόραν ἐν τῷ
προστῴῳ περιπατοῦντα, ἑξῆς δ' αὐτῷ συμπεριεπάτουν ἐκ μὲν
τοῦ ἐπὶ θάτερα Καλλίας ὁ Ἱππονίκου καὶ ὁ ἀδελφὸς αὐτοῦ 5
ὁ ὁμομήτριος, Πάραλος ὁ Περικλέους, καὶ Χαρμίδης ὁ Γλαύ- 315
κωνος, ἐκ δὲ τοῦ ἐπὶ θάτερα ὁ ἕτερος τῶν Περικλέους
Ξάνθιππος, καὶ Φιλιππίδης ὁ Φιλομήλου καὶ Ἀντίμοιρος ὁ
Μενδαῖος, ὅσπερ εὐδοκιμεῖ μάλιστα τῶν Πρωταγόρου μαθη-
τῶν καὶ ἐπὶ τέχνῃ μανθάνει, ὡς σοφιστὴς ἐσόμενος. τούτων 5
δὲ οἳ ὄπισθεν ἠκολούθουν ἐπακούοντες τῶν λεγομένων τὸ
μὲν πολὺ ξένοι ἐφαίνοντο—οὓς ἄγει ἐξ ἑκάστων τῶν πόλεων
ὁ Πρωταγόρας, δι' ὧν διεξέρχεται, κηλῶν τῇ φωνῇ ὥσπερ
Ὀρφεύς, οἱ δὲ κατὰ τὴν φωνὴν ἕπονται κεκηλημένοι— b
ἦσαν δέ τινες καὶ τῶν ἐπιχωρίων ἐν τῷ χορῷ. τοῦτον τὸν
χορὸν μάλιστα ἔγωγε ἰδὼν ἥσθην, ὡς καλῶς ηὐλαβοῦντο
μηδέποτε ἐμποδὼν ἐν τῷ πρόσθεν εἶναι Πρωταγόρου, ἀλλ'
ἐπειδὴ αὐτὸς ἀναστρέφοι καὶ οἱ μετ' ἐκείνου, εὖ πως καὶ ἐν 5
κόσμῳ περιεσχίζοντο οὗτοι οἱ ἐπήκοοι ἔνθεν καὶ ἔνθεν,
καὶ ἐν κύκλῳ περιιόντες ἀεὶ εἰς τὸ ὄπισθεν καθίσταντο
κάλλιστα.

Τὸν δὲ μετ' εἰσενόησα, ἔφη Ὅμηρος, Ἱππίαν τὸν
Ἠλεῖον, καθήμενον ἐν τῷ κατ' ἀντικρὺ προστῴῳ ἐν θρόνῳ· c
περὶ αὐτὸν δ' ἐκάθηντο ἐπὶ βάθρων Ἐρυξίμαχός τε ὁ
Ἀκουμενοῦ καὶ Φαῖδρος ὁ Μυρρινούσιος καὶ Ἄνδρων ὁ
Ἀνδροτίωνος καὶ τῶν ξένων πολῖταί τε αὐτοῦ καὶ ἄλλοι
τινές. ἐφαίνοντο δὲ περὶ φύσεώς τε καὶ τῶν μετεώρων 5
ἀστρονομικὰ ἄττα διερωτᾶν τὸν Ἱππίαν, ὁ δ' ἐν θρόνῳ καθή-
μενος ἑκάστοις αὐτῶν διέκρινεν καὶ διεξῄει τὰ ἐρωτώμενα.

a 1 πάραλος B t : πάραλλος T   a 2 ἑταῖρος B T W (sed ε supra
αἶ W)   a 4 εὐδοκιμεῖ Heindorf : εὐδοκίμει B T W   μαθητῶν
T W : μαθημάτων B   a 6 οἱ Laur. lxxxv. 6 : om. B T W
a 7 ἐξ ἑκάστων T W : εξακοστων B   τῶν B : om. T   b 4 ἐν
τῷ πρόσθεν secl. Cobet   πρόσθεν B : ἔμπροσθεν T   b 9 ἔφη
Ὅμηρος secl. Schleiermacher   c 4 ἀνδροτίωνος T : ἀριστίωνος B
(sed, v. Gorg. 487 c)   c 6 ἀστρονομικὰ secl. Schanz   ἐν θρόνῳ
καθήμενος secl. Herwerden   c 7 καὶ διεξῄει secl. Cobet

Καὶ μὲν δὴ καὶ Τάνταλόν γε εἰσεῖδον—ἐπεδήμει
d γὰρ ἄρα καὶ Πρόδικος ὁ Κεῖος—ἦν δὲ ἐν οἰκήματί τινι, ᾧ
πρὸ τοῦ μὲν ὡς ταμιείῳ ἐχρῆτο Ἱππόνικος, νῦν δὲ ὑπὸ τοῦ
πλήθους τῶν καταλυόντων ὁ Καλλίας καὶ τοῦτο ἐκκενώσας
ξένοις κατάλυσιν πεποίηκεν. ὁ μὲν οὖν Πρόδικος ἔτι κατέ-
5 κειτο, ἐγκεκαλυμμένος ἐν κῳδίοις τισὶν καὶ στρώμασιν καὶ
μάλα πολλοῖς, ὡς ἐφαίνετο· παρεκάθηντο δὲ αὐτῷ ἐπὶ ταῖς
πλησίον κλίναις Παυσανίας τε ὁ ἐκ Κεραμέων καὶ μετὰ
Παυσανίου νέον τι ἔτι μειράκιον, ὡς μὲν ἐγῷμαι καλόν τε
e κἀγαθὸν τὴν φύσιν, τὴν δ' οὖν ἰδέαν πάνυ καλός. ἔδοξα
ἀκοῦσαι ὄνομα αὐτῷ εἶναι 'Αγάθωνα, καὶ οὐκ ἂν θαυμάζοιμι
εἰ παιδικὰ Παυσανίου τυγχάνει ὤν. τοῦτό τ' ἦν τὸ μειρά-
κιον, καὶ τὼ 'Αδειμάντω ἀμφοτέρω, ὅ τε Κήπιδος καὶ ὁ
5 Λευκολοφίδου, καὶ ἄλλοι τινὲς ἐφαίνοντο· περὶ δὲ ὧν διελέ-
γοντο οὐκ ἐδυνάμην ἔγωγε μαθεῖν ἔξωθεν, καίπερ λιπαρῶς
ἔχων ἀκούειν τοῦ Προδίκου—πάσσοφος γάρ μοι δοκεῖ ἀνὴρ
316 εἶναι καὶ θεῖος—ἀλλὰ διὰ τὴν βαρύτητα τῆς φωνῆς βόμβος
τις ἐν τῷ οἰκήματι γιγνόμενος ἀσαφῆ ἐποίει τὰ λεγόμενα.

Καὶ ἡμεῖς μὲν ἄρτι εἰσεληλύθεμεν, κατόπιν δὲ ἡμῶν
ἐπεισῆλθον 'Αλκιβιάδης τε ὁ καλός, ὡς φῂς σὺ καὶ ἐγὼ
5 πείθομαι, καὶ Κριτίας ὁ Καλλαίσχρου.

Ἡμεῖς οὖν ὡς εἰσήλθομεν, ἔτι σμίκρ' ἄττα διατρίψαντες
καὶ ταῦτα διαθεασάμενοι προσῇμεν πρὸς τὸν Πρωταγόραν,
b καὶ ἐγὼ εἶπον· Ὦ Πρωταγόρα, πρὸς σέ τοι ἤλθομεν ἐγώ τε
καὶ Ἱπποκράτης οὗτος.

Πότερον, ἔφη, μόνῳ βουλόμενοι διαλεχθῆναι ἢ καὶ μετὰ
τῶν ἄλλων;
5 Ἡμῖν μέν, ἦν δ' ἐγώ, οὐδὲν διαφέρει· ἀκούσας δὲ οὗ
ἕνεκα ἤλθομεν, αὐτὸς σκέψαι.

c 8 εἰσεῖδον W : εἴσιδον Β Τ   ἐπιδημεῖ Heindorf   d 1 ἄρα
καὶ W¹ : ρα καὶ Β : ἄρα Τ   κεῖος W : κιος Β : κῖος Τ   d 2 ὡς
secl. Dobree   θ 1 καλὸς Τ : καλῶς Β   e 3 τοῦτό τ' W : τοῦτ'
Β Τ   θ 7 ἀνὴρ Bekker: ὁ ἀνὴρ W : ἀνὴρ Β Τ   a 4 τε Τ W :
om. Β   b 1 τοι scr. recc. : τι Β Τ W   b 3 μόνῳ] μόνοι μόνῳ
Cobet

Τί οὖν δή ἐστιν, ἔφη, οὗ ἕνεκα ἥκετε;

Ἱπποκράτης ὅδε ἐστὶν μὲν τῶν ἐπιχωρίων, Ἀπολλοδώρου
υἱός, οἰκίας μεγάλης τε καὶ εὐδαίμονος, αὐτὸς δὲ τὴν φύσιν
δοκεῖ ἐνάμιλλος εἶναι τοῖς ἡλικιώταις. ἐπιθυμεῖν δέ μοι 10
δοκεῖ ἐλλόγιμος γενέσθαι ἐν τῇ πόλει, τοῦτο δὲ οἴεταί οἱ c
μάλιστ᾽ ἂ⟨ν⟩ γενέσθαι, εἰ σοὶ συγγένοιτο· ταῦτ᾽ οὖν ἤδη σὺ
σκόπει, πότερον περὶ αὐτῶν μόνος οἴει δεῖν διαλέγεσθαι πρὸς
μόνους, ἢ μετ᾽ ἄλλων.

Ὀρθῶς, ἔφη, προμηθῇ, ὦ Σώκρατες, ὑπὲρ ἐμοῦ. ξένον 5
γὰρ ἄνδρα καὶ ἰόντα εἰς πόλεις μεγάλας, καὶ ἐν ταύταις
πείθοντα τῶν νέων τοὺς βελτίστους ἀπολείποντας τὰς τῶν
ἄλλων συνουσίας, καὶ οἰκείων καὶ ὀθνείων, καὶ πρεσβυτέρων
καὶ νεωτέρων, ἑαυτῷ συνεῖναι ὡς βελτίους ἐσομένους διὰ
τὴν ἑαυτοῦ συνουσίαν, χρὴ εὐλαβεῖσθαι τὸν ταῦτα πράτ- d
τοντα· οὐ γὰρ σμικροὶ περὶ αὐτὰ φθόνοι τε γίγνονται καὶ
ἄλλαι δυσμένειαί τε καὶ ἐπιβουλαί. ἐγὼ δὲ τὴν σοφιστικὴν
τέχνην φημὶ μὲν εἶναι παλαιάν, τοὺς δὲ μεταχειριζομένους
αὐτὴν τῶν παλαιῶν ἀνδρῶν, φοβουμένους τὸ ἐπαχθὲς αὐτῆς, 5
πρόσχημα ποιεῖσθαι καὶ προκαλύπτεσθαι, τοὺς μὲν ποίησιν,
οἷον Ὅμηρόν τε καὶ Ἡσίοδον καὶ Σιμωνίδην, τοὺς δὲ αὖ
τελετάς τε καὶ χρησμῳδίας, τοὺς ἀμφί τε Ὀρφέα καὶ Μου-
σαῖον· ἐνίους δέ τινας ᾔσθημαι καὶ γυμναστικήν, οἷον Ἴκκος
τε ὁ Ταραντῖνος καὶ ὁ νῦν ἔτι ὢν οὐδενὸς ἥττων σοφιστὴς 10
Ἡρόδικος ὁ Σηλυμβριανός, τὸ δὲ ἀρχαῖον Μεγαρεύς· μου- e
σικὴν δὲ Ἀγαθοκλῆς τε ὁ ὑμέτερος πρόσχημα ἐποιήσατο,
μέγας ὢν σοφιστής, καὶ Πυθοκλείδης ὁ Κεῖος καὶ ἄλλοι πολ-
λοί. οὗτοι πάντες, ὥσπερ λέγω, φοβηθέντες τὸν φθόνον ταῖς
τέχναις ταύταις παραπετάσμασιν ἐχρήσαντο. ἐγὼ δὲ τούτοις 5
ἅπασιν κατὰ τοῦτο εἶναι οὐ συμφέρομαι· ἡγοῦμαι γὰρ αὐτοὺς 317

c 2 μάλιστ᾽ ἂν Hirschig (μάλιστα ἂν Stephanus): μάλιστα B T W
c 6 καὶ ἰόντα B T W: κατιόντα in marg. T   c 7 ἀπολείποντας]
ἀπολιπόντας Themistius (cf. Apol. 20 a, 1 Theag. 128 a, 5)   d 6 πρό-
σχημα ποιεῖσθαι καὶ secl. Herwerden   καὶ προκαλύπτεσθαι secl.
Cobet   e 3 κεῖος W: κῖος B: κῖος T   a 1 κατὰ] τὸ κατὰ Ast

οὔ τι διαπράξασθαι ὃ ἐβουλήθησαν—οὐ γὰρ λαθεῖν τῶν
ἀνθρώπων τοὺς δυναμένους ἐν ταῖς πόλεσι πράττειν, ὧνπερ
ἕνεκα ταῦτ᾽ ἐστὶν τὰ προσχήματα· ἐπεὶ οἵ γε πολλοὶ ὡς
5 ἔπος εἰπεῖν οὐδὲν αἰσθάνονται, ἀλλ᾽ ἅττ᾽ ἂν οὗτοι διαγγέλ-
λωσι, ταῦτα ὑμνοῦσιν—τὸ οὖν ἀποδιδράσκοντα μὴ δύνασθαι
ἀποδρᾶναι, ἀλλὰ καταφανῆ εἶναι, πολλὴ μωρία καὶ τοῦ ἐπι-
b χειρήματος, καὶ πολὺ δυσμενεστέρους παρέχεσθαι ἀνάγκη
τοὺς ἀνθρώπους· ἡγοῦνται γὰρ τὸν τοιοῦτον πρὸς τοῖς ἄλλοις
καὶ πανοῦργον εἶναι. ἐγὼ οὖν τούτων τὴν ἐναντίαν ἅπασαν
ὁδὸν ἐλήλυθα, καὶ ὁμολογῶ τε σοφιστὴς εἶναι καὶ παιδεύειν
5 ἀνθρώπους, καὶ εὐλάβειαν ταύτην οἶμαι βελτίω ἐκείνης εἶναι,
τὸ ὁμολογεῖν μᾶλλον ἢ ἔξαρνον εἶναι· καὶ ἄλλας πρὸς ταύτῃ
ἔσκεμμαι, ὥστε, σὺν θεῷ εἰπεῖν, μηδὲν δεινὸν πάσχειν διὰ
c τὸ ὁμολογεῖν σοφιστὴς εἶναι. καίτοι πολλά γε ἔτη ἤδη εἰμὶ
ἐν τῇ τέχνῃ· καὶ γὰρ καὶ τὰ σύμπαντα πολλά μοί ἐστιν—
οὐδενὸς ὅτου οὐ πάντων ἂν ὑμῶν καθ᾽ ἡλικίαν πατὴρ εἴην
—ὥστε πολύ μοι ἥδιστόν ἐστιν, εἴ τι βούλεσθε, περὶ τούτων
5 ἁπάντων ἐναντίον τῶν ἔνδον ὄντων τὸν λόγον ποιεῖσθαι.

Καὶ ἐγώ—ὑπώπτευσα γὰρ βούλεσθαι αὐτὸν τῷ τε Προδίκῳ
καὶ τῷ Ἱππίᾳ ἐνδείξασθαι καὶ καλλωπίσασθαι ὅτι ἐρασταὶ
d αὐτοῦ ἀφιγμένοι εἶμεν—Τί οὖν, ἔφην ἐγώ, οὐ καὶ Πρό-
δικον καὶ Ἱππίαν ἐκαλέσαμεν καὶ τοὺς μετ᾽ αὐτῶν, ἵνα
ἐπακούσωσιν ἡμῶν;

Πάνυ μὲν οὖν, ἔφη ὁ Πρωταγόρας.

5 Βούλεσθε οὖν, ὁ Καλλίας ἔφη, συνέδριον κατασκευάσωμεν,
ἵνα καθεζόμενοι διαλέγησθε;

Ἐδόκει χρῆναι· ἄσμενοι δὲ πάντες ἡμεῖς, ὡς ἀκουσόμενοι
ἀνδρῶν σοφῶν, καὶ αὐτοί τε ἀντιλαβόμενοι τῶν βάθρων
καὶ τῶν κλινῶν κατεσκευάζομεν παρὰ τῷ Ἱππίᾳ—ἐκεῖ γὰρ

a 6 τὸ scr. Ven. 184 : τὸν B T W   a 7 πολλὴ μωρία B : πολλῇ
μωρίᾳ T W   c 1 εἰμὶ T W : εἰ μὴ B   c 3 πάντων secl. Cobet
c 4 εἴ τι T W : εἶτε B   d 1 εἴημεν B T   d 6 καθεζόμενοι T :
καθιζόμενοι B   d 8 τε del. corr. Coisl. : fort. τότε Král   d 9 τῷ
ἱππίᾳ B : τὸν ἱππίαν T

προϋπῆρχε τὰ βάθρα—ἐν δὲ τούτῳ Καλλίας τε καὶ ᾽Αλκι- 10
βιάδης ἡκέτην ἄγοντε τὸν Πρόδικον, ἀναστήσαντες ἐκ τῆς e
κλίνης, καὶ τοὺς μετὰ τοῦ Προδίκου.

᾽Επεὶ δὲ πάντες συνεκαθεζόμεθα, ὁ Πρωταγόρας, Νῦν δὴ
ἄν, ἔφη, λέγοις, ὦ Σώκρατες, ἐπειδὴ καὶ οἵδε πάρεισιν, περὶ
ὧν ὀλίγον πρότερον μνείαν ἐποιοῦ πρὸς ἐμὲ ὑπὲρ τοῦ 5
νεανίσκου.

Καὶ ἐγὼ εἶπον ὅτι Ἡ αὐτή μοι ἀρχή ἐστιν, ὦ Πρωταγόρα, 318
ἥπερ ἄρτι, περὶ ὧν ἀφικόμην. Ἱπποκράτης γὰρ ὅδε τυγχάνει
ἐν ἐπιθυμίᾳ ὢν τῆς σῆς συνουσίας· ὅτι οὖν αὐτῷ ἀποβήσεται,
ἐάν σοι συνῇ, ἡδέως ἄν φησι πυθέσθαι. τοσοῦτος ὅ γε
ἡμέτερος λόγος.
5

Ὑπολαβὼν οὖν ὁ Πρωταγόρας εἶπεν· ῏Ω νεανίσκε, ἔσται
τοίνυν σοι, ἐὰν ἐμοὶ συνῇς, ᾗ ἂν ἡμέρᾳ ἐμοὶ συγγένῃ, ἀπιέναι
οἴκαδε βελτίονι γεγονότι, καὶ ἐν τῇ ὑστεραίᾳ ταὐτὰ ταῦτα·
καὶ ἑκάστης ἡμέρας ἀεὶ ἐπὶ τὸ βέλτιον ἐπιδιδόναι.

Καὶ ἐγὼ ἀκούσας εἶπον· ῏Ω Πρωταγόρα, τοῦτο μὲν οὐδὲν b
θαυμαστὸν λέγεις, ἀλλὰ εἰκός, ἐπεὶ κἂν σύ, καίπερ τηλι-
κοῦτος ὢν καὶ οὕτως σοφός, εἴ τίς σε διδάξειεν ὃ μὴ τυγ-
χάνοις ἐπιστάμενος, βελτίων ἂν γένοιο. ἀλλὰ μὴ οὕτως,
ἀλλ᾽ ὥσπερ ἂν εἰ αὐτίκα μάλα μεταβαλὼν τὴν ἐπιθυμίαν 5
Ἱπποκράτης ὅδε ἐπιθυμήσειεν τῆς συνουσίας τούτου τοῦ
νεανίσκου τοῦ νῦν νεωστὶ ἐπιδημοῦντος, Ζευξίππου τοῦ
Ἡρακλεώτου, καὶ ἀφικόμενος παρ᾽ αὐτόν, ὥσπερ παρὰ σὲ
νῦν, ἀκούσειεν αὐτοῦ ταὐτὰ ταῦτα ἅπερ σοῦ, ὅτι ἑκάστης c
ἡμέρας συνὼν αὐτῷ βελτίων ἔσται καὶ ἐπιδώσει, εἰ αὐτὸν
ἐπανέροιτο· "Τί δὴ φῂς βελτίω ἔσεσθαι καὶ εἰς τί ἐπιδώ-
σειν;" εἴποι ἂν αὐτῷ ὁ Ζεύξιππος ὅτι πρὸς γραφικήν· κἂν
εἰ Ὀρθαγόρᾳ τῷ Θηβαίῳ συγγενόμενος, ἀκούσας ἐκείνου 5
ταὐτὰ ταῦτα ἅπερ σοῦ, ἐπανέροιτο αὐτὸν εἰς ὅτι βελτίων
καθ᾽ ἡμέραν ἔσται συγγιγνόμενος ἐκείνῳ, εἴποι ἂν ὅτι εἰς

d 10 Καλλίας] Κριτίας Hermann   a 8 ἐν secl. Hirschig
b 3 τυγχάνοις Bekker : τυγχάνεις B (cum vitii nota) T   b 7 ζευξίπ-
που B : ζεύξιππος T   c 3 ἐπιδώσειν TW : ἐπίδοσιν B

αὔλησιν· οὕτω δὴ καὶ σὺ εἰπὲ τῷ νεανίσκῳ καὶ ἐμοὶ ὑπὲρ
d τούτου ἐρωτῶντι, Ἱπποκράτης ὅδε Πρωταγόρᾳ συγγενόμενος,
ᾗ ἂν αὐτῷ ἡμέρᾳ συγγένηται, βελτίων ἄπεισι γενόμενος
καὶ τῶν ἄλλων ἡμερῶν ἑκάστης οὕτως ἐπιδώσει εἰς τί, ὦ
Πρωταγόρα, καὶ περὶ τοῦ;
5 Καὶ ὁ Πρωταγόρας ἐμοῦ ταῦτα ἀκούσας, Σύ τε καλῶς
ἐρωτᾷς, ἔφη, ὦ Σώκρατες, καὶ ἐγὼ τοῖς καλῶς ἐρωτῶσι
χαίρω ἀποκρινόμενος. Ἱπποκράτης γὰρ παρ' ἐμὲ ἀφικό-
μενος οὐ πείσεται ἅπερ ἂν ἔπαθεν ἄλλῳ τῳ συγγενόμενος
τῶν σοφιστῶν. οἱ μὲν γὰρ ἄλλοι λωβῶνται τοὺς νέους·
e τὰς γὰρ τέχνας αὐτοὺς πεφευγότας ἄκοντας πάλιν αὖ ἄγοντες
ἐμβάλλουσιν εἰς τέχνας, λογισμούς τε καὶ ἀστρονομίαν καὶ
γεωμετρίαν καὶ μουσικὴν διδάσκοντες—καὶ ἅμα εἰς τὸν
Ἱππίαν ἀπέβλεψεν—παρὰ δ' ἐμὲ ἀφικόμενος μαθήσεται οὐ
5 περὶ ἄλλου του ἢ περὶ οὗ ἥκει. τὸ δὲ μάθημά ἐστιν εὐβουλία
περὶ τῶν οἰκείων, ὅπως ἂν ἄριστα τὴν αὐτοῦ οἰκίαν διοικοῖ,
319 καὶ περὶ τῶν τῆς πόλεως, ὅπως τὰ τῆς πόλεως δυνατώτατος
ἂν εἴη καὶ πράττειν καὶ λέγειν.
Ἆρα, ἔφην ἐγώ, ἕπομαί σου τῷ λόγῳ; δοκεῖς γάρ μοι
λέγειν τὴν πολιτικὴν τέχνην καὶ ὑπισχνεῖσθαι ποιεῖν ἄνδρας
5 ἀγαθοὺς πολίτας.
Αὐτὸ μὲν οὖν τοῦτό ἐστιν, ἔφη, ὦ Σώκρατες, τὸ ἐπάγγελμα
ὃ ἐπαγγέλλομαι.
Ἦ καλόν, ἦν δ' ἐγώ, τέχνημα ἄρα κέκτησαι, εἴπερ
κέκτησαι· οὐ γάρ τι ἄλλο πρός γε σὲ εἰρήσεται ἢ ἅπερ
10 νοῶ. ἐγὼ γὰρ τοῦτο, ὦ Πρωταγόρα, οὐκ ᾤμην διδακτὸν
b εἶναι, σοὶ δὲ λέγοντι οὐκ ἔχω ὅπως [ἂν] ἀπιστῶ. ὅθεν δὲ
αὐτὸ ἡγοῦμαι οὐ διδακτὸν εἶναι μηδ' ὑπ' ἀνθρώπων παρα-
σκευαστὸν ἀνθρώποις, δίκαιός εἰμι εἰπεῖν. ἐγὼ γὰρ Ἀθη-
ναίους, ὥσπερ καὶ οἱ ἄλλοι Ἕλληνες, φημὶ σοφοὺς εἶναι.
5 ὁρῶ οὖν, ὅταν συλλεγῶμεν εἰς τὴν ἐκκλησίαν, ἐπειδὰν μὲν

c 8 δὴ] δὲ Heindorf   d 3 ἐπιδώσει scr. recc. : ἐπιδώσοι B T W
e 6 περὶ B T : περί τε t   a 8 ἄρα post εἴπερ transp. Cobet
b 1 ἂν secl. Heindorf

περὶ οἰκοδομίας τι δέῃ πρᾶξαι τὴν πόλιν, τοὺς οἰκοδόμους
μεταπεμπομένους συμβούλους περὶ τῶν οἰκοδομημάτων, ὅταν
δὲ περὶ ναυπηγίας, τοὺς ναυπηγούς, καὶ τᾶλλα πάντα οὕτως,
ὅσα ἡγοῦνται μαθητά τε καὶ διδακτὰ εἶναι· ἐὰν δέ τις ἄλλος c
ἐπιχειρῇ αὐτοῖς συμβουλεύειν ὃν ἐκεῖνοι μὴ οἴονται δη-
μιουργὸν εἶναι, κἂν πάνυ καλὸς ᾖ καὶ πλούσιος καὶ τῶν
γενναίων, οὐδέν τι μᾶλλον ἀποδέχονται, ἀλλὰ καταγελῶσι
καὶ θορυβοῦσιν, ἕως ἂν ἢ αὐτὸς ἀποστῇ ὁ ἐπιχειρῶν λέγειν 5
καταθορυβηθείς, ἢ οἱ τοξόται αὐτὸν ἀφελκύσωσιν ἢ ἐξάρωνται
κελευόντων τῶν πρυτάνεων.   περὶ μὲν οὖν ὧν οἴονται ἐν
τέχνῃ εἶναι, οὕτω διαπράττονται· ἐπειδὰν δέ τι περὶ τῶν τῆς
πόλεως διοικήσεως δέῃ βουλεύσασθαι, συμβουλεύει αὐτοῖς d
ἀνιστάμενος περὶ τούτων ὁμοίως μὲν τέκτων, ὁμοίως δὲ
χαλκεὺς σκυτοτόμος, ἔμπορος ναύκληρος, πλούσιος πένης,
γενναῖος ἀγεννής, καὶ τούτοις οὐδεὶς τοῦτο ἐπιπλήττει ὥσπερ
τοῖς πρότερον, ὅτι οὐδαμόθεν μαθών, οὐδὲ ὄντος διδασκάλου 5
οὐδενὸς αὐτῷ, ἔπειτα συμβουλεύειν ἐπιχειρεῖ· δῆλον γὰρ ὅτι
οὐχ ἡγοῦνται διδακτὸν εἶναι.   μὴ τοίνυν ὅτι τὸ κοινὸν τῆς
πόλεως οὕτως ἔχει, ἀλλὰ ἰδίᾳ ἡμῖν οἱ σοφώτατοι καὶ ἄριστοι e
τῶν πολιτῶν ταύτην τὴν ἀρετὴν ἣν ἔχουσιν οὐχ οἷοί τε ἄλλοις
παραδιδόναι· ἐπεὶ Περικλῆς, ὁ τουτωνὶ τῶν νεανίσκων πατήρ,
τούτους ἃ μὲν διδασκάλων εἴχετο καλῶς καὶ εὖ ἐπαίδευσεν,
ἃ δὲ αὐτὸς σοφός ἐστιν οὔτε αὐτὸς παιδεύει οὔτε τῳ ἄλλῳ 320
παραδίδωσιν, ἀλλ' αὐτοὶ περιιόντες νέμονται ὥσπερ ἄφετοι,
ἐάν που αὐτόματοι περιτύχωσιν τῇ ἀρετῇ.   εἰ δὲ βούλει,
Κλεινίαν, τὸν Ἀλκιβιάδου τουτουὶ νεώτερον ἀδελφόν, ἐπιτρο-
πεύων ὁ αὐτὸς οὗτος ἀνὴρ Περικλῆς, δεδιὼς περὶ αὐτοῦ μὴ 5
διαφθαρῇ δὴ ὑπὸ Ἀλκιβιάδου, ἀποσπάσας ἀπὸ τούτου, κατα-

---

b 6 τι ante περὶ transp. Cobet   b 8 οὕτως ὅσα T W : οὕτως o** B
c 1 μαθητά T W : μαθήματά B   c 6 ἐξάρωνται Bekker : ἐξαίρωνται
T W : ἐξέρωνται B (ἢ ἐξάρωνται secl. Cobet)   c 7 ἐν τέχνῃ] ἔντεχνα
Badham   c 8 περὶ τῶν] τῶν περὶ Kroschel   τῶν punctis notavit t
d 1 πόλεως secl. ci. Král (coll. Dem. 24. 102 ; Isocr. 4. 41) : διοική-
σεως secl. Schanz (alterum σ puncto notavit B²)   e 4 ἐπαίδευσεν
B : ἐπαίδευεν T   a 5 Περικλῆς secl. Cobet

θέμενος ἐν Ἀρίφρονος ἐπαίδευε· καὶ πρὶν ἐξ μῆνας γεγονέναι,
b ἀπέδωκε τούτῳ οὐκ ἔχων ὅτι χρήσαιτο αὐτῷ. καὶ ἄλλους σοι
παμπόλλους ἔχω λέγειν, οἳ αὐτοὶ ἀγαθοὶ ὄντες οὐδένα πώποτε
βελτίω ἐποίησαν οὔτε τῶν οἰκείων οὔτε τῶν ἀλλοτρίων.
ἐγὼ οὖν, ὦ Πρωταγόρα, εἰς ταῦτα ἀποβλέπων οὐχ ἡγοῦμαι
5 διδακτὸν εἶναι ἀρετήν· ἐπειδὴ δέ σου ἀκούω ταῦτα λέγοντος,
κάμπτομαι καὶ οἶμαί τί σε λέγειν διὰ τὸ ἡγεῖσθαί σε πολλῶν
μὲν ἔμπειρον γεγονέναι, πολλὰ δὲ μεμαθηκέναι, τὰ δὲ αὐτὸν
ἐξηυρηκέναι. εἰ οὖν ἔχεις ἐναργέστερον ἡμῖν ἐπιδεῖξαι ὡς
c διδακτόν ἐστιν ἡ ἀρετή, μὴ φθονήσῃς ἀλλ᾽ ἐπίδειξον.

Ἀλλ᾽, ὦ Σώκρατες, ἔφη, οὐ φθονήσω· ἀλλὰ πότερον ὑμῖν,
ὡς πρεσβύτερος νεωτέροις, μῦθον λέγων ἐπιδείξω ἢ λόγῳ
διεξελθών;

5 Πολλοὶ οὖν αὐτῷ ὑπέλαβον τῶν παρακαθημένων ὁποτέρως
βούλοιτο οὕτως διεξιέναι. Δοκεῖ τοίνυν μοι, ἔφη, χαριέ-
στερον εἶναι μῦθον ὑμῖν λέγειν.

Ἦν γάρ ποτε χρόνος ὅτε θεοὶ μὲν ἦσαν, θνητὰ δὲ γένη
d οὐκ ἦν. ἐπειδὴ δὲ καὶ τούτοις χρόνος ἦλθεν εἱμαρμένος
γενέσεως, τυποῦσιν αὐτὰ θεοὶ γῆς ἔνδον ἐκ γῆς καὶ πυρὸς
μείξαντες καὶ τῶν ὅσα πυρὶ καὶ γῇ κεράννυται. ἐπειδὴ δ᾽
ἄγειν αὐτὰ πρὸς φῶς ἔμελλον, προσέταξαν Προμηθεῖ καὶ
5 Ἐπιμηθεῖ κοσμῆσαί τε καὶ νεῖμαι δυνάμεις ἑκάστοις ὡς
πρέπει. Προμηθέα δὲ παραιτεῖται Ἐπιμηθεὺς αὐτὸς νεῖμαι,
" Νείμαντος δέ μου," ἔφη, " ἐπίσκεψαι" καὶ οὕτω πείσας
νέμει. νέμων δὲ τοῖς μὲν ἰσχὺν ἄνευ τάχους προσῆπτεν,
e τοὺς δ᾽ ἀσθενεστέρους τάχει ἐκόσμει· τοὺς δὲ ὥπλιζε, τοῖς
δ᾽ ἄοπλον διδοὺς φύσιν ἄλλην τιν᾽ αὐτοῖς ἐμηχανᾶτο δύναμιν
εἰς σωτηρίαν. ἃ μὲν γὰρ αὐτῶν σμικρότητι ἤμπισχεν, πτηνὸν
φυγὴν ἢ κατάγειον οἴκησιν ἔνεμεν· ἃ δὲ ηὖξε μεγέθει, τῷδε

a 7 ἀρίφρονος T: ἀερίφρονος B   καὶ ⟨ὃς⟩ πρὶν Cobet   b 1 τούτῳ]
οὗτος vel αὐτῷ vel τοῦτον ci. Heindorf   c 2 πότερον B T sed ρ in
marg. B   c 3 ἢ λόγῳ διεξελθών B T: γρ. ἢ ὡς νεωτέροις λόγον
διεξέλθω t: ἢ λόγῳ διεξέλθω Cobet   d 8 νέμει T W: νεῖμαι B
θ 1 τοὺς δ᾽ ἀσθενεστέρους . . . τοὺς δὲ . . . B T: τὰ δ᾽ ἀσθενέστερα . . .
τὰ δὲ . . . scr. recc.   θ 4 μεγέθει T W: μεγέθη B

αὐτῷ αὐτὰ ἔσῳζεν· καὶ τᾶλλα οὕτως ἐπανισῶν ἔνεμεν. ταῦτα 321
δὲ ἐμηχανᾶτο εὐλάβειαν ἔχων μή τι γένος ἀϊστωθείη· ἐπειδὴ
δὲ αὐτοῖς ἀλληλοφθοριῶν διαφυγὰς ἐπήρκεσε, πρὸς τὰς ἐκ
Διὸς ὥρας εὐμάρειαν ἐμηχανᾶτο ἀμφιεννὺς αὐτὰ πυκναῖς
τε θριξὶν καὶ στερεοῖς δέρμασιν, ἱκανοῖς μὲν ἀμῦναι χειμῶνα, 5
δυνατοῖς δὲ καὶ καύματα, καὶ εἰς εὐνὰς ἰοῦσιν ὅπως ὑπάρχοι
τὰ αὐτὰ ταῦτα στρωμνὴ οἰκεία τε καὶ αὐτοφυὴς ἑκάστῳ· καὶ
ὑποδῶν τὰ μὲν ὁπλαῖς, τὰ δὲ [θριξὶν καὶ] δέρμασιν στερεοῖς b
καὶ ἀναίμοις. τοὐντεῦθεν τροφὰς ἄλλοις ἄλλας ἐξεπόριζεν,
τοῖς μὲν ἐκ γῆς βοτάνην, ἄλλοις δὲ δένδρων καρπούς, τοῖς δὲ
ῥίζας· ἔστι δ᾽ οἷς ἔδωκεν εἶναι τροφὴν ζῴων ἄλλων βοράν·
καὶ τοῖς μὲν ὀλιγογονίαν προσῆψε, τοῖς δ᾽ ἀναλισκομένοις 5
ὑπὸ τούτων πολυγονίαν, σωτηρίαν τῷ γένει πορίζων. ἅτε
δὴ οὖν οὐ πάνυ τι σοφὸς ὢν ὁ Ἐπιμηθεὺς ἔλαθεν αὑτὸν
καταναλώσας τὰς δυνάμεις εἰς τὰ ἄλογα· λοιπὸν δὴ ἀκό- c
σμητον ἔτι αὐτῷ ἦν τὸ ἀνθρώπων γένος, καὶ ἠπόρει ὅτι
χρήσαιτο. ἀποροῦντι δὲ αὐτῷ ἔρχεται Προμηθεὺς ἐπισκεψό-
μενος τὴν νομήν, καὶ ὁρᾷ τὰ μὲν ἄλλα ζῷα ἐμμελῶς πάντων
ἔχοντα, τὸν δὲ ἄνθρωπον γυμνόν τε καὶ ἀνυπόδητον καὶ 5
ἄστρωτον καὶ ἄοπλον· ἤδη δὲ καὶ ἡ εἱμαρμένη ἡμέρα παρῆν,
ἐν ᾗ ἔδει καὶ ἄνθρωπον ἐξιέναι ἐκ γῆς εἰς φῶς. ἀπορίᾳ οὖν
σχόμενος ὁ Προμηθεὺς ἥντινα σωτηρίαν τῷ ἀνθρώπῳ εὕροι,
κλέπτει Ἡφαίστου καὶ Ἀθηνᾶς τὴν ἔντεχνον σοφίαν σὺν d
πυρί—ἀμήχανον γὰρ ἦν ἄνευ πυρὸς αὐτὴν κτητήν τῳ ἢ
χρησίμην γενέσθαι—καὶ οὕτω δὴ δωρεῖται ἀνθρώπῳ. τὴν
μὲν οὖν περὶ τὸν βίον σοφίαν ἄνθρωπος ταύτῃ ἔσχεν, τὴν δὲ
πολιτικὴν οὐκ εἶχεν· ἦν γὰρ παρὰ τῷ Διί. τῷ δὲ Προμηθεῖ 5

a 4 εὐμάρειαν W: εὐμαρίαν Β Τ   a 5 χειμῶνας Kroschel
a 6 ὑπάρχοι Β Τ: ὑπάρχηι W (sed οι supra ηι)   a 7 οἰκεία W:
οἰκειά Τ: οἰκία Β   b 1 ὑποδῶν Cobet (ὑποδέων coniecerat Bad-
ham): ὑπὸ ποδῶν Β Τ W   θριξὶν καὶ secl. Ast: ὄνυξι καὶ Baiter:
ἄθριξι Orelli   δέρμασιν στερεοῖς glossema putat Kroschel (ad τύλοις
σκληροῖς vel tale quid)   b 2 ἄλλοις Τ: ἀλλήλοις Β   b 7 δὴ]
δὲ Kroschel   c 1 εἰς τὰ ἄλογα Τ W: om. Β   δὴ ἀκόσμητον
Τ W: διακοσμητὸν Β   c 6 παρῆν Τ: παρῇ Β   c 8 σχόμενος
Β: ἐχόμενος Τ   d 2 τῳ Β Τ sed οι suprascr. Τ

εἰς μὲν τὴν ἀκρόπολιν τὴν τοῦ Διὸς οἴκησιν οὐκέτι ἐνεχώρει
εἰσελθεῖν—πρὸς δὲ καὶ αἱ Διὸς φυλακαὶ φοβεραὶ ἦσαν—εἰς
δὲ τὸ τῆς Ἀθηνᾶς καὶ Ἡφαίστου οἴκημα τὸ κοινόν, ἐν ᾧ
e ἐφιλοτεχνείτην, λαθὼν εἰσέρχεται, καὶ κλέψας τήν τε ἔμπυρον
τέχνην τὴν τοῦ Ἡφαίστου καὶ τὴν ἄλλην τὴν τῆς Ἀθηνᾶς
δίδωσιν ἀνθρώπῳ, καὶ ἐκ τούτου εὐπορία μὲν ἀνθρώπῳ τοῦ
322 βίου γίγνεται, Προμηθέα δὲ δι' Ἐπιμηθέα ὕστερον, ᾗπερ
λέγεται, κλοπῆς δίκη μετῆλθεν.

Ἐπειδὴ δὲ ὁ ἄνθρωπος θείας μετέσχε μοίρας, πρῶτον μὲν
διὰ τὴν τοῦ θεοῦ συγγένειαν ζῴων μόνον θεοὺς ἐνόμισεν, καὶ
5 ἐπεχείρει βωμούς τε ἱδρύεσθαι καὶ ἀγάλματα θεῶν· ἔπειτα
φωνὴν καὶ ὀνόματα ταχὺ διηρθρώσατο τῇ τέχνῃ, καὶ οἰκήσεις
καὶ ἐσθῆτας καὶ ὑποδέσεις καὶ στρωμνὰς καὶ τὰς ἐκ γῆς
τροφὰς ηὕρετο. οὕτω δὴ παρεσκευασμένοι κατ' ἀρχὰς
b ἄνθρωποι ᾤκουν σποράδην, πόλεις δὲ οὐκ ἦσαν· ἀπώλλυντο
οὖν ὑπὸ τῶν θηρίων διὰ τὸ πανταχῇ αὐτῶν ἀσθενέστεροι
εἶναι, καὶ ἡ δημιουργικὴ τέχνη αὐτοῖς πρὸς μὲν τροφὴν
ἱκανὴ βοηθὸς ἦν, πρὸς δὲ τὸν τῶν θηρίων πόλεμον ἐνδεής
5 —πολιτικὴν γὰρ τέχνην οὔπω εἶχον, ἧς μέρος πολεμική—
ἐζήτουν δὴ ἀθροίζεσθαι καὶ σῴζεσθαι κτίζοντες πόλεις· ὅτ'
οὖν ἀθροισθεῖεν, ἠδίκουν ἀλλήλους ἅτε οὐκ ἔχοντες τὴν
πολιτικὴν τέχνην, ὥστε πάλιν σκεδαννύμενοι διεφθείροντο.
c Ζεὺς οὖν δείσας περὶ τῷ γένει ἡμῶν μὴ ἀπόλοιτο πᾶν,
Ἑρμῆν πέμπει ἄγοντα εἰς ἀνθρώπους αἰδῶ τε καὶ δίκην, ἵν'
εἶεν πόλεων κόσμοι τε καὶ δεσμοὶ φιλίας συναγωγοί. ἐρωτᾷ
οὖν Ἑρμῆς Δία τίνα οὖν τρόπον δοίη δίκην καὶ αἰδῶ ἀνθρώ-
5 ποις· "Πότερον ὡς αἱ τέχναι νενέμηνται, οὕτω καὶ ταύτας

---

a 1 δι' Ἐπιμηθέα secl. Sauppe   a 4 διὰ ... συγγένειαν secl.
Deuschle   τοῦ θεοῦ secl. Hermann : τῶν θεῶν ci. Kroschel   συγγέ-
νειαν] ξυντεχνίαν ci. Blass   μόνον] μόνος Cobet   a 6 τῇ τέχνῃ
secl. Deuschle   a 8 ηὕρετο] ηὕρεν Cobet   παρεσκευασμένοι B
(sed ι in ras.) T : παρεσκευασμένον W (sed ι supra ν)   b 1 ἀπώλλυντο
(sic) W : ἀπόλλυντο (sic) B T   b 5 πολιτικὴν ... πολεμική secl.
ci. Karlowa   b 7 ἀθροισθεῖεν T : ἀθροίσειεν B   c 4 δοίη] δῶ
Cobet

νείμω; νενέμηνται δὲ ὧδε· εἷς ἔχων ἰατρικὴν πολλοῖς ἱκανὸς
ἰδιώταις, καὶ οἱ ἄλλοι δημιουργοί· καὶ δίκην δὴ καὶ αἰδῶ
οὕτω θῶ ἐν τοῖς ἀνθρώποις, ἢ ἐπὶ πάντας νείμω;" "'Ἐπὶ d
πάντας," ἔφη ὁ Ζεύς, "καὶ πάντες μετεχόντων· οὐ γὰρ ἂν
γένοιντο πόλεις, εἰ ὀλίγοι αὐτῶν μετέχοιεν ὥσπερ ἄλλων
τεχνῶν· καὶ νόμον γε θὲς παρ' ἐμοῦ τὸν μὴ δυνάμενον
αἰδοῦς καὶ δίκης μετέχειν κτείνειν ὡς νόσον πόλεως." οὕτω 5
δή, ὦ Σώκρατες, καὶ διὰ ταῦτα οἵ τε ἄλλοι καὶ Ἀθηναῖοι,
ὅταν μὲν περὶ ἀρετῆς τεκτονικῆς ᾖ λόγος ἢ ἄλλης τινὸς
δημιουργικῆς, ὀλίγοις οἴονται μετεῖναι συμβουλῆς, καὶ ἐάν
τις ἐκτὸς ὢν τῶν ὀλίγων συμβουλεύῃ, οὐκ ἀνέχονται, ὡς σὺ e
φῇς—εἰκότως, ὡς ἐγώ φημι—ὅταν δὲ εἰς συμβουλὴν πολι-
τικῆς ἀρετῆς ἴωσιν, ἣν δεῖ διὰ δικαιοσύνης πᾶσαν ἰέναι καὶ 323
σωφροσύνης, εἰκότως ἅπαντος ἀνδρὸς ἀνέχονται, ὡς παντὶ
προσῆκον ταύτης γε μετέχειν τῆς ἀρετῆς ἢ μὴ εἶναι πόλεις.
αὕτη, ὦ Σώκρατες, τούτου αἰτία.

Ἵνα δὲ μὴ οἴῃ ἀπατᾶσθαι ὡς τῷ ὄντι ἡγοῦνται πάντες 5
ἄνθρωποι πάντα ἄνδρα μετέχειν δικαιοσύνης τε καὶ τῆς ἄλλης
πολιτικῆς ἀρετῆς, τόδε αὖ λαβὲ τεκμήριον. ἐν γὰρ ταῖς
ἄλλαις ἀρεταῖς, ὥσπερ σὺ λέγεις, ἐάν τις φῇ ἀγαθὸς αὐλητὴς
εἶναι, ἢ ἄλλην ἡντινοῦν τέχνην ἣν μή ἐστιν, ἢ καταγελῶσιν
ἢ χαλεπαίνουσιν, καὶ οἱ οἰκεῖοι προσιόντες νουθετοῦσιν ὡς b
μαινόμενον· ἐν δὲ δικαιοσύνῃ καὶ ἐν τῇ ἄλλῃ πολιτικῇ ἀρετῇ,
ἐάν τινα καὶ εἰδῶσιν ὅτι ἄδικός ἐστιν, ἐὰν οὗτος αὐτὸς καθ'
αὑτοῦ τἀληθῆ λέγῃ ἐναντίον πολλῶν, ὃ ἐκεῖ σωφροσύνην
ἡγοῦντο εἶναι, τἀληθῆ λέγειν, ἐνταῦθα μανίαν, καί φασιν 5
πάντας δεῖν φάναι εἶναι δικαίους, ἐάντε ὦσιν ἐάντε μή, ἢ
μαίνεσθαι τὸν μὴ προσποιούμενον [δικαιοσύνην]· ὡς ἀναγ-
καῖον οὐδένα ὅντιν' οὐχὶ ἁμῶς γέ πως μετέχειν αὐτῆς, ἢ μὴ c
εἶναι ἐν ἀνθρώποις.

d 6 ἀθηναῖοι Β Τ : οἱ ἀθηναῖοι W   a 1 δεῖ Βt : δὴ Τ
a 2 ἅπαντος] παντὸς Schanz   b 3 εἰδῶσιν Τ : ιδῶσιν (sic) Β
b 5 φασιν πάντας δεῖν Β : φασὶ δεῖν πάντας Τ (sed signis transpositionis
fecit πάντας φασὶ δεῖν)   b 6 ἐάν τε ὦσιν ἐάν τε μή Τ W : ἐὰν μήτε
ὦσιν ἐὰν μή Β   b 7 δικαιοσύνην secl. Cobet   ἀναγκαῖον ⟨ὂν⟩ Hirschig

ὅτι μὲν οὖν πάντ' ἄνδρα εἰκότως ἀποδέχονται περὶ ταύτης
τῆς ἀρετῆς σύμβουλον διὰ τὸ ἡγεῖσθαι παντὶ μετεῖναι αὐτῆς,
5 ταῦτα λέγω· ὅτι δὲ αὐτὴν οὐ φύσει ἡγοῦνται εἶναι οὐδ' ἀπὸ
τοῦ αὐτομάτου, ἀλλὰ διδακτόν τε καὶ ἐξ ἐπιμελείας παραγί-
γνεσθαι ᾧ ἂν παραγίγνηται, τοῦτό σοι μετὰ τοῦτο πειράσομαι
ἀποδεῖξαι. ὅσα γὰρ ἡγοῦνται ἀλλήλους κακὰ ἔχειν ἄνθρωποι
d φύσει ἢ τύχῃ, οὐδεὶς θυμοῦται οὐδὲ νουθετεῖ οὐδὲ διδάσκει
οὐδὲ κολάζει τοὺς ταῦτα ἔχοντας, ἵνα μὴ τοιοῦτοι ὦσιν, ἀλλ'
ἐλεοῦσιν· οἷον τοὺς αἰσχροὺς ἢ σμικροὺς ἢ ἀσθενεῖς τίς οὕτως
ἀνόητος ὥστε τι τούτων ἐπιχειρεῖν ποιεῖν; ταῦτα μὲν γὰρ
5 οἶμαι ἴσασιν ὅτι φύσει τε καὶ τύχῃ τοῖς ἀνθρώποις γίγνεται,
τὰ καλὰ καὶ τἀναντία τούτοις· ὅσα δὲ ἐξ ἐπιμελείας καὶ
ἀσκήσεως καὶ διδαχῆς οἴονται γίγνεσθαι ἀγαθὰ ἀνθρώποις,
e ἐάν τις ταῦτα μὴ ἔχῃ, ἀλλὰ τἀναντία τούτων κακά, ἐπὶ
τούτοις που οἵ τε θυμοὶ γίγνονται καὶ αἱ κολάσεις καὶ αἱ
νουθετήσεις. ὧν ἐστιν ἓν καὶ ἡ ἀδικία καὶ ἡ ἀσέβεια καὶ
324 συλλήβδην πᾶν τὸ ἐναντίον τῆς πολιτικῆς ἀρετῆς· ἔνθα δὴ
πᾶς παντὶ θυμοῦται καὶ νουθετεῖ, δῆλον ὅτι ὡς ἐξ ἐπιμελείας
καὶ μαθήσεως κτητῆς οὔσης. εἰ γὰρ ἐθέλεις ἐννοῆσαι τὸ
κολάζειν, ὦ Σώκρατες, τοὺς ἀδικοῦντας τί ποτε δύναται,
5 αὐτό σε διδάξει ὅτι οἵ γε ἄνθρωποι ἡγοῦνται παρασκευαστὸν
εἶναι ἀρετήν. οὐδεὶς γὰρ κολάζει τοὺς ἀδικοῦντας πρὸς
τούτῳ τὸν νοῦν ἔχων καὶ τούτου ἕνεκα, ὅτι ἠδίκησεν, ὅστις
b μὴ ὥσπερ θηρίον ἀλογίστως τιμωρεῖται· ὁ δὲ μετὰ λόγου
ἐπιχειρῶν κολάζειν οὐ τοῦ παρεληλυθότος ἕνεκα ἀδικήματος
τιμωρεῖται—οὐ γὰρ ἂν τό γε πραχθὲν ἀγένητον θείη—ἀλλὰ
τοῦ μέλλοντος χάριν, ἵνα μὴ αὖθις ἀδικήσῃ μήτε αὐτὸς οὗτος

d 4 ὥστε τι T : ὥστ' ἔτι B   d 5 οἶμαι ἴσασιν W : οἶμαι εἴσασιν
(cum vitii nota) B : ἴσασιν T (sed οἶμαι extra versum add. t)   d 6 τὰ
καλά] τὰ κακὰ Ficinus (haec mala): secl. Schanz: post τούτοις transp. ci.
Turner   d 7 οἴονται T W : οἴονται ἢ B   e 1 κακά secl. Herwerden
a 1 ἔνθα B : ἔνθεν T   a 4 ὦ Σώκρατες secl. Cobet   a 6 πρὸς τοῦτο
Stobaeus   a 7 ἠδίκησεν B T Stobaeus : ἠδίκηκεν Cobet   b 1 λόγου
B T Stobaeus : λογισμοῦ ci. Herwerden   b 2 ἀδικήματος B T Stobaeus:
secl. Cobet   b 3 τό γε T W Stobaeus : τότε B   b 4 χάριν B T
Stobaeus : χρόνου Cobet   ἀδικήσῃ T W Stobaeus : ἀδικήσῃ ἵνα B

μήτε ἄλλος ὁ τοῦτον ἰδὼν κολασθέντα. καὶ τοιαύτην διάνοιαν 5
ἔχων διανοεῖται παιδευτὴν εἶναι ἀρετήν· ἀποτροπῆς γοῦν
ἕνεκα κολάζει. ταύτην οὖν τὴν δόξαν πάντες ἔχουσιν ὅσοιπερ
τιμωροῦνται καὶ ἰδίᾳ καὶ δημοσίᾳ. τιμωροῦνται δὲ καὶ κολά- c
ζονται οἵ τε ἄλλοι ἄνθρωποι οὓς ἂν οἴωνται ἀδικεῖν, καὶ οὐχ
ἥκιστα Ἀθηναῖοι οἱ σοὶ πολῖται· ὥστε κατὰ τοῦτον τὸν
λόγον καὶ Ἀθηναῖοί εἰσι τῶν ἡγουμένων παρασκευαστὸν
εἶναι καὶ διδακτὸν ἀρετήν. ὡς μὲν οὖν εἰκότως ἀποδέχονται 5
οἱ σοὶ πολῖται καὶ χαλκέως καὶ σκυτοτόμου συμβουλεύοντος
τὰ πολιτικά, καὶ ὅτι διδακτὸν καὶ παρασκευαστὸν ἡγοῦνται
ἀρετήν, ἀποδέδεικταί σοι, ὦ Σώκρατες, ἱκανῶς, ὥς γέ μοι
φαίνεται.   d

Ἔτι δὴ λοιπὴ ἀπορία ἐστίν, ἣν ἀπορεῖς περὶ τῶν ἀνδρῶν
τῶν ἀγαθῶν, τί δήποτε οἱ ἄνδρες οἱ ἀγαθοὶ τὰ μὲν ἄλλα
τοὺς αὑτῶν υἱεῖς διδάσκουσιν ἃ διδασκάλων ἔχεται καὶ
σοφοὺς ποιοῦσιν, ἣν δὲ αὐτοὶ ἀρετὴν ἀγαθοὶ οὐδενὸς βελ- 5
τίους ποιοῦσιν. τούτου δὴ πέρι, ὦ Σώκρατες, οὐκέτι μῦθόν
σοι ἐρῶ ἀλλὰ λόγον. ὧδε γὰρ ἐννόησον· πότερον ἔστιν τι
ἓν ἢ οὐκ ἔστιν οὗ ἀναγκαῖον πάντας τοὺς πολίτας μετέχειν,
εἴπερ μέλλει πόλις εἶναι; ἐν τούτῳ γὰρ αὕτη λύεται ἡ ἀπορία e
ἣν σὺ ἀπορεῖς ἢ ἄλλοθι οὐδαμοῦ. εἰ μὲν γὰρ ἔστιν, καὶ
τοῦτό ἐστιν τὸ ἓν οὐ τεκτονικὴ οὐδὲ χαλκεία οὐδὲ κεραμεία
ἀλλὰ δικαιοσύνη καὶ σωφροσύνη καὶ τὸ ὅσιον εἶναι, καὶ 325
συλλήβδην ἐν αὐτὸ προσαγορεύω εἶναι ἀνδρὸς ἀρετήν—εἰ
τοῦτ' ἐστὶν οὗ δεῖ πάντας μετέχειν καὶ μετὰ τούτου πάντ'
ἄνδρα, ἐάν τι καὶ ἄλλο βούληται μανθάνειν ἢ πράττειν, οὕτω
πράττειν, ἄνευ δὲ τούτου μή, ἢ τὸν μὴ μετέχοντα καὶ δι- 5
δάσκειν καὶ κολάζειν καὶ παῖδα καὶ ἄνδρα καὶ γυναῖκα,
ἕωσπερ ἂν κολαζόμενος βελτίων γένηται, ὃς δ' ἂν μὴ ὑπα-

b 7 κολάζει TW : κολάζειν B   c 3 οἱ σοὶ TW : ὁ σοι B   c 6 οἱ
σοὶ TW : οἷς οἱ B   c 8 γε μοι B : γ' ἐμοὶ T   d 2 λοιπὴ ⟨ἡ⟩
ci. Heindorf   e 1 πόλις BT : γρ. πολίτης t   e 2 σὺ T : σοὶ B
e 3 κεραμεία W : κεραμία BT   a 5 μή, ἢ T : μὴ ᾖ B   a 6 καὶ
παῖδα καὶ ἄνδρα καὶ γυναῖκα secl. Deuschle

κούη κολαζόμενος καὶ διδασκόμενος, ὡς ἀνίατον ὄντα τοῦτον
b ἐκβάλλειν ἐκ τῶν πόλεων ἢ ἀποκτείνειν—εἰ οὕτω μὲν ἔχει,
οὕτω δ' αὐτοῦ πεφυκότος οἱ ἀγαθοὶ ἄνδρες εἰ τὰ μὲν ἄλλα
διδάσκονται τοὺς ὑεῖς, τοῦτο δὲ μή, σκέψαι ὡς θαυμασίως
γίγνονται οἱ ἀγαθοί. ὅτι μὲν γὰρ διδακτὸν αὐτὸ ἡγοῦνται
5 καὶ ἰδίᾳ καὶ δημοσίᾳ, ἀπεδείξαμεν· διδακτοῦ δὲ ὄντος καὶ
θεραπευτοῦ τὰ μὲν ἄλλα ἄρα τοὺς ὑεῖς διδάσκονται, ἐφ' οἷς
οὐκ ἔστι θάνατος ἡ ζημία ἐὰν μὴ ἐπίστωνται, ἐφ' ᾧ δὲ ἥ
τε ζημία θάνατος αὐτῶν τοῖς παισὶ καὶ φυγαὶ μὴ μαθοῦσι
c μηδὲ θεραπευθεῖσιν εἰς ἀρετήν, καὶ πρὸς τῷ θανάτῳ χρη-
μάτων τε δημεύσεις καὶ ὡς ἔπος εἰπεῖν συλλήβδην τῶν
οἴκων ἀνατροπαί, ταῦτα δ' ἄρα οὐ διδάσκονται οὐδ' ἐπι-
μελοῦνται πᾶσαν ἐπιμέλειαν; οἴεσθαί γε χρή, ὦ Σώκρατες.
5 ἐκ παίδων σμικρῶν ἀρξάμενοι, μέχρι οὗπερ ἂν ζῶσι, καὶ
διδάσκουσι καὶ νουθετοῦσιν. ἐπειδὰν θᾶττον συνιῇ τις τὰ
λεγόμενα, καὶ τροφὸς καὶ μήτηρ καὶ παιδαγωγὸς καὶ αὐτὸς
d ὁ πατὴρ περὶ τούτου διαμάχονται, ὅπως ⟨ὡς⟩ βέλτιστος ἔσται
ὁ παῖς, παρ' ἕκαστον καὶ ἔργον καὶ λόγον διδάσκοντες καὶ
ἐνδεικνύμενοι ὅτι τὸ μὲν δίκαιον, τὸ δὲ ἄδικον, καὶ τόδε μὲν
καλόν, τόδε δὲ αἰσχρόν, καὶ τόδε μὲν ὅσιον, τόδε δὲ ἀνόσιον,
5 καὶ τὰ μὲν ποίει, τὰ δὲ μὴ ποίει. καὶ ἐὰν μὲν ἑκὼν πείθη-
ται· εἰ δὲ μή, ὥσπερ ξύλον διαστρεφόμενον καὶ καμπτόμενον
εὐθύνουσιν ἀπειλαῖς καὶ πληγαῖς. μετὰ δὲ ταῦτα εἰς δι-
δασκάλων πέμποντες πολὺ μᾶλλον ἐντέλλονται ἐπιμελεῖσθαι
e εὐκοσμίας τῶν παίδων ἢ γραμμάτων τε καὶ κιθαρίσεως· οἱ
δὲ διδάσκαλοι τούτων τε ἐπιμελοῦνται, καὶ ἐπειδὰν αὖ
γράμματα μάθωσιν καὶ μέλλωσιν συνήσειν τὰ γεγραμμένα
ὥσπερ τότε τὴν φωνήν, παρατιθέασιν αὐτοῖς ἐπὶ τῶν βάθρων
5 ἀναγιγνώσκειν ποιητῶν ἀγαθῶν ποιήματα καὶ ἐκμανθάνειν

b 3 θαυμασίως] θαυμάσιον vel θαυμάσια (et mox γίγνοιτ' ἄν, secl. οἱ
ἀγαθοί) ci. Dobree : θαυμάσιοί σοι ci. Schleiermacher : θαυμάσιοι ci.
Kroschel : θαυμασίως ἄτοποι ci. Thompson   b 4 γίγνονται]
πλανῶνται ci. Muenscher   b 7 ἢ T : ἢ BW   ᾧ re vera B : ὧν TW
d 1 ὅπως ὡς t : ὅπως BTW   d 5 τὰ μὲν ... τὰ δὲ ... B : τάδε
μὲν ... τάδε δὲ ... T   e 3 συνήσειν T : συνοίσειν B

ἀναγκάζουσιν, ἐν οἷς πολλαὶ μὲν νουθετήσεις ἔνεισιν, πολ- 326
λαὶ δὲ διέξοδοι καὶ ἔπαινοι καὶ ἐγκώμια παλαιῶν ἀνδρῶν
ἀγαθῶν, ἵνα ὁ παῖς ζηλῶν μιμῆται καὶ ὀρέγηται τοιοῦτος
γενέσθαι. οἵ τ᾽ αὖ κιθαρισταί, ἕτερα τοιαῦτα, σωφροσύνης
τε ἐπιμελοῦνται καὶ ὅπως ἂν οἱ νέοι μηδὲν κακουργῶσιν· 5
πρὸς δὲ τούτοις, ἐπειδὰν κιθαρίζειν μάθωσιν, ἄλλων αὖ
ποιητῶν ἀγαθῶν ποιήματα διδάσκουσι μελοποιῶν, εἰς τὰ
κιθαρίσματα ἐντείνοντες, καὶ τοὺς ῥυθμούς τε καὶ τὰς ἁρ- b
μονίας ἀναγκάζουσιν οἰκειοῦσθαι ταῖς ψυχαῖς τῶν παίδων,
ἵνα ἡμερώτεροί τε ὦσιν, καὶ εὐρυθμότεροι καὶ εὐαρμοστότεροι
γιγνόμενοι χρήσιμοι ὦσιν εἰς τὸ λέγειν τε καὶ πράττειν·
πᾶς γὰρ ὁ βίος τοῦ ἀνθρώπου εὐρυθμίας τε καὶ εὐαρμοστίας 5
δεῖται. ἔτι τοίνυν πρὸς τούτοις εἰς παιδοτρίβου πέμπουσιν,
ἵνα τὰ σώματα βελτίω ἔχοντες ὑπηρετῶσι τῇ διανοίᾳ χρηστῇ
οὔσῃ, καὶ μὴ ἀναγκάζωνται ἀποδειλιᾶν διὰ τὴν πονηρίαν c
τῶν σωμάτων καὶ ἐν τοῖς πολέμοις καὶ ἐν ταῖς ἄλλαις
πράξεσιν. καὶ ταῦτα ποιοῦσιν οἱ μάλιστα δυνάμενοι ⟨μά-
λιστα⟩—μάλιστα δὲ δύνανται οἱ πλουσιώτατοι—καὶ οἱ
τούτων ὑεῖς, πρῳαίτατα εἰς διδασκάλων τῆς ἡλικίας ἀρξά- 5
μενοι φοιτᾶν, ὀψιαίτατα ἀπαλλάττονται. ἐπειδὰν δὲ ἐκ
διδασκάλων ἀπαλλαγῶσιν, ἡ πόλις αὖ τούς τε νόμους ἀναγ-
κάζει μανθάνειν καὶ κατὰ τούτους ζῆν κατὰ παράδειγμα,
ἵνα μὴ αὐτοὶ ἐφ᾽ αὑτῶν εἰκῇ πράττωσιν, ἀλλ᾽ ἀτεχνῶς d
ὥσπερ οἱ γραμματισταὶ τοῖς μήπω δεινοῖς γράφειν τῶν
παίδων ὑπογράψαντες γραμμὰς τῇ γραφίδι οὕτω τὸ γραμ-
ματεῖον διδόασιν καὶ ἀναγκάζουσι γράφειν κατὰ τὴν ὑφή-

a 7 μελοποιῶν secl. Cobet   b 1 ἐντείναντες ci. Sauppe   b 3 ἡ-
μερώτεροί TW : ἢ μετέωροί B   b 6 πέμπουσιν TW : πέμπωσιν B
b 7 βελτίω] βέλτιον Cobet   c 3 οἱ TW : οὐ pr. B   μάλιστα add.
Sauppe (post ποιοῦσιν Heindorf)   c 5 πρωιαίτατα TW : προιέτατα
pr. B   εἰς διδασκάλων τῆς ἡλικίας ἀρξάμενοι BT : τῆς ἡλικίας εἰς
διδασκάλων ἀρξάμενοι t   c 6 ἐκ TW : εἰς B : secl. Cobet   c 7 αὖ
τούς τε TW : αὐτοῦ ὅτε B   c 8 κατὰ παράδειγμα secl. Schanz :
fort. καθάπερ παράδειγμα ci. Heindorf   d 3 γραμματεῖον Bt :
γραμμάτιον t

5 γησιν τῶν γραμμῶν, ὡς δὲ καὶ ἡ πόλις νόμους ὑπογράψασα,
ἀγαθῶν καὶ παλαιῶν νομοθετῶν εὑρήματα, κατὰ τούτους
ἀναγκάζει καὶ ἄρχειν καὶ ἄρχεσθαι, ὃς δ᾽ ἂν ἐκτὸς βαίνῃ
τούτων, κολάζει· καὶ ὄνομα τῇ κολάσει ταύτῃ καὶ παρ᾽ ὑμῖν
e καὶ ἄλλοθι πολλαχοῦ, ὡς εὐθυνούσης τῆς δίκης, εὐθῦναι.
τοσαύτης οὖν τῆς ἐπιμελείας οὔσης περὶ ἀρετῆς ἰδίᾳ καὶ
δημοσίᾳ, θαυμάζεις, ὦ Σώκρατες, καὶ ἀπορεῖς εἰ διδακτόν
ἐστιν ἀρετή; ἀλλ᾽ οὐ χρὴ θαυμάζειν, ἀλλὰ πολὺ μᾶλλον
5 εἰ μὴ διδακτόν.

Διὰ τί οὖν τῶν ἀγαθῶν πατέρων πολλοὶ ὑεῖς φαῦλοι
γίγνονται; τοῦτο αὖ μάθε· οὐδὲν γὰρ θαυμαστόν, εἴπερ
ἀληθῆ ἐγὼ ἐν τοῖς ἔμπροσθεν ἔλεγον, ὅτι τούτου τοῦ πρά-
327 γματος, τῆς ἀρετῆς, εἰ μέλλει πόλις εἶναι, οὐδένα δεῖ ἰδιω-
τεύειν. εἰ γὰρ δὴ ὃ λέγω οὕτως ἔχει—ἔχει δὲ μάλιστα
πάντων οὕτως—ἐνθυμήθητι ἄλλο τῶν ἐπιτηδευμάτων ὁτιοῦν
καὶ μαθημάτων προελόμενος. εἰ μὴ οἷόν τ᾽ ἦν πόλιν εἶναι
5 εἰ μὴ πάντες αὐληταὶ ἦμεν ὁποῖός τις ἐδύνατο ἕκαστος, καὶ
τοῦτο καὶ ἰδίᾳ καὶ δημοσίᾳ πᾶς πάντα καὶ ἐδίδασκε καὶ
ἐπέπληττε τὸν μὴ καλῶς αὐλοῦντα, καὶ μὴ ἐφθόνει τούτου,
ὥσπερ νῦν τῶν δικαίων καὶ τῶν νομίμων οὐδεὶς φθονεῖ οὐδ᾽
b ἀποκρύπτεται ὥσπερ τῶν ἄλλων τεχνημάτων—λυσιτελεῖ
γὰρ οἶμαι ἡμῖν ἡ ἀλλήλων δικαιοσύνη καὶ ἀρετή· διὰ ταῦτα
πᾶς παντὶ προθύμως λέγει καὶ διδάσκει καὶ τὰ δίκαια καὶ
τὰ νόμιμα—εἰ οὖν οὕτω καὶ ἐν αὐλήσει πᾶσαν προθυμίαν
5 καὶ ἀφθονίαν εἴχομεν ἀλλήλους διδάσκειν, οἴει ἄν τι, ἔφη,
μᾶλλον, ὦ Σώκρατες, τῶν ἀγαθῶν αὐλητῶν ἀγαθοὺς αὐλητὰς
τοὺς ὑεῖς γίγνεσθαι ἢ τῶν φαύλων; οἶμαι μὲν οὔ, ἀλλὰ
ὅτου ἔτυχεν ὁ ὑὸς εὐφυέστατος γενόμενος εἰς αὔλησιν, οὗτος
c ἂν ἐλλόγιμος ηὐξήθη, ὅτου δὲ ἀφυής, ἀκλεής· καὶ πολλάκις
μὲν ἀγαθοῦ αὐλητοῦ φαῦλος ἂν ἀπέβη, πολλάκις δ᾽ ἂν

---

d 8 ὄνομα τῇ Tb : ὀνόματι B   a 1 πόλις B t : πολίτης T   a 2 δ
λέγω T : ὁ λέγων B   a 6 καὶ ἐδίδασκε B T : ἐδίδασκε W   b 2 ἡμῖν
Stephanus : ὑμῖν B T W   b 3 καὶ post διδάσκει secl. ci.
Kroschel

φαύλου ἀγαθός· ἀλλ' οὖν αὐληταί γ' ἂν πάντες ἦσαν ἱκανοὶ
ὡς πρὸς τοὺς ἰδιώτας καὶ μηδὲν αὐλήσεως ἐπαΐοντας. οὕτως
οἴου καὶ νῦν, ὅστις σοι ἀδικώτατος φαίνεται ἄνθρωπος τῶν 5
ἐν νόμοις καὶ ἀνθρώποις τεθραμμένων, δίκαιον αὐτὸν εἶναι
καὶ δημιουργὸν τούτου τοῦ πράγματος, εἰ δέοι αὐτὸν κρίνεσθαι
πρὸς ἀνθρώπους οἷς μήτε παιδεία ἐστὶν μήτε δικαστήρια μήτε d
νόμοι μηδὲ ἀνάγκη μηδεμία διὰ παντὸς ἀναγκάζουσα ἀρετῆς
ἐπιμελεῖσθαι, ἀλλ' εἶεν ἄγριοί τινες οἷοίπερ οὓς πέρυσιν
Φερεκράτης ὁ ποιητὴς ἐδίδαξεν ἐπὶ Ληναίῳ. ἦ σφόδρα ἐν
τοῖς τοιούτοις ἀνθρώποις γενόμενος, ὥσπερ οἱ ἐν ἐκείνῳ τῷ 5
χορῷ μισάνθρωποι, ἀγαπήσαις ἂν εἰ ἐντύχοις Εὐρυβάτῳ καὶ
Φρυνώνδᾳ, καὶ ἀνολοφύραι' ἂν ποθῶν τὴν τῶν ἐνθάδε ἀνθρώ-
πων πονηρίαν. νῦν δὲ τρυφᾷς, ὦ Σώκρατες, διότι πάντες e
διδάσκαλοί εἰσιν ἀρετῆς καθ' ὅσον δύνανται ἕκαστος, καὶ
οὐδείς σοι φαίνεται· εἶθ', ὥσπερ ἂν εἰ ζητοῖς τίς διδάσκαλος
τοῦ ἑλληνίζειν, οὐδ' ἂν εἷς φανείη, οὐδέ γ' ἂν οἶμαι εἰ 328
ζητοῖς τίς ἂν ἡμῖν διδάξειεν τοὺς τῶν χειροτεχνῶν ὑεῖς
αὐτὴν ταύτην τὴν τέχνην ἣν δὴ παρὰ τοῦ πατρὸς μεμαθή-
κασιν, καθ' ὅσον οἷός τ' ἦν ὁ πατὴρ καὶ οἱ τοῦ πατρὸς φίλοι
ὄντες ὁμότεχνοι, τούτους ἔτι τίς ἂν διδάξειεν, οὐ ῥᾴδιον 5
οἶμαι εἶναι, ὦ Σώκρατες, τούτων διδάσκαλον φανῆναι, τῶν
δὲ ἀπείρων παντάπασι ῥᾴδιον, οὕτω δὲ ἀρετῆς καὶ τῶν
ἄλλων πάντων· ἀλλὰ κἂν εἰ ὀλίγον ἔστιν τις ὅστις διαφέρει
ἡμῶν προβιβάσαι εἰς ἀρετήν, ἀγαπητόν. ὧν δὴ ἐγὼ οἶμαι b
εἷς εἶναι, καὶ διαφερόντως ἂν τῶν ἄλλων ἀνθρώπων ὀνῆσαί
τινα πρὸς τὸ καλὸν καὶ ἀγαθὸν γενέσθαι, καὶ ἀξίως τοῦ

c 3 γ' ἂν Shilleto : γοῦν B T W   c 4 αὐλήσεως ⟨πέρι⟩ Cobet
c 5 οἴου καὶ] ᾤου κἂν Sauppe   c 6 ἐν νόμοις καὶ ἀνθρώποις] inter
homines sub lege viventes Ficinus : ἐν νόμοις καὶ ἐννόμοις ἀνθρώποις olim
Sauppe : ἐν ἐννόμοις ἀνθρώποις L. Schmidt : ἐν νόμοις καὶ νομίμοις ἀνθρώ-
ποις Cobet   d 1 παιδεία T : παιδιά B   d 3 οἷοίπερ οὓς] οἵους Athe-
naeus : οἵουσπερ Hirschig   d 4 ὁ ποιητὴς secl. Cobet   Ληναίῳ.
ἦ] ληναίῳ ἦ T (sed ἦ supra versum) W : ληναίων B   d 5 ὥσπερ]
οἷοίπερ Cobet   d 6 μισάνθρωποι] ἡμιάνθρωποι Heinrich : μιξάνθρωποι
Jacobs : μεσάνθρωποι Lehrs   ἐντύχοις B : ἐν τύχαις T   e 3 εἶθ'
B : εἶθ' T : εἶναι Heindorf : εἷς Hermann   b 2 ὀνῆσαι ci. Dobree :
νοῆσαι B T W

μισθοῦ ὃν πράττομαι καὶ ἔτι πλείονος, ὥστε καὶ αὐτῷ δοκεῖν
5 τῷ μαθόντι. διὰ ταῦτα καὶ τὸν τρόπον τῆς πράξεως τοῦ
μισθοῦ τοιοῦτον πεποίημαι· ἐπειδὰν γάρ τις παρ' ἐμοῦ μάθῃ,
ἐὰν μὲν βούληται, ἀποδέδωκεν ὃ ἐγὼ πράττομαι ἀργύριον·
c ἐὰν δὲ μή, ἐλθὼν εἰς ἱερόν, ὀμόσας ὅσου ἂν φῇ ἄξια εἶναι
τὰ μαθήματα, τοσοῦτον κατέθηκε.

Τοιοῦτόν σοι, ἔφη, ὦ Σώκρατες, ἐγὼ καὶ μῦθον καὶ λόγον
εἴρηκα, ὡς διδακτὸν ἀρετὴ καὶ Ἀθηναῖοι οὕτως ἡγοῦνται,
5 καὶ ὅτι οὐδὲν θαυμαστὸν τῶν ἀγαθῶν πατέρων φαύλους υἱεῖς
γίγνεσθαι καὶ τῶν φαύλων ἀγαθούς, ἐπεὶ καὶ οἱ Πολυκλείτου
υἱεῖς, Παράλου καὶ Ξανθίππου τοῦδε ἡλικιῶται, οὐδὲν πρὸς
τὸν πατέρα εἰσίν, καὶ ἄλλοι ἄλλων δημιουργῶν. τῶνδε δὲ
d οὔπω ἄξιον τοῦτο κατηγορεῖν· ἔτι γὰρ ἐν αὐτοῖς εἰσιν
ἐλπίδες· νέοι γάρ.

Πρωταγόρας μὲν τοσαῦτα καὶ τοιαῦτα ἐπιδειξάμενος ἀπε-
παύσατο τοῦ λόγου. καὶ ἐγὼ ἐπὶ μὲν πολὺν χρόνον κεκηλη-
5 μένος ἔτι πρὸς αὐτὸν ἔβλεπον ὡς ἐροῦντά τι, ἐπιθυμῶν
ἀκούειν· ἐπεὶ δὲ δὴ ᾐσθόμην ὅτι τῷ ὄντι πεπαυμένος εἴη,
μόγις πως ἐμαυτὸν ὡσπερεὶ συναγείρας εἶπον, βλέψας πρὸς
τὸν Ἱπποκράτη· Ὦ παῖ Ἀπολλοδώρου, ὡς χάριν σοι ἔχω
ὅτι προύτρεψάς με ὧδε ἀφικέσθαι· πολλοῦ γὰρ ποιοῦμαι
e ἀκηκοέναι ἃ ἀκήκοα Πρωταγόρου. ἐγὼ γὰρ ἐν μὲν τῷ ἔμ-
προσθεν χρόνῳ ἡγούμην οὐκ εἶναι ἀνθρωπίνην ἐπιμέλειαν
ᾗ ἀγαθοὶ οἱ ἀγαθοὶ γίγνονται· νῦν δὲ πέπεισμαι. πλὴν
σμικρόν τί μοι ἐμποδών, ὃ δῆλον ὅτι Πρωταγόρας ῥᾳδίως
5 ἐπεκδιδάξει, ἐπειδὴ καὶ τὰ πολλὰ ταῦτα ἐξεδίδαξεν. καὶ
γὰρ εἰ μέν τις περὶ αὐτῶν τούτων συγγένοιτο ὁτῳοῦν τῶν
329 δημηγόρων, τάχ' ἂν καὶ τοιούτους λόγους ἀκούσειεν ἢ Περι-
κλέους ἢ ἄλλου τινὸς τῶν ἱκανῶν εἰπεῖν· εἰ δὲ ἐπανέροιτό

b 7 ἀποδέδωκεν] ἀπέδωκεν Kroschel: secl. Sauppe   d 4 ἐπὶ
μὲν] ἔτι μὲν scribendum et mox ἔτι secludendum putat Schanz
d 6 δὲ δὴ B : δὴ δὲ T   πεπαυμένος T : πεπαυσμένος B (sed σ punctis
notatum)   e 1 ἐγὼ γὰρ T : ἔγωγε B   e 3 ᾗ ἀγαθοὶ T W : ᾗ
ἀγαθὸν B   a 1 τοιούτους] τούτου τοιούτους Sauppe

τινά τι, ὥσπερ βιβλία οὐδὲν ἔχουσιν οὔτε ἀποκρίνασθαι οὔτε
αὐτοὶ ἐρέσθαι, ἀλλ' ἐάν τις καὶ σμικρὸν ἐπερωτήσῃ τι τῶν
ῥηθέντων, ὥσπερ τὰ χαλκία πληγέντα μακρὸν ἠχεῖ καὶ ἀπο- 5
τείνει ἐὰν μὴ ἐπιλάβηταί τις, καὶ οἱ ῥήτορες οὕτω, σμικρὰ
ἐρωτηθέντες δόλιχον κατατείνουσι τοῦ λόγου. Πρωταγόρας b
δὲ ὅδε ἱκανὸς μὲν μακροὺς λόγους καὶ καλοὺς εἰπεῖν, ὡς
αὐτὰ δηλοῖ, ἱκανὸς δὲ καὶ ἐρωτηθεὶς ἀποκρίνασθαι κατὰ
βραχὺ καὶ ἐρόμενος περιμεῖναί τε καὶ ἀποδέξασθαι τὴν
ἀπόκρισιν, ἃ ὀλίγοις ἐστὶ παρεσκευασμένα. νῦν οὖν, ὦ 5
Πρωταγόρα, σμικροῦ τινος ἐνδεής εἰμι πάντ' ἔχειν, εἴ
μοι ἀποκρίναιο τόδε. τὴν ἀρετὴν φῂς διδακτὸν εἶναι, καὶ
ἐγὼ εἴπερ ἄλλῳ τῳ ἀνθρώπων πειθοίμην ἄν, καὶ σοὶ πείθο-
μαι· ὃ δ' ἐθαύμασά σου λέγοντος, τοῦτό μοι ἐν τῇ ψυχῇ c
ἀποπλήρωσον. ἔλεγες γὰρ ὅτι ὁ Ζεὺς τὴν δικαιοσύνην
καὶ τὴν αἰδῶ πέμψειε τοῖς ἀνθρώποις, καὶ αὖ πολλαχοῦ ἐν
τοῖς λόγοις ἐλέγετο ὑπὸ σοῦ ἡ δικαιοσύνη καὶ σωφροσύνη
καὶ ὁσιότης καὶ πάντα ταῦτα ὡς ἕν τι εἴη συλλήβδην, 5
ἀρετή· ταῦτ' οὖν αὐτὰ δίελθέ μοι ἀκριβῶς τῷ λόγῳ, πότερον
ἓν μέν τί ἐστιν ἡ ἀρετή, μόρια δὲ αὐτῆς ἐστιν ἡ δικαιοσύνη
καὶ σωφροσύνη καὶ ὁσιότης, ἢ ταῦτ' ἐστὶν ἃ νυνδὴ ἐγὼ
ἔλεγον πάντα ὀνόματα τοῦ αὐτοῦ ἑνὸς ὄντος. τοῦτ' ἐστὶν ὃ d
ἔτι ἐπιποθῶ.

Ἀλλὰ ῥᾴδιον τοῦτό γ', ἔφη, ὦ Σώκρατες, ἀποκρίνασθαι,
ὅτι ἑνὸς ὄντος τῆς ἀρετῆς μόριά ἐστιν ἃ ἐρωτᾷς.—Πότερον,
ἔφην, ὥσπερ προσώπου τὰ μόρια μόριά ἐστιν, στόμα τε 5
καὶ ῥὶς καὶ ὀφθαλμοὶ καὶ ὦτα, ἢ ὥσπερ τὰ τοῦ χρυσοῦ μόρια

a 3 ὥσπερ] οὐχ ὥσπερ Hermann   a 5 χαλκία Cobet : χαλκεῖα
B T   ἠχεῖ καί] ἦχον Cobet   ἀποτείνει T : ἀποτίνει B   b 1 δόλιχον
Stephanus : δολιχὸν B T W   b 3 αὐτὰ B T W : αὐτὸ scr. Par.
1811   ἀποκρίνασθαι W : ἀποκρίνεσθαι re vera B T   b 6 πάντ'
B T : καὶ πάντ' W   b 8 τῷ T W : τῶν B   πειθοίμην ἄν secl.
Kroschel   πείθομαι om. ci. Heindorf (sublata distinctione post ἄν)
c 1 τοῦτό B : τοῦτόν T   τ[ῇ ψυχῇ] T : inclusa suppl. b in lacuna :
om. Θ   c 2 γὰρ ὅτι δ T : suppl. b in lac. : om. Θ   c 3 ante
καὶ τὴν lac. in B Θ   πέμψειε T b : πέμ*** B Θ   αὖ T : suppl.
b in lac. : om. Θ   c 8 ἢ ταῦτ' T : εἴ τ' αὖ B

οὐδὲν διαφέρει τὰ ἕτερα τῶν ἑτέρων, ἀλλήλων καὶ τοῦ ὅλου,
ἀλλ᾽ ἢ μεγέθει καὶ σμικρότητι;—Ἐκείνως μοι φαίνεται, ὦ
e Σώκρατες, ὥσπερ τὰ τοῦ προσώπου μόρια ἔχει πρὸς τὸ ὅλον
πρόσωπον.—Πότερον οὖν, ἦν δ᾽ ἐγώ, καὶ μεταλαμβάνουσιν
οἱ ἄνθρωποι τούτων τῶν τῆς ἀρετῆς μορίων οἱ μὲν ἄλλο, οἱ
δὲ ἄλλο, ἢ ἀνάγκη, ἐάνπερ τις ἐν λάβῃ, ἅπαντα ἔχειν;—
5 Οὐδαμῶς, ἔφη, ἐπεὶ πολλοὶ ἀνδρεῖοί εἰσιν, ἄδικοι δέ, καὶ
δίκαιοι αὖ, σοφοὶ δὲ οὔ.—Ἔστιν γὰρ οὖν καὶ ταῦτα μόρια
330 τῆς ἀρετῆς, ἔφην ἐγώ, σοφία τε καὶ ἀνδρεία;—Πάντων
μάλιστα δήπου, ἔφη· καὶ μέγιστόν γε ἡ σοφία τῶν μορίων.
—Ἕκαστον δὲ αὐτῶν ἐστιν, ἦν δ᾽ ἐγώ, ἄλλο, τὸ δὲ ἄλλο;—
Ναί.—Ἦ καὶ δύναμιν αὐτῶν ἕκαστον ἰδίαν ἔχει; ὥσπερ τὰ
5 τοῦ προσώπου, οὐκ ἔστιν ὀφθαλμὸς οἷον τὰ ὦτα, οὐδ᾽ ἡ
δύναμις αὐτοῦ ἡ αὐτή· οὐδὲ τῶν ἄλλων οὐδέν ἐστιν οἷον τὸ
ἕτερον οὔτε κατὰ τὴν δύναμιν οὔτε κατὰ τὰ ἄλλα· ἆρ᾽ οὖν
οὕτω καὶ τὰ τῆς ἀρετῆς μόρια οὐκ ἔστιν τὸ ἕτερον οἷον τὸ
b ἕτερον, οὔτε αὐτὸ οὔτε ἡ δύναμις αὐτοῦ; ἢ δῆλα δὴ ὅτι
οὕτως ἔχει, εἴπερ τῷ παραδείγματί γε ἔοικε;—Ἀλλ᾽ οὕτως,
ἔφη, ἔχει, ὦ Σώκρατες.—Καὶ ἐγὼ εἶπον· Οὐδὲν ἄρα ἐστὶν
τῶν τῆς ἀρετῆς μορίων ἄλλο οἷον ἐπιστήμη, οὐδ᾽ οἷον
5 δικαιοσύνη, οὐδ᾽ οἷον ἀνδρεία, οὐδ᾽ οἷον σωφροσύνη, οὐδ᾽
οἷον ὁσιότης.—Οὐκ ἔφη.—Φέρε δή, ἔφην ἐγώ, κοινῇ σκεψώ-
μεθα ποῖόν τι αὐτῶν ἐστιν ἕκαστον. πρῶτον μὲν τὸ τοιόνδε·
c ἡ δικαιοσύνη πρᾶγμά τί ἐστιν ἢ οὐδὲν πρᾶγμα; ἐμοὶ μὲν
γὰρ δοκεῖ· τί δὲ σοί;—Κἀμοί, ἔφη.—Τί οὖν; εἴ τις ἔροιτο
ἐμέ τε καὶ σέ· "Ὦ Πρωταγόρα τε καὶ Σώκρατες, εἴπετον δή
μοι, τοῦτο τὸ πρᾶγμα ὃ ὠνομάσατε ἄρτι, ἡ δικαιοσύνη, αὐτὸ
5 τοῦτο δίκαιόν ἐστιν ἢ ἄδικον;" ἐγὼ μὲν ἂν αὐτῷ ἀποκριναί-
μην ὅτι δίκαιον· σὺ δὲ τίν᾽ ἂν ψῆφον θεῖο; τὴν αὐτὴν ἐμοὶ

---

d 7 τὰ . . . ἑτέρων secl. Schanz   ἕτερα τῶν suppl. b in lac. : om.
Θ   ἀλλήλων καὶ τοῦ suppl. b in lac. : om. Θ (ἀλλήλων secl. Sauppe)
d 8 μεγέθει suppl. b in lac. : με***** Β Θ   b 3 ἔχει ὦ σώκρατες T W :
om. B   b 4 ἄλλο οἷον T : ἀλλ᾽ οἷον B : ἀλλοῖον W (sed in marg.
οἷον ἐπιστήμη· ἐν ἄλλῳ δέ· μορίων ἀλλοίων)   c 2 κἀμοί] καί μοι B :
καὶ ἐμοί T

ἢ ἄλλην;—Τὴν αὐτήν, ἔφη.—Ἔστιν ἄρα τοιοῦτον ἡ δικαιο-
σύνη οἷον δίκαιον εἶναι, φαίην ἂν ἔγωγε ἀποκρινόμενος τῷ
ἐρωτῶντι· οὐκοῦν καὶ σύ;—Ναί, ἔφη.—Εἰ οὖν μετὰ τοῦτο d
ἡμᾶς ἔροιτο· "Οὐκοῦν καὶ ὁσιότητά τινά φατε εἶναι;"
φαῖμεν ἄν, ὡς ἐγῴμαι.—Ναί, ἦ δ' ὅς.—"Οὐκοῦν φατε καὶ
τοῦτο πρᾶγμά τι εἶναι;" φαῖμεν ἄν· ἢ οὔ;—Καὶ τοῦτο
συνέφη.—"Πότερον δὲ τοῦτο αὐτὸ τὸ πρᾶγμά φατε τοιοῦτον 5
πεφυκέναι οἷον ἀνόσιον εἶναι ἢ οἷον ὅσιον;" ἀγανακτήσαιμ'
ἂν ἔγωγ', ἔφην, τῷ ἐρωτήματι, καὶ εἴποιμ' ἄν· Εὐφήμει,
ὦ ἄνθρωπε· σχολῇ μεντἄν τι ἄλλο ὅσιον εἴη, εἰ μὴ αὐτή
γε ἡ ὁσιότης ὅσιον ἔσται. τί δὲ σύ; οὐχ οὕτως ἂν e
ἀποκρίναιο;—Πάνυ μὲν οὖν, ἔφη.

Εἰ οὖν μετὰ τοῦτο εἴποι ἐρωτῶν ἡμᾶς· "Πῶς οὖν ὀλίγον
πρότερον ἐλέγετε; ἆρ' οὐκ ὀρθῶς ὑμῶν κατήκουσα; ἐδόξατέ
μοι φάναι ⟨τὰ⟩ τῆς ἀρετῆς μόρια εἶναι οὕτως ἔχοντα πρὸς 5
ἄλληλα, ὡς οὐκ εἶναι τὸ ἕτερον αὐτῶν οἷον τὸ ἕτερον·"
εἴποιμ' ἂν ἔγωγε ὅτι Τὰ μὲν ἄλλα ὀρθῶς ἤκουσας, ὅτι δὲ
καὶ ἐμὲ οἴει εἰπεῖν τοῦτο, παρήκουσας· Πρωταγόρας γὰρ
ὅδε ταῦτα ἀπεκρίνατο, ἐγὼ δὲ ἠρώτων. εἰ οὖν εἴποι· 331
"'Αληθῆ ὅδε λέγει, ὦ Πρωταγόρα; σὺ φῂς οὐκ εἶναι τὸ
ἕτερον μόριον οἷον τὸ ἕτερον τῶν τῆς ἀρετῆς; σὸς οὗτος
ὁ λόγος ἐστίν;" τί ἂν αὐτῷ ἀποκρίναιο;—'Ανάγκη, ἔφη,
ὦ Σώκρατες, ὁμολογεῖν. 5

Τί οὖν, ὦ Πρωταγόρα, ἀποκρινούμεθα αὐτῷ, ταῦτα ὁμο-
λογήσαντες, ἐὰν ἡμᾶς ἐπανέρηται· "Οὐκ ἄρα ἐστὶν ὁσιότης
οἷον δίκαιον εἶναι πρᾶγμα, οὐδὲ δικαιοσύνη οἷον ὅσιον ἀλλ'
οἷον μὴ ὅσιον· ἡ δ' ὁσιότης οἷον μὴ δίκαιον, ἀλλ' ἄδικον
ἄρα, τὸ δὲ ἀνόσιον;" τί αὐτῷ ἀποκρινούμεθα; ἐγὼ μὲν γὰρ b
αὐτὸς ὑπέρ γε ἐμαυτοῦ φαίην ἂν καὶ τὴν δικαιοσύνην ὅσιον

---

d 1 σύ T : σοί B   d 4 φᾶμεν pr. B (sed suprascr. ι)   d 6 ἀγα-
νακτήσαιμ' ἂν T W : ἀγανακτήσαιμεν B   d 7 ἔφην scr. recc. : ἔφη
B T W   d 8 αὐτή T W : αὕτη B   e 5 τὰ τῆς corr. Ven. 189 :
τῆς B T W   ⟨τὰ μόρια⟩ μόρια ci. Turner (non addito τὰ)   a 9 ἀλλ'
ἄδικον scr. Par. 1811 : ἀλλὰ δίκαιον B T W

εἶναι καὶ τὴν ὁσιότητα δίκαιον· καὶ ὑπὲρ σοῦ δέ, εἴ με ἐφῄης,
ταὐτὰ ἂν ταῦτα ἀποκρινοίμην, ὅτι ἤτοι ταὐτόν γ᾽ ἐστιν δι-
5 καιότης ὁσιότητι ἢ ὅτι ὁμοιότατον, καὶ μάλιστα πάντων
ἥ τε δικαιοσύνη οἷον ὁσιότης καὶ ἡ ὁσιότης οἷον δικαιοσύνη.
ἀλλ᾽ ὅρα εἰ διακωλύεις ἀποκρίνεσθαι, ἢ καὶ σοὶ συνδοκεῖ
οὕτως.—Οὐ πάνυ μοι δοκεῖ, ἔφη, ὦ Σώκρατες, οὕτως ἁπλοῦν
c εἶναι, ὥστε συγχωρῆσαι τήν τε δικαιοσύνην ὅσιον εἶναι καὶ
τὴν ὁσιότητα δίκαιον, ἀλλά τί μοι δοκεῖ ἐν αὐτῷ διάφορον
εἶναι. ἀλλὰ τί τοῦτο διαφέρει; ἔφη· εἰ γὰρ βούλει, ἔστω
ἡμῖν καὶ δικαιοσύνη ὅσιον καὶ ὁσιότης δίκαιον.—Μή μοι, ἦν
5 δ᾽ ἐγώ· οὐδὲν γὰρ δέομαι τὸ "εἰ βούλει" τοῦτο καὶ "εἰ
σοι δοκεῖ" ἐλέγχεσθαι, ἀλλ᾽ ἐμέ τε καὶ σέ· τὸ δ᾽ "ἐμέ
τε καὶ σέ" τοῦτο λέγω, οἰόμενος οὕτω τὸν λόγον βέλτιστ᾽
d ἂν ἐλέγχεσθαι, εἴ τις τὸ "εἰ" ἀφέλοι αὐτοῦ.—Ἀλλὰ μέν-
τοι, ἦ δ᾽ ὅς, προσέοικέν τι δικαιοσύνη ὁσιότητι· καὶ γὰρ
ὁτιοῦν ὁτῳοῦν ἀμῇ γέ πη προσέοικεν. τὸ γὰρ λευκὸν τῷ
μέλανι ἔστιν ὅπη προσέοικεν, καὶ τὸ σκληρὸν τῷ μαλακῷ,
5 καὶ τἆλλα ἃ δοκεῖ ἐναντιώτατα εἶναι ἀλλήλοις· καὶ ἃ τότε
ἔφαμεν ἄλλην δύναμιν ἔχειν καὶ οὐκ εἶναι τὸ ἕτερον οἷον
τὸ ἕτερον, τὰ τοῦ προσώπου μόρια, ἀμῇ γέ πη προσέοικεν
καὶ ἔστιν τὸ ἕτερον οἷον τὸ ἕτερον. ὥστε τούτῳ γε τῷ τρόπῳ
e κἂν ταῦτα ἐλέγχοις, εἰ βούλοιο, ὡς ἅπαντά ἐστιν ὅμοια
ἀλλήλοις. ἀλλ᾽ οὐχὶ τὰ ὅμοιόν τι ἔχοντα ὅμοια δίκαιον
καλεῖν, οὐδὲ τὰ ἀνόμοιόν τι ἔχοντα ἀνόμοια, κἂν πάνυ
σμικρὸν ἔχῃ τὸ ὅμοιον.—Καὶ ἐγὼ θαυμάσας εἶπον πρὸς
5 αὐτόν· Ἦ γὰρ οὕτω σοι τὸ δίκαιον καὶ τὸ ὅσιον πρὸς ἄλληλα
ἔχει, ὥστε ὅμοιόν τι σμικρὸν ἔχειν ἀλλήλοις;—Οὐ πάνυ,
332 ἔφη, οὕτως, οὐ μέντοι οὐδὲ αὖ ὡς σύ μοι δοκεῖς οἴεσθαι.—
Ἀλλὰ μήν, ἔφην ἐγώ, ἐπειδὴ δυσχερῶς δοκεῖς μοι ἔχειν

b 4 ταῦτα ἂν αὐτὰ Stobaeus   b 7 ἀποκρίνεσθαι B : ἀποκρίνασθαι
T   σοὶ T : σὺ B   c 5 οὐδὲν T : οὐδὲ B   d 3 ὅτῳ οὖν T W :
ὅτῳ οὖ B   d 4 ὅπῃ corr. Coisl. : δ μὴ B T : ᾧ μὴ W sed suprascr. δ
e 3 οὐδὲ . . . ἀνόμοια om. Král   e 4 ἔχῃ W : ἔχει B T   τὸ ὅμοιον
secl. Hirschig : τὸ ⟨ἀνόμοιον ἢ τὸ⟩ ὅμοιον ci. Heindorf

πρὸς τοῦτο, τοῦτο μὲν ἐάσωμεν, τόδε δὲ ἄλλο ὧν ἔλεγες
ἐπισκεψώμεθα. ἀφροσύνην τι καλεῖς;—Ἔφη.—Τούτῳ τῷ
πράγματι οὐ πᾶν τοὐναντίον ἐστὶν ἡ σοφία;—Ἔμοιγε δοκεῖ, 5
ἔφη.—Πότερον δὲ ὅταν πράττωσιν ἄνθρωποι ὀρθῶς τε καὶ
ὠφελίμως, τότε σωφρονεῖν σοι δοκοῦσιν οὕτω πράττοντες,
ἢ [εἰ] τοὐναντίον [ἔπραττον];—Σωφρονεῖν, ἔφη.—Οὐκοῦν
σωφροσύνῃ σωφρονοῦσιν;—Ἀνάγκη.—Οὐκοῦν οἱ μὴ ὀρθῶς b
πράττοντες ἀφρόνως πράττουσιν καὶ οὐ σωφρονοῦσιν οὕτω
πράττοντες;—Συνδοκεῖ μοι, ἔφη.—Τοὐναντίον ἄρα ἐστὶν
τὸ ἀφρόνως πράττειν τῷ σωφρόνως;—Ἔφη.—Οὐκοῦν τὰ μὲν
ἀφρόνως πραττόμενα ἀφροσύνῃ πράττεται, τὰ δὲ σωφρόνως 5
σωφροσύνῃ;—Ὡμολόγει.—Οὐκοῦν εἴ τι ἰσχύϊ πράττεται,
ἰσχυρῶς πράττεται, καὶ εἴ τι ἀσθενείᾳ, ἀσθενῶς;—Ἐδόκει.
—Καὶ εἴ τι μετὰ τάχους, ταχέως, καὶ εἴ τι μετὰ βραδυτῆτος,
βραδέως;—Ἔφη.—Καὶ εἴ τι δὴ ὡσαύτως πράττεται, ὑπὸ c
τοῦ αὐτοῦ πράττεται, καὶ εἴ τι ἐναντίως, ὑπὸ τοῦ ἐναντίου;—
Συνέφη.—Φέρε δή, ἦν δ' ἐγώ, ἔστιν τι καλόν;—Συνεχώρει.
—Τούτῳ ἔστιν τι ἐναντίον πλὴν τὸ αἰσχρόν;—Οὐκ ἔστιν.
—Τί δέ; ἔστιν τι ἀγαθόν;—Ἔστιν.—Τούτῳ ἔστιν τι ἐναν- 5
τίον πλὴν τὸ κακόν;—Οὐκ ἔστιν.—Τί δέ; ἔστιν τι ὀξὺ ἐν
φωνῇ;—Ἔφη.—Τούτῳ μὴ ἔστιν τι ἐναντίον ἄλλο πλὴν τὸ
βαρύ;—Οὐκ ἔφη.—Οὐκοῦν, ἦν δ' ἐγώ, ἐνὶ ἑκάστῳ τῶν ἐναν-
τίων ἐν μόνον ἐστὶν ἐναντίον καὶ οὐ πολλά;—Συνωμολόγει.
Ἴθι δή, ἦν δ' ἐγώ, ἀναλογισώμεθα τὰ ὡμολογημένα d
ἡμῖν. ὡμολογήκαμεν ἓν ἑνὶ μόνον ἐναντίον εἶναι, πλείω
δὲ μή;—Ὡμολογήκαμεν.—Τὸ δὲ ἐναντίως πραττόμενον
ὑπὸ ἐναντίων πράττεσθαι;—Ἔφη.—Ὡμολογήκαμεν δὲ
ἐναντίως πράττεσθαι ὃ ἂν ἀφρόνως πράττηται τῷ σωφρό- 5
νως πραττομένῳ;—Ἔφη.—Τὸ δὲ σωφρόνως πραττόμενον
ὑπὸ σωφροσύνης πράττεσθαι, τὸ δὲ ἀφρόνως ὑπὸ ἀφρο-
σύνης;—Συνεχώρει.—Οὐκοῦν εἴπερ ἐναντίως πράττεται, ὑπὸ e

a 4 ἔφη B : ἔφην T   a 5 οὐ Stephanus : οὗ B T W   a 6 ἄν-
θρωποι B T : οἱ ἄνθρωποι W   a 8 εἰ et ἔπραττον secl. Stallbaum
b 2 πράττουσιν] πράττουσι; Ναί· καὶ Dobree

ἐναντίου πράττοιτ᾽ ἄν;—Ναί.—Πράττεται δὲ τὸ μὲν ὑπὸ
σωφροσύνης, τὸ δὲ ὑπὸ ἀφροσύνης;—Ναί.—᾽Εναντίως;—
Πάνυ γε.—Οὐκοῦν ὑπὸ ἐναντίων ὄντων;—Ναί.—᾽Εναντίον
5 ἆρ᾽ ἐστὶν ἀφροσύνη σωφροσύνης;—Φαίνεται.—Μέμνησαι
οὖν ὅτι ἐν τοῖς ἔμπροσθεν ὡμολόγηται ἡμῖν ἀφροσύνη σοφίᾳ
ἐναντίον εἶναι;—Συνωμολόγει.—῾Εν δὲ ἑνὶ μόνον ἐναντίον
333 εἶναι;—Φημί.—Πότερον οὖν, ὦ Πρωταγόρα, λύσωμεν τῶν
λόγων; τὸ ἓν ἑνὶ μόνον ἐναντίον εἶναι, ἢ ἐκεῖνον ἐν ᾧ ἐλέ-
γετο ἕτερον εἶναι σωφροσύνης σοφία, μόριον δὲ ἑκάτερον
ἀρετῆς, καὶ πρὸς τῷ ἕτερον εἶναι καὶ ἀνόμοια καὶ αὐτὰ καὶ
5 αἱ δυνάμεις αὐτῶν, ὥσπερ τὰ τοῦ προσώπου μόρια; πότερον
οὖν δὴ λύσωμεν; οὗτοι γὰρ οἱ λόγοι ἀμφότεροι οὐ πάνυ
μουσικῶς λέγονται· οὐ γὰρ συνᾴδουσιν οὐδὲ συναρμόττουσιν
ἀλλήλοις. πῶς γὰρ ἂν συνᾴδοιεν, εἴπερ γε ἀνάγκη ἑνὶ
b μὲν ἓν μόνον ἐναντίον εἶναι, πλείοσιν δὲ μή, τῇ δὲ ἀφροσύνῃ
ἑνὶ ὄντι σοφία ἐναντία καὶ σωφροσύνη αὖ φαίνεται· ἢ γάρ,
ὦ Πρωταγόρα, ἔφην ἐγώ, ἢ ἄλλως πως;—῾Ωμολόγησεν
καὶ μάλ᾽ ἀκόντως.—Οὐκοῦν ἓν ἂν εἴη ἡ σωφροσύνη καὶ ἡ
5 σοφία; τὸ δὲ πρότερον αὖ ἐφάνη ἡμῖν ἡ δικαιοσύνη καὶ
ἡ ὁσιότης σχεδόν τι ταὐτὸν ὄν.

῎Ιθι δή, ἦν δ᾽ ἐγώ, ὦ Πρωταγόρα, μὴ ἀποκάμωμεν ἀλλὰ
καὶ τὰ λοιπὰ διασκεψώμεθα. ἆρά τίς σοι δοκεῖ ἀδικῶν
c ἄνθρωπος σωφρονεῖν, ὅτι ἀδικεῖ;—Αἰσχυνοίμην ἂν ἔγωγ᾽,
ἔφη, ὦ Σώκρατες, τοῦτο ὁμολογεῖν, ἐπεὶ πολλοί γέ φασιν
τῶν ἀνθρώπων.—Πότερον οὖν πρὸς ἐκείνους τὸν λόγον ποιή-
σομαι, ἔφην, ἢ πρὸς σέ;—Εἰ βούλει, ἔφη, πρὸς τοῦτον
5 πρῶτον τὸν λόγον διαλέχθητι τὸν τῶν πολλῶν.—᾽Αλλ᾽
οὐδέν μοι διαφέρει, ἐὰν μόνον σύ γε ἀποκρίνῃ, εἴτ᾽ οὖν
δοκεῖ σοι ταῦτα εἴτε μή· τὸν γὰρ λόγον ἔγωγε μάλιστα

e 5 σωφροσύνης BTW: σωφροσύνη Laur. lxxxv. 6 μέμνησαι
corr. Coisl. : μέμνημαι BTW a 1 πότερον οὖν TW : πρότερον
οὐκοῦν B λύσωμεν BT : λύσομεν W (teste Král) a 6 λύ-
σωμεν BT : λύσομεν W a 8 ἑνὶ μὲν ἑν] fort. ἐν μὲν ἑνὶ
Král b 1 πλείοσιν] πλείω Heindorf c 2 πολλοί] οἱ πολλοί
Heindorf c 3 τῶν] τῶν νῦν Cobet ποιήσωμαι Heindorf

ἐξετάζω, συμβαίνει μέντοι ἴσως καὶ ἐμὲ τὸν ἐρωτῶντα καὶ
τὸν ἀποκρινόμενον ἐξετάζεσθαι.

Τὸ μὲν οὖν πρῶτον ἐκαλλωπίζετο ἡμῖν ὁ Πρωταγόρας—τὸν d
γὰρ λόγον ᾐτιᾶτο δυσχερῆ εἶναι—ἔπειτα μέντοι συνεχώρησεν
ἀποκρίνεσθαι.—Ἴθι δή, ἔφην ἐγώ, ἐξ ἀρχῆς μοι ἀπόκριναι.
δοκοῦσί τινές σοι σωφρονεῖν ἀδικοῦντες;—Ἔστω, ἔφη.—
Τὸ δὲ σωφρονεῖν λέγεις εὖ φρονεῖν;—Ἔφη.—Τὸ δ᾽ εὖ 5
φρονεῖν εὖ βουλεύεσθαι, ὅτι ἀδικοῦσιν;—Ἔστω, ἔφη.—
Πότερον, ἦν δ᾽ ἐγώ, εἰ εὖ πράττουσιν ἀδικοῦντες ἢ εἰ κακῶς;
—Εἰ εὖ.—Λέγεις οὖν ἀγαθὰ ἄττα εἶναι;—Λέγω.—Ἆρ᾽ οὖν,
ἦν δ᾽ ἐγώ, ταῦτ᾽ ἐστὶν ἀγαθὰ ἅ ἐστιν ὠφέλιμα τοῖς ἀνθρώ-
ποις;—Καὶ ναὶ μὰ Δί᾽, ἔφη, κἂν μὴ τοῖς ἀνθρώποις e
ὠφέλιμα ᾖ, ἔγωγε καλῶ ἀγαθά.—Καί μοι ἐδόκει ὁ Πρωτα-
γόρας ἤδη τετραχύνθαι τε καὶ ἀγωνιᾶν καὶ παρατετάχθαι
πρὸς τὸ ἀποκρίνεσθαι· ἐπειδὴ οὖν ἑώρων αὐτὸν οὕτως ἔχοντα,
εὐλαβούμενος ἠρέμα ἠρόμην. Πότερον, ἦν δ᾽ ἐγώ, λέγεις, ὦ
Πρωταγόρα, ἃ μηδενὶ ἀνθρώπων ὠφέλιμά ἐστιν, ἢ ἃ μηδὲ 334
τὸ παράπαν ὠφέλιμα; καὶ τὰ τοιαῦτα σὺ ἀγαθὰ καλεῖς;—
Οὐδαμῶς, ἔφη· ἀλλ᾽ ἔγωγε πολλὰ οἶδ᾽ ἃ ἀνθρώποις μὲν
ἀνωφελῆ ἐστι, καὶ σιτία καὶ ποτὰ καὶ φάρμακα καὶ ἄλλα
μυρία, τὰ δέ γε ὠφέλιμα· τὰ δὲ ἀνθρώποις μὲν οὐδέτερα, 5
ἵπποις δέ· τὰ δὲ βουσὶν μόνον, τὰ δὲ κυσίν· τὰ δέ γε τούτων
μὲν οὐδενί, δένδροις δέ· τὰ δὲ τοῦ δένδρου ταῖς μὲν ῥίζαις
ἀγαθά, ταῖς δὲ βλάσταις πονηρά, οἷον καὶ ἡ κόπρος πάντων
τῶν φυτῶν ταῖς μὲν ῥίζαις ἀγαθὸν παραβαλλομένη, εἰ δ᾽ b
ἐθέλοις ἐπὶ τοὺς πτόρθους καὶ τοὺς νέους κλῶνας ἐπιβάλλειν,
πάντα ἀπόλλυσιν· ἐπεὶ καὶ τὸ ἔλαιον τοῖς μὲν φυτοῖς ἅπασίν
ἐστιν πάγκακον καὶ ταῖς θριξὶν πολεμιώτατον ταῖς τῶν ἄλλων
ζῴων πλὴν ταῖς τοῦ ἀνθρώπου, ταῖς δὲ τοῦ ἀνθρώπου ἀρωγὸν 5

c 8 συμβαίνει T : συμβαίνειν B   d 3 ἀποκρινεῖσθαι Hirschig
d 6 ὅτι] ὅτε ci. Hermann   ὅτι ἀδικοῦσιν secl. Schanz   d 7 εἰ
εὖ T W : εὖ B   e 3 παρατετάχθαι] παρατετάσθαι Kock   a 3 οἶδ᾽
ἅ corr. Coisl. : οἶδα B T   a 7 οὐδενί] οὐδέσι Naber   a 8 κόπρος
T : κόπρος ὤ in fine versus B sed ὤ obscuratum   b 1 παραβαλ-
λομένη] περιβαλλομένη Naber   δ᾽ ἐθέλοις B : δὲ θέλοις T

καὶ τῷ ἄλλῳ σώματι. οὕτω δὲ ποικίλον τί ἐστιν τὸ ἀγαθὸν
καὶ παντοδαπόν, ὥστε καὶ ἐνταῦθα τοῖς μὲν ἔξωθεν τοῦ
c σώματος ἀγαθόν ἐστιν τῷ ἀνθρώπῳ, τοῖς δ᾽ ἐντὸς ταὐτὸν
τοῦτο κάκιστον· καὶ διὰ τοῦτο οἱ ἰατροὶ πάντες ἀπαγορεύουσιν
τοῖς ἀσθενοῦσιν μὴ χρῆσθαι ἐλαίῳ ἀλλ᾽ ἢ ὅτι σμικροτάτῳ
ἐν τούτοις οἷς μέλλει ἔδεσθαι, ὅσον μόνον τὴν δυσχέρειαν
5 καταυβέσαι τὴν ἐπὶ ταῖς αἰσθήσεσι ταῖς διὰ τῶν ῥινῶν
γιγνομένην ἐν τοῖς σιτίοις τε καὶ ὄψοις.

Εἰπόντος οὖν ταῦτα αὐτοῦ οἱ παρόντες ἀνεθορύβησαν ὡς
εὖ λέγοι, καὶ ἐγὼ εἶπον· ῏Ω Πρωταγόρα, ἐγὼ τυγχάνω ἐπι-
λήσμων τις ὢν ἄνθρωπος, καὶ ἐάν τίς μοι μακρὰ λέγῃ,
d ἐπιλανθάνομαι περὶ οὗ ἂν ᾖ ὁ λόγος. ὥσπερ οὖν εἰ ἐτύγχανον
ὑπόκωφος ὤν, ᾤου ἂν χρῆναι, εἴπερ ἔμελλές μοι διαλέξεσθαι,
μεῖζον φθέγγεσθαι ἢ πρὸς τοὺς ἄλλους, οὕτω καὶ νῦν, ἐπειδὴ
ἐπιλήσμονι ἐνέτυχες, σύντεμνέ μοι τὰς ἀποκρίσεις καὶ
5 βραχυτέρας ποίει, εἰ μέλλω σοι ἕπεσθαι.

Πῶς οὖν κελεύεις με βραχέα ἀποκρίνεσθαι; ἢ βραχύτερά
σοι, ἔφη, ἀποκρίνωμαι ἢ δεῖ;

Μηδαμῶς, ἦν δ᾽ ἐγώ.

᾽Αλλ᾽ ὅσα δεῖ; ἔφη.

e Ναί, ἦν δ᾽ ἐγώ.

Πότερα οὖν ὅσα ἐμοὶ δοκεῖ δεῖν ἀποκρίνεσθαι, τοσαῦτά
σοι ἀποκρίνωμαι, ἢ ὅσα σοί;

᾽Ακήκοα γοῦν, ἦν δ᾽ ἐγώ, ὅτι σὺ οἷός τ᾽ εἶ καὶ αὐτὸς καὶ
5 ἄλλον διδάξαι περὶ τῶν αὐτῶν καὶ μακρὰ λέγειν, ἐὰν βούλῃ,
οὕτως ὥστε τὸν λόγον μηδέποτε ἐπιλιπεῖν, καὶ αὖ βραχέα
335 οὕτως ὥστε μηδένα σοῦ ἐν βραχυτέροις εἰπεῖν· εἰ οὖν
μέλλεις ἐμοὶ διαλέξεσθαι, τῷ ἑτέρῳ χρῶ τρόπῳ πρός με,
τῇ βραχυλογίᾳ.

῏Ω Σώκρατες, ἔφη, ἐγὼ πολλοῖς ἤδη εἰς ἀγῶνα λόγων

---

c 5 ἐπὶ ταῖς αἰσθήσεσι ταῖς secl. ci. Torstrik   διὰ τῶν ῥινῶν] τῶν
εὐκρινῶν Bergk : διὰ τῶν χυμῶν olim Kroschel   d 7 ἀποκρίνωμαι
T : ἀποκρίνομαι B W   ἢ] ᾗ B T   e 3 ἀποκρίνομαι B T W : ἀπο-
κρίνωμαι Par. 1608   e 4 σὺ T : σοι B   a 2 χρῶ τρόπῳ B : τρόπῳ
χρῶ T

ἀφικόμην ἀνθρώποις, καὶ εἰ τοῦτο ἐποίουν ὃ σὺ κελεύεις, 5
ὡς ὁ ἀντιλέγων ἐκέλευέν με διαλέγεσθαι, οὕτω διελεγόμην,
οὐδενὸς ἂν βελτίων ἐφαινόμην οὐδ' ἂν ἐγένετο Πρωταγόρου
ὄνομα ἐν τοῖς Ἕλλησιν.

Καὶ ἐγώ—ἔγνων γὰρ ὅτι οὐκ ἤρεσεν αὐτὸς αὑτῷ ταῖς
ἀποκρίσεσιν ταῖς ἔμπροσθεν, καὶ ὅτι οὐκ ἐθελήσοι ἑκὼν εἶναι b
ἀποκρινόμενος διαλέγεσθαι—ἡγησάμενος οὐκέτι ἐμὸν ἔργον
εἶναι παρεῖναι ἐν ταῖς συνουσίαις, Ἀλλά τοι, ἔφην, ὦ
Πρωταγόρα, οὐδ' ἐγὼ λιπαρῶς ἔχω παρὰ τὰ σοὶ δοκοῦντα
τὴν συνουσίαν ἡμῖν γίγνεσθαι, ἀλλ' ἐπειδὰν σὺ βούλῃ 5
διαλέγεσθαι ὡς ἐγὼ δύναμαι ἕπεσθαι, τότε σοι διαλέξομαι.
σὺ μὲν γάρ, ὡς λέγεται περὶ σοῦ, φῂς δὲ καὶ αὐτός, καὶ ἐν
μακρολογίᾳ καὶ ἐν βραχυλογίᾳ οἷός τ' εἶ συνουσίας ποιεῖσθαι
—σοφὸς γὰρ εἶ—ἐγὼ δὲ τὰ μακρὰ ταῦτα ἀδύνατος, ἐπεὶ c
ἐβουλόμην ἂν οἷός τ' εἶναι. ἀλλὰ σὲ ἐχρῆν ἡμῖν συγχωρεῖν
τὸν ἀμφότερα δυνάμενον, ἵνα ἡ συνουσία ἐγίγνετο· νῦν δὲ
ἐπειδὴ οὐκ ἐθέλεις καὶ ἐμοί τις ἀσχολία ἐστὶν καὶ οὐκ ἂν οἷός
τ' εἴην σοι παραμεῖναι ἀποτείνοντι μακροὺς λόγους—ἐλθεῖν 5
γάρ ποί με δεῖ—εἶμι· ἐπεὶ καὶ ταῦτ' ἂν ἴσως οὐκ ἀηδῶς σου
ἤκουον.

Καὶ ἅμα ταῦτ' εἰπὼν ἀνιστάμην ὡς ἀπιών· καί μου
ἀνισταμένου ἐπιλαμβάνεται ὁ Καλλίας τῆς χειρὸς τῇ δεξιᾷ,
τῇ δ' ἀριστερᾷ ἀντελάβετο τοῦ τρίβωνος τουτουί, καὶ εἶπεν· d
Οὐκ ἀφήσομέν σε, ὦ Σώκρατες· ἐὰν γὰρ σὺ ἐξέλθῃς, οὐχ
ὁμοίως ἡμῖν ἔσονται οἱ διάλογοι. δέομαι οὖν σου παρα-
μεῖναι ἡμῖν· ὡς ἐγὼ οὐδ' ἂν ἑνὸς ἥδιον ἀκούσαιμι ἢ σοῦ τε
καὶ Πρωταγόρου διαλεγομένων. ἀλλὰ χάρισαι ἡμῖν πᾶσιν. 5

Καὶ ἐγὼ εἶπον—ἤδη δὲ ἀνειστήκη ὡς ἐξιών—Ὦ παῖ
Ἱππονίκου, ἀεὶ μὲν ἔγωγέ σου τὴν φιλοσοφίαν ἄγαμαι, ἀτὰρ
καὶ νῦν ἐπαινῶ καὶ φιλῶ, ὥστε βουλοίμην ἂν χαρίζεσθαί e

a 7 ἐγένετο] ἐλέγετο Kroschel   b 2 ἡγησάμενος B T W : ἡγησά-
μενος οὖν ci. Heindorf   c 3 ἢ W : om. B T   c 6 εἶμι t : ἰμι
B T   c 9 ἀνισταμένου T : ἀνασταμένου B   d 2 σὺ T : σοι B (sed
ν suprascr. B²)   d 6 ἀνεστήκη B t : ἀνεστήκει T

σοι, εἴ μου δυνατὰ δέοιο· νῦν δ᾽ ἐστὶν ὥσπερ ἂν εἰ δέοιό
μου Κρίσωνι τῷ Ἱμεραίῳ δρομεῖ ἀκμάζοντι ἕπεσθαι, ἢ τῶν
δολιχοδρόμων τῳ ἢ τῶν ἡμεροδρόμων διαθεῖν τε καὶ ἕπεσθαι,
336 εἴποιμι ἄν. σοι ὅτι πολὺ σοῦ μᾶλλον ἐγὼ ἐμαυτοῦ δέομαι
θέουσιν τούτοις ἀκολουθεῖν, ἀλλ᾽ οὐ γὰρ δύναμαι, ἀλλ᾽ εἴ τι
δέῃ θεάσασθαι ἐν τῷ αὐτῷ ἐμέ τε καὶ Κρίσωνα θέοντας,
τούτου δέου συγκαθεῖναι· ἐγὼ μὲν γὰρ οὐ δύναμαι ταχὺ θεῖν,
5 οὗτος δὲ δύναται βραδέως. εἰ οὖν ἐπιθυμεῖς ἐμοῦ καὶ Πρωτα-
γόρου ἀκούειν, τούτου δέου, ὥσπερ τὸ πρῶτόν μοι ἀπεκρίνατο
διὰ βραχέων τε καὶ αὐτὰ τὰ ἐρωτώμενα, οὕτω καὶ νῦν ἀποκρί-
b νεσθαι· εἰ δὲ μή, τίς ὁ τρόπος ἔσται τῶν διαλόγων; χωρὶς
γὰρ ἔγωγ᾽ ᾤμην εἶναι τὸ συνεῖναί τε ἀλλήλοις διαλεγομένους
καὶ τὸ δημηγορεῖν.

Ἀλλ᾽—ὁρᾷς;—ἔφη, ὦ Σώκρατες, δίκαια δοκεῖ λέγειν
5 Πρωταγόρας ἀξιῶν αὐτῷ τε ἐξεῖναι διαλέγεσθαι ὅπως βού-
λεται, καὶ σὺ ὅπως ἂν αὖ σὺ βούλῃ.

Ὑπολαβὼν οὖν ὁ Ἀλκιβιάδης, Οὐ καλῶς λέγεις, ἔφη, ὦ
Καλλία· Σωκράτης μὲν γὰρ ὅδε ὁμολογεῖ μὴ μετεῖναί οἱ
μακρολογίας καὶ παραχωρεῖ Πρωταγόρᾳ, τοῦ δὲ διαλέγεσθαι
c οἷός τ᾽ εἶναι καὶ ἐπίστασθαι λόγον τε δοῦναι καὶ δέξασθαι
θαυμάζοιμ᾽ ἂν εἴ τῳ ἀνθρώπων παραχωρεῖ. εἰ μὲν οὖν καὶ
Πρωταγόρας ὁμολογεῖ φαυλότερος εἶναι Σωκράτους διαλε-
χθῆναι, ἐξαρκεῖ Σωκράτει· εἰ δὲ ἀντιποιεῖται, διαλεγέσθω
5 ἐρωτῶν τε καὶ ἀποκρινόμενος, μὴ ἐφ᾽ ἑκάστῃ ἐρωτήσει
μακρὸν λόγον ἀποτείνων, ἐκκρούων τοὺς λόγους καὶ οὐκ ἐθέ-
d λων διδόναι λόγον, ἀλλ᾽ ἀπομηκύνων ἕως ἂν ἐπιλάθωνται περὶ
ὅτου τὸ ἐρώτημα ἦν οἱ πολλοὶ τῶν ἀκουόντων· ἐπεὶ Σωκράτη
γε ἐγὼ ἐγγυῶμαι μὴ ἐπιλήσεσθαι, οὐχ ὅτι παίζει καί φησιν
ἐπιλήσμων εἶναι. ἐμοὶ μὲν οὖν δοκεῖ ἐπιεικέστερα Σωκράτης
5 λέγειν· χρὴ γὰρ ἕκαστον τὴν ἑαυτοῦ γνώμην ἀποφαίνεσθαι.

e 3 δρομεῖ ἀκμάζοντι secl. v. Prinsterer   ἕπεσθαι secl. ci. Kroschel
e 4 τε καὶ ἕπεσθαι secl. Cobet   a 6 δέου T² : δέοι B T   a 6 μοι
T : ὅ μοι B   b 4 δοκεῖ B t : δεῖ T   b 6 σὺ T (σοὶ t) : σοι B
d 3 ἐγγυῶμαι t : ἐγγυῶ καὶ B T

Μετὰ δὲ τὸν Ἀλκιβιάδην, ὡς ἐγῷμαι, Κριτίας ἦν ὁ εἰπών·
Ὦ Πρόδικε καὶ Ἱππία, Καλλίας μὲν δοκεῖ μοι μάλα πρὸς
Πρωταγόρου εἶναι, Ἀλκιβιάδης δὲ ἀεὶ φιλόνικός ἐστι πρὸς ὃ e
ἂν ὁρμήσῃ· ἡμᾶς δὲ οὐδὲν δεῖ συμφιλονικεῖν οὔτε Σωκράτει
οὔτε Πρωταγόρᾳ, ἀλλὰ κοινῇ ἀμφοτέρων δεῖσθαι μὴ μεταξὺ
διαλῦσαι τὴν συνουσίαν.

Εἰπόντος δὲ αὐτοῦ ταῦτα, ὁ Πρόδικος, Καλῶς μοι, ἔφη, 337
δοκεῖς λέγειν, ὦ Κριτία· χρὴ γὰρ τοὺς ἐν τοιοῖσδε λόγοις
παραγιγνομένους κοινοὺς μὲν εἶναι ἀμφοῖν τοῖν διαλεγομένοιν
ἀκροατάς, ἴσους δὲ μή—ἔστιν γὰρ οὐ ταὐτόν· κοινῇ μὲν γὰρ
ἀκοῦσαι δεῖ ἀμφοτέρων, μὴ ἴσον δὲ νεῖμαι ἑκατέρῳ, ἀλλὰ 5
τῷ μὲν σοφωτέρῳ πλέον, τῷ δὲ ἀμαθεστέρῳ ἔλαττον. ἐγὼ
μὲν καὶ αὐτός, ὦ Πρωταγόρα τε καὶ Σώκρατες, ἀξιῶ ὑμᾶς
συγχωρεῖν καὶ ἀλλήλοις περὶ τῶν λόγων ἀμφισβητεῖν μέν,
ἐρίζειν δὲ μή—ἀμφισβητοῦσι μὲν γὰρ καὶ δι' εὔνοιαν οἱ b
φίλοι τοῖς φίλοις, ἐρίζουσιν δὲ οἱ διάφοροί τε καὶ ἐχθροὶ
ἀλλήλοις—καὶ οὕτως ἂν καλλίστη ἡμῖν ἡ συνουσία γίγνοιτο·
ὑμεῖς τε γὰρ οἱ λέγοντες μάλιστ' ἂν οὕτως ἐν ἡμῖν τοῖς
ἀκούουσιν εὐδοκιμοῖτε καὶ οὐκ ἐπαινοῖσθε—εὐδοκιμεῖν μὲν 5
γὰρ ἔστιν παρὰ ταῖς ψυχαῖς τῶν ἀκουόντων ἄνευ ἀπάτης,
ἐπαινεῖσθαι δὲ ἐν λόγῳ πολλάκις παρὰ δόξαν ψευδομένων—
ἡμεῖς τ' αὖ οἱ ἀκούοντες μάλιστ' ἂν οὕτως εὐφραινοίμεθα, c
οὐχ ἡδοίμεσθα—εὐφραίνεσθαι μὲν γὰρ ἔστιν μανθάνοντά τι
καὶ φρονήσεως μεταλαμβάνοντα αὐτῇ τῇ διανοίᾳ, ἥδεσθαι δὲ
ἐσθίοντά τι ἢ ἄλλο ἡδὺ πάσχοντα αὐτῷ τῷ σώματι.

Ταῦτα οὖν εἰπόντος τοῦ Προδίκου πολλοὶ πάνυ τῶν 5
παρόντων ἀπεδέξαντο· μετὰ δὲ τὸν Πρόδικον Ἱππίας ὁ
σοφὸς εἶπεν, Ὦ ἄνδρες, ἔφη, οἱ παρόντες, ἡγοῦμαι ἐγὼ
ὑμᾶς συγγενεῖς τε καὶ οἰκείους καὶ πολίτας ἅπαντας εἶναι—
φύσει, οὐ νόμῳ· τὸ γὰρ ὅμοιον τῷ ὁμοίῳ φύσει συγγενές d

e1 δ BTW : ὅτι in marg. T   a1 ἔφη T : ἔφης B   a2 τοὺς
t : τοῖς BT   b3 οὕτως ἂν καλλίστη BT : κάλλιστ' ἂν οὕτως W
b5 ἐπαινοῖσθε B : ἐπαινεῖσθε T (sed suprascr. οι)   c2 ἡδοίμεσθα
B : ἡδοίμεθα T   c8 ὑμᾶς] ἡμᾶς Heindorf

ἔστιν, ὁ δὲ νόμος, τύραννος ὢν τῶν ἀνθρώπων, πολλὰ παρὰ
τὴν φύσιν βιάζεται—ἡμᾶς οὖν αἰσχρὸν τὴν μὲν φύσιν τῶν
πραγμάτων εἰδέναι, σοφωτάτους δὲ ὄντας τῶν Ἑλλήνων, καὶ
5 κατ' αὐτὸ τοῦτο νῦν συνεληλυθότας τῆς τε Ἑλλάδος εἰς αὐτὸ
τὸ πρυτανεῖον τῆς σοφίας καὶ αὐτῆς τῆς πόλεως εἰς τὸν
μέγιστον καὶ ὀλβιώτατον οἶκον τόνδε, μηδὲν τούτου τοῦ
e ἀξιώματος ἄξιον ἀποφήνασθαι, ἀλλ' ὥσπερ τοὺς φαυλο-
τάτους τῶν ἀνθρώπων διαφέρεσθαι ἀλλήλοις. ἐγὼ μὲν οὖν
καὶ δέομαι καὶ συμβουλεύω, ὦ Πρωταγόρα τε καὶ Σώκρατες,
συμβῆναι ὑμᾶς ὥσπερ ὑπὸ διαιτητῶν ἡμῶν συμβιβαζόντων
338 εἰς τὸ μέσον, καὶ μήτε σὲ τὸ ἀκριβὲς τοῦτο εἶδος τῶν
διαλόγων ζητεῖν τὸ κατὰ βραχὺ λίαν, εἰ μὴ ἡδὺ Πρωταγόρᾳ,
ἀλλ' ἐφεῖναι καὶ χαλάσαι τὰς ἡνίας τοῖς λόγοις, ἵνα μεγα-
λοπρεπέστεροι καὶ εὐσχημονέστεροι ἡμῖν φαίνωνται, μήτ' αὖ
5 Πρωταγόραν πάντα κάλων ἐκτείναντα, οὐρίᾳ ἐφέντα, φεύγειν
εἰς τὸ πέλαγος τῶν λόγων ἀποκρύψαντα γῆν, ἀλλὰ μέσον
τι ἀμφοτέρους τεμεῖν. ὡς οὖν ποιήσετε, καὶ πείθεσθέ μοι
ῥαβδοῦχον καὶ ἐπιστάτην καὶ πρύτανιν ἑλέσθαι ὃς ὑμῖν
b φυλάξει τὸ μέτριον μῆκος τῶν λόγων ἑκατέρου.

Ταῦτα ἤρεσε τοῖς παροῦσι, καὶ πάντες ἐπήνεσαν, καὶ ἐμέ
τε ὁ Καλλίας οὐκ ἔφη ἀφήσειν καὶ ἑλέσθαι ἐδέοντο ἐπιστάτην.
εἶπον οὖν ἐγὼ ὅτι αἰσχρὸν εἴη βραβευτὴν ἑλέσθαι τῶν λόγων.
5 εἴτε γὰρ χείρων ἔσται ἡμῶν ὁ αἱρεθείς, οὐκ ὀρθῶς ἂν ἔχοι
τὸν χείρω τῶν βελτιόνων ἐπιστατεῖν, εἴτε ὅμοος, οὐδ'
οὕτως ὀρθῶς· ὁ γὰρ ὅμοιος ἡμῖν ὅμοια καὶ ποιήσει, ὥστε ἐκ
c περιττοῦ ᾑρήσεται. ἀλλὰ δὴ βελτίονα ἡμῶν αἱρήσεσθε. τῇ
μὲν ἀληθείᾳ, ὡς ἐγῷμαι, ἀδύνατον ὑμῖν ὥστε Πρωταγόρου
τοῦδε σοφώτερόν τινα ἑλέσθαι· εἰ δὲ αἱρήσεσθε μὲν μηδὲν

d 6 αὐτῆς] αὖ Bekker   τὸν] τὸ B T (sed ν in marg. B² et add. in
textu rec. b)   a 3 καὶ χαλάσαι secl. Cobet   a 4 ἡμῖν W : ὑμῖν
B T   a 5 κάλων W t : κᾶλον B : κάλον T   a 7 ποιήσετε] ποιήσατε
Beck   πείθεσθε] πείσεσθε scr. Ven. 184 : πιθέσθε (et mox ἐλέσθε
Naber)   b 3 τε] γε ci. Heindorf   ἑλέσθαι B T : γρ. αἱρεῖσθαι in
marg. T   c 1 ᾑρήσεται B : ἡρήσεται T : εἱρήσεται W (sed αἱ supra
ει) t   αἱρήσεσθε scr. recc. : αἱρήσεσθαι B T W   c 2 ὑμῖν ὥστε] ον
ὑμῖν ἴστε Badham   c 3 αἱρήσεσθε] αιρησεσθαι re vera B

βελτίω, φήσετε δέ, αἰσχρὸν καὶ τοῦτο τῷδε γίγνεται, ὥσπερ
φαύλῳ ἀνθρώπῳ ἐπιστάτην αἱρεῖσθαι, ἐπεὶ τό γ᾽ ἐμὸν οὐδέν 5
μοι διαφέρει. ἀλλ᾽ οὑτωσὶ ἐθέλω ποιῆσαι, ἵν᾽ ὃ προθυμεῖσθε
συνουσία τε καὶ διάλογοι ἡμῖν γίγνωνται· εἰ μὴ βούλεται
Πρωταγόρας ἀποκρίνεσθαι, οὗτος μὲν ἐρωτάτω, ἐγὼ δὲ ἀπο- d
κρινοῦμαι, καὶ ἅμα πειράσομαι αὐτῷ δεῖξαι ὡς ἐγώ φημι
χρῆναι τὸν ἀποκρινόμενον ἀποκρίνεσθαι· ἐπειδὰν δὲ ἐγὼ
ἀποκρίνωμαι ὁπόσ᾽ ἂν οὗτος βούληται ἐρωτᾶν, πάλιν οὗτος
ἐμοὶ λόγον ὑποσχέτω ὁμοίως. ἐὰν οὖν μὴ δοκῇ πρόθυμος εἶναι 5
πρὸς αὐτὸ τὸ ἐρωτώμενον ἀποκρίνεσθαι, καὶ ἐγὼ καὶ ὑμεῖς κοινῇ
δεησόμεθα αὐτοῦ ἅπερ ὑμεῖς ἐμοῦ, μὴ διαφθείρειν τὴν συν-
ουσίαν· καὶ οὐδὲν δεῖ τούτου ἕνεκα ἕνα ἐπιστάτην γενέσθαι, e
ἀλλὰ πάντες κοινῇ ἐπιστατήσετε. Ἐδόκει πᾶσιν οὕτω ποιη-
τέον εἶναι· καὶ ὁ Πρωταγόρας πάνυ μὲν οὐκ ἤθελεν, ὅμως
δὲ ἠναγκάσθη ὁμολογῆσαι ἐρωτήσειν, καὶ ἐπειδὰν ἱκανῶς
ἐρωτήσῃ, πάλιν δώσειν λόγον κατὰ σμικρὸν ἀποκρινόμενος. 5

Ἤρξατο οὖν ἐρωτᾶν οὑτωσί πως· Ἡγοῦμαι, ἔφη, ὦ Σώ-
κρατες, ἐγὼ ἀνδρὶ παιδείας μέγιστον μέρος εἶναι περὶ ἐπῶν
δεινὸν εἶναι· ἔστιν δὲ τοῦτο τὰ ὑπὸ τῶν ποιητῶν λεγόμενα 339
οἷόν τ᾽ εἶναι συνιέναι ἅ τε ὀρθῶς πεποίηται καὶ ἃ μή, καὶ
ἐπίστασθαι διελεῖν τε καὶ ἐρωτώμενον λόγον δοῦναι. καὶ δὴ
καὶ νῦν ἔσται τὸ ἐρώτημα περὶ τοῦ αὐτοῦ μὲν περὶ οὗπερ ἐγώ
τε καὶ σὺ νῦν διαλεγόμεθα, περὶ ἀρετῆς, μετενηνεγμένον 5
δ᾽ εἰς ποίησιν· τοσοῦτον μόνον διοίσει. λέγει γάρ που
Σιμωνίδης πρὸς Σκόπαν τὸν Κρέοντος ὑὸν τοῦ Θετταλοῦ ὅτι—

ἄνδρ᾽ ἀγαθὸν μὲν ἀλαθέως γενέσθαι χαλεπόν, b
χερσίν τε καὶ ποσὶ καὶ νόῳ τετράγωνον, ἄνευ ψόγου
τετυγμένον.

τοῦτο ἐπίστασαι τὸ ᾆσμα, ἢ πᾶν σοι διεξέλθω;

c 4 φήσετε TW : φήσεται B   c 5 αἱρεῖσθαι T : αἱρέσθαι B   c 6 μοι
διαφέρει] κωλύει Cobet   d 4 ἀποκρίνωμαι W t : ἀποκρίνομαι B T
ὁπόσ᾽ B : ὅπως TW   a 4 τὸ B : τῷ T   a 5 νῦν διαλεγόμεθα B T : νῦν
διελεγόμεθα W : νῦν δὴ διελεγόμεθα ci. Stallbaum   μετενηνεγμένου Ast
b 1 ἄνδρ᾽] ἄνδρα B T W   b 2 χερσίν] χερσί B T W

5 Καὶ ἐγὼ εἶπον ὅτι Οὐδὲν δεῖ· ἐπίσταμαί τε γάρ, καὶ πάνυ
μοι τυγχάνει μεμεληκὸς τοῦ ᾄσματος.

Εὖ, ἔφη, λέγεις. πότερον οὖν καλῶς σοι δοκεῖ πεποιῆσθαι
καὶ ὀρθῶς, ἢ οὔ;—Πάνυ, ἔφην ἐγώ, ⟨καλῶς⟩ τε καὶ ὀρθῶς.
—Δοκεῖ δέ σοι καλῶς πεποιῆσθαι, εἰ ἐναντία λέγει αὐτὸς
10 αὐτῷ ὁ ποιητής;—Οὐ καλῶς, ἦν δ᾽ ἐγώ.—Ὅρα δή, ἔφη,
c βέλτιον. —᾽Αλλ᾽, ὦγαθέ, ἔσκεμμαι ἱκανῶς.—Οἶσθα οὖν, ἔφη,
ὅτι προϊόντος τοῦ ᾄσματος λέγει που—

οὐδέ μοι ἐμμελέως τὸ Πιττάκειον νέμεται,
καίτοι σοφοῦ παρὰ φωτὸς εἰρημένον· χαλεπὸν φάτ᾽ ἐσθλὸν
5 ἔμμεναι.

ἐννοεῖς ὅτι ὁ αὐτὸς οὗτος καὶ τάδε λέγει κἀκεῖνα τὰ ἔμπροσθεν;
—Οἶδα, ἦν δ᾽ ἐγώ.—Δοκεῖ οὖν σοι, ἔφη, ταῦτα ἐκείνοις ὁμολο-
γεῖσθαι;—Φαίνεται ἔμοιγε (καὶ ἅμα μέντοι ἐφοβούμην μὴ
τὶ λέγοι) ἀτάρ, ἔφην ἐγώ, σοὶ οὐ φαίνεται;—Πῶς γὰρ ἂν
d φαίνοιτο ὁμολογεῖν αὐτὸς ἑαυτῷ ὁ ταῦτα ἀμφότερα λέγων,
ὅς γε τὸ μὲν πρῶτον αὐτὸς ὑπέθετο χαλεπὸν εἶναι ἄνδρα
ἀγαθὸν γενέσθαι ἀλαθείᾳ, ὀλίγον δὲ τοῦ ποιήματος εἰς τὸ
πρόσθεν προελθὼν ἐπελάθετο, καὶ Πιττακὸν τὸν ταῦτὰ
5 λέγοντα ἑαυτῷ, ὅτι χαλεπὸν ἐσθλὸν ἔμμεναι, τοῦτον
μέμφεταί τε καὶ οὔ φησιν ἀποδέχεσθαι αὐτοῦ τὰ αὐτὰ ἑαυτῷ
λέγοντος; καίτοι ὁπότε τὸν ταὐτὰ λέγοντα αὐτῷ μέμφεται,
δῆλον ὅτι καὶ ἑαυτὸν μέμφεται, ὥστε ἤτοι τὸ πρότερον ἢ
ὕστερον οὐκ ὀρθῶς λέγει.

10 Εἰπὼν οὖν ταῦτα πολλοῖς θόρυβον παρέσχεν καὶ ἔπαινον
e τῶν ἀκουόντων· καὶ ἐγὼ τὸ μὲν πρῶτον, ὡσπερεὶ ὑπὸ ἀγαθοῦ
πύκτου πληγείς, ἐσκοτώθην τε καὶ ἰλιγγίασα εἰπόντος αὐτοῦ
ταῦτα καὶ τῶν ἄλλων ἐπιθορυβησάντων· ἔπειτα—ὥς γε πρὸς

b 7 οὖν scr. recc. : οὔ T : οὐ re vera B W   b 8 ἐγώ, καλῶς τε
Bekker : ἐγώ τε B : ἔγωγε T W   c 3 πιττάκειον W : πιττάκιον B T
c 4 φάτ᾽] φάτο B T W   ἐσλὸν Boeckh   d 3 ἀλαθείᾳ re vera B t :
ἀληθείᾳ T   d 8 ἤτοι τὸ γρ. t et fort. ante ras. T : ἡγοῖτο B et in
ras. T   πρότερον T² : πότερον B T   d 10 καὶ ἔπαινον secl.
Sauppe   e 2 ἰλιγγίασα t : εἰλιγγίασα B T

σὲ εἰρῆσθαι τἀληθῆ, ἵνα μοι χρόνος ἐγγένηται τῇ σκέψει τί
λέγοι ὁ ποιητής—τρέπομαι πρὸς τὸν Πρόδικον, καὶ καλέσας 5
αὐτόν, ᾿Ω Πρόδικε, ἔφην ἐγώ, σὸς μέντοι Σιμωνίδης πολίτης·
δίκαιος εἶ βοηθεῖν τῷ ἀνδρί. δοκῶ οὖν μοι ἐγὼ παρακαλεῖν 340
σέ· ὥσπερ ἔφη Ὅμηρος τὸν Σκάμανδρον πολιορκούμενον ὑπὸ
τοῦ ᾿Αχιλλέως τὸν Σιμόεντα παρακαλεῖν, εἰπόντα—

φίλε κασίγνητε, σθένος ἀνέρος ἀμφότεροί περ
σχῶμεν, 5

ἀτὰρ καὶ ἐγὼ σὲ παρακαλῶ, μὴ ἡμῖν ὁ Πρωταγόρας τὸν
Σιμωνίδην ἐκπέρσῃ. καὶ γὰρ οὖν καὶ δεῖται τὸ ὑπὲρ Σιμω-
νίδου ἐπανόρθωμα τῆς σῆς μουσικῆς, ᾗ τό τε βούλεσθαι καὶ
ἐπιθυμεῖν διαιρεῖς ὡς οὐ ταὐτὸν ὄν, καὶ ἃ νυνδὴ εἶπες πολλά b
τε καὶ καλά. καὶ νῦν σκόπει εἴ σοι συνδοκεῖ ὅπερ ἐμοί.
οὐ γὰρ φαίνεται ἐναντία λέγειν αὐτὸς αὑτῷ Σιμωνίδης. σὺ
γάρ, ὦ Πρόδικε, προαπόφηναι τὴν σὴν γνώμην· ταὐτόν σοι
δοκεῖ εἶναι τὸ γενέσθαι καὶ τὸ εἶναι, ἢ ἄλλο;—῎Αλλο νὴ Δί᾿, 5
ἔφη ὁ Πρόδικος.—Οὐκοῦν, ἔφην ἐγώ, ἐν μὲν τοῖς πρώτοις
αὐτὸς ὁ Σιμωνίδης τὴν ἑαυτοῦ γνώμην ἀπεφήνατο, ὅτι ἄνδρα
ἀγαθὸν ἀληθείᾳ γενέσθαι χαλεπὸν εἴη;—᾿Αληθῆ λέγεις, ἔφη c
ὁ Πρόδικος.—Τὸν δέ γε Πιττακόν, ἦν δ᾿ ἐγώ, μέμφεται, οὐχ
ὡς οἴεται Πρωταγόρας, ταὐτὸν ἑαυτῷ λέγοντα, ἀλλ᾿ ἄλλο.
οὐ γὰρ τοῦτο ὁ Πιττακὸς ἔλεγεν τὸ χαλεπόν, γενέσθαι
ἐσθλόν, ὥσπερ ὁ Σιμωνίδης, ἀλλὰ τὸ ἔμμεναι· ἔστιν δὲ οὐ 5
ταὐτόν, ὦ Πρωταγόρα, ὥς φησιν Πρόδικος ὅδε, τὸ εἶναι καὶ
τὸ γενέσθαι. εἰ δὲ μὴ τὸ αὐτό ἐστιν τὸ εἶναι τῷ γενέσθαι,
οὐκ ἐναντία λέγει ὁ Σιμωνίδης αὐτὸς αὑτῷ. καὶ ἴσως ἂν
φαίη Πρόδικος ὅδε καὶ ἄλλοι πολλοὶ καθ᾿ Ἡσίοδον γενέ- d
σθαι μὲν ἀγαθὸν χαλεπὸν εἶναι—τῆς γὰρ ἀρετῆς ἔμπρο-
σθεν τοὺς θεοὺς ἱδρῶτα θεῖναι—ὅταν δέ τις αὐτῆς εἰς
ἄκρον ἵκηται, ῥηϊδίην δἤπειτα πέλειν, χαλεπήν
περ ἐοῦσαν, ἐκτῆσθαι. 5

e 4 ἐγγένηται W: ἐκγένηται B T   e 5 λέγοι B W: λέγει T
c 4 τὸ χαλεπὸν B T W: χαλεπόν Sauppe   c 6 ὅδε B t: οὐδὲ T
d 5 ἐκτῆσθαι scr. recc. : κτῆσθαι B T W

Ὁ μὲν οὖν Πρόδικος ἀκούσας ταῦτα ἐπῄνεσέν με· ὁ δὲ
Πρωταγόρας, Τὸ ἐπανόρθωμά σοι, ἔφη, ὦ Σώκρατες, μεῖζον
ἁμάρτημα ἔχει ἢ ὃ ἐπανορθοῖς.

Καὶ ἐγὼ εἶπον· Κακὸν ἄρα μοι εἴργασται, ὡς ἔοικεν, ὦ
e Πρωταγόρα, καὶ εἰμί τις γελοῖος ἰατρός· ἰώμενος μεῖζον τὸ
νόσημα ποιῶ.

Ἀλλ' οὕτως ἔχει, ἔφη.

Πῶς δή; ἦν δ' ἐγώ.

5 Πολλὴ ἄν, ἔφη, ἀμαθία εἴη τοῦ ποιητοῦ, εἰ οὕτω φαῦλόν
τί φησιν εἶναι τὴν ἀρετὴν ἐκτῆσθαι, ὅ ἐστιν πάντων χαλε-
πώτατον, ὡς ἅπασιν δοκεῖ ἀνθρώποις.

Καὶ ἐγὼ εἶπον· Νὴ τὸν Δία, εἰς καιρόν γε παρατετύχηκεν
ἡμῖν ἐν τοῖς λόγοις Πρόδικος ὅδε. κινδυνεύει γάρ τοι, ὦ
341 Πρωταγόρα, ἡ Προδίκου σοφία θεία τις εἶναι πάλαι, ἤτοι
ἀπὸ Σιμωνίδου ἀρξαμένη, ἢ καὶ ἔτι παλαιοτέρα. σὺ δὲ
ἄλλων πολλῶν ἔμπειρος ὢν ταύτης ἄπειρος εἶναι φαίνῃ, οὐχ
ὥσπερ ἐγὼ ἔμπειρος διὰ τὸ μαθητὴς εἶναι Προδίκου τουτουί·
5 καὶ νῦν μοι δοκεῖς οὐ μανθάνειν ὅτι καὶ τὸ "χαλεπὸν" τοῦτο
ἴσως οὐχ οὕτως Σιμωνίδης ὑπελάμβανεν ὥσπερ σὺ ὑπολαμ-
βάνεις, ἀλλ' ὥσπερ περὶ τοῦ "δεινοῦ" Πρόδικός με οὑτοσὶ
νουθετεῖ ἑκάστοτε, ὅταν ἐπαινῶν ἐγὼ ἢ σὲ ἢ ἄλλον τινὰ
λέγω ὅτι Πρωταγόρας σοφὸς καὶ δεινός ἐστιν ἀνήρ, ἐρωτᾷ
b εἰ οὐκ αἰσχύνομαι τἀγαθὰ δεινὰ καλῶν. τὸ γὰρ δεινόν,
φησίν, κακόν ἐστιν· οὐδεὶς γοῦν λέγει ἑκάστοτε "δεινοῦ
πλούτου" οὐδὲ "δεινῆς εἰρήνης" οὐδὲ "δεινῆς ὑγιείας," ἀλλὰ
"δεινῆς νόσου" καὶ "δεινοῦ πολέμου" καὶ "δεινῆς πενίας,"
5 ὡς τοῦ δεινοῦ κακοῦ ὄντος. ἴσως οὖν καὶ τὸ "χαλεπὸν" αὖ οἱ
Κεῖοι καὶ ὁ Σιμωνίδης ἢ κακὸν ὑπολαμβάνουσι ἢ ἄλλο τι
ὃ σὺ οὐ μανθάνεις· ἐρώμεθα οὖν Πρόδικον—δίκαιον γὰρ τὴν
Σιμωνίδου φωνὴν τοῦτον ἐρωτᾶν—τί ἔλεγεν, ὦ Πρόδικε, τὸ
c "χαλεπὸν" Σιμωνίδης;

Κακόν, ἔφη.

e 2 ποιῶ] ποιῶν Hirschig

Διὰ ταῦτ᾽ ἄρα καὶ μέμφεται, ἦν δ᾽ ἐγώ, ὦ Πρόδικε, τὸν
Πιττακὸν λέγοντα χαλεπὸν ἐσθλὸν ἔμμεναι, ὥσπερ ἂν
εἰ ἤκουεν αὐτοῦ λέγοντος ὅτι ἐστὶν κακὸν ἐσθλὸν ἔμμεναι. 5
Ἀλλὰ τί οἴει, ἔφη, λέγειν, ὦ Σώκρατες, Σιμωνίδην ἄλλο
ἢ τοῦτο, καὶ ὀνειδίζειν τῷ Πιττακῷ ὅτι τὰ ὀνόματα οὐκ ἠπί-
στατο ὀρθῶς διαιρεῖν ἅτε Λέσβιος ὢν καὶ ἐν φωνῇ βαρβάρῳ
τεθραμμένος;
Ἀκούεις δή, ἔφην ἐγώ, ὦ Πρωταγόρα, Προδίκου τοῦδε. 10
ἔχεις τι πρὸς ταῦτα λέγειν;   d

Καὶ ὁ Πρωταγόρας, Πολλοῦ γε δεῖ, ἔφη, οὕτως ἔχειν, ὦ
Πρόδικε· ἀλλ᾽ ἐγὼ εὖ οἶδ᾽ ὅτι καὶ Σιμωνίδης τὸ " χαλεπὸν "
ἔλεγεν ὅπερ ἡμεῖς οἱ ἄλλοι, οὐ τὸ κακόν, ἀλλ᾽ ὃ ἂν μὴ
ῥᾴδιον ᾖ ἀλλὰ διὰ πολλῶν πραγμάτων γίγνηται.   5

Ἀλλὰ καὶ ἐγὼ οἶμαι, ἔφην, ὦ Πρωταγόρα, τοῦτο λέγειν
Σιμωνίδην, καὶ Πρόδικόν γε τόνδε εἰδέναι, ἀλλὰ παίζειν καὶ
σοῦ δοκεῖν ἀποπειρᾶσθαι εἰ οἷός τ᾽ ἔσῃ τῷ σαυτοῦ λόγῳ
βοηθεῖν. ἐπεὶ ὅτι γε Σιμωνίδης οὐ λέγει τὸ χαλεπὸν
κακόν, μέγα τεκμήριόν ἐστιν εὐθὺς τὸ μετὰ τοῦτο ῥῆμα·   e
λέγει γὰρ ὅτι—

θεὸς ἂν μόνος τοῦτ᾽ ἔχοι γέρας,

οὐ δήπου τοῦτό γε λέγων, κακὸν ἐσθλὸν ἔμμεναι, εἶτα
τὸν θεόν φησιν μόνον τοῦτο ἂν ἔχειν καὶ τῷ θεῷ τοῦτο 5
γέρας ἀπένειμε μόνῳ· ἀκόλαστον γὰρ ἄν τινα λέγοι Σιμωνί-
δην ὁ Πρόδικος καὶ οὐδαμῶς Κεῖον. ἀλλ᾽ ἅ μοι δοκεῖ
διανοεῖσθαι Σιμωνίδης ἐν τούτῳ τῷ ᾄσματι, ἐθέλω σοι εἰπεῖν,
εἰ βούλει λαβεῖν μου πεῖραν ὅπως ἔχω, ὃ σὺ λέγεις τοῦτο, 342
περὶ ἐπῶν· ἐὰν δὲ βούλῃ, σοῦ ἀκούσομαι.

Ὁ μὲν οὖν Πρωταγόρας ἀκούσας μου ταῦτα λέγοντος, Εἰ
σὺ βούλει, ἔφη, ὦ Σώκρατες· ὁ δὲ Πρόδικός τε καὶ ὁ Ἱππίας
ἐκελευέτην πάνυ, καὶ οἱ ἄλλοι.   5

c 3 διὰ secl. Hirschig   e 3 τοῦτ᾽] τοῦτο B T W   e 4 εἶτα]
εἴπερ vel εἴ γε Kroschel   e 6 σιμωνίδην ὁ T W : σιμωνίδης B
a 1 σὺ T : σοι B

Ἐγὼ τοίνυν, ἦν δ' ἐγώ, ἅ γέ μοι δοκεῖ περὶ τοῦ ᾄσματος τούτου, πειράσομαι ὑμῖν διεξελθεῖν. φιλοσοφία γάρ ἐστιν παλαιοτάτη τε καὶ πλείστη τῶν Ἑλλήνων ἐν Κρήτῃ τε καὶ

b ἐν Λακεδαίμονι, καὶ σοφισταὶ πλεῖστοι γῆς ἐκεῖ εἰσιν· ἀλλ' ἐξαρνοῦνται καὶ σχηματίζονται ἀμαθεῖς εἶναι, ἵνα μὴ κατά-δηλοι ὦσιν ὅτι σοφίᾳ τῶν Ἑλλήνων περίεισιν, ὥσπερ οὓς Πρωταγόρας ἔλεγε τοὺς σοφιστάς, ἀλλὰ δοκῶσιν τῷ μάχε-
5 σθαι καὶ ἀνδρείᾳ περιεῖναι, ἡγούμενοι, εἰ γνωσθεῖεν ᾧ περίεισιν, πάντας τοῦτο ἀσκήσειν, τὴν σοφίαν. νῦν δὲ ἀποκρυψάμενοι ἐκεῖνο ἐξηπατήκασιν τοὺς ἐν ταῖς πόλεσι λακωνίζοντας, καὶ οἱ μὲν ὦτά τε κατάγνυνται μιμούμενοι

c αὐτούς, καὶ ἱμάντας περιειλίττονται καὶ φιλογυμναστοῦσιν καὶ βραχείας ἀναβολὰς φοροῦσιν, ὡς δὴ τούτοις κρατοῦντας τῶν Ἑλλήνων τοὺς Λακεδαιμονίους· οἱ δὲ Λακεδαιμόνιοι, ἐπειδὰν βούλωνται ἀνέδην τοῖς παρ' αὑτοῖς συγγενέσθαι
5 σοφισταῖς καὶ ἤδη ἄχθωνται λάθρᾳ συγγιγνόμενοι, ξενη-λασίας ποιούμενοι τῶν τε λακωνιζόντων τούτων καὶ ἐάν τις ἄλλος ξένος ὢν ἐπιδημήσῃ, συγγίγνονται τοῖς σοφισταῖς λανθάνοντες τοὺς ξένους, καὶ αὐτοὶ οὐδένα ἐῶσιν τῶν νέων

d εἰς τὰς ἄλλας πόλεις ἐξιέναι, ὥσπερ οὐδὲ Κρῆτες, ἵνα μὴ ἀπομανθάνωσιν ἃ αὐτοὶ διδάσκουσιν. εἰσὶν δὲ ἐν ταύταις ταῖς πόλεσιν οὐ μόνον ἄνδρες ἐπὶ παιδεύσει μέγα φρονοῦν-τες, ἀλλὰ καὶ γυναῖκες. γνοῖτε δ' ἂν ὅτι ἐγὼ ταῦτα ἀληθῆ
5 λέγω καὶ Λακεδαιμόνιοι πρὸς φιλοσοφίαν καὶ λόγους ἄριστα πεπαίδευνται, ὧδε· εἰ γὰρ ἐθέλει τις Λακεδαιμονίων τῷ φαυλοτάτῳ συγγενέσθαι, τὰ μὲν πολλὰ ἐν τοῖς λόγοις εὑρή-

e σει αὐτὸν φαῦλόν τινα φαινόμενον, ἔπειτα, ὅπου ἂν τύχῃ τῶν λεγομένων, ἐνέβαλεν ῥῆμα ἄξιον λόγου βραχὺ καὶ συνεστραμμένον ὥσπερ δεινὸς ἀκοντιστής, ὥστε φαίνεσθαι

τὸν προσδιαλεγόμενον παιδὸς μηδὲν βελτίω. τοῦτο οὖν
αὐτὸ καὶ τῶν νῦν εἰσὶν οἳ κατανενοήκασι καὶ τῶν πάλαι, ὅτι 5
τὸ λακωνίζειν πολὺ μᾶλλόν ἐστιν φιλοσοφεῖν ἢ φιλογυμνα-
στεῖν, εἰδότες ὅτι τοιαῦτα οἶόν τ᾽ εἶναι ῥήματα φθέγγεσθαι
τελέως πεπαιδευμένου ἐστὶν ἀνθρώπου. τούτων ἦν καὶ 343
Θαλῆς ὁ Μιλήσιος καὶ Πιττακὸς ὁ Μυτιληναῖος καὶ Βίας ὁ
Πριηνεὺς καὶ Σόλων ὁ ἡμέτερος καὶ Κλεόβουλος ὁ Λίνδιος
καὶ Μύσων ὁ Χηνεύς, καὶ ἕβδομος ἐν τούτοις ἐλέγετο Λακε-
δαιμόνιος Χίλων. οὗτοι πάντες ζηλωταὶ καὶ ἐρασταὶ καὶ 5
μαθηταὶ ἦσαν τῆς Λακεδαιμονίων παιδείας, καὶ καταμάθοι
ἄν τις αὐτῶν τὴν σοφίαν τοιαύτην οὖσαν, ῥήματα βραχέα
ἀξιομνημόνευτα ἑκάστῳ εἰρημένα· οὗτοι καὶ κοινῇ συνελ-
θόντες ἀπαρχὴν τῆς σοφίας ἀνέθεσαν τῷ Ἀπόλλωνι εἰς τὸν b
νεὼν τὸν ἐν Δελφοῖς, γράψαντες ταῦτα ἃ δὴ πάντες
ὑμνοῦσιν, Γνῶθι σαυτόν καὶ Μηδὲν ἄγαν. τοῦ δὴ ἕνεκα
ταῦτα λέγω; ὅτι οὗτος ὁ τρόπος ἦν τῶν παλαιῶν τῆς φιλο-
σοφίας, βραχυλογία τις Λακωνική· καὶ δὴ καὶ τοῦ Πιττακοῦ 5
ἰδίᾳ περιεφέρετο τοῦτο τὸ ῥῆμα ἐγκωμιαζόμενον ὑπὸ τῶν
σοφῶν, τὸ Χαλεπὸν ἐσθλὸν ἔμμεναι. ὁ οὖν Σιμωνίδης,
ἅτε φιλότιμος ὢν ἐπὶ σοφίᾳ, ἔγνω ὅτι εἰ καθέλοι τοῦτο τὸ c
ῥῆμα ὥσπερ εὐδοκιμοῦντα ἀθλητὴν καὶ περιγένοιτο αὐτοῦ,
αὐτὸς εὐδοκιμήσει ἐν τοῖς τότε ἀνθρώποις. εἰς τοῦτο οὖν τὸ
ῥῆμα καὶ τούτου ἕνεκα τούτῳ ἐπιβουλεύων κολοῦσαι αὐτὸ
ἅπαν τὸ ᾆσμα πεποίηκεν, ὥς μοι φαίνεται. 5
Ἐπισκεψώμεθα δὴ αὐτὸ κοινῇ ἅπαντες, εἰ ἄρα ἐγὼ ἀληθῆ
λέγω. εὐθὺς γὰρ τὸ πρῶτον τοῦ ᾆσματος μανικὸν ἂν φανείη,
εἰ βουλόμενος λέγειν ὅτι ἄνδρα ἀγαθὸν γενέσθαι χαλεπόν,
ἔπειτα ἐνέβαλε τὸ μέν. τοῦτο γὰρ οὐδὲ πρὸς ἕνα λόγον d
φαίνεται ἐμβεβλῆσθαι, ἐὰν μή τις ὑπολάβῃ πρὸς τὸ τοῦ

a 2 μυτιληναῖος B W: μιτυληναῖος T   a 3 ἡμέτερος] ἡμετέρειος
Herwerden   a 8 εἰρημένα] εἰρημένα & Hermann: εἰρημέν᾽ &
Schanz (σκοπῶν ante ἑκάστῳ add. Král)   c 2 καὶ περιγένοιτο αὐτοῦ
secl. Cobet   c 3 εὐδοκιμήσει ἐν B: εὐδοκιμήσειεν T   d 1 ἐνέβαλε
τὸ scr. recc. : ἐνεβάλετο B T W

Πιττακοῦ ῥῆμα ὥσπερ ἐρίζοντα λέγειν τὸν Σιμωνίδην· λέγον-
τος τοῦ Πιττακοῦ ὅτι χαλεπὸν ἐσθλὸν ἔμμεναι, ἀμφι-
5 σβητοῦντα εἰπεῖν ὅτι Οὔκ, ἀλλὰ γενέσθαι μὲν χαλεπὸν
ἄνδρα ἀγαθόν ἐστιν, ὦ Πιττακέ, ὡς ἀληθῶς—οὐκ ἀληθείᾳ
ἀγαθόν, οὐκ ἐπὶ τούτῳ λέγει τὴν ἀλήθειαν, ὡς ἄρα ὄντων τινῶν
e τῶν μὲν ὡς ἀληθῶς ἀγαθῶν, τῶν δὲ ἀγαθῶν μέν, οὐ μέντοι
ἀληθῶς—εὔηθες γὰρ τοῦτό γε φανείη ἂν καὶ οὐ Σιμωνίδου
—ἀλλ᾽ ὑπερβατὸν δεῖ θεῖναι ἐν τῷ ᾄσματι τὸ ἀλαθέως,
οὑτωσί πως ὑπειπόντα τὸ τοῦ Πιττακοῦ, ὥσπερ ἂν εἰ θεῖμεν
5 αὐτὸν λέγοντα τὸν Πιττακὸν καὶ Σιμωνίδην ἀποκρινόμενον
εἰπόντα· Ὦ ἄνθρωποι, χαλεπὸν ἐσθλὸν ἔμμεναι, τὸν δὲ
344 ἀποκρινόμενον ὅτι Ὦ Πιττακέ, οὐκ ἀληθῆ λέγεις· οὐ γὰρ
εἶναι ἀλλὰ γενέσθαι μέν ἐστιν ἄνδρα ἀγαθὸν χερσί τε
καὶ ποσὶ καὶ νόῳ τετράγωνον, ἄνευ ψόγου τετυ-
γμένον, χαλεπὸν ἀλαθέως. οὕτω φαίνεται [τὸ] πρὸς
5 λόγον τὸ μέν ἐμβεβλημένον καὶ τὸ ἀλαθέως ὀρθῶς ἐπ᾽
ἐσχάτῳ κείμενον· καὶ τὰ ἐπιόντα πάντα τούτῳ μαρτυρεῖ, ὅτι
οὕτως εἴρηται. πολλὰ μὲν γὰρ ἔστι καὶ περὶ ἑκάστου τῶν
b ἐν τῷ ᾄσματι εἰρημένων ἀποδεῖξαι ὡς εὖ πεποίηται—πάνυ
γὰρ χαριέντως καὶ μεμελημένως ἔχει—ἀλλὰ μακρὸν ἂν εἴη
αὐτὸ οὕτω διελθεῖν· ἀλλὰ τὸν τύπον αὐτοῦ τὸν ὅλον διεξέλ-
θωμεν καὶ τὴν βούλησιν, ὅτι παντὸς μᾶλλον ἔλεγχός ἐστιν
5 τοῦ Πιττακείου ῥήματος διὰ παντὸς τοῦ ᾄσματος.

Λέγει γὰρ μετὰ τοῦτο ὀλίγα διελθών, ὡς ἂν εἰ λέγοι
λόγον, ὅτι γενέσθαι μὲν ἄνδρα ἀγαθὸν χαλεπὸν ἀλαθέως,
οἷόν τε μέντοι ἐπί γε χρόνον τινά· γενόμενον δὲ διαμένειν
c ἐν ταύτῃ τῇ ἕξει καὶ εἶναι ἄνδρα ἀγαθόν, ὡς σὺ λέγεις, ὦ
Πιττακέ, ἀδύνατον καὶ οὐκ ἀνθρώπειον, ἀλλὰ θεὸς ἂν μόνος
τοῦτο ἔχοι τὸ γέρας,

---

d 6 ὡς B W : καὶ ὡς T   d 7 οὐκ] οὐδ᾽ Hermann   e 2 οὐ ⟨πρὸς⟩
Cobet   e 3 τὸ ἀλαθέως B : τὸ* ἀληθέως T   e 4 θείημεν Β Τ
a 4 τὸ secl. Heindorf : μοι Ast : τε Schirlitz   b 5 πιττακείου W
rec. t : πιττακίου Β Τ   c 2 ἀνθρώπειον T : ἀνθρώπιον B   c 3 τὸ
secl. Hirschig

ἄνδρα δ' οὐκ ἔστι μὴ οὐ κακὸν ἔμμεναι,
ὃν [ἂν] ἀμήχανος συμφορὰ καθέλῃ.   5

τίνα οὖν ἀμήχανος συμφορὰ καθαιρεῖ ἐν πλοίου ἀρχῇ; δῆλον
ὅτι οὐ τὸν ἰδιώτην· ὁ μὲν γὰρ ἰδιώτης ἀεὶ καθῄρηται. ὥσπερ
οὖν οὐ τὸν κείμενόν τις ἂν καταβάλοι, ἀλλὰ τὸν μὲν ἑστῶτά
ποτε καταβάλοι ἄν τις ὥστε κείμενον ποιῆσαι, τὸν δὲ κεί-
μενον οὔ, οὕτω καὶ τὸν εὐμήχανον ὄντα ποτὲ ἀμήχανος ἂν   d
συμφορὰ καθέλοι, τὸν δὲ ἀεὶ ἀμήχανον ὄντα οὔ, καὶ τὸν
κυβερνήτην μέγας χειμὼν ἐπιπεσὼν ἀμήχανον ἂν ποιήσειεν,
καὶ γεωργὸν χαλεπὴ ὥρα ἐπελθοῦσα ἀμήχανον ἂν θείη, καὶ
ἰατρὸν ταὐτὰ ταῦτα. τῷ μὲν γὰρ ἐσθλῷ ἐγχωρεῖ κακῷ   5
γενέσθαι, ὥσπερ καὶ παρ' ἄλλου ποιητοῦ μαρτυρεῖται τοῦ
εἰπόντος—

αὐτὰρ ἀνὴρ ἀγαθὸς τοτὲ μὲν κακός, ἄλλοτε δ' ἐσθλός·

τῷ δὲ κακῷ οὐκ ἐγχωρεῖ γενέσθαι, ἀλλ' ἀεὶ εἶναι ἀνάγκη.   e
ὥστε τὸν μὲν εὐμήχανον καὶ σοφὸν καὶ ἀγαθὸν ἐπειδὰν
ἀμήχανος συμφορὰ καθέλῃ, οὐκ ἔστι μὴ οὐ κακὸν ἔμμε-
ναι· σὺ δὲ φῇς, ὦ Πιττακέ, χαλεπὸν ἐσθλὸν ἔμμεναι·
τὸ δ' ἐστὶ γενέσθαι μὲν χαλεπόν, δυνατὸν δέ, ἐσθλόν,   5
ἔμμεναι δὲ ἀδύνατον·

πράξας μὲν γὰρ εὖ πᾶς ἀνὴρ ἀγαθός,
κακὸς δ' εἰ κακῶς.

τίς οὖν εἰς γράμματα ἀγαθὴ πρᾶξίς ἐστιν, καὶ τίς ἄνδρα   345
ἀγαθὸν ποιεῖ εἰς γράμματα; δῆλον ὅτι ἡ τούτων μάθησις.
τίς δὲ εὐπραγία ἀγαθὸν ἰατρὸν ποιεῖ; δῆλον ὅτι ἡ τῶν
καμνόντων τῆς θεραπείας μάθησις. κακὸς δὲ κακῶς· τίς
οὖν ἂν κακὸς ἰατρὸς γένοιτο; δῆλον ὅτι ᾧ πρῶτον μὲν   5
ὑπάρχει ἰατρῷ εἶναι, ἔπειτα ἀγαθῷ ἰατρῷ—οὗτος γὰρ ἂν καὶ
κακὸς γένοιτο—ἡμεῖς δὲ οἱ ἰατρικῆς ἰδιῶται οὐκ ἄν ποτε

c 4 δ'] δὲ Β Τ   ἔστι Τ : ἔστιν Β   c 5 ἂν om. Bergk
e 9 καταβάλοι . . . d 1 οὔ secl. Herwerden   e 5 ἐσθλόν secl.
Schneidewin   e 6 ἔμμεναι δὲ Β t : δ' ἔμμεναι Τ   e 7 πράξαις
Boeckh   μὲν secl. G. Hermann   a 4 δὲ] δ' εἰ Ast

γενοίμεθα κακῶς πράξαντες οὔτε ἰατροὶ οὔτε τέκτονες οὔτε
b ἄλλο οὐδὲν τῶν τοιούτων· ὅστις δὲ μὴ ἰατρὸς ἂν γένοιτο
κακῶς πράξας, δῆλον ὅτι οὐδὲ κακὸς ἰατρός. οὕτω καὶ ὁ
μὲν ἀγαθὸς ἀνὴρ γένοιτ᾽ ἄν ποτε καὶ κακὸς ἢ ὑπὸ χρόνου ἢ
ὑπὸ πόνου ἢ ὑπὸ νόσου ἢ ὑπὸ ἄλλου τινὸς περιπτώματος —
5 αὕτη γὰρ μόνη ἐστὶ κακὴ πρᾶξις, ἐπιστήμης στερηθῆναι — ὁ
δὲ κακὸς ἀνὴρ οὐκ ἄν ποτε γένοιτο κακός — ἔστιν γὰρ ἀεί —
ἀλλ᾽ εἰ μέλλει κακὸς γενέσθαι, δεῖ αὐτὸν πρότερον ἀγαθὸν
γενέσθαι. ὥστε καὶ τοῦτο τοῦ ᾄσματος πρὸς τοῦτο τείνει,
c ὅτι εἶναι μὲν ἄνδρα ἀγαθὸν οὐχ οἷόν τε, διατελοῦντα ἀγαθόν,
γενέσθαι δὲ ἀγαθὸν οἷόν τε, καὶ κακόν γε τὸν αὐτὸν τοῦτον·
ἐπὶ πλεῖστον δὲ καὶ ἄριστοί εἰσιν οὓς ἂν οἱ θεοὶ φιλῶσιν.

Ταῦτά τε οὖν πάντα πρὸς τὸν Πιττακὸν εἴρηται, καὶ τὰ
5 ἐπιόντα γε τοῦ ᾄσματος ἔτι μᾶλλον δηλοῖ. φησὶ γάρ —

τοὔνεκεν οὔ ποτ᾽ ἐγὼ τὸ μὴ γενέσθαι δυνατὸν
διζήμενος κενεὰν ἐς ἄπρακτον ἐλπίδα μοῖραν αἰῶνος
βαλέω,
πανάμωμον ἄνθρωπον, εὐρυεδοῦς ὅσοι καρπὸν αἰνύμεθα
10 χθονός·
ἐπί θ᾽ ὑμῖν εὑρὼν ἀπαγγελέω,

d φησίν — οὕτω σφόδρα καὶ δι᾽ ὅλου τοῦ ᾄσματος ἐπεξέρχεται
τῷ τοῦ Πιττακοῦ ῥήματι —

πάντας δ᾽ ἐπαίνημι καὶ φιλέω
ἑκὼν ὅστις ἔρδῃ
5 μηδὲν αἰσχρόν· ἀνάγκῃ δ᾽ οὐδὲ θεοὶ μάχονται·

καὶ τοῦτ᾽ ἐστὶ πρὸς τὸ αὐτὸ τοῦτο εἰρημένον. οὐ γὰρ οὕτως
ἀπαίδευτος ἦν Σιμωνίδης, ὥστε τούτους φάναι ἐπαινεῖν, ὃς

---

c 1 ἀγαθὸν addub. Sauppe: an verba διατελοῦντα ἀγαθόν delenda?
Schanz: διὰ τέλους [ἀγαθόν] Cobet   c 7 κενεὰν W: κενεαν T:
κεν ἐὰν B   c 11 ἐπί θ᾽ ὑμῖν Adam: ἐπί τ᾽ ὑμμιν Schneidewin: ἐπὶ
δ᾽ ὑμμιν Bergk: ἔπειθ᾽ ὑμῖν B T: ἐπὶ δή μιν Sauppe   d 3 πάντας
B t: πάντα T   δ᾽] δὲ B T W   ἐπαίνημι b: ἐπαίνημιν B: ἐπαινῆμιν T
d 5 ἀνάγκᾳ Diogenes Laertius   δ᾽] δὲ B T W   d 7 τούτους B T:
τούτοις W

ἂν ἑκὼν μηδὲν κακὸν ποιῇ, ὡς ὄντων τινῶν οἳ ἑκόντες κακὰ
ποιοῦσιν. ἐγὼ γὰρ σχεδόν τι οἶμαι τοῦτο, ὅτι οὐδεὶς τῶν
σοφῶν ἀνδρῶν ἡγεῖται οὐδένα ἀνθρώπων ἑκόντα ἐξαμαρ- e
τάνειν οὐδὲ αἰσχρά τε καὶ κακὰ ἑκόντα ἐργάζεσθαι, ἀλλ' εὖ
ἴσασιν ὅτι πάντες οἱ τὰ αἰσχρὰ καὶ τὰ κακὰ ποιοῦντες ἄκον-
τες ποιοῦσιν· καὶ δὴ καὶ ὁ Σιμωνίδης οὐχ ὃς ἂν μὴ κακὰ
ποιῇ ἑκών, τούτων φησὶν ἐπαινέτης εἶναι, ἀλλὰ περὶ ἑαυτοῦ 5
λέγει τοῦτο τὸ ἑκών. ἡγεῖτο γὰρ ἄνδρα καλὸν κἀγαθὸν
πολλάκις αὑτὸν ἐπαναγκάζειν φίλον τινὶ γίγνεσθαι καὶ ἐπαι-
νέτην [φιλεῖν καὶ ἐπαινεῖν], οἷον ἀνδρὶ πολλάκις συμβῆναι 346
μητέρα ἢ πατέρα ἀλλόκοτον ἢ πατρίδα ἢ ἄλλο τι τῶν τοιού-
των. τοὺς μὲν οὖν πονηρούς, ὅταν τοιοῦτόν τι αὐτοῖς
συμβῇ, ὥσπερ ἀσμένους ὁρᾶν καὶ ψέγοντας ἐπιδεικνύναι καὶ
κατηγορεῖν τὴν πονηρίαν τῶν γονέων ἢ πατρίδος, ἵνα αὐτοῖς 5
ἀμελοῦσιν αὐτῶν μὴ ἐγκαλῶσιν οἱ ἄνθρωποι μηδ' ὀνειδίζωσιν
ὅτι ἀμελοῦσιν, ὥστε ἔτι μᾶλλον ψέγειν τε αὐτοὺς καὶ ἔχθρας
ἑκουσίους πρὸς ταῖς ἀναγκαίαις προστίθεσθαι· τοὺς δ' ἀγα- b
θοὺς ἐπικρύπτεσθαί τε καὶ ἐπαινεῖν ἀναγκάζεσθαι, καὶ ἄν τι
ὀργισθῶσιν τοῖς γονεῦσιν ἢ πατρίδι ἀδικηθέντες, αὐτοὺς ἑαυ-
τοὺς παραμυθεῖσθαι καὶ διαλλάττεσθαι προσαναγκάζοντας
ἑαυτοὺς φιλεῖν τοὺς ἑαυτῶν καὶ ἐπαινεῖν. πολλάκις δὲ 5
οἶμαι καὶ Σιμωνίδης ἡγήσατο καὶ αὐτὸς ἢ τύραννον ἢ ἄλλον
τινὰ τῶν τοιούτων ἐπαινέσαι καὶ ἐγκωμιάσαι οὐχ ἑκών, ἀλλ'
ἀναγκαζόμενος. ταῦτα δὴ καὶ τῷ Πιττακῷ λέγει ὅτι Ἐγώ,
ὦ Πιττακέ, οὐ διὰ ταῦτά σε ψέγω, ὅτι εἰμὶ φιλόψογος, c
ἐπεί—

    ἔμοιγ' ἐξαρκεῖ ὃς ἂν μὴ κακὸς ᾖ
    μηδ' ἄγαν ἀπάλαμνος, εἰδώς τ' ὀνησίπολιν δίκαν ὑγιὴς
    ἀνήρ·   5

e 1 ἑκόντα BT: ἑκόν W   e 5 τούτων BT: τούτου W
a 1 φιλεῖν καὶ ἐπαινεῖν secl. Grou   a 3 τοιοῦτόν τι BW: τι τοιοῦτον
T   b 1 ἀναγκαίαις Heusde: ἀνάγκαις BTW   b 3 πατρίδι
ἀδικηθέντες B: πατρίδι διαδικηθέντες T   c 3 ἔμοιγ'] ἔμοιγε BTW
c 4 τ' ὀνησίπολιν G. Hermann: γε ὀνήσει πόλιν BTW

οὔ μιν ἐγὼ μωμήσομαι—

οὐ γάρ εἰμι φιλόμωμος—

τῶν γὰρ ἠλιθίων ἀπείρων γενέθλα,

ὥστ᾽ εἴ τις χαίρει ψέγων, ἐμπλησθείη ἂν ἐκείνους μεμ-
10 φόμενος—

πάντα τοι καλά, τοῖσί τ᾽ αἰσχρὰ μὴ μέμεικται.

d οὐ τοῦτο λέγει, ὥσπερ ἂν εἰ ἔλεγε πάντα τοι λευκά, οἷς
μέλανα μὴ μέμεικται—γελοῖον γὰρ ἂν εἴη πολλαχῇ—ἀλλ᾽
ὅτι αὐτὸς καὶ τὰ μέσα ἀποδέχεται ὥστε μὴ ψέγειν. καὶ οὐ
ζητῶ, ἔφη, πανάμωμον ἄνθρωπον, εὐρυεδοῦς ὅσοι
5 καρπὸν αἰνύμεθα χθονός, ἐπί θ᾽ ὑμῖν εὐρὼν ἀπαγ-
γελέω· ὥστε τούτου γ᾽ ἕνεκα οὐδένα ἐπαινέσομαι, ἀλλά
μοι ἐξαρκεῖ ἂν ᾖ μέσος καὶ μηδὲν κακὸν ποιῇ, ὡς ἐγὼ πάντας
φιλέω καὶ ἐπαίνημι—καὶ τῇ φωνῇ ἐνταῦθα κέχρηται τῇ
e τῶν Μυτιληναίων, ὡς πρὸς Πιττακὸν λέγων τὸ πάντας δὲ
ἐπαίνημι καὶ φιλέω ἑκών—ἐνταῦθα δεῖ ἐν τῷ ἑκών δια-
λαβεῖν λέγοντα—ὅστις ἔρδῃ μηδὲν αἰσχρόν, ἄκων δ᾽
ἔστιν οὓς ἐγὼ ἐπαινῶ καὶ φιλῶ. σὲ οὖν, καὶ εἰ μέσως
347 ἔλεγες ἐπιεικῆ καὶ ἀληθῆ, ὦ Πιττακέ, οὐκ ἄν ποτε ἔψεγον·
νῦν δὲ σφόδρα γὰρ καὶ περὶ τῶν μεγίστων ψευδόμενος δοκεῖς
ἀληθῆ λέγειν, διὰ ταῦτά σε ἐγὼ ψέγω. ταῦτά μοι δοκεῖ, ὦ
Πρόδικε καὶ Πρωταγόρα, ἦν δ᾽ ἐγώ, Σιμωνίδης διανοούμενος
5 πεποιηκέναι τοῦτο τὸ ᾆσμα.

Καὶ ὁ Ἱππίας, Εὖ μέν μοι δοκεῖς, ἔφη, ὦ Σώκρατες, καὶ
σὺ περὶ τοῦ ᾄσματος διεληλυθέναι· ἔστιν μέντοι, ἔφη, καὶ
b ἐμοὶ λόγος περὶ αὐτοῦ εὖ ἔχων, ὃν ὑμῖν ἐπιδείξω, ἂν
βούλησθε.

Καὶ ὁ Ἀλκιβιάδης, Ναί, ἔφη, ὦ Ἱππία, εἰς αὖθίς γε· νῦν
δὲ δίκαιόν ἐστιν ἃ ὡμολογησάτην πρὸς ἀλλήλω Πρωταγόρας
5 καὶ Σωκράτης, Πρωταγόρας μὲν εἰ ἔτι βούλεται ἐρωτᾶν,

c 6 οὔ μιν Schleiermacher : οὐ μὴν B T W   c 7 εἰμι φιλόμωμος]
φιλόμωμός εἰμι Sauppe Simonidi tribuens   d 5 ἐπί θ᾽] ἔπειθ᾽ B T
d 6 γ᾽ T : τ᾽ B   θ 1 μυτιληναίων B : μιτυληναίων T   τὸ B t:
τὸ δὲ T   b 5 βούλεται B T : βούλεσθαι W

ἀποκρίνεσθαι Σωκράτη, εἰ δὲ δὴ βούλεται Σωκράτει ἀποκρί-
νεσθαι, ἐρωτᾶν τὸν ἕτερον.

Καὶ ἐγὼ εἶπον· Ἐπιτρέπω μὲν ἔγωγε Πρωταγόρᾳ ὁπότερον
αὐτῷ ἥδιον· εἰ δὲ βούλεται, περὶ μὲν ᾀσμάτων τε καὶ ἐπῶν
ἐάσωμεν, περὶ δὲ ὧν τὸ πρῶτον ἐγώ σε ἠρώτησα, ὦ Πρω- c
ταγόρα, ἡδέως ἂν ἐπὶ τέλος ἔλθοιμι μετὰ σοῦ σκοπούμενος.
καὶ γὰρ δοκεῖ μοι τὸ περὶ ποιήσεως διαλέγεσθαι ὁμοιότατον
εἶναι τοῖς συμποσίοις τοῖς τῶν φαύλων καὶ ἀγοραίων ἀν-
θρώπων. καὶ γὰρ οὗτοι, διὰ τὸ μὴ δύνασθαι ἀλλήλοις δι' 5
ἑαυτῶν συνεῖναι ἐν τῷ πότῳ μηδὲ διὰ τῆς ἑαυτῶν φωνῆς
καὶ τῶν λόγων τῶν ἑαυτῶν ὑπὸ ἀπαιδευσίας, τιμίας ποιοῦσι
τὰς αὐλητρίδας, πολλοῦ μισθούμενοι ἀλλοτρίαν φωνὴν τὴν d
τῶν αὐλῶν, καὶ διὰ τῆς ἐκείνων φωνῆς ἀλλήλοις σύνεισιν·
ὅπου δὲ καλοὶ κἀγαθοὶ συμπόται καὶ πεπαιδευμένοι εἰσίν,
οὐκ ἂν ἴδοις οὔτ' αὐλητρίδας οὔτε ὀρχηστρίδας οὔτε ψαλ-
τρίας, ἀλλὰ αὐτοὺς αὑτοῖς ἱκανοὺς ὄντας συνεῖναι ἄνευ τῶν 5
λήρων τε καὶ παιδιῶν τούτων διὰ τῆς αὑτῶν φωνῆς, λέγον-
τάς τε καὶ ἀκούοντας ἐν μέρει ἑαυτῶν κοσμίως, κἂν πάνυ
πολὺν οἶνον πίωσιν. οὕτω δὲ καὶ αἱ τοιαίδε συνουσίαι, ἐὰν e
μὲν λάβωνται ἀνδρῶν οἷοίπερ ἡμῶν οἱ πολλοί φασιν εἶναι,
οὐδὲν δέονται ἀλλοτρίας φωνῆς οὐδὲ ποιητῶν, οὓς οὔτε
ἀνερέσθαι οἷόν τ' ἐστὶν περὶ ὧν λέγουσιν, ἐπαγόμενοί τε
αὐτοὺς οἱ πολλοὶ ἐν τοῖς λόγοις οἱ μὲν ταῦτά φασιν τὸν 5
ποιητὴν νοεῖν, οἱ δ' ἕτερα, περὶ πράγματος διαλεγόμενοι ὃ
ἀδυνατοῦσι ἐξελέγξαι· ἀλλὰ τὰς μὲν τοιαύτας συνουσίας
ἐῶσιν χαίρειν, αὐτοὶ δ' ἑαυτοῖς σύνεισιν δι' ἑαυτῶν, ἐν τοῖς 348
ἑαυτῶν λόγοις πεῖραν ἀλλήλων λαμβάνοντες καὶ διδόντες.
τοὺς τοιούτους μοι δοκεῖ χρῆναι μᾶλλον μιμεῖσθαι ἐμέ τε
καὶ σέ, καταθεμένους τοὺς ποιητὰς αὐτοὺς δι' ἡμῶν αὐτῶν
πρὸς ἀλλήλους τοὺς λόγους ποιεῖσθαι, τῆς ἀληθείας καὶ 5
ἡμῶν αὐτῶν πεῖραν λαμβάνοντας· κἂν μὲν βούλῃ ἔτι ἐρωτᾶν,

c 7 τῶν ante λόγων om. Athenaeus   d 3 καὶ πεπαιδευμένοι t
Athenaeus : πεπαιδευμένοι B T W : secl. Schanz   e 5 ταῦτα B :
ταῦτα T   e 6 ᾂ W : om. B T

ἕτοιμός εἰμί σοι παρέχειν ἀποκρινόμενος· ἐὰν δὲ βούλῃ, σὺ
ἐμοὶ παράσχες, περὶ ὧν μεταξὺ ἐπαυσάμεθα διεξιόντες, τού-
τοις τέλος ἐπιθεῖναι.

b   Λέγοντος οὖν ἐμοῦ ταῦτα καὶ τοιαῦτα ἄλλα οὐδὲν ἀπε-
σάφει ὁ Πρωταγόρας ὁπότερα ποιήσοι. εἶπεν οὖν ὁ ᾽Αλκι-
βιάδης πρὸς τὸν Καλλίαν βλέψας, ᾽Ω Καλλία, δοκεῖ σοι,
ἔφη, καὶ νῦν καλῶς Πρωταγόρας ποιεῖν, οὐκ ἐθέλων εἴτε
5 δώσει λόγον εἴτε μὴ διασαφεῖν; ἐμοὶ γὰρ οὐ δοκεῖ· ἀλλ᾽
ἤτοι διαλεγέσθω ἢ εἰπέτω ὅτι οὐκ ἐθέλει διαλέγεσθαι, ἵνα
τούτῳ μὲν ταῦτα συνειδῶμεν, Σωκράτης δὲ ἄλλῳ τῳ διαλέ-
γηται ἢ ἄλλος ὅστις ἂν βούληται ἄλλῳ.

c   Καὶ ὁ Πρωταγόρας αἰσχυνθείς, ὥς γέ μοι ἔδοξεν, τοῦ τε
᾽Αλκιβιάδου ταῦτα λέγοντος καὶ τοῦ Καλλίου δεομένου καὶ
τῶν ἄλλων σχεδόν τι τῶν παρόντων, μόγις προυτράπετο εἰς
τὸ διαλέγεσθαι καὶ ἐκέλευεν ἐρωτᾶν αὑτὸν ὡς ἀποκρινούμενος.

5   Εἶπον δὴ ἐγώ· ᾽Ω Πρωταγόρα, μὴ οἴου διαλέγεσθαί μέ
σοι ἄλλο τι βουλόμενον ἢ ἃ αὐτὸς ἀπορῶ ἑκάστοτε, ταῦτα
διασκέψασθαι. ἡγοῦμαι γὰρ πάνυ λέγειν τι τὸν ῞Ομηρον
τὸ—

d   σύν τε δύ᾽ ἐρχομένω, καί τε πρὸ ὃ τοῦ ἐνόησεν.

εὐπορώτεροι γάρ πως ἅπαντές ἐσμεν οἱ ἄνθρωποι πρὸς ἅπαν
ἔργον καὶ λόγον καὶ διανόημα· "μοῦνος δ᾽ εἴπερ τε
νοήσῃ," αὐτίκα περιιὼν ζητεῖ ὅτῳ ἐπιδείξηται καὶ μεθ᾽
5 ὅτου βεβαιώσηται, ἕως ἂν ἐντύχῃ. ὥσπερ καὶ ἐγὼ ἕνεκα
τούτου σοὶ ἡδέως διαλέγομαι μᾶλλον ἢ ἄλλῳ τινί, ἡγού-
μενός σε βέλτιστ᾽ ἂν ἐπισκέψασθαι καὶ περὶ τῶν ἄλλων

b 1 ἀπεσάφει corr. Coisl. : ἀπεσάφη Β Τ W   b 2 ποιήσοι Β Τ :
ποιήσει W   b 5 δώσει Β Τ : δώσειν W   οὐ Β Τ : om. W
b 7 συνείδωμεν (sic) Β : συνίδωμεν Τ W : συνειδῶμεν t   ἄλλῳ Τ :
ἄλλό Β   διαλέγηται Β Τ : διαλέγεται W (sed suprascr. η)   c 1 ὡς
γέ μοι] ὥς γ᾽ ἐμοί Τ W : ὥστε μοι Β   c 3 προυτράπετο] που τράπετο
Β et γρ. t : προύτρεπετο Τ (sed suprascr. α) : που ἐτράπετο W
c 4 ἀποκρινούμενος Β Τ : ἀποκρινόμενος W   c 5 μέ Β Τ : μοί W
c 7 τὸν ῞Ομηρον secl. ci. Schanz   d 4 νοήσῃ Β Τ : νοήσει W
περιιὼν t : περὶ ὧν Β : περιιὼν Τ W   ἐπιδείξηται Β Τ W (sed ε supra η
W) : ἐπιδείξεται al.   d 5 βεβαιώσητε W : βεβαιώσεται al.

περὶ ὧν εἰκὸς σκοπεῖσθαι τὸν ἐπιεικῆ, καὶ δὴ καὶ περὶ ἀρετῆς. e
τίνα γὰρ ἄλλον ἢ σέ; ὅς γε οὐ μόνον αὐτὸς οἴει καλὸς
κἀγαθὸς εἶναι, ὥσπερ τινὲς ἄλλοι αὐτοὶ μὲν ἐπιεικεῖς εἰσιν,
ἄλλους δὲ οὐ δύνανται ποιεῖν· σὺ δὲ καὶ αὐτὸς ἀγαθὸς εἶ
καὶ ἄλλους οἷός τ᾽ εἶ ποιεῖν ἀγαθούς, καὶ οὕτω πεπί- 5
στευκας σαυτῷ, ὥστε καὶ ἄλλων ταύτην τὴν τέχνην ἀπο-
κρυπτομένων σύ γ᾽ ἀναφανδὸν σεαυτὸν ὑποκηρυξάμενος εἰς 349
πάντας τοὺς Ἕλληνας, σοφιστὴν ἐπονομάσας σεαυτόν,
ἀπέφηνας παιδεύσεως καὶ ἀρετῆς διδάσκαλον, πρῶτος τού-
του μισθὸν ἀξιώσας ἄρνυσθαι.   πῶς οὖν οὐ σὲ χρῆν παρα-
καλεῖν ἐπὶ τὴν τούτων σκέψιν καὶ ἐρωτᾶν καὶ ἀνακοινοῦσθαι; 5
οὐκ ἔσθ᾽ ὅπως οὔ.   καὶ νῦν δὴ ἐγὼ ἐκεῖνα, ἅπερ τὸ πρῶτον
ἠρώτων περὶ τούτων, πάλιν ἐπιθυμῶ ἐξ ἀρχῆς τὰ μὲν
ἀναμνησθῆναι παρὰ σοῦ, τὰ δὲ συνδιασκέψασθαι.   ἦν δέ,
ὡς ἐγῷμαι, τὸ ἐρώτημα τόδε· σοφία καὶ σωφροσύνη καὶ b
ἀνδρεία καὶ δικαιοσύνη καὶ ὁσιότης, πότερον ταῦτα, πέντε
ὄντα ὀνόματα, ἐπὶ ἑνὶ πράγματί ἐστιν, ἢ ἑκάστῳ τῶν ὀνο-
μάτων τούτων ὑπόκειταί τις ἴδιος οὐσία καὶ πρᾶγμα ἔχον
ἑαυτοῦ δύναμιν ἕκαστον, οὐκ ὂν οἷον τὸ ἕτερον αὐτῶν τὸ 5
ἕτερον; ἔφησθα οὖν σὺ οὐκ ὀνόματα ἐπὶ ἑνὶ εἶναι, ἀλλὰ
ἕκαστον ἰδίῳ πράγματι τῶν ὀνομάτων τούτων ἐπικεῖσθαι, c
πάντα δὲ ταῦτα μόρια εἶναι ἀρετῆς, οὐχ ὡς τὰ τοῦ χρυσοῦ
μόρια ὅμοιά ἐστιν ἀλλήλοις καὶ τῷ ὅλῳ οὗ μόριά ἐστιν,
ἀλλ᾽ ὡς τὰ τοῦ προσώπου μόρια καὶ τῷ ὅλῳ οὗ μόριά ἐστιν
καὶ ἀλλήλοις ἀνόμοια, ἰδίαν ἕκαστα δύναμιν ἔχοντα.   ταῦτα 5
εἰ μέν σοι δοκεῖ ἔτι ὥσπερ τότε, φάθι· εἰ δὲ ἄλλως πως,
τοῦτο διόρισαι, ὡς ἔγωγε οὐδέν σοι ὑπόλογον τίθεμαι, ἐάν
πῃ ἄλλῃ νῦν φήσῃς· οὐ γὰρ ἂν θαυμάζοιμι εἰ τότε ἀποπει-
ρώμενός μου ταῦτα ἔλεγες.   d

'Αλλ' ἐγώ σοι, ἔφη, λέγω, ὦ Σώκρατες, ὅτι ταῦτα πάντα
μόρια μέν ἐστιν ἀρετῆς, καὶ τὰ μὲν τέτταρα αὐτῶν ἐπιεικῶς

a 6 οὐ T : οὖ B (dist. post ὅπως)   c 7 ὑπόλογον] ὑπολόγον T :
ὑπὸ λόγων B : ὑπολόγων W   c 8 φήσῃς B T : θήσεις W

παραπλήσια ἀλλήλοις ἐστίν, ἡ δὲ ἀνδρεία πάνυ πολὺ δια-
5 φέρον πάντων τούτων. ὧδε δὲ γνώσῃ ὅτι ἐγὼ ἀληθῆ
λέγω· εὑρήσεις γὰρ πολλοὺς τῶν ἀνθρώπων ἀδικωτάτους
μὲν ὄντας καὶ ἀνοσιωτάτους καὶ ἀκολαστοτάτους καὶ ἀμα-
θεστάτους, ἀνδρειοτάτους δὲ διαφερόντως.

e   Ἔχε δή, ἔφην ἐγώ· ἄξιον γάρ τοι ἐπισκέψασθαι ὃ λέγεις.
πότερον τοὺς ἀνδρείους θαρραλέους λέγεις ἢ ἄλλο τι;—
Καὶ ἴτας γε, ἔφη, ἐφ' ἃ οἱ πολλοὶ φοβοῦνται ἰέναι.—Φέρε
δή, τὴν ἀρετὴν καλόν τι φῂς εἶναι, καὶ ὡς καλοῦ ὄντος
5 αὐτοῦ σὺ διδάσκαλον σαυτὸν παρέχεις;—Κάλλιστον μὲν
οὖν, ἔφη, εἰ μὴ μαίνομαί γε.—Πότερον οὖν, ἦν δ' ἐγώ, τὸ
μέν τι αὐτοῦ αἰσχρόν, τὸ δέ τι καλόν, ἢ ὅλον καλόν;—Ὅλον
που καλὸν ὡς οἷόν τε μάλιστα.—Οἶσθα οὖν τίνες εἰς τὰ
350 φρέατα κολυμβῶσιν θαρραλέως;—Ἔγωγε, ὅτι οἱ κολυμβη-
ταί.—Πότερον διότι ἐπίστανται ἢ δι' ἄλλο τι;—Ὅτι ἐπί-
στανται.—Τίνες δὲ ἀπὸ τῶν ἵππων πολεμεῖν θαρραλέοι εἰσίν;
πότερον οἱ ἱππικοὶ ἢ οἱ ἄφιπποι;—Οἱ ἱππικοί.—Τίνες δὲ
5 πέλτας ἔχοντες; οἱ πελταστικοὶ ἢ οἱ μή;—Οἱ πελταστικοί.
καὶ τὰ ἄλλα γε πάντα, εἰ τοῦτο ζητεῖς, ἔφη, οἱ ἐπιστήμονες
τῶν μὴ ἐπισταμένων θαρραλεώτεροί εἰσιν, καὶ αὐτοὶ ἑαυτῶν
b ἐπειδὰν μάθωσιν ἢ πρὶν μαθεῖν.—Ἤδη δέ τινας ἑώρακας,
ἔφην, πάντων τούτων ἀνεπιστήμονας ὄντας, θαρροῦντας δὲ
πρὸς ἕκαστα τούτων;—Ἔγωγε, ἦ δ' ὅς, καὶ λίαν γε θαρ-
ροῦντας.—Οὐκοῦν οἱ θαρραλέοι οὗτοι καὶ ἀνδρεῖοί εἰσιν;
5 —Αἰσχρὸν μεντἄν, ἔφη, εἴη ἡ ἀνδρεία· ἐπεὶ οὗτοί γε
μαινόμενοί εἰσιν.—Πῶς οὖν, ἔφην ἐγώ, λέγεις τοὺς ἀν-
δρείους; οὐχὶ τοὺς θαρραλέους εἶναι;—Καὶ νῦν γ', ἔφη.—
c Οὐκοῦν οὗτοι, ἦν δ' ἐγώ, οἱ οὕτω θαρραλέοι ὄντες οὐκ ἀν-
δρεῖοι ἀλλὰ μαινόμενοι φαίνονται; καὶ ἐκεῖ αὖ οἱ σοφώτατοι
οὗτοι καὶ θαρραλεώτατοί εἰσιν, θαρραλεώτατοι δὲ ὄντες

d 4 πάνυ πολὺ⌉ πάμπολυ Cobet   d 8 ἀνδρείους δὲ διαφερόντως
Cobet (διαφερόντως secl. Schanz)   a 1 ἔγωγε Τ : ἐγώ τε Β
b 3 ἕκαστα Β Τ : ἕκαστον W   b 6 ἔφην Β Τ : ἔφη W   b 7 τοὺς
ante θαρραλέους secl. Sauppe

ἀνδρειότατοι; καὶ κατὰ τοῦτον τὸν λόγον ἡ σοφία ἂν ἀνδρεία
εἴη;   5

Οὐ καλῶς, ἔφη, μνημονεύεις, ὦ Σώκρατες, ἃ ἔλεγόν τε
καὶ ἀπεκρινόμην σοι. ἔγωγε ἐρωτηθεὶς ὑπὸ σοῦ εἰ οἱ
ἀνδρεῖοι θαρραλέοι εἰσίν, ὡμολόγησα· εἰ δὲ καὶ οἱ θαρραλέοι
ἀνδρεῖοι, οὐκ ἠρωτήθην—εἰ γάρ με τότε ἤρου, εἶπον ἂν ὅτι
οὐ πάντες—τοὺς δὲ ἀνδρείους ὡς οὐ θαρραλέοι εἰσίν, τὸ   d
ἐμὸν ὁμολόγημα οὐδαμοῦ ἐπέδειξας ὡς οὐκ ὀρθῶς ὡμολόγησα.
ἔπειτα τοὺς ἐπισταμένους αὐτοὺς ἑαυτῶν θαρραλεωτέρους
ὄντας ἀποφαίνεις καὶ μὴ ἐπισταμένων ἄλλων, καὶ ἐν τούτῳ
οἴει τὴν ἀνδρείαν καὶ τὴν σοφίαν ταὐτὸν εἶναι· τούτῳ δὲ   5
τῷ τρόπῳ μετιὼν καὶ τὴν ἰσχὺν οἰηθείης ἂν εἶναι σοφίαν.
πρῶτον μὲν γὰρ εἰ οὕτω μετιὼν ἔροιό με εἰ οἱ ἰσχυροὶ
δυνατοί εἰσιν, φαίην ἄν· ἔπειτα, εἰ οἱ ἐπιστάμενοι παλαίειν   e
δυνατώτεροί εἰσιν τῶν μὴ ἐπισταμένων παλαίειν καὶ αὐτοὶ
αὑτῶν ἐπειδὰν μάθωσιν ἢ πρὶν μαθεῖν, φαίην ἄν· ταῦτα
δὲ ἐμοῦ ὁμολογήσαντος ἐξείη ἄν σοι, χρωμένῳ τοῖς αὐτοῖς
τεκμηρίοις τούτοις, λέγειν ὡς κατὰ τὴν ἐμὴν ὁμολογίαν ἡ   5
σοφία ἐστὶν ἰσχύς. ἐγὼ δὲ οὐδαμοῦ οὐδ' ἐνταῦθα ὁμολογῶ
τοὺς δυνατοὺς ἰσχυροὺς εἶναι, τοὺς μέντοι ἰσχυροὺς δυνατούς·
οὐ γὰρ ταὐτὸν εἶναι δύναμίν τε καὶ ἰσχύν, ἀλλὰ τὸ μὲν   351
καὶ ἀπὸ ἐπιστήμης γίγνεσθαι, τὴν δύναμιν, καὶ ἀπὸ μανίας
γε καὶ θυμοῦ, ἰσχὺν δὲ ἀπὸ φύσεως καὶ εὐτροφίας τῶν
σωμάτων. οὕτω δὲ κἀκεῖ οὐ ταὐτὸν εἶναι θάρσος τε καὶ
ἀνδρείαν· ὥστε συμβαίνει τοὺς μὲν ἀνδρείους θαρραλέους   5
εἶναι, μὴ μέντοι τούς γε θαρραλέους ἀνδρείους πάντας·
θάρσος μὲν γὰρ καὶ ἀπὸ τέχνης γίγνεται ἀνθρώποις καὶ
ἀπὸ θυμοῦ γε καὶ ἀπὸ μανίας, ὥσπερ ἡ δύναμις, ἀνδρεία   b
δὲ ἀπὸ φύσεως καὶ εὐτροφίας τῶν ψυχῶν γίγνεται.

c 9 τότε B T W : τοῦτο Par. 1811   d 7 εἰ οἱ T : εἰ B   e 1 εἰ οἱ
t : οιει B : οἴει T   e 2 παλαίειν secl. Cobet   e 7 δυνατοὺς]
δυναμένους Stobaeus   a 3 γε W t Stobaeus : τε B T   θυμοῦ T
Stobaeus : ἀπὸ θυμοῦ B t   εὐτροφίας B T : ἀπὸ εὐτροφίας Stobaeus
a 5 συμβαίνει re vera B T Stobaeus   a 6 πάντας om. Stobaeus
b 1 γε καὶ Stobaeus : τε καὶ B T W   ἀπὸ secl. Naber

Λέγεις δέ τινας, ἔφην, ὦ Πρωταγόρα, τῶν ἀνθρώπων
εὖ ζῆν, τοὺς δὲ κακῶς;—Ἔφη.—Ἆρ᾽ οὖν δοκεῖ σοι ἄνθρωπος
5 ἂν εὖ ζῆν, εἰ ἀνιώμενός τε καὶ ὀδυνώμενος ζώη;—Οὐκ
ἔφη.—Τί δ᾽ εἰ ἡδέως βιοὺς τὸν βίον τελευτήσειεν; οὐκ εὖ
ἄν σοι δοκεῖ οὕτως βεβιωκέναι;—Ἔμοιγ᾽, ἔφη.—Τὸ μὲν ἄρα
c ἡδέως ζῆν ἀγαθόν, τὸ δ᾽ ἀηδῶς κακόν.—Εἴπερ τοῖς καλοῖς
γ᾽, ἔφη, ζώη ἡδόμενος.—Τί δή, ὦ Πρωταγόρα; μὴ καὶ σύ,
ὥσπερ οἱ πολλοί, ἡδέ᾽ ἄττα καλεῖς κακὰ καὶ ἀνιαρὰ ἀγαθά;
ἐγὼ γὰρ λέγω, καθ᾽ ὃ ἡδέα ἐστίν, ἆρα κατὰ τοῦτο οὐκ
5 ἀγαθά, μὴ εἴ τι ἀπ᾽ αὐτῶν ἀποβήσεται ἄλλο; καὶ αὖθις αὖ
τὰ ἀνιαρὰ ὡσαύτως οὕτως οὐ καθ᾽ ὅσον ἀνιαρά, κακά;—
Οὐκ οἶδα, ὦ Σώκρατες, ἔφη, ἁπλῶς οὕτως, ὡς σὺ ἐρωτᾷς,
d εἰ ἐμοὶ ἀποκριτέον ἐστὶν ὡς τὰ ἡδέα τε ἀγαθά ἐστιν ἅπαντα
καὶ τὰ ἀνιαρὰ κακά· ἀλλά μοι δοκεῖ οὐ μόνον πρὸς τὴν νῦν
ἀπόκρισιν ἐμοὶ ἀσφαλέστερον εἶναι ἀποκρίνασθαι, ἀλλὰ καὶ
πρὸς πάντα τὸν ἄλλον βίον τὸν ἐμόν, ὅτι ἔστι μὲν ἃ τῶν
5 ἡδέων οὐκ ἔστιν ἀγαθά, ἔστι δ᾽ αὖ καὶ ἃ τῶν ἀνιαρῶν οὐκ
ἔστι κακά, ἔστι δ᾽ ἃ ἔστι, καὶ τρίτον ἃ οὐδέτερα, οὔτε κακὰ
οὔτ᾽ ἀγαθά.—Ἡδέα δὲ καλεῖς, ἦν δ᾽ ἐγώ, οὐ τὰ ἡδονῆς
e μετέχοντα ἢ ποιοῦντα ἡδονήν;—Πάνυ γ᾽, ἔφη.—Τοῦτο τοί-
νυν λέγω, καθ᾽ ὅσον ἡδέα ἐστίν, εἰ οὐκ ἀγαθά, τὴν ἡδονὴν
αὐτὴν ἐρωτῶν εἰ οὐκ ἀγαθόν ἐστιν.—Ὥσπερ σὺ λέγεις, ἔφη,
ἑκάστοτε, ὦ Σώκρατες, σκοπώμεθα αὐτό, καὶ ἐὰν μὲν πρὸς
5 λόγον δοκῇ εἶναι τὸ σκέμμα καὶ τὸ αὐτὸ φαίνηται ἡδύ τε
καὶ ἀγαθόν, συγχωρησόμεθα· εἰ δὲ μή, τότε ἤδη ἀμφισβη-
τήσομεν.

Πότερον οὖν, ἦν δ᾽ ἐγώ, σὺ βούλει ἡγεμονεύειν τῆς
σκέψεως, ἢ ἐγὼ ἡγῶμαι;
10 Δίκαιος, ἔφη, σὺ ἡγεῖσθαι· σὺ γὰρ καὶ κατάρχεις τοῦ
λόγου.

b 7 δοκεῖ scr. recc. : δοκοῖ B T W   οὕτως T W (sed o supra ω W):
οὗτος re vera B   c 4 καθὸ T (sed suprascr. ν): καθὸν B: καθ᾽ ὃ
μηδ᾽ W   c 5 μὴ εἴ τι B T W: εἰ μή τι t: εἰ μὴ εἴ τι ci. Thompson
d 6 οὔτε κακὰ οὔτ᾽ ἀγαθά B T: οὔτ᾽ ἀγαθὰ οὔτε κακά W

Ἄρ' οὖν, ἦν δ' ἐγώ, τῇδέ πη καταφανὲς ἂν ἡμῖν γένοιτο;
ὥσπερ εἴ τις ἄνθρωπον σκοπῶν ἐκ τοῦ εἴδους ἢ πρὸς ὑγίειαν
ἢ πρὸς ἄλλο τι τῶν τοῦ σώματος ἔργων, ἰδὼν τὸ πρόσωπον
καὶ τὰς χεῖρας ἄκρας εἴποι· "Ἴθι δή μοι ἀποκαλύψας καὶ τὰ
στήθη καὶ τὸ μετάφρενον ἐπίδειξον, ἵνα ἐπισκέψωμαι σαφέ- 5
στερον," καὶ ἐγὼ τοιοῦτόν τι ποθῶ πρὸς τὴν σκέψιν· θεα-
σάμενος ὅτι οὕτως ἔχεις πρὸς τὸ ἀγαθὸν καὶ τὸ ἡδὺ ὡς
φῄς, δέομαι τοιοῦτόν τι εἰπεῖν· Ἴθι δή μοι, ὦ Πρωταγόρα,
καὶ τόδε τῆς διανοίας ἀποκάλυψον· πῶς ἔχεις πρὸς ἐπιστή- b
μην; πότερον καὶ τοῦτό σοι δοκεῖ ὥσπερ τοῖς πολλοῖς
ἀνθρώποις, ἢ ἄλλως; δοκεῖ δὲ τοῖς πολλοῖς περὶ ἐπιστήμης
τοιοῦτόν τι, οὐκ ἰσχυρὸν οὐδ' ἡγεμονικὸν οὐδ' ἀρχικὸν εἶναι·
οὐδὲ ὡς περὶ τοιούτου αὐτοῦ ὄντος διανοοῦνται, ἀλλ' ἐνούσης 5
πολλάκις ἀνθρώπῳ ἐπιστήμης οὐ τὴν ἐπιστήμην αὐτοῦ
ἄρχειν ἀλλ' ἄλλο τι, τοτὲ μὲν θυμόν, τοτὲ δὲ ἡδονήν, τοτὲ
δὲ λύπην, ἐνίοτε δὲ ἔρωτα, πολλάκις δὲ φόβον, ἀτεχνῶς
διανοούμενοι περὶ τῆς ἐπιστήμης ὥσπερ περὶ ἀνδραπόδου, c
περιελκομένης ὑπὸ τῶν ἄλλων ἁπάντων. ἀρ' οὖν καὶ σοὶ
τοιοῦτόν τι περὶ αὐτῆς δοκεῖ, ἢ καλόν τε εἶναι ἡ ἐπιστήμη
καὶ οἷον ἄρχειν τοῦ ἀνθρώπου, καὶ ἐάνπερ γιγνώσκῃ τις
τἀγαθὰ καὶ τὰ κακά, μὴ ἂν κρατηθῆναι ὑπὸ μηδενὸς ὥστε 5
ἄλλ' ἄττα πράττειν ἢ ἂν ἐπιστήμη κελεύῃ, ἀλλ' ἱκανὴν εἶναι
τὴν φρόνησιν βοηθεῖν τῷ ἀνθρώπῳ;

Καὶ δοκεῖ, ἔφη, ὥσπερ σὺ λέγεις, ὦ Σώκρατες, καὶ ἅμα,
εἴπερ τῳ ἄλλῳ, αἰσχρόν ἐστι καὶ ἐμοὶ σοφίαν καὶ ἐπιστή- d
μην μὴ οὐχὶ πάντων κράτιστον φάναι εἶναι τῶν ἀνθρωπείων
πραγμάτων.

Καλῶς γε, ἔφην ἐγώ, σὺ λέγων καὶ ἀληθῆ. οἶσθα οὖν
ὅτι οἱ πολλοὶ τῶν ἀνθρώπων ἐμοί τε καὶ σοὶ οὐ πείθονται, 5
ἀλλὰ πολλούς φασι γιγνώσκοντας τὰ βέλτιστα οὐκ ἐθέλειν
πράττειν, ἐξὸν αὐτοῖς, ἀλλὰ ἄλλα πράττειν· καὶ ὅσους δὴ

a 8 εἰπεῖν] ἐπειπεῖν Cobet   b 5 ὡς περὶ Β W: ὥσπερ Τ
τοιούτου Τ: τοῦ οὐ τοῦ Β W   c 6 ἢ ἂν Sauppe (ἢ ἂ ἂν Stephanus):
ἢ ἂ ἡ Β: ἢ ἂν Τ: ἡ ἂν W   d 4 σὺ Β Τ: σοι W

ἐγὼ ἠρόμην ὅτι ποτε αἴτιόν ἐστι τούτου, ὑπὸ ἡδονῆς φασιν
e ἡττωμένους ἢ λύπης ἢ ὧν νυνδὴ ἐγὼ ἔλεγον ὑπό τινος
τούτων κρατουμένους ταῦτα ποιεῖν τοὺς ποιοῦντας.

Πολλὰ γὰρ οἶμαι, ἔφη, ὦ Σώκρατες, καὶ ἄλλα οὐκ ὀρθῶς
λέγουσιν οἱ ἄνθρωποι.

5 Ἴθι δὴ μετ' ἐμοῦ ἐπιχείρησον πείθειν τοὺς ἀνθρώπους
καὶ διδάσκειν ὅ ἐστιν αὐτοῖς τοῦτο τὸ πάθος, ὅ φασιν ὑπὸ
353 τῶν ἡδονῶν ἡττᾶσθαι καὶ οὐ πράττειν διὰ ταῦτα τὰ βέλτιστα,
ἐπεὶ γιγνώσκειν γε αὐτά. ἴσως γὰρ ἂν λεγόντων ἡμῶν
ὅτι Οὐκ ὀρθῶς λέγετε, ὦ ἄνθρωποι, ἀλλὰ ψεύδεσθε, ἔροιντ'
ἂν ἡμᾶς· "Ὦ Πρωταγόρα τε καὶ Σώκρατες, εἰ μὴ ἔστιν
5 τοῦτο τὸ πάθημα ἡδονῆς ἡττᾶσθαι, ἀλλὰ τί ποτ' ἐστίν, καὶ
τί ὑμεῖς αὐτό φατε εἶναι; εἴπατον ἡμῖν."

Τί δέ, ὦ Σώκρατες, δεῖ ἡμᾶς σκοπεῖσθαι τὴν τῶν πολλῶν
δόξαν ἀνθρώπων, οἳ ὅτι ἂν τύχωσι τοῦτο λέγουσιν;

b Οἶμαι, ἦν δ' ἐγώ, εἶναί τι ἡμῖν τοῦτο πρὸς τὸ ἐξευρεῖν
περὶ ἀνδρείας, πρὸς τἆλλα μόρια τὰ τῆς ἀρετῆς πῶς ποτ'
ἔχει. εἰ οὖν σοι δοκεῖ ἐμμένειν οἷς ἄρτι ἔδοξεν ἡμῖν, ἐμὲ
ἡγήσασθαι ᾗ οἶμαι ἂν ἔγωγε κάλλιστα φανερὸν γενέσθαι,
5 ἕπου· εἰ δὲ μὴ βούλει, εἴ σοι φίλον, ἐῶ χαίρειν.

Ἀλλ', ἔφη, ὀρθῶς λέγεις· καὶ πέραινε ὥσπερ ἤρξω.

c Πάλιν τοίνυν, ἔφην ἐγώ, εἰ ἔροιτο ἡμᾶς· "Τί οὖν φατε
τοῦτο εἶναι, ὃ ἡμεῖς ἥττω εἶναι τῶν ἡδονῶν ἐλέγομεν;"
εἴποιμ' ἂν ἔγωγε πρὸς αὐτοὺς ὡδί· Ἀκούετε δή· πειρασό-
μεθα γὰρ ὑμῖν ἐγώ τε καὶ Πρωταγόρας φράσαι. ἄλλο τι
5 γάρ, ὦ ἄνθρωποι, φατὲ ὑμῖν τοῦτο γίγνεσθαι ἐν τοῖσδε,
οἷον πολλάκις ὑπὸ σίτων καὶ ποτῶν καὶ ἀφροδισίων κρατού-
μενοι ἡδέων ὄντων, γιγνώσκοντες ὅτι πονηρά ἐστιν, ὅμως
αὐτὰ πράττειν;—Φαῖεν ἄν.—Οὐκοῦν ἐροίμεθ' ἂν αὐτοὺς
ἐγώ τε καὶ σὺ πάλιν· Πονηρὰ δὲ αὐτὰ πῇ φατε εἶναι;

a 2 ἐπεὶ γινώσκειν (sic) W : ἐπιγινώσκειν ΒΤ   a 3 ἔροιντ' ΒΤ :
ἔροιτ' W   a 5 ἀλλὰ Τ : ἄλλο Β   b 1 ἡμῖν ΒΤ : ὑμῖν W
b 5 βούλει, εἰ secl. Herwerden   c 1 τί corr. Coisl. : ἔτι ΒΤW
c 2 ἐλέγομεν] λέγομεν Cobet

ΠΡΩΤΑΓΟΡΑΣ

353 d

πότερον ὅτι τὴν ἡδονὴν ταύτην ἐν τῷ παραχρῆμα παρέχει **d**
καὶ ἡδύ ἐστιν ἕκαστον αὐτῶν, ἢ ὅτι εἰς τὸν ὕστερον χρόνον
νόσους τε ποιεῖ καὶ πενίας καὶ ἄλλα τοιαῦτα πολλὰ παρα-
σκευάζει; ἢ κἂν εἴ τι τούτων εἰς τὸ ὕστερον μηδὲν παρα-
σκευάζει, χαίρειν δὲ μόνον ποιεῖ, ὅμως δ᾽ ἂν κακὰ ἦν, ὅτι 5
μαθόντα χαίρειν ποιεῖ καὶ ὁπηοῦν; ἆρ᾽ οἰόμεθ᾽ ἂν αὐτούς,
ὦ Πρωταγόρα, ἄλλο τι ἀποκρίνασθαι ἢ ὅτι οὐ κατὰ τὴν
αὐτῆς τῆς ἡδονῆς τῆς παραχρῆμα ἐργασίαν κακά ἐστιν,
ἀλλὰ διὰ τὰ ὕστερον γιγνόμενα, νόσους τε καὶ τἆλλα.—Ἐγὼ **e**
μὲν οἶμαι, ἔφη ὁ Πρωταγόρας, τοὺς πολλοὺς ἂν ταῦτα
ἀποκρίνασθαι.—Οὐκοῦν νόσους ποιοῦντα ἀνίας ποιεῖ, καὶ
πενίας ποιοῦντα ἀνίας ποιεῖ; Ὁμολογοῖεν ἄν, ὡς ἐγᾦμαι.—
Συνέφη ὁ Πρωταγόρας.—Οὐκοῦν φαίνεται, ὦ ἄνθρωποι, 5
ὑμῖν, ὥς φαμεν ἐγώ τε καὶ Πρωταγόρας, δι᾽ οὐδὲν ἄλλο
ταῦτα κακὰ ὄντα ἢ διότι εἰς ἀνίας τε ἀποτελευτᾷ καὶ ἄλλων
ἡδονῶν ἀποστερεῖ; Ὁμολογοῖεν ἄν;—Συνεδόκει ἡμῖν ἀμ- 354
φοῖν.—Οὐκοῦν πάλιν ἂν αὐτοὺς τὸ ἐναντίον εἰ ἐροίμεθα·
Ὦ ἄνθρωποι οἱ λέγοντες αὖ ἀγαθὰ ἀνιαρὰ εἶναι, ἆρα οὐ τὰ
τοιάδε λέγετε, οἷον τά τε γυμνάσια καὶ τὰς στρατείας καὶ
τὰς ὑπὸ τῶν ἰατρῶν θεραπείας τὰς διὰ καύσεών τε καὶ τομῶν 5
καὶ φαρμακειῶν καὶ λιμοκτονιῶν γιγνομένας, ὅτι ταῦτα
ἀγαθὰ μέν ἐστιν, ἀνιαρὰ δέ; Φαῖεν ἄν;—Συνεδόκει.—Πότε- **b**
ρον οὖν κατὰ τόδε ἀγαθὰ αὐτὰ καλεῖτε, ὅτι ἐν τῷ παραχρῆμα
ὀδύνας τὰς ἐσχάτας παρέχει καὶ ἀλγηδόνας, ἢ ὅτι εἰς τὸν
ὕστερον χρόνον ὑγίειαί τε ἀπ᾽ αὐτῶν γίγνονται καὶ εὐεξίαι
τῶν σωμάτων καὶ τῶν πόλεων σωτηρίαι καὶ ἄλλων ἀρχαὶ
καὶ πλοῦτοι; Φαῖεν ἄν, ὡς ἐγᾦμαι.—Συνεδόκει.—Ταῦτα δὲ 5
ἀγαθά ἐστι δι᾽ ἄλλο τι ἢ ὅτι εἰς ἡδονὰς ἀποτελευτᾷ καὶ
λυπῶν ἀπαλλαγάς τε καὶ ἀποτροπάς; ἢ ἔχετέ τι ἄλλο τέλος
λέγειν, εἰς ὃ ἀποβλέψαντες αὐτὰ ἀγαθὰ καλεῖτε, ἀλλ᾽ ⟨ἢ⟩ **c**

d 5 ἦν] εἴη corr. Ven. 189   d 6 μαθόντα] παθόντα Stallbaum:
παρόντα Hermann   a 2 ἂν] αὖ Schanz   a 4 στρατείας T:
στρατιὰς B   a 6 φαρμακειῶν TW: φαρμάκων B: φαρμακιῶν B²
b 5 δὲ] δὴ Sauppe   c 1 ἢ add. Stephanus

ἡδονάς τε καὶ λύπας; Οὐκ ἂν φαῖεν, ὡς ἐγῷμαι.—
Οὐδ' ἐμοὶ δοκεῖ, ἔφη ὁ Πρωταγόρας.—Οὐκοῦν τὴν μὲν
ἡδονὴν διώκετε ὡς ἀγαθὸν ὄν, τὴν δὲ λύπην φεύγετε ὡς
5 κακόν;—Συνεδόκει.—Τοῦτ' ἄρα ἡγεῖσθ' εἶναι κακόν, τὴν
λύπην, καὶ ἀγαθὸν τὴν ἡδονήν, ἐπεὶ καὶ αὐτὸ τὸ χαίρειν
τότε λέγετε κακὸν εἶναι, ὅταν μειζόνων ἡδονῶν ἀποστερῇ
ἢ ὅσας αὐτὸ ἔχει, ἢ λύπας μείζους παρασκευάζῃ τῶν ἐν
d αὐτῷ ἡδονῶν· ἐπεὶ εἰ κατ' ἄλλο τι αὐτὸ τὸ χαίρειν κακὸν
καλεῖτε καὶ εἰς ἄλλο τι τέλος ἀποβλέψαντες, ἔχοιτε ἂν καὶ
ἡμῖν εἰπεῖν· ἀλλ' οὐχ ἕξετε.—Οὐδ' ἐμοὶ δοκοῦσιν, ἔφη ὁ
Πρωταγόρας.—Ἄλλο τι οὖν πάλιν καὶ περὶ αὐτοῦ τοῦ
5 λυπεῖσθαι ὁ αὐτὸς τρόπος; τότε καλεῖτε αὐτὸ τὸ λυπεῖσθαι
ἀγαθόν, ὅταν ἢ μείζους λύπας τῶν ἐν αὐτῷ οὐσῶν ἀπαλ-
λάττῃ ἢ μείζους ἡδονὰς τῶν λυπῶν παρασκευάζῃ· ἐπεὶ εἰ
πρὸς ἄλλο τι τέλος ἀποβλέπετε, ὅταν καλῆτε αὐτὸ τὸ λυ-
e πεῖσθαι ἀγαθόν, ἢ πρὸς ὃ ἐγὼ λέγω, ἔχετε ἡμῖν εἰπεῖν·
ἀλλ' οὐχ ἕξετε.—Ἀληθῆ, ἔφη, λέγεις, ὁ Πρωταγόρας.

Πάλιν τοίνυν, ἔφην ἐγώ, εἴ με ἀνέροισθε, ὦ ἄνθρωποι,
"Τίνος οὖν δήποτε ἕνεκα πολλὰ περὶ τούτου λέγεις καὶ
5 πολλαχῇ;" Συγγιγνώσκετέ μοι, φαίην ἂν ἔγωγε. πρῶτον
μὲν γὰρ οὐ ῥᾴδιον ἀποδεῖξαι τί ἐστίν ποτε τοῦτο ὃ ὑμεῖς
καλεῖτε τῶν ἡδονῶν ἥττω εἶναι· ἔπειτα ἐν τούτῳ εἰσὶν
πᾶσαι αἱ ἀποδείξεις. ἀλλ' ἔτι καὶ νῦν ἀναθέσθαι ἔξεστιν,
355 εἴ πῃ ἔχετε ἄλλο τι φάναι εἶναι τὸ ἀγαθὸν ἢ τὴν ἡδονήν,
ἢ τὸ κακὸν ἄλλο τι ἢ τὴν ἀνίαν· ἢ ἀρκεῖ ὑμῖν τὸ ἡδέως
καταβιῶναι τὸν βίον ἄνευ λυπῶν; εἰ δὲ ἀρκεῖ καὶ μὴ ἔχετε
μηδὲν ἄλλο φάναι εἶναι ἀγαθὸν ἢ κακὸν ὃ μὴ εἰς ταῦτα
5 τελευτᾷ, τὸ μετὰ τοῦτο ἀκούετε. φημὶ γὰρ ὑμῖν τούτου
οὕτως ἔχοντος γελοῖον τὸν λόγον γίγνεσθαι, ὅταν λέγητε
ὅτι πολλάκις γιγνώσκων τὰ κακὰ ἄνθρωπος ὅτι κακά ἐστιν,

c 5 τοῦτ'] ταῦτ' Cobet   c 7 λέγετε T: λέγεται BW
c 8 παρασκευάζῃ BT: παρασκευάζει W (sed η supra ει W)   d 5 κα-
λεῖτε BT: καλεῖται W (sed ε supra αι W)   a 2 ἄλλο τι t: ἢ ἄλλο
τι BTW   a 7 ἄνθρωπος] ὁ ἄνθρωπος Bekker: ἄνθρωπος Sauppe

ὅμως πράττει αὐτά, ἐξὸν μὴ πράττειν, ὑπὸ τῶν ἡδονῶν
ἀγόμενος καὶ ἐκπληττόμενος· καὶ αὖθις αὖ λέγετε ὅτι b
γιγνώσκων ὁ ἄνθρωπος τἀγαθὰ πράττειν οὐκ ἐθέλει διὰ τὰς
παραχρῆμα ἡδονάς, ὑπὸ τούτων ἡττώμενος. ὡς δὲ ταῦτα
γελοῖά ἐστιν, κατάδηλον ἔσται, ἐὰν μὴ πολλοῖς ὀνόμασι
χρώμεθα ἅμα, ἡδεῖ τε καὶ ἀνιαρῷ καὶ ἀγαθῷ καὶ κακῷ, ἀλλ' 5
ἐπειδὴ δύο ἐφάνη ταῦτα, δυοῖν καὶ ὀνόμασιν προσαγορεύωμεν
αὐτά, πρῶτον μὲν ἀγαθῷ καὶ κακῷ, ἔπειτα αὖθις ἡδεῖ τε
καὶ ἀνιαρῷ. θέμενοι δὴ οὕτω λέγωμεν ὅτι Γιγνώσκων ὁ c
ἄνθρωπος τὰ κακὰ ὅτι κακά ἐστιν, ὅμως αὐτὰ ποιεῖ. ἐὰν οὖν
τις ἡμᾶς ἔρηται, " Διὰ τί; " Ἡττώμενος, φήσομεν· "Ὑπὸ
τοῦ; " ἐκεῖνος ἐρήσεται ἡμᾶς· ἡμῖν δὲ ὑπὸ μὲν ἡδονῆς οὐκέτι
ἔξεστιν εἰπεῖν—ἄλλο γὰρ ὄνομα μετείληφεν ἀντὶ τῆς ἡδονῆς 5
τὸ ἀγαθόν—ἐκείνῳ δὴ ἀποκρινώμεθα καὶ λέγωμεν ὅτι
Ἡττώμενος—"Ὑπὸ τίνος; " φήσει. Τοῦ ἀγαθοῦ, φήσομεν
νὴ Δία. ἂν οὖν τύχῃ ὁ ἐρόμενος ἡμᾶς ὑβριστὴς ὤν, γελάσεται
καὶ ἐρεῖ· "Ἦ γελοῖον λέγετε πρᾶγμα, εἰ πράττει τις κακά, d
γιγνώσκων ὅτι κακά ἐστιν, οὐ δέον αὐτὸν πράττειν, ἡττώ-
μενος ὑπὸ τῶν ἀγαθῶν. ἆρα," φήσει, " οὐκ ἀξίων ὄντων
νικᾶν ἐν ὑμῖν τῶν ἀγαθῶν τὰ κακά, ἢ ἀξίων; " φήσομεν
δῆλον ὅτι ἀποκρινόμενοι, ὅτι Οὐκ ἀξίων ὄντων· οὐ γὰρ ἂν 5
ἐξημάρτανεν ὅν φαμεν ἥττω εἶναι τῶν ἡδονῶν. " Κατὰ τί
δέ," φήσει ἴσως, " ἀνάξιά ἐστιν τἀγαθὰ τῶν κακῶν ἢ τὰ κακὰ
τῶν ἀγαθῶν; ἢ κατ' ἄλλο τι ἢ ὅταν τὰ μὲν μείζω, τὰ δὲ
σμικρότερα ᾖ; ἢ πλείω, τὰ δὲ ἐλάττω ᾖ; " οὐχ ἕξομεν εἰπεῖν e
ἄλλο ἢ τοῦτο. " Δῆλον ἄρα," φήσει, " ὅτι τὸ ἡττᾶσθαι τοῦτο
λέγετε, ἀντὶ ἐλαττόνων ἀγαθῶν μείζω κακὰ λαμβάνειν."
Ταῦτα μὲν οὖν οὕτω. μεταλάβωμεν δὴ τὰ ὀνόματα πάλιν

a 8 αὐτά T: αὐτό B   b 1 λέγετε] λέγητε Heindorf: secl.
Hirschig   b 5 ἅμα corr. Coisl. : ἄρα B T W   b 6 καὶ B T :
om. W   προσαγορεύωμεν] προσαγορεύομεν re vera B T W   c 1 λέ-
γωμεν T: λέγομεν B W   c 4 του (sic) T W: τούτου B   ἐρήσεται T:
εἰρήσεται B W   c 6 ἀποκρινώμεθα B T : ἀποκρινόμεθα W   λέγωμεν
scr. recc. : λέγομεν B T W   c 7 φήσει corr. Ven. 189 : φησι B T W
e 3 λέγετε corr. Coisl. : λέγεται B T W

5 τὸ ἡδύ τε καὶ ἀνιαρὸν ἐπὶ τοῖς αὐτοῖς τούτοις, καὶ λέγωμεν
ὅτι ῎Ανθρωπός πράττει—τότε μὲν ἐλέγομεν τὰ κακά, νῦν δὲ
λέγωμεν τὰ ἀνιαρά, γιγνώσκων ὅτι ἀνιαρά ἐστιν, ἡττώμενος
356 ὑπὸ τῶν ἡδέων, δῆλον ὅτι ἀναξίων ὄντων νικᾶν. καὶ τίς
ἄλλη ἀναξία ἡδονῇ πρὸς λύπην ἐστίν, ἀλλ᾽ ἢ ὑπερβολὴ
ἀλλήλων καὶ ἔλλειψις; ταῦτα δ᾽ ἐστὶ μείζω τε καὶ σμικρό-
τερα γιγνόμενα ἀλλήλων καὶ πλείω καὶ ἐλάττω καὶ μᾶλλον
5 καὶ ἧττον. εἰ γάρ τις λέγοι ὅτι "᾽Αλλὰ πολὺ διαφέρει, ὦ
Σώκρατες, τὸ παραχρῆμα ἡδὺ τοῦ εἰς τὸν ὕστερον χρόνον
καὶ ἡδέος καὶ λυπηροῦ," Μῶν ἄλλῳ τῳ, φαίην ἂν ἔγωγε,
ἢ ἡδονῇ καὶ λύπῃ; οὐ γὰρ ἔσθ᾽ ὅτῳ ἄλλῳ. ἀλλ᾽ ὥσπερ
b ἀγαθὸς ἱστάναι ἄνθρωπος, συνθεὶς τὰ ἡδέα καὶ συνθεὶς τὰ
λυπηρά, καὶ τὸ ἐγγὺς καὶ τὸ πόρρω στήσας ἐν τῷ ζυγῷ,
εἰπὲ πότερα πλείω ἐστίν. ἐὰν μὲν γὰρ ἡδέα πρὸς ἡδέα
ἱστῇς, τὰ μείζω ἀεὶ καὶ πλείω ληπτέα· ἐὰν δὲ λυπηρὰ πρὸς
5 λυπηρά, τὰ ἐλάττω καὶ σμικρότερα· ἐὰν δὲ ἡδέα πρὸς
λυπηρά, ἐὰν μὲν τὰ ἀνιαρὰ ὑπερβάλληται ὑπὸ τῶν ἡδέων,
ἐάντε τὰ ἐγγὺς ὑπὸ τῶν πόρρω ἐάντε τὰ πόρρω ὑπὸ τῶν
ἐγγύς, ταύτην τὴν πρᾶξιν πρακτέον ἐν ᾗ ἂν ταῦτ᾽ ἐνῇ· ἐὰν
c δὲ τὰ ἡδέα ὑπὸ τῶν ἀνιαρῶν, οὐ πρακτέα. μή πη ἄλλῃ
ἔχει, φαίην ἄν, ταῦτα, ὦ ἄνθρωποι; οἶδ᾽ ὅτι οὐκ ἂν ἔχοιεν
ἄλλως λέγειν.—Συνεδόκει καὶ ἐκείνῳ.

῍Οτε δὴ τοῦτο οὕτως ἔχει, τόδε μοι ἀποκρίνασθε, φήσω.
5 φαίνεται ὑμῖν τῇ ὄψει τὰ αὐτὰ μεγέθη ἐγγύθεν μὲν μείζω,
πόρρωθεν δὲ ἐλάττω· ἢ οὔ;—Φήσουσιν.—Καὶ τὰ παχέα
καὶ τὰ πολλὰ ὡσαύτως; καὶ αἱ φωναὶ ⟨αἱ⟩ ἴσαι ἐγγύθεν
μὲν μείζους, πόρρωθεν δὲ σμικρότεραι;—Φαῖεν ἄν.—Εἰ οὖν
d ἐν τούτῳ ἡμῖν ἦν τὸ εὖ πράττειν, ἐν τῷ τὰ μὲν μεγάλα

---

e5 λέγωμεν T : λέγομεν B W   e6 ἄνθρωπος Sauppe   c7 λέ-
γωμεν T : λέγομεν B W   a2 ἄλλη B T : ἂν ἄλλη W   ἀναξία B T W
(indignitas Cicero) : ἀξία Schleiermacher : δὴ ἀξία Schanz   ἡδονῇ
Heindorf : ἡδονῆς Ast : ἡδονῇ B T W   a8 ἡδονῇ καὶ λύπῃ B T :
ἡδονὴν καὶ λύπην W   b3 εἰπὲ corr. Coisl : εἶπε B T W   c1 οὐ
in marg. T : om. B T W   c2 ἄνθρωποι B T : ἄνθρωπε W   οἶδ᾽
T : οὐδ᾽ B W   c7 prius αἱ secl. Deuschle   posterius αἱ add.
Heindorf

μήκη καὶ πράττειν καὶ λαμβάνειν, τὰ δὲ σμικρὰ καὶ φεύγειν
καὶ μὴ πράττειν, τίς ἂν ἡμῖν σωτηρία ἐφάνη τοῦ βίου; ἆρα
ἡ μετρητικὴ τέχνη ἢ ἡ τοῦ φαινομένου δύναμις; ἢ αὕτη
μὲν ἡμᾶς ἐπλάνα καὶ ἐποίει ἄνω τε καὶ κάτω πολλάκις 5
μεταλαμβάνειν ταὐτὰ καὶ μεταμέλειν καὶ ἐν ταῖς πράξεσιν
καὶ ἐν ταῖς αἱρέσεσιν τῶν μεγάλων τε καὶ σμικρῶν, ἡ δὲ
μετρητικὴ ἄκυρον μὲν ἂν ἐποίησε τοῦτο τὸ φάντασμα, δηλώ-
σασα δὲ τὸ ἀληθὲς ἡσυχίαν ἂν ἐποίησεν ἔχειν τὴν ψυχὴν e
μένουσαν ἐπὶ τῷ ἀληθεῖ καὶ ἔσωσεν ἂν τὸν βίον; ἆρ' ἂν
ὁμολογοῖεν οἱ ἄνθρωποι πρὸς ταῦτα ἡμᾶς τὴν μετρητικὴν
σῴζειν ἂν τέχνην ἢ ἄλλην;—Τὴν μετρητικήν, ὡμολόγει.—
Τί δ' εἰ ἐν τῇ τοῦ περιττοῦ καὶ ἀρτίου αἱρέσει ἡμῖν ἦν ἡ 5
σωτηρία τοῦ βίου, ὁπότε τὸ πλέον ὀρθῶς ἔδει ἑλέσθαι καὶ
ὁπότε τὸ ἔλαττον, ἢ αὐτὸ πρὸς ἑαυτὸ ἢ τὸ ἕτερον πρὸς τὸ
ἕτερον, εἴτ' ἐγγὺς εἴτε πόρρω εἴη; τί ἂν ἔσῳζεν ἡμῖν τὸν
βίον; ἆρ' ἂν οὐκ ἐπιστήμη; καὶ ἆρ' ἂν οὐ μετρητική τις, 357
ἐπειδήπερ ὑπερβολῆς τε καὶ ἐνδείας ἐστὶν ἡ τέχνη; ἐπειδὴ
δὲ περιττοῦ τε καὶ ἀρτίου, ἆρα ἄλλη τις ἢ ἀριθμητική; Ὁμο-
λογοῖεν ἂν ἡμῖν οἱ ἄνθρωποι ἢ οὔ;—Ἐδόκουν ἂν καὶ τῷ
Πρωταγόρᾳ ὁμολογεῖν.—Εἶεν, ὦ ἄνθρωπε· ἐπεὶ δὲ δὴ 5
ἡδονῆς τε καὶ λύπης ἐν ὀρθῇ τῇ αἱρέσει ἐφάνη ἡμῖν ἡ σω-
τηρία τοῦ βίου οὖσα, τοῦ τε πλέονος καὶ ἐλάττονος καὶ
μείζονος καὶ σμικροτέρου καὶ πορρωτέρω καὶ ἐγγυτέρω, ἆρα b
πρῶτον μὲν οὐ μετρητικὴ φαίνεται, ὑπερβολῆς τε καὶ ἐνδείας
οὖσα καὶ ἰσότητος πρὸς ἀλλήλας σκέψις;—Ἀλλ' ἀνάγκη.—
Ἐπεὶ δὲ μετρητική, ἀνάγκη δήπου τέχνη καὶ ἐπιστήμη.—
Συμφήσουσιν. —Ἥτις μὲν τοίνυν τέχνη καὶ ἐπιστήμη ἐστὶν 5
αὕτη, εἰς αὖθις σκεψόμεθα· ὅτι δὲ ἐπιστήμη ἐστίν, τοσοῦτον

d 4 ἢ ἡ W : ἡ BT   d 5 τε καὶ secl. Naber   d 6 ταὐτὰ T :
ταῦτα B   μεταμέλειν BT : μεταμέλλειν W   d 8 δηλώσασα T :
δηλώσας B   e 3 οἱ W : om. re vera BT   a 1 οὐκ add. t : om.
BTW   a 3 ἢ corr. Coisl. : ἡ W : om. BT   ἀριθμητική BW :
ἀριθμητική T   a 5 ἐπεὶ δὲ δὴ Adam : ἐπὶ δὲ δὴ W : ἐπειδὴ δὲ BT
a 6 τῇ Bt : πῇ T   b 6 αὕτη corr. Ven. 189 : ἡ αὐτὴ BTW
σκεψόμεθα BT : σκεψώμεθα W (sed o supra ω w)

ἐξαρκεῖ πρὸς τὴν ἀπόδειξιν ἣν ἐμὲ δεῖ καὶ Πρωταγόραν
c ἀποδεῖξαι περὶ ὧν ἤρεσθ' ἡμᾶς. ἤρεσθε δέ, εἰ μέμνησθε,
ἡνίκα ἡμεῖς ἀλλήλοις ὡμολογοῦμεν ἐπιστήμης μηδὲν εἶναι
κρεῖττον, ἀλλὰ τοῦτο ἀεὶ κρατεῖν, ὅπου ἂν ἐνῇ, καὶ ἡδονῆς
καὶ τῶν ἄλλων ἁπάντων· ὑμεῖς δὲ δὴ ἔφατε τὴν ἡδονὴν
5 πολλάκις κρατεῖν καὶ τοῦ εἰδότος ἀνθρώπου, ἐπειδὴ δὲ ὑμῖν
οὐχ ὡμολογοῦμεν, μετὰ τοῦτο ἤρεσθε ἡμᾶς· "Ὦ Πρωταγόρα
τε καὶ Σώκρατες, εἰ μὴ ἔστι τοῦτο τὸ πάθημα ἡδονῆς ἡττᾶσθαι,
ἀλλὰ τί ποτ' ἐστὶν καὶ τί ὑμεῖς αὐτό φατε εἶναι; εἴπατε
d ἡμῖν." εἰ μὲν οὖν τότε εὐθὺς ὑμῖν εἴπομεν ὅτι 'Ἀμαθία,
κατεγελᾶτε ἂν ἡμῶν· νῦν δὲ ἂν ἡμῶν καταγελᾶτε, καὶ ὑμῶν
αὐτῶν καταγελάσεσθε. καὶ γὰρ ὑμεῖς ὡμολογήκατε ἐπιστή-
μης ἐνδείᾳ ἐξαμαρτάνειν περὶ τὴν τῶν ἡδονῶν αἵρεσιν καὶ
5 λυπῶν τοὺς ἐξαμαρτάνοντας—ταῦτα δέ ἐστιν ἀγαθά τε καὶ
κακά—καὶ οὐ μόνον ἐπιστήμης, ἀλλὰ καὶ ἧς τὸ πρόσθεν ἔτι
ὡμολογήκατε ὅτι μετρητικῆς· ἡ δὲ ἐξαμαρτανομένη πρᾶξις
e ἄνευ ἐπιστήμης ἴστε που καὶ αὐτοὶ ὅτι ἀμαθίᾳ πράττεται.
ὥστε τοῦτ' ἐστὶν τὸ ἡδονῆς ἥττω εἶναι, ἀμαθία ἡ μεγίστη,
ἧς Πρωταγόρας ὅδε φησὶν ἰατρὸς εἶναι καὶ Πρόδικος καὶ
Ἱππίας· ὑμεῖς δὲ διὰ τὸ οἴεσθαι ἄλλο τι ἢ ἀμαθίαν εἶναι
5 οὔτε αὐτοὶ οὔτε τοὺς ὑμετέρους παῖδας παρὰ τοὺς τούτων
διδασκάλους τούσδε τοὺς σοφιστὰς πέμπετε, ὡς οὐ διδακτοῦ
ὄντος, ἀλλὰ κηδόμενοι τοῦ ἀργυρίου καὶ οὐ διδόντες τούτοις
κακῶς πράττετε καὶ ἰδίᾳ καὶ δημοσίᾳ.

358   Ταῦτα μὲν τοῖς πολλοῖς ἀποκεκριμένοι ἂν ἦμεν· ὑμᾶς δὲ
δὴ μετὰ Πρωταγόρου ἐρωτῶ, ⟨ὦ⟩ Ἱππία τε καὶ Πρόδικε

c 1 ἀποδεῖξαι] ὑμῖν ἀποδεῖξαι Stobaeus   c 2 ὡμολογοῦμεν T
Stobaeus : ὁμολογοῦμεν B   μηδὲν εἶναι] μὴ εἶναι μηδὲν Stobaeus
c 6 ὡμολογοῦμεν T² Stobaeus : ὁμολογοῦμεν B T   c 7 εἰ] εἰ δὲ
Stobaeus   c 8 ἀλλὰ T Stobaeus : ἄλλο B   εἴπατε Stobaeus :
εἴπετε B T   d 6 οὐ μόνον] οὐκέτι Stobaeus   ἧς B T Stobaeus :
εἰς W   d 7 ὅτι B T W Stobaeus : secl. Hirschig   ἐξαμαρτανομένη]
ἁμαρτανομένη Stobaeus   e 5 post αὐτοὶ add. ci. ἴτε Madvig : ἦτε
Adam   οὔτε ... παῖδας post e 6 τούσδε transp. Cobet   τούτων]
τούτου Cobet   e 6 τοὺς σοφιστὰς secl. Naber   a 2 ὦ add.
Rückert

(κοινὸς γὰρ δὴ ἔστω ὑμῖν ὁ λόγος) πότερον δοκῶ ὑμῖν ἀληθῆ
λέγειν ἢ ψεύδεσθαι.—Ὑπερφυῶς ἐδόκει ἅπασιν ἀληθῆ εἶναι
τὰ εἰρημένα.—Ὁμολογεῖτε ἄρα, ἦν δ᾽ ἐγώ, τὸ μὲν ἡδὺ ἀγαθὸν 5
εἶναι, τὸ δὲ ἀνιαρὸν κακόν. τὴν δὲ Προδίκου τοῦδε διαίρεσιν
τῶν ὀνομάτων παραιτοῦμαι· εἴτε γὰρ ἡδὺ εἴτε τερπνὸν
λέγεις εἴτε χαρτόν, εἴτε ὁπόθεν καὶ ὅπως χαίρεις τὰ τοιαῦτα
ὀνομάζων, ὦ βέλτιστε Πρόδικε, τοῦτό μοι πρὸς ὃ βούλομαι b
ἀπόκριναι.—Γελάσας οὖν ὁ Πρόδικος συνωμολόγησε, καὶ οἱ
ἄλλοι.—Τί δὲ δή, ὦ ἄνδρες, ἔφην ἐγώ, τὸ τοιόνδε; αἱ ἐπὶ
τούτου πράξεις ἅπασαι, ἐπὶ τοῦ ἀλύπως ζῆν καὶ ἡδέως, ἆρ᾽
οὐ καλαί [καὶ ὠφέλιμοι]; καὶ τὸ καλὸν ἔργον ἀγαθόν τε καὶ 5
ὠφέλιμον;—Συνεδόκει.—Εἰ ἄρα, ἔφην ἐγώ, τὸ ἡδὺ ἀγαθόν
ἐστιν, οὐδεὶς οὔτε εἰδὼς οὔτε οἰόμενος ἄλλα βελτίω εἶναι ἢ
ἃ ποιεῖ, καὶ δυνατά, ἔπειτα ποιεῖ ταῦτα, ἐξὸν τὰ βελτίω· οὐδὲ c
τὸ ἥττω εἶναι αὑτοῦ ἄλλο τι τοῦτ᾽ ἐστὶν ἢ ἀμαθία, οὐδὲ
κρείττω ἑαυτοῦ ἄλλο τι ἢ σοφία.—Συνεδόκει πᾶσιν.—Τί δὲ
δή; ἀμαθίαν ἆρα τὸ τοιόνδε λέγετε, τὸ ψευδῆ ἔχειν δόξαν
καὶ ἐψεῦσθαι περὶ τῶν πραγμάτων τῶν πολλοῦ ἀξίων;—Καὶ 5
τοῦτο πᾶσι συνεδόκει.—Ἄλλο τι οὖν, ἔφην ἐγώ, ἐπί γε τὰ
κακὰ οὐδεὶς ἑκὼν ἔρχεται οὐδὲ ἐπὶ ἃ οἴεται κακὰ εἶναι, οὐδ᾽
ἔστι τοῦτο, ὡς ἔοικεν, ἐν ἀνθρώπου φύσει, ἐπὶ ἃ οἴεται κακὰ d
εἶναι ἐθέλειν ἰέναι ἀντὶ τῶν ἀγαθῶν· ὅταν τε ἀναγκασθῇ
δυοῖν κακοῖν τὸ ἕτερον αἱρεῖσθαι, οὐδεὶς τὸ μεῖζον αἱρήσεται
ἐξὸν τὸ ἔλαττον;—Ἅπαντα ταῦτα συνεδόκει ἅπασιν ἡμῖν.—
Τί οὖν; ἔφην ἐγώ, καλεῖτέ ⟨τι⟩ δέος καὶ φόβον; καὶ ἆρα 5
ὅπερ ἐγώ; (πρὸς σὲ λέγω, ὦ Πρόδικε). προσδοκίαν τινὰ
λέγω κακοῦ τοῦτο, εἴτε φόβον εἴτε δέος καλεῖτε.—Ἐδόκει
Πρωταγόρᾳ μὲν καὶ Ἱππίᾳ δέος τε καὶ φόβος εἶναι τοῦτο,
Προδίκῳ δὲ δέος, φόβος δ᾽ οὔ.—Ἀλλ᾽ οὐδέν, ἔφην ἐγώ, e

a 4 ἀληθῆ] ὡς ἀληθῆ Cobet   a 7 εἴτε γὰρ Β Τ : εἶπε γὰρ W
a 8 καὶ Β Τ : om. W   b 4 τούτου] τούτῳ ci. Heindorf   b 5 καὶ
ὠφέλιμοι secl. Schleiermacher   c 1 ποιεῖ Heindorf : ἐποίει Β Τ W
δυνατά Schleiermacher : δύναται Β Τ W   d 4 συνεδόκει W :
συνδοκεῖ Β Τ   d 5 τι add. Heindorf   d 8 τοῦτο] ταὐτό Cobet
e 1 δὲ Τ : om. Β   δέος ⟨μὲν⟩ Cobet

Πρόδικε, διαφέρει· ἀλλὰ τόδε. εἰ ἀληθῆ τὰ ἔμπροσθέν ἐστιν,
ἆρά τις ἀνθρώπων ἐθελήσει ἐπὶ ταῦτα ἰέναι ἃ δέδοικεν, ἐξὸν
ἐπὶ ἃ μή; ἢ ἀδύνατον ἐκ τῶν ὡμολογημένων; ἃ γὰρ δέ-
5 δοικεν, ὡμολόγηται ἡγεῖσθαι κακὰ εἶναι· ἃ δὲ ἡγεῖται κακά,
οὐδένα οὔτε ἰέναι ἐπὶ ταῦτα οὔτε λαμβάνειν ἑκόντα.—Ἐδόκει
359 καὶ ταῦτα πᾶσιν.

Οὕτω δὴ τούτων ὑποκειμένων, ἦν δ' ἐγώ, Πρόδικέ τε καὶ
Ἱππία, ἀπολογείσθω ἡμῖν Πρωταγόρας ὅδε ἃ τὸ πρῶτον
ἀπεκρίνατο πῶς ὀρθῶς ἔχει—μὴ ἃ τὸ πρῶτον παντάπασι·
5 τότε μὲν γὰρ δὴ πέντε ὄντων μορίων τῆς ἀρετῆς οὐδὲν ἔφη
εἶναι τὸ ἕτερον οἷον τὸ ἕτερον, ἰδίαν δὲ αὐτοῦ ἕκαστον ἔχειν
δύναμιν· ἀλλ' οὐ ταῦτα λέγω, ἀλλ' ἃ τὸ ὕστερον εἶπεν. τὸ γὰρ
ὕστερον ἔφη τὰ μὲν τέτταρα ἐπιεικῶς παραπλήσια ἀλλήλοις
b εἶναι, τὸ δὲ ἓν πάνυ πολὺ διαφέρειν τῶν ἄλλων, τὴν ἀνδρείαν,
γνώσεσθαι δέ μ' ἔφη τεκμηρίῳ τῷδε· '' Εὑρήσεις γάρ, ὦ Σώ-
κρατες, ἀνθρώπους ἀνοσιωτάτους μὲν ὄντας καὶ ἀδικωτάτους
καὶ ἀκολαστοτάτους καὶ ἀμαθεστάτους, ἀνδρειοτάτους δέ· ᾧ
5 γνώσῃ ὅτι πολὺ διαφέρει ἡ ἀνδρεία τῶν ἄλλων μορίων τῆς
ἀρετῆς.'' καὶ ἐγὼ εὐθὺς τότε πάνυ ἐθαύμασα τὴν ἀπόκρισιν,
καὶ ἔτι μᾶλλον ἐπειδὴ ταῦτα μεθ' ὑμῶν διεξῆλθον. ἠρόμην
δ' οὖν τοῦτον εἰ τοὺς ἀνδρείους λέγοι θαρραλέους· ὁ δέ, '' Καὶ
c ἴτας γ','' ἔφη. μέμνησαι, ἦν δ' ἐγώ, ὦ Πρωταγόρα, ταῦτα
ἀποκρινόμενος;—Ὡμολόγει.—Ἴθι δή, ἔφην ἐγώ, εἰπὲ ἡμῖν,
ἐπὶ τί λέγεις ἴτας εἶναι τοὺς ἀνδρείους; ἢ ἐφ' ἅπερ οἱ
δειλοί;—Οὐκ ἔφη.—Οὐκοῦν ἐφ' ἕτερα.—Ναί, ἦ δ' ὅς.—
5 Πότερον οἱ μὲν δειλοὶ ἐπὶ τὰ θαρραλέα ἔρχονται, οἱ δὲ
ἀνδρεῖοι ἐπὶ τὰ δεινά;—Λέγεται δή, ὦ Σώκρατες, οὕτως ὑπὸ
τῶν ἀνθρώπων.—Ἀληθῆ, ἔφην ἐγώ, λέγεις· ἀλλ' οὐ τοῦτο
d ἐρωτῶ, ἀλλὰ σὺ ἐπὶ τί φῂς ἴτας εἶναι τοὺς ἀνδρείους; ἆρ'

e 2 ⟨ὦ⟩ Πρόδικε Bekker   a 2 ὦ ante Πρόδικε add. corr. Ven.
189   a 7 ἃ B : δ T W   b 1 πάνυ πολὺ B W : πάνυ T
b 2 γνώσεσθαι W : γνώσεσθε B T   c 3 τί B T W : τίνα B² ἢ B :
ἢ T   c 6 δεινά corr. Par. 1811 : δειλά B T W   δὴ B T : δὲ W
(sed η supra ἐ W)

ἐπὶ τὰ δεινά, ἡγουμένους δεινὰ εἶναι, ἢ ἐπὶ τὰ μή;—Ἀλλὰ
τοῦτό γ᾿, ἔφη, ἐν οἷς σὺ ἔλεγες τοῖς λόγοις ἀπεδείχθη ἄρτι
ὅτι ἀδύνατον.—Καὶ τοῦτο, ἔφην ἐγώ, ἀληθὲς λέγεις· ὥστ᾿ εἰ
τοῦτο ὀρθῶς ἀπεδείχθη, ἐπὶ μὲν ἃ δεινὰ ἡγεῖται εἶναι οὐδεὶς 5
ἔρχεται, ἐπειδὴ τὸ ἥττω εἶναι ἑαυτοῦ ηὑρέθη ἀμαθία οὖσα.
—Ὡμολόγει.—Ἀλλὰ μὴν ἐπὶ ἅ γε 'θαρροῦσι πάντες αὖ
ἔρχονται, καὶ δειλοὶ καὶ ἀνδρεῖοι, καὶ ταύτῃ γε ἐπὶ τὰ αὐτὰ
ἔρχονται οἱ δειλοί τε καὶ οἱ ἀνδρεῖοι.—Ἀλλὰ μέντοι, ἔφη, e
ὦ Σώκρατες, πᾶν γε τοὐναντίον ἐστὶν ἐπὶ ἃ οἵ τε δειλοὶ
ἔρχονται καὶ οἱ ἀνδρεῖοι. αὐτίκα εἰς τὸν πόλεμον οἱ μὲν
ἐθέλουσιν ἰέναι, οἱ δὲ οὐκ ἐθέλουσιν.—Πότερον, ἔφην ἐγώ,
καλὸν ὂν ἰέναι ἢ αἰσχρόν;—Καλόν, ἔφη.—Οὐκοῦν εἴπερ 5
καλόν, καὶ ἀγαθὸν ὡμολογήσαμεν ἐν τοῖς ἔμπροσθεν· τὰς
γὰρ καλὰς πράξεις ἁπάσας ἀγαθὰς ὡμολογήσαμεν.—Ἀληθῆ
λέγεις, καὶ ἀεὶ ἔμοιγε δοκεῖ οὕτως.—Ὀρθῶς γε, ἔφην ἐγώ.
ἀλλὰ ποτέρους φὴς εἰς τὸν πόλεμον οὐκ ἐθέλειν ἰέναι, καλὸν 360
ὂν καὶ ἀγαθόν;—Τοὺς δειλούς, ἦ δ᾿ ὅς.—Οὐκοῦν, ἦν δ᾿ ἐγώ,
εἴπερ καλὸν καὶ ἀγαθόν, καὶ ἡδύ;—Ὡμολόγηται γοῦν, ἔφη.—
Ἆρ᾿ οὖν γιγνώσκοντες οἱ δειλοὶ οὐκ ἐθέλουσιν ἰέναι ἐπὶ τὸ
κάλλιόν τε καὶ ἄμεινον καὶ ἥδιον;—Ἀλλὰ καὶ τοῦτο ἐὰν 5
ὁμολογῶμεν, ἔφη, διαφθεροῦμεν τὰς ἔμπροσθεν ὁμολογίας.
—Τί δ᾿ ὁ ἀνδρεῖος; οὐκ ἐπὶ τὸ κάλλιόν τε καὶ ἄμεινον καὶ
ἥδιον ἔρχεται;—Ἀνάγκη, ἔφη, ὁμολογεῖν.—Οὐκοῦν ὅλως οἱ
ἀνδρεῖοι οὐκ αἰσχροὺς φόβους φοβοῦνται, ὅταν φοβῶνται, b
οὐδὲ αἰσχρὰ θάρρη θαρροῦσιν;—Ἀληθῆ, ἔφη.—Εἰ δὲ μὴ
αἰσχρά, ἆρ᾿ οὐ καλά;—Ὡμολόγει.—Εἰ δὲ καλά, καὶ ἀγαθά;
—Ναί.—Οὐκοῦν καὶ οἱ δειλοὶ καὶ οἱ θρασεῖς καὶ οἱ μαινό-
μενοι τοὐναντίον αἰσχρούς τε φόβους φοβοῦνται καὶ αἰσχρὰ 5

---

d 6 εὑρέθη T: εὑρέθη ἡ B   e 1 οἱ ἀνδρεῖοι BW: ἀνάνδρειοι
(ἀνδρεῖοι correctum fuisse videtur) T: ἄνανδροι vulg.   e 8 ἀεὶ
ἔμοιγε BT: ἐμοὶ ἀεί γε W   a 1 ποτέρους T: ποτέρου B   φὴς
εἰς W: φήσεις BT   a 5 κάλλιον Stephanus: καλόν BTW   τε
BT: γε W   a 6 διαφθεροῦμεν T: διαφεροῦμεν B   b 4 καὶ οἱ
θρασεῖς secl. Dobree: καὶ οἱ θρασεῖς καὶ οἱ μαινόμενοι om. Král   θρασεῖς
T: θαρσεῖς B

θάρρῃ θαρροῦσιν;—Ὡμολόγει.—Θαρροῦσιν δὲ τὰ αἰσχρὰ
καὶ κακὰ δι' ἄλλο τι ἢ δι' ἄγνοιαν καὶ ἀμαθίαν;—Οὕτως
c ἔχει, ἔφη.—Τί οὖν; τοῦτο δι' ὃ δειλοί εἰσιν οἱ δειλοί,
δειλίαν ἢ ἀνδρείαν καλεῖς;—Δειλίαν ἔγωγ', ἔφη.—Δειλοὶ
δὲ οὐ διὰ τὴν τῶν δεινῶν ἀμαθίαν ἐφάνησαν ὄντες;—Πάνυ
γ', ἔφη.—Διὰ ταύτην ἄρα τὴν ἀμαθίαν δειλοί εἰσιν;—
5 Ὡμολόγει.—Δι' ὃ δὲ δειλοί εἰσιν, δειλία ὁμολογεῖται παρὰ
σοῦ;—Συνέφη.—Οὐκοῦν ἡ τῶν δεινῶν καὶ μὴ δεινῶν ἀμαθία
δειλία ἂν εἴη;—Ἐπένευσε.—Ἀλλὰ μήν, ἦν δ' ἐγώ, ἐναντίον
d ἀνδρεία δειλίᾳ.—Ἔφη.—Οὐκοῦν ἡ τῶν δεινῶν καὶ μὴ δεινῶν
σοφία ἐναντία τῇ τούτων ἀμαθίᾳ ἐστίν;—Καὶ ἐνταῦθα ἔτι
ἐπένευσεν.—Ἡ δὲ τούτων ἀμαθία δειλία;—Πάνυ μόγις
ἐνταῦθα ἐπένευσεν.—Ἡ σοφία ἄρα τῶν δεινῶν καὶ μὴ
5 δεινῶν ἀνδρεία ἐστίν, ἐναντία οὖσα τῇ τούτων ἀμαθίᾳ;—
Οὐκέτι ἐνταῦθα οὔτ' ἐπινεῦσαι ἠθέλησεν ἐσίγα τε.—Καὶ ἐγὼ
εἶπον· Τί δή, ὦ Πρωταγόρα, οὔτε σὺ φῂς ἃ ἐρωτῶ οὔτε
ἀπόφῃς;—Αὐτός, ἔφη, πέρανον.—Ἕν γ', ἔφην ἐγώ, μόνον
e ἐρόμενος ἔτι σέ, εἴ σοι ὥσπερ τὸ πρῶτον ἔτι δοκοῦσιν
εἶναί τινες ἄνθρωποι ἀμαθέστατοι μέν, ἀνδρειότατοι δέ.—
Φιλονικεῖν μοι, ἔφη, δοκεῖς, ὦ Σώκρατες, τὸ ἐμὲ εἶναι τὸν
ἀποκρινόμενον· χαριοῦμαι οὖν σοι, καὶ λέγω ὅτι ἐκ τῶν
5 ὡμολογημένων ἀδύνατόν μοι δοκεῖ εἶναι.

Οὗτοι, ἦν δ' ἐγώ, ἄλλου ἕνεκα ἐρωτῶ πάντα ταῦτα ἢ
σκέψασθαι βουλόμενος πῶς ποτ' ἔχει τὰ περὶ τῆς ἀρετῆς καὶ
τί ποτ' ἐστὶν αὐτό, ἡ ἀρετή. οἶδα γὰρ ὅτι τούτου φανεροῦ
361 γενομένου μάλιστ' ἂν κατάδηλον γένοιτο ἐκεῖνο περὶ οὗ ἐγώ
τε καὶ σὺ μακρὸν λόγον ἑκάτερος ἀπετείναμεν, ἐγὼ μὲν λέγων
ὡς οὐ διδακτὸν ἀρετή, σὺ δ' ὡς διδακτόν. καί μοι δοκεῖ ἡμῶν
ἡ ἄρτι ἔξοδος τῶν λόγων ὥσπερ ἄνθρωπος κατηγορεῖν τε καὶ

b 6 αἰσχρὰ καὶ κακὰ B T : κακὰ καὶ αἰσχρὰ W   c 3 δεινῶν corr.
Ven. 189 : δειλῶν B T W   c 6 δεινῶν . . . δεινῶν corr. Ven. 189 :
δειλῶν . . . δειλῶν B T W   d 4 δεινῶν . . . δεινῶν T : δειλῶν . . .
δειλῶν B W   e 3 ἔφη B W : ἔτι T   τὸ] πρὸς τὸ ci. Schanz
τὸν T : τὸ B

καταγελᾶν, καὶ εἰ φωνὴν λάβοι, εἰπεῖν ἂν ὅτι "'Ατοποί γ' 5
ἐστέ, ὦ Σώκρατές τε καὶ Πρωταγόρα· σὺ μὲν λέγων ὅτι οὐ
διδακτόν ἐστιν ἀρετὴ ἐν τοῖς ἔμπροσθεν, νῦν σεαυτῷ τἀναντία
σπεύδεις, ἐπιχειρῶν ἀποδεῖξαι ὡς πάντα χρήματά ἐστιν ἐπι- b
στήμη, καὶ ἡ δικαιοσύνη καὶ σωφροσύνη καὶ ἡ ἀνδρεία,
ᾧ τρόπῳ μάλιστ' ἂν διδακτὸν φανείη ἡ ἀρετή. εἰ μὲν γὰρ
ἄλλο τι ἦν ἢ ἐπιστήμη ἡ ἀρετή, ὥσπερ Πρωταγόρας ἐπεχείρει
λέγειν, σαφῶς οὐκ ἂν ἦν διδακτόν· νῦν δὲ εἰ φανήσεται 5
ἐπιστήμη ὅλον, ὡς σὺ σπεύδεις, ὦ Σώκρατες, θαυμάσιον
ἔσται μὴ διδακτὸν ὄν. Πρωταγόρας δ' αὖ διδακτὸν τότε
ὑποθέμενος, νῦν τοὐναντίον ἔοικεν σπεύδοντι ὀλίγου πάντα
μᾶλλον φανῆναι αὐτὸ ἢ ἐπιστήμην· καὶ οὕτως ἂν ἥκιστα c
εἴη διδακτόν." ἐγὼ οὖν, ὦ Πρωταγόρα, πάντα ταῦτα καθορῶν
ἄνω κάτω ταραττόμενα δεινῶς, πᾶσαν προθυμίαν ἔχω κατα-
φανῆ αὐτὰ γενέσθαι, καὶ βουλοίμην ἂν ταῦτα διεξελθόντας
ἡμᾶς ἐξελθεῖν καὶ ἐπὶ τὴν ἀρετὴν ὅτι ἔστιν, καὶ πάλιν 5
ἐπισκέψασθαι περὶ αὐτοῦ εἴτε διδακτὸν εἴτε μὴ διδακτόν,
μὴ πολλάκις ἡμᾶς ὁ Ἐπιμηθεὺς ἐκεῖνος καὶ ἐν τῇ σκέψει
σφήλῃ ἐξαπατήσας, ὥσπερ καὶ ἐν τῇ διανομῇ ἠμέλησεν d
ἡμῶν, ὡς φῂς σύ. ἤρεσεν οὖν μοι καὶ ἐν τῷ μύθῳ ὁ
Προμηθεὺς μᾶλλον τοῦ Ἐπιμηθέως· ᾧ χρώμενος ἐγὼ καὶ
προμηθούμενος ὑπὲρ τοῦ βίου τοῦ ἐμαυτοῦ παντὸς πάντα
ταῦτα πραγματεύομαι, καὶ εἰ σὺ ἐθέλοις, ὅπερ καὶ κατ' ἀρχὰς 5
ἔλεγον, μετὰ σοῦ ἂν ἥδιστα ταῦτα συνδιασκοποίην.

Καὶ ὁ Πρωταγόρας, Ἐγὼ μέν, ἔφη, ὦ Σώκρατες, ἐπαινῶ
σου τὴν προθυμίαν καὶ τὴν διέξοδον τῶν λόγων. καὶ γὰρ οὔτε
τἆλλα οἶμαι κακὸς εἶναι ἄνθρωπος, φθονερός τε ἥκιστ' ἀνθρώ- e
πων, ἐπεὶ καὶ περὶ σοῦ πρὸς πολλοὺς δὴ εἴρηκα ὅτι ὧν ἐντυγ-
χάνω πολὺ μάλιστα ἄγαμαι σέ, τῶν μὲν τηλικούτων καὶ πάνυ·
καὶ λέγω γε ὅτι οὐκ ἂν θαυμάζοιμι εἰ τῶν ἐλλογίμων γένοιο

a 7 ἀρετὴ B W t : ἡ ἀρετὴ T   b 4 ἢ ἐπιστήμη ἡ Stephanus: ἡ
ἐπιστήμη ἢ B T W   b 6 ὅλον B T W : ὃν vulg.   c 5 ἐξελθεῖν
B T : ἐλθεῖν t   d 5 εἰ σὺ T : εἴσοι B   d 6 συνδιασκοποίην B T :
διασκοποίην W

5   ἀνδρῶν ἐπὶ σοφίᾳ. καὶ περὶ τούτων δὲ εἰς αὖθις, ὅταν βούλῃ,
διέξιμεν· νῦν δ' ὥρα ἤδη καὶ ἐπ' ἄλλο τι τρέπεσθαι.

362   Ἀλλ', ἦν δ' ἐγώ, οὕτω χρὴ ποιεῖν, εἴ σοι δοκεῖ. καὶ
γὰρ ἐμοὶ οἷπερ ἔφην ἰέναι πάλαι ὥρα, ἀλλὰ Καλλίᾳ τῷ
καλῷ χαριζόμενος παρέμεινα.

Ταῦτ' εἰπόντες καὶ ἀκούσαντες ἀπῇμεν.

e 6 διέξιμεν B²t : διέξειμεν B T

ΓΟΡΓΙΑΣ

ΚΑΛΛΙΚΛΗΣ   ΣΩΚΡΑΤΗΣ   ΧΑΙΡΕΦΩΝ
ΓΟΡΓΙΑΣ   ΠΩΛΟΣ

ΚΑΛ. Πολέμου καὶ μάχης φασὶ χρῆναι, ὦ Σώκρατες, **a**
οὕτω μεταλαγχάνειν.

ΣΩ. Ἀλλ' ἦ, τὸ λεγόμενον, κατόπιν ἑορτῆς ἥκομεν καὶ
ὑστεροῦμεν;

ΚΑΛ. Καὶ μάλα γε ἀστείας ἑορτῆς· πολλὰ γὰρ καὶ καλὰ 5
Γοργίας ἡμῖν ὀλίγον πρότερον ἐπεδείξατο.

ΣΩ. Τούτων μέντοι, ὦ Καλλίκλεις, αἴτιος Χαιρεφῶν ὅδε,
ἐν ἀγορᾷ ἀναγκάσας ἡμᾶς διατρῖψαι.

ΧΑΙ. Οὐδὲν πρᾶγμα, ὦ Σώκρατες· ἐγὼ γὰρ καὶ ἰάσομαι. **b**
φίλος γάρ μοι Γοργίας, ὥστ' ἐπιδείξεται ἡμῖν, εἰ μὲν δοκεῖ,
νῦν, ἐὰν δὲ βούλῃ, εἰς αὖθις.

ΚΑΛ. Τί δέ, ὦ Χαιρεφῶν; ἐπιθυμεῖ Σωκράτης ἀκοῦσαι
Γοργίου;   5

ΧΑΙ. Ἐπ' αὐτό γέ τοι τοῦτο πάρεσμεν.

ΚΑΛ. Οὐκοῦν ὅταν βούλησθε παρ' ἐμὲ ἥκειν οἴκαδε· παρ'
ἐμοὶ γὰρ Γοργίας καταλύει καὶ ἐπιδείξεται ὑμῖν.

ΣΩ. Εὖ λέγεις, ὦ Καλλίκλεις. ἀλλ' ἆρα ἐθελήσειεν ἂν
ἡμῖν διαλεχθῆναι; βούλομαι γὰρ πυθέσθαι παρ' αὐτοῦ τίς ἡ **c**

---

a 3 ἀλλ' ἦ B² P : ἀλλ' ἦ B T F Olympiodorus Suidas : ἄρα in marg.
T (schol. B ἀλλ' ἦ ἄλλ' ἄρα)   καὶ ὑστεροῦμεν secl. Cobet (non laudat
Olympiodorus)   a 5 ἑορτῆς secl. Hirschig   b 3 εἰς P : ἐς BTF
b 7 ἥκειν] ἥκετ' Cobet   b 8 γὰρ B W : om. T P F   καὶ secl.
Schanz (post καταλύει distinguens)   b 9 ἐθελήσειεν ἂν BTPF :
ἐθελήσει Olympiodorus

δύναμις τῆς τέχνης τοῦ ἀνδρός, καὶ τί ἐστιν ὃ ἐπαγγέλλεταί
τε καὶ διδάσκει· τὴν δὲ ἄλλην ἐπίδειξιν εἰς αὖθις, ὥσπερ σὺ
λέγεις, ποιησάσθω.

5   ΚΑΛ. Οὐδὲν οἷον τὸ αὐτὸν ἐρωτᾶν, ὦ Σώκρατες. καὶ γὰρ
αὐτῷ ἐν τοῦτ' ἦν τῆς ἐπιδείξεως· ἐκέλευε γοῦν νυνδὴ ἐρωτᾶν
ὅτι τις βούλοιτο τῶν ἔνδον ὄντων, καὶ πρὸς ἅπαντα ἔφη
ἀποκρινεῖσθαι.
      ΣΩ. Ἦ καλῶς λέγεις.   ὦ Χαιρεφῶν, ἐροῦ αὐτόν.
10   ΧΑΙ. Τί ἔρωμαι;
d   ΣΩ. Ὅστις ἐστίν.
      ΧΑΙ. Πῶς λέγεις;
      ΣΩ. Ὥσπερ ἂν εἰ ἐτύγχανεν ὢν ὑποδημάτων δημιουργός,
ἀπεκρίνατο ἂν δήπου σοι ὅτι σκυτοτόμος· ἢ οὐ μανθάνεις ὡς
5 λέγω;
      ΧΑΙ. Μανθάνω καὶ ἐρήσομαι.   Εἰπέ μοι, ὦ Γοργία,
ἀληθῆ λέγει Καλλικλῆς ὅδε ὅτι ἐπαγγέλλῃ ἀποκρίνεσθαι ὅτι
ἄν τίς σε ἐρωτᾷ;
448 ΓΟΡ. Ἀληθῆ, ὦ Χαιρεφῶν· καὶ γὰρ νυνδὴ αὐτὰ ταῦτα
ἐπηγγελλόμην, καὶ λέγω ὅτι οὐδείς μέ πω ἠρώτηκε καινὸν
οὐδὲν πολλῶν ἐτῶν.
      ΧΑΙ. Ἦ που ἄρα ῥᾳδίως ἀποκρινῇ, ὦ Γοργία.
5   ΓΟΡ. Πάρεστι τούτου πεῖραν, ὦ Χαιρεφῶν, λαμβάνειν.
      ΠΩΛ. Νὴ Δία· ἂν δέ γε βούλῃ, ὦ Χαιρεφῶν, ἐμοῦ.
Γοργίας μὲν γὰρ καὶ ἀπειρηκέναι μοι δοκεῖ· πολλὰ γὰρ ἄρτι
διελήλυθεν.
      ΧΑΙ. Τί δέ, ὦ Πῶλε; οἴει σὺ κάλλιον ἂν Γοργίου
10 ἀποκρίνασθαι;
b   ΠΩΛ. Τί δὲ τοῦτο, ἐὰν σοί γε ἱκανῶς;
      ΧΑΙ. Οὐδέν· ἀλλ' ἐπειδὴ σὺ βούλει, ἀποκρίνου.
      ΠΩΛ. Ἐρώτα.
      ΧΑΙ. Ἐρωτῶ δή.   εἰ ἐτύγχανε Γοργίας ἐπιστήμων ὢν

d 7 ἀποκρίνεσθαι Β Τ Ρ : ἀποκρινεῖσθαι F   a 4 ἀποκρινεῖ Β : ἀπο-
κρίνει Τ : ἀποκρινῇ Ρ F   a 5 λαμβάνειν Β Τ Ρ : λαβεῖν F   a 6 δέ
Β Τ Ρ : om. F   a 8 διελήλυθεν Β Τ Ρ : διεξελήλυθε F

τῆς τέχνης ἧσπερ ὁ ἀδελφὸς αὐτοῦ Ἡρόδικος, τί ἂν αὐτὸν 5
ὠνομάζομεν δικαίως; οὐχ ὅπερ ἐκεῖνον;

ΠΩΛ. Πάνυ γε.

ΧΑΙ. Ἰατρὸν ἄρα φάσκοντες αὐτὸν εἶναι καλῶς ἂν
ἐλέγομεν.

ΠΩΛ. Ναί. 10

ΧΑΙ. Εἰ δέ γε ἧσπερ Ἀριστοφῶν ὁ Ἀγλαοφῶντος ἢ ὁ
ἀδελφὸς αὐτοῦ ἔμπειρος ἦν τέχνης, τίνα ἂν αὐτὸν ὀρθῶς
ἐκαλοῦμεν;

ΠΩΛ. Δῆλον ὅτι ζωγράφον. c

ΧΑΙ. Νῦν δ᾽ ἐπειδὴ τίνος τέχνης ἐπιστήμων ἐστίν, τίνα
ἂν καλοῦντες αὐτὸν ὀρθῶς καλοῖμεν;

ΠΩΛ. Ὦ Χαιρεφῶν, πολλαὶ τέχναι ἐν ἀνθρώποις εἰσὶν
ἐκ τῶν ἐμπειριῶν ἐμπείρως ηὑρημέναι· ἐμπειρία μὲν γὰρ 5
ποιεῖ τὸν αἰῶνα ἡμῶν πορεύεσθαι κατὰ τέχνην, ἀπειρία δὲ
κατὰ τύχην. ἑκάστων δὲ τούτων μεταλαμβάνουσιν ἄλλοι
ἄλλων ἄλλως, τῶν δὲ ἀρίστων οἱ ἄριστοι· ὧν καὶ Γοργίας
ἐστὶν ὅδε, καὶ μετέχει τῆς καλλίστης τῶν τεχνῶν.

ΣΩ. Καλῶς γε, ὦ Γοργία, φαίνεται Πῶλος παρεσκευά- d
σθαι εἰς λόγους· ἀλλὰ γὰρ ὃ ὑπέσχετο Χαιρεφῶντι οὐ
ποιεῖ.

ΓΟΡ. Τί μάλιστα, ὦ Σώκρατες;

ΣΩ. Τὸ ἐρωτώμενον οὐ πάνυ μοι φαίνεται ἀποκρίνεσθαι. 5

ΓΟΡ. Ἀλλὰ σύ, εἰ βούλει, ἐροῦ αὐτόν.

ΣΩ. Οὔκ, εἰ αὐτῷ γε σοὶ βουλομένῳ ἐστὶν ἀποκρίνεσθαι,
ἀλλὰ πολὺ ἂν ἥδιον σέ. δῆλος γάρ μοι Πῶλος καὶ ἐξ ὧν
εἴρηκεν ὅτι τὴν καλουμένην ῥητορικὴν μᾶλλον μεμελέτηκεν
ἢ διαλέγεσθαι. 10

ΠΩΛ. Τί δή, ὦ Σώκρατες; e

ΣΩ. Ὅτι, ὦ Πῶλε, ἐρομένου Χαιρεφῶντος τίνος Γοργίας

b 5 ἡρόδικος B T P : πρόδικος F   τί Olympiodorus : τίνα B T W F
c 3 καλοῖμεν B T P : ἂν καλοῖμεν F   d 2 εἰς B T P f : περὶ F
d 7 ἀποκρίνεσθαι B T P : ἀποκρίνασθαι F   d 8 σέ F : σοί B (sed
accentum add. B²) T W et suprascr. f

448 e ΠΛΑΤΩΝΟΣ

ἐπιστήμων τέχνης, ἐγκωμιάζεις μὲν αὐτοῦ τὴν τέχνην ὥσπερ
τινὸς ψέγοντος, ἥτις δέ ἐστιν οὐκ ἀπεκρίνω.

5 ΠΩΛ. Οὐ γὰρ ἀπεκρινάμην ὅτι εἴη ἡ καλλίστη;

ΣΩ. Καὶ μάλα. ἀλλ’ οὐδεὶς ἐρωτᾷ ποία τις ἡ Γοργίου
τέχνη, ἀλλὰ τίς, καὶ ὅντινα δέοι καλεῖν τὸν Γοργίαν· ὥσπερ
τὰ ἔμπροσθέν σοι ὑπετείνατο Χαιρεφῶν καὶ αὐτῷ καλῶς
449 καὶ διὰ βραχέων ἀπεκρίνω, καὶ νῦν οὕτως εἰπὲ τίς ἡ τέχνη
καὶ τίνα Γοργίαν καλεῖν χρὴ ἡμᾶς. μᾶλλον δέ, ὦ Γοργία,
αὐτὸς ἡμῖν εἰπὲ τίνα σε χρὴ καλεῖν ὡς τίνος ἐπιστήμονα
τέχνης.

5 ΓΟΡ. Τῆς ῥητορικῆς, ὦ Σώκρατες.

ΣΩ. Ῥήτορα ἄρα χρή σε καλεῖν;

ΓΟΡ. Ἀγαθόν γε, ὦ Σώκρατες, εἰ δὴ ὅ γε εὔχομαι εἶναι,
ὡς ἔφη Ὅμηρος, βούλει με καλεῖν.

ΣΩ. Ἀλλὰ βούλομαι.

10 ΓΟΡ. Κάλει δή.

b ΣΩ. Οὐκοῦν καὶ ἄλλους σε φῶμεν δυνατὸν εἶναι ποιεῖν;

ΓΟΡ. Ἐπαγγέλλομαί γε δὴ ταῦτα οὐ μόνον ἐνθάδε ἀλλὰ
καὶ ἄλλοθι.

ΣΩ. Ἆρ’ οὖν ἐθελήσαις ἄν, ὦ Γοργία, ὥσπερ νῦν δια-
5 λεγόμεθα, διατελέσαι τὸ μὲν ἐρωτῶν, τὸ δ’ ἀποκρινόμενος,
τὸ δὲ μῆκος τῶν λόγων τοῦτο, οἷον καὶ Πῶλος ἤρξατο,
εἰς αὖθις ἀποθέσθαι; ἀλλ’ ὅπερ ὑπισχνῇ, μὴ ψεύσῃ, ἀλλὰ
ἐθέλησον κατὰ βραχὺ τὸ ἐρωτώμενον ἀποκρίνεσθαι.

ΓΟΡ. Εἰσὶ μέν, ὦ Σώκρατες, ἔνιαι τῶν ἀποκρίσεων
10 ἀναγκαῖαι διὰ μακρῶν τοὺς λόγους ποιεῖσθαι· οὐ μὴν ἀλλὰ
c πειράσομαί γε ὡς διὰ βραχυτάτων. καὶ γὰρ αὖ καὶ τοῦτο
ἕν ἐστιν ὧν φημι, μηδένα ἂν ἐν βραχυτέροις ἐμοῦ τὰ αὐτὰ
εἰπεῖν.

ΣΩ. Τούτου μὴν δεῖ, ὦ Γοργία· καί μοι ἐπίδειξιν αὐτοῦ

e 5 ἢ BTP: om. F   e 6 ἐρωτᾷ BTP: τοῦτ’ ἐρωτᾷ F: ἠρώτα
Bekker   εἴη post ποία τις add. BT: post Γοργίου F: delevi
b 7 ἀποθέσθαι BTPF (sed να supra πο f)   post ἀποθέσθαι lacunam
indicat Schanz   c 2 ἕν ἐστιν BPFt: ἔνεστιν T   c 4 μὴν
BTPF: μέντοι Olympiodorus

τούτου ποίησαι, τῆς βραχυλογίας, μακρολογίας δὲ εἰς 5
αὖθις.

ΓΟΡ. Ἀλλὰ ποιήσω, καὶ οὐδενὸς φήσεις βραχυλογωτέρου
ἀκοῦσαι.

ΣΩ. Φέρε δή· ῥητορικῆς γὰρ φὴς ἐπιστήμων τέχνης
εἶναι καὶ ποιῆσαι ἂν καὶ ἄλλον ῥήτορα· ἡ ῥητορικὴ περὶ τί d
τῶν ὄντων τυγχάνει οὖσα; ὥσπερ ἡ ὑφαντικὴ περὶ τὴν τῶν
ἱματίων ἐργασίαν· ἢ γάρ;—ΓΟΡ. Ναί.—ΣΩ. Οὐκοῦν καὶ
ἡ μουσικὴ περὶ τὴν τῶν μελῶν ποίησιν;—ΓΟΡ. Ναί.

ΣΩ. Νὴ τὴν Ἥραν, ὦ Γοργία, ἄγαμαί γε τὰς ἀποκρίσεις, 5
ὅτι ἀποκρίνῃ ὡς οἷόν τε διὰ βραχυτάτων.

ΓΟΡ. Πάνυ γὰρ οἶμαι, ὦ Σώκρατες, ἐπιεικῶς τοῦτο ποιεῖν.

ΣΩ. Εὖ λέγεις. ἴθι δή μοι ἀπόκριναι οὕτως καὶ περὶ
τῆς ῥητορικῆς, περὶ τί τῶν ὄντων ἐστὶν ἐπιστήμη;—
ΓΟΡ. Περὶ λόγους.—ΣΩ. Ποίους τούτους, ὦ Γοργία; ἆρα e
οἳ δηλοῦσι τοὺς κάμνοντας, ὡς ἂν διαιτώμενοι ὑγιαίνοιεν;—
ΓΟΡ. Οὔ.—ΣΩ. Οὐκ ἄρα περὶ πάντας γε τοὺς λόγους ἡ
ῥητορική ἐστιν.—ΓΟΡ. Οὐ δῆτα.—ΣΩ. Ἀλλὰ μὴν λέγειν
γε ποιεῖ δυνατούς.—ΓΟΡ. Ναί.—ΣΩ. Οὐκοῦν περὶ ὧνπερ 5
λέγειν, καὶ φρονεῖν;—ΓΟΡ. Πῶς γὰρ οὔ;—ΣΩ. Ἆρ' οὖν,
ἣν νυνδὴ ἐλέγομεν, ἡ ἰατρικὴ περὶ τῶν καμνόντων ποιεῖ 450
δυνατοὺς εἶναι φρονεῖν καὶ λέγειν;—ΓΟΡ. Ἀνάγκη.—
ΣΩ. Καὶ ἡ ἰατρικὴ ἄρα, ὡς ἔοικεν, περὶ λόγους ἐστίν.—
ΓΟΡ. Ναί.—ΣΩ. Τούς γε περὶ τὰ νοσήματα;—ΓΟΡ. Μά-
λιστα.—ΣΩ. Οὐκοῦν καὶ ἡ γυμναστικὴ περὶ λόγους ἐστὶν 5
τοὺς περὶ εὐεξίαν τε τῶν σωμάτων καὶ καχεξίαν;—ΓΟΡ. Πάνυ
γε.—ΣΩ. Καὶ μὴν καὶ αἱ ἄλλαι τέχναι, ὦ Γοργία, οὕτως
ἔχουσιν· ἑκάστη αὐτῶν περὶ λόγους ἐστὶν τούτους, οἳ τυγ- b
χάνουσιν ὄντες περὶ τὸ πρᾶγμα οὗ ἑκάστη ἐστὶν ἡ τέχνη.

c 5 τῆς βραχυλογίας secl. Cobet   c 7 φήσεις B T P : φαίης δεῖν F
(sed δεῖν punctis del. f)   c 9 ἐπιστήμων τέχνης B T P : τέχνης
ἐπιστήμων F   e 5 ποιεῖ B W F : ποιεῖν T   e 6 λέγειν B T P :
καὶ λέγειν F   οὖν B T P F : οὐ καὶ suprascr. b   a 1 ἦν B T P f :
ἡ F   ἐλέγομεν ἡ scr. recc. : λέγομεν ἡ B W : λέγομεν T : λεγομένη
F   ποιεῖ F : om. B T et re vera W   a 3 ἡ B T P : om. F

—ΓΟΡ. Φαίνεται.—ΣΩ. Τί οὖν δή ποτε τὰς ἄλλας τέχνας
οὐ ῥητορικὰς καλεῖς, οὔσας περὶ λόγους, εἴπερ ταύτην
5 ῥητορικὴν καλεῖς, ἣ ἂν ᾖ περὶ λόγους;

ΓΟΡ. Ὅτι, ὦ Σώκρατες, τῶν μὲν ἄλλων τεχνῶν περὶ
χειρουργίας τε καὶ τοιαύτας πράξεις ὡς ἔπος εἰπεῖν πᾶσά
ἐστιν ἡ ἐπιστήμη, τῆς δὲ ῥητορικῆς οὐδέν ἐστιν τοιοῦτον
χειρούργημα, ἀλλὰ πᾶσα ἡ πρᾶξις καὶ ἡ κύρωσις διὰ λόγων
c ἐστίν. διὰ ταῦτ' ἐγὼ τὴν ῥητορικὴν τέχνην ἀξιῶ εἶναι περὶ
λόγους, ὀρθῶς λέγων, ὡς ἐγώ φημι.

ΣΩ. Ἆρ' οὖν μανθάνω οἵαν αὐτὴν βούλει καλεῖν; τάχα
δὲ εἴσομαι σαφέστερον. ἀλλ' ἀπόκριναι· εἰσὶν ἡμῖν τέχναι.
5 ἦ γάρ;

ΓΟΡ. Ναί.

ΣΩ. Πασῶν δὴ οἶμαι τῶν τεχνῶν τῶν μὲν ἐργασία τὸ
πολύ ἐστιν καὶ λόγου βραχέος δέονται, ἔνιαι δὲ οὐδενὸς
ἀλλὰ τὸ τῆς τέχνης περαίνοιτο ἂν καὶ διὰ σιγῆς, οἷον
10 γραφικὴ καὶ ἀνδριαντοποιΐα καὶ ἄλλαι πολλαί. τὰς τοι-
d αύτας μοι δοκεῖς λέγειν, περὶ ἃς οὐ φῂς τὴν ῥητορικὴν εἶναι·
ἢ οὔ;

ΓΟΡ. Πάνυ μὲν οὖν καλῶς ὑπολαμβάνεις, ὦ Σώκρατες.

ΣΩ. Ἕτεραι δέ γέ εἰσι τῶν τεχνῶν αὖ διὰ λόγου πᾶν
5 περαίνουσι, καὶ ἔργον ὡς ἔπος εἰπεῖν ἢ οὐδενὸς προσδέονται
ἢ βραχέος πάνυ, οἷον ἡ ἀριθμητικὴ καὶ λογιστικὴ καὶ γεω-
μετρικὴ καὶ πεττευτική γε καὶ ἄλλαι πολλαὶ τέχναι, ὧν
ἔνιαι σχεδόν τι ἴσους τοὺς λόγους ἔχουσι ταῖς πράξεσιν, αἱ
δὲ πολλαὶ πλείους, καὶ τὸ παράπαν πᾶσα ἡ πρᾶξις καὶ τὸ
e κῦρος αὐταῖς διὰ λόγων ἐστίν. τῶν τοιούτων τινά μοι
δοκεῖς λέγειν τὴν ῥητορικήν.

ΓΟΡ. Ἀληθῆ λέγεις.

ΣΩ. Ἀλλ' οὔτοι τούτων γε οὐδεμίαν οἶμαί σε βούλεσθαι
5 ῥητορικὴν καλεῖν, οὐχ ὅτι τῷ ῥήματι οὕτως εἶπες, ὅτι ἡ διὰ

λόγου τὸ κῦρος ἔχουσα ῥητορική ἐστιν, καὶ ὑπολάβοι ἄν τις,
εἰ βούλοιτο δυσχεραίνειν ἐν τοῖς λόγοις, "Τὴν ἀριθμητικὴν
ἄρα ῥητορικήν, ὦ Γοργία, λέγεις;" ἀλλ' οὐκ οἶμαί σε οὔτε
τὴν ἀριθμητικὴν οὔτε τὴν γεωμετρίαν ῥητορικὴν λέγειν.

ΓΟΡ. Ὀρθῶς γὰρ οἴει, ὦ Σώκρατες, καὶ δικαίως ὑπο- 451
λαμβάνεις.

ΣΩ. Ἴθι νυν καὶ σὺ τὴν ἀπόκρισιν ἣν ἠρόμην διαπέρανον.
ἐπεὶ γὰρ ῥητορικὴ τυγχάνει μὲν οὖσα τούτων τις τῶν τεχνῶν
τῶν τὸ πολὺ λόγῳ χρωμένων, τυγχάνουσιν δὲ καὶ ἄλλαι 5
τοιαῦται οὖσαι, πειρῶ εἰπεῖν ἡ περὶ τί ἐν λόγοις τὸ κῦρος
ἔχουσα ῥητορική ἐστιν. ὥσπερ ἂν εἴ τίς με ἔροιτο ὧν νυνδὴ
ἔλεγον περὶ ἡστινοσοῦν τῶν τεχνῶν· "Ὦ Σώκρατες, τίς
ἐστιν ἡ ἀριθμητικὴ τέχνη;" εἴποιμ' ἂν αὐτῷ, ὥσπερ σὺ ἄρτι, b
ὅτι τῶν διὰ λόγου τις τὸ κῦρος ἐχουσῶν. καὶ εἴ με ἐπανέ-
ροιτο· "Τῶν περὶ τί;" εἴποιμ' ἂν ὅτι τῶν περὶ τὸ ἄρτιόν τε
καὶ περιττὸν [γνῶσις], ὅσα ἂν ἑκάτερα τυγχάνῃ ὄντα. εἰ δ'
αὖ ἔροιτο· "Τὴν δὲ λογιστικὴν τίνα καλεῖς τέχνην;" εἴποιμ' 5
ἂν ὅτι καὶ αὕτη ἐστὶν τῶν λόγῳ τὸ πᾶν κυρουμένων· καὶ εἰ
ἐπανέροιτο· "Ἡ περὶ τί;" εἴποιμ' ἂν ὥσπερ οἱ ἐν τῷ δήμῳ
συγγραφόμενοι, ὅτι τὰ μὲν ἄλλα καθάπερ ἡ ἀριθμητικὴ ἡ c
λογιστικὴ ἔχει—περὶ τὸ αὐτὸ γάρ ἐστιν, τό τε ἄρτιον καὶ
τὸ περιττόν—διαφέρει δὲ τοσοῦτον, ὅτι καὶ πρὸς αὐτὰ καὶ
πρὸς ἄλληλα πῶς ἔχει πλήθους ἐπισκοπεῖ τὸ περιττὸν καὶ
τὸ ἄρτιον ἡ λογιστική. καὶ εἴ τις τὴν ἀστρονομίαν ἀνέ- 5
ροιτο, ἐμοῦ λέγοντος ὅτι καὶ αὕτη λόγῳ κυροῦται τὰ πάντα,
"Οἱ δὲ λόγοι οἱ τῆς ἀστρονομίας," εἰ φαίη, "περὶ τί εἰσιν,
ὦ Σώκρατες;" εἴποιμ' ἂν ὅτι περὶ τὴν τῶν ἄστρων φορὰν
καὶ ἡλίου καὶ σελήνης, πῶς πρὸς ἄλληλα τάχους ἔχει.

θ7 ἐν F: om. BTW   θ9 γεωμετρίαν ῥητορικὴν BT²PF: γεω-
μετρικὴν (ut videtur) T   a3 νῦν BTW: οὖν F   ἤν] ᾗ ci. Sauppe
a5 λόγῳ BTP: τῷ λόγῳ F   a7 ὧν BTP: τῶν F (suprascr. ὧν
δν νῦν f)   b2 ἐχουσῶν BT²WF: ἔχουσαν T   b4 γνῶσις secl.
Bekker   ὅσα ἂν ... τυγχάνῃ BTP: ὅσ' ἂν ... τυγχάνει F: ὅσα
... τυγχάνει Ast   c5 ἀνέροιτο TP: ἀναιροῖτο B (sed ε supra αι
b): ἔροιτο F   c9 πῶς BTP: καὶ πῶς F

10 ΓΟΡ. Ὀρθῶς γε λέγων σύ, ὦ Σώκρατες.

d ΣΩ. Ἴθι δὴ καὶ σύ, ὦ Γοργία. τυγχάνει μὲν γὰρ δὴ ἡ ῥητορικὴ οὖσα τῶν λόγῳ τὰ πάντα διαπραττομένων τε καὶ κυρουμένων· ἢ γάρ;

ΓΟΡ. Ἔστι ταῦτα.

5 ΣΩ. Λέγε δὴ τῶν περὶ τί; ⟨τί⟩ ἐστι τοῦτο τῶν ὄντων, περὶ οὗ οὗτοι οἱ λόγοι εἰσὶν οἷς ἡ ῥητορικὴ χρῆται;

ΓΟΡ. Τὰ μέγιστα τῶν ἀνθρωπείων πραγμάτων, ὦ Σώκρατες, καὶ ἄριστα.

ΣΩ. Ἀλλ᾽, ὦ Γοργία, ἀμφισβητήσιμον καὶ τοῦτο λέγεις e καὶ οὐδέν πω σαφές. οἴομαι γάρ σε ἀκηκοέναι ἐν τοῖς συμποσίοις ᾀδόντων ἀνθρώπων τοῦτο τὸ σκολιόν, ἐν ᾧ καταριθμοῦνται ᾄδοντες ὅτι ὑγιαίνειν μὲν ἄριστόν ἐστιν, τὸ δὲ δεύτερον καλὸν γενέσθαι, τρίτον δέ, ὥς φησιν 5 ὁ ποιητὴς τοῦ σκολιοῦ, τὸ πλουτεῖν ἀδόλως.

ΓΟΡ. Ἀκήκοα γάρ· ἀλλὰ πρὸς τί τοῦτο λέγεις;

452 ΣΩ. Ὅτι εἴ σοι αὐτίκα παρασταῖεν οἱ δημιουργοὶ τούτων ὧν ἐπῄνεσεν ὁ τὸ σκολιὸν ποιήσας, ἰατρός τε καὶ παιδοτρίβης καὶ χρηματιστής, καὶ εἴποι πρῶτον μὲν ὁ ἰατρὸς ὅτι "Ὦ Σώκρατες, ἐξαπατᾷ σε Γοργίας· οὐ γάρ ἐστιν ἡ 5 τούτου τέχνη περὶ τὸ μέγιστον ἀγαθὸν τοῖς ἀνθρώποις, ἀλλ᾽ ἡ ἐμή"—εἰ οὖν αὐτὸν ἐγὼ ἐροίμην· Σὺ δὲ τίς ὢν ταῦτα λέγεις; εἴποι ἂν ἴσως ὅτι ἰατρός. Τί οὖν λέγεις; ἦ τὸ τῆς σῆς τέχνης ἔργον μέγιστόν ἐστιν ἀγαθόν; "Πῶς γὰρ οὔ," φαίη ἂν ἴσως, "ὦ Σώκρατες, ὑγίεια; τί δ᾽ ἐστὶν μεῖζον ἀγαθὸν b ἀνθρώποις ὑγιείας;" εἰ δ᾽ αὖ μετὰ τοῦτον ὁ παιδοτρίβης εἴποι ὅτι "Θαυμάζοιμί τἄν, ὦ Σώκρατες, καὶ αὐτὸς εἴ σοι ἔχοι Γοργίας μεῖζον ἀγαθὸν ἐπιδεῖξαι τῆς αὑτοῦ τέχνης ἢ ἐγὼ

---

d 3 κυρουμένων F (suprascr. τις f): κυρουμένων τινῶν ΒΤW   d 5 τί add. Heindorf: om. BTWF   d 6 οὗ ΒΤWF: ὃ Hirschig   οὗτοι secl. Cobet   e 1 οἴομαι ΒΤΡ: οἶμαι F   a 1 εἴ σοι F: σοι ΒΤΡ   αὐτίκα ΒΤΡF (sed ἂν suprascr. f)   a 7 ἢ ΒΤΡ: ὅτι F a 9 ὑγίεια secl. ci. Hirschig: ⟨ἦς γ᾽⟩ ὑγίεια ci. Vahlen   b 1 τοῦτον ΒΤΡF: τοῦτο Olympiodorus   b 2 τἄν ΒΤΡF: γ᾽ ἂν Coraes: ἂν Heindorf: μεντἂν Cobet   ἔχοι ΒΤ: ἔχει ΡF

τῆς ἐμῆς·" εἴποιμ᾽ ἂν αὖ καὶ πρὸς τοῦτον· Σὺ δὲ δὴ τίς εἶ,
ὦ ἄνθρωπε, καὶ τί τὸ σὸν ἔργον; "Παιδοτρίβης," φαίη ἄν, 5
"τὸ δὲ ἔργον μού ἐστιν καλούς τε καὶ ἰσχυροὺς ποιεῖν τοὺς
ἀνθρώπους τὰ σώματα." μετὰ δὲ τὸν παιδοτρίβην εἴποι
ἂν ὁ χρηματιστής, ὡς ἐγᾦμαι πάνυ καταφρονῶν ἁπάντων·
"Σκόπει δῆτα, ὦ Σώκρατες, ἐάν σοι πλούτου φανῇ τι μεῖζον c
ἀγαθὸν ὂν ἢ παρὰ Γοργίᾳ ἢ παρ᾽ ἄλλῳ ὁτῳοῦν." φαῖμεν ἂν
οὖν πρὸς αὐτόν· Τί δὲ δή; ἢ σὺ τούτου δημιουργός; Φαίη
ἄν. Τίς ὤν; "Χρηματιστής." Τί οὖν; κρίνεις σὺ μέγιστον
ἀνθρώποις ἀγαθὸν εἶναι πλοῦτον; φήσομεν. "Πῶς γὰρ οὔκ;" 5
ἐρεῖ. Καὶ μὴν ἀμφισβητεῖ γε Γοργίας ὅδε τὴν παρ᾽ αὑτῷ
τέχνην μείζονος ἀγαθοῦ αἰτίαν εἶναι ἢ τὴν σήν, φαῖμεν ἂν
ἡμεῖς. δῆλον οὖν ὅτι τὸ μετὰ τοῦτο ἔροιτ᾽ ἄν· "Καὶ τί ἐστιν
τοῦτο τὸ ἀγαθόν; ἀποκρινάσθω Γοργίας." ἴθι οὖν νομίσας, d
ὦ Γοργία, ἐρωτᾶσθαι καὶ ὑπ᾽ ἐκείνων καὶ ὑπ᾽ ἐμοῦ, ἀπό-
κριναι τί ἐστιν τοῦτο ὃ φῂς σὺ μέγιστον ἀγαθὸν εἶναι τοῖς
ἀνθρώποις καὶ σὲ δημιουργὸν εἶναι αὐτοῦ.

ΓΟΡ. Ὅπερ ἐστίν, ὦ Σώκρατες, τῇ ἀληθείᾳ μέγιστον 5
ἀγαθὸν καὶ αἴτιον ἅμα μὲν ἐλευθερίας αὐτοῖς τοῖς ἀνθρώ-
ποις, ἅμα δὲ τοῦ ἄλλων ἄρχειν ἐν τῇ αὑτοῦ πόλει
ἑκάστῳ.

ΣΩ. Τί οὖν δὴ τοῦτο λέγεις;

ΓΟΡ. Τὸ πείθειν ἔγωγ᾽ οἷόν τ᾽ εἶναι τοῖς λόγοις καὶ e
ἐν δικαστηρίῳ δικαστὰς καὶ ἐν βουλευτηρίῳ βουλευτὰς καὶ
ἐν ἐκκλησίᾳ ἐκκλησιαστὰς καὶ ἐν ἄλλῳ συλλόγῳ παντί,
ὅστις ἂν πολιτικὸς σύλλογος γίγνηται. καίτοι ἐν ταύτῃ
τῇ δυνάμει δοῦλον μὲν ἕξεις τὸν ἰατρόν, δοῦλον δὲ τὸν 5
παιδοτρίβην· ὁ δὲ χρηματιστὴς οὗτος ἄλλῳ ἀναφανήσεται

b 7 δὲ Vind. 21 : δὴ B T P F   c 1 σκόπει B T P : σκόπει τούτων F
φανῇ B T P : φανείη F   c 3 τί δὲ δή ; ἢ] γρ. τι δὲ δὴ ἢ in marg. b :
τί δὲ ἂν ἦι B W : τι δε η T (sed supra η ras. et suprascr. δ) : γρ. τι δὲ
ἂν ἦ t : τί δὲ ἦ F   c 4 σὺ B T W : om. F   c 5 φήσομεν B T P :
φήσει F   d 3 σὺ supra versum T   d 7 τοῦ B T P f : τῶν F
e 2 καὶ ἐν βουλευτηρίῳ βουλευτὰς T W F et in marg. b : om. B
e 4 γίγνηται B T P : γένηται F

χρηματιζόμενος καὶ οὐχ αὑτῷ, ἀλλὰ σοὶ τῷ δυναμένῳ λέγειν
καὶ πείθειν τὰ πλήθη.

ΣΩ. Νῦν μοι δοκεῖς δηλῶσαι, ὦ Γοργία, ἐγγύτατα τὴν
453 ῥητορικὴν ἥντινα τέχνην ἡγῇ εἶναι, καὶ εἴ τι ἐγὼ συνίημι,
λέγεις ὅτι πειθοῦς δημιουργός ἐστιν ἡ ῥητορική, καὶ ἡ πρα-
γματεία αὐτῆς ἅπασα καὶ τὸ κεφάλαιον εἰς τοῦτο τελευτᾷ·
ἢ ἔχεις τι λέγειν ἐπὶ πλέον τὴν ῥητορικὴν δύνασθαι ἢ πειθὼ
5 τοῖς ἀκούουσιν ἐν τῇ ψυχῇ ποιεῖν;

ΓΟΡ. Οὐδαμῶς, ὦ Σώκρατες, ἀλλά μοι δοκεῖς ἱκανῶς
ὁρίζεσθαι· ἔστιν γὰρ τοῦτο τὸ κεφάλαιον αὐτῆς.

ΣΩ. Ἄκουσον δή, ὦ Γοργία. ἐγὼ γὰρ εὖ ἴσθ' ὅτι, ὡς
b ἐμαυτὸν πείθω, εἴπερ τις ἄλλος ἄλλῳ διαλέγεται βουλό-
μενος εἰδέναι αὐτὸ τοῦτο περὶ ὅτου ὁ λόγος ἐστίν, καὶ ἐμὲ
εἶναι τούτων ἕνα· ἀξιῶ δὲ καὶ σέ.

ΓΟΡ. Τί οὖν δή, ὦ Σώκρατες;

5 ΣΩ. Ἐγὼ ἐρῶ νῦν. ἐγὼ τὴν ἀπὸ τῆς ῥητορικῆς πειθώ,
ἥτις ποτ' ἐστὶν ἣν σὺ λέγεις καὶ περὶ ὧντινων πραγμάτων
ἐστὶν πειθώ, σαφῶς μὲν εὖ ἴσθ' ὅτι οὐκ οἶδα, οὐ μὴν ἀλλ'
ὑποπτεύω γε ἣν οἶμαί σε λέγειν καὶ περὶ ὧν· οὐδὲν μέντοι
ἧττον ἐρήσομαί σε τίνα ποτὲ λέγεις τὴν πειθὼ τὴν ἀπὸ τῆς
c ῥητορικῆς καὶ περὶ τίνων αὐτὴν εἶναι. τοῦ ἕνεκα δὴ αὐτὸς
ὑποπτεύων σὲ ἐρήσομαι, ἀλλ' οὐκ αὐτὸς λέγω; οὐ σοῦ
ἕνεκα ἀλλὰ τοῦ λόγου, ἵνα οὕτω προΐῃ ὡς μάλιστ' ἂν ἡμῖν
καταφανὲς ποιοῖ περὶ ὅτου λέγεται. σκόπει γὰρ εἴ σοι
5 δοκῶ δικαίως ἀνερωτᾶν σε· ὥσπερ ἂν εἰ ἐτύγχανόν σε
ἐρωτῶν τίς ἐστιν τῶν ζωγράφων Ζεῦξις, εἴ μοι εἶπες ὅτι
ὁ τὰ ζῷα γράφων, ἆρ' οὐκ ἂν δικαίως σε ἠρόμην ὁ τὰ ποῖα
τῶν ζῴων γράφων καὶ ποῦ;

e 7 χρηματιζόμενος T F: χρηματιζομένῳ B (sed suprascr. οσ et
accentum supra ο posuit B²): χρηματιζόμενος P et suprascr. ωι W   σοὶ
B T P f: εἰ F   a 4 ἐπὶ B T P F (sed ἔτι suprascr. f) Stobaeus
πλέον B T P Stobaeus: πλεῖον F   a 5 ποιεῖν B T P F Stobaeus:
ἐμποιεῖν Cobet   a 6 δοκεῖς B T P F: δοκεῖ Stobaeus   b 3 δὲ
B T P: δ' ἔγωγε F   c 8 καὶ ποῦ B T P F (et sic legit schol. B sed
non habet Olympiodorus) : ἢ οὔ Woolsey

ΓΟΡ. Πάνυ γε.

ΣΩ. Ἆρα διὰ τοῦτο, ὅτι καὶ ἄλλοι εἰσὶ ζωγράφοι γρά- d
φοντες ἄλλα πολλὰ ζῷα;

ΓΟΡ. Ναί.

ΣΩ. Εἰ δέ γε μηδεὶς ἄλλος ἢ Ζεῦξις ἔγραφε, καλῶς ἄν
σοι ἀπεκέκριτο;   5

ΓΟΡ. Πῶς γὰρ οὔ;

ΣΩ. Ἴθι δὴ καὶ περὶ τῆς ῥητορικῆς εἰπέ· πότερόν σοι
δοκεῖ πειθὼ ποιεῖν ἡ ῥητορικὴ μόνη ἢ καὶ ἄλλαι τέχναι;
λέγω δὲ τὸ τοιόνδε· ὅστις διδάσκει ὁτιοῦν πρᾶγμα, πότερον
ὃ διδάσκει πείθει ἢ οὔ;   10

ΓΟΡ. Οὐ δῆτα, ὦ Σώκρατες, ἀλλὰ πάντων μάλιστα πείθει.

ΣΩ. Πάλιν δὴ ἐπὶ τῶν αὐτῶν τεχνῶν λέγωμεν ὧνπερ e
νυνδή· ἡ ἀριθμητικὴ οὐ διδάσκει ἡμᾶς ὅσα ἐστὶν τὰ τοῦ
ἀριθμοῦ, καὶ ὁ ἀριθμητικὸς ἄνθρωπος;—ΓΟΡ. Πάνυ γε.—
ΣΩ. Οὐκοῦν καὶ πείθει;—ΓΟΡ. Ναί.—ΣΩ. Πειθοῦς ἄρα
δημιουργός ἐστιν καὶ ἡ ἀριθμητική;—ΓΟΡ. Φαίνεται.—   5
ΣΩ. Οὐκοῦν ἐάν τις ἐρωτᾷ ἡμᾶς ποίας πειθοῦς καὶ περὶ τί,
ἀποκρινούμεθά που αὐτῷ ὅτι τῆς διδασκαλικῆς τῆς περὶ τὸ
ἄρτιόν τε καὶ τὸ περιττὸν ὅσον ἐστίν· καὶ τὰς ἄλλας ἃς 454
νυνδὴ ἐλέγομεν τέχνας ἁπάσας ἕξομεν ἀποδεῖξαι πειθοῦς
δημιουργοὺς οὔσας καὶ ἧστινος καὶ περὶ ὅτι· ἢ οὔ;—
ΓΟΡ. Ναί.—ΣΩ. Οὐκ ἄρα ῥητορικὴ μόνη πειθοῦς ἐστιν
δημιουργός.—ΓΟΡ. Ἀληθῆ λέγεις.   5

ΣΩ. Ἐπειδὴ τοίνυν οὐ μόνη ἀπεργάζεται τοῦτο τὸ ἔργον,
ἀλλὰ καὶ ἄλλαι, δικαίως ὥσπερ περὶ τοῦ ζωγράφου μετὰ
τοῦτο ἐπανεροίμεθ' ἂν τὸν λέγοντα· Ποίας δὴ πειθοῦς καὶ
τῆς περὶ τί πειθοῦς ἡ ῥητορική ἐστιν τέχνη; ἢ οὐ δοκεῖ σοι
δίκαιον εἶναι ἐπανερέσθαι;   b

d 5 ἀπεκέκριτο Β Τ f : ἀπεκρίνατο P F   d 8 ἡ Β Τ P : om. F
d 10 ὃ Β Τ P f : ἃ F   e 1 δὴ Β P F : δ' εἰ Τ   λέγωμεν Τ P :
λέγομεν Β F   e 3 ἀριθμοῦ Β Τ F : ἀριθμητικοῦ W   καὶ . . . ἄνθρωπος
secl. Cobet   a 1 ὅσον ἐστίν secl. Kratz : ὅσα ἐστίν v. Kleist
a 2 ἐλέγομεν Β Τ P : εἴπομεν F   a 3 ὅτι Β Τ P (sed ὃ in ras. B)
f : ὅτου F et rec. t   a 4 ῥητορικὴ Β Τ P : ἡ ῥητορικὴ F

ΓΟΡ. Ἔμοιγε.

ΣΩ. Ἀπόκριναι δή, ὦ Γοργία, ἐπειδή γε καὶ σοὶ δοκεῖ
οὕτως.

5 ΓΟΡ. Ταύτης τοίνυν τῆς πειθοῦς λέγω, ὦ Σώκρατες, τῆς
ἐν τοῖς δικαστηρίοις καὶ ἐν τοῖς ἄλλοις ὄχλοις, ὥσπερ καὶ
ἄρτι ἔλεγον, καὶ περὶ τούτων ἅ ἐστι δίκαιά τε καὶ ἄδικα.

ΣΩ. Καὶ ἐγώ τοι ὑπώπτευον ταύτην σε λέγειν τὴν πειθὼ
καὶ περὶ τούτων, ὦ Γοργία· ἀλλ᾽ ἵνα μὴ θαυμάζῃς ἐὰν καὶ
10 ὀλίγον ὕστερον τοιοῦτόν τί σε ἀνέρωμαι, ὃ δοκεῖ μὲν δῆλον
c εἶναι, ἐγὼ δ᾽ ἐπανερωτῶ—ὅπερ γὰρ λέγω, τοῦ ἑξῆς ἕνεκα
περαίνεσθαι τὸν λόγον ἐρωτῶ, οὐ σοῦ ἕνεκα ἀλλ᾽ ἵνα μὴ
ἐθιζώμεθα ὑπονοοῦντες προαρπάζειν ἀλλήλων τὰ λεγόμενα,
ἀλλὰ σὺ τὰ σαυτοῦ κατὰ τὴν ὑπόθεσιν ὅπως ἂν βούλῃ
5 περαίνῃς.

ΓΟΡ. Καὶ ὀρθῶς γέ μοι δοκεῖς ποιεῖν, ὦ Σώκρατες.

ΣΩ. Ἴθι δὴ καὶ τόδε ἐπισκεψώμεθα. καλεῖς τι μεμαθη-
κέναι;—ΓΟΡ. Καλῶ.—ΣΩ. Τί δέ; πεπιστευκέναι;—ΓΟΡ.
d Ἔγωγε.—ΣΩ. Πότερον οὖν ταὐτὸν δοκεῖ σοι εἶναι μεμαθη-
κέναι καὶ πεπιστευκέναι, καὶ μάθησις καὶ πίστις, ἢ ἄλλο
τι;—ΓΟΡ. Οἴομαι μὲν ἔγωγε, ὦ Σώκρατες, ἄλλο.—ΣΩ.
Καλῶς γὰρ οἴει· γνώσῃ δὲ ἐνθένδε. εἰ γάρ τίς σε ἔροιτο·
5 " Ἆρ᾽ ἔστιν τις, ὦ Γοργία, πίστις ψευδὴς καὶ ἀληθής; "
φαίης ἄν, ὡς ἐγὼ οἶμαι.—ΓΟΡ. Ναί.—ΣΩ. Τί δέ; ἐπιστήμη
ἐστὶν ψευδὴς καὶ ἀληθής;—ΓΟΡ. Οὐδαμῶς.—ΣΩ. Δῆλον
ἄρ᾽ αὖ ὅτι οὐ ταὐτόν ἐστιν.—ΓΟΡ. Ἀληθῆ λέγεις.—ΣΩ.
e Ἀλλὰ μὴν οἵ τέ γε μεμαθηκότες πεπεισμένοι εἰσὶν καὶ οἱ
πεπιστευκότες.—ΓΟΡ. Ἔστι ταῦτα.

ΣΩ. Βούλει οὖν δύο εἴδη θῶμεν πειθοῦς, τὸ μὲν πίστιν
παρεχόμενον ἄνευ τοῦ εἰδέναι, τὸ δ᾽ ἐπιστήμην;—ΓΟΡ. Πάνυ

b 5 τοίνυν B T P F Olympiodorus : δὴ al.   b 9 θαυμάζῃς scr.
recc. : θαυμάζοις B T P F   ἐὰν καὶ F : ἐὰν B T P   b 10 σε B T P :
σε ἕτερον F   d 3 οἴομαι B T P : οἶμαι F   d 6 ἐγὼ οἶμαι B T P :
ἐγῶμαι F   d 7 ἀληθὴς καὶ ψευδής P   d 8 ἆρ᾽ αὖ scripsi : ἄρα Olym-
piodorus : γὰρ αὖ B T W F : γὰρ δὴ Schanz   ἐστιν] ἐστόν Badham
e 1 τέ B T W : om. F   e 3 εἴδη post πειθοῦς transp. F

γε.—ΣΩ. Ποτέραν οὖν ἡ ῥητορικὴ πειθὼ ποιεῖ ἐν δικαστη- 5
ρίοις τε καὶ τοῖς ἄλλοις ὄχλοις περὶ τῶν δικαίων τε καὶ
ἀδίκων; ἐξ ἧς πιστεύειν γίγνεται ἄνευ τοῦ εἰδέναι ἢ ἐξ
ἧς τὸ εἰδέναι;—ΓΟΡ. Δῆλον δήπου, ὦ Σώκρατες, ὅτι ἐξ ἧς
τὸ πιστεύειν.—ΣΩ. Ἡ ῥητορικὴ ἄρα, ὡς ἔοικεν, πειθοῦς
δημιουργός ἐστιν πιστευτικῆς ἀλλ' οὐ διδασκαλικῆς περὶ 455
τὸ δίκαιόν τε καὶ ἄδικον.—ΓΟΡ. Ναί.—ΣΩ. Οὐδ' ἄρα
διδασκαλικὸς ὁ ῥήτωρ ἐστὶν δικαστηρίων τε καὶ τῶν ἄλ-
λων ὄχλων δικαίων τε πέρι καὶ ἀδίκων, ἀλλὰ πιστικὸς
μόνον· οὐ γὰρ δήπου ὄχλον γ' ἂν δύναιτο τοσοῦτον ἐν 5
ὀλίγῳ χρόνῳ διδάξαι οὕτω μεγάλα πράγματα.—ΓΟΡ. Οὐ
δῆτα.

ΣΩ. Φέρε δή, ἴδωμεν τί ποτε καὶ λέγομεν περὶ τῆς
ῥητορικῆς· ἐγὼ μὲν γάρ τοι οὐδ' αὐτός πω δύναμαι κατα- b
νοῆσαι ὅτι λέγω. ὅταν περὶ ἰατρῶν αἱρέσεως ᾖ τῇ πόλει
σύλλογος ἢ περὶ ναυπηγῶν ἢ περὶ ἄλλου τινὸς δημιουργικοῦ
ἔθνους, ἄλλο τι ἢ τότε ὁ ῥητορικὸς οὐ συμβουλεύσει; δῆλον
γὰρ ὅτι ἐν ἑκάστῃ αἱρέσει τὸν τεχνικώτατον δεῖ αἱρεῖσθαι. 5
οὐδ' ὅταν τειχῶν περὶ οἰκοδομήσεως ἢ λιμένων κατασκευῆς
ἢ νεωρίων, ἀλλ' οἱ ἀρχιτέκτονες· οὐδ' αὖ ὅταν στρατηγῶν
αἱρέσεως πέρι ἢ τάξεώς τινος πρὸς πολεμίους ἢ χωρίων
καταλήψεως συμβουλὴ ᾖ, ἀλλ' οἱ στρατηγικοὶ τότε συμ- c
βουλεύσουσιν, οἱ ῥητορικοὶ δὲ οὔ· ἢ πῶς λέγεις, ὦ Γοργία,
τὰ τοιαῦτα; ἐπειδὴ γὰρ αὐτός τε φῂς ῥήτωρ εἶναι καὶ ἄλλους
ποιεῖν ῥητορικούς, εὖ ἔχει τὰ τῆς σῆς τέχνης παρὰ σοῦ
πυνθάνεσθαι. καὶ ἐμὲ νῦν νόμισον καὶ τὸ σὸν σπεύδειν· 5
ἴσως γὰρ καὶ τυγχάνει τις τῶν ἔνδον ὄντων μαθητής σου

e 7 ἐξ ἧς (bis) T P F: ἐξῆς (bis) B (spiritus corr. rec. b)   πισ-
τεύειν B T P F: τὸ πιστεύειν vulg   e 8 ἐξ ἧς T P F: ἐξῆς B
(non correctum)   a 4 πιστικὸς μόνον B T sed suprascr. ει T:
πειστικὸς μόνον P: πιστικοῦ μόνου F   b 1 μὲν B T P F: om. Olym-
piodorus   τοι B T P F Olympiodorus: om. al.   b 4 ἄλλο τι ἢ
τότε P F: ἀλλ' ὅτι ἢ τότε B: ἄλλό τι τότε T (ἢ suprascr. rec. t)
b 6 περὶ B P F: πέρι T   b 8 αἱρέσεως πέρι B T P: πέρι αἱρέσεως F
c 3 τε T P F: γε B   c 4 ῥητορικούς secl. Cobet

βουλόμενος γενέσθαι, ὡς ἐγώ τινας σχεδὸν καὶ συχνοὺς
αἰσθάνομαι, οἳ ἴσως αἰσχύνοιντ' ἄν σε ἀνερέσθαι. ὑπ'
d ἐμοῦ οὖν ἀνερωτώμενος νόμισον καὶ ὑπ' ἐκείνων ἀνερωτᾶσθαι·
"Τί ἡμῖν, ὦ Γοργία, ἔσται, ἐάν σοι συνῶμεν; περὶ τίνων τῇ
πόλει συμβουλεύειν οἷοί τε ἐσόμεθα; πότερον περὶ δικαίου
μόνον καὶ ἀδίκου ἢ καὶ περὶ ὧν νυνδὴ Σωκράτης ἔλεγεν;"
5 πειρῶ οὖν αὐτοῖς ἀποκρίνεσθαι.

ΓΟΡ. Ἀλλ' ἐγώ σοι πειράσομαι, ὦ Σώκρατες, σαφῶς
ἀποκαλύψαι τὴν τῆς ῥητορικῆς δύναμιν ἅπασαν· αὐτὸς γὰρ
καλῶς ὑφηγήσω. οἶσθα γὰρ δήπου ὅτι τὰ νεώρια ταῦτα
e καὶ τὰ τείχη τὰ Ἀθηναίων καὶ ἡ τῶν λιμένων κατασκευὴ
ἐκ τῆς Θεμιστοκλέους συμβουλῆς γέγονεν, τὰ δ' ἐκ τῆς
Περικλέους ἀλλ' οὐκ ἐκ τῶν δημιουργῶν.

ΣΩ. Λέγεται ταῦτα, ὦ Γοργία, περὶ Θεμιστοκλέους·
5 Περικλέους δὲ καὶ αὐτὸς ἤκουον ὅτε συνεβούλευεν ἡμῖν περὶ
τοῦ διὰ μέσου τείχους.

456 ΓΟΡ. Καὶ ὅταν γέ τις αἵρεσις ᾖ ὧν νυνδὴ σὺ ἔλεγες, ὦ
Σώκρατες, ὁρᾷς ὅτι οἱ ῥήτορές εἰσιν οἱ συμβουλεύοντες καὶ
οἱ νικῶντες τὰς γνώμας περὶ τούτων.

ΣΩ. Ταῦτα καὶ θαυμάζων, ὦ Γοργία, πάλαι ἐρωτῶ τίς
5 ποτε ἡ δύναμίς ἐστιν τῆς ῥητορικῆς. δαιμονία γάρ τις
ἔμοιγε καταφαίνεται τὸ μέγεθος οὕτω σκοποῦντι.

ΓΟΡ. Εἰ πάντα γε εἰδείης, ὦ Σώκρατες, ὅτι ὡς ἔπος
εἰπεῖν ἁπάσας τὰς δυνάμεις συλλαβοῦσα ὑφ' αὑτῇ ἔχει.
b μέγα δέ σοι τεκμήριον ἐρῶ· πολλάκις γὰρ ἤδη ἔγωγε μετὰ
τοῦ ἀδελφοῦ καὶ μετὰ τῶν ἄλλων ἰατρῶν εἰσελθὼν παρά
τινα τῶν καμνόντων οὐχὶ ἐθέλοντα ἢ φάρμακον πιεῖν ἢ
τεμεῖν ἢ καῦσαι παρασχεῖν τῷ ἰατρῷ, οὐ δυναμένου τοῦ

---

d 1 καὶ B T P : δὴ καὶ F   d 2 περὶ B T P : ἢ περὶ F   d 4 νῦν
δὴ B T P f : δὴ F   e 1 τὰ Ἀθηναίων secl. Cobet   e 3 τῶν] τῆς
τῶν Schaefer : τῆς Buttmann   e 6 τοῦ B P F t : τὸν T   a 1 νυνδὴ
scripsi : νῦν αὖ F : δὴ B T P f   a 4 πάλαι B T P F : πάλιν Olympio-
dorus   τίς F : ἥτις B T P   a 5 ἡ δύναμίς ἐστιν B T P : ἐστιν
ἡ δύναμις F   a 7 Εἰ] Τί εἰ Madvig : Τί δ' εἰ H. Richards   b 4 ἢ
καῦσαι] καὶ καῦσαι Blomfield

ἰατροῦ πεῖσαι, ἐγὼ ἔπεισα, οὐκ ἄλλῃ τέχνῃ ἢ τῇ ῥητορικῇ. 5
φημὶ δὲ καὶ εἰς πόλιν ὅπῃ βούλει ἐλθόντα ῥητορικὸν ἄνδρα
καὶ ἰατρόν, εἰ δέοι λόγῳ διαγωνίζεσθαι ἐν ἐκκλησίᾳ ἢ ἐν
ἄλλῳ τινὶ συλλόγῳ ὁπότερον δεῖ αἱρεθῆναι ἰατρόν, οὐδαμοῦ
ἂν φανῆναι τὸν ἰατρόν, ἀλλ᾽ αἱρεθῆναι ἂν τὸν εἰπεῖν δυνα- c
τόν, εἰ βούλοιτο. καὶ εἰ πρὸς ἄλλον γε δημιουργὸν ὁν-
τιναοῦν ἀγωνίζοιτο, πείσειεν ἂν αὑτὸν ἑλέσθαι ὁ ῥητορικὸς
μᾶλλον ἢ ἄλλος ὁστισοῦν· οὐ γὰρ ἔστιν περὶ ὅτου οὐκ ἂν
πιθανώτερον εἴποι ὁ ῥητορικὸς ἢ ἄλλος ὁστισοῦν τῶν δη- 5
μιουργῶν ἐν πλήθει. ἡ μὲν οὖν δύναμις τοσαύτη ἐστὶν
καὶ τοιαύτη τῆς τέχνης· δεῖ μέντοι, ὦ Σώκρατες, τῇ
ῥητορικῇ χρῆσθαι ὥσπερ τῇ ἄλλῃ πάσῃ ἀγωνίᾳ. καὶ γὰρ
τῇ ἄλλῃ ἀγωνίᾳ οὐ τούτου ἕνεκα δεῖ πρὸς ἅπαντας χρῆσθαι d
ἀνθρώπους, ὅτι ἔμαθεν πυκτεύειν τε καὶ παγκρατιάζειν καὶ
ἐν ὅπλοις μάχεσθαι, ὥστε κρείττων εἶναι καὶ φίλων καὶ
ἐχθρῶν, οὐ τούτου ἕνεκα τοὺς φίλους δεῖ τύπτειν οὐδὲ
κεντεῖν τε καὶ ἀποκτεινύναι. οὐδέ γε μὰ Δία ἐάν τις εἰς 5
παλαίστραν φοιτήσας εὖ ἔχων τὸ σῶμα καὶ πυκτικὸς γενό-
μενος, ἔπειτα τὸν πατέρα τύπτῃ καὶ τὴν μητέρα ἢ ἄλλον
τινὰ τῶν οἰκείων ἢ τῶν φίλων, οὐ τούτου ἕνεκα δεῖ τοὺς
παιδοτρίβας καὶ τοὺς ἐν τοῖς ὅπλοις διδάσκοντας μάχεσθαι e
μισεῖν τε καὶ ἐκβάλλειν ἐκ τῶν πόλεων. ἐκεῖνοι μὲν γὰρ
παρέδοσαν ἐπὶ τῷ δικαίως χρῆσθαι τούτοις πρὸς τοὺς πολε-
μίους καὶ τοὺς ἀδικοῦντας, ἀμυνομένους, μὴ ὑπάρχοντας·
οἱ δὲ μεταστρέψαντες χρῶνται τῇ ἰσχύϊ καὶ τῇ τέχνῃ οὐκ 457
ὀρθῶς. οὔκουν οἱ διδάξαντες πονηροί, οὐδὲ ἡ τέχνη οὔτε
αἰτία οὔτε πονηρὰ τούτου ἕνεκά ἐστιν, ἀλλ᾽ οἱ μὴ χρώμενοι
οἶμαι ὀρθῶς. ὁ αὐτὸς δὴ λόγος καὶ περὶ τῆς ῥητορικῆς.
δυνατὸς μὲν γὰρ πρὸς ἅπαντάς ἐστιν ὁ ῥήτωρ καὶ περὶ 5

b 6 ὅπῃ ΒΤΡΕ: ὅποι scr. recc.   ἐλθόντε Dobree   c 7 τῇ...
ὥσπερ ΒΤΡ (in lacuna textus suppl. f τῇ ῥητορικῇ χρῆσθαι ὥσπερ καὶ)
d 1 τούτου ἕνεκα secl. Findeisen   ἕνεκα δεῖ ΒΤΕ: δεῖ ἕνεκα Ρ
d 6 πυκτικὸς] ποιητικὸς Ρ   e 3 τῷ ΒΤΡ: τὸ Ε   a 2 οὔκουν
ΤΡΕb: οὐκοῦν Β

παντὸς λέγειν, ὥστε πιθανώτερος εἶναι ἐν τοῖς πλήθεσιν
b ἔμβραχυ περὶ ὅτου ἂν βούληται· ἀλλ᾽ οὐδέν τι μᾶλλον
τούτου ἕνεκα δεῖ οὔτε τοὺς ἰατροὺς τὴν δόξαν ἀφαιρεῖσθαι—
ὅτι δύναιτο ἂν τοῦτο ποιῆσαι—οὔτε τοὺς ἄλλους δημιουρ-
γούς, ἀλλὰ δικαίως καὶ τῇ ῥητορικῇ χρῆσθαι, ὥσπερ καὶ τῇ
5 ἀγωνίᾳ. ἐὰν δὲ οἶμαι ῥητορικὸς γενόμενός τις κᾷτα ταύτῃ
τῇ δυνάμει καὶ τῇ τέχνῃ ἀδικῇ, οὐ τὸν διδάξαντα δεῖ μισεῖν
τε καὶ ἐκβάλλειν ἐκ τῶν πόλεων. ἐκεῖνος μὲν γὰρ ἐπὶ
c δικαίου χρείᾳ παρέδωκεν, ὁ δ᾽ ἐναντίως χρῆται. τὸν οὖν
οὐκ ὀρθῶς χρώμενον μισεῖν δίκαιον καὶ ἐκβάλλειν καὶ
ἀποκτεινύναι ἀλλ᾽ οὐ τὸν διδάξαντα.

ΣΩ. Οἶμαι, ὦ Γοργία, καὶ σὲ ἔμπειρον εἶναι πολλῶν
5 λόγων καὶ καθεωρακέναι ἐν αὐτοῖς τὸ τοιόνδε, ὅτι οὐ ῥᾳδίως
δύνανται περὶ ὧν ἂν ἐπιχειρήσωσιν διαλέγεσθαι διορισά-
μενοι πρὸς ἀλλήλους καὶ μαθόντες καὶ διδάξαντες ἑαυτούς,
d οὕτω διαλύεσθαι τὰς συνουσίας, ἀλλ᾽ ἐὰν περί του ἀμφι-
σβητήσωσιν καὶ μὴ φῇ ὁ ἕτερος τὸν ἕτερον ὀρθῶς λέγειν ἢ
μὴ σαφῶς, χαλεπαίνουσί τε καὶ κατὰ φθόνον οἴονται τὸν
ἑαυτῶν λέγειν, φιλονικοῦντας ἀλλ᾽ οὐ ζητοῦντας τὸ προκεί-
5 μενον ἐν τῷ λόγῳ· καὶ ἔνιοί γε τελευτῶντες αἴσχιστα
ἀπαλλάττονται, λοιδορηθέντες τε καὶ εἰπόντες καὶ ἀκού-
σαντες περὶ σφῶν αὐτῶν τοιαῦτα οἷα καὶ τοὺς παρόντας
ἄχθεσθαι ὑπὲρ σφῶν αὐτῶν, ὅτι τοιούτων ἀνθρώπων ἠξίωσαν
e ἀκροαταὶ γενέσθαι. τοῦ δὴ ἕνεκα λέγω ταῦτα; ὅτι νῦν
ἐμοὶ δοκεῖς σὺ οὐ πάνυ ἀκόλουθα λέγειν οὐδὲ σύμφωνα οἷς
τὸ πρῶτον ἔλεγες περὶ τῆς ῥητορικῆς· φοβοῦμαι οὖν διε-
λέγχειν σε, μή με ὑπολάβῃς οὐ πρὸς τὸ πρᾶγμα φιλονι-

b 1 ἔμβραχυ B T P : ἐν βραχεῖ F et rec. t   b 3 δύναιτο F et in ras.
T: δύναιντο re vera B P et pr. T   b 4 ὥσπερ . . . ἀγωνίᾳ secl. ci.
Sauppe   b 5 κᾷτα scr. recc. : κατὰ B T P F   c 1 δικαίου B T P F :
δικαίᾳ scr. recc.   c 3 διδάξαντα B T P : διδάσκοντα F   c 5 λόγων]
λογίων Madvig : ἀνθρώπων Cobet : φιλολόγων Schanz   d 1 του
B T P : τούτου F   ἀμφισβητήσωσιν B T P f : ἀμφισβητῶσι F   d 6 λοι-
δορηθέντες τε καὶ secl. Hirschig   d 7 περὶ σφῶν αὐτῶν secl. ci.
Sauppe   d 8 ὑπὲρ σφῶν αὐτῶν secl. Cobet   ὅτι τοιούτων] οἵων
Cobet   e 4 φιλονικοῦντα secl. W. Headlam

κοῦντα λέγειν τοῦ καταφανὲς γενέσθαι, ἀλλὰ πρὸς σέ. 5
ἐγὼ οὖν, εἰ μὲν καὶ σὺ εἶ τῶν ἀνθρώπων ὧνπερ καὶ ἐγώ, 458
ἡδέως ἄν σε διερωτῴην· εἰ δὲ μή, ἐῴην ἄν. ἐγὼ δὲ τίνων
εἰμί; τῶν ἡδέως μὲν ἂν ἐλεγχθέντων εἴ τι μὴ ἀληθὲς
λέγω, ἡδέως_δ᾽ ἂν ἐλεγξάντων εἴ τίς τι μὴ ἀληθὲς λέγοι,
οὐκ ἀηδέστερον μεντἂν ἐλεγχθέντων ἢ ἐλεγξάντων· μεῖζον 5
γὰρ αὐτὸ ἀγαθὸν ἡγοῦμαι, ὅσῳπερ μεῖζον ἀγαθόν ἐστιν
αὐτὸν ἀπαλλαγῆναι κακοῦ τοῦ μεγίστου ἢ ἄλλον ἀπαλλάξαι.
οὐδὲν γὰρ οἶμαι τοσοῦτον κακὸν εἶναι ἀνθρώπῳ, ὅσον δόξα
ψευδὴς περὶ ὧν τυγχάνει νῦν ἡμῖν ὁ λόγος ὤν. εἰ μὲν οὖν b
καὶ σὺ φῂς τοιοῦτος εἶναι, διαλεγώμεθα· εἰ δὲ καὶ δοκεῖ
χρῆναι ἐᾶν, ἐῶμεν ἤδη χαίρειν καὶ διαλύωμεν τὸν λόγον.

ΓΟΡ. Ἀλλὰ φημὶ μὲν ἔγωγε, ὦ Σώκρατες, καὶ αὐτὸς τοιοῦ-
τος εἶναι οἷον σὺ ὑφηγῇ· ἴσως μέντοι χρῆν ἐννοεῖν καὶ τὸ 5
τῶν παρόντων. πάλαι γάρ τοι, πρὶν καὶ ὑμᾶς ἐλθεῖν, ἐγὼ
τοῖς παροῦσι πολλὰ ἐπεδειξάμην, καὶ νῦν ἴσως πόρρω ἀπο-
τενοῦμεν, ἢν διαλεγώμεθα. σκοπεῖν οὖν χρὴ καὶ τὸ τούτων, c
μή τινας αὐτῶν κατέχομεν βουλομένους τι καὶ ἄλλο πράττειν.

ΧΑΙ. Τοῦ μὲν θορύβου, ὦ Γοργία τε καὶ Σώκρατες,
αὐτοὶ ἀκούετε τούτων τῶν ἀνδρῶν βουλομένων ἀκούειν ἐάν
τι λέγητε· ἐμοὶ δ᾽ οὖν καὶ αὐτῷ μὴ γένοιτο τοσαύτη ἀσχολία, 5
ὥστε τοιούτων λόγων καὶ οὕτω λεγομένων ἀφεμένῳ προὐρ-
γιαίτερόν τι γενέσθαι ἄλλο πράττειν.

ΚΑΛ. Νὴ τοὺς θεούς, ὦ Χαιρεφῶν, καὶ μὲν δὴ καὶ αὐτὸς d
πολλοῖς ἤδη λόγοις παραγενόμενος οὐκ οἶδ᾽ εἰ πώποτε ἥσθην
οὕτως ὥσπερ νυνί· ὥστ᾽ ἔμοιγε, κἂν τὴν ἡμέραν ὅλην
ἐθέλητε διαλέγεσθαι, χαριεῖσθε.

b 4 φημὶ Β Τ Ρ : φῇς F   b 5 χρῆν Β Τ Ρ F (in marg. ἔδει b t) : χρὴ
al. Olympiodorus   b 6 ὑμᾶς Β Τ Ρ F (sed ύ ex emend. Τ)   b 7 πολλὰ
Β Τ Ρ f : πολὺ F   ἀποτενοῦμεν Β Τ Ρ f : ἀποστεροῦμεν F   c 1 ἢν
Τ Ρ F : μὴν B (sed μ puncto notatum)   c 2 κατέχομεν Β Ρ t : κατέ-
χωμεν Τ F   c 5 δ᾽ οὖν Β Τ Ρ F : γοῦν Olympiodorus   c 6 προὐρ-
γιαίτερον] προτιμότερον suprascr. Ρ   c 7 γενέσθαι Β Τ Ρ : γίνεσθαι F
ᾱ 3 οὕτως Β Τ Ρ f : om. F   νυνί Β Τ Ρ f : νῦν F   ὅλην Β Τ Ρ : om. F
d 4 ἐθέλητε F : ἐθέλοιτε Β Τ Ρ   χαριεῖσθε Τ Ρ F : χαριεῖσθαι B

5 ΣΩ. Ἀλλὰ μήν, ὦ Καλλίκλεις, τό γ᾽ ἐμὸν οὐδὲν κωλύει, εἴπερ ἐθέλει Γοργίας.

ΓΟΡ. Αἰσχρὸν δὴ τὸ λοιπόν, ὦ Σώκρατες, γίγνεται ἐμέ γε μὴ ἐθέλειν, αὐτὸν ἐπαγγειλάμενον ἐρωτᾶν ὅτι τις βού-
e λεται. ἀλλ᾽ εἰ δοκεῖ τουτοισί, διαλέγου τε καὶ ἐρώτα ὅτι βούλει.

ΣΩ. Ἄκουε δή, ὦ Γοργία, ἃ θαυμάζω ἐν τοῖς λεγομένοις ὑπὸ σοῦ· ἴσως γάρ τοι σοῦ ὀρθῶς λέγοντος ἐγὼ οὐκ ὀρθῶς
5 ὑπολαμβάνω. ῥητορικὸν φῄς ποιεῖν οἷός τ᾽ εἶναι, ἐάν τις βούληται παρὰ σοῦ μανθάνειν;—ΓΟΡ. Ναί.—ΣΩ. Οὐκοῦν περὶ πάντων ὥστ᾽ ἐν ὄχλῳ πιθανὸν εἶναι, οὐ διδάσκοντα ἀλλὰ
459 πείθοντα;—ΓΟΡ. Πάνυ μὲν οὖν.—ΣΩ. Ἔλεγές τοι νυνδὴ ὅτι καὶ περὶ τοῦ ὑγιεινοῦ τοῦ ἰατροῦ πιθανώτερος ἔσται ὁ ῥήτωρ.—ΓΟΡ. Καὶ γὰρ ἔλεγον, ἔν γε ὄχλῳ.—ΣΩ. Οὐκοῦν τὸ ἐν ὄχλῳ τοῦτό ἐστιν, ἐν τοῖς μὴ εἰδόσιν; οὐ γὰρ δήπου
5 ἔν γε τοῖς εἰδόσι τοῦ ἰατροῦ πιθανώτερος ἔσται.—ΓΟΡ. Ἀληθῆ λέγεις.—ΣΩ. Οὐκοῦν εἴπερ τοῦ ἰατροῦ πιθανώτερος ἔσται, τοῦ εἰδότος πιθανώτερος γίγνεται;—ΓΟΡ. Πάνυ
b γε.—ΣΩ. Οὐκ ἰατρός γε ὤν· ἢ γάρ;—ΓΟΡ. Ναί.—ΣΩ. Ὁ δὲ μὴ ἰατρός γε δήπου ἀνεπιστήμων ὧν ὁ ἰατρὸς ἐπιστή-μων.—ΓΟΡ. Δῆλον ὅτι.—ΣΩ. Ὁ οὐκ εἰδὼς ἄρα τοῦ εἰδότος ἐν οὐκ εἰδόσι πιθανώτερος ἔσται, ὅταν ὁ ῥήτωρ τοῦ ἰατροῦ
5 πιθανώτερος ᾖ. τοῦτο συμβαίνει ἢ ἄλλο τι;—ΓΟΡ. Τοῦτο ἐνταῦθά γε συμβαίνει.—ΣΩ. Οὐκοῦν καὶ περὶ τὰς ἄλλας ἁπάσας τέχνας ὡσαύτως ἔχει ὁ ῥήτωρ καὶ ἡ ῥητορική· αὐτὰ μὲν τὰ πράγματα οὐδὲν δεῖ αὐτὴν εἰδέναι ὅπως ἔχει, μηχανὴν
c δέ τινα πειθοῦς ηὑρηκέναι ὥστε φαίνεσθαι τοῖς οὐκ εἰδόσι μᾶλλον εἰδέναι τῶν εἰδότων.

ΓΟΡ. Οὐκοῦν πολλὴ ῥᾳστώνη, ὦ Σώκρατες, γίγνεται,

d 8 ad ἐθέλειν adscripsit καὶ ταῦτα f   ἐρωτᾶν ... βούλεται secl.
Badham   e 1 τουτοισί scr. recc. : τούτοισι P : τούτοισιν Β Τ :
τούτοις F   e 7 πάντων Β Τ P f : παντὸς f   a 1 τοι νυνδὴ Β² P :
τοίνυν δὴ Β (ut videtur) T : τοίνυν νῦν δὴ F   a 2 περὶ τοῦ ὑγιεινοῦ
secl. Cobet   a 5 ἔσται Β Τ P f : ἔστιν F   b 2 ὁ Β Τ F : om. P
b 7 καὶ ἡ ῥητορική secl. Cobet   b 8 αὐτὴν] αὐτὸν Beck, Cobet

μὴ μαθόντα τὰς ἄλλας τέχνας ἀλλὰ μίαν ταύτην, μηδὲν
ἐλαττοῦσθαι τῶν δημιουργῶν;   5

ΣΩ. Εἰ μὲν ἐλαττοῦται ἢ μὴ ἐλαττοῦται ὁ ῥήτωρ τῶν
ἄλλων διὰ τὸ οὕτως ἔχειν, αὐτίκα ἐπισκεψόμεθα, ἐάν τι
ἡμῖν πρὸς λόγου ᾖ· νῦν δὲ τόδε πρότερον σκεψώμεθα, ἆρα
τυγχάνει περὶ τὸ δίκαιον καὶ τὸ ἄδικον καὶ τὸ αἰσχρὸν καὶ d
τὸ καλὸν καὶ ἀγαθὸν καὶ κακὸν οὕτως ἔχων ὁ ῥητορικὸς
ὡς περὶ τὸ ὑγιεινὸν καὶ περὶ τὰ ἄλλα ὧν αἱ ἄλλαι τέχναι,
αὐτὰ μὲν οὐκ εἰδώς, τί ἀγαθὸν ἢ τί κακόν ἐστιν ἢ τί καλὸν
ἢ τί αἰσχρὸν ἢ δίκαιον ἢ ἄδικον, πειθὼ δὲ περὶ αὐτῶν με- 5
μηχανημένος ὥστε δοκεῖν εἰδέναι οὐκ εἰδὼς ἐν οὐκ εἰδόσιν
μᾶλλον τοῦ εἰδότος; ἢ ἀνάγκη εἰδέναι, καὶ δεῖ προεπιστά- e
μενον ταῦτα ἀφικέσθαι παρὰ σὲ τὸν μέλλοντα μαθήσεσθαι
τὴν ῥητορικήν; εἰ δὲ μή, σὺ ὁ τῆς ῥητορικῆς διδάσκαλος τού-
των μὲν οὐδὲν διδάξεις τὸν ἀφικνούμενον—οὐ γὰρ σὸν ἔργον
—ποιήσεις δ' ἐν τοῖς πολλοῖς δοκεῖν εἰδέναι αὐτὸν τὰ τοιαῦτα 5
οὐκ εἰδότα καὶ δοκεῖν ἀγαθὸν εἶναι οὐκ ὄντα; ἢ τὸ παράπαν
οὐχ οἷός τε ἔσῃ αὐτὸν διδάξαι τὴν ῥητορικήν, ἐὰν μὴ προειδῇ
περὶ τούτων τὴν ἀλήθειαν; ἢ πῶς τὰ τοιαῦτα ἔχει, ὦ Γοργία;
καὶ πρὸς Διός, ὥσπερ ἄρτι εἶπες, ἀποκαλύψας τῆς ῥητορικῆς 460
εἰπὲ τίς ποθ' ἡ δύναμίς ἐστιν.

ΓΟΡ. Ἀλλ' ἐγὼ μὲν οἶμαι, ὦ Σώκρατες, ἐὰν τύχῃ μὴ
εἰδώς, καὶ ταῦτα παρ' ἐμοῦ μαθήσεται.

ΣΩ. Ἔχε δή· καλῶς γὰρ λέγεις. ἐάνπερ ῥητορικὸν 5
σύ τινα ποιήσῃς, ἀνάγκη αὐτὸν εἰδέναι τὰ δίκαια καὶ τὰ
ἄδικα ἤτοι πρότερόν γε ἢ ὕστερον μαθόντα παρὰ σοῦ.—
ΓΟΡ. Πάνυ γε.—ΣΩ. Τί οὖν; ὁ τὰ τεκτονικὰ μεμαθηκὼς b
τεκτονικός, ἢ οὔ;—ΓΟΡ. Ναί.—ΣΩ. Οὐκοῦν καὶ ὁ τὰ μουσικὰ
μουσικός;—ΓΟΡ. Ναί.—ΣΩ. Καὶ ὁ τὰ ἰατρικὰ ἰατρικός;

c 8 πρὸς λόγου BTP: πρὸ λόγου Olympiodorus: πρὸς λόγον F
d 1 περὶ supra versum T: καὶ περὶ Olympiodorus   d 3 ὡς περὶ
BTP: ὥσπερ F   d 4 αὐτὰ BTF: αὐτὸς P   e 3 εἰ δὲ μὴ σὺ
TPF et in marg. γρ. b: εἰ δὲ σὺ B   e 7 αὐτὸν διδάξαι re vera
BTF: διδάξαι αὐτὸν P   a 4 μαθήσεται BTPf: μαθήσεσθαι F
a 6 εἰδέναι BTP: ἔσται εἰδέναι F   a 7 ἤτοι BTPf: ἢ F

καὶ τᾶλλα οὕτω κατὰ τὸν αὐτὸν λόγον, ὁ μεμαθηκὼς ἕκαστα
5 τοιοῦτός ἐστιν οἷον ἡ ἐπιστήμη ἕκαστον ἀπεργάζεται;—
ΓΟΡ. Πάνυ γε.—ΣΩ. Οὐκοῦν κατὰ τοῦτον τὸν λόγον καὶ
ὁ τὰ δίκαια μεμαθηκὼς δίκαιος;—ΓΟΡ. Πάντως δήπου.—
ΣΩ. Ὁ δὲ δίκαιος δίκαιά που πράττει.—ΓΟΡ. Ναί.—
c ΣΩ. Οὐκοῦν ἀνάγκη τὸν ῥητορικὸν δίκαιον εἶναι, τὸν δὲ
δίκαιον βούλεσθαι δίκαια πράττειν;—ΓΟΡ. Φαίνεταί γε.—
ΣΩ. Οὐδέποτε ἄρα βουλήσεται ὅ γε δίκαιος ἀδικεῖν.—
ΓΟΡ. Ἀνάγκη.—ΣΩ. Τὸν δὲ ῥητορικὸν ἀνάγκη ἐκ τοῦ λόγου
5 δίκαιον εἶναι.—ΓΟΡ. Ναί.—ΣΩ. Οὐδέποτε ἄρα βουλήσεται
ὁ ῥητορικὸς ἀδικεῖν.—ΓΟΡ. Οὐ φαίνεταί γε.

ΣΩ. Μέμνησαι οὖν λέγων ὀλίγῳ πρότερον ὅτι οὐ δεῖ τοῖς
d παιδοτρίβαις ἐγκαλεῖν οὐδ' ἐκβάλλειν ἐκ τῶν πόλεων, ἐὰν ὁ
πύκτης τῇ πυκτικῇ χρῆταί τε καὶ ἀδίκως χρῆται καὶ ἀδικῇ,
ὡσαύτως δὲ οὕτως καὶ ἐὰν ὁ ῥήτωρ τῇ ῥητορικῇ ἀδίκως
χρῆται, μὴ τῷ διδάξαντι ἐγκαλεῖν μηδ' ἐξελαύνειν ἐκ τῆς
5 πόλεως, ἀλλὰ τῷ ἀδικοῦντι καὶ οὐκ ὀρθῶς χρωμένῳ τῇ
ῥητορικῇ; ἐρρήθη ταῦτα ἢ οὔ;—ΓΟΡ. Ἐρρήθη.—ΣΩ. Νῦν
e δέ γε ὁ αὐτὸς οὗτος φαίνεται, ὁ ῥητορικός, οὐκ ἄν ποτε
ἀδικήσας. ἢ οὔ;—ΓΟΡ. Φαίνεται.—ΣΩ. Καὶ ἐν τοῖς πρώ-
τοις γε, ὦ Γοργία, λόγοις ἐλέγετο ὅτι ἡ ῥητορικὴ περὶ λόγους
εἴη οὐ τοὺς τοῦ ἀρτίου καὶ περιττοῦ, ἀλλὰ τοὺς τοῦ δικαίου
5 καὶ ἀδίκου· ἢ γάρ;—ΓΟΡ. Ναί.—ΣΩ. Ἐγὼ τοίνυν σου τότε
ταῦτα λέγοντος ὑπέλαβον ὡς οὐδέποτ' ἂν εἴη ἡ ῥητορικὴ
ἄδικον πρᾶγμα, ὅ γ' ἀεὶ περὶ δικαιοσύνης τοὺς λόγους
ποιεῖται· ἐπειδὴ δὲ ὀλίγον ὕστερον ἔλεγες ὅτι ὁ ῥήτωρ
461 τῇ ῥητορικῇ κἂν ἀδίκως χρῷτο, οὕτω θαυμάσας καὶ ἡγησά-
μενος οὐ συνᾴδειν τὰ λεγόμενα ἐκείνους εἶπον τοὺς λόγους,

b 8 Ὁ δὲ ... Ναί. secl. Deuschle (et mox c 4 Τὸν δὲ ... c 5 Ναί)
c 1 Οὐκοῦν ... c 2 Φαίνεταί γε secl. Schanz (sed legit Quintilianus)
ῥητορικὸν ... δὲ secl. Hirschig   c 2 ἀεὶ ante βούλεσθαι add. Hir-
schig, post βούλεσθαι add. Thompson   c 3 οὐδέποτε ... c 6 φαίνεταί
γε fort. non legit Quintilianus (ii. 15. 27)   c 4 τοῦ Β Τ Ρ : τοῦ σοῦ F
d 2 supra πυκτικῇ add. καλῶς rec. f   καὶ ἀδίκως χρῆται F : om.
Β Τ Ρ   e 1 ὁ ῥητορικός secl. Cobet   e 6 ἡ ῥητορικὴ Β Τ Ρ :
ῥητορικὴ F   e 7 ὅ γ' Β Τ Ρ : εἴ γ' F

ὅτι εἰ μὲν κέρδος ἡγοῖο εἶναι τὸ ἐλέγχεσθαι ὥσπερ ἐγώ,
ἄξιον εἴη διαλέγεσθαι, εἰ δὲ μή, ἐᾶν χαίρειν. ὕστερον δὲ
ἡμῶν ἐπισκοπουμένων ὁρᾷς δὴ καὶ αὐτὸς ὅτι αὖ ὁμολογεῖται 5
τὸν ῥητορικὸν ἀδύνατον εἶναι ἀδίκως χρῆσθαι τῇ ῥητορικῇ
καὶ ἐθέλειν ἀδικεῖν. ταῦτα οὖν ὅπῃ ποτὲ ἔχει, μὰ τὸν
κύνα, ὦ Γοργία, οὐκ ὀλίγης συνουσίας ἐστὶν ὥστε ἱκανῶς b
διασκέψασθαι.

ΠΩΛ. Τί δέ, ὦ Σώκρατες; οὕτω καὶ σὺ περὶ τῆς
ῥητορικῆς δοξάζεις ὥσπερ νῦν λέγεις; ἢ οἴει—ὅτι Γοργίας
ᾐσχύνθη σοι μὴ προσομολογῆσαι τὸν ῥητορικὸν ἄνδρα μὴ 5
οὐχὶ καὶ τὰ δίκαια εἰδέναι καὶ τὰ καλὰ καὶ τὰ ἀγαθά, καὶ
ἐὰν μὴ ἔλθῃ ταῦτα εἰδὼς παρ' αὐτόν, αὐτὸς διδάξειν, ἔπειτα
ἐκ ταύτης ἴσως τῆς ὁμολογίας ἐναντίον τι συνέβη ἐν τοῖς
λόγοις—τοῦτο ⟨ὃ⟩ δὴ ἀγαπᾷς, αὐτὸς ἀγαγὼν ἐπὶ τοιαῦτα c
ἐρωτήματα—ἐπεὶ τίνα οἴει ἀπαρνήσεσθαι μὴ οὐχὶ καὶ αὐτὸν
ἐπίστασθαι τὰ δίκαια καὶ ἄλλους διδάξειν;—ἀλλ' εἰς τὰ
τοιαῦτα ἄγειν πολλὴ ἀγροικία ἐστὶν τοὺς λόγους.

ΣΩ. Ὦ κάλλιστε Πῶλε, ἀλλά τοι ἐξεπίτηδες κτώμεθα 5
ἑταίρους καὶ ὑεῖς, ἵνα ἐπειδὰν αὐτοὶ πρεσβύτεροι γενόμενοι
σφαλλώμεθα, παρόντες ὑμεῖς οἱ νεώτεροι ἐπανορθῶτε ἡμῶν
τὸν βίον καὶ ἐν ἔργοις καὶ ἐν λόγοις. καὶ νῦν εἴ τι ἐγὼ καὶ
Γοργίας ἐν τοῖς λόγοις σφαλλόμεθα, σὺ παρὼν ἐπανόρθου— d
δίκαιος δ' εἶ—καὶ ἐγὼ ἐθέλω τῶν ὡμολογημένων εἴ τί σοι
δοκεῖ μὴ καλῶς ὡμολογῆσθαι, ἀναθέσθαι ὅτι ἂν σὺ βούλῃ,
ἐάν μοι ἓν μόνον φυλάττῃς.

ΠΩΛ. Τί τοῦτο λέγεις; 5

ΣΩ. Τὴν μακρολογίαν, ὦ Πῶλε, ἣν καθέρξῃς, ᾗ τὸ πρῶτον
ἐπεχείρησας χρῆσθαι.

a 5 αὖ Β Τ Ρ : πάλιν αὖ F   b 4 ἢ F : ἢ Β Τ : καὶ W   c 1 δ
add. f : om. Β Τ Ρ F   c 2 ἀπαρνήσεσθαι Β Τ : ἀπαρνήσασθαι Ρ F
c 3 εἰς τὰ Β Τ Ρ : εἴ γε F (σ supra εἴ f)   c 4 τοὺς λόγους secl. Cobet
c 6 ἑταίρους καὶ ὑεῖς F t : ἑτέρους υἱεῖς Β Τ W : ἑταίρους Schanz   γενό-
μενοι F : γιγνόμενοι Β Τ Ρ   c 7 ἐπανορθῶτε F : ἐπανορθοῖτε Β Τ Ρ
d 2 ἐγὼ Β Τ et re vera W : ἐγώ σοι F   εἰ . . . ὡμολογῆσθαι secl.
Cobet   d 6 καθέρξῃς Β Τ Ρ Olympiodorus : καθέξῃς F

ΠΩΛ. Τί δέ; οὐκ ἐξέσται μοι λέγειν ὁπόσα ἂν βού-
λωμαι;

e ΣΩ. Δεινὰ μεντἂν πάθοις, ὦ βέλτιστε, εἰ 'Αθήναζε
ἀφικόμενος, οὗ τῆς 'Ελλάδος πλείστη ἐστὶν ἐξουσία τοῦ
λέγειν, ἔπειτα σὺ ἐνταῦθα τούτου μόνος ἀτυχήσαις. ἀλλὰ
ἀντίθες τοι· σοῦ μακρὰ λέγοντος καὶ μὴ ἐθέλοντος τὸ ἐρωτώ-
5 μενον ἀποκρίνεσθαι, οὐ δεινὰ ἂν αὖ ἐγὼ πάθοιμι, εἰ μὴ ἐξέσται
462 μοι ἀπιέναι καὶ μὴ ἀκούειν σου; ἀλλ' εἴ τι κήδῃ τοῦ λόγου
τοῦ εἰρημένου καὶ ἐπανορθώσασθαι αὐτὸν βούλει, ὥσπερ
νυνδὴ ἔλεγον, ἀναθέμενος ὅτι σοι δοκεῖ, ἐν τῷ μέρει ἐρωτῶν
τε καὶ ἐρωτώμενος, ὥσπερ ἐγώ τε καὶ Γοργίας, ἔλεγχέ τε
5 καὶ ἐλέγχου. φῂς γὰρ δήπου καὶ σὺ ἐπίστασθαι ἅπερ
Γοργίας· ἢ οὔ;

ΠΩΛ. Ἔγωγε.

ΣΩ. Οὐκοῦν καὶ σὺ κελεύεις σαυτὸν ἐρωτᾶν ἑκάστοτε ὅτι
ἄν τις βούληται, ὡς ἐπιστάμενος ἀποκρίνεσθαι;

10 ΠΩΛ. Πάνυ μὲν οὖν.

b ΣΩ. Καὶ νῦν δὴ τούτων ὁπότερον βούλει ποίει, ἐρώτα ἢ
ἀποκρίνου.

ΠΩΛ. 'Αλλὰ ποιήσω ταῦτα. καί μοι ἀπόκριναι, ὦ Σώ-
κρατες· ἐπειδὴ Γοργίας ἀπορεῖν σοι δοκεῖ περὶ τῆς ῥητορικῆς,
5 σὺ αὐτὴν τίνα φῂς εἶναι;

ΣΩ. 'Αρα ἐρωτᾷς ἥντινα τέχνην φημὶ εἶναι;

ΠΩΛ. Ἔγωγε.

ΣΩ. Οὐδεμία ἔμοιγε δοκεῖ, ὦ Πῶλε, ὥς γε πρὸς σὲ
τἀληθῆ εἰρῆσθαι.

10 ΠΩΛ. 'Αλλὰ τί σοι δοκεῖ ἡ ῥητορικὴ εἶναι;

ΣΩ. Πρᾶγμα ὃ φῂς σὺ ποιῆσαι τέχνην ἐν τῷ συγγράμματι
c ὃ ἐγὼ ἔναγχος ἀνέγνων.

ΠΩΛ. Τί τοῦτο λέγεις;

ΣΩ. 'Εμπειρίαν ἔγωγέ τινα.

ΠΩΛ. 'Εμπειρία ἄρα σοι δοκεῖ ἡ ῥητορικὴ εἶναι;

ΣΩ. Ἔμοιγε, εἰ μή τι σὺ ἄλλο λέγεις.　　5

ΠΩΛ. Τίνος ἐμπειρία;

ΣΩ. Χάριτός τινος καὶ ἡδονῆς ἀπεργασίας.

ΠΩΛ. Οὐκοῦν καλόν σοι δοκεῖ ἡ ῥητορικὴ εἶναι, χαρί-
ζεσθαι οἶόν τε εἶναι ἀνθρώποις;

ΣΩ. Τί δέ, ὦ Πῶλε; ἤδη πέπυσαι παρ' ἐμοῦ ὅτι φημὶ　10
αὐτὴν εἶναι, ὥστε τὸ μετὰ τοῦτο ἐρωτᾷς εἰ οὐ καλή μοι　d
δοκεῖ εἶναι;

ΠΩΛ. Οὐ γὰρ πέπυσμαι ὅτι ἐμπειρίαν τινὰ αὐτὴν φῂς
εἶναι;

ΣΩ. Βούλει οὖν, ἐπειδὴ τιμᾷς τὸ χαρίζεσθαι, σμικρόν τί　5
μοι χαρίσασθαι;

ΠΩΛ. Ἔγωγε.

ΣΩ. Ἐροῦ νῦν με, ὀψοποιία ἥτις μοι δοκεῖ τέχνη εἶναι.

ΠΩΛ. Ἐρωτῶ δή, τίς τέχνη ὀψοποιία;—ΣΩ. Οὐδεμία,
ὦ Πῶλε.—ΠΩΛ. Ἀλλὰ τί; φάθι.—ΣΩ. Φημὶ δή, ἐμπειρία　10
τις.—ΠΩΛ. Τίς; φάθι.—ΣΩ. Φημὶ δή, χάριτος καὶ ἡδονῆς
ἀπεργασίας, ὦ Πῶλε.　　　　　　　　　　　　　　　　e

ΠΩΛ. Ταὐτὸν ἄρ' ἐστὶν ὀψοποιία καὶ ῥητορική;

ΣΩ. Οὐδαμῶς γε, ἀλλὰ τῆς αὐτῆς μὲν ἐπιτηδεύσεως
μόριον.

ΠΩΛ. Τίνος λέγεις ταύτης;　　　　　　　　　　　　5

ΣΩ. Μὴ ἀγροικότερον ᾖ τὸ ἀληθὲς εἰπεῖν· ὀκνῶ γὰρ
Γοργίου ἔνεκα λέγειν, μὴ οἴηταί με διακωμῳδεῖν τὸ ἑαυτοῦ
ἐπιτήδευμα. ἐγὼ δέ, εἰ μὲν τοῦτό ἐστιν ἡ ῥητορικὴ ἣν Γοργίας
ἐπιτηδεύει, οὐκ οἶδα—καὶ γὰρ ἄρτι ἐκ τοῦ λόγου οὐδὲν ἡμῖν　463
καταφανὲς ἐγένετο τί ποτε οὗτος ἡγεῖται—ὃ δ' ἐγὼ καλῶ
τὴν ῥητορικήν, πράγματός τινός ἐστι μόριον οὐδενὸς τῶν
καλῶν.

ΓΟΡ. Τίνος, ὦ Σώκρατες; εἰπέ· μηδὲν ἐμὲ αἰσχυνθῇς.　5

c 10 δέ B T P : δή F　　　d 1 εἰ P F et suprascr. B² : ἤ B : ἦ T
d 8 ἥτις F : εἴ τις B T W　　　τέχνη εἶναι B T P : εἶναι τέχνη F
d 11 τίς B T P F : τίνος in marg. f　　　e 2 ἄρ' F : ἄρα Olympiodorus :
δ' B T P　　　e 6 γὰρ W : om. B T F　　　a 5 αἰσχυνθῇς B (sed
supra η ead. m. ει) : αἰσχυνθῇς T P F : αἰσχυνθείς scr. recc.

ΣΩ. Δοκεῖ τοίνυν μοι, ὦ Γοργία, εἶναί τι ἐπιτήδευμα
τεχνικὸν μὲν οὔ, ψυχῆς δὲ στοχαστικῆς καὶ ἀνδρείας καὶ
φύσει δεινῆς προσομιλεῖν τοῖς ἀνθρώποις· καλῶ δὲ αὐτοῦ
b ἐγὼ τὸ κεφάλαιον κολακείαν. ταύτης μοι δοκεῖ τῆς ἐπι-
τηδεύσεως πολλὰ μὲν καὶ ἄλλα μόρια εἶναι, ἓν δὲ καὶ ἡ
ὀψοποιική· ὃ δοκεῖ μὲν εἶναι τέχνη, ὡς δὲ ὁ ἐμὸς λόγος, οὐκ
ἔστιν τέχνη ἀλλ' ἐμπειρία καὶ τριβή. ταύτης μόριον καὶ
5 τὴν ῥητορικὴν ἐγὼ καλῶ καὶ τήν γε κομμωτικὴν καὶ τὴν
σοφιστικήν, τέτταρα ταῦτα μόρια ἐπὶ τέτταρσιν πράγμασιν.
εἰ οὖν βούλεται Πῶλος πυνθάνεσθαι, πυνθανέσθω· οὐ γάρ
c πω πέπυσται ὁποῖόν φημι ἐγὼ τῆς κολακείας μόριον εἶναι
τὴν ῥητορικήν, ἀλλ' αὐτὸν λέληθα οὔπω ἀποκεκριμένος, ὁ δὲ
ἐπανερωτᾷ εἰ οὐ καλὸν ἡγοῦμαι εἶναι. ἐγὼ δὲ αὐτῷ οὐκ
ἀποκρινοῦμαι πρότερον εἴτε καλὸν εἴτε αἰσχρὸν ἡγοῦμαι
5 εἶναι τὴν ῥητορικὴν πρὶν ἂν πρῶτον ἀποκρίνωμαι ὅτι ἐστίν.
οὐ γὰρ δίκαιον, ὦ Πῶλε· ἀλλ' εἴπερ βούλει πυθέσθαι, ἐρώτα
ὁποῖον μόριον τῆς κολακείας φημὶ εἶναι τὴν ῥητορικήν.

ΠΩΛ. Ἐρωτῶ δή, καὶ ἀπόκριναι ὁποῖον μόριον.

d ΣΩ. Ἆρ' οὖν ἂν μάθοις ἀποκριναμένου; ἔστιν γὰρ ἡ
ῥητορικὴ κατὰ τὸν ἐμὸν λόγον πολιτικῆς μορίου εἴδωλον.

ΠΩΛ. Τί οὖν; καλὸν ἢ αἰσχρὸν λέγεις αὐτὴν εἶναι;

ΣΩ. Αἰσχρὸν ἔγωγε—τὰ γὰρ κακὰ αἰσχρὰ καλῶ—ἐπειδὴ
5 δεῖ σοι ἀποκρίνασθαι ὡς ἤδη εἰδότι ἃ ἐγὼ λέγω.

ΓΟΡ. Μὰ τὸν Δία, ὦ Σώκρατες, ἀλλ' ἐγὼ οὐδὲ αὐτὸς
συνίημι ὅτι λέγεις.

e ΣΩ. Εἰκότως γε, ὦ Γοργία· οὐδὲν γάρ πω σαφὲς λέγω,
Πῶλος δὲ ὅδε νέος ἐστὶ καὶ ὀξύς.

a 6 τι Β Τ P F: om. Aristides (sed habent Proll. in Aristidem)
a 8 αὐτοῦ ἐγὼ Β Τ Ρ Aristides: ἐγὼ αὐτοῦ F   b 2 ἡ Β Τ P F: om.
Aristides   c 2 οὔπω F Aristides et suprascr. b: οὔτω Β Τ P
c 4 εἴτε καλὸν εἴτε αἰσχρὸν Β Τ Ρ: εἴτε αἰσχρὸν εἴτε καλὸν F Aristides
c 5 ὅτι ἐστίν Β Τ P F: ὅ ἐστιν Aristides   c 6 πυθέσθαι Β Τ P F:
πυνθάνεσθαι Aristides   c 8 καὶ . . . μόριον secl. Cobet (legit
Aristides)   μοι post ἀπόκριναί add. Aristides   d 5 ἐγὼ Β Τ P F:
om. Aristides   d 6 ἐγὼ Β Τ P F: ἔγωγε Aristides

ΓΟΡ. Ἀλλὰ τοῦτον μὲν ἔα, ἐμοὶ δ᾽ εἰπὲ πῶς λέγεις
πολιτικῆς μορίου εἴδωλον εἶναι τὴν ῥητορικήν.

ΣΩ. Ἀλλ᾽ ἐγὼ πειράσομαι φράσαι ὅ γέ μοι φαίνεται 5
εἶναι ἡ ῥητορική· εἰ δὲ μὴ τυγχάνει ὂν τοῦτο, Πῶλος ὅδε
ἐλέγξει. σῶμά που καλεῖς τι καὶ ψυχήν;—ΓΟΡ. Πῶς γὰρ οὔ; 464
—ΣΩ. Οὐκοῦν καὶ τούτων οἴει τινὰ εἶναι ἑκατέρου εὐεξίαν;—
ΓΟΡ. Ἔγωγε.—ΣΩ. Τί δέ; δοκοῦσαν μὲν εὐεξίαν, οὖσαν
δ᾽ οὔ; οἷον τοιόνδε λέγω· πολλοὶ δοκοῦσιν εὖ ἔχειν τὰ
σώματα, οὓς οὐκ ἂν ῥᾳδίως αἴσθοιτό τις ὅτι οὐκ εὖ ἔχουσιν, 5
ἀλλ᾽ ἢ ἰατρός τε καὶ τῶν γυμναστικῶν τις.—ΓΟΡ. Ἀληθῆ
λέγεις.—ΣΩ. Τὸ τοιοῦτον λέγω καὶ ἐν σώματι εἶναι καὶ ἐν
ψυχῇ, ὃ ποιεῖ μὲν δοκεῖν εὖ ἔχειν τὸ σῶμα καὶ τὴν ψυχήν,
ἔχει δὲ οὐδὲν μᾶλλον.—ΓΟΡ. Ἔστι ταῦτα.   b

ΣΩ. Φέρε δή σοι, ἐὰν δύνωμαι, σαφέστερον ἐπιδείξω ὃ
λέγω. δυοῖν ὄντοιν τοῖν πραγμάτοιν δύο λέγω τέχνας· τὴν
μὲν ἐπὶ τῇ ψυχῇ πολιτικὴν καλῶ, τὴν δὲ ἐπὶ σώματι μίαν
μὲν οὕτως ὀνομάσαι οὐκ ἔχω σοι, μιᾶς δὲ οὔσης τῆς τοῦ 5
σώματος θεραπείας δύο μόρια λέγω, τὴν μὲν γυμναστικήν,
τὴν δὲ ἰατρικήν· τῆς δὲ πολιτικῆς ἀντὶ μὲν τῆς γυμναστικῆς
τὴν νομοθετικήν, ἀντίστροφον δὲ τῇ ἰατρικῇ τὴν δικαιοσύνην.
ἐπικοινωνοῦσι μὲν δὴ ἀλλήλαις, ἅτε περὶ τὸ αὐτὸ οὖσαι,   c
ἑκάτεραι τούτων, ἥ τε ἰατρικὴ τῇ γυμναστικῇ καὶ ἡ δικαιοσύνη
τῇ νομοθετικῇ· ὅμως δὲ διαφέρουσίν τι ἀλλήλων. τεττάρων
δὴ τούτων οὐσῶν, καὶ ἀεὶ πρὸς τὸ βέλτιστον θεραπευουσῶν
τῶν μὲν τὸ σῶμα, τῶν δὲ τὴν ψυχήν, ἡ κολακευτικὴ αἰσθομένη 5

e 6 ἡ T P F Aristides : om. B   τυγχάνει T P Aristides : τυγχάνῃ
B F   a 6 ἀλλ᾽ ἢ Aristides : ἄλλος ἢ B T P F   ἰατρός B T P
Aristides : ὁ ἰατρός F   a 8 δ F Aristides : ὅτι B T P   b 2 ἐπι-
δείξω B T P Aristides: ἐπιδεῖξαι F   b 3 ὄντοιν τοῖν πραγμάτοιν B T P:
ὄντοιν πραγμάτοιν F : ὄντων τῶν πραγμάτων Aristides   τὴν μὲν B T P :
καὶ τὴν μὲν F : τὴν μὲν οὖν Aristides   b 4 τῇ ψυχῇ B T² P F Aristides :
τὴν ψυχὴν T   σώματι B T P : τῷ σώματι F Aristides   b 7 ἀντὶ
μὲν τῆς γυμναστικῆς B T P F : ἀντίστροφον μὲν τῇ γυμναστικῇ Aristides
b 8 δικαιοσύνην B T P Aristides Olympiodorus : δικαστικὴν F et Proll.
ad Aristidem   c 2 δικαιοσύνη B T P Aristides : δικαστικὴ F   c 4 δὴ
B T P F: δὲ Aristides Olympiodorus   c 5 αἰσθομένη F Aristides :
αἰσθανομένη B T P

—οὐ γνοῦσα λέγω ἀλλὰ στοχασαμένη—τέτραχα ἑαυτὴν δια-
νείμασα, ὑποδῦσα ὑπὸ ἕκαστον τῶν μορίων, προσποιεῖται
d εἶναι τοῦτο ὅπερ ὑπέδυ, καὶ τοῦ μὲν βελτίστου οὐδὲν φροντίζει,
τῷ δὲ ἀεὶ ἡδίστῳ θηρεύεται τὴν ἄνοιαν καὶ ἐξαπατᾷ, ὥστε
δοκεῖ πλείστου ἀξία εἶναι. ὑπὸ μὲν οὖν τὴν ἰατρικὴν ἡ
ὀψοποιικὴ ὑποδέδυκεν, καὶ προσποιεῖται τὰ βέλτιστα σιτία
5 τῷ σώματι εἰδέναι, ὥστ᾽ εἰ δέοι ἐν παισὶ διαγωνίζεσθαι
ὀψοποιόν τε καὶ ἰατρόν, ἢ ἐν ἀνδράσιν οὕτως ἀνοήτοις ὥσπερ
οἱ παῖδες, πότερος ἐπαΐει περὶ τῶν χρηστῶν σιτίων καὶ
e πονηρῶν, ὁ ἰατρὸς ἢ ὁ ὀψοποιός, λιμῷ ἂν ἀποθανεῖν τὸν
ἰατρόν. κολακείαν μὲν οὖν αὐτὸ καλῶ, καὶ αἰσχρόν φημι
465 εἶναι τὸ τοιοῦτον, ὦ Πῶλε—τοῦτο γὰρ πρὸς σὲ λέγω—ὅτι
τοῦ ἡδέος στοχάζεται ἄνευ τοῦ βελτίστου· τέχνην δὲ αὐτὴν
οὔ φημι εἶναι ἀλλ᾽ ἐμπειρίαν, ὅτι οὐκ ἔχει λόγον οὐδένα
ᾧ προσφέρει ἃ προσφέρει ὁποῖ᾽ ἄττα τὴν φύσιν ἐστίν, ὥστε
5 τὴν αἰτίαν ἑκάστου μὴ ἔχειν εἰπεῖν. ἐγὼ δὲ τέχνην οὐ
καλῶ ὃ ἂν ᾖ ἄλογον πρᾶγμα· τούτων δὲ πέρι εἰ ἀμφισβητεῖς,
ἐθέλω ὑποσχεῖν λόγον.

b Τῇ μὲν οὖν ἰατρικῇ, ὥσπερ λέγω, ἡ ὀψοποιικὴ κολακεία
ὑπόκειται· τῇ δὲ γυμναστικῇ κατὰ τὸν αὐτὸν τρόπον τοῦτον
ἡ κομμωτική, κακοῦργός τε καὶ ἀπατηλὴ καὶ ἀγεννὴς καὶ
ἀνελεύθερος, σχήμασιν καὶ χρώμασιν καὶ λειότητι καὶ ἐσθῆσιν
5 ἀπατῶσα, ὥστε ποιεῖν ἀλλότριον κάλλος ἐφελκομένους τοῦ
οἰκείου τοῦ διὰ τῆς γυμναστικῆς ἀμελεῖν. ἵν᾽ οὖν μὴ
μακρολογῶ, ἐθέλω σοι εἰπεῖν ὥσπερ οἱ γεωμέτραι—ἤδη γὰρ

d 1 ὅπερ P Aristides et suprascr. rec. b : ὅπου B T F : ὑπὸ δ Schanz
(ὅπερ ὑπέδυ om. Sauppe)   d 2 ἀεὶ B T P F : om. Aristides   θηρεύ-
εται B T P F : θηρεύει Aristides   d 3 δοκεῖ B T P (sed ν add. B²) :
δοκεῖν F Aristides (qui mox ἀξίαν)   a 1 εἶναι post Πῶλε transp. F
a 2 αὐτὴν B T P f Aristides Olympiodorus : αὐτοῦ F   a 4 ᾧ προσφέρει
ἃ προσφέρει B T P F Philodemus : ᾧ προσφέρει Aristides : ὧν προσφέρει
Cornarius   b 1 ὀψοποιικὴ B T P : ὀψοποιητικὴ F   b 2 τοῦτον
T P F : τούτων B : om. Aristides   b 3 τε B T P F Aristides Olympio-
dorus (sed οὖσα in marg add. f)   b 4 λειότητι B T P F Aristides :
λειότησι scr. recc.   ἐσθῆσι F (ν add. f) : ἐσθῆτι Aristides : αἰσθήσει
B T P : ἐσθήσει Coraes   b 5 ἐφελκομένους B T P F : ἐφελκομένη
Aristides   τοῦ . . . γυμναστικῆς secl. Cobet (habet Aristides)

ἂν ἴσως ἀκολουθήσαις—ὅτι ὃ κομμωτικὴ πρὸς γυμναστικήν, c
τοῦτο σοφιστικὴ πρὸς νομοθετικήν, καὶ ὅτι ὃ ὀψοποιικὴ πρὸς
ἰατρικήν, τοῦτο ῥητορικὴ πρὸς δικαιοσύνην. ὅπερ μέντοι
λέγω, διέστηκε μὲν οὕτω φύσει, ἅτε δ' ἐγγὺς ὄντων φύρονται
ἐν τῷ αὐτῷ καὶ περὶ ταὐτὰ σοφισταὶ καὶ ῥήτορες, καὶ οὐκ 5
ἔχουσιν ὅτι χρήσονται οὔτε αὐτοὶ ἑαυτοῖς οὔτε οἱ ἄλλοι
ἄνθρωποι τούτοις. καὶ γὰρ ἄν, εἰ μὴ ἡ ψυχὴ τῷ σώματι
ἐπεστάτει, ἀλλ' αὐτὸ αὑτῷ, καὶ μὴ ὑπὸ ταύτης κατεθεωρεῖτο d
καὶ διεκρίνετο ἥ τε ὀψοποιικὴ καὶ ἡ ἰατρική, ἀλλ' αὐτὸ τὸ
σῶμα ἔκρινε σταθμώμενον ταῖς χάρισι ταῖς πρὸς αὐτό, τὸ τοῦ
Ἀναξαγόρου ἂν πολὺ ἦν, ὦ φίλε Πῶλε—σὺ γὰρ τούτων
ἔμπειρος—ὁμοῦ ἂν πάντα χρήματα ἐφύρετο ἐν τῷ αὐτῷ, 5
ἀκρίτων ὄντων τῶν τε ἰατρικῶν καὶ ὑγιεινῶν καὶ ὀψοποιικῶν.
ὃ μὲν οὖν ἐγώ φημι τὴν ῥητορικὴν εἶναι, ἀκήκοας· ἀντί-
στροφον ὀψοποιίας ἐν ψυχῇ, ὡς ἐκεῖνο ἐν σώματι. ἴσως e
μὲν οὖν ἄτοπον πεποίηκα, ὅτι σε οὐκ ἐῶν μακροὺς λόγους
λέγειν αὐτὸς συχνὸν λόγον ἀποτέτακα. ἄξιον μὲν οὖν
ἐμοὶ συγγνώμην ἔχειν ἐστίν· λέγοντος γάρ μου βραχέα οὐκ
ἐμάνθανες, οὐδὲ χρῆσθαι τῇ ἀποκρίσει ἥν σοι ἀπεκρινάμην 5
οὐδὲν οἷός τ' ἦσθα, ἀλλ' ἐδέου διηγήσεως. ἐὰν μὲν οὖν καὶ
ἐγὼ σοῦ ἀποκρινομένου μὴ ἔχω ὅτι χρήσωμαι, ἀπότεινε 466
καὶ σὺ λόγον, ἐὰν δὲ ἔχω, ἔα με χρῆσθαι· δίκαιον γάρ. καὶ
νῦν ταύτῃ τῇ ἀποκρίσει εἴ τι ἔχεις χρῆσθαι, χρῶ.

ΠΩΛ. Τί οὖν φῄς; κολακεία δοκεῖ σοι εἶναι ἡ
ῥητορική; 5

ΣΩ. Κολακείας μὲν οὖν ἔγωγε εἶπον μόριον. ἀλλ'

c 1 ὅτι κ.τ.λ. ita F Aristides : ante haec verba add. ὅτι ὃ κομμωτικὴ
πρὸς γυμναστικήν, τοῦτο ὀψοποιϊκὴ πρὸς ἰατρικήν· μᾶλλον δὲ ὧδε ΒΤΡ
(secluserat Thompson : ego delevi) c 3 δικαιοσύνην ΒΤΡ
Aristides : δικαστικήν F c 4 διέστηκε μὲν F : διέστηκεν ΒΤΡ
c 6 χρήσονται ΒΡΦ : χρήσωνται Τ d 2 ὀψοποιητικὴ F d 5 ἐφύ-
ρετο F : ἐφέρετο ΒΤW ἐν τῷ αὐτῷ secl. Hirschig d 6 ὑγιεινῶν
καὶ secl. Dobree ὀψοποιητικῶν F e 1 ψυχῇ ΒΤΡ : τῇ ψυχῇ F
e 3 λόγον ΒΤΡf : om. F e 4 ἐμοὶ ΒΤΡf : μοι F a 1 ἀπο-
κρινομένου ΒΤΡ : ἀπολογουμένου F χρήσωμαι ΒΤΡ : χρήσομαι Ft
a 3 χρῆσθαι ΒΤΡ : χρήσασθαι F

οὐ μνημονεύεις τηλικοῦτος ὤν, ὦ Πῶλε; τί τάχα
δράσεις;

ΠΩΛ. Ἆρ' οὖν δοκοῦσί σοι ὡς κόλακες ἐν ταῖς πόλεσι
10 φαῦλοι νομίζεσθαι οἱ ἀγαθοὶ ῥήτορες;

b ΣΩ. Ἐρώτημα τοῦτ' ἐρωτᾷς ἢ λόγου τινὸς ἀρχὴν λέγεις;

ΠΩΛ. Ἐρωτῶ ἔγωγε.

ΣΩ. Οὐδὲ νομίζεσθαι ἔμοιγε δοκοῦσιν.

ΠΩΛ. Πῶς οὐ νομίζεσθαι; οὐ μέγιστον δύνανται ἐν ταῖς
5 πόλεσιν;

ΣΩ. Οὔκ, εἰ τὸ δύνασθαί γε λέγεις ἀγαθόν τι εἶναι τῷ
δυναμένῳ.

ΠΩΛ. Ἀλλὰ μὴν λέγω γε.

ΣΩ. Ἐλάχιστον τοίνυν μοι δοκοῦσι τῶν ἐν τῇ πόλει
10 δύνασθαι οἱ ῥήτορες.

ΠΩΛ. Τί δέ; οὐχ, ὥσπερ οἱ τύραννοι, ἀποκτεινύασίν τε
c ὃν ἂν βούλωνται, καὶ ἀφαιροῦνται χρήματα καὶ ἐκβάλλουσιν
ἐκ τῶν πόλεων ὃν ἂν δοκῇ αὐτοῖς;

ΣΩ. Νὴ τὸν κύνα, ἀμφιγνοῶ μέντοι, ὦ Πῶλε, ἐφ' ἑκάστου
ὧν λέγεις πότερον αὐτὸς ταῦτα λέγεις καὶ γνώμην σαυτοῦ
5 ἀποφαίνῃ, ἢ ἐμὲ ἐρωτᾷς.

ΠΩΛ. Ἀλλ' ἔγωγε σὲ ἐρωτῶ.

ΣΩ. Εἶεν, ὦ φίλε· ἔπειτα δύο ἅμα με ἐρωτᾷς;

ΠΩΛ. Πῶς δύο;

ΣΩ. Οὐκ ἄρτι οὕτω πως ἔλεγες· "Ἦ οὐχὶ ἀποκτεινύασιν
d οἱ ῥήτορες οὓς ἂν βούλωνται, ὥσπερ οἱ τύραννοι, καὶ χρήματα
ἀφαιροῦνται καὶ ἐξελαύνουσιν ἐκ τῶν πόλεων ὃν ἂν δοκῇ
αὐτοῖς;"

ΠΩΛ. Ἔγωγε.

a 8 ad δράσεις adscripsit in B manus saec. xvi non antiquior λείπει
(sic) πρεσβύτης γενόμενος, quod ortum est ex interpretatione verborum
τηλικοῦτος et τάχα quae in W ita legitur νέος ὢν πρεσβύτης γενό-
μενος   b 6 γε BTP: om. F   b 8 μὴν scripsi: μὴν δὴ
BTPF: μὲν δὴ Heindorf   c 7 εἶεν TPFb: εἰ ἐν B   ἔπειτα
TPF: ἐπεὶ τὰ B   c 9 Ἦ οὐχὶ scripsi: εἰ οὐχὶ F: εἰ ὅτι BTW:
ὅτι P

ΣΩ. Λέγω τοίνυν σοι ὅτι δύο ταῦτ᾽ ἐστιν τὰ ἐρωτήματα, 5
καὶ ἀποκρινοῦμαί γέ σοι πρὸς ἀμφότερα. φημὶ γάρ, ὦ
Πῶλε, ἐγὼ καὶ τοὺς ῥήτορας καί τοὺς τυράννους δύνασθαι
μὲν ἐν ταῖς πόλεσιν σμικρότατον, ὥσπερ νυνδὴ ἔλεγον· οὐδὲν
γὰρ ποιεῖν ὧν βούλονται ὡς ἔπος εἰπεῖν, ποιεῖν μέντοι ὅτι e
ἂν αὐτοῖς δόξῃ βέλτιστον εἶναι.

ΠΩΛ. Οὐκοῦν τοῦτο ἔστιν τὸ μέγα δύνασθαι;

ΣΩ. Οὔχ, ὥς γέ φησιν Πῶλος.

ΠΩΛ. Ἐγὼ οὔ φημι; φημὶ μὲν οὖν ἔγωγε. 5

ΣΩ. Μὰ τὸν—οὐ σύ γε, ἐπεὶ τὸ μέγα δύνασθαι ἔφης
ἀγαθὸν εἶναι τῷ δυναμένῳ.

ΠΩΛ. Φημὶ γὰρ οὖν.

ΣΩ. Ἀγαθὸν οὖν οἴει εἶναι, ἐάν τις ποιῇ ταῦτα ἃ ἂν
δοκῇ αὐτῷ βέλτιστα εἶναι, νοῦν μὴ ἔχων; καὶ τοῦτο καλεῖς 10
σὺ μέγα δύνασθαι;

ΠΩΛ. Οὐκ ἔγωγε.

ΣΩ. Οὐκοῦν ἀποδείξεις τοὺς ῥήτορας νοῦν ἔχοντας καὶ
τέχνην τὴν ῥητορικὴν ἀλλὰ μὴ κολακείαν, ἐμὲ ἐξελέγξας; εἰ 467
δέ με ἐάσεις ἀνέλεγκτον, οἱ ῥήτορες οἱ ποιοῦντες ἐν ταῖς
πόλεσιν ἃ δοκεῖ αὐτοῖς καὶ οἱ τύραννοι οὐδὲν ἀγαθὸν τοῦτο
κεκτήσονται, ἡ δὲ δύναμίς ἐστιν, ὡς σὺ φής, ἀγαθόν, τὸ
δὲ ποιεῖν ἄνευ νοῦ ἃ δοκεῖ καὶ σὺ ὁμολογεῖς κακὸν εἶναι· 5
ἢ οὔ;

ΠΩΛ. Ἔγωγε.

ΣΩ. Πῶς ἂν οὖν οἱ ῥήτορες μέγα δύναιντο ἢ οἱ τύραννοι
ἐν ταῖς πόλεσιν, ἐὰν μὴ Σωκράτης ἐξελεγχθῇ ὑπὸ Πώλου ὅτι
ποιοῦσιν ἃ βούλονται; 10

---

d 5 τὰ Β Τ W F Stobaeus : om. al.   e 2 βέλτιστον εἶναι secl.
Cobet   e 4 πῶλος Β Τ Ρ F : ὁ πῶλος Stobaeus   e 6 μὰ τὸν
Β Τ Ρ F : μὰ τὸν κύνα Stobaeus   ἔφης Β Τ Ρ F Stobaeus : φὴς Baiter
e 9 ἃ ἂν Β Τ² Ρ F Stobaeus : ἃ Τ   e 10 βέλτιστα εἶναι secl. Cobet
εἶναι om. Ρ   e 11 σὺ F Stobaeus : om. Β Τ Ρ   e 13 ἀποδείξεις
. . . α 1 ἐξελέγξας Β Τ F Stobaeus : ἀποδείξεις . . . ἐλέγξας Ρ : ἀποδεί-
ξας . . . ἐξελέγξεις Hirschig   a 1 τὴν ῥητορικὴν secl. Cobet (habet
Stobaeus)   a 3 τοῦτο Β Τ Ρ F Stobaeus : τούτω fecit rec. b
a 4 ἡ δὲ Β Τ Ρ F : εἰ δὲ Stobaeus : εἰ δὴ Heindorf

b ΠΩΛ. Οὗτος ἀνήρ—

ΣΩ. Οὔ φημι ποιεῖν αὐτοὺς ἃ βούλονται· ἀλλά μ' ἔλεγχε.

ΠΩΛ. Οὐκ ἄρτι ὡμολόγεις ποιεῖν ἃ δοκεῖ αὐτοῖς βέλτιστα
εἶναι, [τούτου πρόσθεν];

5 ΣΩ. Καὶ γὰρ νῦν ὁμολογῶ.

ΠΩΛ. Οὐκ οὖν ποιοῦσιν ἃ βούλονται;

ΣΩ. Οὔ φημι.

ΠΩΛ. Ποιοῦντες ἃ δοκεῖ αὐτοῖς;

ΣΩ. Φημί.

10 ΠΩΛ. Σχέτλιά γε λέγεις καὶ ὑπερφυῆ, ὦ Σώκρατες.

ΣΩ. Μὴ κακηγόρει, ὦ λῷστε Πῶλε, ἵνα προσείπω σε
c κατὰ σέ· ἀλλ' εἰ μὲν ἔχεις ἐμὲ ἐρωτᾶν, ἐπίδειξον ὅτι
ψεύδομαι, εἰ δὲ μή, αὐτὸς ἀποκρίνου.

ΠΩΛ. 'Αλλ' ἐθέλω ἀποκρίνεσθαι, ἵνα καὶ εἰδῶ ὅτι
λέγεις.

5 ΣΩ. Πότερον οὖν σοι δοκοῦσιν οἱ ἄνθρωποι τοῦτο βού-
λεσθαι ὃ ἂν πράττωσιν ἑκάστοτε, ἢ ἐκεῖνο οὗ ἕνεκα πράτ-
τουσιν τοῦθ' ὃ πράττουσιν; οἷον οἱ τὰ φάρμακα πίνοντες
παρὰ τῶν ἰατρῶν πότερόν σοι δοκοῦσιν τοῦτο βούλεσθαι
ὅπερ ποιοῦσιν, πίνειν τὸ φάρμακον καὶ ἀλγεῖν, ἢ ἐκεῖνο,
10 τὸ ὑγιαίνειν, οὗ ἕνεκα πίνουσιν;—ΠΩΛ. Δῆλον ὅτι τὸ
d ὑγιαίνειν.—ΣΩ. Οὐκοῦν καὶ οἱ πλέοντές τε καὶ τὸν ἄλλον
χρηματισμὸν χρηματιζόμενοι οὐ τοῦτό ἐστιν ὃ βούλονται, ὃ
ποιοῦσιν ἑκάστοτε (τίς γὰρ βούλεται πλεῖν τε καὶ κινδυ-
νεύειν καὶ πράγματ' ἔχειν;) ἀλλ' ἐκεῖνο οἶμαι οὗ ἕνεκα
5 πλέουσιν, πλουτεῖν· πλούτου γὰρ ἕνεκα πλέουσιν.—ΠΩΛ.
Πάνυ γε.—ΣΩ. 'Άλλο τι οὖν οὕτω καὶ περὶ πάντων; ἐάν τίς

b 3 βέλτιστα εἶναι secl. Cobet (habet Stobaeus)   b 4 τούτου
πρόσθεν secl. Schleiermacher (habet Stobaeus)   b 8 ποιοῦντες F
Stobaeus: ποιοῦντες δὲ BTP: ποιοῦντές γε ci. H. Richards   b 10 σχέ-
τλια BTPf: ἔχεται ἃ F   γε Olympiodorus Stobaeus: om.
BTPF   b 11 κακηγόρει Naber: κατηγόρει libri   c 10 δῆλον
... ὑγιαίνειν BW: om. TF sed add. in marg. Tf   d 1 οὗ ἕνεκα
πίνουσιν post ὑγιαίνειν quoque add. W et in marg. T: om. BF Stobaeus
d 3 τε καὶ BTP: καὶ F Stobaeus   d 5 πλούτου ... πλέουσιν secl.
Cobet (habet Stobaeus)   d 6 πάντων BTP: ἁπάντων F Stobaeus

τι πράττῃ ἕνεκά του, οὐ τοῦτο βούλεται ὃ πράττει, ἀλλ' ἐκεῖνο
οὗ ἕνεκα πράττει;—ΠΩΛ. Ναί.—ΣΩ. 'Αρ' οὖν ἔστω τι τῶν e
ὄντων ὃ οὐχὶ ἤτοι ἀγαθόν γ' ἐστὶν ἢ κακὸν ἢ μεταξὺ τούτων,
οὔτε ἀγαθὸν οὔτε κακόν;—ΠΩΛ. Πολλὴ ἀνάγκη, ὦ Σώ-
κρατες.—ΣΩ. Οὐκοῦν λέγεις εἶναι ἀγαθὸν μὲν σοφίαν τε καὶ
ὑγίειαν καὶ πλοῦτον καὶ τἆλλα τὰ τοιαῦτα, κακὰ δὲ τἀναντία 5
τούτων;—ΠΩΛ. Ἔγωγε.—ΣΩ. Τὰ δὲ μήτε ἀγαθὰ μήτε
κακὰ ἆρα τοιάδε λέγεις, ἃ ἐνίοτε μὲν μετέχει τοῦ ἀγαθοῦ,
ἐνίοτε δὲ τοῦ κακοῦ, ἐνίοτε δὲ οὐδετέρου, οἷον καθῆσθαι καὶ 468
βαδίζειν καὶ τρέχειν καὶ πλεῖν, καὶ οἷον αὖ λίθους καὶ ξύλα
καὶ τἆλλα τὰ τοιαῦτα; οὐ ταῦτα λέγεις; ἢ ἄλλ' ἄττα καλεῖς
τὰ μήτε ἀγαθὰ μήτε κακά;—ΠΩΛ. Οὔκ, ἀλλὰ ταῦτα.—
ΣΩ. Πότερον οὖν τὰ μεταξὺ ταῦτα ἕνεκα τῶν ἀγαθῶν πράτ- 5
τουσιν ὅταν πράττωσιν, ἢ τἀγαθὰ τῶν μεταξύ;—ΠΩΛ. Τὰ
μεταξὺ δήπου τῶν ἀγαθῶν.—ΣΩ. Τὸ ἀγαθὸν ἄρα διώκοντες b
καὶ βαδίζομεν ὅταν βαδίζωμεν, οἰόμενοι βέλτιον εἶναι, καὶ
τὸ ἐναντίον ἕσταμεν ὅταν ἑστῶμεν, τοῦ αὐτοῦ ἕνεκα, τοῦ
ἀγαθοῦ· ἢ οὔ;—ΠΩΛ. Ναί.—ΣΩ. Οὐκοῦν καὶ ἀποκτείννυ-
μεν, εἴ τιν' ἀποκτείννυμεν, καὶ ἐκβάλλομεν καὶ ἀφαιρούμεθα 5
χρήματα, οἰόμενοι ἄμεινον εἶναι ἡμῖν ταῦτα ποιεῖν ἢ μή;—
ΠΩΛ. Πάνυ γε.—ΣΩ. Ἕνεκ' ἄρα τοῦ ἀγαθοῦ ἅπαντα
ταῦτα ποιοῦσιν οἱ ποιοῦντες.—ΠΩΛ. Φημί.—ΣΩ. Οὐκοῦν
ὡμολογήσαμεν, ἃ ἕνεκά του ποιοῦμεν, μὴ ἐκεῖνα βούλεσθαι,
ἀλλ' ἐκεῖνο οὗ ἕνεκα ταῦτα ποιοῦμεν;—ΠΩΛ.—Μάλιστα. c
—ΣΩ. Οὐκ ἄρα σφάττειν βουλόμεθα οὐδ' ἐκβάλλειν ἐκ τῶν
πόλεων οὐδὲ χρήματα ἀφαιρεῖσθαι ἁπλῶς οὕτως, ἀλλ' ἐὰν
μὲν ὠφέλιμα ᾖ ταῦτα, βουλόμεθα πράττειν αὐτά, βλαβερὰ
δὲ ὄντα οὐ βουλόμεθα. τὰ γὰρ ἀγαθὰ βουλόμεθα, ὡς φῂς 5
σύ, τὰ δὲ μήτε ἀγαθὰ μήτε κακὰ οὐ βουλόμεθα, οὐδὲ τὰ

d 7 τι B T P F : om. Stobaeus   e 4 εἶναι ἀγαθὸν B T P F : ἀγαθὰ
Stobaeus   τε καὶ B T P f : καὶ F Stobaeus   e 6 μήτε ἀγαθὰ
μήτε κακὰ B T P Stobaeus : μήτε κακὰ μήτε ἀγαθὰ F   a 5 ἕνεκα]
ἐν ἐκ P : ἕνεκεν B T F Stobaeus   b 6 ἡμῖν ταῦτα B T P Stobaeus :
ταῦτα ἡμῖν F

κακά. ἢ γάρ; ἀληθῆ σοι δοκῶ λέγειν, ὦ Πῶλε, ἢ οὔ; τί
οὐκ ἀποκρίνῃ;—ΠΩΛ. ᾿Αληθῆ.

d   ΣΩ. Οὐκοῦν εἴπερ ταῦτα ὁμολογοῦμεν, εἴ τις ἀποκτείνει
τινὰ ἢ ἐκβάλλει ἐκ πόλεως ἢ ἀφαιρεῖται χρήματα, εἴτε
τύραννος ὢν εἴτε ῥήτωρ, οἰόμενος ἄμεινον εἶναι αὐτῷ, τυγχά-
νει δὲ ὂν κάκιον, οὗτος δήπου ποιεῖ ἃ δοκεῖ αὐτῷ· ἢ γάρ;—
5 ΠΩΛ. Ναί.—ΣΩ. ῏Αρ᾽ οὖν καὶ ἃ βούλεται, εἴπερ τυγχάνει
ταῦτα κακὰ ὄντα; τί οὐκ ἀποκρίνῃ;—ΠΩΛ. ᾿Αλλ᾽ οὔ μοι
δοκεῖ ποιεῖν ἃ βούλεται.—ΣΩ. ῎Εστιν οὖν ὅπως ὁ τοιοῦτος
e μέγα δύναται ἐν τῇ πόλει ταύτῃ, εἴπερ ἐστὶ τὸ μέγα δύνα-
σθαι ἀγαθόν τι κατὰ τὴν σὴν ὁμολογίαν;—ΠΩΛ. Οὐκ
ἔστιν.—ΣΩ. ᾿Αληθῆ ἄρα ἐγὼ ἔλεγον, λέγων ὅτι ἔστιν ἄν-
θρωπον ποιοῦντα ἐν πόλει ἃ δοκεῖ αὐτῷ μὴ μέγα δύνασθαι
5 μηδὲ ποιεῖν ἃ βούλεται.

ΠΩΛ. ῾Ως δὴ σύ, ὦ Σώκρατες, οὐκ ἂν δέξαιο ἐξεῖναί
σοι ποιεῖν ὅτι δοκεῖ σοι ἐν τῇ πόλει μᾶλλον ἢ μή, οὐδὲ
ζηλοῖς ὅταν ἴδῃς τινὰ ἢ ἀποκτείναντα ὃν ἔδοξεν αὐτῷ ἢ
ἀφελόμενον χρήματα ἢ δήσαντα.

10 ΣΩ. Δικαίως λέγεις ἢ ἀδίκως;

469 ΠΩΛ. ῾Οπότερ᾽ ἂν ποιῇ, οὐκ ἀμφοτέρως ζηλωτόν ἐστιν;
ΣΩ. Εὐφήμει, ὦ Πῶλε.

ΠΩΛ. Τί δή;

ΣΩ. ῞Οτι οὐ χρὴ οὔτε τοὺς ἀζηλώτους ζηλοῦν οὔτε τοὺς
5 ἀθλίους, ἀλλ᾽ ἐλεεῖν.

ΠΩΛ. Τί δέ; οὕτω σοι δοκεῖ ἔχειν περὶ ὧν ἐγὼ λέγω
τῶν ἀνθρώπων;

ΣΩ. Πῶς γὰρ οὔ;

ΠΩΛ. ῞Οστις οὖν ἀποκτείννυσιν ὃν ἂν δόξῃ αὐτῷ, δικαίως
10 ἀποκτεινύς, ἄθλιος δοκεῖ σοι εἶναι καὶ ἐλεινός;

ΣΩ. Οὐκ ἔμοιγε, οὐδὲ μέντοι ζηλωτός.

ΠΩΛ. Οὐκ ἄρτι ἄθλιον ἔφησθα εἶναι;

θ 8 ἀποκτείναντα Β Τ Ρ f Stobaeus : ἀποκτείνοντα F   a 1 ζηλωτόν
Β Τ Ρ F Stobaeus : ζηλωτός al.   a 7 τῶν Β Τ Ρ Stobaeus : om. F

ΣΩ. Τὸν ἀδίκως γε, ὦ ἑταῖρε, ἀποκτείναντα, καὶ ἐλεινόν b
γε πρός· τὸν δὲ δικαίως ἀζήλωτον.

ΠΩΛ. Ἦ που ὅ γε ἀποθνῄσκων ἀδίκως ἐλεινός τε καὶ
ἄθλιός ἐστιν.

ΣΩ. Ἧττον ἢ ὁ ἀποκτεινύς, ὦ Πῶλε, καὶ ἧττον ἢ ὁ 5
δικαίως ἀποθνῄσκων.

ΠΩΛ. Πῶς δῆτα, ὦ Σώκρατες;

ΣΩ. Οὕτως, ὡς μέγιστον τῶν κακῶν τυγχάνει ὂν τὸ
ἀδικεῖν.

ΠΩΛ. Ἦ γὰρ τοῦτο μέγιστον; οὐ τὸ ἀδικεῖσθαι μεῖζον; 10
ΣΩ. Ἥκιστά γε.

ΠΩΛ. Σὺ ἄρα βούλοιο ἂν ἀδικεῖσθαι μᾶλλον ἢ ἀδικεῖν;

ΣΩ. Βουλοίμην μὲν ἂν ἔγωγε οὐδέτερα· εἰ δ' ἀναγκαῖον εἴη c
ἀδικεῖν ἢ ἀδικεῖσθαι, ἑλοίμην ἂν μᾶλλον ἀδικεῖσθαι ἢ ἀδικεῖν.

ΠΩΛ. Σὺ ἄρα τυραννεῖν οὐκ ἂν δέξαιο;

ΣΩ. Οὔκ, εἰ τὸ τυραννεῖν γε λέγεις ὅπερ ἐγώ.

ΠΩΛ. Ἀλλ' ἔγωγε τοῦτο λέγω ὅπερ ἄρτι, ἐξεῖναι ἐν τῇ 5
πόλει, ὃ ἂν δοκῇ αὐτῷ, ποιεῖν τοῦτο, καὶ ἀποκτεινύντι καὶ
ἐκβάλλοντι καὶ πάντα πράττοντι κατὰ τὴν αὑτοῦ δόξαν.

ΣΩ. Ὦ μακάριε, ἐμοῦ δὴ λέγοντος τῷ λόγῳ ἐπιλαβοῦ.
εἰ γὰρ ἐγὼ ἐν ἀγορᾷ πληθυούσῃ λαβὼν ὑπὸ μάλης ἐγχει- d
ρίδιον λέγοιμι πρὸς σὲ ὅτι "Ὦ Πῶλε, ἐμοὶ δύναμίς τις καὶ
τυραννὶς θαυμασία ἄρτι προσγέγονεν· ἐὰν γὰρ ἄρα ἐμοὶ
δόξῃ τινὰ τουτωνὶ τῶν ἀνθρώπων ὧν σὺ ὁρᾷς αὐτίκα μάλα
δεῖν τεθνάναι, τεθνήξει οὗτος ὃν ἂν δόξῃ· κἄν τινα δόξῃ μοι 5
τῆς κεφαλῆς αὐτῶν καταγῆναι δεῖν, κατεαγὼς ἔσται αὐτίκα

b 2 γε F Stobaeus : δὲ B T P   b 5 supra ὦ in B πάνυ μὲν οὖν
manus recentissima   b 10 ἢ] suprascr. ει B²   b 11 γε B T P
Stobaeus : γάρ F   c 1 ἂν ἔγωγε om. Simplicius (habet Stobaeus) :
ἂν om. P   οὐδέτερα B T P F Stobaeus : οὐδέτερον Simplicius
ἀναγκαῖον εἴη B T P F Stobaeus : ἀνάγκη Simplicius   c 2 ἢ ἀδικεῖν
secl. Cobet (habet Stobaeus)   c 7 πάντα B T P : πανταχῶς F
d 3 post ἄρα add. προσγένηται ἐμοί F (om. mox δόξῃ pr. F)   d 4 του-
τωνὶ B T P : τούτων F   d 5 τεθνήξει B T P : τεθνήξεται F et ξεται
suprascr. P   d 6 αὐτῶν B T F : αὐτὸν P   καταγῆναι scripsi :
κατεαγῆναι B T W F : κατεαγέναι recc.

μάλα, κἂν θοιμάτιον διεσχίσθαι, διεσχισμένον ἔσται—οὕτω
e μέγα ἐγὼ δύναμαι ἐν τῇδε τῇ πόλει," εἰ οὖν ἀπιστοῦντί σοι
δείξαιμι τὸ ἐγχειρίδιον, ἴσως ἂν εἴποις ἰδὼν ὅτι "Ὦ Σώ-
κρατες, οὕτω μὲν πάντες ἂν μέγα δύναιντο, ἐπεὶ κἂν ἐμπρη-
σθείη οἰκία τούτῳ τῷ τρόπῳ ἥντινά σοι δοκοῖ, καὶ τά γε
5 Ἀθηναίων νεώρια καὶ αἱ τριήρεις καὶ τὰ πλοῖα πάντα καὶ τὰ
δημόσια καὶ τὰ ἴδια·" ἀλλ' οὐκ ἄρα τοῦτ' ἔστιν τὸ μέγα
δύνασθαι, τὸ ποιεῖν ἃ δοκεῖ αὐτῷ· ἢ δοκεῖ σοι;
ΠΩΛ. Οὐ δῆτα οὕτω γε.

470 ΣΩ. Ἔχεις οὖν εἰπεῖν δι' ὅτι μέμφῃ τὴν τοιαύτην
δύναμιν;
ΠΩΛ. Ἔγωγε.
ΣΩ. Τί δή; λέγε.
5 ΠΩΛ. Ὅτι ἀναγκαῖον τὸν οὕτω πράττοντα ζημιοῦσθαί
ἐστιν.
ΣΩ. Τὸ δὲ ζημιοῦσθαι οὐ κακόν;
ΠΩΛ. Πάνυ γε.
ΣΩ. Οὐκοῦν, ὦ θαυμάσιε, [τὸ μέγα δύνασθαι] πάλιν αὖ
10 σοι φαίνεται, ἐὰν μὲν πράττοντι ἃ δοκεῖ ἕπηται τὸ ὠφελί-
μως πράττειν, ἀγαθόν τε εἶναι, καὶ τοῦτο, ὡς ἔοικεν, ἐστὶν
τὸ μέγα δύνασθαι· εἰ δὲ μή, κακὸν καὶ σμικρὸν δύνασθαι.
b σκεψώμεθα δὲ καὶ τόδε· ἄλλο τι ὁμολογοῦμεν ἐνίοτε μὲν
ἄμεινον εἶναι ταῦτα ποιεῖν ἃ νυνδὴ ἐλέγομεν, ἀποκτειννύναι τε
καὶ ἐξελαύνειν ἀνθρώπους καὶ ἀφαιρεῖσθαι χρήματα, ἐνίοτε
δὲ οὔ;
5 ΠΩΛ. Πάνυ γε.
ΣΩ. Τοῦτο μὲν δή, ὡς ἔοικε, καὶ παρὰ σοῦ καὶ παρ'
ἐμοῦ ὁμολογεῖται.
ΠΩΛ. Ναί.

e 4 ἥντινά σοι δοκοῖ F : ἥντιν' ἂν σοι δοκοῖ BT : ἥντιν' ἂν σοι δοκῇ P
(sed suprascr. οι) a 1 οὖν BTP : om. F a 5 τὸν οὕτω] τοῦτο
Olympiodorus a 9 τὸ μέγα δύνασθαι secl. Thompson a 12 post-
erius δύνασθαι non legisse videtur Olympiodorus : secl. Thompson
b 1 δὲ BTP : δὴ F

ΣΩ. Πότε οὖν σὺ φῇς ἄμεινον εἶναι ταῦτα ποιεῖν; εἰπὲ
τίνα ὅρον ὁρίζῃ.   10

ΠΩΛ. Σὺ μὲν οὖν, ὦ Σώκρατες, ἀπόκριναι [ταὐτὸ] τοῦτο.

ΣΩ. Ἐγὼ μὲν τοίνυν φημί, ὦ Πῶλε, εἴ σοι παρ' ἐμοῦ c
ἥδιόν ἐστιν ἀκούειν, ὅταν μὲν δικαίως τις ταῦτα ποιῇ,
ἄμεινον εἶναι, ὅταν δὲ ἀδίκως, κάκιον.

ΠΩΛ. Χαλεπόν γέ σε ἐλέγξαι, ὦ Σώκρατες· ἀλλ' οὐχὶ
κἂν παῖς σε ἐλέγξειεν ὅτι οὐκ ἀληθῆ λέγεις;   5

ΣΩ. Πολλὴν ἄρα ἐγὼ τῷ παιδὶ χάριν ἕξω, ἴσην δὲ καὶ
σοί, ἐάν με ἐλέγξῃς καὶ ἀπαλλάξῃς φλυαρίας. ἀλλὰ μὴ
κάμῃς φίλον ἄνδρα εὐεργετῶν, ἀλλ' ἔλεγχε.

ΠΩΛ. Ἀλλὰ μήν, ὦ Σώκρατες, οὐδέν γέ σε δεῖ παλαιοῖς
πράγμασιν ἐλέγχειν· τὰ γὰρ ἐχθὲς καὶ πρώην γεγονότα ταῦτα d
ἱκανά σε ἐξελέγξαι ἐστὶν καὶ ἀποδεῖξαι ὡς πολλοὶ ἀδικοῦντες
ἄνθρωποι εὐδαίμονές εἰσιν.

ΣΩ. Τὰ ποῖα ταῦτα;

ΠΩΛ. Ἀρχέλαον δήπου τοῦτον τὸν Περδίκκου ὁρᾷς   5
ἄρχοντα Μακεδονίας;

ΣΩ. Εἰ δὲ μή, ἀλλ' ἀκούω γε.

ΠΩΛ. Εὐδαίμων οὖν σοι δοκεῖ εἶναι ἢ ἄθλιος;

ΣΩ. Οὐκ οἶδα, ὦ Πῶλε· οὐ γάρ πω συγγέγονα τῷ ἀνδρί.

ΠΩΛ. Τί δέ; συγγενόμενος ἂν γνοίης, ἄλλως δὲ αὐτόθεν e
οὐ γιγνώσκεις ὅτι εὐδαιμονεῖ;

ΣΩ. Μὰ Δί' οὐ δῆτα.

ΠΩΛ. Δῆλον δή, ὦ Σώκρατες, ὅτι οὐδὲ τὸν μέγαν βασιλέα
γιγνώσκειν φήσεις εὐδαίμονα ὄντα.   5

ΣΩ. Καὶ ἀληθῆ γε ἐρῶ· οὐ γὰρ οἶδα παιδείας ὅπως ἔχει
καὶ δικαιοσύνης.

ΠΩΛ. Τί δέ; ἐν τούτῳ ἡ πᾶσα εὐδαιμονία ἐστίν;

---

b 9 πότε F (ρον suprascr. f): πότερον Β Τ Ρ   σὺ φῇς Β Τ Ρ f:
φῇς σὺ F   ταῦτα Β Τ Ρ: ταὐτὸ τοῦτο F   b 11 ταὐτὸ secl. ci.
Heindorf   c 1 μὲν τοίνυν Τ Ρ F: μέντοι νῦν Β   c 2 ἐστιν ἀκούειν
Β Τ Ρ: ἀκούειν ἔστιν F   c 4 οὐχὶ Β Τ Ρ f: οὐ F   c 6 ἴσην
Τ Ρ F: ἴσιν Β (suprascr. η Β²)   d 1 ἐχθὲς Β Τ Ρ Stobaeus: χθὲς F

ΣΩ. Ὥς γε ἐγὼ λέγω, ὦ Πῶλε· τὸν μὲν γὰρ καλὸν καὶ
10 ἀγαθὸν ἄνδρα καὶ γυναῖκα εὐδαίμονα εἶναί φημι, τὸν δὲ
ἄδικον καὶ πονηρὸν ἄθλιον.

471 ΠΩΛ. Ἄθλιος ἄρα οὗτός ἐστιν ὁ Ἀρχέλαος κατὰ τὸν
σὸν λόγον;

ΣΩ. Εἴπερ γε, ὦ φίλε, ἄδικος.

ΠΩΛ. Ἀλλὰ μὲν δὴ πῶς οὐκ ἄδικος; ᾧ γε προσῆκε μὲν
5 τῆς ἀρχῆς οὐδὲν ἦν νῦν ἔχει, ὄντι ἐκ γυναικὸς ἢ ἦν δούλη
Ἀλκέτου τοῦ Περδίκκου ἀδελφοῦ, καὶ κατὰ μὲν τὸ δίκαιον
δοῦλος ἦν Ἀλκέτου, καὶ εἰ ἐβούλετο τὰ δίκαια ποιεῖν, ἐδού-
λευεν ἂν Ἀλκέτῃ καὶ ἦν εὐδαίμων κατὰ τὸν σὸν λόγον.
νῦν δὲ θαυμασίως ὡς ἄθλιος γέγονεν, ἐπεὶ τὰ μέγιστα ἠδί-
b κηκεν· ὅς γε πρῶτον μὲν τοῦτον αὐτὸν τὸν δεσπότην καὶ
θεῖον μεταπεμψάμενος ὡς ἀποδώσων τὴν ἀρχὴν ἢν Περδίκκας
αὐτὸν ἀφείλετο, ξενίσας καὶ καταμεθύσας αὐτόν τε καὶ τὸν
υἱὸν αὐτοῦ Ἀλέξανδρον, ἀνεψιὸν αὐτοῦ, σχεδὸν ἡλικιώτην,
5 ἐμβαλὼν εἰς ἅμαξαν, νύκτωρ ἐξαγαγὼν ἀπέσφαξέν τε καὶ
ἠφάνισεν ἀμφοτέρους. καὶ ταῦτα ἀδικήσας ἔλαθεν ἑαυτὸν
ἀθλιώτατος γενόμενος καὶ οὐ μετεμέλησεν αὐτῷ, ἀλλ᾽ ὀλίγον
c ὕστερον τὸν ἀδελφόν, τὸν γνήσιον τοῦ Περδίκκου ὑόν, παῖδα
ὡς ἑπτέτη, οὗ ἡ ἀρχὴ ἐγίγνετο κατὰ τὸ δίκαιον, οὐκ ἐβου-
λήθη εὐδαίμων γενέσθαι δικαίως ἐκθρέψας καὶ ἀποδοὺς τὴν
ἀρχὴν ἐκείνῳ, ἀλλ᾽ εἰς φρέαρ ἐμβαλὼν καὶ ἀποπνίξας πρὸς
5 τὴν μητέρα αὐτοῦ Κλεοπάτραν χῆνα ἔφη διώκοντα ἐμπεσεῖν
καὶ ἀποθανεῖν. τοιγάρτοι νῦν, ἅτε μέγιστα ἠδικηκὼς τῶν
ἐν Μακεδονίᾳ, ἀθλιώτατός ἐστιν πάντων Μακεδόνων, ἀλλ᾽
οὐκ εὐδαιμονέστατος, καὶ ἴσως ἔστιν ὅστις Ἀθηναίων ἀπὸ σοῦ
d ἀρξάμενος δέξαιτ᾽ ἂν ἄλλος ὁστισοῦν Μακεδόνων γενέσθαι
μᾶλλον ἢ Ἀρχέλαος.

e 10 εὐδαίμονα B T P F : εὐδαίμονας Stobaeus   a 3 γε B T P f :
om. F   a 4 μὲν B T P F : μὴν al. Olympiodorus   a 8 ἢν B T P :
ἦν ἂν F   a 9 ὡς B T P : om. F   ἐπεὶ B T P : ἐπειδὴ F   b 1 μὲν
τοῦτον B T F : τοῦτον μὲν P   b 4 σχεδὸν B T P : καὶ σχεδὸν F
c 1 τοῦ F : τὸν B T P   c 2 ἑπτέτη F : ἑπταετῆ B T : ἑπταέτη P
d 1 δέξαιτ᾽ T P F : δείξαιτ᾽ B (ε suprascr. b)   ἄλλος B F : ἄλλως T W

ΣΩ. Καὶ κατ᾽ ἀρχὰς τῶν λόγων, ὦ Πῶλε, ἔγωγέ σε
ἐπήνεσα ὅτι μοι δοκεῖς εὖ πρὸς τὴν ῥητορικὴν πεπαιδεῦσθαι,
τοῦ δὲ διαλέγεσθαι ἠμεληκέναι· καὶ νῦν ἄλλο τι οὗτός ἐστιν 5
ὁ λόγος, ᾧ με καὶ ἂν παῖς ἐξελέγξειε, καὶ ἐγὼ ὑπὸ σοῦ νῦν,
ὡς σὺ οἴει, ἐξελήλεγμαι τούτῳ τῷ λόγῳ, φάσκων τὸν ἀδι-
κοῦντα οὐκ εὐδαίμονα εἶναι; πόθεν, ὠγαθέ; καὶ μὴν οὐδέν γέ
σοι τούτων ὁμολογῶ ὧν σὺ φῄς.

ΠΩΛ. Οὐ γὰρ ἐθέλεις, ἐπεὶ δοκεῖ γέ σοι ὡς ἐγὼ λέγω.   e

ΣΩ. Ὦ μακάριε, ῥητορικῶς γάρ με ἐπιχειρεῖς ἐλέγχειν,
ὥσπερ οἱ ἐν τοῖς δικαστηρίοις ἡγούμενοι ἐλέγχειν. καὶ γὰρ
ἐκεῖ οἱ ἕτεροι τοὺς ἑτέρους δοκοῦσιν ἐλέγχειν, ἐπειδὰν τῶν
λόγων ὧν ἂν λέγωσι μάρτυρας πολλοὺς παρέχωνται καὶ 5
εὐδοκίμους, ὁ δὲ τἀναντία λέγων ἕνα τινὰ παρέχηται ἢ
μηδένα. οὗτος δὲ ὁ ἔλεγχος οὐδενὸς ἄξιός ἐστιν πρὸς τὴν
ἀλήθειαν· ἐνίοτε γὰρ ἂν καὶ καταψευδομαρτυρηθείη τις ὑπὸ   472
πολλῶν καὶ δοκούντων εἶναί τι. καὶ νῦν περὶ ὧν σὺ λέγεις
ὀλίγου σοι πάντες συμφήσουσιν ταῦτα Ἀθηναῖοι καὶ οἱ ξένοι,
ἐὰν βούλῃ κατ᾽ ἐμοῦ μάρτυρας παρασχέσθαι ὡς οὐκ ἀληθῆ
λέγω· μαρτυρήσουσί σοι, ἐὰν μὲν βούλῃ, Νικίας ὁ Νικη-   5
ράτου καὶ οἱ ἀδελφοὶ μετ᾽ αὐτοῦ, ὧν οἱ τρίποδες οἱ ἐφεξῆς
ἑστῶτές εἰσιν ἐν τῷ Διονυσίῳ, ἐὰν δὲ βούλῃ, Ἀριστοκράτης
ὁ Σκελλίου, οὗ αὖ ἐστιν ἐν Πυθίου τοῦτο τὸ καλὸν ἀνάθημα,   b
ἐὰν δὲ βούλῃ, ἡ Περικλέους ὅλη οἰκία ἢ ἄλλη συγγένεια
ἥντινα ἂν βούλῃ τῶν ἐνθάδε ἐκλέξασθαι. ἀλλ᾽ ἐγώ σοι εἷς
ὢν οὐχ ὁμολογῶ· οὐ γάρ με σὺ ἀναγκάζεις, ἀλλὰ ψευδο-
μάρτυρας πολλοὺς κατ᾽ ἐμοῦ παρασχόμενος ἐπιχειρεῖς ἐκβάλ-   5
λειν με ἐκ τῆς οὐσίας καὶ τοῦ ἀληθοῦς. ἐγὼ δὲ ἂν μὴ σὲ
αὐτὸν ἕνα ὄντα μάρτυρα παράσχωμαι ὁμολογοῦντα περὶ ὧν
λέγω, οὐδὲν οἶμαι ἄξιον λόγου μοι πεπεράνθαι περὶ ὧν ἂν

d 3 τῶν λόγων, ὦ Πῶλε B T P : ὦ Πῶλε, τῶν λόγων F Olympiodorus
σε B T P f : om. F   d 4 ἐπήνεσα addubitant Cobet Schanz   δοκεῖς]
fort. ἐδόκεις Thompson   d 5 τοῦ δὲ B T F : οὐδὲ P   d 7 οἴει
B T P : οἴει εἶναι F   e 4 ἐκεῖ οἱ B T F : ἐκεῖνοι P   b 1 πυθίου
F (cf. Thuc. vi. 54. 7, C. I. A. i. 189): πυθοῖ B T W f   b 3 ἐνθάδε
B T F : ἄλλων P

c ἡμῖν ὁ λόγος ᾖ· οἶμαι δὲ οὐδὲ σοί, ἐὰν μὴ ἐγώ σοι μαρτυρῶ εἷς
ὢν μόνος, τοὺς δ' ἄλλους πάντας τούτους χαίρειν ἐᾷς. ἔστιν
μὲν οὖν οὗτός τις τρόπος ἐλέγχου, ὡς σύ τε οἴει καὶ ἄλλοι
πολλοί· ἔστιν δὲ καὶ ἄλλος, ὃν ἐγὼ αὖ οἶμαι. παραβα-
5 λόντες οὖν παρ' ἀλλήλους σκεψώμεθα εἴ τι διοίσουσιν ἀλλή-
λων. καὶ γὰρ καὶ τυγχάνει περὶ ὧν ἀμφισβητοῦμεν οὐ πάνυ
σμικρὰ ὄντα, ἀλλὰ σχεδόν τι ταῦτα περὶ ὧν εἰδέναι τε
κάλλιστον μὴ εἰδέναι τε αἴσχιστον· τὸ γὰρ κεφάλαιον αὐτῶν
ἐστιν ἢ γιγνώσκειν ἢ ἀγνοεῖν ὅστις τε εὐδαίμων ἐστὶν καὶ
d ὅστις μή. αὐτίκα πρῶτον, περὶ οὗ νῦν ὁ λόγος ἐστίν, σὺ
ἡγῇ οἷόν τε εἶναι μακάριον ἄνδρα ἀδικοῦντά τε καὶ ἄδικον
ὄντα, εἴπερ Ἀρχέλαον ἄδικον μὲν ἡγῇ εἶναι, εὐδαίμονα δέ.
ἄλλο τι ὡς οὕτω σου νομίζοντος διανοώμεθα;
5 ΠΩΛ. Πάνυ γε.
ΣΩ. Ἐγὼ δέ φημι ἀδύνατον. ἐν μὲν τουτὶ ἀμφισβη-
τοῦμεν. εἶεν· ἀδικῶν δὲ δὴ εὐδαίμων ἔσται ἆρ', ἂν τυγχάνῃ
δίκης τε καὶ τιμωρίας;
ΠΩΛ. Ἥκιστά γε, ἐπεὶ οὕτω γ' ἂν ἀθλιώτατος εἴη.
e ΣΩ. Ἀλλ' ἐὰν ἄρα μὴ τυγχάνῃ δίκης ὁ ἀδικῶν, κατὰ τὸν
σὸν λόγον εὐδαίμων ἔσται;
ΠΩΛ. Φημί.
ΣΩ. Κατὰ δέ γε τὴν ἐμὴν δόξαν, ὦ Πῶλε, ὁ ἀδικῶν τε
5 καὶ ὁ ἄδικος πάντως μὲν ἄθλιος, ἀθλιώτερος μέντοι ἐὰν μὴ
διδῷ δίκην μηδὲ τυγχάνῃ τιμωρίας ἀδικῶν, ἧττον δὲ ἄθλιος
ἐὰν διδῷ δίκην καὶ τυγχάνῃ δίκης ὑπὸ θεῶν τε καὶ ἀνθρώπων.
473 ΠΩΛ. Ἄτοπά γε, ὦ Σώκρατες, ἐπιχειρεῖς λέγειν.
ΣΩ. Πειράσομαι δέ γε καὶ σὲ ποιῆσαι, ὦ ἑταῖρε, ταὐτὰ
ἐμοὶ λέγειν· φίλον γάρ σε ἡγοῦμαι. νῦν μὲν οὖν ἃ διαφε-

c 3 τις B T P : τίς ὁ F   c 4 ἐγὼ αὖ B T P : αὖ ἐγὼ F   παρα-
βαλόντες F : παραλαβόντες B T W   c 6 καὶ γὰρ καὶ F : καὶ γὰρ
B T P   d 4 ἄλλο τι F : ἀλλ' ὅτι B T P : ἀλλ' ὅτι ἢ rec. b   δια-
νοώμεθα B T P : διανοούμεθα F   e 4 γε B T P : om. F   e 5 πάν-
τως F Stobaeus : ἀπάντων B T P   μέντοι F Stobaeus : μὲν τοίνυν
B T P   e 7 τε καὶ B T P : καὶ F   ἀνθρώπων B T P : ὑπ' ἀνθρώπων
F Stobaeus

ρόμεθα ταῦτ' ἐστιν· σκόπει δὲ καὶ σύ. εἶπον ἐγώ που ἐν
τοῖς ἔμπροσθεν τὸ ἀδικεῖν τοῦ ἀδικεῖσθαι κάκιον εἶναι. 5

ΠΩΛ. Πάνυ γε.

ΣΩ. Σὺ δὲ τὸ ἀδικεῖσθαι.

ΠΩΛ. Ναί.

ΣΩ. Καὶ τοὺς ἀδικοῦντας ἀθλίους ἔφην εἶναι ἐγώ, καὶ
ἐξηλέγχθην ὑπὸ σοῦ. 10

ΠΩΛ. Ναὶ μὰ Δία.

ΣΩ. Ὡς σύ γε οἴει, ὦ Πῶλε. b

ΠΩΛ. Ἀληθῆ γε οἰόμενος.

ΣΩ. Ἴσως. σὺ δέ γε εὐδαίμονας αὖ τοὺς ἀδικοῦντας, ἐὰν
μὴ διδῶσι δίκην.

ΠΩΛ. Πάνυ μὲν οὖν. 5

ΣΩ. Ἐγὼ δέ γε αὐτοὺς ἀθλιωτάτους φημί, τοὺς δὲ
διδόντας δίκην ἧττον. βούλει καὶ τοῦτο ἐλέγχειν;

ΠΩΛ. Ἀλλ' ἔτι τοῦτ' ἐκείνου χαλεπώτερόν ἐστιν, ὦ
Σώκρατες, ἐξελέγξαι.

ΣΩ. Οὐ δῆτα, ὦ Πῶλε, ἀλλ' ἀδύνατον· τὸ γὰρ ἀληθὲς 10
οὐδέποτε ἐλέγχεται.

ΠΩΛ. Πῶς λέγεις; ἐὰν ἀδικῶν ἄνθρωπος ληφθῇ τυραν-
νίδι ἐπιβουλεύων, καὶ ληφθεὶς στρεβλῶται καὶ ἐκτέμνηται c
καὶ τοὺς ὀφθαλμοὺς ἐκκάηται, καὶ ἄλλας πολλὰς καὶ μεγάλας
καὶ παντοδαπὰς λώβας αὐτός τε λωβηθεὶς καὶ τοὺς αὑτοῦ
ἐπιδὼν παῖδάς τε καὶ γυναῖκα τὸ ἔσχατον ἀνασταυρωθῇ ἢ
καταπιττωθῇ, οὗτος εὐδαιμονέστερος ἔσται ἢ ἐὰν διαφυγὼν 5
τύραννος καταστῇ καὶ ἄρχων ἐν τῇ πόλει διαβιῷ ποιῶν ὅτι
ἂν βούληται, ζηλωτὸς ὢν καὶ εὐδαιμονιζόμενος ὑπὸ τῶν
πολιτῶν καὶ τῶν ἄλλων ξένων; ταῦτα λέγεις ἀδύνατον εἶναι d
ἐξελέγχειν;

a 10 ἐξηλέγχθην ὑπὸ σοῦ B T P : ἐξηλέγθης F (suprascr. αν ὑπὸ σοῦ f):
ἐξηλέγχθησαν ὑπὸ σοῦ t   b 1 γε F : om. B T P   b 3 ἴσως revera
Socrati tribuit B (sed add. quoque :) : Polo vulgo continuant   αὖ
τοὺς T P : αὐτοὺς B (sed accentum super αὐ add. rec. b) F   b 6 δέ
γε F : δὲ B T P   b 12 ἀδικῶν secl. Dobree   c 4 γυναῖκα B T P :
γυναῖκας F   c 5 εὐδαιμονέστερος F : εὐδαιμονέστατος B T P

ΣΩ. Μορμολύττῃ αὖ, ὦ γενναῖε Πῶλε, καὶ οὐκ ἐλέγχεις·
ἄρτι δὲ ἐμαρτύρου. ὅμως δὲ ὑπόμνησόν με σμικρόν. ἐὰν
5 ἀδίκως ἐπιβουλεύων τυραννίδι, εἶπες;
ΠΩΛ. Ἔγωγε.
ΣΩ. Εὐδαιμονέστερος μὲν τοίνυν οὐδέποτε ἔσται οὐδέ-
τερος αὐτῶν, οὔτε ὁ κατειργασμένος τὴν τυραννίδα ἀδίκως
οὔτε ὁ διδοὺς δίκην—δυοῖν γὰρ ἀθλίοιν εὐδαιμονέστερος μὲν
e οὐκ ἂν εἴη—ἀθλιώτερος μέντοι ὁ διαφεύγων καὶ τυραννεύσας.
τί τοῦτο, ὦ Πῶλε; γελᾷς; ἄλλο αὖ τοῦτο εἶδος ἐλέγχου
ἐστίν, ἐπειδάν τίς τι εἴπῃ, καταγελᾶν, ἐλέγχειν δὲ μή;
ΠΩΛ. Οὐκ οἴει ἐξεληλέγχθαι, ὦ Σώκρατες, ὅταν τοιαῦτα
5 λέγῃς ἃ οὐδεὶς ἂν φήσειεν ἀνθρώπων; ἐπεὶ ἐροῦ τινα τουτωνί.
ΣΩ. Ὦ Πῶλε, οὐκ εἰμὶ τῶν πολιτικῶν, καὶ πέρυσι βου-
λεύειν λαχών, ἐπειδὴ ἡ φυλὴ ἐπρυτάνευε καὶ ἔδει με ἐπι-
474 ψηφίζειν, γέλωτα παρεῖχον καὶ οὐκ ἠπιστάμην ἐπιψηφίζειν.
μὴ οὖν μηδὲ νῦν με κέλευε ἐπιψηφίζειν τοὺς παρόντας, ἀλλ'
εἰ μὴ ἔχεις τούτων βελτίω ἔλεγχον, ὅπερ νυνδὴ ἐγὼ ἔλεγον,
ἐμοὶ ἐν τῷ μέρει παράδος, καὶ πείρασαι τοῦ ἐλέγχου οἷον ἐγὼ
5 οἶμαι δεῖν εἶναι. ἐγὼ γὰρ ὧν ἂν λέγω ἕνα μὲν παρασχέσθαι
μάρτυρα ἐπίσταμαι, αὐτὸν πρὸς ὃν ἄν μοι ὁ λόγος ᾖ, τοὺς δὲ
πολλοὺς ἐῶ χαίρειν, καὶ ἕνα ἐπιψηφίζειν ἐπίσταμαι, τοῖς δὲ
b πολλοῖς οὐδὲ διαλέγομαι. ὅρα οὖν εἰ ἐθελήσεις ἐν τῷ μέρει
διδόναι ἔλεγχον ἀποκρινόμενος τὰ ἐρωτώμενα. ἐγὼ γὰρ δὴ
οἶμαι καὶ ἐμὲ καὶ σὲ καὶ τοὺς ἄλλους ἀνθρώπους τὸ ἀδικεῖν
τοῦ ἀδικεῖσθαι κάκιον ἡγεῖσθαι καὶ τὸ μὴ διδόναι δίκην τοῦ
5 διδόναι.
ΠΩΛ. Ἐγὼ δέ γε οὔτ' ἐμὲ οὔτ' ἄλλον ἀνθρώπων οὐδένα.
ἐπεὶ σὺ δέξαι' ἂν μᾶλλον ἀδικεῖσθαι ἢ ἀδικεῖν;

d 9 διδοὺς δίκην F : διδοὺς B T P : δίκην δούς H. Schmidt   e 1 δια-
φεύγων B T W F : διαφυγών Vind. 21   τυραννήσας F   e 2 τοῦτο
αὖ ἄλλο F   εἶδος τοῦτο P   e 6 βασιλεύειν P   a 1 ἠπιστάμην
ἐπιψηφίζειν] ἠδυνάμην ἐπιψηφίσαι Athenaeus   a 1 post ἐπιψηφίζειν
add. τοὺς παρόντας F   a 3 ἔχεις P F : ἔχῃς B T   ἔλεγον ἐγώ P
a 5 δεῖν B T P f : om. F   μὲν] μόνον Cobet   a 6 αὐτὸν] αὐ-ὸν
τὸν Cobet   b 6 ἄλλον B P : ἄλλων T F

ΣΩ. Καὶ σύ γ᾽ ἂν καὶ οἱ ἄλλοι πάντες.

ΠΩΛ. Πολλοῦ γε δεῖ, ἀλλ᾽ οὔτ᾽ ἐγὼ οὔτε σὺ οὔτ᾽ ἄλλος οὐδείς. 10

ΣΩ. Οὔκουν ἀποκρινῇ; c

ΠΩΛ. Πάνυ μὲν οὖν· καὶ γὰρ ἐπιθυμῶ εἰδέναι ὅτι ποτ᾽ ἐρεῖς.

ΣΩ. Λέγε δή μοι, ἵν᾽ εἰδῇς, ὥσπερ ἂν εἰ ἐξ ἀρχῆς σε ἠρώτων· πότερον δοκεῖ σοι, ὦ Πῶλε, κάκιον εἶναι, τὸ 5 ἀδικεῖν ἢ τὸ ἀδικεῖσθαι;—ΠΩΛ. Τὸ ἀδικεῖσθαι ἔμοιγε.— ΣΩ. Τί δὲ δή; αἴσχιον πότερον τὸ ἀδικεῖν ἢ τὸ ἀδικεῖσθαι; ἀποκρίνου.—ΠΩΛ. Τὸ ἀδικεῖν.—ΣΩ. Οὐκοῦν καὶ κάκιον, εἴπερ αἴσχιον.—ΠΩΛ. Ἥκιστά γε.—ΣΩ. Μανθάνω· οὐ ταὐτὸν ἡγῇ σύ, ὡς ἔοικας, καλόν τε καὶ ἀγαθὸν καὶ κακὸν d καὶ αἰσχρόν.—ΠΩΛ. Οὐ δῆτα.

ΣΩ. Τί δὲ τόδε; τὰ καλὰ πάντα, οἷον καὶ σώματα καὶ χρώματα καὶ σχήματα καὶ φωνὰς καὶ ἐπιτηδεύματα, εἰς οὐδὲν ἀποβλέπων καλεῖς ἑκάστοτε καλά; οἷον πρῶτον τὰ 5 σώματα τὰ καλὰ οὐχὶ ἤτοι κατὰ τὴν χρείαν λέγεις καλὰ εἶναι, πρὸς ὃ ἂν ἕκαστον χρήσιμον ᾖ, πρὸς τοῦτο, ἢ κατὰ ἡδονήν τινα, ἐὰν ἐν τῷ θεωρεῖσθαι χαίρειν ποιῇ τοὺς θεωροῦντας; ἔχεις τι ἐκτὸς τούτων λέγειν περὶ σώματος κάλλους;—ΠΩΛ. Οὐκ ἔχω.—ΣΩ. Οὐκοῦν καὶ τἆλλα πάντα e οὕτω καὶ σχήματα καὶ χρώματα ἢ διὰ ἡδονήν τινα ἢ διὰ ὠφελίαν ἢ δι᾽ ἀμφότερα καλὰ προσαγορεύεις;—ΠΩΛ. Ἔγωγε.—ΣΩ. Οὐ καὶ τὰς φωνὰς καὶ τὰ κατὰ τὴν μουσικὴν πάντα ὡσαύτως;—ΠΩΛ. Ναί.—ΣΩ. Καὶ μὴν τό γε κατὰ 5 τοὺς νόμους καὶ τὰ ἐπιτηδεύματα οὐ δήπου ἐκτὸς τούτων ἐστίν, τὰ καλά, τοῦ ἢ ὠφέλιμα εἶναι ἢ ἡδέα ἢ ἀμφότερα.— ΠΩΛ. Οὐκ ἔμοιγε δοκεῖ.—ΣΩ. Οὐκοῦν καὶ τὸ τῶν μαθη- 475

d 1 καὶ κακὸν B W F : κακὸν T   d 4 καὶ σχήματα B T P : om. F
d 6 τὰ καλὰ B T P f : καλὰ F   d 8 ἐν B T P : om. F   θεωρεῖσθαι B
(sed ras. ante θ et post ω : aliquid suprascr. rec. b)   e 2 καὶ χρώ
ματα καὶ σχήματα F   e 5 πάντα B T P : ἄπαντα F   γε B T P :
τε F   e 7 τὰ καλὰ re vera B T P F   τοῦ ἢ ὠφέλιμα W F : ἢ ὠφέ
λιμα B : τοῦ ὠφέλιμα T   a 1 μαθημάτων T W F : μαθητῶν B

μάτων κάλλος ὡσαύτως;—ΠΩΛ. Πάνυ γε· καὶ καλῶς γε
νῦν ὁρίζῃ, ὦ Σώκρατες, ἡδονῇ τε καὶ ἀγαθῷ ὁριζόμενος τὸ
καλόν.—ΣΩ. Οὐκοῦν τὸ αἰσχρὸν τῷ ἐναντίῳ, λύπῃ τε καὶ
5 κακῷ;—ΠΩΛ. Ἀνάγκη.—ΣΩ. Ὅταν ἄρα δυοῖν καλοῖν θά-
τερον κάλλιον ᾖ, ἢ τῷ ἑτέρῳ τούτοιν ἢ ἀμφοτέροις ὑπερ-
βάλλον κάλλιόν ἐστιν, ἤτοι ἡδονῇ ἢ ὠφελίᾳ ἢ ἀμφοτέροις.
—ΠΩΛ. Πάνυ γε.—ΣΩ. Καὶ ὅταν δὲ δὴ δυοῖν αἰσχροῖν τὸ
b ἕτερον αἴσχιον ᾖ, ἤτοι λύπῃ ἢ κακῷ ὑπερβάλλον αἴσχιον
ἔσται· ἢ οὐκ ἀνάγκη;—ΠΩΛ. Ναί.

ΣΩ. Φέρε δή, πῶς ἐλέγετο νυνδὴ περὶ τοῦ ἀδικεῖν καὶ
ἀδικεῖσθαι; οὐκ ἔλεγες τὸ μὲν ἀδικεῖσθαι κάκιον εἶναι, τὸ
5 δὲ ἀδικεῖν αἴσχιον;—ΠΩΛ. Ἔλεγον.—ΣΩ. Οὐκοῦν εἴπερ
αἴσχιον τὸ ἀδικεῖν τοῦ ἀδικεῖσθαι, ἤτοι λυπηρότερόν ἐστιν
καὶ λύπῃ ὑπερβάλλον αἴσχιον ἂν εἴη ἢ κακῷ ἢ ἀμφοτέροις;
οὐ καὶ τοῦτο ἀνάγκη;—ΠΩΛ. Πῶς γὰρ οὔ;—ΣΩ. Πρῶτον
c μὲν δὴ σκεψώμεθα, ἆρα λύπῃ ὑπερβάλλει τὸ ἀδικεῖν τοῦ
ἀδικεῖσθαι, καὶ ἀλγοῦσι μᾶλλον οἱ ἀδικοῦντες ἢ οἱ ἀδικού-
μενοι;—ΠΩΛ. Οὐδαμῶς, ὦ Σώκρατες, τοῦτό γε.—ΣΩ. Οὐκ
ἄρα λύπῃ γε ὑπερέχει.—ΠΩΛ. Οὐ δῆτα.—ΣΩ. Οὐκοῦν εἰ
5 μὴ λύπῃ, ἀμφοτέροις μὲν οὐκ ἂν ἔτι ὑπερβάλλοι.—ΠΩΛ. Οὐ
φαίνεται.—ΣΩ. Οὐκοῦν τῷ ἑτέρῳ λείπεται.—ΠΩΛ. Ναί.
—ΣΩ. Τῷ κακῷ.—ΠΩΛ. Ἔοικεν.—ΣΩ. Οὐκοῦν κακῷ ὑπερ-
βάλλον τὸ ἀδικεῖν κάκιον ἂν εἴη τοῦ ἀδικεῖσθαι.—ΠΩΛ.
Δῆλον δὴ ὅτι.

d   ΣΩ. Ἄλλο τι οὖν ὑπὸ μὲν τῶν πολλῶν ἀνθρώπων καὶ
ὑπὸ σοῦ ὡμολογεῖτο ἡμῖν ἐν τῷ ἔμπροσθεν χρόνῳ αἴσχιον
εἶναι τὸ ἀδικεῖν τοῦ ἀδικεῖσθαι;—ΠΩΛ. Ναί.—ΣΩ. Νῦν
δέ γε κάκιον ἐφάνη.—ΠΩΛ. Ἔοικε.—ΣΩ. Δέξαιο ἂν οὖν
5 σὺ μᾶλλον τὸ κάκιον καὶ τὸ αἴσχιον ἀντὶ τοῦ ἥττον; μὴ

a 6 τούτοιν BTP : αὐτοῖν F   a 7 ἢ prius BTP : ἢ καὶ F
a 8 δὲ δὴ BTPf : δὴ F   b 1 post κακῷ add. ἢ ἀμφοτέροις Hirschig
b 3 ἐλέγετο PF : ἐλέγετο τὸ BTW   b 4 κάκιον BPFt : κακὸν T
c 2 ἀργοῦσι P   c 4 γε in ras. B   d 2 ἔμπροσθεν BTF : πρόσθεν P
χρόνῳ] λόγῳ Findeisen : secl. ci. Cron   d 5 σὺ supra versum P
d 5 αἴσχιον F : αἰσχρὸν BTW   τοῦ P : τοῦ τὸ BTf : τοῦτο F

ὄκνει ἀποκρίνασθαι, ὦ Πῶλε· οὐδὲν γὰρ βλαβήσῃ· ἀλλὰ
γενναίως τῷ λόγῳ ὥσπερ ἰατρῷ παρέχων ἀποκρίνου, καὶ ἢ
φάθι ἢ μὴ ἃ ἐρωτῶ.—ΠΩΛ. Ἀλλ᾽ οὐκ ἂν δεξαίμην, ὦ Σώ- e
κρατες.—ΣΩ. Ἄλλος δέ τις ἀνθρώπων;—ΠΩΛ. Οὔ μοι
δοκεῖ κατά γε τοῦτον τὸν λόγον.—ΣΩ. Ἀληθῆ ἄρα ἐγὼ
ἔλεγον, ὅτι οὔτ᾽ ἂν ἐγὼ οὔτ᾽ ἂν σὺ οὔτ᾽ ἄλλος οὐδεὶς ἀνθρώ-
πων δέξαιτ᾽ ἂν μᾶλλον ἀδικεῖν ἢ ἀδικεῖσθαι· κάκιον γὰρ 5
τυγχάνει ὄν.—ΠΩΛ. Φαίνεται.

ΣΩ. Ὁρᾷς οὖν, ὦ Πῶλε, ὁ ἔλεγχος παρὰ τὸν ἔλεγχον
παραβαλλόμενος ὅτι οὐδὲν ἔοικεν, ἀλλὰ σοὶ μὲν οἱ ἄλλοι
πάντες ὁμολογοῦσιν πλὴν ἐμοῦ, ἐμοὶ δὲ σὺ ἐξαρκεῖς εἷς ὢν
μόνος καὶ ὁμολογῶν καὶ μαρτυρῶν, καὶ ἐγὼ σὲ μόνον ἐπιψη- 476
φίζων τοὺς ἄλλους ἐῶ χαίρειν. καὶ τοῦτο μὲν ἡμῖν οὕτως
ἐχέτω· μετὰ τοῦτο δὲ περὶ οὗ τὸ δεύτερον ἠμφεσβητήσαμεν
σκεψώμεθα, τὸ ἀδικοῦντα διδόναι δίκην ἆρα μέγιστον τῶν
κακῶν ἐστιν, ὡς σὺ ᾤου, ἢ μεῖζον τὸ μὴ διδόναι, ὡς αὖ 5
ἐγὼ ᾤμην.

Σκοπώμεθα δὲ τῇδε· τὸ διδόναι δίκην καὶ τὸ κολάζεσθαι
δικαίως ἀδικοῦντα ἆρα τὸ αὐτὸ καλεῖς;—ΠΩΛ. Ἔγωγε.—
ΣΩ. Ἔχεις οὖν λέγειν ὡς οὐχὶ τά γε δίκαια πάντα καλά b
ἐστιν, καθ᾽ ὅσον δίκαια; καὶ διασκεψάμενος εἰπέ.—ΠΩΛ.
Ἀλλά μοι δοκεῖ, ὦ Σώκρατες.—ΣΩ. Σκόπει δὴ καὶ τόδε·
ἆρα εἴ τίς τι ποιεῖ, ἀνάγκη τι εἶναι καὶ πάσχον ὑπὸ τούτου
τοῦ ποιοῦντος;—ΠΩΛ. Ἔμοιγε δοκεῖ.—ΣΩ. Ἆρα τοῦτο 5
πάσχον ὃ τὸ ποιοῦν ποιεῖ, καὶ τοιοῦτον οἷον ποιεῖ τὸ ποιοῦν;
λέγω δὲ τὸ τοιόνδε· εἴ τις τύπτει, ἀνάγκη τι τύπτεσθαι;—
ΠΩΛ. Ἀνάγκη.—ΣΩ. Καὶ εἰ σφόδρα τύπτει ἢ ταχὺ ὁ
τύπτων, οὕτω καὶ τὸ τυπτόμενον τύπτεσθαι;—ΠΩΛ. Ναί.— c
ΣΩ. Τοιοῦτον ἄρα πάθος τῷ τυπτομένῳ ἐστὶν οἷον ἂν τὸ

d 6 ἀποκρίνεσθαι F   e 1 ἃ B T P f : ἂν F   a 1 ἐπιψηφίζων
B² T P : ἐπιψηφίζω B F   a 2 τοὺς B T P : τοὺς δὲ F   a 3 οὖ F
Stobaeus : ὃ B T P   τὸ B T F : om. P   a 5 ὡς αὖ B T P : ὥς γε αὖ F
b 2 δίκαια B T P F : καὶ δίκαια Stobaeus   διασκεψάμενος B T F : δὴ
σκεψάμενος P   b 4 πάσχον B T P F : πάσχειν Stobaeus   b 7 τὸ
τοιόνδε B T P : τόδε τοι**** F : τοιόνδε Stobaeus

τύπτον ποιῇ;—ΠΩΛ. Πάνυ γε.—ΣΩ. Οὐκοῦν καὶ εἰ κάει
τις, ἀνάγκη τι κάεσθαι;—ΠΩΛ. Πῶς γὰρ οὔ;—ΣΩ. Καὶ εἰ
5 σφόδρα γε κάει ἢ ἀλγεινῶς, οὕτω κάεσθαι τὸ καόμενον ὡς
ἂν τὸ κᾶον κάῃ;—ΠΩΛ. Πάνυ γε.—ΣΩ. Οὐκοῦν καὶ εἰ
τέμνει τι, ὁ αὐτὸς λόγος; τέμνεται γάρ τι.—ΠΩΛ. Ναί.
—ΣΩ. Καὶ εἰ μέγα γε ἢ βαθὺ τὸ τμῆμα ἢ ἀλγεινόν, τοιοῦ-
d τον τμῆμα τέμνεται τὸ τεμνόμενον οἷον τὸ τέμνον τέμνει;—
ΠΩΛ. Φαίνεται.—ΣΩ. Συλλήβδην δὴ ὅρα εἰ ὁμολογεῖς, ὁ
ἄρτι ἔλεγον, περὶ πάντων, οἷον ἂν ποιῇ τὸ ποιοῦν, τοιοῦτον
τὸ πάσχον πάσχειν.—ΠΩΛ. Ἀλλ' ὁμολογῶ.

5 ΣΩ. Τούτων δὴ ὁμολογουμένων, τὸ δίκην διδόναι πότερον
πάσχειν τί ἐστιν ἢ ποιεῖν;—ΠΩΛ. Ἀνάγκη, ὦ Σώκρατες,
πάσχειν.—ΣΩ. Οὐκοῦν ὑπό τινος ποιοῦντος;—ΠΩΛ. Πῶς
γὰρ οὔ; ὑπό γε τοῦ κολάζοντος.—ΣΩ. Ὁ δὲ ὀρθῶς κολάζων
e δικαίως κολάζει;—ΠΩΛ. Ναί.—ΣΩ. Δίκαια ποιῶν ἢ οὔ;
—ΠΩΛ. Δίκαια.—ΣΩ. Οὐκοῦν ὁ κολαζόμενος δίκην διδοὺς
δίκαια πάσχει;—ΠΩΛ. Φαίνεται.—ΣΩ. Τὰ δὲ δίκαιά που
καλὰ ὡμολόγηται;—ΠΩΛ. Πάνυ γε.—ΣΩ. Τούτων ἄρα ὁ
5 μὲν ποιεῖ καλά, ὁ δὲ πάσχει, ὁ κολαζόμενος.—ΠΩΛ. Ναί.
477 —ΣΩ. Οὐκοῦν εἴπερ καλά, ἀγαθά; ἢ γὰρ ἡδέα ἢ ὠφέ-
λιμα.—ΠΩΛ. Ἀνάγκη.—ΣΩ. Ἀγαθὰ ἄρα πάσχει ὁ δίκην
διδούς;—ΠΩΛ. Ἔοικεν.—ΣΩ. Ὠφελεῖται ἄρα;—ΠΩΛ.
Ναί.

5 ΣΩ. Ἆρα ἥνπερ ἐγὼ ὑπολαμβάνω τὴν ὠφελίαν; βελ-
τίων τὴν ψυχὴν γίγνεται, εἴπερ δικαίως κολάζεται;—ΠΩΛ.
Εἰκός γε.—ΣΩ. Κακίας ἄρα ψυχῆς ἀπαλλάττεται ὁ δίκην
διδούς;—ΠΩΛ. Ναί.—ΣΩ. Ἆρα οὖν τοῦ μεγίστου ἀπαλ-
b λάττεται κακοῦ; ὧδε δὲ σκόπει· ἐν χρημάτων κατασκευῇ
ἀνθρώπου κακίαν ἄλλην τινὰ ἐνορᾷς ἢ πενίαν;—ΠΩΛ. Οὔκ,
ἀλλὰ πενίαν.—ΣΩ. Τί δ' ἐν σώματος κατασκευῇ; κακίαν
ἂν φήσαις ἀσθένειαν εἶναι καὶ νόσον καὶ αἶσχος καὶ τὰ

c 7 τι T P: τί B F: τις Stobaeus   d 3 ἂν B T P Stobaeus : ἂν
τι F   θ 4 ὡμολόγηται B T P F : ὁμολογεῖται Stobaeus   a 5 βελ-
τίων B P F Stobaeus : βελτίω T   b 4 ἂν B T P F : om. Stobaeus

τοιαῦτα;—ΠΩΛ. Ἔγωγε.—ΣΩ. Οὐκοῦν· καὶ ἐν ψυχῇ πονη- 5
ρίαν ἡγῇ τινα εἶναι;—ΠΩΛ. Πῶς γὰρ οὔ;—ΣΩ. Ταύτην
οὖν οὐκ ἀδικίαν καλεῖς καὶ ἀμαθίαν καὶ δειλίαν καὶ τὰ
τοιαῦτα;—ΠΩΛ. Πάνυ μὲν οὖν.—ΣΩ. Οὐκοῦν χρημάτων
καὶ σώματος καὶ ψυχῆς, τριῶν ὄντων, τριττὰς εἴρηκας πονη- c
ρίας, πενίαν, νόσον, ἀδικίαν;—ΠΩΛ. Ναί.—ΣΩ. Τίς οὖν
τούτων τῶν πονηριῶν αἰσχίστη; οὐχ ἡ ἀδικία καὶ συλλή-
βδην ἡ τῆς ψυχῆς πονηρία;—ΠΩΛ. Πολύ γε.—ΣΩ. Εἰ δὴ
αἰσχίστη, καὶ κακίστη;—ΠΩΛ. Πῶς, ὦ Σώκρατες, λέγεις; 5
ΣΩ. Ὡδί· ἀεὶ τὸ αἴσχιστον ἤτοι λύπην μεγίστην
παρέχον ἢ βλάβην ἢ ἀμφότερα αἴσχιστόν ἐστιν ἐκ τῶν
ὡμολογημένων ἐν τῷ ἔμπροσθεν.—ΠΩΛ. Μάλιστα.—ΣΩ.
Αἴσχιστον δὲ ἀδικία καὶ σύμπασα ψυχῆς πονηρία νυνδὴ
ὡμολόγηται ἡμῖν;—ΠΩΛ. Ὡμολόγηται γάρ.—ΣΩ. Οὐκοῦν d
ἢ ἀνιαρότατόν ἐστι καὶ ἀνίᾳ ὑπερβάλλον αἴσχιστον τούτων
ἐστὶν ἢ βλάβῃ ἢ ἀμφότερα;—ΠΩΛ. Ἀνάγκη.—ΣΩ. Ἆρ᾽
οὖν ἀλγεινότερόν ἐστιν τοῦ πένεσθαι καὶ κάμνειν τὸ ἄδικον
εἶναι καὶ ἀκόλαστον καὶ δειλὸν καὶ ἀμαθῆ;—ΠΩΛ. Οὐκ 5
ἔμοιγε δοκεῖ, ὦ Σώκρατες, ἀπὸ τούτων γε.—ΣΩ. Ὑπερφυεῖ
τινι ἄρα ὡς μεγάλῃ βλάβῃ καὶ κακῷ θαυμασίῳ ὑπερβάλλοντα
τἆλλα ἡ τῆς ψυχῆς πονηρία αἴσχιστόν ἐστι πάντων, ἐπειδὴ e
οὐκ ἀλγηδόνι γε, ὡς ὁ σὸς λόγος.—ΠΩΛ. Φαίνεται.—
ΣΩ. Ἀλλὰ μήν που τό γε μεγίστῃ βλάβῃ ὑπερβάλλον
μέγιστον ἂν κακὸν εἴη τῶν ὄντων.—ΠΩΛ. Ναί.—ΣΩ. Ἡ
ἀδικία ἄρα καὶ ἡ ἀκολασία καὶ ἡ ἄλλη ψυχῆς πονηρία 5
μέγιστον τῶν ὄντων κακόν ἐστιν;—ΠΩΛ. Φαίνεται.

b 5 πονηρίαν ἡγεῖ B T P F : ἡγῇ πονηρίαν Stobaeus   c 2 οὖν B T
P F : om. Stobaeus   c 3 οὐχ ἡ B T P Stobaeus : οὐχὶ F   c 4 δὴ
B T P Stobaeus : δὲ F   c 7 ὡμολογημένων B T P F : ὁμολογουμένων
Stobaeus   d 2 ἢ F : ἢ B T P : εἰ Stobaeus   ἀνιαρότατον F t :
ἀνιαρώτατον B T P Stobaeus   ἐστι καὶ F Stobaeus : ἐστιν B P et
compendio T   αἴσχιστον τούτων ἐστὶν secl. Dobree (habet Stobaeus)
d 3 βλάβῃ F Stobaeus : βλάβῃ ἢ λύπῃ B T P   ἀμφότερα B T P F
Stobaeus : ἀμφοτέροις Hirschig   e 2 ὡς B T P : ὡς φησὶν F   φαί-
νεται B T P F : οὕτως φαίνεται Stobaeus   e 6 κακόν B T F P : κακῶν
Stobaeus

ΣΩ. Τίς οὖν τέχνη πενίας ἀπαλλάττει; οὐ χρηματι-
στική;—ΠΩΛ. Ναί.—ΣΩ. Τίς δὲ νόσου; οὐκ ἰατρική;—
478 ΠΩΛ. Ἀνάγκη.—ΣΩ. Τίς δὲ πονηρίας καὶ ἀδικίας; εἰ μὴ
οὕτως εὐπορεῖς, ὧδε σκόπει· ποῖ ἄγομεν καὶ παρὰ τίνας
τοὺς κάμνοντας τὰ σώματα;—ΠΩΛ. Παρὰ τοὺς ἰατρούς, ὦ
Σώκρατες.—ΣΩ. Ποῖ δὲ τοὺς ἀδικοῦντας καὶ τοὺς ἀκολα-
5 σταίνοντας;—ΠΩΛ. Παρὰ τοὺς δικαστὰς λέγεις;—ΣΩ. Οὐ-
κοῦν δίκην δώσοντας;—ΠΩΛ. Φημί.—ΣΩ. Ἆρ' οὖν οὐ
δικαιοσύνῃ τινὶ χρώμενοι κολάζουσιν οἱ ὀρθῶς κολάζοντες;
ΠΩΛ. Δῆλον δή.—ΣΩ. Χρηματιστικὴ μὲν ἄρα πενίας ἀπαλ-
b λάττει, ἰατρικὴ δὲ νόσου, δίκη δὲ ἀκολασίας καὶ ἀδικίας.—
ΠΩΛ. Φαίνεται.

ΣΩ. Τί οὖν τούτων κάλλιστόν ἐστιν [ὧν λέγεις];—
ΠΩΛ. Τίνων λέγεις;—ΣΩ. Χρηματιστικῆς, ἰατρικῆς, δίκης.
5 —ΠΩΛ. Πολὺ διαφέρει, ὦ Σώκρατες, ἡ δίκη.—ΣΩ. Οὐκοῦν
αὖ ἤτοι ἡδονὴν πλείστην ποιεῖ ἢ ὠφελίαν ἢ ἀμφότερα, εἴπερ
κάλλιστόν ἐστιν;—ΠΩΛ. Ναί.—ΣΩ. Ἆρ' οὖν τὸ ἰατρεύε-
σθαι ἡδύ ἐστιν, καὶ χαίρουσιν οἱ ἰατρευόμενοι;—ΠΩΛ. Οὐκ
ἔμοιγε δοκεῖ.—ΣΩ. Ἀλλ' ὠφέλιμόν γε. ἦ γάρ;—ΠΩΛ.
c Ναί.—ΣΩ. Μεγάλου γὰρ κακοῦ ἀπαλλάττεται, ὥστε λυσι-
τελεῖ ὑπομεῖναι τὴν ἀλγηδόνα καὶ ὑγιῆ εἶναι.—ΠΩΛ. Πῶς
γὰρ οὔ;—ΣΩ. Ἆρ' οὖν οὕτως ἂν περὶ σῶμα εὐδαιμονέστατος
ἄνθρωπος εἴη, ἰατρευόμενος, ἢ μηδὲ κάμνων ἀρχήν;—ΠΩΛ.
5 Δῆλον ὅτι μηδὲ κάμνων.—ΣΩ. Οὐ γὰρ τοῦτ' ἦν εὐδαιμονία,
ὡς ἔοικε, κακοῦ ἀπαλλαγή, ἀλλὰ τὴν ἀρχὴν μηδὲ κτῆσις.—
ΠΩΛ. Ἔστι ταῦτα.

d   ΣΩ. Τί δέ; ἀθλιώτερος πότερος δυοῖν ἐχόντοιν κακὸν
εἴτ' ἐν σώματι εἴτ' ἐν ψυχῇ, ὁ ἰατρευόμενος καὶ ἀπαλλαττό-

---

e 8 τίς Β Τ Ρ F : τῆς Stobaeus   a 4 καὶ τοὺς Β Τ Ρ : τοὺς καὶ F :
καὶ Stobaeus   b 3 οὖν Τ Ρ f Olympiodorus : om. Β F Stobaeus
ὧν λέγεις Β Τ Ρ F Stobaeus : secl. Hermann (non vertit Ficinus) : ὧν
λέγω Findeisen   c 2 καὶ ὑγιῆ εἶναι Β Τ Ρ F Stobaeus : secl. Morstadt :
καὶ ὑγιεῖ εἶναι Par. 1815   c 3 εὐδαιμονέστερος F   d 1 τί Β Τ Ρ f :
τίς F Stobaeus   πότερος Β Τ Ρ F : πότερον Stobaeus   κακὸν Β Τ
Stobaeus : κακῶς Ρ : κακοῖν F   d 2 καὶ Β Τ Ρ F : καὶ ὁ Stobaeus

μενος τοῦ κακοῦ, ἢ ὁ μὴ ἰατρευόμενος, ἔχων δέ;—ΠΩΛ. Φαίνεταί μοι ὁ μὴ ἰατρευόμενος.—ΣΩ. Οὐκοῦν τὸ δίκην διδόναι μεγίστου κακοῦ ἀπαλλαγὴ ἦν, πονηρίας;—ΠΩΛ. Ἦν γάρ. 5 —ΣΩ. Σωφρονίζει γάρ που καὶ δικαιοτέρους ποιεῖ καὶ ἰατρικὴ γίγνεται πονηρίας ἡ δίκη.—ΠΩΛ. Ναί.—ΣΩ. Εὐδαιμονέστατος μὲν ἄρα ὁ μὴ ἔχων κακίαν ἐν ψυχῇ, ἐπειδὴ τοῦτο μέγιστον τῶν κακῶν ἐφάνη.—ΠΩΛ. Δῆλον δή.—ΣΩ. Δεύ- e τερος δέ που ὁ ἀπαλλαττόμενος.—ΠΩΛ. Ἔοικεν.—ΣΩ. Οὗτος δ' ἦν ὁ νουθετούμενός τε καὶ ἐπιπληττόμενος καὶ δίκην διδούς.—ΠΩΛ. Ναί.—ΣΩ. Κάκιστα ἄρα ζῇ ὁ ἔχων [ἀδικίαν] καὶ μὴ ἀπαλλαττόμενος.—ΠΩΛ. Φαίνεται. 5

ΣΩ. Οὐκοῦν οὗτος τυγχάνει ὢν ὃς ἂν τὰ μέγιστα ἀδικῶν καὶ χρώμενος μεγίστῃ ἀδικίᾳ διαπράξηται ὥστε μήτε νουθετεῖσθαι μήτε κολάζεσθαι μήτε δίκην διδόναι, ὥσπερ σὺ 479 φῂς Ἀρχέλαον παρεσκευάσθαι καὶ τοὺς ἄλλους τυράννους καὶ ῥήτορας καὶ δυνάστας;

ΠΩΛ. Ἔοικε.

ΣΩ. Σχεδὸν γάρ που οὗτοι, ὦ ἄριστε, τὸ αὐτὸ διαπε- 5 πραγμένοι εἰσὶν ὥσπερ ἂν εἴ τις τοῖς μεγίστοις νοσήμασιν συνισχόμενος διαπράξαιτο μὴ διδόναι δίκην τῶν περὶ τὸ σῶμα ἁμαρτημάτων τοῖς ἰατροῖς μηδὲ ἰατρεύεσθαι, φοβούμενος ὡσπερανεὶ παῖς τὸ κάεσθαι καὶ τὸ τέμνεσθαι, ὅτι ἀλγεινόν. ἢ οὐ δοκεῖ καὶ σοὶ οὕτω; b

ΠΩΛ. Ἔμοιγε.

ΣΩ. Ἀγνοῶν γε, ὡς ἔοικεν, οἷόν ἐστιν ἡ ὑγίεια καὶ ἀρετὴ σώματος. κινδυνεύουσι γὰρ ἐκ τῶν νῦν ἡμῖν ὡμολογημένων τοιοῦτόν τι ποιεῖν καὶ οἱ τὴν δίκην φεύγοντες, 5

d 4 ἔχων δέ post ἰατρευόμενος add. F   d 5 μεγάλου Stobaeus
d 8 τοῦτο om. Stobaeus   e 2 δέ που F: δήπου B T W Stobaeus
e 4 ἀδικίαν] κακίαν Dobree: om. Stobaeus   e 6 τὰ om. Stobaeus
a 4 ἔοικε B T F: om. P Stobaeus   a 6 μεγίστοις om. Stobaeus
a 7 συνισχόμενος T F Stobaeus: συνησχόμενος B: συνεχόμενος P
διαπράξαιτο] διεπράξατο Stobaeus   a 9 ὥσπερ ἂν εἰ παῖς B T P:
ὥσπερ ἂν εἰ εἴποις F Stobaeus   b 3 γε B T P Stobaeus: δὲ F
b 4 σώματος] τοῦ σώματος Stobaeus

ὦ Πῶλε, τὸ ἀλγεινὸν αὐτοῦ καθορᾶν, πρὸς δὲ τὸ ὠφέλιμον
τυφλῶς ἔχειν καὶ ἀγνοεῖν ὅσῳ ἀθλιώτερόν ἐστι μὴ ὑγιοῦς
σώματος μὴ ὑγιεῖ ψυχῇ συνοικεῖν, ἀλλὰ σαθρᾷ καὶ ἀδίκῳ
c καὶ ἀνοσίῳ, ὅθεν καὶ πᾶν ποιοῦσιν ὥστε δίκην μὴ διδόναι
μηδ᾽ ἀπαλλάττεσθαι τοῦ μεγίστου κακοῦ, καὶ χρήματα παρα-
σκευαζόμενοι καὶ φίλους καὶ ὅπως ἂν ὦσιν ὡς πιθανώτατοι
λέγειν· εἰ δὲ ἡμεῖς ἀληθῆ ὡμολογήκαμεν, ὦ Πῶλε, ἆρ᾽
5 αἰσθάνῃ τὰ συμβαίνοντα ἐκ τοῦ λόγου; ἢ βούλει συλλο-
γισώμεθα αὐτά;

ΠΩΛ. Εἰ σοί γε δοκεῖ.

ΣΩ. Ἆρ᾽ οὖν συμβαίνει μέγιστον κακὸν ἡ ἀδικία καὶ τὸ
d ἀδικεῖν;—ΠΩΛ. Φαίνεταί γε.—ΣΩ. Καὶ μὴν ἀπαλλαγή γε
ἐφάνη τούτου τοῦ κακοῦ τὸ δίκην διδόναι;—ΠΩΛ. Κινδυ-
νεύει.—ΣΩ. Τὸ δέ γε μὴ διδόναι ἐμμονὴ τοῦ κακοῦ;—
ΠΩΛ. Ναί.—ΣΩ. Δεύτερον ἄρα ἐστὶν τῶν κακῶν μεγέθει
5 τὸ ἀδικεῖν· τὸ δὲ ἀδικοῦντα μὴ διδόναι δίκην πάντων μέγι-
στόν τε καὶ πρῶτον κακῶν πέφυκεν.—ΠΩΛ. Ἔοικεν.

ΣΩ. Ἆρ᾽ οὖν οὐ περὶ τούτου, ὦ φίλε, ἠμφεσβητήσαμεν,
σὺ μὲν τὸν Ἀρχέλαον εὐδαιμονίζων τὸν τὰ μέγιστα ἀδι-
e κοῦντα δίκην οὐδεμίαν διδόντα, ἐγὼ δὲ τοὐναντίον οἰόμενος,
εἴτε Ἀρχέλαος εἴτ᾽ ἄλλος ἀνθρώπων ὁστισοῦν μὴ δίδωσι
δίκην ἀδικῶν, τούτῳ προσήκειν ἀθλίῳ εἶναι διαφερόντως
τῶν ἄλλων ἀνθρώπων, καὶ ἀεὶ τὸν ἀδικοῦντα τοῦ ἀδικου-
5 μένου ἀθλιώτερον εἶναι καὶ τὸν μὴ διδόντα δίκην τοῦ
διδόντος; οὐ ταῦτ᾽ ἦν τὰ ὑπ᾽ ἐμοῦ λεγόμενα;

ΠΩΛ. Ναί.

ΣΩ. Οὐκοῦν ἀποδέδεικται ὅτι ἀληθῆ ἐλέγετο;

ΠΩΛ. Φαίνεται.

480 ΣΩ. Εἶεν· εἰ οὖν δὴ ταῦτα ἀληθῆ, ὦ Πῶλε, τίς ἡ
μεγάλη χρεία ἐστὶν τῆς ῥητορικῆς; δεῖ μὲν γὰρ δὴ ἐκ τῶν

---

b 8 ὑγιεῖ ψυχῇ T P F Stobaeus : ὑγιὴς ψυχὴ B (corr. rec. b)   c 7 σοί
γε F : σοί γε ἄλλως B T P : μὴ σοί γε ἄλλως vulg.   d 3 δέ γε B W F :
γε T   d 5 ἀδικεῖν] ἀδικεῖν δίκην διδόντα Stallbaum : ἀδικοῦντα διδόναι
δίκην Hirschig   d 6 τε T P F : γε B   d 7 οὖν οὐ F . οὖν B T P

νῦν ὡμολογημένων αὐτὸν ἑαυτὸν μάλιστα φυλάττειν ὅπως
μὴ ἀδικήσει, ὡς ἱκανὸν κακὸν ἕξοντα. οὐ γάρ;

ΠΩΛ. Πάνυ γε.   5

ΣΩ. Ἐὰν δέ γε ἀδικήσῃ ἢ αὐτὸς ἢ ἄλλος τις ὧν ἂν
κήδηται, αὐτὸν ἑκόντα ἰέναι ἐκεῖσε ὅπου ὡς τάχιστα
δώσει δίκην, παρὰ τὸν δικαστὴν ὥσπερ παρὰ τὸν ἰατρόν,
σπεύδοντα ὅπως μὴ ἐγχρονισθὲν τὸ νόσημα τῆς ἀδικίας b
ὕπουλον τὴν ψυχὴν ποιήσει καὶ ἀνίατον· ἢ πῶς λέγο-
μεν, ὦ Πῶλε, εἴπερ τὰ πρότερον μένει ἡμῖν ὁμολογήματα;
οὐκ ἀνάγκη ταῦτα ἐκείνοις οὕτω μὲν συμφωνεῖν, ἄλλως
δὲ μή;   5

ΠΩΛ. Τί γὰρ δὴ φῶμεν, ὦ Σώκρατες;

ΣΩ. Ἐπὶ μὲν ἄρα τὸ ἀπολογεῖσθαι ὑπὲρ τῆς ἀδικίας
τῆς αὑτοῦ ἢ γονέων ἢ ἑταίρων ἢ παίδων ἢ πατρίδος ἀδικούσης
οὐ χρήσιμος οὐδὲν ἡ ῥητορικὴ ἡμῖν, ὦ Πῶλε, εἰ μὴ εἴ τις
ὑπολάβοι ἐπὶ τοὐναντίον—κατηγορεῖν δεῖν μάλιστα μὲν c
ἑαυτοῦ, ἔπειτα δὲ καὶ τῶν οἰκείων καὶ τῶν ἄλλων ὃς ἂν
ἀεὶ τῶν φίλων τυγχάνῃ ἀδικῶν, καὶ μὴ ἀποκρύπτεσθαι ἀλλ᾽
εἰς τὸ φανερὸν ἄγειν τὸ ἀδίκημα, ἵνα δῷ δίκην καὶ ὑγιὴς
γένηται, ἀναγκάζειν τε αὐτὸν καὶ τοὺς ἄλλους μὴ ἀποδειλιᾶν 5
ἀλλὰ παρέχειν μύσαντα εὖ καὶ ἀνδρείως ὥσπερ τέμνειν
καὶ κάειν ἰατρῷ, τὸ ἀγαθὸν καὶ καλὸν διώκοντα, μὴ ὑπολογι-
ζόμενον τὸ ἀλγεινόν, ἐὰν μέν γε πληγῶν ἄξια ἠδικηκὼς
ᾖ, τύπτειν παρέχοντα, ἐὰν δὲ δεσμοῦ, δεῖν, ἐὰν δὲ ζημίας, d
ἀποτίνοντα, ἐὰν δὲ φυγῆς, φεύγοντα, ἐὰν δὲ θανάτου, ἀπο-
θνήσκοντα, αὐτὸν πρῶτον ὄντα κατήγορον καὶ αὑτοῦ καὶ
τῶν ἄλλων οἰκείων καὶ ἐπὶ τοῦτο χρώμενον τῇ ῥητορικῇ,
ὅπως ἂν καταδήλων τῶν ἀδικημάτων γιγνομένων ἀπαλλάτ- 5

a 4 ἀδικήσει F: ἀδικήσῃ ΒΤΡ   ἱκανὸν secl. Cobet   κακὸν secl.
v. Kleist   b 2 ποιήσει scr. recc. : ποιήσῃ ΒΤWF   λέγομεν
WF: λέγωμεν ΒΤ   c 1 ἐπὶ ΒΤΡf: ἐπεὶ F: secl. Deuschle
c 5 τε F (καὶ add. f): δὲ καὶ ΒΤΡ   c 6 εὖ καὶ F: καὶ ΒΤΡ
d 4 καὶ ΒΤΡ: καὶ μὴ φειδόμενον ἀλλ᾽ F   d 5 ἀπαλλάττωνται ΒΡt
(sed ω in ras. B): ἀπαλλάττονται ΤF

τωνται τοῦ μεγίστου κακοῦ, ἀδικίας. φῶμεν οὕτως ἢ μὴ
φῶμεν, ὦ Πῶλε;

e   ΠΩΛ. Ἄτοπα μέν, ὦ Σώκρατες, ἔμοιγε δοκεῖ, τοῖς μέντοι
ἔμπροσθεν ἴσως σοι ὁμολογεῖται.

ΣΩ. Οὐκοῦν ἢ κἀκεῖνα λυτέον ἢ τάδε ἀνάγκη συμβαίνειν;

ΠΩΛ. Ναί, τοῦτό γε οὕτως ἔχει.

5   ΣΩ. Τοὐναντίον δέ γε αὖ μεταβαλόντα, εἰ ἄρα δεῖ τινα
κακῶς ποιεῖν, εἴτ' ἐχθρὸν εἴτε ὁντινοῦν, ἐὰν μόνον μὴ αὐτὸς
ἀδικῆται ὑπὸ τοῦ ἐχθροῦ—τοῦτο μὲν γὰρ εὐλαβητέον—ἐὰν
δὲ ἄλλον ἀδικῇ ὁ ἐχθρός, παντὶ τρόπῳ παρασκευαστέον, καὶ
481 πράττοντα καὶ λέγοντα, ὅπως μὴ δῷ δίκην μηδὲ ἔλθῃ παρὰ
τὸν δικαστήν· ἐὰν δὲ ἔλθῃ, μηχανητέον ὅπως ἂν διαφύγῃ
καὶ μὴ δῷ δίκην ὁ ἐχθρός, ἀλλ' ἐάντε χρυσίον ⟨ᾖ⟩ ἡρπακὼς
πολύ, μὴ ἀποδιδῷ τοῦτο ἀλλ' ἔχων ἀναλίσκῃ καὶ εἰς ἑαυτὸν
5 καὶ εἰς τοὺς ἑαυτοῦ ἀδίκως καὶ ἀθέως, ἐάντε αὖ θανάτου
ἄξια ἠδικηκὼς ᾖ, ὅπως μὴ ἀποθανεῖται, μάλιστα μὲν μηδέ-
ποτε, ἀλλ' ἀθάνατος ἔσται πονηρὸς ὤν, εἰ δὲ μή, ὅπως ὡς
b πλεῖστον χρόνον βιώσεται τοιοῦτος ὤν. ἐπὶ τὰ τοιαῦτα
ἔμοιγε δοκεῖ, ὦ Πῶλε, ἡ ῥητορικὴ χρήσιμος εἶναι, ἐπεὶ τῷ
γε μὴ μέλλοντι ἀδικεῖν οὐ μεγάλη τίς μοι δοκεῖ ἡ χρεία
αὐτῆς εἶναι, εἰ δὴ καὶ ἔστιν τις χρεία, ὡς ἔν γε τοῖς
5 πρόσθεν οὐδαμῇ ἐφάνη οὖσα.

ΚΑΛ. Εἰπέ μοι, ὦ Χαιρεφῶν, σπουδάζει ταῦτα Σωκράτης
ἢ παίζει;

ΧΑΙ. Ἐμοὶ μὲν δοκεῖ, ὦ Καλλίκλεις, ὑπερφυῶς σπου-
δάζειν· οὐδὲν μέντοι οἷον τὸ αὐτὸν ἐρωτᾶν.

10   ΚΑΛ. Νὴ τοὺς θεοὺς ἀλλ' ἐπιθυμῶ. εἰπέ μοι, ὦ Σώ-
c κρατες, πότερόν σε θῶμεν νυνὶ σπουδάζοντα ἢ παίζοντα; εἰ
μὲν γὰρ σπουδάζεις τε καὶ τυγχάνει ταῦτα ἀληθῆ ὄντα ἃ

d 6 μεγίστου B T P : μεγάλου F   ἀδικίας B T F : om. P
e 3 κἀκεῖνα B T P F : 'κεῖνα Hirschig   a 3 δῷ F t : δώῃ B :
δώηι P T   ᾖ add. Schanz (post ἡρπακὼς Par. 1811)   a 4 ἀναλίσκῃ
L. Dindorf : ἀναλίσκητε P (sed τε puncto del.) : ἀναλίσκηται B T F
a 5 αὖ F : om. B T P   c i θῶμεν Madvig : φῶμεν B T P F : om.
nonnulli teste Olympiodoro   νυνὶ B T P : νῦν F

λέγεις, ἄλλο τι ἢ ἡμῶν ὁ βίος ἀνατετραμμένος ἂν εἴη τῶν ἀν-
θρώπων καὶ πάντα τὰ ἐναντία πράττομεν, ὡς ἔοικεν, ἢ ἃ δεῖ;

ΣΩ. Ὦ Καλλίκλεις, εἰ μή τι ἦν τοῖς ἀνθρώποις πάθος, 5
τοῖς μὲν ἄλλο τι, τοῖς δὲ ἄλλο τι [ἢ] τὸ αὐτό, ἀλλά τις
ἡμῶν ἴδιόν τι ἔπασχεν πάθος ἢ οἱ ἄλλοι, οὐκ ἂν ἦν ῥᾴδιον
ἐνδείξασθαι τῷ ἑτέρῳ τὸ ἑαυτοῦ πάθημα. λέγω δ' ἐννοήσας d
ὅτι ἐγώ τε καὶ σὺ νῦν τυγχάνομεν ταὐτόν τι πεπονθότες,
ἐρῶντε δύο ὄντε δυοῖν ἑκάτερος, ἐγὼ μὲν Ἀλκιβιάδου τε
τοῦ Κλεινίου καὶ φιλοσοφίας, σὺ δὲ δυοῖν, τοῦ τε Ἀθη-
ναίων δήμου καὶ τοῦ Πυριλάμπους. αἰσθάνομαι οὖν σου 5
ἑκάστοτε, καίπερ ὄντος δεινοῦ, ὅτι ἂν φῇ σου τὰ παιδικὰ
καὶ ὅπως ἂν φῇ ἔχειν, οὐ δυναμένου ἀντιλέγειν, ἀλλ' ἄνω
καὶ κάτω μεταβαλλομένου· ἔν τε τῇ ἐκκλησίᾳ, ἐάν τι σοῦ e
λέγοντος ὁ δῆμος ὁ Ἀθηναίων μὴ φῇ οὕτως ἔχειν, μετα-
βαλλόμενος λέγεις ἃ ἐκεῖνος βούλεται, καὶ πρὸς τὸν Πυρι-
λάμπους νεανίαν τὸν καλὸν τοῦτον τοιαῦτα ἕτερα πέπονθας.
τοῖς γὰρ τῶν παιδικῶν βουλεύμασίν τε καὶ λόγοις οὐχ οἷός 5
τ' εἶ ἐναντιοῦσθαι, ὥστε, εἴ τίς σου λέγοντος ἑκάστοτε ἃ
διὰ τούτους λέγεις θαυμάζοι ὡς ἄτοπά ἐστιν, ἴσως εἴποις
ἂν αὐτῷ, εἰ βούλοιο τἀληθῆ λέγειν, ὅτι εἰ μή τις παύσει τὰ
σὰ παιδικὰ τούτων τῶν λόγων, οὐδὲ σὺ παύσῃ ποτὲ ταῦτα 482
λέγων. νόμιζε τοίνυν καὶ παρ' ἐμοῦ χρῆναι ἕτερα τοιαῦτα
ἀκούειν, καὶ μὴ θαύμαζε ὅτι ἐγὼ ταῦτα λέγω, ἀλλὰ τὴν
φιλοσοφίαν, τὰ ἐμὰ παιδικά, παῦσον ταῦτα λέγουσαν.
λέγει γάρ, ὦ φίλε ἑταῖρε, ἃ νῦν ἐμοῦ ἀκούεις, καί μοί ἐστιν 5
τῶν ἑτέρων παιδικῶν πολὺ ἧττον ἔμπληκτος· ὁ μὲν γὰρ Κλει-
νίειος οὗτος ἄλλοτε ἄλλων ἐστὶ λόγων, ἡ δὲ φιλοσοφία ἀεὶ
τῶν αὐτῶν, λέγει δὲ ἃ σὺ νῦν θαυμάζεις, παρῆσθα δὲ καὶ b

c 3 ἢ ΒΤΡf: om. F   c 6 ἢ ΤΡF: ἢ Β: om. Aldina
d 4 δυοῖν ΒΤΡF: om. Vind. 21   d 6 ὅτι ἂν φῇ F: ὅτι ὅπως ἂν
φῇ Β: ὅτι ὅπως ἂν ἀντιφῇ ΤΡ   e 2 ὁ δῆμος ὁ ΤΡF: ὁ δῆμος Β
e 5 βουλεύμασι(ν) ΒΤΡF: βουλήμασι vulg.   a 5 ἃ re vera ΒF:
ἀεὶ ἃ Τ(?)Ρf   a 6 ἑτέρων ΒF: ἑταίρων ΤΡ   ἔμπληκτος ΒΤΡf:
γρ. ἔκβλητος Β² quam lectionem novit Olympiodorus   a 7 ἀεὶ corr.
Coisl: εἶ F: om. ΒΤΡ

αὐτὸς λεγομένοις. ἢ οὖν ἐκείνην ἐξέλεγξον, ὅπερ ἄρτι
ἔλεγον, ὡς οὐ τὸ ἀδικεῖν ἐστιν καὶ ἀδικοῦντα δίκην μὴ δι-
δόναι ἁπάντων ἔσχατον κακῶν· ἢ εἰ τοῦτο ἐάσεις ἀνέλεγκτον,
5 μὰ τὸν κύνα τὸν Αἰγυπτίων θεόν, οὔ σοι ὁμολογήσει Καλ-
λικλῆς, ὦ Καλλίκλεις, ἀλλὰ διαφωνήσει ἐν ἅπαντι τῷ βίῳ.
καίτοι ἔγωγε οἶμαι, ὦ βέλτιστε, καὶ τὴν λύραν μοι κρεῖττον
εἶναι ἀνάρμοστόν τε καὶ διαφωνεῖν, καὶ χορὸν ᾧ χορηγοίην,
c καὶ πλείστους ἀνθρώπους μὴ ὁμολογεῖν μοι ἀλλ᾽ ἐναντία
λέγειν μᾶλλον ἢ ἕνα ὄντα ἐμὲ ἐμαυτῷ ἀσύμφωνον εἶναι
καὶ ἐναντία λέγειν.

ΚΑΛ. Ὦ Σώκρατες, δοκεῖς νεανιεύεσθαι ἐν τοῖς λόγοις
5 ὡς ἀληθῶς δημηγόρος ὤν· καὶ νῦν ταῦτα δημηγορεῖς ταὐτὸν
παθόντος Πώλου πάθος ὅπερ Γοργίου κατηγόρει πρὸς σὲ
παθεῖν. ἔφη γάρ που Γοργίαν ἐρωτώμενον ὑπὸ σοῦ, ἐὰν
ἀφίκηται παρ᾽ αὐτὸν μὴ ἐπιστάμενος τὰ δίκαια ὁ τὴν ῥητο-
d ρικὴν βουλόμενος μαθεῖν, εἰ διδάξοι αὐτὸν ὁ Γοργίας,
αἰσχυνθῆναι αὐτὸν καὶ φάναι διδάξειν διὰ τὸ ἔθος τῶν ἀν-
θρώπων, ὅτι ἀγανακτοῖεν ἂν εἴ τις μὴ φαίη—διὰ δὴ ταύτην
τὴν ὁμολογίαν ἀναγκασθῆναι ἐναντία αὐτὸν αὑτῷ εἰπεῖν,
5 σὲ δὲ αὐτὸ τοῦτο ἀγαπᾶν—καί σου καταγελᾶν, ὥς γέ μοι
δοκεῖν ὀρθῶς, τότε· νῦν δὲ πάλιν αὐτὸς ταὐτὸν τοῦτο ἔπαθεν.
καὶ ἔγωγε κατ᾽ αὐτὸ τοῦτο οὐκ ἄγαμαι Πῶλον, ὅτι σοι
συνεχώρησεν τὸ ἀδικεῖν αἴσχιον εἶναι τοῦ ἀδικεῖσθαι· ἐκ
e ταύτης γὰρ αὖ τῆς ὁμολογίας αὐτὸς ὑπὸ σοῦ συμποδισθεὶς
ἐν τοῖς λόγοις ἐπεστομίσθη, αἰσχυνθεὶς ἃ ἐνόει εἰπεῖν. σὺ
γὰρ τῷ ὄντι, ὦ Σώκρατες, εἰς τοιαῦτα ἄγεις φορτικὰ καὶ
δημηγορικά, φάσκων τὴν ἀλήθειαν διώκειν, ἃ φύσει μὲν
5 οὐκ ἔστιν καλά, νόμῳ δέ. ὡς τὰ πολλὰ δὲ ταῦτα ἐναντί᾽
ἀλλήλοις ἐστίν, ἥ τε φύσις καὶ ὁ νόμος· ἐὰν οὖν τις αἰσχύ-

b 5 τὸν αἰγυπτίων B : τὸν αἰγύπτιον F Olympiodorus : τῶν αἰγυ-
πτίων TP (sed τὸν supra τῶν T)   καλλικλῆς TWF : καλλικλεῖ B
b 8 ἀναρμοστεῖν Heusde   c 1 πλείστους BTP : πολλοὺς F
c 4 δοκεῖς BTP : δοκεῖς μοι F   d 3 εἰ μή τις φαίη P (sed add.
signis transpositionis)   d 5 καταγελᾶν BTPF : κατεγέλα f Vind. 21
e 6 ἐὰν οὖν τις BTP : καὶ ἐάν τις οἶμαι F

νηται καὶ μὴ τολμᾷ λέγειν ἅπερ νοεῖ, ἀναγκάζεται ἐναντία **483**
λέγειν. ὃ δὴ καὶ σὺ τοῦτο τὸ σοφὸν κατανενοηκὼς κακουρ-
γεῖς ἐν τοῖς λόγοις, ἐὰν μέν τις κατὰ νόμον λέγῃ, κατὰ
φύσιν ὑπερωτῶν, ἐὰν δὲ τὰ τῆς φύσεως, τὰ τοῦ νόμου.
ὥσπερ αὐτίκα ἐν τούτοις, τῷ ἀδικεῖν τε καὶ τῷ ἀδικεῖσθαι, 5
Πώλου τὸ κατὰ νόμον αἴσχιον λέγοντος, σὺ τὸν λόγον
ἐδιώκαθες κατὰ φύσιν. φύσει μὲν γὰρ πᾶν αἴσχιόν ἐστιν
ὅπερ καὶ κάκιον, τὸ ἀδικεῖσθαι, νόμῳ δὲ τὸ ἀδικεῖν. οὐδὲ
γὰρ ἀνδρὸς τοῦτό γ᾽ ἐστὶν τὸ πάθημα, τὸ ἀδικεῖσθαι, ἀλλ᾽ **b**
ἀνδραπόδου τινὸς ᾧ κρεῖττόν ἐστιν τεθνάναι ἢ ζῆν, ὅστις
ἀδικούμενος καὶ προπηλακιζόμενος μὴ οἷός τέ ἐστιν αὐτὸς
αὑτῷ βοηθεῖν μηδὲ ἄλλῳ οὗ ἂν κήδηται. ἀλλ᾽ οἶμαι οἱ
τιθέμενοι τοὺς νόμους οἱ ἀσθενεῖς ἄνθρωποί εἰσιν καὶ οἱ 5
πολλοί. πρὸς αὑτοὺς οὖν καὶ τὸ αὑτοῖς συμφέρον τούς τε
νόμους τίθενται καὶ τοὺς ἐπαίνους ἐπαινοῦσιν καὶ τοὺς
ψόγους ψέγουσιν· ἐκφοβοῦντες τοὺς ἐρρωμενεστέρους τῶν **c**
ἀνθρώπων καὶ δυνατοὺς ὄντας πλέον ἔχειν, ἵνα μὴ αὐτῶν
πλέον ἔχωσιν, λέγουσιν ὡς αἰσχρὸν καὶ ἄδικον τὸ πλεον-
εκτεῖν, καὶ τοῦτό ἐστιν τὸ ἀδικεῖν, τὸ πλέον τῶν ἄλλων
ζητεῖν ἔχειν· ἀγαπῶσι γὰρ οἶμαι αὐτοὶ ἂν τὸ ἴσον ἔχωσιν 5
φαυλότεροι ὄντες. διὰ ταῦτα δὴ νόμῳ μὲν τοῦτο ἄδικον καὶ
αἰσχρὸν λέγεται, τὸ πλέον ζητεῖν ἔχειν τῶν πολλῶν, καὶ
ἀδικεῖν αὐτὸ καλοῦσιν· ἡ δέ γε οἶμαι φύσις αὐτὴ ἀποφαίνει
αὐτό, ὅτι δίκαιόν ἐστιν τὸν ἀμείνω τοῦ χείρονος πλέον **d**
ἔχειν καὶ τὸν δυνατώτερον τοῦ ἀδυνατωτέρου. δηλοῖ δὲ
ταῦτα πολλαχοῦ ὅτι οὕτως ἔχει, καὶ ἐν τοῖς ἄλλοις ζῴοις
καὶ τῶν ἀνθρώπων ἐν ὅλαις ταῖς πόλεσι καὶ τοῖς γένεσιν,

a 3 κατὰ (bis) B T P: τὰ κατὰ (bis) F   a 6 αἴσχιον . . .
λόγον om. B W   αἰσχρὸν F   λόγον Riemann: νόμον T P F
a 7 ἐδιώκαθες κατὰ φύσιν B W (τὸ ante κατὰ add. P): ἐδιώκαθες T:
(ἐδίωκες F et in marg. T et γρ. W)   a 8 ante τὸ ἀδικεῖσθαι lacunam
statuit Stephanus   τὸ ἀδικεῖσθαι . . . ἀδικεῖν secl. Dobree   b 2 ἐσ-
τι(ν) τεθνάναι B P F: τεθνάναι ἐστὶν T (compendio)   b 4 οὗ B P F:
ᾧ T   b 5 οἱ ante ἀσθενεῖς om. P   c 3 λέγουσιν secl. Hermann
d 1 αὐτό B T P F: αὖ Par. 2110

5 ὅτι οὕτω τὸ δίκαιον κέκριται, τὸν κρείττω τοῦ ἥττονος ἄρχειν
καὶ πλέον ἔχειν. ἐπεὶ ποίῳ δικαίῳ χρώμενος Ξέρξης ἐπὶ
τὴν Ἑλλάδα ἐστράτευσεν ἢ ὁ πατὴρ αὐτοῦ ἐπὶ Σκύθας; ἢ
e ἄλλα μυρία ἄν τις ἔχοι τοιαῦτα λέγειν. ἀλλ᾽ οἶμαι οὗτοι
κατὰ φύσιν τὴν τοῦ δικαίου ταῦτα πράττουσιν, καὶ ναὶ μὰ
Δία κατὰ νόμον γε τὸν τῆς φύσεως, οὐ μέντοι ἴσως κατὰ
τοῦτον ὃν ἡμεῖς τιθέμεθα· πλάττοντες τοὺς βελτίστους καὶ
5 ἐρρωμενεστάτους ἡμῶν αὐτῶν, ἐκ νέων λαμβάνοντες, ὥσπερ
λέοντας, κατεπᾴδοντές τε καὶ γοητεύοντες καταδουλούμεθα
484 λέγοντες ὡς τὸ ἴσον χρὴ ἔχειν καὶ τοῦτό ἐστιν τὸ καλὸν
καὶ τὸ δίκαιον. ἐὰν δέ γε οἶμαι φύσιν ἱκανὴν γένηται
ἔχων ἀνήρ, πάντα ταῦτα ἀποσεισάμενος καὶ διαρρήξας καὶ
διαφυγών, καταπατήσας τὰ ἡμέτερα γράμματα καὶ μαγγα-
5 νεύματα καὶ ἐπῳδὰς καὶ νόμους τοὺς παρὰ φύσιν ἅπαντας,
ἐπαναστὰς ἀνεφάνη δεσπότης ἡμέτερος ὁ δοῦλος, καὶ ἐνταῦθα
b ἐξέλαμψεν τὸ τῆς φύσεως δίκαιον. δοκεῖ δέ μοι καὶ Πίν-
δαρος ἅπερ ἐγὼ λέγω ἐνδείκνυσθαι ἐν τῷ ᾄσματι ἐν ᾧ λέγει
ὅτι—

　　　νόμος ὁ πάντων βασιλεὺς
5 　　θνατῶν τε καὶ ἀθανάτων·

οὗτος δὲ δή, φησίν,—

　　　ἄγει δικαιῶν τὸ βιαιότατον
　　　ὑπερτάτᾳ χειρί· τεκμαίρομαι
　　　ἔργοισιν Ἡρακλέος, ἐπεὶ—ἀπριάτας—

10 λέγει οὕτω πως—τὸ γὰρ ᾄσμα οὐκ ἐπίσταμαι—λέγει δ᾽ ὅτι
οὔτε πριάμενος οὔτε δόντος τοῦ Γηρυόνου ἠλάσατο τὰς βοῦς,
c ὡς τούτου ὄντος τοῦ δικαίου φύσει, καὶ βοῦς καὶ τἆλλα κτή-

---

e 2 τὴν τοῦ δικαίου secl. Schleiermacher　　e 3 τῆς re vera B T (?)
P F : om. Schanz (errore typothetarum ut videtur)　　e 4 τιθέμεθα
secl. Hermann　　a 1 λέγοντες secl. Cobet　　a 3 ἀνὴρ B P F :
ὁ ἀνὴρ T　　a 4 διαφυγών secl. Naber　　γράμματα] περιάμματα
Valckenaer : πλάσματα Cobet　　b 7 δικαιῶν τὸ βιαιότατον Aristides
(cf. Legg. 714 e ἄγειν δικαιοῦντα τὸ βιαιότατον) : βιαίων τὸ δικαιότατον
B T P F　　b 8 χειρί B F : χερί T P

ματα εἶναι πάντα τοῦ βελτίονός τε καὶ κρείττονος τὰ τῶν
χειρόνων τε καὶ ἡττόνων.

Τὸ μὲν οὖν ἀληθὲς οὕτως ἔχει, γνώσῃ δέ, ἂν ἐπὶ τὰ
μείζω ἔλθῃς ἐάσας ἤδη φιλοσοφίαν. φιλοσοφία γάρ τοί 5
ἐστιν, ὦ Σώκρατες, χαρίεν, ἄν τις αὐτοῦ μετρίως ἅψηται ἐν
τῇ ἡλικίᾳ· ἐὰν δὲ περαιτέρω τοῦ δέοντος ἐνδιατρίψῃ, δια-
φθορὰ τῶν ἀνθρώπων. ἐὰν γὰρ καὶ πάνυ εὐφυὴς ᾖ καὶ
πόρρω τῆς ἡλικίας φιλοσοφῇ, ἀνάγκη πάντων ἄπειρον γεγο-
νέναι ἐστὶν ὧν χρὴ ἔμπειρον εἶναι τὸν μέλλοντα καλὸν d
κἀγαθὸν καὶ εὐδόκιμον ἔσεσθαι ἄνδρα. καὶ γὰρ τῶν νόμων
ἄπειροι γίγνονται τῶν κατὰ τὴν πόλιν, καὶ τῶν λόγων οἷς
δεῖ χρώμενον ὁμιλεῖν ἐν τοῖς συμβολαίοις τοῖς ἀνθρώποις
καὶ ἰδίᾳ καὶ δημοσίᾳ, καὶ τῶν ἡδονῶν τε καὶ ἐπιθυμιῶν τῶν 5
ἀνθρωπείων, καὶ συλλήβδην τῶν ἠθῶν παντάπασιν ἄπειροι
γίγνονται. ἐπειδὰν οὖν ἔλθωσιν εἴς τινα ἰδίαν ἢ πολιτικὴν
πρᾶξιν, καταγέλαστοι γίγνονται, ὥσπερ γε οἶμαι οἱ πολιτι- e
κοί, ἐπειδὰν αὖ εἰς τὰς ὑμετέρας διατριβὰς ἔλθωσιν καὶ τοὺς
λόγους, καταγέλαστοί εἰσιν. συμβαίνει γὰρ τὸ τοῦ Εὐριπί-
δου· λαμπρός τέ ἐστιν ἕκαστος ἐν τούτῳ, καὶ ἐπὶ τοῦτ'
ἐπείγεται, 5

> νέμων τὸ πλεῖστον ἡμέρας τούτῳ μέρος,
> ἵν' αὐτὸς αὑτοῦ τυγχάνει βέλτιστος ὤν·

ὅπου δ' ἂν φαῦλος ᾖ, ἐντεῦθεν φεύγει καὶ λοιδορεῖ τοῦτο, 485
τὸ δ' ἕτερον ἐπαινεῖ, εὐνοίᾳ τῇ ἑαυτοῦ, ἡγούμενος οὕτως
αὐτὸς ἑαυτὸν ἐπαινεῖν. ἀλλ' οἶμαι τὸ ὀρθότατόν ἐστιν
ἀμφοτέρων μετασχεῖν. φιλοσοφίας μὲν ὅσον παιδείας χάριν
καλὸν μετέχειν, καὶ οὐκ αἰσχρὸν μειρακίῳ ὄντι φιλοσοφεῖν· 5
ἐπειδὰν δὲ ἤδη πρεσβύτερος ὢν ἄνθρωπος ἔτι φιλοσοφῇ,
καταγέλαστον, ὦ Σώκρατες, τὸ χρῆμα γίγνεται, καὶ ἔγωγε
ὁμοιότατον πάσχω πρὸς τοὺς φιλοσοφοῦντας ὥσπερ πρὸς b

d 2 εὐδόκιμον T W F Gellius : εὐδαίμον' B   d 3 τὴν B T P : om. F
e 4 καὶ ἐπὶ B T P F : κἀπὶ vulg.   θ 7 τυγχάνει T : τυγχάνῃ B (cf.
Alc. ii. 146 a 6) : τυγχάνῃ P F   βέλτιστος] κράτιστος Alc. ii. l. c.

τοὺς ψελλιζομένους καὶ παίζοντας. ὅταν μὲν γὰρ παιδίον
ἴδω, ᾧ ἔτι προσήκει διαλέγεσθαι οὕτω, ψελλιζόμενον καὶ
παῖζον, χαίρω τε καὶ χαρίεν μοι φαίνεται καὶ ἐλευθέριον καὶ
5 πρέπον τῇ τοῦ παιδίου ἡλικίᾳ, ὅταν δὲ σαφῶς διαλεγομένου
παιδαρίου ἀκούσω, πικρόν τί μοι δοκεῖ χρῆμα εἶναι καὶ ἀνιᾷ
μου τὰ ὦτα καί μοι δοκεῖ δουλοπρεπές τι εἶναι· ὅταν δὲ
c ἀνδρὸς ἀκούσῃ τις ψελλιζομένου ἢ παίζοντα ὁρᾷ, καταγέ-
λαστον φαίνεται καὶ ἄνανδρον καὶ πληγῶν ἄξιον. ταὐτὸν
οὖν ἔγωγε τοῦτο πάσχω καὶ πρὸς τοὺς φιλοσοφοῦντας. παρὰ
νέῳ μὲν γὰρ μειρακίῳ ὁρῶν φιλοσοφίαν ἄγαμαι, καὶ πρέπειν
5 μοι δοκεῖ, καὶ ἡγοῦμαι ἐλεύθερόν τινα εἶναι τοῦτον τὸν
ἄνθρωπον, τὸν δὲ μὴ φιλοσοφοῦντα ἀνελεύθερον καὶ οὐδέ-
ποτε οὐδενὸς ἀξιώσοντα ἑαυτὸν οὔτε καλοῦ οὔτε γενναίου
d πράγματος· ὅταν δὲ δὴ πρεσβύτερον ἴδω ἔτι φιλοσοφοῦντα
καὶ μὴ ἀπαλλαττόμενον, πληγῶν μοι δοκεῖ ἤδη δεῖσθαι,
ὦ Σώκρατες, οὗτος ὁ ἀνήρ. ὁ γὰρ νυνδὴ ἔλεγον, ὑπάρχει
τούτῳ τῷ ἀνθρώπῳ, κἂν πάνυ εὐφυὴς ᾖ, ἀνάνδρῳ γενέσθαι
5 φεύγοντι τὰ μέσα τῆς πόλεως καὶ τὰς ἀγοράς, ἐν αἷς ἔφη ὁ
ποιητὴς τοὺς ἄνδρας ἀριπρεπεῖς γίγνεσθαι, καταδεδυκότι δὲ
τὸν λοιπὸν βίον βιῶναι μετὰ μειρακίων ἐν γωνίᾳ τριῶν ἢ
e τεττάρων ψιθυρίζοντα, ἐλεύθερον δὲ καὶ μέγα καὶ ἱκανὸν
μηδέποτε φθέγξασθαι. ἐγὼ δέ, ὦ Σώκρατες, πρὸς σὲ ἐπιεικ-
ῶς ἔχω φιλικῶς· κινδυνεύω οὖν πεπονθέναι νῦν ὅπερ ὁ
Ζῆθος πρὸς τὸν Ἀμφίονα ὁ Εὐριπίδου, οὗπερ ἐμνήσθην.
5 καὶ γὰρ ἐμοὶ τοιαῦτ' ἄττα ἐπέρχεται πρὸς σὲ λέγειν, οἷάπερ
ἐκεῖνος πρὸς τὸν ἀδελφόν, ὅτι "Ἀμελεῖς, ὦ Σώκρατες, ὧν
δεῖ σε ἐπιμελεῖσθαι, καὶ φύσιν ψυχῆς ὧδε γενναίαν μει-
486 ρακιώδει τινὶ διατρέπεις μορφώματι, καὶ οὔτ' ἂν δίκης βου-

---

b 2 καὶ παίζοντας secl. Morstadt (et mox b 4 καὶ παῖζον, c 1 ἢ παίζοντα
ὁρᾷ)   b 3 ψελλιζόμενον καὶ παῖζον secl. Cobet   c 3 τοῦτο
πάσχω B T P : πάσχω τοῦτο F   παρὰ Stephanus : περὶ B² T P F :
πέρι B post hanc vocem distinguens   c 6 καὶ B T P : τινα εἶναι καὶ F
d 2 μοι B T P : ἐμοὶ F   e 1 ἱκανὸν] καλὸν Coraes : νεανικὸν ci. Heindorf
e 2 πάνυ supra ἐπιεικῶς P   e 7 γενναίαν] γενναίαν ἔχων Ruhnken (ἔχων
add. Nauck post ψυχῆς, λαχὼν Cron)   a 1 διατρέπεις F (coniecerat
Grotius): διαπρέπεις B T P : διαστρέφεις Valckenaer   αν] ἐν Coraes

λαῖσι προσθεῖ ἂν ὀρθῶς λόγον, οὔτ᾽ εἰκὸς ἂν καὶ πιθανὸν
ἂν λάβοις, οὔθ᾽ ὑπὲρ ἄλλου νεανικὸν βούλευμα βουλεύσαιο."
καίτοι, ὦ φίλε Σώκρατες—καί μοι μηδὲν ἀχθεσθῇς· εὐνοίᾳ
γὰρ ἐρῶ τῇ σῇ—οὐκ αἰσχρὸν δοκεῖ σοι εἶναι οὕτως ἔχειν 5
ὡς ἐγὼ σὲ οἶμαι ἔχειν καὶ τοὺς ἄλλους τοὺς πόρρω ἀεὶ
φιλοσοφίας ἐλαύνοντας; νῦν γὰρ εἴ τις σοῦ λαβόμενος ἢ
ἄλλου ὁτουοῦν τῶν τοιούτων εἰς τὸ δεσμωτήριον ἀπάγοι,
φάσκων ἀδικεῖν μηδὲν ἀδικοῦντα, οἶσθ᾽ ὅτι οὐκ ἂν ἔχοις ὅτι
χρήσαιο σαυτῷ, ἀλλ᾽ ἰλιγγιῴης ἂν καὶ χασμῷο οὐκ ἔχων ὅτι b
εἴποις, καὶ εἰς τὸ δικαστήριον ἀναβάς, κατηγόρου τυχὼν πάνυ
φαύλου καὶ μοχθηροῦ, ἀποθάνοις ἄν, εἰ βούλοιτο θανάτου
σοι τιμᾶσθαι. καίτοι πῶς σοφὸν τοῦτό ἐστιν, ὦ Σώκρατες,
ἥτις εὐφυῆ λαβοῦσα τέχνη φῶτα ἔθηκε χείρονα, 5
μήτε αὐτὸν αὑτῷ δυνάμενον βοηθεῖν μηδ᾽ ἐκσῶσαι ἐκ τῶν
μεγίστων κινδύνων μήτε ἑαυτὸν μήτε ἄλλον μηδένα, ὑπὸ δὲ
τῶν ἐχθρῶν περισυλᾶσθαι πᾶσαν τὴν οὐσίαν, ἀτεχνῶς δὲ c
ἄτιμον ζῆν ἐν τῇ πόλει; τὸν δὲ τοιοῦτον, εἴ τι καὶ ἀγροικό-
τερον εἰρῆσθαι, ἔξεστιν ἐπὶ κόρρης τύπτοντα μὴ διδόναι δίκην.
ἀλλ᾽ ὠγαθέ, ἐμοὶ πείθου, παῦσαι δὲ ἐλέγχων, πρα-
γμάτων δ᾽ εὐμουσίαν ἄσκει, καὶ ἄσκει ὁπόθεν δόξεις 5
φρονεῖν, ἄλλοις τὰ κομψὰ ταῦτα ἀφείς, εἴτε ληρήματα
χρὴ φάναι εἶναι εἴτε φλυαρίας, ἐξ ὧν κενοῖσιν ἐγκατοι-
κήσεις δόμοις· ζηλῶν οὐκ ἐλέγχοντας ἄνδρας τὰ μικρὰ
ταῦτα, ἀλλ᾽ οἷς ἔστιν καὶ βίος καὶ δόξα καὶ ἄλλα πολλὰ ἀγαθά. d

ΣΩ. Εἰ χρυσῆν ἔχων ἐτύγχανον τὴν ψυχήν, ὦ Καλλί-
κλεις, οὐκ ἂν οἴει με ἅσμενον εὑρεῖν τούτων τινὰ τῶν λίθων
ᾗ βασανίζουσιν τὸν χρυσόν, τὴν ἀρίστην, πρὸς ἥντινα ἔμελ-

a 3 ἂν λάβοις ΒΤΡf: ἀναλάβοις F: λάβοις recc. : λάκοις Bonitz
a 5 εἶναι ΒΤΡ: om. F   a 7 νῦν ΒΤΡ: νυνὶ F   a 8 ἀπάγοι
ΒΤΡF Philodemus: ἀπαγάγοι Par. 2110   a 9 μηδὲν] οὐθὲν
Philodemus   b 1 ἰλιγγιῴης Fbt: εἰλιγγιῴης ΒΤΡ   b 5 ἥτις
B Philodemus : ᾗ τις F: εἴ τις ΤΡ   εὐφυῆ ΒΤΡ: εὐφνεῖ F: εὐφυᾶ
vulg.   c 2 τὸν δὲ ΤΡF: τόνδε B: τὸν δὴ ci. Heindorf   εἴ τι
καὶ ΤΡF: εἴ τι B   c 4 πείθου ΒΤΡf: πιθοῦ Cobet   ἐλέγχων
ΒΤF: ματαιάζων Ρ: ἐν ἄλλῳ πρόσκειται παῦσαι ματαιάζων in marg. Τ
d 4 ᾗ ΒΤΡ: ἢ F: αἷς ci. Stallbaum : αἳ Par. 1812

5 λον προσαγαγὼν αὐτήν, εἴ μοι ὁμολογήσειεν ἐκείνη καλῶς
τεθεραπεῦσθαι τὴν ψυχήν, εὖ εἴσεσθαι ὅτι ἱκανῶς ἔχω καὶ
οὐδέν με δεῖ ἄλλης βασάνου;

e ΚΑΛ. Πρὸς τί δὴ τοῦτο ἐρωτᾷς, ὦ Σώκρατες;

ΣΩ. Ἐγώ σοι ἐρῶ· νῦν οἶμαι ἐγὼ σοὶ ἐντετυχηκὼς
τοιούτῳ ἑρμαίῳ ἐντετυχηκέναι.

ΚΑΛ. Τί δή;

5 ΣΩ. Εὖ οἶδ' ὅτι, ἄν μοι σὺ ὁμολογήσῃς περὶ ὧν ἡ ἐμὴ
ψυχὴ δοξάζει, ταῦτ' ἤδη ἐστὶν αὐτὰ τἀληθῆ. ἐννοῶ γὰρ
487 ὅτι τὸν μέλλοντα βασανιεῖν ἱκανῶς ψυχῆς πέρι ὀρθῶς τε
ζώσης καὶ μὴ τρία ἄρα δεῖ ἔχειν ἃ σὺ πάντα ἔχεις, ἐπιστή-
μην τε καὶ εὔνοιαν καὶ παρρησίαν. ἐγὼ γὰρ πολλοῖς ἐντυγ-
χάνω οἳ ἐμὲ οὐχ οἷοί τέ εἰσιν βασανίζειν διὰ τὸ μὴ σοφοὶ
5 εἶναι ὥσπερ σύ· ἕτεροι δὲ σοφοὶ μέν εἰσιν, οὐκ ἐθέλουσιν δέ
μοι λέγειν τὴν ἀλήθειαν διὰ τὸ μὴ κήδεσθαί μου ὥσπερ σύ·
τὼ δὲ ξένω τώδε, Γοργίας τε καὶ Πῶλος, σοφὼ μὲν καὶ
b φίλω ἐστὸν ἐμώ, ἐνδεεστέρω δὲ παρρησίας καὶ αἰσχυντη-
ροτέρω μᾶλλον τοῦ δέοντος· πῶς γὰρ οὔ; ὦ γε εἰς τοσοῦτον
αἰσχύνης ἐληλύθατον, ὥστε διὰ τὸ αἰσχύνεσθαι τολμᾷ ἑκά-
τερος αὐτῶν αὐτὸς αὑτῷ ἐναντία λέγειν ἐναντίον πολλῶν
5 ἀνθρώπων, καὶ ταῦτα περὶ τῶν μεγίστων. σὺ δὲ ταῦτα
πάντα ἔχεις ἃ οἱ ἄλλοι οὐκ ἔχουσιν· πεπαίδευσαί τε γὰρ
ἱκανῶς, ὡς πολλοὶ ἂν φήσαιεν Ἀθηναίων, καὶ ἐμοὶ εἶ εὔνους.
c τίνι τεκμηρίῳ χρῶμαι; ἐγώ σοι ἐρῶ. οἶδα ὑμᾶς ἐγώ, ὦ
Καλλίκλεις, τέτταρας ὄντας κοινωνοὺς γεγονότας σοφίας, σέ
τε καὶ Τείσανδρον τὸν Ἀφιδναῖον καὶ Ἄνδρωνα τὸν Ἀνδρο-
τίωνος καὶ Ναυσικύδην τὸν Χολαργέα· καί ποτε ὑμῶν ἐγὼ

---

d 6 εὖ BTP : ἤδη εὖ F   d 7 με BTWF : μοι scr. recc.   δεῖ
BTP : ἔτι δεῖ F   e 1 δὴ BTP : δὲ F   e 5 ἄν ci. Bekker (ἃ ἄν
Par. 1811) : ἂν BTPF   a 2 τρία ἄρα BTPF Stobaeus : τρί' ἄττα
ci. Thompson   ἃ σὺ πάντ(α) BTPF : ἅτινα σὺ πάντως Stobaeus
a 3 εὔνοιαν corr. Ven. 189 et legisse videtur Clemens : δόξαν BTPF
Stobaeus   b 1 αἰσχυντηροτέρω BTP : αἰσχυντηλοτέρω F   b 5 ταῦτα
πάντα BTP : πάντα ταῦτα F   b 7 ⟨οἱ⟩ πολλοὶ ci. Sauppe   c 3 τεί-
σανδρον F : τίσανδρον BTPf   c 4 ὑμῶν ἐγὼ BTP : ἐγὼ ὑμῶν F

ἐπήκουσα βουλευομένων μέχρι ὅποι τὴν σοφίαν ἀσκητέον 5
εἴη, καὶ οἶδα ὅτι ἐνίκα ἐν ὑμῖν τοιάδε τις δόξα, μὴ προθυ-
μεῖσθαι εἰς τὴν ἀκρίβειαν φιλοσοφεῖν, ἀλλὰ εὐλαβεῖσθαι
παρεκελεύεσθε ἀλλήλοις ὅπως μὴ πέρα τοῦ δέοντος σοφώ- d
τεροι γενόμενοι λήσετε διαφθαρέντες. ἐπειδὴ οὖν σου ἀκούω
ταὐτὰ ἐμοὶ συμβουλεύοντος ἅπερ τοῖς σεαυτοῦ ἑταιροτάτοις,
ἱκανόν μοι τεκμήριόν ἐστιν ὅτι ὡς ἀληθῶς μοι εὔνους εἶ.
καὶ μὴν ὅτι γε οἷος παρρησιάζεσθαι καὶ μὴ αἰσχύνεσθαι, 5
αὐτός τε φῂς καὶ ὁ λόγος ὃν ὀλίγον πρότερον ἔλεγες ὁμο-
λογεῖ σοι. ἔχει δὴ οὑτωσὶ δῆλον ὅτι τούτων πέρι νυνί·
ἐάν τι σὺ ἐν τοῖς λόγοις ὁμολογήσῃς μοι, βεβασανισμένον e
τοῦτ᾽ ἤδη ἔσται ἱκανῶς ὑπ᾽ ἐμοῦ τε καὶ σοῦ, καὶ οὐκέτι αὐτὸ
δεήσει ἐπ᾽ ἄλλην βάσανον ἀναφέρειν. οὐ γὰρ ἄν ποτε
αὐτὸ συνεχώρησας σὺ οὔτε σοφίας ἐνδείᾳ οὔτ᾽ αἰσχύνης
περιουσίᾳ, οὐδ᾽ αὖ ἀπατῶν ἐμὲ συγχωρήσαις ἄν· φίλος γάρ 5
μοι εἶ, ὡς καὶ αὐτὸς φῄς. τῷ ὄντι οὖν ἡ ἐμὴ καὶ ἡ σὴ
ὁμολογία τέλος ἤδη ἕξει τῆς ἀληθείας. πάντων δὲ καλ-
λίστη ἐστὶν ἡ σκέψις, ὦ Καλλίκλεις, περὶ τούτων ὧν σὺ
δή μοι ἐπετίμησας, ποῖόν τινα χρὴ εἶναι τὸν ἄνδρα καὶ τί
ἐπιτηδεύειν καὶ μέχρι τοῦ, καὶ πρεσβύτερον καὶ νεώτερον 488
ὄντα. ἐγὼ γὰρ εἴ τι μὴ ὀρθῶς πράττω κατὰ τὸν βίον τὸν
ἐμαυτοῦ, εὖ ἴσθι τοῦτο ὅτι οὐχ ἑκὼν ἐξαμαρτάνω ἀλλ᾽ ἀμαθίᾳ
τῇ ἐμῇ· σὺ οὖν, ὥσπερ ἤρξω νουθετεῖν με, μὴ ἀποστῇς,
ἀλλ᾽ ἱκανῶς μοι ἔνδειξαι τί ἐστιν τοῦτο ὃ ἐπιτηδευτέον μοι, 5
καὶ τίνα τρόπον κτησαίμην ἂν αὐτό, καὶ ἐάν με λάβῃς νῦν
μέν σοι ὁμολογήσαντα, ἐν δὲ τῷ ὑστέρῳ χρόνῳ μὴ ταὐτὰ
πράττοντα ἅπερ ὡμολόγησα, πάνυ με ἡγοῦ βλᾶκα εἶναι καὶ
μηκέτι ποτέ με νουθετήσῃς ὕστερον, ὡς μηδενὸς ἄξιον ὄντα. b
ἐξ ἀρχῆς δέ μοι ἐπανάλαβε πῶς φῂς τὸ δίκαιον ἔχειν καὶ

c 5 ἐπήκουσα BTP : ὑπήκουσα F   d 3 ταὐτὰ Ficinus (idem te mihi
consilium dantem) : ταῦτα BTP : ταυτα ταυτ᾽ F   d 6 ὀλίγον BTf :
ὀλίγῳ P : om. F   d 7 νυνί BTF : νῦν P   e 4 συνεχώρησά F
σὺ BT : σοι F : om. P   e 5 περιουσίᾳ F : παρουσίᾳ BTP   e 6 ἡ
σὴ BTPF : σὴ vulg.   e 9 τινα BTP : τινα ποτὲ P   a 6 ἐάν με
F : ἐὰν μὲν BT : ἐὰν P : ἐάν γε f   b 2 καὶ σὺ BTP : σύ τε F

σὺ καὶ Πίνδαρος τὸ κατὰ φύσιν; ἄγειν βίᾳ τὸν κρείττω τὰ
τῶν ἡττόνων καὶ ἄρχειν τὸν βελτίω τῶν χειρόνων καὶ πλέον
5 ἔχειν τὸν ἀμείνω τοῦ φαυλοτέρου; μή τι ἄλλο λέγεις τὸ
δίκαιον εἶναι, ἢ ὀρθῶς μέμνημαι;

ΚΑΛ. Ἀλλὰ ταῦτα ἔλεγον καὶ τότε καὶ νῦν λέγω.

ΣΩ. Πότερον δὲ τὸν αὐτὸν βελτίω καλεῖς σὺ καὶ κρείττω;
c οὐδὲ γάρ τοι τότε οἷός τ᾽ ἢ μαθεῖν σου τί ποτε λέγοις.
πότερον τοὺς ἰσχυροτέρους κρείττους καλεῖς καὶ δεῖ ἀκροᾶ-
σθαι τοῦ ἰσχυροτέρου τοὺς ἀσθενεστέρους, οἷόν μοι δοκεῖς
καὶ τότε ἐνδείκνυσθαι, ὡς αἱ μεγάλαι πόλεις ἐπὶ τὰς σμικρὰς
5 κατὰ τὸ φύσει δίκαιον ἔρχονται, ὅτι κρείττους εἰσὶν καὶ
ἰσχυρότεραι, ὡς τὸ κρεῖττον καὶ τὸ ἰσχυρότερον καὶ βέλτιον
ταὐτὸν ὄν, ἢ ἔστι βελτίω μὲν εἶναι, ἥττω δὲ καὶ ἀσθενέ-
στερον, καὶ κρείττω μὲν εἶναι, μοχθηρότερον δέ· ἢ ὁ αὐτὸς
d ὅρος ἐστὶν τοῦ βελτίονος καὶ τοῦ κρείττονος; τοῦτό μοι
αὐτὸ σαφῶς διόρισον, ταὐτὸν ἢ ἕτερόν ἐστιν τὸ κρεῖττον καὶ
τὸ βέλτιον καὶ τὸ ἰσχυρότερον;

ΚΑΛ. Ἀλλ᾽ ἐγώ σοι σαφῶς λέγω, ὅτι ταὐτόν ἐστιν.

5 ΣΩ. Οὐκοῦν οἱ πολλοὶ τοῦ ἑνὸς κρείττους εἰσὶν κατὰ
φύσιν; οἳ δὴ καὶ τοὺς νόμους τίθενται ἐπὶ τῷ ἑνί, ὥσπερ
καὶ σὺ ἄρτι ἔλεγες.

ΚΑΛ. Πῶς γὰρ οὔ;

ΣΩ. Τὰ τῶν πολλῶν ἄρα νόμιμα τὰ τῶν κρειττόνων
10 ἐστίν.

ΚΑΛ. Πάνυ γε.

e ΣΩ. Οὐκοῦν τὰ τῶν βελτιόνων; οἱ γὰρ κρείττους βελ-
τίους πολὺ κατὰ τὸν σὸν λόγον.

ΚΑΛ. Ναί.

ΣΩ. Οὐκοῦν τὰ τούτων νόμιμα κατὰ φύσιν καλά, κρειτ-
5 τόνων γε ὄντων;

---

b 4 πλέον] πλεῖον ΒΤΡ: πλείω F   b 7 ἔλεγον secl. Schanz
c 1 τ᾽ ἢ F (τ᾽ εἶ f): τ᾽ ἢι ΒΤ: τ᾽ ἦν Ρ   λέγοις F: λέγεις ΒΤΡ
c 3 δοκεῖς] ἐδόκεις Coraes   c 6 καὶ τὸ F: καὶ ΒΤΡ   c 7 ἢ
ΤΡF: ἦ Β   e 2 πολὺ ΒΤΡF: που Hermann

ΚΑΛ. Φημί.

ΣΩ. ᾿Αρ᾿ οὖν οἱ πολλοὶ νομίζουσιν οὕτως, ὡς ἄρτι αὖ σὺ
ἔλεγες, δίκαιον εἶναι τὸ ἴσον ἔχειν καὶ αἴσχιον τὸ ἀδικεῖν
τοῦ ἀδικεῖσθαι; ἔστιν ταῦτα ἢ οὔ; καὶ ὅπως μὴ ἀλώσῃ 489
ἐνταῦθα σὺ αὖ αἰσχυνόμενος. νομίζουσιν, ἢ οὔ, οἱ πολλοὶ
τὸ ἴσον ἔχειν ἀλλ᾿ οὐ τὸ πλέον δίκαιον εἶναι, καὶ αἴσχιον
τὸ ἀδικεῖν τοῦ ἀδικεῖσθαι; μὴ φθόνει μοι ἀποκρίνασθαι
τοῦτο, Καλλίκλεις, ἵν᾿, ἐάν μοι ὁμολογήσῃς, βεβαιώσωμαι 5
ἤδη παρὰ σοῦ, ἅτε ἱκανοῦ ἀνδρὸς διαγνῶναι ὡμολογηκότος.

ΚΑΛ. ᾿Αλλ᾿ οἵ γε πολλοὶ νομίζουσιν οὕτως.

ΣΩ. Οὐ νόμῳ ἄρα μόνον ἐστὶν αἴσχιον τὸ ἀδικεῖν τοῦ
ἀδικεῖσθαι, οὐδὲ δίκαιον τὸ ἴσον ἔχειν, ἀλλὰ καὶ φύσει· b
ὥστε κινδυνεύεις οὐκ ἀληθῆ λέγειν ἐν τοῖς πρόσθεν οὐδὲ
ὀρθῶς ἐμοῦ κατηγορεῖν λέγων ὅτι ἐναντίον ἐστὶν ὁ νόμος
καὶ ἡ φύσις, ἃ δὴ καὶ ἐγὼ γνοὺς κακουργῶ ἐν τοῖς λόγοις,
ἐὰν μέν τις κατὰ φύσιν λέγῃ, ἐπὶ τὸν νόμον ἄγων, ἐὰν δέ 5
τις κατὰ νόμον, ἐπὶ τὴν φύσιν.

ΚΑΛ. Οὑτοσὶ ἀνὴρ οὐ παύσεται φλυαρῶν. εἰπέ μοι, ὦ
Σώκρατες, οὐκ αἰσχύνῃ τηλικοῦτος ὢν ὀνόματα θηρεύων, καὶ
ἐάν τις ῥήματι ἁμάρτῃ, ἕρμαιον τοῦτο ποιούμενος; ἐμὲ γὰρ c
οἴει ἄλλο τι λέγειν τὸ κρείττους εἶναι ἢ τὸ βελτίους; οὐ
πάλαι σοι λέγω ὅτι ταὐτόν φημι εἶναι τὸ βέλτιον καὶ τὸ
κρεῖττον; ἢ οἴει με λέγειν, ἐὰν συρφετὸς συλλεγῇ δούλων
καὶ παντοδαπῶν ἀνθρώπων μηδενὸς ἀξίων πλὴν ἴσως τῷ 5
σώματι ἰσχυρίσασθαι, καὶ οὗτοι φῶσιν, αὐτὰ ταῦτα εἶναι
νόμιμα;

ΣΩ. Εἶεν, ὦ σοφώτατε Καλλίκλεις· οὕτω λέγεις;

ΚΑΛ. Πάνυ μὲν οὖν.

ΣΩ. ᾿Αλλ᾿ ἐγὼ μέν, ὦ δαιμόνιε, καὶ αὐτὸς πάλαι τοπάζω d
τοιοῦτόν τί σε λέγειν τὸ κρεῖττον, καὶ ἀνερωτῶ γλιχόμενος
σαφῶς εἰδέναι ὅτι λέγεις. οὐ γὰρ δήπου σύ γε τοὺς δύο

a 2 αὖ F: om. BTP   a 5 βεβαιώσωμαι TF: βεβαιώσομαι re
vera BP   b 6 νόμον F: τὸν νόμον BTP   c 4 συλλεγῇ B²TPf:
συλλέγῃ B: σὺ λέγῃ F   c 6 αὐτὰ] ἄττα ci. Heindorf

βελτίους ἡγῇ τοῦ ἑνός, οὐδὲ τοὺς σοὺς δούλους βελτίους
5 σοῦ, ὅτι ἰσχυρότεροί εἰσιν ἢ σύ. ἀλλὰ πάλιν ἐξ ἀρχῆς εἰπὲ
τί ποτε λέγεις τοὺς βελτίους, ἐπειδὴ οὐ τοὺς ἰσχυροτέρους;
καὶ ὦ θαυμάσιε πρᾳότερόν με προδίδασκε, ἵνα μὴ ἀποφοιτήσω
παρὰ σοῦ.

e   ΚΑΛ. Εἰρωνεύῃ, ὦ Σώκρατες.

ΣΩ. Μὰ τὸν Ζῆθον, ὦ Καλλίκλεις, ᾧ σὺ χρώμενος πολλὰ
νυνδὴ εἰρωνεύου πρός με· ἀλλ' ἴθι εἰπέ, τίνας λέγεις τοὺς
βελτίους εἶναι;
5   ΚΑΛ. Τοὺς ἀμείνους ἔγωγε.

ΣΩ. Ὁρᾷς ἄρα ὅτι σὺ αὐτὸς ὀνόματα λέγεις, δηλοῖς δὲ
οὐδέν; οὐκ ἐρεῖς, τοὺς βελτίους καὶ κρείττους πότερον τοὺς
φρονιμωτέρους λέγεις ἢ ἄλλους τινάς;

ΚΑΛ. Ἀλλὰ ναὶ μὰ Δία τούτους λέγω, καὶ σφόδρα γε.

490   ΣΩ. Πολλάκις ἄρα εἷς φρονῶν μυρίων μὴ φρονούντων
κρείττων ἐστὶν κατὰ τὸν σὸν λόγον, καὶ τοῦτον ἄρχειν δεῖ,
τοὺς δ' ἄρχεσθαι, καὶ πλέον ἔχειν τὸν ἄρχοντα τῶν ἀρχο-
μένων· τοῦτο γάρ μοι δοκεῖς βούλεσθαι λέγειν—καὶ οὐ
5 ῥήματι θηρεύω—εἰ ὁ εἷς τῶν μυρίων κρείττων.

ΚΑΛ. Ἀλλὰ ταῦτ' ἔστιν ἃ λέγω. τοῦτο γὰρ οἶμαι ἐγὼ
τὸ δίκαιον εἶναι φύσει, τὸ βελτίω ὄντα καὶ φρονιμώτερον
καὶ ἄρχειν καὶ πλέον ἔχειν τῶν φαυλοτέρων.

b   ΣΩ. Ἔχε δὴ αὐτοῦ. τί ποτε αὖ νῦν λέγεις; ἐὰν ἐν
τῷ αὐτῷ ὦμεν, ὥσπερ νῦν, πολλοὶ ἀθρόοι, καὶ ἡμῖν ᾖ
ἐν κοινῷ πολλὰ σιτία καὶ ποτά, ὦμεν δὲ παντοδαποί, οἱ
μὲν ἰσχυροί, οἱ δ' ἀσθενεῖς, εἷς δὲ ἡμῶν ᾖ φρονιμώτερος
5 περὶ ταῦτα, ἰατρὸς ὤν, ᾖ δέ, οἷον εἰκός, τῶν μὲν ἰσχυρότερος,
τῶν δὲ ἀσθενέστερος, ἄλλο τι ἢ οὗτος, φρονιμώτερος ἡμῶν
ὤν, βελτίων καὶ κρείττων ἔσται εἰς ταῦτα;

d 6 τί Β Τ Ρ : ὅτι F : τίνας Routh (quos Ficinus)   βελτίους W F :
βελτίστους Β Τ f   e 2 μὰ Β Τ Ρ F : οὐ μὰ Hermogenes   a 5 ῥή-
ματι Β Τ Ρ F : ῥήματα vulg. : ῥημάτια Badham   a 7 τὸ] τὸν Madvig
b 2 ἀθρόοι scripsi : ἀνθρόοι F (ἄνθρωποι ὄντες ut videtur f) : ἀθρόο.
ἄνθρωποι Β Τ : ἄνθρωποι ἀθρόοι Ρ   b 4 φρονιμώτερος Β Τ Ρ f :
φρόνιμος F   b 6 φρονιμώτατος F

ΚΑΛ. Πάνυ γε.

ΣΩ. ἯἮ οὖν τούτων τῶν σιτίων πλέον ἡμῶν ἐκτέον αὐτῷ, c
ὅτι βελτίων ἐστίν, ἢ τῷ μὲν ἄρχειν πάντα ἐκεῖνον δεῖ νέμειν,
ἐν τῷ δὲ ἀναλίσκειν τε αὐτὰ καὶ καταχρῆσθαι εἰς τὸ ἑαυτοῦ
σῶμα οὐ πλεονεκτητέον, εἰ μὴ μέλλει ζημιοῦσθαι, ἀλλὰ τῶν
μὲν πλέον, τῶν δ᾽ ἔλαττον ἐκτέον· ἐὰν δὲ τύχῃ πάντων 5
ἀσθενέστατος ὤν, πάντων ἐλάχιστον τῷ βελτίστῳ, ὦ Καλ-
λίκλεις; οὐχ οὕτως, ὠγαθέ;

ΚΑΛ. Περὶ σιτία, λέγεις, καὶ ποτὰ καὶ ἰατροὺς καὶ φλυα-
ρίας· ἐγὼ δὲ οὐ ταῦτα λέγω.   d

ΣΩ. Πότερον οὐ τὸν φρονιμώτερον βελτίω λέγεις; φάθι
ἢ μή.

ΚΑΛ. Ἔγωγε.

ΣΩ. Ἀλλ᾽ οὐ τὸν βελτίω πλέον δεῖν ἔχειν;   5

ΚΑΛ. Οὐ σιτίων γε οὐδὲ ποτῶν.

ΣΩ. Μανθάνω, ἀλλ᾽ ἴσως ἱματίων, καὶ δεῖ τὸν ὑφαντι-
κώτατον μέγιστον ἱμάτιον ἔχειν καὶ πλεῖστα καὶ κάλλιστα
ἀμπεχόμενον περιιέναι;

ΚΑΛ. Ποίων ἱματίων;   10

ΣΩ. Ἀλλ᾽ εἰς ὑποδήματα δῆλον ὅτι δεῖ πλεονεκτεῖν τὸν
φρονιμώτατον εἰς ταῦτα καὶ βέλτιστον. τὸν σκυτοτόμον e
ἴσως μέγιστα δεῖ ὑποδήματα καὶ πλεῖστα ὑποδεδεμένον
περιπατεῖν.

ΚΑΛ. Ποῖα ὑποδήματα; φλυαρεῖς ἔχων.

ΣΩ. Ἀλλ᾽ εἰ μὴ τὰ τοιαῦτα λέγεις, ἴσως τὰ τοιάδε· οἷον 5
γεωργικὸν ἄνδρα περὶ γῆν φρόνιμόν τε καὶ καλὸν καὶ ἀγαθόν,
τοῦτον δὴ ἴσως δεῖ πλεονεκτεῖν τῶν σπερμάτων καὶ ὡς
πλείστῳ σπέρματι χρῆσθαι εἰς τὴν αὐτοῦ γῆν.

c 3 τῷ δὲ BTPF: δὲ τῷ scr. recc.   c 4 μέλλει T²P: μέλλῃ
BTF   c 7 ὠγαθέ Callicli tribuit Hirschig   c 8 περὶ BTPF:
τί δὲ Vind. 21 et suprascr. b   d 2 οὐ BF: οὖν TPf   d 5 δεῖν
BF: δεῖ T (sed suprascr. ν): γε δεῖν P   d 6 οὐ] ἀλλ᾽ οὐ Cobet
d 7 καὶ BTPf: om. F   e 1 φρονιμώτατον F: φρονιμώτερον BTP
e 4 ἔχων BTPf: λέγων F

ΚΑΛ. Ὡς ἀεὶ ταὐτὰ λέγεις, ὦ Σώκρατες.

10 ΣΩ. Οὐ μόνον γε, ὦ Καλλίκλεις, ἀλλὰ καὶ περὶ τῶν αὐτῶν.

491 ΚΑΛ. Νὴ τοὺς θεούς, ἀτεχνῶς γε ἀεὶ σκυτέας τε καὶ κναφέας καὶ μαγείρους λέγων καὶ ἰατροὺς οὐδὲν παύῃ, ὡς περὶ τούτων ἡμῖν ὄντα τὸν λόγον.

ΣΩ. Οὐκοῦν σὺ ἐρεῖς περὶ τίνων ὁ κρείττων τε καὶ
5 φρονιμώτερος πλέον ἔχων δικαίως πλεονεκτεῖ; ἢ οὔτε ἐμοῦ ὑποβάλλοντος ἀνέξῃ οὔτ᾽ αὐτὸς ἐρεῖς;

ΚΑΛ. Ἀλλ᾽ ἔγωγε καὶ πάλαι λέγω. πρῶτον μὲν τοὺς κρείττους οἵ εἰσιν οὐ σκυτοτόμους λέγω οὐδὲ μαγείρους, ἀλλ᾽
b οἳ ἂν εἰς τὰ τῆς πόλεως πράγματα φρόνιμοι ὦσιν, ὅντινα ἂν τρόπον εὖ οἰκοῖτο, καὶ μὴ μόνον φρόνιμοι, ἀλλὰ καὶ ἀνδρεῖοι, ἱκανοὶ ὄντες ἃ ἂν νοήσωσιν ἐπιτελεῖν, καὶ μὴ ἀποκάμνωσι διὰ μαλακίαν τῆς ψυχῆς.

5 ΣΩ. Ὁρᾷς, ὦ βέλτιστε Καλλίκλεις, ὡς οὐ ταὐτὰ σύ τ᾽ ἐμοῦ κατηγορεῖς καὶ ἐγὼ σοῦ; σὺ μὲν γὰρ ἐμὲ φῂς ἀεὶ ταὐτὰ λέγειν, καὶ μέμφῃ μοι· ἐγὼ δὲ σοῦ τοὐναντίον, ὅτι οὐδέποτε ταὐτὰ λέγεις περὶ τῶν αὐτῶν, ἀλλὰ τοτὲ μὲν τοὺς
c βελτίους τε καὶ κρείττους τοὺς ἰσχυροτέρους ὡρίζου, αὖθις δὲ τοὺς φρονιμωτέρους, νῦν δ᾽ αὖ ἕτερόν τι ἥκεις ἔχων· ἀνδρειότεροί τινες ὑπὸ σοῦ λέγονται οἱ κρείττους καὶ οἱ βελτίους. ἀλλ᾽, ὠγαθέ, εἰπὼν ἀπαλλάγηθι τίνας ποτὲ λέγεις
5 τοὺς βελτίους τε καὶ κρείττους καὶ εἰς ὅτι.

ΚΑΛ. Ἀλλ᾽ εἴρηκά γε ἔγωγε τοὺς φρονίμους εἰς τὰ τῆς πόλεως πράγματα καὶ ἀνδρείους. τούτους γὰρ
d προσήκει τῶν πόλεων ἄρχειν, καὶ τὸ δίκαιον τοῦτ᾽ ἐστίν, πλέον ἔχειν τούτους τῶν ἄλλων, τοὺς ἄρχοντας τῶν ἀρχομένων.

a 1 ἀτεχνῶς Τ P F: ἀτέχνως B   a 2 κναφέας B T P (sed κ ex γ Τ): γναφέας F (sed κν supra γν f)   ὡς] ὥσπερ Baiter   a 3 ὄντα re vera B P F t: τα Τ   a 4 περὶ secl. Hirschig   a 5 ἢ Τ P F: om. B (sed suprascr. B²)   b 5 οὐ ταὐτὰ Τ P: οὔτ᾽ αὐτὰ B: οὐ τὰ αὐτὰ F
b 8 τότε B P F: ‖τότε Τ   c 1 βελτίστους P   c 7 τούτους B T P f: τούτοις F

ΣΩ. Τί δέ; αὐτῶν, ὦ ἑταῖρε, τί; ἢ τι ἄρχοντας ἢ ἀρχο-
μένους;   5

ΚΑΛ. Πῶς λέγεις;

ΣΩ. Ἕνα ἕκαστον λέγω αὐτὸν ἑαυτοῦ ἄρχοντα· ἢ τοῦτο
μὲν οὐδὲν δεῖ, αὐτὸν ἑαυτοῦ ἄρχειν, τῶν δὲ ἄλλων;

ΚΑΛ. Πῶς ἑαυτοῦ ἄρχοντα λέγεις;

ΣΩ. Οὐδὲν ποικίλον ἀλλ᾽ ὥσπερ οἱ πολλοί, σώφρονα 10
ὄντα καὶ ἐγκρατῆ αὐτὸν ἑαυτοῦ, τῶν ἡδονῶν καὶ ἐπιθυμιῶν
ἄρχοντα τῶν ἐν ἑαυτῷ.   e

ΚΑΛ. Ὡς ἡδὺς εἶ· τοὺς ἠλιθίους λέγεις τοὺς σώφρονας.

ΣΩ. Πῶς γὰρ [οὔ]; οὐδεὶς ὅστις οὐκ ἂν γνοίη ὅτι οὐ τοῦτο
λέγω.

ΚΑΛ. Πάνυ γε σφόδρα, ὦ Σώκρατες. ἐπεὶ πῶς ἂν 5
εὐδαίμων γένοιτο ἄνθρωπος δουλεύων ὁτῳοῦν; ἀλλὰ τοῦτ᾽
ἐστὶν τὸ κατὰ φύσιν καλὸν καὶ δίκαιον, ὃ ἐγώ σοι νῦν παρ-
ρησιαζόμενος λέγω, ὅτι δεῖ τὸν ὀρθῶς βιωσόμενον τὰς μὲν
ἐπιθυμίας τὰς ἑαυτοῦ ἐᾶν ὡς μεγίστας εἶναι καὶ μὴ κολάζειν,
ταύταις δὲ ὡς μεγίσταις οὔσαις ἱκανὸν εἶναι ὑπηρετεῖν δι᾽ 492
ἀνδρείαν καὶ φρόνησιν, καὶ ἀποπιμπλάναι ὧν ἂν ἀεὶ ἡ ἐπι-
θυμία γίγνηται. ἀλλὰ τοῦτ᾽ οἶμαι τοῖς πολλοῖς οὐ δυνατόν·
ὅθεν ψέγουσιν τοὺς τοιούτους δι᾽ αἰσχύνην, ἀποκρυπτόμενοι
τὴν αὑτῶν ἀδυναμίαν, καὶ αἰσχρὸν δή φασιν εἶναι τὴν ἀκο- 5
λασίαν, ὅπερ ἐν τοῖς πρόσθεν ἐγὼ ἔλεγον, δουλούμενοι τοὺς
βελτίους τὴν φύσιν ἀνθρώπους, καὶ αὐτοὶ οὐ δυνάμενοι
ἐκπορίζεσθαι ταῖς ἡδοναῖς πλήρωσιν ἐπαινοῦσιν τὴν σωφρο-
σύνην καὶ τὴν δικαιοσύνην διὰ τὴν αὑτῶν ἀνανδρίαν. ἐπεὶ b
ὅσοις ἐξ ἀρχῆς ὑπῆρξεν ἢ βασιλέων ὑέσιν εἶναι ἢ αὐτοὺς τῇ
φύσει ἱκανοὺς ἐκπορίσασθαι ἀρχήν τινα ἢ τυραννίδα ἢ δυνα-

d 4 αὐτῶν B T : αὐτῶν W F   τί; ἢ τι] τί ἢ τί B : τί ἢ τί T W F :
ὅτι ἢ Olympiodorus (Callicli tribuens)   ἄρχοντας ἢ ἀρχομένους
T W F : ἀρχομένους B (ἢ τοὺς ἄρχοντας καὶ ἀρχομένους in marg. rec. b)
e 3 οὔ secl. Routh   ὅστις ἀγνοοίη Alexander   οὐ τοῦτο P F Alex-
ander : οὐ τοῦτο ** (sed τοῦ ex emend.) T : ουτω B   a 2 ἤ] ἐν P
a 6 πρόσθεν B P F : ἔμπροσθεν T   b 2 ὅσοις F : θεοῖς B T P : δὲ οἷς
W : γε οἷς f et rec. b : τοῖς t   b 3 ἐκπορίσασθαι B T P : πορίσασθαι F

στείαν, ⟨τί ἂν⟩ τῇ ἀληθείᾳ αἴσχιον καὶ κάκιον εἴη σωφρο-
5 σύνης καὶ δικαιοσύνης τούτοις τοῖς ἀνθρώποις, οἷς ἐξὸν
ἀπολαύειν τῶν ἀγαθῶν καὶ μηδενὸς ἐμποδὼν ὄντος, αὐτοὶ
ἑαυτοῖς δεσπότην ἐπαγάγοιντο τὸν τῶν πολλῶν ἀνθρώπων
νόμον τε καὶ λόγον καὶ ψόγον; ἢ πῶς οὐκ ἂν ἄθλιοι γεγονότες
c εἶεν ὑπὸ τοῦ καλοῦ τοῦ τῆς δικαιοσύνης καὶ τῆς σωφροσύνης,
μηδὲν πλέον νέμοντες τοῖς φίλοις τοῖς αὐτῶν ἢ τοῖς ἐχθροῖς,
καὶ ταῦτα ἄρχοντες ἐν τῇ ἑαυτῶν πόλει; ἀλλὰ τῇ ἀληθείᾳ,
ὦ Σώκρατες, ἣν φῇς σὺ διώκειν, ὧδ᾽ ἔχει· τρυφὴ καὶ ἀκο-
5 λασία καὶ ἐλευθερία, ἐὰν ἐπικουρίαν ἔχῃ, τοῦτ᾽ ἐστὶν ἀρετή
τε καὶ εὐδαιμονία, τὰ δὲ ἄλλα ταῦτ᾽ ἐστὶν τὰ καλλωπίσματα,
τὰ παρὰ φύσιν συνθήματα ἀνθρώπων, φλυαρία καὶ οὐδενὸς
ἄξια.

d ΣΩ. Οὐκ ἀγεννῶς γε, ὦ Καλλίκλεις, ἐπεξέρχῃ τῷ λόγῳ
παρρησιαζόμενος· σαφῶς γὰρ σὺ νῦν λέγεις ἃ οἱ ἄλλοι
διανοοῦνται μέν, λέγειν δὲ οὐκ ἐθέλουσιν. δέομαι οὖν ἐγώ
σου μηδενὶ τρόπῳ ἀνεῖναι, ἵνα τῷ ὄντι κατάδηλον γένηται
5 πῶς βιωτέον. καί μοι λέγε· τὰς μὲν ἐπιθυμίας φῂς οὐ
κολαστέον, εἰ μέλλει τις οἷον δεῖ εἶναι, ἐῶντα δὲ αὐτὰς ὡς
μεγίστας πλήρωσιν αὐταῖς ἁμόθεν γέ ποθεν ἑτοιμάζειν, καὶ
e τοῦτο εἶναι τὴν ἀρετήν;

ΚΑΛ. Φημὶ ταῦτα ἐγώ.

ΣΩ. Οὐκ ἄρα ὀρθῶς λέγονται οἱ μηδενὸς δεόμενοι εὐδαί-
μονες εἶναι.

5 ΚΑΛ. Οἱ λίθοι γὰρ ἂν οὕτω γε καὶ οἱ νεκροὶ εὐδαι-
μονέστατοι εἶεν.

ΣΩ. Ἀλλὰ μὲν δὴ καὶ ὥς γε σὺ λέγεις δεινὸς ὁ βίος.

b 4 τί ἂν Woolsey : om. BTPF (add. τί in marg. rec. b)   b 5 καὶ
δικαιοσύνης F : om. BTP   b 6 αὐτοὶ F : αὐτοῖς BTP (sed σ erasum
in B)   b 7 ἑαυτοῖς om. P   ἐπάγοιντο P   b 8 καὶ λόγον secl.
ci. Schanz   c 1 εἴησαν BTPF   τοῦ τῆς σωφροσύνης καὶ δικαιο-
σύνης F   c 6 ἐστὶν] ἄρα Schanz   d 7 ἁμόθεν (sic) F : ἄμοθεν f:
ἄλλοθέν BTP   e 2 ἐγώ BTP : λέγω F   e 5, 6 ἂν . . .
εἶεν F : ἂν . . . εἰσιν BTP : δὴ . . . εἰσιν Schanz   e 7 ὥς BTPF
Stobaeus : ὧν Badham   σὺ BTP : σύ γε F

οὐ γάρ τοι θαυμάζοιμ' ἂν εἰ Εὐριπίδης ἀληθῆ ἐν τοῖσδε
λέγει, λέγων—

τίς δ' οἶδεν, εἰ τὸ ζῆν μέν ἐστι κατθανεῖν, 10
τὸ κατθανεῖν δὲ ζῆν;

καὶ ἡμεῖς τῷ ὄντι ἴσως τέθναμεν· ἤδη γάρ του ἔγωγε καὶ 493
ἤκουσα τῶν σοφῶν ὡς νῦν ἡμεῖς τέθναμεν καὶ τὸ μὲν
σῶμά ἐστιν ἡμῖν σῆμα, τῆς δὲ ψυχῆς τοῦτο ἐν ᾧ ἐπι-
θυμίαι εἰσὶ τυγχάνει ὂν οἷον ἀναπείθεσθαι καὶ μεταπίπτειν
ἄνω κάτω, καὶ τοῦτο ἄρα τις μυθολογῶν κομψὸς ἀνήρ, ἴσως 5
Σικελός τις ἢ Ἰταλικός, παράγων τῷ ὀνόματι διὰ τὸ πιθανόν
τε καὶ πειστικὸν ὠνόμασε πίθον, τοὺς δὲ ἀνοήτους ἀμυήτους,
τῶν δ' ἀνοήτων τοῦτο τῆς ψυχῆς οὗ αἱ ἐπιθυμίαι εἰσί, b
τὸ ἀκόλαστον αὐτοῦ καὶ οὐ στεγανόν, ὡς τετρημένος εἴη
πίθος, διὰ τὴν ἀπληστίαν ἀπεικάσας. τοὐναντίον δὴ οὗτος
σοί, ὦ Καλλίκλεις, ἐνδείκνυται ὡς τῶν ἐν Ἅιδου—τὸ ἀιδὲς
δὴ λέγων—οὗτοι ἀθλιώτατοι ἂν εἶεν, οἱ ἀμύητοι, καὶ φοροῖεν 5
εἰς τὸν τετρημένον πίθον ὕδωρ ἑτέρῳ τοιούτῳ τετρημένῳ
κοσκίνῳ. τὸ δὲ κόσκινον ἄρα λέγει, ὡς ἔφη ὁ πρὸς ἐμὲ
λέγων, τὴν ψυχὴν εἶναι· τὴν δὲ ψυχὴν κοσκίνῳ ἀπήκασεν c
τὴν τῶν ἀνοήτων ὡς τετρημένην, ἅτε οὐ δυναμένην στέγειν
δι' ἀπιστίαν τε καὶ λήθην. ταῦτ' ἐπιεικῶς μέν ἐστιν ὑπό

e 8 τοι F Stobaeus : τι BTP Iamblichus   e 10 δ' BTPf :
om. F   a 1 ἤδη γάρ F Iamblichus Stobaeus : ἤδη BTP : ὅπερ
ἤδη vulg.   a 3 αἱ ἐπιθυμίαι F   a 4 ⟨ὅτι⟩ τυγχάνει ci.
H. Richards   a 5 ἄνω κάτω BPF Iamblichus Stobaeus : ἄνω
καὶ κάτω T   a 6 σικελός BTP : σικελικός F Iamblichus Olym-
piodorus Stobaeus   ἰταλικός BTPF Stobaeus : ἰταλικός τις
Iamblichus   a 7 πειστικὸν F : πιστικὸν BTP Stobaeus Iam-
blichus   b 1 δ' vel δὲ BTPF Iamblichus Stobaeus : secl.
Madvig   ἀνοήτων F Iamblichus Stobaeus : ἀμυήτων BTP   αἱ
BTPF Iamblichus : om. Stobaeus   b 2 ⟨διὰ⟩ τὸ ἀκόλαστον
ci. Heindorf   αὐτοῦ om. Sauppe   τὸ ... στεγανόν secl.
Hirschig   b 4 ἀιδὲς F (cf. Phaed. 79, a 4 et passim) : ἀειδὲς
BTPf Stobaeus : ἀηδὲς Iamblichus   b 5 ἂν εἶεν BTPf : εἶεν
Stobaeus : εἰσὶν F Iamblichus   b 6 ὕδωρ] οἶνον Stobaeus   τετρη-
μένῳ secl. Hirschig   c 2 τὴν ... τετρημένην secl. Cobet   c 3 δι'
... λήθην secl. Cobet   ἀπιστίαν] ἀπληστίαν ci. Schleiermacher
ἐπιεικῶς secl. Cobet

τι ἄτοπα, δηλοῖ μὴν ὃ ἐγὼ βούλομαί σοι ἐνδειξάμενος, ἐάν
5 πως οἷός τε ὦ, πεῖσαι μεταθέσθαι, ἀντὶ τοῦ ἀπλήστως καὶ
ἀκολάστως ἔχοντος βίου τὸν κοσμίως καὶ τοῖς ἀεὶ παροῦσιν
ἱκανῶς καὶ ἐξαρκούντως ἔχοντα βίον ἑλέσθαι. ἀλλὰ πότε-
d ρον πείθω τί σε καὶ μετατίθεσθαι εὐδαιμονεστέρους εἶναι
τοὺς κοσμίους τῶν ἀκολάστων, ἢ οὐδ' ἂν ἄλλα πολλὰ
τοιαῦτα μυθολογῶ, οὐδέν τι μᾶλλον μεταθήσῃ;
     ΚΑΛ. Τοῦτ' ἀληθέστερον εἴρηκας, ὦ Σώκρατες.
5   ΣΩ. Φέρε δή, ἄλλην σοι εἰκόνα λέγω ἐκ τοῦ αὐτοῦ
γυμνασίου τῇ νῦν. σκόπει γὰρ εἰ τοιόνδε λέγεις περὶ τοῦ
βίου ἑκατέρου, τοῦ τε σώφρονος καὶ τοῦ ἀκολάστου, οἷον
εἰ δυοῖν ἀνδροῖν ἑκατέρῳ πίθοι πολλοὶ εἶεν καὶ τῷ μὲν
e ἑτέρῳ ὑγιεῖς καὶ πλήρεις, ὁ μὲν οἴνου, ὁ δὲ μέλιτος, ὁ δὲ
γάλακτος, καὶ ἄλλοι πολλοὶ πολλῶν, νάματα δὲ σπάνια καὶ
χαλεπὰ ἑκάστου τούτων εἴη καὶ μετὰ πολλῶν πόνων καὶ
χαλεπῶν ἐκποριζόμενα· ὁ μὲν οὖν ἕτερος πληρωσάμενος
5 μήτ' ἐποχετεύοι μήτε τι φροντίζοι, ἀλλ' ἕνεκα τούτων
ἡσυχίαν ἔχοι· τῷ δ' ἑτέρῳ τὰ μὲν νάματα, ὥσπερ καὶ
ἐκείνῳ, δυνατὰ μὲν πορίζεσθαι, χαλεπὰ δέ, τὰ δ' ἀγγεῖα
τετρημένα καὶ σαθρά, ἀναγκάζοιτο δ' ἀεὶ καὶ νύκτα καὶ
494 ἡμέραν πιμπλάναι αὐτά, ἢ τὰς ἐσχάτας λυποῖτο λύπας·
ἆρα τοιούτου ἑκατέρου ὄντος τοῦ βίου, λέγεις τὸν τοῦ ἀκο-
λάστου εὐδαιμονέστερον εἶναι ἢ τὸν τοῦ κοσμίου; πείθω
τί σε ταῦτα λέγων συγχωρῆσαι τὸν κόσμιον βίον τοῦ
5 ἀκολάστου ἀμείνω εἶναι, ἢ οὐ πείθω;
     ΚΑΛ. Οὐ πείθεις, ὦ Σώκρατες. ῀ῷ μὲν γὰρ πληρω-
σαμένῳ ἐκείνῳ οὐκέτ' ἔστιν ἡδονὴ οὐδεμία, ἀλλὰ τοῦτ'

c 4 δηλοῖ μὴν Tf Iamblichus : δηλοίμην F : δηλοῖ μὲν B (δὲ suprascr.
b) P   d 1 μετατίθεσθαι BTPf : μεταθέσθαι F : μετατίθεσαι scr.
recc.   d 2 οὐδ' ἂν ἄλλα Sauppe : οὐδὲν ἀλλὰ BT : οὐδὲν ἀλλ'
ἂν P : οὐδὲ ἀλλὰ F : οὐδὲν ἀλλὰ κἂν t   d 4 ἀληθέστερον BTP :
ἀληθέστατον F Olympiodorus   e 2 καὶ χαλεπὰ secl. Morstadt
e 7 ἐκείνῳ BTPf : ἐκει F   e 8 δ' ἀεὶ F Iamblichus : ἀ(ι)εὶ BTP
(καὶ ante ἀναγκάζοιτο add. vulg.)   a ::: ἑκατέρου BTPF : om.
Iamblichus : ἑκατέρῳ scr. recc.   a 7 οὐκέτ' P : οὐκ ἔτι F : οὐκ ἔτ'
B : οὐκ T

ἔστιν, ὃ νυνδὴ ἐγὼ ἔλεγον, τὸ ὥσπερ λίθον ζῆν, ἐπειδὰν
πληρώσῃ, μήτε χαίροντα ἔτι μήτε λυπούμενον. ἀλλ᾽ ἐν b
τούτῳ ἐστὶν τὸ ἡδέως ζῆν, ἐν τῷ ὡς πλεῖστον ἐπιρρεῖν.

ΣΩ. Οὐκοῦν ἀνάγκη γ᾽, ἂν πολὺ ἐπιρρέῃ, πολὺ καὶ τὸ
ἀπιὸν εἶναι, καὶ μεγάλ᾽ ἄττα τὰ τρήματα εἶναι ταῖς ἐκροαῖς;
ΚΑΛ. Πάνυ μὲν οὖν. 5

ΣΩ. Χαραδριοῦ τινα αὖ σὺ βίον λέγεις, ἀλλ᾽ οὐ νεκροῦ
οὐδὲ λίθου. καί μοι λέγε· τὸ τοιόνδε λέγεις οἷον πεινῆν
καὶ πεινῶντα ἐσθίειν;
ΚΑΛ. Ἔγωγε.

ΣΩ. Καὶ διψῆν γε καὶ διψῶντα πίνειν; c
ΚΑΛ. Λέγω, καὶ τὰς ἄλλας ἐπιθυμίας ἁπάσας ἔχοντα
καὶ δυνάμενον πληροῦντα χαίροντα εὐδαιμόνως ζῆν.

ΣΩ. Εὖγε, ὦ βέλτιστε· διατέλει γὰρ ὥσπερ ἦρξω, καὶ
ὅπως μὴ ἀπαισχυνῇ. δεῖ δέ, ὡς ἔοικε, μηδ᾽ ἐμὲ ἀπαι- 5
σχυνθῆναι. καὶ πρῶτον μὲν εἰπὲ εἰ καὶ ψωρῶντα καὶ
κνησιῶντα, ἀφθόνως ἔχοντα τοῦ κνῆσθαι, κνώμενον δια-
τελοῦντα τὸν βίον εὐδαιμόνως ἔστι ζῆν.

ΚΑΛ. Ὡς ἄτοπος εἶ, ὦ Σώκρατες, καὶ ἀτεχνῶς δημηγόρος. d
ΣΩ. Τοιγάρτοι, ὦ Καλλίκλεις, Πῶλον μὲν καὶ Γορ-
γίαν καὶ ἐξέπληξα καὶ αἰσχύνεσθαι ἐποίησα, σὺ δὲ οὐ μὴ
ἐκπλαγῇς οὐδὲ μὴ αἰσχυνθῇς· ἀνδρεῖος γὰρ εἶ. ἀλλ᾽ ἀπο-
κρίνου μόνον. 5

ΚΑΛ. Φημὶ τοίνυν καὶ τὸν κνώμενον ἡδέως ἂν βιῶναι.
ΣΩ. Οὐκοῦν εἴπερ ἡδέως, καὶ εὐδαιμόνως;
ΚΑΛ. Πάνυ γε.

ΣΩ. Πότερον εἰ τὴν κεφαλὴν μόνον κνησιῷ—ἢ ἔτι τί e
σε ἐρωτῶ; ὅρα, ὦ Καλλίκλεις, τί ἀποκρινῇ, ἐάν τίς σε

b 1 πληρώσῃ Β Τ Ρ F : πληρώσηται vulg.: πληρωθῇ ci. Stallbaum
b 3 γ᾽ ἂν Β Τ Ρ : ἐὰν F   c 2 ἁπάσας om. P   c 3 πληροῦντα
Β Τ Ρ F : πληροῦν Stephanus   c 6 ψωρῶντα Β Τ Ρ : ψωριῶντα
F rec. t   c 7 κνησιῶντα Τ Ρ F : κνηστιῶντα Β   d 1 ἀτεχνῶς Τ Ρ :
ἀτέχνως Β : ἄτεχνος F   d 3 καὶ ante ἐξέπληξα om. F   d 4 οὐδ᾽
οὐ μὴ F   e 1 κνησιῷ Bekker : κνησιοῖ Β Τ Ρ : κνησθῇ F
e 2 ἀποκρινεῖ Β : ἀποκρίνει Τ : ἀποκρίνῃ Ρ F

τὰ ἐχόμενα τούτοις ἐφεξῆς ἅπαντα ἐρωτᾷ. καὶ τούτων
τοιούτων ὄντων κεφάλαιον, ὁ τῶν κιναίδων βίος, οὗτος οὐ
5 δεινὸς καὶ αἰσχρὸς καὶ ἄθλιος; ἢ τούτους τολμήσεις λέγειν
εὐδαίμονας εἶναι, ἐὰν ἀφθόνως ἔχωσιν ὧν δέονται;

ΚΑΛ. Οὐκ αἰσχύνῃ εἰς τοιαῦτα ἄγων, ὦ Σώκρατες, τοὺς
λόγους;

ΣΩ. Ἦ γὰρ ἐγὼ ἄγω ἐνταῦθα, ὦ γενναῖε, ἢ ἐκεῖνος
10 ὃς ἂν φῇ ἀνέδην οὕτω τοὺς χαίροντας, ὅπως ἂν χαίρωσιν,
495 εὐδαίμονας εἶναι, καὶ μὴ διορίζηται τῶν ἡδονῶν ὁποῖαι
ἀγαθαὶ καὶ κακαί; ἀλλ' ἔτι καὶ νῦν λέγε πότερον φῂς εἶναι
τὸ αὐτὸ ἡδὺ καὶ ἀγαθόν, ἢ εἶναί τι τῶν ἡδέων ὃ οὐκ ἔστιν
ἀγαθόν;

5 ΚΑΛ. Ἵνα δή μοι μὴ ἀνομολογούμενος ᾖ ὁ λόγος, ἐὰν
ἕτερον φήσω εἶναι, τὸ αὐτό φημι εἶναι.

ΣΩ. Διαφθείρεις, ὦ Καλλίκλεις, τοὺς πρώτους λόγους,
καὶ οὐκ ἂν ἔτι μετ' ἐμοῦ ἱκανῶς τὰ ὄντα ἐξετάζοις, εἴπερ
παρὰ τὰ δοκοῦντα σαυτῷ ἐρεῖς.

b ΚΑΛ. Καὶ γὰρ σύ, ὦ Σώκρατες.

ΣΩ. Οὐ τοίνυν ὀρθῶς ποιῶ οὔτ' ἐγώ, εἴπερ ποιῶ τοῦτο,
οὔτε σύ. ἀλλ', ὦ μακάριε, ἄθρει μὴ οὐ τοῦτο ᾖ τὸ ἀγαθόν,
τὸ πάντως χαίρειν· ταῦτά τε γὰρ τὰ νυνδὴ αἰνιχθέντα
5 πολλὰ καὶ αἰσχρὰ φαίνεται συμβαίνοντα, εἰ τοῦτο οὕτως
ἔχει, καὶ ἄλλα πολλά.

ΚΑΛ. Ὡς σύ γε οἴει, ὦ Σώκρατες.

ΣΩ. Σὺ δὲ τῷ ὄντι, ὦ Καλλίκλεις, ταῦτα ἰσχυρίζῃ;

ΚΑΛ. Ἔγωγε.

c ΣΩ. Ἐπιχειρῶμεν ἄρα τῷ λόγῳ ὡς σοῦ σπουδάζοντος;

ΚΑΛ. Πάνυ γε σφόδρα.

---

e 3 ἐχόμενα] ἑπόμενα ci. Bekker: secl. Schanz ⟨τὸ⟩ τούτων
Buttmann e 4 κεφάλαιον F b: κεφαλαίων B T P: κεφαλαιότατον
fort. Antiatticista Bekkeri e 6 ἄφθονα F e 7 τοὺς λόγους
secl. Cobet e 10 ἀνέδην B T f: ἀναίδην P F a 2 ἀγαθαὶ καὶ
P F: αἱ ἀγαθαὶ καὶ B T: αἱ ἀγαθαὶ καὶ αἱ W a 5 μὴ ἀνομολογούμενος
B T P: μὴ ὁμολογούμενος F: γρ. καὶ ἀνομολογούμενος καὶ μὴ ὁμολογού-
μενος Olympiodorus b 5 πολλὰ secl. ci. Sauppe

ΣΩ. Ἴθι δή μοι, ἐπειδὴ οὕτω δοκεῖ, διελοῦ τάδε· ἐπι-
στήμην που καλεῖς τι;—ΚΑΛ. Ἔγωγε.—ΣΩ. Οὐ καὶ ἀν-
δρείαν νυνδὴ ἔλεγές τινα εἶναι μετὰ ἐπιστήμης;—ΚΑΛ. 5
Ἔλεγον γάρ.—ΣΩ. Ἄλλο τι οὖν ὡς ἕτερον τὴν ἀνδρείαν
τῆς ἐπιστήμης δύο ταῦτα ἔλεγες;—ΚΑΛ. Σφόδρα γε.—
ΣΩ. Τί δέ; ἡδονὴν καὶ ἐπιστήμην ταὐτὸν ἢ ἕτερον;—
ΚΑΛ. Ἕτερον δήπου, ὦ σοφώτατε σύ.—ΣΩ. Ἦ καὶ ἀν- d
δρείαν ἑτέραν ἡδονῆς;—ΚΑΛ. Πῶς γὰρ οὔ;—ΣΩ. Φέρε δὴ
ὅπως μεμνησόμεθα ταῦτα, ὅτι Καλλικλῆς ἔφη Ἀχαρνεὺς
ἡδὺ μὲν καὶ ἀγαθὸν ταὐτὸν εἶναι, ἐπιστήμην δὲ καὶ ἀνδρείαν
καὶ ἀλλήλων καὶ τοῦ ἀγαθοῦ ἕτερον.   5
ΚΑΛ. Σωκράτης δέ γε ἡμῖν ὁ Ἀλωπεκῆθεν οὐχ ὁμολογεῖ
ταῦτα. ἢ ὁμολογεῖ;
ΣΩ. Οὐχ ὁμολογεῖ· οἶμαι δέ γε οὐδὲ Καλλικλῆς, ὅταν e
αὐτὸς αὑτὸν θεάσηται ὀρθῶς. εἰπὲ γάρ μοι, τοὺς εὖ πράτ-
τοντας τοῖς κακῶς πράττουσιν οὐ τοὐναντίον ἡγῇ πάθος
πεπονθέναι;
ΚΑΛ. Ἔγωγε.   5
ΣΩ. Ἀρ' οὖν, εἴπερ ἐναντία ἐστὶν ταῦτα ἀλλήλοις,
ἀνάγκη περὶ αὐτῶν ἔχειν ὥσπερ περὶ ὑγιείας ἔχει καὶ νόσου;
οὐ γὰρ ἅμα δήπου ὑγιαίνει τε καὶ νοσεῖ ὁ ἄνθρωπος, οὐδὲ
ἅμα ἀπαλλάττεται ὑγιείας τε καὶ νόσου.
ΚΑΛ. Πῶς λέγεις;   10
ΣΩ. Οἷον περὶ ὅτου βούλει τοῦ σώματος ἀπολαβὼν
σκόπει. νοσεῖ που ἄνθρωπος ὀφθαλμούς, ᾧ ὄνομα ὀφθαλ- 496
μία;—ΚΑΛ. Πῶς γὰρ οὔ;—ΣΩ. Οὐ δήπου καὶ ὑγιαίνει γε
ἅμα τοὺς αὐτούς;—ΚΑΛ. Οὐδ' ὁπωστιοῦν.—ΣΩ. Τί δὲ
ὅταν τῆς ὀφθαλμίας ἀπαλλάττηται; ἆρα τότε καὶ τῆς ὑγιείας
ἀπαλλάττεται τῶν ὀφθαλμῶν καὶ τελευτῶν ἅμα ἀμφοτέρων 5
ἀπήλλακται;—ΚΑΛ. Ἥκιστά γε.—ΣΩ. Θαυμάσιον γὰρ

c 5 εἶναι supra versum T   c 6 ἕτερον ⟨ὃν⟩ Heindorf
d 2 ἕτερον P   d 5 ἀγαθοῦ] ἡδέος H. Schmidt   d 6 δέ γε B T f :
δὲ P F   e 11 ὅτου B T P : τοῦ ὅτου F (ὅλου suprascr. f)   ἀπο-
λαβὼν B T P f : ἀναλαβὼν F   a 1 ἄνθρωπος] ἄνθρωπος Bekker

b οἶμαι καὶ ἄλογον γίγνεται· ἢ γάρ;—ΚΑΛ. Σφόδρα γε.—
ΣΩ. Ἀλλ' ἐν μέρει οἶμαι ἑκάτερον καὶ λαμβάνει καὶ ἀπολ-
λύει;—ΚΑΛ. Φημί.—ΣΩ. Οὐκοῦν καὶ ἰσχὺν καὶ ἀσθένειαν
ὡσαύτως;—ΚΑΛ. Ναί.—ΣΩ. Καὶ τάχος καὶ βραδυτῆτα;—
5 ΚΑΛ. Πάνυ γε.—ΣΩ. Ἦ καὶ τἀγαθὰ καὶ τὴν εὐδαιμονίαν καὶ
τἀναντία τούτων, κακά τε καὶ ἀθλιότητα, ἐν μέρει λαμβάνει
καὶ ἐν μέρει ἀπαλλάττεται ἑκατέρου;—ΚΑΛ. Πάντως δήπου.

c —ΣΩ. Ἐὰν εὕρωμεν ἄρα ἄττα ὧν ἅμα τε ἀπαλλάττεται
ἄνθρωπος καὶ ἅμα ἔχει, δῆλον ὅτι ταῦτά γε οὐκ ἂν εἴη τό
τε ἀγαθὸν καὶ τὸ κακόν. ὁμολογοῦμεν ταῦτα; καὶ εὖ μάλα
σκεψάμενος ἀποκρίνου.—ΚΑΛ. Ἀλλ' ὑπερφυῶς ὡς ὁμο-
5 λογῶ.

ΣΩ. Ἴθι δὴ ἐπὶ τὰ ἔμπροσθεν ὡμολογημένα. τὸ πεινῆν
ἔλεγες πότερον ἡδὺ ἢ ἀνιαρὸν εἶναι; αὐτὸ λέγω τὸ πεινῆν.
—ΚΑΛ. Ἀνιαρὸν ἔγωγε· τὸ μέντοι πεινῶντα ἐσθίειν ἡδὺ
d λέγω.—ΣΩ. Μανθάνω· ἀλλ' οὖν τό γε πεινῆν αὐτὸ ἀνιαρόν.
ἢ οὐχί;—ΚΑΛ. Φημί.—ΣΩ. Οὐκοῦν καὶ τὸ διψῆν;—ΚΑΛ.
Σφόδρα γε.—ΣΩ. Πότερον οὖν ἔτι πλείω ἐρωτῶ, ἢ ὁμολογεῖς
ἅπασαν ἔνδειαν καὶ ἐπιθυμίαν ἀνιαρὸν εἶναι;—ΚΑΛ. Ὁμο-
5 λογῶ, ἀλλὰ μὴ ἐρώτα.—ΣΩ. Εἶεν· διψῶντα δὲ δὴ πίνειν
ἄλλο τι ἢ ἡδὺ φὴς εἶναι;—ΚΑΛ. Ἔγωγε.—ΣΩ. Οὐκοῦν
τούτου οὗ λέγεις τὸ μὲν διψῶντα λυπούμενον δήπου ἐστίν;
e —ΚΑΛ. Ναί.—ΣΩ. Τὸ δὲ πίνειν πλήρωσίς τε τῆς ἐνδείας
καὶ ἡδονή;—ΚΑΛ. Ναί.—ΣΩ. Οὐκοῦν κατὰ τὸ πίνειν χαί-
ρειν λέγεις;—ΚΑΛ. Μάλιστα.—ΣΩ. Διψῶντά γε.—ΚΑΛ.
Φημί.—ΣΩ. Λυπούμενον;—ΚΑΛ. Ναί.—ΣΩ. Αἰσθάνῃ οὖν
5 τὸ συμβαῖνον, ὅτι λυπούμενον χαίρειν λέγεις ἅμα, ὅταν
διψῶντα πίνειν λέγῃς; ἢ οὐχ ἅμα τοῦτο γίγνεται κατὰ

b 1 γίγνεται] ἐγίγνετ' ἂν Sauppe   ἢ B T P f : οὐ F   b 2 ἀπολ-
λύει B T P : ἀπολύει F : ἀπόλλυσι Hirschig   c 2 ἄνθρωπος]
ἄνθρωπος Bekker   γε om. P   c 4 ὑπερφυῶς ὡς B W F :
ὑπερφυῶς T   d 1 λέγω Stallbaum : καλῶ ci. Badham : καὶ ἐγὼ
B T P F (Socrati tribuentes): ἐγὼ al. : secl. Ast   d 5 δὲ δὴ]
δὴ F   d 6 ἢ om. Sauppe   e 1 πλήρωσις F : πλήρης B T P :
πλήρη W

τὸν αὐτὸν τόπον καὶ χρόνον εἴτε ψυχῆς εἴτε σώματος
βούλει; οὐδὲν γὰρ οἶμαι διαφέρει. ἔστι ταῦτα ἢ οὔ;—
ΚΑΛ. Ἔστιν.—ΣΩ. Ἀλλὰ μὴν εὖ γε πράττοντα κακῶς
πράττειν ἅμα ἀδύνατον φῂς εἶναι.—ΚΑΛ. Φημὶ γάρ.—ΣΩ. 497
Ἀνιώμενον δέ γε χαίρειν δυνατὸν ὡμολόγηκας.—ΚΑΛ.
Φαίνεται.—ΣΩ. Οὐκ ἄρα τὸ χαίρειν ἐστὶν εὖ πράττειν
οὐδὲ τὸ ἀνιᾶσθαι κακῶς, ὥστε ἕτερον γίγνεται τὸ ἡδὺ τοῦ
ἀγαθοῦ.   5

ΚΑΛ. Οὐκ οἶδ' ἄττα σοφίζῃ, ὦ Σώκρατες.

ΣΩ. Οἶσθα, ἀλλὰ ἀκκίζῃ, ὦ Καλλίκλεις· καὶ πρόιθί γε
ἔτι εἰς τὸ ἔμπροσθεν, [ὅτι ἔχων ληρεῖς] ἵνα εἰδῇς ὡς σοφὸς
ὢν με νουθετεῖς. οὐχ ἅμα διψῶν τε ἕκαστος ἡμῶν πέ-   b
παυται καὶ ἅμα ἡδόμενος διὰ τοῦ πίνειν;

ΚΑΛ. Οὐκ οἶδα ὅτι λέγεις.

ΓΟΡ. Μηδαμῶς, ὦ Καλλίκλεις, ἀλλ' ἀποκρίνου καὶ ἡμῶν
ἕνεκα, ἵνα περανθῶσιν οἱ λόγοι.   5

ΚΑΛ. Ἀλλ' ἀεὶ τοιοῦτός ἐστιν Σωκράτης, ὦ Γοργία·
σμικρὰ καὶ ὀλίγου ἄξια ἀνερωτᾷ καὶ ἐξελέγχει.

ΓΟΡ. Ἀλλὰ τί σοὶ διαφέρει; πάντως οὐ σὴ αὕτη ἡ τιμή,
ὦ Καλλίκλεις· ἀλλ' ὑπόσχες Σωκράτει ἐξελέγξαι ὅπως ἂν
βούληται.   10

ΚΑΛ. Ἐρώτα δὴ σὺ τὰ σμικρά τε καὶ στενὰ ταῦτα,   c
ἐπείπερ Γοργίᾳ δοκεῖ οὕτως.

ΣΩ. Εὐδαίμων εἶ, ὦ Καλλίκλεις, ὅτι τὰ μεγάλα με-
μύησαι πρὶν τὰ σμικρά· ἐγὼ δ' οὐκ ᾤμην θεμιτὸν εἶναι.
ὅθεν οὖν ἀπέλιπες ἀποκρίνου, εἰ οὐχ ἅμα παύεται διψῶν   5
ἕκαστος ἡμῶν καὶ ἡδόμενος.—ΚΑΛ. Φημί.—ΣΩ. Οὐκοῦν
καὶ πεινῶν καὶ τῶν ἄλλων ἐπιθυμιῶν καὶ ἡδονῶν ἅμα

e 7 χρόνον B T P f : τρόπον F   e 8 γὰρ οἶμαι B T P f : γάρ μοι F
a 1 φῂς Baiter : ἔφης B T P F   a 7 πρόιθι] προι οί F   a 8 τοὔμπρο-
σθεν F   ὅτι ἔχων ληρεῖς secl. Thompson : τί ἔχων ληρεῖς scripsit et
Callicli tribuit Badham : post b 3 λέγεις transp. Hermann : post b 1
νουθετεῖς Lamberton   ἴδῇς F   b 3 ὅτι B T P : τί F   b 8 οὐ
σὴ αὕτη ἡ T W F : οὔση αὐτὴ ἡ B   c 1 τε B T P : om. F   c 2 οὕτως
Socrati tribuunt B P   c 5 ἀπέλιπες B T P : ἀπέλειπες F

παύεται;—ΚΑΛ. Ἔστι ταῦτα.—ΣΩ. Οὐκοῦν καὶ τῶν λυπῶν
d καὶ τῶν ἡδονῶν ἅμα παύεται;—ΚΑΛ. Ναί.—ΣΩ. Ἀλλὰ
μὴν τῶν ἀγαθῶν γε καὶ κακῶν οὐχ ἅμα παύεται, ὡς σὺ
ὡμολόγεις· νῦν δὲ οὐχ ὁμολογεῖς;—ΚΑΛ. Ἔγωγε· τί
οὖν δή;
5 ΣΩ. Ὅτι οὐ τὰ αὐτὰ γίγνεται, ὦ φίλε, τἀγαθὰ τοῖς
ἡδέσιν οὐδὲ τὰ κακὰ τοῖς ἀνιαροῖς. τῶν μὲν γὰρ ἅμα
παύεται, τῶν δὲ οὔ, ὡς ἑτέρων ὄντων· πῶς οὖν ταὐτὰ ἂν
εἴη τὰ ἡδέα τοῖς ἀγαθοῖς ἢ τὰ ἀνιαρὰ τοῖς κακοῖς; ἐὰν δὲ
βούλῃ, καὶ τῇδε ἐπίσκεψαι (οἶμαι γάρ σοι οὐδὲ ταύτῃ
e ὁμολογεῖσθαι· ἄθρει δέ) τοὺς ἀγαθοὺς οὐχὶ ἀγαθῶν παρου-
σίᾳ ἀγαθοὺς καλεῖς, ὥσπερ τοὺς καλοὺς οἷς ἂν κάλλος
παρῇ;—ΚΑΛ. Ἔγωγε.—ΣΩ. Τί δέ; ἀγαθοὺς ἄνδρας καλεῖς
ἄφρονας καὶ δειλούς; οὐ γὰρ ἄρτι γε, ἀλλὰ τοὺς ἀνδρείους
5 καὶ φρονίμους ἔλεγες· ἢ οὐ τούτους ἀγαθοὺς καλεῖς;—
ΚΑΛ. Πάνυ μὲν οὖν.—ΣΩ. Τί δέ; παῖδα ἀνόητον χαίροντα
ἤδη εἶδες;—ΚΑΛ. Ἔγωγε.—ΣΩ. Ἄνδρα δὲ οὔπω εἶδες
ἀνόητον χαίροντα;—ΚΑΛ. Οἶμαι ἔγωγε· ἀλλὰ τί τοῦτο;—
498 ΣΩ. Οὐδέν· ἀλλ᾽ ἀποκρίνου.—ΚΑΛ. Εἶδον.—ΣΩ. Τί δέ;
νοῦν ἔχοντα λυπούμενον καὶ χαίροντα;—ΚΑΛ. Φημί.—
ΣΩ. Πότεροι δὲ μᾶλλον χαίρουσι καὶ λυποῦνται, οἱ φρό-
νιμοι ἢ οἱ ἄφρονες;—ΚΑΛ. Οἶμαι ἔγωγε οὐ πολύ τι δια-
5 φέρειν.—ΣΩ. Ἀλλ᾽ ἀρκεῖ καὶ τοῦτο. ἐν πολέμῳ δὲ ἤδη
εἶδες ἄνδρα δειλόν;—ΚΑΛ. Πῶς γὰρ οὔ;—ΣΩ. Τί οὖν;
ἀπιόντων τῶν πολεμίων πότεροί σοι ἐδόκουν μᾶλλον χαί-
ρειν, οἱ δειλοὶ ἢ οἱ ἀνδρεῖοι;—ΚΑΛ. Ἀμφότεροι ἔμοιγε
b [μᾶλλον]· εἰ δὲ μή, παραπλησίως γε.—ΣΩ. Οὐδὲν διαφέρει.

d2 γε F: om. BTP   d5 ὅτι BTP: om. F   οὐ τὰ αὐτὰ PF:
οὐ ταῦτα T: οὐ ταὐτὰ t: αὐτὰ B   d6 ad οὐδὲ add. ὅτι in marg. t
d7 ὡς ἑτέρων ὄντων secl. Deuschle   d9 τῇδε TF et ex τί δέ P:
τήνδε B   e1 δέ BF: δή TPf   e4 ἄφρονας BTWF: τοὺς
ἄφρονας f   e5 ἔλεγες TWF: δ ἔλεγες B   e7 εἶδες BTPf:
ἴδες Ft (et mox)   οὔπω BPFt: οὐδέπω T   a3 πότεροι F:
πότερον BTW   b1 μᾶλλον BTPF: om. al.: ὁμοίως Sauppe:
post μᾶλλον intercidisse putavit δ᾽ ἴσως οἱ δειλοί Hermann

χαίρουσιν δ᾽ οὖν καὶ οἱ δειλοί;—ΚΑΛ. Σφόδρα γε.—ΣΩ.
Καὶ οἱ ἄφρονες, ὡς ἔοικεν.—ΚΑΛ. Ναί.—ΣΩ. Προσιόντων
δὲ οἱ δειλοὶ μόνον λυποῦνται ἢ καὶ οἱ ἀνδρεῖοι;—ΚΑΛ. ᾽Αμ-
φότεροι.—ΣΩ. ῏Αρα ὁμοίως;—ΚΑΛ. Μᾶλλον ἴσως οἱ 5
δειλοί.—ΣΩ. ᾽Απιόντων δ᾽ οὐ μᾶλλον χαίρουσιν;—ΚΑΛ.
῎Ισως.—ΣΩ. Οὐκοῦν λυποῦνται μὲν καὶ χαίρουσιν καὶ οἱ
ἄφρονες καὶ οἱ φρόνιμοι καὶ οἱ δειλοὶ καὶ οἱ ἀνδρεῖοι παρα-
πλησίως, ὡς σὺ φῄς, μᾶλλον δὲ οἱ δειλοὶ τῶν ἀνδρείων; c
—ΚΑΛ. Φημί.—ΣΩ. ᾽Αλλὰ μὴν οἵ γε φρόνιμοι καὶ οἱ
ἀνδρεῖοι ἀγαθοί, οἱ δὲ δειλοὶ καὶ ἄφρονες κακοί;—ΚΑΛ.
Ναί.—ΣΩ. Παραπλησίως ἄρα χαίρουσιν καὶ λυποῦνται οἱ
ἀγαθοὶ καὶ οἱ κακοί;—ΚΑΛ. Φημί. 5

ΣΩ. ῏Αρ᾽ οὖν παραπλησίως εἰσὶν ἀγαθοὶ καὶ κακοὶ οἱ
ἀγαθοί τε καὶ οἱ κακοί; ἢ καὶ ἔτι μᾶλλον ἀγαθοὶ [οἱ ἀγαθοὶ
καὶ οἱ κακοί] εἰσιν οἱ κακοί;

ΚΑΛ. ᾽Αλλὰ μὰ Δί᾽ οὐκ οἶδ᾽ ὅτι λέγεις. d

ΣΩ. Οὐκ οἶσθ᾽ ὅτι τοὺς ἀγαθοὺς ἀγαθῶν φῄς παρουσίᾳ
εἶναι ἀγαθούς, καὶ κακοὺς δὲ κακῶν; τὰ δὲ ἀγαθὰ εἶναι τὰς
ἡδονάς, κακὰ δὲ τὰς ἀνίας;—ΚΑΛ. ῎Εγωγε.—ΣΩ. Οὐκοῦν
τοῖς χαίρουσιν πάρεστιν τἀγαθά, αἱ ἡδοναί, εἴπερ χαίρουσιν; 5
—ΚΑΛ. Πῶς γὰρ οὔ;—ΣΩ. Οὐκοῦν ἀγαθῶν παρόντων
ἀγαθοί εἰσιν οἱ χαίροντες;—ΚΑΛ. Ναί.—ΣΩ. Τί δέ; τοῖς
ἀνιωμένοις οὐ πάρεστιν τὰ κακά, αἱ λῦπαι;—ΚΑΛ. Πάρεστιν.
—ΣΩ. Κακῶν δέ γε παρουσίᾳ φῄς σὺ εἶναι κακοὺς τοὺς e
κακούς· ἢ οὐκέτι φῄς;—ΚΑΛ. ῎Εγωγε.—ΣΩ. ᾽Αγαθοὶ ἄρα
οἳ ἂν χαίρωσι, κακοὶ δὲ οἳ ἂν ἀνιῶνται;—ΚΑΛ. Πάνυ γε.—
ΣΩ. Οἱ μέν γε μᾶλλον μᾶλλον, οἳ δ᾽ ἧττον ἧττον, οἳ δὲ
παραπλησίως παραπλησίως;—ΚΑΛ. Ναί.—ΣΩ. Οὐκοῦν 5
φῄς παραπλησίως χαίρειν καὶ λυπεῖσθαι τοὺς φρονίμους

b 4 μόνον BTPf: μόνοι F   c 7 καὶ οἱ BTF: καὶ W   οἱ
ἀγαθοὶ secl. Routh   οἱ ἀγαθοὶ καὶ οἱ κακοί B: οἱ ἀγαθοὶ καὶ κακοί
TWf: καὶ οἱ ἀγαθοὶ καὶ κακοί F: secl. H. Schmidt (εἰσιν quoque secl.
Schanz)   d 3 καὶ κακοὺς F: κακοὺς BTP: τοὺς κακοὺς f   d 8 αἱ
BTP: καὶ αἱ F   e 4 οἳ (ter) F: οἱ (ter) BTP   ἧττον ἧττον
TWF: ἧττον ἧττον ἧτ|τον B

καὶ τοὺς ἄφρονας καὶ τοὺς δειλοὺς καὶ τοὺς ἀνδρείους, ἢ
καὶ μᾶλλον ἔτι τοὺς δειλούς;

ΚΑΛ. Ἔγωγε.

10 ΣΩ. Συλλόγισαι δὴ κοινῇ μετ᾽ ἐμοῦ τί ἡμῖν συμβαίνει
ἐκ τῶν ὡμολογημένων· καὶ δὶς γάρ τοι καὶ τρὶς φασιν καλὸν
499 εἶναι τὰ καλὰ λέγειν τε καὶ ἐπισκοπεῖσθαι. ἀγαθὸν μὲν
εἶναι τὸν φρόνιμον καὶ ἀνδρεῖόν φαμεν. ἢ γάρ;—ΚΑΛ.
Ναί.—ΣΩ. Κακὸν δὲ τὸν ἄφρονα καὶ δειλόν;—ΚΑΛ. Πάνυ
γε.—ΣΩ. Ἀγαθὸν δὲ αὖ τὸν χαίροντα;—ΚΑΛ. Ναί.—
5 ΣΩ. Κακὸν δὲ τὸν ἀνιώμενον;—ΚΑΛ. Ἀνάγκη.—ΣΩ.
Ἀνιᾶσθαι δὲ καὶ χαίρειν τὸν ἀγαθὸν καὶ κακὸν ὁμοίως,
ἴσως δὲ καὶ μᾶλλον τὸν κακόν;—ΚΑΛ. Ναί.—ΣΩ. Οὐκοῦν
ὁμοίως γίγνεται κακὸς καὶ ἀγαθὸς τῷ ἀγαθῷ ἢ καὶ μᾶλλον
b ἀγαθὸς ὁ κακός; οὐ ταῦτα συμβαίνει καὶ τὰ πρότερα ἐκεῖνα,
ἐάν τις ταῦτα φῇ ἡδέα τε καὶ ἀγαθὰ εἶναι; οὐ ταῦτα ἀνάγκη,
ὦ Καλλίκλεις;

ΚΑΛ. Πάλαι τοί σου ἀκροῶμαι, ὦ Σώκρατες, καθομο-
5 λογῶν, ἐνθυμούμενος ὅτι, κἂν παίζων τίς σοι ἐνδῷ ὁτιοῦν,
τούτου ἅσμενος ἔχῃ ὥσπερ τὰ μειράκια. ὡς δὴ σὺ οἴει
ἐμὲ ἢ καὶ ἄλλον ὁντινοῦν ἀνθρώπων οὐχ ἡγεῖσθαι τὰς μὲν
βελτίους ἡδονάς, τὰς δὲ χείρους.

ΣΩ. Ἰοῦ ἰοῦ, ὦ Καλλίκλεις, ὡς πανοῦργος εἶ καί μοι
c ὥσπερ παιδὶ χρῇ, τοτὲ μὲν τὰ αὐτὰ φάσκων οὕτως ἔχειν,
τοτὲ δὲ ἑτέρως, ἐξαπατῶν με. καίτοι οὐκ ᾤμην γε κατ᾽
ἀρχὰς ὑπὸ σοῦ ἑκόντος εἶναι ἐξαπατηθήσεσθαι, ὡς ὄντος
φίλου· νῦν δὲ ἐψεύσθην, καὶ ὡς ἔοικεν ἀνάγκη μοι κατὰ τὸν
5 παλαιὸν λόγον τὸ παρὸν εὖ ποιεῖν καὶ τοῦτο δέχεσθαι τὸ
διδόμενον παρὰ σοῦ. ἔστιν δὲ δή, ὡς ἔοικεν, ὃ νῦν λέγεις,
ὅτι ἡδοναί τινές εἰσιν αἱ μὲν ἀγαθαί, αἱ δὲ κακαί· ἢ γάρ;—
d ΚΑΛ. Ναί.—ΣΩ. Ἀρ᾽ οὖν ἀγαθαὶ μὲν αἱ ὠφέλιμοι, κακαὶ

---

e 11 ὡμολογουμένων F   a 1 τὰ T P F : τὸ B   a 4 δὲ B T P :
τε F   b 4 τοί σου B T P : τον σοῦ F   c 1 τὰ αὐτὰ F : αὖ
B T P   c 4 φίλου] φαύλου F   c 6 δὲ δή B T P F : δέ Stobacus
c 7 τινές εἰσιν B T P F : εἰσί τινες Stobaeus

δὲ αἱ βλαβεραί;—ΚΑΛ. Πάνυ γε.—ΣΩ. Ὠφέλιμοι δέ γε
αἱ ἀγαθόν τι ποιοῦσαι, κακαὶ δὲ αἱ κακόν τι;—ΚΑΛ. Φημί.
—ΣΩ. Ἆρ' οὖν τὰς τοιάσδε λέγεις, οἷον κατὰ τὸ σῶμα ἃς
νυνδὴ ἐλέγομεν ἐν τῷ ἐσθίειν καὶ πίνειν ἡδονάς, ἢ ἄρα 5
τούτων αἱ μὲν ὑγίειαν ποιοῦσαι ἐν τῷ σώματι, ἢ ἰσχὺν ἢ
ἄλλην τινὰ ἀρετὴν τοῦ σώματος, αὗται μὲν ἀγαθαί, αἱ δὲ
τἀναντία τούτων κακαί;—ΚΑΛ. Πάνυ γε.—ΣΩ. Οὐκοῦν e
καὶ λῦπαι ὡσαύτως αἱ μὲν χρησταί εἰσιν, αἱ δὲ πονηραί;—
ΚΑΛ. Πῶς γὰρ οὔ;—ΣΩ. Οὐκοῦν τὰς μὲν χρηστὰς καὶ
ἡδονὰς καὶ λύπας καὶ αἱρετέον ἐστὶν καὶ πρακτέον;—ΚΑΛ.
Πάνυ γε.—ΣΩ. Τὰς δὲ πονηρὰς οὔ;—ΚΑΛ. Δῆλον δή.— 5
ΣΩ. Ἕνεκα γάρ που τῶν ἀγαθῶν ἅπαντα ἡμῖν ἔδοξεν
πρακτέον εἶναι, εἰ μνημονεύεις, ἐμοί τε καὶ Πώλῳ. ἆρα
καὶ σοὶ συνδοκεῖ οὕτω, τέλος εἶναι ἁπασῶν τῶν πράξεων τὸ
ἀγαθόν, καὶ ἐκείνου ἕνεκα δεῖν πάντα τἆλλα πράττεσθαι
ἀλλ' οὐκ ἐκεῖνο τῶν ἄλλων; σύμψηφος ἡμῖν εἶ καὶ σὺ ἐκ 500
τρίτων;—ΚΑΛ. Ἔγωγε.—ΣΩ. Τῶν ἀγαθῶν ἄρα ἕνεκα δεῖ
καὶ τἆλλα καὶ τὰ ἡδέα πράττειν, ἀλλ' οὐ τἀγαθὰ τῶν ἡδέων.
—ΚΑΛ. Πάνυ γε.—ΣΩ. Ἆρ' οὖν παντὸς ἀνδρός ἐστιν
ἐκλέξασθαι ποῖα ἀγαθὰ τῶν ἡδέων ἐστὶν καὶ ὁποῖα κακά, ἢ 5
τεχνικοῦ δεῖ εἰς ἕκαστον;—ΚΑΛ. Τεχνικοῦ.

ΣΩ. Ἀναμνησθῶμεν δὴ ὧν αὖ ἐγὼ πρὸς Πῶλον καὶ
Γοργίαν ἐτύγχανον λέγων. ἔλεγον γὰρ αὖ, εἰ μνημονεύεις,
ὅτι εἶεν παρασκευαὶ αἱ μὲν μέχρι ἡδονῆς, αὐτὸ τοῦτο μόνον b
παρασκευάζουσαι, ἀγνοοῦσαι δὲ τὸ βέλτιον καὶ τὸ χεῖρον, αἱ
δὲ γιγνώσκουσαι ὅτι τε ἀγαθὸν καὶ ὅτι κακόν· καὶ ἐτίθην
τῶν μὲν περὶ τὰς ἡδονὰς τὴν μαγειρικὴν ἐμπειρίαν ἀλλὰ οὐ

d 2 δέ γε Β Τ Ρ : δὲ F Stobaeus   d 5 νῦν δὴ Β Τ Ρ F : δὴ νῦν
Stobaeus   ἢ ἄρα Sauppe : εἰ ἄρα Β Τ Ρ F Stobaeus : ἆρα Heindorf
(qui mox ποιοῦσιν)   d 6 ποιοῦσαι Β Τ Ρ F Stobaeus : ποιοῦσιν al.
e 9 ἕνεκα F Iamblichus Stobaeus : ἕνεκεν Β Τ W   a 2 τρίτων]
τούτων F   a 5 ὁποῖα Β Τ Ρ F : ποῖα Stobaeus   a 8 ἔλεγον γὰρ
αὖ F : ἔλεγε γὰρ αὐτὸς Stobaeus : ἔλεγον γὰρ Β Τ Ρ   b 1 μόνον
Β Τ Ρ F : om. Stobaeus   b 3 ἐτίθην Β Τ Ρ : ἐτίθειν Ρ : ἔτι θεῖν F :
ἐτίθουν p f Stobaeus   b 4 μαγειρικὴν Β F Stobaeus : μαγειρικὴν
κατὰ τὸ σῶμα Τ W : in marg. περὶ τὸ σῶμα f

5 τέχνην, τῶν δὲ περὶ τὸ ἀγαθὸν τὴν ἰατρικὴν τέχνην. καὶ
πρὸς Φιλίου, ὦ Καλλίκλεις, μήτε αὐτὸς οἴου δεῖν πρὸς ἐμὲ
παίζειν μηδ᾽ ὅτι ἂν τύχῃς παρὰ τὰ δοκοῦντα ἀποκρίνου, μήτ᾽
c αὖ τὰ παρ᾽ ἐμοῦ οὕτως ἀποδέχου ὡς παίζοντος· ὁρᾷς γὰρ ὅτι
περὶ τούτου ἡμῖν εἰσιν οἱ λόγοι, οὗ τί ἂν μᾶλλον σπουδάσειέ
τις καὶ σμικρὸν νοῦν ἔχων ἄνθρωπος, ἢ τοῦτο, ὅντινα χρὴ
τρόπον ζῆν, πότερον ἐπὶ ὃν σὺ παρακαλεῖς ἐμέ, τὰ τοῦ
5 ἀνδρὸς δὴ ταῦτα πράττοντα, λέγοντά τε ἐν τῷ δήμῳ καὶ
ῥητορικὴν ἀσκοῦντα καὶ πολιτευόμενον τοῦτον τὸν τρόπον
ὃν ὑμεῖς νῦν πολιτεύεσθε, ἢ [ἐπὶ] τόνδε τὸν βίον τὸν ἐν
φιλοσοφίᾳ, καὶ τί ποτ᾽ ἐστὶν οὗτος ἐκείνου διαφέρων. ἴσως
d οὖν βέλτιστόν ἐστιν, ὡς ἄρτι ἐγὼ ἐπεχείρησα, διαιρεῖσθαι,
διελομένους δὲ καὶ ὁμολογήσαντας ἀλλήλοις, εἰ ἔστιν τούτω
διττὼ τὼ βίω, σκέψασθαι τί τε διαφέρετον ἀλλήλοιν καὶ
ὁπότερον βιωτέον αὐτοῖν. ἴσως οὖν οὔπω οἶσθα τί λέγω.

5 ΚΑΛ. Οὐ δῆτα.

ΣΩ. Ἀλλ᾽ ἐγώ σοι σαφέστερον ἐρῶ. ἐπειδὴ ὡμολο-
γήκαμεν ἐγώ τε καὶ σὺ εἶναι μέν τι ἀγαθόν, εἶναι δέ τι ἡδύ,
ἕτερον δὲ τὸ ἡδὺ τοῦ ἀγαθοῦ, ἑκατέρου δὲ αὐτοῖν μελέτην
τινὰ εἶναι καὶ παρασκευὴν τῆς κτήσεως, τὴν μὲν τοῦ ἡδέος
10 θήραν, τὴν δὲ τοῦ ἀγαθοῦ—αὐτὸ δέ μοι τοῦτο πρῶτον ἢ
e σύμφαθι ἢ μή. σύμφῃς;

ΚΑΛ. Οὕτως φημί.

ΣΩ. Ἴθι δή, ἃ καὶ πρὸς τούσδε ἐγὼ ἔλεγον, διομολόγησαί
μοι, εἰ ἄρα σοι ἔδοξα τότε ἀληθῆ λέγειν. ἔλεγον δέ που
5 ὅτι ἡ μὲν ὀψοποιικὴ οὔ μοι δοκεῖ τέχνη εἶναι ἀλλ᾽ ἐμπειρία,
501 ἡ δ᾽ ἰατρική, λέγων ὅτι ἡ μὲν τούτου οὗ θεραπεύει καὶ τὴν
φύσιν ἔσκεπται καὶ τὴν αἰτίαν ὧν πράττει, καὶ λόγον ἔχει
τούτων ἑκάστου δοῦναι, ἡ ἰατρική· ἡ δ᾽ ἑτέρα τῆς ἡδονῆς,

b 7 μήτ᾽ αὖ τὰ BTP : μὴ ταῦτα F   c 2 ἡμῖν εἰσιν BTF : εἰσιν
ἡμῖν P   c 7 ἐπὶ secl. Findeisen   d 2 ἔστιν] ἐστὸν Hirschig
d 3 τε BTPf : om. F   d 4 πότερον F   d 10 δέ μοι BTPf :
δὴ ἐμοὶ F   e 1 μή. συμφῇς; F : μὴ συμφῇς BTf   e 3 ἐγὼ om. P
e 5 ὀψοποιικὴ BTP : ὀψοποιητικὴ F   a 3 ante τῆς add. ἡ f

πρὸς ἣν ἡ θεραπεία αὐτῇ ἐστιν ἅπασα, κομιδῇ ἀτέχνως ἐπ'
αὐτὴν ἔρχεται, οὔτε τι τὴν φύσιν σκεψαμένη τῆς ἡδονῆς οὔτε 5
τὴν αἰτίαν, ἀλόγως τε παντάπασιν ὡς ἔπος εἰπεῖν οὐδὲν
διαριθμησαμένη, τριβῇ καὶ ἐμπειρίᾳ μνήμην μόνον σῳζομένη
τοῦ εἰωθότος γίγνεσθαι, ᾧ δὴ καὶ πορίζεται τὰς ἡδονάς. ταῦτ' b
οὖν πρῶτον σκόπει εἰ δοκεῖ σοι ἱκανῶς λέγεσθαι, καὶ εἶναί
τινες καὶ περὶ ψυχὴν τοιαῦται ἄλλαι πραγματεῖαι, αἱ μὲν
τεχνικαί, προμήθειάν τινα ἔχουσαι τοῦ βελτίστου περὶ τὴν
ψυχήν, αἱ δὲ τούτου μὲν ὀλιγωροῦσαι, ἐσκεμμέναι δ' αὖ, 5
ὥσπερ ἐκεῖ, τὴν ἡδονὴν μόνον τῆς ψυχῆς, τίνα ἂν αὐτῇ
τρόπον γίγνοιτο, ἥτις δὲ ἢ βελτίων ἢ χείρων τῶν ἡδονῶν,
οὔτε σκοπούμεναι οὔτε μέλον αὐταῖς ἄλλο ἢ χαρίζεσθαι
μόνον, εἴτε βέλτιον εἴτε χεῖρον. ἐμοὶ μὲν γάρ, ὦ Καλ- c
λίκλεις, δοκοῦσίν τε εἶναι, καὶ ἔγωγέ φημι τὸ τοιοῦτον
κολακείαν εἶναι καὶ περὶ σῶμα καὶ περὶ ψυχὴν καὶ περὶ
ἄλλο ὅτου ἄν τις τὴν ἡδονὴν θεραπεύῃ, ἀσκέπτως ἔχων τοῦ
ἀμείνονός τε καὶ τοῦ χείρονος· σὺ δὲ δὴ πότερον συγκατα- 5
τίθεσαι ἡμῖν περὶ τούτων τὴν αὐτὴν δόξαν ἢ ἀντίφῃς;

ΚΑΛ. Οὐκ ἔγωγε, ἀλλὰ συγχωρῶ, ἵνα σοι καὶ περανθῇ
ὁ λόγος καὶ Γοργίᾳ τῷδε χαρίσωμαι.

ΣΩ. Πότερον δὲ περὶ μὲν μίαν ψυχὴν ἔστιν τοῦτο, περὶ d
δὲ δύο καὶ πολλὰς οὐκ ἔστιν;

ΚΑΛ. Οὔκ, ἀλλὰ καὶ περὶ δύο καὶ περὶ πολλάς.

ΣΩ. Οὐκοῦν καὶ ἀθρόαις ἅμα χαρίζεσθαι ἔστι, μηδὲν
σκοπούμενον τὸ βέλτιστον; 5

ΚΑΛ. Οἶμαι ἔγωγε.

ΣΩ. Ἔχεις οὖν εἰπεῖν αἵτινές εἰσιν αἱ ἐπιτηδεύσεις αἱ
τοῦτο ποιοῦσαι; μᾶλλον δέ, εἰ βούλει, ἐμοῦ ἐρωτῶντος, ἡ

---

a 4 ἀτέχνως B²P : ἀτεχνῶς BTF   a 6 ἀλόγως] ἄλογός Findeisen
a 7 τριβῇ . . . ἐμπειρίᾳ μνήμην BTPF : τριβῇ . . . ἐμπειρίᾳ μνήμη
vulg.   b 3 ἄλλαι τοιαῦται F   b 6 αὐτῇ BPF : αὐτὴ T : αὕτη
Heindorf   c 5 τοῦ χείρονος BTP : χείρονος F   c 6 τὴν αὐτὴν
δόξαν secl. Thompson   d 3 καὶ BTPf : om. F   d 4 μηδὲν
F : μηδὲ BTP

μὲν ἄν σοι δοκῇ τούτων εἶναι, φάθι, ἢ δ' ἂν μή, μὴ φάθι.

e πρῶτον δὲ σκεψώμεθα τὴν αὐλητικήν. οὐ δοκεῖ σοι τοιαύτη
τις εἶναι, ὦ Καλλίκλεις, τὴν ἡδονὴν ἡμῶν μόνον διώκειν,
ἄλλο δ' οὐδὲν φροντίζειν;
ΚΑΛ. Ἔμοιγε δοκεῖ.

5 ΣΩ. Οὐκοῦν καὶ αἱ τοιαίδε ἅπασαι, οἷον ἡ κιθαριστικὴ ἡ
ἐν τοῖς ἀγῶσιν;
ΚΑΛ. Ναί.

ΣΩ. Τί δὲ ἡ τῶν χορῶν διδασκαλία καὶ ἡ τῶν δι-
θυράμβων ποίησις; οὐ τοιαύτη τίς σοι καταφαίνεται; ἢ ἡγῇ
10 τι φροντίζειν Κινησίαν τὸν Μέλητος, ὅπως ἐρεῖ τι τοιοῦτον
ὅθεν ἂν οἱ ἀκούοντες βελτίους γίγνοιντο, ἢ ὅτι μέλλει
502 χαριεῖσθαι τῷ ὄχλῳ τῶν θεατῶν;
ΚΑΛ. Δῆλον δὴ τοῦτό γε, ὦ Σώκρατες, Κινησίου γε
πέρι.

ΣΩ. Τί δὲ ὁ πατὴρ αὐτοῦ Μέλης; ἢ πρὸς τὸ βέλτιστον
5 βλέπων ἐδόκει σοι κιθαρῳδεῖν; ἢ ἐκεῖνος μὲν οὐδὲ πρὸς τὸ
ἥδιστον; ἠνία γὰρ ᾄδων τοὺς θεατάς. ἀλλὰ δὴ σκόπει·
οὐχὶ ἥ τε κιθαρῳδικὴ δοκεῖ σοι πᾶσα καὶ ἡ τῶν διθυράμβων
ποίησις ἡδονῆς χάριν ηὑρῆσθαι;
ΚΑΛ. Ἔμοιγε.

b ΣΩ. Τί δὲ δὴ ἡ σεμνὴ αὕτη καὶ θαυμαστή, ἡ τῆς
τραγῳδίας ποίησις, ἐφ' ᾧ ἐσπούδακεν; πότερόν ἐστιν αὐτῆς
τὸ ἐπιχείρημα καὶ ἡ σπουδή, ὡς σοὶ δοκεῖ, χαρίζεσθαι τοῖς
θεαταῖς μόνον, ἢ καὶ διαμάχεσθαι, ἐάν τι αὐτοῖς ἡδὺ μὲν ᾖ
5 καὶ κεχαρισμένον, πονηρὸν δέ, ὅπως τοῦτο μὲν μὴ ἐρεῖ, εἰ
δέ τι τυγχάνει ἀηδὲς καὶ ὠφέλιμον, τοῦτο δὲ καὶ λέξει
καὶ ᾄσεται, ἐάντε χαίρωσιν ἐάντε μή; ποτέρως σοι δοκεῖ
παρεσκευάσθαι ἡ τῶν τραγῳδιῶν ποίησις;

d 9 μή P et supra versum T f: om. B F   e 1 σκεψόμεθα P
e 5 ἅπασαι B T P : πᾶσαι F   e 10 φροντίζειν κινησίαν τὸν B P F t :
κινησίαν φροντίζειν τὸν T   ἐρεῖ τι B W F t : ἐρεῖται T   a 2 γε
πέρι B T P : τε πέρι F   a 5 βλέπων om. Coisl.   b 2 ἐφ' ᾧ ἐσπού-
δακεν secl. Cobet   αὐτῆς . . . σπουδή secl. Hermann   b 3 ὡς σοὶ
T W F : ὥς σοι B : ὥς μοι Schanz   b 6 ὠφέλιμον ⟨ὄν⟩ Hirschig

ΚΑΛ. Δῆλον δὴ τοῦτό γε, ὦ Σώκρατες, ὅτι πρὸς τὴν
ἡδονὴν μᾶλλον ὥρμηται καὶ τὸ χαρίζεσθαι τοῖς θεαταῖς.   c

ΣΩ. Οὐκοῦν τὸ τοιοῦτον, ὦ Καλλίκλεις, ἔφαμεν νυνδὴ
κολακείαν εἶναι;

ΚΑΛ. Πάνυ γε.

ΣΩ. Φέρε δή, εἴ τις περιέλοι τῆς ποιήσεως πάσης τό τε   5
μέλος καὶ τὸν ῥυθμὸν καὶ τὸ μέτρον, ἄλλο τι ἢ λόγοι γίγνονται
τὸ λειπόμενον;

ΚΑΛ. Ἀνάγκη.

ΣΩ. Οὐκοῦν πρὸς πολὺν ὄχλον καὶ δῆμον οὗτοι λέγονται
οἱ λόγοι;   10

ΚΑΛ. Φημί.

ΣΩ. Δημηγορία ἄρα τίς ἐστιν ἡ ποιητική.

ΚΑΛ. Φαίνεται.   d

ΣΩ. Οὐκοῦν ῥητορικὴ δημηγορία ἂν εἴη· ἢ οὐ ῥητορεύειν
δοκοῦσί σοι οἱ ποιηταὶ ἐν τοῖς θεάτροις;

ΚΑΛ. Ἔμοιγε.

ΣΩ. Νῦν ἄρα ἡμεῖς ηὑρήκαμεν ῥητορικήν τινα πρὸς δῆμον   5
τοιοῦτον οἷον παίδων τε ὁμοῦ καὶ γυναικῶν καὶ ἀνδρῶν, καὶ
δούλων καὶ ἐλευθέρων, ἣν οὐ πάνυ ἀγάμεθα· κολακικὴν γὰρ
αὐτήν φαμεν εἶναι.

ΚΑΛ. Πάνυ γε.

ΣΩ. Εἶεν· τί δὲ ἡ πρὸς τὸν Ἀθηναίων δῆμον ῥητορικὴ   10
καὶ τοὺς ἄλλους τοὺς ἐν ταῖς πόλεσιν δήμους τοὺς τῶν   e
ἐλευθέρων ἀνδρῶν, τί ποτε ἡμῖν αὕτη ἐστίν; πότερόν σοι
δοκοῦσιν πρὸς τὸ βέλτιστον ἀεὶ λέγειν οἱ ῥήτορες, τούτου
στοχαζόμενοι, ὅπως οἱ πολῖται ὡς βέλτιστοι ἔσονται διὰ τοὺς
αὑτῶν λόγους, ἢ καὶ οὗτοι πρὸς τὸ χαρίζεσθαι τοῖς πολίταις   5
ὡρμημένοι, καὶ ἕνεκα τοῦ ἰδίου τοῦ αὑτῶν ὀλιγωροῦντες τοῦ
κοινοῦ, ὥσπερ παισὶ προσομιλοῦσι τοῖς δήμοις, χαρίζεσθαι

b 9 δὴ BTPf: om. F   c 5 περιέλοι F Aristides et schol. B:
περιέλοιτο BTPf   d 2 ῥητορικὴ scr. recc.: ἡ ῥητορικὴ BTPF
d 8 φαμεν] φῶμεν P   e 2 ἡμῖν F: ἡμῶν BTP   e 7 τοῖς
BTP: τε τοῖς F

αὐτοῖς πειρώμενοι μόνον, εἰ δέ γε βελτίους ἔσονται ἢ χείρους
503 διὰ ταῦτα, οὐδὲν φροντίζουσιν;

ΚΑΛ. Οὐχ ἁπλοῦν ἔτι τοῦτο ἐρωτᾷς· εἰσὶ μὲν γὰρ οἱ
κηδόμενοι τῶν πολιτῶν λέγουσιν ἃ λέγουσιν, εἰσὶν δὲ καὶ
οἵους σὺ λέγεις.

5   ΣΩ. Ἐξαρκεῖ. εἰ γὰρ καὶ τοῦτό ἐστι διπλοῦν, τὸ μὲν
ἕτερόν που τούτου κολακεία ἂν εἴη καὶ αἰσχρὰ δημηγορία,
τὸ δ᾽ ἕτερον καλόν, τὸ παρασκευάζειν ὅπως ὡς βέλτισται
ἔσονται τῶν πολιτῶν αἱ ψυχαί, καὶ διαμάχεσθαι λέγοντα τὰ
βέλτιστα, εἴτε ἡδίω εἴτε ἀηδέστερα ἔσται τοῖς ἀκούουσιν.
b ἀλλ᾽ οὐ πώποτε σὺ ταύτην εἶδες τὴν ῥητορικήν· ἢ εἴ τινα
ἔχεις τῶν ῥητόρων τοιοῦτον εἰπεῖν, τί οὐχὶ καὶ ἐμοὶ αὐτὸν
ἔφρασας τίς ἐστιν;

ΚΑΛ. Ἀλλὰ μὰ Δία οὐκ ἔχω ἔγωγέ σοι εἰπεῖν τῶν γε
5 νῦν ῥητόρων οὐδένα.

ΣΩ. Τί δέ; τῶν παλαιῶν ἔχεις τινὰ εἰπεῖν δι᾽ ὅντινα
αἰτίαν ἔχουσιν Ἀθηναῖοι βελτίους γεγονέναι, ἐπειδὴ ἐκεῖνος
ἤρξατο δημηγορεῖν, ἐν τῷ πρόσθεν χρόνῳ χείρους ὄντες; ἐγὼ
μὲν γὰρ οὐκ οἶδα τίς ἐστιν οὗτος.

c ΚΑΛ. Τί δέ; Θεμιστοκλέα οὐκ ἀκούεις ἄνδρα ἀγαθὸν
γεγονότα καὶ Κίμωνα καὶ Μιλτιάδην καὶ Περικλέα τουτονὶ
τὸν νεωστὶ τετελευτηκότα, οὗ καὶ σὺ ἀκήκοας;

ΣΩ. Εἰ ἔστιν γε, ὦ Καλλίκλεις, ἣν πρότερον σὺ ἔλεγες
5 ἀρετήν, ἀληθής, τὸ τὰς ἐπιθυμίας ἀποπιμπλάναι καὶ τὰς αὐτοῦ
καὶ τὰς τῶν ἄλλων· εἰ δὲ μὴ τοῦτο, ἀλλ᾽ ὅπερ ἐν τῷ ὑστέρῳ
λόγῳ ἠναγκάσθημεν ἡμεῖς ὁμολογεῖν—ὅτι αἱ μὲν τῶν
ἐπιθυμιῶν πληρούμεναι βελτίω ποιοῦσι τὸν ἄνθρωπον,
d ταύτας μὲν ἀποτελεῖν, αἱ δὲ χείρω, μή, τοῦτο δὲ τέχνη τις

a 2 ἔτι B T Aristides : ἐστι P F   τοῦτο Aristides : τοῦτο ὃ B T P F
οἱ T F : οἱ B   a 8 καὶ B P F t Aristides : καὶ ἀεὶ T   a 9 ἔσται
B T P F : ἐστὶ Aristides   b 1 σὺ πώποτε F   b 2 οὐχὶ B T P F :
οὐ Aristides   b 3 τίς B T P F : ὅστις Aristides   b 4 μὰ B T P F :
μὰ τὸν Aristides   ἔγωγε B T P : om. F Aristides   γε B T P F : om.
Aristides   b 9 μὲν om. P   d 1 τέχνη τις εἴη scripsi (εἴη ἂν
ci. Heindorf) : τέχνη τις εἶναι B T P F : τέχνης εἶναι Ast : τέχνης
τινὸς δεῖται Liebhold

εἴη—τοιοῦτον ἄνδρα τούτων τινὰ [γεγονέναι] οὐκ ἔχω ἔγωγε
πῶς εἴπω.

ΚΑΛ. Ἀλλ' ἐὰν ζητῇς καλῶς, εὑρήσεις.

ΣΩ. Ἴδωμεν δὴ οὑτωσὶ ἀτρέμα σκοπούμενοι εἴ τις τούτων 5
τοιοῦτος γέγονεν· φέρε γάρ, ὁ ἀγαθὸς ἀνὴρ καὶ ἐπὶ τὸ
βέλτιστον λέγων, ἃ ἂν λέγῃ ἄλλο τι οὐκ εἰκῇ ἐρεῖ, ἀλλ'
ἀποβλέπων πρός τι; ὥσπερ καὶ οἱ ἄλλοι πάντες δημιουργοὶ e
[βλέποντες] πρὸς τὸ αὑτῶν ἔργον ἕκαστος οὐκ εἰκῇ ἐκλεγό-
μενος προσφέρει [πρὸς τὸ ἔργον τὸ αὑτῶν,] ἀλλ' ὅπως ἂν
εἶδός τι αὐτῷ σχῇ τοῦτο ὃ ἐργάζεται. οἷον εἰ βούλει ἰδεῖν τοὺς
ζωγράφους, τοὺς οἰκοδόμους, τοὺς ναυπηγούς, τοὺς ἄλλους 5
πάντας δημιουργούς, ὅντινα βούλει αὐτῶν, ὡς εἰς τάξιν τινὰ
ἕκαστος ἕκαστον τίθησιν ὃ ἂν τιθῇ, καὶ προσαναγκάζει τὸ
ἕτερον τῷ ἑτέρῳ πρέπον τε εἶναι καὶ ἁρμόττειν, ἕως ἂν τὸ
ἅπαν συστήσηται τεταγμένον τε καὶ κεκοσμημένον πρᾶγμα· 504
καὶ οἵ τε δὴ ἄλλοι δημιουργοὶ καὶ οὓς νυνδὴ ἐλέγομεν, οἱ
περὶ τὸ σῶμα, παιδοτρίβαι τε καὶ ἰατροί, κοσμοῦσί που
τὸ σῶμα καὶ συντάττουσιν. ὁμολογοῦμεν οὕτω τοῦτ' ἔχειν
ἢ οὔ; 5

ΚΑΛ. Ἔστω τοῦτο οὕτω.

ΣΩ. Τάξεως ἄρα καὶ κόσμου τυχοῦσα οἰκία χρηστὴ ἂν
εἴη, ἀταξίας δὲ μοχθηρά;

ΚΑΛ. Φημί.

ΣΩ. Οὐκοῦν καὶ πλοῖον ὡσαύτως; 10

ΚΑΛ. Ναί. b

d 2 εἴη] εἶναι tuetur et post hanc vocem lacunam indicat Schanz
(ὡμολόγηται· πῶς ἄν τις ἔχοι εἰπεῖν supplet K. Fuhr)   γεγονέναι
seclusi: post γεγονέναι add. ἔχειν εἰπεῖν in marg. f   οὐκ ἔχω
. . . εἴπω cum W Socrati tribui et mox Ἀλλ' . . . εὑρήσεις Callicli :
οὐκ ἔχω . . . εἴπω Callicli et Ἀλλ' . . . εὑρήσεις Socrati tribuit B et
ut videtur T   d 7 ἄλλο τι οὐκ F (sed ἢ suprascr. f)   e 2 βλέ-
ποντες om. Sauppe   e 3 προσφέρει B T P F : προσφέρει ἃ προσφέρει
Vind. 21   πρὸς τὸ ἔργον τὸ αὑτῶν om. Sauppe   αὐτῶν B : αὑτῶν
T P F : αὑτοῦ vulg.   e 4 εἶδός T W F : εἰδώς B   αὐτῷ B T P :
αὐτὸ F   a 1 τε B T P : τί F   a 2 δημιουργοὶ post ἐλέγομεν
transp. F

ΣΩ. Καὶ μὴν καὶ τὰ σώματά φαμεν τὰ ἡμέτερα;

ΚΑΛ. Πάνυ γε.

ΣΩ. Τί δ᾽ ἡ ψυχή; ἀταξίας τυχοῦσα ἔσται χρηστή, ἢ
5 τάξεώς τε καὶ κόσμου τινός;

ΚΑΛ. Ἀνάγκη ἐκ τῶν πρόσθεν καὶ τοῦτο συνομολογεῖν.

ΣΩ. Τί οὖν ὄνομά ἐστιν ἐν τῷ σώματι τῷ ἐκ τῆς τάξεώς
τε καὶ τοῦ κόσμου γιγνομένῳ;

ΚΑΛ. Ὑγίειαν καὶ ἰσχὺν ἴσως λέγεις.

c ΣΩ. Ἔγωγε. τί δὲ αὖ τῷ ἐν τῇ ψυχῇ ἐγγιγνομένῳ ἐκ
τῆς τάξεως καὶ τοῦ κόσμου; πειρῶ εὑρεῖν καὶ εἰπεῖν ὥσπερ
ἐκεῖ τὸ ὄνομα.

ΚΑΛ. Τί δὲ οὐκ αὐτὸς λέγεις, ὦ Σώκρατες;

5 ΣΩ. Ἀλλ᾽ εἴ σοι ἥδιόν ἐστιν, ἐγὼ ἐρῶ· σὺ δέ, ἂν μέν
σοι δοκῶ ἐγὼ καλῶς λέγειν, φάθι, εἰ δὲ μή, ἔλεγχε καὶ μὴ
ἐπίτρεπε. ἐμοὶ γὰρ δοκεῖ ταῖς μὲν τοῦ σώματος τάξεσιν
ὄνομα εἶναι ὑγιεινόν, ἐξ οὗ ἐν αὐτῷ ἡ ὑγίεια γίγνεται καὶ ἡ
ἄλλη ἀρετὴ τοῦ σώματος. ἔστιν ταῦτα ἢ οὐκ ἔστιν;

10 ΚΑΛ. Ἔστιν.

d ΣΩ. Ταῖς δέ γε τῆς ψυχῆς τάξεσι καὶ κοσμήσεσιν
νόμιμόν τε καὶ νόμος, ὅθεν καὶ νόμιμοι γίγνονται καὶ κόσμιοι·
ταῦτα δ᾽ ἔστιν δικαιοσύνη τε καὶ σωφροσύνη. φῂς ἢ οὔ;

ΚΑΛ. Ἔστω.

5 ΣΩ. Οὐκοῦν πρὸς ταῦτα βλέπων ὁ ῥήτωρ ἐκεῖνος, ὁ
τεχνικός τε καὶ ἀγαθός, καὶ τοὺς λόγους προσοίσει ταῖς
ψυχαῖς οὓς ἂν λέγῃ, καὶ τὰς πράξεις ἁπάσας, καὶ δῶρον
ἐάν τι διδῷ, δώσει, καὶ ἐάν τι ἀφαιρῆται, ἀφαιρήσεται,
πρὸς τοῦτο ἀεὶ τὸν νοῦν ἔχων, ὅπως ἂν αὐτοῦ τοῖς πολίταις
e δικαιοσύνη μὲν ἐν ταῖς ψυχαῖς γίγνηται, ἀδικία δὲ ἀπαλ-
λάττηται, καὶ σωφροσύνη μὲν ἐγγίγνηται, ἀκολασία δὲ

b 6 πρόσθεν T P F : πρόσθε B   c 3 ἐκεῖ scripsi : ἐκεῖνο B T P F :
ἐκείνῳ Heindorf   c 7 ἐμοὶ γὰρ F : ἔμοιγε T W f : ἔμοιγε γὰρ B (sed
γὰρ punctis notavit et γὰρ ad γε in marg. adscripsit B²)   d 1 δέ γε
F : δὲ B T P   καὶ B T F : τε καὶ P   d 5 ταῦτα & pr. F
d 9 αὐτοῦ T P F : αὑτοῦ B : αὑτῷ Deuschle : δι᾽ αὐτοῦ fuisse susp.
Schanz

ἀπαλλάττηται, καὶ ἡ ἄλλη ἀρετὴ ἐγγίγνηται, κακία δὲ ἀπίῃ.
συγχωρεῖς ἢ οὔ;

ΚΑΛ. Συγχωρῶ.   5

ΣΩ. Τί γὰρ ὄφελος, ὦ Καλλίκλεις, σώματί γε κάμνοντι
καὶ μοχθηρῶς διακειμένῳ σιτία πολλὰ διδόναι καὶ τὰ ἥδιστα
ἢ ποτὰ ἢ ἄλλ' ὁτιοῦν, ὃ μὴ ὀνήσει αὐτὸ ἔσθ' ὅτι πλέον ἢ
τοὐναντίον κατά γε τὸν δίκαιον λόγον καὶ ἔλαττον; ἔστι
ταῦτα;   10

ΚΑΛ. Ἔστω.   505

ΣΩ. Οὐ γὰρ οἶμαι λυσιτελεῖ μετὰ μοχθηρίας σώματος
ζῆν ἀνθρώπῳ· ἀνάγκη γὰρ οὕτω καὶ ζῆν μοχθηρῶς. ἢ οὐχ
οὕτως;

ΚΑΛ. Ναί.   5

ΣΩ. Οὐκοῦν καὶ τὰς ἐπιθυμίας ἀποπιμπλάναι, οἷον πει-
νῶντα φαγεῖν ὅσον βούλεται ἢ διψῶντα πιεῖν, ὑγιαίνοντα
μὲν ἐῶσιν οἱ ἰατροὶ ὡς τὰ πολλά, κάμνοντα δὲ ὡς ἔπος
εἰπεῖν οὐδέποτ' ἐῶσιν ἐμπίμπλασθαι ὧν ἐπιθυμεῖ; συγχωρεῖς
τοῦτό γε καὶ σύ;   10

ΚΑΛ. Ἔγωγε.

ΣΩ. Περὶ δὲ ψυχήν, ὦ ἄριστε, οὐχ ὁ αὐτὸς τρόπος;   b
ἕως μὲν ἂν πονηρὰ ᾖ, ἀνόητός τε οὖσα καὶ ἀκόλαστος καὶ
ἄδικος καὶ ἀνόσιος, εἴργειν αὐτὴν δεῖ τῶν ἐπιθυμιῶν καὶ
μὴ ἐπιτρέπειν ἄλλ' ἄττα ποιεῖν ἢ ἀφ' ὧν βελτίων ἔσται·
φῂς ἢ οὔ;   5

ΚΑΛ. Φημί.

ΣΩ. Οὕτω γάρ που αὐτῇ ἄμεινον τῇ ψυχῇ;

ΚΑΛ. Πάνυ γε.

ΣΩ. Οὐκοῦν τὸ εἴργειν ἐστὶν ἀφ' ὧν ἐπιθυμεῖ κολάζειν;

ΚΑΛ. Ναί.   10

---

e 6 ὄφελος TPf: ὤφελος BF   e 8 ὀνήσει F: ὀνήσῃ BTW
αὐτὸ TPf: αὐτὸν B (sed ν punctis notatum) F   ἔσθ' ὅτι] ἔσθ' ὅτε
Cornarius   e 9 κατά γε] ἢ κατά γε Cornarius: κατὰ δὲ Schleiermacher
a 1 ἔστω] ἔστιν P   a 3 μοχθηρῶς P F Iamblichus : καὶ μοχθηρῶς B
(sed καὶ punctis notatum) T   a 6 οὐκοῦν καὶ F Iamblichus : οὐκοῦν
BP : οὐκουν T   b 4 ἀφ' ὧν BTP : ἃ ποιῶν F : ἃ ἂν ποιῶν Iamblichus

ΣΩ. Τὸ κολάζεσθαι ἄρα τῇ ψυχῇ ἄμεινόν ἐστιν ἢ ἡ ἀκολασία, ὥσπερ σὺ νυνδὴ ᾤου.

c КΑΛ. Οὐκ οἶδ' ἅττα λέγεις, ὦ Σώκρατες, ἀλλ' ἄλλον τινὰ ἐρώτα.

ΣΩ. Οὗτος ἀνὴρ οὐχ ὑπομένει ὠφελούμενος καὶ αὐτὸς τοῦτο πάσχων περὶ οὗ ὁ λόγος ἐστί, κολαζόμενος.

5 КΑΛ. Οὐδέ γέ μοι μέλει οὐδὲν ὧν σὺ λέγεις, καὶ ταῦτά σοι Γοργίου χάριν ἀπεκρινάμην.

ΣΩ. Εἶεν· τί οὖν δὴ ποιήσομεν; μεταξὺ τὸν λόγον καταλύομεν;

КΑΛ. Αὐτὸς γνώσῃ.

10 ΣΩ. 'Αλλ' οὐδὲ τοὺς μύθους φασὶ μεταξὺ θέμις εἶναι
d καταλείπειν, ἀλλ' ἐπιθέντας κεφαλήν, ἵνα μὴ ἄνευ κεφαλῆς περιίῃ. ἀπόκριναι οὖν καὶ τὰ λοιπά, ἵνα ἡμῖν ὁ λόγος κεφαλὴν λάβῃ.

КΑΛ. 'Ως βίαιος εἶ, ὦ Σώκρατες. ἐὰν δὲ ἐμοὶ πείθῃ,
5 ἐάσεις χαίρειν τοῦτον τὸν λόγον, ἢ καὶ ἄλλῳ τῳ διαλέξῃ.

ΣΩ. Τίς οὖν ἄλλος ἐθέλει; μὴ γάρ τοι ἀτελῆ γε τὸν λόγον καταλίπωμεν.

КΑΛ. Αὐτὸς δὲ οὐκ ἂν δύναιο διελθεῖν τὸν λόγον, ἢ λέγων κατὰ σαυτὸν ἢ ἀποκρινόμενος σαυτῷ;

e ΣΩ. "Ινα μοι τὸ τοῦ 'Επιχάρμου γένηται, ἃ " πρὸ τοῦ δύο ἄνδρες ἔλεγον," εἷς ὢν ἱκανὸς γένωμαι. ἀτὰρ κινδυνεύει ἀναγκαιότατον εἶναι οὕτως. εἰ μέντοι ποιήσομεν, οἶμαι ἔγωγε χρῆναι πάντας ἡμᾶς φιλονίκως ἔχειν πρὸς τὸ
5 εἰδέναι τὸ ἀληθὲς τί ἐστιν περὶ ὧν λέγομεν καὶ τί ψεῦδος·

b 11 ἥ om. F Iamblichus   c 1 οἶδα τί λέγεις F   c 3 αὐτὸς
BTPF : αὐτὸ corr. Coisl.   c 4 πάσχειν P   c 5 σὺ om. F
c 7 ποιήσομεν BTW : ποιήσωμεν F   c 8 καταλύομεν BTP : κατα-
λύσομεν in lacuna f   d 1 καταλείπειν BTf : καταλιπεῖν PF
d 2 περιίῃ Tf : περιείῃ B : περιήει PF   ἡμῖν post d 3 κεφαλὴν
transp. P   d 4 δὲ om. F   d 5 καὶ om. F   d 6 ἐθέλει
BTPF : ἐθελήσει f   ἀτελῆ] ἅτε δὴ F   d 7 καταλίπωμεν W :
καταλιπῶν μὲν F : καταλείπωμεν BTf   d 9 σαυτῷ] αὐτῷ P   e 1 ἵνα
BTWF : μὰ δί' in marg. add. F   e 2 ἄνδρες BTPF (sed σ puncto
notatum in B)   e 3 οὕτως· εἰ BTP : οὑτωσὶ F   ποιήσομεν W :
ποιήσωμεν BTF   e 4 πάντας F : πάντα BTW

κοινὸν γὰρ ἀγαθὸν ἅπασι φανερὸν γενέσθαι αὐτό. δίειμι
μὲν οὖν τῷ λόγῳ ἐγὼ ὡς ἄν μοι δοκῇ ἔχειν· ἐὰν δέ τῳ 506
ὑμῶν μὴ τὰ ὄντα δοκῶ ὁμολογεῖν ἐμαυτῷ, χρὴ ἀντιλαμ-
βάνεσθαι καὶ ἐλέγχειν. οὐδὲ γάρ τοι ἔγωγε εἰδὼς λέγω
ἃ λέγω, ἀλλὰ ζητῶ κοινῇ μεθ' ὑμῶν, ὥστε, ἂν τὶ φαίνηται
λέγων ὁ ἀμφισβητῶν ἐμοί, ἐγὼ πρῶτος συγχωρήσομαι. 5
λέγω μέντοι ταῦτα, εἰ δοκεῖ χρῆναι διαπερανθῆναι τὸν
λόγον· εἰ δὲ μὴ βούλεσθε, ἐῶμεν ἤδη χαίρειν καὶ ἀπίωμεν.

ΓΟΡ. Ἀλλ' ἐμοὶ μὲν οὐ δοκεῖ, ὦ Σώκρατες, χρῆναί πω
ἀπιέναι, ἀλλὰ διεξελθεῖν σε τὸν λόγον· φαίνεται δέ μοι b
καὶ τοῖς ἄλλοις δοκεῖν. βούλομαι γὰρ ἔγωγε καὶ αὐτὸς
ἀκοῦσαί σου αὐτοῦ διιόντος τὰ ἐπίλοιπα.

ΣΩ. Ἀλλὰ μὲν δή, ὦ Γοργία, καὶ αὐτὸς ἡδέως μὲν ἂν
Καλλικλεῖ τούτῳ ἔτι διελεγόμην, ἕως αὐτῷ τὴν τοῦ Ἀμ- 5
φίονος ἀπέδωκα ῥῆσιν ἀντὶ τῆς τοῦ Ζήθου· ἐπειδὴ δὲ σύ,
ὦ Καλλίκλεις, οὐκ ἐθέλεις συνδιαπερᾶναι τὸν λόγον, ἀλλ'
οὖν ἐμοῦ γε ἀκούων ἐπιλαμβάνου, ἐάν τί σοι δοκῶ μὴ
καλῶς λέγειν. καί με ἐὰν ἐξελέγχῃς, οὐκ ἀχθεσθήσομαί c
σοι ὥσπερ σὺ ἐμοί, ἀλλὰ μέγιστος εὐεργέτης παρ' ἐμοὶ
ἀναγεγράψῃ.

ΚΑΛ. Λέγε, ὠγαθέ, αὐτὸς καὶ πέραινε.

ΣΩ. Ἄκουε δὴ ἐξ ἀρχῆς ἐμοῦ ἀναλαβόντος τὸν λόγον. 5
Ἆρα τὸ ἡδὺ καὶ τὸ ἀγαθὸν τὸ αὐτό ἐστιν;—Οὐ ταὐτόν,
ὡς ἐγὼ καὶ Καλλικλῆς ὡμολογήσαμεν.—Πότερον δὲ τὸ ἡδὺ
ἕνεκα τοῦ ἀγαθοῦ πρακτέον, ἢ τὸ ἀγαθὸν ἕνεκα τοῦ ἡδέος;
—Τὸ ἡδὺ ἕνεκα τοῦ ἀγαθοῦ.—Ἡδὺ δέ ἐστιν τοῦτο οὗ
παραγενομένου ἡδόμεθα, ἀγαθὸν δὲ οὗ παρόντος ἀγαθοί d
ἐσμεν;—Πάνυ γε.—Ἀλλὰ μὴν ἀγαθοί γέ ἐσμεν καὶ ἡμεῖς
καὶ τἆλλα πάντα ὅσ' ἀγαθά ἐστιν, ἀρετῆς τινος παραγενο-
μένης;—Ἔμοιγε δοκεῖ ἀναγκαῖον εἶναι, ὦ Καλλίκλεις.—
Ἀλλὰ μὲν δὴ ἥ γε ἀρετὴ ἑκάστου, καὶ σκεύους καὶ σώματος 5

a 3 λέγω & λέγω ΒΤΡ : πάνυ τί λέγω. ἀλλ' ἐγὼ F   e 5 ἐγὼ
ΒΤΡ : ἔγωγε F   a 6 διαπερανθῆναι ΒΤΡ f : διαπερᾶναι F   a 7 ἤδη
F : δὴ ΒΤΡ f   b 5 ἀμφίονος W F : ἀμφίωνος ΒΤΡ   b 6 τῆς om. F

καὶ ψυχῆς αὖ καὶ ζῴου παντός, οὐ τῷ εἰκῇ κάλλιστα παρα-
γίγνεται, ἀλλὰ τάξει καὶ ὀρθότητι καὶ τέχνῃ, ἥτις ἑκάστῳ
ἀποδέδοται αὐτῶν· ἆρα ἔστιν ταῦτα;—Ἐγὼ μὲν γάρ φημι.

e —Τάξει ἆρα τεταγμένον καὶ κεκοσμημένον ἐστὶν ἡ ἀρετὴ
ἑκάστου;—Φαίην ἂν ἔγωγε.—Κόσμος τις ἄρα ἐγγενόμενος
ἐν ἑκάστῳ ὁ ἑκάστου οἰκεῖος ἀγαθὸν παρέχει ἕκαστον τῶν
ὄντων;—Ἔμοιγε δοκεῖ.—Καὶ ψυχὴ ἄρα κόσμον ἔχουσα
5 τὸν ἑαυτῆς ἀμείνων τῆς ἀκοσμήτου;—Ἀνάγκη.—Ἀλλὰ μὴν
ἥ γε κόσμον ἔχουσα κοσμία;—Πῶς γὰρ οὐ μέλλει;—Ἡ δέ
507 γε κοσμία σώφρων;—Πολλὴ ἀνάγκη.—Ἡ ἄρα σώφρων
ψυχὴ ἀγαθή. ἐγὼ μὲν οὐκ ἔχω παρὰ ταῦτα ἄλλα φάναι,
ὦ φίλε Καλλίκλεις· σὺ δ᾽ εἰ ἔχεις, δίδασκε.

ΚΑΛ. Λέγ᾽, ὠγαθέ.

5 ΣΩ. Λέγω δὴ ὅτι, εἰ ἡ σώφρων ἀγαθή ἐστιν, ἡ τοὐ-
ναντίον τῇ σώφρονι πεπονθυῖα κακή ἐστιν· ἦν δὲ αὕτη ἡ
ἄφρων τε καὶ ἀκόλαστος.—Πάνυ γε.—Καὶ μὴν ὅ γε σώ-
φρων τὰ προσήκοντα πράττοι ἂν καὶ περὶ θεοὺς καὶ περὶ
ἀνθρώπους· οὐ γὰρ ἂν σωφρονοῖ τὰ μὴ προσήκοντα πράτ-
b των;—Ἀνάγκη ταῦτ᾽ εἶναι οὕτω.—Καὶ μὴν περὶ μὲν ἀνθρώ-
πους τὰ προσήκοντα πράττων δίκαι᾽ ἂν πράττοι, περὶ δὲ
θεοὺς ὅσια· τὸν δὲ τὰ δίκαια καὶ ὅσια πράττοντα ἀνάγκη
δίκαιον καὶ ὅσιον εἶναι.—Ἔστι ταῦτα.—Καὶ μὲν δὴ καὶ
5 ἀνδρεῖόν γε ἀνάγκη· οὐ γὰρ δὴ σώφρονος ἀνδρός ἐστιν οὔτε
διώκειν οὔτε φεύγειν ἃ μὴ προσήκει, ἀλλ᾽ ἃ δεῖ καὶ πρά-
γματα καὶ ἀνθρώπους καὶ ἡδονὰς καὶ λύπας φεύγειν καὶ
διώκειν, καὶ ὑπομένοντα καρτερεῖν ὅπου δεῖ· ὥστε πολλὴ
c ἀνάγκη, ὦ Καλλίκλεις, τὸν σώφρονα, ὥσπερ διήλθομεν,
δίκαιον ὄντα καὶ ἀνδρεῖον καὶ ὅσιον ἀγαθὸν ἄνδρα εἶναι
τελέως, τὸν δὲ ἀγαθὸν εὖ τε καὶ καλῶς πράττειν ἃ ἂν

---

d 6 οὐ τῷ Β Τ Iamblichus: οὐ τω P: οὗτοι al. Sauppe: οὐχ οὕτω F
κάλλιστα secl. Coraes   d 8 γάρ Β P F: γὰρ δή Τ   e 1 τετα-
γμένον Β Τ P F: τεταγμένον τι Iamblichus   e 3 ἑκάστου Β P F
Iamblichus: ἕκαστον Τ: ἑκάστων t   a 6 σωφροσύνη P   a 8 περὶ
ἀνθρώπους Β Τ P F: ἀνθρώπους Iamblichus   b 6 ἀλλ᾽ ἃ δεῖ Hein
dorf: ἀλλὰ δεῖ Β Τ f Iamblichus: ἀλλὰ δὴ P F   c 3 τε Β Τ P: γε F

πράττῃ, τὸν δ' εὖ πράττοντα μακάριόν τε καὶ εὐδαίμονα
εἶναι, τὸν δὲ πονηρὸν καὶ κακῶς πράττοντα ἄθλιον· οὗτος 5
δ' ἂν εἴη ὁ ἐναντίως ἔχων τῷ σώφρονι, ὁ ἀκόλαστος, ὃν
σὺ ἐπῄνεις.

Ἐγὼ μὲν οὖν ταῦτα οὕτω τίθεμαι καί φημι ταῦτα ἀληθῆ
εἶναι· εἰ δὲ ἔστιν ἀληθῆ, τὸν βουλόμενον, ὡς ἔοικεν, εὐ-
δαίμονα εἶναι σωφροσύνην μὲν διωκτέον καὶ ἀσκητέον, d
ἀκολασίαν δὲ φευκτέον ὡς ἔχει ποδῶν ἕκαστος ἡμῶν, καὶ
παρασκευαστέον μάλιστα μὲν μηδὲν δεῖσθαι τοῦ κολάζεσθαι,
ἐὰν δὲ δεηθῇ ἢ αὐτὸς ἢ ἄλλος τις τῶν οἰκείων, ἢ ἰδιώτης
ἢ πόλις, ἐπιθετέον δίκην καὶ κολαστέον, εἰ μέλλει εὐδαίμων 5
εἶναι. οὗτος ἔμοιγε δοκεῖ ὁ σκοπὸς εἶναι πρὸς ὃν βλέ-
ποντα δεῖ ζῆν, καὶ πάντα εἰς τοῦτο τὰ αὑτοῦ συντείνοντα
καὶ τὰ τῆς πόλεως, ὅπως δικαιοσύνη παρέσται καὶ σωφρο-
σύνη τῷ μακαρίῳ μέλλοντι ἔσεσθαι, οὕτω πράττειν, οὐκ e
ἐπιθυμίας ἐῶντα ἀκολάστους εἶναι καὶ ταύτας ἐπιχειροῦντα
πληροῦν, ἀνήνυτον κακόν, λῃστοῦ βίον ζῶντα. οὔτε γὰρ
ἂν ἄλλῳ ἀνθρώπῳ προσφιλὴς ἂν εἴη ὁ τοιοῦτος οὔτε θεῷ·
κοινωνεῖν γὰρ ἀδύνατος, ὅτῳ δὲ μὴ ἔνι κοινωνία, φιλία οὐκ 5
ἂν εἴη. φασὶ δ' οἱ σοφοί, ὦ Καλλίκλεις, καὶ οὐρανὸν καὶ
γῆν καὶ θεοὺς καὶ ἀνθρώπους τὴν κοινωνίαν συνέχειν καὶ 508
φιλίαν καὶ κοσμιότητα καὶ σωφροσύνην καὶ δικαιότητα,
καὶ τὸ ὅλον τοῦτο διὰ ταῦτα κόσμον καλοῦσιν, ὦ ἑταῖρε,
οὐκ ἀκοσμίαν οὐδὲ ἀκολασίαν. σὺ δέ μοι δοκεῖς οὐ προσ-
έχειν τὸν νοῦν τούτοις, καὶ ταῦτα σοφὸς ὤν, ἀλλὰ λέληθέν 5
σε ὅτι ἡ ἰσότης ἡ γεωμετρικὴ καὶ ἐν θεοῖς καὶ ἐν ἀνθρώποις
μέγα δύναται, σὺ δὲ πλεονεξίαν οἴει δεῖν ἀσκεῖν· γεωμε-

c 5 πονηρῶς P   c 8 οὖν om. Oxy.   ταῦτα ἀληθῆ B P F Oxy.
Stobaeus : ἀληθῆ ταῦτα T   c 9 εἰ δὲ ἔστιν ἀληθῆ om. F (add.
in marg. f)   δὲ B T P et in marg. f: δὴ Iamblichus Stobaeus
d 3 παρασκευαστέον B T P f Oxy. Iamblichus: πολῖς σκευαστέον ut
videtur F : παρασκευαστέον ἑαυτὸν Stobaeus   d 4 ἢ prius B T P F
Oxy. Stobaeus : om. Iamblichus   e 1 οὕτω B² T P F : οὐ τῷ B
e 2 ταύτας T W F Stobaeus : ταῦτα B Iamblichus (in Oxy. lacuna)
e 4 ἂν εἴη B T P : εἴη F Oxy. Stobaeus   e 5 δὲ B T P f : γὰρ Oxy.
Iamblichus Stobaeus : om. F   a 7 οἴει πλεονεξίαν P

τρίας γὰρ ἀμελεῖς. εἶεν· ἢ ἐξελεγκτέος δὴ οὗτος ὁ λόγος
b ἡμῖν ἐστιν, ὡς οὐ δικαιοσύνης καὶ σωφροσύνης κτήσει εὐδαί-
μονες οἱ εὐδαίμονες, κακίας δὲ οἱ ἄθλιοι, ἢ εἰ οὗτος ἀληθής
ἐστιν, σκεπτέον τί τὰ συμβαίνοντα. τὰ πρόσθεν ἐκεῖνα,
ὦ Καλλίκλεις, συμβαίνει πάντα, ἐφ᾽ οἷς σύ με ἤρου εἰ
5 σπουδάζων λέγοιμι, λέγοντα ὅτι κατηγορητέον εἴη καὶ αὐτοῦ
καὶ ὑέος καὶ ἑταίρου, ἐάν τι ἀδικῇ, καὶ τῇ ῥητορικῇ ἐπὶ
τοῦτο χρηστέον· καὶ ἃ Πῶλον αἰσχύνῃ ᾤου συγχωρεῖν,
ἀληθῆ ἄρα ἦν, τὸ εἶναι τὸ ἀδικεῖν τοῦ ἀδικεῖσθαι ὅσῳπερ
c αἴσχιον τοσούτῳ κάκιον· καὶ τὸν μέλλοντα ὀρθῶς ῥητορικὸν
ἔσεσθαι δίκαιον ἄρα δεῖ εἶναι καὶ ἐπιστήμονα τῶν δικαίων,
ὃ αὖ Γοργίαν ἔφη Πῶλος δι᾽ αἰσχύνην ὁμολογῆσαι.

Τούτων δὲ οὕτως ἐχόντων σκεψώμεθα τί ποτ᾽ ἐστὶν ἃ σὺ
5 ἐμοὶ ὀνειδίζεις, ἆρα καλῶς λέγεται ἢ οὔ, ὡς ἄρα ἐγὼ οὐχ
οἷός τ᾽ εἰμὶ βοηθῆσαι οὔτε ἐμαυτῷ οὔτε τῶν φίλων οὐδενὶ
οὐδὲ τῶν οἰκείων, οὐδ᾽ ἐκσῶσαι ἐκ τῶν μεγίστων κινδύνων,
εἰμὶ δὲ ἐπὶ τῷ βουλομένῳ ὥσπερ οἱ ἄτιμοι τοῦ ἐθέλοντος,
d ἄντε τύπτειν βούληται, τὸ νεανικὸν δὴ τοῦτο τὸ τοῦ σοῦ
λόγου, ἐπὶ κόρρης, ἐάντε χρήματα ἀφαιρεῖσθαι, ἐάντε ἐκ-
βάλλειν ἐκ τῆς πόλεως, ἐάντε, τὸ ἔσχατον, ἀποκτεῖναι· καὶ
οὕτω διακεῖσθαι πάντων δὴ αἴσχιστόν ἐστιν, ὡς ὁ σὸς λόγος.
5 ὁ δὲ δὴ ἐμὸς ὅστις, πολλάκις μὲν ἤδη εἴρηται, οὐδὲν δὲ
κωλύει καὶ ἔτι λέγεσθαι· Οὔ φημι, ὦ Καλλίκλεις, τὸ τύ-
πτεσθαι ἐπὶ κόρρης ἀδίκως αἴσχιστον εἶναι, οὐδέ γε τὸ τέμ-
e νεσθαι οὔτε τὸ σῶμα τὸ ἐμὸν οὔτε τὸ βαλλάντιον, ἀλλὰ τὸ
τύπτειν καὶ ἐμὲ καὶ τὰ ἐμὰ ἀδίκως καὶ τέμνειν καὶ αἴσχιον
καὶ κάκιον, καὶ κλέπτειν γε ἅμα καὶ ἀνδραποδίζεσθαι καὶ

b 2 ἄθλιοι post δὲ add. Bekker : post ἄθλιοι Heindorf (semel habet
Oxy.)   b 3 τί BTPF : τίνα vulg. (et mox c 4)   b 7 τούτῳ P
b 8 τοῦ ἀδικεῖν τὸ ἀδικεῖσθαι P   c 2 δεῖ F (sed ν add. f)   c 7 οὐδὲ
σῶσαι F Oxy.   c 8 ἐπὶ τῷ βουλομένῳ BTP : ἐπὶ τῷ βουλευομένῳ F :
secl. Morstadt (sed πι τω βο[. . . . . . iam Oxy.)   τοῦ ἐθέλοντος
secl. Hirschig   d 1 τοῦτο τὸ F : τοῦτο BTP   d 2 ἐκβάλλειν
BTPF : εκβαλειν Oxy.   d 3 ἀποκτεῖναι] ἀποκτιννύναι Badham
d 4 ἐστιν om. F   e 1 prius οὔτε BTP : οὐδὲ F   βαλλάντιον
BTP : βαλάντιον F

τοιχωρυχεῖν καὶ συλλήβδην ὁτιοῦν ἀδικεῖν καὶ ἐμὲ καὶ τὰ
ἐμὰ τῷ ἀδικοῦντι καὶ κάκιον καὶ αἴσχιον εἶναι ἢ ἐμοὶ τῷ 5
ἀδικουμένῳ. ταῦτα ἡμῖν ἄνω ἐκεῖ ἐν τοῖς πρόσθεν λόγοις
οὕτω φανέντα, ὡς ἐγὼ λέγω, κατέχεται καὶ δέδεται, καὶ
εἰ ἀγροικότερόν τι εἰπεῖν ἔστιν, σιδηροῖς καὶ ἀδαμαντίνοις 509
λόγοις, ὡς γοῦν ἂν δόξειεν οὑτωσί, οὓς σὺ εἰ μὴ λύσεις
ἢ σοῦ τις νεανικώτερος, οὐχ οἷόν τε ἄλλως λέγοντα ἢ ὡς
ἐγὼ νῦν λέγω καλῶς λέγειν· ἐπεὶ ἔμοιγε ὁ αὐτὸς λόγος
ἐστὶν ἀεί, ὅτι ἐγὼ ταῦτα οὐκ οἶδα ὅπως ἔχει, ὅτι μέντοι 5
ὧν ἐγὼ ἐντετύχηκα, ὥσπερ νῦν, οὐδεὶς οἷός τ᾽ ἐστὶν ἄλλως
λέγων μὴ οὐ καταγέλαστος εἶναι. ἐγὼ μὲν οὖν αὖ τίθημι
ταῦτα οὕτως ἔχειν· εἰ δὲ οὕτως ἔχει καὶ μέγιστον τῶν κακῶν b
ἐστιν ἡ ἀδικία τῷ ἀδικοῦντι καὶ ἔτι τούτου μεῖζον μεγίστου
ὄντος, εἰ οἷόν τε, τὸ ἀδικοῦντα μὴ διδόναι δίκην, τίνα ἂν
βοήθειαν μὴ δυνάμενος ἄνθρωπος βοηθεῖν ἑαυτῷ καταγέ-
λαστος ἂν τῇ ἀληθείᾳ εἴη; ἆρα οὐ ταύτην, ἥτις ἀποτρέψει 5
τὴν μεγίστην ἡμῶν βλάβην; ἀλλὰ πολλὴ ἀνάγκη ταύτην
εἶναι τὴν αἰσχίστην βοήθειαν μὴ δύνασθαι βοηθεῖν μήτε
αὐτῷ μήτε τοῖς αὐτοῦ φίλοις τε καὶ οἰκείοις, δευτέραν δὲ
τὴν τοῦ δευτέρου κακοῦ καὶ τρίτην τὴν τοῦ τρίτου καὶ τἆλλα c
οὕτως· ὡς ἑκάστου κακοῦ μέγεθος πέφυκεν, οὕτω καὶ κάλλος
τοῦ δυνατὸν εἶναι ἐφ᾽ ἕκαστα βοηθεῖν καὶ αἰσχύνη τοῦ μή.
ἆρα ἄλλως ἢ οὕτως ἔχει, ὦ Καλλίκλεις;

ΚΑΛ. Οὐκ ἄλλως. 5

ΣΩ. Δυοῖν οὖν ὄντοιν, τοῦ ἀδικεῖν τε καὶ ἀδικεῖσθαι,
μεῖζον μέν φαμεν κακὸν τὸ ἀδικεῖν, ἔλαττον δὲ τὸ ἀδικεῖσθαι.
τί οὖν ἂν παρασκευασάμενος ἄνθρωπος βοηθήσειεν αὑτῷ,
ὥστε ἀμφοτέρας τὰς ὠφελίας ταύτας ἔχειν, τήν τε ἀπὸ τοῦ d
μὴ ἀδικεῖν καὶ τὴν ἀπὸ τοῦ μὴ ἀδικεῖσθαι; πότερα δύναμιν

e6 πρόσθεν TPF: πρόσθε B   e7 καὶ εἰ BTF: εἰ καὶ P
a2 λύσεις T²f: λύσῃς BWF   b3 τὸ corr. Par. 1811: τὸν
BTPF   ἂν] δὴ Hirschig   b5 ἀποστρέψει F   b7 βοήθειαν
obelo notavit Schanz: ἀδυναμίαν ci. H. Richards   c1 καὶ ante
τρίτην om. F   c3 τοῦ μὴ F rec. b: ἑτοίμη BTP   c7 μέν om. F

ἢ βούλησιν; ὧδε δὲ λέγω· πότερον ἐὰν μὴ βούληται ἀδι-
κεῖσθαι, οὐκ ἀδικήσεται, ἢ ἐὰν δύναμιν παρασκευάσηται τοῦ
5 μὴ ἀδικεῖσθαι, οὐκ ἀδικήσεται;

ΚΑΛ. Δῆλον δὴ τοῦτό γε, ὅτι ἐὰν δύναμιν.

ΣΩ. Τί δὲ δὴ τοῦ ἀδικεῖν; πότερον ἐὰν μὴ βούληται
ἀδικεῖν, ἱκανὸν τοῦτ' ἐστίν—οὐ γὰρ ἀδικήσει—ἢ καὶ ἐπὶ
e τοῦτο δεῖ δύναμίν τινα καὶ τέχνην παρασκευάσασθαι, ὡς,
ἐὰν μὴ μάθῃ αὐτὰ καὶ ἀσκήσῃ, ἀδικήσει; τί οὐκ αὐτό γέ
μοι τοῦτο ἀπεκρίνω, ὦ Καλλίκλεις, πότερόν σοι δοκοῦμεν
ὀρθῶς ἀναγκασθῆναι ὁμολογεῖν ἐν τοῖς ἔμπροσθεν λόγοις
5 ἐγώ τε καὶ Πῶλος ἢ οὔ, ἡνίκα ὡμολογήσαμεν μηδένα
βουλόμενον ἀδικεῖν, ἀλλ' ἄκοντας τοὺς ἀδικοῦντας πάντας
ἀδικεῖν;

510 ΚΑΛ. Ἔστω σοι τοῦτο, ὦ Σώκρατες, οὕτως, ἵνα δια-
περάνῃς τὸν λόγον.

ΣΩ. Καὶ ἐπὶ τοῦτο ἄρα, ὡς ἔοικεν, παρασκευαστέον
ἐστὶ δύναμίν τινα καὶ τέχνην, ὅπως μὴ ἀδικήσωμεν.

5 ΚΑΛ. Πάνυ γε.

ΣΩ. Τίς οὖν ποτ' ἐστὶν τέχνη τῆς παρασκευῆς τοῦ
μηδὲν ἀδικεῖσθαι ἢ ὡς ὀλίγιστα; σκέψαι εἰ σοὶ δοκεῖ ἥπερ
ἐμοί. ἐμοὶ μὲν γὰρ δοκεῖ ἥδε· ἢ αὐτὸν ἄρχειν δεῖν ἐν
τῇ πόλει ἢ καὶ τυραννεῖν, ἢ τῆς ὑπαρχούσης πολιτείας
10 ἑταῖρον εἶναι.

ΚΑΛ. Ὁρᾷς, ὦ Σώκρατες, ὡς ἐγὼ ἕτοιμός εἰμι ἐπαινεῖν,
b ἄν τι καλῶς λέγῃς; τοῦτό μοι δοκεῖς πάνυ καλῶς εἰρηκέναι.

ΣΩ. Σκόπει δὴ καὶ τόδε ἐάν σοι δοκῶ εὖ λέγειν. φίλος
μοι δοκεῖ ἕκαστος ἑκάστῳ εἶναι ὡς οἷόν τε μάλιστα, ὅνπερ
οἱ παλαιοί τε καὶ σοφοὶ λέγουσιν, ὁ ὅμοιος τῷ ὁμοίῳ. οὐ
5 καὶ σοί;

e 2 καὶ Β Τ Ρ : καὶ μὴ F   γέ μοι F : γε ἐμοὶ Β Τ Ρ   e 3 ἀπεκρίνω
scr. recc. : ἀπεκρίνου Β Τ Ρ F   a 1 οὕτως Β Τ F : ἴσως Ρ   δια-
περάνῃς Τ Ρ F : διαπερανῇ Β   a 4 ἀδικήσομεν Heindorf   a 7 ἥπερ
Τ Ρ f : ἧπερ Β : καὶ εἴπερ F   a 8 ἥδε Ρ F : ἦδε Β Τ (τῇδε Buttmann
et supra ᾗπερ cum Β)   δεῖν ἄρχειν Ρ   a 10 ἑταῖρον F : ἕτερον
Β Τ Ρ et in marg. f

ΚΑΛ. Ἔμοιγε.

ΣΩ. Οὐκοῦν ὅπου τύραννός ἐστιν ἄρχων ἄγριος καὶ ἀπαίδευτος, εἴ τις τούτου ἐν τῇ πόλει πολὺ βελτίων εἴη, φοβοῖτο δήπου ἂν αὐτὸν ὁ τύραννος καὶ τούτῳ ἐξ ἅπαντος τοῦ νοῦ οὐκ ἄν ποτε δύναιτο φίλος γενέσθαι;   c

ΚΑΛ. Ἔστι ταῦτα.

ΣΩ. Οὐδέ γε εἴ τις πολὺ φαυλότερος εἴη, οὐδ' ἂν οὗτος· καταφρονοῖ γὰρ ἂν αὐτοῦ ὁ τύραννος καὶ οὐκ ἄν ποτε ὡς πρὸς φίλον σπουδάσειεν.   5

ΚΑΛ. Καὶ ταῦτ' ἀληθῆ.

ΣΩ. Λείπεται δὴ ἐκεῖνος μόνος ἄξιος λόγου φίλος τῷ τοιούτῳ, ὃς ἂν ὁμοήθης ὤν, ταὐτὰ ψέγων καὶ ἐπαινῶν, ἐθέλῃ ἄρχεσθαι καὶ ὑποκεῖσθαι τῷ ἄρχοντι. οὗτος μέγα ἐν ταύτῃ τῇ πόλει δυνήσεται, τοῦτον οὐδεὶς χαίρων ἀδικήσει. d οὐχ οὕτως ἔχει;

ΚΑΛ. Ναί.

ΣΩ. Εἰ ἄρα τις ἐννοήσειεν ἐν ταύτῃ τῇ πόλει τῶν νέων, "Τίνα ἂν τρόπον ἐγὼ μέγα δυναίμην καὶ μηδείς με ἀδικοῖ;" 5 αὕτη, ὡς ἔοικεν, αὐτῷ ὁδός ἐστιν, εὐθὺς ἐκ νέου ἐθίζειν αὐτὸν τοῖς αὐτοῖς χαίρειν καὶ ἄχθεσθαι τῷ δεσπότῃ, καὶ παρασκευάζειν ὅπως ὅτι μάλιστα ὅμοιος ἔσται ἐκείνῳ. οὐχ οὕτως;

ΚΑΛ. Ναί.   10

ΣΩ. Οὐκοῦν τούτῳ τὸ μὲν μὴ ἀδικεῖσθαι καὶ μέγα δύνασθαι, ὡς ὁ ὑμέτερος λόγος, ἐν τῇ πόλει διαπεπρά- e ξεται.

ΚΑΛ. Πάνυ γε.

ΣΩ. Ἆρ' οὖν καὶ τὸ μὴ ἀδικεῖν; ἢ πολλοῦ δεῖ, εἴπερ ὅμοιος ἔσται τῷ ἄρχοντι ὄντι ἀδίκῳ καὶ παρὰ τούτῳ μέγα 5 δυνήσεται; ἀλλ' οἶμαι ἔγωγε, πᾶν τοὐναντίον οὑτωσὶ ἡ

παρασκευὴ ἔσται αὐτῷ ἐπὶ τὸ οἵῳ τε εἶναι ὡς πλεῖστα
ἀδικεῖν καὶ ἀδικοῦντα μὴ διδόναι δίκην. ἢ γάρ;

ΚΑΛ. Φαίνεται.

511   ΣΩ. Οὐκοῦν τὸ μέγιστον αὐτῷ κακὸν ὑπάρξει μοχθηρῷ
ὄντι τὴν ψυχὴν καὶ λελωβημένῳ διὰ τὴν μίμησιν τοῦ δε-
σπότου καὶ δύναμιν.

ΚΑΛ. Οὐκ οἶδ' ὅπῃ στρέφεις ἑκάστοτε τοὺς λόγους ἄνω
5   καὶ κάτω, ὦ Σώκρατες· ἢ οὐκ οἶσθα ὅτι οὗτος ὁ μιμούμενος
τὸν μὴ μιμούμενον ἐκεῖνον ἀποκτενεῖ, ἐὰν βούληται, καὶ
ἀφαιρήσεται τὰ ὄντα.

b   ΣΩ. Οἶδα, ὠγαθὲ Καλλίκλεις, εἰ μὴ κωφός γ' εἰμί, καὶ
σοῦ ἀκούων καὶ Πώλου ἄρτι πολλάκις καὶ τῶν ἄλλων ὀλίγου
πάντων τῶν ἐν τῇ πόλει· ἀλλὰ καὶ σὺ ἐμοῦ ἄκουε, ὅτι
ἀποκτενεῖ μέν, ἂν βούληται, ἀλλὰ πονηρὸς ὢν καλὸν κἀγαθὸν
5   ὄντα.

ΚΑΛ. Οὐκοῦν τοῦτο δὴ καὶ τὸ ἀγανακτητόν;

ΣΩ. Οὐ νοῦν γε ἔχοντι, ὡς ὁ λόγος σημαίνει. ἢ οἴει
δεῖν τοῦτο παρασκευάζεσθαι ἄνθρωπον, ὡς πλεῖστον χρόνον
ζῆν, καὶ μελετᾶν τὰς τέχνας ταύτας αἳ ἡμᾶς ἀεὶ ἐκ τῶν
c   κινδύνων σῴζουσιν, ὥσπερ καὶ ἣν σὺ κελεύεις ἐμὲ μελετᾶν
τὴν ῥητορικὴν τὴν ἐν τοῖς δικαστηρίοις διασῴζουσαν;

ΚΑΛ. Ναὶ μὰ Δία ὀρθῶς γέ σοι συμβουλεύων.

ΣΩ. Τί δέ, ὦ βέλτιστε; ἢ καὶ ἡ τοῦ νεῖν ἐπιστήμη
5   σεμνή τίς σοι δοκεῖ εἶναι;

ΚΑΛ. Μὰ Δί' οὐκ ἔμοιγε.

ΣΩ. Καὶ μὴν σῴζει γε καὶ αὕτη ἐκ θανάτου τοὺς ἀνθρώ-
πους, ὅταν εἴς τι τοιοῦτον ἐμπέσωσιν οὗ δεῖ ταύτης τῆς
ἐπιστήμης. εἰ δ' αὕτη σοι δοκεῖ σμικρὰ εἶναι, ἐγώ σοι
d   μείζω ταύτης ἐρῶ, τὴν κυβερνητικήν, ἣ οὐ μόνον τὰς ψυχὰς
σῴζει ἀλλὰ καὶ τὰ σώματα καὶ τὰ χρήματα ἐκ τῶν ἐσχάτων

θ8 ἀδικοῦντα ΒΤΡ : ἀδικοῦντι F   α4 ὅπῃ F : ὅποι ΒΤW
b2 ἄρτι ΒΤΡ : ἄρα F   c3 συμβουλεύων F (κελεύων in marg. f) :
συμβουλεύω ΒΤΡ   c4 ἢ καὶ ἡ τοῦ F : ἡ καὶ ἡ τοῦ Β : ἡ καὶ τοῦ ΤΡ
c8 τι τοιοῦτον F : τοιοῦτον ΒΤΡ   d1 μείζω F : μείζονα ΒΤΡ

κινδύνων, ὥσπερ ἡ ῥητορική. καὶ αὕτη μὲν προσεσταλμένη
ἐστὶν καὶ κοσμία, καὶ οὐ σεμνύνεται ἐσχηματισμένη ὡς
ὑπερήφανόν τι διαπραττομένη, ἀλλὰ ταὐτὰ διαπραξαμένη 5
τῇ δικανικῇ, ἐὰν μὲν ἐξ Αἰγίνης δεῦρο σώσῃ, οἶμαι δύ᾿
ὀβολοὺς ἐπράξατο, ἐὰν δὲ ἐξ Αἰγύπτου ἢ ἐκ τοῦ Πόντου,
ἐὰν πάμπολυ, ταύτης τῆς μεγάλης εὐεργεσίας, σώσασα ἃ e
νυνδὴ ἔλεγον, καὶ αὐτὸν καὶ παῖδας καὶ χρήματα καὶ γυναῖ-
κας, ἀποβιβάσασ᾿ εἰς τὸν λιμένα δύο δραχμὰς ἐπράξατο,
καὶ αὐτὸς ὁ ἔχων τὴν τέχνην καὶ ταῦτα διαπραξάμενος
ἐκβὰς παρὰ τὴν θάλατταν καὶ τὴν ναῦν περιπατεῖ ἐν μετρίῳ 5
σχήματι· λογίζεσθαι γὰρ οἶμαι ἐπίσταται ὅτι ἄδηλόν
ἐστιν οὕστινάς τε ὠφέληκεν τῶν συμπλεόντων οὐκ ἐάσας
καταποντωθῆναι καὶ οὕστινας ἔβλαψεν, εἰδὼς ὅτι οὐδὲν
αὐτοὺς βελτίους ἐξεβίβασεν ἢ οἷοι ἐνέβησαν, οὔτε τὰ σώ- 512
ματα οὔτε τὰς ψυχάς. λογίζεται οὖν ὅτι οὐκ, εἰ μέν τις
μεγάλοις καὶ ἀνιάτοις νοσήμασιν κατὰ τὸ σῶμα συνεχό-
μενος μὴ ἀπεπνίγη, οὗτος μὲν ἄθλιός ἐστιν ὅτι οὐκ ἀπέ-
θανεν, καὶ οὐδὲν ὑπ᾿ αὐτοῦ ὠφέληται· εἰ δέ τις ἄρα ἐν τῷ
τοῦ σώματος τιμιωτέρῳ, τῇ ψυχῇ, πολλὰ νοσήματα ἔχει 5
καὶ ἀνίατα, τούτῳ δὲ βιωτέον ἐστὶν καὶ τοῦτον ὀνήσει,
ἄντε ἐκ θαλάττης ἄντε ἐκ δικαστηρίου ἐάντε ἄλλοθεν ὁπο-
θενοῦν σώσῃ, ἀλλ᾿ οἶδεν ὅτι οὐκ ἄμεινόν ἐστιν ζῆν τῷ b
μοχθηρῷ ἀνθρώπῳ· κακῶς γὰρ ἀνάγκη ἐστὶν ζῆν.

Διὰ ταῦτα οὐ νόμος ἐστὶ σεμνύνεσθαι τὸν κυβερνήτην,
καίπερ σῴζοντα ἡμᾶς, οὐδέ γε, ὦ θαυμάσιε, τὸν μηχανο-
ποιόν, ὃς οὔτε στρατηγοῦ, μὴ ὅτι κυβερνήτου, οὔτε ἄλλου 5
οὐδενὸς ἐλάττω ἐνίοτε δύναται σῴζειν· πόλεις γὰρ ἔστιν
ὅτε ὅλας σῴζει. μή σοι δοκεῖ κατὰ τὸν δικανικὸν εἶναι;

d 5 διαπραξαμένη F Olympiodorus : διαπραττομένη B T P f
d 6 δεῦρο B T P : ὧδε F   e 2 γυναῖκας] γυναῖκα Naber   e 3 ἀπ[ο-
βιβάσασα] F (sed inclusa in lac. suppl. f): ἀποβιβάσας B T W
a 1 οἶοι F t : οῖ B T P   a 5 ὑπ᾿ B T P f : ἀπ᾿ F   a 7 βιωτὸν
ἔσται Hirschig   ὀνήσει Deuschle : ὀνήσειεν B T P F   b 4 θαυμάσιε
B T P : θαυμασιώτατε F   b 6 πόλεις T P F : πόλις B

καίτοι εἰ βούλοιτο λέγειν, ὦ Καλλίκλεις, ἅπερ ὑμεῖς, σεμ-
c νύνων τὸ πρᾶγμα, καταχώσειεν ἂν ὑμᾶς τοῖς λόγοις, λέγων
καὶ παρακαλῶν ἐπὶ τὸ δεῖν γίγνεσθαι μηχανοποιούς, ὡς
οὐδὲν τἆλλά ἐστιν· ἱκανὸς γὰρ αὐτῷ ὁ λόγος. ἀλλὰ σὺ
οὐδὲν ἧττον αὐτοῦ καταφρονεῖς καὶ τῆς τέχνης τῆς ἐκεί-
5 νου, καὶ ὡς ἐν ὀνείδει ἀποκαλέσαις ἂν μηχανοποιόν, καὶ
τῷ ὑεῖ αὐτοῦ οὔτ᾽ ἂν δοῦναι θυγατέρα ἐθέλοις, οὔτ᾽ ἂν
αὐτὸς λαβεῖν τὴν ἐκείνου. καίτοι ἐξ ὧν τὰ σαυτοῦ ἐπαι-
νεῖς, τίνι δικαίῳ λόγῳ τοῦ μηχανοποιοῦ καταφρονεῖς καὶ
d τῶν ἄλλων ὧν νυνδὴ ἔλεγον; οἶδ᾽ ὅτι φαίης ἂν βελτίων
εἶναι καὶ ἐκ βελτιόνων. τὸ δὲ βέλτιον εἰ μὴ ἔστιν ὃ ἐγὼ
λέγω, ἀλλ᾽ αὐτὸ τοῦτ᾽ ἐστὶν ἀρετή, τὸ σῴζειν αὐτὸν καὶ
τὰ ἑαυτοῦ ὄντα ὁποῖός τις ἔτυχεν, καταγέλαστός σοι ὁ
5 ψόγος γίγνεται καὶ μηχανοποιοῦ καὶ ἰατροῦ καὶ τῶν ἄλλων
τεχνῶν ὅσαι τοῦ σῴζειν ἕνεκα πεποίηνται. ἀλλ᾽, ὦ
μακάριε, ὅρα μὴ ἄλλο τι τὸ γενναῖον καὶ τὸ ἀγαθὸν ᾖ ἢ τὸ
σῴζειν τε καὶ σῴζεσθαι. μὴ γὰρ τοῦτο μέν, τὸ ζῆν ὁπο-
e σονδὴ χρόνον, τόν γε ὡς ἀληθῶς ἄνδρα ἐατέον ἐστὶν καὶ
οὐ φιλοψυχητέον, ἀλλὰ ἐπιτρέψαντα περὶ τούτων τῷ θεῷ
καὶ πιστεύσαντα ταῖς γυναιξὶν ὅτι τὴν εἱμαρμένην οὐδ᾽ ἂν
εἷς ἐκφύγοι, τὸ ἐπὶ τούτῳ σκεπτέον τίν᾽ ἂν τρόπον τοῦτον
5 ὃν μέλλοι χρόνον βιῶναι ὡς ἄριστα βιοίη, ἆρα ἐξομοιῶν
513 αὐτὸν τῇ πολιτείᾳ ταύτῃ ἐν ᾗ ἂν οἰκῇ, καὶ νῦν δὲ ἄρα δεῖ
σὲ ὡς ὁμοιότατον γίγνεσθαι τῷ δήμῳ τῷ Ἀθηναίων, εἰ
μέλλεις τούτῳ προσφιλὴς εἶναι καὶ μέγα δύνασθαι ἐν τῇ
πόλει· τοῦθ᾽ ὅρα εἰ σοὶ λυσιτελεῖ καὶ ἐμοί, ὅπως μή, ὦ
5 δαιμόνιε, πεισόμεθα ὅπερ φασὶ τὰς τὴν σελήνην καθαι-
ρούσας, τὰς Θετταλίδας· σὺν τοῖς φιλτάτοις ἡ αἵρεσις ἡμῖν

c 6 οὔτ᾽ ἂν ante τῷ transp. Cobet   c 7 αὐτὸς B T F : αὐτὸν P : αὖ
Schanz : αὐτὸς τῷ σαυτοῦ al.   d 1 οἶδ᾽ T P F : οἱ δ᾽ B   d 7 ἦ
ἢ τὸ Heindorf : ἢ τὸ B : ᾖ τὸ T P F : τοῦ Coisl.   d 8 μὴ γὰρ] ἢ γὰρ
Schanz   ὁπόσον δὴ W f Antoninus : ὁπόσον δὲ B : ὁπόσον δεῖ T P F
e 1 γε B T F : τε W   e 5 μέλλοι B T P F : μέλλει Antoninus
βιῴη B T P F   a 2 τῷ ἀθηναίων T P : τῶν ἀθηναίων B F   a 6 θετ-
ταλίδας B F : θετταλικὰς T P

ἔσται ταύτης τῆς δυνάμεως τῆς ἐν τῇ πόλει. εἰ δέ σοι οἴει
ὁντινοῦν ἀνθρώπων παραδώσειν τέχνην τινὰ τοιαύτην, ἥτις
σε ποιήσει μέγα δύνασθαι ἐν τῇ πόλει τῇδε ἀνόμοιον ὄντα b
τῇ πολιτείᾳ εἴτ᾽ ἐπὶ τὸ βέλτιον εἴτ᾽ ἐπὶ τὸ χεῖρον, ὡς ἐμοὶ
δοκεῖ, οὐκ ὀρθῶς βουλεύῃ, ὦ Καλλίκλεις· οὐ γὰρ μιμητὴν
δεῖ εἶναι ἀλλ᾽ αὐτοφυῶς ὅμοιον τούτοις, εἰ μέλλεις τι γνή-
σιον ἀπεργάζεσθαι εἰς φιλίαν τῷ ᾿Αθηναίων δήμῳ καὶ ναὶ 5
μὰ Δία τῷ Πυριλάμπους γε πρός. ὅστις οὖν σε τούτοις
ὁμοιότατον ἀπεργάσεται, οὗτός σε ποιήσει, ὡς ἐπιθυμεῖς
πολιτικὸς εἶναι, πολιτικὸν καὶ ῥητορικόν· τῷ αὐτῶν γὰρ
ἤθει λεγομένων τῶν λόγων ἕκαστοι χαίρουσι, τῷ δὲ ἀλλο- c
τρίῳ ἄχθονται, εἰ μή τι σὺ ἄλλο λέγεις, ὦ φίλη κεφαλή.
λέγομέν τι πρὸς ταῦτα, ὦ Καλλίκλεις;

ΚΑΛ. Οὐκ οἶδ᾽ ὅντινά μοι τρόπον δοκεῖς εὖ λέγειν, ὦ
Σώκρατες, πέπονθα δὲ τὸ τῶν πολλῶν πάθος· οὐ πάνυ σοι 5
πείθομαι.

ΣΩ. ῾Ο δήμου γὰρ ἔρως, ὦ Καλλίκλεις, ἐνὼν ἐν τῇ ψυχῇ
τῇ σῇ ἀντιστατεῖ μοι· ἀλλ᾽ ἐὰν πολλάκις [ἴσως καὶ] βέλτιον
ταὐτὰ ταῦτα διασκοπώμεθα, πεισθήσῃ. ἀναμνήσθητι δ᾽ οὖν d
ὅτι δύ᾽ ἔφαμεν εἶναι τὰς παρασκευὰς ἐπὶ τὸ ἕκαστον θερα-
πεύειν, καὶ σῶμα καὶ ψυχήν, μίαν μὲν πρὸς ἡδονὴν ὁμιλεῖν,
τὴν ἑτέραν δὲ πρὸς τὸ βέλτιστον, μὴ καταχαριζόμενον ἀλλὰ
διαμαχόμενον. οὐ ταῦτα ἦν ἃ τότε ὡριζόμεθα; 5

ΚΑΛ. Πάνυ γε.

ΣΩ. Οὐκοῦν ἡ μὲν ἑτέρα, ἡ πρὸς ἡδονήν, ἀγεννὴς καὶ
οὐδὲν ἄλλο ἢ κολακεία τυγχάνει οὖσα· ἢ γάρ;

ΚΑΛ. ῎Εστω, εἰ βούλει, σοὶ οὕτως. e

ΣΩ. ῾Η δέ γε ἑτέρα, ὅπως ὡς βέλτιστον ἔσται τοῦτο,
εἴτε σῶμα τυγχάνει ὂν εἴτε ψυχή, ὃ θεραπεύομεν;

b 5 ἀπεργάζεσθαι Β Τ Ρ : ἀπεργάσασθαι F   b 8 πολιτικὸς om. cod.
Meermannianus   αὐτῶν Β Τ Ρ f : αὐτῶ F   c 3 λέγομέν Β Τ Ρ F :
λέγωμέν al.   c 4 οὐκ Β Τ Ρ F : σὺ μὲν οὐκ Aristides   c 8 ἴσως καὶ
seclusi (ἴσως secl. Schaefer : πολλάκις ἴσως secl. Schanz)   d 1 ταῦτὰ
om. F   d 5 ἃ τότε Β W F t : ἅ τε T   e 1 ἔστω σοι ταῦτα εἰ βούλει
οὕτω F   e 3 post θεραπεύομεν lacunam indicat Schanz

ΚΑΛ. Πάνυ γε.

5   ΣΩ. Ἆρ' οὖν οὕτως ἐπιχειρητέον ἡμῖν ἐστιν τῇ πόλει
καὶ τοῖς πολίταις θεραπεύειν, ὡς βελτίστους αὐτοὺς τοὺς
πολίτας ποιοῦντας; ἄνευ γὰρ δὴ τούτου, ὡς ἐν τοῖς ἔμ-
προσθεν ηὑρίσκομεν, οὐδὲν ὄφελος ἄλλην εὐεργεσίαν οὐδε-
514 μίαν προσφέρειν, ἐὰν μὴ καλὴ κἀγαθὴ ἡ διάνοια ᾖ τῶν
μελλόντων ἢ χρήματα πολλὰ λαμβάνειν ἢ ἀρχήν τινων ἢ
ἄλλην δύναμιν ἡντινοῦν. φῶμεν οὕτως ἔχειν;

ΚΑΛ. Πάνυ γε, εἴ σοι ἥδιον.

5   ΣΩ. Εἰ οὖν παρεκαλοῦμεν ἀλλήλους, ὦ Καλλίκλεις, δη-
μοσίᾳ πράξοντες τῶν πολιτικῶν πραγμάτων ἐπὶ τὰ οἰκοδο-
μικά, ἢ τειχῶν ἢ νεωρίων ἢ ἱερῶν ἐπὶ τὰ μέγιστα οἰκοδομή-
ματα, πότερον ἔδει ἂν ἡμᾶς σκέψασθαι ἡμᾶς αὐτοὺς καὶ
b ἐξετάσαι πρῶτον μὲν εἰ ἐπιστάμεθα τὴν τέχνην ἢ οὐκ
ἐπιστάμεθα, τὴν οἰκοδομικήν, καὶ παρὰ τοῦ ἐμάθομεν; ἔδει
ἂν ἢ οὔ;

ΚΑΛ. Πάνυ γε.

5   ΣΩ. Οὐκοῦν δεύτερον αὖ τόδε, εἴ τι πώποτε οἰκοδόμημα
ᾠκοδομήκαμεν ἰδίᾳ ἢ τῶν φίλων τινὶ ἢ ἡμέτερον αὐτῶν, καὶ
τοῦτο τὸ οἰκοδόμημα καλὸν ἢ αἰσχρόν ἐστιν· καὶ εἰ μὲν
ηὑρίσκομεν σκοπούμενοι διδασκάλους τε ἡμῶν ἀγαθοὺς καὶ
c ἐλλογίμους γεγονότας καὶ οἰκοδομήματα πολλὰ μὲν καὶ καλὰ
μετὰ τῶν διδασκάλων ᾠκοδομημένα ἡμῖν, πολλὰ δὲ καὶ ἴδια
ἡμῶν ἐπειδὴ τῶν διδασκάλων ἀπηλλάγημεν, οὕτω μὲν δια-
κειμένων, νοῦν ἐχόντων ἦν ἂν ἰέναι ἐπὶ τὰ δημόσια ἔργα·
5 εἰ δὲ μήτε διδάσκαλον εἴχομεν ἡμῶν αὐτῶν ἐπιδεῖξαι οἰκο-
δομήματά τε ἢ μηδὲν ἢ πολλὰ καὶ μηδενὸς ἄξια, οὕτω

e 5 τὴν πόλιν καὶ τοὺς πολίτας F   e 6 θεραπεύειν secl. Cobet
e 7 ἔμπροσθεν Β Τ Ρ : πρόσθεν F   e 8 εὑρίσκομεν Β Τ Ρ : εὑρήκαμεν F
ὄφελος Τ Ρ F b : ὤφελος Β   a 3 φῶμεν F (coniecerat Madvig) :
θῶμεν Β Τ Ρ   a 6 πράξοντες F : πράξαντες Β Τ Ρ (sed o supra a Ρ
rec. b) : τάξαντες Madvig   b 1 τὴν τέχνην ἢ οὐκ ἐπιστάμεθα Ρ F
et in marg. Β Τ : om. Β Τ   b 2 οἰκοδομικήν Τ Ρ F (sed ν supra
δ Τ) : οἰκονομικήν Β (sed ras. supra ν)   παρὰ τοῦ Β Ρ F : παρά
του Τ   c 2 ἰδίᾳ] ἰδίᾳ Β Τ Ρ F : διὰ Voemel : ἰδίᾳ δι' (διὰ Schanz)
Madvig   c 4 ἂν ἰέναι F : ἀνιέναι Β Τ Ρ

δὴ ἀνόητον ἦν δήπου ἐπιχειρεῖν τοῖς δημοσίοις ἔργοις καὶ
παρακαλεῖν ἀλλήλους ἐπ᾽ αὐτά. φῶμεν ταῦτα ὀρθῶς λέ-
γεσθαι ἢ οὔ;   d

ΚΑΛ. Πάνυ γε.

ΣΩ. Οὐκοῦν οὕτω πάντα, τά τε ἄλλα κἂν εἰ ἐπιχειρή-
σαντες δημοσιεύειν παρεκαλοῦμεν ἀλλήλους ὡς ἱκανοὶ ἰατροὶ
ὄντες, ἐπεσκεψάμεθα δήπου ἂν ἐγώ τε σὲ καὶ σὺ ἐμέ, Φέρε 5
πρὸς θεῶν, αὐτὸς δὲ ὁ Σωκράτης πῶς ἔχει τὸ σῶμα πρὸς
ὑγίειαν; ἢ ἤδη τις ἄλλος διὰ Σωκράτην ἀπηλλάγη νόσου,
ἢ δοῦλος ἢ ἐλεύθερος; κἂν ἐγὼ οἶμαι περὶ σοῦ ἕτερα
τοιαῦτα ἐσκόπουν· καὶ εἰ μὴ ηὑρίσκομεν δι᾽ ἡμᾶς μηδένα
βελτίω γεγονότα τὸ σῶμα, μήτε τῶν ξένων μήτε τῶν   e
ἀστῶν, μήτε ἄνδρα μήτε γυναῖκα, πρὸς Διός, ὦ Καλλίκλεις,
οὐ καταγέλαστον ἂν ἦν τῇ ἀληθείᾳ, εἰς τοσοῦτον ἀνοίας
ἐλθεῖν ἀνθρώπους, ὥστε, πρὶν ἰδιωτεύοντας πολλὰ μὲν ὅπως
ἐτύχομεν ποιῆσαι, πολλὰ δὲ κατορθῶσαι καὶ γυμνάσασθαι 5
ἱκανῶς τὴν τέχνην, τὸ λεγόμενον δὴ τοῦτο ἐν τῷ πίθῳ τὴν
κεραμείαν ἐπιχειρεῖν μανθάνειν, καὶ αὐτούς τε δημοσιεύειν
ἐπιχειρεῖν καὶ ἄλλους τοιούτους παρακαλεῖν; οὐκ ἀνόητόν
σοι δοκεῖ ἂν εἶναι οὕτω πράττειν;

ΚΑΛ. Ἔμοιγε.   10

ΣΩ. Νῦν δέ, ὦ βέλτιστε ἀνδρῶν, ἐπειδὴ σὺ μὲν αὐτὸς 515
ἄρτι ἄρχῃ πράττειν τὰ τῆς πόλεως πράγματα, ἐμὲ δὲ παρα-
καλεῖς καὶ ὀνειδίζεις ὅτι οὐ πράττω, οὐκ ἐπισκεψόμεθα
ἀλλήλους, Φέρε, Καλλικλῆς ἤδη τινὰ βελτίω πεποίηκεν
τῶν πολιτῶν; ἔστιν ὅστις πρότερον πονηρὸς ὤν, ἄδικός τε 5
καὶ ἀκόλαστος καὶ ἄφρων, διὰ Καλλικλέα καλός τε κἀγαθὸς
γέγονεν, ἢ ξένος ἢ ἀστός, ἢ δοῦλος ἢ ἐλεύθερος; λέγε μοι,

c 7 δὴ] δὲ Basileensis altera   ἦν δήπου Β Τ Ρ : om. F (sed add. ἦν
post ἐπιχειρεῖν) : ἦν ἄν που Schanz   c 8 φῶμεν Β Τ Ρ f : δῶμεν F
d 3 ἐπιχειρήσαντες Β Τ Ρ F : ἐπιχειρήσοντες Heindorf   d 5 δὴ ἄν
που F   ἐγώ τε T²W F : ἔγωγε Β Τ   d 7 ἤδη corr. Par. 1812 :
εἰ δή Β Τ Ρ F   d 9 ηὑρίσκομεν Β : εὑρίσκομεν Τ Ρ F   e 9 οὕτω
Β Τ Ρ : τοῦτο F   a 4 καλλικλῆς Τ W F : καλλίκλεις Β   a 6 καλός
B W F t : καλλός Τ   a 7 ἢ ἀστὸς Τ W F : om. Β

b ἐάν τίς σε ταῦτα ἐξετάζῃ, ὦ Καλλίκλεις, τί ἐρεῖς; τίνα
φήσεις βελτίω πεποιηκέναι ἄνθρωπον τῇ συνουσίᾳ τῇ σῇ;
ὀκνεῖς ἀποκρίνασθαι, εἴπερ ἔστιν τι ἔργον σὸν ἔτι ἰδιω-
τεύοντος, πρὶν δημοσιεύειν ἐπιχειρεῖν;

5 ΚΑΛ. Φιλόνικος εἶ, ὦ Σώκρατες.

ΣΩ. 'Αλλ' οὐ φιλονικίᾳ γε ἐρωτῶ, ἀλλ' ὡς ἀληθῶς βου-
λόμενος εἰδέναι ὅντινά ποτε τρόπον οἴει δεῖν πολιτεύεσθαι
ἐν ἡμῖν. ἢ ἄλλου του ἄρα ἐπιμελήσῃ ἡμῖν ἐλθὼν ἐπὶ τὰ
c τῆς πόλεως πράγματα ἢ ὅπως ὅτι βέλτιστοι οἱ πολῖται ὦμεν;
ἢ οὐ πολλάκις ἤδη ὡμολογήκαμεν τοῦτο δεῖν πράττειν τὸν
πολιτικὸν ἄνδρα; ὡμολογήκαμεν ἢ οὔ; ἀποκρίνου. ὡμο-
λογήκαμεν· ἐγὼ ὑπὲρ σοῦ ἀποκρινοῦμαι. εἰ τοίνυν τοῦτο
5 δεῖ τὸν ἀγαθὸν ἄνδρα παρασκευάζειν τῇ ἑαυτοῦ πόλει, νῦν
μοι ἀναμνησθεὶς εἰπὲ περὶ ἐκείνων τῶν ἀνδρῶν ὧν ὀλίγῳ
πρότερον ἔλεγες, εἰ ἔτι σοι δοκοῦσιν ἀγαθοὶ πολῖται γεγο-
d νέναι, Περικλῆς καὶ Κίμων καὶ Μιλτιάδης καὶ Θεμιστοκλῆς.

ΚΑΛ. Ἔμοιγε.

ΣΩ. Οὐκοῦν εἴπερ ἀγαθοί, δῆλον ὅτι ἕκαστος αὐτῶν
βελτίους ἐποίει τοὺς πολίτας ἀντὶ χειρόνων. ἐποίει ἢ οὔ;

5 ΚΑΛ. Ναί.

ΣΩ. Οὐκοῦν ὅτε Περικλῆς ἤρχετο λέγειν ἐν τῷ δήμῳ,
χείρους ἦσαν οἱ 'Αθηναῖοι ἢ ὅτε τὰ τελευταῖα ἔλεγεν;

ΚΑΛ. Ἴσως.

ΣΩ. Οὐκ ἴσως δή, ὦ βέλτιστε, ἀλλ' ἀνάγκη ἐκ τῶν
10 ὡμολογημένων, εἴπερ ἀγαθός γ' ἦν ἐκεῖνος πολίτης.

e ΚΑΛ. Τί οὖν δή;

ΣΩ. Οὐδέν· ἀλλὰ τόδε μοι εἰπὲ ἐπὶ τούτῳ, εἰ λέγονται
'Αθηναῖοι διὰ Περικλέα βελτίους γεγονέναι, ἢ πᾶν τοὐναν-
τίον διαφθαρῆναι ὑπ' ἐκείνου. ταυτὶ γὰρ ἔγωγε ἀκούω,

---

b 2 ἀνθρώπων Hirschig   b 8 ἢ T P et in lac. textus f: ἢ B : ἢ
Heindorf: εἰ Schleiermacher   c 1 οἱ πολῖται B T P: πολῖται F
(οἱ om. Hirschig, Schanz)   c 6 ὀλίγῳ B T P : ὀλίγον F   c 7 ἀγαθοὶ
B T P : ἀγαθοὶ οἱ F   d 4 ἐποίει post χειρόνων transp. F (om. mox
altero ἐποίει)   d 5 ναί B T P F : ἐποίει Aldina   d 7 οἱ B T P :
om. F   d 9 δή P F : δεῖ B T   ἀνάγκῃ Schanz

Περικλέα πεποιηκέναι 'Αθηναίους ἀργοὺς καὶ δειλοὺς καὶ 5
λάλους καὶ φιλαργύρους, εἰς μισθοφορίαν πρῶτον καταστή-
σαντα.

ΚΑΛ. Τῶν τὰ ὦτα κατεαγότων ἀκούεις ταῦτα, ὦ Σώ-
κρατες.

ΣΩ. 'Αλλὰ τάδε οὐκέτι ἀκούω, ἀλλ' οἶδα σαφῶς καὶ 10
ἐγὼ καὶ σύ, ὅτι τὸ μὲν πρῶτον ηὐδοκίμει Περικλῆς καὶ
οὐδεμίαν αἰσχρὰν δίκην κατεψηφίσαντο αὐτοῦ 'Αθηναῖοι,
ἡνίκα χείρους ἦσαν· ἐπειδὴ δὲ καλοὶ κἀγαθοὶ ἐγεγόνεσαν
ὑπ' αὐτοῦ, ἐπὶ τελευτῇ τοῦ βίου τοῦ Περικλέους, κλοπὴν 516
αὐτοῦ κατεψηφίσαντο, ὀλίγου δὲ καὶ θανάτου ἐτίμησαν,
δῆλον ὅτι ὡς πονηροῦ ὄντος.

ΚΑΛ. Τί οὖν; τούτου ἕνεκα κακὸς ἦν Περικλῆς;

ΣΩ. Ὄνων γοῦν ἂν ἐπιμελητὴς καὶ ἵππων καὶ βοῶν 5
τοιοῦτος ὢν κακὸς ἂν ἐδόκει εἶναι, εἰ παραλαβὼν μὴ λακτί-
ζοντας ἑαυτὸν μηδὲ κυρίττοντας μηδὲ δάκνοντας ἀπέδειξε
ταῦτα ἅπαντα ποιοῦντας δι' ἀγριότητα. ἢ οὐ δοκεῖ σοι
κακὸς εἶναι ἐπιμελητὴς ὁστισοῦν ὁτουοῦν ζῴου, ὃς ἂν παρα- b
λαβὼν ἡμερώτερα ἀποδείξῃ ἀγριώτερα ἢ παρέλαβε; δοκεῖ
ἢ οὔ;

ΚΑΛ. Πάνυ γε, ἵνα σοι χαρίσωμαι.

ΣΩ. Καὶ τόδε τοίνυν μοι χάρισαι ἀποκρινάμενος· πότε- 5
ρον καὶ ὁ ἄνθρωπος ἓν τῶν ζῴων ἐστὶν ἢ οὔ;

ΚΑΛ. Πῶς γὰρ οὔ;

ΣΩ. Οὐκοῦν ἀνθρώπων Περικλῆς ἐπεμέλετο;

ΚΑΛ. Ναί.

ΣΩ. Τί οὖν; οὐκ ἔδει αὐτούς, ὡς ἄρτι ὡμολογοῦμεν, 10
δικαιοτέρους γεγονέναι ἀντὶ ἀδικωτέρων ὑπ' ἐκείνου, εἴπερ
ἐκεῖνος ἐπεμελεῖτο αὐτῶν ἀγαθὸς ὢν τὰ πολιτικά; c

e 6 λάλους t f : ἀλάλους B (sed ἀ erasum) T P : καλοὺς F   e 11 ηὐδο-
κίμει B : εὐδοκίμει T P F   a 1 ἐπὶ . . . Περικλέους secl. Cobet
a 5 ὄνων γοῦν ἂν T P F : ὄνων ἄν γ' οὖν ἂν B (sed prius ἄν erasum) :
ὄνων γοῦν Aristides   a 6 εἰ B T P : μὴ F   a 7 ἑαυτὸν B T : αὐτὸν
P F Aristides : αὐτοὺς f   a 8 ἅπαντας F   b 2 ἢ P F : ἢ* T : ἢ B
b 8 ἐπεμέλετο B T P : ἐπεμελεῖτο F   b 10 ἄρτι B T P : ἀρτίως F

ΚΑΛ. Πάνυ γε.

ΣΩ. Οὐκοῦν οἵ γε δίκαιοι ἥμεροι, ὡς ἔφη Ὅμηρος· σὺ δὲ τί φῄς; οὐχ οὕτως;

5 ΚΑΛ. Ναί.

ΣΩ. Ἀλλὰ μὴν ἀγριωτέρους γε αὐτοὺς ἀπέφηνεν ἢ οἵους παρέλαβεν, καὶ ταῦτ' εἰς αὐτόν, ὃν ἥκιστ' ἂν ἐβούλετο.

ΚΑΛ. Βούλει σοι ὁμολογήσω;

ΣΩ. Εἰ δοκῶ γε σοι ἀληθῆ λέγειν.

10 ΚΑΛ. Ἔστω δὴ ταῦτα.

ΣΩ. Οὐκοῦν εἴπερ ἀγριωτέρους, ἀδικωτέρους τε καὶ χείρους;

d ΚΑΛ. Ἔστω.

ΣΩ. Οὐκ ἄρ' ἀγαθὸς τὰ πολιτικὰ Περικλῆς ἦν ἐκ τούτου τοῦ λόγου.

ΚΑΛ. Οὐ σύ γε φῄς.

5 ΣΩ. Μὰ Δί' οὐδέ γε σὺ ἐξ ὧν ὡμολόγεις. πάλιν δὲ λέγε μοι περὶ Κίμωνος· οὐκ ἐξωστράκισαν αὐτὸν οὗτοι οὓς ἐθεράπευεν, ἵνα αὐτοῦ δέκα ἐτῶν μὴ ἀκούσειαν τῆς φωνῆς; καὶ Θεμιστοκλέα ταὐτὰ ταῦτα ἐποίησαν καὶ φυγῇ προσε- ζημίωσαν; Μιλτιάδην δὲ τὸν Μαραθῶνι εἰς τὸ βάραθρον

e ἐμβαλεῖν ἐψηφίσαντο, καὶ εἰ μὴ διὰ τὸν πρύτανιν, ἐνέπεσεν ἄν; καίτοι οὗτοι, εἰ ἦσαν ἄνδρες ἀγαθοί, ὡς σὺ φῄς, οὐκ ἄν ποτε ταῦτα ἔπασχον. οὔκουν οἵ γε ἀγαθοὶ ἡνίοχοι κατ' ἀρχὰς μὲν οὐκ ἐκπίπτουσιν ἐκ τῶν ζευγῶν, ἐπειδὰν δὲ

5 θεραπεύσωσιν τοὺς ἵππους καὶ αὐτοὶ ἀμείνους γένωνται ἡνίοχοι, τότ' ἐκπίπτουσιν· οὐκ ἔστι ταῦτ' οὔτ' ἐν ἡνιοχείᾳ οὔτ' ἐν ἄλλῳ ἔργῳ οὐδενί· ἢ δοκεῖ σοι;

ΚΑΛ. Οὐκ ἔμοιγε.

ΣΩ. Ἀληθεῖς ἄρα, ὡς ἔοικεν, οἱ ἔμπροσθεν λόγοι ἦσαν,

517 ὅτι οὐδένα ἡμεῖς ἴσμεν ἄνδρα ἀγαθὸν γεγονότα τὰ πολιτικὰ

---

c 7 αὐτόν P : αὐτὸν B T F : secl. Cobet   d 5 ὡμολόγεις B T P :
ὁμολογεῖς F   d 9 μαραθῶνι F (scripserat Schanz) : ἐν μαραθῶνι
B T P   e 4 ἐκ B T P F : om. Aristides   e 5 ἀμείνους γένωνται
B T P F . γένωνται ἀμείνους Aristides

ἐν τῇδε τῇ πόλει. σὺ δὲ ὡμολόγεις τῶν γε νῦν οὐδένα, τῶν μέντοι ἔμπροσθεν, καὶ προείλου τούτους τοὺς ἄνδρας· οὗτοι δὲ ἀνεφάνησαν ἐξ ἴσου τοῖς νῦν ὄντες, ὥστε, εἰ οὗτοι ῥήτορες ἦσαν, οὔτε τῇ ἀληθινῇ ῥητορικῇ ἐχρῶντο—οὐ γὰρ 5 ἂν ἐξέπεσον—οὔτε τῇ κολακικῇ.

ΚΑΛ. Ἀλλὰ μέντοι πολλοῦ γε δεῖ, ὦ Σώκρατες, μή ποτέ τις τῶν νῦν ἔργα τοιαῦτα ἐργάσηται οἷα τούτων ὅστις βούλει εἴργασται. b

ΣΩ. Ὦ δαιμόνιε, οὐδ' ἐγὼ ψέγω τούτους ὥς γε διακό-νους εἶναι πόλεως, ἀλλά μοι δοκοῦσι τῶν γε νῦν διακονικώ-τεροι γεγονέναι καὶ μᾶλλον οἷοί τε ἐκπορίζειν τῇ πόλει ὧν ἐπεθύμει. ἀλλὰ γὰρ μεταβιβάζειν τὰς ἐπιθυμίας καὶ μὴ 5 ἐπιτρέπειν, πείθοντες καὶ βιαζόμενοι ἐπὶ τοῦτο ὅθεν ἔμελ-λον ἀμείνους ἔσεσθαι οἱ πολῖται, ὡς ἔπος εἰπεῖν οὐδὲν τούτων διέφερον ἐκεῖνοι· ὅπερ μόνον ἔργον ἐστὶν ἀγαθοῦ c πολίτου. ναῦς δὲ καὶ τείχη καὶ νεώρια καὶ ἄλλα πολλὰ τοιαῦτα καὶ ἐγώ σοι ὁμολογῶ δεινοτέρους εἶναι ἐκείνους τούτων ἐκπορίζειν. πρᾶγμα οὖν γελοῖον ποιοῦμεν ἐγώ τε καὶ σὺ ἐν τοῖς λόγοις· ἐν παντὶ γὰρ τῷ χρόνῳ ὃν διαλεγό- 5 μεθα οὐδὲν παυόμεθα εἰς τὸ αὐτὸ ἀεὶ περιφερόμενοι καὶ ἀγνοοῦντες ἀλλήλων ὅτι λέγομεν. ἐγὼ γοῦν σε πολλάκις οἶμαι ὡμολογηκέναι καὶ ἐγνωκέναι ὡς ἄρα διττὴ αὕτη τις ἡ πραγματεία ἔστιν καὶ περὶ τὸ σῶμα καὶ περὶ τὴν ψυχήν, d καὶ ἡ μὲν ἑτέρα διακονική ἐστιν, ᾗ δυνατὸν εἶναι ἐκπορίζειν, ἐὰν μὲν πεινῇ τὰ σώματα ἡμῶν, σιτία, ἐὰν δὲ διψῇ, ποτά, ἐὰν δὲ ῥιγῷ, ἱμάτια, στρώματα, ὑποδήματα, ἄλλ' ὧν ἔρχεται σώματα εἰς ἐπιθυμίαν· καὶ ἐξεπίτηδές σοι διὰ τῶν αὐτῶν 5 εἰκόνων λέγω, ἵνα ῥᾷον καταμάθῃς. τούτων γὰρ ποριστικὸν εἶναι ἢ κάπηλον ὄντα ἢ ἔμπορον ἢ δημιουργόν του αὐτῶν

a 4 εἰ οὗτοι] εἰ τοιοῦτοι Aristides   a 7 μή] οὐ μὴ Madvig et in editione Schanz (nunc μὴ tuetur v. Rh. Mus. xli. 152): καὶ οὐ μή Cobet (et mox ἐργάσεται)   a 8 ὅστις F : ὃς B T P   c 5 ὃν B T F : ὦ P   c 7 γοῦν Ven. 189: τε οὖν F : οὖν B T P   c 8 τις αὕτη F   d 4 ἀλλὰ ὧν rec. p: ἄλλων ὧν B T P F

e τούτων, σιτοποιὸν ἢ ὀψοποιὸν ἢ ὑφάντην ἢ σκυτοτόμον ἢ
σκυτοδεψόν, οὐδὲν θαυμαστόν ἐστιν ὄντα τοιοῦτον δόξαι καὶ
αὑτῷ καὶ τοῖς ἄλλοις θεραπευτὴν εἶναι σώματος, παντὶ τῷ
μὴ εἰδότι ὅτι ἔστιν τις παρὰ ταύτας ἁπάσας τέχνη γυμνα-
5 στική τε καὶ ἰατρική, ἣ δὴ τῷ ὄντι γε ἐστὶν σώματος
θεραπεία, ἥνπερ καὶ προσήκει τούτων ἄρχειν πασῶν τῶν
τεχνῶν καὶ χρῆσθαι τοῖς τούτων ἔργοις διὰ τὸ εἰδέναι ὅτι
χρηστὸν καὶ πονηρὸν τῶν σιτίων ἢ ποτῶν ἐστιν εἰς ἀρετὴν
518 σώματος, τὰς δ' ἄλλας πάσας ταύτας ἀγνοεῖν· διὸ δὴ καὶ
ταύτας μὲν δουλοπρεπεῖς τε καὶ διακονικὰς καὶ ἀνελευθέρους
εἶναι περὶ σώματος πραγματείαν, τὰς ἄλλας τέχνας, τὴν δὲ
γυμναστικὴν καὶ ἰατρικὴν κατὰ τὸ δίκαιον δεσποίνας εἶναι
5 τούτων. ταὐτὰ οὖν ταῦτα ὅτι ἔστιν καὶ περὶ ψυχήν, τοτὲ
μέν μοι δοκεῖς μανθάνειν ὅτι λέγω, καὶ ὁμολογεῖς ὡς εἰδὼς
ὅτι ἐγὼ λέγω· ἥκεις δὲ ὀλίγον ὕστερον λέγων ὅτι ἄνθρωποι
b καλοὶ κἀγαθοὶ γεγόνασιν πολῖται ἐν τῇ πόλει, καὶ ἐπειδὰν
ἐγὼ ἐρωτῶ οἵτινες, δοκεῖς μοι ὁμοιοτάτους προτείνεσθαι
ἀνθρώπους περὶ τὰ πολιτικά, ὥσπερ ἂν εἰ περὶ τὰ γυμνα-
στικὰ ἐμοῦ ἐρωτῶντος οἵτινες ἀγαθοὶ γεγόνασιν ἢ εἰσὶν
5 σωμάτων θεραπευταί, ἔλεγές μοι πάνυ σπουδάζων, Θεαρίων
ὁ ἀρτοκόπος καὶ Μίθαικος ὁ τὴν ὀψοποιίαν συγγεγραφὼς
τὴν Σικελικὴν καὶ Σάραμβος ὁ κάπηλος, ὅτι οὗτοι θαυμάσιοι
γεγόνασιν σωμάτων θεραπευταί, ὁ μὲν ἄρτους θαυμαστοὺς
c παρασκευάζων, ὁ δὲ ὄψον, ὁ δὲ οἶνον. ἴσως ἂν οὖν ἠγα-
νάκτεις, εἴ σοι ἔλεγον ἐγὼ ὅτι Ἄνθρωπε, ἐπαΐεις οὐδὲν
περὶ γυμναστικῆς· διακόνους μοι λέγεις καὶ ἐπιθυμιῶν
παρασκευαστὰς ἀνθρώπους, οὐκ ἐπαΐοντας καλὸν κἀγαθὸν
5 οὐδὲν περὶ αὐτῶν, οἵ, ἂν οὕτω τύχωσιν, ἐμπλήσαντες καὶ

e 5 ἢ P F : ἢ̑ B T   γε F : om. B T P   e 7 τούτων B W f et γρ.
T : τούτω F : τοιούτοις T   ὅτι recc. : ὅτι τι F : ὅτι τὸ B T P   a 1 ταύ-
τας] ταῦτα Coraes   a 3 περὶ σώματος πραγματείαν] περὶ σῶμα πραγμα-
τείας Cobet   a 5 οὖν B T F : γοῦν P   τοτὲ . . . a 6 ὅτι] τότε
. . . ὅτι B T P F : τότε . . . ὅτε Madvig   b 5 ⟨ὅτι⟩ Θεαρίων Cobet
(secl. mox b 7 ὅτι . . . θεραπευταί)   b 6 ἀρτοκόπος B T P : ἀρτοποιὸς F
c 5 οὐδὲν F t : οὐδὲ re vera B T P   οὕτω B T P f : om. F

παχύναντες τὰ σώματα τῶν ἀνθρώπων, ἐπαινούμενοι ὑπ'
αὐτῶν, προσαπολοῦσιν αὐτῶν καὶ τὰς ἀρχαίας σάρκας· οἱ
δ' αὖ δι' ἀπειρίαν οὐ τοὺς ἑστιῶντας αἰτιάσονται τῶν νόσων d
αἰτίους εἶναι καὶ τῆς ἀποβολῆς τῶν ἀρχαίων σαρκῶν, ἀλλ'
οἳ ἂν αὐτοῖς τύχωσι τότε παρόντες καὶ συμβουλεύοντές τι,
ὅταν δὴ αὐτοῖς ἥκῃ ἡ τότε πλησμονὴ νόσον φέρουσα συχνῷ
ὕστερον χρόνῳ, ἅτε ἄνευ τοῦ ὑγιεινοῦ γεγονυῖα, τούτους 5
αἰτιάσονται καὶ ψέξουσιν καὶ κακόν τι ποιήσουσιν, ἂν οἷοί
τ' ὦσι, τοὺς δὲ προτέρους ἐκείνους καὶ αἰτίους τῶν κακῶν
ἐγκωμιάσουσιν. καὶ σὺ νῦν, ὦ Καλλίκλεις, ὁμοιότατον e
τούτῳ ἐργάζῃ· ἐγκωμιάζεις ἀνθρώπους, οἳ τούτους εἱστιά-
κασιν εὐωχοῦντες ὧν ἐπεθύμουν. καί φασι μεγάλην τὴν
πόλιν πεποιηκέναι αὐτούς· ὅτι δὲ οἰδεῖ καὶ ὕπουλός ἐστιν
δι' ἐκείνους τοὺς παλαιούς, οὐκ αἰσθάνονται. ἄνευ γὰρ 519
σωφροσύνης καὶ δικαιοσύνης λιμένων καὶ νεωρίων καὶ
τειχῶν καὶ φόρων καὶ τοιούτων φλυαριῶν ἐμπεπλήκασι τὴν
πόλιν· ὅταν οὖν ἔλθῃ ἡ καταβολὴ αὕτη τῆς ἀσθενείας, τοὺς
τότε παρόντας αἰτιάσονται συμβούλους, Θεμιστοκλέα δὲ 5
καὶ Κίμωνα καὶ Περικλέα ἐγκωμιάσουσιν, τοὺς αἰτίους
τῶν κακῶν· σοῦ δὲ ἴσως ἐπιλήψονται, ἐὰν μὴ εὐλαβῇ, καὶ
τοῦ ἐμοῦ ἑταίρου Ἀλκιβιάδου, ὅταν καὶ τὰ ἀρχαῖα προσ-
απολλύωσι πρὸς οἷς ἐκτήσαντο, οὐκ αἰτίων ὄντων τῶν κακῶν b
ἀλλ' ἴσως συναιτίων. καίτοι ἔγωγε ἀνόητον πρᾶγμα καὶ
νῦν ὁρῶ γιγνόμενον καὶ ἀκούω τῶν παλαιῶν ἀνδρῶν πέρι.
αἰσθάνομαι γάρ, ὅταν ἡ πόλις τινὰ τῶν πολιτικῶν ἀνδρῶν
μεταχειρίζηται ὡς ἀδικοῦντα, ἀγανακτούντων καὶ σχετλια-
ζόντων ὡς δεινὰ πάσχουσι· πολλὰ καὶ ἀγαθὰ τὴν πόλιν 5
πεποιηκότες ἄρα ἀδίκως ὑπ' αὐτῆς ἀπόλλυνται, ὡς ὁ τούτων
λόγος. τὸ δὲ ὅλον ψεῦδός ἐστιν· προστάτης γὰρ πόλεως
οὐδ' ἂν εἷς ποτε ἀδίκως ἀπόλοιτο ὑπ' αὐτῆς τῆς· πόλεως ἧς c

---

c 7 προσαπολοῦσιν Β: προσαπόλλουσιν F: προσαπολλύουσι(ν) TW
d 4 δὴ F: δὲ BT.P f   b 3 ἀκούω BTP: οὐκ ἀκούω F   πέρι.
αἰσθάνομαι b t: περιαισθάνομαι ΒΤΡ: **** ὑπεραισθάνομαι F (πέρι in
lac. suppl. et ὑπερ punctis del. f)   c 1 αὐτῆς ΒΤΡ: αὐτῆς ταύτης F

προστατεῖ. κινδυνεύει γὰρ ταὐτὸν εἶναι, ὅσοι τε πολιτικοὶ
προσποιοῦνται εἶναι καὶ ὅσοι σοφισταί. καὶ γὰρ οἱ σοφι-
σταί, τἆλλα σοφοὶ ὄντες, τοῦτο ἄτοπον ἐργάζονται πρᾶγμα·
5 φάσκοντες γὰρ ἀρετῆς διδάσκαλοι εἶναι πολλάκις κατηγο-
ροῦσιν τῶν μαθητῶν ὡς ἀδικοῦσι σφᾶς [αὐτούς], τούς τε
μισθοὺς ἀποστεροῦντες καὶ ἄλλην χάριν οὐκ ἀποδιδόντες,
d εὖ παθόντες ὑπ' αὐτῶν. καὶ τούτου τοῦ λόγου τί ἂν ἀλογώ-
τερον εἴη πρᾶγμα, ἀνθρώπους ἀγαθοὺς καὶ δικαίους γενο-
μένους, ἐξαιρεθέντας μὲν ἀδικίαν ὑπὸ τοῦ διδασκάλου,
σχόντας δὲ δικαιοσύνην, ἀδικεῖν τούτῳ ᾧ οὐκ ἔχουσιν; οὐ
5 δοκεῖ σοι τοῦτο ἄτοπον εἶναι, ὦ ἑταῖρε; ὡς ἀληθῶς δημη-
γορεῖν με ἠνάγκασας, ὦ Καλλίκλεις, οὐκ ἐθέλων ἀποκρί-
νεσθαι.

ΚΑΛ. Σὺ δ' οὐκ ἂν οἷός τ' εἴης λέγειν, εἰ μή τίς σοι
ἀποκρίνοιτο;

e ΣΩ. Ἔοικά γε· νῦν γοῦν συχνοὺς τείνω τῶν λόγων,
ἐπειδή μοι οὐκ ἐθέλεις ἀποκρίνεσθαι. ἀλλ', ὦγαθέ, εἰπὲ
πρὸς Φιλίου, οὐ δοκεῖ σοι ἄλογον εἶναι ἀγαθὸν φάσκοντα
πεποιηκέναι τινὰ μέμφεσθαι τούτῳ ὅτι ὑφ' ἑαυτοῦ ἀγαθὸς
5 γεγονώς τε καὶ ὢν ἔπειτα πονηρός ἐστιν;

ΚΑΛ. Ἔμοιγε δοκεῖ.

ΣΩ. Οὐκοῦν ἀκούεις τοιαῦτα λεγόντων τῶν φασκόντων
παιδεύειν ἀνθρώπους εἰς ἀρετήν;

520 ΚΑΛ. Ἔγωγε· ἀλλὰ τί ἂν λέγοις ἀνθρώπων πέρι οὐδενὸς
ἀξίων;

ΣΩ. Τί δ' ἂν περὶ ἐκείνων λέγοις, οἳ φάσκοντες προε-
στάναι τῆς πόλεως καὶ ἐπιμελεῖσθαι ὅπως ὡς βελτίστη
5 ἔσται, πάλιν αὐτῆς κατηγοροῦσιν, ὅταν τύχωσιν, ὡς πονη-
ροτάτης; οἴει τι διαφέρειν τούτους ἐκείνων; ταὐτόν, ὦ
μακάρι', ἐστὶν σοφιστὴς καὶ ῥήτωρ, ἢ ἐγγύς τι καὶ παρα-

c 6 αὐτούς (sic B) secl. Bekker   d 1 καὶ] καίτοι Heindorf
d 4 σχόντας B T : ἔχοντας P F   ᾧ f : ὃ B T P : ἀλλ' F   d 5 τοῦτο
cm. F   d 6 με T P F b : μὲν B   e 1 γοῦν B F : γ' οὖν T : δὲ in
marg. t : δ' οὖν P   e 4 τινὰ om. F   ὑπ' αὐτῶν F

πλήσιον, ὥσπερ ἐγὼ ἔλεγον πρὸς Πῶλον· σὺ δὲ δι' ἄγνοιαν
τὸ μὲν πάγκαλόν τι οἴει εἶναι, τὴν ῥητορικήν, τοῦ δὲ κατα- b
φρονεῖς. τῇ δὲ ἀληθείᾳ κάλλιόν ἐστιν σοφιστικὴ ῥητο-
ρικῆς ὅσῳπερ νομοθετικὴ δικαστικῆς καὶ γυμναστικὴ ἰατρικῆς·
μόνοις δ' ἔγωγε καὶ ᾤμην τοῖς δημηγόροις τε καὶ σοφισταῖς
οὐκ ἐγχωρεῖν μέμφεσθαι τούτῳ τῷ πράγματι ὃ αὐτοὶ παι- 5
δεύουσιν, ὡς πονηρόν ἐστιν εἰς σφᾶς, ἢ τῷ αὐτῷ λόγῳ
τούτῳ ἅμα καὶ ἑαυτῶν κατηγορεῖν ὅτι οὐδὲν ὠφελήκασιν
οὕς φασιν ὠφελεῖν. οὐχ οὕτως ἔχει;

ΚΑΛ. Πάνυ γε.   c

ΣΩ. Καὶ προέσθαι γε δήπου τὴν εὐεργεσίαν ἄνευ μισθοῦ,
ὡς τὸ εἰκός, μόνοις τούτοις ἐνεχώρει, εἴπερ ἀληθῆ ἔλεγον.
ἄλλην μὲν γὰρ εὐεργεσίαν τις εὐεργετηθείς, οἷον ταχὺς
γενόμενος διὰ παιδοτρίβην, ἴσως ἂν ἀποστερήσειε τὴν 5
χάριν, εἰ προοῖτο αὐτῷ ὁ παιδοτρίβης καὶ μὴ συνθέμενος
αὐτῷ μισθὸν ὅτι μάλιστα ἅμα μεταδιδοὺς τοῦ τάχους λαμ-
βάνοι τὸ ἀργύριον· οὐ γὰρ δὴ τῇ βραδυτῆτι οἶμαι ἀδικοῦσιν d
οἱ ἄνθρωποι, ἀλλ' ἀδικίᾳ· ἢ γάρ;

ΚΑΛ. Ναί.

ΣΩ. Οὐκοῦν εἴ τις αὐτὸ τοῦτο ἀφαιρεῖ, τὴν ἀδικίαν,
οὐδὲν δεινὸν αὐτῷ μήποτε ἀδικηθῇ, ἀλλὰ μόνῳ ἀσφαλὲς 5
ταύτην τὴν εὐεργεσίαν προέσθαι, εἴπερ τῷ ὄντι δύναιτό τις
ἀγαθοὺς ποιεῖν. οὐχ οὕτω;

ΚΑΛ. Φημί.

ΣΩ. Διὰ ταῦτ' ἄρα, ὡς ἔοικε, τὰς μὲν ἄλλας συμβουλὰς
συμβουλεύειν λαμβάνοντα ἀργύριον, οἷον οἰκοδομίας πέρι 10
ἢ τῶν ἄλλων τεχνῶν, οὐδὲν αἰσχρόν.

ΚΑΛ. Ἔοικέ γε.   e

ΣΩ. Περὶ δέ γε ταύτης τῆς πράξεως, ὅντιν' ἄν τις τρό-
πον ὡς βέλτιστος εἴη καὶ ἄριστα τὴν αὑτοῦ οἰκίαν διοικοῖ

b 1 μὲν Β Τ Ρ : μέν γε F   c 7 αὐτῷ om. F   d 1 γὰρ δὴ F :
γὰρ Β Τ Ρ   d 5 ἀλλὰ F : ἀλλ' δ Β Τ Ρ   d 9 τὰς Β Τ Ρ δὴ
τὰς F   e 3 βέλτιστος F : βέλτιστον Β Τ Ρ   διοικοῖ ἢ Τ Ρ F b :
διοικοίη Β

ἢ πόλιν, αἰσχρὸν νενόμισται μὴ φάναι συμβουλεύειν, ἐὰν
5 μή τις αὐτῷ ἀργύριον διδῷ. ἦ γάρ;

ΚΑΛ. Ναί.

ΣΩ. Δῆλον γὰρ ὅτι τοῦτο αἴτιόν ἐστιν, ὅτι μόνη αὕτη
τῶν εὐεργεσιῶν τὸν εὖ παθόντα ἐπιθυμεῖν ποιεῖ ἀντ᾽ εὖ
ποιεῖν, ὥστε καλὸν δοκεῖ τὸ σημεῖον εἶναι, εἰ εὖ ποιήσας
10 ταύτην τὴν εὐεργεσίαν ἀντ᾽ εὖ πείσεται· εἰ δὲ μή, οὔ.
ἔστι ταῦτα οὕτως ἔχοντα;

521 ΚΑΛ. Ἔστιν.

ΣΩ. Ἐπὶ ποτέραν οὖν με παρακαλεῖς τὴν θεραπείαν
τῆς πόλεως, διόρισόν μοι· τὴν τοῦ διαμάχεσθαι Ἀθηναίοις
ὅπως ὡς βέλτιστοι ἔσονται, ὡς ἰατρόν, ἢ ὡς διακονήσοντα
5 καὶ πρὸς χάριν ὁμιλήσοντα; τἀληθῆ μοι εἰπέ, ὦ Καλλίκλεις·
δίκαιος γὰρ εἶ, ὥσπερ ἤρξω παρρησιάζεσθαι πρὸς ἐμέ,
διατελεῖν ἃ νοεῖς λέγων. καὶ νῦν εὖ καὶ γενναίως εἰπέ.

ΚΑΛ. Λέγω τοίνυν ὅτι ὡς διακονήσοντα.

b ΣΩ. Κολακεύσοντα ἄρα με, ὦ γενναιότατε, παρακαλεῖς.

ΚΑΛ. Εἴ σοι Μυσόν γε ἥδιον καλεῖν, ὦ Σώκρατες· ὡς
εἰ μὴ ταῦτά γε ποιήσεις—

ΣΩ. Μὴ εἴπῃς ὃ πολλάκις εἴρηκας, ὅτι ἀποκτενεῖ με
5 ὁ βουλόμενος, ἵνα μὴ αὖ καὶ ἐγὼ εἴπω, ὅτι Πονηρός γε
ὢν ἀγαθὸν ὄντα· μηδ᾽ ὅτι ἀφαιρήσεται ἐάν τι ἔχω, ἵνα
μὴ αὖ ἐγὼ εἴπω ὅτι Ἀλλ᾽ ἀφελόμενος οὐχ ἕξει ὅτι χρή-
σεται αὐτοῖς, ἀλλ᾽ ὥσπερ με ἀδίκως ἀφείλετο, οὕτως καὶ
c λαβὼν ἀδίκως χρήσεται, εἰ δὲ ἀδίκως, αἰσχρῶς, εἰ δὲ
αἰσχρῶς, κακῶς.

ΚΑΛ. Ὥς μοι δοκεῖς, ὦ Σώκρατες, πιστεύειν μηδ᾽ ἂν
ἓν τούτων παθεῖν, ὡς οἰκῶν ἐκποδὼν καὶ οὐκ ἂν εἰσαχθεὶς
5 εἰς δικαστήριον ὑπὸ πάνυ ἴσως μοχθηροῦ ἀνθρώπου καὶ
φαύλου.

e 7 τοῦτο B T P : αὐτὸ F   a 5 ὦ F : om. B T P   a 6 πρός
με F   a 8 ὥς om. F   b 3 γε B T P : τε F   b 4 δ T P F :
ὅτι B   b 7 χρήσεται] χρήσηται Schanz   c 2 κακῶς B T P : καὶ
κακῶς F   c 3 δοκεῖς ὦ σωκράτης F : δοκεῖ σώκρατες B T P : δοκεῖ
Σωκράτης Schanz

ΣΩ. Ἀνόητος ἄρα εἰμί, ὦ Καλλίκλεις, ὡς ἀληθῶς, εἰ μὴ
οἴομαι ἐν τῇδε τῇ πόλει ὁντινοῦν ἂν ὅτι τύχοι, τοῦτο παθεῖν.
τόδε μέντοι εὖ οἶδ᾽ ὅτι, ἐάνπερ εἰσίω εἰς δικαστήριον περὶ
τούτων τινὸς κινδυνεύων, ὃ σὺ λέγεις, πονηρός τίς μ᾽ ἔσται d
ὁ εἰσάγων—οὐδεὶς γὰρ ἂν χρηστὸς μὴ ἀδικοῦντ᾽ ἄνθρωπον
εἰσαγάγοι—καὶ οὐδέν γε ἄτοπον εἰ ἀποθάνοιμι. βούλει σοι
εἴπω δι᾽ ὅτι ταῦτα προσδοκῶ;

ΚΑΛ. Πάνυ γε.   5

ΣΩ. Οἶμαι μετ᾽ ὀλίγων Ἀθηναίων, ἵνα μὴ εἴπω μόνος,
ἐπιχειρεῖν τῇ ὡς ἀληθῶς πολιτικῇ τέχνῃ καὶ πράττειν τὰ
πολιτικὰ μόνος τῶν νῦν· ἅτε οὖν οὐ πρὸς χάριν λέγων τοὺς
λόγους οὓς λέγω ἑκάστοτε, ἀλλὰ πρὸς τὸ βέλτιστον, οὐ πρὸς
τὸ ἥδιστον, καὶ οὐκ ἐθέλων ποιεῖν ἃ σὺ παραινεῖς, τὰ κομψὰ e
ταῦτα, οὐχ ἕξω ὅτι λέγω ἐν τῷ δικαστηρίῳ. ὁ αὐτὸς δέ
μοι ἥκει λόγος ὅνπερ πρὸς Πῶλον ἔλεγον· κρινοῦμαι γὰρ
ὡς ἐν παιδίοις ἰατρὸς ἂν κρίνοιτο κατηγοροῦντος ὀψοποιοῦ.
σκόπει γάρ, τί ἂν ἀπολογοῖτο ὁ τοιοῦτος ἄνθρωπος ἐν τούτοις 5
ληφθείς, εἰ αὐτοῦ κατηγοροῖ τις λέγων ὅτι "Ὦ παῖδες,
πολλὰ ὑμᾶς καὶ κακὰ ὅδε εἴργασται ἀνὴρ καὶ αὐτούς, καὶ
τοὺς νεωτάτους ὑμῶν διαφθείρει τέμνων τε καὶ κάων, καὶ
ἰσχναίνων καὶ πνίγων ἀπορεῖν ποιεῖ, πικρότατα πώματα 522
διδοὺς καὶ πεινῆν καὶ διψῆν ἀναγκάζων, οὐχ ὥσπερ ἐγὼ
πολλὰ καὶ ἡδέα καὶ παντοδαπὰ ηὐώχουν ὑμᾶς·" τί ἂν οἴει
ἐν τούτῳ τῷ κακῷ ἀποληφθέντα ἰατρὸν ἔχειν εἰπεῖν; ἢ εἰ
εἴποι τὴν ἀλήθειαν, ὅτι "Ταῦτα πάντα ἐγὼ ἐποίουν, ὦ 5
παῖδες, ὑγιεινῶς," πόσον τι οἴει ἂν ἀναβοῆσαι τοὺς τοιούτους
δικαστάς; οὐ μέγα;

ΚΑΛ. Ἴσως· οἴεσθαί γε χρή.

d 1 ὃ B T P F : ὦν scr. recc.   d 3 εἰσαγάγοι B T P : εἰσάγοι F
d 8 νῦν B T P : νυνὶ F   e 5 τούτοις B T P : τοιούτοις F   e 7 ἀνὴρ]
ἀνὴρ Bekker   καὶ αὐτούς . . . διαφθείρει secl. Cobet   e 8 γρ. καὶ
ἴσχων καὶ πνίγων Olympiodorus   a 1 ἀπορεῖν ποιεῖ secl. Madvig
πώματα Bekker : πόματα B T P F   a 4 εἰ F (sed punctis del. f) :
om. B T P   a 6 πόσον F : ὁπόσον B T P   τι οἴει K. Fuhr : ποιεῖ
B (sed π puncto notatum et acc. corr.) : οἴει T P F   a 8 οἴεσθαί γε
χρή post οὐ μέγα transp. et Socrati tribuit Forman

ΣΩ. Οὐκοῦν οἴει ἐν πάσῃ ἀπορίᾳ ἂν αὐτὸν ἔχεσθαι ὅτι
b χρὴ εἰπεῖν;

ΚΑΛ. Πάνυ γε.

ΣΩ. Τοιοῦτον μέντοι καὶ ἐγὼ οἶδα ὅτι πάθος πάθοιμι ἂν
εἰσελθὼν εἰς δικαστήριον. οὔτε γὰρ ἡδονὰς ἃς ἐκπεπόρικα
5 ἔξω αὐτοῖς λέγειν, ἃς οὗτοι εὐεργεσίας καὶ ὠφελίας νομί-
ζουσιν, ἐγὼ δὲ οὔτε τοὺς πορίζοντας ζηλῶ οὔτε οἷς πορίζεται·
ἐάν τέ τίς με ἢ νεωτέρους φῇ διαφθείρειν ἀπορεῖν ποιοῦντα,
ἢ τοὺς πρεσβυτέρους κακηγορεῖν λέγοντα πικροὺς λόγους ἢ
ἰδίᾳ ἢ δημοσίᾳ, οὔτε τὸ ἀληθὲς ἔξω εἰπεῖν, ὅτι Δικαίως
c πάντα ταῦτα ἐγὼ λέγω, καὶ πράττω τὸ ὑμέτερον δὴ τοῦτο,
ὦ ἄνδρες δικασταί, οὔτε ἄλλο οὐδέν· ὥστε ἴσως, ὅτι ἂν
τύχω, τοῦτο πείσομαι.

ΚΑΛ. Δοκεῖ οὖν σοι, ὦ Σώκρατες, καλῶς ἔχειν ἄνθρω-
5 πος ἐν πόλει οὕτως διακείμενος καὶ ἀδύνατος ὢν ἑαυτῷ
βοηθεῖν;

ΣΩ. Εἰ ἐκεῖνό γε ἐν αὐτῷ ὑπάρχοι, ὦ Καλλίκλεις, ὃ σὺ
πολλάκις ὡμολόγησας· εἰ βεβοηθηκὼς εἴη αὑτῷ, μήτε περὶ
d ἀνθρώπους μήτε περὶ θεοὺς ἄδικον μηδὲν μήτε εἰρηκὼς μήτε
εἰργασμένος. αὕτη γάρ τῆς βοηθείας ἑαυτῷ πολλάκις ἡμῖν
ὡμολόγηται κρατίστη εἶναι. εἰ μὲν οὖν ἐμέ τις ἐξελέγχοι
ταύτην τὴν βοήθειαν ἀδύνατον ὄντα ἐμαυτῷ καὶ ἄλλῳ βοηθεῖν,
5 αἰσχυνοίμην ἂν καὶ ἐν πολλοῖς καὶ ἐν ὀλίγοις ἐξελεγχόμενος
καὶ μόνος ὑπὸ μόνου, καὶ εἰ διὰ ταύτην τὴν ἀδυναμίαν ἀποθνή-
σκοιμι, ἀγανακτοίην ἄν· εἰ δὲ κολακικῆς ῥητορικῆς ἐνδείᾳ
τελευτῴην ἔγωγε, εὖ οἶδα ὅτι ῥᾳδίως ἴδοις ἄν με φέροντα
e τὸν θάνατον. αὐτὸ μὲν γὰρ τὸ ἀποθνήσκειν οὐδεὶς φοβεῖται,
ὅστις μὴ παντάπασιν ἀλόγιστός τε καὶ ἄνανδρός ἐστιν, τὸ
δὲ ἀδικεῖν φοβεῖται· πολλῶν γὰρ ἀδικημάτων γέμοντα τὴν
ψυχὴν εἰς "Αιδου ἀφικέσθαι πάντων ἔσχατον κακῶν ἐστιν.

b 4 ἡδονὰς ἃς T P F : ἡδονὰς B   b 8 κατηγορεῖν F   c 7 ἐν
F (coniecerat Coraes) : ἐν B T P   ὃ σὺ B P F t : ὃς σὺ T   d 2 τῆς
βοηθείας F : τις βοήθεια B T P : ἡ βοήθεια Cobet   d 6 καὶ εἰ διὰ
F b t : καὶ ἰδίᾳ B T : ἰδίᾳ P   e 4 κακῶν B T P : κακόν F

εἰ δὲ βούλει, σοὶ ἐγώ, ὡς τοῦτο οὕτως ἔχει, ἐθέλω λόγον 5
λέξαι.

ΚΑΛ. Ἀλλ' ἐπείπερ γε καὶ τἆλλα ἐπέρανας, καὶ τοῦτο
πέρανον.

ΣΩ. Ἄκουε δή, φασί, μάλα καλοῦ λόγου, ὃν σὺ μὲν 523
ἡγήσῃ μῦθον, ὡς ἐγὼ οἶμαι, ἐγὼ δὲ λόγον· ὡς ἀληθῆ γὰρ
ὄντα σοι λέξω ἃ μέλλω λέγειν. ὥσπερ γὰρ Ὅμηρος λέγει,
διενείμαντο τὴν ἀρχὴν ὁ Ζεὺς καὶ ὁ Ποσειδῶν καὶ ὁ Πλούτων,
ἐπειδὴ παρὰ τοῦ πατρὸς παρέλαβον. ἦν οὖν νόμος ὅδε περὶ 5
ἀνθρώπων ἐπὶ Κρόνου, καὶ ἀεὶ καὶ νῦν ἔτι ἔστιν ἐν θεοῖς,
τῶν ἀνθρώπων τὸν μὲν δικαίως τὸν βίον διελθόντα καὶ
ὁσίως, ἐπειδὰν τελευτήσῃ, εἰς μακάρων νήσους ἀπιόντα οἰκεῖν b
ἐν πάσῃ εὐδαιμονίᾳ ἐκτὸς κακῶν, τὸν δὲ ἀδίκως καὶ ἀθέως
εἰς τὸ τῆς τίσεώς τε καὶ δίκης δεσμωτήριον, ὃ δὴ Τάρταρον
καλοῦσιν, ἰέναι. τούτων δὲ δικασταὶ ἐπὶ Κρόνου καὶ ἔτι
νεωστὶ τοῦ Διὸς τὴν ἀρχὴν ἔχοντος ζῶντες ἦσαν ζώντων, 5
ἐκείνῃ τῇ ἡμέρᾳ δικάζοντες ᾗ μέλλοιεν τελευτᾶν· κακῶς οὖν
αἱ δίκαι ἐκρίνοντο. ὅ τε οὖν Πλούτων καὶ οἱ ἐπιμεληταὶ οἱ
ἐκ μακάρων νήσων ἰόντες ἔλεγον πρὸς τὸν Δία ὅτι φοιτῷέν
σφιν ἄνθρωποι ἑκατέρωσε ἀνάξιοι. εἶπεν οὖν ὁ Ζεύς· "Ἀλλ' c
ἐγώ," ἔφη, "παύσω τοῦτο γιγνόμενον. νῦν μὲν γὰρ κακῶς
αἱ δίκαι δικάζονται. ἀμπεχόμενοι γάρ," ἔφη, "οἱ κρινόμενοι
κρίνονται· ζῶντες γὰρ κρίνονται. πολλοὶ οὖν," ἦ δ' ὅς,
"ψυχὰς πονηρὰς ἔχοντες ἠμφιεσμένοι εἰσὶ σώματά τε καλὰ 5
καὶ γένη καὶ πλούτους, καί, ἐπειδὰν ἡ κρίσις ᾖ, ἔρχονται
αὐτοῖς πολλοὶ μάρτυρες, μαρτυρήσοντες ὡς δικαίως βεβιώ-

e 6 λέξαι] δέξαι F   a 1 φασί B T P F : φησί Stobaeus Plutarchus
a 2 ἐγὼ οἶμαι B T : ἐγῷμαι P F Stobaeus Eusebius Theodoretus
a 5 ὅδε B T P f : ὧδε F   a 6 ἔτι om. P   b 4 ἐπὶ κρόνου T W Sto-
baeus Plutarchus et in lac. textus f : ἐπὶ χρόνου B   b 6 τῇ F Stobaeus
Plutarchus : om. B T P   b 7 οἱ ἐπιμεληταὶ οἱ Plutarchus : οἱ ἐπι-
μεληταὶ B T P F Stobaeus   c 1 σφιν T P : σφὶν B F : σφισιν Sto-
baeus Plutarchus   c 4 ζῶντες γὰρ κρίνονται B T F Plutarchus : om.
P Stobaeus   οὖν B T P F Stobaeus : μὲν οὖν Plutarchus   c 7 μάρ-
τυρες B T P F Stobaeus : om. Plutarchus

d κασιν· οἱ οὖν δικασταὶ ὑπό τε τούτων ἐκπλήττονται, καὶ
ἅμα καὶ αὐτοὶ ἀμπεχόμενοι δικάζουσι, πρὸ τῆς ψυχῆς τῆς
αὑτῶν ὀφθαλμοὺς καὶ ὦτα καὶ ὅλον τὸ σῶμα προκεκαλυμ-
μένοι. ταῦτα δὴ αὐτοῖς πάντα ἐπίπροσθεν γίγνεται, καὶ τὰ
5 αὑτῶν ἀμφιέσματα καὶ τὰ τῶν κρινομένων. πρῶτον μὲν
οὖν," ἔφη, " παυστέον ἐστὶν προειδότας αὐτοὺς τὸν θάνατον·
νῦν γὰρ προΐσασι. τοῦτο μὲν οὖν καὶ δὴ εἴρηται τῷ Προ-
e μηθεῖ ὅπως ἂν παύσῃ αὐτῶν. ἔπειτα γυμνοὺς κριτέον
ἁπάντων τούτων· τεθνεῶτας γὰρ δεῖ κρίνεσθαι. καὶ τὸν
κριτὴν δεῖ γυμνὸν εἶναι, τεθνεῶτα, αὐτῇ τῇ ψυχῇ αὐτὴν τὴν
ψυχὴν θεωροῦντα ἐξαίφνης ἀποθανόντος ἑκάστου, ἔρημον
5 πάντων τῶν συγγενῶν καὶ καταλιπόντα ἐπὶ τῆς γῆς πάντα
ἐκεῖνον τὸν κόσμον, ἵνα δικαία ἡ κρίσις ᾖ. ἐγὼ μὲν οὖν
ταῦτα ἐγνωκὼς πρότερος ἢ ὑμεῖς ἐποιησάμην δικαστὰς ὑεῖς
ἐμαυτοῦ, δύο μὲν ἐκ τῆς Ἀσίας, Μίνω τε καὶ Ῥαδάμανθυν,
524 ἕνα δὲ ἐκ τῆς Εὐρώπης, Αἰακόν· οὗτοι οὖν ἐπειδὰν τελευ-
τήσωσι, δικάσουσιν ἐν τῷ λειμῶνι, ἐν τῇ τριόδῳ ἐξ ἧς
φέρετον τὼ ὁδώ, ἡ μὲν εἰς μακάρων νήσους, ἡ δ' εἰς Τάρ-
ταρον. καὶ τοὺς μὲν ἐκ τῆς Ἀσίας Ῥαδάμανθυς κρινεῖ, τοὺς
5 δὲ ἐκ τῆς Εὐρώπης Αἰακός· Μίνῳ δὲ πρεσβεῖα δώσω ἐπιδια-
κρίνειν, ἐὰν ἀπορῆτόν τι τὼ ἑτέρω, ἵνα ὡς δικαιοτάτη ἡ κρίσις
ᾖ περὶ τῆς πορείας τοῖς ἀνθρώποις."

Ταῦτ' ἔστιν, ὦ Καλλίκλεις, ἃ ἐγὼ ἀκηκοὼς πιστεύω
b ἀληθῆ εἶναι· καὶ ἐκ τούτων τῶν λόγων τοιόνδε τι λογίζομαι

---

d 3 τὸ B T P f : om. F   d 4 δὴ B T P F Plutarchus : δὲ Sto-
baeus   ἐπίπροσθεν B T P F : ἔμπροσθεν Stobaeus : ἐπιπρόσθησις Plu-
tarchus   d 7 γὰρ B T P F Stobaeus : μὲν γὰρ f Plutarchus   μὲν
οὖν καὶ δὴ B T P F Plutarchus : μὲν δὴ καὶ Stobaeus   e 1 αὐτῶν B T F
Stobaeus : αὐτόν P : αὐτό Plutarchus   e 5 καὶ om. F   τῆς γῆς
B T P F Stobaeus Plutarchus : γῆς Eusebius Theodoretus   e 6 δι-
καία ἡ κρίσις B T P F Stobaeus : ἡ κρίσις δικαία Plutarchus   μὲν οὖν
ταῦτα B T P F : μὲν οὖν Stobaeus : οὖν ταῦτ' Plutarchus   e 7 πρό-
τερος B T P F Stobaeus : πρότερον Plutarchus   a 2 τῇ B T P F
Plutarchus : om. Stobaeus   a 6 ἀπορῆτόν τι τὼ ἑτέρω Findeisen
e codice Meermanniano : ἀπόρρητόν τι τὼ ἑτέρω B P : ἀπόρρητον τι τῶ
ἑτέρω T F : ἀπόρρητόν τι ᾖ τῷ ἑτέρῳ Stobaeus Plutarchus   ἡ κρίσις
ᾖ B T P F : ᾖ κρίσις Stobaeus : κρίσις ᾖ Plutarchus

συμβαίνειν. ὁ θάνατος τυγχάνει ὤν, ὡς ἐμοὶ δοκεῖ, οὐδὲν
ἄλλο ἢ δυοῖν πραγμάτοιν διάλυσις, τῆς ψυχῆς καὶ τοῦ
σώματος, ἀπ᾽ ἀλλήλοιν· ἐπειδὰν δὲ διαλυθῆτον ἄρα ἀπ᾽
ἀλλήλοιν, οὐ πολὺ ἧττον ἑκάτερον αὐτοῖν ἔχει τὴν ἕξιν τὴν 5
αὑτοῦ ἥνπερ καὶ ὅτε ἔζη ὁ ἄνθρωπος, τό τε σῶμα τὴν φύσιν
τὴν αὑτοῦ καὶ τὰ θεραπεύματα καὶ τὰ παθήματα ἔνδηλα
πάντα. οἷον εἴ τινος μέγα ἦν τὸ σῶμα φύσει ἢ τροφῇ ἢ c
ἀμφότερα ζῶντος, τούτου καὶ ἐπειδὰν ἀποθάνῃ ὁ νεκρὸς
μέγας, καὶ εἰ παχύς, παχὺς καὶ ἀποθανόντος, καὶ τᾶλλα
οὕτως· καὶ εἰ αὖ ἐπετήδευε κομᾶν, κομήτης τούτου καὶ ὁ
νεκρός. μαστιγίας αὖ εἴ τις ἦν καὶ ἴχνη εἶχε τῶν πληγῶν 5
οὐλὰς ἐν τῷ σώματι ἢ ὑπὸ μαστίγων ἢ ἄλλων τραυμάτων
ζῶν, καὶ τεθνεῶτος τὸ σῶμα ἔστιν ἰδεῖν ταῦτα ἔχον· ἢ
κατεαγότα εἴ του ἦν μέλη ἢ διεστραμμένα ζῶντος, καὶ
τεθνεῶτος ταὐτὰ ταῦτα ἔνδηλα. ἑνὶ δὲ λόγῳ, οἷος εἶναι d
παρεσκεύαστο τὸ σῶμα ζῶν, ἔνδηλα ταῦτα καὶ τελευτήσαντος
ἢ πάντα ἢ τὰ πολλὰ ἐπί τινα χρόνον. ταὐτὸν δή μοι δοκεῖ
τοῦτ᾽ ἄρα καὶ περὶ τὴν ψυχὴν εἶναι, ὦ Καλλίκλεις· ἔνδηλα
πάντα ἐστὶν ἐν τῇ ψυχῇ, ἐπειδὰν γυμνωθῇ τοῦ σώματος, τά 5
τε τῆς φύσεως καὶ τὰ παθήματα ἃ διὰ τὴν ἐπιτήδευσιν
ἑκάστου πράγματος ἔσχεν ἐν τῇ ψυχῇ ὁ ἄνθρωπος. ἐπειδὰν
οὖν ἀφίκωνται παρὰ τὸν δικαστήν, οἱ μὲν ἐκ τῆς Ἀσίας
παρὰ τὸν Ῥαδάμανθυν, ὁ Ῥαδάμανθυς ἐκείνους ἐπιστήσας e
θεᾶται ἑκάστου τὴν ψυχήν, οὐκ εἰδὼς ὅτου ἐστίν, ἀλλὰ
πολλάκις τοῦ μεγάλου βασιλέως ἐπιλαβόμενος ἢ ἄλλου
ὁτουοῦν βασιλέως ἢ δυνάστου κατεῖδεν οὐδὲν ὑγιὲς ὂν τῆς
ψυχῆς, ἀλλὰ διαμεμαστιγωμένην καὶ οὐλῶν μεστὴν ὑπὸ 5
ἐπιορκιῶν καὶ ἀδικίας, ἃ ἑκάστη ἡ πρᾶξις αὐτοῦ ἐξωμόρξατο 525
εἰς τὴν ψυχήν, καὶ πάντα σκολιὰ ὑπὸ ψεύδους καὶ ἀλα-

b 7 τὴν om. P   c 3 παχύς, παχὺς] παχύ, παχὺς Hirschig
c 6 οὐλὰς secl. Heindorf   c 7 ἢ κατεαγότα Eusebius: κατεαγότα
B T P F : κατεαγότα τε Par. 2110: καὶ κατεαγότα Schanz: κατεαγότ᾽ αὖ
Forman   d 1 ταυτὰ ταῦτα F : ταῦτα B T P   d 3 ἢ πάντα Fin-
deisen : ἦν πάντα B T P F   d 5 πάντα B T P : ταῦτα πάντα F

ζονείας καὶ οὐδὲν εὐθὺ διὰ τὸ ἄνευ ἀληθείας τεθράφθαι· καὶ
ὑπὸ ἐξουσίας καὶ τρυφῆς καὶ ὕβρεως καὶ ἀκρατίας τῶν
5 πράξεων ἀσυμμετρίας τε καὶ αἰσχρότητος γέμουσαν τὴν
ψυχὴν εἶδεν· ἰδὼν δὲ ἀτίμως ταύτην ἀπέπεμψεν εὐθὺ τῆς
φρουρᾶς, οἳ μέλλει ἐλθοῦσα ἀνατλῆναι τὰ προσήκοντα πάθη.

b προσήκει δὲ παντὶ τῷ ἐν τιμωρίᾳ ὄντι, ὑπ᾽ ἄλλου ὀρθῶς
τιμωρουμένῳ, ἢ βελτίονι γίγνεσθαι καὶ ὀνίνασθαι ἢ παρα-
δείγματι τοῖς ἄλλοις γίγνεσθαι, ἵνα ἄλλοι ὁρῶντες πάσχοντα
ἃ ἂν πάσχῃ φοβούμενοι βελτίους γίγνωνται. εἰσὶν δὲ οἱ
5 μὲν ὠφελούμενοί τε καὶ δίκην διδόντες ὑπὸ θεῶν τε καὶ
ἀνθρώπων οὗτοι οἳ ἂν ἰάσιμα ἁμαρτήματα ἁμάρτωσιν· ὅμως
δὲ δι᾽ ἀλγηδόνων καὶ ὀδυνῶν γίγνεται αὐτοῖς ἡ ὠφελία καὶ
ἐνθάδε καὶ ἐν ῞Αιδου· οὐ γὰρ οἷόν τε ἄλλως ἀδικίας ἀπαλ-
c λάττεσθαι. οἳ δ᾽ ἂν τὰ ἔσχατα ἀδικήσωσι καὶ διὰ τὰ
τοιαῦτα ἀδικήματα ἀνίατοι γένωνται, ἐκ τούτων τὰ παρα-
δείγματα γίγνεται, καὶ οὗτοι αὐτοὶ μὲν οὐκέτι ὀνίνανται
οὐδέν, ἅτε ἀνίατοι ὄντες, ἄλλοι δὲ ὀνίνανται οἱ τούτους
5 ὁρῶντες διὰ τὰς ἁμαρτίας τὰ μέγιστα καὶ ὀδυνηρότατα καὶ
φοβερώτατα πάθη πάσχοντας τὸν ἀεὶ χρόνον, ἀτεχνῶς παρα-
δείγματα ἀνηρτημένους ἐκεῖ ἐν ῞Αιδου ἐν τῷ δεσμωτηρίῳ,
τοῖς ἀεὶ τῶν ἀδίκων ἀφικνουμένοις θεάματα καὶ νουθετήματα.

d ὧν ἐγώ φημι ἕνα καὶ ᾽Αρχέλαον ἔσεσθαι, εἰ ἀληθῆ λέγει
Πῶλος, καὶ ἄλλον ὅστις ἂν τοιοῦτος τύραννος ᾖ· οἶμαι δὲ
καὶ τοὺς πολλοὺς εἶναι τούτων τῶν παραδειγμάτων ἐκ
τυράννων καὶ βασιλέων καὶ δυναστῶν καὶ τὰ τῶν πόλεων
5 πραξάντων γεγονότας· οὗτοι γὰρ διὰ τὴν ἐξουσίαν μέγιστα καὶ
ἀνοσιώτατα ἁμαρτήματα ἁμαρτάνουσι. μαρτυρεῖ δὲ τούτοις

a 3 τεθράφθαι Β Ρ : τετράφθαι Τ F   a 4 ἀκρατίας Β W F t : ἀκρασίας
Τ : ἀκρατείας Eusebius   a 6 εἶδεν Τ Ρ F : ἴδεν Β   b 2 παραδείγματι
scr. recc. : παράδειγμά τι Β Τ Ρ : παραδείγματα F : παράδειγμα Eusebius
Theodoretus   b 3 τοῖς Β Τ Ρ : om. F Gellius Theodoretus Suidas
b 4 ἃ πάσχει F   c 1 posterius τὰ F Eusebius Theodoretus Suidas :
om. Β Τ Ρ   c 7 ἐν ᾄδου Β Τ Ρ : ἐδίδου pr. F   d 3 τούτων τῶν
παραδειγμάτων F Eusebius : τοὺς τούτων τῶν παραδειγμάτων Β : τοὺς
τῶν παραδειγμάτων Τ W : τούτων ci. Heindorf

καὶ Ὅμηρος· βασιλέας γὰρ καὶ δυνάστας ἐκεῖνος πεποίηκεν
τοὺς ἐν Ἅιδου τὸν ἀεὶ χρόνον τιμωρουμένους, Τάνταλον καὶ e
Σίσυφον καὶ Τιτυόν· Θερσίτην δέ, καὶ εἴ τις ἄλλος πονηρὸς
ἦν ἰδιώτης, οὐδεὶς πεποίηκεν μεγάλαις τιμωρίαις συνεχό-
μενον ὡς ἀνίατον—οὐ γὰρ οἶμαι ἐξῆν αὐτῷ· διὸ καὶ εὐδαιμο-
νέστερος ἦν ἢ οἷς ἐξῆν—ἀλλὰ γάρ, ὦ Καλλίκλεις, ἐκ τῶν 5
δυναμένων εἰσὶ καὶ οἱ σφόδρα πονηροὶ γιγνόμενοι ἄνθρωποι· 526
οὐδὲν μὴν κωλύει καὶ ἐν τούτοις ἀγαθοὺς ἄνδρας ἐγγίγνεσθαι,
καὶ σφόδρα γε ἄξιον ἄγασθαι τῶν γιγνομένων· χαλεπὸν γάρ,
ὦ Καλλίκλεις, καὶ πολλοῦ ἐπαίνου ἄξιον ἐν μεγάλῃ ἐξουσίᾳ
τοῦ ἀδικεῖν γενόμενον δικαίως διαβιῶναι. ὀλίγοι δὲ γίγνονται 5
οἱ τοιοῦτοι· ἐπεὶ καὶ ἐνθάδε καὶ ἄλλοθι γεγόνασιν, οἶμαι δὲ
καὶ ἔσονται καλοὶ κἀγαθοὶ ταύτην τὴν ἀρετὴν τὴν τοῦ δικαίως
διαχειρίζειν ἃ ἄν τις ἐπιτρέπῃ· εἷς δὲ καὶ πάνυ ἐλλόγιμος b
γέγονεν καὶ εἰς τοὺς ἄλλους Ἕλληνας, Ἀριστείδης ὁ Λυσι-
μάχου· οἱ δὲ πολλοί, ὦ ἄριστε, κακοὶ γίγνονται τῶν δυνα-
στῶν. ὅπερ οὖν ἔλεγον, ἐπειδὰν ὁ Ῥαδάμανθυς ἐκεῖνος
τοιοῦτόν τινα λάβῃ, ἄλλο μὲν περὶ αὐτοῦ οὐκ οἶδεν οὐδέν, 5
οὔθ᾽ ὅστις οὔθ᾽ ὧντινων, ὅτι δὲ πονηρός τις· καὶ τοῦτο
κατιδὼν ἀπέπεμψεν εἰς Τάρταρον, ἐπισημηνάμενος, ἐάντε
ἰάσιμος ἐάντε ἀνίατος δοκῇ εἶναι· ὁ δὲ ἐκεῖσε ἀφικόμενος
τὰ προσήκοντα πάσχει. ἐνίοτε δ᾽ ἄλλην εἰσιδὼν ὁσίως c
βεβιωκυῖαν καὶ μετ᾽ ἀληθείας, ἀνδρὸς ἰδιώτου ἢ ἄλλου τινός,
μάλιστα μέν, ἔγωγέ φημι, ὦ Καλλίκλεις, φιλοσόφου τὰ
αὑτοῦ πράξαντος καὶ οὐ πολυπραγμονήσαντος ἐν τῷ βίῳ,
ἠγάσθη τε καὶ ἐς μακάρων νήσους ἀπέπεμψε. ταὐτὰ δὲ 5
ταῦτα καὶ ὁ Αἰακός—ἑκάτερος τούτων ῥάβδον ἔχων δι-
κάζει—ὁ δὲ Μίνως ἐπισκοπῶν κάθηται, μόνος ἔχων χρυσοῦν
σκῆπτρον, ὥς φησιν Ὀδυσσεὺς ὁ Ὁμήρου ἰδεῖν αὐτὸν— d
χρύσεον σκῆπτρον ἔχοντα, θεμιστεύοντα νέκυσσιν.

e 4 οὐ γάρ ... e 5 ἐξῆν secl. Morstadt   a 1 δυναμένων B T P F :
αὐτῶν Aristides   a 7 posterius τὴν F: om. B T W Aristides
b 1 ἃ ἄν B T P F : ἄν (i. e. ἂν) Aristides   b 2 ἀριστείδης T P F :
ἀριστίδης B   c 5 ἐς re vera B T P F

ἐγὼ μὲν οὖν, ὦ Καλλίκλεις, ὑπό τε τούτων τῶν λόγων
πέπεισμαι, καὶ σκοπῶ ὅπως ἀποφανοῦμαι τῷ κριτῇ ὡς ὑγιε-
5 στάτην τὴν ψυχήν· χαίρειν οὖν ἐάσας τὰς τιμὰς τὰς τῶν
πολλῶν ἀνθρώπων, τὴν ἀλήθειαν ἀσκῶν πειράσομαι τῷ ὄντι
ὡς ἂν δύνωμαι βέλτιστος ὢν καὶ ζῆν καὶ ἐπειδὰν ἀποθνήσκω
e ἀποθνήσκειν. παρακαλῶ δὲ καὶ τοὺς ἄλλους πάντας ἀνθρώ-
πους, καθ' ὅσον δύναμαι, καὶ δὴ καὶ σὲ ἀντιπαρακαλῶ ἐπὶ
τοῦτον τὸν βίον καὶ τὸν ἀγῶνα τοῦτον, ὃν ἐγώ φημι ἀντὶ
πάντων τῶν ἐνθάδε ἀγώνων εἶναι, καὶ ὀνειδίζω σοι ὅτι οὐχ
5 οἷός τ' ἔσῃ σαυτῷ βοηθῆσαι, ὅταν ἡ δίκη σοι ᾖ καὶ ἡ κρίσις
ἣν νυνδὴ ἐγὼ ἔλεγον, ἀλλὰ ἐλθὼν παρὰ τὸν δικαστήν,
527 τὸν τῆς Αἰγίνης ὑόν, ἐπειδάν σου ἐπιλαβόμενος ἄγῃ,
χασμήσῃ καὶ ἰλιγγιάσεις οὐδὲν ἧττον ἢ ἐγὼ ἐνθάδε σὺ
ἐκεῖ, καί σε ἴσως τυπτήσει τις καὶ ἐπὶ κόρρης ἀτίμως καὶ
πάντως προπηλακιεῖ.

5 Τάχα δ' οὖν ταῦτα μῦθός σοι δοκεῖ λέγεσθαι ὥσπερ γραὸς
καὶ καταφρονεῖς αὐτῶν, καὶ οὐδέν γ' ἂν ἦν θαυμαστὸν κατα-
φρονεῖν τούτων, εἴ πῃ ζητοῦντες εἴχομεν αὐτῶν βελτίω καὶ
ἀληθέστερα εὑρεῖν· νῦν δὲ ὁρᾷς ὅτι τρεῖς ὄντες ὑμεῖς, οἵπερ
σοφώτατοί ἐστε τῶν νῦν Ἑλλήνων, σύ τε καὶ Πῶλος καὶ
b Γοργίας, οὐκ ἔχετε ἀποδεῖξαι ὡς δεῖ ἄλλον τινὰ βίον ζῆν
ἢ τοῦτον, ὅσπερ καὶ ἐκεῖσε φαίνεται συμφέρων. ἀλλ' ἐν
τοσούτοις λόγοις τῶν ἄλλων ἐλεγχομένων μόνος οὗτος
ἠρεμεῖ ὁ λόγος, ὡς εὐλαβητέον ἐστὶν τὸ ἀδικεῖν μᾶλλον ἢ
5 τὸ ἀδικεῖσθαι, καὶ παντὸς μᾶλλον ἀνδρὶ μελετητέον οὐ τὸ
δοκεῖν εἶναι ἀγαθὸν ἀλλὰ τὸ εἶναι, καὶ ἰδίᾳ καὶ δημοσίᾳ·
ἐὰν δέ τις κατά τι κακὸς γίγνηται, κολαστέος ἐστί, καὶ τοῦτο
δεύτερον ἀγαθὸν μετὰ τὸ εἶναι δίκαιον, τὸ γίγνεσθαι καὶ
c κολαζόμενον διδόναι δίκην· καὶ πᾶσαν κολακείαν καὶ τὴν

---

d 3 τε F : om. B T P   d 4 σκοπῶ B T P F : γρ. ἀσκῶ T   d 5 τὴν
T W F Eusebius : om. B P   d 6 ἀσκῶν F Eusebius : σκοπῶν B T P
a 1 τὸν B T P : ἐκεῖνον τὸν F   ἄγῃ B T P : ἐκεῖνος ἄγῃ F   a 2 ιλιγ-
γιάσεις T P : εἰλιγγιάσεις B F   a 3 καὶ ante ἐπὶ et ἀτίμως secl.
Cobet : ἐπὶ κόρρης secl. Heindorf   a 5 γραὸς B T P : ὑπὸ γραὸς F
Eusebius Theodoretus   a 9 νῦν om. P

περὶ ἑαυτὸν καὶ τὴν περὶ τοὺς ἄλλους, καὶ περὶ ὀλίγους
καὶ περὶ πολλούς, φευκτέον· καὶ τῇ ῥητορικῇ οὕτω χρηστέον
ἐπὶ τὸ δίκαιον ἀεί, καὶ τῇ ἄλλῃ πάσῃ πράξει. ἐμοὶ οὖν
πειθόμενος ἀκολούθησον ἐνταῦθα, οἷ ἀφικόμενος εὐδαιμο- 5
νήσεις καὶ ζῶν καὶ τελευτήσας, ὡς ὁ λόγος σημαίνει. καὶ
ἔασόν τινά σου καταφρονῆσαι ὡς ἀνοήτου καὶ προπηλακίσαι,
ἐὰν βούληται, καὶ ναὶ μὰ Δία σύ γε θαρρῶν πατάξαι τὴν
ἄτιμον ταύτην πληγήν· οὐδὲν γὰρ δεινὸν πείσῃ, ἐὰν τῷ ὄντι d
ᾖς καλὸς κἀγαθός, ἀσκῶν ἀρετήν. κἄπειτα οὕτω κοινῇ
ἀσκήσαντες, τότε ἤδη, ἐὰν δοκῇ χρῆναι, ἐπιθησόμεθα τοῖς
πολιτικοῖς, ἢ ὁποῖον ἄν τι ἡμῖν δοκῇ, τότε βουλευσόμεθα,
βελτίους ὄντες βουλεύεσθαι ἢ νῦν. αἰσχρὸν γὰρ ἔχοντάς 5
γε ὡς νῦν φαινόμεθα ἔχειν, ἔπειτα νεανιεύεσθαι ὡς τὶ ὄντας,
οἷς οὐδέποτε ταὐτὰ δοκεῖ περὶ τῶν αὐτῶν, καὶ ταῦτα περὶ
τῶν μεγίστων—εἰς τοσοῦτον ἥκομεν ἀπαιδευσίας—ὥσπερ e
οὖν ἡγεμόνι τῷ λόγῳ χρησώμεθα τῷ νῦν παραφανέντι, ὃς
ἡμῖν σημαίνει ὅτι οὗτος ὁ τρόπος ἄριστος τοῦ βίου, καὶ τὴν
δικαιοσύνην καὶ τὴν ἄλλην ἀρετὴν ἀσκοῦντας καὶ ζῆν καὶ
τεθνάναι. τούτῳ οὖν ἑπώμεθα, καὶ τοὺς ἄλλους παρακα- 5
λῶμεν, μὴ ἐκείνῳ, ᾧ σὺ πιστεύων ἐμὲ παρακαλεῖς· ἔστι γὰρ
οὐδενὸς ἄξιος ὦ Καλλίκλεις.

c 4 πάσῃ πράξει ΒΤΡ : πράξει πάσῃ F   c 6 ὁ λόγος F : ὁ σὸς
λόγος ΒΤΡ   c 8 τὴν ἄτιμον ταύτην ΒΤΡ : ταύτην τὴν ἄτιμον F
d 7 ταὐτὰ δοκεῖ ΒΤΡ : δοκεῖ ταυτὰ F   e 2 χρησώμεθα ΒΤ : χρησό-
μεθα Ρ F   e 5 ἑπόμεθα Ρ   παρακαλοῦμεν Ρ

ΜΕΝΩΝ

ΜΕΝΩΝ ΣΩΚΡΑΤΗΣ ΠΑΙΣ ΜΕΝΩΝΟΣ ΑΝΥΤΟΣ

ΜΕΝ. Ἔχεις μοι εἰπεῖν, ὦ Σώκρατες, ἆρα διδακτὸν ἡ **a**
ἀρετή; ἢ οὐ διδακτὸν ἀλλ᾽ ἀσκητόν; ἢ οὔτε ἀσκητὸν οὔτε
μαθητόν, ἀλλὰ φύσει παραγίγνεται τοῖς ἀνθρώποις ἢ ἄλλῳ
τινὶ τρόπῳ;

ΣΩ. Ὦ Μένων, πρὸ τοῦ μὲν Θετταλοὶ εὐδόκιμοι ἦσαν 5
ἐν τοῖς Ἕλλησιν καὶ ἐθαυμάζοντο ἐφ᾽ ἱππικῇ τε καὶ πλούτῳ,
νῦν δέ, ὡς ἐμοὶ δοκεῖ, καὶ ἐπὶ σοφίᾳ, καὶ οὐχ ἥκιστα οἱ τοῦ **b**
σοῦ ἑταίρου Ἀριστίππου πολῖται Λαρισαῖοι. τούτου δὲ ὑμῖν
αἴτιός ἐστι Γοργίας· ἀφικόμενος γὰρ εἰς τὴν πόλιν ἐραστὰς
ἐπὶ σοφίᾳ εἴληφεν Ἀλευαδῶν τε τοὺς πρώτους, ὧν ὁ σὸς
ἐραστής ἐστιν Ἀρίστιππος, καὶ τῶν ἄλλων Θετταλῶν. καὶ 5
δὴ καὶ τοῦτο τὸ ἔθος ὑμᾶς εἴθικεν, ἀφόβως τε καὶ μεγαλο-
πρεπῶς ἀποκρίνεσθαι ἐάν τίς τι ἔρηται, ὥσπερ εἰκὸς τοὺς
εἰδότας, ἅτε καὶ αὐτὸς παρέχων αὐτὸν ἐρωτᾶν τῶν Ἑλλήνων **c**
τῷ βουλομένῳ ὅτι ἄν τις βούληται, καὶ οὐδενὶ ὅτῳ οὐκ
ἀποκρινόμενος. ἐνθάδε δέ, ὦ φίλε Μένων, τὸ ἐναντίον
περιέστηκεν· ὥσπερ αὐχμός τις τῆς σοφίας γέγονεν, καὶ κιν-
δυνεύει ἐκ τῶνδε τῶν τόπων παρ᾽ ὑμᾶς οἴχεσθαι ἡ σοφία. εἰ **71**
γοῦν τινα ἐθέλεις οὕτως ἐρέσθαι τῶν ἐνθάδε, οὐδεὶς ὅστις οὐ
γελάσεται καὶ ἐρεῖ· "Ὦ ξένε, κινδυνεύω σοι δοκεῖν μακάριός
τις εἶναι—ἀρετὴν γοῦν εἴτε διδακτὸν εἴθ᾽ ὅτῳ τρόπῳ παρα-

70 b 2 Ἀριστίππου secl. Naber   λαρισαῖοι F: λαρισαίου Β Τ W:
λαρισσαίου t: secl. Naber   c 1 αὐτὸς W F: αὐτοῖς Β Τ f (sed
s in ras. B)   c 3 τὸ ἐναντίον] τὸ πρᾶγμα εἰς τοὐναντίον Cobet
71 a 4 ἀρετὴν ... a 5 εἰδέναι secl. Naber

5 γίγνεται εἰδέναι—ἐγὼ δὲ τοσοῦτον δέω εἴτε διδακτὸν εἴτε
μὴ διδακτὸν εἰδέναι, ὥστ᾽ οὐδὲ αὐτὸ ὅτι ποτ᾽ ἐστὶ τὸ παράπαν
ἀρετὴ τυγχάνω εἰδώς.᾽

b Ἐγὼ οὖν καὶ αὐτός, ὦ Μένων, οὕτως ἔχω· συμπένομαι
τοῖς πολίταις τούτου τοῦ πράγματος, καὶ ἐμαυτὸν κατα-
μέμφομαι ὡς οὐκ εἰδὼς περὶ ἀρετῆς τὸ παράπαν· ὃ δὲ μὴ
οἶδα τί ἐστιν, πῶς ἂν ὁποῖόν γέ τι εἰδείην; ἢ δοκεῖ σοι
5 οἷόν τε εἶναι, ὅστις Μένωνα μὴ γιγνώσκει τὸ παράπαν ὅστις
ἐστίν, τοῦτον εἰδέναι εἴτε καλὸς εἴτε πλούσιος εἴτε καὶ
γενναῖός ἐστιν, εἴτε καὶ τἀναντία τούτων; δοκεῖ σοι οἷόν τ᾽
εἶναι;

MEN. Οὐκ ἔμοιγε. ἀλλὰ σύ, ὦ Σώκρατες, ἀληθῶς
c οὐδ᾽ ὅτι ἀρετή ἐστιν οἶσθα, ἀλλὰ ταῦτα περὶ σοῦ καὶ οἴκαδε
ἀπαγγέλλωμεν;

ΣΩ. Μὴ μόνον γε, ὦ ἑταῖρε, ἀλλὰ καὶ ὅτι οὐδ᾽ ἄλλῳ πω
ἐνέτυχον εἰδότι, ὡς ἐμοὶ δοκῶ.

5 MEN. Τί δέ; Γοργίᾳ οὐκ ἐνέτυχες ὅτε ἐνθάδε ἦν;

ΣΩ. Ἔγωγε.

MEN. Εἶτα οὐκ ἐδόκει σοι εἰδέναι;

ΣΩ. Οὐ πάνυ εἰμὶ μνήμων, ὦ Μένων, ὥστε οὐκ ἔχω
εἰπεῖν ἐν τῷ παρόντι πῶς μοι τότε ἔδοξεν. ἀλλ᾽ ἴσως
10 ἐκεῖνός τε οἶδε, καὶ σὺ ἃ ἐκεῖνος ἔλεγε· ἀνάμνησον οὖν
d με πῶς ἔλεγεν. εἰ δὲ βούλει, αὐτὸς εἰπέ· δοκεῖ γὰρ δήπου
σοὶ ἅπερ ἐκείνῳ.

MEN. Ἔμοιγε.

ΣΩ. Ἐκεῖνον μὲν τοίνυν ἐῶμεν, ἐπειδὴ καὶ ἄπεστιν· σὺ
5 δὲ αὐτός, ὦ πρὸς θεῶν, Μένων, τί φῂς ἀρετὴν εἶναι; εἰπὸν
καὶ μὴ φθονήσῃς, ἵνα εὐτυχέστατον ψεῦσμα ἐψευσμένος ὦ,

a 5 τοσοῦτον B T W F : τοσούτου Buttmann   a 6 ὥστ᾽ F : ὡς
B T W   b 4 γέ τι B T W : ἐστὶν F : γέ τί ἐστιν Naber
b 5 γινώσκει B T : γινώσκῃ W F   b 6 τοῦτον B W F : τούτων
T   καὶ γενναῖος B T F : γενναῖος W   c 3 πω B T W : που F
c 10 ἀνάμνησον ... ἔλεγεν punctis notata in T   d 4 μὲν τοίνυν
T W F : μέντοι νῦν B   d 5 εἶπον B T W F : εἰπὲ scr. Laur. xiv. 85
d 6 εὐτυχέστατον B T F : εὐτυχέστατος W

ἂν φανῇς σὺ μὲν εἰδὼς καὶ Γοργίας, ἐγὼ δὲ εἰρηκὼς μηδενὶ
πώποτε εἰδότι ἐντετυχηκέναι.

ΜΕΝ. Ἀλλ' οὐ χαλεπόν, ὦ Σώκρατες, εἰπεῖν. πρῶτον e
μέν, εἰ βούλει ἀνδρὸς ἀρετήν, ῥᾴδιον, ὅτι αὕτη ἐστὶν ἀνδρὸς
ἀρετή, ἱκανὸν εἶναι τὰ τῆς πόλεως πράττειν, καὶ πράττοντα
τοὺς μὲν φίλους εὖ ποιεῖν, τοὺς δ' ἐχθροὺς κακῶς, καὶ αὐτὸν
εὐλαβεῖσθαι μηδὲν τοιοῦτον παθεῖν. εἰ δὲ βούλει γυναικὸς 5
ἀρετήν, οὐ χαλεπὸν διελθεῖν, ὅτι δεῖ αὐτὴν τὴν οἰκίαν εὖ
οἰκεῖν, σῴζουσάν τε τὰ ἔνδον καὶ κατήκοον οὖσαν τοῦ ἀνδρός.
καὶ ἄλλη ἐστὶν παιδὸς ἀρετή, καὶ θηλείας καὶ ἄρρενος, καὶ
πρεσβυτέρου ἀνδρός, εἰ μὲν βούλει, ἐλευθέρου, εἰ δὲ βούλει,
δούλου. καὶ ἄλλαι πάμπολλαι ἀρεταί εἰσιν, ὥστε οὐκ 72
ἀπορία εἰπεῖν ἀρετῆς πέρι ὅτι ἐστίν· καθ' ἑκάστην γὰρ
τῶν πράξεων καὶ τῶν ἡλικιῶν πρὸς ἕκαστον ἔργον ἑκάστῳ
ἡμῶν ἡ ἀρετή ἐστιν, ὡσαύτως δὲ οἶμαι, ὦ Σώκρατες, καὶ ἡ
κακία.   5

ΣΩ. Πολλῇ γέ τινι εὐτυχίᾳ ἔοικα κεχρῆσθαι, ὦ Μένων,
εἰ μίαν ζητῶν ἀρετὴν σμῆνός τι ἀνηύρηκα ἀρετῶν παρὰ σοὶ
κείμενον. ἀτάρ, ὦ Μένων, κατὰ ταύτην τὴν εἰκόνα τὴν
περὶ τὰ σμήνη, εἴ μου ἐρομένου μελίττης περὶ οὐσίας ὅτι b
ποτ' ἐστίν, πολλὰς καὶ παντοδαπὰς ἔλεγες αὐτὰς εἶναι, τί
ἂν ἀπεκρίνω μοι, εἴ σε ἠρόμην· "Ἆρα τούτῳ φῂς πολλὰς
καὶ παντοδαπὰς εἶναι καὶ διαφερούσας ἀλλήλων, τῷ μελίττας
εἶναι; ἢ τούτῳ μὲν οὐδὲν διαφέρουσιν, ἄλλῳ δέ τῳ, οἷον 5
ἢ κάλλει ἢ μεγέθει ἢ ἄλλῳ τῳ τῶν τοιούτων;" εἰπέ, τί ἂν
ἀπεκρίνω οὕτως ἐρωτηθείς;

ΜΕΝ. Τοῦτ' ἔγωγε, ὅτι οὐδὲν διαφέρουσιν, ᾗ μέλιτται
εἰσίν, ἡ ἑτέρα τῆς ἑτέρας.

ΣΩ. Εἰ οὖν εἶπον μετὰ ταῦτα· "Τοῦτο τοίνυν μοι c
αὐτὸ εἰπέ, ὦ Μένων· ᾧ οὐδὲν διαφέρουσιν ἀλλὰ ταὐτόν

e 6 αὐτὴν BTF : αὐτῆς W   e 9 μὲν BTW : μὲν οὖν F   εἰ
δὲ βούλει] εἰ δέ Cobet   a 2 ὅτι BTW : ὅτου F   a 4 ἡ supra
versum T   a 6 κεχρῆσθαι BTW : χρῆσθαι PF   a 8 κείμενον
F : κειμένων BTW   b 3 ἠρόμην BWF : εἰρόμην T

εἰσιν ἅπασαι, τί τοῦτο φῂς εἶναι;" εἶχες δήπου ἄν τί μοι
εἰπεῖν;

5 ΜΕΝ. Ἔγωγε.

ΣΩ. Οὕτω δὴ καὶ περὶ τῶν ἀρετῶν· κἂν εἰ πολλαὶ καὶ
παντοδαπαί εἰσιν, ἕν γέ τι εἶδος ταὐτὸν ἅπασαι ἔχουσιν
δι' ὃ εἰσὶν ἀρεταί, εἰς ὃ καλῶς που ἔχει ἀποβλέψαντα τὸν
ἀποκρινόμενον τῷ ἐρωτήσαντι ἐκεῖνο δηλῶσαι, ὃ τυγχάνει
d οὖσα ἀρετή· ἢ οὐ μανθάνεις ὅτι λέγω;

ΜΕΝ. Δοκῶ γέ μοι μανθάνειν· οὐ μέντοι ὡς βούλομαί
γέ πω κατέχω τὸ ἐρωτώμενον.

ΣΩ. Πότερον δὲ περὶ ἀρετῆς μόνον σοι οὕτω δοκεῖ, ὦ
5 Μένων, ἄλλη μὲν ἀνδρὸς εἶναι, ἄλλη δὲ γυναικὸς καὶ τῶν
ἄλλων, ἢ καὶ περὶ ὑγιείας καὶ περὶ μεγέθους καὶ περὶ ἰσχύος
ὡσαύτως; ἄλλη μὲν ἀνδρὸς δοκεῖ σοι εἶναι ὑγίεια, ἄλλη
δὲ γυναικός; ἢ ταὐτὸν πανταχοῦ εἶδός ἐστιν, ἐάνπερ ὑγίεια
e ᾖ, ἐάντε ἐν ἀνδρὶ ἐάντε ἐν ἄλλῳ ὁτῳοῦν ᾖ;

ΜΕΝ. Ἡ αὐτή μοι δοκεῖ ὑγίειά γε εἶναι καὶ ἀνδρὸς καὶ
γυναικός.

ΣΩ. Οὐκοῦν καὶ μέγεθος καὶ ἰσχύς; ἐάνπερ ἰσχυρὰ
5 γυνὴ ᾖ, τῷ αὐτῷ εἴδει καὶ τῇ αὐτῇ ἰσχύϊ ἰσχυρὰ ἔσται; τὸ
γὰρ τῇ αὐτῇ τοῦτο λέγω· οὐδὲν διαφέρει πρὸς τὸ ἰσχὺς εἶναι
ἡ ἰσχύς, ἐάντε ἐν ἀνδρὶ ᾖ ἐάντε ἐν γυναικί. ἢ δοκεῖ τί
σοι διαφέρειν;

ΜΕΝ. Οὐκ ἔμοιγε.

73 ΣΩ. Ἡ δὲ ἀρετὴ πρὸς τὸ ἀρετὴ εἶναι διοίσει τι, ἐάντε
ἐν παιδὶ ᾖ ἐάντε ἐν πρεσβύτῃ, ἐάντε ἐν γυναικὶ ἐάντε ἐν
ἀνδρί;

ΜΕΝ. Ἔμοιγέ πως δοκεῖ, ὦ Σώκρατες, τοῦτο οὐκέτι
5 ὅμοιον εἶναι τοῖς ἄλλοις τούτοις.

ΣΩ. Τί δέ; οὐκ ἀνδρὸς μὲν ἀρετὴν ἔλεγες πόλιν εὖ

c 9 ἀποκρινόμενον WF: ἀποκρινάμενον BT   θ 2 δοκεῖ BTW:
δοκεῖ εἶναι F   γε F: τε BTW   θ 6 διαφέρει BTWF: διαφέρειν
Laur. vii. 85   θ 7 ἡ ἰσχὺς ἐάν τε TWF: ᾖ ἰσχὺς εἶ. ἄν τε B
δοκεῖ τί σοι BTW: σοι δοκεῖ τι F

διοικεῖν, γυναικὸς δὲ οἰκίαν;—ΜΕΝ. Ἔγωγε.—ΣΩ. Ἆρ'
οὖν οἷόν τε εὖ διοικεῖν ἢ πόλιν ἢ οἰκίαν ἢ ἄλλο ὁτιοῦν,
μὴ σωφρόνως καὶ δικαίως διοικοῦντα;—ΜΕΝ. Οὐ δῆτα.—
ΣΩ. Οὐκοῦν ἄνπερ δικαίως καὶ σωφρόνως διοικῶσιν, δι- b
καιοσύνῃ καὶ σωφροσύνῃ διοικήσουσιν;—ΜΕΝ. Ἀνάγκη.
—ΣΩ. Τῶν αὐτῶν ἄρα ἀμφότεροι δέονται, εἴπερ μέλλουσιν
ἀγαθοὶ εἶναι, καὶ ἡ γυνὴ καὶ ὁ ἀνήρ, δικαιοσύνης καὶ σω-
φροσύνης.—ΜΕΝ. Φαίνονται.—ΣΩ. Τί δὲ παῖς καὶ πρε- 5
σβύτης; μῶν ἀκόλαστοι ὄντες καὶ ἄδικοι ἀγαθοὶ ἄν ποτε
γένοιντο;—ΜΕΝ. Οὐ δῆτα.—ΣΩ. Ἀλλὰ σώφρονες καὶ
δίκαιοι;—ΜΕΝ. Ναί.—ΣΩ. Πάντες ἄρ' ἄνθρωποι τῷ αὐτῷ c
τρόπῳ ἀγαθοί εἰσιν· τῶν αὐτῶν γὰρ τυχόντες ἀγαθοὶ γί-
γνονται.—ΜΕΝ. Ἔοικε.—ΣΩ. Οὐκ ἂν δήπου, εἴ γε μὴ ἡ
αὐτὴ ἀρετὴ ἦν αὐτῶν, τῷ αὐτῷ ἂν τρόπῳ ἀγαθοὶ ἦσαν.—
ΜΕΝ. Οὐ δῆτα. 5

ΣΩ. Ἐπειδὴ τοίνυν ἡ αὐτὴ ἀρετὴ πάντων ἐστίν, πειρῶ
εἰπεῖν καὶ ἀναμνησθῆναι τί αὐτό φησι Γοργίας εἶναι καὶ
σὺ μετ' ἐκείνου.

ΜΕΝ. Τί ἄλλο γ' ἢ ἄρχειν οἷόν τ' εἶναι τῶν ἀνθρώπων;
εἴπερ ἕν γέ τι ζητεῖς κατὰ πάντων. d

ΣΩ. Ἀλλὰ μὴν ζητῶ γε. ἀλλ' ἆρα καὶ παιδὸς ἡ αὐτὴ
ἀρετή, ὦ Μένων, καὶ δούλου, ἄρχειν οἵω τε εἶναι τοῦ δε-
σπότου, καὶ δοκεῖ σοι ἔτι ἂν δοῦλος εἶναι ὁ ἄρχων;

ΜΕΝ. Οὐ πάνυ μοι δοκεῖ, ὦ Σώκρατες. 5

ΣΩ. Οὐ γὰρ εἰκός, ὦ ἄριστε· ἔτι γὰρ καὶ τόδε σκόπει.
ἄρχειν φῂς οἷόν τ' εἶναι. οὐ προσθήσομεν αὐτόσε τὸ
δικαίως, ἀδίκως δὲ μή;

ΜΕΝ. Οἶμαι ἔγωγε· ἡ γὰρ δικαιοσύνη, ὦ Σώκρατες,
ἀρετή ἐστιν. 10

ΣΩ. Πότερον ἀρετή, ὦ Μένων, ἢ ἀρετή τις; e

ΜΕΝ. Πῶς τοῦτο λέγεις;

b 1 δικαίως καὶ σωφρόνως Β Τ W : σωφρόνως καὶ δικαίως F   d 3 οἵω
W : οἵῳ Β Τ : οἵη F : οἷόν (vel οἵου) Buttmann   d 6 γὰρ καὶ Β Τ
W F : καὶ Schanz : δὲ καὶ Fritzsche

ΣΩ. Ὡς περὶ ἄλλου ὁτουοῦν. οἷον, εἰ βούλει, στρογ-
γυλότητος πέρι εἴποιμ᾽ ἂν ἔγωγε ὅτι σχῆμά τί ἐστιν, οὐχ
5 οὕτως ἁπλῶς ὅτι σχῆμα. διὰ ταῦτα δὲ οὕτως ἂν εἴποιμι,
ὅτι καὶ ἄλλα ἔστι σχήματα.

ΜΕΝ. Ὀρθῶς γε λέγων σύ, ἐπεὶ καὶ ἐγὼ λέγω οὐ μόνον
δικαιοσύνην ἀλλὰ καὶ ἄλλας εἶναι ἀρετάς.

74 ΣΩ. Τίνας ταύτας; εἰπέ. οἷον καὶ ἐγώ σοι εἴποιμι ἂν
καὶ ἄλλα σχήματα, εἴ με κελεύοις· καὶ σὺ οὖν ἐμοὶ εἰπὲ
ἄλλας ἀρετάς.

ΜΕΝ. Ἡ ἀνδρεία τοίνυν ἔμοιγε δοκεῖ ἀρετὴ εἶναι καὶ
5 σωφροσύνη καὶ σοφία καὶ μεγαλοπρέπεια καὶ ἄλλαι πάμ-
πολλαι.

ΣΩ. Πάλιν, ὦ Μένων, ταὐτὸν πεπόνθαμεν· πολλὰς αὖ
ηὑρήκαμεν ἀρετὰς μίαν ζητοῦντες, ἄλλον τρόπον ἢ νυνδή·
τὴν δὲ μίαν, ἢ διὰ πάντων τούτων ἐστίν, οὐ δυνάμεθα
10 ἀνευρεῖν.

ΜΕΝ. Οὐ γὰρ δύναμαί πω, ὦ Σώκρατες, ὡς σὺ ζητεῖς,
b μίαν ἀρετὴν λαβεῖν κατὰ πάντων, ὥσπερ ἐν τοῖς ἄλλοις.

ΣΩ. Εἰκότως γε· ἀλλ᾽ ἐγὼ προθυμήσομαι, ἐὰν οἷός τ᾽
ὦ, ἡμᾶς προβιβάσαι. μανθάνεις γάρ που ὅτι οὑτωσὶ ἔχει
περὶ παντός· εἴ τίς σε ἀνέροιτο τοῦτο ὃ νυνδὴ ἐγὼ ἔλεγον,
5 "Τί ἐστιν σχῆμα, ὦ Μένων;" εἰ αὐτῷ εἶπες ὅτι στρογ-
γυλότης, εἴ σοι εἶπεν ἅπερ ἐγώ, " Πότερον σχῆμα ἡ στρογ-
γυλότης ἐστὶν ἢ σχῆμά τι;" εἶπες δήπου ἂν ὅτι σχῆμά τι.

ΜΕΝ. Πάνυ γε.

c ΣΩ. Οὐκοῦν διὰ ταῦτα, ὅτι καὶ ἄλλα ἔστιν σχήματα;

ΜΕΝ. Ναί.

ΣΩ. Καὶ εἴ γε προσανηρώτα σε ὁποῖα, ἔλεγες ἄν;

ΜΕΝ. Ἔγωγε.

a2 κελεύοις B T² W F: κελεύεις T   οὖν B T W: μὲν οὖν F
a7 αὖ εὑρήκαμεν B T W F: ἀνευρήκαμεν Buttmann   a8 μίαν
B T W: καὶ μίαν F   a9 ἐστίν] εἰσιν ci. Madvig   a11 πω
B T W: πως F   b3 προβιβάσαι W F: προσβιβάσαι B T   b4 σε
B T W: om. F   c3 προσανηρώτα σε B T f: πρὸς ἂν ἠρώτα σε F:
προσανηρώτησεν W

ΣΩ. Καὶ αὖ εἰ περὶ χρώματος ὡσαύτως ἀνήρετο ὅτι 5
ἐστίν, καὶ εἰπόντος σου ὅτι τὸ λευκόν, μετὰ ταῦτα ὑπέλαβεν
ὁ ἐρωτῶν· "Πότερον τὸ λευκὸν χρῶμά ἐστιν ἢ χρῶμά τι;"
εἶπες ἂν ὅτι χρῶμά τι, διότι καὶ ἄλλα τυγχάνει ὄντα;

ΜΕΝ. Ἔγωγε.

ΣΩ. Καὶ εἴ γέ σε ἐκέλευε λέγειν ἄλλα χρώματα, ἔλεγες 10
ἂν ἄλλα, ἃ οὐδὲν ἧττον τυγχάνει ὄντα χρώματα τοῦ λευκοῦ; d

ΜΕΝ. Ναί.

ΣΩ. Εἰ οὖν ὥσπερ ἐγὼ μετῄει τὸν λόγον, καὶ ἔλεγεν
ὅτι "'Αεὶ εἰς πολλὰ ἀφικνούμεθα, ἀλλὰ μή μοι οὕτως,
ἀλλ' ἐπειδὴ τὰ πολλὰ ταῦτα ἑνί τινι προσαγορεύεις ὀνό- 5
ματι, καὶ φῂς οὐδὲν αὐτῶν ὅτι οὐ σχῆμα εἶναι, καὶ ταῦτα
καὶ ἐναντία ὄντα ἀλλήλοις, ὅτι ἐστὶν τοῦτο ὃ οὐδὲν ἧττον
κατέχει τὸ στρογγύλον ἢ τὸ εὐθύ, ὃ δὴ ὀνομάζεις σχῆμα
καὶ οὐδὲν μᾶλλον φῂς τὸ στρογγύλον σχῆμα εἶναι ἢ τὸ e
εὐθύ;" ἢ οὐχ οὕτω λέγεις;

ΜΕΝ. Ἔγωγε.

ΣΩ. Ἆρ' οὖν, ὅταν οὕτω λέγῃς, τότε οὐδὲν μᾶλλον φῂς
τὸ στρογγύλον εἶναι στρογγύλον ἢ εὐθύ, οὐδὲ τὸ εὐθὺ εὐθὺ 5
ἢ στρογγύλον;

ΜΕΝ. Οὐ δήπου, ὦ Σώκρατες.

ΣΩ. 'Αλλὰ μὴν σχῆμά γε οὐδὲν μᾶλλον φῂς εἶναι τὸ
στρογγύλον τοῦ εὐθέος, οὐδὲ τὸ ἕτερον τοῦ ἑτέρου.

ΜΕΝ. 'Αληθῆ λέγεις. 10

ΣΩ. Τί ποτε οὖν τοῦτο οὗ τοῦτο ὄνομά ἐστιν, τὸ σχῆμα;
πειρῶ λέγειν. εἰ οὖν τῷ ἐρωτῶντι οὕτως ἢ περὶ σχήματος 75
ἢ χρώματος εἶπες ὅτι "'Αλλ' οὐδὲ μανθάνω ἔγωγε ὅτι
βούλει, ὦ ἄνθρωπε, οὐδὲ οἶδα ὅτι λέγεις," ἴσως ἂν ἐθαύ-
μασε καὶ εἶπεν· "Οὐ μανθάνεις ὅτι ζητῶ τὸ ἐπὶ πᾶσιν

c 7 δ BTW: om. F   d 7 ὅτι BTW F: τί Gedike   δ T²:
om. BTW F   d 8 κατέχει BTW F: del. rec. b   ὀνομάζεις
BTF: ὀνομάζει W   e 1 σχῆμα ... e 5 τὸ στρογγύλον om. W
(add. in marg. w)   e 7 οὐ δήπου BTF: οὐ δῆτα W (sed suprascr.
που W)   a 2 ἀλλ' οὐδὲ BTW f: ἄλλου F

5 τούτοις ταὐτόν;" ἢ οὐδὲ ἐπὶ τούτοις, ὦ Μένων, ἔχοις ἂν
εἰπεῖν, εἴ τίς σε ἐρωτώῃ· " Τί ἐστιν ἐπὶ τῷ στρογγύλῳ
καὶ εὐθεῖ καὶ ἐπὶ τοῖς ἄλλοις, ἃ δὴ σχήματα καλεῖς, ταὐτὸν
ἐπὶ πᾶσιν;" πειρῶ εἰπεῖν, ἵνα καὶ γένηταί σοι μελέτη πρὸς
τὴν περὶ τῆς ἀρετῆς ἀπόκρισιν.

b ΜΕΝ. Μή, ἀλλὰ σύ, ὦ Σώκρατες, εἰπέ.

ΣΩ. Βούλει σοι χαρίσωμαι;

ΜΕΝ. Πάνυ γε.

ΣΩ. Ἐθελήσεις οὖν καὶ σὺ ἐμοὶ εἰπεῖν περὶ τῆς ἀρετῆς;

5 ΜΕΝ. Ἔγωγε.

ΣΩ. Προθυμητέον τοίνυν· ἄξιον γάρ.

ΜΕΝ. Πάνυ μὲν οὖν.

ΣΩ. Φέρε δή, πειρώμεθά σοι εἰπεῖν τί ἐστιν σχῆμα.
σκόπει οὖν εἰ τόδε ἀποδέχῃ αὐτὸ εἶναι· ἔστω γὰρ δὴ ἡμῖν
10 τοῦτο σχῆμα, ὃ μόνον τῶν ὄντων τυγχάνει χρώματι ἀεὶ
ἑπόμενον. ἱκανῶς σοι, ἢ ἄλλως πως ζητεῖς; ἐγὼ γὰρ κἂν
c οὕτως ἀγαπῴην εἴ μοι ἀρετὴν εἴποις.

ΜΕΝ. Ἀλλὰ τοῦτό γε εὔηθες, ὦ Σώκρατες.

ΣΩ. Πῶς λέγεις;

ΜΕΝ. Ὅτι σχῆμά πού ἐστιν κατὰ τὸν σὸν λόγον ὃ ἀεὶ
5 χρόᾳ ἕπεται. εἶεν· εἰ δὲ δὴ τὴν χρόαν τις μὴ φαίη εἰδέναι,
ἀλλὰ ὡσαύτως ἀποροῖ ὥσπερ περὶ τοῦ σχήματος, τί ἂν οἴει
σοι ἀποκεκρίσθαι;

ΣΩ. Τἀληθῆ ἔγωγε· καὶ εἰ μέν γε τῶν σοφῶν τις εἴη
καὶ ἐριστικῶν τε καὶ ἀγωνιστικῶν ὁ ἐρόμενος, εἴποιμ' ἂν
d αὐτῷ ὅτι " Ἐμοὶ μὲν εἴρηται· εἰ δὲ μὴ ὀρθῶς λέγω, σὸν
ἔργον λαμβάνειν λόγον καὶ ἐλέγχειν." εἰ δὲ ὥσπερ ἐγώ
τε καὶ σὺ νυνὶ φίλοι ὄντες βούλοιντο ἀλλήλοις διαλέγεσθαι,

a 5 ἢ B T W : ἢ ἔτι F   a 6 σε F : om. B T W   τί T W F b :
τίς B   a 8 καὶ B T F : om. W   b 2 χαρίσωμαι B T² : χαρίσομαι
T W F   b 4 ἐθελήσεις B T W : εἰ ἐθελήσεις F   b 8 πειρώμεθά
B T W F : πειρῶμαί Schanz   b 10 τοῦτο B W F : τοῦτο τὸ T
b 11 κἂν B T W : καὶ νῦν F   c 2 εὔηθες B T W : εὐήθως F
c 4 σχῆμα T W F : σχήματα B   c 8 ἔγωγε B T W : λέγων F
c 9 ἐρόμενος B T W f : ἐρώμενος F

δεῖ δὴ πρᾳότερόν πως καὶ διαλεκτικώτερον ἀποκρίνεσθαι.
ἔστι δὲ ἴσως τὸ διαλεκτικώτερον μὴ μόνον τἀληθῆ ἀποκρί- 5
νεσθαι, ἀλλὰ καὶ δι' ἐκείνων ὧν ἂν προσομολογῇ εἰδέναι
ὁ ἐρωτώμενος. πειράσομαι δὴ καὶ ἐγώ σοι οὕτως εἰπεῖν.
λέγε γάρ μοι· τελευτὴν καλεῖς τι; τοιόνδε λέγω οἷον πέρας e
καὶ ἔσχατον—πάντα ταῦτα ταὐτόν τι λέγω· ἴσως δ' ἂν
ἡμῖν Πρόδικος διαφέροιτο, ἀλλὰ σύ γέ που καλεῖς πεπεράνθαι
τι καὶ τετελευτηκέναι—τὸ τοιοῦτον βούλομαι λέγειν, οὐδὲν
ποικίλον. 5

ΜΕΝ. Ἀλλὰ καλῶ, καὶ οἶμαι μανθάνειν ὃ λέγεις.

ΣΩ. Τί δ'; ἐπίπεδον καλεῖς τι, καὶ ἕτερον αὖ στερεόν, 76
οἷον ταῦτα τὰ ἐν ταῖς γεωμετρίαις;

ΜΕΝ. Ἔγωγε καλῶ.

ΣΩ. Ἤδη τοίνυν ἂν μάθοις μου ἐκ τούτων σχῆμα ὃ
λέγω. κατὰ γὰρ παντὸς σχήματος τοῦτο λέγω, εἰς ὃ τὸ 5
στερεὸν περαίνει, τοῦτ' εἶναι σχῆμα· ὅπερ ἂν συλλαβὼν
εἴποιμι στερεοῦ πέρας σχῆμα εἶναι.

ΜΕΝ. Τὸ δὲ χρῶμα τί λέγεις, ὦ Σώκρατες;

ΣΩ. Ὑβριστής γ' εἶ, ὦ Μένων· ἀνδρὶ πρεσβύτῃ πρά-
γματα προστάττεις ἀποκρίνεσθαι, αὐτὸς δὲ οὐκ ἐθέλεις 10
ἀναμνησθεὶς εἰπεῖν ὅτι ποτε λέγει Γοργίας ἀρετὴν εἶναι. b

ΜΕΝ. Ἀλλ' ἐπειδάν μοι σὺ τοῦτ' εἴπῃς, ὦ Σώκρατες,
ἐρῶ σοι.

ΣΩ. Κἂν κατακεκαλυμμένος τις γνοίη, ὦ Μένων, διαλε-
γομένου σου, ὅτι καλὸς εἶ καὶ ἐρασταί σοι ἔτι εἰσίν. 5

d 4 ἀποκρίνεσθαι ... d 5 τἀληθῆ TW : ἀποκρίνεσθαι ... διαλεκτικώ-
τερον om. B : ἀποκρίνεσθαι ... τἀληθῆ om. F (add. in marg. f)
d 6 ὧν ἂν BTW : ἂν ὦν F (ἂν f)   προσομολογῇ BTW : προσωμο-
λόγει F (προσομολογεῖ f) : προομολογῇ Gedike   d 7 ἐρωτώμενος]
ἐρόμενος Cornarius e Ficino (qui rogat) : ἐρωτῶν E. S. Thompson
e 1 λέγω BTWF : λέγων t   a 1 τί BWF : τὸ T et suprascr. f
a 2 ταῖς BTWF : om. vulg.   a 4 μάθοις μου B : μάθῃς μοι F :
μανθάνοις μου TW   a 6 συλλαβὼν BTW : σὺ λαβὼν F   a 9 γ'
BTW : om. F   a 10 προστάττεις BTWF : παρέχεις Cobet
b 2 σὺ BTF : om. W   b 5 σοι ἔτι BTf : ἔτι σοι W :
σοι F

ΜΕΝ. Τί δή;

ΣΩ. Ὅτι οὐδὲν ἀλλ᾽ ἢ ἐπιτάττεις ἐν τοῖς λόγοις, ὅπερ
ποιοῦσιν οἱ τρυφῶντες, ἅτε τυραννεύοντες ἕως ἂν ἐν ὥρᾳ
c ὦσιν, καὶ ἅμα ἐμοῦ ἴσως κατέγνωκας ὅτι εἰμὶ ἥττων τῶν
καλῶν· χαριοῦμαι οὖν σοι καὶ ἀποκρινοῦμαι.

ΜΕΝ. Πάνυ μὲν οὖν χάρισαι.

ΣΩ. Βούλει οὖν σοι κατὰ Γοργίαν ἀποκρίνωμαι, ᾗ ἂν
5 σὺ μάλιστα ἀκολουθήσαις;

ΜΕΝ. Βούλομαι· πῶς γὰρ οὔ;

ΣΩ. Οὐκοῦν λέγετε ἀπορροάς τινας τῶν ὄντων κατὰ
Ἐμπεδοκλέα;—ΜΕΝ. Σφόδρα γε.—ΣΩ. Καὶ πόρους εἰς
οὓς καὶ δι᾽ ὧν αἱ ἀπορροαὶ πορεύονται;—ΜΕΝ. Πάνυ γε.
10 —ΣΩ. Καὶ τῶν ἀπορροῶν τὰς μὲν ἁρμόττειν ἐνίοις τῶν
d πόρων, τὰς δὲ ἐλάττους ἢ μείζους εἶναι;—ΜΕΝ. Ἔστι
ταῦτα.—ΣΩ. Οὐκοῦν καὶ ὄψιν καλεῖς τι;—ΜΕΝ. Ἔγωγε.
—ΣΩ. Ἐκ τούτων δὴ " σύνες ὅ τοι λέγω," ἔφη Πίνδαρος.
ἔστιν γὰρ χρόα ἀπορροὴ σχημάτων ὄψει σύμμετρος καὶ
5 αἰσθητός.

ΜΕΝ. Ἄριστά μοι δοκεῖς, ὦ Σώκρατες, ταύτην τὴν
ἀπόκρισιν εἰρηκέναι.

ΣΩ. Ἴσως γάρ σοι κατὰ συνήθειαν εἴρηται· καὶ ἅμα
οἶμαι ἐννοεῖς ὅτι ἔχοις ἂν ἐξ αὐτῆς εἰπεῖν καὶ φωνὴν ὃ ἔστι,
e καὶ ὀσμὴν καὶ ἄλλα πολλὰ τῶν τοιούτων.

ΜΕΝ. Πάνυ μὲν οὖν.

ΣΩ. Τραγικὴ γάρ ἐστιν, ὦ Μένων, ἡ ἀπόκρισις, ὥστε
ἀρέσκει σοι μᾶλλον ἢ ἡ περὶ τοῦ σχήματος.

5 ΜΕΝ. Ἔμοιγε.

ΣΩ. Ἀλλ᾽ οὐκ ἔστιν, ὦ παῖ Ἀλεξιδήμου, ὡς ἐγὼ ἐμαυτὸν
πείθω, ἀλλ᾽ ἐκείνη βελτίων· οἶμαι δὲ οὐδ᾽ ἂν σοὶ δόξαι,

b 6 τί B T W f : ἔτι F   c 7 λέγετε T W F : λέγεται B   c 9 πάνυ
B T W : καὶ πάνυ F   d 1 πόρων B T W f : πόρνων F   τὰς B T F :
τοὺς W   d 3 ὅ τοι B T W : ὅτου F (ὅτι f): ὅ τιν Cobet
d 4 ἀπορροὴ B T W : ἀπορεσῇς F   σχημάτων B T W F : γρ. χρημάτων
T (probavit H. Diels)   d 5 αἰσθητός B T W f (sed σει supra τός W :
αἰσθήσει P) : ἐσθῆτος F

εἰ μή, ὥσπερ χθὲς ἔλεγες, ἀναγκαῖόν σοι ἀπιέναι πρὸ τῶν
μυστηρίων, ἀλλ' εἰ περιμείναις τε καὶ μυηθείης.

ΜΕΝ. Ἀλλὰ περιμένοιμ' ἄν, ὦ Σώκρατες, εἴ μοι πολλὰ 77
τοιαῦτα λέγοις.

ΣΩ. Ἀλλὰ μὴν προθυμίας γε οὐδὲν ἀπολείψω, καὶ σοῦ
ἕνεκα καὶ ἐμαυτοῦ, λέγων τοιαῦτα· ἀλλ' ὅπως μὴ οὐχ οἷός
τ' ἔσομαι πολλὰ τοιαῦτα λέγειν. ἀλλ' ἴθι δὴ πειρῶ καὶ 5
σὺ ἐμοὶ τὴν ὑπόσχεσιν ἀποδοῦναι, κατὰ ὅλου εἰπὼν ἀρετῆς
πέρι ὅτι ἐστίν, καὶ παῦσαι πολλὰ ποιῶν ἐκ τοῦ ἑνός, ὅπερ
φασὶ τοὺς συντρίβοντάς τι ἑκάστοτε οἱ σκώπτοντες, ἀλλὰ
ἐάσας ὅλην καὶ ὑγιῆ εἰπὲ τί ἐστιν ἀρετή. τὰ δέ γε παρα-
δείγματα παρ' ἐμοῦ εἴληφας. b

ΜΕΝ. Δοκεῖ τοίνυν μοι, ὦ Σώκρατες, ἀρετὴ εἶναι, καθά-
περ ὁ ποιητὴς λέγει, "χαίρειν τε καλοῖσι καὶ δύνασθαι"
καὶ ἐγὼ τοῦτο λέγω ἀρετήν, ἐπιθυμοῦντα τῶν καλῶν δυνατὸν
εἶναι πορίζεσθαι. 5

ΣΩ. Ἆρα λέγεις τὸν τῶν καλῶν ἐπιθυμοῦντα ἀγαθῶν
ἐπιθυμητὴν εἶναι;—ΜΕΝ. Μάλιστά γε.—ΣΩ. Ἆρα ὡς
ὄντων τινῶν οἳ τῶν κακῶν ἐπιθυμοῦσιν, ἑτέρων δὲ οἳ τῶν
ἀγαθῶν; οὐ πάντες, ὦριστε, δοκοῦσί σοι τῶν ἀγαθῶν ἐπι- c
θυμεῖν;—ΜΕΝ. Οὐκ ἔμοιγε.—ΣΩ. Ἀλλά τινες τῶν κακῶν;
—ΜΕΝ. Ναί.—ΣΩ. Οἰόμενοι τὰ κακὰ ἀγαθὰ εἶναι, λέγεις,
ἢ καὶ γιγνώσκοντες ὅτι κακά ἐστιν ὅμως ἐπιθυμοῦσιν αὐ-
τῶν;—ΜΕΝ. Ἀμφότερα ἔμοιγε δοκοῦσιν.—ΣΩ. Ἦ γὰρ 5
δοκεῖ τίς σοι, ὦ Μένων, γιγνώσκων τὰ κακὰ ὅτι κακά ἐστιν
ὅμως ἐπιθυμεῖν αὐτῶν;—ΜΕΝ. Μάλιστα.—ΣΩ. Τί ἐπιθυ-
μεῖν λέγεις; ἢ γενέσθαι αὐτῷ;—ΜΕΝ. Γενέσθαι· τί γὰρ
ἄλλο;—ΣΩ. Πότερον ἡγούμενος τὰ κακὰ ὠφελεῖν ἐκεῖνον d

a 3 γε B T W : τε F   a 8 τι B T W : om. F   b 3 καλοῖσι
B T F : καλοῦσι W (sed ῦ in ras.)   b 4 λέγω B T F : εἶναι λέγω W
καλῶν B T W : καλῶν καὶ F   b 7 ἐπιθυμητὴν B T F : ἐπιθυμητὴς
W   c 2 τῶν B T W f : om. F   c 3 ἀγαθὰ εἶναι λέγεις B T W :
λέγεις ἀγαθὰ εἶναι F   c 5 ἀμφότερα . . . c 7 αὐτῶν om. W (in marg.
add. w)   δοκοῦσιν F : δοκεῖ B T

ᾧ ἂν γένηται, ἢ γιγνώσκων τὰ κακὰ ὅτι βλάπτει ᾧ ἂν
παρῇ;—ΜΕΝ. Εἰσὶ μὲν οἱ ἡγούμενοι τὰ κακὰ ὠφελεῖν,
εἰσὶν δὲ καὶ οἱ γιγνώσκοντες ὅτι βλάπτει.—ΣΩ. Ἢ καὶ
5 δοκοῦσί σοι γιγνώσκειν τὰ κακὰ ὅτι κακά ἐστιν οἱ ἡγού-
μενοι τὰ κακὰ ὠφελεῖν;—ΜΕΝ. Οὐ πάνυ μοι δοκεῖ τοῦτό
γε.—ΣΩ. Οὐκοῦν δῆλον ὅτι οὗτοι μὲν οὐ τῶν κακῶν ἐπι-
e θυμοῦσιν, οἱ ἀγνοοῦντες αὐτά, ἀλλὰ ἐκείνων ἃ ᾤοντο ἀγαθὰ
εἶναι, ἔστιν δὲ ταῦτά γε κακά· ὥστε οἱ ἀγνοοῦντες αὐτὰ
καὶ οἰόμενοι ἀγαθὰ εἶναι δῆλον ὅτι τῶν ἀγαθῶν ἐπιθυμοῦσιν.
ἢ οὔ;—ΜΕΝ. Κινδυνεύουσιν οὗτοί γε.
5 ΣΩ. Τί δέ; οἱ τῶν κακῶν μὲν ἐπιθυμοῦντες, ὡς φῂς σύ,
ἡγούμενοι δὲ τὰ κακὰ βλάπτειν ἐκεῖνον ᾧ ἂν γίγνηται,
γιγνώσκουσιν δήπου ὅτι βλαβήσονται ὑπ᾽ αὐτῶν;—ΜΕΝ.
78 Ἀνάγκη.—ΣΩ. Ἀλλὰ τοὺς βλαπτομένους οὗτοι οὐκ οἴονται
ἀθλίους εἶναι καθ᾽ ὅσον βλάπτονται;—ΜΕΝ. Καὶ τοῦτο
ἀνάγκη.—ΣΩ. Τοὺς δὲ ἀθλίους οὐ κακοδαίμονας;—ΜΕΝ.
Οἶμαι ἔγωγε.—ΣΩ. Ἔστιν οὖν ὅστις βούλεται ἄθλιος καὶ
5 κακοδαίμων εἶναι;—ΜΕΝ. Οὐ μοι δοκεῖ, ὦ Σώκρατες.—
ΣΩ. Οὐκ ἄρα βούλεται, ὦ Μένων, τὰ κακὰ οὐδείς, εἴπερ μὴ
βούλεται τοιοῦτος εἶναι. τί γὰρ ἄλλο ἐστὶν ἄθλιον εἶναι
ἢ ἐπιθυμεῖν τε τῶν κακῶν καὶ κτᾶσθαι;—ΜΕΝ. Κινδυνεύεις
b ἀληθῆ λέγειν, ὦ Σώκρατες· καὶ οὐδεὶς βούλεσθαι τὰ
κακά.

ΣΩ. Οὐκοῦν νυνδὴ ἔλεγες ὅτι ἔστιν ἡ ἀρετὴ βούλεσθαί
τε τἀγαθὰ καὶ δύνασθαι;—ΜΕΝ. Εἶπον γάρ.—ΣΩ. Οὐκοῦν
5 τοῦ λεχθέντος τὸ μὲν βούλεσθαι πᾶσιν ὑπάρχει, καὶ ταύτῃ
γε οὐδὲν ὁ ἕτερος τοῦ ἑτέρου βελτίων;—ΜΕΝ. Φαίνεται.
—ΣΩ. Ἀλλὰ δῆλον ὅτι εἴπερ ἐστὶ βελτίων ἄλλος ἄλλου,
κατὰ τὸ δύνασθαι ἂν εἴη ἀμείνων.—ΜΕΝ. Πάνυ γε.—
ΣΩ. Τοῦτ᾽ ἔστιν ἄρα, ὡς ἔοικε, κατὰ τὸν σὸν λόγον ἀρετή,

d 5 οἱ ἡγούμενοι Β Τ W : διηγούμενοι F   e 1 οἱ ἀγνοοῦντες αὐτά
Β Τ W F Stobaeus : secl. Cobet   a 7 ἐστὶν Β Τ W : ἔστιν ἢ
ἐπιθυμεῖν F   b 1 βούλεσθαι Β F : βούλεται Τ W f   b 5 τοῦ
Ast : τούτου Β Τ W F : τούτου τοῦ Schleiermacher

δύναμις τοῦ πορίζεσθαι τἀγαθά.—ΜΕΝ. Παντάπασί μοι c
δοκεῖ, ὦ Σώκρατες, οὕτως ἔχειν ὡς σὺ νῦν ὑπολαμβάνεις.
ΣΩ. Ἴδωμεν δὴ καὶ τοῦτο εἰ ἀληθὲς λέγεις· ἴσως γὰρ
ἂν εὖ λέγοις. τἀγαθὰ φὴς οἷόν τ᾽ εἶναι πορίζεσθαι ἀρετὴν
εἶναι;—ΜΕΝ. Ἔγωγε.—ΣΩ. Ἀγαθὰ δὲ καλεῖς οὐχὶ οἷον 5
ὑγίειάν τε καὶ πλοῦτον;—ΜΕΝ. Καὶ χρυσίον λέγω καὶ
ἀργύριον κτᾶσθαι καὶ τιμὰς ἐν πόλει καὶ ἀρχάς.—ΣΩ. Μὴ
ἀλλ᾽ ἄττα λέγεις τἀγαθὰ ἢ τὰ τοιαῦτα;—ΜΕΝ. Οὔκ, ἀλλὰ
πάντα λέγω τὰ τοιαῦτα.—ΣΩ. Εἶεν· χρυσίον δὲ δὴ καὶ d
ἀργύριον πορίζεσθαι ἀρετή ἐστιν, ὥς φησι Μένων ὁ τοῦ
μεγάλου βασιλέως πατρικὸς ξένος. πότερον προστιθεὶς
τούτῳ τῷ πόρῳ, ὦ Μένων, τὸ δικαίως καὶ ὁσίως, ἢ οὐδέν
σοι διαφέρει, ἀλλὰ κἂν ἀδίκως τις αὐτὰ πορίζηται, ὁμοίως 5
σὺ αὐτὰ ἀρετὴν καλεῖς;—ΜΕΝ. Οὐ δήπου, ὦ Σώκρατες.—
ΣΩ. Ἀλλὰ κακίαν.—ΜΕΝ. Πάντως δήπου.—ΣΩ. Δεῖ ἄρα,
ὡς ἔοικε, τούτῳ τῷ πόρῳ δικαιοσύνην ἢ σωφροσύνην ἢ
ὁσιότητα προσεῖναι, ἢ ἄλλο τι μόριον ἀρετῆς· εἰ δὲ μή, e
οὐκ ἔσται ἀρετή, καίπερ ἐκπορίζουσα τἀγαθά.—ΜΕΝ. Πῶς
γὰρ ἄνευ τούτων ἀρετὴ γένοιτ᾽ ἄν;—ΣΩ. Τὸ δὲ μὴ ἐκ-
πορίζειν χρυσίον καὶ ἀργύριον, ὅταν μὴ δίκαιον ᾖ, μήτε
αὐτῷ μήτε ἄλλῳ, οὐκ ἀρετὴ καὶ αὕτη ἐστὶν ἡ ἀπορία;— 5
ΜΕΝ. Φαίνεται.—ΣΩ. Οὐδὲν ἄρα μᾶλλον ὁ πόρος τῶν
τοιούτων ἀγαθῶν ἢ ἡ ἀπορία ἀρετὴ ἂν εἴη, ἀλλά, ὡς ἔοικεν,
ὁ μὲν ἂν μετὰ δικαιοσύνης γίγνηται, ἀρετὴ ἔσται, ὁ δ᾽
ἂν ἄνευ πάντων τῶν τοιούτων, κακία.—ΜΕΝ. Δοκεῖ μοι 79
ἀναγκαῖον εἶναι ὡς λέγεις.

c 3 ἀληθὲς B T F : ἀληθῶς W   c 4 εὖ λέγοις B T W f : εὖ λέγοις
τὸ b : λέγοιμι F   c 5 εἶναι B T W : om. F sed ναὶ ante ἔγωγε
c 6 καὶ χρυσίον κ.τ.λ. Menoni primus tribuit Sehrwald   c 8 λέγεις
B T W : λέγει τις F   d 2 ἀρετή ἐστιν B T W : ἔστιν ἀρετὴ F
d 3 βασιλέως T W F : βιλέως B   προστιθεὶς F : προστιθῆς B t :
προστίθης T W   d 4 τούτῳ F (suprascr. ποῦ τί ut videtur f) : τι
τούτῳ B T W : που τούτῳ Schanz   d 6 αὐτὰ B T W F : αὐτὸ
Schneider : secl. Ast   d 7 Ἀλλὰ κακίαν Socrati et Πάντως δήπου
Menoni primus tribuit Hirschig   δήπου B T F : δήπω W   d 8 δι-
καιοσύνην ἢ T W F : δικαιοσύνῃ B   e 8 ἂν B T W : ἂν δὴ F

ΣΩ. Οὐκοῦν τούτων ἕκαστον ὀλίγον πρότερον μόριον
ἀρετῆς ἔφαμεν εἶναι, τὴν δικαιοσύνην καὶ σωφροσύνην καὶ
5 πάντα τὰ τοιαῦτα;

ΜΕΝ. Ναί.

ΣΩ. Εἶτα, ὦ Μένων, παίζεις πρός με;

ΜΕΝ. Τί δή, ὦ Σώκρατες;

ΣΩ. Ὅτι ἄρτι ἐμοῦ δεηθέντος σου μὴ καταγνύνῃ μηδὲ
10 κερματίζειν τὴν ἀρετήν, καὶ δόντος παραδείγματα καθ᾽ ἃ δέοι
ἀποκρίνεσθαι, τούτου μὲν ἠμέλησας, λέγεις δέ μοι ὅτι ἀρετή
b ἐστιν οἷόν τ᾽ εἶναι τἀγαθὰ πορίζεσθαι μετὰ δικαιοσύνης·
τοῦτο δὲ φῂς μόριον ἀρετῆς εἶναι;

ΜΕΝ. Ἔγωγε.

ΣΩ. Οὐκοῦν συμβαίνει ἐξ ὧν σὺ ὁμολογεῖς, τὸ μετὰ
5 μορίου ἀρετῆς πράττειν ὅτι ἂν πράττῃ, τοῦτο ἀρετὴν εἶναι·
τὴν γὰρ δικαιοσύνην μόριον φῂς ἀρετῆς εἶναι, καὶ ἕκαστα
τούτων. τί οὖν δὴ τοῦτο λέγω; ὅτι ἐμοῦ δεηθέντος ὅλον
εἰπεῖν τὴν ἀρετήν, αὐτὴν μὲν πολλοῦ δεῖς εἰπεῖν ὅτι ἐστίν,
πᾶσαν δὲ φῂς πρᾶξιν ἀρετὴν εἶναι, ἐάνπερ μετὰ μορίου
c ἀρετῆς πράττηται, ὥσπερ εἰρηκὼς ὅτι ἀρετή ἐστιν τὸ ὅλον
καὶ ἤδη γνωσομένου ἐμοῦ, καὶ ἐὰν σὺ κατακερματίζῃς αὐτὴν
κατὰ μόρια. δεῖται οὖν σοι πάλιν ἐξ ἀρχῆς, ὡς ἐμοὶ δοκεῖ,
τῆς αὐτῆς ἐρωτήσεως, ὦ φίλε Μένων, τί ἐστιν ἀρετή, εἰ
5 μετὰ μορίου ἀρετῆς πᾶσα πρᾶξις ἀρετὴ ἂν εἴη; τοῦτο γάρ
ἐστιν λέγειν, ὅταν λέγῃ τις, ὅτι πᾶσα ἡ μετὰ δικαιοσύνης
πρᾶξις ἀρετή ἐστιν. ἢ οὐ δοκεῖ σοι πάλιν δεῖσθαι τῆς
αὐτῆς ἐρωτήσεως, ἀλλ᾽ οἴει τινὰ εἰδέναι μόριον ἀρετῆς ὅτι
ἐστίν, αὐτὴν μὴ εἰδότα;

a 9 σου μὴ TWF: σου ὁ μὴ B (sed supra ὁ add. τὸν rec. b)
a 10 δέοι B T W: δεῖ F   b 1 τ᾽ B T W: om. F   b 2 μόριον
ἀρετῆς B T W: ἀρετῆς μόριον F   b 4 τὸ T W F b: τὰ B   b 7 τί
οὖν δὴ τοῦτο λέγω Socrati primus continuavit Heusde   ὅλον B T
W F (sed η supra o W)   c 2 σὺ B T W: σοι F   c 3 κατὰ
B T W: om. F   δεῖται B W: δεῖ τι F: δεῖ T   c 4 εἰ corr. Par.
1812: ἢ B W F: ἢ T   c 5 τοῦτο . . . c 7 ἐστιν secl. Naber
c 6 ἐστιν λέγειν B: ἐστι λέγειν T W: ἔτι λέγειν F: ἄρα λέγει Schanz

ΜΕΝ. Οὐκ ἔμοιγε δοκεῖ. 10

ΣΩ. Εἰ γὰρ καὶ μέμνησαι, ὅτ᾽ ἐγώ σοι ἄρτι ἀπεκρινάμην d περὶ τοῦ σχήματος, ἀπεβάλλομέν που τὴν τοιαύτην ἀπό- κρισιν τὴν διὰ τῶν ἔτι ζητουμένων καὶ μήπω ὡμολογημένων ἐπιχειροῦσαν ἀποκρίνεσθαι.

ΜΕΝ. Καὶ ὀρθῶς γε ἀπεβάλλομεν, ὦ Σώκρατες. 5

ΣΩ. Μὴ τοίνυν, ὦ ἄριστε, μηδὲ σὺ ἔτι ζητουμένης ἀρετῆς ὅλης ὅτι ἐστὶν οἴου διὰ τῶν ταύτης μορίων ἀποκρινόμενος δηλώσειν αὐτὴν ὁτῳοῦν, ἢ ἄλλο ὁτιοῦν τούτῳ τῷ αὐτῷ τρόπῳ λέγων, ἀλλὰ πάλιν τῆς αὐτῆς δεήσεσθαι ἐρωτήσεως, e τίνος ὄντος ἀρετῆς λέγεις ἃ λέγεις· ἢ οὐδέν σοι δοκῶ λέγειν;

ΜΕΝ. Ἔμοιγε δοκεῖς ὀρθῶς λέγειν.

ΣΩ. Ἀπόκριναι τοίνυν πάλιν ἐξ ἀρχῆς· τί φῂς ἀρετὴν 5 εἶναι καὶ σὺ καὶ ὁ ἑταῖρός σου;

ΜΕΝ. Ὦ Σώκρατες, ἤκουον μὲν ἔγωγε πρὶν καὶ συγγε- νέσθαι σοι ὅτι σὺ οὐδὲν ἄλλο ἢ αὐτός τε ἀπορεῖς καὶ τοὺς 80 ἄλλους ποιεῖς ἀπορεῖν· καὶ νῦν, ὥς γέ μοι δοκεῖς, γοητεύεις με καὶ φαρμάττεις καὶ ἀτεχνῶς κατεπᾴδεις, ὥστε μεστὸν ἀπορίας γεγονέναι. καὶ δοκεῖς μοι παντελῶς, εἰ δεῖ τι καὶ σκῶψαι, ὁμοιότατος εἶναι τό τε εἶδος καὶ τἆλλα ταύτῃ τῇ 5 πλατείᾳ νάρκῃ τῇ θαλαττίᾳ· καὶ γὰρ αὕτη τὸν ἀεὶ πλησιά- ζοντα καὶ ἁπτόμενον ναρκᾶν ποιεῖ, καὶ σὺ δοκεῖς μοι νῦν ἐμὲ τοιοῦτόν τι πεποιηκέναι, [ναρκᾶν]· ἀληθῶς γὰρ ἔγωγε καὶ τὴν ψυχὴν καὶ τὸ στόμα ναρκῶ, καὶ οὐκ ἔχω ὅτι ἀποκρίνωμαί b σοι. καίτοι μυριάκις γε περὶ ἀρετῆς παμπόλλους λόγους εἴρηκα καὶ πρὸς πολλούς, καὶ πάνυ εὖ, ὥς γε ἐμαυτῷ ἐδόκουν· νῦν δὲ οὐδ᾽ ὅτι ἐστὶν τὸ παράπαν ἔχω εἰπεῖν. καί μοι δοκεῖς εὖ βουλεύεσθαι οὐκ ἐκπλέων ἐνθένδε οὐδ᾽ ἀποδημῶν· εἰ 5

d 1 ὅτ᾽ BTW: ὅτι F   ἄρτι TW: om. BF   d 2 ἀπε- βάλλομεν BTW: ἀπεβάλομεν F   d 5 ἀπεβάλλομεν BTW: ἀπεβαλλόμην F   d 7 ἔστι οἵου F: ἐστιν οὐ B: ἐστι σὺ T: ἔστιν σὺ W   τῶν BTWf: τινων (ut videtur) F   a 2 γέ μοι B: γ᾽ ἐμοὶ TW: ἔμοιγε F   a 8 ναρκᾶν secl. Dobree   b 1 στόμα BTW: σῶμα F   ἀποκρίνωμαι BT: ἀποκρίνομαι WF

γὰρ ξένος ἐν ἄλλῃ πόλει τοιαῦτα ποιοῖς, τάχ᾽ ἂν ὡς γόης
ἀπαχθείης.

ΣΩ. Πανοῦργος εἶ, ὦ Μένων, καὶ ὀλίγου ἐξηπάτησάς με.

ΜΕΝ. Τί μάλιστα, ὦ Σώκρατες;

c ΣΩ. Γιγνώσκω οὗ ἕνεκά με ᾔκασας.

ΜΕΝ. Τίνος δὴ οἴει;

ΣΩ. Ἵνα σε ἀντεικάσω. ἐγὼ δὲ τοῦτο οἶδα περὶ πάντων
τῶν καλῶν, ὅτι χαίρουσιν εἰκαζόμενοι—λυσιτελεῖ γὰρ αὐτοῖς·
5 καλαὶ γὰρ οἶμαι τῶν καλῶν καὶ αἱ εἰκόνες—ἀλλ᾽ οὐκ
ἀντεικάσομαί σε. ἐγὼ δέ, εἰ μὲν ἡ νάρκη αὐτὴ ναρκῶσα
οὕτω καὶ τοὺς ἄλλους ποιεῖ ναρκᾶν, ἔοικα αὐτῇ· εἰ δὲ μή,
οὔ. οὐ γὰρ εὐπορῶν αὐτὸς τοὺς ἄλλους ποιῶ ἀπορεῖν, ἀλλὰ
παντὸς μᾶλλον αὐτὸς ἀπορῶν οὕτως καὶ τοὺς ἄλλους ποιῶ
d ἀπορεῖν. καὶ νῦν περὶ ἀρετῆς ὃ ἔστιν ἐγὼ μὲν οὐκ οἶδα, σὺ
μέντοι ἴσως πρότερον μὲν ᾔδησθα πρὶν ἐμοῦ ἅψασθαι, νῦν
μέντοι ὅμοιος εἶ οὐκ εἰδότι. ὅμως δὲ ἐθέλω μετὰ σοῦ
σκέψασθαι καὶ συζητῆσαι ὅτι ποτέ ἐστιν.

5 ΜΕΝ. Καὶ τίνα τρόπον ζητήσεις, ὦ Σώκρατες, τοῦτο ὃ
μὴ οἶσθα τὸ παράπαν ὅτι ἐστίν; ποῖον γὰρ ὧν οὐκ οἶσθα
προθέμενος ζητήσεις; ἢ εἰ καὶ ὅτι μάλιστα ἐντύχοις αὐτῷ,
πῶς εἴσῃ ὅτι τοῦτό ἐστιν ὃ σὺ οὐκ ᾔδησθα;

e ΣΩ. Μανθάνω οἷον βούλει λέγειν, ὦ Μένων. ὁρᾷς
τοῦτον ὡς ἐριστικὸν λόγον κατάγεις, ὡς οὐκ ἄρα ἔστιν
ζητεῖν ἀνθρώπῳ οὔτε ὃ οἶδε οὔτε ὃ μὴ οἶδε; οὔτε γὰρ ἂν
ὅ γε οἶδεν ζητοῖ—οἶδεν γάρ, καὶ οὐδὲν δεῖ τῷ γε τοιούτῳ
5 ζητήσεως—οὔτε ὃ μὴ οἶδεν—οὐδὲ γὰρ οἶδεν ὅτι ζητήσει.

81 ΜΕΝ. Οὐκοῦν καλῶς σοι δοκεῖ λέγεσθαι ὁ λόγος οὗτος,
ὦ Σώκρατες;

ΣΩ. Οὐκ ἔμοιγε.

ΜΕΝ. Ἔχεις λέγειν ὅπη;

c 2 δὴ T F : δὲ B W   c 6 εἰ B T F : ἢ W   d 5 τοῦτο
B T W : om. F   d 6 ὧν B T W : ὅτι F : δ Ast   d 8 δ B T W :
ἐκεῖνο δ F   e 2 παράγεις Buttmann   e 3 οὔτε γὰρ B T W :
οὐδὲ γὰρ F   e 4 ὅ γε οἶδε F Stobaeus : γε δ οἶδεν B T W   τῷ γε
B T W f : om. F

ΣΩ. Ἔγωγε· ἀκήκοα γὰρ ἀνδρῶν τε καὶ γυναικῶν σοφῶν 5
περὶ τὰ θεῖα πράγματα—

ΜΕΝ. Τίνα λόγον λεγόντων;

ΣΩ. Ἀληθῆ, ἔμοιγε δοκεῖν, καὶ καλόν.

ΜΕΝ. Τίνα τοῦτον, καὶ τίνες ῥί λέγοντες;

ΣΩ. Οἱ μὲν λέγοντές εἰσι τῶν ἱερέων τε καὶ τῶν ἱερειῶν 10
ὅσοις μεμέληκε περὶ ὧν μεταχειρίζονται λόγον οἵοις τ᾽ εἶναι
διδόναι· λέγει δὲ καὶ Πίνδαρος καὶ ἄλλοι πολλοὶ τῶν ποιητῶν b
ὅσοι θεῖοί εἰσιν. ἃ δὲ λέγουσιν, ταυτί ἐστιν· ἀλλὰ σκόπει
εἴ σοι δοκοῦσιν ἀληθῆ λέγειν. φασὶ γὰρ τὴν ψυχὴν τοῦ
ἀνθρώπου εἶναι ἀθάνατον, καὶ τοτὲ μὲν τελευτᾶν—ὃ δὴ
ἀποθνήσκειν καλοῦσι—τοτὲ δὲ πάλιν γίγνεσθαι, ἀπόλλυσθαι 5
δ᾽ οὐδέποτε· δεῖν δὴ διὰ ταῦτα ὡς ὁσιώτατα διαβιῶναι τὸν
βίον· οἷσιν γὰρ ἂν—

    Φερσεφόνα ποινὰν παλαιοῦ πένθεος
    δέξεται, εἰς τὸν ὕπερθεν ἅλιον κείνων ἐνάτῳ ἔτεϊ
    ἀνδιδοῖ ψυχὰς πάλιν,   10
    ἐκ τᾶν βασιλῆες ἀγανοὶ   c
    καὶ σθένει κραιπνοὶ σοφίᾳ τε μέγιστοι
    ἄνδρες αὔξοντ᾽· ἐς δὲ τὸν λοιπὸν χρόνον ἥρωες ἁγνοὶ
        πρὸς ἀνθρώπων καλεῦνται.

Ἅτε οὖν ἡ ψυχὴ ἀθάνατός τε οὖσα καὶ πολλάκις γεγονυῖα, 5
καὶ ἑωρακυῖα καὶ τὰ ἐνθάδε καὶ τὰ ἐν Ἅιδου καὶ πάντα
χρήματα, οὐκ ἔστιν ὅτι οὐ μεμάθηκεν· ὥστε οὐδὲν θαυμαστὸν
καὶ περὶ ἀρετῆς καὶ περὶ ἄλλων οἷόν τ᾽ εἶναι αὐτὴν ἀναμνη-

---

a 10 τε BTF: om. W   a 11 οἵοις BF: οἷός T: οἷοί W
b 7 οἷσιν γὰρ ἂν sermoni Platonico accommodata: οἷσι δὲ Pindaro
reddidit Boeckh   b 9 δέξεται BTWf: δέξηται F Stobaeus
εἰς BTWF: ἐς Stobaeus   κεινων BT: κεῖνον W: ἐκείνων F
ἔτει T²WF Stobaeus: ἔτι BT   b 10 ψυχὰς W (coniecerat
Boeckh): ψυχὰν BTf: ψυχᾶν F: ψυχᾷ Stobaeus   c 1 τᾶν f: τὰν
B: ταν T: τῶν W: τὰν F   c 2 σοφίᾳ BTW: σοφίαν F
c 3 αὔξοντ᾽ Boeckh: αὔξονται BTWF   ἁγνοὶ BTW: ἀγανοὶ F
c 4 καλεῦνται BTW: καλέονται F   c 6 καὶ πάντα] πάντα
Struve

σθῆναι, ἅ γε καὶ πρότερον ἠπίστατο. ἅτε γὰρ τῆς φύσεως
d ἁπάσης συγγενοῦς οὔσης, καὶ μεμαθηκυίας τῆς ψυχῆς ἅπαντα,
οὐδὲν κωλύει ἓν μόνον ἀναμνησθέντα—ὃ δὴ μάθησιν καλοῦσιν
ἄνθρωποι—τἆλλα πάντα αὐτὸν ἀνευρεῖν, ἐάν τις ἀνδρεῖος ᾖ
καὶ μὴ ἀποκάμνῃ ζητῶν· τὸ γὰρ ζητεῖν ἄρα καὶ τὸ μανθάνειν
5 ἀνάμνησις ὅλον ἐστίν. οὔκουν δεῖ πείθεσθαι τούτῳ τῷ
ἐριστικῷ λόγῳ· οὗτος μὲν γὰρ ἂν ἡμᾶς ἀργοὺς ποιήσειεν
καὶ ἔστιν τοῖς μαλακοῖς τῶν ἀνθρώπων ἡδὺς ἀκοῦσαι, ὅδε
e δὲ ἐργατικούς τε καὶ ζητητικοὺς ποιεῖ· ᾧ ἐγὼ πιστεύων
ἀληθεῖ εἶναι ἐθέλω μετὰ σοῦ ζητεῖν ἀρετὴ ὅτι ἐστίν.

ΜΕΝ. Ναί, ὦ Σώκρατες· ἀλλὰ πῶς λέγεις τοῦτο, ὅτι οὐ
μανθάνομεν, ἀλλὰ ἣν καλοῦμεν μάθησιν ἀνάμνησίς ἐστιν;
5 ἔχεις με τοῦτο διδάξαι ὡς οὕτως ἔχει;

ΣΩ. Καὶ ἄρτι εἶπον, ὦ Μένων, ὅτι πανοῦργος εἶ, καὶ
82 νῦν ἐρωτᾷς εἰ ἔχω σε διδάξαι, ὃς οὔ φημι διδαχὴν εἶναι
ἀλλ' ἀνάμνησιν, ἵνα δὴ εὐθὺς φαίνωμαι αὐτὸς ἐμαυτῷ
τἀναντία λέγων.

ΜΕΝ. Οὐ μὰ τὸν Δία, ὦ Σώκρατες, οὐ πρὸς τοῦτο
5 βλέψας εἶπον, ἀλλ' ὑπὸ τοῦ ἔθους· ἀλλ' εἴ πώς μοι ἔχεις
ἐνδείξασθαι ὅτι ἔχει ὥσπερ λέγεις, ἔνδειξαι.

ΣΩ. 'Αλλ' ἔστι μὲν οὐ ῥᾴδιον, ὅμως δὲ ἐθέλω προθυμη-
θῆναι σοῦ ἕνεκα. ἀλλά μοι προσκάλεσον τῶν πολλῶν
b ἀκολούθων τουτωνὶ τῶν σαυτοῦ ἕνα, ὅντινα βούλει, ἵνα ἐν
τούτῳ σοι ἐπιδείξωμαι.

ΜΕΝ. Πάνυ γε. δεῦρο πρόσελθε.

ΣΩ. Ἕλλην μέν ἐστι καὶ ἑλληνίζει;

5 ΜΕΝ. Πάνυ γε σφόδρα, οἰκογενής γε.

d 4 ἀποκάμνῃ Β F : ἀποκάμῃ T W (sed suprascr. ν T W) Stobaeus
d 5 πείθεσθαι Β W F : πέσθαι T : ἔπεσθαι suprascr. f   d 7 ἔστι(ν)
Β T F : ἔτι W   e 1 ἐργατικούς T W F : ἐργαστικούς Β w
e 2 ἀληθεῖ Β T W : ἀληθῆ F   e 3 ᾧ Β T F : om. W   ἀλλὰ
πῶς F Stobaeus : ἀλλ' ἁπλῶς Β T W   e 5 με T W F : μετὰ Β
a 5 ἀλλ' εἴ πως] in marg. ἀλλ' εἶπες f   a 8 ἕνεκεν Β T W F
προσκάλεσον Β T F : προσκάλεσαι W   b 1 ἐν τούτῳ σοι Β W : ἐν
τουτωὶ σοι T : σοι ἐν τούτῳ F   b 2 ἐπιδείξωμαι Β T W F : ἐνδείξωμαι
Naber   b 5 γε alterum add. F : om. Β T W

ΣΩ. Πρόσεχε δὴ τὸν νοῦν ὁπότερ' ἄν σοι φαίνηται, ἢ ἀναμιμνησκόμενος ἢ μανθάνων παρ' ἐμοῦ.

ΜΕΝ. Ἀλλὰ προσέξω.

ΣΩ. Εἰπὲ δή μοι, ὦ παῖ, γιγνώσκεις τετράγωνον χωρίον ὅτι τοιοῦτόν ἐστιν;—ΠΑΙ. Ἔγωγε.—ΣΩ. Ἔστιν οὖν 10 τετράγωνον χωρίον ἴσας ἔχον τὰς γραμμὰς ταύτας πάσας, c τέτταρας οὔσας;—ΠΑΙ. Πάνυ γε.—ΣΩ. Οὐ καὶ ταυτασὶ τὰς διὰ μέσου ἐστὶν ἴσας ἔχον;—ΠΑΙ. Ναί.—ΣΩ. Οὐκοῦν εἴη ἂν τοιοῦτον χωρίον καὶ μεῖζον καὶ ἔλαττον; —ΠΑΙ. Πάνυ γε.—ΣΩ. Εἰ οὖν εἴη αὕτη ἡ πλευρὰ δυοῖν 5 ποδοῖν καὶ αὕτη δυοῖν, πόσων ἂν εἴη ποδῶν τὸ ὅλον; ὧδε δὲ σκόπει· εἰ ἦν ταύτῃ δυοῖν ποδοῖν, ταύτῃ δὲ ἑνὸς ποδὸς μόνον, ἄλλο τι ἅπαξ ἂν ἦν δυοῖν ποδοῖν τὸ χωρίον;—ΠΑΙ. Ναί.—ΣΩ. Ἐπειδὴ δὲ δυοῖν ποδοῖν καὶ ταύτῃ, ἄλλο τι ἢ d δὶς δυοῖν γίγνεται;—ΠΑΙ. Γίγνεται.—ΣΩ. Δυοῖν ἄρα δὶς γίγνεται ποδῶν;—ΠΑΙ. Ναί.—ΣΩ. Πόσοι οὖν εἰσιν οἱ δύο δὶς πόδες; λογισάμενος εἰπέ.—ΠΑΙ. Τέτταρες, ὦ Σώκρατες. —ΣΩ. Οὐκοῦν γένοιτ' ἂν τούτου τοῦ χωρίου ἕτερον διπλά- 5 σιον, τοιοῦτον δέ, ἴσας ἔχον πάσας τὰς γραμμὰς ὥσπερ τοῦτο;—ΠΑΙ. Ναί.—ΣΩ. Πόσων οὖν ἔσται ποδῶν;—ΠΑΙ. Ὀκτώ.—ΣΩ. Φέρε δή, πειρῶ μοι εἰπεῖν πηλίκη τις ἔσται ἐκείνου ἡ γραμμὴ ἑκάστη. ἡ μὲν γὰρ τοῦδε δυοῖν ποδοῖν· τί e δὲ ἡ ἐκείνου τοῦ διπλασίου;—ΠΑΙ. Δῆλον δή, ὦ Σώκρατες, ὅτι διπλασία.

ΣΩ. Ὁρᾷς, ὦ Μένων, ὡς ἐγὼ τοῦτον οὐδὲν διδάσκω, ἀλλ' ἐρωτῶ πάντα; καὶ νῦν οὗτος οἴεται εἰδέναι ὁποία ἐστὶν 5 ἀφ' ἧς τὸ ὀκτώπουν χωρίον γενήσεται· ἢ οὐ δοκεῖ σοι;

ΜΕΝ. Ἔμοιγε.

ΣΩ. Οἶδεν οὖν;

ΜΕΝ. Οὐ δῆτα.

10 ΣΩ. Οἴεται δέ γε ἀπὸ τῆς διπλασίας;

ΜΕΝ. Ναί.

ΣΩ. Θεῶ δὴ αὐτὸν ἀναμιμνῃσκόμενον ἐφεξῆς, ὡς δεῖ ἀναμιμνῄσκεσθαι.

Σὺ δέ μοι λέγε· ἀπὸ τῆς διπλασίας γραμμῆς φῂς τὸ
83 διπλάσιον χωρίον γίγνεσθαι; τοιόνδε λέγω, μὴ ταύτῃ μὲν μακρόν, τῇ δὲ βραχύ, ἀλλὰ ἴσον πανταχῇ ἔστω ὥσπερ τουτί, διπλάσιον δὲ τούτου, ὀκτώπουν· ἀλλ' ὅρα εἰ ἔτι σοι ἀπὸ τῆς διπλασίας δοκεῖ ἔσεσθαι.—ΠΑΙ. Ἔμοιγε.—ΣΩ. Οὐκοῦν
5 διπλασία αὕτη ταύτης γίγνεται, ἂν ἑτέραν τοσαύτην προσθῶμεν ἐνθένδε;—ΠΑΙ. Πάνυ γε.—ΣΩ. Ἀπὸ ταύτης δή, φῄς, ἔσται τὸ ὀκτώπουν χωρίον, ἂν τέτταρες τοσαῦται
b γένωνται;—ΠΑΙ. Ναί.—ΣΩ. Ἀναγραψώμεθα δὴ ἀπ' αὐτῆς ἴσας τέτταρας. ἄλλο τι ἢ τουτὶ ἂν εἴη ὃ φῂς τὸ ὀκτώπουν εἶναι;—ΠΑΙ. Πάνυ γε.—ΣΩ. Οὐκοῦν ἐν αὐτῷ ἐστιν ταυτὶ τέτταρα, ὧν ἕκαστον ἴσον τούτῳ ἐστὶν τῷ τετράποδι;—
5 ΠΑΙ. Ναί.—ΣΩ. Πόσον οὖν γίγνεται; οὐ τετράκις τοσοῦτον;—ΠΑΙ. Πῶς δ' οὔ;—ΣΩ. Διπλάσιον οὖν ἐστιν τὸ τετράκις τοσοῦτον;—ΠΑΙ. Οὐ μὰ Δία.—ΣΩ. Ἀλλὰ ποσαπλάσιον;—ΠΑΙ. Τετραπλάσιον.—ΣΩ. Ἀπὸ τῆς διπλασίας
c ἄρα, ὦ παῖ, οὐ διπλάσιον ἀλλὰ τετραπλάσιον γίγνεται χωρίον.
—ΠΑΙ. Ἀληθῆ λέγεις.—ΣΩ. Τεττάρων γὰρ τετράκις ἐστὶν ἑκκαίδεκα. οὐχί;—ΠΑΙ. Ναί.—ΣΩ. Ὀκτώπουν δ' ἀπὸ ποίας γραμμῆς; οὐχὶ ἀπὸ μὲν ταύτης τετραπλάσιον;—ΠΑΙ. Φημί.
5 —ΣΩ. Τετράπουν δὲ ἀπὸ τῆς ἡμισέας ταυτησὶ τουτί;—ΠΑΙ. Ναί.—ΣΩ. Εἶεν· τὸ δὲ ὀκτώπουν οὐ τοῦδε μὲν διπλάσιόν ἐστιν, τούτου δὲ ἥμισυ;—⟨ΠΑΙ. Ναί.⟩—ΣΩ. Οὐκ ἀπὸ μὲν μείζονος ἔσται ἢ τοσαύτης γραμμῆς, ἀπὸ ἐλάττονος δὲ ἢ

e 12 ἀναμιμνῃσκόμενον B T W : ἀναμιμνησκόμενος F   a 1 ταύτῃ
B T W : ταύτην F   a 3 ὀκτώπουν B T F : ὀκτάπουν W (et mox a 7,
b 2, c 3, c 6)   b 4 τούτῳ ἐστὶν T W : τούτῳ ᾧ ἐστιν B : ἐστὶ
τούτῳ F   c 3 οὐχί B T W : ἢ οὐχί F   c 5 τετράπουν Cornarius :
τέταρτον B T W F   ἡμισέας B T F : ἡμισείας B² W   c 7 ναί add.
corr. Par. 1812 : om. B T W F

τοσησδί; ἢ οὔ;—ΠΑΙ. Ἔμοιγε δοκεῖ οὕτω.—ΣΩ. Καλῶς· d
τὸ γάρ σοι δοκοῦν τοῦτο ἀποκρίνου. καί μοι λέγε· οὐχ ἥδε
μὲν δυοῖν ποδοῖν ἦν, ἡ δὲ τεττάρων;—ΠΑΙ. Ναί.—ΣΩ.
Δεῖ ἄρα τὴν τοῦ ὀκτώποδος χωρίου γραμμὴν μείζω μὲν εἶναι
τῆσδε τῆς δίποδος, ἐλάττω δὲ τῆς τετράποδος.—ΠΑΙ. Δεῖ. 5
—ΣΩ. Πειρῶ δὴ λέγειν πηλίκην τινὰ φῂς αὐτὴν εἶναι.— e
ΠΑΙ. Τρίποδα.—ΣΩ. Οὐκοῦν ἄνπερ τρίπους ᾖ, τὸ ἥμισυ
ταύτης προσληψόμεθα καὶ ἔσται τρίπους; δύο μὲν γὰρ οἶδε,
ὁ δὲ εἷς· καὶ ἐνθένδε ὡσαύτως δύο μὲν οἶδε, ὁ δὲ εἷς· καὶ
γίγνεται τοῦτο τὸ χωρίον ὃ φῄς.—ΠΑΙ. Ναί.—ΣΩ. Οὐκοῦν 5
ἂν ᾖ τῇδε τριῶν καὶ τῇδε τριῶν, τὸ ὅλον χωρίον τριῶν τρὶς
ποδῶν γίγνεται;—ΠΑΙ. Φαίνεται.—ΣΩ. Τρεῖς δὲ τρὶς πόσοι
εἰσὶ πόδες;—ΠΑΙ. Ἐννέα.—ΣΩ. Ἔδει δὲ τὸ διπλάσιον
πόσων εἶναι ποδῶν;—ΠΑΙ. Ὀκτώ.—ΣΩ. Οὐδ' ἄρ' ἀπὸ τῆς
τρίποδός πω τὸ ὀκτώπουν χωρίον γίγνεται.—ΠΑΙ. Οὐ δῆτα. 10
—ΣΩ. Ἀλλ' ἀπὸ ποίας; πειρῶ ἡμῖν εἰπεῖν ἀκριβῶς· καὶ
εἰ μὴ βούλει ἀριθμεῖν, ἀλλὰ δεῖξον ἀπὸ ποίας.—ΠΑΙ. Ἀλλὰ 84
μὰ τὸν Δία, ὦ Σώκρατες, ἔγωγε οὐκ οἶδα.

ΣΩ. Ἐννοεῖς αὖ, ὦ Μένων, οὗ ἐστιν ἤδη βαδίζων ὅδε
τοῦ ἀναμιμνῄσκεσθαι; ὅτι τὸ μὲν πρῶτον ᾔδει μὲν οὔ, ἥτις
ἐστὶν ἡ τοῦ ὀκτώποδος χωρίου γραμμή, ὥσπερ οὐδὲ νῦν πω 5
οἶδεν, ἀλλ' οὖν ᾤετό γ' αὐτὴν τότε εἰδέναι, καὶ θαρραλέως
ἀπεκρίνετο ὡς εἰδώς, καὶ οὐχ ἡγεῖτο ἀπορεῖν· νῦν δὲ ἡγεῖται
ἀπορεῖν ἤδη, καὶ ὥσπερ οὐκ οἶδεν, οὐδ' οἴεται εἰδέναι. b

ΜΕΝ. Ἀληθῆ λέγεις.

ΣΩ. Οὐκοῦν νῦν βέλτιον ἔχει περὶ τὸ πρᾶγμα ὃ οὐκ
ᾔδει;

ΜΕΝ. Καὶ τοῦτό μοι δοκεῖ. 5

ΣΩ. Ἀπορεῖν οὖν αὐτὸν ποιήσαντες καὶ ναρκᾶν ὥσπερ ἡ
νάρκη, μῶν τι ἐβλάψαμεν;

---

d 1 τοσησδί BTWf: τοσησδε F   d 3 ἦν BTW: om. F
e 4 ὁ δὲ (bis) BTW: ὅδε δὲ F   e 6 τρὶς TWF: τρεῖς B
e 7 τρεῖς BTW: τρὶς F   e 11 ἀπὸ ποίας BTW: ἀποίας F   a 4 οὔ
BTW: οὖν F   a 6 γ' αὐτὴν B: ταύτην TWF   a 7 ἀπεκρίνετο
BTWf: ἀπεκρίνατο F   ὡς BTWf: om. F

ΜΕΝ. Οὐκ ἔμοιγε δοκεῖ.

ΣΩ. Προὔργου γοῦν τι πεποιήκαμεν, ὡς ἔοικε, πρὸς τὸ
10 ἐξευρεῖν ὅπη ἔχει· νῦν μὲν γὰρ καὶ ζητήσειεν ἂν ἡδέως οὐκ
εἰδώς, τότε δὲ ῥαδίως ἂν καὶ πρὸς πολλοὺς καὶ πολλάκις
c ᾤετ᾽ ἂν εὖ λέγειν περὶ τοῦ διπλασίου χωρίου, ὡς δεῖ διπλασίαν
τὴν γραμμὴν ἔχειν μήκει.

ΜΕΝ. Ἔοικεν.

ΣΩ. Οἴει οὖν ἂν αὐτὸν πρότερον ἐπιχειρῆσαι ζητεῖν ἢ
5 μανθάνειν τοῦτο ὃ ᾤετο εἰδέναι οὐκ εἰδώς, πρὶν εἰς ἀπορίαν
κατέπεσεν ἡγησάμενος μὴ εἰδέναι, καὶ ἐπόθησεν τὸ εἰδέναι;

ΜΕΝ. Οὔ μοι δοκεῖ, ὦ Σώκρατες.

ΣΩ. Ὤνητο ἄρα ναρκήσας;

ΜΕΝ. Δοκεῖ μοι.

10 ΣΩ. Σκέψαι δὴ ἐκ ταύτης τῆς ἀπορίας ὅτι καὶ ἀνευρήσει
ζητῶν μετ᾽ ἐμοῦ, οὐδὲν ἀλλ᾽ ἢ ἐρωτῶντος ἐμοῦ καὶ οὐ διδά-
d σκοντος· φύλαττε δὲ ἄν που εὕρῃς με διδάσκοντα καὶ
διεξιόντα αὐτῷ, ἀλλὰ μὴ τὰς τούτου δόξας ἀνερωτῶντα.

Λέγε γάρ μοι σύ· οὐ τὸ μὲν τετράπουν τοῦτο ἡμῖν ἐστι
χωρίον; μανθάνεις;—ΠΑΙ. Ἔγωγε.—ΣΩ. Ἕτερον δὲ αὐτῷ
5 προσθεῖμεν ἂν τουτὶ ἴσον;—ΠΑΙ. Ναί.—ΣΩ. Καὶ τρίτον
τόδε ἴσον ἑκατέρῳ τούτων;—ΠΑΙ. Ναί.—ΣΩ. Οὐκοῦν
προσαναπληρωσαίμεθ᾽ ἂν τὸ ἐν τῇ γωνίᾳ τόδε;—ΠΑΙ.
Πάνυ γε.—ΣΩ. Ἄλλο τι οὖν γένοιτ᾽ ἂν τέτταρα ἴσα χωρία
e τάδε;—ΠΑΙ. Ναί.—ΣΩ. Τί οὖν; τὸ ὅλον τόδε ποσαπλάσιον
τοῦδε γίγνεται;—ΠΑΙ. Τετραπλάσιον.—ΣΩ. Ἔδει δέ γε
διπλάσιον ἡμῖν γενέσθαι· ἢ οὐ μέμνησαι;—ΠΑΙ. Πάνυ γε.
—ΣΩ. Οὐκοῦν ἐστιν αὕτη γραμμὴ ἐκ γωνίας εἰς γωνίαν
85 [τινὰ] τέμνουσα δίχα ἕκαστον τούτων τῶν χωρίων;—ΠΑΙ.
Ναί.—ΣΩ. Οὐκοῦν τέτταρες αὗται γίγνονται γραμμαὶ ἴσαι,

b 10 ἡδέως Β Τ W f : ἤδη F   c 6 τὸ Β Τ f et supra versum W :
τῷ F   c 11 οὐ Β Τ W : om. F   d 2 τούτου W F (sed ων
suprascr. f) : τούτων Β Τ   e 2 τοῦδε Β Τ W : τούτου F   γε F :
om. Β Τ W   a 1 τινὰ Β Τ W F : secl. Schleiermacher : τείνουσα
corr. Par. 1811 Cornarius (cf. 85 b 4) : ἀντίαν Wex

περιέχουσαι τουτὶ τὸ χωρίον;—ΠΑΙ. Γίγνονται γάρ.—ΣΩ.
Σκόπει δή· πηλίκον τί ἐστιν τοῦτο τὸ χωρίον;—ΠΑΙ. Οὐ
μανθάνω.—ΣΩ. Οὐχὶ τεττάρων ὄντων τούτων ἥμισυ ἑκάστου 5
ἑκάστη ἡ γραμμὴ ἀποτέτμηκεν ἐντός; ἢ οὔ;—ΠΑΙ. Ναί.—
ΣΩ. Πόσα οὖν τηλικαῦτα ἐν τούτῳ ἔνεστιν;—ΠΑΙ. Τέτταρα.
—ΣΩ. Πόσα δὲ ἐν τῷδε;—ΠΑΙ. Δύο.—ΣΩ. Τὰ δὲ τέτταρα
τοῖν δυοῖν τί ἐστιν;—ΠΑΙ. Διπλάσια.—ΣΩ. Τόδε οὖν
ποσάπουν γίγνεται;—ΠΑΙ. Ὀκτώπουν.—ΣΩ. Ἀπὸ ποίας b
γραμμῆς;—ΠΑΙ. Ἀπὸ ταύτης.—ΣΩ. Ἀπὸ τῆς ἐκ γωνίας
εἰς γωνίαν τεινούσης τοῦ τετράποδος;—ΠΑΙ. Ναί.—ΣΩ.
Καλοῦσιν δέ γε ταύτην διάμετρον οἱ σοφισταί· ὥστ' εἰ ταύτῃ
διάμετρος ὄνομα, ἀπὸ τῆς διαμέτρου ἄν, ὡς σὺ φῄς, ὦ παῖ 5
Μένωνος, γίγνοιτ' ἂν τὸ διπλάσιον χωρίον.—ΠΑΙ. Πάνυ
μὲν οὖν, ὦ Σώκρατες.

ΣΩ. Τί σοι δοκεῖ, ὦ Μένων; ἔστιν ἥντινα δόξαν οὐχ
αὐτοῦ οὗτος ἀπεκρίνατο;

ΜΕΝ. Οὔκ, ἀλλ' ἑαυτοῦ.   c

ΣΩ. Καὶ μὴν οὐκ ᾔδει γε, ὡς ἔφαμεν ὀλίγον πρότερον.

ΜΕΝ. Ἀληθῆ λέγεις.

ΣΩ. Ἐνῆσαν δέ γε αὐτῷ αὗται αἱ δόξαι· ἢ οὔ;

ΜΕΝ. Ναί.   5

ΣΩ. Τῷ οὐκ εἰδότι ἄρα περὶ ὧν ἂν μὴ εἰδῇ ἔνεισιν
ἀληθεῖς δόξαι περὶ τούτων ὧν οὐκ οἶδε;

ΜΕΝ. Φαίνεται.

ΣΩ. Καὶ νῦν μέν γε αὐτῷ ὥσπερ ὄναρ ἄρτι ἀνακεκίνηνται
αἱ δόξαι αὗται· εἰ δὲ αὐτόν τις ἀνερήσεται πολλάκις τὰ αὐτὰ 10
ταῦτα καὶ πολλαχῇ, οἶσθ' ὅτι τελευτῶν οὐδενὸς ἧττον ἀκριβῶς
ἐπιστήσεται περὶ τούτων.   d

ΜΕΝ. Ἔοικεν.

a 3 γάρ F: om. B T W   b 3 τοῦ B T W F: τῆς f   b 4 ὥστ'
εἰ B T W f: ὥστε F   b 6 γίγνοιτ' ἂν B T (sed post ἂν ras. in B):
γίγνετ' ἂν W: γίγνοιτο F   c 6 εἰδῇ ἔνεισιν B T W f: εἰδεῖεν εἰσὶν
F   c 7 περὶ . . οἶδε secl. Schleiermacher: ὧν . . . οἶδε secl.
Schanz   c 10 αὗται B T W f: om. F   ἀνερήσεται T W: ἂν
ἐρήσεται B F

ΣΩ. Οὐκοῦν οὐδενὸς διδάξαντος ἀλλ᾽ ἐρωτήσαντος ἐπιστήσεται, ἀναλαβὼν αὐτὸς ἐξ αὑτοῦ τὴν ἐπιστήμην;

5 ΜΕΝ. Ναί.

ΣΩ. Τὸ δὲ ἀναλαμβάνειν αὐτὸν ἐν αὑτῷ ἐπιστήμην οὐκ ἀναμιμνήσκεσθαί ἐστιν;

ΜΕΝ. Πάνυ γε.

ΣΩ. ᾽Αρ᾽ οὖν οὐ τὴν ἐπιστήμην, ἣν νῦν οὗτος ἔχει, ἤτοι

10 ἔλαβέν ποτε ἢ ἀεὶ εἶχεν;

ΜΕΝ. Ναί.

ΣΩ. Οὐκοῦν εἰ μὲν ἀεὶ εἶχεν, ἀεὶ καὶ ἦν ἐπιστήμων· εἰ δὲ ἔλαβέν ποτε, οὐκ ἂν ἔν γε τῷ νῦν βίῳ εἰληφὼς εἴη. ἢ

e δεδίδαχέν τις τοῦτον γεωμετρεῖν; οὗτος γὰρ ποιήσει περὶ πάσης γεωμετρίας ταὐτὰ ταῦτα, καὶ τῶν ἄλλων μαθημάτων ἁπάντων. ἔστιν οὖν ὅστις τοῦτον πάντα δεδίδαχεν; δίκαιος γάρ που εἶ εἰδέναι, ἄλλως τε ἐπειδὴ ἐν τῇ σῇ οἰκίᾳ γέγονεν

5 καὶ τέθραπται.

ΜΕΝ. ᾽Αλλ᾽ οἶδα ἔγωγε ὅτι οὐδεὶς πώποτε ἐδίδαξεν.

ΣΩ. ῎Εχει δὲ ταύτας τὰς δόξας, ἢ οὐχί;

ΜΕΝ. ᾽Ανάγκη, ὦ Σώκρατες, φαίνεται.

ΣΩ. Εἰ δὲ μὴ ἐν τῷ νῦν βίῳ λαβών, οὐκ ἤδη τοῦτο

86 δῆλον, ὅτι ἐν ἄλλῳ τινὶ χρόνῳ εἶχε καὶ ἐμεμαθήκει;

ΜΕΝ. Φαίνεται.

ΣΩ. Οὐκοῦν οὗτός γέ ἐστιν ὁ χρόνος ὅτ᾽ οὐκ ἦν ἄνθρωπος;

5 ΜΕΝ. Ναί.

ΣΩ. Εἰ οὖν ὅν τ᾽ ἂν ᾖ χρόνον καὶ ὃν ἂν μὴ ᾖ ἄνθρωπος, ἐνέσονται αὐτῷ ἀληθεῖς δόξαι, αἳ ἐρωτήσει ἐπεγερθεῖσαι

d 6 ἀναλαμβάνειν B T W : ἀναλαβεῖν F   d 9 οὐ B T F : om. W
(sed post οὖν duarum litterarum rasura)   d 13 τῷ νῦν B T F :
τῶν νῦ W (sed in ras.)   εἴη B T W : ἢ F   e 1 δεδίδαχέ(ν)
B T W f : δεδίχαμεν F   οὗτος B T F : οὕτως W   e 4 εἶ B T W :
om. F   τε B T F : τε καὶ W   e 9 ἤδη scr. recc. : ἤδει B F :
ἤδει T W   a 6 ὅν τ᾽ ἂν Baiter (ὃν ἂν Cornarius) ὅταν B : ὅτ᾽ἂν
T W : ὅταν F   ᾖ (bis) B T W f : om. (bis) F   χρόνον] ex ν fecit
ἦ et suprascr. σ rec. f   καὶ F : ἢ καὶ B T W   a 7 αἳ ἐρωτήσει
corr. Par. 1812 : αἱ ἐρωτήσεις B T W F

ἐπιστῆμαι γίγνονται, ἆρ' οὖν τὸν ἀεὶ χρόνον μεμαθηκυῖα
ἔσται ἡ ψυχὴ αὐτοῦ; δῆλον γὰρ ὅτι τὸν πάντα χρόνον ἔστιν
ἢ οὐκ ἔστιν ἄνθρωπος.   10

ΜΕΝ. Φαίνεται.

ΣΩ. Οὐκοῦν εἰ ἀεὶ ἡ ἀλήθεια ἡμῖν τῶν ὄντων ἐστὶν ἐν b
τῇ ψυχῇ, ἀθάνατος ἂν ἡ ψυχὴ εἴη, ὥστε θαρροῦντα χρὴ ὃ
μὴ τυγχάνεις ἐπιστάμενος νῦν—τοῦτο δ' ἐστὶν ὃ μὴ μεμνη-
μένος—ἐπιχειρεῖν ζητεῖν καὶ ἀναμιμνήσκεσθαι;

ΜΕΝ. Εὖ μοι δοκεῖς λέγειν, ὦ Σώκρατες, οὐκ οἶδ' ὅπως. 5

ΣΩ. Καὶ γὰρ ἐγὼ ἐμοί, ὦ Μένων. καὶ τὰ μέν γε ἄλλα
οὐκ ἂν πάνυ ὑπὲρ τοῦ λόγου διισχυρισαίμην· ὅτι δ' οἰόμενοι
δεῖν ζητεῖν ἃ μή τις οἶδεν βελτίους ἂν εἶμεν καὶ ἀνδρικώ-
τεροι καὶ ἧττον ἀργοὶ ἢ εἰ οἰοίμεθα ἃ μὴ ἐπιστάμεθα μηδὲ
δυνατὸν εἶναι εὑρεῖν μηδὲ δεῖν ζητεῖν, περὶ τούτου πάνυ ἂν c
διαμαχοίμην, εἰ οἷός τε εἴην, καὶ λόγῳ καὶ ἔργῳ.

ΜΕΝ. Καὶ τοῦτο μέν γε δοκεῖς μοι εὖ λέγειν, ὦ Σώκρατες.

ΣΩ. Βούλει οὖν, ἐπειδὴ ὁμονοοῦμεν ὅτι ζητητέον περὶ
οὗ μή τις οἶδεν, ἐπιχειρήσωμεν κοινῇ ζητεῖν τί ποτ' ἐστὶν 5
ἀρετή;

ΜΕΝ. Πάνυ μὲν οὖν. οὐ μέντοι, ὦ Σώκρατες, ἀλλ'
ἔγωγε ἐκεῖνο ἂν ἥδιστα, ὅπερ ἠρόμην τὸ πρῶτον, καὶ σκεψαί-
μην καὶ ἀκούσαιμι, πότερον ὡς διδακτῷ ὄντι αὐτῷ δεῖ ἐπι-
χειρεῖν, ἢ ὡς φύσει ἢ ὡς τίνι ποτὲ τρόπῳ παραγιγνομένης d
τοῖς ἀνθρώποις τῆς ἀρετῆς.

ΣΩ. Ἀλλ' εἰ μὲν ἐγὼ ἦρχον, ὦ Μένων, μὴ μόνον ἐμαυ-
τοῦ ἀλλὰ καὶ σοῦ, οὐκ ἂν ἐσκεψάμεθα πρότερον εἴτε διδακτὸν
εἴτε οὐ διδακτὸν ἡ ἀρετή, πρὶν ὅτι ἐστὶν πρῶτον ἐζητήσαμεν 5
αὐτό· ἐπειδὴ δὲ σὺ σαυτοῦ μὲν οὐδ' ἐπιχειρεῖς ἄρχειν, ἵνα

a 8 οὖν] οὐ Stallbaum   b 6 ἐγὼ ἐμοί B T W : ἐγῶμαι F   καὶ
B T W f : om. F   b 8 οἶδεν B T W f : οὐδὲν F   εἶμεν B T :
ἦμεν W : ἦμεν F   b 9 ἢ εἰ B T w f : ἢ W : εἰ F   οἰοίμεθα T (sed οἱ
ex emend.) W F : οἰόμεθα B   ἃ B T W : ἂν F   c 2 εἴην B T W :
ἢν F   c 7 ἀλλ' ἔγωγε F : ἂν λέγω γε B T : ἂν λέγω W   c 8 ἠρόμην
B T W f : ἠρώμην F   d 5 ἡ B T W : om. F

δὴ ἐλεύθερος ἦς, ἐμοῦ δὲ ἐπιχειρεῖς τε ἄρχειν καὶ ἄρχεις,
συγχωρήσομαί σοι—τί γὰρ χρὴ ποιεῖν;—ἔοικεν οὖν σκεπτέον
e εἶναι ποῖόν τί ἐστιν ὃ μήπω ἴσμεν ὅτι ἐστίν. εἰ μή τι οὖν
ἀλλὰ σμικρόν γέ μοι τῆς ἀρχῆς χάλασον, καὶ συγχώρησον
ἐξ ὑποθέσεως αὐτὸ σκοπεῖσθαι, εἴτε διδακτόν ἐστιν εἴτε
ὁπωσοῦν. λέγω δὲ τὸ ἐξ ὑποθέσεως ὧδε, ὥσπερ οἱ γεωμέ-
5 τραι πολλάκις σκοποῦνται, ἐπειδάν τις ἔρηται αὐτούς, οἷον
περὶ χωρίου, εἰ οἷόν τε ἐς τόνδε τὸν κύκλον τόδε τὸ χωρίον
87 τρίγωνον ἐνταθῆναι, εἴποι ἄν τις ὅτι "Οὔπω οἶδα εἰ ἔστιν
τοῦτο τοιοῦτον, ἀλλ' ὥσπερ μέν τινα ὑπόθεσιν προὔργου
οἶμαι ἔχειν πρὸς τὸ πρᾶγμα τοιάνδε· εἰ μέν ἐστι τοῦτο τὸ
χωρίον τοιοῦτον οἷον παρὰ τὴν δοθεῖσαν αὐτοῦ γραμμὴν
5 παρατείναντα ἐλλείπειν τοιούτῳ χωρίῳ οἷον ἂν αὐτὸ τὸ
παρατεταμένον ᾖ, ἄλλο τι συμβαίνειν μοι δοκεῖ, καὶ ἄλλο
αὖ, εἰ ἀδύνατόν ἐστι ταῦτα παθεῖν. ὑποθέμενος οὖν ἐθέλω
b εἰπεῖν σοι τὸ συμβαῖνον περὶ τῆς ἐντάσεως αὐτοῦ εἰς τὸν
κύκλον, εἴτε ἀδύνατον εἴτε μή." οὕτω δὴ καὶ περὶ ἀρετῆς
ἡμεῖς, ἐπειδὴ οὐκ ἴσμεν οὔθ' ὅτι ἐστὶν οὔθ' ὁποῖόν τι, ὑπο-
θέμενοι αὐτὸ σκοπῶμεν εἴτε διδακτὸν εἴτε οὐ διδακτόν ἐστιν,
5 ὧδε λέγοντες· Εἰ ποῖόν τί ἐστιν τῶν περὶ τὴν ψυχὴν ὄντων
ἀρετή, διδακτὸν ἂν εἴη ἢ οὐ διδακτόν; πρῶτον μὲν δὴ εἰ
ἔστιν ἀλλοῖον ἢ οἷον ἐπιστήμη, ἆρα διδακτὸν ἢ οὔ, ἢ ὃ
νυνδὴ ἐλέγομεν, ἀναμνηστόν—διαφερέτω δὲ μηδὲν ἡμῖν
c ὁποτέρῳ ἂν τῷ ὀνόματι χρώμεθα—ἀλλ' ἆρα διδακτόν; ἢ
τοῦτό γε παντὶ δῆλον, ὅτι οὐδὲν ἄλλο διδάσκεται ἄνθρωπος
ἢ ἐπιστήμην;
ΜΕΝ. Ἔμοιγε δοκεῖ.
5 ΣΩ. Εἰ δέ γ' ἐστὶν ἐπιστήμη τις ἡ ἀρετή, δῆλον ὅτι
διδακτὸν ἂν εἴη.
ΜΕΝ. Πῶς γὰρ οὔ;

---

a 5 παρατείναντα Β Τ W : παρατείνοντα F   ἐλλείπειν Τ W F :
ἐλλίπειν Β : ἐλλιπεῖν Β²   b 1 ἐντάσεως Β Τ W : ἐνστάσεως F
b 6 μὲν δὴ F : μὲν Β Τ W   b 7 ἀλλοῖον Τ W F : ἀλλ' οἷον Β
ἢ οὔ Β Τ W F : που Schanz   c 1 ἢ Β Τ W : εἰ ἢ F

ΣΩ. Τούτου μὲν ἄρα ταχὺ ἀπηλλάγμεθα, ὅτι τοιοῦδε
μὲν ὄντος διδακτόν, τοιοῦδε δ᾽ οὔ.

ΜΕΝ. Πάνυ γε. 10

ΣΩ. Τὸ δὴ μετὰ τοῦτο, ὡς ἔοικε, δεῖ σκέψασθαι πότερόν
ἐστιν ἐπιστήμη ἡ ἀρετὴ ἢ ἀλλοῖον ἐπιστήμης.

ΜΕΝ. Ἔμοιγε δοκεῖ τοῦτο μετὰ τοῦτο σκεπτέον εἶναι. d

ΣΩ. Τί δὲ δή; ἄλλο τι ἢ ἀγαθὸν αὐτό φαμεν εἶναι τὴν
ἀρετήν, καὶ αὕτη ἡ ὑπόθεσις μένει ἡμῖν, ἀγαθὸν αὐτὸ εἶναι;
—ΜΕΝ. Πάνυ μὲν οὖν.—ΣΩ. Οὐκοῦν εἰ μέν τί ἐστιν
ἀγαθὸν καὶ ἄλλο χωριζόμενον ἐπιστήμης, τάχ᾽ ἂν εἴη ἡ 5
ἀρετὴ οὐκ ἐπιστήμη τις· εἰ δὲ μηδέν ἐστιν ἀγαθὸν ὃ οὐκ
ἐπιστήμη περιέχει, ἐπιστήμην ἄν τιν᾽ αὐτὸ ὑποπτεύοντες εἶναι
ὀρθῶς ὑποπτεύοιμεν.—ΜΕΝ. Ἔστι ταῦτα.—ΣΩ. Καὶ μὴν
ἀρετῇ γ᾽ ἐσμὲν ἀγαθοί;—ΜΕΝ. Ναί.—ΣΩ. Εἰ δὲ ἀγαθοί, e
ὠφέλιμοι· πάντα γὰρ τἀγαθὰ ὠφέλιμα. οὐχί;—ΜΕΝ. Ναί.
—ΣΩ. Καὶ ἡ ἀρετὴ δὴ ὠφέλιμόν ἐστιν;—ΜΕΝ. Ἀνάγκη
ἐκ τῶν ὡμολογημένων.

ΣΩ. Σκεψώμεθα δὴ καθ᾽ ἕκαστον ἀναλαμβάνοντες ποῖά 5
ἐστιν ἃ ἡμᾶς ὠφελεῖ. ὑγίεια, φαμέν, καὶ ἰσχὺς καὶ κάλλος
καὶ πλοῦτος δή· ταῦτα λέγομεν καὶ τὰ τοιαῦτα ὠφέλιμα.
οὐχί;—ΜΕΝ. Ναί.—ΣΩ. Ταὐτὰ δὲ ταῦτά φαμεν ἐνίοτε 88
καὶ βλάπτειν· ἢ σὺ ἄλλως φῂς ἢ οὕτως;—ΜΕΝ. Οὐκ, ἀλλ᾽
οὕτως.—ΣΩ. Σκόπει δή, ὅταν τί ἑκάστου τούτων ἡγῆται,
ὠφελεῖ ἡμᾶς, καὶ ὅταν τί, βλάπτει; ἆρ᾽ οὐχ ὅταν μὲν ὀρθὴ
χρῆσις, ὠφελεῖ, ὅταν δὲ μή, βλάπτει;—ΜΕΝ. Πάνυ γε. 5

ΣΩ. Ἔτι τοίνυν καὶ τὰ κατὰ τὴν ψυχὴν σκεψώμεθα.
σωφροσύνην τι καλεῖς καὶ δικαιοσύνην καὶ ἀνδρείαν καὶ

c 9 μὲν ὄντος B T W: μένοντος οὐδὲ F   d 4 μέν τί B T W:
μέντοι F   d 6 δ B T W: om. F   d 7 τιν᾽ scr. recc.: τι
B T W F   αὐτὸ B T W f: αὐτοῦ F   e 2 πάντα γὰρ τἀγαθὰ
T W F: πάντα | τὰ γὰρ ἀγαθὰ B   e 3 ἡ B T W: om. F   e 5 ἀνα-
λαμβάνοντες B T W: ἀναλαβόντες F   e 6 φαμέν B T F: μέν W
a 1 δὲ W: δὴ B T F   a 3 ἡγῆται B T W: ἡγεῖται F   a 4 βλάπτει
B T̃ (sed ει in ras. T): βλάπτῃ W F   a 5 ὠφελῆ . . . βλάπτῃ F
a 7 τὶ B T W: γὰρ τί F

εὐμαθίαν καὶ μνήμην καὶ μεγαλοπρέπειαν καὶ πάντα τὰ
b τοιαῦτα;—ΜΕΝ. Ἔγωγε.—ΣΩ. Σκόπει δή, τούτων ἅττα
σοι δοκεῖ μὴ ἐπιστήμη εἶναι ἀλλ᾽ ἄλλο ἐπιστήμης, εἰ οὐχὶ
τοτὲ μὲν βλάπτει, τοτὲ δὲ ὠφελεῖ; οἷον ἀνδρεία, εἰ μὴ ἔστι
φρόνησις ἡ ἀνδρεία ἀλλ᾽ οἷον θάρρος τι· οὐχ ὅταν μὲν
5 ἄνευ νοῦ θαρρῇ ἄνθρωπος, βλάπτεται, ὅταν δὲ σὺν νῷ,
ὠφελεῖται;—ΜΕΝ. Ναί.—ΣΩ. Οὐκοῦν καὶ σωφροσύνη
ὡσαύτως καὶ εὐμαθία· μετὰ μὲν νοῦ καὶ μανθανόμενα καὶ
καταρτυόμενα ὠφέλιμα, ἄνευ δὲ νοῦ βλαβερά;—ΜΕΝ. Πάνυ
c σφόδρα.—ΣΩ. Οὐκοῦν συλλήβδην πάντα τὰ τῆς ψυχῆς
ἐπιχειρήματα καὶ καρτερήματα ἡγουμένης μὲν φρονήσεως εἰς
εὐδαιμονίαν τελευτᾷ, ἀφροσύνης δ᾽ εἰς τοὐναντίον;—ΜΕΝ.
Ἔοικεν.—ΣΩ. Εἰ ἄρα ἀρετὴ τῶν ἐν τῇ ψυχῇ τί ἐστιν καὶ
5 ἀναγκαῖον αὐτῷ ὠφελίμῳ εἶναι, φρόνησιν αὐτὸ δεῖ εἶναι,
ἐπειδήπερ πάντα τὰ κατὰ τὴν ψυχὴν αὐτὰ μὲν καθ᾽ αὑτὰ
οὔτε ὠφέλιμα οὔτε βλαβερά ἐστιν, προσγενομένης δὲ φρο-
d νήσεως ἢ ἀφροσύνης βλαβερά τε καὶ ὠφέλιμα γίγνεται.
κατὰ δὴ τοῦτον τὸν λόγον ὠφέλιμόν γε οὖσαν τὴν ἀρετὴν
φρόνησιν δεῖ τιν᾽ εἶναι.—ΜΕΝ. Ἔμοιγε δοκεῖ.

ΣΩ. Καὶ μὲν δὴ καὶ τἆλλα ἃ νυνδὴ ἐλέγομεν, πλοῦτόν
5 τε καὶ τὰ τοιαῦτα, τοτὲ μὲν ἀγαθὰ τοτὲ δὲ βλαβερὰ εἶναι,
ἆρα οὐχ ὥσπερ τῇ ἄλλῃ ψυχῇ ἡ φρόνησις ἡγουμένη ὠφέλιμα
τὰ τῆς ψυχῆς ἐποίει, ἡ δὲ ἀφροσύνη βλαβερά, οὕτως αὖ
e καὶ τούτοις ἡ ψυχὴ ὀρθῶς μὲν χρωμένη καὶ ἡγουμένη ὠφέ-
λιμα αὐτὰ ποιεῖ, μὴ ὀρθῶς δὲ βλαβερά;—ΜΕΝ. Πάνυ γε.
—ΣΩ. Ὀρθῶς δέ γε ἡ ἔμφρων ἡγεῖται, ἡμαρτημένως δ᾽ ἡ
ἄφρων;—ΜΕΝ. Ἔστι ταῦτα.—ΣΩ. Οὐκοῦν οὕτω δὴ κατὰ
5 πάντων εἰπεῖν ἔστιν, τῷ ἀνθρώπῳ τὰ μὲν ἄλλα πάντα εἰς τὴν

a 8 εὐμαθίαν Β Τ F : εὐμάθειαν W   b 2 εἰ suprascr. W : ἣ Β :
ἣ Τ : ἣ W F   οὐχὶ τοτὲ] οὐχὶ ποτὲ Β Τ W : οὐχ ὅτι F   b 4 τι
Β Τ W f : om. F   b 7 εὐμαθία Β Τ F : εὐμάθεια W   μανθανόμενα
Β Τ W f : μανθάνομεν F   c 5 αὐτὸ Β Τ F : αὐτῷ W   c 6 ἐπειδήπερ
Β Τ W f : ἐπειδὴ περὶ F   d 1 ἣ Β Τ F : καὶ W   d 2 γε Β Τ F :
-τε W   d 3 δεῖ τιν᾽ Β Τ : δῆ τιν᾽ W : τινὰ δεῖ F   e 3 ὀρθῶς δέ γε
Τ F et in marg. w : ὀρθῶς λέγε Β : om. W   prius ἡ Τ W F : εἰ Β

ψυχὴν ἀνηρτῆσθαι, τὰ δὲ τῆς ψυχῆς αὐτῆς εἰς φρόνησιν, εἰ
μέλλει ἀγαθὰ εἶναι· καὶ τούτῳ τῷ λόγῳ φρόνησις ἂν εἴη 89
τὸ ὠφέλιμον· φαμὲν δὲ τὴν ἀρετὴν ὠφέλιμον εἶναι;—
ΜΕΝ. Πάνυ γε.—ΣΩ. Φρόνησιν ἄρα φαμὲν ἀρετὴν εἶναι,
ἤτοι σύμπασαν ἢ μέρος τι;—ΜΕΝ. Δοκεῖ μοι καλῶς λέγε-
σθαι, ὦ Σώκρατες, τὰ λεγόμενα.—ΣΩ. Οὐκοῦν εἰ ταῦτα 5
οὕτως ἔχει, οὐκ ἂν εἶεν φύσει οἱ ἀγαθοί.—ΜΕΝ. Οὔ μοι
δοκεῖ.

ΣΩ. Καὶ γὰρ ἄν που καὶ τόδ' ἦν· εἰ φύσει οἱ ἀγαθοὶ b
ἐγίγνοντο, ἦσάν που ἂν ἡμῖν οἳ ἐγίγνωσκον τῶν νέων τοὺς
ἀγαθοὺς τὰς φύσεις, οὓς ἡμεῖς ἂν παραλαβόντες ἐκείνων
ἀποφηνάντων ἐφυλάττομεν ἂν ἐν ἀκροπόλει, κατασημηνά-
μενοι πολὺ μᾶλλον ἢ τὸ χρυσίον, ἵνα μηδεὶς αὐτοὺς διέ- 5
φθειρεν, ἀλλ' ἐπειδὴ ἀφίκοιντο εἰς τὴν ἡλικίαν, χρήσιμοι
γίγνοιντο ταῖς πόλεσι.

ΜΕΝ. Εἰκός γέ τοι, ὦ Σώκρατες.

ΣΩ. Ἆρ' οὖν ἐπειδὴ οὐ φύσει οἱ ἀγαθοὶ ἀγαθοὶ γίγνον-
ται, ἆρα μαθήσει;   c

ΜΕΝ. Δοκεῖ μοι ἤδη ἀναγκαῖον εἶναι· καὶ δῆλον, ὦ
Σώκρατες, κατὰ τὴν ὑπόθεσιν, εἴπερ ἐπιστήμη ἐστὶν ἀρετή,
ὅτι διδακτόν ἐστιν.

ΣΩ. Ἴσως νὴ Δία· ἀλλὰ μὴ τοῦτο οὐ καλῶς ὡμολογή- 5
σαμεν;

ΜΕΝ. Καὶ μὴν ἐδόκει γε ἄρτι καλῶς λέγεσθαι.

ΣΩ. Ἀλλὰ μὴ οὐκ ἐν τῷ ἄρτι μόνον δέῃ αὐτὸ δοκεῖν
καλῶς λέγεσθαι, ἀλλὰ καὶ ἐν τῷ νῦν καὶ ἐν τῷ ἔπειτα, εἰ
μέλλει τι αὐτοῦ ὑγιὲς εἶναι.   10

ΜΕΝ. Τί οὖν δή; πρὸς τί βλέπων δυσχεραίνεις αὐτὸ d
καὶ ἀπιστεῖς μὴ οὐκ ἐπιστήμη ᾖ ἡ ἀρετή;

a 2 δὲ B T W : δὴ F   a 6 ἀγαθοί B T W : ἀγαθοὶ ἀγαθοί F
b 1 οἱ B T W f : om. F   b 3 οὓς B T W f : om. F   b 4 ἂν
F : om. B T W et punctis notavit f   b 5 διέφθειρεν B T W F
διαφθείρειεν Madvig   c 7 γε F : μὲν B T W   c 8 μὴ B T W :
μὴν F   d 2 ἀπιστεῖς B T W : ἀπιστει F : ἀπιστοίης f   ᾖ B T
W f : om. F

ΣΩ. Ἐγώ σοι ἐρῶ, ὦ Μένων. τὸ μὲν γὰρ διδακτὸν
αὐτὸ εἶναι, εἴπερ ἐπιστήμη ἐστίν, οὐκ ἀνατίθεμαι μὴ οὐ
5 καλῶς λέγεσθαι· ὅτι δὲ οὐκ ἔστιν ἐπιστήμη, σκέψαι ἐάν σοι
δοκῶ εἰκότως ἀπιστεῖν. τόδε γάρ μοι εἰπέ· εἰ ἔστιν διδα-
κτὸν ὁτιοῦν πρᾶγμα, μὴ μόνον ἀρετή, οὐκ ἀναγκαῖον αὐτοῦ
καὶ διδασκάλους καὶ μαθητὰς εἶναι;

ΜΕΝ. Ἔμοιγε δοκεῖ.

e ΣΩ. Οὐκοῦν τοὐναντίον αὖ, οὗ μήτε διδάσκαλοι μήτε
μαθηταὶ εἶεν, καλῶς ἂν αὐτὸ εἰκάζοντες εἰκάζοιμεν μὴ
διδακτὸν εἶναι;

ΜΕΝ. Ἔστι ταῦτα· ἀλλ᾽ ἀρετῆς διδάσκαλοι οὐ δοκοῦσί
5 σοι εἶναι;

ΣΩ. Πολλάκις γοῦν ζητῶν εἴ τινες εἶεν αὐτῆς διδά-
σκαλοι, πάντα ποιῶν οὐ δύναμαι εὑρεῖν. καίτοι μετὰ πολλῶν
γε ζητῶ, καὶ τούτων μάλιστα οὓς ἂν οἴωμαι ἐμπειροτάτους
εἶναι τοῦ πράγματος. καὶ δὴ καὶ νῦν, ὦ Μένων, εἰς καλὸν
10 ἡμῖν Ἄνυτος ὅδε παρεκαθέζετο, ᾧ μεταδῶμεν τῆς ζητήσεως.

90 εἰκότως δ᾽ ἂν μεταδοῖμεν· Ἄνυτος γὰρ ὅδε πρῶτον μέν ἐστι
πατρὸς πλουσίου τε καὶ σοφοῦ Ἀνθεμίωνος, ὃς ἐγένετο
πλούσιος οὐκ ἀπὸ τοῦ αὐτομάτου οὐδὲ δόντος τινός, ὥσπερ
ὁ νῦν νεωστὶ εἰληφὼς τὰ Πολυκράτους χρήματα Ἰσμηνίας
5 ὁ Θηβαῖος, ἀλλὰ τῇ αὑτοῦ σοφίᾳ κτησάμενος καὶ ἐπιμελείᾳ,
ἔπειτα καὶ τὰ ἄλλα οὐχ ὑπερήφανος δοκῶν εἶναι πολίτης
οὐδὲ ὀγκώδης τε καὶ ἐπαχθής, ἀλλὰ κόσμιος καὶ εὐσταλὴς
b ἀνήρ· ἔπειτα τοῦτον εὖ ἔθρεψεν καὶ ἐπαίδευσεν, ὡς δοκεῖ
Ἀθηναίων τῷ πλήθει· αἱροῦνται γοῦν αὐτὸν ἐπὶ τὰς μεγί-
στας ἀρχάς. δίκαιον δὴ μετὰ τοιούτων ζητεῖν ἀρετῆς πέρι
διδασκάλους, εἴτ᾽ εἰσὶν εἴτε μή, καὶ οἵτινες. σὺ οὖν ἡμῖν,
5 ὦ Ἄνυτε, συζήτησον, ἐμοί τε καὶ τῷ σαυτοῦ ξένῳ Μένωνι

e 6 πολλάκις B T F : οὐ πολλάκις W   εἴ τινες B T W :
οἵτινες F   αὐτῆς διδάσκαλοι B T W : διδάσκαλοι αὐτῆς F   e 8 τού-
των B T F : τῶν W   e 10 ἡμῖν B T W f : ὁ F   ἄνυτος F : αὐτὸς
B T W f   a 1 δ᾽ ἂν B F : δ᾽ αὖ T W   ἄνυτος F : ἂν· αὐτὸς B T W
a 7 in marg. ὁ πρ δηλαδή W   b 3 δὴ B T W : δὴ τὸ F   b 5 σαυτοῦ
B T W f : ἑαυτοῦ F

τῷδε, περὶ τούτου τοῦ πράγματος τίνες ἂν εἶεν διδάσκαλοι. ὧδε δὲ σκέψαι· εἰ βουλοίμεθα Μένωνα τόνδε ἀγαθὸν ἰατρὸν γενέσθαι, παρὰ τίνας ἂν αὐτὸν πέμποιμεν διδασκάλους; ἆρ' c οὐ παρὰ τοὺς ἰατρούς;

ΑΝ. Πάνυ γε.

ΣΩ. Τί δ' εἰ σκυτοτόμον ἀγαθὸν βουλοίμεθα γενέσθαι, ἆρ' οὐ παρὰ τοὺς σκυτοτόμους; 5

ΑΝ. Ναί.

ΣΩ. Καὶ τἆλλα οὕτως;

ΑΝ. Πάνυ γε.

ΣΩ. Ὧδε δή μοι πάλιν περὶ τῶν αὐτῶν εἰπέ. παρὰ τοὺς ἰατρούς, φαμέν, πέμποντες τόνδε καλῶς ἂν ἐπέμπομεν, βου- 10 λόμενοι ἰατρὸν γενέσθαι· ἆρ' ὅταν τοῦτο λέγωμεν, τόδε λέγομεν, ὅτι παρὰ τούτους πέμποντες αὐτὸν σωφρονοῖμεν d ἄν, τοὺς ἀντιποιουμένους τε τῆς τέχνης μᾶλλον ἢ τοὺς μή, καὶ τοὺς μισθὸν πραττομένους ἐπ' αὐτῷ τούτῳ, ἀποφήναντας αὑτοὺς διδασκάλους τοῦ βουλομένου ἰέναι τε καὶ μανθάνειν; ἆρ' οὐ πρὸς ταῦτα βλέψαντες καλῶς ἂν πέμποιμεν; 5

ΑΝ. Ναί.

ΣΩ. Οὐκοῦν καὶ περὶ αὐλήσεως καὶ τῶν ἄλλων τὰ αὐτὰ ταῦτα; πολλὴ ἄνοιά ἐστι βουλομένους αὐλητήν τινα ποιῆσαι e παρὰ μὲν τοὺς ὑπισχνουμένους διδάξειν τὴν τέχνην καὶ μισθὸν πραττομένους μὴ ἐθέλειν πέμπειν, ἄλλοις δέ τισιν πράγματα παρέχειν, ζητοῦντα μανθάνειν παρὰ τούτων, οἳ μήτε προσποιοῦνται διδάσκαλοι εἶναι μήτ' ἔστιν αὐτῶν μαθη- 5 τὴς μηδεὶς τούτου τοῦ μαθήματος ὃ ἡμεῖς ἀξιοῦμεν μανθά- νειν παρ' αὐτῶν ὃν ἂν πέμπωμεν. οὐ πολλή σοι δοκεῖ ἀλογία εἶναι;

ΑΝ. Ναὶ μὰ Δία ἔμοιγε, καὶ ἀμαθία γε πρός.

ΣΩ. Καλῶς λέγεις. νῦν τοίνυν ἔξεστί σε μετ' ἐμοῦ 10

c 9 παρὰ Β Τ F: πρὸς W   c 10 ἐπέμπομεν Β Τ F: ἐκπέμπομεν W   d 2 τῆς Β Τ W: om. F   ἢ τοὺς μή Β Τ W: ἡμᾶς F   d 4 τοῦ βουλομένου Β Τ W: τοὺς βουλομένους F   e 4 ζητοῦντα . . . τούτων secl. Naber   e 9 ἔμοιγε Β Τ W: ἔμοιγε δοκεῖ F   e 10 σε Β Τ W: σοι F

91 κοινῇ βουλεύεσθαι περὶ τοῦ ξένου τουτουὶ Μένωνος. οὗτος
γάρ, ὦ Ἄνυτε, πάλαι λέγει πρός με ὅτι ἐπιθυμεῖ ταύτης
τῆς σοφίας καὶ ἀρετῆς ᾗ οἱ ἄνθρωποι τάς τε οἰκίας καὶ τὰς
πόλεις καλῶς διοικοῦσι, καὶ τοὺς γονέας τοὺς αὑτῶν θερα-
5 πεύουσι, καὶ πολίτας καὶ ξένους ὑποδέξασθαί τε καὶ ἀπο-
πέμψαι ἐπίστανται ἀξίως ἀνδρὸς ἀγαθοῦ. ταύτην οὖν τὴν
b ἀρετὴν σκόπει παρὰ τίνας ἂν πέμποντες αὐτὸν ὀρθῶς πέμ-
ποιμεν. ἢ δῆλον δὴ κατὰ τὸν ἄρτι λόγον ὅτι παρὰ τούτους
τοὺς ὑπισχνουμένους ἀρετῆς διδασκάλους εἶναι καὶ ἀποφή-
ναντας αὑτοὺς κοινοὺς τῶν Ἑλλήνων τῷ βουλομένῳ μανθάνειν,
5 μισθὸν τούτου ταξαμένους τε καὶ πραττομένους;

ΑΝ. Καὶ τίνας λέγεις τούτους, ὦ Σώκρατες;

ΣΩ. Οἶσθα δήπου καὶ σὺ ὅτι οὗτοί εἰσιν οὓς οἱ ἄνθρωποι
καλοῦσι σοφιστάς.

c ΑΝ. Ἡράκλεις, εὐφήμει, ὦ Σώκρατες. μηδένα τῶν γ'
ἐμῶν μήτε οἰκείων μήτε φίλων, μήτε ἀστὸν μήτε ξένον,
τοιαύτη μανία λάβοι, ὥστε παρὰ τούτους ἐλθόντα λωβηθῆναι,
ἐπεὶ οὗτοί γε φανερά ἐστι λώβη τε καὶ διαφθορὰ τῶν
5 συγγιγνομένων.

ΣΩ. Πῶς λέγεις, ὦ Ἄνυτε; οὗτοι ἄρα μόνοι τῶν ἀντι-
ποιουμένων τι ἐπίστασθαι εὐεργετεῖν τοσοῦτον τῶν ἄλλων
διαφέρουσιν, ὅσον οὐ μόνον οὐκ ὠφελοῦσιν, ὥσπερ οἱ ἄλλοι,
ὅτι ἄν τις αὐτοῖς παραδῷ, ἀλλὰ καὶ τὸ ἐναντίον διαφθεί-
d ρουσιν; καὶ τούτων φανερῶς χρήματα ἀξιοῦσι πράττεσθαι;
ἐγὼ μὲν οὖν οὐκ ἔχω ὅπως σοι πιστεύσω· οἶδα γὰρ ἄνδρα
ἕνα Πρωταγόραν πλείω χρήματα κτησάμενον ἀπὸ ταύτης
τῆς σοφίας ἢ Φειδίαν τε, ὃς οὕτω περιφανῶς καλὰ ἔργα

a 1 τουτουὶ B T W: τούτου F   a 6 ἀνδρὸς B T W: ἂν ἀνδρὸς F
b 1 post ἀρετὴν lacunam statuit Cobet, μαθησόμενον vel βουλόμενοι
αὐτὸν σοφὸν γενέσθαι intercidisse ratus   b 2 δῆλον δὴ B T W:
δηλαδὴ F   b 4 τῷ βουλομένῳ τῶν ἑλλήνων F   b 6 τίνας et mox
τούτους om. F: ante λέγεις in lac. add. f   b 7 οὓς W F: οἴους B T
c 1 γ' ἐμῶν scripsi: γεμῶν F: συγγενῶν B T W   c 2 μήτε . . .
μήτε . . . μήτε . . . μήτε B T F: μηδὲ . . . μηδὲ . . . μήτε . . . μήτε W
ἀστὸν . . . ξένον B F: ἀστῶν . . . ξένων T W   c 4 οὗτοι T W F:
οὗτοι B   c 9 τις B T W f: τι F   d 4 τε F: γε B T W

ἠργάζετο, καὶ ἄλλους δέκα τῶν ἀνδριαντοποιῶν. καίτοι 5
τέρας λέγεις εἰ οἱ μὲν τὰ ὑποδήματα ἐργαζόμενοι τὰ παλαιὰ
καὶ τὰ ἱμάτια ἐξακούμενοι οὐκ ἂν δύναιντο λαθεῖν τριάκονθ᾽
ἡμέρας μοχθηρότερα ἀποδιδόντες ἢ παρέλαβον τὰ ἱμάτιά τε e
καὶ ὑποδήματα, ἀλλ᾽ εἰ τοιαῦτα ποιοῖεν, ταχὺ ἂν τῷ λιμῷ
ἀποθάνοιεν, Πρωταγόρας δὲ ἄρα ὅλην τὴν Ἑλλάδα ἐλάν-
θανεν διαφθείρων τοὺς συγγιγνομένους καὶ μοχθηροτέρους
ἀποπέμπων ἢ παρελάμβανεν πλέον ἢ τετταράκοντα ἔτη— 5
οἶμαι γὰρ αὐτὸν ἀποθανεῖν ἐγγὺς καὶ ἑβδομήκοντα ἔτη γεγο-
νότα, τετταράκοντα δὲ ἐν τῇ τέχνῃ ὄντα—καὶ ἐν ἅπαντι
τῷ χρόνῳ τούτῳ ἔτι εἰς τὴν ἡμέραν ταυτηνὶ εὐδοκιμῶν
οὐδὲν πέπαυται, καὶ οὐ μόνον Πρωταγόρας, ἀλλὰ καὶ
ἄλλοι πάμπολλοι, οἱ μὲν πρότερον γεγονότες ἐκείνου, οἱ 92
δὲ καὶ νῦν ἔτι ὄντες. πότερον δὴ οὖν φῶμεν κατὰ τὸν
σὸν λόγον εἰδότας αὐτοὺς ἐξαπατᾶν καὶ λωβᾶσθαι τοὺς
νέους, ἢ λεληθέναι καὶ ἑαυτούς; καὶ οὕτω μαίνεσθαι
ἀξιώσομεν τούτους, οὓς ἔνιοί φασι σοφωτάτους ἀνθρώπων 5
εἶναι;

ΑΝ. Πολλοῦ γε δέουσι μαίνεσθαι, ὦ Σώκρατες, ἀλλὰ
πολὺ μᾶλλον οἱ τούτοις διδόντες ἀργύριον τῶν νέων, τούτων
δ᾽ ἔτι μᾶλλον οἱ τούτοις ἐπιτρέποντες, οἱ προσήκοντες, πολὺ b
δὲ μάλιστα πάντων αἱ πόλεις, ἐῶσαι αὐτοὺς εἰσαφικνεῖσθαι
καὶ οὐκ ἐξελαύνουσαι, εἴτε τις ξένος ἐπιχειρεῖ τοιοῦτόν τι
ποιεῖν εἴτε ἀστός.

ΣΩ. Πότερον δέ, ὦ Ἄνυτε, ἠδίκηκέ τίς σε τῶν σοφιστῶν, 5
ἢ τί οὕτως αὐτοῖς χαλεπὸς εἶ;

d 5 ἠργάζετο Τ : εἰργάζετο Β W F   d 6 ἐργαζόμενοι secl. Cobet
e 1 παρέλαβον Β W : παρέλαβόν τε Τ F   τὰ . . . ὑποδήματα secl.
Hirschig   τε καὶ Β Τ W : καὶ F   e 2 εἰ τοιαῦτα ποιοῖεν secl.
Cobet   e 3 ἄρα ὅλην Β Τ W : ὅλην ἄρα F   e 7 δὲ Β Τ W :
δὲ ἔτη F   ἐν τῇ Β Τ W : ἀνῆ F   e 8 ταυτηνὶ Β Τ W : ταύτην F
a 2 καὶ Β Τ W f : om. F   a 4 καὶ ante ἑαυτούς Β Τ W : om. F   οὕτω
Τ W F : οὐ τῷ Β   a 5 ἀξιώσομεν Β : ἀξιώσομεν Β Τ F   a 8 τούτοις
Β Τ F (et mox b 1) : τούτους W (et mox b 1)   b 1 μᾶλλον
Β Τ W : πολὺ μᾶλλον F   οἱ προσήκοντες Β Τ W : om. F   b 2 πάν-
των Β Τ W : τούτων F

ΑΝ. Οὐδὲ μὰ Δία ἔγωγε συγγέγονα πώποτε αὐτῶν οὐδενί, οὐδ᾽ ἂν ἄλλον ἐάσαιμι τῶν ἐμῶν οὐδένα.

ΣΩ. Ἄπειρος ἄρ᾽ εἶ παντάπασι τῶν ἀνδρῶν;

10   ΑΝ. Καὶ εἴην γε.

c   ΣΩ. Πῶς οὖν ἄν, ὦ δαιμόνιε, εἰδείης περὶ τούτου τοῦ πράγματος, εἴτε τι ἀγαθὸν ἔχει ἐν αὐτῷ εἴτε φλαῦρον, οὗ παντάπασιν ἄπειρος εἴης;

ΑΝ. Ῥᾳδίως· τούτους γοῦν οἶδα οἵ εἰσιν, εἴτ᾽ οὖν
5 ἄπειρος αὐτῶν εἰμι εἴτε μή.

ΣΩ. Μάντις εἶ ἴσως, ὦ Ἄνυτε· ἐπεὶ ὅπως γε ἄλλως οἶσθα τούτων πέρι, ἐξ ὧν αὐτὸς λέγεις θαυμάζοιμ᾽ ἄν. ἀλλὰ γὰρ οὐ τούτους ἐπιζητοῦμεν τίνες εἰσίν, παρ᾽ οὓς ἂν
d Μένων ἀφικόμενος μοχθηρὸς γένοιτο—οὗτοι μὲν γάρ, εἰ σὺ βούλει, ἔστων οἱ σοφισταί—ἀλλὰ δὴ ἐκείνους εἰπὲ ἡμῖν, καὶ τὸν πατρικὸν τόνδε ἑταῖρον εὐεργέτησον φράσας αὐτῷ παρὰ τίνας ἀφικόμενος ἐν τοσαύτῃ πόλει τὴν ἀρετὴν ἣν
5 νυνδὴ ἐγὼ διῆλθον γένοιτ᾽ ἂν ἄξιος λόγου.

ΑΝ. Τί δὲ αὐτῷ οὐ σὺ ἔφρασας;

ΣΩ. Ἀλλ᾽ οὓς μὲν ἐγὼ ᾤμην διδασκάλους τούτων εἶναι, εἶπον, ἀλλὰ τυγχάνω οὐδὲν λέγων, ὡς σὺ φῄς· καὶ ἴσως τὶ
e λέγεις. ἀλλὰ σὺ δὴ ἐν τῷ μέρει αὐτῷ εἰπὲ παρὰ τίνας ἔλθῃ Ἀθηναίων· εἰπὲ ὄνομα ὅτου βούλει.

ΑΝ. Τί δὲ ἑνὸς ἀνθρώπου ὄνομα δεῖ ἀκοῦσαι; ὅτῳ γὰρ ἂν ἐντύχῃ Ἀθηναίων τῶν καλῶν κἀγαθῶν, οὐδείς ἔστιν ὃς
5 οὐ βελτίω αὐτὸν ποιήσει ἢ οἱ σοφισταί, ἐάνπερ ἐθέλῃ πείθεσθαι.

ΣΩ. Πότερον δὲ οὗτοι οἱ καλοὶ κἀγαθοὶ ἀπὸ τοῦ αὐτομάτου ἐγένοντο τοιοῦτοι, παρ᾽ οὐδενὸς μαθόντες ὅμως

b 10 καὶ] καὶ ἀεὶ Heindorf   c 2 ἐν αὐτῷ F : ἑαυτῷ B T W   οὐ B T W f : εἰ F   c 3 ἄπειρος B T W : ἄπειρον F   c 3, 4 εἴης; ῥᾳδίως B T W F : εἶ; ΑΝ. Ἡ ῥᾳδίως Schanz   c 4 οἵ B T W : οἷοι F   c 6 μάντις B² T W F : μάντης B² T W F : μάντης Β²   c 8 ἐπιζητοῦμεν F (ἐπεζητοῦμεν f) : ἐζητοῦμεν B T : ζητοῦμεν W   d 2 ἔστων οἱ Schanz : ἔστωσαν οἱ B T W : ἔστωσαν F   d 6 αὐτῷ οὐ B T F : αὐτοῦ W   e 1 δὴ F : δὲ B T W f

μέντοι ἄλλους διδάσκειν οἷοί τε ὄντες ταῦτα ἃ αὐτοὶ οὐκ
ἔμαθον; 93

ΑΝ. Καὶ τούτους ἔγωγε ἀξιῶ παρὰ τῶν προτέρων μαθεῖν,
ὄντων καλῶν κἀγαθῶν· ἢ οὐ δοκοῦσί σοι πολλοὶ καὶ ἀγαθοὶ
γεγονέναι ἐν τῇδε τῇ πόλει ἄνδρες;

ΣΩ. Ἔμοιγε, ὦ Ἄνυτε, καὶ εἶναι δοκοῦσιν ἐνθάδε ἀγαθοὶ 5
τὰ πολιτικά, καὶ γεγονέναι ἔτι οὐχ ἧττον ἢ εἶναι· ἀλλὰ
μῶν καὶ διδάσκαλοι ἀγαθοὶ γεγόνασιν τῆς αὐτῶν ἀρετῆς;
τοῦτο γάρ ἐστιν περὶ οὗ ὁ λόγος ἡμῖν τυγχάνει ὤν· οὐκ εἰ
εἰσὶν ἀγαθοὶ ἢ μὴ ἄνδρες ἐνθάδε, οὐδ' εἰ γεγόνασιν ἐν τῷ
πρόσθεν, ἀλλ' εἰ διδακτόν ἐστιν ἀρετὴ πάλαι σκοποῦμεν. b
τοῦτο δὲ σκοποῦντες τόδε σκοποῦμεν, ἆρα οἱ ἀγαθοὶ ἄνδρες
καὶ τῶν νῦν καὶ τῶν προτέρων ταύτην τὴν ἀρετὴν ἣν αὐτοὶ
ἀγαθοὶ ἦσαν ἠπίσταντο καὶ ἄλλῳ παραδοῦναι, ἢ οὐ παρα-
δοτὸν τοῦτο ἀνθρώπῳ οὐδὲ παραληπτὸν ἄλλῳ παρ' ἄλλου· 5
τοῦτ' ἔστιν ὃ πάλαι ζητοῦμεν ἐγώ τε καὶ Μένων. ὧδε οὖν
σκόπει ἐκ τοῦ σαυτοῦ λόγου· Θεμιστοκλέα οὐκ ἀγαθὸν ἂν
φαίης ἄνδρα γεγονέναι; c

ΑΝ. Ἔγωγε, πάντων γε μάλιστα.

ΣΩ. Οὐκοῦν καὶ διδάσκαλον ἀγαθόν, εἴπερ τις ἄλλος τῆς
αὐτοῦ ἀρετῆς διδάσκαλος ἦν, κἀκεῖνον εἶναι;

ΑΝ. Οἶμαι ἔγωγε, εἴπερ ἐβούλετό γε. 5

ΣΩ. Ἀλλ', οἴει, οὐκ ἂν ἐβουλήθη ἄλλους τέ τινας
καλοὺς κἀγαθοὺς γενέσθαι, μάλιστα δέ που τὸν υἱὸν τὸν
αὐτοῦ; ἢ οἴει αὐτὸν φθονεῖν αὐτῷ καὶ ἐξεπίτηδες οὐ παρα-
διδόναι τὴν ἀρετὴν ἣν αὐτὸς ἀγαθὸς ἦν; ἢ οὐκ ἀκήκοας ὅτι d
Θεμιστοκλῆς Κλεόφαντον τὸν υἱὸν ἱππέα μὲν ἐδιδάξατο
ἀγαθόν; ἐπέμενεν γοῦν ἐπὶ τῶν ἵππων ὀρθὸς ἑστηκώς, καὶ

e 9 ὄντες B T W : ἔσονται F   a 1 ἔμαθον B T F : ἐξέμαθον W
a 8 εἰ B T W : om. F   a 9 οὐδ' εἰ B T W f : om. F   b 4 ἀγαθοὶ
B W t f (ἀρετὴν . . . ἦσαν in lacuna textus suppl. f) : οἱ ἀγαθοὶ T   ἢ
οὐ παραδοτὸν B T W f : ἢ ** οὐδὲ τὸν F   b 5 παραληπτὸν B T W f :
γὰρ αληπτὸν F   ἄλλῳ B T W f : ἀλλὰ F   c 4 εἶναι B T W f :
om. F   c 6 ἐβουλήθην F   c 7 που B T et refingens f : om.
W : quid pr. F habuerit incertum   d 3 ἐπέμενεν B T W : ἐπέμεινε
F   ὀρθὸς B T W : ὀρθῶς F (sed mox ὀρθὸς d 4)

ἠκόντιζεν ἀπὸ τῶν ἵππων ὀρθός, καὶ ἄλλα πολλὰ καὶ θαυ-
5 μαστὰ ἠργάζετο ἃ ἐκεῖνος αὐτὸν ἐπαιδεύσατο καὶ ἐποίησε
σοφόν, ὅσα διδασκάλων ἀγαθῶν εἴχετο· ἢ ταῦτα οὐκ ἀκήκοας
τῶν πρεσβυτέρων;

ΑΝ. Ἀκήκοα.

ΣΩ. Οὐκ ἂν ἄρα τήν γε φύσιν τοῦ ὑέος αὐτοῦ ᾐτιάσατ᾽
10 ἄν τις εἶναι κακήν.

e ΑΝ. Ἴσως οὐκ ἄν.

ΣΩ. Τί δὲ τόδε; ὡς Κλεόφαντος ὁ Θεμιστοκλέους ἀνὴρ
ἀγαθὸς καὶ σοφὸς ἐγένετο ἅπερ ὁ πατὴρ αὐτοῦ, ἤδη του
ἀκήκοας ἢ νεωτέρου ἢ πρεσβυτέρου;

5 ΑΝ. Οὐ δῆτα.

ΣΩ. Ἆρ᾽ οὖν ταῦτα μὲν οἰόμεθα βούλεσθαι αὐτὸν τὸν
αὐτοῦ ὑὸν παιδεῦσαι, ἣν δὲ αὐτὸς σοφίαν ἦν σοφός, οὐδὲν
τῶν γειτόνων βελτίω ποιῆσαι, εἴπερ ἦν γε διδακτὸν ἡ ἀρετή;

ΑΝ. Ἴσως μὰ Δί᾽ οὔ.

10 ΣΩ. Οὗτος μὲν δή σοι τοιοῦτος διδάσκαλος ἀρετῆς, ὃν
καὶ σὺ ὁμολογεῖς ἐν τοῖς ἄριστον τῶν προτέρων εἶναι· ἄλλον
94 δὲ δὴ σκεψώμεθα, Ἀριστείδην τὸν Λυσιμάχου· ἢ τοῦτον
οὐχ ὁμολογεῖς ἀγαθὸν γεγονέναι;

ΑΝ. Ἔγωγε, πάντως δήπου.

ΣΩ. Οὐκοῦν καὶ οὗτος τὸν ὑὸν τὸν αὐτοῦ Λυσίμαχον,
5 ὅσα μὲν διδασκάλων εἴχετο, κάλλιστα Ἀθηναίων ἐπαίδευσε,
ἄνδρα δὲ βελτίω δοκεῖ σοι ὁτουοῦν πεποιηκέναι; τούτῳ γάρ
που καὶ συγγέγονας καὶ ὁρᾷς οἷός ἐστιν. εἰ δὲ βούλει,
b Περικλέα, οὕτως μεγαλοπρεπῶς σοφὸν ἄνδρα, οἶσθ᾽ ὅτι δύο
ὑεῖς ἔθρεψε, Πάραλον καὶ Ξάνθιππον;

ΑΝ. Ἔγωγε.

ΣΩ. Τούτους μέντοι, ὡς οἶσθα καὶ σύ, ἱππέας μὲν ἐδί-

d 9 ᾐτιάσατ᾽] αἰτιάσαιτ᾽ de virtute 377 c   e 3 του Τ : τοῦ Β W :
τοῦτ᾽ F   e 6 βούλεσθαι Β Τ F : βούλεσθε W   e 7 οὐδὲν Β Τ
W f : μηδὲ F   e 10 διδάσκαλος τοιοῦτος F   e 11 καὶ Β Τ W :
om. F   ἄριστον Β F : ἀρίστοις Τ W   a 6 δοκεῖ σοι Τ W F :
δοκεῖς σοι Β

δαξεν οὐδενὸς χείρους Ἀθηναίων, καὶ μουσικὴν καὶ ἀγωνίαν 5
καὶ τἆλλα ἐπαίδευσεν ὅσα τέχνης ἔχεται οὐδενὸς χείρους·
ἀγαθοὺς δὲ ἆρα ἄνδρας οὐκ ἐβούλετο ποιῆσαι; δοκῶ μέν,
ἐβούλετο, ἀλλὰ μὴ οὐκ ᾖ διδακτόν. ἵνα δὲ μὴ ὀλίγους οἴῃ
καὶ τοὺς φαυλοτάτους Ἀθηναίων ἀδυνάτους γεγονέναι τοῦτο
τὸ πρᾶγμα, ἐνθυμήθητι ὅτι Θουκυδίδης αὖ δύο υἱεῖς ἔθρεψεν. c
Μελησίαν καὶ Στέφανον, καὶ τούτους ἐπαίδευσεν τά τε ἄλλα
εὖ καὶ ἐπάλαισαν κάλλιστα Ἀθηναίων—τὸν μὲν γὰρ Ξανθίᾳ
ἔδωκε, τὸν δὲ Εὐδώρῳ· οὗτοι δέ που ἐδόκουν τῶν τότε
κάλλιστα παλαίειν—ἢ οὐ μέμνησαι; 5

ΑΝ. Ἔγωγε, ἀκοῇ.

ΣΩ. Οὐκοῦν δῆλον ὅτι οὗτος οὐκ ἄν ποτε, οὗ μὲν ἔδει
δαπανώμενον διδάσκειν, ταῦτα μὲν ἐδίδαξε τοὺς παῖδας τοὺς d
αὑτοῦ, οὗ δὲ οὐδὲν ἔδει ἀναλώσαντα ἀγαθοὺς ἄνδρας ποιῆσαι,
ταῦτα δὲ οὐκ ἐδίδαξεν, εἰ διδακτὸν ἦν; ἀλλὰ γὰρ ἴσως ὁ
Θουκυδίδης φαῦλος ἦν, καὶ οὐκ ἦσαν αὐτῷ πλεῖστοι φίλοι
Ἀθηναίων καὶ τῶν συμμάχων; καὶ οἰκίας μεγάλης ἦν καὶ 5
ἐδύνατο μέγα ἐν τῇ πόλει καὶ ἐν τοῖς ἄλλοις Ἕλλησιν, ὥστε
εἴπερ ἦν τοῦτο διδακτόν, ἐξευρεῖν ἂν ὅστις ἔμελλεν αὐτοῦ
τοὺς υἱεῖς ἀγαθοὺς ποιήσειν, ἢ τῶν ἐπιχωρίων τις ἢ τῶν
ξένων, εἰ αὐτὸς μὴ ἐσχόλαζεν διὰ τὴν τῆς πόλεως ἐπιμέλειαν. e
ἀλλὰ γάρ, ὦ ἑταῖρε Ἄνυτε, μὴ οὐκ ᾖ διδακτὸν ἀρετή.

ΑΝ. Ὦ Σώκρατες, ῥᾳδίως μοι δοκεῖς κακῶς λέγειν ἀν-
θρώπους. ἐγὼ μὲν οὖν ἄν σοι συμβουλεύσαιμι, εἰ ἐθέλεις
ἐμοὶ πείθεσθαι, εὐλαβεῖσθαι· ὡς ἴσως μὲν καὶ ἐν ἄλλῃ πόλει 5

b 7 ἆρα ἄνδρας B T W : ἄνδρας ἆρα F   δοκῶ μέν T W F : δοκῶμεν
B   b 8 δὲ B T W f : om. F   b 9 τοὺς B T W F : ⟨οὐ⟩ τοὺς
ci. Stallbaum : ἢ τοὺς Vermehren   ἀδυνάτους B W F : δυνατοὺς T
c 1 ὅτι B T W : ὅτι ὁ F   c 3 τὸν μὲν B T F : τὸ μὲν W   ξανθίᾳ
B T W f : ξανθίαν F   c 4 εὐδώρῳ B F : ἐοδώρῳ W : εὐοδώρῳ T
που B T W : πω F   c 6 ἀκοῇ B T W f : ἀκήκοα F   c 7 οὗτος
B T W : ὁ τοιοῦτος F   οὗ B T W F (et mox d 2) : οἱ de virtute 378 b
(probavit Schanz)   d 3 ταῦτα B T W f : τοῦτο de virtute l. c.
(probavit Schanz)   d 4 φίλοι T W F : om. re vera B   d 6 καὶ
ἐν B T W : καὶ F   d 7 ἐξευρεῖν B T W F : ἐξεῦρεν de virtute l. c.
e 2 ἀρετή B T W : ἡ ἀρετή F   e 3 κακῶς λέγειν B T W : λέγειν
κακῶς F

ῥᾷόν ἐστιν κακῶς ποιεῖν ἀνθρώπους ἢ εὖ, ἐν τῇδε δὲ καὶ
95 πάνυ· οἶμαι δὲ σὲ καὶ αὐτὸν εἰδέναι.

ΣΩ. Ὦ Μένων, Ἄνυτος μέν μοι δοκεῖ χαλεπαίνειν, καὶ
οὐδὲν θαυμάζω· οἴεται γάρ με πρῶτον μὲν κακηγορεῖν τούτους
τοὺς ἄνδρας, ἔπειτα ἡγεῖται καὶ αὐτὸς εἶναι εἷς τούτων. ἀλλ'
5 οὗτος μὲν ἐάν ποτε γνῷ οἷόν ἐστιν τὸ κακῶς λέγειν, παύσεται
χαλεπαίνων, νῦν δὲ ἀγνοεῖ· σὺ δέ μοι εἰπέ, οὐ καὶ παρ' ὑμῖν
εἰσιν καλοὶ κἀγαθοὶ ἄνδρες;
   ΜΕΝ. Πάνυ γε.
b   ΣΩ. Τί οὖν; ἐθέλουσιν οὗτοι παρέχειν αὑτοὺς διδασκά-
λους τοῖς νέοις, καὶ ὁμολογεῖν διδάσκαλοί τε εἶναι καὶ
διδακτὸν ἀρετήν;
   ΜΕΝ. Οὐ μὰ τὸν Δία, ὦ Σώκρατες, ἀλλὰ τοτὲ μὲν ἂν
5 αὐτῶν ἀκούσαις ὡς διδακτόν, τοτὲ δὲ ὡς οὔ.
   ΣΩ. Φῶμεν οὖν τούτους διδασκάλους εἶναι τούτου τοῦ
πράγματος, οἷς μηδὲ αὐτὸ τοῦτο ὁμολογεῖται;
   ΜΕΝ. Οὔ μοι δοκεῖ, ὦ Σώκρατες.
   ΣΩ. Τί δὲ δή; οἱ σοφισταί σοι οὗτοι, οἵπερ μόνοι
10 ἐπαγγέλλονται, δοκοῦσι διδάσκαλοι εἶναι ἀρετῆς;
c   ΜΕΝ. Καὶ Γοργίου μάλιστα, ὦ Σώκρατες, ταῦτα ἄγαμαι,
ὅτι οὐκ ἄν ποτε αὐτοῦ τοῦτο ἀκούσαις ὑπισχνουμένου, ἀλλὰ
καὶ τῶν ἄλλων καταγελᾷ, ὅταν ἀκούσῃ ὑπισχνουμένων· ἀλλὰ
λέγειν οἴεται δεῖν ποιεῖν δεινούς.
5   ΣΩ. Οὐδ' ἄρα σοὶ δοκοῦσιν οἱ σοφισταὶ διδάσκαλοι
εἶναι;
   ΜΕΝ. Οὐκ ἔχω λέγειν, ὦ Σώκρατες. καὶ γὰρ αὐτὸς
ὅπερ οἱ πολλοὶ πέπονθα· τοτὲ μέν μοι δοκοῦσιν, τοτὲ δὲ οὔ.

e 6 ῥᾷόν Buttmann : ῥᾴδιόν Β T W F   ἀνθρώπους] ἀθηναίους
suprascr. f   ἢ εὖ Β T F : tres litterae perierunt in W   a 2 ἄνυτος
Β T F : ἄνυτον W   a 3 κακηγορεῖν Β T W : κατηγορεῖν F
b 2 posterius καὶ F (coniecerat F. A. Wolf) : ἢ Β T (verbum periit
in W)   b 6 τοῦ T W F : om. B   b 7 ὁμολογεῖται Β T F :
ὁμολογῆται W (sed suprascr. εἶ W)   c 2 αὐτοῦ Β T W : αὐτὸ
F   c 3 ὑπισχνουμένων Β T W f : ὑπισχνημένων F : secl. Naber
c 5 οὐδ' ἄρα σοι Β T W F : οὐδέ σοι suprascr. f   c 8 τότε (bis)
Β T W (et mox) : ὅτε (bis) F

ΣΩ. Οἶσθα δὲ ὅτι οὐ μόνον σοί τε καὶ τοῖς ἄλλοις τοῖς
πολιτικοῖς τοῦτο δοκεῖ τοτὲ μὲν εἶναι διδακτόν, τοτὲ δ' οὔ, 10
ἀλλὰ καὶ Θέογνιν τὸν ποιητὴν οἶσθ' ὅτι ταὐτὰ ταῦτα λέγει; d
ΜΕΝ. Ἐν ποίοις ἔπεσιν;
ΣΩ. Ἐν τοῖς ἐλεγείοις, οὗ λέγει—

καὶ παρὰ τοῖσιν πῖνε καὶ ἔσθιε, καὶ μετὰ τοῖσιν
ἵζε, καὶ ἄνδανε τοῖς, ὧν μεγάλη δύναμις.   5
ἐσθλῶν μὲν γὰρ ἄπ' ἐσθλὰ διδάξεαι· ἢν δὲ κακοῖσιν
συμμίσγῃς, ἀπολεῖς καὶ τὸν ἐόντα νόον.   e

οἶσθ' ὅτι ἐν τούτοις μὲν ὡς διδακτοῦ οὔσης τῆς ἀρετῆς λέγει;
ΜΕΝ. Φαίνεταί γε.
ΣΩ. Ἐν ἄλλοις δέ γε ὀλίγον μεταβάς,—

εἰ δ' ἦν ποιητόν, φησί, καὶ ἔνθετον ἀνδρὶ νόημα,   5
λέγει πως ὅτι—

πολλοὺς ἂν μισθοὺς καὶ μεγάλους ἔφερον
οἱ δυνάμενοι τοῦτο ποιεῖν, καὶ—
οὔ ποτ' ἂν ἐξ ἀγαθοῦ πατρὸς ἔγεντο κακός,
πειθόμενος μύθοισι σαόφροσιν. ἀλλὰ διδάσκων   96
οὔ ποτε ποιήσεις τὸν κακὸν ἄνδρ' ἀγαθόν.

ἐννοεῖς ὅτι αὐτὸς αὑτῷ πάλιν περὶ τῶν αὐτῶν τἀναντία
λέγει;
ΜΕΝ. Φαίνεται.   5
ΣΩ. Ἔχεις οὖν εἰπεῖν ἄλλου ὁτουοῦν πράγματος, οὗ οἱ
μὲν φάσκοντες διδάσκαλοι εἶναι οὐχ ὅπως ἄλλων διδάσκαλοι
ὁμολογοῦνται, ἀλλ' οὐδὲ αὐτοὶ ἐπίστασθαι, ἀλλὰ πονηροὶ
εἶναι περὶ αὐτὸ τοῦτο τὸ πρᾶγμα οὗ φασι διδάσκαλοι εἶναι, b
οἱ δὲ ὁμολογούμενοι αὐτοὶ καλοὶ κἀγαθοὶ τοτὲ μέν φασιν
αὐτὸ διδακτὸν εἶναι, τοτὲ δὲ οὔ; τοὺς οὖν οὕτω τεταραγμένους
περὶ ὁτουοῦν φαίης ἂν σὺ κυρίως διδασκάλους εἶναι;

d 3 οὐ T W F : οὐ B   d 4 prius τοῖσιν B T W : τισι F (suprascr.
οι f)   d 6 διδάξεαι B T F : διδάξεται W   κακοῖσιν B : κακοῖσι
T W : κακοῖς F   e 1 συμμίσγῃς ex ἐμμίσγῃς fecit F : συμμιγῇς
B T W   e 9 ἐγένετο B T W F   a 6 ἄλλου B T F : om. W

5 ΜΕΝ. Μὰ Δί' οὐκ ἔγωγε.

ΣΩ. Οὐκοῦν εἰ μήτε οἱ σοφισταὶ μήτε οἱ αὐτοὶ καλοὶ κἀγαθοὶ ὄντες διδάσκαλοί εἰσι τοῦ πράγματος, δῆλον ὅτι οὐκ ἂν ἄλλοι γε;

ΜΕΝ. Οὔ μοι δοκεῖ.

c ΣΩ. Εἰ δέ γε μὴ διδάσκαλοι, οὐδὲ μαθηταί;

ΜΕΝ. Δοκεῖ μοι ἔχειν ὡς λέγεις.

ΣΩ. Ὡμολογήκαμεν δέ γε, πράγματος οὗ μήτε διδάσκαλοι μήτε μαθηταὶ εἶεν, τοῦτο μηδὲ διδακτὸν εἶναι;

5 ΜΕΝ. Ὡμολογήκαμεν.

ΣΩ. Οὐκοῦν ἀρετῆς οὐδαμοῦ φαίνονται διδάσκαλοι;

ΜΕΝ. Ἔστι ταῦτα.

ΣΩ. Εἰ δέ γε μὴ διδάσκαλοι, οὐδὲ μαθηταί;

ΜΕΝ. Φαίνεται οὕτως.

10 ΣΩ. Ἀρετὴ ἄρα οὐκ ἂν εἴη διδακτόν;

d ΜΕΝ. Οὐκ ἔοικεν, εἴπερ ὀρθῶς ἡμεῖς ἐσκέμμεθα. ὥστε καὶ θαυμάζω δή, ὦ Σώκρατες, πότερόν ποτε οὐδ' εἰσὶν ἀγαθοὶ ἄνδρες, ἢ τίς ἂν εἴη τρόπος τῆς γενέσεως τῶν ἀγαθῶν γιγνομένων.

5 ΣΩ. Κινδυνεύομεν, ὦ Μένων, ἐγώ τε καὶ σὺ φαῦλοί τινες εἶναι ἄνδρες, καὶ σέ τε Γοργίας οὐχ ἱκανῶς πεπαιδευκέναι καὶ ἐμὲ Πρόδικος. παντὸς μᾶλλον οὖν προσεκτέον τὸν νοῦν ἡμῖν αὐτοῖς, καὶ ζητητέον ὅστις ἡμᾶς ἑνί γέ τῳ τρόπῳ βελτίους

e ποιήσει· λέγω δὲ ταῦτα ἀποβλέψας πρὸς τὴν ἄρτι ζήτησιν, ὡς ἡμᾶς ἔλαθεν καταγελάστως ὅτι οὐ μόνον ἐπιστήμης ἡγουμένης ὀρθῶς τε καὶ εὖ τοῖς ἀνθρώποις πράττεται τὰ πράγματα, ᾗ ἴσως καὶ διαφεύγει ἡμᾶς τὸ γνῶναι τίνα ποτὲ

5 τρόπον γίγνονται οἱ ἀγαθοὶ ἄνδρες.

ΜΕΝ. Πῶς τοῦτο λέγεις, ὦ Σώκρατες;

b 6 εἰ BF: οἱ W: om. T   c 4 μηδὲ Bekker: μήτε B T W: μὴ F
d 8 ἑνί γε B T W: εὖ γε F   e 2 καταγελάστως B T W f: κατα
γέλαστος F   e 3 ἡγουμένης ὀρθῶς τε B T W: ὀρθῶς ἡγουμένης F
(ὀρθῶς τε ἡγουμένης f)   εὖ B T F: ἐν W   e 4 ᾗ Madvig: ἢ
B T W F   διαφεύγει F (coniecerat Madvig): διαφεύγειν B T W

ΣΩ. Ὧδε· ὅτι μὲν τοὺς ἀγαθοὺς ἄνδρας δεῖ ὠφελίμους εἶναι,
ὀρθῶς ὡμολογήκαμεν τοῦτό γε ὅτι οὐκ ἂν ἄλλως ἔχοι· ἢ γάρ; 97
ΜΕΝ. Ναί.

ΣΩ. Καὶ ὅτι γε ὠφέλιμοι ἔσονται, ἂν ὀρθῶς ἡμῖν ἡγῶνται
τῶν πραγμάτων, καὶ τοῦτό που καλῶς ὡμολογοῦμεν;
ΜΕΝ. Ναί. 5

ΣΩ. Ὅτι δ᾽ οὐκ ἔστιν ὀρθῶς ἡγεῖσθαι, ἐὰν μὴ φρόνιμος
ᾖ, τοῦτο ὅμοιοί ἐσμεν οὐκ ὀρθῶς ὡμολογηκόσιν.
ΜΕΝ. Πῶς δὴ [ὀρθῶς] λέγεις;

ΣΩ. Ἐγὼ ἐρῶ. ⟨εἰ⟩ εἰδὼς τὴν ὁδὸν τὴν εἰς Λάρισαν ἢ
ὅποι βούλει ἄλλοσε βαδίζοι καὶ ἄλλοις ἡγοῖτο, ἄλλο τι ὀρθῶς 10
ἂν καὶ εὖ ἡγοῖτο;
ΜΕΝ. Πάνυ γε.

ΣΩ. Τί δ᾽ εἴ τις ὀρθῶς μὲν δοξάζων ἥτις ἐστὶν ἡ ὁδός, b
ἐληλυθὼς δὲ μὴ μηδ᾽ ἐπιστάμενος, οὐ καὶ οὗτος ἂν ὀρθῶς
ἡγοῖτο;
ΜΕΝ. Πάνυ γε.

ΣΩ. Καὶ ἕως γ᾽ ἄν που ὀρθὴν δόξαν ἔχῃ περὶ ὧν ὁ ἕτερος 5
ἐπιστήμην, οὐδὲν χείρων ἡγεμὼν ἔσται, οἰόμενος μὲν ἀληθῆ,
φρονῶν δὲ μή, τοῦ τοῦτο φρονοῦντος.
ΜΕΝ. Οὐδὲν γάρ.

ΣΩ. Δόξα ἄρα ἀληθὴς πρὸς ὀρθότητα πράξεως οὐδὲν
χείρων ἡγεμὼν φρονήσεως· καὶ τοῦτό ἐστιν ὃ νυνδὴ παρε- 10
λείπομεν ἐν τῇ περὶ τῆς ἀρετῆς σκέψει ὁποῖόν τι εἴη, λέγοντες
ὅτι φρόνησις μόνον ἡγεῖται τοῦ ὀρθῶς πράττειν· τὸ δὲ ἄρα c
καὶ δόξα ἦν ἀληθής.

a 1 ὡμολογήκαμεν Β Τ W f : ὡμολογήσαμεν F   a 4 ὡμολογοῦμεν
Β Τ W : ὁμολογοῦμεν F   a 8 ὀρθῶς Β Τ W f : αὐτοῦ F : secl.
Schanz : fort. αὖ τοῦτο   a 9 εἰ εἰδὼς scripsi : τις εἰδὼς Β Τ f
(quid pro τις pr. F habuerit incertum) : τις δ᾽ εἰδὼς W : εἴ τις εἰδὼς
Ven. 189   λάρισαν Τ W F : λάρισα Β   b 1 τί δ᾽ εἴ τις Β Τ W f :
τι τις F   b 2 ἂν Β Τ W f : om. F   b 3 ἡγοῖτο Β Τ W f : ἡγεῖτο F
b 5 ἕως γ᾽ Β Τ W f : τῆς F   b 7 τοῦτο Β Τ W f : om. F   b 10 παρε-
λείπομεν Β Τ F : παρελίπομεν W   c 1 τὸ δὲ Β Τ W f : τόδε δὲ F
c 2 ἀληθής Τ W F : ἀληθές Β

ΜΕΝ. Ἔοικέ γε.

ΣΩ. Οὐδὲν ἄρα ἧττον ὠφέλιμόν ἐστιν ὀρθὴ δόξα ἐπι-
5 στήμης.

ΜΕΝ. Τοσούτῳ γε, ὦ Σώκρατες, ὅτι ὁ μὲν τὴν ἐπιστήμην
ἔχων ἀεὶ ἂν ἐπιτυγχάνοι, ὁ δὲ τὴν ὀρθὴν δόξαν τοτὲ μὲν ἂν
τυγχάνοι, τοτὲ δ' οὔ.

ΣΩ. Πῶς λέγεις; ὁ ἀεὶ ἔχων ὀρθὴν δόξαν οὐκ ἀεὶ ἂν
10 τυγχάνοι, ἕωσπερ ὀρθὰ δοξάζοι;

ΜΕΝ. Ἀνάγκη μοι φαίνεται· ὥστε θαυμάζω, ὦ Σώ-
d κρατες, τούτου οὕτως ἔχοντος, ὅτι δή ποτε πολὺ τιμιωτέρα
ἡ ἐπιστήμη τῆς ὀρθῆς δόξης, καὶ δι' ὅτι τὸ μὲν ἕτερον, τὸ δὲ
ἕτερόν ἐστιν αὐτῶν.

ΣΩ. Οἶσθα οὖν δι' ὅτι θαυμάζεις, ἢ ἐγώ σοι εἴπω;

5 ΜΕΝ. Πάνυ γ' εἰπέ.

ΣΩ. Ὅτι τοῖς Δαιδάλου ἀγάλμασιν οὐ προσέσχηκας τὸν
νοῦν· ἴσως δὲ οὐδ' ἔστιν παρ' ὑμῖν.

ΜΕΝ. Πρὸς τί δὲ δὴ τοῦτο λέγεις;

ΣΩ. Ὅτι καὶ ταῦτα, ἐὰν μὲν μὴ δεδεμένα ᾖ, ἀποδιδράσκει
10 καὶ δραπετεύει, ἐὰν δὲ δεδεμένα, παραμένει.

e ΜΕΝ. Τί οὖν δή;

ΣΩ. Τῶν ἐκείνου ποιημάτων λελυμένον μὲν ἐκτῆσθαι οὐ
πολλῆς τινος ἄξιόν ἐστι τιμῆς, ὥσπερ δραπέτην ἄνθρωπον
—οὐ γὰρ παραμένει—δεδεμένον δὲ πολλοῦ ἄξιον· πάνυ γὰρ
5 καλὰ τὰ ἔργα ἐστίν. πρὸς τί οὖν δὴ λέγω το τα; πρὸς
τὰς δόξας τὰς ἀληθεῖς. καὶ γὰρ αἱ δόξαι αἱ ἀλη θεῖς, ὅσον
μὲν ἂν χρόνον παραμένωσιν, καλὸν τὸ χρῆμα καὶ πάντ'
98 ἀγαθὰ ἐργάζονται· πολὺν δὲ χρόνον οὐκ ἐθέλουσι παρα-
μένειν, ἀλλὰ δραπετεύουσιν ἐκ τῆς ψυχῆς τοῦ ἀνθρώπου,

c 6 τοσούτῳ B T W f : τοσοῦτο F   c 8 τοτὲ ... c 9 δόξαν om.
W   c 9 ἀεὶ ἂν F : αἱεὶ B : ἀεὶ T W   d 1 δή ποτε B T W f : om. F
d 4 θαυμάζεις F : θαυμάζοις B T W   d 7 νοῦν T W F : νόον B
d 9 μὲν B T W f : om. F   d 10 δὲ B T W : om. F   e 2 μὲν
B T W f : om. F   e 3 inter τινὸς et ἄξιον lacuna sex fere litterarum
in F   e 5 καλὰ B T F : καλῶς W   e 7 πάντ' ἀγαθὰ W : πάντα
ἀγαθὰ Stobaeus : πάντα τἀγαθὰ B T F   a 1 ἐργάζονται B T W F :
ἀπεργάζονται Stobaeus

ὥστε οὐ πολλοῦ ἄξιαί εἰσιν, ἕως ἄν τις αὐτὰς δήσῃ αἰτίας
λογισμῷ. τοῦτο δ' ἐστίν, ὦ Μένων ἑταῖρε, ἀνάμνησις, ὡς
ἐν τοῖς πρόσθεν ἡμῖν ὡμολόγηται. ἐπειδὰν δὲ δεθῶσιν, 5
πρῶτον μὲν ἐπιστῆμαι γίγνονται, ἔπειτα μόνιμοι· καὶ διὰ
ταῦτα δὴ τιμιώτερον ἐπιστήμη ὀρθῆς δόξης ἐστίν, καὶ διαφέρει
δεσμῷ ἐπιστήμη ὀρθῆς δόξης.

ΜΕΝ. Νὴ τὸν Δία, ὦ Σώκρατες, ἔοικεν τοιούτῳ τινί.

ΣΩ. Καὶ μὴν καὶ ἐγὼ ὡς οὐκ εἰδὼς λέγω, ἀλλὰ εἰκάζων· b
ὅτι δέ ἐστίν τι ἀλλοῖον ὀρθὴ δόξα καὶ ἐπιστήμη, οὐ πάνυ
μοι δοκῶ τοῦτο εἰκάζειν, ἀλλ' εἴπερ τι ἄλλο φαίην ἂν
εἰδέναι—ὀλίγα δ' ἂν φαίην—ἓν δ' οὖν καὶ τοῦτο ἐκείνων
θείην ἂν ὧν οἶδα. 5

ΜΕΝ. Καὶ ὀρθῶς γε, ὦ Σώκρατες, λέγεις.

ΣΩ. Τί δέ; τόδε οὐκ ὀρθῶς, ὅτι ἀληθὴς δόξα ἡγουμένη
τὸ ἔργον ἑκάστης τῆς πράξεως οὐδὲν χεῖρον ἀπεργάζεται ἢ
ἐπιστήμη;

ΜΕΝ. Καὶ τοῦτο δοκεῖς μοι ἀληθῆ λέγειν. 10

ΣΩ. Οὐδὲν ἄρα ὀρθὴ δόξα ἐπιστήμης χεῖρον οὐδὲ ἧττον c
ὠφελίμη ἔσται εἰς τὰς πράξεις, οὐδὲ ἀνὴρ ὁ ἔχων ὀρθὴν
δόξαν ἢ ὁ ἐπιστήμην.

ΜΕΝ. Ἔστι ταῦτα.

ΣΩ. Καὶ μὴν ὅ γε ἀγαθὸς ἀνὴρ ὠφέλιμος ἡμῖν ὡμο- 5
λόγηται εἶναι.

ΜΕΝ. Ναί.

ΣΩ. Ἐπειδὴ τοίνυν οὐ μόνον δι' ἐπιστήμην ἀγαθοὶ ἄνδρες
ἂν εἶεν καὶ ὠφέλιμοι ταῖς πόλεσιν, εἴπερ εἶεν, ἀλλὰ καὶ δι'
ὀρθὴν δόξαν, τούτοιν δὲ οὐδέτερον φύσει ἐστὶν τοῖς ἀνθρώ- 10

a 4 λογισμῷ B T W : λογισμῶν F   ᾖ F : om. B T W   a 6 πρῶτον
B T F : πρῶται W   a 7 ὀρθῆς δόξης B T W Stobaeus : δόξης
ὀρθῆς F   ἐστί(ν) B T W f : om. F   b 2 οὐ πάνυ F : πάνυ B T W
b 4 τοῦτο ἐκείνων B T W : ἐκεῖνο F   b 5 ἂν ὧν B T W f : ὧν ἂν F
b 7 τόδε B T W f : ὅδε F   c 2 ἀνὴρ Hirschig : ἀνὴρ B T W F
c 5 ὡμολόγηται B T W f : ὡμολογεῖτο F   c 7 ναί B T F : om. W
c 8 ἀγαθοὶ ἄνδρες B T W : ἀνδρὸς ἀγαθοῦ F   c 9 ὠφέλιμοι B T W :
ὠφέλιμον F

d ποις, οὔτε ἐπιστήμη οὔτε δόξα ἀληθής, †οὔτ᾽ ἐπίκτητα—ἢ
δοκεῖ σοι φύσει ὁποτερονοῦν αὐτοῖν εἶναι;
ΜΕΝ. Οὐκ ἔμοιγε.
ΣΩ. Οὐκοῦν ἐπειδὴ οὐ φύσει, οὐδὲ οἱ ἀγαθοὶ φύσει
5 εἶεν ἄν.
ΜΕΝ. Οὐ δῆτα.
ΣΩ. Ἐπειδὴ δέ γε οὐ φύσει, ἐσκοποῦμεν τὸ μετὰ τοῦτο
εἰ διδακτόν ἐστιν.
ΜΕΝ. Ναί.
10 ΣΩ. Οὐκοῦν διδακτὸν ἔδοξεν εἶναι, εἰ φρόνησις ἡ ἀρετή;
ΜΕΝ. Ναί.
ΣΩ. Κἂν εἴ γε διδακτὸν εἴη, φρόνησις ἂν εἶναι;
ΜΕΝ. Πάνυ γε.
e ΣΩ. Καὶ εἰ μέν γε διδάσκαλοι εἶεν, διδακτὸν ἂν εἶναι,
μὴ ὄντων δὲ οὐ διδακτόν;
ΜΕΝ. Οὕτω.
ΣΩ. Ἀλλὰ μὴν ὡμολογήκαμεν μὴ εἶναι αὐτοῦ διδασκά-
5 λους;
ΜΕΝ. Ἔστι ταῦτα.
ΣΩ. Ὡμολογήκαμεν ἄρα μήτε διδακτὸν αὐτὸ μήτε φρό-
νησιν εἶναι;
ΜΕΝ. Πάνυ γε.
10 ΣΩ. Ἀλλὰ μὴν ἀγαθόν γε αὐτὸ ὁμολογοῦμεν εἶναι;
ΜΕΝ. Ναί.
ΣΩ. Ὠφέλιμον δὲ καὶ ἀγαθὸν εἶναι τὸ ὀρθῶς ἡγούμενον;
ΜΕΝ. Πάνυ γε.
99 ΣΩ. Ὀρθῶς δέ γε ἡγεῖσθαι δύο ὄντα ταῦτα μόνα, δόξαν
τε ἀληθῆ καὶ ἐπιστήμην, ἃ ἔχων ἄνθρωπος ὀρθῶς ἡγεῖται—

d 1 οὔτ᾽ ἐπίκτητα B T W f : ἐπίκτηται F : secl. Cornarius : ὄντ᾽ ἐπί-
κτητα Apelt   d 2 ὁποτερονοῦν B T F : ὁπότερον W (sed suprascr.
οὖν)   αὐτοῖν B T W f : αὐτὴν F   d 7 γε B T W : om.
F   d 10 εἶ] ἡ suprascr. F   ἡ] εἰ, ἡ suprascr. F   d 12 κἂν
B W F : καὶ (compendio) T   e 7 αὐτὸ B² T W et post φρό-
νησιν transp. F (sed δ in ras. f) : αὐτὸν B   e 10 εἶναι B T W :
om. F

τὰ γὰρ ἀπὸ τύχης τινὸς ὀρθῶς γιγνόμενα οὐκ ἀνθρωπίνῃ
ἡγεμονίᾳ γίγνεται—ὧν δὲ ἄνθρωπος ἡγεμών ἐστιν ἐπὶ τὸ
ὀρθόν, δύο ταῦτα, δόξα ἀληθὴς καὶ ἐπιστήμη.   5

ΜΕΝ. Δοκεῖ μοι οὕτω.

ΣΩ. Οὐκοῦν ἐπειδὴ οὐ διδακτόν ἐστιν, οὐδ' ἐπιστήμη δὴ
ἔτι γίγνεται ἡ ἀρετή;

ΜΕΝ. Οὐ φαίνεται.

ΣΩ. Δυοῖν ἄρα ὄντοιν ἀγαθοῖν καὶ ὠφελίμοιν τὸ μὲν b
ἕτερον ἀπολέλυται, καὶ οὐκ ἂν εἴη ἐν πολιτικῇ πράξει
ἐπιστήμη ἡγεμών.

ΜΕΝ. Οὔ μοι δοκεῖ.

ΣΩ. Οὐκ ἄρα σοφίᾳ τινὶ οὐδὲ σοφοὶ ὄντες οἱ τοιοῦτοι 5
ἄνδρες ἡγοῦντο ταῖς πόλεσιν, οἱ ἀμφὶ Θεμιστοκλέα τε καὶ
οὓς ἄρτι Ἄνυτος ὅδε ἔλεγεν· διὸ δὴ καὶ οὐχ οἷοί τε ἄλλους
ποιεῖν τοιούτους οἷοι αὐτοί εἰσι, ἅτε οὐ δι' ἐπιστήμην ὄντες
τοιοῦτοι.

ΜΕΝ. Ἔοικεν οὕτως ἔχειν, ὦ Σώκρατες, ὡς λέγεις.   10

ΣΩ. Οὐκοῦν εἰ μὴ ἐπιστήμη, εὐδοξίᾳ δὴ τὸ λοιπὸν
γίγνεται· ᾗ οἱ πολιτικοὶ ἄνδρες χρώμενοι τὰς πόλεις ὀρ- c
θοῦσιν, οὐδὲν διαφερόντως ἔχοντες πρὸς τὸ φρονεῖν ἢ οἱ
χρησμῳδοί τε καὶ οἱ θεομάντεις· καὶ γὰρ οὗτοι ἐνθου-
σιῶντες λέγουσιν μὲν ἀληθῆ καὶ πολλά, ἴσασι δὲ οὐδὲν ὧν
λέγουσιν.   5

ΜΕΝ. Κινδυνεύει οὕτως ἔχειν.

ΣΩ. Οὐκοῦν, ὦ Μένων, ἄξιον τούτους θείους καλεῖν
τοὺς ἄνδρας, οἵτινες νοῦν μὴ ἔχοντες πολλὰ καὶ μεγάλα
κατορθοῦσιν ὧν πράττουσι καὶ λέγουσι;

a 3 τινὸς ὀρθῶς F: om. B T W   a 4 ἡγεμονίᾳ B² T W: ἡγε-
μονεία B: ει ex ι inter scribendum fecit F   ὧν F Stobaeus: ᾧ
B T W   a 8 ἔτι γίγνεται F: ἐπιγίγνεται B T W   b 3 ἐπιστήμη
ἡγεμών B T W: ἡγεμὼν ἐπιστήμη F   b 7 δὴ F: om. B T W
b 8 οὐ δι' ἐπιστήμην B T W: οὐκ ἐπιστήμη F   b 10 ἔοικεν B T
W f: om. F   οὕτως ἔχειν B T W: ἔχειν οὕτως F   c 3 ἐν-
θουσιῶντες F: om. B T W   c 8 μὴ B T W f: om. F   πολλὰ καὶ
B T W: πολλάκις F

10 ΜΕΝ. Πάνυ γε.

ΣΩ. Ὀρθῶς ἄρ' ἂν καλοῖμεν θείους τε οὓς νυνδὴ ἐλέγομεν
d χρησμῳδοὺς καὶ μάντεις καὶ τοὺς ποιητικοὺς ἅπαντας· καὶ
τοὺς πολιτικοὺς οὐχ ἥκιστα τούτων φαῖμεν ἂν θείους τε εἶναι
καὶ ἐνθουσιάζειν, ἐπίπνους ὄντας καὶ κατεχομένους ἐκ τοῦ
θεοῦ, ὅταν κατορθῶσι λέγοντες πολλὰ καὶ μεγάλα πράγματα,
5 μηδὲν εἰδότες ὧν λέγουσιν.

ΜΕΝ. Πάνυ γε.

ΣΩ. Καὶ αἵ γε γυναῖκες δήπου, ὦ Μένων, τοὺς ἀγαθοὺς
ἄνδρας θείους καλοῦσι· καὶ οἱ Λάκωνες ὅταν τινὰ ἐγκωμιά-
ζωσιν ἀγαθὸν ἄνδρα, " Θεῖος ἀνήρ," φασίν, " οὗτος."
e ΜΕΝ. Καὶ φαίνονταί γε, ὦ Σώκρατες, ὀρθῶς λέγειν.
καίτοι ἴσως Ἄνυτος ὅδε σοι ἄχθεται λέγοντι.

ΣΩ. Οὐδὲν μέλει ἔμοιγε. τούτῳ μέν, ὦ Μένων, καὶ αὖθις
διαλεξόμεθα· εἰ δὲ νῦν ἡμεῖς ἐν παντὶ τῷ λόγῳ τούτῳ καλῶς
5 ἐζητήσαμέν τε καὶ ἐλέγομεν, ἀρετὴ ἂν εἴη οὔτε φύσει οὔτε
διδακτόν, ἀλλὰ θείᾳ μοίρᾳ παραγιγνομένη ἄνευ νοῦ οἷς ἂν
100 παραγίγνηται, εἰ μή τις εἴη τοιοῦτος τῶν πολιτικῶν ἀνδρῶν
οἷος καὶ ἄλλον ποιῆσαι πολιτικόν. εἰ δὲ εἴη, σχεδὸν ἄν τι
οὗτος λέγοιτο τοιοῦτος ἐν τοῖς ζῶσιν οἷον ἔφη Ὅμηρος ἐν
τοῖς τεθνεῶσιν τὸν Τειρεσίαν εἶναι, λέγων περὶ αὐτοῦ, ὅτι
5 οἷος πέπνυται τῶν ἐν Ἅιδου, τοὶ δὲ σκιαὶ ἀίσσουσι.
ταὐτὸν ἂν καὶ ἐνθάδε ὁ τοιοῦτος ὥσπερ παρὰ σκιὰς ἀληθὲς
ἂν πρᾶγμα εἴη πρὸς ἀρετήν.
b ΜΕΝ. Κάλλιστα δοκεῖς μοι λέγειν, ὦ Σώκρατες.

ΣΩ. Ἐκ μὲν τοίνυν τούτου τοῦ λογισμοῦ, ὦ Μένων, θείᾳ
μοίρᾳ ἡμῖν φαίνεται παραγινομένη ἡ ἀρετὴ οἷς ἂν παρα-

c 11 ἄρ' ἂν Stallbaum : ἄρα F : ἂν B T W   d 2 φαῖμεν B T W f :
φαμὲν F   d 3 τοῦ θεοῦ] του θεῶν Cobet : του θεοῦ Schanz   d 8 τινὰ
B T W : om. F   ἐγκωμιάζωσιν B T F : ἐγκωμιάζουσιν W   d 9 θεῖος
B T W F : σεῖος Casaubon   e 3 τούτῳ B T W : τοῦτο F   a 1 τις
B T W f : πως F   a 3 λέγοιτο ex γένοιτο ut videtur F   a 5 τοὶ
δὲ] οἶδε F : αἱ δὲ B T W   a 6 ἐνθάδε ὁ F : εὐθὺς B T W   b 2 μὲν
τοίνυν T W F : μέντοι νῦν B   b 3 ἡ B T W : om. F   οἷς ἂν F :
οἷς B T W   παραγίγνηται W : παραγίγνεται B T F

γίγνηται· τὸ δὲ σαφὲς περὶ αὐτοῦ εἰσόμεθα τότε, ὅταν πρὶν
ᾧτινι τρόπῳ τοῖς ἀνθρώποις παραγίγνεται ἀρετή, πρότερον 5
ἐπιχειρήσωμεν αὐτὸ καθ' αὑτὸ ζητεῖν τί ποτ' ἔστιν ἀρετή.
νῦν δ' ἐμοὶ μὲν ὥρα ποι ἰέναι, σὺ δὲ ταὐτὰ ταῦτα ἅπερ
αὐτὸς πέπεισαι πεῖθε καὶ τὸν ξένον τόνδε Ἄνυτον, ἵνα
πρᾳότερος ᾖ· ὡς ἐὰν πείσῃς τοῦτον, ἔστιν ὅτι καὶ Ἀθη- c
ναίους ὀνήσεις.

b 5 παραγίγνεται Β Τ F : παραγίγνηται W   b 6 ἐπιχειρήσωμεν
Β Τ F : ἐπιζητήσωμεν W   b 7 ταὐτὰ ταῦτα F : ταῦτα Β Τ W
c 1 ὅτι Β Τ W : ὅτε F

ΙΠΠΙΑΣ ΜΕΙΖΩΝ

ΣΩΚΡΑΤΗΣ ΙΠΠΙΑΣ

ΣΩ. Ἱππίας ὁ καλός τε καὶ σοφός· ὡς διὰ χρόνου ἡμῖν **a**
κατῆρας εἰς τὰς Ἀθήνας.

ΙΠ. Οὐ γὰρ σχολή, ὦ Σώκρατες. ἡ γὰρ Ἦλις ὅταν τι
δέηται διαπράξασθαι πρός τινα τῶν πόλεων, ἀεὶ ἐπὶ πρῶτον
ἐμὲ ἔρχεται τῶν πολιτῶν αἱρουμένη πρεσβευτήν, ἡγουμένη 5
δικαστὴν καὶ ἄγγελον ἱκανώτατον εἶναι τῶν λόγων οἳ ἂν
παρὰ τῶν πόλεων ἑκάστων λέγωνται. πολλάκις μὲν οὖν **b**
καὶ εἰς ἄλλας πόλεις ἐπρέσβευσα, πλεῖστα δὲ καὶ περὶ
πλείστων καὶ μεγίστων εἰς τὴν Λακεδαίμονα· διὸ δή, ὃ σὺ
ἐρωτᾷς, οὐ θαμίζω εἰς τούσδε τοὺς τόπους.

ΣΩ. Τοιοῦτον μέντοι, ὦ Ἱππία, ἔστι τὸ τῇ ἀληθείᾳ 5
σοφόν τε καὶ τέλειον ἄνδρα εἶναι. σὺ γὰρ καὶ ἰδίᾳ ἱκανὸς
εἶ παρὰ τῶν νέων πολλὰ χρήματα λαμβάνων ἔτι πλείω
ὠφελεῖν ὧν λαμβάνεις, καὶ αὖ δημοσίᾳ τὴν σαυτοῦ πόλιν **c**
ἱκανὸς εὐεργετεῖν, ὥσπερ χρὴ τὸν μέλλοντα μὴ καταφρο-
νήσεσθαι ἀλλ' εὐδοκιμήσειν ἐν τοῖς πολλοῖς. ἀτάρ, ὦ Ἱππία,
τί ποτε τὸ αἴτιον ὅτι οἱ παλαιοὶ ἐκεῖνοι, ὧν ὀνόματα μεγάλα
λέγεται ἐπὶ σοφίᾳ, Πιττακοῦ τε καὶ Βίαντος καὶ τῶν ἀμφὶ 5
τὸν Μιλήσιον Θαλῆν καὶ ἔτι τῶν ὕστερον μέχρι Ἀναξαγόρου,
ὡς ἢ πάντες ἢ οἱ πολλοὶ αὐτῶν φαίνονται ἀπεχόμενοι τῶν
πολιτικῶν πράξεων;

a 6 δικαστὴν] διαιτητὴν Burges: δοκιμαστὴν Naber: ἀκροατὴν
H. Richards   b 3 μεγίστων T W: περὶ μεγίστων F   ὃ σὺ T W
et suprascr. f: om. F   b 6 σὺ T W f: οὗ F

ΙΠ. Τί δ' οἴει, ὦ Σώκρατες, ἄλλο γε ἢ ἀδύνατοι ἦσαν
d καὶ οὐχ ἱκανοὶ ἐξικνεῖσθαι φρονήσει ἐπ' ἀμφότερα, τά τε
κοινὰ καὶ τὰ ἴδια;

ΣΩ. Ἆρ' οὖν πρὸς Διός, ὥσπερ αἱ ἄλλαι τέχναι ἐπιδε-
δώκασι καὶ εἰσὶ παρὰ τοὺς νῦν δημιουργοὺς οἱ παλαιοὶ
5 φαῦλοι, οὕτω καὶ τὴν ὑμετέραν τὴν τῶν σοφιστῶν τέχνην
ἐπιδεδωκέναι φῶμεν καὶ εἶναι τῶν ἀρχαίων τοὺς περὶ τὴν
σοφίαν φαύλους πρὸς ὑμᾶς;

ΙΠ. Πάνυ μὲν οὖν ὀρθῶς λέγεις.

ΣΩ. Εἰ ἄρα νῦν ἡμῖν, ὦ Ἱππία, ὁ Βίας ἀναβιοίη, γέλωτ'
282 ἂν ὄφλοι πρὸς ὑμᾶς, ὥσπερ καὶ τὸν Δαίδαλόν φασιν οἱ
ἀνδριαντοποιοί, νῦν εἰ γενόμενος τοιαῦτ' ἐργάζοιτο οἷα ἦν
ἀφ' ὧν τοὔνομ' ἔσχεν, καταγέλαστον ἂν εἶναι.

ΙΠ. Ἔστι μὲν ταῦτα, ὦ Σώκρατες, οὕτως ὡς σὺ λέγεις·
5 εἴωθα μέντοι ἔγωγε τοὺς παλαιούς τε καὶ προτέρους ἡμῶν
προτέρους τε καὶ μᾶλλον ἐγκωμιάζειν ἢ τοὺς νῦν, εὐλαβού-
μενος μὲν φθόνον τῶν ζώντων, φοβούμενος δὲ μῆνιν τῶν
τετελευτηκότων.

b ΣΩ. Καλῶς γε σύ, ὦ Ἱππία, ὀνομάζων τε καὶ διανοούμενος,
ὡς ἐμοὶ δοκεῖς. συμμαρτυρῆσαι δέ σοι ἔχω ὅτι ἀληθῆ λέγεις,
καὶ τῷ ὄντι ὑμῶν ἐπιδέδωκεν ἡ τέχνη πρὸς τὸ καὶ τὰ δημόσια
πράττειν δύνασθαι μετὰ τῶν ἰδίων. Γοργίας τε γὰρ οὗτος
5 ὁ Λεοντῖνος σοφιστὴς δεῦρο ἀφίκετο δημοσίᾳ οἴκοθεν πρε-
σβεύων, ὡς ἱκανώτατος ὢν Λεοντίνων τὰ κοινὰ πράττειν,
καὶ ἔν τε τῷ δήμῳ ἔδοξεν ἄριστα εἰπεῖν, καὶ ἰδίᾳ ἐπιδείξεις
ποιούμενος καὶ συνὼν τοῖς νέοις χρήματα πολλὰ ἠργάσατο
c καὶ ἔλαβεν ἐκ τῆσδε τῆς πόλεως· εἰ δὲ βούλει, ὁ ἡμέτερος
ἑταῖρος Πρόδικος οὗτος πολλάκις μὲν καὶ ἄλλοτε δημοσίᾳ

d 5 τὴν τῶν σοφιστῶν TWF : τῶν σοφιστῶν al. : secl. Naber (etiam
τέχνην secl. Cobet)   a 1 φασὶν F et ex φησὶν T : φασὶ W
a 3 ἔσχεν TF : ἔσχε W : γρ. εἶχε in marg. f)   ἂν TW : om. F
a 5 μέντοι WF : μέντοι γε T   a 6 προτέρους TWF : πρότερον
Schanz   b 1 ὀνομάζων TWF : νομίζων corr. Coisl.   b 2 δοκεῖς
TW : δοκεῖ F (sed s erasum videtur)   b 6 Λεοντίνων secl. Schanz
b 7 ἰδίᾳ TW : ἰδίᾳ καὶ F   c 1 καὶ ἔλαβεν TWF : secl. Cobet

ἀφίκετο, ἀτὰρ τὰ τελευταῖα ἔναγχος ἀφικόμενος δημοσίᾳ ἐκ
Κέω λέγων τ᾽ ἐν τῇ βουλῇ πάνυ ηὐδοκίμησεν καὶ ἰδίᾳ
ἐπιδείξεις ποιούμενος καὶ τοῖς νέοις συνὼν χρήματα ἔλαβεν 5
θαυμαστὰ ὅσα. τῶν δὲ παλαιῶν ἐκείνων οὐδεὶς πώποτε
ἠξίωσεν ἀργύριον μισθὸν πράξασθαι οὐδ᾽ ἐπιδείξεις ποιή-
σασθαι ἐν παντοδαποῖς ἀνθρώποις τῆς ἑαυτοῦ σοφίας· οὕτως d
ἦσαν εὐήθεις καὶ ἐλελήθει αὐτοὺς ἀργύριον ὡς πολλοῦ
ἄξιον εἴη. τούτων δ᾽ ἑκάτερος πλέον ἀργύριον ἀπὸ σοφίας
εἴργασται ἢ ἄλλος δημιουργὸς ἀφ᾽ ἧστινος τέχνης· καὶ ἔτι
πρότερος τούτων Πρωταγόρας. 5

ΙΠ. Οὐδὲν γάρ, ὦ Σώκρατες, οἶσθα τῶν καλῶν περὶ τοῦτο.
εἰ γὰρ εἰδείης ὅσον ἀργύριον εἴργασμαι ἐγώ, θαυμάσαις ἄν·
καὶ τὰ μὲν ἄλλα ἐῶ, ἀφικόμενος δέ ποτε εἰς Σικελίαν, Πρωτα-
γόρου αὐτόθι ἐπιδημοῦντος καὶ εὐδοκιμοῦντος καὶ πρεσβυτέρου e
ὄντος πολὺ νεώτερος ὢν ἐν ὀλίγῳ χρόνῳ πάνυ πλέον ἢ πεντή-
κοντα καὶ ἑκατὸν μνᾶς ἠργασάμην, καὶ ἐξ ἑνός γε χωρίου
πάνυ σμικροῦ, Ἰνυκοῦ, πλέον ἢ εἴκοσι μνᾶς· καὶ τοῦτο ἐλθὼν
οἴκαδε φέρων τῷ πατρὶ ἔδωκα, ὥστε ἐκεῖνον καὶ τοὺς ἄλλους 5
πολίτας θαυμάζειν τε καὶ ἐκπεπλῆχθαι. καὶ σχεδόν τι οἶμαι
ἐμὲ πλείω χρήματα εἰργάσθαι ἢ ἄλλους σύνδυο οὕστινας
βούλει τῶν σοφιστῶν.

ΣΩ. Καλόν γε, ὦ Ἱππία, λέγεις καὶ μέγα τεκμήριον
σοφίας τῆς τε σεαυτοῦ καὶ τῶν νῦν ἀνθρώπων πρὸς 283
τοὺς ἀρχαίους ὅσον διαφέρουσι. τῶν γὰρ προτέρων [περὶ
Ἀναξαγόρου λέγεται] πολλὴ ἀμαθία κατὰ τὸν σὸν λόγον.
τοὐναντίον γὰρ Ἀναξαγόρᾳ φασὶ συμβῆναι ἢ ὑμῖν· κατα-
λειφθέντων γὰρ αὐτῷ πολλῶν χρημάτων καταμελῆσαι καὶ 5

d 2 ἐλελήθει T F : λελήθει W   d 3 εἴη T W et suprascr. γρ. εἴη
F : εἶναι F   ἀργύριον F : ἀργυρίου T et re vera W   d 4 ἧστινος T W :
ἧστινος βούλει F   d 6 τοῦτο T W : τούτων F   e 1 ἐπιδημοῦντος
T W et in marg. γρ. F : ἐπιδημήσαντος F   e 2 πολὺ F : καὶ πολὺ
T W   χρόνῳ πάνυ T W F : χρόνῳ πολὺ olim Stallbaum : πάνυ χρόνῳ
Schanz   a 1 τε T F : om. W   a 2 ὅσον διαφέρουσι T W :
διαφέρουσιν ὅσον τῶν νῦν F   a 3 Ἀναξαγόρου secl. Sydenham (qui
προτέρων πέρι) : περὶ Ἀναξαγόρου om. Bekker : περὶ Ἀναξαγόρου λέγεται
secl. Stallbaum

ἀπολέσαι πάντα—οὕτως αὐτὸν ἀνόητα σοφίζεσθαι—λέγουσι
δὲ καὶ περὶ ἄλλων τῶν παλαιῶν ἕτερα τοιαῦτα. τοῦτο μὲν
οὖν μοι δοκεῖς καλὸν τεκμήριον ἀποφαίνειν περὶ σοφίας τῶν
b νῦν πρὸς τοὺς προτέρους, καὶ πολλοῖς συνδοκεῖ ὅτι τὸν σοφὸν
αὐτὸν αὑτῷ μάλιστα δεῖ σοφὸν εἶναι· τούτου δ' ὅρος ἐστὶν
ἄρα, ὃς ἂν πλεῖστον ἀργύριον ἐργάσηται. καὶ ταῦτα μὲν
ἱκανῶς ἐχέτω· τόδε δέ μοι εἰπέ, σὺ αὐτὸς πόθεν πλεῖστον
5 ἀργύριον ἠργάσω τῶν πόλεων εἰς ἃς ἀφικνῇ; ἢ δῆλον ὅτι ἐκ
Λακεδαίμονος, οἷπερ καὶ πλειστάκις ἀφῖξαι;

ΙΠ. Οὐ μὰ τὸν Δία, ὦ Σώκρατες.

ΣΩ. Πῶς φῇς; ἀλλ' ἐλάχιστον;

c ΙΠ. Οὐδὲν μὲν οὖν τὸ παράπαν πώποτε.

ΣΩ. Τέρας λέγεις καὶ θαυμαστόν, ὦ Ἱππία. καί μοι
εἰπέ· πότερον ἡ σοφία ἡ σὴ οὐχ οἵα τοὺς συνόντας αὐτῇ
καὶ μανθάνοντας εἰς ἀρετὴν βελτίους ποιεῖν;—ΙΠ. Καὶ
5 πολύ γε, ὦ Σώκρατες.—ΣΩ. Ἀλλὰ τοὺς μὲν Ἰνυκίνων
υἱεῖς οἷός τε ἦσθα ἀμείνους ποιῆσαι, τοὺς δὲ Σπαρτιατῶν
ἠδυνάτεις;—ΙΠ. Πολλοῦ γε δέω.—ΣΩ. Ἀλλὰ δῆτα Σικε-
λιῶται μὲν ἐπιθυμοῦσιν ἀμείνους γίγνεσθαι, Λακεδαιμόνιοι
d δ' οὔ;—ΙΠ. Πάντως γέ που, ὦ Σώκρατες, καὶ Λακεδαι-
μόνιοι.—ΣΩ. Ἆρ' οὖν χρημάτων ἐνδείᾳ ἔφευγον τὴν σὴν
ὁμιλίαν;—ΙΠ. Οὐ δῆτα, ἐπεὶ ἱκανὰ αὐτοῖς ἐστιν.

ΣΩ. Τί δῆτ' ἂν εἴη ὅτι ἐπιθυμοῦντες καὶ ἔχοντες χρή-
5 ματα, καὶ σοῦ δυναμένου τὰ μέγιστα αὐτοὺς ὠφελεῖν, οὐ
πλήρη σε ἀργυρίου ἀπέπεμψαν; ἀλλ' ἐκεῖνο, μῶν μὴ Λακε-
δαιμόνιοι σοῦ βέλτιον ἂν παιδεύσειαν τοὺς αὑτῶν παῖδας; ἢ
τοῦτο φῶμεν οὕτω, καὶ σὺ συγχωρεῖς;

e ΙΠ. Οὐδ' ὁπωστιοῦν.

a 6 ἀνόητα] ἀνόνητα scr. Par. 1812   b 1 συνδοκεῖ T W : ξυνδοκεῖ
F (sed οὖν supra εῖ F)   b 6 οἷπερ Heindorf : οὗπερ T W F
c 5 Ἰνυκίνων ci. Bekker : ἰννυκινῶν T : ἰνυκηνῶν W : ἰννυνῶν F
c 6 ἦσθα T F : οἶσθα W   ποιῆσαι T W f : ποιήσειν F   d 1 γέ F :
om. T W   d 4 ἀρετῆς post ἐπιθυμοῦντες add. F : om. T W
d 5 αὑτοὺς T F : αὑτοῖς W   d 6 πλήρη T : πλήρη* W : πλήρης F
μὴ T W : om. F   d 8 σὺ T W : om. F

ΣΩ. Πότερον οὖν τοὺς νέους οὐχ οἷός τ᾽ ἦσθα πείθειν ἐν
Λακεδαίμονι ὡς σοὶ συνόντες πλέον ἂν εἰς ἀρετὴν ἐπιδιδοῖεν
ἢ τοῖς ἑαυτῶν, ἢ τοὺς ἐκείνων πατέρας ἠδυνάτεις πείθειν ὅτι
σοὶ χρὴ παραδιδόναι μᾶλλον ἢ αὐτοὺς ἐπιμελεῖσθαι, εἴπερ τι 5
τῶν ὑέων κήδονται; οὐ γάρ που ἐφθόνουν γε τοῖς ἑαυτῶν
παισὶν ὡς βελτίστοις γενέσθαι.
ΙΠ. Οὐκ οἶμαι ἔγωγε φθονεῖν.
ΣΩ. Ἀλλὰ μὴν εὔνομός γ᾽ ἡ Λακεδαίμων.—ΙΠ. Πῶς γὰρ
οὔ;—ΣΩ. Ἐν δέ γε ταῖς εὐνόμοις πόλεσιν τιμιώτατον ἡ 284
ἀρετή.—ΙΠ. Πάνυ γε.—ΣΩ. Σὺ δὲ ταύτην παραδιδόναι
ἄλλῳ κάλλιστ᾽ ἀνθρώπων ἐπίστασαι.—ΙΠ. Καὶ πολύ γε,
ὦ Σώκρατες.—ΣΩ. Ὁ οὖν κάλλιστ᾽ ἐπιστάμενος ἱππικὴν
παραδιδόναι ἆρ᾽ οὐκ ἂν ἐν Θετταλίᾳ τῆς Ἑλλάδος μάλιστα 5
τιμῷτο καὶ πλεῖστα χρήματα λαμβάνοι, καὶ ἄλλοθι ὅπου
τοῦτο σπουδάζοιτο;—ΙΠ. Εἰκός γε.—ΣΩ. Ὁ δὴ δυνάμενος
παραδιδόναι τὰ πλείστου ἄξια μαθήματα εἰς ἀρετὴν οὐκ ἐν
Λακεδαίμονι μάλιστα τιμήσεται καὶ πλεῖστα ἐργάσεται χρή- b
ματα, ἂν βούληται, καὶ ἐν ἄλλῃ πόλει ἥτις τῶν Ἑλληνίδων
εὐνομεῖται; ἀλλ᾽ ἐν Σικελίᾳ, ὦ ἑταῖρε, οἴει μᾶλλον καὶ ἐν
Ἰνυκῷ; ταῦτα πειθώμεθα, ὦ Ἱππία; ἐὰν γὰρ σὺ κελεύῃς,
πειστέον.   5
ΙΠ. Οὐ γὰρ πάτριον, ὦ Σώκρατες, Λακεδαιμονίοις κινεῖν
τοὺς νόμους, οὐδὲ παρὰ τὰ εἰωθότα παιδεύειν τοὺς ὑεῖς.
ΣΩ. Πῶς λέγεις; Λακεδαιμονίοις οὐ πάτριον ὀρθῶς
πράττειν ἀλλ᾽ ἐξαμαρτάνειν;   c
ΙΠ. Οὐκ ἂν φαίην ἔγωγε, ὦ Σώκρατες.
ΣΩ. Οὐκοῦν ὀρθῶς ἂν πράττοιεν βέλτιον ἀλλὰ μὴ χεῖρον
παιδεύοντες τοὺς νέους;
ΙΠ. Ὀρθῶς· ἀλλὰ ξενικὴν παίδευσιν οὐ νόμιμον αὐτοῖς 5

e 2 οὖν TW : om. F   πείθειν post Λακεδαίμονι transp. F   e 4 ἢ
τοὺς αὐτῶν πατέρας F (sed in marg. γρ. τοῖς ἑαυτῶν)   a 6 ὅπου
TW : ὅποι F   b 2 ἥτις TFw : εἴ τις W   b 5 πειστέον TFw :
πιστέον Wt   c 4 νέους TW : υἱεῖς F   c 5 παίδευσιν] παιδείαν
Ven. 189

παιδεύειν, ἐπεὶ εὖ ἴσθι, εἴπερ τις ἄλλος ἐκεῖθεν χρήματα
ἔλαβεν πώποτε ἐπὶ παιδεύσει, καὶ ἐμὲ ἂν λαβεῖν πολὺ
μάλιστα—χαίρουσι γοῦν ἀκούοντες ἐμοῦ καὶ ἐπαινοῦσιν—
ἀλλ', ὃ λέγω, οὐ νόμος.

d   ΣΩ. Νόμον δὲ λέγεις, ὦ Ἱππία, βλάβην πόλεως εἶναι ἢ
ὠφελίαν;—ΙΠ. Τίθεται μὲν οἶμαι ὠφελίας ἕνεκα, ἐνίοτε δὲ
καὶ βλάπτει, ἐὰν κακῶς τεθῇ ὁ νόμος.—ΣΩ. Τί δέ; οὐχ
ὡς ἀγαθὸν μέγιστον πόλει τίθενται τὸν νόμον οἱ τιθέμενοι;
5 καὶ ἄνευ τούτου μετὰ εὐνομίας ἀδύνατον οἰκεῖν;—ΙΠ. Ἀληθῆ
λέγεις.—ΣΩ. Ὅταν ἄρα ἀγαθοῦ ἁμάρτωσιν οἱ ἐπιχειροῦντες
τοὺς νόμους τιθέναι, νομίμου τε καὶ νόμου ἡμαρτήκασιν· ἢ
e πῶς λέγεις;—ΙΠ. Τῷ μὲν ἀκριβεῖ λόγῳ, ὦ Σώκρατες, οὕτως
ἔχει· οὐ μέντοι εἰώθασιν ἄνθρωποι ὀνομάζειν οὕτω.—ΣΩ.
Πότερον, ὦ Ἱππία, οἱ εἰδότες ἢ οἱ μὴ εἰδότες;—ΙΠ. Οἱ
πολλοί.—ΣΩ. Εἰσὶν δ' οὗτοι οἱ εἰδότες τἀληθές, οἱ πολλοί;
5 —ΙΠ. Οὐ δῆτα.—ΣΩ. Ἀλλὰ μήν που οἵ γ' εἰδότες τὸ
ὠφελιμώτερον τοῦ ἀνωφελεστέρου νομιμώτερον ἡγοῦνται τῇ
ἀληθείᾳ πᾶσιν ἀνθρώποις· ἢ οὐ συγχωρεῖς;—ΙΠ. Ναί,
συγχωρῶ, ὅτι γε τῇ ἀληθείᾳ.—ΣΩ. Οὐκοῦν ἔστιν τε καὶ
ἔχει οὕτως ὡς οἱ εἰδότες ἡγοῦνται;—ΙΠ. Πάνυ γε.

10   ΣΩ. Ἔστι δέ γε Λακεδαιμονίοις, ὡς σὺ φῄς, ὠφελιμώ-
285 τερον τὴν ὑπὸ σοῦ παίδευσιν, ξενικὴν οὖσαν, παιδεύεσθαι
μᾶλλον ἢ τὴν ἐπιχωρίαν.—ΙΠ. Καὶ ἀληθῆ γε λέγω.—ΣΩ.
Καὶ γὰρ ὅτι τὰ ὠφελιμώτερα νομιμώτερά ἐστι, καὶ τοῦτο
λέγεις, ὦ Ἱππία;—ΙΠ. Εἶπον γάρ.—ΣΩ. Κατὰ τὸν σὸν
5 ἄρα λόγον τοῖς Λακεδαιμονίων υἱέσιν ὑπὸ Ἱππίου παιδεύεσθαι
νομιμώτερόν ἐστιν, ὑπὸ δὲ τῶν πατέρων ἀνομώτερον, εἴπερ τῷ
ὄντι ὑπὸ σοῦ πλείω ὠφεληθήσονται.—ΙΠ. Ἀλλὰ μὴν ὠφελη-
b θήσονται, ὦ Σώκρατες.—ΣΩ. Παρανομοῦσιν ἄρα Λακεδαι-

c 6 εἴπερ T W : ὅτι εἴπερ F   c 7 πολὺ μάλιστα T W : μάλιστα
πολὺ F   d 5 εὐνομίας] ἀνομίας T (sed ευ supra versum) W F
d 6 οἱ T F : om. W   e 2 ἄνθρωποι Hirschig : ἄνθρωποι T W F
θ 8 τε F : γε T W   a 2 ἐπιχωρίαν T W : ἐπιχώριον F   a 3 νομι-
μώτερα F : νομικώτερα T W   a 6 ἀνομώτερον T F : ἀνομιμώτερον W
a 7 ἀλλὰ μὴν ὠφεληθήσονται T W et in marg. f : om. F

μόνιοι οὐ διδόντες σοι χρυσίον καὶ ἐπιτρέποντες τοὺς αὑτῶν
ὑεῖς.—ΙΠ. Συγχωρῶ ταῦτα· δοκεῖς γάρ μοι τὸν λόγον πρὸς
ἐμοῦ λέγειν, καὶ οὐδέν με δεῖ αὐτῷ ἐναντιοῦσθαι.

ΣΩ. Παρανόμους μὲν δή, ὦ ἑταῖρε, τοὺς Λάκωνας εὑρί- 5
σκομεν, καὶ ταῦτ᾽ εἰς τὰ μέγιστα, τοὺς νομιμωτάτους δοκοῦντας
εἶναι. ἐπαινοῦσι δὲ δή σε πρὸς θεῶν, ὦ Ἱππία, καὶ χαίρουσιν
ἀκούοντες ποῖα; ἢ δῆλον δὴ ὅτι ἐκεῖνα ἃ σὺ κάλλιστα
ἐπίστασαι, τὰ περὶ τὰ ἄστρα τε καὶ τὰ οὐράνια πάθη;— c
ΙΠ. Οὐδ᾽ ὁπωστιοῦν· ταῦτά γε οὐδ᾽ ἀνέχονται.—ΣΩ. Ἀλλὰ
περὶ γεωμετρίας τι χαίρουσιν ἀκούοντες;—ΙΠ. Οὐδαμῶς,
ἐπεὶ οὐδ᾽ ἀριθμεῖν ἐκείνων γε, ὡς ἔπος εἰπεῖν, πολλοὶ
ἐπίστανται.—ΣΩ. Πολλοῦ ἄρα δέουσιν περί γε λογισμῶν 5
ἀνέχεσθαί σου ἐπιδεικνυμένου.—ΙΠ. Πολλοῦ μέντοι νὴ Δία.
—ΣΩ. Ἀλλὰ δῆτα ἐκεῖνα ἃ σὺ ἀκριβέστατα ἐπίστασαι
ἀνθρώπων διαιρεῖν, περί τε γραμμάτων δυνάμεως καὶ συλ- d
λαβῶν καὶ ῥυθμῶν καὶ ἁρμονιῶν;—ΙΠ. Ποίων, ὠγαθέ,
ἁρμονιῶν καὶ γραμμάτων;—ΣΩ. Ἀλλὰ τί μήν ἐστιν ἃ ἡδέως
σου ἀκροῶνται καὶ ἐπαινοῦσιν; αὐτός μοι εἰπέ, ἐπειδὴ ἐγὼ
οὐχ εὑρίσκω. 5

ΙΠ. Περὶ τῶν γενῶν, ὦ Σώκρατες, τῶν τε ἡρώων καὶ τῶν
ἀνθρώπων, καὶ τῶν κατοικίσεων, ὡς τὸ ἀρχαῖον ἐκτίσθησαν
αἱ πόλεις, καὶ συλλήβδην πάσης τῆς ἀρχαιολογίας ἥδιστα
ἀκροῶνται, ὥστ᾽ ἔγωγε δι᾽ αὐτοὺς ἠνάγκασμαι ἐκμεμαθηκέναι e
τε καὶ ἐκμεμελετηκέναι πάντα τὰ τοιαῦτα.

ΣΩ. Ναὶ μὰ Δί᾽, ὦ Ἱππία, ηὐτύχηκάς γε ὅτι Λακε-
δαιμόνιοι οὐ χαίρουσιν ἄν τις αὐτοῖς ἀπὸ Σόλωνος τοὺς
ἄρχοντας τοὺς ἡμετέρους καταλέγῃ· εἰ δὲ μή, πράγματ᾽ ἂν 5
εἶχες ἐκμανθάνων.

ΙΠ. Πόθεν, ὦ Σώκρατες; ἅπαξ ἀκούσας πεντήκοντα
ὀνόματα ἀπομνημονεύσω.

ΣΩ. Ἀληθῆ λέγεις, ἀλλ᾽ ἐγὼ οὐκ ἐνενόησα ὅτι τὸ

d 2 ποίων F : περὶ ποίων T W   d 7 τὸ ἀρχαῖον T W : τἀρχαῖον F
e 3 γε ὅτι F : γε ὅτι γε T W   e 4 τοὺς ἄρχοντας T W : om. F
e 9 ἐνενόησα T F : ἐνόησα W

10 μνημονικὸν ἔχεις· ὥστ' ἐννοῶ ὅτι εἰκότως σοι χαίρουσιν
286 οἱ Λακεδαιμόνιοι ἅτε πολλὰ εἰδότι, καὶ χρῶνται ὥσπερ ταῖς
πρεσβύτισιν οἱ παῖδες πρὸς τὸ ἡδέως μυθολογῆσαι.

ΙΠ. Καὶ ναὶ μὰ Δί', ὦ Σώκρατες, περί γε ἐπιτηδευμάτων
καλῶν καὶ ἔναγχος αὐτόθι ηὐδοκίμησα διεξιὼν ἃ χρὴ τὸν
5 νέον ἐπιτηδεύειν. ἔστι γάρ μοι περὶ αὐτῶν παγκάλως λόγος
συγκείμενος, καὶ ἄλλως εὖ διακείμενος καὶ τοῖς ὀνόμασι·
πρόσχημα δέ μοί ἐστι καὶ ἀρχὴ τοιάδε τις τοῦ λόγου.
ἐπειδὴ ἡ Τροία ἥλω, λέγει ὁ λόγος ὅτι Νεοπτόλεμος
b Νέστορα ἔροιτο ποῖά ἐστι καλὰ ἐπιτηδεύματα, ἃ ἄν τις
ἐπιτηδεύσας νέος ὢν εὐδοκιμώτατος γένοιτο· μετὰ ταῦτα δὴ
λέγων ἐστὶν ὁ Νέστωρ καὶ ὑποτιθέμενος αὐτῷ πάμπολλα
νόμιμα καὶ πάγκαλα. τοῦτον δὴ καὶ ἐκεῖ ἐπεδειξάμην καὶ
5 ἐνθάδε μέλλω ἐπιδεικνύναι εἰς τρίτην ἡμέραν, ἐν τῷ Φειδο-
στράτου διδασκαλείῳ, καὶ ἄλλα πολλὰ καὶ ἄξια ἀκοῆς·
ἐδεήθη γάρ μου Εὔδικος ὁ Ἀπημάντου. ἀλλ' ὅπως παρέσῃ
c καὶ αὐτὸς καὶ ἄλλους ἄξεις, οἵτινες ἱκανοὶ ἀκούσαντες κρῖναι
τὰ λεγόμενα.

ΣΩ. Ἀλλὰ ταῦτ' ἔσται, ἂν θεὸς θέλῃ, ὦ Ἱππία. νυνὶ
μέντοι βραχύ τί μοι περὶ αὐτοῦ ἀπόκριναι· καὶ γάρ με εἰς
5 καλὸν ὑπέμνησας. ἔναγχος γάρ τις, ὦ ἄριστε, εἰς ἀπορίαν
με κατέβαλεν ἐν λόγοις τισὶ τὰ μὲν ψέγοντα ὡς αἰσχρά,
τὰ δ' ἐπαινοῦντα ὡς καλά, οὕτω πως ἐρόμενος καὶ μάλα
ὑβριστικῶς· "Πόθεν δέ μοι σύ," ἔφη, "ὦ Σώκρατες, οἶσθα
d ὁποῖα καλὰ καὶ αἰσχρά; ἐπεὶ φέρε, ἔχοις ἂν εἰπεῖν τί ἐστι
τὸ καλόν;" καὶ ἐγὼ διὰ τὴν ἐμὴν φαυλότητα ἠπορούμην τε
καὶ οὐκ εἶχον αὐτῷ κατὰ τρόπον ἀποκρίνασθαι· ἀπιὼν οὖν
ἐκ τῆς συνουσίας ἐμαυτῷ τε ὠργιζόμην καὶ ὠνείδιζον, καὶ
5 ἠπείλουν, ὁπότε πρῶτον ὑμῶν τῳ τῶν σοφῶν ἐντύχοιμι,
ἀκούσας καὶ μαθὼν καὶ ἐκμελετήσας ἰέναι πάλιν ἐπὶ τὸν
ἐρωτήσαντα, ἀναμαχούμενος τὸν λόγον. νῦν οὖν, ὃ λέγω,

a 3 γε T W : τε F   b 5 φειδοστράτου T W : φιλοστράτου F
b 7 εὔδικος T W : εὐδόκιμος F   c 3 θέλῃ F : ἐθέλῃ T W   c 6 κατέ-
βαλεν T F : κατέβαλλεν W (sed λ alterum puncto notatum)

εἰς καλὸν ἥκεις, καί με δίδαξον ἱκανῶς αὐτὸ τὸ καλὸν ὅτι
ἐστί, καὶ πειρῶ μοι ὅτι μάλιστα ἀκριβῶς εἰπεῖν ἀποκρινό-   e
μενος, μὴ ἐξελεγχθεὶς τὸ δεύτερον αὖθις γέλωτα ὄφλω.
οἶσθα γὰρ δήπου σαφῶς, καὶ σμικρόν που τοῦτ' ἂν εἴη
μάθημα ὧν σὺ τῶν πολλῶν ἐπίστασαι.

ΙΠ. Σμικρὸν μέντοι νὴ Δί', ὦ Σώκρατες, καὶ οὐδενὸς 5
ἄξιον, ὡς ἔπος εἰπεῖν.

ΣΩ. Ῥᾳδίως ἄρα μαθήσομαι καὶ οὐδείς με ἐξελέγξει ἔτι.

ΙΠ. Οὐδεὶς μέντοι· φαῦλον γὰρ ἂν εἴη τὸ ἐμὸν πρᾶγμα
καὶ ἰδιωτικόν.   287

ΣΩ. Εὖ γε νὴ τὴν Ἥραν λέγεις, ὦ Ἱππία, εἰ χειρωσόμεθα
τὸν ἄνδρα. ἀτὰρ μή τι κωλύω μιμούμενος ἐγὼ ἐκεῖνον,
ἐὰν σοῦ ἀποκρινομένου ἀντιλαμβάνωμαι τῶν λόγων, ἵνα ὅτι
μάλιστά με ἐκμελετήσῃς; σχεδὸν γάρ τι ἔμπειρός εἰμι τῶν 5
ἀντιλήψεων. εἰ οὖν μή τί σοι διαφέρει, βούλομαι ἀντι-
λαμβάνεσθαι, ἵν' ἐρρωμενέστερον μάθω.

ΙΠ. Ἀλλ' ἀντιλαμβάνου. καὶ γάρ, ὃ νυνδὴ εἶπον, οὐ
μέγα ἐστὶ τὸ ἐρώτημα, ἀλλὰ καὶ πολὺ τούτου χαλεπώτερα b
ἂν ἀποκρίνασθαι ἐγώ σε διδάξαιμι, ὥστε μηδένα ἀνθρώπων
δύνασθαί σε ἐξελέγχειν.

ΣΩ. Φεῦ ὡς εὖ λέγεις· ἀλλ' ἄγ', ἐπειδὴ καὶ σὺ κελεύεις,
φέρε ὅτι μάλιστα ἐκεῖνος γενόμενος πειρῶμαί σε ἐρωτᾶν. εἰ 5
γὰρ δὴ αὐτῷ τὸν λόγον τοῦτον ἐπιδείξαις ὃν φῄς, τὸν περὶ
τῶν καλῶν ἐπιτηδευμάτων, ἀκούσας, ἐπειδὴ παύσαιο λέγων,
ἔροιτ' ἂν οὐ περὶ ἄλλου πρότερον ἢ περὶ τοῦ καλοῦ—ἔθος
γάρ τι τοῦτ' ἔχει—καὶ εἴποι ἄν· "Ὦ ξένε Ἠλεῖε, ἆρ' οὐ c
δικαιοσύνῃ δίκαιοί εἰσιν οἱ δίκαιοι;" ἀπόκριναι δή, ὦ Ἱππία,
ὡς ἐκείνου ἐρωτῶντος.—ΙΠ. Ἀποκρινοῦμαι ὅτι δικαιοσύνῃ.
—ΣΩ. "Οὐκοῦν ἔστι τι τοῦτο, ἡ δικαιοσύνη;"—ΙΠ. Πάνυ

e 3 που TW (sed τι suprascr. T) : om. F (in marg. γρ. που f)
e 7 ἄρα TW f : ἅμα F   e 8 ἂν TW : om. F   a 3 μιμούμενος
ἐγὼ TF : ἐγὼ μιμούμενος W   a 5 γάρ τι TW : τι γὰρ F   a 6 μή
τι TF : μὴ W   b 4 ἀλλ' ἄγ' scr. recc. : ἀλλά γ' TWF   c 1 τι
TF : om. W   ἔχει TW f : ἔχειν F

5 γε.—ΣΩ. " Οὐκοῦν καὶ σοφίᾳ οἱ σοφοί εἰσι σοφοὶ καὶ τῷ
ἀγαθῷ πάντα τἀγαθὰ ἀγαθά;"—ΙΠ. Πῶς δ᾽ οὔ;—ΣΩ. "Οὐσί
γέ τισι τούτοις· οὐ γὰρ δήπου μὴ οὐσί γε."—ΙΠ. Οὖσι
μέντοι.—ΣΩ. "᾽Αρ᾽ οὖν οὐ καὶ τὰ καλὰ πάντα τῷ καλῷ
d ἐστι καλά; "—ΙΠ. Ναί, τῷ καλῷ.—ΣΩ. "῎Οντι γέ τινι
τούτῳ;"—ΙΠ. ῎Οντι· ἀλλὰ τί γὰρ μέλλει;—ΣΩ. " Εἰπὲ
δή, ὦ ξένε," φήσει, " τί ἐστι τοῦτο τὸ καλόν;"
ΙΠ. ῎Αλλο τι οὖν, ὦ Σώκρατες, ὁ τοῦτο ἐρωτῶν δεῖται
5 πυθέσθαι τί ἐστι καλόν;
ΣΩ. Οὔ μοι δοκεῖ, ἀλλ᾽ ὅτι ἐστὶ τὸ καλόν, ὦ Ἱππία.
ΙΠ. Καὶ τί διαφέρει τοῦτ᾽ ἐκείνου;
ΣΩ. Οὐδέν σοι δοκεῖ;
ΙΠ. Οὐδὲν γὰρ διαφέρει.
10 ΣΩ. ᾽Αλλὰ μέντοι δῆλον ὅτι σὺ κάλλιον οἶσθα. ὅμως
δέ, ὠγαθέ, ἄθρει· ἐρωτᾷ γάρ σε οὐ τί ἐστι καλόν, ἀλλ᾽ ὅτι
e ἐστὶ τὸ καλόν.
ΙΠ. Μανθάνω, ὠγαθέ, καὶ ἀποκρινοῦμαί γε αὐτῷ ὅτι ἐστι
τὸ καλόν, καὶ οὐ μή ποτε ἐλεγχθῶ. ἔστι γάρ, ὦ Σώκρατες,
εὖ ἴσθι, εἰ δεῖ τὸ ἀληθὲς λέγειν, παρθένος καλὴ καλόν.
5 ΣΩ. Καλῶς γε, ὦ Ἱππία, νὴ τὸν κύνα καὶ εὐδόξως
ἀπεκρίνω. ἄλλο τι οὖν, ἂν ἐγὼ τοῦτο ἀποκρίνωμαι, τὸ
288 ἐρωτώμενόν τε ἀποκεκριμένος ἔσομαι καὶ ὀρθῶς, καὶ οὐ μή
ποτε ἐλεγχθῶ;
ΙΠ. Πῶς γὰρ ἄν, ὦ Σώκρατες, ἐλεγχθείης, ὅ γε πᾶσιν
δοκεῖ καὶ πάντες σοι μαρτυρήσουσιν οἱ ἀκούοντες ὅτι ὀρθῶς
5 λέγεις;
ΣΩ. Εἶεν· πάνυ μὲν οὖν. φέρε δή, ὦ Ἱππία, πρὸς
ἐμαυτὸν ἀναλάβω ὃ λέγεις. ὁ μὲν ἐρήσεταί με οὑτωσί πως·
"῎Ιθι μοι, ὦ Σώκρατες, ἀπόκριναι· ταῦτα πάντα ἃ φῂς καλὰ

c 6 τἀγαθὰ ἀγαθά T W : τὰ | ἀγαθὰ F   d 1 ἐστι T W : εἰσι F
d 2 μέλλει T W : με δεῖ F (ἐν ἄλλῳ μέλλει in marg. f)   d 3 δὴ
T W : δὲ F   d 11 ὅτι T F : ὅτι τί W   e 5 καλῶς γε T W :
καλὸν καλοῦ F   e 6 ἀποκρίνωμαι T : ἀποκρινοῦμαι W : ἀποκρίνομαι F
a 2 ποτε F : om. T W

εἶναι, εἰ τί ἐστιν αὐτὸ τὸ καλόν, ταῦτ᾽ ἂν εἴη καλά; " ἐγὼ
δὲ δὴ ἐρῶ ὅτι εἰ παρθένος καλὴ καλόν, ἔστι δι᾽ ὃ ταῦτ᾽ ἂν 10
εἴη καλά;

ΙΠ. Οἴει οὖν ἔτι αὐτὸν ἐπιχειρήσειν σε ἐλέγχειν ὡς οὐ b
καλόν ἐστιν ὃ λέγεις, ἢ ἐὰν ἐπιχειρήσῃ, οὐ καταγέλαστον
ἔσεσθαι;

ΣΩ. Ὅτι μὲν ἐπιχειρήσει, ὦ θαυμάσιε, εὖ οἶδα· εἰ δὲ
ἐπιχειρήσας ἔσται καταγέλαστος, αὐτὸ δείξει. ἃ μέντοι ἐρεῖ, 5
ἐθέλω σοι λέγειν.

ΙΠ. Λέγε δή.

ΣΩ. " Ὡς γλυκὺς εἶ," φήσει, " ὦ Σώκρατες. θήλεια δὲ
ἵππος καλὴ οὐ καλόν, ἣν καὶ ὁ θεὸς ἐν τῷ χρησμῷ ἐπήνεσεν; "
τί φήσομεν, ὦ Ἱππία; ἄλλο τι ἢ φῶμεν καὶ τὴν ἵππον καλὸν c
εἶναι, τήν γε καλήν; πῶς γὰρ ἂν τολμῷμεν ἔξαρνοι εἶναι τὸ
καλὸν μὴ καλὸν εἶναι;

ΙΠ. Ἀληθῆ λέγεις, ὦ Σώκρατες· ἐπεί τοι καὶ ὀρθῶς αὐτὸ
ὁ θεὸς εἶπεν· πάγκαλαι γὰρ παρ᾽ ἡμῖν ἵπποι γίγνονται. 5

ΣΩ. " Εἶεν," φήσει δή· " τί δὲ λύρα καλή; οὐ καλόν; "
φῶμεν, ὦ Ἱππία;

ΙΠ. Ναί.

ΣΩ. Ἐρεῖ τοίνυν μετὰ τοῦτ᾽ ἐκεῖνος, σχεδόν τι εὖ οἶδα
ἐκ τοῦ τρόπου τεκμαιρόμενος· " Ὦ βέλτιστε σύ, τί δὲ χύτρα 10
καλή; οὐ καλὸν ἄρα; "

ΙΠ. Ὦ Σώκρατες, τίς δ᾽ ἐστὶν ὁ ἄνθρωπος; ὡς ἀπαί- d
δευτός τις ὃς οὕτω φαῦλα ὀνόματα ὀνομάζειν τολμᾷ ἐν
σεμνῷ πράγματι.

ΣΩ. Τοιοῦτός τις, ὦ Ἱππία, οὐ κομψὸς ἀλλὰ συρφετός,

a 9 εἰ τί F : εἴ τι TW   ἐγὼ . . . a 11 καλά om. W   a 10 εἰ
secl. ci. Sydenham   post καλόν dist. Hoenebeek Hissink   καλόν
. . . a 11 καλά secl. Hermann   ἔστι] ἔστι τι Schanz   δι᾽ ὃ] διὸ
TW : διότι F   b 4 εἰ δ᾽ TW : ὅτι F   c 1 καλὸν fort. pr. F :
καλὴν TW et corr. f   c 2 τολμῷμεν F : τολμῶμεν TW   ἔξαρνοι
εἶναι TW f : ἐξαρνώσεων F   c 3 μὴ TW F : μὴ οὐ scr. Ven. 189
c 7 ἆ TW f : τῶ F   c 9 μετὰ TW : καὶ μετὰ F   εὖ TW et
suprascr. f : om. F

5 οὐδὲν ἄλλο φροντίζων ἢ τὸ ἀληθές. ἀλλ᾿ ὅμως ἀποκριτέον
τῷ ἀνδρί, καὶ ἔγωγε προαποφαίνομαι· εἴπερ ἡ χύτρα κεκερα-
μευμένη εἴη ὑπὸ ἀγαθοῦ κεραμέως λεία καὶ στρογγύλη καὶ
καλῶς ὠπτημένη, οἷαι τῶν καλῶν χυτρῶν εἰσί τινες δίωτοι,
τῶν ἐξ χοᾶς χωρουσῶν, πάγκαλαι, εἰ τοιαύτην ἐρωτῴη
e χύτραν, καλὴν ὁμολογητέον εἶναι. πῶς γὰρ ἂν φαῖμεν καλὸν
ὂν μὴ καλὸν εἶναι;

ΙΠ. Οὐδαμῶς, ὦ Σώκρατες.

ΣΩ. " Οὐκοῦν καὶ χύτρα," φήσει, " καλὴ καλόν; ἀπο-
5 κρίνου."

ΙΠ. ᾿Αλλ᾿ οὕτως, ὦ Σώκρατες, ἔχει, οἶμαι· καλὸν μὲν καὶ
τοῦτο τὸ σκεῦός ἐστι καλῶς εἰργασμένον, ἀλλὰ τὸ ὅλον τοῦτο
οὐκ ἔστιν ἄξιον κρίνειν ὡς ὂν καλὸν πρὸς ἵππον τε καὶ
παρθένον καὶ τἆλλα πάντα τὰ καλά.

289 ΣΩ. Εἶεν· μανθάνω, ὦ Ἱππία, ὡς ἄρα χρὴ ἀντιλέγειν
πρὸς τὸν ταῦτα ἐρωτῶντα τάδε· Ὦ ἄνθρωπε, ἀγνοεῖς ὅτι τὸ
τοῦ Ἡρακλείτου εὖ ἔχει, ὡς ἄρα " Πιθήκων ὁ κάλλιστος αἰ-
σχρὸς ἀνθρώπων γένει συμβάλλειν," καὶ χυτρῶν ἡ καλλίστη
5 αἰσχρὰ παρθένων γένει συμβάλλειν, ὥς φησιν Ἱππίας ὁ
σοφός. οὐχ οὕτως, ὦ Ἱππία;

ΙΠ. Πάνυ μὲν οὖν, ὦ Σώκρατες, ὀρθῶς ἀπεκρίνω.

ΣΩ. ῎Ακουε δή. μετὰ τοῦτο γὰρ εὖ οἶδ᾿ ὅτι φήσει· " Τί
δέ, ὦ Σώκρατες; τὸ τῶν παρθένων γένος θεῶν γένει ἄν τις
b συμβάλλῃ, οὐ ταὐτὸν πείσεται ὅπερ τὸ τῶν χυτρῶν τῷ τῶν
παρθένων συμβαλλόμενον; οὐχ ἡ καλλίστη παρθένος αἰσχρὰ
φανεῖται; ἢ οὐ καὶ Ἡράκλειτος αὐτὸ τοῦτο λέγει, ὂν σὺ
ἐπάγῃ, ὅτι " ᾿Ανθρώπων ὁ σοφώτατος πρὸς θεὸν πίθηκος

d 9 πάγκαλαι T W : πάγκαλοι F   e 4 φήσει T W f: φῂς ει F
e 7 τοῦτο τὸ F : τοῦτο T W   e 8 ὂν T W f: ἂν F   a 1 μανθάνω
T W f: μανθάνων F (om. Ang.)   a 3 αἰσχρὸς T W f: ἐχθρὸς F
a 4 ἀνθρώπων ci. Bekker (ἀνθρωπίνῳ Sydenham : ἀνθρωπείῳ Heindorf) :
ἄλλῳ T W F   a 5 αἰσχρὰ T W : ναί· ἐχθρὰ F (αἰσχθρὰ corr. f) : ναὶ
αἰσχρὰ Ang.   a 7 ἀπεκρίνω T W f: ἀπεκρίνου F   b 1 συμβάλλῃ
T W : συμβάλαι F sed corr. f (συμβάλλῃ ἢ Ang.)   τῷ W F : τὸ T
b 3 αὐτὸ F : ταὐτὸ T W

φανεῖται καὶ σοφίᾳ καὶ κάλλει καὶ τοῖς ἄλλοις πᾶσιν;" 5
ὁμολογήσωμεν, Ἱππία, τὴν καλλίστην παρθένον πρὸς θεῶν
γένος αἰσχρὰν εἶναι;

ΙΠ. Τίς γὰρ ἂν ἀντείποι τούτῳ γε, ὦ Σώκρατες;

ΣΩ. Ἂν τοίνυν ταῦτα ὁμολογήσωμεν, γελάσεταί τε καὶ c
ἐρεῖ· "Ὦ Σώκρατες, μέμνησαι οὖν ὅτι ἠρωτήθης;" Ἔγωγε,
φήσω, ὅτι αὐτὸ τὸ καλὸν ὅτι ποτέ ἐστιν. "Ἔπειτα," φήσει,
" ἐρωτηθεὶς τὸ καλὸν ἀποκρίνῃ ὃ τυγχάνει ὄν, ὡς αὐτὸς φῇς,
οὐδὲν μᾶλλον καλὸν ἢ αἰσχρόν;" Ἔοικε, φήσω· ἢ τί μοι 5
συμβουλεύεις, ὦ φίλε, φάναι;

ΙΠ. Τοῦτο ἔγωγε· καὶ γὰρ δὴ πρός γε θεοὺς ὅτι οὐ καλὸν
τὸ ἀνθρώπειον γένος, ἀληθῆ ἐρεῖ.

ΣΩ. "Εἰ δέ σε ἠρόμην," φήσει, " ἐξ ἀρχῆς τί ἐστι
καλόν τε καὶ αἰσχρόν, εἴ μοι ἅπερ νῦν ἀπεκρίνω, ἆρ' οὐκ ἂν d
ὀρθῶς ἀπεκέκρισο; ἔτι δὲ καὶ δοκεῖ σοι αὐτὸ τὸ καλόν, ᾧ
καὶ τἆλλα πάντα κοσμεῖται καὶ καλὰ φαίνεται, ἐπειδὰν
προσγένηται ἐκεῖνο τὸ εἶδος, τοῦτ' εἶναι παρθένος ἢ ἵππος
ἢ λύρα; 5

ΙΠ. Ἀλλὰ μέντοι, ὦ Σώκρατες, εἰ τοῦτό γε ζητεῖ, πάντων
ῥᾷστον ἀποκρίνασθαι αὐτῷ τί ἐστι τὸ καλὸν ᾧ καὶ τὰ ἄλλα
πάντα κοσμεῖται καὶ προσγενομένου αὐτοῦ καλὰ φαίνεται.
εὐηθέστατος οὖν ἐστιν ὁ ἄνθρωπος καὶ οὐδὲν ἐπαΐει περὶ e
καλῶν κτημάτων. ἐὰν γὰρ αὐτῷ ἀποκρίνῃ ὅτι τοῦτ' ἐστὶν
ὃ ἐρωτᾷ τὸ καλὸν οὐδὲν ἄλλο ἢ χρυσός, ἀπορήσει καὶ οὐκ
ἐπιχειρήσει σε ἐλέγχειν. ἴσμεν γάρ που πάντες ὅτι ὅπου ἂν
τοῦτο προσγένηται, κἂν πρότερον αἰσχρὸν φαίνηται, καλὸν 5
φανεῖται χρυσῷ γε κοσμηθέν.

b 6 ὁμολογήσωμεν W : ὁμολογήσομεν T F   ὦ ante Ἱππία add.
Coisl. : om. T W F   c 7 γὰρ F : om. T W   c 9 δέ σε T W f :
δέ γε F   d 1 ἆρ' οὐκ W : ἄρα οὐκ T : ἆρ' οὐκ F : ἄρα σὺ Schanz
d 2 ἔτι T W f : ὅτι F   d 3 καλὰ T W : τἆλλα F   d 5 λύρα
T W et suprascr. f : χύτρα F   d 6 γε ζητεῖ T W f : γ' ἐζήτει F
d 7 τί T W f : ὅτι F   e 2 κτημάτων T W : γρ. ἐρωτημάτων in marg.
T : ἐρωτημάτων F (in marg. ἐν ἄλλοις κτημάτων f)   e 4 σε T W f :
γε F   e 5 κἂν F : καὶ T W

ΣΩ. Ἄπειρος εἶ τοῦ ἀνδρός, ὦ Ἱππία, ὡς σχέτλιός ἐστι
καὶ οὐδὲν ῥᾳδίως ἀποδεχόμενος.

ΙΠ. Τί οὖν τοῦτο, ὦ Σώκρατες; τὸ γὰρ ὀρθῶς λεγόμενον
290 ἀνάγκη αὐτῷ ἀποδέχεσθαι, ἢ μὴ ἀποδεχομένῳ καταγελάστῳ
εἶναι.

ΣΩ. Καὶ μὲν δὴ ταύτην γε τὴν ἀπόκρισιν, ὦ ἄριστε, οὐ
μόνον οὐκ ἀποδέξεται, ἀλλὰ πάνυ με καὶ τωθάσεται, καὶ ἐρεῖ·
5 "Ὦ τετυφωμένε σύ, Φειδίαν οἴει κακὸν εἶναι δημιουργόν;"
καὶ ἐγὼ οἶμαι ἐρῶ ὅτι Οὐδ' ὁπωστιοῦν.

ΙΠ. Καὶ ὀρθῶς γ' ἐρεῖς, ὦ Σώκρατες.

ΣΩ. Ὀρθῶς μέντοι. τοιγάρτοι ἐκεῖνος, ἐπειδὰν ἐγὼ
ὁμολογῶ ἀγαθὸν εἶναι δημιουργὸν τὸν Φειδίαν, "Εἶτα,"
b φήσει, "οἴει τοῦτο τὸ καλὸν ὃ σὺ λέγεις ἠγνόει Φειδίας;"
Καὶ ἐγώ· Τί μάλιστα; φήσω. "Ὅτι," ἐρεῖ, "τῆς Ἀθηνᾶς
τοὺς ὀφθαλμοὺς οὐ χρυσοῦς ἐποίησεν, οὐδὲ τὸ ἄλλο πρόσ-
ωπον οὐδὲ τοὺς πόδας οὐδὲ τὰς χεῖρας, εἴπερ χρυσοῦν γε
5 δὴ ὂν κάλλιστον ἔμελλε φαίνεσθαι, ἀλλ' ἐλεφάντινον· δῆλον
ὅτι τοῦτο ὑπὸ ἀμαθίας ἐξήμαρτεν, ἀγνοῶν ὅτι χρυσὸς ἄρ'
ἐστὶν ὁ πάντα καλὰ ποιῶν, ὅπου ἂν προσγένηται." ταῦτα οὖν
λέγοντι τί ἀποκρινώμεθα, ὦ Ἱππία;

c ΙΠ. Οὐδὲν χαλεπόν· ἐροῦμεν γὰρ ὅτι ὀρθῶς ἐποίησε. καὶ
γὰρ τὸ ἐλεφάντινον οἶμαι καλόν ἐστιν.

ΣΩ. "Τοῦ οὖν ἕνεκα," φήσει, "οὐ καὶ τὰ μέσα τῶν
ὀφθαλμῶν ἐλεφάντινα ἠργάσατο, ἀλλὰ λίθινα, ὡς οἷόν τ' ἦν
5 ὁμοιότητα τοῦ λίθου τῷ ἐλέφαντι ἐξευρών; ἢ καὶ ὁ λίθος ὁ
καλὸς καλόν ἐστι;" φήσομεν, ὦ Ἱππία;

ΙΠ. Φήσομεν μέντοι, ὅταν γε πρέπων ᾖ.

ΣΩ. "Ὅταν δὲ μὴ πρέπων, αἰσχρόν;" ὁμολογῶ ἢ μή;

ΙΠ. Ὁμολόγει, ὅταν γε μὴ πρέπῃ.

b 6 ἐξήμαρτεν secl. Schanz   χρυσὸς T F : ὁ χρυσὸς W   b 8 ἀπο-
κρινώμεθα T W : ἀποκρινόμεθα F   c 5 ὁμοιότητα T W : ἀνθομοιότητα
F   τῷ ἐλέφαντι T W f : τῷ ἐλεφαντίνῳ w : τοῦ ἐλεφαντίνου F
c 6 ὦ W F : om. T   c 7 μέντοι F : τοι T W   πρέπων T (et
mox) : πρέπον W F (et mox)   c 9 ὁμολόγει T W : ὁμολογῶ F

ΣΩ. "Τί δὲ δή; ὁ ἐλέφας καὶ ὁ χρυσός," φήσει, "ὦ d
σοφὲ σύ, οὐχ ὅταν μὲν πρέπῃ, καλὰ ποιεῖ φαίνεσθαι, ὅταν
δὲ μή, αἰσχρά;" ἔξαρνοι ἐσόμεθα ἢ ὁμολογήσομεν αὐτῷ
ὀρθῶς λέγειν αὐτόν;

ΙΠ. Ὁμολογήσομεν τοῦτό γε, ὅτι ὃ ἂν πρέπῃ ἑκάστῳ, 5
τοῦτο καλὸν ποιεῖ ἕκαστον.

ΣΩ. "Πότερον οὖν πρέπει," φήσει, "ὅταν τις τὴν
χύτραν ἣν ἄρτι ἐλέγομεν, τὴν καλήν, ἕψῃ ἔτνους καλοῦ
μεστήν, χρυσῆ τορύνη αὐτῇ ἢ συκίνη;"

ΙΠ. Ἡράκλεις, οἷον λέγεις ἄνθρωπον, ὦ Σώκρατες. οὐ 10
βούλει μοι εἰπ‿ῖν τίς ἐστιν;   e

ΣΩ. Οὐ γὰρ ἂν γνοίης, εἴ σοι εἴποιμι τοὔνομα.

ΙΠ. Ἀλλὰ καὶ νῦν ἔγωγε γιγνώσκω, ὅτι ἀμαθής τίς ἐστιν.

ΣΩ. Μέρμερος πάνυ ἐστίν, ὦ Ἱππία· ἀλλ' ὅμως τί
φήσομεν; ποτέραν πρέπειν τοῖν τορύναιν τῷ ἔτνει καὶ τῇ 5
χύτρᾳ; ἢ δῆλον ὅτι τὴν συκίνην; εὐωδέστερον γάρ που
τὸ ἔτνος ποιεῖ, καὶ ἅμα, ὦ ἑταῖρε, οὐκ ἂν συντρίψασα ἡμῖν
τὴν χύτραν ἐκχέαι τὸ ἔτνος καὶ τὸ πῦρ ἀποσβέσειεν καὶ τοὺς
μέλλοντας ἐστιᾶσθαι ἄνευ ὄψου ἂν πάνυ γενναίου ποιήσειεν·
ἡ δὲ χρυσῆ ἐκείνη πάντα ἂν ταῦτα ποιήσειεν, ὥστ' ἔμοιγε 10
δοκεῖν τὴν συκίνην ἡμᾶς μᾶλλον φάναι πρέπειν ἢ τὴν χρυσῆν, 291
εἰ μή τι σὺ ἄλλο λέγεις.

ΙΠ. Πρέπει μὲν γάρ, ὦ Σώκρατες, μᾶλλον· οὐ μεντἂν
ἔγωγε τῷ ἀνθρώπῳ τοιαῦτα ἐρωτῶντι διαλεγοίμην.

ΣΩ. Ὀρθῶς γε, ὦ φίλε· σοὶ μὲν γὰρ οὐκ ἂν πρέποι 5
τοιούτων ὀνομάτων ἀναπίμπλασθαι, καλῶς μὲν οὑτωσὶ ἀμπε-
χομένῳ, καλῶς δὲ ὑποδεδεμένῳ, εὐδοκιμοῦντι δὲ ἐπὶ σοφίᾳ
ἐν πᾶσι τοῖς Ἕλλησιν. ἀλλ' ἐμοὶ οὐδὲν πρᾶγμα φύρεσθαι

d 1 ὦ σοφὲ σύ TW : ὦ ἱππία F (ἐν ἄλλοις ὦ σοφὲ σὺ in marg. f)
d 6 τοῦτο F : τοῦτον TW   d 7 οὖν F : om. TW   d 9 αὐτῇ
TWf : αὕτη F   e 5 τοῖν T F : ταῖν W   e 6 εὐωδέστερον
TWf : ἐν ᾧ δ' ἕτερον F   e 9 ὄψου ἂν W : ὄψου T F   e 10 ὥστ'
ἔμοιγε δοκεῖν F : ὥς γε μοι δοκεῖ TW   a 3 γὰρ TWf : γε F
a 7 ὑποδεδεμένῳ TWf : ὑποδεχομένῳ F   a 8 πᾶσι τοῖς TWf :
πλείστοις F

b πρὸς τὸν ἄνθρωπον· ἐμὲ οὖν προδίδασκε καὶ ἐμὴν χάριν
ἀποκρίνου. " Εἰ γὰρ δὴ πρέπει γε μᾶλλον ἡ συκίνη τῆς
χρυσῆς," φήσει ὁ ἄνθρωπος, " ἄλλο τι καὶ καλλίων ἂν εἴη,
ἐπειδήπερ τὸ πρέπον, ὦ Σώκρατες, κάλλιον ὡμολόγησας εἶναι
5 τοῦ μὴ πρέποντος;" ἄλλο τι ὁμολογῶμεν, ὦ Ἱππία, τὴν
συκίνην καλλίω τῆς χρυσῆς εἶναι;

ΙΠ. Βούλει σοι εἴπω, ὦ Σώκρατες, ὃ εἰπὼν εἶναι τὸ καλὸν
ἀπαλλάξεις σαυτὸν τῶν πολλῶν λόγων;

c ΣΩ. Πάνυ μὲν οὖν· μὴ μέντοι πρότερόν γε πρὶν ἄν μοι
εἴπῃς ποτέραν ἀποκρίνωμαι οἷν ἄρτι ἔλεγον τοῖν τορύναιν
πρέπουσάν τε καὶ καλλίω εἶναι.

ΙΠ. Ἀλλ', εἰ βούλει, αὐτῷ ἀπόκριναι ὅτι ἡ ἐκ τῆς συκῆς
5 εἰργασμένη.

ΣΩ. Λέγε δὴ νυνὶ ὃ ἄρτι ἔμελλες λέγειν. ταύτῃ μὲν γὰρ
τῇ ἀποκρίσει, [ᾗ] ἂν φῶ τὸ καλὸν χρυσὸν εἶναι, οὐδὲν ὡς
ἔοικέ μοι ἀναφανήσεται κάλλιον ὂν χρυσὸς ἢ ξύλον σύκινον·
τὸ δὲ νῦν τί αὖ λέγεις τὸ καλὸν εἶναι;

d ΙΠ. Ἐγώ σοι ἐρῶ. ζητεῖν γάρ μοι δοκεῖς τοιοῦτόν τι
τὸ καλὸν ἀποκρίνασθαι, ὃ μηδέποτε αἰσχρὸν μηδαμοῦ μηδενὶ
φανεῖται.

ΣΩ. Πάνυ μὲν οὖν, ὦ Ἱππία· καὶ καλῶς γε νῦν ὑπο-
5 λαμβάνεις.

ΙΠ. Ἄκουε δή· πρὸς γὰρ τοῦτο ἴσθι, ἐάν τις ἔχῃ ὅτι
ἀντείπῃ, φάναι ἐμὲ μηδ' ὁτιοῦν ἐπαίειν.

ΣΩ. Λέγε δὴ ὡς τάχιστα πρὸς θεῶν.

ΙΠ. Λέγω τοίνυν ἀεὶ καὶ παντὶ καὶ πανταχοῦ κάλλιστον
10 εἶναι ἀνδρί, πλουτοῦντι, ὑγιαίνοντι, τιμωμένῳ ὑπὸ τῶν Ἑλ-

b 5 ὁμολογῶμεν T W F : ὁμολογοῦμεν f   b 6 καλλίω τῆς χρυσῆς
T W : τῆς χρυσῆς καλλίω F   b 7 σοι T W : οὖν σοι F   b 8 σαυτὸν
corr. Coisl. : αὐτὸν W : αὐτὸν T F   c 2 οἷν T F : οἶον W   τοῖν
T F : ταῖν W   c 4 αὐτῷ T F : αὐτὸ W   ἀπόκριναι T W f : αὐτὸ
κρίναι F   c 6 νυνὶ T W f : νῦν F   c 7 ᾗ T W : ἡ F : secl.
Hermann   τὸ T W f : τί F   d 2 μηδαμοῦ μηδενὶ T W : μηδενὶ
μηδαμοῦ F   d 4 καὶ T F : om. W   d 7 ἐπαίειν F : ἐπαινεῖν
T W

λήνων, ἀφικομένῳ εἰς γῆρας, τοὺς αὐτοῦ γονέας τελευτή-
σαντας καλῶς περιστείλαντι, ὑπὸ τῶν αὐτοῦ ἐκγόνων καλῶς e
καὶ μεγαλοπρεπῶς ταφῆναι.

ΣΩ. Ἰοὺ ἰού, ὦ Ἱππία, ἦ θαυμασίως τε καὶ μεγαλείως
καὶ ἀξίως σαυτοῦ εἴρηκας· καὶ νὴ τὴν Ἥραν ἄγαμαί σου ὅτι
μοι δοκεῖς εὐνοϊκῶς, καθ' ὅσον οἷός τ' εἶ, βοηθεῖν· ἀλλὰ γὰρ 5
τοῦ ἀνδρὸς οὐ τυγχάνομεν, ἀλλ' ἡμῶν δὴ νῦν καὶ πλεῖστον
καταγελάσεται, εὖ ἴσθι.

ΙΠ. Πονηρόν γ', ὦ Σώκρατες, γέλωτα· ὅταν γὰρ πρὸς
ταῦτα ἔχῃ μὲν μηδὲν ὅτι λέγῃ, γελᾷ δέ, αὐτοῦ καταγελάσεται
καὶ ὑπὸ τῶν παρόντων αὐτὸς ἔσται καταγέλαστος.   292

ΣΩ. Ἴσως οὕτως ἔχει· ἴσως μέντοι ἐπί γε ταύτῃ τῇ
ἀποκρίσει, ὡς ἐγὼ μαντεύομαι, κινδυνεύσει οὐ μόνον μου
καταγελᾶν.

ΙΠ. Ἀλλὰ τί μήν;   5

ΣΩ. Ὅτι, ἂν τύχῃ βακτηρίαν ἔχων, ἂν μὴ ἐκφύγω φεύγων
αὐτόν, εὖ μάλα μου ἐφικέσθαι πειράσεται.

ΙΠ. Πῶς λέγεις; δεσπότης τίς σου ὁ ἄνθρωπός ἐστιν, καὶ
τοῦτο ποιήσας οὐκ ἀχθήσεται καὶ δίκας ὀφλήσει; ἢ οὐκ
ἔνδικος ὑμῖν ἡ πόλις ἐστίν, ἀλλ' ἐᾷ ἀδίκως τύπτειν ἀλλήλους b
τοὺς πολίτας;

ΣΩ. Οὐδ' ὁπωστιοῦν ἐᾷ.

ΙΠ. Οὐκοῦν δώσει δίκην ἀδίκως γέ σε τύπτων.

ΣΩ. Οὔ μοι δοκεῖ, ὦ Ἱππία, οὔκ, εἰ ταῦτά γε ἀποκρι- 5
ναίμην, ἀλλὰ δικαίως, ἔμοιγε δοκεῖ.

ΙΠ. Καὶ ἐμοὶ τοίνυν δοκεῖ, ὦ Σώκρατες, ἐπειδήπερ γε
αὐτὸς ταῦτα οἴει.

ΣΩ. Οὐκοῦν εἴπω σοι καὶ ᾗ αὐτὸς οἴομαι δικαίως ἂν
τύπτεσθαι ταῦτα ἀποκρινόμενος; ἢ καὶ σύ με ἄκριτον 10
τυπτήσεις; ἢ δέξῃ λόγον;

---

e 1 ἐκγόνων T W : ἐγγόνων F   e 6 δὴ νῦν T F : νῦν δὴ W
e 9 λέγῃ T F : λέγει W   a 7 ἐφικέσθαι] in marg. καταλαβεῖν T
a 9 ἀχθήσεται F : ἀχθέσεται T W : ἀπαχθήσεται ci. Naber   b 1 ἐᾷ
T W : ἐᾶν F (ἐὰν Ang.)   b 11 δέξῃ T W f : λέξειν F (λέξεις Ang.)

c ΙΠ. Δεινὸν γὰρ ἂν εἴη, ὦ Σώκρατες, εἰ μὴ δεχοίμην·
ἀλλὰ πῶς λέγεις;

ΣΩ. Ἐγώ σοι ἐρῶ, τὸν αὐτὸν τρόπον ὅνπερ νυνδή, μιμού-
μενος ἐκεῖνον, ἵνα μὴ πρὸς σὲ λέγω ῥήματα, οἷα ἐκεῖνος εἰς
5 ἐμὲ ἐρεῖ, χαλεπά τε καὶ ἀλλόκοτα. εὖ γὰρ ἴσθι, "Εἰπέ μοι,"
φήσει, "ὦ Σώκρατες, οἴει ἂν ἀδίκως πληγὰς λαβεῖν, ὅστις
διθύραμβον τοσουτονὶ ᾄσας οὕτως ἀμούσως πολὺ ἀπῇσας
ἀπὸ τοῦ ἐρωτήματος;" Πῶς δή; φήσω ἐγώ. "Ὅπως;"
φήσει· "οὐχ οἷός τ' εἶ μεμνῆσθαι ὅτι τὸ καλὸν αὐτὸ ἠρώτων,
d ὃ παντὶ ᾧ ἂν προσγένηται, ὑπάρχει ἐκείνῳ καλῷ εἶναι, καὶ
λίθῳ καὶ ξύλῳ καὶ ἀνθρώπῳ καὶ θεῷ καὶ πάσῃ πράξει
καὶ παντὶ μαθήματι; αὐτὸ γὰρ ἔγωγε, ὤνθρωπε, κάλλος
ἐρωτῶ ὅτι ἐστίν, καὶ οὐδέν σοι μᾶλλον γεγωνεῖν δύναμαι ἢ
5 εἴ μοι παρεκάθησο λίθος, καὶ οὗτος μυλίας, μήτε ὦτα μήτε
ἐγκέφαλον ἔχων." εἰ οὖν φοβηθεὶς εἴποιμι ἐγὼ ἐπὶ τούτοις
τάδε, ἆρα οὐκ ἂν ἄχθοιο, ὦ Ἱππία; Ἀλλὰ μέντοι τόδε τὸ
e καλὸν εἶναι Ἱππίας ἔφη· καίτοι ἐγὼ αὐτὸν ἠρώτων οὕτως
ὥσπερ σὺ ἐμέ, ὃ πᾶσι καλὸν καὶ ἀεί ἐστι. πῶς οὖν φῄς;
οὐκ ἀχθέσῃ, ἂν εἴπω ταῦτα;

ΙΠ. Εὖ γ' οὖν οἶδα, ὦ Σώκρατες, ὅτι πᾶσι καλὸν τοῦτ'
5 ἐστίν, ὃ ἐγὼ εἶπον, καὶ δόξει.

ΣΩ. "Ἦ καὶ ἔσται;" φήσει· "ἀεὶ γάρ που τό γε καλὸν
καλόν."—ΙΠ. Πάνυ γε.—ΣΩ. "Οὐκοῦν καὶ ἦν;" φήσει.
—ΙΠ. Καὶ ἦν.—ΣΩ. "Ἦ καὶ τῷ Ἀχιλλεῖ," φήσει, "ὁ
ξένος ὁ Ἠλεῖος ἔφη καλὸν εἶναι ὑστέρῳ τῶν προγόνων
10 ταφῆναι, καὶ τῷ πάππῳ αὐτοῦ Αἰακῷ, καὶ τοῖς ἄλλοις ὅσοι
293 ἐκ θεῶν γεγόνασι, καὶ αὐτοῖς τοῖς θεοῖς;"

---

c 2 ἀλλὰ πῶς TWf: ἀλλ' ἁπλῶς F   c 7 τοσουτονὶ TW:
τουτονὶ F   c 8 δή TW: ἂν F sed δὴ suprascr. f (ἂν δὴ Ang.)
c 9 μεμνῆσθαι TW: μνησθῆναι F   d 1 ὃ] ᾧ vel δι' ὃ Stallbaum
d 2 θεῷ TW: θείῳ F   πάσῃ F: ἀπάσῃ TW   d 5 παρεκάθησο
WF: παρεκάθισο T   ὦτα TW: νοῦν F (in marg. μήτε ὦτα f)
e 4 εὖ TWf: σὺ F   e 6 φήσει TF: φύσει W   τό γε καλὸν
καλόν F: τό γε καλὸν TP: καλὸν τό γε καλόν W   e 8 ἦ TWf:
εἰ ἢ F   e 9 ἠλεῖος TWf: ἥλιος F

ΙΠ. Τί τοῦτο; βάλλ' ἐς μακαρίαν. τοῦ ἀνθρώπου οὐδ'
εὔφημα, ὦ Σώκρατες, ταῦτά γε τὰ ἐρωτήματα.

ΣΩ. Τί δέ; τὸ ἐρομένου ἑτέρου φάναι ταῦτα οὕτως ἔχειν
οὐ πάνυ δύσφημον;   5

ΙΠ. Ἴσως.

ΣΩ. "Ἴσως τοίνυν σὺ εἶ οὗτος," φήσει, "ὃς παντὶ φῂς
καὶ ἀεὶ καλὸν εἶναι ὑπὸ μὲν τῶν ἐκγόνων ταφῆναι, τοὺς δὲ
γονέας θάψαι· ἢ οὐχ εἷς τῶν ἁπάντων καὶ Ἡρακλῆς ἦν καὶ
οὓς νυνδὴ ἐλέγομεν πάντες;"   10

ΙΠ. Ἀλλ' οὐ τοῖς θεοῖς ἔγωγε ἔλεγον.

ΣΩ. "Οὐδὲ τοῖς ἥρωσιν, ὡς ἔοικας."   b

ΙΠ. Οὐχ ὅσοι γε θεῶν παῖδες ἦσαν.

ΣΩ. "Ἀλλ' ὅσοι μή;"

ΙΠ. Πάνυ γε.

ΣΩ. "Οὐκοῦν κατὰ τὸν σὸν αὖ λόγον, ὡς φαίνεται, τῶν   5
ἡρώων τῷ μὲν Ταντάλῳ καὶ τῷ Δαρδάνῳ καὶ τῷ Ζήθῳ
δεινόν τε καὶ ἀνόσιον καὶ αἰσχρόν ἐστι, Πέλοπι δὲ καὶ τοῖς
ἄλλοις τοῖς οὕτω γεγονόσι καλόν."

ΙΠ. Ἔμοιγε δοκεῖ.

ΣΩ. "Σοὶ τοίνυν δοκεῖ," φήσει, "ὃ ἄρτι οὐκ ἔφησθα, τὸ   10
θάψαντι τοὺς προγόνους ταφῆναι ὑπὸ τῶν ἐκγόνων ἐνίοτε καὶ
ἐνίοις αἰσχρὸν εἶναι· ἔτι δὲ μᾶλλον, ὡς ἔοικεν, ἀδύνατον   c
πᾶσι τοῦτο γενέσθαι καὶ εἶναι καλόν, ὥστε τοῦτό γε ὥσπερ
καὶ τὰ ἔμπροσθεν ἐκεῖνα, ἥ τε παρθένος καὶ ἡ χύτρα, ταὐτὸν
πέπονθε, καὶ ἔτι γελοιοτέρως τοῖς μέν ἐστι καλόν, τοῖς δ' οὐ
καλόν. καὶ οὐδέπω καὶ τήμερον," φήσει, "οἷός τ' εἶ, ὦ   5
Σώκρατες, περὶ τοῦ καλοῦ ὅτι ἐστὶ τὸ ἐρωτώμενον ἀποκρί-
νασθαι." ταῦτά μοι καὶ τοιαῦτα ὀνειδιεῖ δικαίως, ἐὰν αὐτῷ

a 4 ἐρομένου Bipontina : ἐρωμένου F (sed suprascr. τω f) : ἐρωτω-
μένου T W   a 8 ἀεὶ T W : δὴ F   ἐκγόνων T W f : ἐγγόνων F
a 10 πάντες T F : πάντας W   b 10 φήσει T W f : φησὶν F   τὸ
T W : τῷ F : τὸ τῷ f (et sic Ang.)   b 11 ἐκγόνων T W : ἐγγόνων
F   c 2 πᾶσι τοῦτο T W : τοῦτο πᾶσι F   γε T W f : om. F
c 3 ἐκεῖνα F : κεῖνα T W   c 4 γελοιοτέρως T W F : γελοιοτέροις f
c 6 ἐρωτώμενον T W f : ἐρωτημένον ut videtur F

οὕτως ἀποκρίνωμαι. τὰ μὲν οὖν πολλά, ὦ Ἱππία, σχεδόν
d τί μοι οὕτω διαλέγεται· ἐνίοτε δὲ ὥσπερ ἐλεήσας μου τὴν
ἀπειρίαν καὶ ἀπαιδευσίαν αὐτός μοι προβάλλει ἐρωτῶν εἰ
τοιόνδε μοι δοκεῖ εἶναι τὸ καλόν, ἢ καὶ περὶ ἄλλου ὅτου ἂν
τύχῃ πυνθανόμενος καὶ περὶ οὗ ἂν λόγος ᾖ.
5   ΙΠ. Πῶς τοῦτο λέγεις, ὦ Σώκρατες;
     ΣΩ. Ἐγώ σοι φράσω. "Ὦ δαιμόνιε," φησί, "Σώ-
κρατες, τὰ μὲν τοιαῦτα ἀποκρινόμενος καὶ οὕτω παῦσαι—
λίαν γὰρ εὐήθη τε καὶ εὐεξέλεγκτά ἐστιν—ἀλλὰ τὸ τοιόνδε
e σκόπει εἴ σοι δοκεῖ καλὸν εἶναι, οὗ καὶ νυνδὴ ἐπελαβόμεθα
ἐν τῇ ἀποκρίσει, ἡνίκ' ἔφαμεν τὸν χρυσὸν οἷς μὲν πρέπει
καλὸν εἶναι, οἷς δὲ μή, οὔ, καὶ τἆλλα πάντα οἷς ἂν τοῦτο
προσῇ· αὐτὸ δὴ τοῦτο τὸ πρέπον καὶ τὴν φύσιν αὐτοῦ τοῦ
5 πρέποντος σκόπει εἰ τοῦτο τυγχάνει ὂν τὸ καλόν." ἐγὼ μὲν
οὖν εἴωθα συμφάναι τὰ τοιαῦτα ἑκάστοτε—οὐ γὰρ ἔχω ὅτι
λέγω—σοὶ δ' οὖν δοκεῖ τὸ πρέπον καλὸν εἶναι;
     ΙΠ. Πάντως δήπου, ὦ Σώκρατες.
     ΣΩ. Σκοπώμεθα, μή πῃ ἄρ' ἐξαπατώμεθα.
10   ΙΠ. Ἀλλὰ χρὴ σκοπεῖν.
     ΣΩ. Ὅρα τοίνυν· τὸ πρέπον ἆρα τοῦτο λέγομεν, ὃ παρα-
294 γενόμενον ποιεῖ ἕκαστα φαίνεσθαι καλὰ τούτων οἷς ἂν παρῇ,
ἢ ὃ εἶναι ποιεῖ, ἢ οὐδέτερα τούτων;
     ΙΠ. Ἔμοιγε δοκεῖ [πότερα] ὃ ποιεῖ φαίνεσθαι καλά·
ὥσπερ γε ἐπειδὰν ἱμάτιά τις λάβῃ ἢ ὑποδήματα ἁρμόττοντα,
5 κἂν ᾖ γελοῖος, καλλίων φαίνεται.
     ΣΩ. Οὐκοῦν εἴπερ καλλίω ποιεῖ φαίνεσθαι ἢ ἔστι τὸ
πρέπον, ἀπάτη τις ἂν εἴη περὶ τὸ καλὸν τὸ πρέπον, καὶ οὐκ
ἂν εἴη τοῦτο ὃ ἡμεῖς ζητοῦμεν, ὦ Ἱππία; ἡμεῖς μὲν γάρ που

---

d2 προβάλλει TWf: προσβαλεῖ F   d3 εἶναι τὸ καλὸν TF:
τὸ καλὸν εἶναι W   d4 λόγος TWF: ὁ λόγος scr. recc.   d7 μὲν
TF: μέντοι W   d8 εὐήθη TWf: εὐνοῇ F (εὖ Ang.)   e6 γὰρ
ἔχω TWf: παρέχω F   a2 οὐδέτερα] ἀμφότερα ci Sydenham
a3 πότερα secl. Baumann, Socrati tribuit Apelt   ὃ . . . a5
φαίνεται Hippiae tribuunt Apelt Baumann   a8 μὲν γάρ F:
γάρ TW

ἐκεῖνο ἐζητοῦμεν, ᾧ πάντα τὰ καλὰ πράγματα καλά ἐστιν— b
ὥσπερ ᾧ πάντα τὰ μεγάλα ἐστὶ μεγάλα, τῷ ὑπερέχοντι·
τούτῳ γὰρ πάντα μεγάλα ἐστί, καὶ ἐὰν μὴ φαίνηται, ὑπερέχῃ
δέ, ἀνάγκη αὐτοῖς μεγάλοις εἶναι—οὕτω δή, φαμέν, καὶ τὸ
καλόν, ᾧ καλὰ πάντα ἐστίν, ἄντ᾽ οὖν φαίνηται ἄντε μή, τί 5
ἂν εἴη; τὸ μὲν γὰρ πρέπον οὐκ ἂν εἴη· καλλίω γὰρ ποιεῖ
φαίνεσθαι ἢ ἔστιν, ὡς ὁ σὸς λόγος, οἷα δ᾽ ἔστιν οὐκ ἐᾷ
φαίνεσθαι. τὸ δὲ ποιοῦν εἶναι καλά, ὅπερ νυνδὴ εἶπον,
ἐάντε φαίνηται ἐάντε μή, πειρατέον λέγειν τί ἐστι· τοῦτο c
γὰρ ζητοῦμεν, εἴπερ τὸ καλὸν ζητοῦμεν.

ΙΠ. Ἀλλὰ τὸ πρέπον, ὦ Σώκρατες, καὶ εἶναι καὶ φαί-
νεσθαι ποιεῖ καλὰ παρόν.

ΣΩ. Ἀδύνατον ἄρα τῷ ὄντι καλὰ ὄντα μὴ φαίνεσθαι 5
καλὰ εἶναι, παρόντος γε τοῦ ποιοῦντος φαίνεσθαι;

ΙΠ. Ἀδύνατον.

ΣΩ. Ὁμολογήσομεν οὖν τοῦτο, ὦ Ἱππία, πάντα τὰ τῷ
ὄντι καλὰ καὶ νόμιμα καὶ ἐπιτηδεύματα καὶ δοξάζεσθαι καλὰ
εἶναι καὶ φαίνεσθαι ἀεὶ πᾶσιν, ἢ πᾶν τοὐναντίον ἀγνοεῖσθαι d
καὶ πάντων μάλιστα ἔριν καὶ μάχην περὶ αὐτῶν εἶναι καὶ
ἰδίᾳ ἑκάστοις καὶ δημοσίᾳ ταῖς πόλεσιν;

ΙΠ. Οὕτω μᾶλλον, ὦ Σώκρατες· ἀγνοεῖσθαι.

ΣΩ. Οὐκ ἄν, εἴ γέ που τὸ φαίνεσθαι αὐτοῖς προσῆν· 5
προσῆν δ᾽ ἄν, εἴπερ τὸ πρέπον καλὸν ἦν καὶ μὴ μόνον καλὰ
ἐποίει εἶναι ἀλλὰ καὶ φαίνεσθαι. ὥστε τὸ πρέπον, εἰ μὲν
τὸ καλὰ ποιοῦν ἐστιν εἶναι, τὸ μὲν καλὸν ἂν εἴη, ὃ ἡμεῖς
ζητοῦμεν, οὐ μέντοι τό γε ποιοῦν φαίνεσθαι· εἰ δ᾽ αὖ τὸ
φαίνεσθαι ποιοῦν ἐστιν τὸ πρέπον, οὐκ ἂν εἴη τὸ καλόν, ὃ e

b 1 ἐζητοῦμεν TWF : ζητοῦμεν scr. recc.   καλά ἐστιν TF : καλὰ
ἔσται W   b 3 καὶ ἐὰν W : καὶ ἂν T : κἂν F   ὑπερέχῃ δέ TW :
ὑπερέχει δὲ ⱥ F   b 7 ἢ F : ᾗ TW   c 8 ὁμολογήσομεν TW et
suprascr. f : ὁμολόγησον ἐν F (sed corr. ὁμολογήσωμεν f)   c 9 νόμιμα
καὶ TW : νόμιμα F   d 1 ἀγνοεῖσθαι TWf : διαλέγεσθαι F   d 3 ἑκά-
στοις TWf : ἑκάσταις F   d 8 καλὰ ποιοῦν TWf : καλοποιοῦν F
μὲν TWF : secl. Bekker   e 1 φαίνεσθαι ποιοῦν ἐστιν TWf : ποιοῦν
ἐστι φαίνεσθαι F

ἡμεῖς ζητοῦμεν. εἶναι γὰρ ἐκεῖνό γε ποιεῖ, φαίνεσθαι δὲ καὶ
[ποιεῖν] εἶναι οὐ μόνον καλὰ οὐκ ἄν ποτε δύναιτο τὸ αὐτό, ἀλλ'
οὐδὲ ἄλλο ὁτιοῦν. ἐλώμεθα δὴ πότερα δοκεῖ τὸ πρέπον εἶναι
5 τὸ φαίνεσθαι καλὰ ποιοῦν, ἢ τὸ εἶναι.

ΙΠ. Τὸ φαίνεσθαι, ἔμοιγε δοκεῖ, ὦ Σώκρατες.

ΣΩ. Βαβαῖ, οἴχεται ἄρ' ἡμᾶς διαπεφευγός, ὦ Ἱππία, τὸ
καλὸν γνῶναι ὅτι ποτέ ἐστιν, ἐπειδή γε τὸ πρέπον ἄλλο τι
ἐφάνη ὂν ἢ καλόν.

10 ΙΠ. Ναὶ μὰ Δία, ὦ Σώκρατες, καὶ μάλα ἔμοιγε ἀτόπως.

295 ΣΩ. Ἀλλὰ μέντοι, ὦ ἑταῖρε, μήπω γε ἀνῶμεν αὐτό· ἔτι
γάρ τινα ἐλπίδα ἔχω ἐκφανήσεσθαι τί ποτ' ἐστὶν τὸ καλόν.

ΙΠ. Πάντως δήπου, ὦ Σώκρατες· οὐδὲ γὰρ χαλεπόν ἐστιν
εὑρεῖν. ἐγὼ μὲν οὖν εὖ οἶδ' ὅτι, εἰ ὀλίγον χρόνον εἰς ἐρημίαν
5 ἐλθὼν σκεψαίμην πρὸς ἐμαυτόν, ἀκριβέστερον ἂν αὐτό σοι
εἴποιμι τῆς ἁπάσης ἀκριβείας.

ΣΩ. Ἃ μὴ μέγα, ὦ Ἱππία, λέγε. ὁρᾷς ὅσα πράγματα
ἡμῖν ἤδη παρέσχηκε· μὴ καὶ ὀργισθὲν ἡμῖν ἔτι μᾶλλον
b ἀποδρᾷ. καίτοι οὐδὲν λέγω· σὺ μὲν γὰρ οἶμαι ῥᾳδίως αὐτὸ
εὑρήσεις, ἐπειδὰν μόνος γένῃ. ἀλλὰ πρὸς θεῶν ἐμοῦ ἐναντίον
αὐτὸ ἔξευρε, εἰ δὲ βούλει, ὥσπερ νῦν ἐμοὶ συζήτει· καὶ ἐὰν
μὲν εὕρωμεν, κάλλιστα ἕξει, εἰ δὲ μή, στέρξω οἶμαι ἐγὼ τῇ
5 ἐμῇ τύχῃ, σὺ δ' ἀπελθὼν ῥᾳδίως εὑρήσεις· καὶ ἐὰν μὲν νῦν
εὕρωμεν, ἀμέλει οὐκ ὀχληρὸς ἔσομαί σοι πυνθανόμενος ὅτι
ἦν ἐκεῖνο ὃ κατὰ σαυτὸν ἐξηῦρες· νῦν δὲ θέασαι αὐτὸ ὅ σοι
c δοκεῖ εἶναι τὸ καλόν. λέγω δὴ αὐτὸ εἶναι—ἀλλὰ γὰρ ἐπι-
σκόπει μοι πάνυ προσέχων τὸν νοῦν μὴ παραληρήσω—τοῦτο
γὰρ δὴ ἔστω ἡμῖν καλόν, ὃ ἂν χρήσιμον ᾖ. εἶπον δὲ ἐκ

e2 γε TWf: om. F   καὶ ποιεῖν εἶναι TWF: καὶ εἶναι ποιεῖν
Heindorf: ποιεῖν καὶ εἶναι Hirschig: ποιεῖν seclusi   e3 τὸ TW:
om. F   ἀλλ' οὐδὲ TW: ἀλλὰ καὶ οὐδὲ F   e8 ὅ τί ποτε T: ὅ τί
ποτ' F: ὅ τί τοτὲ W   e10 ἀτόπως TWF (sed σκ supra τ W)
a1 μήπωγε TW: μήποτε F (sed τ refinxit f)   a4 εὖ TW: om. F
a5 ἂν F: om. TW   αὐτό σοι TW: αὐτὸ οἱ F: αὐτὸς σοι f   b4 μὲν
TF: om. W   b5 τύχῃ TWf: ψυχῇ F   ἐὰν μὲν F: ἐὰν TW
b7 δὲ] δὴ Heindorf   αὐτὸ ὅ σοι F: αὐτὸ εἰ TW: αὖ τόδ' εἰ Her-
mann   c3 γὰρ TW: μὲν γὰρ F

τῶνδε ἐννοούμενος· καλοί, φαμέν, οἱ ὀφθαλμοί εἰσιν, οὐχ
οἳ ἂν δοκῶσι τοιοῦτοι εἶναι οἷοι μὴ δυνατοὶ ὁρᾶν, ἀλλ᾽ οἳ ἂν 5
δυνατοί τε καὶ χρήσιμοι πρὸς τὸ ἰδεῖν.   ἢ γάρ;

ΙΠ. Ναί.

ΣΩ. Οὐκοῦν καὶ τὸ ὅλον σῶμα οὕτω λέγομεν καλὸν
εἶναι, τὸ μὲν πρὸς δρόμον, τὸ δὲ πρὸς πάλην, καὶ αὖ τὰ
ζῷα πάντα, ἵππον καλὸν καὶ ἀλεκτρυόνα καὶ ὄρτυγα, καὶ d
τὰ σκεύη πάντα καὶ τὰ ὀχήματα τά τε πεζὰ καὶ τὰ ἐν τῇ
θαλάττῃ πλοῖά τε καὶ τριήρεις, καὶ τά γε ὄργανα πάντα
τά τε ὑπὸ τῇ μουσικῇ καὶ τὰ ὑπὸ ταῖς ἄλλαις τέχναις,
εἰ δὲ βούλει, τὰ ἐπιτηδεύματα καὶ τοὺς νόμους, σχεδόν τι 5
πάντα ταῦτα καλὰ προσαγορεύομεν τῷ αὐτῷ τρόπῳ· ἀπο-
βλέποντες πρὸς ἕκαστον αὐτῶν ᾗ πέφυκεν, ᾗ εἴργασται,
ᾗ κεῖται, τὸ μὲν χρήσιμον καὶ ᾗ χρήσιμον καὶ πρὸς ὃ χρή-
σιμον καὶ ὁπότε χρήσιμον καλόν φαμεν εἶναι, τὸ δὲ ταύτῃ e
πάντῃ ἄχρηστον αἰσχρόν· ἆρ᾽ οὐ καὶ σοὶ δοκεῖ οὕτως, ὦ
Ἱππία;

ΙΠ. Ἔμοιγε.

ΣΩ. Ὀρθῶς ἄρα νῦν λέγομεν ὅτι τυγχάνει παντὸς ὂν 5
μᾶλλον καλὸν τὸ χρήσιμον;—ΙΠ. Ὀρθῶς μέντοι, ὦ Σώ-
κρατες.—ΣΩ. Οὐκοῦν τὸ δυνατὸν ἕκαστον ἀπεργάζεσθαι, εἰς
ὅπερ δυνατόν, εἰς τοῦτο καὶ χρήσιμον, τὸ δὲ ἀδύνατον
ἄχρηστον;—ΙΠ. Πάνυ γε.—ΣΩ. Δύναμις μὲν ἄρα καλόν,
ἀδυναμία δὲ αἰσχρόν;—ΙΠ. Σφόδρα γε. τά τε γοῦν ἄλλα, 10
ὦ Σώκρατες, μαρτυρεῖ ἡμῖν ὅτι τοῦτο οὕτως ἔχει, ἀτὰρ οὖν 296
καὶ τὰ πολιτικά· ἐν γὰρ τοῖς πολιτικοῖς τε καὶ τῇ ἑαυτοῦ
πόλει τὸ μὲν δυνατὸν εἶναι πάντων κάλλιστον, τὸ δὲ ἀδύ-
νατον πάντων αἴσχιστον.—ΣΩ. Εὖ λέγεις. ἆρ᾽ οὖν πρὸς

c 4 φαμὲν T F : μὲν W   d 1 καλὸν secl. Schanz   d 3 πλοῖά
τε καὶ τριήρεις secl. Burges   d 5 τὰ T W : καὶ τὰ F   d 7 πρὸς
T W f : om. F   πρὸς ὃ ἕκαστον αὐτῶν ἢ πέφυκεν ἢ εἴργασται ἢ κεῖται
Apelt   d 8 καὶ ᾗ T W F : ᾗ Heindorf (καὶ ᾗ . . . ὁπότε χρήσιμον
post d 7 κεῖται transp. Baumann)   e 1 καλόν φαμεν T W F : κἂν
ut videtur suprascr. f (καλόν φαμεν καλὸν Ang.)   e 10 γοῦν F :
οὖν T W   a 4 πάντων T W : ἁπάντων F

5 θεῶν, Ἱππία, διὰ ταῦτα καὶ ἡ σοφία πάντων κάλλιστον, ἡ
δὲ ἀμαθία πάντων αἴσχιστον;—ΙΠ. Ἀλλὰ τί οἴει, ὦ Σώ-
κρατες;

ΣΩ. Ἔχε δὴ ἠρέμα, ὦ φίλε ἑταῖρε· ὡς φοβοῦμαι τί ποτ᾽
αὖ λέγομεν.

b ΙΠ. Τί δ᾽ αὖ φοβῇ, ὦ Σώκρατες, ἐπεὶ νῦν γέ σοι ὁ λόγος
παγκάλως προβέβηκε;

ΣΩ. Βουλοίμην ἄν, ἀλλά μοι τόδε συνεπίσκεψαι· ἆρ᾽ ἄν
τίς τι ποιήσειεν ὃ μήτ᾽ ἐπίσταιτο μήτε τὸ παράπαν δύναιτο;
5 —ΙΠ. Οὐδαμῶς· πῶς γὰρ ἂν ὅ γε μὴ δύναιτο;—ΣΩ. Οἱ
οὖν ἐξαμαρτάνοντες καὶ κακὰ ἐργαζόμενοί τε καὶ ποιοῦντες
ἄκοντες, ἄλλο τι οὗτοι, εἰ μὴ ἐδύναντο ταῦτα ποιεῖν, οὐκ ἄν
ποτε ἐποίουν;—ΙΠ. Δῆλον δή.—ΣΩ. Ἀλλὰ μέντοι δυνάμει
c γε δύνανται οἱ δυνάμενοι· οὐ γάρ που ἀδυναμίᾳ γε.—ΙΠ.
Οὐ δῆτα.—ΣΩ. Δύνανται δέ γε πάντες ποιεῖν οἱ ποιοῦν-
τες ἃ ποιοῦσιν;—ΙΠ. Ναί.—ΣΩ. Κακὰ δέ γε πολὺ πλείω
ποιοῦσιν ἢ ἀγαθὰ πάντες ἄνθρωποι, ἀρξάμενοι ἐκ παίδων,
5 καὶ ἐξαμαρτάνουσιν ἄκοντες.—ΙΠ. Ἔστι ταῦτα.—ΣΩ. Τί
οὖν; ταύτην τὴν δύναμιν καὶ ταῦτα τὰ χρήσιμα, ἃ ἂν ᾖ ἐπὶ
τὸ κακόν τι ἐργάζεσθαι χρήσιμα, ἆρα φήσομεν ταῦτα εἶναι
d καλά, ἢ πολλοῦ δεῖ;—ΙΠ. Πολλοῦ, ἔμοιγε δοκεῖ, ὦ Σώ-
κρατες.—ΣΩ. Οὐκ ἄρα, ὦ Ἱππία, τὸ δυνατόν τε καὶ τὸ
χρήσιμον ἡμῖν, ὡς ἔοικεν, ἐστὶ τὸ καλόν.

ΙΠ. Ἐάν γε, ὦ Σώκρατες, ἀγαθὰ δύνηται καὶ ἐπὶ τοιαῦτα
5 χρήσιμον ᾖ.

ΣΩ. Ἐκεῖνο μὲν τοίνυν οἴχεται, τὸ δυνατόν τε καὶ χρή-
σιμον ἁπλῶς εἶναι καλόν· ἀλλ᾽ ἄρα τοῦτ᾽ ἦν ἐκεῖνο, ὦ Ἱπ-
πία, ὃ ἐβούλετο ἡμῶν ἡ ψυχὴ εἰπεῖν, ὅτι τὸ χρήσιμόν τε
καὶ τὸ δυνατὸν ἐπὶ τὸ ἀγαθόν τι ποιῆσαι, τοῦτ᾽ ἐστὶ τὸ
e καλόν;—ΙΠ. Ἔμοιγε δοκεῖ.—ΣΩ. Ἀλλὰ μὴν τοῦτό γε
ὠφέλιμόν ἐστιν. ἢ οὔ;—ΙΠ. Πάνυ γε.—ΣΩ. Οὕτω δὴ

a 5 ἱππία T F: ὦ ἱππία W   a 6 ὦ T W: om. F   a 9 λέγομεν]
λέγωμεν Stephanus   b 3 μοι T W: om. F   b 4 ἐπίσταιτο
T W: ἐπίσταται F   c 3 γε T W: om. F   c 6 ἃ T W f: om. F

καὶ τὰ καλὰ σώματα καὶ τὰ καλὰ νόμιμα καὶ ἡ σοφία καὶ
ἃ νυνδὴ ἐλέγομεν πάντα καλά ἐστιν, ὅτι ὠφέλιμα.—ΙΠ.
Δῆλον ὅτι.—ΣΩ. Τὸ ὠφέλιμον ἄρα ἔοικεν ἡμῖν εἶναι τὸ 5
καλόν, ὦ Ἱππία.—ΙΠ. Πάντως δήπου, ὦ Σώκρατες.

ΣΩ. Ἀλλὰ μὴν τό γε ὠφέλιμον τὸ ποιοῦν ἀγαθόν ἐστιν.
—ΙΠ. Ἔστι γάρ.—ΣΩ. Τὸ ποιοῦν δέ γ᾽ ἐστὶν οὐκ ἄλλο
τι ἢ τὸ αἴτιον· ἢ γάρ;—ΙΠ. Οὕτως.—ΣΩ. Τοῦ ἀγαθοῦ ἄρα
αἴτιόν ἐστιν τὸ καλόν.—ΙΠ. Ἔστι γάρ.   297

ΣΩ. Ἀλλὰ μὴν τό γε αἴτιον, ὦ Ἱππία, καὶ οὗ ἂν αἴτιον
ᾖ τὸ αἴτιον, ἄλλο ἐστίν· οὐ γάρ που τό γε αἴτιον αἰτίου
αἴτιον ἂν εἴη. ὧδε δὲ σκόπει· οὐ τὸ αἴτιον ποιοῦν ἐφάνη;
—ΙΠ. Πάνυ γε.—ΣΩ. Οὐκοῦν ὑπὸ τοῦ ποιοῦντος ποιεῖται 5
οὐκ ἄλλο τι ἢ τὸ γιγνόμενον, ἀλλ᾽ οὐ τὸ ποιοῦν;—ΙΠ.
Ἔστι ταῦτα.—ΣΩ. Οὐκοῦν ἄλλο τι τὸ γιγνόμενον, ἄλλο
δὲ τὸ ποιοῦν;—ΙΠ. Ναί.—ΣΩ. Οὐκ ἄρα τό γ᾽ αἴτιον αἴτιον
αἰτίου ἐστίν, ἀλλὰ τοῦ γιγνομένου ὑφ᾽ ἑαυτοῦ.—ΙΠ. Πάνυ   b
γε.—ΣΩ. Εἰ ἄρα τὸ καλόν ἐστιν αἴτιον ἀγαθοῦ, γίγνοιτ᾽ ἂν
ὑπὸ τοῦ καλοῦ τὸ ἀγαθόν· καὶ διὰ ταῦτα, ὡς ἔοικε, σπου-
δάζομεν καὶ τὴν φρόνησιν καὶ τἆλλα πάντα τὰ καλά, ὅτι
τὸ ἔργον αὐτῶν καὶ τὸ ἔκγονον σπουδαστόν ἐστι, τὸ ἀγαθόν, 5
καὶ κινδυνεύει ἐξ ὧν εὑρίσκομεν ἐν πατρός τινος ἰδέᾳ εἶναι
τὸ καλὸν τοῦ ἀγαθοῦ.—ΙΠ. Πάνυ μὲν οὖν· καλῶς γὰρ
λέγεις, ὦ Σώκρατες.

ΣΩ. Οὐκοῦν καὶ τόδε καλῶς λέγω, ὅτι οὔτε ὁ πατὴρ ὑός
ἐστιν, οὔτε ὁ ὑὸς πατήρ;—ΙΠ. Καλῶς μέντοι.—ΣΩ. Οὐδέ   c
γε τὸ αἴτιον γιγνόμενόν ἐστιν, οὐδὲ τὸ γιγνόμενον αὖ αἴτιον.
—ΙΠ. Ἀληθῆ λέγεις.—ΣΩ. Μὰ Δία, ὦ ἄριστε, οὐδὲ ἄρα
τὸ καλὸν ἀγαθόν ἐστιν, οὐδὲ τὸ ἀγαθὸν καλόν· ἢ δοκεῖ σοι

θ4 ὅτι TW et in marg. f : καὶ F sed punctis del. f   θ9 ἄρα
αἴτιόν ἐστιν TF sed post ἄρα add. ἑκάστου f (ἄρ᾽ ἑκάστου Ang.) : ἄρα
ἔστιν αἴτιον W   a3 αἰτίου] αὑτοῦ Dobree (et mox b1)   a8 ποιοῦν
TW : ποιούμενον F   γ᾽ TW : om. F   b5 ἔκγονον TWf :
ἔγγονον F   b6 ἐν F : om. TW   ἰδέᾳ TW : εἰδέα F (εἰ ἰδέα
Ang.)   c4 καλόν· ἢ corr. Cois¹. : ἢ καλόν· ἢ T : ἢ καλὸν W :
καλὸν F   σοι οἷόν TWf : σοι ον F (σοι Ang.)

5 οἷόν τε εἶναι ἐκ τῶν προειρημένων;—ΙΠ. Οὐ μὰ τὸν Δία,
οὔ μοι φαίνεται.

ΣΩ. Ἀρέσκει οὖν ἡμῖν καὶ ἐθέλοιμεν ἂν λέγειν ὡς τὸ
καλὸν οὐκ ἀγαθὸν οὐδὲ τὸ ἀγαθὸν καλόν;

ΙΠ. Οὐ μὰ τὸν Δία, οὐ πάνυ μοι ἀρέσκει.

10 ΣΩ. Ναὶ μὰ τὸν Δία, ὦ Ἱππία· ἐμοὶ δέ γε πάντων
d ἥκιστα ἀρέσκει ὧν εἰρήκαμεν λόγων.

ΙΠ. Ἔοικε γὰρ οὕτως.

ΣΩ. Κινδυνεύει ἄρα ἡμῖν, οὐχ ὥσπερ ἄρτι ἐφαίνετο κάλ-
λιστος εἶναι τῶν λόγων τὸ ὠφέλιμον καὶ τὸ χρήσιμόν τε
5 καὶ τὸ δυνατὸν ἀγαθόν τι ποιεῖν καλὸν εἶναι, οὐχ οὕτως
ἔχειν, ἀλλ᾽, εἰ οἷόν τέ ἐστιν, ἐκείνων εἶναι γελοιότερος τῶν
πρώτων, ἐν οἷς τήν τε παρθένον ᾠόμεθα εἶναι τὸ καλὸν καὶ
ἐν ἕκαστον τῶν ἔμπροσθεν λεχθέντων.

ΙΠ. Ἔοικεν.

10 ΣΩ. Καὶ ἐγὼ μέν γε οὐκ ἔτι ἔχω, ὦ Ἱππία, ὅποι τρά-
πωμαι, ἀλλ᾽ ἀπορῶ· σὺ δὲ ἔχεις τι λέγειν;

e ΙΠ. Οὐκ ἔν γε τῷ παρόντι, ἀλλ᾽, ὥσπερ ἄρτι ἔλεγον,
σκεψάμενος εὖ οἶδ᾽ ὅτι εὑρήσω.

ΣΩ. Ἀλλ᾽ ἐγώ μοι δοκῶ ὑπὸ ἐπιθυμίας τοῦ εἰδέναι οὐχ
οἷός τε σέ εἶναι περιμένειν μέλλοντα· καὶ γὰρ οὖν δή τι
5 καὶ οἶμαι ἄρτι ηὐπορηκέναι. ὅρα γάρ· εἰ ὃ ἂν χαίρειν ἡμᾶς
ποιῇ, μήτι πάσας τὰς ἡδονάς, ἀλλ᾽ ὃ ἂν διὰ τῆς ἀκοῆς καὶ
τῆς ὄψεως, τοῦτο φαῖμεν εἶναι καλόν, πῶς τι ἄρ᾽ ἂν ἀγωνι-
298 ζοίμεθα; οἵ τέ γέ που καλοὶ ἄνθρωποι, ὦ Ἱππία, καὶ τὰ
ποικίλματα πάντα καὶ τὰ ζωγραφήματα καὶ τὰ πλάσματα
τέρπει ἡμᾶς ὁρῶντας, ἃ ἂν καλὰ ᾖ· καὶ οἱ φθόγγοι οἱ καλοὶ
καὶ ἡ μουσικὴ σύμπασα καὶ οἱ λόγοι καὶ αἱ μυθολογίαι
5 ταὐτὸν τοῦτο ἐργάζονται, ὥστ᾽ εἰ ἀποκριναίμεθα τῷ θρασεῖ

c 5 τὸν TW : om. F   c 7 ἡμῖν TW : καὶ ἡμῖν F   d 6 γελοιότερος
F : γελοιότερον TW   d 8 ἔμπροσθεν TW : προσθεν F   d 10 καὶ
TW : om. F   ὅποι TW : ὅπη F (sed corr. F)   e 2 οἶδ᾽ TF :
δ᾽ οἶδ᾽ W   a 3 φθόγγοι TWf : φθοιτοι F   a 5 θρασεῖ TWf :
δράσει F

ἐκείνῳ ἀνθρώπῳ ὅτι 'Ω γενναῖε, τὸ καλόν ἐστι τὸ δι' ἀκοῆς
τε καὶ δι' ὄψεως ἡδύ, οὐκ ἂν οἴει αὐτὸν τοῦ θράσους ἐπί-
σχοιμεν;

ΙΠ. Ἐμοὶ γοῦν δοκεῖ νῦν γε, ὦ Σώκρατες, εὖ λέγεσθαι
τὸ καλὸν ὃ ἔστιν.   b

ΣΩ. Τί δ'; ἆρα τὰ ἐπιτηδεύματα τὰ καλὰ καὶ τοὺς νό-
μους, ὦ Ἱππία, δι' ἀκοῆς ἢ δι' ὄψεως φήσομεν ἡδέα ὄντα
καλὰ εἶναι, ἢ ἄλλο τι εἶδος ἔχειν;

ΙΠ. Ταῦτα δ' ἴσως, ὦ Σώκρατες, κἂν παραλάθοι τὸν 5
ἄνθρωπον.

ΣΩ. Μὰ τὸν κύνα, ὦ Ἱππία, οὐχ ὅν γ' ἂν ἐγὼ μάλιστα
αἰσχυνοίμην ληρῶν καὶ προσποιούμενός τι λέγειν μηδὲν
λέγων.

ΙΠ. Τίνα τοῦτον;   10

ΣΩ. Τὸν Σωφρονίσκου, ὃς ἐμοὶ οὐδὲν ἂν μᾶλλον ταῦτα
ἐπιτρέποι ἀνερεύνητα ὄντα ῥᾳδίως λέγειν ἢ ὡς εἰδότα ἃ μὴ c
οἶδα.

ΙΠ. Ἀλλὰ μὴν ἔμοιγε καὶ αὐτῷ, ἐπειδὴ σὺ εἶπες, δοκεῖ
τι ἄλλο εἶναι τοῦτο τὸ περὶ τοὺς νόμους.

ΣΩ. Ἔχ' ἡσυχῇ, ὦ Ἱππία· κινδυνεύομεν γάρ τοι, ἐν τῇ 5
αὐτῇ ἐμπεπτωκότες ἀπορίᾳ περὶ τοῦ καλοῦ ἐν ᾗπερ νυνδή,
οἴεσθαι ἐν ἄλλῃ τινὶ εὐπορίᾳ εἶναι.

ΙΠ. Πῶς τοῦτο λέγεις, ὦ Σώκρατες;

ΣΩ. Ἐγώ σοι φράσω ὅ γ' ἐμοὶ καταφαίνεται, εἰ ἄρα τὶ
λέγω. ταῦτα μὲν γὰρ τὰ περὶ τοὺς νόμους τε καὶ τὰ ἐπιτη- d
δεύματα τάχ' ἂν φανείη οὐκ ἐκτὸς ὄντα τῆς αἰσθήσεως ἢ

a 7 δι' ὄψεως T F : ὄψεως W   αὐτὸν T W F : αὐτῶν f (αὐτῶ Ang.)
θράσους T W f : ὁράσους F   a 9 ἐμοὶ γοῦν F : ἔμοιγε οὖν T W
γε F : om. T W   b 1 ὅ ἐστιν T W f : ὅτι ἔστι F   b 3 ἡδέα
ὄντα T W f : ἢ δῆλον ὅτι F (ἢ δῆλον ὅτι καλὰ εἶναι ἡδέα Ang.)   b 5 δ'
T F : δὴ W   b 7 γ' ἂν T W : γὰρ F   b 10 τίνα . . . c 2 οἶδα
secl. Schleiermacher   b 11 τὸν F : σωκράτη τὸν T W f   c 1 ἐπι-
τρέποι, T : ἐπιτρέποιεν W : ἐπιτρέπει F P   c 6 νυνδή scr. recc. :
δὴ νῦν T W F   c 9 γ' ἐμοὶ F : γέ μοι T W   d 2 οὐκ secl.
Stallbaum

διὰ τῆς ἀκοῆς τε καὶ ὄψεως ἡμῖν οὖσα τυγχάνει· ἀλλ᾽
ὑπομείνωμεν τοῦτον τὸν λόγον, τὸ διὰ τούτων ἡδὺ καλὸν
5 εἶναι, μηδὲν τὸ τῶν νόμων εἰς μέσον παράγοντες.

ἀλλ᾽ εἰ
ἡμᾶς ἔροιτο εἴτε οὗτος ὃν λέγω, εἴτε ἄλλος ὁστισοῦν· "Τί
δή, ὦ Ἱππία τε καὶ Σώκρατες, ἀφωρίσατε τοῦ ἡδέος τὸ
ταύτῃ ἡδὺ ᾗ λέγετε καλὸν εἶναι, τὸ δὲ κατὰ τὰς ἄλλας
e αἰσθήσεις σίτων τε καὶ ποτῶν καὶ τῶν περὶ τἀφροδίσια καὶ
τἆλλα πάντα τὰ τοιαῦτα οὔ φατε καλὰ εἶναι; ἢ οὐδὲ ἡδέα,
οὐδὲ ἡδονὰς τὸ παράπαν ἐν τοῖς τοιούτοις φατὲ εἶναι, οὐδ᾽
ἐν ἄλλῳ ἢ τῷ ἰδεῖν τε καὶ ἀκοῦσαι;" τί φήσομεν, ὦ Ἱππία;
5 ΙΠ. Πάντως δήπου φήσομεν, ὦ Σώκρατες, καὶ ἐν τοῖς
ἄλλοις μεγάλας πάνυ ἡδονὰς εἶναι.

ΣΩ. "Τί οὖν," φήσει, "ἡδονὰς οὔσας οὐδὲν ἧττον ἢ
καὶ ἐκείνας ἀφαιρεῖσθε τοῦτο τοὔνομα καὶ ἀποστερεῖτε τοῦ
299 καλὰς εἶναι;" "Ὅτι, φήσομεν, καταγελῴη ἂν ἡμῶν οὐδεὶς
ὅστις οὔ, εἰ φαῖμεν μὴ ἡδὺ εἶναι φαγεῖν, ἀλλὰ καλόν, καὶ
ὄζειν ἡδὺ μὴ ἡδὺ ἀλλὰ καλόν· τὰ δέ που περὶ τὰ ἀφροδίσια
πάντες ἂν ἡμῖν μάχοιντο ὡς ἥδιστον ὄν, δεῖν δὲ αὐτό, ἐάν
5 τις καὶ πράττῃ, οὕτω πράττειν ὥστε μηδένα ὁρᾶν, ὡς
αἴσχιστον ὂν ὁρᾶσθαι. ταῦτα ἡμῶν λεγόντων, ὦ Ἱππία,
"Μανθάνω," ἂν ἴσως φαίη, "καὶ ἐγὼ ὅτι πάλαι αἰσχύνεσθε
ταύτας τὰς ἡδονὰς φάναι καλὰς εἶναι, ὅτι οὐ δοκεῖ τοῖς
b ἀνθρώποις· ἀλλ᾽ ἐγὼ οὐ τοῦτο ἠρώτων, ὃ δοκεῖ τοῖς πολλοῖς
καλὸν εἶναι, ἀλλ᾽ ὅτι ἔστιν." ἐροῦμεν δὴ οἶμαι ὅπερ ὑπε-
θέμεθα, ὅτι "Τοῦθ᾽ ἡμεῖς γέ φαμεν τὸ μέρος τοῦ ἡδέος, τὸ
ἐπὶ τῇ ὄψει τε καὶ ἀκοῇ γιγνόμενον, καλὸν εἶναι. ἀλλὰ
5 ἔχεις ἔτι τι χρῆσθαι τῷ λόγῳ, ἤ τι καὶ ἄλλο ἐροῦμεν, ὦ Ἱππία;

d 4 ὑπομείνωμεν TW: ὑπομείνομεν F   d 8 λέγετε scr. Laur.
vii. 85 : λέγεται TWF   e 8 οὔσας post ἐκείνας iterat F   ἀφαιρεῖσθε
T : ἀφαιρεῖσθαι WF   a 1 καταγελῴη F : καταγελῷ TW   a 2 εἰ
TW : εὖ σοι F   a 3 μὴ TF : μηδ᾽ W   a 4 δεῖν Heindorf :
δεῖ TWF   αὐτὸ ἐάν TWf : αὐτὸς ἂν F   a 7 μανθάνω TW :
μανθάνωμεν F   ἂν ἴσως TW : ἴσως ἂν F   b 2 ἀλλ᾽ ὅτι TW : ἀλλὰ
τί F   b 5 ἔχεις ἔτι τι scripsi : ἔ ἔτι F (suprascr. χεις f) : ἔχεις τί
TW (sed ἔτι in marg. t)   ἤ τι TF : ἔτι W

ΙΠ. Ἀνάγκη πρός γε τὰ εἰρημένα, ὦ Σώκρατες, μὴ ἄλλ᾽
ἄττα ἢ ταῦτα λέγειν.

ΣΩ. "Καλῶς δὴ λέγετε," φήσει. "οὐκοῦν εἴπερ τὸ
δι᾽ ὄψεως καὶ ἀκοῆς ἡδὺ καλόν ἐστιν, ὃ μὴ τοῦτο τυγχάνει c
ὂν τῶν ἡδέων, δῆλον ὅτι οὐκ ἂν καλὸν εἴη;" ὁμολογήσομεν;

ΙΠ. Ναί.

ΣΩ. "Ἦ οὖν τὸ δι᾽ ὄψεως ἡδύ," φήσει, "δι᾽ ὄψεως
καὶ ἀκοῆς ἐστιν ἡδύ, ἢ τὸ δι᾽ ἀκοῆς ἡδὺ δι᾽ ἀκοῆς καὶ δι᾽ 5
ὄψεώς ἐστιν ἡδύ;" Οὐδαμῶς, φήσομεν, τὸ διὰ τοῦ ἑτέρου
ὂν τοῦτο δι᾽ ἀμφοτέρων εἴη ἄν—τοῦτο γὰρ δοκεῖς ἡμῖν λέ-
γειν—ἀλλ᾽ ἡμεῖς ἐλέγομεν ὅτι καὶ ἑκάτερον τούτων αὐτὸ
καθ᾽ αὑτὸ τῶν ἡδέων καλὸν εἴη, καὶ ἀμφότερα. οὐχ οὕτως
ἀποκρινούμεθα; 10

ΙΠ. Πάνυ μὲν οὖν. d

ΣΩ. "Ἆρ᾽ οὖν," φήσει, "ἡδὺ ἡδέος ὁτιοῦν ὁτουοῦν δια-
φέρει τούτῳ, τῷ ἡδὺ εἶναι; μὴ γὰρ εἰ μείζων τις ἡδονὴ ἢ
ἐλάττων ἢ μᾶλλον ἢ ἧττόν ἐστιν, ἀλλ᾽ εἴ τις αὐτῷ τούτῳ
διαφέρει, τῷ ἡ μὲν ἡδονὴ εἶναι, ἡ δὲ μὴ ἡδονή, τῶν ἡδο- 5
νῶν;" Οὐχ ἡμῖν γε δοκεῖ· οὐ γάρ;

ΙΠ. Οὐ γὰρ οὖν δοκεῖ.

ΣΩ. "Οὐκοῦν," φήσει, "δι᾽ ἄλλο τι ἢ ὅτι ἡδοναί εἰσι
προείλεσθε ταύτας τὰς ἡδονὰς ἐκ τῶν ἄλλων ἡδονῶν, τοιοῦ-
τόν τι ὁρῶντες ἐπ᾽ ἀμφοῖν, ὅτι ἔχουσί τι διάφορον τῶν e
ἄλλων, εἰς ὃ ἀποβλέποντες καλάς φατε αὐτὰς εἶναι; οὐ
γάρ που διὰ τοῦτο καλή ἐστιν ἡδονὴ ἡ διὰ τῆς ὄψεως,
ὅτι δι᾽ ὄψεώς ἐστιν· εἰ γὰρ τοῦτο αὐτῇ ἦν τὸ αἴτιον
καλῇ εἶναι, οὐκ ἄν ποτε ἦν ἡ ἑτέρα, ἡ διὰ τῆς ἀκοῆς, 5
καλή· οὔκουν ἔστι γε δι᾽ ὄψεως ἡδονή." Ἀληθῆ λέγεις,
φήσομεν·

b 6 γε T W : τε F   b 8 δὴ T W : γε δὴ F   c 1 τοῦτο
T W : τούτου F   c 5 δι᾽ ὄψεως T F : ὄψεως W   c 8 τούτων
T W : αὐτῶν τούτων F   c 10 ἀποκρινούμεθα F : ἀποκρινώμεθα T W
d 4 ἢ μᾶλλον ἢ T W : om. F   εἴ τις αὐτῷ τούτῳ T W f : ἐπὶ ἑαυτῷ F
d 8 δι᾽ T W f : ἢ δι᾽ F   ὅτι T W : διότι F   e 2 εἰς ὃ T W f :
οἶσθ᾽ F   e 3 που F : πω T W

ΙΠ. Φήσομεν γάρ.

300 ΣΩ. "Οὐδέ γ' αὖ ἡ δι' ἀκοῆς ἡδονή, ὅτι δι' ἀκοῆς ἐστι, διὰ ταῦτα τυγχάνει καλή· οὐ γὰρ ἄν ποτε αὖ ἡ διὰ τῆς ὄψεως καλὴ ἦν· οὔκουν ἔστι γε δι' ἀκοῆς ἡδονή." ἀληθῆ φήσομεν, ὦ Ἱππία, λέγειν τὸν ἄνδρα ταῦτα λέγοντα;

5 ΙΠ. Ἀληθῆ.

ΣΩ. "Ἀλλὰ μέντοι ἀμφότεραί γ' εἰσὶ καλαί, ὡς φατέ." φαμὲν γάρ;

ΙΠ. Φαμέν.

ΣΩ. "Ἔχουσιν ἄρα τι τὸ αὐτὸ ὃ ποιεῖ αὐτὰς καλὰς
10 εἶναι, τὸ κοινὸν τοῦτο, ὃ καὶ ἀμφοτέραις αὐταῖς ἔπεστι κοινῇ
b καὶ ἑκατέρᾳ ἰδίᾳ· οὐ γὰρ ἄν που ἄλλως ἀμφότεραί γε καλαὶ ἦσαν καὶ ἑκατέρα." ἀποκρίνου ἐμοὶ ὡς ἐκείνῳ.

ΙΠ. Ἀποκρίνομαι, καὶ ἐμοὶ δοκεῖ ἔχειν ὡς λέγεις.

ΣΩ. Εἰ ἄρα τι αὗται αἱ ἡδοναὶ ἀμφότεραι πεπόνθασιν,
5 ἑκατέρα δὲ μή, οὐκ ἂν τούτῳ γε τῷ παθήματι εἶεν καλαί.

ΙΠ. Καὶ πῶς ἂν εἴη τοῦτο, ὦ Σώκρατες, μηδετέρας πε-πονθυίας τι τῶν ὄντων ὁτιοῦν, ἔπειτα τοῦτο τὸ πάθος, ὃ μηδετέρα πέπονθεν, ἀμφοτέρας πεπονθέναι;

c ΣΩ. Οὐ δοκεῖ σοι;

ΙΠ. Πολλὴ γὰρ ἄν μ' ἔχοι ἀπειρία καὶ τῆς τούτων φύσεως καὶ τῆς τῶν παρόντων λέξεως λόγων.

ΣΩ. Ἡδέως γε, ὦ Ἱππία. ἀλλὰ γὰρ ἐγὼ ἴσως κιν-
5 δυνεύω δοκεῖν μέν τι ὁρᾶν οὕτως ἔχον ὡς σὺ φῂς ἀδύνατον εἶναι, ὁρῶ δ' οὐδέν.

ΙΠ. Οὐ κινδυνεύεις, ὦ Σώκρατες, ἀλλὰ πάνυ ἑτοίμως παρορᾷς.

ΣΩ. Καὶ μὴν πολλά γέ μοι προφαίνεται· τοιαῦτα πρὸ
10 τῆς ψυχῆς, ἀλλὰ ἀπιστῶ αὐτοῖς, ὅτι σοὶ μὲν οὐ φαντάζεται,

a 6 μέντοι T W F : μὴν vulg.   γ' T W : om. F   b 1 γε scripsi : τε T W F   b 4 αἱ ἡδοναὶ T W f : δῆλον αἱ F   c 2 γὰρ ἄν μ' ἔχοι T F : γ' ἂν μ' ἔχει W   ἀπειρία T F : ἀπορία W   c 4 γε T W : δὲ F   c 5 ἔχον T W : ἔχων F   c 9 τοιαῦτα T W : τὰ τοιαῦτα F

ἀνδρὶ πλεῖστον ἀργύριον εἰργασμένῳ τῶν νῦν ἐπὶ σοφίᾳ, d
ἐμοὶ δέ, ὃς οὐδὲν πώποτε ἠργασάμην. καὶ ἐνθυμοῦμαι, ὦ
ἑταῖρε, μὴ παίζῃς πρός με καὶ ἑκὼν ἐξαπατᾷς· οὕτως μοι
σφόδρα καὶ πολλὰ φαίνεται.

ΙΠ. Οὐδεὶς σοῦ, ὦ Σώκρατες, κάλλιον εἴσεται εἴτε παίζω 5
εἴτε μή, ἐὰν ἐπιχειρήσῃς λέγειν τὰ προφαινόμενά σοι ταῦτα·
φανήσῃ γὰρ οὐδὲν λέγων. οὐ γὰρ μήποτε εὕρῃς, ὃ μήτ᾽
ἐγὼ πέπονθα μήτε σύ, τοῦτ᾽ ἀμφοτέρους ἡμᾶς πεπονθότας.

ΣΩ. Πῶς λέγεις, ὦ Ἱππία; ἴσως μὲν τὶ λέγεις, ἐγὼ δ᾽ οὐ e
μανθάνω· ἀλλά μου σαφέστερον ἄκουσον ὃ βούλομαι λέγειν.
ἐμοὶ γὰρ φαίνεται, ὃ μήτ᾽ ἐγὼ πέπονθα εἶναι μήτ᾽ εἰμὶ μηδ᾽
αὖ σὺ εἶ, τοῦτο ἀμφοτέρους πεπονθέναι ἡμᾶς οἷόν τ᾽ εἶναι·
ἕτερα δ᾽ αὖ, ἃ ἀμφότεροι πεπόνθαμεν εἶναι, ταῦτα οὐδέτερον 5
εἶναι ἡμῶν.

ΙΠ. Τέρατα αὖ ἀποκρινομένῳ ἔοικας, ὦ Σώκρατες, ἔτι
μείζω ἢ ὀλίγον πρότερον ἀπεκρίνω. σκόπει γάρ· πότερον
εἰ ἀμφότεροι δίκαιοί ἐσμεν, οὐ καὶ ἑκάτερος ἡμῶν εἴη ἄν,
ἢ εἰ ἄδικος ἑκάτερος, οὐ καὶ ἀμφότεροι, ἢ εἰ ὑγιαίνοντες, 10
οὐ καὶ ἑκάτερος; ἢ εἰ κεκμηκώς τι ἢ τετρωμένος ἢ πεπλη- 301
γμένος ἢ ἄλλ᾽ ὁτιοῦν πεπονθὼς ἑκάτερος ἡμῶν εἴη, οὐ καὶ
ἀμφότεροι αὖ ἂν τοῦτο πεπόνθοιμεν; ἔτι τοίνυν εἰ χρυσοῖ ἢ
ἀργυροῖ ἢ ἐλεφάντινοι, εἰ δὲ βούλει, γενναῖοι ἢ σοφοὶ
ἢ τίμιοι ἢ γέροντές γε ἢ νέοι ἢ ἄλλο ὅτι βούλει τῶν 5
ἐν ἀνθρώποις ἀμφότεροι τύχοιμεν ὄντες, ἆρ᾽ οὐ μεγάλη
ἀνάγκη καὶ ἑκάτερον ἡμῶν τοῦτο εἶναι;

ΣΩ. Πάντως γε δήπου. b

ΙΠ. Ἀλλὰ γὰρ δὴ σύ, ὦ Σώκρατες, τὰ μὲν ὅλα τῶν
πραγμάτων οὐ σκοπεῖς, οὐδ᾽ ἐκεῖνοι οἷς σὺ εἴωθας διαλέ-

d 2 ὃς T F : ὡς W   d 6 ἐπιχειρήσῃς T W : ἐπιχειρῇ F   d 7 μήτ᾽
ἐγὼ F : μήποτ᾽ ἐγὼ T W   θ 1 μεν τι F : μέντοι τί T W   ἐγὼ
T W : ἴσως F (sed suprascr. ἐγὼ f)   e 5 & T W : om. F   εἶναι
T W : εἶναι ὦ F   e 9 εἰ T W : om. F   e 10 ἢ εἰ ante ὑγιαίνοντες
T F : ἢ W   a 1 ἑκάτερος T W et in marg. f : ἀμφότεροι F   τι secl
ci. Schanz   a 4 σοφοὶ T W et suprascr. f : σώφρονες F   a 5 ἄλλο
ὅτι W F : ἀλλό τι ὅτι T   b 1 γε T W : γὰρ F   b 2 ὅλα T F :
ἄλλα W

γεσθαι, κρούετε δὲ ἀπολαμβάνοντες τὸ καλὸν καὶ ἕκαστον
5 τῶν ὄντων ἐν τοῖς λόγοις κατατέμνοντες. διὰ ταῦτα οὕτω
μεγάλα ὑμᾶς λανθάνει καὶ διανεκῆ σώματα τῆς οὐσίας πε-
φυκότα. καὶ νῦν τοσοῦτόν σε λέληθεν, ὥστε οἴει εἶναί τι
ἢ πάθος ἢ οὐσίαν, ἢ περὶ μὲν ἀμφότερα ταῦτα ἔστιν ἅμα,
c περὶ δὲ ἑκάτερον οὔ, ἢ αὖ περὶ μὲν ἑκάτερον, περὶ δὲ ἀμ-
φότερα οὔ· οὕτως ἀλογίστως καὶ ἀσκέπτως καὶ εὐήθως καὶ
ἀδιανοήτως διάκεισθε.

ΣΩ. Τοιαῦτα, ὦ Ἱππία, τὰ ἡμέτερά ἐστιν, οὐχ οἷα
5 βούλεταί τις, φασὶν ἄνθρωποι ἑκάστοτε παροιμιαζόμενοι,
ἀλλ' οἷα δύναται· ἀλλὰ σὺ ἡμᾶς ὀνίνης ἀεὶ νουθετῶν. ἐπεὶ
καὶ νῦν, πρὶν ὑπὸ σοῦ ταῦτα νουθετηθῆναι, ὡς εὐήθως διε-
κείμεθα, ἔτι σοι μᾶλλον ἐγὼ ἐπιδείξω εἰπὼν ἃ διενοούμεθα
d περὶ αὐτῶν, ἢ μὴ εἴπω;

ΙΠ. Εἰδότι μὲν ἐρεῖς, ὦ Σώκρατες· οἶδα γὰρ ἑκάστους
τῶν περὶ τοὺς λόγους ὡς διάκεινται. ὅμως δ' εἴ τι σοὶ
ἥδιον, λέγε.

5 ΣΩ. Ἀλλὰ μὴν ἥδιόν γε. ἡμεῖς γάρ, ὦ βέλτιστε, οὕτως
ἀβέλτεροι ἦμεν, πρίν σε ταῦτ' εἰπεῖν, ὥστε δόξαν εἴχομεν
περὶ ἐμοῦ τε καὶ σοῦ ὡς ἑκάτερος ἡμῶν εἷς ἐστι, τοῦτο δὲ
ὃ ἑκάτερος ἡμῶν εἴη οὐκ ἄρα εἶμεν ἀμφότεροι—οὐ γὰρ εἷς
ἐσμεν, ἀλλὰ δύο—οὕτως εὐηθικῶς εἴχομεν· νῦν δὲ παρὰ
e σοῦ ἤδη ἀνεδιδάχθημεν ὅτι εἰ μὲν δύο ἀμφότεροί ἐσμεν,
δύο καὶ ἑκάτερον ἡμῶν ἀνάγκη εἶναι, εἰ δὲ εἷς ἑκάτερος,
ἕνα καὶ ἀμφοτέρους ἀνάγκη· οὐ γὰρ οἷόν τε διανεκεῖ λόγῳ
τῆς οὐσίας κατὰ Ἱππίαν ἄλλως ἔχειν, ἀλλ' ὃ ἂν ἀμφότερα

b 6 διανεκῆ TW (διὰ παντὸς οὕτως Διογενειανός schol. W) : διηνεκῆ
F   b 7 οἴει T et suprascr. F : εἴη F : om. W   b 8 ἢ F : ἢ
TW   ἀμφότερα ταῦτα TWF : ἀμφότερα ἄττα Ficinus? (ambo
quaedam) : ἀμφότερα τοιαῦτα ci. Heindorf   c 3 ἀδιανοήτως TWf :
ἀνοήτως F   c 5 ἄνθρωποι TW : ἀνθρώποις F   c 6 ὀνίνης
TW : ὀνίνεις F : ὀνίνη ci. Naber   c 8 ἐπιδείξω TW : ἐπιπλήξω
F   διενοούμεθα F : διανοούμεθα TW   d 2 ἑκάστους TWf :
ἑκάστου F   d 4 ἥδιον TF : ἴδιον W   d 8 εἴημεν TW
F   e 3 διανεκεῖ TW Moeris : διηνεκεῖ F   e 4 ἂν TWf :
ἔχειν F

ᾖ, τοῦτο καὶ ἑκάτερον, καὶ ὃ ἑκάτερον, ἀμφότερα εἶναι. 5
πεπεισμένος δὴ νῦν ἐγὼ ὑπὸ σοῦ ἐνθάδε κάθημαι. πρότερον
μέντοι, ὦ Ἱππία, ὑπόμνησόν με· πότερον εἷς ἐσμεν ἐγώ τε
καὶ σύ, ἢ σύ τε δύο εἶ κἀγὼ δύο;

ΙΠ. Τί λέγεις, ὦ Σώκρατες;

ΣΩ. Ταῦτα ἅπερ λέγω· φοβοῦμαι γάρ σε σαφῶς λέγειν, 10
ὅτι μοι χαλεπαίνεις, ἐπειδὰν τὶ δόξῃς σαυτῷ λέγειν. ὅμως 302
δ᾽ ἔτι μοι εἰπέ· οὐχ εἷς ἡμῶν ἑκάτερός ἐστι καὶ πέπονθε
τοῦτο, εἷς εἶναι;—ΙΠ. Πάνυ γε.—ΣΩ. Οὐκοῦν εἴπερ εἷς,
καὶ περιττὸς ἂν εἴη ἑκάτερος ἡμῶν· ἢ οὐ τὸ ἓν περιττὸν
ἡγῇ;—ΙΠ. Ἔγωγε.—ΣΩ. Ἦ καὶ ἀμφότεροι οὖν περιττοί 5
ἐσμεν δύο ὄντες;—ΙΠ. Οὐκ ἂν εἴη, ὦ Σώκρατες.—ΣΩ.
Ἀλλ᾽ ἄρτιοί γε ἀμφότεροι· ἢ γάρ;—ΙΠ. Πάνυ γε.—ΣΩ.
Μῶν οὖν, ὅτι ἀμφότεροι ἄρτιοι, τούτου ἕνεκα καὶ ἑκάτερος
ἄρτιος ἡμῶν ἐστιν;—ΙΠ. Οὐ δῆτα.—ΣΩ. Οὐκ ἄρα πᾶσα b
ἀνάγκη, ὡς νυνδὴ ἔλεγες, ἃ ἂν ἀμφότεροι καὶ ἑκάτερον, καὶ
ἃ ἂν ἑκάτερος καὶ ἀμφοτέρους εἶναι.

ΙΠ. Οὐ τά γε τοιαῦτα, ἀλλ᾽ οἷα ἐγὼ πρότερον ἔλεγον.

ΣΩ. Ἐξαρκεῖ, ὦ Ἱππία· ἀγαπητὰ γὰρ καὶ ταῦτα, ἐπειδὴ 5
τὰ μὲν οὕτω φαίνεται, τὰ δ᾽ οὐχ οὕτως ἔχοντα. καὶ γὰρ
ἐγὼ ἔλεγον, εἰ μέμνησαι ὅθεν οὗτος ὁ λόγος ἐλέχθη, ὅτι
ἡ διὰ τῆς ὄψεως καὶ ἀκοῆς ἡδονὴ οὐ τούτῳ εἶεν καλαί,
ὅτι τυγχάνοιεν ἑκατέρα μὲν αὐτῶν εἶναι πεπονθυῖα, ἀμφό- c
τεραι δὲ μή, ἢ ἀμφότεραι μέν, ἑκατέρα δὲ μή, ἀλλ᾽ ἐκείνῳ
ᾧ ἀμφότεραί τε καὶ ἑκατέρα, διότι συνεχώρεις ἀμφοτέρας
τε αὐτὰς εἶναι καλὰς καὶ ἑκατέραν. τούτου δὴ ἕνεκα τῇ
οὐσίᾳ τῇ ἐπ᾽ ἀμφότερα ἑπομένῃ ᾤμην, εἴπερ ἀμφότερά ἐστι 5
καλά, ταύτῃ δεῖν αὐτὰ καλὰ εἶναι, τῇ δὲ κατὰ τὰ ἕτερα

e5 ᾖ W: ᾗ F: ἦν T f   e7 μέντοι TWf: τοίνυν F   e8 τε
TWf: γε F   εἷ TWf: om. F   e10 σε secl. Heindorf
a1 σαυτῷ TW: ἑαυτῶ F   a3 πάνυ TW: καὶ πάνυ F   a8 ἕνεκα
TW: ἕνεκεν F   καὶ TW: om. F   b2 καὶ ἃ ἂν ἑκάτερος TW:
om. F   b7 ἐλέχθη f: ἐδέχθη F: ἐλέγχθη T: ἠλέγχθη W(?)
b8 καὶ F: καὶ δι᾽ TW: καὶ ἡ δι᾽ Stallbaum   c2 ᾖ ... μὴ TW:
om. F   c6 τὰ TW: om. F

ἀπολειπομένῃ μή· καὶ ἔτι νῦν οἴομαι. ἀλλά μοι λέγε,
ὥσπερ ἐξ ἀρχῆς· ἡ δι' ὄψεως ἡδονὴ καὶ ἡ δι' ἀκοῆς, εἴπερ
d ἀμφότεραί τ' εἰσὶ καλαὶ καὶ ἑκατέρα, ἆρα καὶ ὃ ποιεῖ αὐτὰς
καλὰς οὐχὶ καὶ ἀμφοτέραις γε αὐταῖς ἕπεται καὶ ἑκατέρᾳ;
—ΙΠ. Πάνυ γε.—ΣΩ. Ἄρ' οὖν ὅτι ἡδονὴ ἑκατέρα τ' ἐστὶ
καὶ ἀμφότεραι, διὰ τοῦτο ἂν εἶεν καλαί; ἢ διὰ τοῦτο μὲν
5 καὶ αἱ ἄλλαι πᾶσαι ἂν οὐδὲν τούτων ἧττον εἶεν καλαί; οὐ-
δὲν γὰρ ἧττον ἡδοναὶ ἐφάνησαν οὖσαι, εἰ μέμνησαι.—ΙΠ.
Μέμνημαι.—ΣΩ. Ἀλλ' ὅτι γε δι' ὄψεως καὶ ἀκοῆς αὗταί
e εἰσι, διὰ τοῦτο ἐλέγετο καλὰς αὐτὰς εἶναι.—ΙΠ. Καὶ ἐρρήθη
οὕτως.

ΣΩ. Σκόπει δὲ εἰ ἀληθῆ λέγω. ἐλέγετο γάρ, ὡς ἐγὼ
μνήμης ἔχω, τοῦτ' εἶναι καλὸν τὸ ἡδύ, οὐ πᾶν, ἀλλ' ὃ ἂν
5 δι' ὄψεως καὶ ἀκοῆς ᾖ.—ΙΠ. Ἀληθῆ.—ΣΩ. Οὐκοῦν τοῦτό
γε τὸ πάθος ἀμφοτέραις μὲν ἕπεται, ἑκατέρᾳ δ' οὔ; οὐ γάρ
που ἑκάτερόν γε αὐτῶν, ὅπερ ἐν τοῖς πρόσθεν ἐλέγετο, δι'
ἀμφοτέρων ἐστίν, ἀλλ' ἀμφότερα μὲν δι' ἀμφοῖν, ἑκάτερον
δ' οὔ· ἔστι ταῦτα;—ΙΠ. Ἔστιν.—ΣΩ. Οὐκ ἄρα τούτῳ γε
10 ἑκάτερον αὐτῶν ἐστι καλόν, ὃ μὴ ἕπεται ἑκατέρῳ (τὸ γὰρ
ἀμφότερον ἑκατέρῳ οὐχ ἕπεται) ὥστε ἀμφότερα μὲν αὐτὰ
φάναι καλὰ κατὰ τὴν ὑπόθεσιν ἔξεστιν, ἑκάτερον δὲ οὐκ
303 ἔξεστιν· ἢ πῶς λέγομεν; οὐκ ἀνάγκη;—ΙΠ. Φαίνεται.—
ΣΩ. Φῶμεν οὖν ἀμφότερα μὲν καλὰ εἶναι, ἑκάτερον δὲ μὴ
φῶμεν;—ΙΠ. Τί γὰρ κωλύει;

ΣΩ. Τόδε ἔμοιγε δοκεῖ, ὦ φίλε, κωλύειν, ὅτι ἦν που
5 ἡμῖν τὰ μὲν οὕτως ἐπιγιγνόμενα ἑκάστοις, εἴπερ ἀμφοτέροις
ἐπιγίγνοιτο, καὶ ἑκατέρῳ, καὶ εἴπερ ἑκατέρῳ, καὶ ἀμφοτέροις,
ἅπαντα ὅσα σὺ διῆλθες· ἢ γάρ;
ΙΠ. Ναί.

c 7 νῦν T W : om. F　　c 8 posterius ἡ T W et suprascr. f (ἡ καὶ
Ang.) : om. F　　d 1 τ' T W : γ´ F　　ἅρα και F : ἆρα T W　　d 2 γε
T W : τε F　　θ 7 που T W : πάνυ F : suprascr. πω f　　a 1 λέγομεν
W F : λέγωμεν T　　a 6 ἐπιγίγνοιτο T f : ἐπιγίγνονται W　　ἐπιγίγνοιτο
. . . ἀμφοτέροις om. F (add. in marg. f)

ΣΩ. Ἅ δέ γε αὖ ἐγὼ διῆλθον, οὔ· ὧν δὴ ἦν καὶ αὐτὸ
τὸ ἑκάτερον καὶ τὸ ἀμφότερον. ἔστιν οὕτως;   10

ΙΠ. Ἔστιν.

ΣΩ. Ποτέρων οὖν, ὦ Ἱππία, δοκεῖ σοι τὸ καλὸν εἶναι; b
πότερον ὧν σὺ ἔλεγες· εἴπερ ἐγὼ ἰσχυρὸς καὶ σύ, καὶ ἀμ-
φότεροι, καὶ εἴπερ ἐγὼ δίκαιος καὶ σύ, καὶ ἀμφότεροι, καὶ
εἴπερ ἀμφότεροι, καὶ ἑκάτερος· οὕτω δὴ καὶ εἴπερ ἐγὼ καλὸς
καὶ σύ, καὶ ἀμφότεροι, καὶ εἴπερ ἀμφότεροι, καὶ ἑκάτερος; 5
ἢ οὐδὲν κωλύει, ὥσπερ ἀρτίων ὄντων τινῶν ἀμφοτέρων τάχα
μὲν ἑκάτερα περιττὰ εἶναι, τάχα δ' ἄρτια, καὶ αὖ ἀρρήτων
ἑκατέρων ὄντων τάχα μὲν ῥητὰ τὰ συναμφότερα εἶναι, τάχα
δ' ἄρρητα, καὶ ἄλλα μυρία τοιαῦτα, ἃ δὴ καὶ ἐγὼ ἔφην ἐμοὶ c
προφαίνεσθαι; ποτέρων δὴ τιθεὶς τὸ καλόν; ἢ ὥσπερ ἐμοὶ
περὶ αὐτοῦ καταφαίνεται, καὶ σοί; πολλὴ γὰρ ἀλογία ἔμοιγε
δοκεῖ εἶναι ἀμφοτέρους μὲν ἡμᾶς εἶναι καλούς, ἑκάτερον δὲ
μή, ἢ ἑκάτερον μέν, ἀμφοτέρους δὲ μή, ἢ ἄλλο ὁτιοῦν τῶν 5
τοιούτων. οὕτως αἱρῇ, ὥσπερ ἐγώ, ἢ 'κείνως;

ΙΠ. Οὕτως ἔγωγε, ὦ Σώκρατες.

ΣΩ. Εὖ γε σὺ ποιῶν, ὦ Ἱππία, ἵνα καὶ ἀπαλλαγῶμεν
πλείονος ζητήσεως· εἰ γὰρ τούτων γ' ἐστὶ τὸ καλόν, οὐκ d
ἂν ἔτι εἴη τὸ δι' ὄψεως καὶ ἀκοῆς ἡδὺ καλόν. ἀμφότερα
μὲν γὰρ ποιεῖ καλὰ τὸ δι' ὄψεως καὶ ἀκοῆς, ἑκάτερον δ' οὔ·
τοῦτο δ' ἦν ἀδύνατον, ὡς ἐγώ τε καὶ σὺ δὴ ὁμολογοῦμεν,
ὦ Ἱππία.   5

ΙΠ. Ὁμολογοῦμεν γάρ.

ΣΩ. Ἀδύνατον ἄρα τὸ δι' ὄψεως καὶ ἀκοῆς ἡδὺ καλὸν
εἶναι, ἐπειδή γε καλὸν γιγνόμενον τῶν ἀδυνάτων τι παρέ-
χεται.

a 9 αὐτὸ τὸ TWf: αὐτό γε F   b 8 τὰ TWf: om. F   c 1 ἃ
TW: om. F   c 2 τιθεὶς F: τίθης T: τιθῇς W   ὥσπερ TF:
ὥσπερ ἂν W   c 4 δὲ ... c 5 ἑκάτερον TWf: om. F   c 6 αἱρεῖ
TW: ἐρεῖ F   κείνως T: ἐκείνως WF   c 8 σὺ TW: σοι F
d 4 ὁμολογοῦμεν TWF: ὁμολογοῦμεν f   d 6 ὁμολογοῦμεν TW
(ὁμολογοῦμεν γάρ om. F): ὡμολογοῦμεν f   d 8 παρέχεται TWf:
παρέχειν F

10 ΙΠ. Ἔστι ταῦτα.

ΣΩ. "Λέγετε δὴ πάλιν," φήσει, "ἐξ ἀρχῆς, ἐπειδὴ
e τούτου διημάρτετε· τί φατε εἶναι τοῦτο τὸ καλὸν τὸ ἐπ'
ἀμφοτέραις ταῖς ἡδοναῖς, δι' ὅτι ταύτας πρὸ τῶν ἄλλων
τιμήσαντες καλὰς ὠνομάσατε;" ἀνάγκη δή μοι δοκεῖ εἶναι,
ὦ Ἱππία, λέγειν ὅτι ἀυινέσταται αὗται τῶν ἡδονῶν εἰσι
5 καὶ βέλτισται, καὶ ἀμφότεραι καὶ ἑκατέρα· ἢ σύ τι ἔχεις
λέγειν ἄλλο ᾧ διαφέρουσι τῶν ἄλλων;

ΙΠ. Οὐδαμῶς· τῷ ὄντι γὰρ βέλτισταί εἰσιν.

ΣΩ. "Τοῦτ' ἄρα," φήσει, "λέγετε δὴ τὸ καλὸν εἶναι,
ἡδονὴν ὠφέλιμον;" Ἐοίκαμεν, φήσω ἔγωγε· σὺ δέ;

10 ΙΠ. Καὶ ἐγώ.

ΣΩ. "Οὐκοῦν ὠφέλιμον," φήσει, "τὸ ποιοῦν τἀγαθόν,
τὸ δὲ ποιοῦν καὶ τὸ ποιούμενον ἕτερον νυνδὴ ἐφάνη, καὶ εἰς
τὸν πρότερον λόγον ἥκει ὑμῖν ὁ λόγος; οὔτε γὰρ τὸ ἀγαθὸν ἂν
304 εἴη καλὸν οὔτε τὸ καλὸν ἀγαθόν, εἴπερ ἄλλο αὐτῶν ἑκάτερόν
ἐστι." Παντός γε μᾶλλον, φήσομεν, ὦ Ἱππία, ἂν σωφρο-
νῶμεν· οὐ γάρ που θέμις τῷ ὀρθῶς λέγοντι μὴ συγχωρεῖν.

ΙΠ. Ἀλλὰ δή γ', ὦ Σώκρατες, τί οἴει ταῦτα εἶναι συν-
5 άπαντα; κνήσματά τοί ἐστι καὶ περιτμήματα τῶν λόγων,
ὅπερ ἄρτι ἔλεγον, κατὰ βραχὺ διῃρημένα· ἀλλ' ἐκεῖνο καὶ
καλὸν καὶ πολλοῦ ἄξιον, οἷόν τ' εἶναι εὖ καὶ καλῶς λόγον
καταστησάμενον ἐν δικαστηρίῳ ἢ ἐν βουλευτηρίῳ ἢ ἐπὶ ἄλλῃ
b τινὶ ἀρχῇ, πρὸς ἣν ἂν ὁ λόγος ᾖ, πείσαντα οἴχεσθαι φέροντα
οὐ τὰ σμικρότατα ἀλλὰ τὰ μέγιστα τῶν ἄθλων, σωτηρίαν
αὑτοῦ τε καὶ τῶν αὑτοῦ χρημάτων καὶ φίλων. τούτων οὖν
χρὴ ἀντέχεσθαι, χαίρειν ἐάσαντα τὰς σμικρολογίας ταύτας,
5 ἵνα μὴ δοκῇ λίαν ἀνόητος εἶναι λήρους καὶ φλυαρίας ὥσπερ
νῦν μεταχειριζόμενος.

d 11 λέγετε TW: λέγεται F   θ 1 τὸ ἐπ' TW: τ' ἐπ' F
θ 3 δὴ TWF: δὲ suprascr. f (δὲ δὴ Ang.)   εἶναι TF: om. W
θ 4 ὦ ἱππία λέγειν TW: λέγειν ὦ ἱππία F   θ 8 δὴ Tf: δὲ F: om.
W   θ 11 ποιοῦν τἀγαθὸν F: ποιοῦντ' ἀγαθὸν TW   a 4 δή TF:
δεῖ W   γ' TWf: om. F   a 5 κνήσματά F (coniecerat Cobet):
κνίσματα TW   a 7 καλῶς TF: καλὸς W   b 5 δοκῇ TWf: δοκῆς F

ΣΩ. Ὦ Ἱππία φίλε, σὺ μὲν μακάριος εἶ, ὅτι τε οἶσθα
ἃ χρὴ ἐπιτηδεύειν ἄνθρωπον, καὶ ἐπιτετήδευκας ἱκανῶς, ὡς
φῄς· ἐμὲ δὲ δαιμονία τις τύχη, ὡς ἔοικε, κατέχει, ὅστις c
πλανῶμαι μὲν καὶ ἀπορῶ ἀεί, ἐπιδεικνὺς δὲ τὴν ἐμαυτοῦ
ἀπορίαν ὑμῖν τοῖς σοφοῖς λόγῳ αὖ ὑπὸ ὑμῶν προπηλακί-
ζομαι, ἐπειδὰν ἐπιδείξω. λέγετε γάρ με, ἅπερ καὶ σὺ νῦν
λέγεις, ὡς ἠλίθιά τε καὶ σμικρὰ καὶ οὐδενὸς ἄξια πρα- 5
γματεύομαι· ἐπειδὰν δὲ αὖ ἀναπεισθεὶς ὑπὸ ὑμῶν λέγω ἅπερ
ὑμεῖς, ὡς πολὺ κράτιστόν ἐστιν οἷόν τ' εἶναι λόγον εὖ καὶ
καλῶς καταστησάμενον περαίνειν ἐν δικαστηρίῳ ἢ ἐν ἄλλῳ
τινὶ συλλόγῳ, ὑπό τε ἄλλων τινῶν τῶν ἐνθάδε καὶ ὑπὸ d
τούτου τοῦ ἀνθρώπου τοῦ ἀεί με ἐλέγχοντος πάντα κακὰ
ἀκούω. καὶ γάρ μοι τυγχάνει ἐγγύτατα γένους ὢν καὶ ἐν
τῷ αὐτῷ οἰκῶν· ἐπειδὰν οὖν εἰσέλθω οἴκαδε εἰς ἐμαυτοῦ
καί μου ἀκούσῃ ταῦτα λέγοντος, ἐρωτᾷ εἰ οὐκ αἰσχύνομαι 5
τολμῶν περὶ καλῶν ἐπιτηδευμάτων διαλέγεσθαι, οὕτω φανε-
ρῶς ἐξελεγχόμενος περὶ τοῦ καλοῦ ὅτι οὐδ' αὐτὸ τοῦτο ὅτι
ποτέ ἐστιν οἶδα. "Καίτοι πῶς σὺ εἴσῃ," φησίν, "ἢ λόγον
ὅστις καλῶς κατεστήσατο ἢ μή, ἢ ἄλλην πρᾶξιν ἡντινοῦν, e
τὸ καλὸν ἀγνοῶν; καὶ ὁπότε οὕτω διάκεισαι, οἴει σοι κρεῖτ-
τον εἶναι ζῆν μᾶλλον ἢ τεθνάναι;" συμβέβηκε δή μοι, ὅπερ
λέγω, κακῶς μὲν ὑπὸ ὑμῶν ἀκούειν καὶ ὀνειδίζεσθαι, κακῶς
δὲ ὑπ' ἐκείνου. ἀλλὰ γὰρ ἴσως ἀναγκαῖον ὑπομένειν ταῦτα 5
πάντα· οὐδὲν γὰρ ἄτοπον εἰ ὠφελοίμην. ἐγὼ οὖν μοι δοκῶ,
ὦ Ἱππία, ὠφελῆσθαι ἀπὸ τῆς ἀμφοτέρων ὑμῶν ὁμιλίας· τὴν
γὰρ παροιμίαν ὅτι ποτὲ λέγει, τὸ "Χαλεπὰ τὰ καλά," δοκῶ
μοι εἰδέναι.

b 8 ἄνθρωπον T W : τὸν ἄνθρωπον F   ἱκανῶς om. F (suprascr. f)
c 8 ⟨τι⟩ περαίνειν Winckelmann   d 4 εἰσέλθω T W f : εἰσέλθωσιν F
d 8 οἶδα T W : om. F   e 2 οἴει σοι rec. f : οἴσει σοι W (T?) : ὃς εἶ
σοι F (suprascr. σοι f)   e 4 prius κακῶς T W : καλῶς F   καὶ
ὀνειδίζεσθαι secl. Cobet   e 6 ὠφελοίμην scr. recc. : ὠφελούμην T W :
ὠφελοῦμεν F   οὖν] γοῦν ci. Heindorf   e 7 ὠφελῆσθαι W (sed
ει supra η) : ὠφελεῖσθαι T F

ΙΠΠΙΑΣ ΕΛΑΤΤΩΝ

ΕΥΔΙΚΟΣ   ΣΩΚΡΑΤΗΣ   ΙΠΠΙΑΣ

ΕΥ. Σὺ δὲ δὴ τί σιγᾷς, ὦ Σώκρατες, Ἱππίου τοσαῦτα a
ἐπιδειξαμένου, καὶ οὐχὶ ἢ συνεπαινεῖς τι τῶν εἰρημένων ἢ
καὶ ἐλέγχεις, εἴ τί σοι μὴ καλῶς δοκεῖ εἰρηκέναι; ἄλλως τε
ἐπειδὴ καὶ αὐτοὶ λελείμμεθα, οἳ μάλιστ᾽ ἂν ἀντιποιησαίμεθα
μετεῖναι ἡμῖν τῆς ἐν φιλοσοφίᾳ διατριβῆς.   5

ΣΩ. Καὶ μήν, ὦ Εὔδικε, ἔστι γε ἃ ἡδέως ἂν πυθοίμην
Ἱππίου ὧν νυνδὴ ἔλεγεν περὶ Ὁμήρου. καὶ γὰρ τοῦ σοῦ b
πατρὸς Ἀπημάντου ἤκουον ὅτι ἡ Ἰλιὰς κάλλιον εἴη ποίημα
τῷ Ὁμήρῳ ἢ ἡ Ὀδύσσεια, τοσούτῳ δὲ κάλλιον, ὅσῳ ἀμεί-
νων Ἀχιλλεὺς Ὀδυσσέως εἴη· ἑκάτερον γὰρ τούτων τὸ μὲν
εἰς Ὀδυσσέα ἔφη πεποιῆσθαι, τὸ δ᾽ εἰς Ἀχιλλέα. περὶ 5
ἐκείνου οὖν ἡδέως ἄν, εἰ βουλομένῳ ἐστὶν Ἱππίᾳ, ἀναπυθοί-
μην ὅπως αὐτῷ δοκεῖ περὶ τοῖν ἀνδροῖν τούτοιν, πότερον
ἀμείνω φησὶν εἶναι, ἐπειδὴ καὶ ἄλλα πολλὰ καὶ παντοδαπὰ c
ἡμῖν ἐπιδέδεικται καὶ περὶ ποιητῶν τε ἄλλων καὶ περὶ
Ὁμήρου.

ΕΥ. Ἀλλὰ δῆλον ὅτι οὐ φθονήσει Ἱππίας, ἐάν τι αὐτὸν
ἐρωτᾷς, ἀποκρίνεσθαι. ἢ γάρ, ὦ Ἱππία, ἐάν τι ἐρωτᾷ σε 5
Σωκράτης, ἀποκρινῇ; ἢ πῶς ποιήσεις;

ΙΠ. Καὶ γὰρ ἂν δεινὰ ποιοίην, ὦ Εὔδικε, εἰ Ὀλυμπίαζε
μὲν εἰς τὴν τῶν Ἑλλήνων πανήγυριν, ὅταν τὰ Ὀλύμπια ᾖ,
ἀεὶ ἐπανιὼν οἴκοθεν ἐξ Ἤλιδος εἰς τὸ ἱερὸν παρέχω ἐμαυτὸν d

καὶ λέγοντα ὅτι ἄν τις βούληται ὧν ἄν μοι εἰς ἐπίδειξιν
παρεσκευασμένον ᾖ, καὶ ἀποκρινόμενον τῷ βουλομένῳ ὅτι
ἄν τις ἐρωτᾷ, νῦν δὲ τὴν Σωκράτους ἐρώτησιν φύγοιμι.

364   ΣΩ. Μακάριόν γε, ὦ Ἱππία, πάθος πέπονθας, εἰ ἑκάστης
'Ολυμπιάδος οὕτως εὔελπις ὢν περὶ τῆς ψυχῆς εἰς σοφίαν
ἀφικνῇ εἰς τὸ ἱερόν· καὶ θαυμάσαιμ' ἂν εἴ τις τῶν περὶ τὸ
σῶμα ἀθλητῶν οὕτως ἀφόβως τε καὶ πιστευτικῶς ἔχων τῷ
5 σώματι ἔρχεται αὐτόσε ἀγωνιούμενος, ὥσπερ σὺ φῂς τῇ
διανοίᾳ.

ΙΠ. Εἰκότως, ὦ Σώκρατες, ἐγὼ τοῦτο πέπονθα· ἐξ οὗ
γὰρ ἦργμαι 'Ολυμπίασιν ἀγωνίζεσθαι, οὐδενὶ πώποτε κρείτ-
τονι εἰς οὐδὲν ἐμαυτοῦ ἐνέτυχον.

b   ΣΩ. Καλόν γε λέγεις, ὦ Ἱππία, καὶ τῇ 'Ηλείων πόλει
τῆς σοφίας ἀνάθημα τὴν δόξαν εἶναι τὴν σὴν καὶ τοῖς
γονεῦσι τοῖς σοῖς. ἀτὰρ τί δὴ λέγεις ἡμῖν περὶ τοῦ 'Αχιλ-
λέως τε καὶ τοῦ 'Οδυσσέως; πότερον ἀμείνω καὶ κατὰ τί
5 φῂς εἶναι; ἡνίκα μὲν γὰρ πολλοὶ ἔνδον ἦμεν καὶ σὺ τὴν
ἐπίδειξιν ἐποιοῦ, ἀπελείφθην σου τῶν λεγομένων—ὤκνουν
γὰρ ἐπανερέσθαι, διότι ὄχλος τε πολὺς ἔνδον ἦν, καὶ μή
σοι ἐμποδὼν εἴην ἐρωτῶν τῇ ἐπιδείξει—νυνὶ δὲ ἐπειδὴ ἐλάτ-
τους τέ ἐσμεν καὶ Εὔδικος ὅδε κελεύει ἐρέσθαι, εἰπέ τε καὶ
c δίδαξον ἡμᾶς σαφῶς, τί ἔλεγες περὶ τούτοιν τοῖν ἀνδροῖν;
πῶς διέκρινες αὐτούς;

ΙΠ. 'Αλλ' ἐγώ σοι, ὦ Σώκρατες, ἐθέλω ἔτι σαφέστερον
ἢ τότε διελθεῖν ἃ λέγω καὶ περὶ τούτων καὶ ἄλλων. φημὶ
5 γὰρ Ὅμηρον πεποιηκέναι ἄριστον μὲν ἄνδρα 'Αχιλλέα τῶν
εἰς Τροίαν ἀφικομένων, σοφώτατον δὲ Νέστορα, πολυτρο-
πώτατον δὲ 'Οδυσσέα.

ΣΩ. Βαβαῖ, ὦ Ἱππία· ἆρ' ἄν τί μοι χαρίσαιο τοιόνδε,
μή μου καταγελᾶν, ἐὰν μόγις μανθάνω τὰ λεγόμενα καὶ

---

d 2 μοι T W: ἐμοὶ F   d 3 παρεσκευασμένον] παρεσκευασμένων
Stallbaum   b 2 εἶναι secl. Baumann : εἶναι οἶμαι ci. Vermehren
c 3 ἔτι σαφέστερον T W: σαφέστερον ἔτι F   c 4 ἄλλων T W:
περὶ ἄλλων F   c 9 μόγις F: μόλις T W

πολλάκις ἀνερωτῶ; ἀλλά μοι πειρῶ πρᾴως τε καὶ εὐκόλως d
ἀποκρίνεσθαι.

ΙΠ. Αἰσχρὸν γὰρ ἂν εἴη, ὦ Σώκρατες, εἰ ἄλλους μὲν
αὐτὰ ταῦτα παιδεύω καὶ ἀξιῶ διὰ ταῦτα χρήματα λαμβάνειν,
αὐτὸς δὲ ὑπὸ σοῦ ἐρωτώμενος μὴ συγγνώμην τ᾽ ἔχοιμι καὶ 5
πρᾴως ἀποκρινοίμην.

ΣΩ. Πάνυ καλῶς λέγεις. ἐγὼ γάρ τοι, ἡνίκα μὲν ἄριστον
τὸν Ἀχιλλέα ἔφησθα πεποιῆσθαι, ἐδόκουν σου μανθάνειν
ὅτι ἔλεγες, καὶ ἡνίκα τὸν Νέστορα σοφώτατον· ἐπειδὴ δὲ e
τὸν Ὀδυσσέα εἶπες ὅτι πεποιηκὼς εἴη ὁ ποιητὴς πολυτρο-
πώτατον, τοῦτο δ᾽, ὥς γε πρὸς σὲ τἀληθῆ εἰρῆσθαι, παντά-
πασιν οὐκ οἶδ᾽ ὅτι λέγεις. καί μοι εἰπέ, ἄν τι ἐνθένδε
μᾶλλον μάθω· ὁ Ἀχιλλεὺς οὐ πολύτροπος τῷ Ὁμήρῳ 5
πεποίηται;

ΙΠ. Ἥκιστά γε, ὦ Σώκρατες, ἀλλ᾽ ἁπλούστατος καὶ
ἀληθέστατος, ἐπεὶ καὶ ἐν Λιταῖς, ἡνίκα πρὸς ἀλλήλους
ποιεῖ αὐτοὺς διαλεγομένους, λέγει αὐτῷ ὁ Ἀχιλλεὺς πρὸς
τὸν Ὀδυσσέα—   10

Διογενὲς Λαερτιάδη, πολυμήχαν᾽ Ὀδυσσεῦ,   365
χρὴ μὲν δὴ τὸν μῦθον ἀπηλεγέως ἀποειπεῖν,
ὥσπερ δὴ κρανέω τε καὶ ὡς τελέεσθαι ὀίω·
ἐχθρὸς γάρ μοι κεῖνος ὁμῶς Ἀΐδαο πύλῃσιν,
ὅς χ᾽ ἕτερον μὲν κεύθῃ ἐνὶ φρεσίν, ἄλλο δὲ εἴπῃ.   b
αὐτὰρ ἐγὼν ἐρέω, ὡς καὶ τετελεσμένον ἔσται.

ἐν τούτοις δηλοῖ τοῖς ἔπεσιν τὸν τρόπον ἑκατέρου τοῦ ἀν-
δρός, ὡς ὁ μὲν Ἀχιλλεὺς εἴη ἀληθής τε καὶ ἁπλοῦς, ὁ δὲ
Ὀδυσσεὺς πολύτροπός τε καὶ ψευδής· ποιεῖ γὰρ τὸν Ἀχιλλέα 5
εἰς τὸν Ὀδυσσέα λέγοντα ταῦτα τὰ ἔπη.

e 7 καὶ ἀληθέστατος F : om. TW   a 3 ὥσπερ TWF : ᾗπερ S
cum libris Homericis (sed ὥσπερ M⁸)   κρανέω Homeri vulg.: φρονέω
Aristarchus   τελέεσθαι T : τετελέεσθαι W : τετελέσθαι F   τελέ-
εσθαι ὀίω] τετελεσμένον ἔσται S cum libris Homericis   post ὀίω sequi-
tur Il. 9. 311 ὡς μή μοι τρύζητε παρήμενοι ἄλλοθεν ἄλλος   b 2 ὡς καὶ
τετελεσμένον ἔσται Homeri vulg.: ὥς μοι δοκεῖ εἶναι ἄριστα Homeri A al.

ΣΩ. Νῦν ἤδη, ὦ Ἱππία, κινδυνεύω μανθάνειν ὃ λέγεις·
τὸν πολύτροπον ψευδῆ λέγεις, ὥς γε φαίνεται.

c ΙΠ. Μάλιστα, ὦ Σώκρατες· τοιοῦτον γὰρ πεποίηκεν τὸν
Ὀδυσσέα Ὅμηρος πολλαχοῦ καὶ ἐν Ἰλιάδι καὶ ἐν Ὀδυσσείᾳ.

ΣΩ. Ἐδόκει ἄρα, ὡς ἔοικεν, Ὁμήρῳ ἕτερος μὲν εἶναι
ἀνὴρ ἀληθής, ἕτερος δὲ ψευδής, ἀλλ' οὐχ ὁ αὐτός.

5 ΙΠ. Πῶς γὰρ οὐ μέλλει, ὦ Σώκρατες;

ΣΩ. Ἦ καὶ σοὶ δοκεῖ αὐτῷ, ὦ Ἱππία;

ΙΠ. Πάντων μάλιστα· καὶ γὰρ ἂν δεινὸν εἴη εἰ μή.

ΣΩ. Τὸν μὲν Ὅμηρον τοίνυν ἐάσωμεν, ἐπειδὴ καὶ
d ἀδύνατον ἐπανερέσθαι τί ποτε νοῶν ταῦτα ἐποίησεν τὰ ἔπη·
σὺ δ' ἐπειδὴ φαίνῃ ἀναδεχόμενος τὴν αἰτίαν, καὶ σοὶ συν-
δοκεῖ ταῦτα ἅπερ φῂς Ὅμηρον λέγειν, ἀπόκριναι κοινῇ ὑπὲρ
Ὁμήρου τε καὶ σαυτοῦ.

5 ΙΠ. Ἔσται ταῦτα· ἀλλ' ἐρώτα ἔμβραχυ ὅτι βούλει.

ΣΩ. Τοὺς ψευδεῖς λέγεις οἷον ἀδυνάτους τι ποιεῖν, ὥσπερ
τοὺς κάμνοντας, ἢ δυνατούς τι ποιεῖν;—ΙΠ. Δυνατοὺς ἔγωγε
καὶ μάλα σφόδρα ἄλλα τε πολλὰ καὶ ἐξαπατᾶν ἀνθρώπους.

e —ΣΩ. Δυνατοὶ μὲν δή, ὡς ἔοικεν, εἰσὶ κατὰ τὸν σὸν λόγον
καὶ πολύτροποι· ἢ γάρ;—ΙΠ. Ναί.—ΣΩ. Πολύτροποι δ'
εἰσὶ καὶ ἀπατεῶνες ὑπὸ ἠλιθιότητος καὶ ἀφροσύνης, ἢ ὑπὸ
πανουργίας καὶ φρονήσεώς τινος;—ΙΠ. Ὑπὸ πανουργίας
5 πάντων μάλιστα καὶ φρονήσεως.—ΣΩ. Φρόνιμοι μὲν ἄρα
εἰσίν, ὡς ἔοικεν.—ΙΠ. Ναὶ μὰ Δία, λίαν γε.—ΣΩ. Φρόνι-
μοι δὲ ὄντες οὐκ ἐπίστανται ὅτι ποιοῦσιν, ἢ ἐπίστανται;—
ΙΠ. Καὶ μάλα σφόδρα ἐπίστανται· διὰ ταῦτα καὶ κακουρ-
γοῦσιν.—ΣΩ. Ἐπιστάμενοι δὲ ταῦτα ἃ ἐπίστανται πότερον
10 ἀμαθεῖς εἰσιν ἢ σοφοί;—ΙΠ. Σοφοὶ μὲν οὖν αὐτά γε ταῦτα,
366 ἐξαπατᾶν.

ΣΩ. Ἔχε δή· ἀναμνησθῶμεν τί ἐστιν ὃ λέγεις. τοὺς
ψευδεῖς φῂς εἶναι δυνατοὺς καὶ φρονίμους καὶ ἐπιστήμονας

c 3 εἶναι ἀνὴρ TW: ἀνὴρ εἶναι F   d 5 ἔμβραχυ TW: ἐν
βραχεῖ F   ὅτι TW: ὅπερ F   e 7 ὅτι ποιοῦσιν ἢ ἐπίστανται F:
om. TW

καὶ σοφοὺς εἰς ἄπερ ψευδεῖς;—ΙΠ. Φημὶ γὰρ οὖν.—
ΣΩ. Ἄλλους δὲ τοὺς ἀληθεῖς τε καὶ ψευδεῖς, καὶ ἐναντιω- 5
τάτους ἀλλήλοις;—ΙΠ. Λέγω ταῦτα.—ΣΩ. Φέρε δή· τῶν
μὲν δυνατῶν τινες καὶ σοφῶν, ὡς ἔοικεν, εἰσὶν οἱ ψευδεῖς
κατὰ τὸν σὸν λόγον.—ΙΠ. Μάλιστά γε.—ΣΩ. Ὅταν δὲ
λέγῃς δυνατοὺς καὶ σοφοὺς εἶναι τοὺς ψευδεῖς εἰς αὐτὰ b
ταῦτα, πότερον λέγεις δυνατοὺς εἶναι ψεύδεσθαι ἐὰν βού-
λωνται, ἢ ἀδυνάτους εἰς ταῦτα ἄπερ ψεύδονται;—ΙΠ. Δυνα-
τοὺς ἔγωγε.—ΣΩ. Ὡς ἐν κεφαλαίῳ ἄρα εἰρῆσθαι, οἱ ψευδεῖς
εἰσιν οἱ σοφοί τε καὶ δυνατοὶ ψεύδεσθαι.—ΙΠ. Ναί.— 5
ΣΩ. Ἀδύνατος ἄρα ψεύδεσθαι ἀνὴρ καὶ ἀμαθὴς οὐκ ἂν εἴη
ψευδής.—ΙΠ. Ἔχει οὕτως.—ΣΩ. Δυνατὸς δέ γ᾽ ἐστὶν
ἕκαστος ἄρα, ὃς ἂν ποιῇ τότε ὃ ἂν βούληται, ὅταν βού-
ληται· οὐχ ὑπὸ νόσου λέγω ἐξειργόμενον οὐδὲ τῶν τοιούτων, c
ἀλλὰ ὥσπερ σὺ δυνατὸς εἶ γράψαι τοὐμὸν ὄνομα ὅταν
βούλῃ, οὕτω λέγω. ἢ οὐχ, ὃς ἂν οὕτως ἔχῃ, καλεῖς σὺ
δυνατόν;—ΙΠ. Ναί.

ΣΩ. Λέγε δή μοι, ὦ Ἱππία, οὐ σὺ μέντοι ἔμπειρος εἶ 5
λογισμῶν καὶ λογιστικῆς;—ΙΠ. Πάντων μάλιστα, ὦ Σώ-
κρατες.—ΣΩ. Οὐκοῦν εἰ καί τίς σε ἔροιτο τὰ τρὶς ἑπτακόσια
ὁπόσος ἐστὶν ἀριθμός, εἰ βούλοιο, πάντων τάχιστα καὶ
μάλιστ᾽ ἂν εἴποις τἀληθῆ περὶ τούτου;—ΙΠ. Πάνυ γε.— d
ΣΩ. Ἆρα ὅτι δυνατώτατός τε εἶ καὶ σοφώτατος κατὰ ταῦτα;
—ΙΠ. Ναί.—ΣΩ. Πότερον οὖν σοφώτατός τε εἶ καὶ δυνα-
τώτατος μόνον, ἢ καὶ ἄριστος ταῦτα ἄπερ δυνατώτατός τε
καὶ σοφώτατος, τὰ λογιστικά;—ΙΠ. Καὶ ἄριστος δήπου, ὦ 5
Σώκρατες.—ΣΩ. Τὰ μὲν δὴ ἀληθῆ σὺ ἂν δυνατώτατα εἴποις
περὶ τούτων· ἢ γάρ;—ΙΠ. Οἶμαι ἔγωγε.—ΣΩ. Τί δὲ τὰ e
ψευδῆ περὶ τῶν αὐτῶν τούτων; καί μοι, ὥσπερ τὰ πρότερα,
γενναίως καὶ μεγαλοπρεπῶς ἀπόκριναι, ὦ Ἱππία· εἴ τίς σε

b 4 ὡς ἐν T (sed ὡς supra versum) F: ἐν W   b 5 οἱ F: om.
TW   b 7 δέ γ᾽ F: δ᾽ TW   c 3 ἢ TW: ἢ in marg. f: ἆρ᾽ F
c 5 δή μοι TW: δέ μοι F   c 7 σε TW et in marg. f: om. F
d 1 μάλιστα λέγοις ἀληθῆ F   d 6 δὴ TW et suprascr. f: om. F

ἔροιτο τὰ τρὶς ἑπτακόσια πόσα ἐστί, πότερον σὺ ἂν μάλιστα
5 ψεύδοιο καὶ ἀεὶ κατὰ ταὐτὰ ψευδῆ λέγοις περὶ τούτων, βου-
λόμενος ψεύδεσθαι καὶ μηδέποτε ἀληθῆ ἀποκρίνεσθαι, ἢ ὁ
367 ἀμαθὴς εἰς λογισμοὺς δύναιτ' ἂν σοῦ μᾶλλον ψεύδεσθαι
βουλομένου; ἢ ὁ μὲν ἀμαθὴς πολλάκις ἂν βουλόμενος ψευδῆ
λέγειν τἀληθῆ ἂν εἴποι ἄκων, εἰ τύχοι, διὰ τὸ μὴ εἰδέναι,
σὺ δὲ ὁ σοφός, εἴπερ βούλοιο ψεύδεσθαι, ἀεὶ ἂν κατὰ τὰ
5 αὐτὰ ψεύδοιο;—ΙΠ. Ναί, οὕτως ἔχει ὡς σὺ λέγεις.—
ΣΩ. Ὁ ψευδὴς οὖν πότερον περὶ μὲν τἆλλα ψευδής ἐστιν,
οὐ μέντοι περὶ ἀριθμόν, οὐδὲ ἀριθμῶν ἂν ψεύσαιτο;—
ΙΠ. Καὶ ναὶ μὰ Δία περὶ ἀριθμόν.—ΣΩ. Θῶμεν ἄρα καὶ
τοῦτο, ὦ Ἱππία, περὶ λογισμόν τε καὶ ἀριθμὸν εἶναί τινα
b ἄνθρωπον ψευδῆ;—ΙΠ. Ναί.—ΣΩ. Τίς οὖν ἂν εἴη οὗτος;
οὐχὶ δεῖ ὑπάρχειν αὐτῷ, εἴπερ μέλλει ψευδὴς ἔσεσθαι, ὡς
σὺ ἄρτι ὡμολόγεις, δυνατὸν εἶναι ψεύδεσθαι; ὁ γὰρ ἀδύ-
νατος ψεύδεσθαι, εἰ μέμνησαι, ὑπὸ σοῦ ἐλέγετο ὅτι οὐκ ἂν
5 ποτε ψευδὴς γένοιτο.—ΙΠ. Ἀλλὰ μέμνημαι καὶ ἐλέχθη
οὕτως.—ΣΩ. Οὐκοῦν ἄρτι ἐφάνης σὺ δυνατώτατος ὢν ψεύ-
δεσθαι περὶ λογισμῶν;—ΙΠ. Ναί, ἐλέχθη γέ τοι καὶ τοῦτο.
c —ΣΩ. Ἆρ' οὖν καὶ δυνατώτατος εἶ ἀληθῆ λέγειν περὶ
λογισμῶν;—ΙΠ. Πάνυ γε.—ΣΩ. Οὐκοῦν ὁ αὐτὸς ψευδῆ
καὶ ἀληθῆ λέγειν περὶ λογισμῶν δυνατώτατος· οὗτος δ' ἐστὶν
ὁ ἀγαθὸς περὶ τούτων, ὁ λογιστικός.—ΙΠ. Ναί.—ΣΩ. Τίς
5 οὖν ψευδὴς περὶ λογισμὸν γίγνεται, ὦ Ἱππία, ἄλλος ἢ ὁ
ἀγαθός; ὁ αὐτὸς γὰρ καὶ δυνατός· οὗτος δὲ καὶ ἀληθής.—
ΙΠ. Φαίνεται.—ΣΩ. Ὁρᾷς οὖν ὅτι ὁ αὐτὸς ψευδής τε καὶ
ἀληθὴς περὶ τούτων, καὶ οὐδὲν ἀμείνων ὁ ἀληθὴς τοῦ ψευ-

a 7 ἀριθμὸν corr. Ven. 185 : ἀριθμῶν TWF   ἀριθμῶν scr. Ven.
185 : ἀριθμὸν TWF   ἂν TWF sed δὴ suprascr. W   ψεύσαιτο
TW : ψεύδοιτο F   a 8 θῶμεν] φῶμεν Schanz   b 2 αὐτῷ
F : αὐτὸν TWf   ὡς TWf : ὃ F   b 6 ἂν TWF sed εἶναι
suprascr. W   b 7 λογισμῶν corr. Coisl. : λογισμῶν TWF
c 3 δυνατώτατος F : δυνατὸς TWf   οὗτος ... c 4 λογιστικός secl.
Bekker   c 5 λογισμὸν F : λογισμῶν TW   c 6 ὁ αὐτὸς F :
TW

δοῦς; ὁ αὐτὸς γὰρ δήπου ἐστὶ καὶ οὐκ ἐναντιώτατα ἔχει, d
ὥσπερ σὺ ᾤου ἄρτι.

ΙΠ. Οὐ φαίνεται ἐνταῦθά γε.

ΣΩ. Βούλει οὖν σκεψώμεθα καὶ ἄλλοθι;

ΙΠ. Εἰ [ἄλλως] γε σὺ βούλει. 5

ΣΩ. Οὐκοῦν καὶ γεωμετρίας ἔμπειρος εἶ;—ΙΠ. Ἔγωγε.

—ΣΩ. Τί οὖν; οὐ καὶ ἐν γεωμετρίᾳ οὕτως ἔχει· ὁ αὐτὸς
δυνατώτατος ψεύδεσθαι καὶ ἀληθῆ λέγειν περὶ τῶν διαγραμ-
μάτων, ὁ γεωμετρικός;—ΙΠ. Ναί.—ΣΩ. Περὶ ταῦτα οὖν
ἀγαθὸς ἄλλος τις ἢ οὗτος;—ΙΠ. Οὐκ ἄλλος.—ΣΩ. Οὐκ- e
οῦν ὁ ἀγαθὸς καὶ σοφὸς γεωμέτρης δυνατώτατός γε
ἀμφότερα; καὶ εἴπερ τις ἄλλος ψευδὴς περὶ διαγράμματα,
οὗτος ἂν εἴη, ὁ ἀγαθός· οὗτος γὰρ δυνατός, ὁ δὲ κακὸς
ἀδύνατος ἦν ψεύδεσθαι· ὥστε οὐκ ἂν γένοιτο ψευδὴς ὁ 5
μὴ δυνάμενος ψεύδεσθαι, ὡς ὡμολόγηται.—ΙΠ. Ἔστι
ταῦτα.

ΣΩ. Ἔτι τοίνυν καὶ τὸν τρίτον ἐπισκεψώμεθα, τὸν
ἀστρονόμον, ἧς αὖ σὺ τέχνης ἔτι μᾶλλον ἐπιστήμων οἴει
εἶναι ἢ τῶν ἔμπροσθεν. ἢ γάρ, ὦ Ἱππία;—ΙΠ. Ναί.— 368
ΣΩ. Οὐκοῦν καὶ ἐν ἀστρονομίᾳ ταὐτὰ ταῦτά ἐστιν;—
ΙΠ. Εἰκός γε, ὦ Σώκρατες.—ΣΩ. Καὶ ἐν ἀστρονομίᾳ ἄρα
εἴπερ τις καὶ ἄλλος ψευδής, ὁ ἀγαθὸς ἀστρονόμος ψευδὴς
ἔσται, ὁ δυνατὸς ψεύδεσθαι. οὐ γὰρ ὅ γε ἀδύνατος· ἀμαθὴς 5
γάρ.—ΙΠ. Φαίνεται οὕτως.—ΣΩ. Ὁ αὐτὸς ἄρα καὶ ἐν
ἀστρονομίᾳ ἀληθής τε καὶ ψευδὴς ἔσται.—ΙΠ. Ἔοικεν.

ΣΩ. Ἴθι δή, ὦ Ἱππία, ἀνέδην οὑτωσὶ ἐπίσκεψαι κατὰ
πασῶν τῶν ἐπιστημῶν, εἴ που ἔστιν ἄλλως ἔχον ἢ οὕτως. b
πάντως δὲ πλείστας τέχνας πάντων σοφώτατος εἶ ἀνθρώ-
πων, ὡς ἐγώ ποτέ σου ἤκουον μεγαλαυχουμένου, πολλὴν
σοφίαν καὶ ζηλωτὴν σαυτοῦ διεξιόντος ἐν ἀγορᾷ ἐπὶ ταῖς
τραπέζαις. ἔφησθα δὲ ἀφικέσθαι ποτὲ εἰς Ὀλυμπίαν ἃ 5

d 5 ἄλλως secl. Bekker   a 2 ταὐτὰ ταῦτα T f: ταῦτα W F
a 5 οὐ γάρ . . . ἀμαθὴς γάρ secl. Schanz   b 5 ἃ εἶχες T W f (sed
χ ex emend. T) : ἀεὶ χθὲς F

εἶχες περὶ τὸ σῶμα ἅπαντα σαυτοῦ ἔργα ἔχων· πρῶτον
μὲν δακτύλιον—ἐντεῦθεν γὰρ ἤρχου—ὃν εἶχες σαυτοῦ ἔχειν
c ἔργον, ὡς ἐπιστάμενος δακτυλίους γλύφειν, καὶ ἄλλην
σφραγῖδα σὸν ἔργον, καὶ στλεγγίδα καὶ λήκυθον ἃ αὐτὸς
ἠργάσω· ἔπειτα ὑποδήματα ἃ εἶχες ἔφησθα αὐτὸς σκυτοτο-
μῆσαι, καὶ τὸ ἱμάτιον ὑφῆναι καὶ τὸν χιτωνίσκον· καὶ ὅ γε
5 πᾶσιν ἔδοξεν ἀτοπώτατον καὶ σοφίας πλείστης ἐπίδειγμα,
ἐπειδὴ τὴν ζώνην ἔφησθα τοῦ χιτωνίσκου, ἣν εἶχες, εἶναι
μὲν οἷαι αἱ Περσικαὶ τῶν πολυτελῶν, ταύτην δὲ αὐτὸς πλέξαι·
πρὸς δὲ τούτοις ποιήματα ἔχων ἐλθεῖν, καὶ ἔπη καὶ τραγῳδίας
d καὶ διθυράμβους, καὶ καταλογάδην πολλοὺς λόγους καὶ
παντοδαποὺς συγκειμένους· καὶ περὶ τῶν τεχνῶν δὴ ὧν
ἄρτι ἐγὼ ἔλεγον ἐπιστήμων ἀφικέσθαι διαφερόντως τῶν
ἄλλων, καὶ περὶ ῥυθμῶν καὶ ἁρμονιῶν καὶ γραμμάτων ὀρθό-
5 τητος, καὶ ἄλλα ἔτι πρὸς τούτοις πάνυ πολλά, ὡς ἐγὼ δοκῶ
μνημονεύειν· καίτοι τό γε μνημονικὸν ἐπελαθόμην σου, ὡς
ἔοικε, τέχνημα, ἐν ᾧ σὺ οἴει λαμπρότατος εἶναι· οἶμαι δὲ καὶ
e ἄλλα πάμπολλα ἐπιλελῆσθαι. ἀλλ᾽ ὅπερ ἐγὼ λέγω, καὶ εἰς
τὰς σαυτοῦ τέχνας βλέψας—ἱκαναὶ δέ—καὶ εἰς τὰς τῶν
ἄλλων εἰπέ μοι, ἐάν που εὕρῃς ἐκ τῶν ὡμολογημένων ἐμοί
τε καὶ σοί, ὅπου ἐστὶν ὁ μὲν ἀληθής, ὁ δὲ ψευδής, χωρὶς καὶ
5 οὐχ ὁ αὐτός; ἐν ᾗτινι βούλει σοφίᾳ τοῦτο σκέψαι ἢ πανουργίᾳ
369 ἢ ὁτιοῦν χαίρεις ὀνομάζων· ἀλλ᾽ οὐχ εὑρήσεις, ὦ ἑταῖρε—
οὐ γὰρ ἔστιν—ἐπεὶ σὺ εἰπέ.

ΙΠ. Ἀλλ᾽ οὐκ ἔχω, ὦ Σώκρατες, νῦν γε οὕτως.

ΣΩ. Οὐδέ γε ἕξεις, ὡς ἐγὼ οἶμαι· εἰ δ᾽ ἐγὼ ἀληθῆ λέγω,
5 μέμνησαι ὃ ἡμῖν συμβαίνει ἐκ τοῦ λόγου, ὦ Ἱππία.

ΙΠ. Οὐ πάνυ τι ἐννοῶ, ὦ Σώκρατες, ὃ λέγεις.

ΣΩ. Νυνὶ γὰρ ἴσως οὐ χρῇ τῷ μνημονικῷ τεχνήματι—

b6 ἔργα TWf: om. F   c2 στλεγγίδα Wt: σλεγγίδα T:
στεγγίδα F   c3 ἔπειτα TWf: ἐπὶ τὰ F   c6 ἐπειδὴ TWF:
secl. Ast: ἐπιδεικνὺς vel ἐπιδείξας fuisse susp. Schanz   d2 τεχνῶν]
τε τεχνῶν Baumann   d3 ἐπιστήμων f: ἐπιστήμην F: ἐπιστημῶν
TW   e3 που TW: ποτε F   a7 χρῇ t: χρὴ TF: χρῇ W

δῆλον γὰρ ὅτι οὐκ οἴει δεῖν—ἀλλὰ ἐγώ σε ὑπομνήσω. οἶσθα
ὅτι τὸν μὲν Ἀχιλλέα ἔφησθα ἀληθῆ εἶναι, τὸν δὲ Ὀδυσσέα
ψευδῆ καὶ πολύτροπον; b

ΙΠ. Ναί.

ΣΩ. Νῦν οὖν αἰσθάνῃ ὅτι ἀναπέφανται ὁ αὐτὸς ὢν
ψευδής τε καὶ ἀληθής, ὥστε εἰ ψευδὴς ὁ Ὀδυσσεὺς ἦν, καὶ
ἀληθὴς γίγνεται, καὶ εἰ ἀληθὴς ὁ Ἀχιλλεύς, καὶ ψευδής, 5
καὶ οὐ διάφοροι ἀλλήλων οἱ ἄνδρες οὐδ᾽ ἐναντίοι, ἀλλ᾽
ὅμοιοι;

ΙΠ. Ὦ Σώκρατες, ἀεὶ σύ τινας τοιούτους πλέκεις λόγους,
καὶ ἀπολαμβάνων ὃ ἂν ᾖ δυσχερέστατον τοῦ λόγου, τούτου
ἔχῃ κατὰ σμικρὸν ἐφαπτόμενος, καὶ οὐχ ὅλῳ ἀγωνίζῃ τῷ c
πράγματι περὶ ὅτου ἂν ὁ λόγος ᾖ· ἐπεὶ καὶ νῦν, ἐὰν βούλῃ,
ἐπὶ πολλῶν τεκμηρίων ἀποδείξω σοι ἱκανῷ λόγῳ Ὅμηρον
Ἀχιλλέα πεποιηκέναι ἀμείνω Ὀδυσσέως καὶ ἀψευδῆ, τὸν δὲ
δολερόν τε καὶ πολλὰ ψευδόμενον καὶ χείρω Ἀχιλλέως. 5
εἰ δὲ βούλει, σὺ αὖ ἀντιπαράβαλλε λόγον παρὰ λόγον, ὡς ὁ
ἕτερος ἀμείνων ἐστί· καὶ μᾶλλον εἴσονται οὗτοι ὁπότερος
ἀμείνων λέγει.

ΣΩ. Ὦ Ἱππία, ἐγώ τοι οὐκ ἀμφισβητῶ μὴ οὐχὶ σὲ εἶναι d
σοφώτερον ἢ ἐμέ· ἀλλ᾽ ἀεὶ εἴωθα, ἐπειδάν τις λέγῃ τι,
προσέχειν τὸν νοῦν, ἄλλως τε καὶ ἐπειδάν μοι δοκῇ σοφὸς
εἶναι ὁ λέγων, καὶ ἐπιθυμῶν μαθεῖν ὅτι λέγει διαπυνθάνομαι
καὶ ἐπανασκοπῶ καὶ συμβιβάζω τὰ λεγόμενα, ἵνα μάθω· ἐὰν 5
δὲ φαῦλος δοκῇ μοι εἶναι ὁ λέγων, οὔτε ἐπανερωτῶ οὔτε
μοι μέλει ὧν λέγει. καὶ γνώσῃ τούτῳ οὓς ἂν ἐγὼ ἡγῶμαι
σοφοὺς εἶναι· εὑρήσεις γάρ με λιπαρῆ ὄντα περὶ τὰ λεγό-
μενα ὑπὸ τούτου καὶ πυνθανόμενον παρ᾽ αὐτοῦ, ἵνα μαθὼν e
τι ὠφεληθῶ. ἐπεὶ καὶ νῦν ἐννενόηκα σοῦ λέγοντος, ὅτι ἐν
τοῖς ἔπεσιν οἷς σὺ ἄρτι ἔλεγες, ἐνδεικνύμενος τὸν Ἀχιλλέα

---

c 1 οὐχ ὅλῳ T W f : οὐδ᾽ ὅλως F   c 5 πολλὰ ψευδόμενον T W :
ψευδόμενον πολλὰ F   d 2 τι Τ f : τί W : om. F   d 7 τούτῳ T :
τοῦτο W : τοῦτ᾽ ἢ F (γρ. τούτου in marg. f)   e 2 ἐπεὶ καὶ νῦν T W :
καὶ νῦν ἐπεὶ F

εἰς τὸν Ὀδυσσέα λέγειν ὡς ἀλαζόνα ὄντα, ἄτοπόν μοι δοκεῖ
5 εἶναι, εἰ σὺ ἀληθῆ λέγεις, ὅτι ὁ μὲν Ὀδυσσεὺς οὐδαμοῦ
370 φαίνεται ψευσάμενος, ὁ πολύτροπος, ὁ δὲ Ἀχιλλεὺς πολύ-
τροπός τις φαίνεται κατὰ τὸν σὸν λόγον· ψεύδεται γοῦν.

προειπὼν γὰρ ταῦτα τὰ ἔπη, ἅπερ καὶ σὺ εἶπες ἄρτι—

    ἐχθρὸς γάρ μοι κεῖνος ὁμῶς Ἀΐδαο πύλῃσιν,
5   ὅς χ᾽ ἕτερον μὲν κεύθῃ ἐνὶ φρεσίν, ἄλλο δὲ εἴπῃ,

b ὀλίγον ὕστερον λέγει ὡς οὔτ᾽ ἂν ἀναπεισθείη ὑπὸ τοῦ
Ὀδυσσέως τε καὶ τοῦ Ἀγαμέμνονος οὔτε μένοι τὸ παράπαν
ἐν τῇ Τροίᾳ, ἀλλ᾽—

    αὔριον ἱρὰ Διὶ ῥέξας, φησί, καὶ πᾶσι θεοῖσιν,
5   νηήσας εὖ νῆας, ἐπὴν ἅλαδε προερύσσω,
    ὄψεαι, αἴ κ᾽ ἐθέλῃσθα καὶ αἴ κέν τοι τὰ μεμήλῃ,
    ἦρι μάλ᾽ Ἑλλήσποντον ἐπ᾽ ἰχθυόεντα πλεούσας
c   νῆας ἐμάς, ἐν δ᾽ ἄνδρας ἐρεσσέμεναι μεμαῶτας·
    εἰ δέ κεν εὐπλοίην δώῃ κλυτὸς Ἐννοσίγαιος,
    ἤματί κεν τριτάτῳ Φθίην ἐρίβωλον ἱκοίμην.

ἔτι δὲ πρότερον τούτων πρὸς τὸν Ἀγαμέμνονα λοιδορούμενος
5 εἶπεν—

    νῦν δ᾽ εἶμι Φθίηνδ᾽, ἐπεὶ ἦ πολὺ λώϊόν ἐστιν
    οἴκαδ᾽ ἴμεν σὺν νηυσὶ κορωνίσιν, οὐδέ σ᾽ ὀΐω
d   ἐνθάδ᾽ ἄτιμος ἐὼν ἄφενος καὶ πλοῦτον ἀφύξειν.

ταῦτα εἰπὼν τοτὲ μὲν ἐναντίον τῆς στρατιᾶς ἁπάσης, τοτὲ
δὲ πρὸς τοὺς ἑαυτοῦ ἑταίρους, οὐδαμοῦ φαίνεται οὔτε παρα-
σκευασάμενος οὔτ᾽ ἐπιχειρήσας καθέλκειν τὰς ναῦς ὡς ἀπο-
5 πλευσούμενος οἴκαδε, ἀλλὰ πάνυ γενναίως ὀλιγωρῶν τοῦ
τἀληθῆ λέγειν. ἐγὼ μὲν οὖν, ὦ Ἱππία, καὶ ἐξ ἀρχῆς σε
ἠρόμην ἀπορῶν ὁπότερος τούτοιν τοῖν ἀνδροῖν ἀμείνων
e πεποίηται τῷ ποιητῇ, καὶ ἡγούμενος ἀμφοτέρω ἀρίστω εἶναι

a 1 ψευσάμενος T W f : ψευδόμενος F   b 6 αἴκ᾽ T W Homeri ad
L al. : αἴ κε F : ἢν S cum Homeri vulg.   c 6 ἐπεὶ ἦ T W : ἐπειδὴ F
λώϊόν T W : λῶόν F : φέρτερον libri Homerici   d 2 ἁπάσης F .
πάσης T W

καὶ δύσκριτον ὁπότερος ἀμείνων εἴη καὶ περὶ ψεύδους καὶ
ἀληθείας καὶ τῆς ἄλλης ἀρετῆς· ἀμφοτέρω γὰρ καὶ κατὰ
τοῦτο παραπλησίω ἐστόν.

ΙΠ. Οὐ γὰρ καλῶς σκοπεῖς, ὦ Σώκρατες. ἃ μὲν γὰρ ὁ 5
Ἀχιλλεὺς ψεύδεται, οὐκ ἐξ ἐπιβουλῆς φαίνεται ψευδόμενος
ἀλλ' ἄκων, διὰ τὴν συμφορὰν τὴν τοῦ στρατοπέδου ἀνα-
γκασθεὶς καταμεῖναι καὶ βοηθῆσαι· ἃ δὲ ὁ Ὀδυσσεύς, ἑκών
τε καὶ ἐξ ἐπιβουλῆς.

ΣΩ. Ἐξαπατᾷς με, ὦ φίλτατε Ἱππία, καὶ αὐτὸς τὸν 10
Ὀδυσσέα μιμῇ.

ΙΠ. Οὐδαμῶς, ὦ Σώκρατες· λέγεις δὴ τί καὶ πρὸς τί; 371

ΣΩ. Ὅτι οὐκ ἐξ ἐπιβουλῆς φὴς τὸν Ἀχιλλέα ψεύδε-
σθαι, ὃς ἦν οὕτω γόης καὶ ἐπίβουλος πρὸς τῇ ἀλαζονείᾳ,
ὡς πεποίηκεν Ὅμηρος, ὥστε καὶ τοῦ Ὀδυσσέως τοσοῦτον
φαίνεται φρονεῖν πλέον πρὸς τὸ ῥᾳδίως λανθάνειν αὐτὸν 5
ἀλαζονευόμενος, ὥστε ἐναντίον αὐτοῦ αὐτὸς ἑαυτῷ ἐτόλμα
ἐναντία λέγειν καὶ ἐλάνθανεν τὸν Ὀδυσσέα· οὐδὲν γοῦν
φαίνεται εἰπὼν πρὸς αὐτὸν ὡς αἰσθανόμενος αὐτοῦ ψευ-
δομένου ὁ Ὀδυσσεύς.   b

ΙΠ. Ποῖα δὴ ταῦτα λέγεις, ὦ Σώκρατες;

ΣΩ. Οὐκ οἶσθα ὅτι λέγων ὕστερον ἢ ὡς πρὸς τὸν
Ὀδυσσέα ἔφη ἅμα τῇ ἠοῖ ἀποπλευσεῖσθαι, πρὸς τὸν Αἴαντα
οὐκ αὖ φησιν ἀποπλευσεῖσθαι, ἀλλὰ ἄλλα λέγει;   5

ΙΠ. Ποῦ δή;

ΣΩ. Ἐν οἷς λέγει—

οὐ γὰρ πρὶν πολέμοιο μεδήσομαι αἱματόεντος,
πρίν γ' υἱὸν Πριάμοιο δαΐφρονος, Ἕκτορα δῖον,   c
Μυρμιδόνων ἐπί τε κλισίας καὶ νῆας ἱκέσθαι
κτείνοντ' Ἀργείους, κατά τε φλέξαι πυρὶ νῆας·

a 1 δὴ] δὲ δὴ scr. recc.   a 3 τῇ ἀλαζονείᾳ Bekker : τὴν ἀλαζονείαν
T W F   a 8 αὐτὸν ψευδόμενον F   b 3 ἢ ὡς W F : πως T
b 8 μεδήσομαι T W : μελήσομαι F : μεθήσομαι vulg.   c 3 κτείνοντ'
T W : κτείναντ' F   κατά τε φλέξαι T W f (sed σμυ suprascr. W) :
κατέφλεξε F : κατά τε σμῦξαι S cum Homeri vulg.

ἀμφὶ δέ μιν τῇ 'μῇ κλισίῃ καὶ νηὶ μελαίνῃ
5   Ἕκτορα καὶ μεμαῶτα μάχης σχήσεσθαι ὀίω.

σὺ δὴ οὖν, ὦ Ἱππία, πότερον οὕτως ἐπιλήσμονα οἴει εἶναι
d τὸν τῆς Θέτιδός τε καὶ ὑπὸ τοῦ σοφωτάτου Χείρωνος πεπαι-
δευμένον, ὥστε ὀλίγον πρότερον λοιδοροῦντα τοὺς ἀλαζόνας
τῇ ἐσχάτῃ λοιδορίᾳ αὐτὸν παραχρῆμα πρὸς μὲν τὸν Ὀδυσσέα
φάναι ἀποπλευσεῖσθαι, πρὸς δὲ τὸν Αἴαντα μενεῖν, ἀλλ' οὐκ
5 ἐπιβουλεύοντά τε καὶ ἡγούμενον ἀρχαῖον εἶναι τὸν Ὀδυσσέα
καὶ αὐτοῦ αὐτῷ τούτῳ τῷ τεχνάζειν τε καὶ ψεύδεσθαι περιέ-
σεσθαι;

ΙΠ. Οὔκουν ἔμοιγε δοκεῖ, ὦ Σώκρατες· ἀλλὰ καὶ αὐτὰ
e ταῦτα ὑπὸ εὐνοίας ἀναπεισθεὶς πρὸς τὸν Αἴαντα ἄλλα εἶπεν
ἢ πρὸς τὸν Ὀδυσσέα· ὁ δὲ Ὀδυσσεὺς ἅ τε ἀληθῆ λέγει,
ἐπιβουλεύσας ἀεὶ λέγει, καὶ ὅσα ψεύδεται, ὡσαύτως.

ΣΩ. Ἀμείνων ἄρ' ἐστίν, ὡς ἔοικεν, ὁ Ὀδυσσεὺς Ἀχιλ-
5 λέως.

ΙΠ. Ἥκιστά γε δήπου, ὦ Σώκρατες.

ΣΩ. Τί δέ; οὐκ ἄρτι ἐφάνησαν οἱ ἑκόντες ψευδόμενοι
βελτίους ἢ οἱ ἄκοντες;

ΙΠ. Καὶ πῶς ἄν, ὦ Σώκρατες, οἱ ἑκόντες ἀδικοῦντες καὶ
372 ἑκόντες ἐπιβουλεύσαντες καὶ κακὰ ἐργασάμενοι βελτίους ἂν
εἶεν τῶν ἀκόντων, οἷς πολλὴ δοκεῖ συγγνώμη εἶναι, ἐὰν μὴ
εἰδώς τις ἀδικήσῃ ἢ ψεύσηται ἢ ἄλλο τι κακὸν ποιήσῃ; καὶ
οἱ νόμοι δήπου πολὺ χαλεπώτεροί εἰσι τοῖς ἑκοῦσι κακὰ
5 ἐργαζομένοις καὶ ψευδομένοις ἢ τοῖς ἄκουσιν.

ΣΩ. Ὁρᾷς, ὦ Ἱππία, ὅτι ἐγὼ ἀληθῆ λέγω, λέγων ὡς
b λιπαρής εἰμι πρὸς τὰς ἐρωτήσεις τῶν σοφῶν; καὶ κινδυνεύω
ἐν μόνον ἔχειν τοῦτο ἀγαθόν, τἆλλα ἔχων πάνυ φαῦλα·
τῶν μὲν γὰρ πραγμάτων ᾗ ἔχει ἔσφαλμαι, καὶ οὐκ οἶδ' ὅπῃ
ἐστί. τεκμήριον δέ μοι τούτου ἱκανόν, ὅτι ἐπειδὰν συγγέ-
5 νωμαί τῳ ὑμῶν τῶν εὐδοκιμούντων ἐπὶ σοφίᾳ καὶ οἷς οἱ

c 4 μιν T W : μὴν F : τοι libri Homerici   d 1 τε T W f : om. F
d 2 ἀλαζόνας T W : ἄλλους F   d 4 μενεῖν] μένειν T W F   e 1 εὐ-
νοίας F : εὐηθείας T W f

Ἕλληνες πάντες μάρτυρές εἰσι τῆς σοφίας, φαίνομαι οὐδὲν
εἰδώς· οὐδὲν γάρ μοι δοκεῖ τῶν αὐτῶν καὶ ὑμῖν, ὡς ἔπος
εἰπεῖν. καίτοι τί μεῖζον ἀμαθίας τεκμήριον ἢ ἐπειδάν τις c
σοφοῖς ἀνδράσι διαφέρηται; ἐν δὲ τοῦτο θαυμάσιον ἔχω
ἀγαθόν, ὅ με σῴζει· οὐ γὰρ αἰσχύνομαι μανθάνων, ἀλλὰ
πυνθάνομαι καὶ ἐρωτῶ καὶ χάριν πολλὴν ἔχω τῷ ἀποκρινο-
μένῳ, καὶ οὐδένα πώποτε ἀπεστέρησα χάριτος. οὐ γὰρ πώ- 5
ποτε ἔξαρνος ἐγενόμην μαθών τι, ἐμαυτοῦ ποιούμενος τὸ
μάθημα εἶναι ὡς εὕρημα· ἀλλ' ἐγκωμιάζω τὸν διδάξαντά με
ὡς σοφὸν ὄντα, ἀποφαίνων ἃ ἔμαθον παρ' αὐτοῦ. καὶ δὴ καὶ
νῦν ἃ σὺ λέγεις οὐχ ὁμολογῶ σοι, ἀλλὰ διαφέρομαι πάνυ d
σφόδρα· καὶ τοῦτ' εὖ οἶδα ὅτι δι' ἐμὲ γίγνεται, ὅτι τοιοῦτός
εἰμι οἷόσπερ εἰμί, ἵνα μηδὲν ἐμαυτὸν μεῖζον εἴπω. ἐμοὶ
γὰρ φαίνεται, ὦ Ἱππία, πᾶν τοὐναντίον ἢ ὃ σὺ λέγεις· οἱ
βλάπτοντες τοὺς ἀνθρώπους καὶ ἀδικοῦντες καὶ ψευδόμενοι 5
καὶ ἐξαπατῶντες καὶ ἁμαρτάνοντες ἑκόντες ἀλλὰ μὴ ἄκοντες,
βελτίους εἶναι ἢ οἱ ἄκοντες. ἐνίοτε μέντοι καὶ τοὐναντίον
δοκεῖ μοι τούτων καὶ πλανῶμαι περὶ ταῦτα, δῆλον ὅτι διὰ
τὸ μὴ εἰδέναι· νυνὶ δὲ ἐν τῷ παρόντι μοι ὥσπερ καταβολὴ e
περιελήλυθεν, καὶ δοκοῦσί μοι οἱ ἑκόντες ἐξαμαρτάνοντες
περί τι βελτίους εἶναι τῶν ἀκόντων. αἰτιῶμαι δὲ τοῦ νῦν
παρόντος παθήματος τοὺς ἔμπροσθεν λόγους αἰτίους εἶναι,
ὥστε φαίνεσθαι νῦν ἐν τῷ παρόντι τοὺς ἄκοντας τούτων 5
ἕκαστα ποιοῦντας πονηροτέρους ἢ τοὺς ἑκόντας. σὺ οὖν
χάρισαι καὶ μὴ φθονήσῃς ἰάσασθαι τὴν ψυχήν μου· πολὺ
γάρ τοι μεῖζόν με ἀγαθὸν ἐργάσῃ ἀμαθίας παύσας τὴν ψυχὴν 373
ἢ νόσου τὸ σῶμα. μακρὸν μὲν οὖν λόγον εἰ 'θέλεις λέγειν,
προλέγω σοι ὅτι οὐκ ἄν με ἰάσαιο—οὐ γὰρ ἂν ἀκολουθήσαιμι
—ὥσπερ δὲ ἄρτι εἰ 'θέλεις μοι ἀποκρίνεσθαι, πάνυ ὀνήσεις,
οἶμαι δὲ οὐδ' αὐτὸν σὲ βλαβήσεσθαι. δικαίως δ' ἂν καὶ σὲ 5
παρακαλοίην, ὦ παῖ Ἀπημάντου· σὺ γάρ με ἐπῆρας Ἱππίᾳ

c 1 τί W F : om. T   a 4 ἀποκρίνεσθαι T W : ἀποκρίνασθαι F
a 5 δικαίως δ' ἂν T W f : καὶ ὡς ἂν F   a 6 ἐπῆρας F : ἐπήρας T :
ἀπῆρας W

διαλέγεσθαι, καὶ νῦν, ἐὰν μή μοι ἐθέλῃ Ἱππίας ἀποκρίνεσθαι, δέου αὐτοῦ ὑπὲρ ἐμοῦ.

ΕΥ. Ἀλλ', ὦ Σώκρατες, οἶμαι οὐδὲν δεήσεσθαι Ἱππίαν

b τῆς ἡμετέρας δεήσεως· οὐ γὰρ τοιαῦτα αὐτῷ ἐστι τὰ προειρημένα, ἀλλ' ὅτι οὐδενὸς ἂν φύγοι ἀνδρὸς ἐρώτησιν. ἦ γάρ, ὦ Ἱππία; οὐ ταῦτα ἦν ἃ ἔλεγες;

ΙΠ. Ἔγωγε· ἀλλὰ Σωκράτης, ὦ Εὔδικε, ἀεὶ ταράττει ἐν 5 τοῖς λόγοις καὶ ἔοικεν ὥσπερ κακουργοῦντι.

ΣΩ. Ὦ βέλτιστε Ἱππία, οὔτι ἑκών γε ταῦτα ἐγὼ ποιῶ — σοφὸς γὰρ ἂν ἦ καὶ δεινὸς κατὰ τὸν σὸν λόγον — ἀλλὰ ἄκων, ὥστε μοι συγγνώμην ἔχε· φῂς γὰρ αὖ δεῖν, ὃς ἂν κακουργῇ ἄκων, συγγνώμην ἔχειν.

c ΕΥ. Καὶ μηδαμῶς γε, ὦ Ἱππία, ἄλλως ποίει, ἀλλὰ καὶ ἡμῶν ἕνεκα καὶ τῶν προειρημένων σοι λόγων ἀποκρίνου ἃ ἂν σε ἐρωτᾷ Σωκράτης.

ΙΠ. Ἀλλ' ἀποκρινοῦμαι, σοῦ γε δεομένου. ἀλλ' ἐρώτα 5 ὅτι βούλει.

ΣΩ. Καὶ μὴν σφόδρα γε ἐπιθυμῶ, ὦ Ἱππία, διασκέψασθαι τὸ νυνδὴ λεγόμενον, πότεροί ποτε ἀμείνους, οἱ ἑκόντες ἢ οἱ ἄκοντες ἁμαρτάνοντες. οἶμαι οὖν ἐπὶ τὴν σκέψιν ὀρθότατ' ἂν ὧδε ἐλθεῖν. ἀλλ' ἀπόκριναι· καλεῖς τινα δρομέα ἀγαθόν;

d —ΙΠ. Ἔγωγε.—ΣΩ. Καὶ κακόν;—ΙΠ. Ναί.—ΣΩ. Οὐκοῦν ἀγαθὸς μὲν ὁ εὖ θέων, κακὸς δὲ ὁ κακῶς;—ΙΠ. Ναί.—ΣΩ. Οὐκοῦν ὁ βραδέως θέων κακῶς θεῖ, ὁ δὲ ταχέως εὖ;—ΙΠ. Ναί. —ΣΩ. Ἐν δρόμῳ μὲν ἄρα καὶ τῷ θεῖν τάχος μὲν ἀγαθόν, 5 βραδυτὴς δὲ κακόν;—ΙΠ. Ἀλλὰ τί μέλλει;—ΣΩ. Πότερος οὖν ἀμείνων δρομεύς, ὁ ἑκὼν βραδέως θέων ἢ ὁ ἄκων;— ΙΠ. Ὁ ἑκών.—ΣΩ. Ἆρ' οὖν οὐ ποιεῖν τί ἐστι τὸ θεῖν;— —ΙΠ. Ποιεῖν μὲν οὖν.—ΣΩ. Εἰ δὲ ποιεῖν, οὐ καὶ ἐργάζεσθαί

e τι;—ΙΠ. Ναί.—ΣΩ. Ὁ κακῶς ἄρα θέων κακὸν καὶ αἰσχρὸν ἐν δρόμῳ τοῦτο ἐργάζεται;—ΙΠ. Κακόν· πῶς γὰρ οὔ;— ΣΩ: Κακῶς δὲ θεῖ ὁ βραδέως θέων;—ΙΠ. Ναί.—ΣΩ.

Οὐκοῦν ὁ μὲν ἀγαθὸς δρομεὺς ἑκὼν τὸ κακὸν τοῦτο ἐργά-
ζεται καὶ τὸ αἰσχρόν, ὁ δὲ κακὸς ἄκων;—ΙΠ. Ἔοικέν γε.— 5
ΣΩ. Ἐν δρόμῳ μὲν ἄρα πονηρότερος ὁ ἄκων κακὰ ἐργαζό-
μενος ἢ ὁ ἑκών;—ΙΠ. Ἐν δρόμῳ γε.—ΣΩ. Τί δ᾽ ἐν πάλῃ; 374
πότερος παλαιστὴς ἀμείνων, ὁ ἑκὼν πίπτων ἢ ὁ ἄκων;—
ΙΠ. Ὁ ἑκών, ὡς ἔοικεν.—ΣΩ. Πονηρότερον δὲ καὶ αἴσχιον
ἐν πάλῃ τὸ πίπτειν ἢ τὸ καταβάλλειν;—ΙΠ. Τὸ πίπτειν.—
ΣΩ. Καὶ ἐν πάλῃ ἄρα ὁ ἑκὼν τὰ πονηρὰ καὶ αἰσχρὰ ἐργαζό- 5
μενος βελτίων παλαιστὴς ἢ ὁ ἄκων.—ΙΠ. Ἔοικεν.—ΣΩ.
Τί δὲ ἐν τῇ ἄλλῃ πάσῃ τῇ τοῦ σώματος χρείᾳ; οὐχ ὁ βελτίων
τὸ σῶμα δύναται ἀμφότερα ἐργάζεσθαι, καὶ τὰ ἰσχυρὰ καὶ τὰ
ἀσθενῆ, καὶ τὰ αἰσχρὰ καὶ τὰ καλά· ὥστε ὅταν κατὰ τὸ σῶμα b
πονηρὰ ἐργάζηται, ἑκὼν ἐργάζεται ὁ βελτίων τὸ σῶμα, ὁ δὲ
πονηρότερος ἄκων;—ΙΠ. Ἔοικεν καὶ τὰ κατὰ τὴν ἰσχὺν οὕτως
ἔχειν.

ΣΩ. Τί δὲ κατ᾽ εὐσχημοσύνην, ὦ Ἱππία; οὐ τοῦ βελτίονος 5
σώματός ἐστιν ἑκόντος τὰ αἰσχρὰ καὶ πονηρὰ σχήματα σχη-
ματίζειν, τοῦ δὲ πονηροτέρου ἄκοντος; ἢ πῶς σοι δοκεῖ;—
ΙΠ. Οὕτως.—ΣΩ. Καὶ ἀσχημοσύνη ἄρα ἡ μὲν ἑκούσιος
πρὸς ἀρετῆς ἐστιν, ἡ δὲ ἀκούσιος πρὸς πονηρίας σώματος. c
—ΙΠ. Φαίνεται.—ΣΩ. Τί δὲ φωνῆς πέρι λέγεις; ποτέραν
φῂς εἶναι βελτίω, τὴν ἑκουσίως ἀπᾴδουσαν ἢ τὴν ἀκουσίως;
—ΙΠ. Τὴν ἑκουσίως.—ΣΩ. Μοχθηροτέραν δὲ τὴν ἀκουσίως;
—ΙΠ. Ναί.—ΣΩ. Δέξαιο δ᾽ ἂν πότερον τἀγαθὰ κεκτῆσθαι 5
ἢ τὰ κακά;—ΙΠ. Τἀγαθά.—ΣΩ. Πότερον οὖν ἂν δέξαιο
πόδας κεκτῆσθαι ἑκουσίως χωλαίνοντας ἢ ἀκουσίως;—
ΙΠ. Ἑκουσίως.—ΣΩ. Χωλεία δὲ ποδῶν οὐχὶ πονηρία καὶ d
ἀσχημοσύνη ἐστίν;—ΙΠ. Ναί.—ΣΩ. Τί δέ; ἀμβλυωπία
οὐ πονηρία ὀφθαλμῶν;—ΙΠ. Ναί.—ΣΩ. Ποτέρους οὖν ἂν
βούλοιο ὀφθαλμοὺς κεκτῆσθαι καὶ ποτέροις συνεῖναι; οἷς
ἑκὼν ἄν τις ἀμβλυώττοι καὶ παρορῷ ἢ οἷς ἄκων;—ΙΠ. Οἷς 5

a 3 ὡς ἔοικε F : ἔοικεν T W   a 7 posterius τῇ secl. Bekker
b 3 καὶ τὰ T W F : om. recc.   b 6 σχήματα T W : om. F

ἑκών.—ΣΩ. Βελτίω ἄρα ἥγησαι τῶν σαυτοῦ τὰ ἑκουσίως
πονηρὰ ἐργαζόμενα ἢ τὰ ἀκουσίως;—ΙΠ. Τὰ γοῦν τοιαῦτα.
—ΣΩ. Οὐκοῦν πάντα, οἷον καὶ ὦτα καὶ ῥῖνας καὶ στόμα καὶ
πάσας τὰς αἰσθήσεις, εἷς λόγος συνέχει, τὰς μὲν ἀκόντως
κακὰ ἐργαζομένας ἀκτήτους εἶναι ὡς πονηρὰς οὔσας, τὰς δὲ
ἑκουσίως κτητὰς ὡς ἀγαθὰς οὔσας.—ΙΠ. Ἔμοιγε δοκεῖ.—
ΣΩ. Τί δέ; ὀργάνων ποτέρων βελτίων ἡ κοινωνία, οἷς ἑκών
τις κακὰ ἐργάζεται ἢ οἷς ἄκων; οἷον πηδάλιον ᾧ ἄκων κακῶς
5 τις κυβερνήσει βέλτιον ἢ ᾧ ἑκών;—ΙΠ. Ὧι ἑκών.—ΣΩ. Οὐ
καὶ τόξον ὡσαύτως καὶ λύρα καὶ αὐλοὶ καὶ τἆλλα σύμπαντα;
375 —ΙΠ. Ἀληθῆ λέγεις.—ΣΩ. Τί δέ; ψυχὴν κεκτῆσθαι ἵππου,
ᾗ ἑκών τις κακῶς ἱππεύσει, ἄμεινον ἢ ⟨ᾗ⟩ ἄκων;—ΙΠ. Ἧι
ἑκών.—ΣΩ. Ἀμείνων ἄρα ἐστίν.—ΙΠ. Ναί.—ΣΩ. Τῇ
ἀμείνονι ἄρα ψυχῇ ἵππου τὰ τῆς ψυχῆς ἔργα ταύτης τὰ
5 πονηρὰ ἑκουσίως ἂν ποιοῖ, τῇ δὲ τῆς πονηρᾶς ἀκουσίως;—
ΙΠ. Πάνυ γε.—ΣΩ. Οὐκοῦν καὶ κυνὸς καὶ τῶν ἄλλων ζῴων
πάντων;—ΙΠ. Ναί.—ΣΩ. Τί δὲ δή; ἀνθρώπου ψυχὴν
ἐκτῆσθαι τοξότου ἄμεινόν ἐστιν, ἥτις ἑκουσίως ἁμαρτάνει
b τοῦ σκοποῦ, ἢ ἥτις ἀκουσίως;—ΙΠ. Ἥτις ἑκουσίως.—ΣΩ.
Οὐκοῦν καὶ αὕτη ἀμείνων εἰς τοξικήν ἐστιν;—ΙΠ. Ναί.—
ΣΩ. Καὶ ψυχὴ ἄρα ἀκουσίως ἁμαρτάνουσα πονηροτέρα ἢ
ἑκουσίως;—ΙΠ. Ἐν τοξικῇ γε.—ΣΩ. Τί δ᾽ ἐν ἰατρικῇ; οὐχὶ
5 ἡ ἑκοῦσα κακὰ ἐργαζομένη περὶ τὰ σώματα ἰατρικωτέρα;—
ΙΠ. Ναί.—ΣΩ. Ἀμείνων ἄρα αὕτη ἐν ταύτῃ τῇ τέχνῃ τῆς
μὴ [ἰατρικῆς].—ΙΠ. Ἀμείνων.—ΣΩ. Τί δέ; ἡ κιθαριστικω-
τέρα καὶ αὐλητικωτέρα καὶ τἆλλα πάντα τὰ κατὰ τὰς τέχνας
c τε καὶ τὰς ἐπιστήμας, οὐχὶ ἡ ἀμείνων ἑκοῦσα τὰ κακὰ ἐργά-
ζεται καὶ τὰ αἰσχρὰ καὶ ἐξαμαρτάνει, ἡ δὲ πονηροτέρα
ἄκουσα;—ΙΠ. Φαίνεται.—ΣΩ. Ἀλλὰ μήν που τάς γε τῶν

d 9 ἀκόντως T W F: ἀκουσίως Cobet   a 2 ἄμεινον f: ἄμινον F:
ἀμείνων T W   ᾗ add. corr. Coisl.   a 5 τῇ δὲ τῆς πονηρᾶς W:
τῇ δὲ τῆς πονηρίας T f: τῃ δὲ τῇ πονηρᾷ F: τῇ δὲ ψυχῇ τῇ πονηρᾷ
Schanz   a 8 ἄμεινον F: ἀμείνονος T W   b 2 καὶ F: om. T W
b 7 ἰατρικῆς secl. Schleiermacher   c 1 τε T W: om. F

δούλων ψυχὰς κεκτῆσθαι δεξαίμεθ᾽ ἂν μᾶλλον τὰς ἑκουσίως
ἢ τὰς ἀκουσίως ἁμαρτανούσας τε καὶ κακουργούσας, ὡς 5
ἀμείνους οὔσας εἰς ταῦτα.—ΙΠ. Ναί.—ΣΩ. Τί δέ; τὴν
ἡμετέραν αὐτῶν οὐ βουλοίμεθ᾽ ἂν ὡς βελτίστην ἐκτῆσθαι;—
ΙΠ. Ναί.—ΣΩ. Οὐκοῦν βελτίων ἔσται, ἐὰν ἑκοῦσα κακουργῇ d
τε καὶ ἐξαμαρτάνῃ, ἢ ἐὰν ἄκουσα;

ΙΠ. Δεινὸν μεντἂν εἴη, ὦ Σώκρατες, εἰ οἱ ἑκόντες
ἀδικοῦντες βελτίους ἔσονται ἢ οἱ ἄκοντες.

ΣΩ. Ἀλλὰ μὴν φαίνονταί γε ἐκ τῶν εἰρημένων. 5

ΙΠ. Οὔκουν ἔμοιγε.

ΣΩ. Ἐγὼ δ᾽ ᾤμην, ὦ Ἱππία, καὶ σοὶ φανῆναι. πάλιν δ᾽
ἀπόκριναι· ἡ δικαιοσύνη οὐχὶ ἢ δύναμίς τίς ἐστιν ἢ ἐπιστήμη
ἢ ἀμφότερα; ἢ οὐκ ἀνάγκη ἕν γέ τι τούτων εἶναι τὴν
δικαιοσύνην;—ΙΠ. Ναί.—ΣΩ. Οὐκοῦν εἰ μὲν δύναμίς ἐστι e
τῆς ψυχῆς ἡ δικαιοσύνη, ἡ δυνατωτέρα ψυχὴ δικαιοτέρα
ἐστί; βελτίων γάρ που ἡμῖν ἐφάνη, ὦ ἄριστε, ἡ τοιαύτη.—
ΙΠ. Ἐφάνη γάρ.—ΣΩ. Τί δ᾽ εἰ ἐπιστήμη; οὐχ ἡ σοφω-
τέρα ψυχὴ δικαιοτέρα, ἡ δὲ ἀμαθεστέρα ἀδικωτέρα;—⟨ΙΠ. 5
Ναί.⟩—ΣΩ. Τί δ᾽ εἰ ἀμφότερα; οὐχ ἡ ἀμφοτέρας ἔχουσα,
ἐπιστήμην καὶ δύναμιν, δικαιοτέρα, ἡ δ᾽ ἀμαθεστέρα ἀδικω-
τέρα; οὐχ οὕτως ἀνάγκη ἔχειν;—ΙΠ. Φαίνεται.—ΣΩ.
Οὐκοῦν ἡ δυνατωτέρα καὶ σοφωτέρα αὕτη ἀμείνων οὖσα
ἐφάνη καὶ ἀμφότερα μᾶλλον δυναμένη ποιεῖν, καὶ τὰ 10
καλὰ καὶ τὰ αἰσχρά, περὶ πᾶσαν ἐργασίαν;—ΙΠ. Ναί.— 376
ΣΩ. Ὅταν ἄρα τὰ αἰσχρὰ ἐργάζηται, ἑκοῦσα ἐργάζεται
διὰ δύναμιν καὶ τέχνην· ταῦτα δὲ δικαιοσύνης φαίνεται, ἤτοι
ἀμφότερα ἢ τὸ ἕτερον.—ΙΠ. Ἔοικεν.—ΣΩ. Καὶ τὸ μέν γε
ἀδικεῖν κακὰ ποιεῖν ἐστιν, τὸ δὲ μὴ ἀδικεῖν καλά.—ΙΠ. Ναί. 5
—ΣΩ. Οὐκοῦν ἡ δυνατωτέρα καὶ ἀμείνων ψυχή, ὅτανπερ
ἀδικῇ, ἑκοῦσα ἀδικήσει, ἡ δὲ πονηρὰ ἄκουσα;—ΙΠ. Φαίνεται.
—ΣΩ. Οὐκοῦν ἀγαθὸς ἀνὴρ ὁ τὴν ἀγαθὴν ψυχὴν ἔχων, κακὸς b

c 4 ἑκουσίως T F : ἑκουσίους W   d 5 φαίνονταί F : φαίνεταί T W
e 6 ναί add. recc. : om. T W F   e 7 ἢ δ᾽ ἀμαθεστέρα ἀδικωτέρα secl.
Beck   e 9 αὕτη T W : αὕτη ἡ F

δὲ ὁ τὴν κακήν;—ΙΠ. Ναί.—ΣΩ. Ἀγαθοῦ μὲν ἄρα ἀνδρός
ἐστιν ἑκόντα ἀδικεῖν, κακοῦ δὲ ἄκοντα, εἴπερ ὁ ἀγαθὸς ἀγαθὴν
ψυχὴν ἔχει.—ΙΠ. Ἀλλὰ μὴν ἔχει γε.—ΣΩ. Ὁ ἄρα ἑκὼν
5 ἁμαρτάνων καὶ αἰσχρὰ καὶ ἄδικα ποιῶν, ὦ Ἱππία, εἴπερ τίς
ἔστιν οὗτος, οὐκ ἂν ἄλλος εἴη ἢ ὁ ἀγαθός.

ΙΠ. Οὐκ ἔχω ὅπως σοι συγχωρήσω, ὦ Σώκρατες, ταῦτα.

ΣΩ. Οὐδὲ γὰρ ἐγὼ ἐμοί, ὦ Ἱππία· ἀλλ᾽ ἀναγκαῖον οὕτω
c φαίνεσθαι νῦν γε ἡμῖν ἐκ τοῦ λόγου. ὅπερ μέντοι πάλαι
ἔλεγον, ἐγὼ περὶ ταῦτα ἄνω καὶ κάτω πλανῶμαι καὶ οὐδέποτε
ταὐτά μοι δοκεῖ. καὶ ἐμὲ μὲν οὐδὲν θαυμαστὸν πλανᾶσθαι
οὐδὲ ἄλλον ἰδιώτην· εἰ δὲ καὶ ὑμεῖς πλανήσεσθε οἱ σοφοί,
5 τοῦτο ἤδη καὶ ἡμῖν δεινὸν εἰ μηδὲ παρ᾽ ὑμᾶς ἀφικόμενοι
παυσόμεθα τῆς πλάνης.

b 6 οὗτος T W : om. F   c 3 μοι T W : ἐμοὶ F

ΙΩΝ

ΣΩΚΡΑΤΗΣ ΙΩΝ

ΣΩ. Τὸν Ἴωνα χαίρειν. πόθεν τὰ νῦν ἡμῖν ἐπιδεδή- **a**
μηκας; ἢ οἴκοθεν ἐξ Ἐφέσου;

ΙΩΝ. Οὐδαμῶς, ὦ Σώκρατες, ἀλλ' ἐξ Ἐπιδαύρου ἐκ τῶν
Ἀσκληπιείων.

ΣΩ. Μῶν καὶ ῥαψῳδῶν ἀγῶνα τιθέασιν τῷ θεῷ οἱ **5**
Ἐπιδαύριοι;

ΙΩΝ. Πάνυ γε, καὶ τῆς ἄλλης γε μουσικῆς.

ΣΩ. Τί οὖν; ἠγωνίζου τι ἡμῖν; καὶ πῶς τι ἠγωνίσω;

ΙΩΝ. Τὰ πρῶτα τῶν ἄθλων ἠνεγκάμεθα, ὦ Σώκρατες. **b**

ΣΩ. Εὖ λέγεις· ἄγε δὴ ὅπως καὶ τὰ Παναθήναια νική-
σομεν.

ΙΩΝ. Ἀλλ' ἔσται ταῦτα, ἐὰν θεὸς ἐθέλῃ.

ΣΩ. Καὶ μὴν πολλάκις γε ἐζήλωσα ὑμᾶς τοὺς ῥαψῳδούς, **5**
ὦ Ἴων, τῆς τέχνης· τὸ γὰρ ἅμα μὲν τὸ σῶμα κεκοσμῆσθαι
ἀεὶ πρέπον ὑμῶν εἶναι τῇ τέχνῃ καὶ ὡς καλλίστοις φαί-
νεσθαι, ἅμα δὲ ἀναγκαῖον εἶναι ἔν τε ἄλλοις ποιηταῖς δια-
τρίβειν πολλοῖς καὶ ἀγαθοῖς καὶ δὴ καὶ μάλιστα ἐν Ὁμήρῳ,
τῷ ἀρίστῳ καὶ θειοτάτῳ τῶν ποιητῶν, καὶ τὴν τούτου διά- **10**
νοιαν ἐκμανθάνειν, μὴ μόνον τὰ ἔπη, ζηλωτόν ἐστιν. οὐ **c**
γὰρ ἂν γένοιτό ποτε ἀγαθὸς ῥαψῳδός, εἰ μὴ συνείη τὰ

a 7 γε T W f : τε F   a 8 τί ἡμῖν T W : τε ἡμῖν F   b 6 κεκο-
σμῆσθαι secl. Schanz   b 7 καλλίστοις T W F : καλλίστους corr.
Par. 1812   c 2 ἀγαθὸς ῥαψῳδός F : ῥαψῳδός T W   συνείη F :
συνιείη W f : συνίῃ T

λεγόμενα ὑπὸ τοῦ ποιητοῦ. τὸν γὰρ ῥαψῳδὸν ἑρμηνέα δεῖ
τοῦ ποιητοῦ τῆς διανοίας γίγνεσθαι τοῖς ἀκούουσι· τοῦτο δὲ
5 καλῶς ποιεῖν μὴ γιγνώσκοντα ὅτι λέγει ὁ ποιητὴς ἀδύνατον.
ταῦτα οὖν πάντα ἄξια ζηλοῦσθαι.

ΙΩΝ. Ἀληθῆ λέγεις, ὦ Σώκρατες· ἐμοὶ γοῦν τοῦτο
πλεῖστον ἔργον παρέσχεν τῆς τέχνης, καὶ οἶμαι κάλλιστα
ἀνθρώπων λέγειν περὶ Ὁμήρου, ὡς οὔτε Μητρόδωρος ὁ
d Λαμψακηνὸς οὔτε Στησίμβροτος ὁ Θάσιος οὔτε Γλαύκων
οὔτε ἄλλος οὐδεὶς τῶν πώποτε γενομένων ἔσχεν εἰπεῖν οὕτω
πολλὰς καὶ καλὰς διανοίας περὶ Ὁμήρου ὅσας ἐγώ.

ΣΩ. Εὖ λέγεις, ὦ Ἴων· δῆλον γὰρ ὅτι οὐ φθονήσεις
5 μοι ἐπιδεῖξαι.

ΙΩΝ. Καὶ μὴν ἄξιόν γε ἀκοῦσαι, ὦ Σώκρατες, ὡς εὖ
κεκόσμηκα τὸν Ὅμηρον· ὥστε οἶμαι ὑπὸ Ὁμηριδῶν ἄξιος
εἶναι χρυσῷ στεφάνῳ στεφανωθῆναι.

ΣΩ. Καὶ μὴν ἐγὼ ἔτι ποιήσομαι σχολὴν ἀκροάσασθαί
531 σου, νῦν δέ μοι τοσόνδε ἀπόκριναι· πότερον περὶ Ὁμήρου
μόνον δεινὸς εἶ ἢ καὶ περὶ Ἡσιόδου καὶ Ἀρχιλόχου;

ΙΩΝ. Οὐδαμῶς, ἀλλὰ περὶ Ὁμήρου μόνον· ἱκανὸν γάρ
μοι δοκεῖ εἶναι.

5 ΣΩ. Ἔστι δὲ περὶ ὅτου Ὅμηρός τε καὶ Ἡσίοδος ταὐτὰ
λέγετον;—ΙΩΝ. Οἶμαι ἔγωγε καὶ πολλά.—ΣΩ. Πότερον
οὖν περὶ τούτων κάλλιον ἂν ἐξηγήσαιο ἃ Ὅμηρος λέγει
ἢ ἃ Ἡσίοδος;—ΙΩΝ. Ὁμοίως ἂν περί γε τούτων, ὦ
b Σώκρατες, περὶ ὧν ταὐτὰ λέγουσιν.—ΣΩ. Τί δὲ ὧν
πέρι μὴ ταὐτὰ λέγουσιν; οἷον περὶ μαντικῆς λέγει τι
Ὅμηρός τε καὶ Ἡσίοδος.—ΙΩΝ. Πάνυ γε.—ΣΩ. Τί
οὖν; ὅσα τε ὁμοίως καὶ ὅσα διαφόρως περὶ μαντικῆς
5 λέγετον τὼ ποιητὰ τούτω, πότερον σὺ κάλλιον ἂν ἐξη-

c 7 ἐμοὶ γοῦν W F : ἐμοί γ' οὖν T   c 9 ὡς] ὥστ' H. Richards
d 1 Γλαύκων ⟩ Γλαῦκος Sydenham   d 6 γε F : om. TW
d 9 ἀκροάσασθαι F : ἀκροᾶσθαι TW   a 2 μόνον δεινὸς εἰ ἢ
TW : δεινὸς εἴη μόνον F (ἢ post εἴη add. f)   a 3 γάρ TWf :
om. F

γήσαιο ἢ τῶν μάντεών τις τῶν ἀγαθῶν;—ΙΩΝ. Τῶν
μάντεων.—ΣΩ. Εἰ δὲ σὺ ἦσθα μάντις, οὐκ, εἴπερ περὶ
τῶν ὁμοίως λεγομένων οἷός τ᾽ ἦσθα ἐξηγήσασθαι, καὶ περὶ
τῶν διαφόρως λεγομένων ἠπίστω ἂν ἐξηγεῖσθαι;—ΙΩΝ.
Δῆλον ὅτι.   10

ΣΩ. Τί οὖν ποτε περὶ μὲν Ὁμήρου δεινὸς εἶ, περὶ δὲ c
Ἡσιόδου οὔ, οὐδὲ τῶν ἄλλων ποιητῶν; ἢ Ὅμηρος περὶ
ἄλλων τινῶν λέγει ἢ ὧνπερ σύμπαντες οἱ ἄλλοι ποιηταί;
οὐ περὶ πολέμου τε τὰ πολλὰ διελήλυθεν καὶ περὶ ὁμιλιῶν
πρὸς ἀλλήλους ἀνθρώπων ἀγαθῶν τε καὶ κακῶν καὶ ἰδιωτῶν 5
καὶ δημιουργῶν, καὶ περὶ θεῶν πρὸς ἀλλήλους καὶ πρὸς
ἀνθρώπους ὁμιλούντων, ὡς ὁμιλοῦσι, καὶ περὶ τῶν οὐρανίων
παθημάτων καὶ περὶ τῶν ἐν Ἅιδου, καὶ γενέσεις καὶ θεῶν
καὶ ἡρώων; οὐ ταῦτά ἐστι περὶ ὧν Ὅμηρος τὴν ποίησιν d
πεποίηκεν;

ΙΩΝ. Ἀληθῆ λέγεις, ὦ Σώκρατες.

ΣΩ. Τί δὲ οἱ ἄλλοι ποιηταί; οὐ περὶ τῶν αὐτῶν
τούτων;   5

ΙΩΝ. Ναί, ἀλλ᾽, ὦ Σώκρατες, οὐχ ὁμοίως πεποιήκασι
καὶ Ὅμηρος.

ΣΩ. Τί μήν; κάκιον;

ΙΩΝ. Πολύ γε.

ΣΩ. Ὅμηρος δὲ ἄμεινον;   10

ΙΩΝ. Ἄμεινον μέντοι νὴ Δία.

ΣΩ. Οὐκοῦν, ὦ φίλη κεφαλὴ Ἴων, ὅταν περὶ ἀριθμοῦ
πολλῶν λεγόντων εἷς τις ἄριστα λέγῃ, γνώσεται δήπου τις
τὸν εὖ λέγοντα;—ΙΩΝ. Φημί.—ΣΩ. Πότερον οὖν ὁ αὐτὸς e
ὅσπερ καὶ τοὺς κακῶς λέγοντας, ἢ ἄλλος;—ΙΩΝ. Ὁ αὐτὸς
δήπου.—ΣΩ. Οὐκοῦν ὁ τὴν ἀριθμητικὴν τέχνην ἔχων οὗτός
ἐστιν;—ΙΩΝ. Ναί.—ΣΩ. Τί δ᾽; ὅταν πολλῶν λεγόντων
περὶ ὑγιεινῶν σιτίων ὁποῖά ἐστιν, εἷς τις ἄριστα λέγῃ, 5
πότερον ἕτερος μέν τις τὸν ἄριστα λέγοντα γνώσεται ὅτι

c 7 ὡς ὁμιλοῦσι secl. Cobet

ἄριστα λέγει, ἕτερος δὲ τὸν κάκιον ὅτι κάκιον, ἢ ὁ αὐτός;—
ΙΩΝ. Δῆλον δήπου, ὁ αὐτός.—ΣΩ. Τίς οὗτος; τί ὄνομα
αὐτῷ;—ΙΩΝ. Ἰατρός.—ΣΩ. Οὐκοῦν ἐν κεφαλαίῳ λέγομεν
10 ὡς ὁ αὐτὸς γνώσεται ἀεί, περὶ τῶν αὐτῶν πολλῶν λεγόν-
532 των, ὅστις τε εὖ λέγει καὶ ὅστις κακῶς· ἢ εἰ μὴ γνώσεται
τὸν κακῶς λέγοντα, δῆλον ὅτι οὐδὲ τὸν εὖ, περί γε τοῦ
αὐτοῦ.—ΙΩΝ. Οὕτως.—ΣΩ. Οὐκοῦν ὁ αὐτὸς γίγνεται δεινὸς
περὶ ἀμφοτέρων;—ΙΩΝ. Ναί.—ΣΩ. Οὐκοῦν σὺ φῇς καὶ
5 Ὅμηρον καὶ τοὺς ἄλλους ποιητάς, ἐν οἷς καὶ Ἡσίοδος καὶ
Ἀρχίλοχός ἐστιν, περί γε τῶν αὐτῶν λέγειν, ἀλλ᾽ οὐχ
ὁμοίως, ἀλλὰ τὸν μὲν εὖ γε, τοὺς δὲ χεῖρον;—ΙΩΝ. Καὶ
ἀληθῆ λέγω.—ΣΩ. Οὐκοῦν, εἴπερ τὸν εὖ λέγοντα γιγνώ-
b σκεις, καὶ τοὺς χεῖρον λέγοντας γιγνώσκοις ἂν ὅτι χεῖρον
λέγουσιν.—ΙΩΝ. Ἔοικέν γε.—ΣΩ. Οὐκοῦν, ὦ βέλτιστε,
ὁμοίως τὸν Ἴωνα λέγοντες περὶ Ὁμήρου τε δεινὸν εἶναι καὶ
περὶ τῶν ἄλλων ποιητῶν οὐχ ἁμαρτησόμεθα, ἐπειδή γε
5 αὐτὸς ὁμολογῇ τὸν αὐτὸν ἔσεσθαι κριτὴν ἱκανὸν πάντων
ὅσοι ἂν περὶ τῶν αὐτῶν λέγωσι, τοὺς δὲ ποιητὰς σχεδὸν
ἅπαντας τὰ αὐτὰ ποιεῖν.

ΙΩΝ. Τί οὖν ποτε τὸ αἴτιον, ὦ Σώκρατες, ὅτι ἐγώ, ὅταν
μέν τις περὶ ἄλλου του ποιητοῦ διαλέγηται, οὔτε προσέχω
c τὸν νοῦν ἀδυνατῶ τε καὶ ὁτιοῦν συμβαλέσθαι λόγου ἄξιον,
ἀλλ᾽ ἀτεχνῶς νυστάζω, ἐπειδὰν δέ τις περὶ Ὁμήρου μνησθῇ,
εὐθύς τε ἐγρήγορα καὶ προσέχω τὸν νοῦν καὶ εὐπορῶ ὅτι
λέγω;

5 ΣΩ. Οὐ χαλεπὸν τοῦτό γε εἰκάσαι, ὦ ἑταῖρε, ἀλλὰ παντὶ
δῆλον ὅτι τέχνῃ καὶ ἐπιστήμῃ περὶ Ὁμήρου λέγειν ἀδύνατος
εἶ· εἰ γὰρ τέχνῃ οἷός τε ἦσθα, καὶ περὶ τῶν ἄλλων ποιητῶν
ἁπάντων λέγειν οἷός τ᾽ ἂν ἦσθα· ποιητικὴ γάρ πού ἐστιν
τὸ ὅλον. ἢ οὔ;

---

e 7 ὁ αὐτός F : αὐτός T W : αὐτός Schanz   e 9 λέγομεν ὡς
W f : λεγόμενος F : λέγωμεν ὡς T   e 10 ὁ T W : om. F   a 7 εὖ
γε T W F : εὖ S   b 6 λέγωσι T F : λέγουσι W   b 8 τὸ αἴτιον
T W : τ᾽ αἴτιον F   c 8 ἁπάντων λέγειν T F : om. W

ΙΩΝ. Ναί. 10

ΣΩ. Οὐκοῦν ἐπειδὰν λάβῃ τις καὶ ἄλλην τέχνην ἡντι- d
νοῦν ὅλην, ὁ αὐτὸς τρόπος τῆς σκέψεως ἔσται περὶ ἁπασῶν
τῶν τεχνῶν; πῶς τοῦτο λέγω, δέῃ τί μου ἀκοῦσαι, ὦ Ἴων;

ΙΩΝ. Ναὶ μὰ τὸν Δία, ὦ Σώκρατες, ἔγωγε· χαίρω γὰρ
ἀκούων ὑμῶν τῶν σοφῶν. 5

ΣΩ. Βουλοίμην ἄν σε ἀληθῆ λέγειν, ὦ Ἴων· ἀλλὰ σοφοὶ
μέν πού ἐστε ὑμεῖς οἱ ῥαψῳδοὶ καὶ ὑποκριταὶ καὶ ὧν ὑμεῖς
ᾄδετε τὰ ποιήματα, ἐγὼ δὲ οὐδὲν ἄλλο ἢ τἀληθῆ λέγω,
οἷον εἰκὸς ἰδιώτην ἄνθρωπον. ἐπεὶ καὶ περὶ τούτου οὗ νῦν e
ἠρόμην σε, θέασαι ὡς φαῦλον καὶ ἰδιωτικόν ἐστι καὶ παντὸς
ἀνδρὸς γνῶναι ὃ ἔλεγον, τὴν αὐτὴν εἶναι σκέψιν, ἐπειδάν
τις ὅλην τέχνην λάβῃ. λάβωμεν γὰρ τῷ λόγῳ· γραφικὴ
γάρ τίς ἐστι τέχνη τὸ ὅλον;—ΙΩΝ. Ναί.—ΣΩ. Οὐκοῦν 5
καὶ γραφῆς πολλοὶ καὶ εἰσὶ καὶ γεγόνασιν ἀγαθοὶ καὶ φαῦ-
λοι;—ΙΩΝ. Πάνυ γε.—ΣΩ. Ἤδη οὖν τινα εἶδες ὅστις περὶ
μὲν Πολυγνώτου τοῦ Ἀγλαοφῶντος δεινός ἐστιν ἀποφαί-
νειν ἃ εὖ τε γράφει καὶ ἃ μή, περὶ δὲ τῶν ἄλλων γραφέων
ἀδύνατος; καὶ ἐπειδὰν μέν τις τὰ τῶν ἄλλων ζωγράφων 533
ἔργα ἐπιδεικνύῃ, νυστάζει τε καὶ ἀπορεῖ καὶ οὐκ ἔχει ὅτι
συμβάληται, ἐπειδὰν δὲ περὶ Πολυγνώτου ἢ ἄλλου ὅτου
βούλει τῶν γραφέων ἑνὸς μόνου δέῃ ἀποφήνασθαι γνώμην,
ἐγρήγορέν τε καὶ προσέχει τὸν νοῦν καὶ εὐπορεῖ ἅτι εἴπῃ;— 5
ΙΩΝ. Οὐ μὰ τὸν Δία, οὐ δῆτα.—ΣΩ. Τί δέ; ἐν ἀνδριαντο-
ποιίᾳ ἤδη τιν' εἶδες ὅστις περὶ μὲν Δαιδάλου τοῦ Μητίονος
ἢ Ἐπειοῦ τοῦ Πανοπέως ἢ Θεοδώρου τοῦ Σαμίου ἢ ἄλλου
τινὸς ἀνδριαντοποιοῦ ἑνὸς πέρι δεινός ἐστιν ἐξηγεῖσθαι ἃ b
εὖ πεποίηκεν, ἐν δὲ τοῖς τῶν ἄλλων ἀνδριαντοποιῶν ἔργοις
ἀπορεῖ τε καὶ νυστάζει, οὐκ ἔχων ὅτι εἴπῃ;—ΙΩΝ. Οὐ μὰ

d 2 ἔσται F: ἐστι TW   d 7 ὑποκριταὶ F: οἱ ὑποκριταὶ TW
d 8 τὰ TW: om. F   τἀληθῆ TWF: τὰ πλήθη Madvig: εὐήθη
Schanz: εὐτελῆ vel τὰ εὐτελῆ H. Richards   e 1 νῦν] νυνδὴ Schanz
e 5 ναί TF: om. W   a 2 ἔχει WFt: ἔχῃ T   a 4 μόνου
secl. Naber

5 τὸν Δία, οὐδὲ τοῦτον ἑώρακα.—ΣΩ. ᾽Αλλὰ μήν, ὥς γ᾽ ἐγὼ
οἶμαι, οὐδ᾽ ἐν αὐλήσει γε οὐδὲ ἐν κιθαρίσει οὐδὲ ἐν κιθαρῳδίᾳ
οὐδὲ ἐν ῥαψῳδίᾳ οὐδεπώποτ᾽ εἶδες ἄνδρα ὅστις περὶ μὲν
᾽Ολύμπου δεινός ἐστιν ἐξηγεῖσθαι ἢ περὶ Θαμύρου ἢ περὶ
c ᾽Ορφέως ἢ περὶ Φημίου τοῦ ᾽Ιθακησίου ῥαψῳδοῦ, περὶ δὲ
῎Ιωνος τοῦ ᾽Εφεσίου [ῥαψῳδοῦ] ἀπορεῖ καὶ οὐκ ἔχει συμβα-
λέσθαι ἅ τε εὖ ῥαψῳδεῖ καὶ ἃ μή.

ΙΩΝ. Οὐκ ἔχω σοι περὶ τούτου ἀντιλέγειν, ὦ Σώκρατες·
5 ἀλλ᾽ ἐκεῖνο ἐμαυτῷ σύνοιδα, ὅτι περὶ ῾Ομήρου κάλλιστ᾽
ἀνθρώπων λέγω καὶ εὐπορῶ καὶ οἱ ἄλλοι πάντες μέ φασιν
εὖ λέγειν, περὶ δὲ τῶν ἄλλων οὔ. καίτοι ὅρα τοῦτο τί
ἔστιν.

ΣΩ. Καὶ ὁρῶ, ὦ ῎Ιων, καὶ ἔρχομαί γέ σοι ἀποφανού-
d μενος ὅ μοι δοκεῖ τοῦτο εἶναι. ἔστι γὰρ τοῦτο τέχνη μὲν
οὐκ ὂν παρὰ σοὶ περὶ ῾Ομήρου εὖ λέγειν, ὃ νυνδὴ ἔλεγον,
θεία δὲ δύναμις ἥ σε κινεῖ, ὥσπερ ἐν τῇ λίθῳ ἣν Εὐρι-
πίδης μὲν Μαγνῆτιν ὠνόμασεν, οἱ δὲ πολλοὶ ῾Ηρακλείαν.
5 καὶ γὰρ αὕτη ἡ λίθος οὐ μόνον αὐτοὺς τοὺς δακτυλίους ἄγει
τοὺς σιδηροῦς, ἀλλὰ καὶ δύναμιν ἐντίθησι τοῖς δακτυλίοις
ὥστ᾽ αὖ δύνασθαι ταὐτὸν τοῦτο ποιεῖν ὅπερ ἡ λίθος, ἄλλους
e ἄγειν δακτυλίους, ὥστ᾽ ἐνίοτε ὁρμαθὸς μακρὸς πάνυ σιδη-
ρίων καὶ δακτυλίων ἐξ ἀλλήλων ἤρτηται· πᾶσι δὲ τούτοις
ἐξ ἐκείνης τῆς λίθου ἡ δύναμις ἀνήρτηται. οὕτω δὲ καὶ ἡ
Μοῦσα ἐνθέους μὲν ποιεῖ αὐτή, διὰ δὲ τῶν ἐνθέων τούτων
5 ἄλλων ἐνθουσιαζόντων ὁρμαθὸς ἐξαρτᾶται. πάντες γὰρ οἳ

b 5 ὥς γ᾽ ἐγὼ TW : ὡς ἔγωγε F   c 1 ῥαψῳδοῦ secl. Naber
c 2 ῥαψῳδου F : om. TW   συμβαλέσθαι WF : συμβάλλεσθαι T
c 6 με TW : ἐμὲ F   c 9 ἔρχομαι F : ἄρχομαι TW   ἀπο-
φανούμενος Cobet : ἀποφαινόμενος TWF   d 1 τέχνη WF Sto-
baeus : τέχνη T   d 2 ὂν TWF : ἂν Stobaeus   d 5 ἄγει
WF Stobaeus : om. T   d 7 αὖ δύνασθαι F : δύνασθαι TW
e 1 μακρὸς πάνυ TWF : πάνυ μακρὸς Stobaeus   σιδηρίων WF
Stobaeus : σιδήρων T : σιδηρῶν Jacobs (secl. mox καὶ)   e 2 καὶ
δακτυλίων secl. Hermann   ἤρτηται TWF : εἴρεται Stobaeus
e 4 μὲν TF Stobaeus : om. W   αὐτὴ F Stobaeus : αὕτη TW
e 5 ἄλλων TWF : ἄλλος Stobaeus   οἵ τε TWF : om. Stobaeus

τε τῶν ἐπῶν ποιηταὶ οἱ ἀγαθοὶ οὐκ ἐκ τέχνης ἀλλ' ἔνθεοι
ὄντες καὶ κατεχόμενοι πάντα ταῦτα τὰ καλὰ λέγουσι ποιή-
ματα, καὶ οἱ μελοποιοὶ οἱ ἀγαθοὶ ὡσαύτως, ὥσπερ οἱ κορυ-
βαντιῶντες οὐκ ἔμφρονες ὄντες ὀρχοῦνται, οὕτω καὶ οἱ μελο- 534
ποιοὶ οὐκ ἔμφρονες ὄντες τὰ καλὰ μέλη ταῦτα ποιοῦσιν,
ἀλλ' ἐπειδὰν ἐμβῶσιν εἰς τὴν ἁρμονίαν καὶ εἰς τὸν ῥυθμόν,
βακχεύουσι καὶ κατεχόμενοι, ὥσπερ αἱ βάκχαι ἀρύονται ἐκ
τῶν ποταμῶν μέλι καὶ γάλα κατεχόμεναι, ἔμφρονες δὲ οὖσαι 5
οὔ, καὶ τῶν μελοποιῶν ἡ ψυχὴ τοῦτο ἐργάζεται, ὅπερ αὐτοὶ
λέγουσι. λέγουσι γὰρ δήπουθεν πρὸς ἡμᾶς οἱ ποιηταὶ ὅτι
ἀπὸ κρηνῶν μελιρρύτων ἐκ Μουσῶν κήπων τινῶν καὶ ναπῶν b
δρεπόμενοι τὰ μέλη ἡμῖν φέρουσιν ὥσπερ αἱ μέλιτται, καὶ
αὐτοὶ οὕτω πετόμενοι· καὶ ἀληθῆ λέγουσι. κοῦφον γὰρ
χρῆμα ποιητής ἐστιν καὶ πτηνὸν καὶ ἱερόν, καὶ οὐ πρότερον
οἷός τε ποιεῖν πρὶν ἂν ἔνθεός τε γένηται καὶ ἔκφρων καὶ 5
ὁ νοῦς μηκέτι ἐν αὐτῷ ἐνῇ· ἕως δ' ἂν τουτὶ ἔχῃ τὸ κτῆμα,
ἀδύνατος πᾶς ποιεῖν ἄνθρωπός ἐστιν καὶ χρησμῳδεῖν. ἅτε
οὖν οὐ τέχνῃ ποιοῦντες καὶ πολλὰ λέγοντες καὶ καλὰ περὶ
τῶν πραγμάτων, ὥσπερ σὺ περὶ Ὁμήρου, ἀλλὰ θείᾳ μοίρᾳ, c
τοῦτο μόνον οἷός τε ἕκαστος ποιεῖν καλῶς ἐφ' ὃ ἡ Μοῦσα
αὐτὸν ὥρμησεν, ὁ μὲν διθυράμβους, ὁ δὲ ἐγκώμια, ὁ δὲ
ὑπορχήματα, ὁ δ' ἔπη, ὁ δ' ἰάμβους· τὰ δ' ἄλλα φαῦλος
αὐτῶν ἕκαστός ἐστιν. οὐ γὰρ τέχνῃ ταῦτα λέγουσιν ἀλλὰ 5
θείᾳ δυνάμει, ἐπεί, εἰ περὶ ἑνὸς τέχνῃ καλῶς ἠπίσταντο
λέγειν, κἂν περὶ τῶν ἄλλων ἁπάντων· διὰ ταῦτα δὲ ὁ θεὸς

e 7 καλὰ T F: κακὰ W   e 8 μελοποιοὶ T W f: μὲν λοιποὶ F
Stobaeus   a 1 καὶ T W Stobaeus: μὲν καὶ F   a 4 βακχεύουσι
F Stobaeus: καὶ βακχεύουσι T W   αἱ βάκχαι T W F: om. Stobaeus
ἀρύονται W F Stobaeus: ἀρύτονται T   a 5 οὖσαι οὔ T W: οὖσαι
F: οὔ Stobaeus   a 7 πρὸς T F Stobaeus: παρ' W   b 1 ἐκ
T W F: ἢ ἐκ Stobaeus   b 3 πετόμενοι T W f: πετώμενοι F
Stobaeus   b 4 ἱερὸν T W F Stobaeus: διερὸν Dobree   b 5 ἔνθεός
τε T W f: ἔνθεος F Stobaeus   b 6 μηκέτι ἐν αὐτῷ T W F: ἐν αὐτῷ
μηκέτι Stobaeus   b 8 prius καὶ T W: τε καὶ F: secl. Hoenebeek
Hissink   c 2 καλῶς W F: καλὸς T   c 7 ἁπάντων T W:
πάντων F Stobaeus

ἐξαιρούμενος τούτων τὸν νοῦν τούτοις χρῆται ὑπηρέταις καὶ
d τοῖς χρησμῳδοῖς καὶ τοῖς μάντεσι τοῖς θείοις, ἵνα ἡμεῖς οἱ
ἀκούοντες εἰδῶμεν ὅτι οὐχ οὗτοί εἰσιν οἱ ταῦτα λέγοντες
οὕτω πολλοῦ ἄξια, οἷς νοῦς μὴ πάρεστιν, ἀλλ᾽ ὁ θεὸς αὐτός
ἐστιν ὁ λέγων, διὰ τούτων δὲ φθέγγεται πρὸς ἡμᾶς. μέ-
5 γιστον δὲ τεκμήριον τῷ λόγῳ Τύννιχος ὁ Χαλκιδεύς, ὃς
ἄλλο μὲν οὐδὲν πώποτε ἐποίησε ποίημα ὅτου τις ἂν ἀξιώ-
σειεν μνησθῆναι, τὸν δὲ παίωνα ὃν πάντες ᾄδουσι, σχεδόν
τι πάντων μελῶν κάλλιστον, ἀτεχνῶς, ὅπερ αὐτὸς λέγει,
e " εὕρημά τι Μοισᾶν." ἐν τούτῳ γὰρ δὴ μάλιστά μοι δοκεῖ
ὁ θεὸς ἐνδείξασθαι ἡμῖν, ἵνα μὴ διστάζωμεν, ὅτι οὐκ ἀνθρώ-
πινά ἐστιν τὰ καλὰ ταῦτα ποιήματα οὐδὲ ἀνθρώπων, ἀλλὰ
θεῖα καὶ θεῶν, οἱ δὲ ποιηταὶ οὐδὲν ἀλλ᾽ ἢ ἑρμηνῆς εἰσιν
5 τῶν θεῶν, κατεχόμενοι ἐξ ὅτου ἂν ἕκαστος κατέχηται.
ταῦτα ἐνδεικνύμενος ὁ θεὸς ἐξεπίτηδες διὰ τοῦ φαυλοτάτου
535 ποιητοῦ τὸ κάλλιστον μέλος ᾖσεν· ἢ οὐ δοκῶ σοι ἀληθῆ
λέγειν, ὦ Ἴων;

ΙΩΝ. Ναὶ μὰ τὸν Δία, ἔμοιγε· ἅπτει γάρ πώς μου τοῖς
λόγοις τῆς ψυχῆς, ὦ Σώκρατες, καί μοι δοκοῦσι θείᾳ μοίρᾳ
5 ἡμῖν παρὰ τῶν θεῶν ταῦτα οἱ ἀγαθοὶ ποιηταὶ ἑρμηνεύειν.

ΣΩ. Οὐκοῦν ὑμεῖς αὖ οἱ ῥαψῳδοὶ τὰ τῶν ποιητῶν ἑρμη-
νεύετε;

ΙΩΝ. Καὶ τοῦτο ἀληθὲς λέγεις.

ΣΩ. Οὐκοῦν ἑρμηνέων ἑρμηνῆς γίγνεσθε;

10 ΙΩΝ. Παντάπασί γε.

b ΣΩ. Ἔχε δή μοι τόδε εἰπέ, ὦ Ἴων, καὶ μὴ ἀποκρύψῃ
ὅτι ἄν σε ἔρωμαι· ὅταν εὖ εἴπῃς ἔπη καὶ ἐκπλήξῃς μάλιστα
τοὺς θεωμένους, ἢ τὸν Ὀδυσσέα ὅταν ἐπὶ τὸν οὐδὸν ἐφαλ-
λόμενον ᾄδῃς, ἐκφανῆ γιγνόμενον τοῖς μνηστῆρσι καὶ ἐκ-

---

d 3 οὕτω T W F : τὰ οὕτω Stobaeus   ἀλλ᾽ ὁ T F : ἀλλὰ ὁ Sto-
baeus : ἀλλὰ W   αὐτός ἐστιν T W F : ἐστιν αὐτὸς Stobaeus
d 7 παίωνα T F : παιῶνα W   e 1 εὕρημά τι Stephanus : εὐρήματι
T W F   a 3 γὰρ πῶς μου T : γάρ πως μου W : γάρ μου πῶς F
b 1 μοι T W : καί μοι F   b 3 οὐδὸν W F t : ὀδὸν T

χέοντα τοὺς ὀιστοὺς πρὸ τῶν ποδῶν, ἢ Ἀχιλλέα ἐπὶ τὸν 5
Ἕκτορα ὁρμῶντα, ἢ καὶ τῶν περὶ Ἀνδρομάχην ἐλεινῶν τι ἢ
περὶ Ἑκάβην ἢ περὶ Πρίαμον, τότε πότερον ἔμφρων εἶ ἢ ἔξω
σαυτοῦ γίγνη καὶ παρὰ τοῖς πράγμασιν οἴεταί σου εἶναι ἡ c
ψυχὴ οἷς λέγεις ἐνθουσιάζουσα, ἢ ἐν Ἰθάκῃ οὖσιν ἢ ἐν
Τροίᾳ ἢ ὅπως ἂν καὶ τὰ ἔπη ἔχῃ;

ΙΩΝ. Ὡς ἐναργές μοι τοῦτο, ὦ Σώκρατες, τὸ τεκμήριον
εἶπες· οὐ γάρ σε ἀποκρυψάμενος ἐρῶ. ἐγὼ γὰρ ὅταν 5
ἐλεινόν τι λέγω, δακρύων ἐμπίμπλανταί μου οἱ ὀφθαλμοί·
ὅταν τε φοβερὸν ἢ δεινόν, ὀρθαὶ αἱ τρίχες ἵστανται ὑπὸ
φόβου καὶ ἡ καρδία πηδᾷ.

ΣΩ. Τί οὖν; φῶμεν, ὦ Ἴων, ἔμφρονα εἶναι τότε τοῦτον d
τὸν ἄνθρωπον, ὃς ἂν κεκοσμημένος ἐσθῆτι ποικίλῃ καὶ
χρυσοῖσι στεφάνοις κλάῃ τ' ἐν θυσίαις καὶ ἑορταῖς, μηδὲν
ἀπολωλεκὼς τούτων, ἢ φοβῆται πλέον ἢ ἐν δισμυρίοις ἀνθρώ-
ποις ἑστηκὼς φιλίοις, μηδενὸς ἀποδύοντος μηδὲ ἀδικοῦντος; 5

ΙΩΝ. Οὐ μὰ τὸν Δία, οὐ πάνυ, ὦ Σώκρατες, ὥς γε
τἀληθὲς εἰρῆσθαι.

ΣΩ. Οἶσθα οὖν ὅτι καὶ τῶν θεατῶν τοὺς πολλοὺς ταὐτὰ
ταῦτα ὑμεῖς ἐργάζεσθε;

ΙΩΝ. Καὶ μάλα καλῶς οἶδα· καθορῶ γὰρ ἑκάστοτε e
αὐτοὺς ἄνωθεν ἀπὸ τοῦ βήματος κλάοντάς τε καὶ δεινὸν
ἐμβλέποντας καὶ συνθαμβοῦντας τοῖς λεγομένοις. δεῖ γάρ
με καὶ σφόδρ' αὐτοῖς τὸν νοῦν προσέχειν· ὡς ἐὰν μὲν
κλάοντας αὐτοὺς καθίσω, αὐτὸς γελάσομαι ἀργύριον λαμβά- 5
νων, ἐὰν δὲ γελῶντας, αὐτὸς κλαύσομαι ἀργύριον ἀπολλύς.

ΣΩ. Οἶσθα οὖν ὅτι οὗτός ἐστιν ὁ θεατὴς τῶν δακτυλίων
ὁ ἔσχατος, ὧν ἐγὼ ἔλεγον ὑπὸ τῆς Ἡρακλειώτιδος λίθου
ἀπ' ἀλλήλων τὴν δύναμιν λαμβάνειν; ὁ δὲ μέσος σὺ ὁ

c2 οὖσιν T W F : οὖσα S   c3 ὅπως T F : πῶς W   c6 μου
T F : μοι W   d1 τότε τοῦτον W F : τοῦτον τότε T : τοῦτον recc.
Schanz   d3 χρυσοῖσι F : χρυσοῖς T W   d4 φοβῆται T :
φοβεῖται W F   d5 φιλίοις T W f : φίλοις F   d8 ταὐτὰ ταῦτα
T F : τὰ τοιαῦτα W

536 ῥαψῳδὸς καὶ ὑποκριτής, ὁ δὲ πρῶτος αὐτὸς ὁ ποιητής· ὁ δὲ
θεὸς διὰ πάντων τούτων ἕλκει τὴν ψυχὴν ὅποι ἂν βούληται
τῶν ἀνθρώπων, ἀνακρεμαννὺς ἐξ ἀλλήλων τὴν δύναμιν.
καὶ ὥσπερ ἐκ τῆς λίθου ἐκείνης ὁρμαθὸς πάμπολυς ἐξήρ-
5 τηται χορευτῶν τε καὶ διδασκάλων καὶ ὑποδιδασκάλων, ἐκ
πλαγίου ἐξηρτημένων τῶν τῆς Μούσης ἐκκρεμαμένων δα-
κτυλίων. καὶ ὁ μὲν τῶν ποιητῶν ἐξ ἄλλης Μούσης, ὁ δὲ
ἐξ ἄλλης ἐξήρτηται—ὀνομάζομεν δὲ αὐτὸ κατέχεται, τὸ δέ
b ἐστι παραπλήσιον· ἔχεται γάρ—ἐκ δὲ τούτων τῶν πρώτων
δακτυλίων, τῶν ποιητῶν, ἄλλοι ἐξ ἄλλου αὖ ἠρτημένοι εἰσὶ
καὶ ἐνθουσιάζουσιν, οἱ μὲν ἐξ Ὀρφέως, οἱ δὲ ἐκ Μουσαίου·
οἱ δὲ πολλοὶ ἐξ Ὁμήρου κατέχονταί τε καὶ ἔχονται. ὧν
5 σύ, ὦ Ἴων, εἷς εἶ καὶ κατέχῃ ἐξ Ὁμήρου, καὶ ἐπειδὰν μέν
τις ἄλλου του ποιητοῦ ᾄδῃ, καθεύδεις τε καὶ ἀπορεῖς ὅτι
λέγῃς, ἐπειδὰν δὲ τούτου τοῦ ποιητοῦ φθέγξηταί τις μέλος,
εὐθὺς ἐγρήγορας καὶ ὀρχεῖταί σου ἡ ψυχὴ καὶ εὐπορεῖς ὅτι
c λέγῃς· οὐ γὰρ τέχνῃ οὐδ' ἐπιστήμῃ περὶ Ὁμήρου λέγεις
ἃ λέγεις, ἀλλὰ θείᾳ μοίρᾳ καὶ κατοκωχῇ, ὥσπερ οἱ κορυ-
βαντιῶντες ἐκείνου μόνου αἰσθάνονται τοῦ μέλους ὀξέως
ὃ ἂν ᾖ τοῦ θεοῦ ἐξ ὅτου ἂν κατέχωνται, καὶ εἰς ἐκεῖνο τὸ
5 μέλος καὶ σχημάτων καὶ ῥημάτων εὐποροῦσι, τῶν δὲ ἄλλων
οὐ φροντίζουσιν· οὕτω καὶ σύ, ὦ Ἴων, περὶ μὲν Ὁμήρου
ὅταν τις μνησθῇ, εὐπορεῖς, περὶ δὲ τῶν ἄλλων ἀπορεῖς·
d τούτου δ' ἐστὶ τὸ αἴτιον, ὅ μ' ἐρωτᾷς, δι' ὅτι σὺ περὶ μὲν
Ὁμήρου εὐπορεῖς, περὶ δὲ τῶν ἄλλων οὔ, ὅτι οὐ τέχνῃ ἀλλὰ
θείᾳ μοίρᾳ Ὁμήρου δεινὸς εἶ ἐπαινέτης.

ΙΩΝ. Σὺ μὲν εὖ λέγεις, ὦ Σώκρατες· θαυμάζοιμι μεντἂν
5 εἰ οὕτως εὖ εἴποις, ὥστε με ἀναπεῖσαι ὡς ἐγὼ κατεχόμενος
καὶ μαινόμενος Ὅμηρον ἐπαινῶ. οἶμαι δὲ οὐδ' ἂν σοὶ
δόξαιμι, εἴ μου ἀκούσαις λέγοντος περὶ Ὁμήρου.

ΣΩ. Καὶ μὴν ἐθέλω γε ἀκοῦσαι, οὐ μέντοι πρότερον

b 2 αὖ ἠρτημένοι T F : ἀνηρτημένοι W   b 5 ὣ T W f : om. F
b 6 τις T W F : τίς ⟨τι⟩ Schanz   d 4 σὺ μὲν εὖ T W f : εὖ μὲν εὖ F (εὖ
μὲν S)   d 5 εἰ οὕτως F : οὕτως εἰ T W   d 7 περὶ T W : τι περὶ F

πρὶν ἄν μοι ἀποκρίνῃ τόδε· ὧν Ὅμηρος λέγει περὶ τίνος e
εὖ λέγεις; οὐ γὰρ δήπου περὶ ἁπάντων γε.

ΙΩΝ. Εὖ ἴσθι, ὦ Σώκρατες, περὶ οὐδενὸς ὅτου οὔ.

ΣΩ. Οὐ δήπου καὶ περὶ τούτων ὧν σὺ μὲν τυγχάνεις
οὐκ εἰδώς, Ὅμηρος δὲ λέγει.   5

ΙΩΝ. Καὶ ταῦτα ποῖά ἐστιν ἃ Ὅμηρος μὲν λέγει, ἐγὼ
δὲ οὐκ οἶδα;

ΣΩ. Οὐ καὶ περὶ τεχνῶν μέντοι λέγει πολλαχοῦ Ὅμηρος 537
καὶ πολλά; οἷον καὶ περὶ ἡνιοχείας—ἐὰν μνησθῶ τὰ ἔπη,
ἐγώ σοι φράσω.

ΙΩΝ. Ἀλλ' ἐγὼ ἐρῶ· ἐγὼ γὰρ μέμνημαι.

ΣΩ. Εἰπὲ δή μοι ἃ λέγει Νέστωρ Ἀντιλόχῳ τῷ ὑεῖ, 5
παραινῶν εὐλαβηθῆναι περὶ τὴν καμπὴν ἐν τῇ ἱπποδρομίᾳ
τῇ ἐπὶ Πατρόκλῳ.

ΙΩΝ. Κλινθῆναι δέ, φησί, καὶ αὐτὸς ἐυξέστῳ ἐνὶ δίφρῳ
         ἧκ' ἐπ' ἀριστερὰ τοῖιν· ἀτὰρ τὸν δεξιὸν ἵππον   b
         κένσαι ὁμοκλήσας, εἶξαί τέ οἱ ἡνία χερσίν.
         ἐν νύσσῃ δέ τοι ἵππος ἀριστερὸς ἐγχριμφθήτω,
         ὡς ἄν τοι πλήμνη γε δοάσσεται ἄκρον ἱκέσθαι
         κύκλου ποιητοῖο· λίθου δ' ἀλέασθαι ἐπαυρεῖν.   5

ΣΩ. Ἀρκεῖ. ταῦτα δή, ὦ Ἴων, τὰ ἔπη εἴτε ὀρθῶς λέγει c
Ὅμηρος εἴτε μή, πότερος ἂν γνοίη ἄμεινον, ἰατρὸς ἢ ἡνίο-
χος;—ΙΩΝ. Ἡνίοχος δήπου.—ΣΩ. Πότερον ὅτι τέχνην
ταύτην ἔχει ἢ κατ' ἄλλο τι;—ΙΩΝ. Οὔκ, ἀλλ' ὅτι τέχνην.
—ΣΩ. Οὐκοῦν ἑκάστῃ τῶν τεχνῶν ἀποδέδοταί τι ὑπὸ τοῦ 5
θεοῦ ἔργον οἵᾳ τε εἶναι γιγνώσκειν; οὐ γάρ που ἃ κυβερνη-
τικῇ γιγνώσκομεν, γνωσόμεθα καὶ ἰατρικῇ.—ΙΩΝ. Οὐ δῆτα.
—ΣΩ. Οὐδέ γε ἃ ἰατρικῇ, ταῦτα καὶ τεκτονικῇ.—ΙΩΝ.

e 1 λέγει T W : εὖ λέγει F   e 2 λέγεις Cornarius : λέγει T W F
a 1 πολλαχοῦ ὅμηρος T W : ὅμηρος πολλαχοῦ F   a 2 ἡνιοχείας ex
ἡνιοχίας T F   a 8 αὐτὸς δὲ κλινθῆναι libri Homerici   ἐυξέστῳ
T W F : ἐυπλέκτῳ S cum libris Homericis (ἐυξέστου Xen. Symp. iv. 6
qui mox ἐπὶ δίφρου)   b 2 τε T W : δὲ F   b 4 ἄν F et suprascr.
W (et sic libri Homerici) : μή T W   c 1 ἀρκεῖ. ταῦτα δὴ T W :
ἀρκεῖ δὴ ταῦτα F   c 6 που T W : δήπου F

d Οὐ δῆτα.—ΣΩ. Οὐκοῦν οὕτω καὶ κατὰ πασῶν τῶν τεχνῶν,
ἃ τῇ ἑτέρᾳ τέχνῃ γιγνώσκομεν, οὐ γνωσόμεθα τῇ ἑτέρᾳ;
τόδε δέ μοι πρότερον τούτου ἀπόκριναι· τὴν μὲν ἑτέραν φῂς
εἶναί τινα τέχνην, τὴν δ᾽ ἑτέραν;—ΙΩΝ. Ναί.—ΣΩ. Ἆρα
5 ὥσπερ ἐγὼ τεκμαιρόμενος, ὅταν ἡ μὲν ἑτέρων πραγμάτων ᾖ
ἐπιστήμη, ἡ δ᾽ ἑτέρων, οὕτω καλῶ τὴν μὲν ἄλλην, τὴν δὲ ἄλλην
e τέχνην, οὕτω καὶ σύ;—ΙΩΝ. Ναί.—ΣΩ. Εἰ γάρ που τῶν
αὐτῶν πραγμάτων ἐπιστήμη εἴη τις, τί ἂν τὴν μὲν ἑτέραν
φαῖμεν εἶναι, τὴν δ᾽ ἑτέραν, ὁπότε γε ταὐτὰ εἴη εἰδέναι ἀπ᾽
ἀμφοτέρων; ὥσπερ ἐγώ τε γιγνώσκω ὅτι πέντε εἰσὶν οὗτοι
5 οἱ δάκτυλοι, καὶ σύ, ὥσπερ ἐγώ, περὶ τούτων ταὐτὰ γιγνώ-
σκεις· καὶ εἴ σε ἐγὼ ἐροίμην εἰ τῇ αὐτῇ τέχνῃ γιγνώσκομεν
τῇ ἀριθμητικῇ τὰ αὐτὰ ἐγώ τε καὶ σὺ ἢ ἄλλῃ, φαίης ἂν
δήπου τῇ αὐτῇ.—ΙΩΝ. Ναί.

538 ΣΩ. Ὃ τοίνυν ἄρτι ἔμελλον ἐρήσεσθαί σε, νυνὶ εἰπέ, εἰ
κατὰ πασῶν τῶν τεχνῶν οὕτω σοι δοκεῖ, τῇ μὲν αὐτῇ τέχνῃ
τὰ αὐτὰ ἀναγκαῖον εἶναι γιγνώσκειν, τῇ δ᾽ ἑτέρᾳ μὴ τὰ αὐτά,
ἀλλ᾽ εἴπερ ἄλλη ἐστίν, ἀναγκαῖον καὶ ἕτερα γιγνώσκειν.—
5 ΙΩΝ. Οὕτω μοι δοκεῖ, ὦ Σώκρατες.—ΣΩ. Οὐκοῦν ὅστις ἂν
μὴ ἔχῃ τινὰ τέχνην, ταύτης τῆς τέχνης τὰ λεγόμενα ἢ
πραττόμενα καλῶς γιγνώσκειν οὐχ οἷός τ᾽ ἔσται;—ΙΩΝ.
b Ἀληθῆ λέγεις.—ΣΩ. Πότερον οὖν περὶ τῶν ἐπῶν ὧν εἶπες,
εἴτε καλῶς λέγει Ὅμηρος εἴτε μή, σὺ κάλλιον γνώσῃ ἢ
ἡνίοχος;—ΙΩΝ. Ἡνίοχος.—ΣΩ. Ῥαψῳδὸς γάρ που εἶ ἀλλ᾽
οὐχ ἡνίοχος.—ΙΩΝ. Ναί.—ΣΩ. Ἡ δὲ ῥαψῳδικὴ τέχνη
5 ἑτέρα ἐστὶ τῆς ἡνιοχικῆς;—ΙΩΝ. Ναί.—ΣΩ. Εἰ ἄρα ἑτέρα,
περὶ ἑτέρων καὶ ἐπιστήμη πραγμάτων ἐστίν.—ΙΩΝ. Ναί.

ΣΩ. Τί δὲ δὴ ὅταν Ὅμηρος λέγῃ ὡς τετρωμένῳ τῷ
Μαχάονι Ἑκαμήδη ἡ Νέστορος παλλακὴ κυκεῶνα πίνειν
c δίδωσι; καὶ λέγει πως οὕτως—

d 1 καὶ κατὰ T W : καὶ τὰ F   e 4 ἐγώ τε T W : ἔγωγε F
b 6 καὶ ἐπιστήμη πραγμάτων W F : πραγμάτων καὶ ἐπιστήμη T : καὶ
πραγμάτων ἐπιστήμη signis transpositionis additis in T F   b 7 δὴ
T W f : om. F   b 8 ἑκαμήδη ἡ T W f : ἔκαμη δη ην F   πίνειν
T W : πιεῖν F

οἴνῳ πραμνείῳ, φησίν, ἐπὶ δ' αἴγειον κνῆ τυρὸν
κνήστι χαλκείῃ· παρὰ δὲ κρόμνον ποτῷ ὄψον·
ταῦτα εἴτε ὀρθῶς λέγει Ὅμηρος εἴτε μή, πότερον ἰατρικῆς
ἐστι διαγνῶναι καλῶς ἢ ῥαψῳδικῆς;   5
ΙΩΝ. Ἰατρικῆς.

ΣΩ. Τί δέ, ὅταν λέγῃ Ὅμηρος—

ἡ δὲ μολυβδαίνῃ ἰκέλη ἐς βυσσὸν ἵκανεν,   d
ἥ τε κατ' ἀγραύλοιο βοὸς κέρας ἐμμεμαυῖα
ἔρχεται ὠμηστῇσι μετ' ἰχθύσι πῆμα φέρουσα·

ταῦτα πότερον φῶμεν ἁλιευτικῆς εἶναι τέχνης μᾶλλον κρῖναι
ἢ ῥαψῳδικῆς, ἅττα λέγει καὶ εἴτε καλῶς εἴτε μή;   5
ΙΩΝ. Δῆλον δή, ὦ Σώκρατες, ὅτι ἁλιευτικῆς.

ΣΩ. Σκέψαι δή, σοῦ ἐρομένου, εἰ ἔροιό με· '' Ἐπειδὴ
τοίνυν, ὦ Σώκρατες, τούτων τῶν τεχνῶν ἐν Ὁμήρῳ εὑρίσκεις   e
ἃ προσήκει ἑκάστῃ διακρίνειν, ἴθι μοι ἔξευρε καὶ τὰ τοῦ
μάντεώς τε καὶ μαντικῆς, ποῖά ἐστιν ἃ προσήκει αὐτῷ οἵῳ
τ' εἶναι διαγιγνώσκειν, εἴτε εὖ εἴτε κακῶς πεποίηται ''—
σκέψαι ὡς ῥᾳδίως τε καὶ ἀληθῆ ἐγώ σοι ἀποκρινοῦμαι.   5
πολλαχοῦ μὲν γὰρ καὶ ἐν Ὀδυσσείᾳ λέγει, οἷον καὶ ἃ ὁ
τῶν Μελαμποδιδῶν λέγει μάντις πρὸς τοὺς μνηστῆρας,
Θεοκλύμενος—

δαιμόνιοι, τί κακὸν τόδε πάσχετε; νυκτὶ μὲν ὑμέων   539
εἰλύαται κεφαλαί τε πρόσωπά τε νέρθε τε γυῖα,
οἰμωγὴ δὲ δέδηε, δεδάκρυνται δὲ παρειαί·

c 3 κνῆστι F: κνήστει W et ex κνήστη fecit T   παρὰ ... ὄψον]
ἐπὶ δ' ἄλφιτα λευκὰ πάλυνε libri Homerici   c 4 prius εἴτε T F:
εἴπερ W   d 1 βυσσὸν F (et sic libri Homerici): βύσσον T: πυθμέν'
W et in marg. 1   ἵκανεν] ὄρουσεν libri Homerici   d 2 ἐμμεμαυῖα
v. l. in Homeri A: ἐμβεβαυῖα libri Homerici   d 3 μετ'] ἐπ'
libri Homerici   πῆμα T W f et sic ἔνιαι τῶν κατὰ πόλεις : κῆρα F
et sic libri Homerici   e 6 ἃ ὁ W F t: ὁ T   e 7 μελαμπο-
διδῶν T² W: μελαμποδίδων F: μελαμποδῶν T f   a 1 δαιμόνιοι] ἃ
δειλοί libri Homerici   ὑμέων T F: ὑμῶν W   a 2 γυῖα] γοῦνα
libri Homerici   a 3 δέδηε W: δὲ δὴ (ἐδεδάκρυνται) F: δέδηαι T
post παρειαί in libris Homericis hic versus αἵματι δ' ἐρράδαται τοῖχοι
καλαί τε μεσόδμαι

εἰδώλων τε πλέον πρόθυρον, πλείη δὲ καὶ αὐλὴ
5 ἱεμένων ἔρεβόσδε ὑπὸ ζόφον· ἠέλιος δὲ
b οὐρανοῦ ἐξαπόλωλε, κακὴ δ' ἐπιδέδρομεν ἀχλύς·
πολλαχοῦ δὲ καὶ ἐν Ἰλιάδι, οἷον καὶ ἐπὶ τειχομαχίᾳ· λέγει
γὰρ καὶ ἐνταῦθα—

ὄρνις γάρ σφιν ἐπῆλθε περησέμεναι μεμαῶσιν,
5 αἰετὸς ὑψιπέτης, ἐπ' ἀριστερὰ λαὸν ἐέργων,
c φοινήεντα δράκοντα φέρων ὀνύχεσσι πέλωρον,
ζῳόν, ἔτ' ἀσπαίροντα· καὶ οὔπω λήθετο χάρμης.
κόψε γὰρ αὐτὸν ἔχοντα κατὰ στῆθος παρὰ δειρὴν
ἰδνωθεὶς ὀπίσω, ὁ δ' ἀπὸ ἔθεν ἧκε χαμᾶζε
5 ἀλγήσας ὀδύνῃσι, μέσῳ δ' ἐνὶ κάββαλ' ὁμίλῳ·
d αὐτὸς δὲ κλάγξας πέτετο πνοιῆς ἀνέμοιο.

ταῦτα φήσω καὶ τὰ τοιαῦτα τῷ μάντει προσήκειν καὶ σκο-
πεῖν καὶ κρίνειν.

ΙΩΝ. Ἀληθῆ γε σὺ λέγων, ὦ Σώκρατες.

5 ΣΩ. Καὶ σύ γε, ὦ Ἴων, ἀληθῆ ταῦτα λέγεις. ἴθι δὴ καὶ
σὺ ἐμοί, ὥσπερ ἐγὼ σοὶ ἐξέλεξα καὶ ἐξ Ὀδυσσείας καὶ ἐξ
Ἰλιάδος ὁποῖα τοῦ μάντεώς ἐστι καὶ ὁποῖα τοῦ ἰατροῦ καὶ
e ὁποῖα τοῦ ἁλιέως, οὕτω καὶ σὺ ἐμοὶ ἔκλεξον, ἐπειδὴ καὶ
ἐμπειρότερος εἶ ἐμοῦ τῶν Ὁμήρου, ὁποῖα τοῦ ῥαψῳδοῦ ἐστιν,
ὦ Ἴων, καὶ τῆς τέχνης τῆς ῥαψῳδικῆς, ἃ τῷ ῥαψῳδῷ προσ-
ήκει καὶ σκοπεῖσθαι καὶ διακρίνειν παρὰ τοὺς ἄλλους
5 ἀνθρώπους.

ΙΩΝ. Ἐγὼ μέν φημι, ὦ Σώκρατες, ἅπαντα.

ΣΩ. Οὐ σύ γε φῄς, ὦ Ἴων, ἅπαντα· ἢ οὕτως ἐπιλήσμων
εἶ; καίτοι οὐκ ἂν πρέποι γε ἐπιλήσμονα εἶναι ῥαψῳδὸν
ἄνδρα.

540 ΙΩΝ. Τί δὲ δὴ ἐπιλανθάνομαι;

b 2 prius καὶ T W f : om. F   c 4 ὀπίσω W F : ὀπίσσω T   c 5 ἐνὶ
κάμβαλ' F (sed μ in β mutavit f) : ἐνκάμβαλ' W : ἐγκαββαλλ' T (sed λ
alterum puncto del.) T   d 1 πέτετο libri Homerici : πέτατο W
(sed suprascr. ἐπα) : πέτητο F : ἔπετο T f   d 4 γε T F : om. W
e 7 φῄς Baiter : ἔφης T W F   ἅπαντα T W f : οὐ πάντα F

ΣΩ. Οὐ μέμνησαι ὅτι ἔφησθα τὴν ῥαψῳδικὴν τέχνην
ἑτέραν εἶναι τῆς ἡνιοχικῆς;—ΙΩΝ. Μέμνημαι.—ΣΩ. Οὐκ-
οῦν καὶ ἑτέραν οὖσαν ἕτερα γνώσεσθαι ὡμολόγεις;—ΙΩΝ.
Ναί.—ΣΩ. Οὐκ ἄρα πάντα γε γνώσεται ἡ ῥαψῳδικὴ κατὰ 5
τὸν σὸν λόγον οὐδὲ ὁ ῥαψῳδός.—ΙΩΝ. Πλήν γε ἴσως τὰ
τοιαῦτα, ὦ Σώκρατες.

ΣΩ. Τὰ τοιαῦτα δὲ λέγεις πλὴν τὰ τῶν ἄλλων τεχνῶν b
σχεδόν τι· ἀλλὰ ποῖα δὴ γνώσεται, ἐπειδὴ οὐχ ἅπαντα;

ΙΩΝ. Ἃ πρέπει, οἶμαι ἔγωγε, ἀνδρὶ εἰπεῖν καὶ ὁποῖα
γυναικί, καὶ ὁποῖα δούλῳ καὶ ὁποῖα ἐλευθέρῳ, καὶ ὁποῖα
ἀρχομένῳ καὶ ὁποῖα ἄρχοντι. 5

ΣΩ. Ἆρα ὁποῖα ἄρχοντι, λέγεις, ἐν θαλάττῃ χειμαζομένου
πλοίου πρέπει εἰπεῖν, ὁ ῥαψῳδὸς γνώσεται κάλλιον ἢ ὁ
κυβερνήτης;—ΙΩΝ. Οὔκ, ἀλλὰ ὁ κυβερνήτης τοῦτό γε.—
ΣΩ. Ἀλλ' ὁποῖα ἄρχοντι κάμνοντος πρέπει εἰπεῖν, ὁ c
ῥαψῳδὸς γνώσεται κάλλιον ἢ ὁ ἰατρός;—ΙΩΝ. Οὐδὲ
τοῦτο.—ΣΩ. Ἀλλ' οἷα δούλῳ πρέπει, λέγεις;—ΙΩΝ.
Ναί.—ΣΩ. Οἷον βουκόλῳ λέγεις δούλῳ ἃ πρέπει εἰπεῖν
ἀγριαινουσῶν βοῶν παραμυθουμένῳ, ὁ ῥαψῳδὸς γνώσεται 5
ἀλλ' οὐχ ὁ βουκόλος;—ΙΩΝ. Οὐ δῆτα.—ΣΩ. Ἀλλ' οἷα
γυναικὶ πρέποντά ἐστιν εἰπεῖν ταλασιουργῷ περὶ ἐρίων
ἐργασίας;—ΙΩΝ. Οὔ.—ΣΩ. Ἀλλ' οἷα ἀνδρὶ πρέπει εἰπεῖν d
γνώσεται στρατηγῷ στρατιώταις παραινοῦντι;—ΙΩΝ. Ναί,
τὰ τοιαῦτα γνώσεται ὁ ῥαψῳδός.

ΣΩ. Τί δέ; ἡ ῥαψῳδικὴ τέχνη στρατηγική ἐστιν;

ΙΩΝ. Γνοίην γοῦν ἂν ἔγωγε οἷα στρατηγὸν πρέπει εἰπεῖν. 5

ΣΩ. Ἴσως γὰρ εἶ καὶ στρατηγικός, ὦ Ἴων. καὶ γὰρ εἰ
ἐτύγχανες ἱππικὸς ὢν ἅμα καὶ κιθαριστικός, ἔγνως ἂν ἵππους
εὖ καὶ κακῶς ἱππαζομένους· ἀλλ' εἴ σ' ἐγὼ ἠρόμην· "Ποτέρᾳ e
δὴ τέχνῃ, ὦ Ἴων, γιγνώσκεις τοὺς εὖ ἱππαζομένους ἵππους;

b 8 ἀλλὰ ὁ W : ἄλλο F : ἀλλὰ καὶ ὁ T et in marg. f   c ι κάμνοντος
F : κάμνοντι T W f   d 2 ναί scr. recc. : νὴ T W F   d 5 ἂν
Sydenham : ἄρ' W : ἆρ' T : om. F   ἔγωγε F : ἐγὼ T W   d 6 ἃ
F : om. T W   e ι ἠρόμην T W (sed ἡ in ras. T) : ἐροίμην F

ἢ ἱππεὺς εἶ ἢ ᾖ κιθαριστής;" τί ἄν μοι ἀπεκρίνω;—ΙΩΝ.
ἪΗ ἱππεύς, ἔγωγ᾽ ἄν.—ΣΩ. Οὐκοῦν εἰ καὶ τοὺς εὖ κιθαρί-
5 ζοντας διεγίγνωσκες, ὡμολόγεις ἄν, ᾗ κιθαριστὴς εἶ, ταύτῃ
διαγιγνώσκειν, ἀλλ᾽ οὐχ ᾗ ἱππεύς.—ΙΩΝ. Ναί.—ΣΩ.
Ἐπειδὴ δὲ τὰ στρατιωτικὰ γιγνώσκεις, πότερον ᾗ στρατη-
γικὸς εἶ γιγνώσκεις ἢ ᾗ ῥαψῳδὸς ἀγαθός;—ΙΩΝ. Οὐδὲν
ἔμοιγε δοκεῖ διαφέρειν.

541 ΣΩ. Πῶς; οὐδὲν λέγεις διαφέρειν; μίαν λέγεις τέχνην
εἶναι τὴν ῥαψῳδικὴν καὶ τὴν στρατηγικὴν ἢ δύο;—ΙΩΝ. Μία
ἔμοιγε δοκεῖ.—ΣΩ. Ὅστις ἄρα ἀγαθὸς ῥαψῳδός ἐστιν, οὗτος
καὶ ἀγαθὸς στρατηγὸς τυγχάνει ὤν;—ΙΩΝ. Μάλιστα, ὦ Σώ-
5 κρατες.—ΣΩ. Οὐκοῦν καὶ ὅστις ἀγαθὸς στρατηγὸς τυγχάνει
ὤν, ἀγαθὸς καὶ ῥαψῳδός ἐστιν.—ΙΩΝ. Οὐκ αὖ μοι δοκεῖ
τοῦτο.—ΣΩ. Ἀλλ᾽ ἐκεῖνο μὴν δοκεῖ σοι, ὅστις γε ἀγαθὸς
b ῥαψῳδός, καὶ στρατηγὸς ἀγαθὸς εἶναι;—ΙΩΝ. Πάνυ γε.—
ΣΩ. Οὐκοῦν σὺ τῶν Ἑλλήνων ἄριστος ῥαψῳδὸς εἶ;—ΙΩΝ.
Πολύ γε, ὦ Σώκρατες.—ΣΩ. Ἦ καὶ στρατηγός, ὦ Ἴων, τῶν
Ἑλλήνων ἄριστος εἶ;—ΙΩΝ. Εὖ ἴσθι, ὦ Σώκρατες· καὶ
5 ταῦτά γε ἐκ τῶν Ὁμήρου μαθών.

ΣΩ. Τί δή ποτ᾽ οὖν πρὸς τῶν θεῶν, ὦ Ἴων, ἀμφότερα
ἄριστος ὢν τῶν Ἑλλήνων, καὶ στρατηγὸς καὶ ῥαψῳδός,
ῥαψῳδεῖς μὲν περιιὼν τοῖς Ἕλλησι, στρατηγεῖς δ᾽ οὔ; ἢ
c ῥαψῳδοῦ μὲν δοκεῖ σοι χρυσῷ στεφάνῳ ἐστεφανωμένου
πολλὴ χρεία εἶναι τοῖς Ἕλλησι, στρατηγοῦ δὲ οὐδεμία;

ΙΩΝ. Ἡ μὲν γὰρ ἡμετέρα, ὦ Σώκρατες, πόλις ἄρχεται
ὑπὸ ὑμῶν καὶ στρατηγεῖται καὶ οὐδὲν δεῖται στρατηγοῦ, ἡ δὲ
5 ὑμετέρα καὶ ἡ Λακεδαιμονίων οὐκ ἄν με ἕλοιτο στρατηγόν·
αὐτοὶ γὰρ οἴεσθε ἱκανοὶ εἶναι.

ΣΩ. Ὦ βέλτιστε Ἴων, Ἀπολλόδωρον οὐ γιγνώσκεις τὸν
Κυζικηνόν;

e 3 ἀπεκρίνω F : ἀπεκρίνου TW   e 7 τὰ T F : om. W
e 8 ἀγαθός secl. Schanz   e 9 ἔμοιγε TW : ἐμοὶ F   a 7 μὴν
F : μὲν TW   σοι TW : σοι εἶναι F   γε TW : τε F
b 7 στρατηγὸς TW : στρατηγὸς ὢν F

ΙΩΝ. Ποῖον τοῦτον;

ΣΩ. ⸀Ὃν Ἀθηναῖοι πολλάκις ἑαυτῶν στρατηγὸν ᾕρηνται   10
ξένον ὄντα· καὶ Φανοσθένη τὸν Ἄνδριον καὶ Ἡρακλείδην τὸν   d
Κλαζομένιον, οὓς ἥδε ἡ πόλις ξένους ὄντας, ἐνδειξαμένους
ὅτι ἄξιοι λόγου εἰσί, καὶ εἰς στρατηγίας καὶ εἰς τὰς ἄλλας
ἀρχὰς ἄγει· Ἴωνα δ' ἄρα τὸν Ἐφέσιον οὐχ αἱρήσεται
στρατηγὸν καὶ τιμήσει, ἐὰν δοκῇ ἄξιος λόγου εἶναι; τί δέ;   5
οὐκ Ἀθηναῖοι μέν ἐστε οἱ Ἐφέσιοι τὸ ἀρχαῖον, καὶ ἡ Ἔφεσος
οὐδεμιᾶς ἐλάττων πόλεως; ἀλλὰ γὰρ σύ, ὦ Ἴων, εἰ μὲν ἀληθῆ   e
λέγεις ὡς τέχνῃ καὶ ἐπιστήμῃ οἷός τε εἶ Ὅμηρον ἐπαινεῖν,
ἀδικεῖς, ὅστις ἐμοὶ ὑποσχόμενος ὡς πολλὰ καὶ καλὰ περὶ
Ὁμήρου ἐπίστασαι καὶ φάσκων ἐπιδείξειν, ἐξαπατᾷς με καὶ
πολλοῦ δεῖς ἐπιδεῖξαι, ὅς γε οὐδὲ ἅττα ἐστὶ ταῦτα περὶ   5
ὧν δεινὸς εἶ ἐθέλεις εἰπεῖν, πάλαι ἐμοῦ λιπαροῦντος, ἀλλὰ
ἀτεχνῶς ὥσπερ ὁ Πρωτεὺς παντοδαπὸς γίγνῃ στρεφόμενος
ἄνω καὶ κάτω, ἕως τελευτῶν διαφυγών με στρατηγὸς ἀνεφά-
νης, ἵνα μὴ ἐπιδείξῃς ὡς δεινὸς εἶ τὴν περὶ Ὁμήρου σοφίαν.   542
εἰ μὲν οὖν τεχνικὸς ὤν, ὅπερ νυνδὴ ἔλεγον, περὶ Ὁμήρου
ὑποσχόμενος ἐπιδείξειν ἐξαπατᾷς με, ἄδικος εἶ· εἰ δὲ μὴ
τεχνικὸς εἶ, ἀλλὰ θείᾳ μοίρᾳ κατεχόμενος ἐξ Ὁμήρου μηδὲν
εἰδὼς πολλὰ καὶ καλὰ λέγεις περὶ τοῦ ποιητοῦ, ὥσπερ ἐγὼ   5
εἶπον περὶ σοῦ, οὐδὲν ἀδικεῖς. ἑλοῦ οὖν πότερα βούλει
νομίζεσθαι ὑπὸ ἡμῶν ἄδικος ἀνὴρ εἶναι ἢ θεῖος.

ΙΩΝ. Πολὺ διαφέρει, ὦ Σώκρατες· πολὺ γὰρ κάλλιον τὸ   b
θεῖον νομίζεσθαι.

ΣΩ. Τοῦτο τοίνυν τὸ κάλλιον ὑπάρχει σοι παρ' ἡμῖν, ὦ
Ἴων, θεῖον εἶναι καὶ μὴ τεχνικὸν περὶ Ὁμήρου ἐπαινέτην.

e 5 δεῖς scr. recc.: δεῖ σ' TW: δ' εἰς F   e 6 πάλαι TW:
πολλὰ F   b 1 σώκρατες TW: σώκρατες θεῖος F   b 3 ὑπάρχει]
ὑπάρξει Schanz   ἡμῖν TF: ἡμῶν W

ΜΕΝΕΞΕΝΟΣ

ΣΩΚΡΑΤΗΣ ΜΕΝΕΞΕΝΟΣ

ΣΩ. Ἐξ ἀγορᾶς ἢ πόθεν Μενέξενος;   a

ΜΕΝ. Ἐξ ἀγορᾶς, ὦ Σώκρατες, καὶ ἀπὸ τοῦ βουλευτηρίου.

ΣΩ. Τί μάλιστα σοὶ πρὸς βουλευτήριον; ἢ δῆλα δὴ ὅτι παιδεύσεως καὶ φιλοσοφίας ἐπὶ τέλει ἡγῇ εἶναι, καὶ ὡς 5 ἱκανῶς ἤδη ἔχων ἐπὶ τὰ μείζω ἐπινοεῖς τρέπεσθαι, καὶ ἄρχειν ἡμῶν, ὦ θαυμάσιε, ἐπιχειρεῖς τῶν πρεσβυτέρων τηλικοῦτος ὤν, ἵνα μὴ ἐκλίπῃ ὑμῶν ἡ οἰκία ἀεί τινα ἡμῶν b ἐπιμελητὴν παρεχομένη;

ΜΕΝ. Ἐὰν σύ γε, ὦ Σώκρατες, ἐᾷς καὶ συμβουλεύῃς ἄρχειν, προθυμήσομαι· εἰ δὲ μή, οὔ. νῦν μέντοι ἀφικόμην πρὸς τὸ βουλευτήριον πυθόμενος ὅτι ἡ βουλὴ μέλλει αἱρεῖσθαι 5 ὅστις ἐρεῖ ἐπὶ τοῖς ἀποθανοῦσιν· ταφὰς γὰρ οἶσθ' ὅτι μέλλουσι ποιεῖν.

ΣΩ. Πάνυ γε· ἀλλὰ τίνα εἵλοντο;

ΜΕΝ. Οὐδένα, ἀλλὰ ἀνεβάλοντο εἰς τὴν αὔριον. οἶμαι μέντοι Ἀρχῖνον ἢ Δίωνα αἱρεθήσεσθαι.   10

ΣΩ. Καὶ μήν, ὦ Μενέξενε, πολλαχῇ κινδυνεύει καλὸν c εἶναι τὸ ἐν πολέμῳ ἀποθνήσκειν. καὶ γὰρ ταφῆς καλῆς τε

---

a2 ἐξ TW : καὶ ἐξ F (sed καὶ punctis del. f)   καὶ secl. H. Richards
a4 σοὶ F : σὺ TW   a5 παιδεύσεως TWf : συνέσεως (ut videtur) F
b1 ἐκλίπῃ TF : ἐκλείπῃ W   b7 ποιεῖν TW : ποιήσειν F
b9 ἀνεβάλοντο WF : ἀνεβάλλοντο T (sed λ alterum puncto del.)
c2 ταφῆς καλῆς τε καὶ TF : καλῆς ταφῆς τε καὶ W : ταφῆς τε καλῆς
καὶ Stobaeus

καὶ μεγαλοπρεποῦς τυγχάνει, καὶ ἐὰν πένης τις ὢν τελευτήσῃ,
καὶ ἐπαίνου αὖ ἔτυχεν, καὶ ἐὰν φαῦλος ᾖ, ὑπ᾽ ἀνδρῶν σοφῶν
5 τε καὶ οὐκ εἰκῇ ἐπαινούντων, ἀλλὰ ἐκ πολλοῦ χρόνου λόγους
παρεσκευασμένων, οἳ οὕτως καλῶς ἐπαινοῦσιν, ὥστε καὶ τὰ
235 προσόντα καὶ τὰ μὴ περὶ ἑκάστου λέγοντες, κάλλιστά πως
τοῖς ὀνόμασι ποικίλλοντες, γοητεύουσιν ἡμῶν τὰς ψυχάς,
καὶ τὴν πόλιν ἐγκωμιάζοντες κατὰ πάντας τρόπους καὶ τοὺς
τετελευτηκότας ἐν τῷ πολέμῳ καὶ τοὺς προγόνους ἡμῶν
5 ἅπαντας τοὺς ἔμπροσθεν καὶ αὐτοὺς ἡμᾶς τοὺς ἔτι ζῶντας
ἐπαινοῦντες, ὥστ᾽ ἔγωγε, ὦ Μενέξενε, γενναίως πάνυ διατί-
θεμαι ἐπαινούμενος ὑπ᾽ αὐτῶν, καὶ ἑκάστοτε ἐξέστηκα
b ἀκροώμενος καὶ κηλούμενος, ἡγούμενος ἐν τῷ παραχρῆμα
μείζων καὶ γενναιότερος καὶ καλλίων γεγονέναι. καὶ οἷα
δὴ τὰ πολλὰ ἀεὶ μετ᾽ ἐμοῦ ξένοι τινὲς ἕπονται καὶ συν-
ακροῶνται πρὸς οὓς ἐγὼ σεμνότερος ἐν τῷ παραχρῆμα
5 γίγνομαι· καὶ γὰρ ἐκεῖνοι ταὐτὰ ταῦτα δοκοῦσί μοι πάσχειν
καὶ πρὸς ἐμὲ καὶ πρὸς τὴν ἄλλην πόλιν, θαυμασιωτέραν
αὐτὴν ἡγεῖσθαι εἶναι ἢ πρότερον, ὑπὸ τοῦ λέγοντος ἀναπει-
θόμενοι. καί μοι αὕτη ἡ σεμνότης παραμένει ἡμέρας πλείω
c ἢ τρεῖς· οὕτως ἔναυλος ὁ λόγος τε καὶ ὁ φθόγγος παρὰ τοῦ
λέγοντος ἐνδύεται εἰς τὰ ὦτα, ὥστε μόγις τετάρτῃ ἢ πέμπτῃ
ἡμέρᾳ ἀναμιμνήσκομαι ἐμαυτοῦ καὶ αἰσθάνομαι οὗ γῆς εἰμι,
τέως δὲ οἶμαι μόνον οὐκ ἐν μακάρων νήσοις οἰκεῖν· οὕτως ἡμῖν
5 οἱ ῥήτορες δεξιοί εἰσιν.

ΜΕΝ. Ἀεὶ σὺ προσπαίζεις, ὦ Σώκρατες, τοὺς ῥήτορας.
νῦν μέντοι οἶμαι ἐγὼ τὸν αἱρεθέντα οὐ πάνυ εὐπορήσειν· ἐξ
ὑπογύου γὰρ παντάπασιν ἡ αἵρεσις γέγονεν, ὥστε ἴσως
ἀναγκασθήσεται ὁ λέγων ὥσπερ αὐτοσχεδιάζειν.

d ΣΩ. Πόθεν, ὠγαθέ; εἰσὶν ἑκάστοις τούτων λόγοι παρε-

a 3 τρόπους TW: τοὺς τρόπους F   καὶ τοὺς TWf: om. F
a 6 ἐπαινοῦντες secl. Cobet   ὥστ᾽ TF: ὡς W   a 7 καὶ TW:
καὶ γ᾽ F   ἐξέστηκα F: ἔστηκα TW   b 1 ἀκροώμενος] αἰωρούμενος
Valckenaer   b 2 μείζων TW: καὶ μείζων F   b 5 μοι TF:
om. W   b 8 πλείω ἢ TWF: πλείω Priscianus: πλεῖον Hirschig:
πλεῖν Cobet

σκευασμένοι, καὶ ἅμα οὐδὲ αὐτοσχεδιάζειν τά γε τοιαῦτα
χαλεπόν. εἰ μὲν γὰρ δέοι Ἀθηναίους ἐν Πελοποννησίοις εὖ
λέγειν ἢ Πελοποννησίους ἐν Ἀθηναίοις, ἀγαθοῦ ἂν ῥήτορος
δέοι τοῦ πείσοντος καὶ εὐδοκιμήσοντος· ὅταν δέ τις ἐν τούτοις 5
ἀγωνίζηται οὕσπερ καὶ ἐπαινεῖ, οὐδὲν μέγα δοκεῖν εὖ λέγειν.

ΜΕΝ. Οὐκ οἴει, ὦ Σώκρατες;

ΣΩ. Οὐ μέντοι μὰ Δία.

ΜΕΝ. Ἦ οἴει οἷός τ᾽ ἂν εἶναι αὐτὸς εἰπεῖν, εἰ δέοι καὶ e
ἕλοιτό σε ἡ βουλή;

ΣΩ. Καὶ ἐμοὶ μέν γε, ὦ Μενέξενε, οὐδὲν θαυμαστὸν οἵῳ
τ᾽ εἶναι εἰπεῖν, ᾧ τυγχάνει διδάσκαλος οὖσα οὐ πάνυ φαύλη
περὶ ῥητορικῆς, ἀλλ᾽ ἥπερ καὶ ἄλλους πολλοὺς καὶ ἀγαθοὺς 5
πεποίηκε ῥήτορας, ἕνα δὲ καὶ διαφέροντα τῶν Ἑλλήνων,
Περικλέα τὸν Ξανθίππου.

ΜΕΝ. Τίς αὕτη; ἢ δῆλον ὅτι Ἀσπασίαν λέγεις;

ΣΩ. Λέγω γάρ, καὶ Κόννον γε τὸν Μητροβίου· οὗτοι γάρ
μοι δύο εἰσὶν διδάσκαλοι, ὁ μὲν μουσικῆς, ἡ δὲ ῥητορικῆς. 236
οὕτω μὲν οὖν τρεφόμενον ἄνδρα οὐδὲν θαυμαστὸν δεινὸν εἶναι
λέγειν· ἀλλὰ καὶ ὅστις ἐμοῦ κάκιον ἐπαιδεύθη, μουσικὴν μὲν
ὑπὸ Λάμπρου παιδευθείς, ῥητορικὴν δὲ ὑπ᾽ Ἀντιφῶντος τοῦ
Ῥαμνουσίου, ὅμως κἂν οὗτος οἷός τ᾽ εἴη Ἀθηναίους γε ἐν 5
Ἀθηναίοις ἐπαινῶν εὐδοκιμεῖν.

ΜΕΝ. Καὶ τί ἂν ἔχοις εἰπεῖν, εἰ δέοι σε λέγειν;

ΣΩ. Αὐτὸς μὲν παρ᾽ ἐμαυτοῦ ἴσως οὐδέν, Ἀσπασίας δὲ
καὶ χθὲς ἠκροώμην περαινούσης ἐπιτάφιον λόγον περὶ αὐτῶν b
τούτων. ἤκουσε γὰρ ἅπερ σὺ λέγεις, ὅτι μέλλοιεν Ἀθηναῖοι
αἱρεῖσθαι τὸν ἐροῦντα· ἔπειτα τὰ μὲν ἐκ τοῦ παραχρῆμά μοι
διῄει, οἷα δέοι λέγειν, τὰ δὲ πρότερον ἐσκεμμένη, ὅτε μοι
δοκεῖ συνετίθει τὸν ἐπιτάφιον λόγον ὃν Περικλῆς εἶπεν, 5
περιλείμματ᾽ ἄττα ἐξ ἐκείνου συγκολλῶσα.

d 5 δέοι τοῦ TWf: δέοιτο F   e 1 οἴει TWf: οἴει ἂν F
e 3 οὐδὲν θαυμαστὸν ὦ μενέξενε θαυμαστὸν F   a 1 ἢ T: δ W: οἱ F
a 4 παιδευθείς secl. Cobet   a 5 γε F: τε TW   b 5 δοκεῖ T:
ἐδόκει WF   b 6 περιλείμματ᾽ ἄττα Tf (sed γρ. ταῦτα in marg. T):
περιλείμματα ταῦτα WF   συγκολλῶσα TWf: κομῶσα F

ΜΕΝ. Ἦ καὶ μνημονεύσαις ἂν ἃ ἔλεγεν ἡ Ἀσπασία;

ΣΩ. Εἰ μὴ ἀδικῶ γε· ἐμάνθανόν γέ τοι παρ' αὐτῆς, καὶ
c ὀλίγου πληγὰς ἔλαβον ὅτ' ἐπελανθανόμην.

ΜΕΝ. Τί οὖν οὐ διῆλθες;

ΣΩ. Ἀλλ' ὅπως μή μοι χαλεπανεῖ ἡ διδάσκαλος, ἂν
ἐξενέγκω αὐτῆς τὸν λόγον.

5 ΜΕΝ. Μηδαμῶς, ὦ Σώκρατες, ἀλλ' εἰπέ, καὶ πάνυ μοι
χαριῇ, εἴτε Ἀσπασίας βούλει λέγειν εἴτε ὁτουοῦν· ἀλλὰ
μόνον εἰπέ.

ΣΩ. Ἀλλ' ἴσως μου καταγελάσῃ, ἄν σοι δόξω πρεσβύτης
ὢν ἔτι παίζειν.

10 ΜΕΝ. Οὐδαμῶς, ὦ Σώκρατες, ἀλλ' εἰπὲ παντὶ τρόπῳ.

ΣΩ. Ἀλλὰ μέντοι σοί γε δεῖ χαρίζεσθαι, ὥστε κἂν ὀλίγου,
d εἴ με κελεύοις ἀποδύντα ὀρχήσασθαι, χαρισαίμην ἄν, ἐπειδή
γε μόνω ἐσμέν. ἀλλ' ἄκουε. ἔλεγε γάρ, ὡς ἐγῷμαι, ἀρξαμένη
λέγειν ἀπ' αὐτῶν τῶν τεθνεώτων οὑτωσί.

Ἔργῳ μὲν ἡμῖν οἵδε ἔχουσιν τὰ προσήκοντα σφίσιν αὐτοῖς,
5 ὧν τυχόντες πορεύονται τὴν εἱμαρμένην πορείαν, προπεμ-
φθέντες κοινῇ μὲν ὑπὸ τῆς πόλεως, ἰδίᾳ δὲ ὑπὸ τῶν οἰκείων·
λόγῳ δὲ δὴ τὸν λειπόμενον κόσμον ὅ τε νόμος προστάττει
e ἀποδοῦναι τοῖς ἀνδράσιν καὶ χρή. ἔργων γὰρ εὖ πραχθέντων
λόγῳ καλῶς ῥηθέντι μνήμη καὶ κόσμος τοῖς πράξασι γίγνεται
παρὰ τῶν ἀκουσάντων· δεῖ δὴ τοιούτου τινὸς λόγου ὅστις
τοὺς μὲν τετελευτηκότας ἱκανῶς ἐπαινέσεται, τοῖς δὲ ζῶσιν
5 εὐμενῶς παραινέσεται, ἐκγόνοις μὲν καὶ ἀδελφοῖς μιμεῖσθαι
τὴν τῶνδε ἀρετὴν παρακελευόμενος, πατέρας δὲ καὶ μητέρας
καὶ εἴ τινες τῶν ἄνωθεν ἔτι προγόνων λείπονται, τούτους δὲ

b 7 μνημονεύσαις Τ F : μνημονεύσας W   **c** 1 ὅτ' F (ὅτε
Schleiermacher) : ὅτι Τ W   **c** 3 χαλεπανεῖ Τ f : χαλεπανῇ W :
χαλεπαίνει F   **c** 8 καταγελάσει Τ : καταγελάσῃ W : καταγελάσεις F
ἄν Τ W : ἐάν F   **c** 11 ὥστε] ᾧ γε ci. Stallbaum   **d** 1 κελεύοις
scr. recc. : κελεύεις Τ W : κελεύῃς F   χαρισαίμην ἄν secl. Schanz
d 6 δὲ Τ W F : δὲ ἕκαστος Longinus   οἰκείων Τ W et in ras. F :
προσηκόντων Longinus

παραμυθούμενος. τίς οὖν ἂν ἡμῖν τοιοῦτος λόγος φανείη; ἢ 237
πόθεν ἂν ὀρθῶς ἀρξαίμεθα ἄνδρας ἀγαθοὺς ἐπαινοῦντες, οἳ
ζῶντές τε τοὺς ἑαυτῶν ηὔφραινον δι᾽ ἀρετήν, καὶ τὴν τελευτὴν
ἀντὶ τῆς τῶν ζώντων σωτηρίας ἠλλάξαντο; δοκεῖ μοι χρῆναι
κατὰ φύσιν, ὥσπερ ἀγαθοὶ ἐγένοντο, οὕτω καὶ ἐπαινεῖν αὐ- 5
τούς. ἀγαθοὶ δὲ ἐγένοντο διὰ τὸ φῦναι ἐξ ἀγαθῶν. τὴν
εὐγένειαν οὖν πρῶτον αὐτῶν ἐγκωμιάζωμεν, δεύτερον δὲ τροφήν
τε καὶ παιδείαν· ἐπὶ δὲ τούτοις τὴν τῶν ἔργων πρᾶξιν ἐπιδεί- b
ξωμεν, ὡς καλὴν καὶ ἀξίαν τούτων ἀπεφήναντο. τῆς δ᾽
εὐγενείας πρῶτον ὑπῆρξε τοῖσδε ἡ τῶν προγόνων γένεσις
οὐκ ἔπηλυς οὖσα, οὐδὲ τοὺς ἐκγόνους τούτους ἀποφηναμένη
μετοικοῦντας ἐν τῇ χώρᾳ ἄλλοθεν σφῶν ἡκόντων, ἀλλ᾽ 5
αὐτόχθονας καὶ τῷ ὄντι ἐν πατρίδι οἰκοῦντας καὶ ζῶντας,
καὶ τρεφομένους οὐχ ὑπὸ μητρυιᾶς ὡς οἱ ἄλλοι, ἀλλ᾽ ὑπὸ
μητρὸς τῆς χώρας ἐν ᾗ ᾤκουν, καὶ νῦν κεῖσθαι τελευτήσαντας c
ἐν οἰκείοις τόποις τῆς τεκούσης καὶ θρεψάσης καὶ ὑποδεξα-
μένης. δικαιότατον δὴ κοσμῆσαι πρῶτον τὴν μητέρα αὐτήν·
οὕτω γὰρ συμβαίνει ἅμα καὶ ἡ τῶνδε εὐγένεια κοσμουμένη.

Ἔστι δὲ ἀξία ἡ χώρα καὶ ὑπὸ πάντων ἀνθρώπων ἐπαι- 5
νεῖσθαι, οὐ μόνον ὑφ᾽ ἡμῶν, πολλαχῇ μὲν καὶ ἄλλῃ, πρῶτον
δὲ καὶ μέγιστον ὅτι τυγχάνει οὖσα θεοφιλής. μαρτυρεῖ δὲ
ἡμῶν τῷ λόγῳ ἡ τῶν ἀμφισβητησάντων περὶ αὐτῆς θεῶν
ἔρις τε καὶ κρίσις· ἣν δὴ θεοὶ ἐπῄνεσαν, πῶς οὐχ ὑπ᾽ d
ἀνθρώπων γε συμπάντων δικαία ἐπαινεῖσθαι; δεύτερος δὲ
ἔπαινος δικαίως ἂν αὐτῆς εἴη, ὅτι ἐν ἐκείνῳ τῷ χρόνῳ, ἐν ᾧ ἡ
πᾶσα γῆ ἀνεδίδου καὶ ἔφυε ζῷα παντοδαπά, θηρία τε καὶ βοτά,
ἐν τούτῳ ἡ ἡμετέρα θηρίων μὲν ἀγρίων ἄγονος καὶ καθαρὰ 5
ἐφάνη, ἐξελέξατο δὲ τῶν ζῴων καὶ ἐγέννησεν ἄνθρωπον, ὃ
συνέσει τε ὑπερέχει τῶν ἄλλων καὶ δίκην καὶ θεοὺς μόνον

---

a 1 ἢ TWf: om. F   a 6 δὲ TW: δέ γε F   a 7 τὴν
ante τροφήν add. H. Richards   b 4 ἐκγόνους TWf: ἐγγό-
νους F   b 7 καὶ TWf: om. F   οἱ F Dionysius: om. TW
(fort. ἄλλοι)   c 8 αὐτῆς F Dionysius: αὐτὴν TW   d 1 δὴ TWF:
δὲ Dionysius   d 4 πᾶσα TW: ἄπασα F   ἔφυε F: ἔφυ TW
d 6 ᾗ TW: ὃς F

e νομίζει. μέγα δὲ τεκμήριον τούτῳ τῷ λόγῳ, ὅτι ἥδε ἔτεκεν
ἡ γῆ τοὺς τῶνδέ τε καὶ ἡμετέρους προγόνους. πᾶν γὰρ τὸ
τεκὸν τροφὴν ἔχει ἐπιτηδείαν ᾧ ἂν τέκῃ, ᾧ καὶ γυνὴ δήλη
τεκοῦσά τε ἀληθῶς καὶ μή, ἀλλ᾽ ὑποβαλλομένη, ἐὰν μὴ ἔχῃ
5 πηγὰς τροφῆς τῷ γεννωμένῳ. ὃ δὴ καὶ ἡ ἡμετέρα γῆ τε καὶ
μήτηρ ἱκανὸν τεκμήριον παρέχεται ὡς ἀνθρώπους γεννησα-
μένη· μόνη γὰρ ἐν τῷ τότε καὶ πρώτη τροφὴν ἀνθρωπείαν
238 ἤνεγκεν τὸν τῶν πυρῶν καὶ κριθῶν καρπόν, ᾧ κάλλιστα καὶ
ἄριστα τρέφεται τὸ ἀνθρώπειον γένος, ὡς τῷ ὄντι τοῦτο τὸ
ζῷον αὐτὴ γεννησαμένη. μᾶλλον δὲ ὑπὲρ γῆς ἢ γυναικὸς
προσήκει δέχεσθαι τοιαῦτα τεκμήρια· οὐ γὰρ γῆ γυναῖκα
5 μεμίμηται κυήσει καὶ γεννήσει, ἀλλὰ γυνὴ γῆν. τούτου δὲ
τοῦ καρποῦ οὐκ ἐφθόνησεν, ἀλλ᾽ ἔνειμεν καὶ τοῖς ἄλλοις.
μετὰ δὲ τοῦτο ἐλαίου γένεσιν, πόνων ἀρωγήν, ἀνῆκεν τοῖς
b ἐκγόνοις· θρεψαμένη δὲ καὶ αὐξήσασα πρὸς ἥβην ἄρχοντας
καὶ διδασκάλους αὐτῶν θεοὺς ἐπηγάγετο· ὧν τὰ μὲν ὀνόματα
πρέπει ἐν τῷ τοιῷδε ἐᾶν—ἴσμεν γάρ—οἳ τὸν βίον ἡμῶν
κατεσκεύασαν πρός τε τὴν καθ᾽ ἡμέραν δίαιταν, τέχνας πρώ-
5 τους παιδευσάμενοι, καὶ πρὸς τὴν ὑπὲρ τῆς χώρας φυλακὴν
ὅπλων κτῆσίν τε καὶ χρῆσιν διδαξάμενοι.

Γεννηθέντες δὲ καὶ παιδευθέντες οὕτως οἱ τῶνδε πρόγονοι
ᾤκουν πολιτείαν κατασκευασάμενοι, ἧς ὀρθῶς ἔχει διὰ βρα-
c χέων ἐπιμνησθῆναι. πολιτεία γὰρ τροφὴ ἀνθρώπων ἐστίν,
καλὴ μὲν ἀγαθῶν, ἡ δὲ ἐναντία κακῶν. ὡς οὖν ἐν καλῇ
πολιτείᾳ ἐτράφησαν οἱ πρόσθεν ἡμῶν, ἀναγκαῖον δηλῶσαι,
δι᾽ ἣν δὴ κἀκεῖνοι ἀγαθοὶ καὶ οἱ νῦν εἰσιν, ὧν οἵδε τυγχάνουσιν
5 ὄντες οἱ τετελευτηκότες. ἡ γὰρ αὐτὴ πολιτεία καὶ τότε ἦν
καὶ νῦν, ἀριστοκρατία, ἐν ᾗ νῦν τε πολιτευόμεθα καὶ τὸν ἀεὶ

e1 ὅτι F: τί TW   e4 ὑποβαλομένη Ast   e5 γεννωμένῳ TWF:
γενομένῳ Stephanus   e7 τότε TW: τότε καιρῷ F   a3 αὐτὴ F:
αὕτη TW   a4 τεκμήρια TF: τε τεκμήρια W   a7 τοῦτο TW:
ταῦτα F   b3 ἴσμεν γάρ secl. Wilamowitz   c2 καλὴ . . . κακῶν
TWF: καλὴ μὲν ἀγαθῶν, μὴ καλὴ δὲ κακῶν Stobaeus: καὶ ἡ μὲν ἀγαθὴ
ἀγαθῶν, μὴ καλὴ δὲ κακῶν Dionysius   c6 ἀριστοκρατία secl. ci.
H. Richards

χρόνον ἐξ ἐκείνου ὡς τὰ πολλά. καλεῖ δὲ ὁ μὲν αὐτὴν
δημοκρατίαν, ὁ δὲ ἄλλο, ᾧ ἂν χαίρῃ, ἔστι δὲ τῇ ἀληθείᾳ μετ' d
εὐδοξίας πλήθους ἀριστοκρατία. βασιλῆς μὲν γὰρ ἀεὶ ἡμῖν
εἰσιν· οὗτοι δὲ τοτὲ μὲν ἐκ γένους, τοτὲ δὲ αἱρετοί· ἐγκρατὲς
δὲ τῆς πόλεως τὰ πολλὰ τὸ πλῆθος, τὰς δὲ ἀρχὰς δίδωσι
καὶ κράτος τοῖς ἀεὶ δόξασιν ἀρίστοις εἶναι, καὶ οὔτε ἀσθενείᾳ 5
οὔτε πενίᾳ οὔτ' ἀγνωσίᾳ πατέρων ἀπελήλαται οὐδεὶς οὐδὲ
τοῖς ἐναντίοις τετίμηται, ὥσπερ ἐν ἄλλαις πόλεσιν, ἀλλὰ
εἷς ὅρος, ὁ δόξας σοφὸς ἢ ἀγαθὸς εἶναι κρατεῖ καὶ ἄρχει.
αἰτία δὲ ἡμῖν τῆς πολιτείας ταύτης ἡ ἐξ ἴσου γένεσις. αἱ μὲν e
γὰρ ἄλλαι πόλεις ἐκ παντοδαπῶν κατεσκευασμέναι ἀνθρώπων
εἰσὶ καὶ ἀνωμάλων, ὥστε αὐτῶν ἀνώμαλοι καὶ αἱ πολιτεῖαι,
τυραννίδες τε καὶ ὀλιγαρχίαι· οἰκοῦσιν οὖν ἔνιοι μὲν δούλους,
οἱ δὲ δεσπότας ἀλλήλους νομίζοντες· ἡμεῖς δὲ καὶ οἱ ἡμέτεροι, 5
μιᾶς μητρὸς πάντες ἀδελφοὶ φύντες, οὐκ ἀξιοῦμεν δοῦλοι 239
οὐδὲ δεσπόται ἀλλήλων εἶναι, ἀλλ' ἡ ἰσογονία ἡμᾶς ἡ κατὰ
φύσιν ἰσονομίαν ἀναγκάζει ζητεῖν κατὰ νόμον, καὶ μηδενὶ
ἄλλῳ ὑπείκειν ἀλλήλοις ἢ ἀρετῆς δόξῃ καὶ φρονήσεως.

Ὅθεν δὴ ἐν πάσῃ ἐλευθερίᾳ τεθραμμένοι οἱ τῶνδέ γε 5
πατέρες καὶ οἱ ἡμέτεροι καὶ αὐτοὶ οὗτοι, καὶ καλῶς φύντες,
πολλὰ δὴ καὶ καλὰ ἔργα ἀπεφήναντο εἰς πάντας ἀνθρώπους
καὶ ἰδίᾳ καὶ δημοσίᾳ, οἰόμενοι δεῖν ὑπὲρ τῆς ἐλευθερίας καὶ b
Ἕλλησιν ὑπὲρ Ἑλλήνων μάχεσθαι καὶ βαρβάροις ὑπὲρ
ἁπάντων τῶν Ἑλλήνων. Εὐμόλπου μὲν οὖν καὶ Ἀμαζόνων
ἐπιστρατευσάντων ἐπὶ τὴν χώραν καὶ τῶν ἔτι προτέρων ὡς
ἠμύναντο, καὶ ὡς ἤμυναν Ἀργείοις πρὸς Καδμείους καὶ 5
Ἡρακλείδαις πρὸς Ἀργείους, ὅ τε χρόνος βραχὺς ἀξίως
διηγήσασθαι, ποιηταί τε αὐτῶν ἤδη καλῶς τὴν ἀρετὴν ἐν
μουσικῇ ὑμνήσαντες εἰς πάντας μεμηνύκασιν· ἐὰν οὖν ἡμεῖς

d 1 ᾧ] ᾦ Stallbaum   d 5 κράτος TW: τὸ κράτος F
e 1 ἡμῖν TW: ἡμῖν ἐστι F   γένεσις TF: γένησις W   e 4 ἔνιοι]
ἔνιοι ⟨οἱ⟩ Bake   a 2 οὐδὲ TW: οὐδ' αὖ F   ἰσογονία W t f:
ἰσογωνία TF   a 5 γε F: om. TW   a 6 οἱ F: om. TW
b 5 ἀργείοις WF: ἀργεῖοι T   b 6 βραχὺς TW: βραχὺς ὥστε F
b 7 ἤδη καλῶς TW f: ἢ δικαίως F (ἤδη ἱκανῶς S)

c ἐπιχειρῶμεν τὰ αὐτὰ λόγῳ ψιλῷ κοσμεῖν, τάχ᾽ ἂν δεύτεροι
φαινοίμεθα. ταῦτα μὲν οὖν διὰ ταῦτα δοκεῖ μοι ἐᾶν, ἐπειδὴ
καὶ ἔχει τὴν ἀξίαν· ὧν δὲ οὔτε ποιητής πω δόξαν ἀξίαν ἐπ᾽
ἀξίοις λαβὼν ἔχει ἔτι τέ ἐστιν ἐν ἀμνηστίᾳ, τούτων πέρι μοι
5 δοκεῖ χρῆναι ἐπιμνησθῆναι ἐπαινοῦντά τε καὶ προμνώμενον
ἄλλοις ἐς ᾠδάς τε καὶ τὴν ἄλλην ποίησιν αὐτὰ θεῖναι
πρεπόντως τῶν πραξάντων. ἔστιν δὲ τούτων ὧν λέγω
d πρῶτα· Πέρσας ἡγουμένους τῆς Ἀσίας καὶ δουλουμένους τὴν
Εὐρώπην ἔσχον οἱ τῆσδε τῆς χώρας ἔκγονοι, γονῆς δὲ ἡμέ-
τεροι, ὧν καὶ δίκαιον καὶ χρὴ πρῶτον μεμνημένους ἐπαινέσαι
αὐτῶν τὴν ἀρετήν. δεῖ δὴ αὐτὴν ἰδεῖν, εἰ μέλλει τις καλῶς
5 ἐπαινεῖν, ἐν ἐκείνῳ τῷ χρόνῳ γενόμενον λόγῳ, ὅτε πᾶσα μὲν
ἡ Ἀσία ἐδούλευε τρίτῳ ἤδη βασιλεῖ, ὧν ὁ μὲν πρῶτος Κῦρος
ἐλευθερώσας Πέρσας τοὺς αὑτοῦ πολίτας τῷ αὑτοῦ φρονήματι
e ἅμα καὶ τοὺς δεσπότας Μήδους ἐδουλώσατο καὶ τῆς ἄλλης
Ἀσίας μέχρι Αἰγύπτου ἦρξεν, ὁ δὲ υἱὸς Αἰγύπτου τε καὶ
Λιβύης ὅσον οἷόν τ᾽ ἦν ἐπιβαίνειν, τρίτος δὲ Δαρεῖος πεζῇ
μὲν μέχρι Σκυθῶν τὴν ἀρχὴν ὡρίσατο, ναυσὶ δὲ τῆς τε
240 θαλάττης ἐκράτει καὶ τῶν νήσων, ὥστε μηδὲ ἀξιοῦν ἀντίπαλον
αὐτῷ μηδένα εἶναι· αἱ δὲ γνῶμαι δεδουλωμέναι ἁπάντων
ἀνθρώπων ἦσαν· οὕτω πολλὰ καὶ μεγάλα καὶ μάχιμα γένη
καταδεδουλωμένη ἦν ἡ Περσῶν ἀρχή. αἰτιασάμενος δὲ
5 Δαρεῖος ἡμᾶς τε καὶ Ἐρετριᾶς, Σάρδεσιν ἐπιβουλεῦσαι
προφασιζόμενος, πέμψας μυριάδας μὲν πεντήκοντα ἔν τε
πλοίοις καὶ ναυσίν, ναῦς δὲ τριακοσίας, Δᾶτιν δὲ ἄρχοντα,
εἶπεν ἥκειν ἄγοντα Ἐρετριᾶς καὶ Ἀθηναίους, εἰ βούλοιτο τὴν
b ἑαυτοῦ κεφαλὴν ἔχειν· ὁ δὲ πλεύσας εἰς Ἐρέτριαν ἐπ᾽ ἄνδρας
οἳ τῶν τότε Ἑλλήνων ἐν τοῖς εὐδοκιμώτατοι ἦσαν τὰ πρὸς
τὸν πόλεμον καὶ οὐκ ὀλίγοι, τούτους ἐχειρώσατο μὲν ἐν

c 2 μοι ἐᾶν W F : ἐᾶν μοι T (sed add. signis transpositionis)
c 4 ἀμνηστίᾳ F : μνηστείᾳ T W   d 3 πρῶτον T W : καὶ πρῶτον F
d 5 λόγῳ T W : ἐν λόγῳ F   e 2 υἱὸς T W f (sed αὐτοῦ in marg. t):
om. F   e 3 ἐπιβαίνειν T F : ἐπιβῆναι W   a 5 τε T W : δὲ F
a 6 προφασιζόμενος secl. Cobet   b 2 εὐδοκιμώτατοι Hirschig : εὐδο-
κιμωτάτοις T W : μάλιστα εὐδοκιμωτάτοις F

τρισὶν ἡμέραις, διηρευνήσατο δὲ αὐτῶν πᾶσαν τὴν χώραν,
ἵνα μηδεὶς ἀποφύγοι, τοιούτῳ τρόπῳ· ἐπὶ τὰ ὅρια ἐλθόντες 5
τῆς Ἐρετρικῆς οἱ στρατιῶται αὐτοῦ, ἐκ θαλάττης εἰς θάλατταν
διαστάντες, συνάψαντες τὰς χεῖρας διῆλθον ἅπασαν τὴν
χώραν, ἵν' ἔχοιεν τῷ βασιλεῖ εἰπεῖν ὅτι οὐδεὶς σφᾶς ἀποπε- c
φευγὼς εἴη. τῇ δ' αὐτῇ διανοίᾳ κατηγάγοντο ἐξ Ἐρετρίας
εἰς Μαραθῶνα, ὡς ἕτοιμόν σφισιν ὂν καὶ Ἀθηναίους ἐν τῇ
αὐτῇ ταύτῃ ἀνάγκῃ ζεύξαντας Ἐρετριεῦσιν ἄγειν. τούτων
δὲ τῶν μὲν πραχθέντων, τῶν δ' ἐπιχειρουμένων οὔτ' 5
Ἐρετριεῦσιν ἐβοήθησεν Ἑλλήνων οὐδεὶς οὔτε Ἀθηναίοις
πλὴν Λακεδαιμονίων—οὗτοι δὲ τῇ ὑστεραίᾳ τῆς μάχης ἀφί-
κοντο—οἱ δ' ἄλλοι πάντες ἐκπεπληγμένοι, ἀγαπῶντες τὴν
ἐν τῷ παρόντι σωτηρίαν, ἡσυχίαν ἦγον. ἐν τούτῳ δὴ ἄν d
τις γενόμενος γνοίη οἷοι ἄρα ἐτύγχανον ὄντες τὴν ἀρετὴν οἱ
Μαραθῶνι δεξάμενοι τὴν τῶν βαρβάρων δύναμιν καὶ κολασά-
μενοι τὴν ὑπερηφανίαν ὅλης τῆς Ἀσίας καὶ πρῶτοι στήσαντες
τρόπαια τῶν βαρβάρων, ἡγεμόνες καὶ διδάσκαλοι τοῖς ἄλλοις 5
γενόμενοι ὅτι οὐκ ἄμαχος εἴη ἡ Περσῶν δύναμις, ἀλλὰ πᾶν
πλῆθος καὶ πᾶς πλοῦτος ἀρετῇ ὑπείκει. ἐγὼ μὲν οὖν ἐκείνους
τοὺς ἄνδρας φημὶ οὐ μόνον τῶν σωμάτων τῶν ἡμετέρων e
πατέρας εἶναι, ἀλλὰ καὶ τῆς ἐλευθερίας τῆς τε ἡμετέρας καὶ
συμπάντων τῶν ἐν τῇδε τῇ ἠπείρῳ· εἰς ἐκεῖνο γὰρ τὸ ἔργον
ἀποβλέψαντες καὶ τὰς ὑστέρας μάχας ἐτόλμησαν διακινδυ-
νεύειν οἱ Ἕλληνες ὑπὲρ τῆς σωτηρίας, μαθηταὶ τῶν Μαραθῶνι 5
γενόμενοι. τὰ μὲν οὖν ἀριστεῖα τῷ λόγῳ ἐκείνοις ἀναθε-
τέον, τὰ δὲ δευτερεῖα τοῖς περὶ Σαλαμῖνα καὶ ἐπ' Ἀρτεμισίῳ 241
ναυμαχήσασι καὶ νικήσασι. καὶ γὰρ τούτων τῶν ἀνδρῶν
πολλὰ μὲν ἄν τις ἔχοι διελθεῖν, καὶ οἷα ἐπιόντα ὑπέμειναν
κατά τε γῆν καὶ κατὰ θάλατταν, καὶ ὡς ἠμύναντο ταῦτα· ὃ
δέ μοι δοκεῖ καὶ ἐκείνων κάλλιστον εἶναι, τούτου μνησθή- 5
σομαι, ὅτι τὸ ἑξῆς ἔργον τοῖς Μαραθῶνι διεπράξαντο. οἱ μὲν

γὰρ Μαραθῶνι τοσοῦτον μόνον ἐπέδειξαν τοῖς Ἕλλησιν, ὅτι
b κατὰ γῆν οἶόν τε ἀμύνασθαι τοὺς βαρβάρους ὀλίγοις πολλούς,
ναυσὶ δὲ ἔτι ἦν ἄδηλον καὶ δόξαν εἶχον Πέρσαι ἄμαχοι εἶναι
κατὰ θάλατταν καὶ πλήθει καὶ πλούτῳ καὶ τέχνῃ καὶ ῥώμῃ·
τοῦτο δὴ ἄξιον ἐπαινεῖν τῶν ἀνδρῶν τῶν τότε ναυμαχησάντων,
5 ὅτι τὸν ἐχόμενον φόβον διέλυσαν τῶν Ἑλλήνων καὶ ἔπαυσαν
φοβουμένους πλῆθος νεῶν τε καὶ ἀνδρῶν. ὑπ' ἀμφοτέρων
δὴ συμβαίνει, τῶν τε Μαραθῶνι μαχεσαμένων καὶ τῶν ἐν
c Σαλαμῖνι ναυμαχησάντων, παιδευθῆναι τοὺς ἄλλους Ἕλ-
ληνας, ὑπὸ μὲν τῶν κατὰ γῆν, ὑπὸ δὲ τῶν κατὰ θάλατταν
μαθόντας καὶ ἐθισθέντας μὴ φοβεῖσθαι τοὺς βαρβάρους.
τρίτον δὲ λέγω τὸ ἐν Πλαταιαῖς ἔργον καὶ ἀριθμῷ καὶ ἀρετῇ
5 γενέσθαι τῆς Ἑλληνικῆς σωτηρίας, κοινὸν ἤδη τοῦτο Λακε-
δαιμονίων τε καὶ Ἀθηναίων. τὸ μὲν οὖν μέγιστον καὶ
χαλεπώτατον οὗτοι πάντες ἠμύναντο, καὶ διὰ ταύτην τὴν
ἀρετὴν νῦν τε ὑφ' ἡμῶν ἐγκωμιάζονται καὶ εἰς τὸν ἔπειτα
d χρόνον ὑπὸ τῶν ὕστερον· μετὰ δὲ τοῦτο πολλαὶ μὲν πόλεις
τῶν Ἑλλήνων ἔτι ἦσαν μετὰ τοῦ βαρβάρου, αὐτὸς δὲ
ἠγγέλλετο βασιλεὺς διανοεῖσθαι ὡς ἐπιχειρήσων πάλιν ἐπὶ
τοὺς Ἕλληνας. δίκαιον δὴ καὶ τούτων ἡμᾶς ἐπιμνησθῆναι,
5 οἳ τοῖς τῶν προτέρων ἔργοις τέλος τῆς σωτηρίας ἐπέθεσαν
ἀνακαθηράμενοι καὶ ἐξελάσαντες πᾶν τὸ βάρβαρον ἐκ τῆς
θαλάττης. ἦσαν δὲ οὗτοι οἵ τε ἐπ' Εὐρυμέδοντι ναυμαχή-
e σαντες καὶ οἱ εἰς Κύπρον στρατεύσαντες καὶ οἱ εἰς Αἴγυπτον
πλεύσαντες καὶ ἄλλοσε πολλαχόσε, ὧν χρὴ μεμνῆσθαι καὶ
χάριν αὐτοῖς εἰδέναι, ὅτι βασιλέα ἐποίησαν δείσαντα τῇ
ἑαυτοῦ σωτηρίᾳ τὸν νοῦν προσέχειν, ἀλλὰ μὴ τῇ τῶν Ἑλ-
5 λήνων ἐπιβουλεύειν φθορᾷ.

Καὶ οὗτος μὲν δὴ πάσῃ τῇ πόλει διηντλήθη ὁ πόλεμος ὑπὲρ

b 1 ἀμύνασθαι W F : ἀμύνεσθαι T   c 2 γῆν T W : τὴν γῆν F
c 7 ἠμύναντο F : ἤμυναν T W : ἤνυσαν Gottleber   d 3 ἠγγέλ-
λετο W F : ἠγγελετο T : ἠγάλλετο suprascr. f   βασιλεὺς T W :
ὁ βασιλεὺς F   ⟨ἐπιστρατεῦσαι⟩ ἐπιχειρήσων Schanz   e 6 πάσῃ]
πᾶς vel πᾶς πάσῃ Stallbaum

ἑαυτῶν τε καὶ τῶν ἄλλων ὁμοφώνων πρὸς τοὺς βαρβάρους·   242
εἰρήνης δὲ γενομένης καὶ τῆς πόλεως τιμωμένης ἦλθεν ἐπ'
αὐτήν, ὃ δὴ φιλεῖ ἐκ τῶν ἀνθρώπων τοῖς εὖ πράττουσι
προσπίπτειν, πρῶτον μὲν ζῆλος, ἀπὸ ζήλου δὲ φθόνος· ὃ καὶ
τήνδε τὴν πόλιν ἄκουσαν ἐν πολέμῳ τοῖς Ἕλλησι κατέ-   5
στησεν. μετὰ δὲ τοῦτο γενομένου πολέμου, συνέβαλον μὲν
ἐν Τανάγρᾳ ὑπὲρ τῆς Βοιωτῶν ἐλευθερίας Λακεδαιμονίοις
μαχόμενοι, ἀμφισβητησίμου δὲ τῆς μάχης γενομένης, διέκρινε   b
τὸ ὕστερον ἔργον· οἱ μὲν γὰρ ᾤχοντο ἀπιόντες, καταλιπόντες
[Βοιωτοὺς] οἷς ἐβοήθουν, οἱ δ' ἡμέτεροι τρίτῃ ἡμέρᾳ ἐν Οἰνο-
φύτοις νικήσαντες τοὺς ἀδίκως φεύγοντας δικαίως κατήγαγον.
οὗτοι δὴ πρῶτοι μετὰ τὸν Περσικὸν πόλεμον, Ἕλλησιν ἤδη   5
ὑπὲρ τῆς ἐλευθερίας βοηθοῦντες πρὸς Ἕλληνας, ἄνδρες ἀγαθοὶ
γενόμενοι καὶ ἐλευθερώσαντες οἷς ἐβοήθουν, ἐν τῷδε τῷ   c
μνήματι τιμηθέντες ὑπὸ τῆς πόλεως πρῶτοι ἐτέθησαν. μετὰ
δὲ ταῦτα πολλοῦ πολέμου γενομένου, καὶ πάντων τῶν
Ἑλλήνων ἐπιστρατευσάντων καὶ τεμόντων τὴν χώραν καὶ
ἀναξίαν χάριν ἐκτινόντων τῇ πόλει, νικήσαντες αὐτοὺς   5
ναυμαχίᾳ οἱ ἡμέτεροι καὶ λαβόντες αὐτῶν τοὺς ἡγεμόνας
Λακεδαιμονίους ἐν τῇ Σφαγίᾳ, ἐξὸν αὐτοῖς διαφθεῖραι ἐφεί-
σαντο καὶ ἀπέδοσαν καὶ εἰρήνην ἐποιήσαντο, ἡγούμενοι πρὸς   d
μὲν τὸ ὁμόφυλον μέχρι νίκης δεῖν πολεμεῖν, καὶ μὴ δι'
ὀργὴν ἰδίαν πόλεως τὸ κοινὸν τῶν Ἑλλήνων διολλύναι,
πρὸς δὲ τοὺς βαρβάρους μέχρι διαφθορᾶς. τούτους δὴ ἄξιον
ἐπαινέσαι τοὺς ἄνδρας, οἳ τοῦτον τὸν πόλεμον πολεμήσαντες   5
ἐνθάδε κεῖνται, ὅτι ἐπέδειξαν, εἴ τις ἄρα ἠμφεσβήτει ὡς ἐν
τῷ προτέρῳ πολέμῳ τῷ πρὸς τοὺς βαρβάρους ἄλλοι τινὲς
εἶεν ἀμείνους Ἀθηναίων, ὅτι οὐκ ἀληθῆ ἀμφισβητοῖεν· οὗτοι
γὰρ ἐνταῦθα ἔδειξαν, στασιασάσης τῆς Ἑλλάδος περιγενό-   e

a 6 συνέβαλον μὲν T f: συνεβάλομεν F: συνέβαλλον μὲν W
b 2 γὰρ TF: om. W   καταλιπόντες WF: καταλείποντες T et εἰ
suprascr. W   b 3 Βοιωτοὺς secl. ci. Bekker   c 7 Λακεδαιμο-
νίους secl. Cobet   d 6 ἐπέδειξαν TW: ἐπεδείξαντο F   ἠμφεσβήτει T:
ἠμφισβήτει WF

μένοι τῷ πολέμῳ, τοὺς προεστῶτας τῶν ἄλλων Ἑλλήνων
χειρωσάμενοι, μεθ' ὧν τότε τοὺς βαρβάρους ἐνίκων κοινῇ,
τούτους νικῶντες ἰδίᾳ. τρίτος δὲ πόλεμος μετὰ ταύτην τὴν
5 εἰρήνην ἀνέλπιστός τε καὶ δεινὸς ἐγένετο, ἐν ᾧ πολλοὶ καὶ
ἀγαθοὶ τελευτήσαντες ἐνθάδε κεῖνται, πολλοὶ μὲν ἀμφὶ Σι-
243 κελίαν πλεῖστα τρόπαια στήσαντες ὑπὲρ τῆς Λεοντίνων
ἐλευθερίας, οἷς βοηθοῦντες διὰ τοὺς ὅρκους ἔπλευσαν εἰς
ἐκείνους τοὺς τόπους, διὰ δὲ μῆκος τοῦ πλοῦ εἰς ἀπορίαν
τῆς πόλεως καταστάσης καὶ οὐ δυναμένης αὐτοῖς ὑπηρετεῖν,
5 τούτῳ ἀπειπόντες ἐδυστύχησαν· ὧν οἱ ἐχθροὶ καὶ προσπολε-
μήσαντες πλείω ἔπαινον ἔχουσι σωφροσύνης καὶ ἀρετῆς ἢ
τῶν ἄλλων οἱ φίλοι· πολλοὶ δ' ἐν ταῖς ναυμαχίαις ταῖς καθ'
Ἑλλήσποντον, μιᾷ μὲν ἡμέρᾳ πάσας τὰς τῶν πολεμίων
b ἑλόντες ναῦς, πολλὰς δὲ καὶ ἄλλας νικήσαντες· ὃ δ' εἶπον
δεινὸν καὶ ἀνέλπιστον τοῦ πολέμου γενέσθαι, τόδε λέγω τὸ
εἰς τοσοῦτον φιλονικίας ἐλθεῖν πρὸς τὴν πόλιν τοὺς ἄλλους
Ἕλληνας, ὥστε τολμῆσαι τῷ ἐχθίστῳ ἐπικηρυκεύσασθαι
5 βασιλεῖ, ὃν κοινῇ ἐξέβαλον μεθ' ἡμῶν, ἰδίᾳ τοῦτον πάλιν
ἐπάγεσθαι, βάρβαρον ἐφ' Ἕλληνας, καὶ συναθροῖσαι ἐπὶ
τὴν πόλιν πάντας Ἕλληνάς τε καὶ βαρβάρους. οὗ δὴ καὶ
c ἐκφανὴς ἐγένετο ἡ τῆς πόλεως ῥώμη τε καὶ ἀρετή. οἰομένων
γὰρ ἤδη αὐτὴν καταπεπολεμῆσθαι καὶ ἀπειλημμένων ἐν
Μυτιλήνῃ τῶν νεῶν, βοηθήσαντες ἑξήκοντα ναυσίν, αὐτοὶ
ἐμβάντες εἰς τὰς ναῦς, καὶ ἄνδρες γενόμενοι ὁμολογουμένως
5 ἄριστοι, νικήσαντες μὲν τοὺς πολεμίους, λυσάμενοι δὲ τοὺς
φιλίους, ἀναξίου τύχης τυχόντες, οὐκ ἀναιρεθέντες ἐκ τῆς
θαλάττης κεῖνται ἐνθάδε. ὧν χρὴ ἀεὶ μεμνῆσθαί τε καὶ
d ἐπαινεῖν· τῇ μὲν γὰρ ἐκείνων ἀρετῇ ἐνικήσαμεν οὐ μόνον
τὴν τότε ναυμαχίαν, ἀλλὰ καὶ τὸν ἄλλον πόλεμον· δόξαν

a 4 δυναμένης αὐτοῖς W : δυναμένοις αὐτῆς T : δυναμένης αὐτῆς F
a 5 τούτῳ T W : τοῦτο F   προσπολεμήσαντες T W : προπολε-
μήσαντες F   a 7 δ' ἐν T W : δὲ F   a 8 μιᾷ T W : καὶ μιᾷ F
(sed καὶ punctis del. f)   b 5 ὃν] καὶ ὃν vel ὃν δὲ Teuffel
c 2 ἤδη αὐτὴν T W : αὐτὴν ἤδη F

γὰρ δι' αὐτοὺς ἡ πόλις ἔσχεν μή ποτ' ἂν καταπολεμηθῆναι
μηδ' ὑπὸ πάντων ἀνθρώπων—καὶ ἀληθῆ ἔδοξεν—τῇ δὲ ἡμετέρᾳ
αὐτῶν διαφορᾷ ἐκρατήθημεν, οὐχ ὑπὸ τῶν ἄλλων· ἀήττητοι 5
γὰρ ἔτι καὶ νῦν ὑπό γε ἐκείνων ἐσμέν, ἡμεῖς δὲ αὐτοὶ ἡμᾶς
αὐτοὺς καὶ ἐνικήσαμεν καὶ ἡττήθημεν. μετὰ δὲ ταῦτα
ἡσυχίας γενομένης καὶ εἰρήνης πρὸς τοὺς ἄλλους, ὁ οἰκεῖος e
ἡμῖν πόλεμος οὕτως ἐπολεμήθη, ὥστε εἴπερ εἱμαρμένον εἴη
ἀνθρώποις στασιάσαι, μὴ ἂν ἄλλως εὔξασθαι μηδένα πόλιν
ἑαυτοῦ νοσῆσαι. ἔκ τε γὰρ τοῦ Πειραιῶς καὶ τοῦ ἄστεως
ὡς ἀσμένως καὶ οἰκείως ἀλλήλοις συνέμειξαν οἱ πολῖται καὶ 5
παρ' ἐλπίδα τοῖς ἄλλοις Ἕλλησι, τόν τε πρὸς τοὺς Ἐλευσῖνι
πόλεμον ὡς μετρίως ἔθεντο· καὶ τούτων ἁπάντων οὐδὲν ἄλλ' 244
αἴτιον ἢ ἡ τῷ ὄντι συγγένεια, φιλίαν βέβαιον καὶ ὁμόφυλον
οὐ λόγῳ ἀλλ' ἔργῳ παρεχομένη. χρὴ δὲ καὶ τῶν ἐν τούτῳ
τῷ πολέμῳ τελευτησάντων ὑπ' ἀλλήλων μνείαν ἔχειν καὶ
διαλλάττειν αὐτοὺς ᾧ δυνάμεθα, εὐχαῖς καὶ θυσίαις, ἐν τοῖς 5
τοιοῖσδε, τοῖς κρατοῦσιν αὐτῶν εὐχομένους, ἐπειδὴ καὶ ἡμεῖς
διηλλάγμεθα. οὐ γὰρ κακίᾳ ἀλλήλων ἥψαντο οὐδ' ἔχθρᾳ
ἀλλὰ δυστυχίᾳ. μάρτυρες δὲ ἡμεῖς αὐτοί ἐσμεν τούτων οἱ b
ζῶντες· οἱ αὐτοὶ γὰρ ὄντες ἐκείνοις γένει συγγνώμην ἀλλήλοις
ἔχομεν ὧν τ' ἐποιήσαμεν ὧν τ' ἐπάθομεν. μετὰ δὲ τοῦτο
παντελῶς εἰρήνης ἡμῖν γενομένης, ἡσυχίαν ἦγεν ἡ πόλις,
τοῖς μὲν βαρβάροις συγγιγνώσκουσα, ὅτι παθόντες ὑπ' αὐ- 5
τῆς κακῶς [ἱκανῶς] οὐκ ἐνδεῶς ἡμύναντο, τοῖς δὲ Ἕλλησιν
ἀγανακτοῦσα, μεμνημένη ὡς εὖ παθόντες ὑπ' αὐτῆς οἵαν
χάριν ἀπέδοσαν, κοινωσάμενοι τοῖς βαρβάροις, τάς τε ναῦς c
περιελόμενοι αἵ ποτ' ἐκείνους ἔσωσαν, καὶ τείχη καθελόντες
ἀνθ' ὧν ἡμεῖς τἀκείνων ἐκωλύσαμεν πεσεῖν· διανοουμένη δὲ
ἡ πόλις μὴ ἂν ἔτι ἀμῦναι μήτε Ἕλλησι πρὸς ἀλλήλων

d 4 δὲ T W : om. F   d 7 ἡττήθημεν T W f : ἐλυπήθημεν F
e 4 πειραιῶς F : πειραιέως T W   ἄστεως F : ἄστεος T W f   a 2 ἢ ἡ
scr. recc. : ἢ F : ἡ T W   βέβαιον T W : βεβαίαν F   a 5 ᾧ T W :
ὡς F   b 4 παντελῶς T W F : παντελοῦς scr. recc.   b 6 ἱκανῶς
secl. Bekker   b 7 ὡς] ὅσ' Cobet   c 4 ἂν addubitat Schanz :
δὴ ci. H. Richards

5   δουλουμένοις μήτε ὑπὸ βαρβάρων, οὕτως ᾤκει. ἡμῶν οὖν
ἐν τοιαύτῃ διανοίᾳ ὄντων ἡγησάμενοι Λακεδαιμόνιοι τοὺς μὲν
τῆς ἐλευθερίας ἐπικούρους πεπτωκέναι ἡμᾶς, σφέτερον δὲ ἤδη
d   ἔργον εἶναι καταδουλοῦσθαι τοὺς ἄλλους, ταῦτ᾽ ἔπραττον. καὶ
μηκύνειν μὲν τί δεῖ; οὐ γὰρ πάλαι οὐδὲ παλαιῶν ἀνθρώπων
γεγονότα λέγοιμ᾽ ἂν τὰ μετὰ ταῦτα· αὐτοὶ γὰρ ἴσμεν ὡς
ἐκπεπληγμένοι ἀφίκοντο εἰς χρείαν τῆς πόλεως τῶν τε Ἑλ-
5   λήνων οἱ πρῶτοι, Ἀργεῖοι καὶ Βοιωτοὶ καὶ Κορίνθιοι, καὶ τό
γε θειότατον πάντων, τὸ καὶ βασιλέα εἰς τοῦτο ἀπορίας
ἀφικέσθαι, ὥστε περιστῆναι αὐτῷ μηδαμόθεν ἄλλοθεν τὴν
σωτηρίαν γενέσθαι ἀλλ᾽ ἢ ἐκ ταύτης τῆς πόλεως, ἣν προθύμως
e   ἀπώλλυ. καὶ δὴ καὶ εἴ τις βούλοιτο τῆς πόλεως κατη-
γορῆσαι δικαίως, τοῦτ᾽ ἂν μόνον λέγων ὀρθῶς ἂν κατηγοροῖ,
ὡς ἀεὶ λίαν φιλοικτίρμων ἐστὶ καὶ τοῦ ἥττονος θεραπίς. καὶ
δὴ καὶ ἐν τῷ τότε χρόνῳ οὐχ οἷά τε ἐγένετο καρτερῆσαι οὐδὲ
5   διαφυλάξαι ἃ ἐδέδοκτο αὐτῇ, τὸ μηδενὶ δουλουμένῳ βοηθεῖν
245   τῶν σφᾶς ἀδικησάντων, ἀλλὰ ἐκάμφθη καὶ ἐβοήθησεν, καὶ
τοὺς μὲν Ἕλληνας αὐτὴ βοηθήσασα ἀπελύσατο δουλείας,
ὥστ᾽ ἐλευθέρους εἶναι μέχρι οὗ πάλιν αὐτοὶ αὑτοὺς κατε-
δουλώσαντο, βασιλεῖ δὲ αὐτὴ μὲν οὐκ ἐτόλμησεν βοηθῆσαι,
5   αἰσχυνομένη τὰ τρόπαια τά τε Μαραθῶνι καὶ Σαλαμῖνι καὶ
Πλαταιαῖς, φυγάδας δὲ καὶ ἐθελοντὰς ἐάσασα μόνον βοηθῆσαι
ὁμολογουμένως ἔσωσεν. τειχισαμένη δὲ καὶ ναυπηγησαμένη,
b   ἐκδεξαμένη τὸν πόλεμον, ἐπειδὴ ἠναγκάσθη πολεμεῖν, ὑπὲρ
Παρίων ἐπολέμει Λακεδαιμονίοις. φοβηθεὶς δὲ βασιλεὺς
τὴν πόλιν, ἐπειδὴ ἑώρα Λακεδαιμονίους τῷ κατὰ θάλατταν
πολέμῳ ἀπαγορεύοντας, ἀποστῆναι βουλόμενος ἐξῄει τοὺς

c 7 ἡμᾶς secl. Cobet   d 2 οὐδὲ παλαιῶν F (coniecerat Gottleber) :
οὐδὲ πολλῶν T W f: οὐδ᾽ ἐπ᾽ ἄλλων Dobree   d 4 ἐκπεπληγμένοι TW:
πεπληγμένοι F   d 7 περιστῆναι] παραστῆναι Stallbaum   d 8 σωτη-
ρίαν ⟨ἂν⟩ Stallbaum   a 1 σφᾶς TW: σφᾶς αὐτοὺς F   a 2 αὐτὴ F:
αὕτη TW   a 3 αὐτοὺς W F: αὐτοῖς T   a 4 αὐτὴ F: αυτη T:
αὕτη W   a 5 τε TW: τ᾽ ἐν F   καὶ ... καὶ TW: καὶ ἐν ...
καὶ ἐν F: κἂν ... κἂν H. Richards   b 1 ὑπὲρ παρίων TW F
(Κορινθίων Stallbaum : Ἀργείων Hermann): fort. ὑπερόριον H. Richards
b 4 ἐξῄει T : ἐξῄτει W F

Ἕλληνας τοὺς ἐν τῇ ἠπείρῳ, οὕσπερ πρότερον Λακεδαιμόνιοι 5
αὐτῷ ἐξέδοσαν, εἰ μέλλοι συμμαχήσειν ἡμῖν τε καὶ τοῖς ἄλλοις
συμμάχοις, ἡγούμενος οὐκ ἐθελήσειν, ἵν' αὐτῷ πρόφασις εἴη
τῆς ἀποστάσεως. καὶ τῶν μὲν ἄλλων συμμάχων ἐψεύσθη· c
ἠθέλησαν γὰρ αὐτῷ ἐκδιδόναι καὶ συνέθεντο καὶ ὤμοσαν
Κορίνθιοι καὶ Ἀργεῖοι καὶ Βοιωτοὶ καὶ οἱ ἄλλοι σύμμαχοι,
εἰ μέλλοι χρήματα παρέξειν, ἐκδώσειν τοὺς ἐν τῇ ἠπείρῳ
Ἕλληνας· μόνοι δὲ ἡμεῖς οὐκ ἐτολμήσαμεν οὔτε ἐκδοῦναι 5
οὔτε ὀμόσαι. οὕτω δή τοι τό γε τῆς πόλεως γενναῖον καὶ
ἐλεύθερον βέβαιόν τε καὶ ὑγιές ἐστιν καὶ φύσει μισοβάρ-
βαρον, διὰ τὸ εἰλικρινῶς εἶναι Ἕλληνας καὶ ἀμιγεῖς βαρ- d
βάρων. οὐ γὰρ Πέλοπες οὐδὲ Κάδμοι οὐδὲ Αἴγυπτοί τε καὶ
Δαναοὶ οὐδὲ ἄλλοι πολλοὶ φύσει μὲν βάρβαροι ὄντες, νόμῳ
δὲ Ἕλληνες, συνοικοῦσιν ἡμῖν, ἀλλ' αὐτοὶ Ἕλληνες, οὐ
μειξοβάρβαροι οἰκοῦμεν, ὅθεν καθαρὸν τὸ μῖσος ἐντέτηκε τῇ 5
πόλει τῆς ἀλλοτρίας φύσεως. ὅμως δ' οὖν ἐμονώθημεν πάλιν
διὰ τὸ μὴ ἐθέλειν αἰσχρὸν καὶ ἀνόσιον ἔργον ἐργάσασθαι e
Ἕλληνας βαρβάροις ἐκδόντες. ἐλθόντες οὖν εἰς ταὐτὰ ἐξ
ὧν καὶ τὸ πρότερον κατεπολεμήθημεν, σὺν θεῷ ἄμεινον ἢ τότε
ἐθέμεθα τὸν πόλεμον· καὶ γὰρ ναῦς καὶ τείχη ἔχοντες καὶ
τὰς ἡμετέρας αὐτῶν ἀποικίας ἀπηλλάγημεν τοῦ πολέμου 5
οὕτως, ⟨ὥστ'⟩ ἀγαπητῶς ἀπηλλάττοντο καὶ οἱ πολέμιοι.
ἀνδρῶν μέντοι ἀγαθῶν καὶ ἐν τούτῳ τῷ πολέμῳ ἐστερήθημεν,
τῶν τε ἐν Κορίνθῳ χρησαμένων δυσχωρίᾳ καὶ ἐν Λεχαίῳ
προδοσίᾳ· ἀγαθοὶ δὲ καὶ οἱ βασιλέα ἐλευθερώσαντες καὶ 246
ἐκβαλόντες ἐκ τῆς θαλάττης Λακεδαιμονίους· ὧν ἐγὼ μὲν
ὑμᾶς ἀναμιμνήσκω, ὑμᾶς δὲ πρέπει συνεπαινεῖν τε καὶ κοσμεῖν
τοιούτους ἄνδρας.

b 6 μέλλοι scr. recc. : μέλλει T W F   c 1 ἐψεύσθη T W : οὐκ
ἐψεύσθη F   c 2 ἐκδιδόναι T W f : ἐνδιδόναι F   c 3 οἱ F :
om. T W (fort. ἄλλοι)   d 1 ἕλληνας F : ἕλληνες T W
d 4 αὐτοὶ Ἕλληνες T W F Longinus : αὐτοέλληνες Cobet   e 2 ἕλλη-
νας W F : ἕλληνες T : Ἕλληνες Ἕλληνας Schanz   e 6 οὕτως ...
πολέμιοι secl. Hermann   ὥστ' add. Madvig   e 8 λεχαίῳ F :
λεχαίῳ T : λεχέῳ W   a 2 ἐκβαλόντες F : ἐκβάλλοντες T W

5 Καὶ τὰ μὲν δὴ ἔργα ταῦτα τῶν ἀνδρῶν τῶν ἐνθάδε κειμένων
καὶ τῶν ἄλλων ὅσοι ὑπὲρ τῆς πόλεως τετελευτήκασι, πολλὰ
μὲν τὰ εἰρημένα καὶ καλά, πολὺ δ' ἔτι πλείω καὶ καλλίω τὰ
b ὑπολειπόμενα· πολλαὶ γὰρ ἂν ἡμέραι καὶ νύκτες οὐχ ἱκαναὶ
γένοιντο τῷ τὰ πάντα μέλλοντι περαίνειν. τούτων οὖν χρὴ
μεμνημένους τοῖς τούτων ἐκγόνοις πάντ' ἄνδρα παρακε-
λεύεσθαι, ὥσπερ ἐν πολέμῳ, μὴ λείπειν τὴν τάξιν τὴν τῶν
5 προγόνων μηδ' εἰς τοὐπίσω ἀναχωρεῖν εἴκοντας κάκῃ. ἐγὼ
μὲν οὖν καὶ αὐτός, ὦ παῖδες ἀνδρῶν ἀγαθῶν, νῦν τε παρα-
κελεύομαι καὶ ἐν τῷ λοιπῷ χρόνῳ, ὅπου ἄν τῳ ἐντυγχάνω
c ὑμῶν, καὶ ἀναμνήσω καὶ διακελεύσομαι προθυμεῖσθαι εἶναι
ὡς ἀρίστους· ἐν δὲ τῷ παρόντι δίκαιός εἰμι εἰπεῖν ἃ οἱ
πατέρες ἡμῖν ἐπέσκηπτον ἀπαγγέλλειν τοῖς ἀεὶ λειπομένοις,
εἴ τι πάσχοιεν, ἡνίκα κινδυνεύσειν ἔμελλον. φράσω δὲ ὑμῖν
5 ἅ τε αὐτῶν ἤκουσα ἐκείνων καὶ οἷα νῦν ἡδέως ἂν εἴποιεν ὑμῖν
λαβόντες δύναμιν, τεκμαιρόμενος ἐξ ὧν τότε ἔλεγον. ἀλλὰ
νομίζειν χρὴ αὐτῶν ἀκούειν ἐκείνων ἃ ἂν ἀπαγγέλλω· ἔλεγον
δὲ τάδε—
d Ὦ παῖδες, ὅτι μέν ἐστε πατέρων ἀγαθῶν, αὐτὸ μηνύει τὸ
νῦν παρόν· ἡμῖν δὲ ἐξὸν ζῆν μὴ καλῶς, καλῶς αἱρούμεθα
μᾶλλον τελευτᾶν, πρὶν ὑμᾶς τε καὶ τοὺς ἔπειτα εἰς ὀνείδη
καταστῆσαι καὶ πρὶν τοὺς ἡμετέρους πατέρας καὶ πᾶν τὸ
5 πρόσθεν γένος αἰσχῦναι, ἡγούμενοι τῷ τοὺς αὑτοῦ αἰσχύναντι
ἀβίωτον εἶναι, καὶ τῷ τοιούτῳ οὔτε τινὰ ἀνθρώπων οὔτε
θεῶν φίλον εἶναι οὔτ' ἐπὶ γῆς οὔθ' ὑπὸ γῆς τελευτήσαντι.
χρὴ οὖν μεμνημένους τῶν ἡμετέρων λόγων, ἐάν τι καὶ ἄλλο
e ἀσκῆτε, ἀσκεῖν μετ' ἀρετῆς, εἰδότας ὅτι τούτου λειπόμενα
πάντα καὶ κτήματα καὶ ἐπιτηδεύματα αἰσχρὰ καὶ κακά. οὔτε
γὰρ πλοῦτος κάλλος φέρει τῷ κεκτημένῳ μετ' ἀνανδρίας—

b 4 ὥσπερ T W f : ὥστε F   b 6 παρακελεύομαι secl. Schanz
c 3 ἡμῖν T Stobaeus : ὑμῖν W F   ἀεὶ F Stobaeus : om. T W
c 4 κινδυνεύσειν F Stobaeus : κινδυνεύειν T W   d 5 αἰσχύναντι F
Iamblichus : αἰσχύνοντι T W Stobaeus (sed ι in τι ex emend. T)
d 7 γῆς T W F Stobaeus : γὴν Iamblichus   e 2 πάντα T W F
Stobaeus : ἅπαντα Iamblichus

ἄλλῳ γὰρ ὁ τοιοῦτος πλουτεῖ καὶ οὐχ ἑαυτῷ—οὔτε σώματος
κάλλος καὶ ἰσχὺς δειλῷ καὶ κακῷ συνοικοῦντα πρέποντα 5
φαίνεται ἀλλ᾽ ἀπρεπῆ, καὶ ἐπιφανέστερον ποιεῖ τὸν ἔχοντα
καὶ ἐκφαίνει τὴν δειλίαν· πᾶσά τε ἐπιστήμη χωριζομένη
δικαιοσύνης καὶ τῆς ἄλλης ἀρετῆς πανουργία, οὐ σοφία 247
φαίνεται. ὧν ἕνεκα καὶ πρῶτον καὶ ὕστατον καὶ διὰ παντὸς
πᾶσαν πάντως προθυμίαν πειρᾶσθε ἔχειν ὅπως μάλιστα μὲν
ὑπερβαλεῖσθε καὶ ἡμᾶς καὶ τοὺς πρόσθεν εὐκλείᾳ· εἰ δὲ μή,
ἴστε ὡς ἡμῖν, ἂν μὲν νικῶμεν ὑμᾶς ἀρετῇ, ἡ νίκη αἰσχύνην 5
φέρει, ἡ δὲ ἧττα, ἐὰν ἡττώμεθα, εὐδαιμονίαν. μάλιστα δ᾽
ἂν νικῴμεθα καὶ ὑμεῖς νικῷητε, εἰ παρασκευάσαισθε τῇ τῶν
προγόνων δόξῃ μὴ καταχρησόμενοι μηδ᾽ ἀναλώσοντες αὐτήν, b
γνόντες ὅτι ἀνδρὶ οἰομένῳ τι εἶναι οὐκ ἔστιν αἴσχιον οὐδὲν
ἢ παρέχειν ἑαυτὸν τιμώμενον μὴ δι᾽ ἑαυτὸν ἀλλὰ διὰ δόξαν
προγόνων. εἶναι μὲν γὰρ τιμὰς γονέων ἐκγόνοις καλὸς
θησαυρὸς καὶ μεγαλοπρεπής· χρῆσθαι δὲ καὶ χρημάτων καὶ 5
τιμῶν θησαυρῷ, καὶ μὴ τοῖς ἐκγόνοις παραδιδόναι, αἰσχρὸν
καὶ ἄνανδρον, ἀπορίᾳ ἰδίων αὐτοῦ κτημάτων τε καὶ εὐδοξιῶν.
καὶ ἐὰν μὲν ταῦτα ἐπιτηδεύσητε, φίλοι παρὰ φίλους ἡμᾶς c
ἀφίξεσθε, ὅταν ὑμᾶς ἡ προσήκουσα μοῖρα κομίσῃ· ἀμελή-
σαντας δὲ ὑμᾶς καὶ κακισθέντας οὐδεὶς εὐμενῶς ὑποδέξεται.
τοῖς μὲν οὖν παισὶ ταῦτ᾽ εἰρήσθω.

e 4 σώματος κάλλος T W F Iamblichus : κάλλος σώματος Dionysius
Stobaeus   a 4 εἰ δὲ μή, ἴστε T W F Dionysius Stobaeus : lacunam
post μή statuit Cobet ex Iamblicho ita fere supplendum ὅπως εἰς ἴσον
καταστήσετε· ἴστε γὰρ (καὶ ἴστε malit Schanz)   a 5 ἡμῖν T W
Stobaeus : ὑμῖν F   ἡ νίκη αἰσχύνην φέρει W F Dionysius Stobaeus :
αἰσχύνην φέρει T (ἡ νίκη ante φέρει add. t)   a 7 νικώμεθα T W F
Dionysius Stobaeus : ἡττώμεθα in marg. T f   νικῴητε W ex emend.
T f : νικᾶτε F Stobaeus : νικῶντες T   παρασκευάσαισθε T f : παρα-
σκευάσασθε W : παρασκευάσεσθε F Stobaeus   b 1 καταχρησόμενοι
... ἀναλώσοντες T W : καταχρησάμενοι ... ἀναλώσαντες F Stobaeus
b 2 οὐδὲν ἢ παρέχειν W F Dionysius : ἢ παρέχειν T (sed ἢ πα ex οὐ)
Iamblichus : παρέχειν Stobaei A   b 4 προγόνων T F Dionysius
Iamblichus Stobaeus : προτέρων W (sed suprascr. γον) et in marg.
γρ. T   καλὸς T F Dionysius Iamblichus Stobaeus : om. W
b 5 χρῆσθαι T F Dionysius Iamblichus : καταχρῆσθαι W   c 2 κομίσῃ]
κοιμίσῃ Naber

5 Πατέρας δὲ ἡμῶν, οἶς εἰσί, καὶ μητέρας ἀεὶ χρὴ παρα-
μυθεῖσθαι ὡς ῥᾷστα φέρειν τὴν συμφοράν, ἐὰν ἄρα συμβῇ
γενέσθαι, καὶ μὴ συνοδύρεσθαι—οὐ γὰρ τοῦ λυπήσοντος
d προσδεήσονται· ἱκανὴ γὰρ ἔσται καὶ ἡ γενομένη τύχη τοῦτο
πορίζειν—ἀλλ' ἰωμένους καὶ πραΰνοντας ἀναμιμνῄσκειν αὐ-
τοὺς ὅτι ὧν ηὔχοντο τὰ μέγιστα αὐτοῖς οἱ θεοὶ ἐπήκοοι
γεγόνασιν. οὐ γὰρ ἀθανάτους σφίσι παῖδας ηὔχοντο γενέσθαι
5 ἀλλ' ἀγαθοὺς καὶ εὐκλεεῖς, ὧν ἔτυχον, μεγίστων ἀγαθῶν
ὄντων· πάντα δὲ οὐ ῥᾴδιον θνητῷ ἀνδρὶ κατὰ νοῦν ἐν τῷ
ἑαυτοῦ βίῳ ἐκβαίνειν. καὶ φέροντες μὲν ἀνδρείως τὰς
συμφορὰς δόξουσι τῷ ὄντι ἀνδρείων παίδων πατέρες εἶναι
e καὶ αὐτοὶ τοιοῦτοι, ὑπείκοντες δὲ ὑποψίαν παρέξουσιν ἢ μὴ
ἡμέτεροι εἶναι ἢ ἡμῶν τοὺς ἐπαινοῦντας καταψεύδεσθαι· χρὴ
δὲ οὐδέτερα τούτων, ἀλλ' ἐκείνους μάλιστα ἡμῶν ἐπαινέτας
εἶναι ἔργῳ, παρέχοντας αὐτοὺς φαινομένους τῷ ὄντι πατέρας
5 ὄντας ἄνδρας ἀνδρῶν. πάλαι γὰρ δὴ τὸ Μηδὲν ἄγαν λεγό-
μενον καλῶς δοκεῖ λέγεσθαι· τῷ γὰρ ὄντι εὖ λέγεται. ὅτῳ
γὰρ ἀνδρὶ εἰς ἑαυτὸν ἀνήρτηται πάντα τὰ πρὸς εὐδαιμονίαν
248 φέροντα ἢ ἐγγὺς τούτου, καὶ μὴ ἐν ἄλλοις ἀνθρώποις
αἰωρεῖται ἐξ ὧν ἢ εὖ ἢ κακῶς πραξάντων πλανᾶσθαι ἠνάγ-
κασται καὶ τὰ ἐκείνου, τούτῳ ἄριστα παρεσκεύασται ζῆν,
οὗτός ἐστιν ὁ σώφρων καὶ οὗτος ὁ ἀνδρεῖος καὶ φρόνιμος·
5 οὗτος γιγνομένων χρημάτων καὶ παίδων καὶ διαφθειρομένων
μάλιστα πείσεται τῇ παροιμίᾳ· οὔτε γὰρ χαίρων οὔτε λυπού-
μενος ἄγαν φανήσεται διὰ τὸ αὑτῷ πεποιθέναι. τοιούτους
b δὲ ἡμεῖς γε ἀξιοῦμεν καὶ τοὺς ἡμετέρους εἶναι καὶ βουλόμεθα
καὶ φαμέν, καὶ ἡμᾶς αὐτοὺς νῦν παρέχομεν τοιούτους, οὐκ
ἀγανακτοῦντας οὐδὲ φοβουμένους ἄγαν εἰ δεῖ τελευτᾶν ἐν τῷ

c 5 ἀεὶ F Dionysius Stobaeus : εἰ T W   c 6 ὡς F Dionysius
Stobaeus : ὡς χρὴ T W   d 2 πορίζειν F Dionysius : πορίζεσθαι T W
d 3 εὔχοντο F Dionysius : εὔχονται T W   e 5 ὄντας T W f : om. F
a 1 τούτου T W f Iamblichus : τούτων F   a 2 αἰωρεῖται T W (sed
ἢ super εἰ W) Iamblichus : θεωρεῖται F   a 7 πεποιθέναι T F
Iamblichus : πεπονθέναι W   b 1 γε T W f : om. F. Iamblichus
εἶναι T W f : om. F

παρόντι. δεόμεθα δὴ καὶ πατέρων καὶ μητέρων τῇ αὐτῇ ταύτῃ
διανοίᾳ χρωμένους τὸν ἐπίλοιπον βίον διάγειν, καὶ εἰδέναι 5
ὅτι οὐ θρηνοῦντες οὐδὲ ὀλοφυρόμενοι ἡμᾶς ἡμῖν μάλιστα
χαριοῦνται, ἀλλ᾽ εἴ τις ἔστι τοῖς τετελευτηκόσιν αἴσθησις
τῶν ζώντων, οὕτως ἀχάριστοι εἶεν ἂν μάλιστα, ἑαυτούς τε c
κακοῦντες καὶ βαρέως φέροντες τὰς συμφοράς· κούφως δὲ καὶ
μετρίως μάλιστ᾽ ἂν χαρίζοιντο. τὰ μὲν γὰρ ἡμέτερα τελευτὴν
ἤδη ἕξει ᾗπερ καλλίστη γίγνεται ἀνθρώποις, ὥστε πρέπει
αὐτὰ μᾶλλον κοσμεῖν ἢ θρηνεῖν· γυναικῶν δὲ τῶν ἡμετέρων 5
καὶ παίδων ἐπιμελούμενοι καὶ τρέφοντες καὶ ἐνταῦθα τὸν
νοῦν τρέποντες τῆς τε τύχης μάλιστ᾽ ἂν εἶεν ἐν λήθῃ καὶ
ζῷεν κάλλιον καὶ ὀρθότερον καὶ ἡμῖν προσφιλέστερον. ταῦτα d
δὴ ἱκανὰ τοῖς ἡμετέροις παρ᾽ ἡμῶν ἀγγέλλειν· τῇ δὲ πόλει
παρακελευοίμεθ᾽ ἂν ὅπως ἡμῖν καὶ πατέρων καὶ ὑέων
ἐπιμελήσονται, τοὺς μὲν παιδεύοντες κοσμίως, τοὺς δὲ
γηροτροφοῦντες ἀξίως· νῦν δὲ ἴσμεν ὅτι καὶ ἐὰν μὴ ἡμεῖς 5
παρακελευώμεθα, ἱκανῶς ἐπιμελήσεται.

Ταῦτα οὖν, ὦ παῖδες καὶ γονῆς τῶν τελευτησάντων, ἐκεῖνοί
τε ἐπέσκηπτον ἡμῖν ἀπαγγέλλειν, καὶ ἐγὼ ὡς δύναμαι προθυ- e
μότατα ἀπαγγέλλω· καὶ αὐτὸς δέομαι ὑπὲρ ἐκείνων, τῶν μὲν
μιμεῖσθαι τοὺς αὑτῶν, τῶν δὲ θαρρεῖν ὑπὲρ αὑτῶν, ὡς ἡμῶν
καὶ ἰδίᾳ καὶ δημοσίᾳ γηροτροφησόντων ὑμᾶς καὶ ἐπιμελη-
σομένων, ὅπου ἂν ἕκαστος ἑκάστῳ ἐντυγχάνῃ ὁτῳοῦν τῶν 5
ἐκείνων. τῆς δὲ πόλεως ἴστε που καὶ αὐτοὶ τὴν ἐπιμέλειαν,
ὅτι νόμους θεμένη περὶ τοὺς τῶν ἐν τῷ πολέμῳ τελευτη-
σάντων παῖδάς τε καὶ γεννήτορας ἐπιμελεῖται, καὶ δια-
φερόντως τῶν ἄλλων πολιτῶν προστέτακται φυλάττειν ἀρχῇ 249
ᾗπερ μεγίστη ἐστίν, ὅπως ἂν οἱ τούτων μὴ ἀδικῶνται πατέρες
τε καὶ μητέρες· τοὺς δὲ παῖδας συνεκτρέφει αὐτή, προθυμου-
μένη ὅτι μάλιστ᾽ ἄδηλον αὐτοῖς τὴν ὀρφανίαν γενέσθαι, ἐν
πατρὸς σχήματι καταστᾶσα αὐτοῖς αὐτὴ ἔτι τε παισὶν οὖσιν, 5

b 6 θρηνοῦντες T F : θαρροῦντες ut videtur W   d 3 παρακελευοί-
μεθ᾽ ἂν T W f : παρακελευόμεθ᾽ ἂν F : παρακελευόμεθα Dionysius
a 1 ἀρχῇ scr. recc.: ἀρχὴ T W F   a 5 αὐτὴ F : αὕτη W : αὖτη T

καὶ ἐπειδὰν εἰς ἀνδρὸς τέλος ἴωσιν, ἀποπέμπει ἐπὶ τὰ σφέτερ᾽
αὐτῶν πανοπλίᾳ κοσμήσασα, ἐνδεικνυμένη καὶ ἀναμιμνῄ-
σκουσα τὰ τοῦ πατρὸς ἐπιτηδεύματα ὄργανα τῆς πατρῴας
b ἀρετῆς διδοῦσα, καὶ ἅμα οἰωνοῦ χάριν ἄρχεσθαι ἰέναι ἐπὶ τὴν
πατρῴαν ἑστίαν ἄρξοντα μετ᾽ ἰσχύος ὅπλοις κεκοσμημένον.
αὐτοὺς δὲ τοὺς τελευτήσαντας τιμῶσα οὐδέποτε ἐκλείπει,
καθ᾽ ἕκαστον ἐνιαυτὸν αὐτὴ τὰ νομιζόμενα ποιοῦσα κοινῇ
5 πᾶσιν ἅπερ ἑκάστῳ ἰδίᾳ γίγνεται, πρὸς δὲ τούτοις ἀγῶνας
γυμνικοὺς καὶ ἱππικοὺς τιθεῖσα καὶ μουσικῆς πάσης, καὶ
ἀτεχνῶς τῶν μὲν τελευτησάντων ἐν κληρονόμου καὶ ὑέος
c μοίρᾳ καθεστηκυῖα, τῶν δὲ ὑέων ἐν πατρός, γονέων δὲ τῶν
τούτων ἐν ἐπιτρόπου, πᾶσαν πάντων παρὰ πάντα τὸν χρόνον
ἐπιμέλειαν ποιουμένη. ὧν χρὴ ἐνθυμουμένους πρᾳότερον
φέρειν τὴν συμφοράν· τοῖς τε γὰρ τελευτήσασι καὶ τοῖς
5 ζῶσιν οὕτως ἂν προσφιλέστατοι εἶτε καὶ ῥᾷστοι θεραπεύειν
τε καὶ θεραπεύεσθαι. νῦν δὲ ἤδη ὑμεῖς τε καὶ οἱ ἄλλοι
πάντες κοινῇ κατὰ τὸν νόμον τοὺς τετελευτηκότας ἀπολο-
φυράμενοι ἄπιτε.

d   Οὗτός σοι ὁ λόγος, ὦ Μενέξενε, Ἀσπασίας τῆς Μιλησίας
ἐστίν.

ΜΕΝ. Νὴ Δία, ὦ Σώκρατες, μακαρίαν γε λέγεις τὴν
Ἀσπασίαν, εἰ γυνὴ οὖσα τοιούτους λόγους οἵα τ᾽ ἐστὶ
5 συντιθέναι.

ΣΩ. Ἀλλ᾽ εἰ μὴ πιστεύεις, ἀκολούθει μετ᾽ ἐμοῦ, καὶ
ἀκούσῃ αὐτῆς λεγούσης.

ΜΕΝ. Πολλάκις, ὦ Σώκρατες, ἐγὼ ἐντετύχηκα Ἀσπασίᾳ,
καὶ οἶδα οἵα ἐστίν.

10   ΣΩ. Τί οὖν; οὐκ ἄγασαι αὐτὴν καὶ νῦν χάριν ἔχεις τοῦ
λόγου αὐτῇ;

a 6 καὶ T F : om. W   b 2 ἄρξοντα T F : ἄρξαντα W   b 4 αὐτὴ
F : αὕτη T W   b 5 ἑκάστῳ ἰδίᾳ F : ἰδίᾳ ἑκάστῳ ἴδια T : ἑκάστῳ
ἰδίᾳ ἴδια W   c 1 τῶν τούτων F : καὶ τῶν τούτων T W : καὶ τῶν
τοιούτων corr. Coisl.   c 4 τε T F : γε W   c 5 εἴητε T W F
d 2 ἐστί ν) T F : om. W

ΜΕΝ. Καὶ πολλήν γε, ὦ Σώκρατες, ἐγὼ χάριν ἔχω τούτου
τοῦ λόγου ἐκείνῃ ἢ ἐκείνῳ ὅστις σοι ὁ εἰπών ἐστιν αὐτόν· e
καὶ πρός γε ἄλλων πολλῶν χάριν ἔχω τῷ εἰπόντι.

ΣΩ. Εὖ ἂν ἔχοι· ἀλλ᾽ ὅπως μου μὴ κατερεῖς, ἵνα καὶ
αὖθίς σοι πολλοὺς καὶ καλοὺς λόγους παρ᾽ αὐτῆς πολιτικοὺς
ἀπαγγέλλω.   5

ΜΕΝ. Θάρρει, οὐ κατερῶ· μόνον ἀπάγγελλε.

ΣΩ. Ἀλλὰ ταῦτ᾽ ἔσται.

e 2 πρός γε F : πρό γε T W   ἄλλων πολλῶν T W F : ἄλλην πολλὴν
Heindorf   e 3 κατερεῖς T F : κατερῇς W : καρτερῇς f   e 4 πολιτικοὺς
secl. Cobet   e 6 οὐ κατερῶ T W : οὐκ ἀντερῶ F